음성과 언어 처리 2/e

음성과 언어 처리 2/e

기계는 어떻게 사람의 말을 이해할까?

박은숙 옮김   댄 주라프스키 · 제임스 H. 마틴 지음

i!i
에이콘

 에이콘출판의 기틀을 마련하신 故 정완재 선생님 (1935-2004)

나의 부모님, 루스와 알 주라프스키를 위해 — D. J.
린다와 케이티를 위해 — J. M.

옮긴이 소개

박은숙(ee.glow2644@gmail.com)

시각디자인을 전공하고 IT회사 선행연구소에서 UX 디자이너로 일하고 있다. 에이콘 출판사에서 출간한 『음성 인터페이스 디자인 기본 원칙: 효과적인 VUI 디자인』(2020)을 번역했다.

옮긴이의 말

우리의 생활에 가장 직접적으로 영향을 주는 영역 중 하나는 음성 및 언어 처리일 것이다. 최근 음성 및 언어 처리는 딥러닝 기술과 함께 빠른 발전을 이뤄냈고 AI 스피커, 챗봇, 번역기, 리뷰 평점 분석 등 실생활 속 누구나 한 번쯤 사용해본 적이 있을 법한 여러 분야에서 응용되고 있다. 말 한 마디로 가전제품을 제어하고, 상담원 대기 없이 챗봇으로 문의 사항을 해결할 수 있는 편리함을 제공한다. 개인적으로 번역기의 음성 및 언어 처리 발전에 큰 감사함을 느낀다. 몇 년 전에만 해도 해외 여행을 준비할 때의 나는 출국 전날까지 시험 공부를 하듯이 주요 문장들을 외웠고, 외국인과 대화할 때면 무척 긴장됐다. 하지만 최근 들어 번역기 덕분에 낯선 언어에 대한 긴장감이 사라졌다. 기술의 발전은 점차 언어의 장벽을 넘어 인간과 인간을 더 가깝고 친근하게 만들어주는 것 같다. 앞으로 음성 및 언어 처리 기술이 어떻게 발전해서 우리의 삶을 편리하게 해줄지 기대된다.

아울러 이 책을 통해 많은 독자가 음성 및 언어 처리에 대한 인사이트를 얻고 연구에 도움을 받을 수 있었으면 좋겠다. 이 책에서는 음성 및 언어 처리 관련 시스템 개발에 필요한 기본에서부터 최신 기술까지 엄청난 양의 주제를 다루고 있고, 각각의 주제를 깊이 파고든다. 내용을 따라가다 보면 음성 및 언어 처리의 핵심적인 알고리듬을 거의 다 경험해볼 수 있을 것이다. 초보자에게 알맞은 입문서일 뿐만 아니라 전문가에게도 차세대 자연어 처리 연구에 도움이 되리라 생각된다.

마지막으로 의미 있는 기회와 많은 도움을 주신 에이콘출판사의 모든 분들께 감사의 말을 전하고 싶다.

머리말

언어학은 과학 분야에서 100년의 역사를 가지고 있고, 컴퓨터 언어학은 컴퓨터 공학의 일부로서 50년의 역사를 가지고 있다. 그러나 언어 이해 기술이 인터넷에서 정보 검색과 기계 번역을 이용할 수 있고, 데스크톱 컴퓨터에서 음성 인식이 인기를 끌면서 수백만 명에게 알려진 산업으로 부상한 것은 불과 10여 년 전의 일이다. 이 산업은 언어 정보의 표현과 처리의 이론적 진보에 의해 가능해졌다.

『음성과 언어 처리 2/e』은 모든 수준에서 모든 현대 기술과 함께 철저히 다루는 최초의 책이다. 심층 언어 분석과 견고한 통계 방법을 결합하며, 레벨의 관점에서 보면 단어와 그 구성 요소들로 시작해 단어의 시퀀스 속성과 단어들이 어떻게 말하고 이해되는지 다룬 뒤, 단어들이 서로 어울리는 방식(구문), 의미를 형성하는 방식(의미론), 언어 간 질의응답, 대화, 번역의 기초를 살펴본다. 기술의 관점에서 보면 정규 표현, 정보 검색, 문맥 자유 문법, 통일, 일차 술어 해석, 은닉 마르코프와 다른 확률론적 모델, 수사학적 구조 이론 등을 다루고 있다. 이전에는 이런 종류의 적용 범위를 얻으려면 두세 권의 책이 필요했을 것이다. 이 책은 한 권으로 이 모든 범위를 다루고 있다. 하지만 무엇보다 각각의 기술이 어떻게 가장 잘 사용되고, 어떻게 함께 사용될 수 있는지에 대한 감각을 제공하고 있다는 점이 더 중요하다. 독자의 관심을 유지하고 철저하지만 무미건조하지 않은 방식으로 기술적 세부 사항에 동기를 부여하는 매력적인 스타일로 이 모든 과정을 수행한다. 여러분이 과학적이거나 산업적인 관점에서 본 분야에 관심이 있든지 간에 이 책은 이 매혹적인 분야의 향후 연구에 이상적인 소개와 안내 역할을 해줄 수 있을 것이다.

2000년에 출간된 이 책의 초판 이후 음성 및 언어 처리 분야는 여러 면에서 발전했다. 널리 사용되는 언어 기술에는 더 많은 애플리케이션이 있다. 많은 언어 데이터 모음(쓰기 및 말하기)을 사용할 수 있게 되면서, 통계 머신러닝에 훨씬 더 의존하게 됐다.

이 개정판은 이론과 실제 관점에서 새로운 혁신을 다루며, 학습할 부분을 더 쉽게 선택할 수 있게 해준다(부와 장 간의 종속성이 더 적다). 언어 처리 분야는 초판이 출간된 이후에도 몇 가지 뛰어난 설명문이 있었지만, 이 책은 어떤 책보다도 언어 처리 분야 전반을 가장 훌륭히 설명하고 있다.

피터 노르빅^{Peter Norvig}**과 스튜어트 러셀**^{Stuart Russell}

프렌티스 홀 시리즈(Prentice Hall Series)의 인공지능 분야 편집자

지은이 소개

댄 주라프스키[Dan Jurafsky]

미국 스탠퍼드대학교 컴퓨터 공학과와 언어학부 부교수다. 볼더의 콜로라도대학교 언어학 및 컴퓨터 공학과와 인지 과학 연구소에서 교수로도 근무했다. 미국 뉴욕 용커스에서 태어나 버클리에 있는 캘리포니아대학교에서 1983년 언어학 학사 학위와 1992년 컴퓨터 공학 박사 학위를 받았다.

1998년에 국립과학재단 커리어[CAREER] 상을, 2002년 맥아더 펠로우십[MacArthur Fellowship] 상을 받았다. 음성과 언어 처리의 광범위한 주제에 관한 90여 편의 논문을 발표했다.

제임스 H. 마틴[James H. Martin]

컴퓨터 공학과 언어학과 교수이며, 미국 콜로라도대학교 볼터 캠퍼스에 있는 인지 과학 연구소의 연구원이다. 미국 뉴욕에서 태어나 1981년 컬럼비아대학교에서 컴퓨터 공학 박사 학위를 받았고 1988년 버클리 캘리포니아대학교에서 컴퓨터 공학 박사 학위를 받았다. 『A Computational Model of Metaphor Interpretation』(Academic Pr, 1990)을 포함해 컴퓨터 과학 분야에서 70개 이상의 출판물을 저술했다.

감사의 글

앤디 켈러는 초판의 담화 관련 장을 집필했으며 개정판의 시작점으로 사용했다. 앤디의 많은 번역 연습 문제와 체계는 장 전체에 걸쳐 남아 있다. 마찬가지로 나이젤 워드는 초판의 기계 번역 장의 대부분을 집필했고, 개정판 MT 장의 시작점으로 사용됐다. 나이젤의 본문 중 많은 부분은 25.2, 25.3절과 연습 문제에 남아 있다. 케빈 브레토넬 코헨은 생물의학 정보 추출에 관한 22.5절을, 키이스 밴더 린든은 초판에서 생성에 관한 장을 집필했다. 쑨 레의 도움을 받아 펑 쯔웨이는 초판을 중국어로 번역했다.

볼더와 스탠퍼드대학교는 음성과 언어 처리 작업을 할 수 있는 매우 보람 있는 곳이었다. 우리의 연구와 교육에 큰 영향을 준 두 곳의 학과, 동료, 그리고 학생들의 협력에 감사드린다.

댄은 항상 자신에게 옳은 일을 하도록 격려해준 부모님께 감사드린다. "이게 효과가 있을까?"라는 물음에 음성 인식을 도입하고 가르침을 준 넬슨 모건, "하지만 그게 정말 중요할까?"라는 물음에 올바른 답을 찾도록 도와준 제리 펠드먼, 첫 조언자이자 언어에 대한 애정과 항상 데이터를 보도록 가르침을 준 척 필모어, 논문 조언자이자 연구에서 협력과 그룹 정신의 중요성을 알려준 로버트 윌렌스키에게 감사한다. 스탠퍼드대학교의 훌륭한 공동 작업자이자 볼더대학교의 환상적인 전직 동료였던 크리스 매닝에게도 감사의 말씀을 전한다.

짐은 자신을 격려해주고 그 당시 이상한 길처럼 보였을 길을 따라갈 수 있게 해주신 부모에게 감사를 표한다. 아울러 버클리에서 NLP를 시작한 그의 논문 고문인 로버트 윌렌스키, 많은 긍정적인 예를 제공한 피터 노르빅, 중요한 시기에 격려와 영감을 준 릭 앨터먼, 언어학에 대해 아는 것이 거의 없던 그에게 가르침을 준 척 필모어, 조지 라코프, 폴 케이, 수잔나 커밍에게 감사하고 싶다. 그리고 볼더대학교에서 훌륭한 협력자가 된 마사 파머, 태미 섬너, 웨인 워드와 마지막으로 수년 동안 모든 지원과 인내심을 아끼지 않은 부인 린다와 개정판의 완성을 위해 평생을 기다려온 딸 케이티에게 감사의 인사를 전한다.

이 책의 초판에 도움을 주신 많은 분들께 감사한다. 또한 개정판은 많은 독자들과 코스 테스트를 통해 도움을 받았다. 레지나 바르질레이, 필립 레스닉, 에밀리 벤더, 아담 프르제피오 코스키에게 책의 광범위한 내용에 대해 매우 유용한 의견과 아이디어에 대해 특별한 감사를 표한다. 그리고 우리의 편집자 트레이시 던켈버거, 수석 편집자 스콧 디산노, 시리즈 편집자 피터 노르빅과 스튜어트 러셀 그리고 제작 편집자 제인 보넬은 디자인과 콘텐츠에 대해 많은 유용한 제안을 했다. Urbana-Champaign(1999), MIT(2005) 및 Stanford(2007)에서 콜로라도대학교, 스탠퍼드대학교, 일리노이대학교의 LSA 여름 연구소에 있는 학생들을 포함해, 책의 각 절을 읽고 많은 질문과 조언을 해준 동료들에게 감사를 전한다.

릭그 압 덴 에커, 카이라 아크만, 안젤로스 알렉소풀로스, 로빈 앨리, S. M. 니아즈 아리핀, 니마르 S. 아로라, 츠치우 아우, 바이 샤오징, 엘리 베이커, 제이슨 발드리지, 클레이 벡너, 라피 벤자민, 스티븐 베서드, G. W. 블랙우드, 스티븐 빌즈, 조너선 보이저, 마리온 본드, 마르코 알도 피콜리노 보니포르티, 온 브랜먼, 크리스 브루, 트위스트 브륄런드, 데니스 부에노, 션 M.버크, 대니 번, 빌 번, 카이-우베 카스텐센, 알레한드로 체바카, 댄 서, 네이트 챔버, 피촨 창, 그레이스 정, 앤드류 클로센, 라파엘 콘, 케빈 B. 코헨, 프레데릭 코펜스, 스티븐 콕스, 히에베르토 쿠아야히틀, 마틴 데이비드슨, 폴 데이비스, 존 드하리, 프란츠 듀저, 마이크 딜린저, 보니 도르, 제이슨 아이즈너, 존 잉, 어신 어, 하칸 에르도안, 구엘센 에리히그리트, 바바라 디 유게니오, 크리스티안 펠바움, 에릭 포슬러-루시어, 올락 푸엔테스, 마크 가우런, 데일 게르데만, 댄 길데아, 필립 진터, 신시아 지란드, 앤서니 지터, 존 A. 골드스미스, 미셸 그레고리, 로시오 기엔, 제프리 S. 하메르, 아담 한, 패트릭 홀, 하랄드 함마스트로, 마이크 해먼드, 에릭 한센, 마티 허스트, 폴 허쉬부러, 줄리아 허쉬버그, 그레엄 허스트, 줄리아 호켄마이어, 제레미 호프만, 그렉 헐렌더, 레베카 화, 가자 야로스, 에릭 W. 존슨, 크리스 존스, 에드윈 드 종, 베르나데트 조레트, 프레드 칼슨, 그레이엄 카츠, 스테판 카우프만, 앤디 켈러, 마누엘 키르쉬너, 댄 클라인 셸던 클라인, 케빈 나이트, 장피에르 코에니그, 그렉 콘드락, 셀쿠크 코프루, 김모 코스케니에미, 알렉산더 코스티르킨, 미코 쿠리모, 마이크 르보, 치아잉 리, 재용 이, 스콧 레이시먼, 시몬 레토스키, 베스 레빈, 로저 레비, 류양 리, 마크 라이트, 그레거 린든, 피에르 리슨, 다이앤 리트만, 차오린 리우, 펑 리우, 루산카 루카, 아툴 루카닌, 장 마, 막심 마카체프, 인데르지트 마니, 크리스 매닝, 스티브 마몬, 마리-캐서린 드 마네프, 헨드릭 마리언, 존 메이, 댄 멜러메드, 로라 마이클리스, 요한나 무어, 넬슨 모건, 에마드 나팔, 마크-얀 네더 호프, 호우 투 응, 존 니크라스, 로드니 닐슨, 유리 니야조프, 톰 누르칼라, 크리스 너트티콤, 발레리 니가드, 마이크 오코넬, 로버트 오버브레클링, 스캇 올슨, 우들리 팩커드, 가버 팔래기, 브라이언 펠롬, 제럴드 펜, 라니 핀턱, 사메르 프라단, 캐서린 프루이트, 드라고 라데프, 댄 래미지, 윌리엄 J. 래파포트, 론 리건, 에후드 라이터, 스티브 리날스, 창-한 리, 댄 로즈, 마이크 로즈너, 뎁 로이, 테오도르 러스, 윌리엄 그레고리 사카스, 무라트 사라클라, 스테판 샤튼, 안나 샤피로, 맷 섀넌, 스튜어트 C. 샤피로, 일리아 셔먼, 로케쉬 슈레스타, 네이선 실버먼, 노아 스미스, 오타카 스마츠, 리온 스노우, 안드레아스 스톨케, 니우에 탄, 프랭크 영퐁 탕, 아흐메트 쿠니드 탄투그와, 폴 테일러, 론 템즈, 리치 토마슨, 알머 S. 티겔라르, 리처드 트라한, 앙투안 트룩스, 클레멘트 왕, 나이젤 워드, 웨인 워드, 레이첼 웨스턴, 재니스 웨브, 로렌 윌콕스, 벤 윙, 딘 얼 라이트 3세, 데카이 우, 레이 우, 에릭 예, 앨런 C. 영, 마갈리트 자블루도스키, 메노 반 자넨, 장 센, 샘 사오쥔 자오, 싱타오 자오.

또한 도표 7.3(ⓒ라셀로 쿠비니와 사이언티픽 아메리칸)과 도표 9.14(ⓒ폴 테일러와 케임브리지대학교 출판부)를 재인쇄할 수 있도록 허가해줘서 감사하다. 게다가 이전 도표들을 각색해 많은 도표들을 만들었다. 도표 각색을 허락해준 다음 열거된 사람들에게 감사를 표한다(간단히 각각의 경우에 한 명의 저자만을 열거했다). 다음 세 가지 도표는 ⓒIEEE와 저자로, 에스더 레빈(도표 24.22)과 로렌스 라비너(도표 6.14와 6.15)에게 감사한다. 아래의 각색된 다른 도표들의 ⓒ저자들에게도 감사한다. 컴퓨터 언어학 협회, 컴퓨터 언어학 저널과 편집자인 로버트 데일, 레지나 바르질레이(도표 23.19), 마이클 콜린스(도표 14.7, 14.10, 14.11), 존 골드스미스(도표 11.18), 마르티 허스트(도표 21.1과 21.2), 케빈 나이트(도표 25.35), 필립 쿤(도표 25.25, 25.26, 25.28), 데캉 린(도표 20.7), 크리스 매닝(도표 14.9), 다니엘 마르쿠(도표 23.16), 메흐리아르 모헤리(도표 3.10 와 3.11), 줄리안 오델(도표 10.14), 마릴린 워커(도표 24.8, 24.14, 24.15), 데이비드 야로스키(도표 20.4), 스티브 영(도표 10.16)의 도움이 있었다.

댄 주라프스키

스탠퍼드, 캘리포니아주

제임스 H. 마틴

볼더, 콜로라도주

차례

I 단어

III 구문

V 애플리케이션

들어가며

지금은 음성과 언어 처리 분야에서 일하기에 무척 흥미로운 시기다. 역사적으로 별개의 영역(자연어 처리, 음성 인식, 전산언어학, 전산심리학)이던 분야들이 합쳐지기 시작했다. 웹 기반 언어 기술의 폭발적 증가, 전화 기반 대화 시스템의 상용화, 음성 합성 및 음성 인식은 실제 시스템의 발전에 중요한 원동력을 제공했다. 가장 큰 온라인 코퍼스들의 사용성은 음성학에서 담화에 이르기까지 모든 수준의 언어의 통계적 모델을 가능하게 했다. 우리는 교육학 및 참고문헌의 설계에 새로운 최신 기술을 사용하고자 노력했다.

1. 적용 범위

음성과 언어 처리에 대한 통일된 비전을 설명하기 위해 전통적으로 다른 분야들의 다른 과정에서 가르치는 영역을 다룬다. 즉, 전기 공학의 음성 인식, 컴퓨터 공학 분야의 자연어 처리 과정에서의 파싱, 의미 해석 및 기계 번역, 언어 분야의 전산 언어 과정에서의 전산 형태론, 음운론 및 화용론을 다룬다. 이 책은 원래 구어 또는 문어로 제안됐든, 논리적 또는 통계적 기원이었든 간에 이러한 각 분야의 기본 알고리듬을 소개하고 서로 다른 도메인의 알고리듬에 대한 설명을 결합하려고 시도한다. 또한 기계 번역, 철자 검사, 정보 검색 및 추출과 같은 애플리케이션뿐만 아니라 인지 모델링과 같은 분야도 다룬다. 이 광범위한 접근 방식의 잠재적 문제점은 각 분야에 대한 소개 자료를 포함해야 한다는 것이다. 따라서 언어학자들은 음운 발음에 대한 우리의 설명을 건너뛰기를 원할 수도 있고, 컴퓨터 공학자들은 정규 표현식과 같은 장이 필요하지 않을 수 있으며, 전기 기사는 신호 처리에 관한 장을 사용할 필요가 없을 수 있다. 물론 이렇게 긴 책에도 모든 것을 담을 수 있는 공간은 부족했다. 따라서 이 책은 언어학, 오토마타 이론automata theory 및 형식 언어 이론, 인공지능, 머신러닝, 통계 또는 정보 이론의 중요한 관련 과정을 대신할 수 없다.

2. 실용적인 애플리케이션에 중점

언어 관련 알고리듬과 기법(은닉 마르코프 모델^{HMMs} 단일화부터 람다 표기법에서 로그 선형 모델까지)이 음성 인식, 기계 번역, 웹에서 정보 추출, 맞춤법 검사, 텍스트 문서 검색 및 음성 언어 다이얼로그와 같은 중요한 실제 문제에 어떻게 적용될 수 있는지 보여주는 것이 중요하다. 언어 처리 애플리케이션에 대한 설명을 각 장에 통합해 실제 적용 방법을 보여주고자 노력했다. 이 접근법의 장점은 관련 언어 지식이 도입됨에 따라 이 책을 읽는 학생은 특정 영역을 이해하고 모델링할 수 있는 배경을 갖고 있다는 것이다.

3. 과학적 평가에 중점

언어 처리에 있어서 최근 통계 알고리듬이 널리 보급되고 언어 처리 시스템에 대한 체계적인 평가의 성장이 평가에 대한 새로운 주안점으로 이어졌다. 따라서 대부분의 장에는 훈련 및 테스트 세트, 교차 검증, 복잡도와 같은 정보-이론적 평가 지표와 같은 개념을 다룬다. 그리고 시스템을 평가하고 오류를 분석하기 위한 최근의 실험에 의거한 방법을 설명하는 평가 부문이 포함돼 있다.

4. 광범위하게 사용 가능한 언어 처리 리소스에 대한 설명

현대의 음성 및 언어 처리는 원어 및 텍스트 코퍼스들, 주석이 달린 코퍼스들 및 트리뱅크, 표준 태그 세트와 같은 공통 리소스를 기반으로 한다. 책 전체에 걸쳐 중요한 자료를 많이 소개하려고 노력했지만 불가피하게 일부는 제외됐다(예: the Brown, Switchboard, Fisher, CALLHOME, ATIS, TREC, MUC, and BNC corpora). 많은 자료에 대한 참고 URL을 이 책에 직접 표기하지 않고, 쉽게 업데이트할 수 있는 책의 웹사이트(http://www.cs.colorado.edu/~martin/slp.html)에 올려놓았다.

이 책은 주로 대학원이나 고급 학부 과정에 사용하기 위한 것이다. 포괄적인 적용 범위와 알고리듬의 수가 많기 때문에 음성 및 언어 처리 분야의 학생과 전문가들에게 참고 자료로 유용하다.

책의 개요

이 책은 소개와 최종 내용 외에 다섯 부로 구성돼 있다. 1부, '단어'에서는 단어 및 간단한 단어 시퀀스 처리와 관련된 개념을 소개한다. 단어 분할, 단어 형태, 단어 편집 거리, 품사 및 이를 처리하는 데 사용되는 알고리듬: 정규식, 유한 오토마타, 유한 변환기, N그램, 은닉 마르코프 모델 및 로그 선형 모델을 다룬다. 2부, '음성'에서는 언어 음성학을 소개한 다음, 컴퓨터의 음운 체계에서 음성 합성, 음성 인식 및 언어 주제를 다룬다. 3부, '구문'은 영어를 위한 구문 구조 문법을 소개하고 단어들 사이의 구조화된 통사적 관계를 처리하기 위한 필수적인 알고리듬을 제공한다. 그리고 파싱, 통계적 파싱, 통일 및 분류된 피처 구조를 위한 CKY와 Earley 알고리듬 그리고 촘스키 계층 구조^{Chomsky hierarchy}와 펌핑 렘마^{pumping lemma}와 같은 분석 도구에 대해 다룬다. 4부, '의미론과 화용론'에서는 1차 논리 및 그 밖의 의미 표현 방법, 람다 표기법, 어휘적 의미론, WordNet, PropBank 및 FrameNet 등의 어휘적 의미론 리소스, 단어 유사성, 단어 의미 중의성 해소 그리고 동일 지시어와 일관성 같은 담화 주제에 대한 어휘적 의미론의 연산 모델을 소개한다. 5부, '애플리케이션'은 정보 추출, 기계 번역, 다이얼로그 및 대화 에이전트에 대해 다룬다.

이 책의 사용법

음성과 언어 처리 과정에 있어서 1년 내내 사용할 수 있는 충분한 자료를 제공한다. 또한 1학기 과정에 사용할 수 있도록 다양하고 유용하게 설계돼 있다.

NLP 1 quarter(4학기제)	NLP 1 semester(2학기제)	Speech + NLP 1 semester(2학기제)	Comp. Ling. 1 quarter(4학기제)
1장 소개	1장 소개	1장 소개	1장 소개
2장 정규 표현식, FSA	2장 정규 표현식, FSA	2장 정규 표현식, FSA	2장 정규 표현식, FSA
4장 N그램	4장 N그램	4장 N그램	3장 형태론, FST
5장 품사 태깅	5장 품사 태깅	5장 품사 태깅	4장 N그램
12장 문맥 자유 문법	6장 은닉 마르코프	6장 은닉 마르코프	5장 품사 태깅
13장 파싱	12장 문맥 자유 문법	8장 음성 합성	13장 파싱
14장 확률론적 파싱	13장 파싱	9장 자동 음성 인식	14장 확률론적 파싱
19장 어휘 의미론	14장 확률론적 파싱	12장 문맥 자유 문법	15장 복잡도
20장 컴퓨터의 어휘 의미론	17장 의미론	13장 파싱	16장 통합

23장 질의응답 및 요약	18장 컴퓨터의 의미론	14장 확률론적 파싱	20장 컴퓨터의 어휘 의미론
25장 기계 번역	19장 어휘 의미론	17장 의미론	21장 담화
	20장 컴퓨터의 어휘 의미론	19장 어휘 의미론	
	21장 담화	20장 컴퓨터의 어휘 의미론	
	22장 정보 추출	22장 정보 추출	
	23장 질의응답 및 요약	24장 다이얼로그	
	25장 기계 번역	25장 기계 번역	

이 책에서 몇몇 장들은 인공지능, 인지과학, 정보 검색 또는 음성 처리 전기 공학 중심의 과정을 보강하는 데 사용될 수 있다.

이 책과 관련된 모든 리소스는 다음 웹사이트(http://www.prenhall.com/jurafsky-martin)에서 접속할 수 있다.

암호로 보호된 강사 자료에는 강의 파워포인트 슬라이드와 본문의 문제 해결책이 포함돼 있다. 온라인 버전의 도표와 웹 콘텐츠에 관한 포인터를 포함한 기타 리소스는 다음 웹사이트(http://www.cs.colorado.edu/~martin/slp.html)에서 접속할 수 있다.

01
소개

데이브 보우먼: HAL, 포드베이 문 열어.

HAL: 죄송합니다. 데이브, 그렇게 할 수 없습니다.

– 스탠리 큐브릭과 아서 C. 클라크, 〈2001: 스페이스 오디세이〉의 각본

컴퓨터에 인간의 언어를 처리할 수 있는 능력을 부여한다는 발상은 오래전부터 이어져 왔다. 이 책은 그 흥미로운 발상의 구현과 영향에 관해 다루며 **음성 및 언어 처리, 인간 언어 기술, 자연어 처리, 컴퓨터 언어학, 음성 인식 및 합성**과 같은 다양한 측면의 학제간 분야를 소개한다. 그리고 이 새로운 분야들은 컴퓨터가 인간 언어와 관련된 유용한 과제, 인간과의 의사소통 활성화 및 개선, 또는 단순히 텍스트나 음성의 유용한 처리 등의 과제를 수행하도록 하는 것을 목표로 한다.

대화 에이전트   유용한 과제의 한 예는 **대화 에이전트**다. 스탠리 큐브릭의 영화 〈2001: 스페이스 오디세이〉의 컴퓨터, HAL 9000은 20세기 영화에서 가장 잘 알려진 등장인물 중 하나다. HAL은 영어를 말하고 이해하는 것과 같은 고급 언어 행동을 할 수 있고, 줄거리에서 결정적인 순간에 심지어 입술의 움직임을 읽어내는 것까지도 할 수 있는 인공적인 에이전트다. HAL의 제작자인 아서 C. 클라크는 HAL과 같은 인공 에이전트를 언제 사용 가능할지 예측하는 데 다소 낙관적이었다. HAL은 얼마나 틀렸을까? 적어도 HAL의 언어 관련 부분을 만들려면 무엇이 필요할까? 인간과 대화하는 HAL과 같은 다이얼로그 시스템 프로그램을 자연어 **대화 에이전트** 또는 **다이얼로그 시스템**이라고 한다. 본문에서는 언어 입력(**자동 음성 인식** 및 자연어 이해)과 언어 출력(다이얼로그 및 응답 계획 및 **음성 합성**)을 포함한 현대의 대화 에이전트를 구성하는 다양한 요소들을 연구한다.

비영어권 독자들이 영어로 된 웹상의 방대하고 체계적인 정보를 이용할 수 있도록 하는 또 다른 유용한 언어 관련 과제를 생각해보자. 또는 영어 사용자들을 위해 중국어와 같은 다른 언어로 작성된 수억 개의 웹 페이지를 번역할 수도 있다. **기계 번역**의 목표는 문서를 한 언어에서 다른 언어로 자동 번역하는 것이다. 최신 기계 번역의 작동 방식을 이해하는 데 필요한 알고리듬과 수학 도구를 소개한다. 기계 번역은 전혀 해결된 문제가 아니다. 우리는 업계에서 현재 사용되는 알고리듬과 중요한 구성 요소 작업을 다룬다.

기계 번역

다른 많은 언어 처리 과제도 웹과 관련이 있다. 또 다른 과제는 **웹 기반 질의응답**이다. 이는 단순한 웹 검색을 일반화한 것으로, 사용자는 단순히 키워드를 입력하는 대신 다음과 같이 쉬운 질문부터 어려운 질문까지 완전한 질문을 할 수 있다.

웹 기반 질의응답

- "divergent"가 무슨 뜻이죠?
- 에이브러햄 링컨은 몇 년도에 태어났나요?
- 그해에 미국에는 몇 개의 주가 있었나요?
- 18세기 말까지 얼마나 많은 중국 비단이 영국으로 수출됐나요?
- 과학자들은 인간 복제의 윤리에 대해 어떻게 생각하나요?

정의 문항이나 날짜와 위치와 같은 간단한 **일반적으로 사실로 여겨지는** 문항과 같은 것들은 이미 검색엔진에 의해 대답이 주어질 수 있다. 그러나 더 복잡한 질문에 대답하기 위해서는 웹 페이지의 다른 텍스트에 포함된 정보를 추출하거나 **추론**(알려진 사실에 근거해 결론을 도출), 여러 소스나 웹 페이지에서 정보를 종합하고 요약하는 것이 필요할 수 있다. 본문에서는 **정보 추출**, **단어 중의성 해소** 등 이러한 종류의 현대적 이해 시스템을 구성하는 다양한 요소들을 연구한다.

위에서 설명한 하위 분야와 문제들이 모두 완전히 해결되기는 매우 멀지만, 모두 매우 활발한 연구 분야들이며 많은 기술들이 이미 상업적으로 이용되고 있다. 1장의 나머지 부분에서는 이러한 과제(및 **철자 수정**, **문법 검사** 등)에 필요한 지식의 종류와 책 전반에 걸쳐 소개되는 수학적 모델을 간략하게 요약한다.

1.1 음성 및 언어 처리에 관한 지식

언어 처리 애플리케이션을 다른 데이터 처리 시스템과 구별하는 것은 언어 지식의 사용이다. 텍스트 파일의 총 바이트 수, 단어 및 행의 수를 계산하는 유닉스^{Unix} wc 프로그램을 고려한다. 바이트와 행을 계산하는 데 사용되는 wc는 일반적인 데이터 처리 애플리케이션이다. 그러나 파일의 단어 수를 계산하는 데 사용될 때는 단어가 무엇을 의미하는지에 대한 지식이 필요하기 때문에 언어 처리 시스템이 된다.

물론 wc는 극히 제한적이고 빈약한 언어 지식을 가진 단순한 시스템이다. HAL과 같은 정교한 대화 에이전트, 기계 번역 시스템 또는 질의응답 시스템은 언어에 대한 더 넓고 깊은 지식이 필요하다. 필요한 지식의 범위와 종류를 파악하기 위해서는 1장의 초반 다이얼로그에 참여하기 위해 HAL이 알아야 할 몇 가지 사항 또는 위의 질문 중 하나에 대답하기 위한 질의응답 시스템을 고려해야 한다.

HAL은 오디오 신호에서 단어를 인식하고 단어 시퀀스에서 오디오 신호를 생성할 수 있어야 한다. 이러한 음성 인식 및 음성 합성 과제는 음성학 및 음운론에 대한 지식을 필요로 한다. 단어들이 어떻게 소리의 순서에 따라 발음되는지 그리고 이들 각각의 소리가 음향학적으로 어떻게 실현되는지를 알아야 한다.

또한 〈스타트렉^{Star Trek}〉의 데이터 소령과는 달리, HAL은 *I'm*과 *can't*처럼 축약형을 표현할 수 있다. 개별 단어의 다른 변형들을 생성하고 인식하려면 단어에 단수와 복수처럼 의미를 갖는 구성 요소로 분류되는 방식인 **형태론** 지식이 필요하다(예: *doors* 이 복수형임을 인식).

HAL은 개별 단어를 넘어서서 구조적 지식을 사용해 대답을 구성하는 단어를 올바르게 연결해야 한다. 예를 들어 HAL은 원문과 정확히 동일한 일련의 단어들을 포함하고 있음에도 불구하고 다음과 같은 일련의 단어들은 데이브에게 말이 안 된다는 것을 알아야 한다.

(1.1)　I'm I do, sorry that afraid Dave I'm can't.

　　　그렇습니다. 데이브에겐 유감이지만, 전 할 수 없습니다.

단어를 정렬하고 그룹화하는 데 필요한 지식은 **통사론**의 표제로 들어간다.

이제 다음 질문을 다루는 질의응답 시스템을 보자.

(1.2)   How much Chinese silk was exported to Western Europe by the end of the
18th century?
18세기 말까지 얼마나 많은 중국 비단이 영국으로 수출됐나요?

이 질문에 답하기 위해서는 **어휘적 의미론**, 모든 단어의 의미(*export* 또는 *silk*)와 **구성적 의미론**(동유럽이나 남유럽이 아닌 *Western Europe*)을 정확히 구성하는 것은 무엇이며, *the 18th century*와 결합하면 어떤 의미가 있는가를 알아야 한다. 또한 통사구조의 단어 관계에 대해 알아야 한다. 예를 들어 문장에 by-구문이 따르는데, *by the end of the 18th century*가 서술이 아닌 시간적 종료점임을 알아야 한다.

(1.3)   How much Chinese silk was exported to Western Europe by southern
merchants?
남부 상인들이 서유럽으로 중국 비단을 얼마나 수출했나요?

또한 HAL은 데이브의 말이 단순한 평서문이나 다음과 같은 원문의 변형처럼 'door'에 대한 질문이 아닌 행동 요청으로 판단할 수 있는 지식이 필요하다.

REQUEST:	HAL, open the pod bay door.
STATEMENT:	HAL, the pod bay door is open.
INFORMATION QUESTION:	HAL, is the pod bay door open?

다음으로, HAL은 나쁜 행동임에도 불구하고 데이브에게 공손하게 대답하고 있다. 예를 들어 *No*(아니요) 또는 *No, I won't open the door*(아니요, 문을 열지 않을 겁니다)라고 간단히 대답한 적이 있다. 대신 먼저 *I'm sorry*(죄송하지만)와 *I'm afraid*(유감이지만)라는 문구로 응답한 다음, 좀 더 직접적인(그리고 진실된) *I won't*(안 하겠습니다)는 말보다는 *I can't*(못하겠습니다)고 말함으로써 간접적으로 거부 신호를 보낸다.[1] 화자가 문장을 사용함으로써 의도하는 행동의 종류에 대한 이러한 지식은 **화용론** 또는 **다이얼로그** 지식이다.

질문에 대답하기 위해서는 또 다른 종류의 화용론 또는 담화론 지식이 필요하다.

---

1   HAL이 익숙하지 않은 사람들에게 미안하거나 유감스럽지도 않으며, 문을 열 수 없는 것도 아니다. 단지 편집증 때문에 선원들을 죽이기로 결정했다.

(1.4) How many states were in the United States *that year*?

그해에 미국에는 몇 개의 주가 있었나요?

*that year*는 몇 년도인가? *that year*와 같은 단어들을 해석하기 위해서 질의응답 시스템은 이전의 질문들을 검토할 필요가 있다. 이 경우, 이전의 질문들은 링컨이 태어난 해에 대해 이야기했다. 그래서 이 핵심 추론 해결의 과제는 *that*(그것)이나 *it*(이것)이나 *she*(그녀)와 같은 대명사가 **담화**의 이전 부분을 어떻게 지칭하는지에 대한 지식을 활용하게 한다.

요약하자면 복잡한 언어 행동에 관여하는 것은 다양한 종류의 언어 지식을 필요로 한다.

- 음성학 및 음운론 – 언어 소리에 대한 지식
- 형태론 – 단어의 의미 있는 구성 요소에 대한 지식
- 통사론 – 단어 사이의 구조적 관계에 대한 지식
- 의미론 – 의미에 대한 지식
- 화용론 – 화자의 목표와 의도에 대한 의미 관계의 지식
- 담화론 – 단일 발화보다 더 큰 언어 단위에 대한 지식

1.2 중의성

중의성   언어 지식의 범주에 대한 놀라운 사실은 음성 및 언어 처리의 대부분의 과제가 **중의성**을 해결하는 것으로 볼 수 있다는 것이다. 일부 입력이 여러 개의 대체 언어 구조를 구축할 수 있는 경우, **중의적**이라고 한다. 예시로 *I made her duck*이라는 구문을 살펴

중의적   보자. 여기 이 문장이 가질 수 있는 다섯 가지 다른 의미들이 있는데, 각 의미들은 어느 정도 중의성을 가지고 있다.

(1.5) I cooked waterfowl for her.

나는 그녀를 위해 물새를 요리했다.

(1.6) I cooked waterfowl belonging to her.

나는 그녀의 물새를 요리했다.

(1.7)   I created the (plaster?) duck she owns.

나는 그녀가 소유한 (석고?) 오리를 만들었다.

(1.8)   I caused her to quickly lower her head or body.

나는 그녀가 머리나 몸을 빠르게 낮추게 했다.

(1.9)   I waved my magic wand and turned her into undifferentiated waterfowl.

나는 마술 지팡이를 휘두르며 그녀를 물새로 만들었다.

이러한 다른 의미들은 많은 중의성에 의해 야기된다. 첫째, *duck*과 *her*라는 단어는 형태론적으로 또는 통사론적으로 모호하다. *duck*은 동사나 명사가 될 수 있고, *her*는 대명사 또는 소유대명사가 될 수 있다. 둘째로, *make*라는 단어는 만들다 또는 요리하다를 의미할 수 있어, 의미론적으로 모호하다. 마지막으로 동사 *make*는 다른 방식으로 통사론적으로 모호하다. *make*는 타동사일 수 있다. 즉 하나의 직접목적어(1.6)를 취할 수도 있고, 또는 두 개의 목적어(1.9)를 취할 수도 있는데, 이는 첫 번째 목적어(*her*)가 두 번째 목적어(*duck*)로 만들어졌음을 의미한다. 최종적으로 *make*는 직접목적어와 동사(1.8)를 취할 수 있는데, 이는 목적어(*her*)가 동사의 행동(*duck*)을 수행하게 됐음을 의미한다. 게다가 구어 문장에는 더욱 심각한 중의성이 있다. 첫 번째 단어 *I*는 *eye*로 들리거나 두 번째 단어 *made*는 *maid*로 들릴 수도 있다.

책 전반에 걸쳐 종종 이러한 중의성을 **해결**하거나 **중의성 해소** 모델과 알고리듬을 소개한다. 예를 들어 *duck*이 동사인지 명사인지 결정하는 것은 **품사 태깅**으로 해결할 수 있다. *make*가 만들다를 의미하는지 요리하다를 의미하는지 결정하는 것은 **단어 의미 중의성 해소**로 해결될 수 있다.

품사 및 단어 의미 중의성 해결은 어휘 중의성의 두 가지 중요한 유형이다. 다양한 과제를 어휘 중의성 문제로 구성할 수 있다. 예를 들어 *lead*라는 단어를 읽는 텍스트 음성 변환 시스템은 그것이 *lead pipe*에서처럼 발음돼야 하는지, *lead me on*에서처럼 발음돼야 하는지를 결정해야 한다. 대조적으로, *her*과 *duck*이 같은 구성 요소((1.5) 또는 (1.8))인지 다른 구성 요소(1.6)를 결정하는 것은 **통사론적 중의성 해소 방안**의 예이며, **확률론적 구문 분석**에 의해 해결될 수 있다. 또한 문장이 (화행 해석으로 해결할 수 있는) 서술인지 질문인지를 결정하는 것과 같이 이 특정 예에서 발생하지 않는 중의성을 고려한다.

1.3 모델과 알고리듬

언어 처리에 관한 지난 50년간 연구의 주요 통찰 중 하나는 소수의 형식 모델이나 이론을 사용해 마지막 절에서 설명한 다양한 지식을 포착할 수 있다는 것이다. 이러한 모델과 이론은 모두 컴퓨터 공학, 수학 및 언어학의 표준 툴킷에서 도출된 것이며, 일반적으로 해당 분야의 교육을 받은 사람들에게 친숙할 것이다. 가장 중요한 모델 중에는 **상태 머신, 규칙 시스템, 논리, 확률론적 모델** 및 **벡터 공간 모델**이 있다. 이러한 모델은 소수의 알고리듬에 적합하다. 그중 가장 중요한 것은 **동적 프로그래밍**과 같은 **상태 공간 검색** 알고리듬과 분류기, EM(기댓값 최대화), 기타 학습 알고리듬과 같은 머신러닝 알고리듬이다. 가장 간단한 공식화에서 상태 머신은 상태, 상태 간 전환 및 입력 표현으로 구성된 형식적 모델이다. 이 기본 모델의 일부 변형은 **결정적** 및 **비결정적 유한 상태 오토마타**와 **유한 상태 변환기**이다.

이러한 모델과 밀접하게 관련된 것은 선언적 대응물인 형식 규칙 시스템이다. (확률론적 형식과 비확률론적 형식 모두에서) 고려하는 더 중요한 것 중에는 **정규 문법**과 **정규 관계, 문맥 자유 문법, 피처 증가 문법**이 있다. 상태 머신과 형식 규칙 시스템은 음운학, 형태론, 통사론에 대한 지식을 다룰 때 사용되는 주요 도구다.

언어 지식을 포착하는 데 중요한 역할을 하는 세 번째 모델은 논리 기반 모델들이다. **술어 해석**이라고도 알려진 **1차 논리**와 람다 표기법, 자질 구조 및 의미소와 같은 관련 형식론에 대해 논한다. 이러한 논리적 표현은 비록 최근의 연구가 비논리적인 어휘적 의미론에서 도출된 잠재적으로 더 강력한 기술에 초점을 맞추는 경향이 있지만, 전통적으로 의미론과 화용론을 모델링하는 데 사용해왔다.

확률론적 모델은 모든 종류의 언어적 지식을 포착하는 데 중요하다. 각각의 다른 모델(상태 머신, 형식 규칙 시스템, 논리)은 확률로 증강될 수 있다. 예를 들어 상태 머신은 확률을 가중해 **편중된 오토마톤** 또는 **마르코프 모델**이 될 수 있다. 우리는 모든 분야에서 사용되는 **은닉 마르코프 모델**이나 **HMM**에 상당한 시간을 들여 품사 태그, 음성 인식, 다이얼로그 이해, 문자 음성 변환, 기계 번역에 사용한다. 확률론적 모델의 주요 장점은 앞에서 논의한 많은 종류의 중의성 문제를 해결할 수 있는 능력이다. 거의 모든 음성 및 언어 처리 문제는 "중의적인 입력에 대해 N개의 선택이 주어지면 가장 가능성 있는 입력을 선택하십시오"로 재구성할 수 있다.

마지막으로, 벡터 공간 모델은 선형대수학에 기초해 정보 검색과 단어의 의미에 대한 많은 처리를 기초로 한다.

이러한 모델 중 하나를 사용해 언어를 처리하려면 일반적으로 입력에 대한 가설을 나타내는 상태의 공간을 탐색해야 한다. 음성 인식에서 정확한 단어를 찾기 위해 단음 시퀀스에서 탐색한다. 파싱parsing에서 입력 문장의 구문 분석을 위해 트리trees의 공간을 탐색한다. 기계 번역에서는 문장이 다른 언어로 올바르게 번역될 수 있도록 번역 가설의 공간을 탐색한다. 상태 머신과 관련된 과제처럼 비확률적 과제에 대해서는 **깊이 우선 탐색**depth-first search과 같은 잘 알려진 그래프 알고리듬을 사용한다. 확률론적 과제의 경우, **best-first** 및 **A* search**과 같은 귀납적인 변형을 사용하고, 컴퓨팅 연산의 실행 가능성을 위해 동적 프로그래밍 알고리듬을 사용한다.

분류기, 시퀀스 모델과 같은 머신러닝 도구는 많은 언어 처리 과제에서 중요한 역할을 한다. 각 객체를 설명하는 속성에 기초해 분류기는 단일 부류에 단일 객체를 할당하려고 시도하는 반면, 시퀀스 모델은 객체의 시퀀스를 부류의 시퀀스로 공동으로 분류하려고 시도한다.

예를 들어 단어의 철자가 정확한지 결정하는 과제에서 **의사 결정 트리, 서포트 벡터 머신**support vector machines, **가우시안 혼합 모델**Gaussian mixture models 및 **로지스틱 회귀 분석**과 같은 분류기를 사용해 한 번에 한 단어에 대해 이진 결정(정확 또는 부정확)을 내릴 수 있다. **은닉 마르코프 모델, 최대 엔트로피 마르코프 모델** 및 조건부 무작위 필드와 같은 시퀀스 모델을 사용해 한 문장의 모든 단어에 한 번에 정확/부정확 레이블을 할당할 수 있다.

마지막으로 언어 처리 연구자들은 머신러닝 연구에 사용되는 많은 동일한 방법론적 도구, 즉 별개의 훈련과 테스트 세트, **교차 검증**과 같은 통계적 기법, 훈련된 시스템의 면밀한 평가 등을 사용한다.

1.4 언어, 생각 및 이해

인간처럼 능숙하게 언어를 처리하는 컴퓨터의 능력은 지능적인 기계의 도래를 알린다. 이 신념의 기초는 언어의 효과적인 사용이 일반적인 인지 능력과 얽혀 있다는 사

실이다. 이 밀접한 관계의 연산 결과를 처음으로 고려한 사람은 앨런 튜링(Alan

튜링 테스트 Turing, 1950)이었다. 튜링은 논문에서 **튜링 테스트**^{Turing test}를 소개했다. 튜링은 기계가
생각하는 것이 무엇을 의미하는가에 대한 질문은 본질적으로 기계와 생각이라는 용어
에 내재된 부정확함 때문에 대답할 수 없다는 논제로 시작했다. 그 대신 컴퓨터의 언
어 사용이 기계가 생각할 수 있는지를 결정하는 기초가 되는 실증적인 테스트인 게임
을 제안했다. 기계가 게임에서 이긴다면 기계는 지능적인 것으로 판단될 것이다.

튜링의 게임에는 세 명의 참가자로 사람 2명과 컴퓨터 1대가 있다. 그중 한 사람이
심문관 역할을 하는 참가자다. 심문관은 텔레타이프^{teletype}를 통해 일련의 질문을 함
으로써 다른 둘 중 어떤 응답자가 기계인지 결정해야 한다. 기계의 임무는 사람처럼
질문에 대답함으로써 사람이라고 믿도록 심문관을 속이는 것이다. 두 번째 인간 참가
자의 임무는 다른 참가자가 기계라는 것과 자신이 인간이라는 것을 심문관에게 납득
시키는 것이다.

튜링의 논문에서 자신이 염두에 두고 있었던 인터랙션의 종류를 보여준다. 분명히
기계가 인간인 척 가장해 납득시킬 때, 모든 분야에서 전문가가 될 필요는 없다.

Q:	포스교(Forth Bridge)를 주제로 소네트(sonnet) 좀 써 줘.
A:	저는 여기서 제외시켜 주십시오. 저는 시를 쓸 수 없습니다.
Q:	70764에 34957을 더해봐.
A:	(약 30초간 일시 정지한 후 답안을 제시) 105621.

튜링은 대략 20세기 말까지 10기가바이트의 메모리를 가진 기계가 5분간의 질문
후에 인간 심문관을 속일 확률은 약 30%에 달할 것이라고 예측했다. 일부의 사람들
만 속일 수 있다는 점을 미뤄 볼 때 이 특정 기준이 얼마나 정확한지는 명확하지 않
다. 그럼에도 튜링에게 있어 중요한 쟁점은 기계가 인간처럼 언어를 사용하는 것만으
로 지능을 위한 운영 테스트로서 충분하다는 것이었다. 놀랍게도 튜링이 제기한 많은

엘리자 쟁점들은 1966년 초 **엘리자**^{ELIZA} 프로그램의 맥락과 관련이 있다(Weizenbaum, 1966).
엘리자는 사용자와 제한된 형태의 대화를 수행할 수 있는 초기 자연어 처리 시스템이
었다. 다음 절은 로저리안 심리 치료사를 모방한 엘리자 버전과 함께 살펴본다.

사용자 1:	넌 어떤 면에서는 내 아버지 같아.
엘리자 1:	어떤 유사점이 보입니까?

사용자 2:	너는 그다지 공격적이지 않지만, 내가 그것을 알아채기를 원하지 않는 것 같아.
엘리자 2:	왜 제가 공격적이지 않다고 생각하시죠?
사용자 3:	너는 나와 논쟁하지 않아.
엘리자 3:	왜 제가 당신과 논쟁하지 않는다고 생각하시죠?
사용자 4:	너는 나를 두려워해.
엘리자 4:	제가 당신을 두려워하길 원하시나요?

2장에서 더 자세히 다루지만, 엘리자는 입력을 처리하고 적절한 출력으로 변환하기 위해 패턴 일치를 사용하는 매우 간단한 프로그램이다. 이 간단한 기술은 엘리자가 상담을 받는 사람에 대해 아무것도 알지 못한 채 로저스 심리 치료사를 흉내 낸 것으로도 이 분야에서 성공한다. 바이젠바움이 지적했듯이, 청자들이 아무것도 모르는 것처럼 행동할 수 있는 몇 안되는 대화 장르 중 하나이다.

튜링의 아이디어와 엘리자의 깊은 관련성은 엘리자와 인터랙션한 많은 사람들이 자신의 문제를 실제로 엘리자가 이해했다고 믿게 됐다는 것이다. 실제로 바이젠바움 (1976)은 프로그램 운영에 대해 설명하고나서도 많은 사람들이 엘리자의 능력을 계속 믿고 있었다고 언급했다. 최근 몇 년 동안 바이젠바움의 비공식 테스트는 좀 더 통제된 환경에서 반복됐다. 1991년부터 뢰브너싱^{Loebner Prize} 대회라고 알려진 한 이벤트는 튜링 테스트에 다양한 컴퓨터 프로그램을 적용하려고 시도해왔다. 이런한 대회들이 과학과 관련이 없어 보일 정도로 수년 동안 일관된 결과는 가장 조잡한 프로그램조차 일부 심사위원들을 속일 수 있었다(Shieber, 1994a). 당연히 이러한 결과는 철학자와 AI 연구자들 사이의 지능 테스트로서 튜링 테스트의 적합성에 대한 논쟁을 잠재우는 데 아무런 도움이 되지 않았다(Searle, 1980).

하지만 이 책의 목적상 이 결과들의 타당성은 컴퓨터가 과연 지능을 갖출 것인가 아니면 자연어를 이해할 것인가에 달려 있지 않다. 훨씬 더 중요한 것은 같은 논문에서 튜링의 또 다른 예측을 확인한 사회과학 분야의 최근 관련 연구다.

나는 세기말 즈음에는 사람들의 말과 인식이 확연히 바뀌어 기계가 틀릴 수 있다는 생각을 아예 하지 않을 것이라고 생각한다.

사람들이 컴퓨터의 내부 구동에 대해 무엇을 믿거나 알고 있든지 간에, 이제 사람들은 사회적 실체로서 컴퓨터와 이야기하고 상호작용한다는 것이 명백해졌다. 사람들은 컴퓨터를 마치 사람을 대하듯 행동했다. 사람들은 컴퓨터를 정중하게 대했고, 팀원으로 취급하며, 무엇보다도 컴퓨터가 자신들의 요구를 이해할 수 있고, 자연스럽게 상호작용할 수 있어야 한다고 기대했다. 예를 들어 리브스와 나스(Reeves and Nass, 1996)는 컴퓨터가 사람에게 자신의 성능을 평가하도록 요청했을 때, 다른 컴퓨터가 같은 질문을 했을 때보다 더 긍정적인 반응을 보인다는 것을 발견했다. 사람들은 무례해 보이는 것을 두려워하는 것 같았다. 다른 실험에서, 리브스와 나스는 만약 최근에 컴퓨터가 인간에게 아첨하는 말을 했다면 사람들은 더 높은 성능 등급을 준다는 것을 발견했다. 이러한 성향으로 볼 때, 음성 및 언어 기반 시스템은 많은 애플리케이션에 가장 자연스러운 인터페이스를 제공할 수 있다. 이러한 사실은 대화형으로 의사소통하는 인공 개체인 **대화 에이전트**의 설계에 대해 장기간에 걸쳐 초점을 맞추게 됐다.

1.5 현재의 기술 수준

> 우리는 가까운 미래밖에 내다보지 못하지만, 그동안 해야 할 일들이 많다는 건 안다.
>
> – 앨런 튜링

지금은 음성 및 언어 처리 분야에 있어서 흥미진진한 시기이다. 일반 컴퓨터 사용자가 이용할 수 있는 컴퓨팅 리소스가 엄청나게 증가하고 거대한 정보 공급원으로서의 웹이 등장하고, 무선 모바일 액세스의 가용성이 높아짐에 따라 음성 및 언어 처리 애플리케이션이 주목을 받았다. 다음은 이러한 추세를 반영하는 현재 배포된 일부 시스템의 예다.

- 암트랙Amtrak, 유나이티드 항공, 기타 여행사에 여행객들은 전화로 예약을 하고 도착과 출발 정보를 얻는 과정을 안내하는 대화 에이전트와 상호작용을 한다.
- 자동차 제조업체는 자동 음성 인식 및 문자 음성 변환 시스템을 제공해 운전자가 환경, 엔터테인먼트 및 내비게이션 시스템을 음성으로 제어할 수 있도록 한다. 국제 우주 정거장에서 우주 비행사가 비슷한 음성 대화 시스템을 배치했다.

- 동영상 검색 업체들은 음성 인식 기술을 이용해 사운드 트랙의 단어를 캡처해 웹에서 수백만 시간 분량의 동영상을 검색하는 서비스를 제공한다.
- 구글은 사용자가 다른 언어로 컬렉션을 검색하기 위해 모국어로 쿼리를 제공할 수 있는 언어간 정보 검색 및 번역 서비스를 제공한다. 구글은 검색어를 번역하고 가장 관련성 높은 페이지를 찾은 후, 자동으로 사용자의 모국어로 다시 번역한다.
- 피어슨[Pearson]과 같은 대형 교육 출판사와 ETS와 같은 시험 서비스들은 자동화된 시스템을 사용해 수천 개의 학생 에세이를 분석하고 채점하며 인간 채점자들과 같은 방식으로 평가한다.
- 실제와 같은 애니메이션 캐릭터에 기반한 대화형 가상 에이전트는 아이들에게 읽기를 가르치는 튜터 역할을 한다(Wise et al., 2007).
- 텍스트 분석은 기업들이 웹로그, 토론 포럼 및 사용자 그룹에 표현된 사용자 의견, 선호도, 태도 등의 자동 측정에 기반한 마케팅 인텔리전스를 제공한다.

1.6 일부 간략한 역사

역사적으로 음성 및 언어 처리는 컴퓨터 공학, 전기 공학, 언어학, 심리/인지학에서 매우 다르게 취급해왔다. 이러한 다양성 때문에 언어학은 컴퓨터 언어학, 컴퓨터 공학에서의 **자연어 처리**, 전기 공학에서의 **음성 인식**, 심리학의 **컴퓨터 언어 심리학** 등 서로 다르지만 겹치는 여러 분야를 아우른다. 이 절은 음성 및 언어 처리 분야를 야기시킨 서로 다른 역사적 맥락들을 요약한다. 이 절에서는 개요만 제공하지만 여기에 나열된 많은 항목은 2장에서 자세히 설명한다.

1.6.1 기초적 이해: 1940년대와 1950년대

이 분야의 초창기의 뿌리는 컴퓨터 자체를 탄생시킨 2차 세계대전 직후의 시기로 거슬러 올라간다. 1940년대부터 1950년대 말까지 이 시대는 두 가지 기본 패러다임 즉, **오토마톤**과 **확률론적** 또는 **정보-이론적 모델**에서 집중적인 연구가 있었다.

오토마톤은 1950년대 튜링(1936) 알고리듬 계산 모델에서 생겨났으며, 많은 사람들이 현대 컴퓨터 과학의 기초로 간주했다. 튜링의 연구는 우선 명제 논리학적으로 설명할 수 있는 일종의 컴퓨팅 요소로서 뉴런의 단순화된 모델인 **맥컬로치-피츠 뉴런**(McCulloch and Pitts, 1943)으로 이어졌고, 이후 유한한 오토마타와 규칙적인 표현에 관한 클레네(1951)와 클레네(1956)의 과제로 이어졌다. 섀넌(1948)은 언어 오토마타에 이산형 마르코프 프로세스의 확률론적 모델을 적용했다. 섀넌의 연구에서 유한 상태 마르코프 프로세스에 대한 아이디어를 바탕으로 촘스키(1956)는 문법을 특성화하는 방법으로 유한 상태 머신을 고려하고 유한 상태 언어를 유한 상태 문법으로 생성된 언어로 정의했다. 이러한 초기 모델들은 **형식 언어 이론**의 분야로 이어졌는데, 형식 언어를 기호들의 수열로 정의하기 위해 대수학과 집합론을 사용했다. 여기에는 문맥 자유 문법이 포함되는데, 촘스키(1956)가 자연어를 위해 처음 정의했지만 배커스(1959)와 나우르 외 연구진(1960)이 ALGOL 프로그래밍 언어에 대한 설명에서 독립적으로 발견했다.

이 시기의 두 번째 기본 통찰력은 섀넌의 또 다른 기여로 나온 음성 및 언어 처리를 위한 확률론적 알고리듬 개발에 관한 것이다. 통신 채널과 음성 음향과 같은 매체로 언어 전송을 위한 **잡음 통신로**와 **디코딩**을 상징한다. 또한 섀넌은 열역학에서 채널의 정보 용량 또는 언어의 정보 내용을 측정하는 방법으로 **엔트로피** 개념을 빌려왔으며, 확률적 기법을 사용해 영어의 엔트로피를 측정했다.

또한 이 시기의 초반 음향 분석기가 개발됐고(Koenig et al., 1946), 음성 인식에 있어 이후의 과제를 위한 토대를 마련한 기계 음성학의 기초 연구가 이루어졌다. 이로 인해 1950년대 초에 최초의 기계 음성 인식기가 탄생했다. 1952년, 벨 연구소[Bell Labs]의 연구원들은 단일 화자에서 10자리 숫자를 인식할 수 있는 통계 시스템을 구축했다(Davis et al., 1952). 이 시스템에는 숫자의 처음 두 모음 포먼트를 대략적으로 나타내는 10개의 화자 종속 저장 패턴이 있다. 입력과 가장 높은 상대 상관 계수를 갖는 패턴을 선택해 97~99% 정확도를 달성했다.

1.6.2 두 캠프: 1957~1970년

1950년대 말에서 1960년대 초까지 언어 처리는 상징과 확률이라는 두 가지 패러다임으로 아주 깔끔하게 분리됐다.

상징적 패러다임은 두 가지 연구 라인에서 출발했다. 첫 번째는 1950년대 후반과 1960년대 초중반에 걸쳐 형식 언어 이론과 생성 통사론에 대한 촘스키와 다른 사람들의 연구였다. 처음에는 하향식과 상향식 그리고 동적 프로그래밍으로 파싱 알고리듬에 대한 많은 언어학과 컴퓨터 공학자들의 작업이었다.

최초의 완전한 파싱 시스템 중 하나는 1958년 6월부터 1959년 7월 사이에 펜실베이니아대학교(1962)에서 시행된 젤리그 해리스의 변환과 담화 분석 프로젝트[TDAP, Transformations and Discourse Analysis Project]이다.[2]

두 번째는 새로운 인공지능 분야 연구였다. 1956년 여름 존 매카시, 마빈 민스키, 클로드 섀넌, 나다니엘 로체스터는 연구원 그룹을 모아 인공지능[AI]이라고 부르기로 결정한 것에 대한 두 달 간의 워크숍을 가졌다. AI는 항상 확률적, 통계적 알고리듬(확률적 모델과 신경 회로망 포함)에 초점을 맞춘 소수의 연구자를 포함했지만, 새로운 분야의 주요 초점은 뉴웰과 사이먼의 논리 이론가[Logic Theorist]와 일반 문제 해결자[General Problem Solver]에 대한 연구로 구체화된 추론과 논리에 관한 연구였다. 이때 초기 자연어 이해 시스템이 구축됐다. 이러한 단순한 시스템은 추론 및 질문 조회를 위한 단순한 휴리스틱스와 패턴 매칭과 키워드 검색의 조합에 의해 주로 단일 도메인에서 작동했다. 1960년대 후반에 이르러, 더욱 형식적인 논리 시스템이 개발됐다.

확률적 패러다임은 주로 통계학과 전기공학과에 자리 잡았다. 1950년대 후반에 이르러 베이지안[Bayesian] 방법이 광학식 문자 인식 문제에 적용되기 시작했다. 블레드소와 브라우닝(1959)은 큰 사전을 사용하는 베이지안 텍스트 인식을 구축하고 각 문자의 우도에 곱해 사전에 있는 각 단어에 대해 관측된 각 문자 시퀀스의 우도를 계산했다. 모스텔러와 월리스(1964)는 연방주의자 논집[The Federalist papers]의 저자 판별 문제에 베이지안 방법을 적용했다.

1960년대에는 최초로 인간 언어 처리에 대한 테스트 가능한 심리학적 모델과 온라인 코퍼스들이 등장했으며, 변형 문법을 기반으로 했다. 1963~64년에 브라운대학교에서 수집된 다양한 장르(신문, 소설, 논픽션, 학술 등)에 대한 500개 텍스트 샘플의 100만 단어 모음인 미국 영어의 브라운 코퍼스와 윌리엄 S. Y. 왕의 1967 DOC, 온라인 중국

---

2   이 시스템은 최근에 다시 구현됐고, 조시와 호플리(1999)와 카트툰(1999)은 파서가 본질적으로 유한 상태 변환기의 계단식으로 구현됐다고 설명했다.

어 방언 사전이 있다.

1.6.3 네 가지 패러다임: 1970~1983년

다음 기간에는 음성 및 언어 처리에 대한 연구가 폭발적으로 증가했고 여전히 해당 분야를 지배하고 있는 많은 연구 패러다임이 개발됐다.

확률론적 패러다임은 이 시기의 음성 인식 알고리즘 개발에 큰 역할을 했다. 특히 은닉 마르코프 모델^{HMM}의 사용과 IBM의 토마스 J. 왓슨 연구 센터의 옐리네크, 바일, 머서 외 연구진들과 프린스턴의 국방 분석 연구소의 바움 외 연구진들의 연구에 영향을 받은 카네기 멜론대학교의 베이커가 독립적으로 개발한 노이즈 채널과 디코딩의 메타포 사용에 큰 역할을 했다.

논리 기반 패러다임은 프롤로그와 확정 절 문법(Pereira and Warren, 1980)의 선구자인 콜메라우어와 그의 동료들이 Q-시스템과 변형 문법(Colmerauer, 1970, 1975)을 연구하면서 시작됐다. 독립적으로 기능 문법에 관한 케이의 연구(1979)와 브레즈넌과 카플란(1982)의 어휘 기능 문법(LFG)에 관한 연구는 자질 구조 통합의 중요성을 확립했다.

이 기간 동안 **자연어 이해** 분야는 장난감 블록이 내장된 로봇을 시뮬레이션한 위노그라드의 'SHRDLU' 시스템으로 시작됐다(Winograd, 1972a). 이 프로그램은 미지의 복잡성과 정교함을 가진 자연어 텍스트 명령어(작은 녹색의 블록 위에 빨간색 블록을 이동)를 받아들일 수 있었다. 또한 위노그라드의 체계는 할리데이의 체계적 문법에 기초해 광범위한 영어 문법을 처음으로 구축하려고 시도했다. 위노그라드의 모델은 파싱 문제가 의미론과 담화론에 집중할 수 있을 정도로 충분히 이해돼 있음을 분명히 했다. 로저 샨크와 그의 동료들과 예일대 학생들은 스크립트, 계획, 목표와 같은 개념적 지식과 인간 기억 조직에 초점을 맞춘 일련의 언어 이해 프로그램을 구축했다(Schank and Abelson, 1977; Schank and Riesbeck, 1981; Cullingford, 1981; Wilensky, 1983; Lehnert, 1977). 이 연구는 종종 네트워크 기반 의미론(Quillian, 1968; Norman and Rumelhart, 1975; Schank, 1972; Wilks, 1975c, 1975b; Kintsch, 1974)을 사용했고 격문법(Fillmore, 1988)에 대한 필모어의 개념을 표현에 통합하기 시작했다(Simmons, 1973). 논리 기반 및 자연어 이해 패러다임은 LUNAR 질의응답 시스템과 같이 술어 논리를 의미론적 표현으로 사용하는 시스템에서 통일됐다(Woods, 1967, 1973).

담화 모델링 패러다임은 담화의 4가지 핵심 영역에 중점을 뒀다. 그로즈와 그녀의 동료들은 담화의 토대와 담화포커스에 대한 연구를 소개했다(Grosz, 1977a; Sidner, 1983). 다수의 연구원들이 자동 참조 해결(Hobbs, 1978) 그리고 화행의 논리 기반 과제에 대한 **BDI**^{Belief-Desire-Prediative} 프레임워크를 개발했다(Perrault and Allen, 1980; Cohen and Perrault, 1979).

1.6.4 경험론 및 유한 상태 모델 리덕스: 1983~1993년

이후 10년 동안 스키너의 언어 행동에 대한 촘스키의 영향력 있는 논평(Chomsky, 1959b)과 같은 이론적인 주장으로 인해 1950년대 후반과 1960년대 초반에 인기를 잃었던 두 부류의 모델이 부활했다. 첫 번째 부류는 유한 상태 모델로, 카플란과 케이(1981)의 유한 상태 음운론과 형태론 연구와 처치(Church, 1980)의 통사론의 유한 상태 모델 연구 이후 다시 주목받기 시작했다. 유한 상태 모델에 대한 많은 연구가 책 전반에 걸쳐 설명돼 있다.

이 시기의 두 번째 부류는 "실증주의의 귀환"이었다. 여기서 가장 주목할 만한 것은 IBM 토마스 J. 왓슨 연구 센터의 음성 인식의 확률론적 모델에 대한 연구에 강한 영향을 받은 음성 및 언어 처리 전반에 걸친 확률론적 모델의 증가였다. 이러한 확률론적 방법과 기타 데이터 중심 접근 방식은 음성에서 언어의 품사 태깅, 파싱 및 연결 관계에 따른 중의성, 의미론으로 확산된다. 또한 이러한 실증적인 방향은 또한 홀드아웃^{hold-out} 데이터 사용, 평가를 위한 정량적 메트릭 개발, 이전에 발표된 연구와 메트릭의 성능 비교를 강조하는 모델 평가에 대한 새로운 초점을 동반했다.

또한 이 기간은 자연어 생성에 상당한 노력을 기울였다.

1.6.5 필드 통합: 1994~1999년

밀레니엄의 마지막 5년 동안 이 분야는 큰 변화를 겪었다. 첫째, 확률론적이고 데이터 중심적인 모델은 자연어 처리 전반에 걸친 기준이 됐다. 파싱, 품사 태깅, 참조 해결 및 담화 처리를 위한 알고리듬은 모두 확률을 통합하고 음성 인식과 정보 검색에서 차용한 평가 방법론을 채택하기 시작했다. 둘째, 컴퓨터의 속도와 메모리의 증가로 인해 여러 하위 영역의 음성 및 언어 처리, 특히 음성 인식, 철자 및 문법 교정을 상업적으로 이용할 수 있었다. 음성 및 언어 처리 알고리듬이 보완 대체 의사소통AAC, Augmentative and Alternative Communication에 적용되기 시작했다. 마지막으로 웹의 성장은 언어 기반 정보 검색과 정보 추출의 필요성을 강조했다.

1.6.6 머신러닝의 증가: 2000~2008년

1990년대 후반에 시작된 실증주의적 경향은 새로운 세기에 놀라운 속도로 가속화됐다. 이 가속도는 크게 세 가지 시너지 트렌드에 의해 주도됐다.

첫째, 언어 데이터 컨소시엄LDC과 기타 유사한 조직의 후원을 통해 많은 양의 음성 및 서면 자료를 널리 사용할 수 있게 됐다. 중요한 것은, 이 자료들 중에는 Penn Treebank(Marcus et al., 1993), Prague Dependency Treebank(Hajič, 1998), PropBank (Palmer et al., 2005), Penn Discourse Treebank(Miltsakaki et al., 2004b), RSTBank (Carlson et al., 2001), TimeBank(Pustejovsky et al., 2003b)와 같은 주석 처리된 컬렉션들이 포함돼 있었다. 이 모든 것은 다양한 형태의 통사론, 의미론, 화용론적 주석을 가진 표준 텍스트 소스를 계층화한다. 이러한 리소스의 존재는 파싱이나 의미 분석과 같은 보다 복잡한 전통적인 문제를 지도된 머신러닝의 문제로 할당하는 추세를 촉진했다. 또한 파싱(Dejean and Tjong Kim Sang, 2001), 정보 추출(NIST, 2007a; Tjong Kim Sang, 2002; Tjong Kim Sang and De Meulder, 2003), 단어 의미 중의성 해소(Palmer et al., 2001; Kilgarriff and Palmer, 2000), 질의응답(Voorhees and Tice, 1999), 요약(Dang, 2006), 이러한 리소스는 추가 경쟁력의 확립을 촉진했다.

둘째, 학습에 대한 집중도가 높아지면서 통계 머신러닝 커뮤니티와의 상호작용이 더욱 중요해졌다. 서포트 벡터 머신(Boser et al., 1992; Vapenik, 1995), 최대 엔트로피 기법 및 다항 로지스틱 회귀(Berger et al., 1996), 그래픽 베이지안 모델(Pearl, 1988)과 같은 기법은 전산 언어학의 표준 관행이 됐다.

셋째, 고성능 컴퓨팅 시스템의 광범위한 가용성은 10년 전에는 상상할 수 없었던 시스템의 훈련과 배포를 용이해졌다.

마지막으로, 이 기간이 거의 끝나갈 무렵 주로 자율 통계적 접근 방식이 새롭게 주목을 받기 시작했다. 기계 번역(Brown et al., 1990; Och and Ney, 2003)과 토픽 모델링 (Blei et al., 2003)은 불분명한 데이터만으로 훈련된 시스템에서 효과적인 애플리케이션을 구축할 수 있음을 입증했다. 또한 안정적으로 주석이 달린 코포라를 생산하는 데 드는 광범위한 비용과 어려움은 많은 문제에 대한 지도된 접근법의 사용에 있어 제한 요소가 되기 때문에 자율적인 기법을 사용하는 경향은 증가할 것이다.

1.6.7 복수 발견

이 간략한 역사적 개요에서도 우리는 같은 생각의 복수 발견 사례들을 언급해왔다. 이 책에서 논의될 "복수multiples" 중 몇 가지는 다음 내용을 포함하고 있다. 비터비, 빈트슈크, 니들먼과 운슈, 사코와 지바, 산코프, 라이허트 외, 바그너와 피셔의 시퀀스 비교를 위한 동적 프로그래밍 적용(3장, 5장, 6장), 베이커 및 옐리네크, 바일 및 머서에 의한 음성 인식의 HMM/잡음 통신로 모델(6장, 9장, 10장), 촘스키와 백커스 및 나우의 문맥 자유 문법의 개발(12장), 휴이브레츠와 쉬에버의 스위스에서 쓰는 독일어(Swiss-German)가 문맥 자유 구문을 가지고 있다는 증거(16장), 콜메라워 외 및 케이의 언어 처리에 대한 통합 적용(15장)을 다룬다.

이러한 복수 발견은 놀라운 우연의 일치로 간주돼야 하는가? 로버트 K. 머튼(1961)의 잘 알려진 가설은 정반대라고 주장한다.

> 모든 과학적 발견은 표면적으로 단독 발견으로 보여도 원칙적으로 복수 발견이다.

물론, 복수 발견 또는 발명의 잘 알려진 사례가 많다. 오그번과 토마스(1922)의 광범위한 목록 중 몇 가지 예로는 라이프니츠와 뉴턴에 의한 미적분학의 복수 발명, 월리스와 다윈에 의한 자연선택 이론의 복수 전개, 그레이와 벨에 의한 전화기의 복수 발명 등이 있다.[3] 그러나 머튼은 이전에 발표되지 않았거나 접근 불가능한 연구의 재발견으로 판명된 많은 추정 단독 발견의 사례를 포함해 복수 발견이 예외라기보다는 규칙이라는 가설에 대한 추가적인 근거를 제시한다. 더욱 강력한 증거는 과학자들 스스로가 복수 발명이 표준이라는 가정하에 행동한다는 민족 감각적 방법론이다. 그래서 과학적 삶의 많은 양상들은 과학자들이 누군가에 의해 본인의 연구가 먼저 공개되는 것을 피하기 위해 저널 제출 날짜, 연구 기록의 신중한 날짜, 예비 또는 기술 보고

---

3   오그번과 토마스는 일반적으로 복수 발명의 확산이 개인의 천재성이 아닌 문화적 환경이 과학적 발견에서 결정적인 원인임을 시사한다. 하지만 머튼은 19세기와 그 이전의 자료들을 인용하면서 이 생각조차도 복수 발견이라고 언급했다.

서의 유포 등이 고안됐다.

1.6.8 심리학에 대한 간단한 요약

이 책의 많은 장들은 인간 정보 처리에 대한 심리학적 연구의 간단한 요약들을 포함하고 있다. 물론 인간의 언어 처리에 대한 이해는 그 자체로 중요한 과학적 목표이며, 일반적인 인지 과학 분야의 일부이다. 그러나 인간 언어 처리의 이해는 언어의 더 나은 머신 모델 언어를 구축하는 데 도움이 될 수 있다. 이는 자연의 알고리듬을 직접 모방하는 것이 공학적 응용 분야에서 거의 유용하지 않다는 사회적 통념과는 상반돼 보인다. 예를 들어 우리가 자연을 정확히 베낀다면 비행기는 날개를 퍼덕거리도록 만들어야 하지만, 고정된 날개를 가진 비행기는 더 성공적인 엔지니어링 솔루션이다. 그러나 언어는 항공학이 아니다. 자연으로부터의 모방은 항공학에 유용할 때도 있지만(결과적으로 비행기에는 날개가 있다), 인간 중심의 과제를 해결하려고 할 때 특히 유용하다. 비행기 비행은 조류 비행과는 다른 목표를 갖고 있다. 그러나 음성 인식 시스템의 목표는 법원의 인간 속기자처럼 정확하게 음성 대화를 전사하는 것이다. 사람은 이미 음성 대화 전사를 잘하고 있기 때문에, 기존 자연의 솔루션에서 배울 수 있다. 게다가 음성 및 언어 처리 시스템의 중요한 애플리케이션은 인간과 컴퓨터의 인터랙션을 위한 것이기 때문에, 사람들이 익숙해진 방식으로 행동하는 솔루션을 모방하는 것이 합리적이다.

1.7 요약

1장에서는 음성 및 언어 처리 분야를 소개한다. 다음은 1장의 하이라이트 중 일부다.

- 음성 및 언어 처리 연구의 문제를 이해하는 좋은 방법은 〈2001: 스페이스 오디세이〉의 HAL과 같은 지능형 에이전트를 만들거나 웹 기반 질의응답기 또는 기계 번역 엔진을 만들 때 무엇이 필요한지 고려하는 것이다.
- 음성 및 언어 기술은 음운론 및 음성학, 형태론, 통사론, 의미론, 화용론 및 담화론 수준에서 언어 지식에 대한 형식적 모델 또는 표현에 의존한다. 이러한 지식을 포착하기 위해 상태 머신, 형식적 규칙 시스템, 논리 및 확률 모델을 포함한 여러 형식적 모델을 사용한다.

- 음성 및 언어 기술은 컴퓨터 공학, 언어학, 수학, 전기 공학, 심리학에 기초한다. 표준 프레임워크의 소수의 알고리듬을 음성 및 언어 처리 전반에 걸쳐 사용한다.

- 언어와 생각의 중요한 연관성은 음성 및 언어 처리 기술을 지능적인 기계에 대한 논쟁의 중심에 뒀다. 게다가 사람들이 복잡한 미디어와 어떻게 상호작용하는가에 대한 연구는 음성 및 언어 처리 기술이 미래 기술의 발전에 매우 중요할 것임을 나타낸다.

- 음성 및 언어 처리의 혁신적인 애플리케이션은 현재 전 세계에서 사용하고 있다. 웹의 창조와 최근의 음성 인식 및 합성 개선은 더 많은 애플리케이션으로 이어질 것이다.

참고문헌 및 역사 참고 사항

음성 및 언어 처리의 다양한 하위 영역에 대한 연구는 다양한 컨퍼런스와 저널에 퍼져 있다. 자연어 처리 및 컴퓨터 언어학에 가장 중점을 둔 컨퍼런스 및 저널은 ACL Association for Computing Language, EACL European counterpart, 국제 COLING Conference on Computical Language과 관련이 있다. ACL, NAACL, EACL의 연례 절차와 2년마다 열리는 COLING 컨퍼런스는 이 분야의 주요 포럼이다. 관련 컨퍼런스로는 CoNLL Conference on Natural Language Learning과 같은 ACL Special Interest Groups SIGs의 다양한 진행과 EMNLP Empirical Methods in Natural Language Processing 등이 있다.

음성 인식, 이해, 종합에 관한 연구는 ICSLP International Spoken Language Processing라고 부르는 연례 인터스피치 컨퍼런스와 격년으로 EUROSPEECH European Conference on Speech Communication and Technology 또는 연간으로 IEEE ICASSP IEEE International Conference on Acoustics, Speech, and Signal Processing에서 치러진다. 음성 언어 다이얼로그 연구는 이들 또는 SIGDial 과 같은 워크숍에서 제시된다.

저널에는 Computational Linguistics, Natural Language Engineering, Computer Speech and Language, Speech Communication, the IEEE Transactions on Audio, Speech & Language Processing, the ACM Transactions on Speech and Language Processing, and Linguistic Issues in Language Technology를 포함한다.

'Computational Linguistics journal'의 논문 및 ACL, COLING 및 관련 컨퍼런스를 포함한 많은 논문은 ACL Anthology(http://www.aclweb.org/anthology-index/)에서 온라인으로 무료로 이용 가능하다.

인공지능 관점에서 언어 처리에 관한 연구는 AAAI^{American Association for Artificial Intelligence}의 연례 컨퍼런스와 격년의 IJCAI^{International Joint Conference on Artificial Intelligence} 컨퍼런스에서 찾아볼 수 있다. 음성 및 언어 처리 과제를 주기적으로 하는 인공지능 저널에는 Machine Learning, Journal of Machine Learning Research, and the Journal of Artificial Intelligence Research이 있다.

음성 및 언어 처리의 다양한 측면을 다루는 상당수의 참고서가 있다. 매닝과 슈제(1999) (Foundations of Statistical Language Processing)는 태깅, 파싱, 명확성, 배열 및 기타 영역의 통계 모델에 중점을 둔다. 샤르니아크(1993)(Statistical Language Learning)은 비록 오래되고 덜 포괄적이지만 비슷한 자료에 대해 소개한다. 매닝 외 연구진(2008)은 정보 검색, 텍스트 분류 및 클러스터링에 중점을 둔다.

NLTK, 자연어 툴킷(Bird and Loper, 2004)은 NLTK 제품군을 기반으로 한 Natural Language Processing 서적과 함께 파이썬 모듈 및 자연어 처리를 위한 데이터 모음이다. 앨런(1995)(Natural Language Understanding)은 AI 관점에서 언어 처리에 대한 광범위한 범위를 제공한다. 가즈다르와 멜리쉬(1989)(Natural Language Processing in Lisp/Prolog/Pop11)는 특히 오토마타, 파싱, 피처, 통합을 다루고 있으며 온라인에서 무료로 이용할 수 있다.

페레이라와 쉬에버(1987)는 파싱과 해석에 대한 프롤로그 기반의 소개를 제공한다. 러셀과 노르빅(2002)은 자연어 처리에 관한 장으로 인공지능을 소개한다. 파티 외(1990)는 수리언어학을 폭넓게 다루고 있다. 역사적으로 중요한 기초 논문 모음은 그로즈 외(1986)(Readings in Natural Language Processing)에서 찾을 수 있다.

음성과 텍스트의 코포라를 얻을 수있는 곳이 많이 있다. 코포라를 만들어 유통하는 비영리 컨소시엄인 언어 데이터 컨소시엄이 대표적이다(http://www.ldc.upenn.edu/). ChildES(http://childes.psy.cmu.edu/), 영국 내셔널 코퍼스(http://www.natcorp.ox.ac.uk/) 및 프로젝트 구텐베르크(http://www.gutenberg.org/)와 같은 다른 항목에 대한 포인터는 이 책 웹 페이지를 참조하길 바란다.

02
정규 표현식과 오토마타

사용자1: 남자는 다 똑같아.

엘리자1: 어떤 점에서 그렇습니까.

사용자2: 남자들은 항상 이런저런 일로 귀찮게 해.

엘리자2: 구체적인 예가 있습니까.

사용자3: 음, 내 남자친구가 날 여기로 오게 했어.

엘리자3: 당신의 남자친구가 당신을 여기 오게 만들었군요.

사용자4: 그는 내가 항상 우울해 보인대.

엘리자4: 당신이 우울하다니 유감입니다.

                       – 바이젠바움(1966)

여러분이 다람쥐과에 속하는 설치류의 일종인 우드척^{woodchucks}의 열렬한 애호가가 됐고, 최근에 *groundhog*와 *woodchuck*이 같은 동물의 다른 이름이라는 것을 알게 됐다고 상상해보자. 만약 당신이 *woodchucks*에 대한 학기말 리포트를 쓰고 있을 때 이제 *woodchuck*이라는 용어가 발생할 때마다 당신의 리포트를 뒤져보고 *woodchucks*를 *woodchucks(groundhogs)*로, 단수 *woodchuck*은 *woodchuck(groundhog)*으로 바꿔야 한다. 두 번 검토하는 대신 '선택적으로 끝에 *s*가 있는 *woodchuck*'처럼 작업에 단일 명령을 수행하는 것이 좋다. 또는 일부 문서에서 모든 가격을 검토할 경우, 가격표를 자동으로 추출하기 위해 $199 또는 $25, $24.99와 같은 모든 문자열을 볼 수 있다. 2장에서는 텍스트 시퀀스의 특성을 나타내는 표준 표기법인 **정규 표현식**을 소개한다. 정규 표현식은 모든 종류의 텍스트 처리 및 정보 추출 애플리케이션에서 텍스트 문자열을 지정하는 데 사용된다.

정규 표현식을 정의한 후 **유한 상태 오토마톤**으로 어떻게 구현할 수 있는지 보여준다. 유한 상태 오토마톤은 정규 표현식을 구현하는 데 사용되는 수학적 장치일 뿐만아니라 컴퓨터 언어학의 가장 중요한 도구 중 하나다. 유한 상태 변환기, 은닉 마르코프 모델, N그램 문법과 같은 오토마타의 변형은 음성 인식과 합성, 기계 번역, 철자검사, 정보 추출을 포함해 이후 장에서 소개하는 애플리케이션의 중요한 구성 요소다.

2.1 정규 표현식

앤드류 경: 그녀의 C, 그녀의 U, 그리고 그녀의 T: 왜 그럴까?

– 셰익스피어, 『십이야(Twelfth Night)』

컴퓨터 공학의 표준화에서 잘 알려지지 않은 성공 중 하나는 텍스트 검색 문자열을
정규 표현식   지정하는 언어인 **정규 표현식**[RE]이었다. grep 및 Emacs와 같은 Unix 도구, Perl, Python, Ruby, Java 및 .NET 및 Microsoft Word에서 텍스트 검색에 사용되는 정규 표현식 언어는 매우 유사하며, 웹 검색엔진에는 많은 RE 피처가 있다. 이러한 실용화 외에도 정규 표현식은 컴퓨터 공학 및 언어학 전체에서 중요한 이론적 도구다.

문자열   정규 표현식(Kleene(1956))이 처음 개발했지만 자세한 내용은 '역사 참고 사항' 절 참조)은 **문자열**의 간단한 종류를 지정하는 특수 언어의 공식이다. 문자열은 일련의 기호이며, 대부분의 텍스트 기반 검색법에서 문자열은 영숫자의 시퀀스이다(문자, 숫자, 공백, 탭 및구두점). 마찬가지로 공백도 문자로 인식하며, 기호 ⎵으로 표시한다.

형식적으로 정규 표현식은 일련의 문자열을 특징짓기 위한 대수적 표기법이다. 따라서 검색 문자열을 지정할 수 있을 뿐만 아니라 언어를 형식적으로 정의할 수도 있다. 텍스트에서 검색을 지정하는 방법으로서 정규식에 대해 먼저 알아보고 다른 사용법에 대한 소개로 이어간다. 2.3절에서는 문자열을 특성화하는 데 정규 표현식 연산자 3개만 사용하는 것으로 충분하지만, 이 절 전체에서는 더 편리하고 일반적으로 사용되는 펄[Perl] 언어의 정규 표현식 문법을 사용한다. 일반적인 텍스트 처리 프로그램은 정규 표현식의 문법 대부분과 일치하기 때문에, 우리가 말하는 대부분의 것은 모든 UNIX와 마이크로소프트 워드의 정규 표현식으로 확장된다.

코퍼스   정규 표현식 검색은 우리가 찾고자 하는 **패턴**과 검색할 텍스트의 **코퍼스**가 필요하다. 정규 표현식 검색 함수는 코퍼스를 검색해 패턴과 일치하는 모든 텍스트를 반환한다. 웹 검색엔진과 같은 정보 검색[IR] 시스템에서 텍스트는 전체 문서 또는 웹 페이지일 수 있다. 워드프로세서에서 텍스트는 문서의 개별 단어 또는 행일 수 있다. 2장의 나머지 부분에서는 이 마지막 패러다임을 사용한다. 따라서 검색 패턴을 제공하면 검색엔진이 반환된 문서의 행을 반환한다고 가정한다. 이는 UNIX grep 명령의 기능이다. 정규 표현식과 일치하는 패턴의 정확한 부분에 밑줄을 긋는다. 모든 일치 항목을 정규 표현식으로 반환하거나 첫 번째 일치 항목만 반환하도록 검색을 설계할 수 있다. 우리는 첫 번째 매치된 것만 보여준다.

2.1.1 기본 정규 표현식 패턴

가장 간단한 종류의 정규 표현식은 일련의 간단한 문자이다. 예를 들어 *woodchuck*을 검색하려면 /woodchuck/를 입력한다. 정규 표현식 /Buttercup/은 하위 문자열 *Buttercup*을 포함하는 모든 문자열과 일치시킨다. *I'm called little Buttercup*과 같은 행을 예로 들 수 있다(전체 행을 반환하는 검색 애플리케이션을 가정함).

여기에서 정규 표현식이 무엇인지, 패턴이 무엇인지 명확하게 하기 위해 각 정규 표현식 주위에 슬래시(/)를 붙인다. Perl에서 사용하는 표기법이기 때문에 슬래시를 사용하지만, 슬래시는 정규 표현식에 포함되지 않는다.

검색 문자열은 단일 문자(예: /!/) 또는 일련의 문자(예: /urgl/)로 구성될 수 있다. 각 정규 표현식과 일치하는 첫 번째 경우는 다음에 표시돼 있다(해당 애플리케이션이 첫 번째 경우보다 더 많은 것을 반환하도록 선택할 수 있음).

정규 표현식	일치하는 패턴 예제
/woodchucks/	"interesting links to woodchucks and lemurs"
/a/	"Mary Ann stopped by Mona's"
/Claire says,/	" "Dagmar, my gift please," Claire says,"
/DOROTHY/	"SURRENDER DOROTHY"
/!/	"You've left the burglar behind again!" said Nori

정규 표현식은 **대소문자를 구분**하기 때문에, 소문자 /s/는 대문자 /S/와 구별된다(/s/는 소문자 *s*와 일치하지만 대문자 *S*는 불일치함). 이는 패턴 /woodchucks/가 문자열 *Woodchucks* 와 일치하지 않음을 의미한다. 이 문제를 대괄호 [와]의 사용으로 해결할 수 있다. 대괄호 안에 문자들 중 한 개의 문자와 매치된다. 예를 들어 그림 2.1은 패턴 /[wW]/ 가 *w* 또는 *W*를 포함하는 패턴과 일치하는 것을 보여준다.

정규 표현식	일치	패턴 예제
/[wW]oodchuck/	Woodchuck or woodchuck	"Woodchuck"
/[abc]/	'a', 'b', or 'c'	"In uomini, in soldati"
/[1234567890]/	any digit	"plenty of 7 to 5"

그림 2.1   대괄호 [ ]를 사용해 분리할 문자를 명시한다.

정규 표현식 /[1234567890]/은 임의의 한 자릿수를 지정했다. 숫자나 글자와 같은 문자의 부류가 표현식의 중요한 구성 요소인 반면, 이상해질 수 있다(예를 들어 "모든 대문자"를 의미하도록 /[ABCDEFGHIJKLMNOPQRSTUVWXYZ]/를 지정하는 것은 불편함). 이러한 경우 대시(−)와 함께 대괄호를 사용해 **범위**의 한 문자를 지정할 수 있다. /[2-5]/ 패턴은 문자 *2, 3, 4, 5* 중 하나를 지정한다. 패턴 /[b-g]/는 문자 *b, c, d, e, f, g* 중 하나를 지정한다. 다른 예들은 그림 2.2에 나와 있다.

범위

정규 표현식	일치	일치하는 패턴 예제
/[A-Z]/	an upper case letter	"we should call it 'Drenched Blossoms'"
/[a-z]/	a lower case letter	"my beans were impatient to be hoed!"
/[0-9]/	a single digit	"Chapter 1: Down the Rabbit Hole"

그림 2.2   대괄호 [ ]와 대시 −를 사용해 범위를 지정한다.

또한 캐럿 ^을 사용해 단일 문자가 될 수 없는 것을 지정할 수 있으며, 대괄호도 사용할 수 있다. 캐럿 ^이 열린 대괄호 [뒤의 첫 번째 기호인 경우, 결과 패턴은 제외된다. 예를 들어 패턴 /[^a]/는 *a*를 제외한 모든 단일 문자(특수 문자 포함)와 일치한다. 캐럿이 열린 대괄호 다음에 첫 번째 기호인 경우에만 해당된다. 다른 곳에서 발생하는 경우, 그림 2.3은 몇 가지 예처럼 보통 캐럿을 나타낸다.

대괄호를 사용하면 *woodchucks*의 대문자 문제를 해결할 수 있다. 하지만 여전히 우리의 원래 질문에 답이 되지 않았다. 어떻게 *woodchuck*과 *woodchucks*를 지정할 것인가? 대괄호를 사용할 수 없다. 그 이유는 대괄호는 "s 또는 S"라고 의미할 수는 있지만 "s 또는 nothing"은 의미할 수 없기 때문이다. 이를 위해 그림 2.4와 같이 "앞의 문자 또는 nothing"을 의미하는 물음표 /?/를 사용한다.

정규 표현식	일치(한 글자)	일치하는 패턴 예제
[^A-Z]	not an upper case letter	"Oyfn pripetchik"
[^Ss]	neither 'S' nor 's'	"I have no exquisite reason for't"
[^\.]	not a period	"our resident Djinn"
[e^]	either 'e' or '^'	"look up ^ now"
a^b	the pattern 'a^b'	"look up a^ b now"

그림 2.3 캐럿 ^을 '부정 또는 오직'을 의미하는 데 사용한다. 아래에서 백슬래시에 의해 마침표를 모면할 필요성에 대해 논의한다.

정규 표현식	일치	일치하는 패턴 예제
woodchucks?	woodchuck or woodchucks	"woodchuck"
colou?r	color or colour	"colour"

그림 2.4 물음표 ?는 이전 표현의 선택성을 표시한다.

물음표를 "이전 문장의 0 또는 1의 경우"를 의미하는 것으로 생각할 수 있다. 즉, 원하는 것이 얼마나 많은지를 명시하는 방법이다. 지금까지 둘 이상의 것을 원한다는 것을 명시할 필요가 없었다. 그러나 때때로 반복을 허용하는 정규 표현식이 필요하다. 예를 들어 다음과 같은 문자열로 구성된 양의 울음소리를 생각해보자.

baa!

baaa!

baaaa!

baaaaa!

...

양의 울음소리는 b, 그 뒤에 최소 2개의 a, 느낌표가 있는 문자열로 구성된다. "일부 a들"과 같이 말할 수 있는 연산자 집합은 별표 또는 *를 기반으로 하며, 일반적으로 **클레인***("cleany star"로 발음)이라고 한다. 클레인 별은 "바로 앞의 문자나 정규 표현식이 0회 이상 나타남"을 의미한다. 그래서 /a*/는 "0회 이상의 a 문자열"을 의미한

클레인*

다. 이는 *a* 또는 *aaaaaa*와 일치하지만, *Off Minor* 문자열에는 *a*가 0인 상태이기 때문에 *Off Minor*와도 일치한다. 따라서 하나 이상의 *a*를 일치시키기 위한 정규 표현식은 /aa*/이며, *a* 다음에 0회 이상이 있음을 의미한다. 더 복잡한 패턴도 반복될 수 있다. 따라서 /[ab]*/는 "0회 이상의 *a* 또는 *b*"("0회 이상의 오른쪽 대괄호"가 아님)를 의미한다. 이는 *aaaaa* 또는 *ababab* 또는 *bbbb*와 같은 문자열과 일치할 것이다.

이제 가격에 대한 정규 표현식의 일부 즉, 여러 자릿수를 지정할 수 있다. 개별 자릿수에 대한 정규 표현식은 /[0-9]/이다. 그래서 정수(자리 문자열)에 대한 정규 표현식은 /[0-9][0-9]*/이다. (왜 /[0-9]*/가 아닌가?)

때로는 숫자에 대한 정규 표현식을 두 번 쓰는 것이 번거로워서 일부 문자의 "최소한 하나"를 더 짧게 명시하는 방법이 있다. 이는 "이전 문자 중 하나 이상"을 의미하는 **클레인+**이다. 따라서 /[0-9]+/라는 표현은 "숫자 시퀀스"를 지정하는 일반적인 방법이다. 따라서 양의 울음소리를 지정하는 방법은 두 가지로 /baaa*!/ 또는 /baa+!/로 명시할 수 있다.

매우 중요한 특수 문자는 마침표(/./)이며, 그림 2.5에서와 같이 단일 문자(캐리지 리턴 제외)와 일치하는 **임의 문자 기호** 표현이다.

정규 표현식	일치	패턴 예제
/beg.n/	any character between *beg* and *n*	begin, beg'n, begun

그림 2.5 임의의 문자를 지정하기 위해 마침표 .를 사용한다.

와일드카드는 클레인 별과 함께 "모든 문자열"을 의미하는 데 자주 사용된다. 특정 단어 *aardvark*가 두 번 나타나는 행을 찾으려고 한다고 가정해보자. 이를 정규 표현 /aardvark.*aardvark/로 지정할 수 있다.

앵커는 정규 표현식을 문자열의 특정 위치에 고정하는 특수 문자다. 가장 일반적인 앵커는 캐럿과 달러 기호 $다. 캐럿 ^은 행의 시작과 일치한다. /^The/ 패턴은 행의 시작 부분에서만 *The* 단어와 일치한다. 캐럿 ^은 다음과 같이 세 가지 용도를 가지고 있다. 행의 시작과 일치시키는 것, 대괄호 안의 부정을 나타내는 것 그리고 캐럿을 의미하는 것뿐이다(Perl이 주어진 캐럿이 어떤 기능을 수행해야 하는지 알 수 있는 맥락은 무엇인가?). 달러 기호 $는 행의 끝과 일치한다. 그래서 패턴 ␣$는 행의 끝에 있는 공백을 일치시키는 데 유용한 패턴이고, /^The dog\.$/는 *The dog*라는 문구만 들어 있는 행과 일치한다(.는 임의 문자 기호가 아닌 "마침표"를 의미하기 때문에 백슬래시를 사용해야 한다).

다른 두 개의 앵커도 있다. \b는 단어 경계와 일치하고, \B는 비경계와 일치한다. 따라서 /\bthe\b/는 *the*라는 단어와 일치하지만 *other*라는 단어는 일치하지 않는다. 더 기술적으로 Perl은 단어를 숫자, 밑줄 또는 문자의 모든 시퀀스로 정의한다. 이는 Perl 또는 C와 같은 프로그래밍 언어의 "단어"의 정의에 기초한다. 예를 들어 /\b99\b/는 *There are 99 bottles of beer on the wall*의 문자열 99와 일치하지만(공백 다음에 99가 따르기 때문에), *There are 299 bottles of beer on the wall*의 문자열 99와 일치하지 않는다(다른 숫자 뒤에 99가 따르기 때문에). 그러나 99는 *$99*와 일치한다(99는 숫자, 밑줄 또는 문자가 아닌 달러 기호($) 뒤에 오기 때문에).

2.1.2 분리, 그룹화 및 우선순위

애완동물에 관한 텍스트를 검색해야 한다고 가정해보자. 우리는 특히 고양이와 개에 관심이 있을 것이다. 그런 경우에는 *cat*이라는 문자열이나 *dog*라는 문자열 중 하나를 검색해보고 싶을 수도 있다. 대괄호를 사용해 "cat or dog"를 검색할 수 없기 때문에

분리 (왜 안 되나?) **파이프** 기호 |라고도 부르는 **분리** 연산자가 필요하다. 패턴 /cat|dog/는 cat이라는 문자열이나 dog라는 문자열과 일치한다.

때때로 더 큰 시퀀스의 중간에 이 분리 연산자를 사용해야 한다. 내 사촌 데이비드의 애완용 물고기에 대한 정보를 검색하고 싶다고 가정해보자. *guppy*와 *guppies*를 모두 지정하려면 어떻게 해야 하는가? 간단하게 /guppy|ies/라고 표기할 수 없다. 왜냐하면 /guppy|ies/는 단순히 문자열 *guppy*와 *ies*와 일치하기 때문이다.

우선 이는 guppy와 같은 시퀀스가 분리 연산자 |보다 **우선**시 되기 때문이다. 분리 연산자가 특정 패턴에만 적용되도록 하려면 괄호 연산자(및)를 사용해야 한다. 패턴을 괄호로 묶으면 파이프 |와 클레인*와 같은 인접 연산자의 목적을 위해 하나의 문자처럼 동작하게 된다. 그래서 패턴 /gupp(y|ies)/는 접미사 y와 ies에만 적용한다는 것을 의미한다.

괄호 연산자 (는 클레인*와 같은 카운터를 사용할 때도 유용하다. | 연산자와 달리, 클레인* 연산자는 기본적으로 전체 시퀀스가 아닌 단일 문자에만 적용된다. 문자열의 반복 사례를 일치시키려 한다고 가정하자. 아마도 1열 2열 3열 형식의 열^{column} 레이블이 있는 줄이 있을 것이다. /Column␣[0-9]+␣*/라는 표현은 열의 수와 일치하지 않으며 대신 하나의 열과 일치하고, 그 뒤에 공백의 수를 입력해야 한다. 여기서 별*은 그 앞에 있는 공백␣에만 적용되는 것이지 전체 순서에 적용되는 것은 아니다. 괄호만 있으면 /(Column␣[0-9]+␣*)*/를 *Column*이라는 단어와 일치하도록 쓸 수 있었고, 그 뒤에 숫자와 선택적 공백이 생겨 전체 패턴이 몇 번이고 반복됐다.

연산자
우선순위 한 연산자가 다른 연산자보다 우선되도록 하기 위해서 괄호를 사용하고, 종종 우리가 의미하는 바를 지정해야 하며, 정규 표현식의 **연산자 우선순위 계층** 구조에 의해 형식화된다. 다음 표는 가장 높은 우선순위부터 가장 낮은 우선순위까지의 RE 연산자 우선순위 순서를 제시한다.

소괄호	()
카운터	* + ? {}
시퀀스 및 앵커	the ^my end$
분리		

따라서 카운터가 시퀀스보다 우선순위가 높기 때문에 /the*/는 *theeeee*와 일치하지만 *thethe*는 일치하지 않는다. 시퀀스는 분리보다 우선순위가 높기 때문에, /the| any/는 *the* 또는 *any*와 일치하지만 *teny*는 일치하지 않는다.

패턴은 다른 방식으로 중의적일 수 있다. *once upon a time* 텍스트와 일치시킬 때 /[a-z]*/라는 표현을 고려한다. /[a-z]*/가 0개 이상의 문자와 일치하기 때문에 이 표현은 아무 것도 일치하지 않을 수도 있고, 첫 글자 *o*, *on*, *onc* 또는 *once*과 일치할 수도 있다. 이러한 경우 정규 표현식은 항상 그들이 할 수 있는 가장 큰 문자열과 일치한다. 우리는 패턴이 **탐욕스럽게**^{greedy} 가능한 한 많은 문자열을 포함하도록 확장된 탐욕스럽게 다고 말한다.

2.1.3 간단한 예

영어 기사의 사례를 찾기 위해 RE를 쓴다고 가정해보자. 단순하지만 잘못된 패턴은 다음과 같다.

```
/the/
```

하지만 *the*가 문장을 시작할 때 위치하게 되면, T가 대문자로 바뀌는 문제(즉, *The*)가 있기 때문에 다음과 같은 패턴이 나타날 수 있다.

```
/[tT]he/
```

그러나 다른 단어에 포함된 텍스트를 잘못 반환할 것이다(예: *other* 또는 *theolog*). 그래서 양쪽에 단어 경계가 있는 경우를 원한다는 것을 명시할 필요가 있다.

```
/\b[tT]he\b/
```

/\b/를 사용하지 않고 이 작업을 수행한다고 가정하자. 우리는 /\b/를 사용할 수 있지만, /\b/는 밑줄과 숫자를 단어 경계로 다루지 않기 때문에 어떤 맥락에서는 근처에 밑줄이나 숫자를 가진 *the*를 찾을 수도 있다(예: *the_* 또는 *the25*). *the*의 양쪽에 알파벳 문자가 없는 경우를 지정해야 한다.

```
/[^a-zA-Z][tT]he[^a-zA-Z]/
```

그러나 이 패턴에는 아직도 한 가지 문제가 더 있는데, 행을 시작할 때의 단어 *the*를 찾지 못한다는 것이다. 그 이유는 *the* 앞에 (알파벳은 아닌) 일부 단일 문자가 있어야 함을 의미하는 정규식 [-a-zA-Z]를 사용했기 때문이다. *the* 앞에 *either*로 행의 시작 또는 알파벳이 아닌 문자를 요구하고, 행의 끝에서 똑같이 지정함으로써 문제를 피할 수 있다.

```
/(^|[^a-zA-Z])[tT]he([^a-zA-Z]|$)/
```

긍정오류 방금 검토한 프로세스는 두 가지 유형의 오류 수정을 기반으로 했다. **긍정오류**인
부정오류 *other*이나 *there*과 같이 잘못 일치한 문자열, **부정오류**인 *The*와 같이 잘못 놓친 문자열이다. 이러한 두 종류의 오류를 해결하는 것은 음성 및 언어 처리 시스템을 구현하는 데 반복적으로 나타난다. 따라서 애플리케이션의 오류율을 감소시키는 데는 다음과 같은 두 가지 상반된 노력이 수반된다.

- **정확도** 향상(긍정오류 최소화)
- **적용 범위** 증가(부정오류 최소화)

2.1.4 더 복잡한 예

RE의 능력에 대한 더 중요한 예를 살펴보자. 사용자가 웹에서 컴퓨터를 구입하는 데 도움이 되는 애플리케이션을 구축하고자 한다고 가정하자. 사용자는 6GHz 이상, 256GB의 디스크 용량, $1000 미만의 모든 PC를 원한다고 가정하자. 이러한 종류의 검색을 하기 위해서는 우선 *6GHz*나 *256GB*, *Dell*이나 *Mac* 또는 *$999.99* 같은 표현을 찾을 수 있어야 한다. 이 절의 나머지 부분에서는 이 작업에 대한 몇 가지 간단한 정규 표현식에 대해 알아보자.

먼저 가격에 대한 정규 표현식부터 완성한다. 여기에 달러 기호에 대한 정규 표현식이 있고 그 뒤에 일련의 숫자가 있다. Perl은 여기서 $가 라인 종단 부호를 의미하지 않는다는 것을 알 정도로 스마트하다.

    /$[0-9]+/

이제 달러의 일부만 처리하면 된다. 이후에 소수점 두 자리 숫자를 추가한다.

    /$[0-9]+\.[0-9][0-9]

이 패턴은 *$199.99*만 허용하고 *$199*는 허용하지 않는다. 센트를 선택적으로 만들고 단어 경계에 있는지 확인해야 한다.

    /\b$[0-9]+(\.[0-9][0-9])?\b/

프로세서 속도의 사양은 어떠한가(메가헤르츠 = MHz 또는 기가헤르츠 = GHz)? 그 패턴은 다음과 같다.

    /\b[0-9]+ ⌴*(MHz|[Mm]egahertz|GHz|[Gg]igahertz)\b/

항상 주변에 여분의 공백이 있을 수 있기 때문에 / ⌴*/를 "0개 이상의 공백"을 사용한다는 점에 유의한다. 디스크 공간이나 메모리 크기(GB = 기가바이트)를 다루면서 다시 선택적 분수(*5.5GB*)를 허용해야 한다. 마지막의 s를 선택 사항으로 만들기 위해 ?의 사용에 유의한다.

```
/\b[0-9]+(\.[0-9]+)?␣*(GB|[Gg]igabytes?)\b/
```

마지막으로 운영체제를 지정하는 몇 가지 간단한 패턴이 필요할 수 있다.

```
/\b(Windows␣*(Vista|XP)?)\b/
/\b(Mac|Macintosh|Apple|OS␣X)\b/
```

2.1.5 고급 연산자

유용한 고급 정규 표현식 연산자도 있다. 그림 2.6은 공통 범위에 대한 일부 에일리어스 Aliases를 보여주며 주로 입력을 저장하는 데 사용할 수 있다. 클레인*와 클레인+ 외에 도 명시적인 숫자를 중괄호로 묶어 카운터로 사용할 수도 있다. 정규 표현식 /{3}/는 "이전 문자나 표현식이 정확히 3회 발생함"을 의미한다. 그래서 /a\.{24}z/는 a 다음 에 24개의 점 뒤에 z가 붙는다(그러나 a 다음에 23개 또는 25개의 점 뒤에 z가 붙지 않는다).

정규 표현식	확장	일치	예제
\d	[0-9]	숫자	Party␣of␣5
\D	[^0-9]	숫자 제외한 나머지	Blue␣moon
\w	[a-zA-Z0-9_]	문자와 숫자/밑줄(_)	Daiyu
\W	[^\w]	문자와 숫자를 제외한 나머지	!!!!
\s	[\r\t\n\f]	공백(스페이스, 탭)	
\S	[^\s]	공백을 제외한 나머지	in␣Concord

그림 2.6 공통 문자 세트의 에일리어스

숫자의 범위도 지정할 수 있다. 따라서 /{n,m}/는 이전 문자나 표현식의 n에서 m까 지 발생을 지정하고, /{n,}/는 이전 표현식의 최소 n 발생을 의미한다. 계산에 대한 RE는 그림 2.7에 요약했다.

정규 표현식	일치
*	이전 문자 또는 표현식이 0회 이상 발생
+	이전 문자 또는 표현식이 1회 이상 발생
?	이전 문자 또는 표현식이 정확히 0 또는 1회 발생
{n}	이전 문자 또는 표현식이 n회 발생
{n,m}	이전 문자 또는 표현식의 n회 이상 m회 이하 발생
{n,}	이전 문자 또는 표현식이 최소 n회 이상 발생

그림 2.7 계산을 위한 정규 표현식 연산자

새 줄

마지막으로, 특정 특수 문자는 백슬래시(\)에 기초한 특수 표기법으로 지칭된다(그림 2.8 참조). 이 가운데 가장 일반적인 것은 **새 줄**^{newline} 문자 \n과 **탭** 문자 \t이다. 특수 문자(예: ., *, [, \)를 가리키려면 백슬래시(예: /\./, /*/, /\[/, /\\/)로 시작한다.

정규 표현식	일치	일치하는 패턴 예제
*	별표 "*"	"K*A*P*L*A*N"
\.	마침표 "."	"Dr. Livingston, I presume"
\?	물음표	"Why don't they come and lend a hand?"
\n	새 줄	
\t	탭	

그림 2.8 백슬래시가 필요한 일부 문자

2.1.6 정규 표현식 치환, 메모리 및 엘리자

치환

정규 표현식의 중요한 용도는 **치환**이다. 예를 들어 Perl 치환 연산자 s/regexp1/pattern/는 정규 표현식으로 특징지어지는 문자열을 다른 문자열로 대체할 수 있게 한다.

    s/colour/color/

첫 번째 패턴과 일치하는 문자열의 특정 하위 부분을 참고할 수 있는 것이 종종 유용하다. 예를 들어 텍스트에서 모든 정수 주위에 꺾쇠 괄호를 배치한다고 가정해보자. 예컨대 *the 35 boxes*를 *the ⟨35⟩ boxes*로 변경해보자. 우리는 발견한 정수를 참고해 괄호를 쉽게 추가할 수 있는 방법을 원한다. 이를 위해 첫 번째 패턴 주위에 괄호 (와)를 놓고 두 번째 패턴에 숫자 연산자 \1을 사용하면, 다음과 같다.

    s/([0-9]+)/<\1>/

괄호 및 숫자 연산자는 텍스트에서 특정 문자열이나 표현식이 두 번 나타나도록 지정할 수도 있다. 예를 들어 두 X를 동일한 문자열로 제한하려는 패턴 "the Xer they were, the Xer they will be"를 찾고 있다고 가정하자. 이 작업은 첫 번째 X를 괄호 연산자로 묶고 두 번째 X를 숫자 연산자 \1로 교체해 다음과 같이 수행한다.

    /the (.*)er they were, the \1er they will be/

여기서 \1은 괄호 안의 첫 번째 항목과 일치하는 문자열로 대체된다. 그래서 *The bigger they were, the bigger they will be*와 일치할 것이다. 하지만 *The bigger they were, the faster they will be*는 일치하지 않는다.

숫자 연산자는 다른 숫자와 함께 사용할 수 있다. 두 개의 서로 다른 괄호 세트를 일치시키면 \2는 *second* 세트와 일치하는 것을 의미한다.

```
/the (.*)er they (.*), the \1er we \2/
```

레지스터

위 패턴은 *The faster they ran, the faster we ran*과 일치하지만 *The faster they ran, the faster we ate*는 일치하지 않다. 이러한 번호가 붙은 메모리를 **레지스터**(예: register 1, register 2, register 3)라고 한다. 이 메모리 피처는 모든 정규 표현식 언어의 일부가 아니며 종종 정규 표현식의 "확장" 피처로 간주된다.

메모리를 이용한 대입은 엘리자와 같은 간단한 자연어 이해 프로그램을 구현하는 데 유용하다(Weizenbaum, 1966). 엘리자는 다음과 같이 대화를 계속함으로써 심리학자 로저스를 흉내 냈다.

User₁:	Men are all alike.
ELIZA₁:	IN WHAT WAY
User₂:	They're always bugging us about something or other.
ELIZA₂:	CAN YOU THINK OF A SPECIFIC EXAMPLE
User₃:	Well, my boyfriend made me come here.
ELIZA₃:	YOUR BOYFRIEND MADE YOU COME HERE
User₄:	He says I'm depressed much of the time.
ELIZA₄:	I AM SORRY TO HEAR YOU ARE DEPRESSED

엘리자는 정규 표현식 대입을 단계적으로 실행하며, 각각 입력 라인의 일부와 매치시키고 변경한다. 첫 번째 대입은 my의 모든 경우를 YOU로 바꾸고, I'm은 YOU ARE 등으로 바꾼다. 다음 대입 세트는 입력의 다른 패턴과 일치하고 대입한다. 여기 몇 가지 예가 있다.

```
s/.* YOU ARE (depressed|sad) .*/I AM SORRY TO HEAR YOU ARE \1/
s/.* YOU ARE (depressed|sad) .*/WHY DO YOU THINK YOU ARE \1/
s/.* all .*/IN WHAT WAY/
s/.* always .*/CAN YOU THINK OF A SPECIFIC EXAMPLE/
```

주어진 입력에는 여러 개의 대입을 적용할 수 있기 때문에, 대입은 순위를 지정하고 순서대로 적용한다. 패턴 작성은 2.2절의 주제다.

2.2 유한 상태 오토마타

유한 상태 오토마타

정규 표현식은 단순히 문자 검색을 위한 편리한 메타 언어 그 이상의 의미를 지닌다. 첫째, 정규 표현식은 **유한 상태 오토마타**^{FSA}를 설명하는 한 방법이다. 유한 상태 오토마타란 이 책에서 설명한 많은 계산 작업의 이론적 기초가 된다. 모든 정규 표현식은 유한 상태 오토마타로 구현될 수 있다(메모리 피처를 사용하는 정규 표현식은 제외하고, 나중에 자세히 설명한다). 대칭적으로 모든 유한 상태 오토마타는 정규 표현식으로 설명할 수

정규 언어

있다. 둘째로, 정규 표현식은 **정규 언어**라고 부르는 특정한 종류의 공식 언어를 특징 짓는 한 가지 방법이다. 정규 표현식과 유한 상태 오토마타 모두 정규 언어를 설명하는 데 사용될 수 있다. 정규 언어의 특징인 제3의 등가 기법인 **정규 문법**은 16장에 소개했다. 이러한 이론적 구조들 사이의 관계는 그림 2.9에 나와 있다.

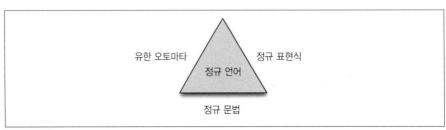

그림 2.9 정규 언어를 설명하는 세 등가물

이 절은 마지막 절의 정규 표현식 중 일부에 대해 유한 상태 오토마타를 소개하는 것으로 시작해, 정규 표현식에서 오토마타로의 매핑이 일반적으로 진행되는 방법을 제안한다. 유한 상태 오토마타는 정규 표현식 구현을 위한 사용부터 시작하지만 2장과 3장에서 살펴볼 유한 상태 오토마타의 용도는 매우 다양하다.

2.2.1 양의 울음소리를 인식하기 위한 FSA의 사용

얼마 후, 닥터는 앵무새의 도움으로 동물들과 직접 대화하고 동물들이 말하는 모든 것을 이해할 수 있을 정도로 동물들의 언어를 잘 배우게 됐다.

휴 로프팅, 『닥터 두리틀 이야기』

앞에서 논의한 "양의 울음소리"로 시작한다. 양 언어를 다음의 (무한) 세트에서 임의 의 문자열로 정의했다.

baa!

baaa!

baaaa!

baaaaa!

…

위의 "양 울음소리"에 대한 정규 표현식은 /baa+!/이다. 그림 2.10은 이 정규 표현 식을 모델링하기 위한 오토마톤을 보여준다. **오토마톤**(즉 **유한 오토마톤, 유한 상태 오토마 톤** 또는 FSA라고도 부르는 기계)은 일련의 문자열을 인식하는데, 이 경우 정규 표현식과 같은 방식으로 양 울음소리를 특징짓는 문자열이다. 오토마톤을 방향 그래프로서 표 현한다. 유한 정점 세트(노드라고도 함)와 함께 원호라고 부르는 한 쌍의 정점 사이의 직접적인 연결 집합이다. 정점을 원과 호를 화살표로 나타낼 것이다. 오토마톤은 5가 지 **상태**를 갖고 있는데, 이 상태는 그래프에서 노드로 표현된다. 상태 0은 시작 상태 이다. 예에서 상태 0은 일반적으로 **시작 상태**가 되는데, 다른 상태를 시작 상태로 표시 하기 위해 시작 상태에 되돌아오는 화살표를 추가할 수 있다. 상태 4는 **최종 상태** 또는 **수용 상태**이며, 이중 원으로 표시된다. 또한 5개의 **전이**가 있는데, 그래프에서 호로 표 현한다.

오토마톤

상태

시작 상태

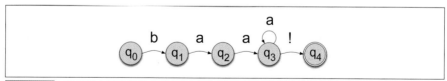

그림 2.10 양 울음소리의 유한 상태 오토마톤

FSA는 다음과 같은 방식으로 문자열을 인식(또는 **수락**)하는 데 사용될 수 있다. 먼 저 그림 2.11과 같이 입력을 긴 테이프에 셀로 나눠서 테이프의 각 셀에 하나의 기호 가 쓰인 것으로 생각해보자.

기계는 시작 상태(q_0)에서 시작해 다음과 같은 과정을 반복한다. 입력의 다음 문자 를 확인한다. 현재 상태를 벗어나는 호의 기호와 일치하는 경우, 그 호를 건너 다음 상태로 이동하고 입력의 기호 하나를 전진시킨다. 입력이 더 이상 유효하지 않게 됐을 때 수용 상태(q_4)에 있다면, 기계는 성공적으로 양 울음소리 경우를 인식했다. 기계가 입력이 더 이상 유효하지 않게 되거나 그림 2.11에서와 같이 호와 일치하지 않는 **거부** 입력을 얻거나 또는 최종이 아닌 상태에 놓인 경우 기계가 입력을 **거부**하거나 받아들이지 못한다고 말한다.

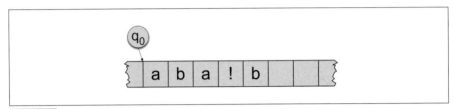

그림 2.11   셀이 있는 테이프

상태 전이표   또한 **상태 전이표**를 사용해 오토마톤을 나타낼 수 있다. 그래프 표기법에서와 같이 상태 전이표는 시작 상태, 수락 상태, 그리고 각 상태가 어떤 상태로 기호에 남는지를 나타낸다. 오른쪽에는 그림 2.10의 FSA에 대한 상태 전이표가 있다. 상태 4를 콜론으로 표시해 최종 상태(원하는 수의 최종 상태를 가질 수 있음)를 표시했고, ∅은 허용돼 있지 않거나 누락된 전이 상태를 표시한다. 첫 번째 행을 "만약 상태 0에 있고 입력 **b**가 보인다면 상태 1로 가야 한다. 만약 0에 있고 입력 **a** 또는 **!**가 표시되면, 실패한다"로 읽을 수 있다.

	입력		
상태	b	a	!
0	1	∅	∅
1	∅	2	∅
2	∅	3	∅
3	∅	3	4
4 :	∅	∅	∅

좀 더 형식적으로 유한 오토마톤은 다음 5가지 매개변수로 정의한다.

$Q = q_0 q_1 q_2 ... q_{N-1}$	유한 **상태** N 세트
Σ	유한 **입력** 기호 **알파벳**
q_0	**시작 상태**
F	**최종 상태** 세트, $F \subseteq Q$

$\delta(q, i)$	**전이 함수** 또는 상태 간 전이 매트릭스. $q \in Q$와 입력 기호 $i \in \Sigma$가 주어지면, $\delta(q, i)$는 새로운 상태 $q' \in Q$를 반환한다. 따라서 δ는 $Q \times \Sigma$에서 Q까지의 관계이다.

그림 2.10의 양의 울음소리 오토마톤의 경우, $Q = \{q_0, q_1, q_2, q_3, q_4\}$, $\Sigma = \{a, b, !\}$, $F = \{q_4\}$, $\delta(q, i)$는 위의 전이표에 의해 정의된다.

그림 2.12는 상태 전이표를 사용해 문자열을 인식하기 위한 알고리듬을 제시한다.

결정론적　알고리듬은 "결정적인 인식기"에 대해 D-RECOGNIZE라고 부른다. **결정론적** 알고리듬은 선택 포인트가 없는 알고리듬이며, 입력에 대해 항상 무엇을 수행해야 하는지 알고 있다. 다음 절에서는 어떤 상태로 이동할지에 대한 결정을 내려야 하는 비결정적 오토마타를 소개한다.

D-IGNISTIZE는 테이프와 오토마톤을 입력하는 것으로 간주한다. 테이프에서 가리키고 있는 문자열이 오토마톤에 의해 수락될 경우 수락을 반환하고, 그렇지 않을 경우 거부한다. D-IGNITIZE는 이미 확인할 문자열을 가리키고 있다고 가정하기 때문에 그 작업은 보통 정규 표현식을 사용해 코퍼스에서 문자열을 찾는 일반적인 문제의 일부에 지나지 않는다(일반적인 문제는 독자를 위한 연습 2.9로 남긴다).

```
function D-RECOGNIZE(tape, machine) returns accept or reject

    index ← Beginning of tape
    current-state ← Initial state of machine
    loop
      if End of input has been reached then
        if current-state is an accept state then
          return accept
        else
          return reject
      elsif transition-table[current-state,tape[index]] is empty then
        return reject
      else
        current-state ← transition-table[current-state,tape[index]]
        index ← index + 1
    end
```

그림 2.12　FSA의 결정론적 인식 알고리듬. 이 알고리듬은 가리키고 있는 전체 문자열이 FSA가 정의한 언어일 경우 *accept*를 반환하고, 문자열이 해당 언어에 없을 경우 *reject*를 반환한다.

D-IGNISIGNITIZE는 변수 *index*를 테이프의 시작으로 설정하고, *current-state*를 기계의 초기 상태로 설정하는 것으로 시작한다. 그런 다음 D-IGNIGNIZE는 알고리듬을 구동하는 순환에 진입한다. 입력의 끝에 도달했는지 먼저 확인한다. 만약 현재 상태가 허용 상태라면 입력을 수락하거나 그렇지 않은 경우 입력을 거부한다.

테이프에 입력이 남아 있을 경우, D-IGNITIZE는 전이표를 보고 이동할 상태를 결정한다. 변수 *current-state*는 참조할 표의 행을 나타내고, 테이프의 현재 기호는 참조할 표의 열을 나타낸다. 결과의 전이표 셀은 변수 *current-state*를 업데이트하는 데 사용되며, *index*를 늘려 테이프에서 앞으로 이동한다. 전이표 셀이 비어 있으면 기계는 이동할 곳이 없기 때문에 입력을 거부해야 한다.

그림 2.13은 샘플 입력 문자열 *baaa!*가 주어진 양 울음소리 FSA에서 이 알고리듬의 실행을 추적한다.

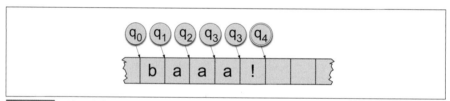

그림 2.13 일부 양 울음소리에서 FSA #1의 실행 추적

테이프 시작을 검사하기 전에 기계는 q_0 상태에 있다. 입력 테이프에서 *b*를 찾으면 77페이지 *transition-table*$[q_0, b]$의 내용에 따라 q_1 상태로 변경된다. 그런 다음 *a*를 찾아 q_2 상태로 전이하고, 다른 *a*는 q_3 상태로 전이한다. 세 번째 *a*는 q_3 상태로 두고, *!*는 q_4로 전이한다. 더 이상의 입력이 없기 때문에, 순환 시작의 입력 조건의 끝은 처음으로 충족되고, 기계는 q_4에서 정지한다. 상태 q_4는 허용 상태여서 기계가 문자열 *baaa!*를 양 울음소리 문장으로 받아들였다.

주어진 상태와 입력의 조합에 대한 정당한 전이가 없을 때마다 알고리듬이 실패한다. 입력 *a*에 q_0을 벗어난 정당한 전이가 없기 때문에 입력 *abc*는 인식되지 않을 것이다(즉, 76페이지의 전이표의 이 입력에는 0이 있다). 비록 오토마톤이 첫 번째 *a*를 허용했더라도, *c*는 심지어 양 울음소리 알파벳에도 없기 때문에 *c*에 대해서는 확실히 실패했을 것이다. 표에서 이 "빈" 요소들이 모두 하나의 "빈" 상태를 가리키는 것처럼 생각

실패 상태 할 수 있는데, 이를 **실패 상태** 또는 **싱크 상태**라고 부를 수 있다. 어떤 의미에서는, 빈 전이가 있는 기계를 마치 실패 상태로 증강시킨 것처럼 볼 수 있었고, 모든 여분의 호를 그려 넣었기 때문에, 항상 가능한 어떤 상태로부터든 갈 수 있었다. 완성도를 위해 그림 2.14는 실패 상태 q_F가 채워진 그림 2.10의 FSA를 보여준다.

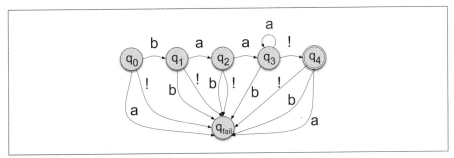

그림 2.14 그림 2.10에 실패 상태 추가

2.2.2 형식 언어

그림 2.10의 동일한 그래프를 양 울음소리 GENERATING(생성)의 오토마톤으로 사용할 수 있다. 그렇다면 오토마톤은 q_0 상태부터 시작해 호를 새로운 상태로 교차시키고, 그 뒤에 나오는 각각의 호를 레이블로 표시하는 기호를 출력할 수 있을 것이다. 오토마톤이 최종 상태에 도달하면 정지한다. 상태 q_3에서, 오토마톤은 !를 출력하고 상태 q_4로 가거나, a를 출력하고 상태 q_3으로 돌아가는 것 중 하나를 선택해야 한다. 일단 기계가 어떻게 이런 결정을 하는지 신경 쓰지 않는다고 가정해보자. 헌재로서는, 위의 양 울음소리의 정규 표현식으로 캡처한 문자열이라면 어떤 양 울음소리의 정확한 문자열을 생성하든지 상관하지 않는다.

형식 언어: 형식 언어의 문자열만 생성하고 인식할 수 있는 모델은 형식 언어의 *definition*(정의) 역할을 한다.

형식 언어
알파벳 **형식 언어**는 문자열의 집합이며, 각 문자열은 **알파벳**(위에서 오토마톤을 정의하는 데 사용된 것과 동일한 알파벳)이라 부르는 유한 기호 세트의 기호로 구성된다. 양 울음소리의 알파벳은 세트 $\Sigma = \{a, b, !\}$이다. 특정 FSA와 같은 모델 m이 주어진다면, $L(m)$을 "m

으로 특징지어지는 형식 언어"를 의미하기 위해 사용할 수 있다. 따라서 그림 2.10(및 76페이지의 전이표)에서 양 울음소리 오토마톤 m에 의해 정의된 형식 언어는 무한 세트이다.

$$L(m) = \{baa!, baaa!, baaaa!, baaaaa!, baaaaaa!, \ldots\} \tag{2.1}$$

자연어 언어를 정의하기 위한 오토마톤의 유용성은 위와 같은 무한 세트를 닫힌 형태로 표현할 수 있다는 것이다. 형식 언어는 실제 사람들이 말하는 언어인 **자연어**와 다르다. 사실, 형식 언어는 실제 언어와 전혀 유사하지 않을 수 있다(예: 형식 언어를 사용해 음료수 자판기의 다양한 상태를 모델링할 수 있음). 그러나 음운론, 형태론 또는 통사론과 같은 자연어의 일부를 모델링하기 위해 종종 형식 언어를 사용한다. **생성 문법**이라는 용어는 때로는 언어학에서 형식 언어의 문법을 의미하기 위해 사용된다. 이 용어의 원점은 가능한 모든 문자열을 생성해 언어를 정의하기 위해 오토마톤을 사용하는 것이다.

2.2.3 또 다른 예

이전 예제에서 형식 알파벳은 문자로 구성됐다. 하지만 단어로 구성된 더 높은 수준의 알파벳을 가질 수 있다. 이런 방법으로 단어 조합에 대한 사실을 모델링하는 유한 상태 오토마타를 쓸 수 있다. 예를 들어 돈을 다루는 영어의 하위 부분을 모델로 한 FSA를 구축하려고 한다고 가정해보자. 그러한 형식적인 언어는 *ten cents*, *three dollars*, *one dollar thirty-five cents* 등과 같은 문구로 구성된 영어의 하위 부분을 모델링한다.

센트^{cents}를 다루기 위해 우선 1에서 99까지의 숫자를 처리하는 오토마톤을 구축해 이 문제를 해결할 수 있을 것이다. 그림 2.15에서 이를 보여준다.

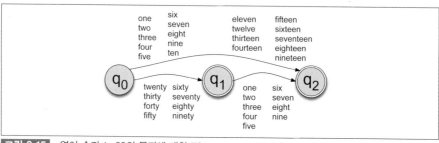

그림 2.15 영어 숫자 1~99의 문자에 대한 FSA

이제 오토마톤에 *cents*와 *dollars*를 추가할 수 있다. 그림 2.16은 간단한 버전으로, 그림 2.15에서 두 개의 오토마톤 사본을 약간 변경하고 *cents*와 *dollars*라는 단어를 추가했다.

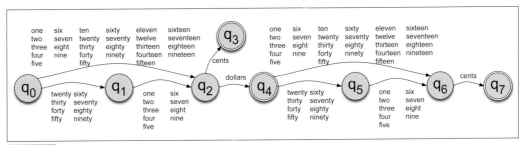

그림 2.16 간단한 달러와 센트에 대한 FSA

이제 *hundred*, *thousand*와 같은 더 높은 숫자를 포함해 다른 금액의 문법을 추가한다. 또한 *cents*와 *dollars*와 같은 명사가 적절한 경우에는 단수(*one cent, one dollar*), 복수(*ten cents, two dollars*)인지 확인해야 한다. 이는 독자를 위한 연습으로 남겨둔다(연습 2.3). 그림 2.15와 그림 2.16의 FSA를 영어의 간단한 문법으로 생각할 수 있다. 이 책의 3부, 특히 12장에서 문법 작성을 다시 설명한다.

2.2.4 비결정적 FSA

비결정적 FSA(또는 NFSA)와 같은 다른 종류의 FSA를 논의해보자. 그림 2.10의 첫 번째 오토마톤과 매우 유사한 그림 2.17의 양 울음소리 오토마톤을 고려한다.

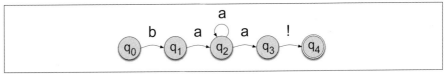

그림 2.17 양 울음소리의 비결정적 유한 상태 오토마톤(NFSA #1)이다. 그림 2.10의 결정적 오토마톤과 비교한다.

이 오토마톤과 이전 오토마톤의 유일한 차이점은 여기 그림 2.17에서 자체 순환(self-loop)이 상태 3이 아닌 상태 2에 있다는 것이다. 이 네트워크를 양 울음소리를 인식하기 위한 오토마톤으로 사용하는 것을 고려해본다. 상태 2에 도달했을 때, a를 보게 되면 상태 2에 머물러야 할지 아니면 상태 3으로 진행할지 알 수 없다. 이와 같은

비결정적 FSA
NFSA

의사결정 지점이 있는 오토마타를 **비결정적 FSA**(또는 NFSA)라고 한다. 대조적으로 그림 2.10이 결정적 오토마톤 인식 중 동작이 현재 상태와 보고 있는 기호에 의해 완전히 결정되는 오토마톤을 명시했다. 결정적 오토마톤은 **DFSA**라고 할 수 있다. 그림 2.17(NFSA #1)의 시스템에는 해당되지 않는다.

DFSA

ϵ-전이

비결정론의 또 다른 일반적인 유형은 기호가 없는 호(ϵ-**전이**라고 함)에 의해 생기는 것이다. 그림 2.18의 오토마톤은 마지막 언어와 첫 언어와 정확히 같은 언어를 정의하지만, ϵ-전이로 수행한다.

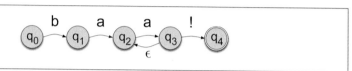

그림 2.18 양 울음소리을 위한 또 다른 NFSA(NFSA #2)이다. 그림 2.17의 NFSA #1과 ϵ-전이에 차이가 있다.

이 새로운 호를 다음과 같이 해석한다. 만약 q_3 상태라면, 입력을 보거나 입력 포인터를 진전시키지 않고 q_2 상태로 이동할 수 있다. 그래서 또 다른 종류의 비결정론을 도입한다. 즉, ϵ-전이를 따라야 할지 ! 호를 따라야 할지 모를 수도 있다.

2.2.5 문자열 수용을 위한 NFSA 사용

만약 문자열이 양 울음소리의 한 예인지 알고 싶고 그리고 양 울음소리를 인식하기 위해 비결정론 기계를 사용한다면 잘못된 호를 따르고 문자열을 받아들여야 했을 때 거부할 수 있다. 즉, 어느 시점에 하나 이상의 선택이 있기 때문에 잘못된 선택을 할 수 있다. 비결정적 모델의 선택 문제는 특히 파싱을 위한 계산 모델을 만들면서 반복해서 제기될 것이다. **비결정론 문제에 대한 세 가지 표준 솔루션**이 있다.

백업

- **백업**Backup: 선택 지점에 도달할 때마다 입력의 위치와 오토마톤의 상태를 표시하기 위해 마커를 표시할 수 있다. 그렇다면 잘못된 선택을 했다는 것이 밝혀지면 다시 뒤로 돌아가 다른 경로를 시도할 수도 있다.

미리보기

- **미리보기**Look-ahead: 어떤 경로를 선택해야 하는지 입력을 미리 살펴볼 수 있다.

병렬 처리

- **병렬 처리**Parallelism: 선택 지점에 도달할 때마다 모든 대체 경로를 병렬로 볼 수 있다.

여기서는 백업 접근 방식에 중점을 두고, 미리보기 및 병렬 처리 방식은 3장에서 논한다. 백업 접근법은 언제든지 탐구되지 않은 대안들로 돌아갈 수 있다는 것을 알기에 교착 상태에 이를 수도 있는 부주의한 선택할 것이라고 시사한다. 이 접근법에는 두 가지 핵심이 있다. 각 선택 지점에 대한 모든 대안을 기억해야 하며, 필요할 때 다시 선택할 수 있도록 각 대안에 대한 충분한 정보를 저장해야 한다. 백업 알고리듬이 처리 과정에서 입력이 없거나 정당한 전이가 없기 때문에 진행할 수 없는 지점에 도달하면 이전 선택 지점으로 돌아가 검색되지 않은 대안 중 하나를 선택해 계속 진행한다. 이 개념을 비결정적 인식기에 적용하면 각 선택 지점에 대해 두 가지 사항만 기억하면 된다. 즉, 이동할 수 있는 기계의 상태와 테이프 상의 해당 위치를 기억하면 된다. 노드의 조합을 호출해 인식 알고리듬의 **검색 상태**를 위치시킨다. 혼란을 피하기 위해 (검색 상태와는 반대로) 오토마톤 상태를 **노드**나 **기계 상태**로 지칭할 것이다.

상태	입력			
	b	a	!	ϵ
0	1	Ø	Ø	Ø
1	Ø	2	Ø	Ø
2	Ø	2, 3	Ø	Ø
3	Ø	Ø	4	Ø
4 :	Ø	Ø	Ø	Ø

이 알고리듬의 주요 부분을 설명하기 전에, 알고리듬을 구동하는 전이표에 두 가지 변화를 주목해야 한다. 첫째, 발신 ϵ-전이가 있는 노드를 나타내기 위해 새로운 ϵ-**컬럼**을 전이표에 추가한다. 노드에 ϵ-전이가 있는 경우 ϵ-컬럼에 해당 노드의 행에 대한 지정 노드를 나열한다. 두 번째 추가는 동일한 입력 기호에서 다른 노드로의 다중 전이를 설명하는 데 필요하다. 각 셀 입력을 단일 노드가 아닌 지정 노드 목록으로 구성하도록 했다. 오른쪽에는 그림 2.17(NFSA #1)에 기계에 대한 전이 테이블이 표시된다. ϵ-전이가 없지만 기계 상태 q_2에서는 입력 a가 q_2 또는 q_3으로 다시 이어질 수 있음을 보여준다.

그림 2.19는 비결정적 FSA를 사용해 입력 문자열을 인식하기 위한 알고리듬을 보여준다. ND-RECOGNIZE 피처는 변수 *agenda*를 사용해 처리 과정에서 생성된 현재 검색되지 않은 모든 선택 사항을 추적한다. 각 선택(검색 상태)은 기기의 노드(상태)

와 테이프의 위치로 구성된 투플^{tuple}이다. *current-search-state* 변수는 현재 검색 중인 브랜치 선택을 나타낸다.

ND-RECOGNIZE는 초기 검색 상태를 만들어 어젠다에 올리는 것으로 시작한다. 현재로서는 검색 상태가 어젠다에 어떤 순서로 나열되는지 지정하지 않는다. 이 검색 상태는 기계의 초기 기계 상태와 테이프의 시작 부분에 대한 포인터로 구성된다. 그런 다음 어젠다에서 항목을 검색해 변수 *current-search-state*에 지정하기 위해 NEXT 함수가 호출된다.

D-RECOGNIZE와 마찬가지로 메인 순환의 첫 번째 작업은 테이프의 전체 내용이 성공적으로 인식됐는지 확인하는 것이다. 이 작업은 ACCEPT-STATE?에 대한 호출에 의해 수행되며, 이 호출은 현재 검색 상태에 허용하는 기계 상태와 테이프 끝에 대한 포인터가 모두 포함된 경우 *accept*를 반환한다. 아직 완료되지 않은 경우, 기계는 GENERATE-NEW-STATES를 호출해 전이표에서 ϵ-전이 및 일반적인 입력-기호 변환에 대한 검색 상태를 생성함으로써 가능한 일련의 다음 단계를 생성한다. 이러한 검색 상태 투플이 모두 현재 어젠다에 추가된다.

마지막으로 어젠다에서 새로운 검색 상태를 처리하도록 시도한다. 어젠다가 비어 있으면 옵션이 부족해 입력을 거부해야 한다. 그렇지 않으면 검색되지 않은 옵션이 선택되고 계속 순환된다.

ND-RECOGNIZE의 어젠다가 비어 있는 경우에만 거부 값을 반환하는 이유를 이해하는 것이 중요하다. D-RECOGNIZE와는 달리, 허용되지 않는 기계 상태에서 테이프의 끝에 도달하거나 어떤 기계 상태에서 테이프를 전진시킬 수 없는 경우 거부 반응을 보이지 않는다. 이는 비결정론적 경우에 그러한 장애물이 전체 불이행이 아닌 주어진 경로에서의 불이행만을 나타내기 때문이다. 가능한 모든 선택들이 검토되고 부족하다고 밝혀졌을 때에만 문자열을 거부할 수 있다고 확신할 수 있다.

그림 2.20은 입력 baaa!를 처리하려고 할 때, ND-RECOGNIZE의 진행 상황을 보여준다. 각 스트립은 처리 과정에서 특정 지점의 알고리듬 상태를 보여준다. *current-search-state* 변수는 테이프에서 진행 상황을 나타내는 화살표와 함께 기계 상태를 나타내는 솔리드 버블로 캡처된다. 그림에서 아래쪽에 있는 각 스트립은 하나의 *current-search-state*에서 다음 검색 상태로의 진행을 나타낸다.

테이프에서 두 번째 a를 검토하는 동안 알고리듬이 상태 q_2에서 발견될 때까지 거의 관심이 없다. 전이표 $[q_2,$ a$]$에 대한 입력을 검사하면 q_2와 q_3가 모두 반환한다. 이러한 각 선택에 대해 검색 상태가 생성되고 어젠다에 배치된다. 하지만, 우리의 알고리듬은 전이표 $[q_3,$ a$]$에 대한 엔트리가 비어 있기 때문에 수락 상태도 새로운 상태도 발생하지 않는 상태 q_3로 이동하기로 선택한다. 이 시점에서 알고리듬은 단순히 새로운 상태가 추구해야 할 어젠다를 묻는다. q_2에서 q_2로 돌아가는 선택은 어젠다에서 유일하게 검토되지 않은 선택이므로 테이프 포인터를 다음 a로 진행해 반환된다. 다소 비판적으로, ND-RECOGNIZE는 같은 선택에 직면하게 된다. 전이표 $[q_2,$ a$]$에 대한 항목은 여전히 q_2로 루프하거나 q_3으로 전진하는 것이 올바른 선택임을 나타낸다. 이전과 같이, 양쪽을 대표하는 상태들이 어젠다에 올려진다. 이러한 검색 상태는 테이프 인덱스 값이 향상됐기 때문에 이전 검색 상태와 동일하지 않다. 이번에는 어젠다가 다음 단계로 q_3로 이동한다. q_4로의 이동과 성공은 테이프와 전이표에 의해 고유하게 결정된다.

```
function ND-RECOGNIZE(tape, machine) returns accept or reject

    agenda ← {(Initial state of machine, beginning of tape)}
    current-search-state ← NEXT(agenda)
    loop
        if ACCEPT-STATE?(current-search-state) returns true then
            return accept
        else
            agenda ← agenda ∪ GENERATE-NEW-STATES(current-search-state)
        if agenda is empty then
            return reject
        else
            current-search-state ← NEXT(agenda)
    end

function GENERATE-NEW-STATES(current-state) returns a set of search-states

    current-node ← the node the current search-state is in
    index ← the point on the tape the current search-state is looking at
```

return a list of search states from transition table as follows：
  (*transition-table[current-node,ϵ]*, *index*)
  ∪
  (*transition-table[current-node, tape[index]]*, *index + 1*)

function ACCEPT-STATE?(*search-state*) **returns** true or false

current-node ← the node search-state is in
index ← the point on the tape search-state is looking at
if *index* is at the end of the tape **and** *current-node* is an accept state of machine
then
  return true
else
  return false

그림 2.19　NFSA 인식 알고리듬. node(노드)라는 단어는 FSA, "상태-공간 검색 처리"를 의미하며, *state*(상태) 또는 *search-state*(검색-상태)는 노드와 *tape position*(테이프 위치)의 조합을 의미한다.

2.2.6 검색으로 인식

ND-RECOGNIZE는 기계를 통해 가능한 모든 경로를 체계적으로 검색할 수 있는 방법을 제공함으로써 정규 언어로 문자열을 인식하는 작업을 수행한다. 이 탐색이 허용 상태로 끝나는 경로를 생성하면 ND-RECOGNIZE는 문자열을 허용하고, 그렇지 않으면 문자열을 거부한다. 이 체계적 탐사는 어젠다 메커니즘에 의해 가능하게 된다. 어젠다 메커니즘은 각 반복에서 검색하기 위한 부분적인 경로를 선택하고 아직 검색되지 않은 부분적인 경로를 추적한다.

상태-공간
검색
　솔루션을 체계적으로 검색해 운용하는 ND-RECOGNIZE와 같은 알고리듬을 **상태-공간 검색** 알고리듬이라고 한다. 그러한 알고리듬에서 문제 정의는 가능한 솔루션의 공간을 만든다. 목표는 이 공간을 검색해 공간이 완전히 검색되면 입력을 찾거나 입력을 거부할 때 답을 반환하는 것이다. ND-RECOGNIZE에서 검색 상태는 입력 테이프의 위치를 가진 기계 상태의 쌍으로 구성된다. 상태 공간은 모든 기계 상태와 해당 기계에서 가능한 테이프 위치의 쌍으로 구성된다. 검색의 목표는 이 공간을 한 상태에서 다른 상태로 검색해 테이프의 끝과 함께 허용 상태의 쌍을 찾는 것이다.

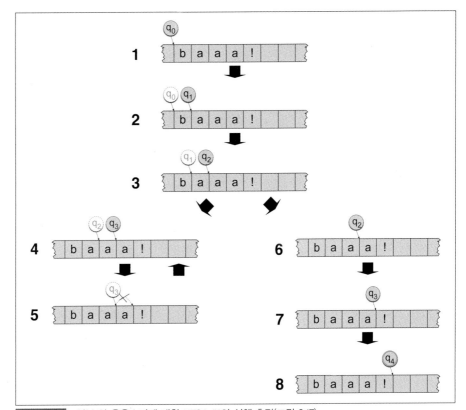

그림 2.20   일부 양 울음소리에 대한 NFSA #1의 실행 추적(그림 2.17)

이러한 프로그램 효과의 핵심은 종종 공간 내의 상태를 고려하는 순서^{order}에 있다. 상태가 잘못 정렬되면 성공적인 솔루션이 발견되기 전에 많은 수의 미충족 상태를 검사할 수 있다. 하지만 좋은 선택과 나쁜 선택을 구분하는 것은 일반적으로 불가능하며, 우리가 할 수 있는 최선의 방법은 각각의 가능한 솔루션이 결국 고려되도록 하는 것이다.

신중한 독자들은 ND-RECOGNIZE의 상태 순서가 지정되지 않은 채 방치돼 있다는 것을 알아차렸을지도 모른다. 검색되지 않은 상태가 생성될 때 어젠다에 추가되고 (정의되지 않은) 함수 NEXT가 요청될 때 어젠다에서 검색되지 않은 상태를 반환한다는 것만 알고 있다. NEXT 함수를 어떻게 정의해야 하는가? 다음에 고려되는 상태가 가장 최근에 생성된 순서 전략을 고려해보자. 새로 작성된 상태를 어젠다의 맨 앞에 배치하고 NEXT가 호출될 때 어젠다의 맨 앞에 상태를 반환하도록 해 이러한 정책을 구

깊이 우선

현할 수 있다. 따라서 어젠다는 **스택**^{stack}에 의해 구현된다. 이를 흔히 **깊이 우선 검색** 또는 **후입선출**^{LIFO} 전략이라고 한다.

이러한 전략은 새로 개발된 리드가 생성될 때 검색 공간으로 분류된다. 현재 리드의 진행이 차단된 경우에만 이전 옵션을 고려해 되돌아간다. 그림 2.20과 같이 문자열 baaa!에 대한 ND-RECOGNIZE의 실행 흔적은 깊이 우선 검색을 나타낸다. 이 알고리듬은 q_2에 머물지 아니면 q_3에 진입할지를 결정해야 할 때 ba를 보고 첫 번째 선택지점에 도달한다. 이때 하나의 대안을 선택하고 그 선택이 틀렸음을 확신할 때까지 그것을 따른다. 그런 다음 알고리듬은 백업하고 또 다른 이전 대안을 시도한다.

깊이 우선 전략에는 한 가지 중요한 함정이 있다. 특정한 상황에서는 무한 루프에 들어갈 수 있다. 이는 검색 공간이 우연히 검색 상태를 재방문할 수 있는 방식으로 설정되거나 검색 상태가 무한대로 존재하는 경우에 가능하다. 13장에서 파싱보다 복잡한 검색 문제로 전이할 때 이 질문을 다시 살펴본다.

검색 공간에서 상태를 정렬하는 두 번째 방법은 상태를 생성된 순서대로 고려하는 것이다. 어젠다 뒤쪽에 새로 작성된 상태를 배치해 이러한 정책을 구현할 수 있으며 여전히 NEXT가 어젠다 앞의 상태를 반환하도록 할 수 있다. 따라서 어젠다는 **대기열**

넓이
우선 검색

을 통해 구현된다. 이를 흔히 **넓이 우선 검색** 또는 **선입선출**^{FIFO} 전략이라고 한다. 그림 2.21과 같이 문자열 baaa!에 대한 ND-RECOGNIZE 실행의 다른 흔적을 고려한다. 다시 알고리듬은 q_2에 머물러야 할지, 상태 q_3으로 진행할지를 결정해야 할 때 ba를 보고 첫 번째 선택 지점에 도달한다. 그러나 이제 한 가지를 선택하고 따라가는 것보다는 가능한 모든 선택들을 검토해 한 번에 하나의 검색 트리를 확장하는 것을 상상한다.

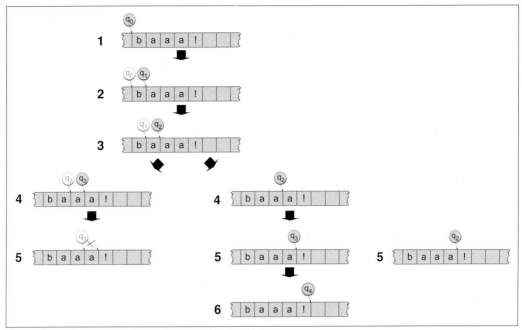

그림 2.21 일부 양 울음소리에 대한 FSA #1의 넓이 우선 추적

깊이 우선 검색과 마찬가지로 넓이 우선 검색에도 함정이 있다. 깊이 우선처럼 상태 공간이 무한하다면 검색은 종료되지 않을 수 있다. 더 중요한 것은 상태 공간이 심지어 적당히 크면 어젠다 크기의 증가로 인해 검색에는 비현실적으로 큰 양의 메모리가 필요할 수 있다. 일반적으로 보다 효율적인 메모리 사용을 위해 깊이 우선 전략이 선호되지만 작은 문제의 경우 깊이 우선 또는 넓이 우선 검색 전략이 적절할 수 있다. 더 큰 문제에 대해서는 6장과 13장에서 논의한 바와 같이 **동적 프로그래밍**이나 $\mathbf{A}^*$와 같은 좀 더 복잡한 검색 기법을 사용해야 한다.

2.2.7 결정적 및 비결정적 오토마타의 관계

NFSA가 ϵ-전이와 같은 비결정적 피처를 갖도록 허용하면 DFSA보다 더 강력해질 수 있다. 실제로는 그렇지 않다. 어떤 NFSA의 경우, 정확히 동등한 DFSA가 있다. NFSA를 동등한 DFSA로 변환하는 간단한 알고리듬이 있지만, 동등한 결정적 오토마톤의 상태 수는 훨씬 더 많을 수 있다. 루이스와 파파디미트리우(1988) 또는 홉크로프트와 울만(1979)을 참고한다. 하지만 NFSA가 입력을 구문 분석하는 방식을 기초하지만, 그 증명의 기본적인 직관은 언급할 가치가 있다. NFSA와 DFSA의 차이점은 NFSA에서 상태 q_i는 입력 i(예: q_a 및 q_b)가 주어지면 다음 상태가 둘 이상 있을 수 있다는 것이다. 그림 2.19의 알고리듬은 q_a 또는 q_b 중 하나를 선택한 다음 선택이 잘못되면 역추적하는 방식으로 이 문제를 다뤘다. 병렬 버전의 알고리듬이 두 경로(q_a와 q_b를 향한) 동시에 따를 것이라고 언급했다.

NFSA를 DFSA로 변환하는 알고리듬은 병렬 알고리듬과 같다. 병렬 인식기가 검색 공간에서 수행할 수 있는 모든 경로의 결정적 경로를 가진 오토마톤을 구축한다. 두 경로를 동시에 따르고, 동일한 입력 기호(즉, q_a와 q_b)에서 도달하는 모든 상태를 동등한 부류로 그룹화한다. 이제 이 새로운 동등한 상태(예: q_{ab}) 부류에 새로운 상태 레이블을 부여한다. 가능한 모든 상태 그룹을 위해 가능한 모든 입력에 대해 이 작업을 계속한다. 결과 DFSA는 원래 NFSA에 N 상태 세트가 있는 만큼 많은 상태를 가질 수 있다. N 요소가 있는 세트의 여러 하위 집합의 수는 2^N이므로, 새로운 DFSA는 2^N 상태까지 가질 수 있다.

2.3 정규 언어 및 FSA

위에서 제시한 바와 같이 정규 표현에 의해 정의될 수 있는 언어의 종류는 유한 상태 오토마타(결정적이든 비결정적이든)에 의해 특징지을 수 있는 언어의 종류와 정확히 동일하다. 그래서 이 언어들을 **정규 언어**라고 한다. 정규 언어 부류에 대한 형식적 정의를 내리기 위해 두 가지 초기 개념을 참조할 필요가 있다. 즉, 언어의 모든 기호 세트인 알파벳 Σ와 일반적으로 Σ에 포함되지 않는 빈 문자열 ϵ이다. 또, 공집합 ∅(ϵ와 구별됨)를 가리킨다. Σ에 대한 정규 언어 부류(또는 정규 세트)는 다음과 같이 공식적으로 정의된다.[1]

정규 언어

1. ∅는 정규 언어이다.
2. $\forall a \in \Sigma \cup \epsilon$, {$a$}는 정규 언어이다.
3. L_1과 L_2가 정규 언어라면 다음과 같다.

---

1   van Santen and Sproat(1998), Kaplan and Kay(1994), Lewis and Papadimitriou(1988)를 참고하라.

(a) $L_1 \cdot L_2 = \{xy \mid x \in L_1, y \in L_2\}$, L_1과 L의 **연접**
(b) $L_1 \cup L_2$, L_1과 L_2의 **합집합**(union or disjunction)
(c) L^*_1, L_1의 **클레인 폐쇄**

위의 속성을 충족하는 언어만이 정규 언어다. 정규 언어는 정규 표현식에 의해 특성화할 수 있는 언어이기 때문에, 2장에 소개된 모든 정규 표현식 연산자(메모리 제외)는 정규 언어를 정의하는 세 가지 연산 즉 연접, 합집합(disjunction/union, "|"라고도 함), 클레인 폐쇄에 의해 구현될 수 있다. 예를 들어 모든 카운터(*, +, {n, m})는 반복 플러스 클레인*의 특수한 경우에 불과하다. 모든 앵커는 개별적인 특수 기호로 생각할 수 있다. 대괄호 [ ]는 일종의 분리이다(즉, [ab]는 "a 또는 b" 또는 a와 b의 분리를 의미함). 따라서 어떤 규칙적인 표현도 세 가지 기본 연산만을 이용하는 표현식으로 바뀔 수 있다.

또한 정규 언어는 다음과 같은 작업으로 폐쇄된다(Σ^*는 알파벳 Σ로 구성된 가능한 모든 문자열의 무한 세트를 의미한다).

교집합(intersection)	L_1과 L_2가 정규 언어라면, $L_1 \cap L_2$도 마찬가지다. L_1과 L_2에 모두 있는 문자열 세트로 구성된 언어이다.
차집합(difference)	L_1과 L_2가 정규 언어라면, $L_1 - L_2$도 마찬가지다. L_1에 있지만 L_2가 아닌 문자열 세트로 구성된 언어이다
여집합(complementation)	L_1이 정규 언어라면, $\Sigma^* - L_1$도 마찬가지다. L_1에 없는 가능한 모든 문자열의 세트다.
반전(reversal)	L_1이 일반 언어이면 L_1^R도 마찬가지다. L_1에 있는 모든 문자열의 반전 세트로 구성된 언어이다.

정규 표현식이 유한 상태 오토마타와 동등하다는 증거는 홉크로프트와 울먼(1979)에서 찾을 수 있다. 그 증거는 두 부분으로 나눌 수 있다. 각각의 정규 언어에 대해 오토마톤이 만들어질 수 있다는 것과 반대로, 각각의 오토마톤에 대해 정규 언어가 만들어질 수 있다는 것을 보여준다.

우리는 증거를 제시하지는 않지만, 첫 번째 부분의 정규 표현식으로부터 오토마톤을 만드는 방법을 보여줌으로써 직관을 부여한다. 직관은 연산자의 수에 대해 귀납적이다. 기본 사례의 경우, 연산자가 없는 정규 표현식에 해당하는 오토마톤을 구축한다. 즉, 정규 표현식 $\emptyset$, ϵ 또는 임의의 단일 기호 $a \in \Sigma$에 해당하는 오토마톤을 작성한다. 그림 2.22는 이 세 가지 기본 사례의 오토마타를 보여준다.

이제 귀납적 단계에서는 정규 표현식(연접, 합집합, 폐쇄)의 각 기본 조작이 오토마톤에 의해 모방될 수 있음을 보여준다.

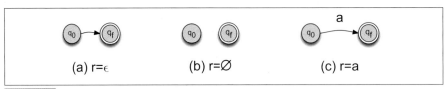

그림 2.22 귀납법 기본 사례(연산자 없음)에 대한 오토마타는 정규 표현식이 동등한 오토마톤으로 전이될 수 있음을 보여준다.

- **연접**concatenation: 그림 2.23과 같이 ϵ-전이로 FSA1의 모든 최종 상태를 FSA$_2$의 초기 상태에 연결해 두 개의 FSA를 서로 연결한다.

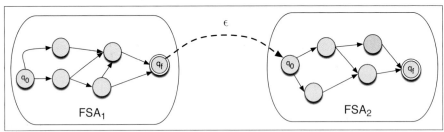

그림 2.23 두 FSA의 연접

- **폐쇄**closure: 그림 2.24과 같이 새로운 최종 및 초기 상태를 생성하고 FSA의 원래 최종 상태를 ϵ-전이(클레인*의 반복 부분을 구현)으로 초기 상태로 다시 연결한 다음 ϵ-전이에 의해 새로운 초기 상태와 최종 상태 사이에 직접 링크를 넣는다(0의 발생 가능성을 구현). 클레인+를 구현하기 위해 마지막 부분을 생략할 것이다.

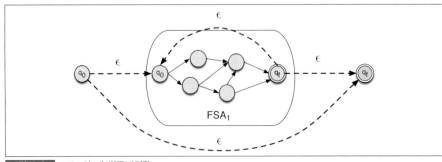

그림 2.24 FSA의 폐쇄(클레인*)

- **합집합**union: 마지막으로, 그림 2.25와 같이, 하나의 새로운 초기 상태 q'_0을 추가하고, 결합할 두 기계의 이전 초기 상태로 새로운 ϵ-전이를 추가한다.

16장에서 정규 언어와 정규 문법을 다시 설명한다.

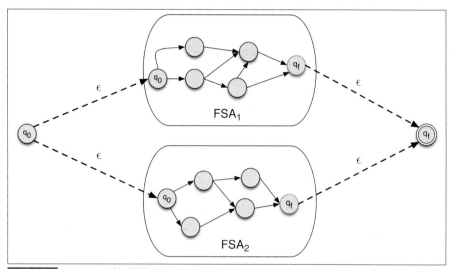

그림 2.25 두 FSA의 합집합(|)

2.4 요약

2장에서는 언어 처리에 있어서 가장 중요한 기본 개념인 **유한 오토마톤** 그리고 **정규 표현식**인 오토마톤에 근거한 실용적인 도구를 소개했다. 주요 요점 요약은 다음과 같다.

- **정규 표현식** 언어는 패턴 매칭을 위한 강력한 도구다.
- 정규 표현식의 기본 연산에는 **연접** 기호, **합집합** 기호([ ], |, .), **카운터**(*, +, {n, m}), **앵커**(^, $) 및 선행 연산자((,))가 포함된다.
- 모든 정규 표현식은 **유한 상태 오토마톤**FSA으로 실현될 수 있다.
- 메모리(\1 together with ())는 종종 정규 표현식의 일부로 간주되지만, 유한한 오토마톤 표현으로는 실현될 수 없는 고급 연산이다.
- 오토마톤은 어떤 어휘(기호 세트)에 대해 오토마톤이 허용하는 문자열의 집합으로서 형식 언어를 암묵적으로 정의한다.

- **결정적** 오토마톤[DFSA]의 동작은 해당 상태에 따라 완전히 결정된다.
- **비결정적** 오토마톤[NFSA]는 때때로 동일한 현재 상태와 다음 입력을 위해 여러 경로 중에서 선택해야 하는 경우가 있다.
- 모든 NFSA는 DFSA로 변환될 수 있다.
- NFSA가 어젠다에서 검색할 다음 상태를 선택하는 순서는 **검색 전략**을 정의한다. **깊이 우선 검색** 또는 LIFO 전략은 스택 어젠다에 해당되고, **넓이 우선 검색** 또는 FIFO 전략은 대기열의 어젠다에 해당된다.
- 정규 표현식은 자동으로 **NFSA** 및 **FSA**로 컴파일될 수 있다.

참고문헌 및 역사 참고 사항

유한 오토마타는 1950년대에 많은 사람들이 현대 컴퓨터 과학의 토대라고 간주하는 알고리듬 계산의 튜링 모델(1936)에서 비롯됐다. 튜링 기계는 제한된 제어와 입출력 테이프를 가진 추상적 기계였다. 튜링 기계는 한 번의 동작으로 테이프에 있는 기호를 읽고, 테이프에 다른 기호를 쓰고, 상태를 바꾸고, 왼쪽이나 오른쪽으로 움직일 수 있었다. 따라서 튜링 기계는 테이프의 기호를 변경하는 능력에 있어 주로 유한 상태 오토마톤과 다르다.

튜링의 연구에서 영감을 받아 맥컬로치와 피츠가 뉴런의 오토마타 같은 모델을 만

맥컬로치-
피츠 뉴런

들었다(von Neumann, 1963, 319페이지 참조). 현재 보통 **맥컬로치-피츠 뉴런**(McCulloch and Pitts, 1943)으로 부르는 그들의 모델은 명제 논리학적으로 설명할 수 있는 일종의 '컴퓨터 요소'로서 뉴런의 단순화된 모델이었다. 이 모델은 활성화 여부에 관계없이 다른 뉴런으로부터 흥분 및 억제 입력을 받아 활성화가 일정한 임계값을 초과하면 작동되는 이진 장치였다. 맥컬로치-피츠 뉴런을 바탕으로 클레인(1951)과 (1956)은 유한 오토마톤과 정규 표현식을 정의하고 동등성을 증명했다. 비결정론적 오토마타는 라빈과 스콧(1959)에 의해 소개됐고, 또한 결정론적 오토마타와 동등하다는 것을 증명했다.

켄 톰슨은 텍스트 검색을 위해 정규 표현식 컴파일러를 구축한 최초의 사람 중 한 명이다. 켄 톰슨의 편집 프로그램 *ed*에는 "g/regular expression/p"라는 명령어 또는 Global Regular Expression Print가 포함됐는데, 이는 후에 Unix grep 유틸리티가 됐다.

홉크로프트와 울만(1979), 루이스와 파파디미트리우(1988)와 같은 오토마타 이론의 기초가 되는 수학의 많은 범용 소개가 있다. 2장의 간단한 오토마타의 수학적 기초와 3장의 유한 상태 변환기, 12장의 문맥 자유 문법 및 16장의 촘스키 계층 구조를 다룬다. 프리들(1997)은 정규 표현식의 고급 사용에 대한 유용한 종합 안내서다.

검색으로서의 문제 해결의 은유는 인공지능의 기본이다. 검색에 관한 자세한 내용은 러셀과 노르빅(2002) 등 AI 교과서에서 찾아볼 수 있다.

연습

2.1 다음 언어에 대한 정규 표현식을 작성하라. 펄/파이썬 표기법 또는 2.3절의 최소 '대수algebraic' 표기법을 사용할 수 있지만 사용 중인 표기법을 반드시 확인하라. '단어'는 공백, 관련된 문장 부호, 줄 바꿈 등으로 다른 단어와 분리된 알파벳 문자열을 의미한다.

1. 모든 영문 문자열 세트
2. *b*로 끝나는 모든 소문자 알파벳 문자열 세트
3. 두 개의 연속 반복 단어가 있는 모든 문자열 세트(예: "Humbert Humbert" 및 "the the"는 있지만 "the bug" 또는 "the big bug"는 아님)
4. 알파벳 *a*, *b*의 모든 문자열의 세트로, 각각의 *a* 바로 앞에 *a*와 *b*가 옴
5. 행의 시작에서 정수로 시작하고, 행의 마지막은 단어로 끝나는 모든 문자열
6. *grotto*라는 단어와 *raven*이라는 단어가 모두 포함된 모든 문자열(단, *grotto*라는 단어만 포함된 *grottos*와 같은 단어는 아님)
7. 영어 문장의 첫 단어를 레지스터에 넣는 패턴을 작성하고 구두점을 처리하라.

2.2 73페이지에 설명된 것과 같은 대입을 사용해 엘리자와 같은 프로그램을 구현하라. 원한다면 로제리안 심리학자와 다른 도메인을 선택할 수 있지만, 프로그램이 합법적으로 많은 간단한 반복에 참여할 수 있는 도메인이 필요하다는 것을 명심해야 한다.

2.3 그림 다음에 나오는 본문에서 제시한 대로 그림 2.15의 영국 화폐 표현에 대한 FSA를 완성하라. 최대 $100,000의 금액을 처리해야 하며, "cent" 및 "dollar"에 적절한 복수 엔딩을 갖는지 확인해야 한다.

2.4 *March 15, the 22nd of November, Christmas* 같은 간단한 날짜 표현을 인식하는 **FSA**를 설계하라. 그런 '확실한' 날짜는 모두 포함하도록 노력해야 한다 (예: *the day before yesterday*와 같이 현재 날짜와 관련해 '지시적인' 단어가 아님). 그래프의 각 가장자리에는 단어 또는 단어 세트가 있어야 한다. 너무 많은 호를 그리지 않으려면 어휘 범주에 일종의 속기를 사용해야 한다(예: 가구→책상, 의자, 테이블).

2.5 이제 *yesterday, tomorrow, a week from tomorrow, the day before yesterday, Sunday, next Monday, three weeks from Saturday*와 같은 날짜 FSA를 확장해 지시적인 표현을 처리하라.

2.6 *eleven o'clock, twelve-thirty, midnight, a quarter to ten* 등과 같은 시간 표현을 위한 **FSA**를 작성하라.

2.7 (폴린 웰비에게 감사하며, 다음 문제는 아마도 뜨개질 능력을 필요로 할 것이다.) 다음 사양에 따라 스카프의 모든 뜨개질 패턴과 일치하는 정규 표현식을 작성하라 (또는 FSA 그리기). *32 stitches wide, K1P1 ribbing on both ends, stockinette stitch body, exactly two raised stripes*와 함께 작성한다. 모든 뜨개질 패턴에는 (바느질 횟수를 정확히 맞추기 위해) 시작하는 행과 (패턴을 끝내고 풀리지 않도록 하기 위해) 가장자리 행이 포함돼야 한다. 위의 설명과 일치하는 스카프 하나에 대한 샘플 패턴은 다음과 같다.[2]

1. Cast on 32 stitches   *cast on; puts stitches on needle*
2. K1 P1 across row (i.e., do (K1 P1) 16 times).   *K1P1 ribbing*
3. Repeat instruction 2 seven more times.   *adds length*
4. K32, P32.   *stockinette stitch*
5. Repeat instruction 4 an additional 13 times.   *adds length*
6. P32, P32.   *raised stripe stitch*
7. K32, P32.   *stockinette stitch*

---

2   Knit(겉뜨기)와 purl(안뜨기)은 서로 다른 두 가지 유형의 스티치다. Kn이라는 표기법은 n 겉뜨기 스티치를 의미한다. 안뜨기 스티치와 유사하다. 이랑짜기는 줄무늬 질감이 있어, 대부분의 스웨터는 소매, 바닥, 목에 사용된다. 스토키네트 스티치(stockinette)는 단순한 패턴을 만드는 일련의 겉뜨기와 안뜨기 줄이다. 스토키네트 스티치 패턴을 기본으로 한 양말(socks)이나 스타킹(stockings)은 스토키네트에서 이름을 따왔다.

8. Repeat instruction 7 an additional 251 times.   *adds length*

9. P32, P32.   *raised stripe stitch stockinette*

10. K32, P32.   *stitch*

11. Repeat instruction 10 an additional 13 times. *adds length*

12. K1 P1 across row.   *K1P1 ribbing*

13. Repeat instruction 12 an additional 7 times.   *adds length*

14. Bind off 32 stitches.   *binds off row: ends pattern*

2.8 그림 2.26에서 NFSA가 허용한 언어에 대한 정규 표현식을 작성하라.

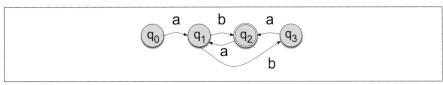

그림 2.26 미스터리 언어

2.9 현재 그림 2.12의 D-RECOGNIZE 함수는 일부 텍스트에서 문자열을 찾는 중요한 문제의 하위 부분만 해결한다. 알고리듬을 확장해 다음과 같은 두 가지 결함을 해결한다. (1) D-RECOGNIZE는 현재 확인할 문자열을 가리키고 있다고 가정하고, (2) D-RECOGNIZE가 FSA에 대한 적절한 하위 문자열로 포함하면 실패한다. 즉, 문자열 끝에 추가 문자가 있으면 D-RECOGNIZE가 실패한다.

2.10 결정적 FSA를 부정하기 위한 알고리듬을 제공하라. FSA의 부정은 원래의 FSA가 거부하는 문자열 집합(동일한 알파벳 이상)을 정확히 받아들이고 원래의 FSA가 허용하는 모든 문자열을 거부한다.

2.11 이전 알고리듬이 NFSA에서 작동하지 않는 이유는 무엇인가? 이제 알고리듬을 확장해 NFSA를 무효화하라.

03
단어 및 변환기

어떻게 '진실(sincere)'이라는 말에 '죄(sin)'가 있을 수 있나요?

'잘 가(goodbye)'라는 말에 '잘(good)'은 어디 있나요?

– 메러디스 윌슨, 〈뮤직 맨(The Music Man)〉

2장에서는 정규 표현을 소개하면서 하나의 검색 문자열이 어떻게 *woodchuck*과 *woodchucks* 모두를 찾을 수 있는지 예를 들어 보여줬다. *woodchucks* 복수형은 단지 끝에 s를 붙이기 때문에 단수나 복수를 쉽게 찾을 수 있었다. 하지만 또 다른 매혹적인 삼림지대 동물을 찾고 있다고 가정해보자. *fox*, *fish*, *peccary* 그리고 어쩌면 캐나다의 *wild goose*라고 하자. 이 동물들의 복수형을 찾는 것은 단순히 s를 붙이는 것 이상의 일이 필요하다. *fox*의 복수형은 *foxes*, *peccary*의 복수형은 *peccaries*, *goose*의 복수형은 *geese*이다. 하지만 헷갈리게도, *fish*는 보통 복수형일 때 형태를 바꾸지 않는다.[1]

이러한 형태의 단수와 복수를 올바르게 검색하려면 두 가지 지식이 필요하다. **철자 규칙**은 -y로 끝나는 영어 단어를 -i로 바꾸고 -es를 추가함으로써 -y로 끝나는 영어 단어를 복수형으로 만들 수 있다. **형태론적 규칙**에 따르면 *fish*는 복수형이 없고, *goose*의 복수형은 모음의 변화에 의해 형성돼 있다.

*foxes*와 같은 단어가 구성 형태소(*fox* 및 -es)로 분해되는 것을 인식하고 이 사실을 구조적으로 표현하는 것을 **형태론적 파싱**이라고 한다.

형태론적 파싱

---

1   Seuss(1960)를 참고하기 바란다.

파싱

파싱^{Parsing}은 입력을 받아 언어 구조를 생성하는 것을 의미한다. 이 책 전체에 걸쳐 매우 광범위하게 파싱이라는 용어를 사용해 생성될 수 있는 많은 종류의 구조, 형태론, 통사론, 의미론, 담화론, 문자열, 트리 구조 또는 네트워크의 형태를 포함한다. 형태론적 파싱 또는 어간 추출은 복수형 이외의 많은 단어에 적용된다. 예를 들어 *-ing* 로 끝나는 영어 동사(*going, talking, congratulating*) 형태를 가져와서 언어적 어간과 *-ing* 형태소로 파싱해야 한다. 따라서 **표면**이나 **입력 형식**이 *going*인 경우, 파싱된 형태인 VERB-go + GERUND-ing를 생성할 수 있다.

형태론적 파싱은 음성 및 언어 처리 전반에 걸쳐 중요하다. 특히 러시아어나 독일어와 같은 형태론적으로 복잡한 언어들을 웹 검색을 하는 데 중요한 역할을 한다. 러시아어로 *Moscow*라는 단어는 *Moscow, of Moscow, from Moscow* 그리고 그 밖의 다른 문구에 다른 어미를 가지고 있다. 사용자가 기본 양식만 입력해도 자동으로 단어 형식을 검색할 수 있기를 바란다. 또한 형태론적 파싱은 5장에서 볼 수 있듯이 형태론적으로 복잡한 언어의 품사 태깅에 중요한 역할을 한다. 확실한 철자 검사에 필요한 대형 사전을 생성하는 것은 중요하다. 예를 들어 프랑스 단어 *va*와 *aller*가 영어 동사 *go*의 형태로 번역돼야 한다는 것을 인식하기 위해 기계 번역에 필요하다.

형태론적 파싱 문제를 해결하기 위해, 왜 모든 복수 형태의 영어 명사와 '-ing' 형태의 영어 동사를 사전에 저장하고 룩업^{lookup} 방식으로 파싱할 수 없는가? 때때로 파싱을 할 수 있고, 영어 음성 인식을 위해 파싱은 정확히 하는 것이다. 그러나 많은 NLP 애플리케이션의 경우, *-ing*는 조어 형성 능력이 있는 접미사이기 때문에 불가능하다. 이는 모든 동사에 적용됨을 의미한다. 마찬가지로 *-s*는 거의 모든 명사에 적용된다. 조어 형성 능력이 있는 접미사는 새로운 단어에도 적용된다. 그래서 새로운 단어 *fax* 는 자동으로 *-ing* 형태로 사용될 수 있기 때문에 *faxing*으로 나타낼 수 있다. 매일 새로운 단어(특히, 두문자어와 고유명사)가 만들어지기 때문에 영어의 명사 종류는 끊임없이 증가하며 각각에 복수 형태소 *-s*를 추가할 수 있어야 한다. 또한 이러한 새로운 명사의 복수형은 단수 형식의 철자/발음에 따라 달라진다. 예를 들어 명사가 *-z*로 끝나는 경우 복수형은 *-s*가 아니라 *-es*이다. 이 규칙을 어딘가에 인코딩해야 한다.

마지막으로 터키어와 같이 형태론적으로 복잡한 언어로 모든 단어의 모든 형태 변형을 나열할 수는 없다.

(3.1) uygarlaştıramadıklarımızdanmışsınızcasına

uygar +*laş* +*tır* +*ama* +*dık* +*lar* +*ımız* +*dan* +*mış* +*sınız* +*casına*

civilized +BEC +CAUS +NABL +PART +PL +P1PL +ABL +PAST +2PL +AsIf

"(behaving) as if you are among those whom we could not civilize"

이 단어의 다양한 부분(**형태소**)은 다음과 같은 의미를 갖는다.

+BEC	"become"
+CAUS	the causative verb marker ('cause to X')
+NABL	"not able"
+PART	past participle form
+P1PL	1st person pl possessive agreement
+2PL	2nd person pl
+ABL	ablative (from/among) case marker
+AsIf	derivationally forms an adverb from a finite verb

모든 터키 단어들이 이렇게 보이는 것은 아니다. 평균적으로 터키 단어들은 약 3개의 형태소를 가지고 있다. 그러나 실제로 이러한 긴 단어들이 존재하는데, 이 예시를 생각해낸 케말 오브레이저는 터키어의 동사들은 파생 접미사를 세지 않고 4만 개의 가능한 형태를 가지고 있다고 언급했다(p.c.). 인과관계와 같은 파생 접미사를 추가하면 하나의 단어로 인과관계가 반복될 수 있기 때문에 이론적으로 무한한 수의 단어가 허용된다(*You cause X to cause Y to...do W*). 따라서 가능한 모든 터키어 단어를 사전에 저장할 수 없으며, 형태론적 파싱을 동적으로 수행해야 한다.

다음 절에서는 영어와 일부 다른 언어에 대한 형태론적 지식을 조사한다. 그런 다음 유한 상태 변환기인 형태론적 파싱의 핵심 알고리듬을 도입한다. 유한 상태 변환기는 음성 및 언어 처리 전반에 걸쳐 중요한 기술이기 때문에, 이후 장에서 다시 설명한다.

3장에서 형태론적 파싱에 대해 설명한 후, 몇 가지 관련 알고리듬을 소개한다. 어떤 애플리케이션에서는 단어를 파싱할 필요가 없지만, 단어에서 어근이나 어간에 매핑할 필요가 있다. 예를 들어 정보 검색[IR]과 웹 검색에서 *foxes*에서 *fox*로 매핑할 수

있지만, *foxes*가 복수라는 것을 알 필요는 없을 수도 있다. 그러한 단어의 끝부분을

어간 추출
포터 스태머

떼어내는 것을 IR에서 **어간 추출**^{stemming}이라고 한다. 우리는 **포터 스태머**^{Porter stemmer}라고 부르는 간단한 어간 추출 알고리듬을 설명한다.

다른 음성 및 언어 처리 작업의 경우, 표면적인 차이에도 불구하고 두 단어가 유사한 어근을 가지고 있다는 것을 알아야 한다. 예를 들어 *sang*, *sung*, *sings*라는 단어는 모두 동사 *sing*의 형태다. *sing*라는 단어는 때때로 이러한 단어의 일반적인 단어의 기본형^{lemma}이라고 부르며, 이 모든 단어에서 *sing*으로 매핑되는 것을 **표제어 추출**^{lemmatization}

표제어 추출

이라고 한다.[2]

다음으로 형태론적 파싱과 관련된 또 다른 과제를 소개한다. **토큰화**^{tokenization} 또는 **단어 분리**^{word segmentation}는 실행 중인 텍스트에서 단어를 분리(토큰화)하는 작업이다. 영어에서는 단어들이 띄어쓰기^{whitespace}로 서로 구분되는 경우가 많지만, 띄어쓰기로 항상 모든 단어 구분이 가능한 것은 아니다. *New York*과 *rock 'n' roll*이 띄어쓰기를 포함하고 있음에도 불구하고 하나의 단어라는 것을 주목해야 한다. 그러나 많은 애플리케이션에서 *I'm*을 *I*와 *am* 두 단어로 분리해야 할 것이다.

마지막으로, 많은 애플리케이션의 경우 두 단어가 얼마나 철자가 유사한지 알아야 한다. 형태론적 파싱은 이러한 유사성을 계산하는 한 가지 방법이다. 다른 방법은 **최소 편집 거리** 알고리듬을 사용해 두 단어의 문자를 비교하는 것이다. 이 중요한 NLP 알고리듬을 소개하며, 또한 철자 교정에 어떻게 사용될 수 있는지 보여준다.

3.1 (대부분의) 영어 형태론 조사

형태론은 의미를 갖는 더 작은 단위인 형태소에서 단어가 구성되는 방식에 대한 연구

형태소

다. **형태소**는 종종 언어에서 최소한의 의미를 갖는 단위로 정의된다. 그래서 예를 들어 *fox*라는 단어는 하나의 형태소(형태소 *fox*)로 구성돼 있고 *cats*라는 단어는 두 가지 형태소 *cat*과 형태소 *-s*로 구성돼 있다.

---

2   표제어 추출은 실제로 어떤 단어의 의미가 있는지 결정하기 때문에 실제로는 더 복잡하다. 20장에서 이 문제를 다시 다룬다.

어간
접사

이 사례에서 알 수 있듯이 **어간**과 **접사**라는 두 가지 광범위한 종류의 형태소를 구별하는 것은 유용하다. 정확한 구분은 언어마다 다르지만 직관적으로 어간은 단어의 '주요' 형태소이며, 주된 의미를 제공하며 접사는 다양한 종류의 '추가적' 의미를 더한다. 접사는 더 나아가 **접두사, 접미사, 삽입사, 외접사**로 나뉜다. 접두사는 어간보다 앞에 오며, 접미사는 어간 뒤에 온다. 외접사로는 어간 앞과 뒤에 오며, 삽입사는 어간 안에 삽입한다. 예를 들어 *eats*라는 단어는 어간 *eat*와 접미사 *-s*로 구성돼 있다. *unbuckle*이라는 단어는 어간 *buckle*과 접두사 *un-*으로 구성돼 있다. 영어는 사실 외접사가 없지만, 다른 많은 언어들은 외접사가 있다. 예를 들어 독일어에서는 일부 동사의 과거분사는 어간의 시작 부분에 *ge-*를, 끝에 *-t*를 더해 형성된다. 동사 *sagen*(to say 말하자면)의 과거분사는 *gesagt*(said 말했다)이다. 단어 중간에 형태소가 삽입되는 삽입사는 필립핀어인 타갈로그어에서 흔히 발생한다. 예를 들어 행동의 동작주를 표시하는 삽입사 *um*은 타갈로그어 어간 *hingi*를 "차용해" *humingi*를 만든다. 영어의 일부 방언에서 "f**king" 또는 "bl**dy"와 같은 다른 형태가 다른 단어의 중간에 삽입되는 하나의 삽입사가 있다("Man-f**king-hattan", "abso-bl**dy-lutely"[3](McCawley, 1978).

한 단어에는 한 개 이상의 접사가 있을 수 있다. 예를 들어 *rewrites* 단어에는 접두사 *re-*, 어간 *write*, 접미사 *-s*가 있다. *unbelievably* 단어는 어간(*believe*)에 세 개의 접사(*un-, -able, -ly*)를 더했다.

영어는 4~5개 이상의 접사를 쌓는 경향이 없지만, 터키어와 같은 언어는 위에서 본 것처럼 9개 또는 10개의 접사를 가진 단어를 가질 수 있다. 터키어처럼 접미사를

교착어

나열하는 경향이 있는 언어를 **교착어**라고 한다.

굴절
파생
조합
접어

형태소를 결합해 단어를 만드는 방법은 여러 가지가 있다. 이러한 방법 중 **굴절, 파생, 조합, 접어**, 이 4가지가 일반적이며, 음성 및 언어 처리에서 중요한 역할을 한다.

굴절은 단어의 어간과 문법적인 형태소의 조합으로, 일반적으로 원래의 어간과 같은 부류의 단어를 만들어내고 보통 일치와 같은 어떤 통사적 기능을 채운다. 예를 들어 영어는 명사에 복수형을 표시하는 굴절 형태소 *-s*와 동사에 과거 시제를 표시하는 굴절 형태소 *-ed*가 있다. 파생은 단어의 어간과 문법적인 형태소의 조합으로, 일반적

---

3 〈My Fair Lady〉의 작사가 앨런 제이 레너는 "Woun It Be Lovely?"의 가사 후반에 abso-bloomin'lutely라는 불온한 부분을 삭제했다(Lerner, 1978, p. 60).

으로 다른 부류의 단어를 생성하며 종종 정확히 예측하기 어려운 의미를 가지고 있다. 예를 들어 동사 *computerize*는 *computerization*이라는 명사를 만들기 위해 파생적 *suf-* 고정 *-ation*을 취할 수 있다. **조합**은 여러 단어의 어간이 함께 합쳐진 것이다. 예를 들어 *doghouse*라는 명사는 형태소 *dog*와 형태소 *house*를 연결한 것이다. 마지막으로, **접어화**는 단어의 어간과 접어를 결합한 것이다. **접어**는 단어처럼 통사론적으로 작용하는 형태소이지만 형태가 축소돼 다른 단어에 붙는 형태소(음운론적이고 그리고 때로는 철자법적으로)이다. 예를 들어 *I've*라는 단어의 영어 형태소 *'ve*는 *l'opera*라는 단어의 프랑스어 정관사 *l'*와 마찬가지로 접어이다. 다음 절에서는 이러한 프로세스에 대해 더 자세히 설명한다.

접어

3.1.1 굴절 형태론

영어는 비교적 간단한 굴절 시스템을 가지고 있다. 명사, 동사, 일부 형용사만이 굴절할 수 있으며, 가능한 굴절접사들의 수는 매우 적다.

복수형
영어 명사에는 **복수형**을 나타내는 접사와 **소유격**을 나타내는 접사 두 가지 굴절만이 있을 뿐이다. 예를 들어 전부는 아니지만 많은 영어 명사는 가장 기본적인 어간이나

단수형
단수형으로 나타나거나 복수 접미사를 취할 수 있다. 다음은 일반적인 복수형 접미사 "*-s*"("*-es*"라고도 함)와 불규칙적인 복수형의 예다.

	규칙명사		불규칙명사	
단수형	cat	thrush	mouse	ox
복수형	cats	thrushes	mice	oxen

일반적인 복수형은 대부분의 명사 뒤에 *-s*를 쓰지만 *-s*(*ibis/ibises*), *-z*(*waltz/waltzes*), *-sh*(*thrush/thrushes*), *-ch*(*finch/finches*), *-x*(*box/boxes*)로 끝나는 단어 뒤에 *-es*를 쓴다. *-y*로 끝나는 명사는 *-y*를 *-i*(*butterfly/butterflies*)로 바꾼다. 소유격 접미사는 *-s*로 끝나지 않는 정규 단수명사(*llama's*)와 복수명사(*children's*)에 대해 아포스트로피apostrophe + *-s*로, *-s* 또는 *-z*로 끝나는 일부 이름(*Euripides' comedies*) 뒤에 단독 아포스트로피를 사용한다. 영어 동사의 굴절은 명사의 굴절보다 더 복잡하다. 첫째, 영어에는 세 가지 종류의 동사가 있다. **본동사**(*eat, sleep, impeach*), **조동사**(*can, will, should*), **기본동사**(*be,* *have, do*)를 사용한다(쿼크 외 연구진, 1985의 용어 사용).

규칙동사

　3장에서 주로 본동사와 기본동사에 대해 다룬다. 본동사와 기본동사는 굴절로 끝나기 때문이다. 이 동사들 중 큰 부류는 **규칙동사**다. 즉, 이 부류의 모든 동사는 동일한 기능을 나타내는 동일한 어미를 갖는다. 이 규칙동사(예: walk 또는 inspect)에는 다음과 같은 네 가지 형태소 형식을 가진다.

형태소 부류	규칙적으로 굴절한 동사			
어간	walk	merge	try	map
-*s* 형식	walks	merges	tries	maps
-*ing* 분사	walking	merging	trying	mapping
과거 형태 또는 -*ed* 분사	walked	merged	tried	mapped

　이러한 동사는 어간을 아는 것만으로도 세 가지의 예측 가능한 어미 중 하나를 추가하고 규칙적인 철자 변화를 줌으로써 다른 형태를 예측할 수 있기 때문에 규칙이라고 부른다(그리고 7장에서 보여주듯이 규칙적으로 발음이 변경됨). 이러한 규칙동사와 형식은 영어의 형태론에서 중요하다. 첫째, 대부분의 동사를 다루기 때문이며, 둘째, 규칙적인 부류는 **조어 형성 능력**이 있기 때문이다. 앞에서 설명한 것처럼 조어력이 있는 부류는 언어에 입력되는 새로운 단어를 자동으로 포함하는 부류이다. 예를 들어 최근에 만들어진 동사 *fax*(*My mom faxed me the note from cousin Everett*)는 규칙적인 어미 *-ed*, *-ing*, *-es*를 사용한다(-*s* 형식은 *faxs*가 아니라 *faxes*이다. 아래에서 철자 규칙에 관해 설명한다).

불규칙동사

　불규칙동사는 다소 특이한 형태의 변형을 가진 동사들이다. 영어의 불규칙동사는 종종 5개의 다른 형태를 갖지만 최대 8개(예: *be*동사) 또는 3개(예: *cut* 또는 *hit*)까지 가질 수 있다. 불규칙동사가 훨씬 작은 부류의 동사를 구성하는 반면(쿼크 외 연구진(1985)은 조동사를 제외하고 약 250개의 불규칙동사만 있는 것으로 추정함), 이 부류는 언어의 매우 빈번한 동사 대부분을 포함한다.[4] 다른 장의 표는 일부 샘플 불규칙 형태를 보여준다. 불규칙동사는 모음(*eat/ate*), 모음 및 일부 자음을 변경하거나(*catch/caught*), 전혀 변경

과거형

하지 않고(*cut/cut*), 과거 형태(**과거형**이라고도 함)에 영향을 줄 수 있다.

4　언어 변화 때문에 일반적으로 단어 형식이 자주 사용될수록 독특한 특성을 가질 가능성이 높아진다. 주변의 다른 단어들이 더 규칙적이 되도록 바뀌어도 매우 빈번한 단어는 그 형태를 유지하는 경향이 있다.

형태소 부류	불규칙적으로 굴절되는 동사		
어간	eat	catch	cut
-s 형식	eats	catches	cuts
-ing 분사	eating	catching	cutting
과거형	ate	caught	cut
과거분사	eaten	caught	cut

위 형식들이 문장에서 사용되는 방식은 여기서 간략히 소개하고, 자세한 내용은 '통사론과 의미론' 장에서 다룬다. 우선 -s 형식은 '습관적 현재형'으로 사용되며, 3인 칭 단수 어미(*She jogs every Tuesday*)를 인칭 및 수(*I/you/we/they jog every Tuesday*)의 다른 선택과 구분한다. 어간 형태는 부정사 형태로 사용되며, 또한 특정한 다른 동사 뒤에 사용되기도 한다(*I'd rather walk home, I want to walk home*). 그리고 -ing 분사는 현재와

진행형   진행 중인 활동을 표현하기 위해 **진행형** 구조에 사용하거나(*It is raining*), 동사가 명사 로 취급되는 경우 사용된다(*Fishing is fine if you live near water*). 이 후자의 동사를 사용

동명사   한 명사형을 **동명사**라고 한다. -ed/-en 분사는 **완료형** 구조(*He's eaten lunch already*) 또
완료형   는 수동태 구조(*The verdict was overturned yesterday*)에 사용된다.

어떤 접미사를 어떤 어간에 붙일 수 있는지와 더불어 이러한 형태소 경계에서 많은 규칙적인 철자 변화가 일어난다는 사실을 파악해야 한다. 예를 들어 -ing와 -ed 접미 사가 추가되기 전에 단일 자음 문자를 하나 더 붙인다(*beg/begging/begged*). 마지막 글 자가 "c"인 경우, "ck"로 표기된다(*picnic/picnicking/picnicked*). 무음 -e로 끝나는 경우, e가 삭제되고 -ing 및 -ed가 추가된다(*merge/merging/merged*). 명사와 마찬가지로 -s(*toss/tosses*), -z(*waltz/waltzes*), -sh(*wash/washes*), -ch(*catch/catches*), -x(*tax/taxes*)로 끝 나는 동사 어간의 뒤에 -s로 표기된다. 또한 명사와 마찬가지로 자음 앞에 -y로 끝나 는 동사는 -y를 -i로 바꾼다(*try/tries*).

영어의 언어 체계는 유럽식 스페인어 체계보다 훨씬 간단하다. 유럽식 스페인어 체 계는 각 규칙동사에 대해 50개의 구별되는 동사 형태를 가지고 있다. 그림 3.1은 동 사 *amar*(사랑하다)의 몇 가지 예를 보여준다. 다른 언어들은 이 스페인어 예시보다 훨 씬 더 많은 형식을 가질 수 있다.

	현재시제	미완료시제	미래	과거형	가정법 현재	조건문	가정법 과거	가정법 미래
1SG	amo	amaba	amaré	amé	ame	amaría	amara	amare
2SG	amas	amabas	amarás	amaste	ames	amarías	amaras	amares
3SG	ama	amaba	amará	amó	ame	amaría	amara	amáreme
1PL	amamos	amábamos	amaremos	amamos	amemos	amaríamos	amáramos	amáremos
2PL	amáis	amabais	amaréis	amasteis	améis	amaríais	amarais	amareis
3PL	aman	amaban	amarán	amaron	amen	amarían	amaran	amaren

그림 3.1   스페인어로 '사랑하다'의 예제다. *1SG*는 '1인칭 단수', 3PL은 '3인칭 복수' 등을 의미한다.

3.1.2 파생 형태론

영어의 굴절은 다른 언어에 비해 비교적 단순하지만, 영어의 파생은 상당히 복잡하다. 파생은 문법 형태소와 단어 어간의 조합이다. 대개는 다른 부류의 단어를 생성하며, 종종 정확하게 예측하기 어려운 의미를 가지고 있다.

영어에서 흔히 사용되는 파생어는 새로운 명사 형태이며, 종종 동사나 형용사에서 유래한다. 이 과정을 **명사화**라고 한다. 예컨대 접미사 *-ation*은 접미사 *-ize*로 끝나는 동사로부터 명사를 생성한다(*computerize → computerization*). 다음은 조어 형성 능력이 있는 영어 명사화 접미사의 예다.

접미사	기본동사/형용사	파생명사
-ation	computerize (V)	computerization
-ee	appoint (V)	appointee
-er	kill (V)	killer
-ness	fuzzy (A)	fuzziness

형용사는 명사와 동사에서도 파생될 수 있다. 다음은 명사나 동사로부터 형용사를 도출하는 몇 가지 접미사의 예다.

접미사	기본동사/형용사	파생명사
–al	computation (N)	computational
–able	embrace (V)	embraceable
–less	clue (N)	clueless

영어의 파생은 여러 가지 이유로 굴절보다 더 복잡하다. 일반적으로 조어력이 약하기 때문이다. *-ation*과 같은 명사화 접미사도 모든 동사에 반드시 추가될 수는 없다.

오직 *-ize*로 끝나는 동사에만 추가될 수 있다. 따라서 **eatation* 또는 **spellation*을 말할 수 없다(우리는 별표(*)를 사용해 영어의 '잘못된 예제'를 표시한다). 그리고 또 다른 이유는 명사화 접미사 사이에 미묘하고 복잡한 의미 차이가 있기 때문이다. 예를 들어 *sincerity*(성실)는 *sincereness*(성실함)와 의미에 미묘한 차이가 있다.

3.1.3 접어화

접어는 접사와 단어 사이에 있는 단위를 의미한다. 접어의 음운학적 성질은 접사와 같다. 짧고 강세가 없는 경향이 있다(8장에서는 음운학에 대해 더 설명한다). 접어의 통사론 성질은 종종 대명사, 관사, 접속사 또는 동사의 역할을 한다. 단어 앞의 접어는 **후접어**라고 하며, 단어 뒤의 접어를 **전접어**라고 한다.

영어의 접어는 다음과 같은 조동사 형식을 포함한다.

전체 형식	접어	전체 형식	접어
am	'm	have	've
are	're	has	's
is	's	had	'd
will	'll	would	'd

영어 접어의 중의성에 유의한다. *she's*는 *she is* 또는 *she has*를 의미할 수 있으나 이러한 중의성만 유의하면 아포스트로피로 영어의 접어를 올바르게 분할하는 것은 간단하다. 접어는 다른 언어로 파싱하기가 더 어려울 수 있다. 예를 들어 아랍어와 히브리어에서는 명사 앞에 관사가 표시돼 있다(*the*; 아랍어로는 *Al*, 히브리어로는 *ha*).

품사 태깅, 파싱 또는 기타 작업을 수행하려면 세그먼트화해야 한다. 다른 아랍어의 후접어에는 'by/with'와 같은 전치사 *b* 및 'and'와 같은 접속사 *w*가 있다. 아랍어에는 특정 대명사를 표시하는 전접어도 있다. 예를 들어 *and by their virtues*라는 말은 접어 *and*, *by*, *their* 및 어간 *virtue*와 복수의 접사를 가지고 있다. 아랍어는 오른쪽에서 왼쪽으로 읽기 때문에 실제로 아랍어로 오른쪽에서 왼쪽으로 순서대로 나타난다.

	후접어	후접어	어간	접사	전접어
아랍어	w	b	Hsn	At	hm
해설	and	by	virtue	s	their

3.1.4 비연결형 형태론

지금까지 논의한 형태론의 종류는 단어가 연결된 형태소의 문자열로 구성돼 있으며,

연결형 형태론

흔히 **연결형 형태론**이라고 한다. 많은 언어들은 형태소가 더 복잡한 방식으로 결합되

비연결형 형태론

는 광범위한 **비연결형 형태론**을 가지고 있다. 위의 타갈로그어 삽입사 예제는 두 개의 형태소(*hingi* 및 *um*)가 혼합돼 있기 때문에 비연결형 형태론의 한 예다.

템플래틱 형태론

비연결형 형태론의 또 다른 종류는 **템플래틱 형태론**templatic morphology 또는 **어근 및 패턴**

어근 및 패턴형 형태론

형 형태론이며 일반적으로 아랍어, 히브리어 및 기타 셈어계 언어에서 나타나는 특성이다. 예를 들어 히브리어에서 (다른 품사뿐만 아니라) 동사는 두 가지 요소, 어근과 템플릿으로 구성된다. 어근은 보통 세 개의 자음(CCC)으로 구성되며 기본적인 의미를 담고 있다. 그리고 템플릿은 자음과 모음의 순서를 부여하고, 그 결과로 생기는 의미론적 동사의 태(예: 능동형, 수동형, 중동태)와 같은 동사의 의미적 정보를 지정한다. 예를 들어 'learn' 또는 'study'를 의미하는 히브리어 세 개의 자음 어근 lmd는 능동태 CaCaC 템플릿과 결합해 'he studied'를 의미하는 *lamad*를 만들 수 있으며, 또는 강의어 CiCeC 템플릿으로 'he taught'를 의미하는 *limed*를 생성할 수 있다. 또는 강의어 수동태 템플릿 CuCaC은 'he was taught'를 의미하는 *lumad*라는 단어를 생성한다. 아랍어와 히브리어는 이 템플래틱 형태론과 연결형 형태론을 결합한다(앞의 절에서 제시한 접어화 예와 같다).

3.1.5 일치

앞서 복수형 형태소를 소개하면서 영어에서는 복수형이 명사와 동사 모두에 표시된다는 점에 주목했다. 영어의 주어 명사와 본동사가 수적으로 일치해야 한다고 말하는데, 이는 둘 다 단수여야 하거나 둘 다 복수여야 한다는 것을 의미한다. 다른 종류의

일치
성별

일치 과정이 있다. 예를 들어 많은 언어의 명사, 형용사, 때때로 동사는 **성별**이 표시된다. 성별은 언어로 명사를 분류하기 위해 사용되는 동치류의 일종이다. 각 명사는 하나의 부류로 분류된다. 많은 언어(예: 프랑스어, 스페인어, 이탈리아어 등 로망스어)에는 남녀의 두 가지 성별이 있다. (대부분의 게르만어와 슬라브어와 마찬가지로) 다른 언어들은 3가지 성별을 가지고 있다(남성, 여성, 중성). 아프리카의 반투족 언어들은 20가지의 성

명사 부류   별을 가지고 있다. 부류의 수가 매우 많을 때, 종종 성별 대신 **명사 부류**라고 한다.

성별은 명사에 명시적으로 표시되기도 한다. 예를 들어 스페인어의 남성용어는 -*o*로 끝나는 경우가 많고 여성용어는 -*a*로 끝나는 경우가 많다. 그러나 명사 자체의 문자나 단음에는 성별이 표시되지 않는 경우가 많다. 대신 어휘 목록에 저장해야 하는 단어의 속성이다. 이에 대한 예는 그림 3.2에서 볼 수 있다.

3.2 유한 상태 형태론 파싱

이제 형태론을 파싱하는 문제로 넘어가보자. 우리의 목표는 그림 3.2의 첫 번째와 세 번째 열과 같은 입력 형식을 취하고 두 번째와 네 번째 열과 같은 출력 양식을 생산하는 것이다.

영어		스페인어		
입력	형태론적 파싱	입력	형태론적 파싱	주석
cats	cat +N +PL	pavos	pavo +N +Masc +Pl	'ducks'
cat	cat +N +SG	pavo	pavo +N +Masc +Sg	'duck'
cities	city +N +Pl	bebo	beber +V +Plnd +1P +Sg	'I drink'
geese	goose +N +Pl	canto	cantar +V +Plnd +1P +Sg	'I sing'
goose	goose +N +Sg	canto	canto +N +Masc +Sg	'song'
goose	goose +V	puse	poner +V +Perf +1P +Sg	'I was able'
gooses	goose +V +3P +Sg	vino	venir +V +Perf +3P +Sg	'he/she came'
merging	merge +V +PresPart	vino	vino +N +Masc +Sg	'wine'
caught	catch +V +PastPart	lugar	lugar +N +Masc +Sg	'place'
caught	catch +V +Past			

그림 3.2   일부 영어 및 스페인어 단어에 대한 형태론적 파싱 결과. Xerox XRCE 유한 상태 언어 툴에서 수정된 스페인어를 출력한다.

두 번째 열에는 각 단어의 어간과 다양한 형태론의 특징들이 포함돼 있다. 이러한 특징들은 어간의 추가 정보를 명시한다. 예를 들어 특징 +N은 그 단어가 명사라는 것을 의미하고, +Sg는 단수라는 것을 의미하며, +Pl는 복수라는 뜻이다. 형태론적 특성은 5장에서 다시 언급되고 15장에서 더 자세히 다룬다. 현재로선 +Sg를 '단수형'을 의미하는 기본 단위라고 간주한다. 스페인어는 영어에서는 발생하지 않는 특징이 있는데, 예를 들어 명사 *lugar*와 *pavo*는 +Masc(남성)로 표시된다. 스페인어 명사는 형용사와 성별이 일치하기 때문에 명사의 성별을 아는 것이 태깅과 파싱에 중요할 것이다.

일부 입력 형식은 다른 형태론적 파싱 사이에 모호하다는 점에 유의한다(예: *caught*, *goose*, *canto*, *vino*). 현재로서는 가능한 모든 파싱을 나열하기 위해 형태론적 파싱의 목표를 고려할 것이다. 5장에서 형태론적 파싱을 명확하게 하는 작업을 설명한다. 형태론적 파서^{parser}를 구축하려면 최소한 다음 사항이 필요할 것이다.

어휘 목록
1. **어휘 목록**: 어간과 접사의 목록과 그에 대한 기본적인 정보(어간이 명사 어간 또는 동사 어간 등)

형태소 순서
2. **형태소 순서**: 어떤 형태소가 단어 안에 다른 형태소를 따를 수 있는지 설명하는 형태소 순서 모델. 예를 들어 영어 복수형 형태소가 명사를 선행하기보다는 따르고 있다는 사실은 형태론적 사실이다.

철자 규칙
3. **철자 규칙**: 이러한 철자 규칙은 보통 두 형태소가 결합할 때 단어에서 발생하는 변화를 모델링하는 데 사용된다(예: 위에서 설명한 $y \rightarrow ie$ 철자 규칙이 도시 + -s를 *citys*가 아닌 *cities*로 변경함).

다음 절에서는 FSA를 사용해 형태론적 지식을 모델링하는 방법을 포함해 형태론적 인식의 하위 문제만을 위해 간단한 버전의 어휘 목록을 표현하는 방법을 설명한다.

이후 절에서는 어휘 목록의 형태론적 특징을 모델링하고 형태론적 파싱을 다루는 방법으로 유한 상태 변환기^{FST}를 소개한다. 마지막으로, FST를 사용해 철자 규칙을 모델링하는 방법을 보여줄 것이다.

3.3 유한 상태 어휘 목록의 구조

어휘 목록은 단어의 저장소다. 가능한 한 가장 간단한 어휘 목록은 언어의 모든 단어의 명시적 목록으로 구성될 것이다(단어 every, 즉 약어(AAA) 및 고유명사(Jane 또는 Beijing)를 포함).

a, AAA, AA, Aachen, aardvark, aardwolf, aba, abaca, aback, ...

위에서 설명한 여러 가지 이유로 언어의 모든 단어를 나열하는 것은 번거롭거나 불가능하다. 그래서 컴퓨터 어휘 목록은 보통 언어의 각 어간과 접사 목록과 함께 서로 일치할 수 있는 방법을 알려주는 형태소 순서^{morphotactics} 제한을 표현한다. 형태소 순서 제한을 모델링하는 방법에는 여러 가지가 있다. 가장 일반적인 것 중 하나는 유한 상태 오토마톤이다. 영어 명사 굴절에 대한 매우 간단한 유한 상태 모델은 그림 3.3과 같다.

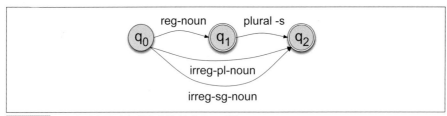

그림 3.3 영어 명사 굴절에 대한 유한 상태 오토마톤

그림 3.3의 FSA는 어휘 목록이 규칙 복수형 *-s*를 취하는 규칙명사(**reg-noun**)를 포함한다고 가정한다(예: *cat, dog, fox, aardvark*). 지금은 *fox*의 복수형 *foxes*처럼 *e*가 삽입돼 있다는 사실을 무시할 것이다. 어휘 목록에는 단수 **irreg-sg-noun**(*goose, mouse*)과 복수 **irreg-pl-noun**(*geese, mice*) 모두 *-s*를 사용하지 않는 불규칙명사도 포함돼 있다.

영어 동사의 굴절에 대한 유사한 모델은 그림 3.4와 같다.

이 어휘 목록에는 3가지 어간 부류(**reg-verb-stem**, **irreg-verb-stem**, **irreg-past-verb-form**)가 있으며, 추가로 4가지 접사 부류(*-ed* 과거, *-ed* 분사, *-ing* 분사, 3인칭 단수 *-s*)가 있다.

reg-verb-stem	irreg-verb-stem	irreg-past-stem	past	past-part	pres-part	3sg
walk	cut	caught	-ed	-ed	-ing	-s
fry	speak	ate				
talk	sing	eaten				
impeach		sang				

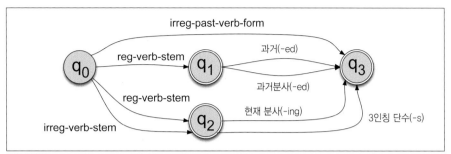

그림 3.4   영어 동사의 굴절에 대한 유한 상태 오토마톤

영어 파생 형태론은 영어의 굴절 형태론보다 훨씬 더 복잡하므로, 영어 파생 모델링을 위한 오토마타는 상당히 복잡한 경향이 있다. 사실 영어 파생의 일부 모델은 12장의 좀 더 복잡한 문맥 자유 문법에 기초한다(Sproat, 1993 참고).

비교적 단순한 파생 사례인 영어 형용사의 형태소 순서 제한을 고려해보자. 다음은 앤트워스(1990)의 몇 가지 예다.

big, bigger, biggest,   cool, cooler, coolest, coolly

happy, happier, happiest, happily   red, redder, reddest

unhappy, unhappier, unhappiest, unhappily   real, unreal, really

clear, clearer, clearest, clearly, unclear, unclearly

초기 가설은 형용사가 선택적 접두사(*un-*), 필수 어근(*big, cool* 등), 선택적 접미사(*-er, -est, -ly*)를 가질 수 있다는 것이다. 그림 3.5에서 FSA를 보여준다.

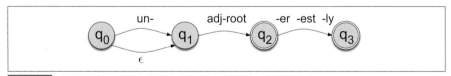

그림 3.5   영어 형용사 형태론 조각에 대한 FSA: 앤트워스의 제안서 #1

이 FSA는 위의 표에 있는 모든 형용사를 인식하지만 또한 *unbig, unfast, oranger, smally*와 같은 비문법적인 형태도 인식할 것이다. 어근 부류를 설정하고 가능한 접미사를 지정해야 한다. 따라서 **adj-root₁**은 *un-*과 *-ly*로 발생할 수 있는 형용사(*clear, happy, real*)를 포함하며, **adj-root₂**는 *un-*과 *-ly*로 발생할 수 없는 형용사(*big, small*) 등

을 포함할 것이다.

이는 영어에서 파생될 것으로 예상되는 복잡성에 대한 아이디어를 준다. 또 하나의 예로서 그림 3.6에서 스프로트(1993), 바우어(1983), 포터(1980)에 기초한 영어의 명사 및 동사 파생 형태론에 대한 FSA의 또 다른 조각을 제시한다. 이 FSA는 -ize로 끝나는 모든 동사 뒤에 명사화하는 접미사 -ation을 따를 수 있다는 잘 알려진 여러 가지 파생 사실을 모델링한다(Bauer, 1983; Sproat, 1993). 따라서 단어 fossilize는 q_0, q_1, q_2의 상태를 따라 단어 fossilization을 예측할 수 있다. 마찬가지로 -al 또는 -able로 끝나는 형용사는 q_5(equal, formal, realizable)에서 접미사 -ity 또는 -ness를 q_6 상태(naturalness, casualness)로 표현할 수 있다. 독자를 위한 연습(연습 3.1)으로 남기며, 많은 제약 조건들에 대한 일부 예외를 발견하고 또한 다양한 명사 및 동사 부류의 예를 제시한다.

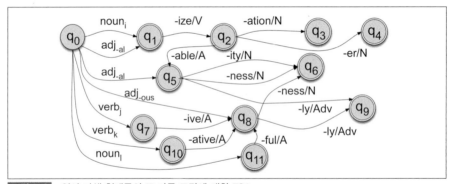

그림 3.6 영어 파생 형태론의 또 다른 조각에 대한 FSA

이제 FSA를 사용해 **형태론적 인식** 즉, 입력 문자열이 적당한 영어 단어를 구성하는지 여부를 결정할 수 있다. 형태론적 FSA를 가지고 각각의 '하위 어휘 목록'을 FSA에 연결함으로써 형태론적 인식을 할 수 있다. 즉, 각 호(예: reg-noun-stem arc)를 **reg-noun-stem**의 세트를 구성하는 모든 형태소로 확장한다. 그 결과 FSA는 개별 문자의 레벨에서 정의될 수 있다.

그림 3.7은 그림 3.3의 명사의 굴절 FSA를 확장해 생성된 명사 인식 FSA를 각 부류에 대한 표본 규칙명사와 불규칙명사로 나타낸다. 그림 3.7을 사용하면 2장에서 봤던 것처럼 단순히 초기 상태에서 시작하고 문자별로 입력 문자를 각 발신 호에 있는

단어와 비교해 *aardvarks*와 같은 문자열을 인식할 수 있다.

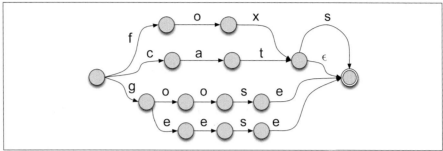

그림 3.7   굴절과 함께 몇몇 영어 명사에 대한 FSA 확장. 이 오토마톤은 입력 *foxs*를 잘못 수용한다는 점에 유의한다. 121페이지부터 *foxes*에 삽입된 *e*를 올바르게 처리하는 방법에 대해 설명한다.

3.4 유한 상태 변환기

이제 FSA가 어휘 목록의 형태론적 구조를 나타낼 수 있고 단어 인식을 위해 사용될 수 있다는 것을 확인했다. 이 절에서는 유한 상태 변환기를 소개한다. 다음 절은 변환기를 형태론적 파싱에 적용할 수 있는 방법을 보여준다.

FST   변환기는 하나의 표현과 다른 표현 사이를 매핑한다. **유한 상태 변환기** 또는 **FST**는 두 세트의 기호 사이에 매핑되는 유한 오토마톤 유형이다. FST를 문자열 쌍을 인식하거나 생성하는 두 개의 테이프 오토마톤으로 시각화할 수 있다. 직관적으로 유한 상태 기계에 각 호를 각 테이프에서 하나씩 두 개의 기호 문자열로 표시함으로써 수행할 수 있다. 그림 3.8은 FST의 예를 보여준다.

각 호는 입력 및 출력 문자열로 레이블이 지정되고 콜론으로 구분된다.

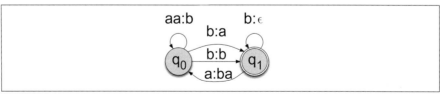

그림 3.8   유한 상태 변환기

따라서 FST는 FSA보다 더 일반적인 기능을 가지고 있다. FSA가 문자열 세트를 정의함으로써 형식 언어를 정의하는 경우, FST는 문자열 세트 간의 관계를 정의한다.

FST를 보는 또 다른 방법은 한 문자열을 읽고 또 다른 문자열을 생성하는 기계로서 이다. 다음은 변환기에 대한 4가지 사고방식에 대한 요약이다.

- **인식기로서의 FST**: 한 쌍의 문자열을 입력 및 출력하는 변환기. 문자열 쌍이 문자열 쌍 언어인 경우 허용하고, 그렇지 않은 경우 거부한다.
- **생성기로서의 FST**: 언어의 문자열 쌍을 출력하는 기계. 따라서 출력은 예 또는 아니요이며 한 쌍의 출력 문자열이다.
- **번역기로서의 FST**: 문자열을 읽고 다른 문자열을 출력하는 기계
- **세트 연결기로서의 FST**: 세트 간의 관계를 계산하는 기계

이들 모두 음성 및 언어 처리 애플리케이션이 있다. 형태론적 파싱(및 다른 많은 NLP 애플리케이션), FST를 번역기 메타포로서 적용하고, 일련의 문자열을 입력하고, 일련 의 형태소를 출력한다.

먼저 형식적인 정의부터 시작한다. FST는 7개의 파라미터를 사용해 형식적으로 정의할 수 있다.

Q	N 상태 유한 세트 $q_0, q_1,...,q_{N-1}$
Σ	입력 알파벳에 대응하는 유한 세트
Δ	출력 알파벳에 대응하는 유한 세트
$q_0 \in Q$	시작 상태
$F \subseteq Q$	최종 상태 세트
$\delta(q, w)$	상태 간의 전환 함수 또는 전환 행렬. 상태 $q \in Q$와 문자열이 $w \in \Sigma^*$, $\Delta(q, w)$인 경우, 새로운 상태 $Q' \in Q$의 세트를 반환한다. 따라서 δ는 $Q \times \Sigma^*$에서 $2Q$까지의 함수다(Q의 가능한 하위 세트가 $2Q$ 있기 때문이다). δ는 주어진 입력이 어떤 상태에 매핑되는지 모호할 수 있기 때문에 단일 상태가 아닌 상태 세트를 반환한다.
$\sigma(q,w)$	각 상태 및 입력에 대해 가능한 출력 문자열 세트를 제공하는 출력함수 상태 $q \in Q$와 문자열 $w \in \Sigma^*$, $\sigma(q, w)$가 주어지면 각각 문자열 $o \in \Delta^*$인 출력 문자열 세트를 제공한다. 따라서 σ는 $Q \times \Sigma$에서 $2\Delta^*$까지의 함수다.

규칙적인 관계

FSA는 규칙 언어와 동일 구조인 반면, FST는 규칙적인 관계와 동일 구조다. **규칙적인 관계**는 문자열의 세트로, 규칙 언어의 자연적인 확장인 문자열의 세트다. FSA 및 규칙 언어와 마찬가지로 FST와 규칙적인 관계는 일반적으로 차이, 보완 및 **교차**에 따라 제한되지는 않지만 결합에 따라 제한된다(FST의 유용한 하위 부류가 이러한 작업에 의해 제한되지만, 일반적으로 ϵ로 보강되지 않은 FST는 이러한 제한적 특성을 가질 가능성이 더 높다). 결합 외에도 FST에는 매우 유용한 두 가지 제한적 속성이 추가로 있다.

교차

반전
- **반전**: 변환기 $T(T^{-1})$의 반전은 단순히 입력 및 출력 레이블을 전환한다. 따라서 T가 입력 알파벳 I에서 출력 알파벳 O로 매핑되면 T^{-1}은 O에서 I로 매핑된다.

구성
- **구성**: T_1이 I_1에서 O_1로 변환기, T_2가 O_1에서 O_2로 변환기라면, $T_1 \circ T_2$는 I_1에서 O_2로 매핑한다.

반전은 FST-as-parser를 FST-as-generator로 쉽게 변환할 수 있기 때문에 유용하다.

구성은 직렬로 작동하는 두 개의 변환기를 하나의 더 복잡한 변환기로 교체할 수 있기 때문에 유용하다. 구성은 대수학에서와 같이 작용한다. 입력 시퀀스 S에 $T_1 \circ T_2$를 적용하는 것은 S에 T_1을 적용한 다음 결과에 T_2를 적용하는 것과 동일하다. 따라서 $T_1 \circ T_2(S) = T_2(T_1(S))$이다. 예를 들어 그림 3.9는 [a:c]+를 생성하기 위한 [a:b]+와 [b:c]+의 구성을 보여준다.

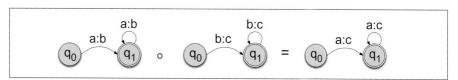

그림 3.9 [a:c]+를 생성하기 위한 [a:b]+와 [b:c]+의 구성

투영
FST의 **투영**이란 관계의 한쪽만 추출해 생성되는 FSA이다. 관계에서 왼쪽 또는 위쪽은 **상부** 또는 **첫 번째** 투영으로 볼 수 있고, 아래쪽 또는 오른쪽은 **하부** 또는 **두 번째** 투영으로 볼 수 있다.

3.4.1 순차 변환기 및 결정론

앞에서 설명한 변환기는 특정 입력이 가능한 많은 출력 기호로 변환될 수 있다는 점에서 비결정적일 수 있다. 따라서 일반 FST를 사용하려면 2장에서 설명한 검색 알고리듬의 종류가 필요하며, 일반적인 경우 FST는 상당히 느려진다. 이는 비결정론적 FST를 결정론적 FST로 전환하는 알고리듬을 갖는 것이 좋다는 것을 나타낸다. 그러나 모든 비결정론적 FSA는 일부 결정론적 FSA와 동일하지만 모든 유한 상태 변환기를 결정할 수 있는 것은 아니다.

순차 변환기   반대로 **순차 변환기**는 입력에 결정론적인 변환기의 하위 유형이다. 순차 변환기의
임의의 상태에서도, 입력 알파벳 Σ의 각각의 주어진 기호는 그 상태에서 벗어난 하나
의 전환을 레이블링할 수 있다. 그림 3.10은 모리(1997)의 순차 변환기의 예를 제시한
다. 여기서 그림 3.8의 변환기와는 달리 각 상태에서의 전환은 상태와 입력 기호에 따
라 결정론적이라는 점에 주목한다. 순차 변환기는 출력 문자열에 엡실론 기호를 가질
수 있지만 입력에는 사용할 수 없다.

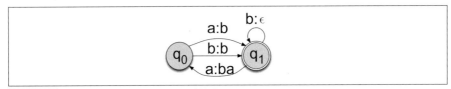

그림 3.10   모리(1997)의 순차 유한 상태 변환기

순차 변환기가 반드시 출력에서 순차적인 것은 아니다. 예를 들어 그림 3.10의 모
리의 변환기는 상태 0을 떠나는 두 개의 뚜렷한 전환이 동일한 출력(b)을 가지기 때문
에 순차적이지 않다. 따라서 순차 변환기의 역행은 순차적이지 않을 수 있기 때문에
순차성을 논의할 때는 항상 변환의 방향을 명시할 필요가 있다. 형식적으로 순차 변
환기의 정의는 δ와 σ 함수를 약간 수정한다. δ는 $Q \times \Sigma^*$에서 Q(2^Q가 아닌)까지의 함수
가 되고, σ는 $Q \times \Sigma^*$에서 Δ^*(2^{Δ^*}이 아닌)까지의 함수가 된다.

후속 변환기   순차 변환기의 일반화, **후속 변환기**^subsequential transducer는 최종 상태에서 추가 출력
문자열을 생성해 지금까지 생성된 출력에 연결한다(Schützenberger, 1977). 순차 변환기
와 후속 변환기를 중요하게 만드는 것은 효율성이다. 입력에 대해 결정적이기 때문에
상태 수의 함수인 훨씬 큰 수에 비례하는 대신 입력의 기호 수에 비례하는 시간 내에
처리할 수 있다(입력 길이에서 선형). 후속 변환기의 또 다른 장점은 결정(Mohri, 1997)과
최소화(Mohri, 2000)를 위한 효율적인 알고리듬이 있어서 2장에서 살펴본 유한 상태
자동화의 결정과 미니화를 위한 알고리듬을 확장한다는 것이다.

순차 변환기와 후속 변환기는 모두 결정론적이고 효율적이지만, 각 입력 문자열을
하나의 가능한 출력 문자열로 변환하기 때문에 둘 다 중의성을 처리할 수 없다. 중의
성은 자연어의 중요한 특성이기 때문에, 중의성을 대처할 수 있도록 순차 변환기의
효율성과 기타 유용한 특성을 유지할 수 있는 후속 변환기의 확장이 유용할 것이다.

그러한 후속 변환기의 일반화 중 하나는 p-subsequential 변환기다. p-subsequential 변환기는 $p(p \geq 1)$ 최종 출력 문자열을 각 최종 상태와 연결할 수 있도록 한다(Mohri, 1996). 따라서 p-subsequential 변환기는 한정된 양의 중의성을 처리할 수 있으며, 많은 NLP 작업에 유용하다. 그림 3.11은 2-subsequential FST의 예를 보여준다.

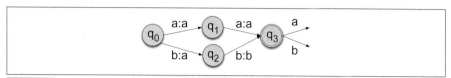

그림 3.11 모리(1997)의 2-후속 유한 상태 변환기

모리(1996, 1997)는 사전의 표현, 형태론적, 음운론적 규칙의 모음집, 지역 구문론적 제약 등 중의성을 제한할 수 있는 많은 작업을 보여준다. 각각의 종류의 문제에 대해, 모리와 다른 연구진은 중의성 제한 작업들이 **p-subsequentializable**이며, 따라서 결정화 및 최소화될 수 있다는 것을 보여줬다. 이 변환기 부류는 전부는 아니지만 많은 형태론적 규칙을 포함한다.

3.5 형태론적 파싱에 대한 FST

이제 형태론적 파싱 작업을 소개한다. 예를 들어 *cats*를 입력하면 *cat +N +Pl*을 출력해 *cat*이 복수명사임을 알 수 있다. 스페인어 입력 *bebo*("I drink")의 경우, *beber +V +PInd +1P +Sg*가 스페인 동사 *beber*, "to drink"의 현재 나타내는 1인칭 단수형이다.

우리가 사용하는 유한 상태 형태론 패러다임에서, 단어를 구성하는 형태소의 연결을 나타내는 **어휘적 레벨**과 단어의 실제 철자를 구성하는 문자의 연결을 나타내는 **표면 레벨** 사이의 대응으로서 단어를 나타낸다. 그림 3.12에는 (영어) *cats*에 대한 이 두 가지 레벨이 보여준다.

표면 레벨

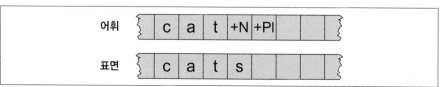

그림 3.12 어휘 및 표면 테이프의 도식적인 예. 실제 변환기에는 중간 테이프도 포함된다.

유한 상태 형태론에서는 FST를 두 개의 테이프가 있는 것으로 보는 것이 편리하다. **상부** 또는 **어휘 테이프**는 하나의 알파벳 Σ의 문자로 구성된다. **하부** 또는 **표면 테이프**는 다른 알파벳 Δ의 문자로 구성된다.

코스케니에미(1983)의 2레벨 형태론에서 각 호는 각 알파벳에서 하나의 기호를 가질 수 있도록 허용한다. 그런 다음 두 개의 기호 알파벳 Σ와 Δ를 결합해 새로운 알파벳 Σ′를 만들면 FSA와의 관계가 상당히 명확해진다. Σ′은 복합 기호의 유한한 알파벳이다. 각 복합 기호는 입력 알파벳 Σ에서 하나의 기호 i와 출력 알파벳 Δ에서 하나의 기호 o를 가진 입력 출력 쌍 $i:o$로 구성된다. 따라서 $Σ′ ⊆ Σ × Δ$가 된다. Σ와 Δ는 각각 엡실론 기호 ϵ를 포함할 수 있다. 그래서 FSA는 양 울음소리의 알파벳처럼 단일 기호의 유한 알파벳 위에 기술된 언어를 허용한다.

$$Σ = \{b, a, !\} \tag{3.2}$$

이 방법으로 정의된 FST는 다음과 같이 쌍을 이루는 기호는 위에 명시된 언어를 허용한다.

$$Σ′ = \{a:a, \ b:b, \ !:!, \ a:!, \ a:\epsilon, \ \epsilon:!\} \tag{3.3}$$

적합한 쌍2레벨 형태론에서는 Σ′의 쌍을 이루는 기호를 **적합한 쌍**^{feasible pairs}이라고 한다. 따라서 변환기 알파벳 Σ′의 각 적합한 쌍 기호 $a:b$는 한 테이프의 기호 a가 다른 테이프의 기호 b에 어떻게 매핑되는지를 나타낸다. 예를 들어 $a:\epsilon$은 위쪽 테이프의 a가 아래쪽 테이프의 a에 해당하지 않음을 의미한다. FSA와 마찬가지로 복합 알파벳 Σ′로 정규 표현을 쓸 수 있다. 기호가 그들 자신에게 매핑되는 것이 가장 일반적이기 때문에, 2레벨 형태론에서 $a:a$와 같은 **기본 쌍**^{default pairs}이라고 부르고 단일 문자 a로 나타낸다.

이제 추가적인 '어휘' 테이프와 적절한 형태론적 피처를 추가해 초기 형태론적 FSA와 사전에서 FST 형태론적 파서를 구축할 준비가 됐다. 그림 3.13은 각 형태소에 해당하는 명사의 형태론적 피처(+Sg 및 +Pl)로 그림 3.3을 확대했다. 기호 ^은 **형태소 경계**를 나타내고 기호 #는 **단어 경계**를 나타낸다. 형태론적 형상은 출력 테이프의 세그먼트가 이에 해당하지 않기 때문에 빈 문자열 ϵ이나 경계 기호에 매핑된다.

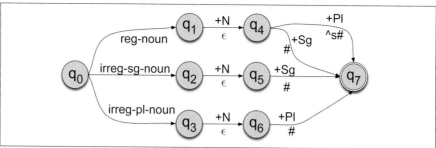

그림 3.13   영어 명사의 굴절 T_{num}에 대한 도식적인 변환기. 각 호 위의 기호는 어휘 테이프의 형태론적 파싱 요소를 나타낸다. 각 호 아래의 기호는 형태소 경계 기호 ^과 단어 경계 표시 #를 사용해 표면 테이프(또는 나중에 설명되는 중간 테이프)를 나타낸다. q0을 떠나는 호의 레이블은 도식적이며 어휘 목록의 개별 단어로 확장돼야 한다.

그림 3.13을 형태론적 명사 파서로 사용하기 위해서는 모든 개별 규칙 명사 어간과 불규칙명사 어간으로 확장해, 레이블을 **reg-noun**으로 교체해야 한다. 이를 위해서는 이 변환기의 어휘를 업데이트해, *geese*처럼 불규칙한 복수형이 올바른 어간 goose +N +Pl로 파싱되도록 이 변환기의 사전을 업데이트해야 한다. 어휘 목록에도 두 가지 레벨이 있도록 허용한다. 표면 *geese*는 어휘 goose에 매핑되기 때문에, 새로운 어휘 항목은 "g:g o:e o:e s:s e:e"가 될 것이다. 규칙적인 형태는 더 간단하다. *fox*의 2레벨 입력은 이제 "f:f o:o x:x"가 되지만, f는 f:f 등을 나타내는 철자 표기법을 사용해 간단히 fox라고 할 수 있다. *geese*의 형식을 "g o:e o:e s e"로 나타낼 수 있다. 따라서 어휘 목록은 약간 더 복잡해 보인다.

reg-noun	irreg-pl-noun	irreg-sg-noun
fox	g o:e o:e s e	goose
cat	sheep	sheep
aardvark	m o:u u:ɛ s:c e	mouse

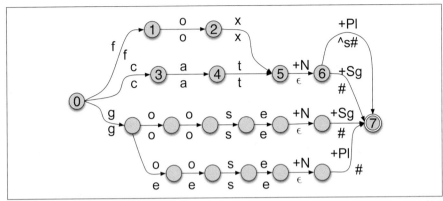

그림 3.14   확장된 영어 명사의 굴절 FST T_{lex}는 3개의 호를 개별 단어 스템으로 대체해 T_{num}에서 확장 됐다(몇 개의 샘플 단어 어간만 표시됨).

그림 3.14에 표시된 결과 변환기는 복수명사를 어간에 형태소 마커 +Pl에, 단수명 사를 어간에 형태소 마커 +Sg에 매핑한다. 따라서 표면 *cats*는 cat +N +Pl에 매핑된다. 이것은 다음과 같이 적합한 쌍 형식으로 볼 수 있다.

$$c{:}c \ a{:}a \ t{:}t \ +N{:}\epsilon \ +Pl{:}\hat{\ }s$$

출력 기호는 형태소 및 단어 경계 마커 ^과 #를 포함하기 때문에 그림 3.14의 하단 레이블은 표면 레벨과 정확히 일치하지 않는다. 따라서 그림 3.15에서 이러한 형태소 경계 표시기가 있는 테이프를 중간 테이프라고 한다. 다음 절은 경계 마커가 제거되 는 방법을 보여준다.

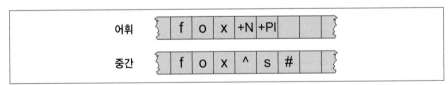

그림 3.15   어휘 및 중간 테이프의 개략도

3.6 변환기 및 철자 규칙

앞 절에서 설명한 방법은 *aardvarks* 및 *mice*와 같은 단어들을 성공적으로 인식하게 될 것이다. 하지만 철자가 바뀌는 경우에는 형태소를 연결하는 것만으로는 효과가 없

철자 규칙

다. *foxes*와 같은 입력을 잘못 거부하고 *foxs*와 같은 입력을 허용할 것이다. 영어에서는 종종 형태소 경계에서 철자 변경을 필요로 한다는 사실을 **철자 규칙**(또는 **맞춤법**)을 도입함으로 대처할 필요가 있다. 이 절에서는 이러한 규칙을 작성하기 위한 많은 표기법을 소개하고 변환기로서 규칙을 구현하는 방법을 보여준다. 일반적으로 변환기로서 규칙을 구현하는 능력은 음성 및 언어 처리 전반에 걸쳐 유용하다. 다음은 몇 가지 철자 규칙이다.

이름	규칙 설명	예
2개의 자음	*-ing*/*-ed* 전에 1글자 자음이 2개가 됨	beg/begging
E 삭제	묵음 e는 *-ing*와 *-ed* 전에 없어짐	make/making
E 삽입	e는 *-s* 앞의 *-s*, *-z*, *-x*, *-ch*, *-sh* 뒤에 추가함	watch/watches
Y 교체	*-y*는 *-s* 이전의 *-ie*, *-ed* 이전의 *-i*로 교체됨	try/tries
K 삽입	모음 + *-c*로 끝나는 동사에 + *-k* 추가됨	panic/panicked

이러한 철자 변경은 형태소의 단순한 연결(그림 3.14의 어휘 변환기의 '중간 출력')을 입력으로 간주하고 형태소의 약간 수정된(정확한 철자) 연결을 출력으로 생성하는 것으로 생각할 수 있다. 그림 3.16은 우리가 말하고 있는 세 가지 레벨의 어휘, 중간 및 표면을 도식적으로 보여준다. 예를 들어 그림 3.16에 표시된 중간 레벨부터 표면 레벨까지의 매핑을 수행하는 E-삽입 규칙을 작성할 수 있다.

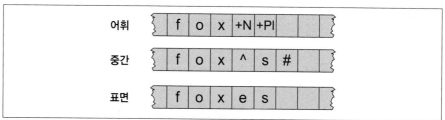

그림 3.16 어휘, 중간 및 표면 테이프의 예. 각 테이프 쌍 사이에는 2레벨 변환기가 있다. 즉, 어휘 레벨과 중간 레벨 사이의 그림 3.14의 어휘 변환기와 중간 레벨과 표면 레벨 사이의 E-삽입 철자 규칙이 있다. E-삽입 철자 규칙은 중간 테이프가 형태소 경계 ^ 다음에 형태소 -s를 가질 때 표면 테이프에 e를 삽입한다.

이러한 규칙은 어휘 테이프가 *x*(또는 *z* 등)로 끝나는 형태소를 가지며 다음 형태소가 *-s*인 경우에만 표면 테이프에 *e*를 삽입한다"와 같은 경우가 있다. 규칙의 공식화는 다음과 같다.

$$\epsilon \rightarrow \text{e} / \left\{ \begin{array}{c} x \\ s \\ z \end{array} \right\} \,\hat{}\_\_\_ \text{s\#} \tag{3.4}$$

이는 촘스키와 할레의 규칙 표기법(1968)이며, $a \rightarrow b/c\_\_\_d$ 형식의 규칙은 "c와 d 사이에 있을 때 a를 b로 다시 쓴다"는 뜻이다. 기호 ϵ은 비어 있는 전이임을 의미하기 때문에, 그것을 대체할 무언가를 삽입하는 것을 의미한다. 기호 $\hat{}$이 형태소 경계선을 나타낸다. 이러한 경계는 변환기의 기본 쌍에 기호 $\hat{}:\epsilon$을 포함시켜 삭제한다. 형태소 경계 마커는 기본적으로 표면 레벨에서 삭제된다. #은 단어 경계선을 나타내는 특수 기호이다. 따라서 (3.4)는 "형태소-최종 x, s 또는 z 뒤에 그리고 형태소들 s 앞에 e를 삽입"을 의미한다. 그림 3.17은 이 규칙에 해당하는 오토마톤을 보여주고 있다.

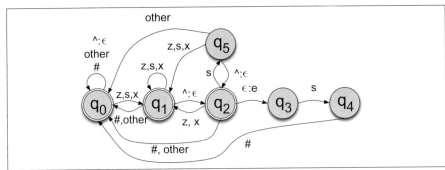

그림 3.17 (3.4)의 E 삽입 규칙에 대한 변환기는 앤트워스(Antworth, 1990)의 유사한 변환기로부터 확장된다. 또한 표면 문자열에서 # 기호를 삭제해야 한다. 기호 #를 쌍 #:ϵ로 해석하거나 출력을 후처리해 단어 경계를 제거함으로써 이 작업을 수행할 수 있다.

특정 규칙에 대한 변환기를 만드는 발상은 해당 규칙에 필요한 제약 조건만 표현해 다른 기호 문자열이 변경되지 않고 통과할 수 있도록 하는 것이다. 이 규칙은 적절한 맥락에 있는 경우에만 $\epsilon:e$ 쌍을 볼 수 있도록 한다. 따라서 규칙과 무관한 기본 쌍만 본 모델인 상태 q_0은 q_1과 마찬가지로 허용 상태로서, z, s, x 뒤의 형태소 경계를 보인 q_2 모델은 다시 허용 상태가 된다.

방금 E-삽입을 본 상태 q_3 모델은 삽입이 s 형태소와 단어 끝 기호 #이 뒤따르는 경우에만 허용되기 때문에 허용 상태가 아니다.

그림 3.17에서 *other* 기호는 E-삽입 규칙에서 역할을 하지 않는 단어 부분을 안전하게 통과하기 위해 사용된다. *other*는 '이 변환기에 없는 적합한 쌍'을 의미한다. 그

래서 상태 q_0을 떠날 때 *other* 호를 따르며 q_0에 머무르지 않고 z, s, x 기호에 있는 q_1로 이동한다. *other* 의미는 *other* 호에 어떤 기호가 있는지에 달려 있다. #는 일부 호에서 언급돼(정의상) *other* 호에는 포함되지 않기 때문에 q_2에서 q_0까지 호에 명시적으로 언급된다.

변환기는 규칙을 적용해서는 안 되는 문자열을 올바르게 거부해야 한다. 하나의 잘못된 문자열은 E-삽입을 위한 올바른 환경을 갖추고 있지만 삽입되지 않을 수 있다. 상태 q_5는 환경이 적절할 때마다 e가 항상 삽입되도록 하기 위해 사용된다. 변환기는 적절한 형태소 경계 다음에 s가 보이는 경우에만 q_5에 도달한다. 기계가 상태 q_5이고 다음 기호가 #인 경우, 기계는 문자열을 거부한다(q_5부터 #에 대한 정당한 전환이 없기 때문이다). 그림 3.18에는 "–" 기호로 잘못된 전환을 명시하는 규칙에 대한 전환 표가 표시된다. 다음 절에는 샘플 입력 문자열에서 실행되는 이 E-삽입 변환기의 추적이 표시된다.

상태\입력	s:s	x:x	z:z	^:ϵ	ϵ:e	#	other
q_0:	1	1	1	0	–	0	0
q_1:	1	1	1	2	–	0	0
q_2:	5	1	1	0	3	0	0
q_3	4	–	–	–	–	–	–
q_4	–	–	–	–	–	0	–
q_5	1	1	1	2	–	–	0

그림 3.18 앤트워스(1990)의 유사한 변환기에서 확장된 그림 3.17의 E-삽입 규칙에 대한 상태 전이표

3.7 FST 어휘와 규칙의 조합

이제 파싱과 생성을 위한 어휘와 규칙 변환기를 결합할 준비가 됐다. 그림 3.19는 파싱 또는 생성에 사용되는 2레벨 형태론 시스템의 구조를 보여준다. 어휘 변환기는 어휘 레벨과 어간 및 형태론적 특징, 간단한 형태소의 연결을 나타내는 중간 레벨을 매핑한다. 그런 다음 각각 단일 철자 규칙 제약 조건을 나타내는 다양한 변환기가 병렬로 실행돼 이 중간 레벨과 표면 레벨 사이를 매핑한다(각 규칙을 약간 변경했다면 모든 철자 규칙을 (긴 계단식으로) 직렬로 실행하도록 선택할 수 있다).

계단식   그림 3.19의 아키텍처는 2레벨의 **계단식** 변환기다. 2개의 계단식 오토마타는 첫 번째 출력이 두 번째 입력에 공급되며 연속적으로 실행하는 것을 의미한다. 계단식은 임의의 깊이를 가질 수 있으며, 각 레벨은 많은 개별 변환기로 구성될 수 있다. 그림 3.19의 계단식에는 2개의 변환기가 직렬로 있다. 즉, 어휘 목록에서 중간 레벨로 변환기를 매핑하고 중간에서 표면 레벨로 병렬 변환기를 매핑한다. 계단식 하향식으로 실행해 문자열을 생성하거나 상향식으로 파싱할 수 있다. 그림 3.20은 fox +N +PL에서 *foxes*까지의 매핑을 수락하는 시스템의 흔적을 보여준다.

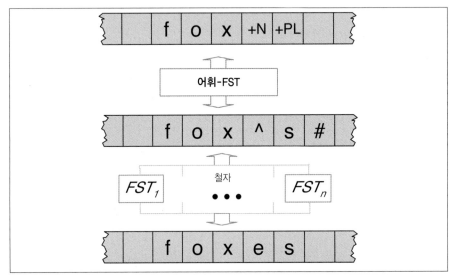

그림 3.19 FST 어휘 및 규칙 생성 또는 파싱

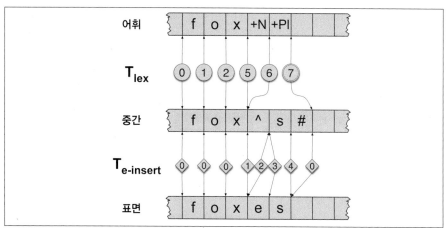

그림 3.20 *foxes* 허용: 그림 3.14의 어휘 변환기 T_{lex}는 그림 3.17의 E-삽입 변환기와 함께 계단식으로 배열됐다.

유한 상태 변환기의 힘은 기계가 어휘 테이프에서 표면 테이프를 생성하거나 표면 테이프에서 어휘 테이프를 파싱할 때 동일한 상태 시퀀스를 가진 정확히 동일한 계단식이 사용된다는 것이다. 예를 들어 생성을 위해 중간 및 표면 테이프를 비워뒀다고 가정해보자. 이제 fox +N +PL을 가진 어휘 변환기를 실행하면 이전의 예제에서 어휘 및 중간 테이프를 허용한 것과 같은 상태를 통해 중간 테이프에 *fox^s#*를 생성할 것이다. 만약 가능한 모든 철자 변환기가 병렬로 작동하도록 허락한다면, 동일한 표면 테이프를 생성한다.

중의성　　**중의성**의 문제로 인해 파싱은 생성보다 약간 더 복잡할 수 있다. *foxes*는 동사(예: "어렵거나 혼란스럽게 하는 것"이라는 뜻)일 수도 있기 때문에 *foxes*에 대한 어휘 분석은 fox +V +3Sg 및 fox +N +PL일 수 있다. 어떤 것이 적절한 파싱인지 어떻게 알 수 있을까? 사실 이런 중의성의 경우에는 변환기가 결정할 수 없다.

중의성 해소　　**중의성 해소**를 위해서는 주변 단어와 같은 몇 가지 외적 증거가 필요하다. 따라서 *foxes*는 "*I saw two foxes yesterday*(내가 어제 두 마리의 여우를 봤다)"는 시퀀스에서는 명사일 가능성이 높지만, "*That trickster foxes me every time!*(저 사기꾼은 매번 나를 혼란스럽게 만든다!)"라는 시퀀스에서는 동사일 것이다. 그러한 중의성 알고리듬을 5장과 20장에서 다룬다. 이러한 외적 증거를 제외하고, 변환기가 할 수 있는 최선의 방법은 *fox^s#*를 fox +V +3SG와 fox +N +PL로 변환할 수 있도록 가능한 선택을 열거하는 것이다.

여기서 중의성 중 파싱 과정에서 발생하는 로컬 중의성을 다룰 필요가 있다. 입력 동사 *assess*를 파싱한다고 가정해보자. *ass*를 확인한 후, E-삽입 변환기는 다음에 오는 *e*를 철자 규칙에 의해 삽입하도록 제안할 수 있다(예를 들어 변환기에 관한, 단어 *asses*를 파싱하고 있었을 수 있음). *asses* 뒤에 있는 #를 확인하지 않고, 오히려 다른 *s*에 부딪쳐 잘못된 경로로 넘어간 것을 알게 된다.

이러한 비결정론 때문에 FST-파싱 알고리듬은 일종의 검색 알고리듬을 통합할 필요가 있다. 연습 3.7은 FST 파싱을 수행하기 위해 독자에게 2장의 그림 2.19의 비결정론적 FSA 인식 알고리듬을 수정할 것을 요청한다.

*assess*를 ^a^s^ses^s로 파싱하는 것과 같은 입력의 가능한 많은 비논리적인 세그먼트화는 이 문자열과 일치하는 어휘 목록이 없기 때문에 배제된다.

변환기를 구성하고 교차시켜 계단식 작동을 더욱 효율적으로 수행할 수 있다. 이미 계단식 변환기를 직렬로 구성해 하나의 더 복합적인 변환기로 만드는 방법을 알아봤다. 두 변환기/관계 F와 $G(F \wedge G)$의 교차점은 관계 R을 정의해 F(x, y)와 G(x, y)인 경우에만 R(x, y)가 된다. 일반적으로 변환기는 교차점에서 닫히지 않지만, 동일한 길이의 문자열 사이의 변환기(ϵ가 없음)는 ϵ 기호를 규칙에서 일반 기호로 처리한다(113페이지 참조). 이러한 방식으로 2-레벨 규칙을 작성할 수 있다. **교차** 알고리듬은 상태의 데카르트 곱을 취한다. 즉, 기계 1의 상태 q_i와 기계 2의 상태 q_j에 대해 새 상태 q_{ij}를 만든다. 입력 기호 *a*에 대해 기계 1이 상태 q_n으로 전환하고 기계 2가 상태 q_m으로 전환되면 상태 q_{nm}으로 전환된다. 그림 3.21은 이 교차 ($\wedge$) 및 구성 ($\circ$) 프로세스가 어떻게 수행될 수 있는지를 보여준다.

교차

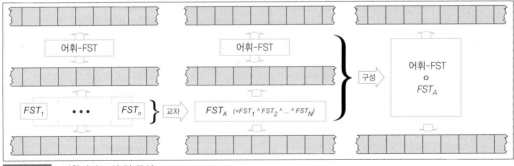

그림 3.21 변환기의 교차 및 구성

많은 수의 규칙→FST 컴파일러가 있기 때문에 실제로는 FST를 직접 작성할 필요가 거의 없다. 카플란과 케이(1994)는 규칙에서 2-레벨 관계까지의 매핑을 정의하는 수학을 제공하고, 앤트워스(1990)는 규칙 컴파일 알고리듬을 상세하게 제시한다. 모리(1997)는 변환기 최소화와 결정화를 위한 알고리듬을 제공한다.

3.8 어휘 목록이 없는 FST: 포터 어간

어휘 목록 추가 규칙에서 변환기를 만드는 것이 형태론적 파싱의 표준 알고리듬이지만, 이 알고리듬이 요구하는 큰 온라인 어휘 목록이 필요 없는 더 단순한 알고리듬이 있다. 이는 특히 웹 검색(23장)과 같은 IR 작업에 사용되는데, 관련 **키워드** 또는 구문의 불^{Boolean} 방식의 조합과 같은 쿼리(*marsupial OR kangaroo OR koala*)가 이러한 단어가 들어 있는 문서를 반환한다. 단어 *marsupials*가 있는 문서가 키워드인 *marsupial*과 일치하지 않을 수 있기 때문에, 일부 IR 시스템은 먼저 쿼리와 문서 워드에 대해 형태소 분석기를 실행한다. 따라서 IR의 형태론적 정보는 두 단어가 같은 어간을 가지고 있다는 것을 결정하는 데만 사용되고, 접미사는 버려진다.

키워드

어간 추출   가장 널리 사용되는 **어간 추출** 알고리듬 중 하나는 단순하고 효율적인 포터(1980) 알고리듬으로, 일련의 간단한 계단식 바꿔 쓰기 규칙을 기반으로 한다. 계단식 바꿔 쓰기 규칙은 FST로 쉽게 구현될 수 있는 종류의 것이기 때문에, 포터 알고리듬은 사전이 필요 없는 FST 형태소 분석기로도 볼 수 있다(이 아이디어는 연습 3.6에서 더욱 발전된다). 알고리듬에는 다음과 같은 일련의 규칙이 포함돼 있다.

$$ATIONAL \rightarrow ATE(\text{e.g., relational} \rightarrow \text{relate})$$

$$ING \rightarrow \epsilon \text{ if stem contains vowel}(\text{e.g., motoring} \rightarrow \text{motor})$$

$$SSES \rightarrow SS(\text{e.g., grasses} \rightarrow \text{grass})$$

코드(자바, 파이썬 등)뿐만 아니라 포터 형태소 분석기에 대한 자세한 규칙 목록은 마틴 포터의 홈페이지에서 찾을 수 있다. 원본 논문도 참조한다(Porter, 1980).

어간 추출은 특히 문서 크기가 작을수록 정보 검색 성능이 향상되는 경향이 있다 (문서가 클수록 쿼리에 사용된 정확한 형태로 키워드가 발생할 확률이 높다). 그러나 포터 알고리듬과 같은 어휘 목록이 없는 형태소 분석기는 완전 어휘 기반 형태론 파서보다 단순하지만 다음과 같은 오류를 범한다(Krovetz, 1993).

명령 오류		생략 오류	
organization	organ	European	Europe
doing	doe	analysis	analyzes
numerical	numerous	noise	noisy
policy	police	sparse	sparsity

현대의 형태소 분석기는 더 복잡한 경향이 있다. 예를 들어 대문자 형태인 *Illustrator*
는 소프트웨어 패키지를 지칭하는 경향이 있기 때문에 단어 *Illustrator*에서 어간
*illustrate*를 원하지 않는다. 23장에서 이 문제를 다시 논할 것이다.

3.9 단어 및 문장 토큰화

지금까지 3장에서 단어들이 어떻게 형태소로 분할될 수 있는지에 대한 세분화 문제에
초점을 맞췄다. 이제 실행 중인 텍스트를 단어와 문장으로 나누는 것과 관련된 문제
토큰화　에 대한 간략하게 설명한다. 이 작업을 **토큰화**라고 한다.

단어 토큰화는 영어와 같은 언어에서 특수한 '띄어쓰기'로 단어를 구분하는 것처럼
보일 수 있다. 하지만 모든 언어가 이 작업을 수행하는 것은 아니다(예: 중국어, 일본어,
태국어). 그러나 자세히 조사해보면 영어라 할지라도 띄어쓰기만으로는 충분하지 않
다. 〈월 스트리트 저널〉과 〈뉴욕 타임스〉 기사의 문장을 생각해보자.

```
Mr. Sherwood said reaction to Sea Containers' proposal has been "very
positive." In New York Stock Exchange composite trading yesterday, Sea
Containers closed at $62.625, up 62.5 cents.

''I said, 'what're you? Crazy?' '' said Sadowsky. ''I can't afford to do
that.''
```

순전히 띄어쓰기로 세분화하면 다음과 같은 단어가 생성된다.

```
cents.     said,     positive."    Crazy?
```

띄어쓰기 외에 구두점을 단어 경계로 처리해 오류를 해결할 수 있었다. 그러나
*m.p.h, Ph.D., AT&T, cap'n, 01/02/06, google.com*과 같이 구두점은 종종 단어 안

에 나타난다. 마찬가지로 62.5를 단어라고 가정할 때, 모든 마침표마다 세분화하는 것을 피해야 할 것이다. 단어 62.5가 숫자 62와 5로 나누기 때문이다. 숫자 표현은 다른 문제도 유발한다. 쉼표는 일반적으로 단어 경계에 표시되지만, 쉼표는 일반적으로 단어 경계에 나타나지만 쉼표는 영어의 숫자 안에 555,500.50의 세 자리마다 사용된다. 숫자의 구두점 스타일은 언어들마다 다르다. 반대로 스페인어, 프랑스어, 독일어와 같은 많은 유럽 대륙 언어들은 555 500,50과 같이 소수점을 표시하기 위해 쉼표를 사용하고, 세 자리 숫자에 띄어쓰기(또는 때로는 마침표)를 사용한다.

토크나이저는 아포스트로피로 표시된 축약형을 확장하는 데도 사용될 수 있다. 예를 들어 *what're*을 *what are*로, *we're*를 *we are*로 변환하는 것이다. 아포스트로피는 소유격 표시(*book's over* 또는 *Containers'*)나 인용 어구 표시(*'what're you? Crazy?'*)로도 사용되기 때문에 중의성 해결책이 필요하다. 이러한 축약형은 프랑스어(*j'ai, l'homme*)의 관사와 대명사를 포함한 다른 알파벳 언어에서 발생한다. 또한 접어인 경향이 있지만, 모든 접어가 축약형으로 표시되는 것은 아니다. 일반적으로 접어의 분할과 확장은 3장의 앞부분에서 제시된 형태론적 파싱 프로세스의 일부로 수행될 수 있다.

애플리케이션에 따라 토큰화 알고리듬은 *New York* 또는 *rock 'n' roll*과 같은 복수어의 표현식을 토큰화할 수도 있다. 이 경우 일종의 복수어 표현 사전이 필요하다. 따라서 토큰화는 22장에서 논의되는 개체명 인식[named entity detection]이라고 부르는 과정인 이름, 날짜, 조직을 인식하는 작업과 밀접하게 관련 있다.

문장 세분화 — 단어 세분화 외에도 **문장 세분화**는 텍스트 처리의 중요한 첫 단계다. 텍스트를 문장으로 분할하는 것은 일반적으로 구두점을 기준으로 한다. 특정 종류의 구두점(마침표, 물음표, 느낌표)이 문장 경계를 표시하는 경향이 있기 때문이다. 물음표와 느낌표는 문장 경계의 비교적 명확한 표식이지만, 마침표 "."는 문장 경계 표시와 *Mr.* 또는 *Inc.*와 같은 약어 표식어 사이에서 더 중의적이다. 특히 *Inc.*의 마지막 마침표는 약어와 문장 경계 표시를 모두 표시하는 훨씬 더 복잡한 경우다. 이러한 이유로 문장 토큰화와 단어 토큰화는 공동으로 다뤄지는 경향이 있다.

일반적으로 문장 토큰화 방법은 마침표가 단어의 일부인지 문장의 경계 표식인지를 결정하는 이진 분류기(규칙의 순서 또는 머신러닝 기반)를 구축하는 방식으로 작동한다. 이 결정을 내릴 때 일반적으로 사용되는 약어에 마침표가 붙어 있는지 확인하는 것이 도움이 되기 때문에 약어 사전을 사용하는 것이 좋다.

문장 토큰화를 위한 최신식 방법은 머신러닝을 기반으로 하며, 4장에서 소개된다. 그러나 여전히 일련의 정규 표현을 통해 유용한 첫 단계를 수행할 수 있다. 여기서는 첫 번째 부분인 단어 토큰화 알고리듬을 소개한다. 그림 3.22는 그레펜스테트(Grefenstette, 1999)에 기초한 간단한 Perl 단어 토큰화 알고리듬을 제공한다. Perl 단어 토큰화 알고리듬은 이전 단락에서 논의한 많은 세분화 문제를 명확히 하기 위해 아주 최소한으로 설계됐다.

알고리듬은 일련의 정규식 대체 규칙으로 구성된다. 첫 번째 규칙은 물음표와 괄호처럼 명확한 구두점을 구분한다. 다음 규칙 세그먼트는 숫자가 아닌 경우 쉼표를 구분된다. 그런 다음 아포스트로피를 명확하게 하고 단어 최종 접어를 제거한다. 마지막으로 마침표를 다루는데, 다른 약어를 탐지하기 위해 (toy) 약어 사전과 약간의 휴리스틱^{heuristics}을 사용한다.

이렇게 단순한 정규 표현 패턴으로 단순한 토크나이저를 구축할 수 있다. 이는 그림 3.22와 같은 토크나이저가 FST에서 쉽게 구현할 수 있음을 시사한다. 카트툰엔 외 연구진(1996)과 비슬리, 카트툰엔(2003)은 이러한 FST 기반의 토크나이저를 설명한다.

```perl
#!/usr/bin/perl

$letternumber = "[A-Za-z0-9]";
$notletter = "[^A-Za-z0-9]";
$alwayssep = "[\\?!()\";/\\|'];
$clitic = "('|:|-|'S|'D|'M|'LL|'RE|'VE|N'T|'s|'d|'m|'ll|'re|'ve|n't)";

$abbr{"Co."} = 1; $abbr{"Dr."} = 1; $abbr{"Jan."} = 1; $abbr{"Feb."} = 1;

while ($line = <>){ # read the next line from standard input

    # put whitespace around unambiguous separators
    $line =~ s/$alwayssep/ $& /g;
```

```
    # put whitespace around commas that aren't inside numbers
    $line =~ s/([^0-9]),/$1 , /g;
    $line =~ s/,([^0-9])/ , $1/g;


    # distinguish singlequotes from apostrophes by
    # segmenting off single quotes not preceded by letter
    $line =~ s/^'/$& /g;
    $line =~ s/($notletter)'/$1 '/g;


    # segment off unambiguous word-final clitics and punctuation
    $line =~ s/$clitic$/ $&/g;
    $line =~ s/$clitic($notletter)/ $1 $2/g;


  # now deal with periods. For each possible word
  @possiblewords=split(/\s+/,$line);
  foreach $word (@possiblewords) {
     # if it ends in a period,
     if (($word =~ /$letternumber\./)
            && !($abbr{$word}) # and isn't on the abbreviation list
               # and isn't a sequence of letters and periods (U.S.)
               # and doesn't resemble an abbreviation (no vowels: Inc.)
            && !($word =~
                /^([A-Za-z]\.([A-Za-z]\.)+|[A-Z][bcdfghj-nptvxz]+\.)$/)) {
         # then segment off the period
         $word =~ s/\.$/ \./;
     }
     # expand clitics
     $word =~s/'ve/have/;
     $word =~s/'m/am/;
     print $word," ";
  }
 print "\n";
}
```

그림 3.22 그레펜스테트(Grefenstette, 1999)와 팔머(Palmer, 2000)에서 개조한 샘플 영어 토큰화 스크립트. 실제 스크립트에는 더 긴 약어 사전이 있을 것이다.

3.9.1 중국어 분할

위에서 중국어, 일본어 및 태국어를 포함한 일부 언어는 띄어쓰기를 사용해 잠재적인
단어 경계를 표시하지 않음을 언급했다. 이러한 언어에는 대체 분할 방법이 사용된다.

예를 들어 중국어에서는 단어는 *hanzi*로 알려진 문자로 구성돼 있다. 각 문자는 일
반적으로 하나의 형태소를 나타내며 하나의 음절로 발음할 수 있다. 단어 평균 길이
는 약 2.4글자다. 중국어 세그먼트화에 매우 효과적이며 고급화된 방법의 기준선 비
교로 자주 사용되는 알고리듬은 **최대 부합**maximum matching 또는 maxmatch이라고 부르는 그
리디 서치greedy search 버전이다. 알고리듬에는 언어의 사전(단어 목록)이 필요하다.

최대 부합 알고리듬은 문자열의 시작을 가리키는 것으로 시작한다. 사전에서 현재
위치의 입력과 일치하는 가장 긴 단어를 선택한다. 그런 다음 포인터는 해당 단어의
각 문자를 지나간다. 일치하는 단어가 없으면 포인터는 대신 한 문자(한 글자 단어 생성)
로 이동한다. 그런 다음 알고리듬이 새 포인터 위치에서 시작해 다시 반복적으로 적
용된다. 팔머(2000)는 이 알고리듬을 시각화하기 위해 영어 문장 *the table down there*
에서 띄어쓰기를 제거해 *thetabledownthere*를 만들어 중국어 상황과 유사하게 만들
었다.

최대 부합 알고리듬(긴 영어 사전이 주어진 경우)은 사전 단어와 일치하는 가장 긴 문
자 시퀀스이기 때문에 입력의 단어 *theta*와 먼저 일치할 것이다. *theta*의 끝에서 시작
해, 가장 긴 일치 사전 단어는 *bled*, 다음 *own*을 거쳐 그 다음이 *there*가 발생해, *theta
bled own there*라는 잘못된 시퀀스가 생성된다.

이 알고리듬은 실패한 예에서 볼 수 있듯이 긴 단어가 포함된 영어보다 짧은 단어
가 포함된 중국어에서 더 잘 작동하는 것 같다. 하지만 중국어로도 최대 부합은 여러
가지 약점이 있는데, 특히 **미등록어**unknown words(사전에 없는 단어)나 **새로운 분야**unknown
genres(사전 작성자가 만든 가정과 많이 다른 장르)에 여러 가지 문제점을 가지고 있다.

매년 중국어 세분화 알고리듬을 위한 경쟁(전문 용어로 **베이크오프**bakeoff라고 함)이 있
다. 중국어 단어 세분화를 위한 가장 성공적인 현대 알고리듬은 수동 세그먼트 트레
이닝 세트의 머신러닝에 기초한다. 5장에서 확률론적 방법을 소개한 후에 이 알고리
듬을 다시 설명한다.

최대 부합

3.10 철자 오류 감지 및 수정

> 알제리논: 내 귀여운 세실리, 나는 너에게 어떤 편지도 쓴 적이 없어.
>
> 세실리: 그걸 상기시킬 필요는 없어, 어니스트 당신을 위해 편지를 써야 했던 게 너무 잘 기억 나는 걸. 나는 일주일에 세 번, 때로는 더 자주 편지를 썼어.
>
> 알제리논: 오, 내가 그 편지들을 읽을 수 있을까, 세실리?
>
> 세실리: 아, 그럴 리가 없어. 그들이 당신을 너무 자만하게 만든 거야. 내가 약혼을 파기한 후에 당신이 내게 쓴 세 개의 편지는 너무 아름다웠고 서툴게 적힌 철자는 지금도 조금 울지 않고는 읽을 수 없어.
>
> – 오스카 와일드, 〈진지함의 중요성〉

오스카 와일드의 멋진 세실리처럼 많은 사람들은 세기의 마지막 전환기에 철자에 대해 생각하고 있었다. 길버트와 설리번은 많은 예를 제시한다. 그 예로 아서 설리반의 오페라 〈*The Gondoliers*〉의 주세페는 자신의 개인 비서가 철자가 틀리지 않을까 걱정하고 〈*Iolanthe*〉의 필리스는 그녀가 사용하는 모든 단어를 철자에 맞게 쓸 수 있을까 걱정한다. 토르슈타인 베블렌의 1899년 그의 고전 〈유한계급론〉에서 "구식인, 복잡하고, 비효율적인" 영어 철자 시스템의 주요 목적은 유한계급의 구성원 자격 테스트를 제공할 만큼 충분히 어려워야 한다고 설명했다. 철자의 사회적 역할이 무엇이든 간에 우리는 'Iolanthe'의 필리스보다 〈진지함의 중요성〉의 세실리와 같은 사람이 더 많다는 데 확실히 동감한다. 사람이 입력한 텍스트의 철자 오류 빈도 추정치는 신중히 편집된 뉴스와이어 텍스트의 단어 0.05%에서 전화번호 조회와 같은 어려운 애플리케이션의 경우 38%까지 다양하다(Kukich, 1992).

이 절에서는 철자 오류를 감지하고 수정하는 문제를 소개한다. 철자 오류 수정을 위한 표준 알고리듬은 확률론적이기 때문에 확률론적 잡음 통신로 모델을 정의한 후 5장의 후반부에서 철자 점검 논의를 계속한다. 철자 오류의 감지 및 수정은 최신 워드프로세서와 검색엔진이 필수적이다. **광학 문자 인식**[OCR], 인쇄되거나 손으로 쓴 문자의 자동 인식, 온라인 필기 인식에서도 사용자가 글을 쓸 때 사람이 인쇄하거나 필기체를 인식하는 오류를 수정하는 데 중요하다. 쿠키치(Kukich, 1992)에 이어 점점 더 광범위한 세 가지 문제를 구별할 수 있다.

1. **비어 오류 감지**: 비어를 야기하는 철자 오류를 감지한다(*giraffe*의 *graffe*와 같은).

2. **고립 단어 오류 수정**: *graffe*를 *giraffe*으로 수정하지만 고립 단어만 보는 것과 같이 비어를 초래하는 철자 오류를 수정한다.

3. **문맥에 따른 오류 감지 및 수정**: 문맥을 이용해 실수로 영어의 실제 단어가 발생하더라도 철자 오류를 감지하고 수정하는 데 도움을 준다(실제 단어 오류real-word errors). 이는 실수로 실제 단어를 생성하는 인쇄상의 오류(삽입, 삭제, 전치)에서 발생하거나(예: *three*를 *there*로 작성), 글쓴이가 동음이의어의 잘못된 철자를 대신 썼기 때문에 발생할 수 있다(예: *dessert*를 *desert*로 또는 *piece*를 *peace*로 작성).

실제 단어 오류

비단어 오류를 감지하는 것은 일반적으로 사전에 없는 단어를 표시함으로써 이루어진다. 예를 들어 위의 철자가 틀린 *graffe*는 사전에 없다. 일부 초기 연구(Peterson, 1986)는 대사전이 다른 단어의 철자가 틀린 매우 드문 단어가 포함돼 있기 때문에 그러한 철자 사전은 작게 유지될 필요가 있다고 제안했다. 예를 들어 희귀어 *wont*나 *veery* 또한 *won't*와 *very*의 철자 오류다. 실제로 다메라우와 메이스(1989)는 더 큰 사전에서 실제 단어로 일부 잘못된 철자가 가려져 있는 반면, 희귀어는 오류로 표시하지 않음으로써 해로운 단어보다 더 도움이 되는 것으로 증명했다. 특히 단어 빈도를 요인으로 사용할 수 있는 확률론적 철자 교정 알고리듬의 경우에 적용된다. 따라서 현대의 철자 검사 시스템은 대사전들을 기반으로 하는 경향이 있다.

3장에서 설명하는 유한 상태 형태소 분석기는 이러한 대사전을 구현하기 위한 기술을 제공한다. 단어에 형태론적 파서를 줌으로써 FST 파서는 본질적으로 단어 인식기가 된다. 실제로 FST 형태소 분석기는 **프로젝션** 연산을 사용해 하부 언어 그래프를 추출함으로 훨씬 더 효율적인 FSA 단어 인식기로 변환될 수 있다. 그러한 FST 사전은 영어 *-s*와 *-ed* 굴절과 같이 조어 형성 능력이 있는 형태론을 표현한다는 장점도 있다. 이는 어간과 굴절의 새로운 기존의 규칙에 맞는 조합을 다루는 데 중요하다. 예를 들어 새로운 어간을 사전에 쉽게 추가하면 모든 변형된 형태들이 쉽게 인식할 수 있다. 따라서 FST 사전은 특히 하나의 어간이 수십 또는 수백 가지의 표면 형태를 가질

수 있는 형태론적으로 풍부한 언어의 철자 검사에 강력하다.[5]

그래서 FST 사전은 비단어 오류 감지에 도움이 될 수 있다. 하지만 오류 수정은 어떨까? 고립 단어의 오류 수정을 위한 알고리듬은 오류 형식의 요인이 될 수 있는 단어를 검색해 작동한다. 예를 들어 철자 오류 *graffe*를 수정하려면 가장 가능성이 높은 출처를 선택하기 위해 *giraffe*, *graf*, *craft*, *grail* 등과 같은 가능한 모든 단어를 검색해야 한다. 이러한 잠재적 요소 중에서 선택하려면 요소와 표면 오차 사이의 **거리 행렬**이 필요하다. 직관적으로 *graffe*에 대해 *grail*보다 *giraffe*가 가능성이 높다. *giraffe*의 철자가 *grail*보다 *graffe*에 더 유사하기 때문이다. 이러한 유사성 직관을 포착하는 가장 효과적인 방법은 확률론을 사용해야 하며, 5장에서 다룬다. 그러나 이 솔루션의 기초가 되는 알고리듬은 다음 절에서 소개하는 비확률론적 **최소 편집 거리** 알고리듬이다.

거리 행렬

최소 편집 거리

3.11 최소 편집 거리

문자열 거리

철자에서 두 단어 중 어떤 단어가 세 번째 단어에 더 가까운지를 결정하는 것은 **문자열 거리**의 일반 문제의 특별한 경우다. 두 문자열 사이의 거리는 서로 얼마나 비슷한지를 나타내는 척도다.

문자열 거리를 찾기 위한 많은 중요한 알고리듬은 바그너와 피셔(1974)에 의해 명명됐지만, 많은 사람들이 독립적으로 찾아낸 최소 편집 거리 알고리듬의 일부 버전에 의존한다(나중에 6장의 '역사 참고 사항' 절에 요약돼 있다). 두 문자열 사이의 최소 편집 거리는 한 문자열을 다른 문자열로 변환하는 데 필요한 편집 작업(삽입, 삭제, 대체)이다. 예를 들어 단어 의도와 실행 사이의 간격은 그림 3.23에 두 문자열 사이의 정렬로 나타낸 5개의 연산이다. 두 개의 시퀀스가 주어진 경우, 정렬은 두 시퀀스의 하위 문자열 사이의 대응이다. 따라서 빈 문자열, N은 E, T는 X 등으로 정렬한다. 정렬된 문자열 아래에는 또 다른 표현이 있는데, 상단 문자열을 아래쪽 문자열로 변환하기 위한 작업 목록을 나타내는 일련의 기호가 있다. d는 삭제, s는 대체, i는 삽입을 나타낸다.

```
INTE*NTION
| | | | | | | | | |
*EXECUTION
d s s   i s
```

그림 3.23   두 문자열 사이의 최소 편집 거리를 정렬로 나타낸다. 마지막 행은 상단 문자열을 하단 문자열로 변환하기 위한 작업 목록을 제공한다. d는 삭제, s는 대체, i는 삽입을 나타낸다.

또한 각각의 작업에 특정한 비용이나 중량을 할당할 수 있다. 두 시퀀스 사이의 **레벤슈타인** 거리$^{Levenshtein Distance}$는 세 가지 작업 각각이 1의 비용을 갖는 가장 단순한 가중 요소다(Levenshtein, 1966).[6] 따라서 *intention*와 *exention* 사이의 레벤슈타인 거리는 5이다. 또한 레벤슈타인은 각각의 삽입 또는 삭제 비용이 1이고 대체 비용이 허용되지 않는 레벤슈타인의 측정 기준의 대체 버전을 제안했다(모든 대체 비용은 하나의 삽입과 하나의 삭제로 나타낼 수 있기 때문에 대체 비용이 2인 것과 동일하다). 이 버전을 사용하면 *intention*과 *exention* 사이의 레벤슈타인 거리는 8이다.

동적 프로그래밍   최소 편집 거리는 **동적 프로그래밍**에 의해 계산된다. 동적 프로그래밍은 벨먼(1957)이 처음 도입한 알고리듬 부류의 명칭으로, 하위 문제에 솔루션을 결합해 문제를 해결하는 테이블 구동 방식을 적용한다. 이 부류는 음성 및 언어 처리에서 가장 일반적으로 사용되는 알고리듬을 포함하며, 최소 편집 거리 외에도 **비터비**^{Viterbi} 및 **전향**^{forward} 알고리듬(6장)과 **CKY** 및 **Earley** 알고리듬(13장)이다.

동적 프로그래밍 문제의 직관은 다양한 하위 문제에 대한 해결책을 적절하게 결합해 큰 문제를 해결할 수 있다는 것이다. 예를 들어 그림 3.24에 나온 문자열 *intention*과 *exention* 사이의 최소 편집 거리를 구성하는 변환된 단어의 시퀀스 또는 "경로"를 생각해보자.

---

6   예를 들어 *t*에 대한 대체 *t*와 같이 문자 자체를 대체하는 비용은 0이라고 가정한다.

```
i n t e n t i o n
                    ←— 삭제 i
n t e n t i o n
                    ←— n을 e로 대체하다.
e t e n t i o n
                    ←— t를 x로 대체하다.
e x e n t i o n
                    ←— u를 삽입하다.
e x e n u t i o n
                    ←— n을 c로 대체하다.
e x e c u t i o n
```

그림 3.24 *intention*에서 *exention*까지 크루스칼(Kruskal, 1983)의 변형 목록 예

어떠한 것이든 간에 이 최적의 경로에 있는 어떤 문자열(아마도 *exention*일 것이다)을 상상해보자. 동적 프로그래밍의 직관은 *exention*이 최적의 작동 목록에 있는 경우 최적 시퀀스에는 *intention*에서 *exention*까지의 최적 경로도 포함돼야 한다는 것이다. 왜일까? *intention*에서 *exention*으로 경로가 짧다면, 전체 경로가 짧아지고 최적의 시퀀스가 최적화되지 않아 모순이 생긴다.

시퀀스 비교를 위한 동적 프로그래밍 알고리듬은 타깃 시퀀스의 각 기호에 대해 하나의 열과 소스 시퀀스의 각 기호에 대해 하나의 행(즉, 아래를 따라 목표, 측면을 따라 소스)으로 거리 행렬을 생성해 작업한다. 최소 편집 거리의 경우, 이 행렬은 *edit-distance* 행렬이다. 각 셀 *edit-distance*[*i*, *j*]는 타깃의 첫 번째 *i* 문자와 소스의 첫 번째 *j* 문자 사이의 거리를 포함한다. 각 셀은 주변 셀의 단순한 함수로 계산될 수 있기 때문에 행렬의 시작부터 모든 항목을 채울 수 있다.

각 셀의 값은 행렬에 도달하는 세 가지 가능한 경로 중 최솟값을 취함으로써 계산된다.

$$distance[i,j] = \min \begin{cases} distance[i-1,j] + \text{ins-cost}(target_{i-1}) \\ distance[i-1,j-1] + \text{sub-cost}(source_{j-1}, target_{i-1}) \\ distance[i,j-1] + \text{del-cost}(source_{j-1}) \end{cases}$$

알고리듬 자체는 그림 3.25와 그림 3.26에 요약돼 있다. 각각 삽입과 삭제 비용은 1(ins-cost(·) = del-cost(·) = 1)이고 대체 비용은 2(하위 부분 제외)인 레벤슈타인 버전을 가정해 *intention*과 *execution* 사이의 거리에 알고리듬을 적용한 결과를 보여주고 있다(동일한 문자의 반복 비용은 0이다).

최소 편집 거리를 아는 것은 잠재적인 철자 오류 수정을 찾는 것과 같은 알고리듬에 유용지만, 편집 거리 알고리듬은 다른 방식으로도 중요하다. 작은 변화로 두 문자열 사이의 최소 비용 정렬도 제공할 수 있다. 두 문자열을 맞추는 것은 음성 및 언어 처리 전반에 걸쳐 유용하다. 음성 인식에서 최소 편집 거리 정렬은 음성 인식에서 단어 오류율을 계산하는 데 사용된다(9장). 정렬은 기계 번역에서 역할을 하는데, 병렬 코퍼스(두 개의 언어로 된 텍스트가 있는 코퍼스)에 있는 문장들이 서로 일치해야 한다.

편집 거리 알고리듬을 확장해 정렬을 생성하려면 먼저 정렬을 편집 거리 행렬을 통과하는 경로로 시각화할 수 있다. 그림 3.27은 이 경로를 굵은 글씨체의 셀로 보여준다. 각 굵은 글씨체의 셀은 두 문자열에서 한 쌍의 문자의 정렬을 나타낸다. 만약 두 개의 굵은 글씨체의 셀이 같은 행에서 발생한다면, 소스에서 타깃으로 이동하는 삽입이 있을 것이다. 같은 열에 있는 두 개의 굵은 글씨체의 셀은 삭제를 나타낸다.

---

function MIN-EDIT-DISTANCE(*target*, *source*) **returns** *min-distance*

$n \leftarrow$ LENGTH(*target*)
$m \leftarrow$ LENGTH(*source*)
Create a distance matrix *distance[n+1,m+1]*
Initialize the zeroth row and column to be the distance from the empty string
　　distance[0,0] = 0
　　for each column *i* **from** 1 **to** *n* **do**
　　　　distance[i,0] $\leftarrow$ *distance[i-1,0]* + *ins-cost(target[i])*
　　for each row *j* **from** 1 **to** *m* **do**
　　　　distance[0,j] $\leftarrow$ *distance[0,j-1]* + *del-cost(source[j])*
　　for each column *i* **from** 1 **to** *n* **do**
　　for each row *j* **from** 1 **to** *m* **do**
　　　　distance[i, j] $\leftarrow$ MIN(*distance[i$-$1, j]* + *ins-cost(target$_{i-1}$)*,
　　　　　　　　　　　　distance[i$-$1, j$-$1] + *sub-cost(source$_{j-1}$,*]*target$_{i-1}$)*,
　　　　　　　　　　　　distance[i, j$-$1] + *del-cost(source $_{j-1}$)*))
return *distance*[n,m]

그림 3.25 동적 프로그래밍 알고리듬 부류의 최소 편집 거리 알고리듬 예. 다양한 비용은 고정될 수 있거나(예: ∀x, ins-cost(x) = 1) 문자에 특정할 수 있다(일부 문자는 다른 문자보다 삽입될 가능성이 더 높다는 사실을 모델링하기 위해). 우리는 문자를 그 자체로 대체하는 데 비용이 들지 않는다고 가정한다(즉, sub-cost(x, x) = 0).

n	9	8	9	10	11	12	11	10	9	8
o	8	7	8	9	10	11	10	9	8	9
i	7	6	7	8	9	10	9	8	9	10
t	6	5	6	7	8	9	8	9	10	11
n	5	4	5	6	7	8	9	10	11	10
e	4	3	4	5	6	7	8	9	10	9
t	3	4	5	6	7	8	7	8	9	8
n	2	3	4	5	6	7	8	7	8	7
i	1	2	3	4	5	6	7	6	7	8
#	0	1	2	3	4	5	6	7	8	9
	#	e	x	e	c	u	t	i	o	n

그림 3.26   삽입 또는 삭제 비용이 1이고 교체 비용이 2인 레벤슈타인 거리와 그림 3.25의 알고리듬을 사용해 *intention*과 *execution* 사이의 최소 편집 거리 계산이다. 이탤릭체는 빈 문자열로부터의 거리를 나타내는 초깃값이다.

또한 그림 3.27은 이 정렬 경로를 계산하는 방법에 대한 직관을 보여준다. 계산은 두 단계로 진행된다. 첫 번째 단계에서는 최소 편집 거리 알고리듬을 보강해 각 셀에 백포인트들을 저장한다. 셀의 백포인트는 현재 셀을 입력할 때 나온 이전 셀을 가리킨다. 구스필드(1997)에서 유사한 다이어그램을 보인 후, 그림 3.27에서 이러한 백 포인터의 개략도를 보여줬다. 일부 셀은 최소 확장이 이전 셀 여러 개에서 왔을 수 있기 때문에 여러 개의 백포인트를 가지고 있다. 두 번째 단계에서는 **역추적**을 수행한다. 역추적에서는 마지막 셀(마지막 행과 열)부터 시작해 포인터를 따라 동적 프로그래밍 행렬을 통해 돌아간다. 최종 셀과 초기 셀 사이의 각 완전한 경로는 최소 거리 정렬이다. 연습 3.12는 포인터를 저장하기 위해 최소 편집 거리 알고리듬을 수정하고 정렬을 출력하기 위해 역추적을 계산하도록 요구한다.

역추적

n	9	↓8	╱←↓9	╱←↓10	╱←↓11	╱←↓12	↓11	↓10	↓9	╱8
o	8	↓7	╱←↓8	╱←↓9	╱←↓10	╱←↓11	↓10	↓9	╱8	←9
i	7	↓6	╱←↓7	╱←↓8	╱←↓9	╱←↓10	↓9	╱8	←9	←10
t	6	↓5	╱←↓6	╱←↓7	╱←↓8	╱←↓9	╱8	←9	←10	←↓11
n	5	↓4	╱←↓5	╱←↓6	╱←↓7	╱←↓8	╱←↓9	╱←↓10	╱←↓11	←↓10
e	4	╱3	←4	╱←5	←6	←7	←↓8	╱←↓9	╱←↓10	↓9
t	3	╱←↓4	╱←↓5	╱←↓6	╱←↓7	╱←↓8	╱7	←↓8	╱←↓9	↓8
n	2	╱←↓3	╱←↓4	╱←↓5	╱←↓6	╱←↓7	╱←↓8	↓7	╱←↓8	╱7

i	1	↙←↓2	↙←↓3	↙←↓4	↙←↓5	↙←↓6	↙←↓7	↙6	←7	↓8
#	0	1	2	3	4	5	6	7	8	9
	#	e	x	e	c	u	t	i	o	n

그림 3.27 각 셀에 값을 입력할 때, 최대 3개의 화살표로 인접한 셀 3개 중 어느 쪽에서 왔는지를 표시한다. 테이블이 꽉 차면 오른쪽 상단 모서리의 8에서 시작해 화살표를 따라 역추적을 사용해 정렬(최소 편집 경로)을 계산한다. 짙은 회색 셀의 순서는 두 문자열 사이의 가능한 최소 비용 정렬을 나타낸다.

Unix diff와 NIST sclite 프로그램(NIST, 2005)을 포함해 편집 거리를 계산할 수 있는 다양한 공개 패키지가 있다. 최소 편집 거리도 다양한 방법으로 늘릴 수 있다. 이를테면 비터비^{Viterbi} 알고리듬은 연산의 확률론적 정의를 사용하는 최소 편집 거리의 확장이다. 두 문자열 사이의 "최소 편집 거리"를 계산하는 대신, 비터비는 한 문자열과 다른 문자열의 "최대 확률 정렬"을 계산한다. 비터비 알고리듬은 음성 인식과 품사 태깅과 같은 확률론적 작업에서 중요하다.

3.12 인간의 형태론적 처리

이 절에서는 영어를 사용하는 사람들의 생각이 다중 형태소 단어로 어떻게 표현되는지에 대한 심리 언어학 연구를 간략하게 다룬다. *walk*라는 단어와 변형된 형태 *walks*와 *walked*를 생각해보자. 세 가지 모두 인간의 어휘 목록에 있는가? 아니면 그냥 *walk*에 *-ed*와 *-s*를 덧붙이는가? 단어 *happy*와 파생된 형태 *happily*와 *happiness*는 어떠한가? 가능한 표현의 스펙트럼의 양끝을 상상할 수 있다. **전체 목록** 가설은 언어의 모든 단어가 내부 형태론적 구조 없이 심적 어휘 목록에 기재를 제안한다. 이러한 관점에서 형태론적 구조는 인식론이며 *walk*, *walks*, *walked*, *happy*, *happily*는 모두 어휘 목록에 별도로 수록돼 있다. 이 가설은 터키어처럼 형태론적으로 복잡한 언어에는 적용할 수 없다. **최소 여분** 가설은 구성 형태소만 어휘소에 표시되며 walks를 처리할 때(읽기, 듣기, 말하기) 항상 형태소(walk 및 -s)에 접근해 결합해야 한다는 것을 시사한다. 이 견해는 아마도 굉장히 엄격할 것이다.

실언이라고도 부르는 **말실수**는 인간의 어휘가 적어도 어떤 형태론적 구조를 나타낸다는 증거 중 하나다. 대화할 때 화자는 종종 단어 또는 소리의 순서를 혼동하기도 한다.

전체 목록

최소 여분

_if_ you break it it'll drop

프롬킨과 래트너(1998)와 개럿(1975)이 수집한 실언에서 굴절 및 파생접사는 어간과 별도로 나타날 수 있다. 어간과 별도로 생성되는 이러한 접사의 능력은 심적 어휘 목록이 형태론적 구조의 일부 표현을 포함하고 있음을 시사한다.

it's not only us who have screw looses (for "screws loose")

words of rule formation (for "rules of word formation")

easy enoughly (for "easily enough")

보다 최근의 실험 증거는 전체 목록이나 최소 중복 가설 모두 완전히 사실이 아닐 수 있다는 것을 암시한다. 대신, 모든 형태론적 관계가 아닌 일부는 정신적으로 표현될 가능성은 있다. 예를 들어 스탠너스 외 연구진(1979)은 일부 파생 형태(_happiness, happil_)는 어간(_happy_)과 별개로 저장되는 것처럼 보이지만, 규칙적으로 변형된 형태(_pouring_)는 어간(_pour_)과 어휘에서 구별되지 않는다는 것을 발견했다.

점화

스탠너스 외 연구진은 반복적인 점화^{Priming} 실험을 사용해 작업을 수행했다. 요컨대, 반복적 점화는 단어가 전에 보여진 경우(**점화**된 경우) 더 빨리 인식된다는 점을 이용한다. 예를 들어 _lifting_이 _lift_로, _burned_가 _burn_으로 프라이밍했지만, _selective_가 _select_로 점화하지 않았다는 것을 발견했다. 마슬렌-윌슨 외 연구진(1994)은 _spoken_ 파생된 단어들이 어간을 점화할 수 있지만, 파생된 형태의 의미가 어간과 밀접하게 관련돼야 한다는 것을 발견했다. 예를 들어 _government_는 _govern_을 의미하지만, _department_는 _depart_를 점화하지 않는다. 연구 결과와 호환되는 마슬렌-윌슨 외 연구진(1994) 모델은 그림 3.28에 나와 있다.

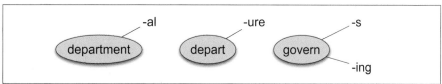

그림 3.28   마슬렌-윌슨 외 연구진(1994) 결과: 파생어는 의미적으로 연관돼 있는 경우에만 그 어간에 연결된다.

요약하면, 이러한 결과는 굴절처럼 조어 형성 능력이 있는 형태론이 인간의 어휘 목록에서 온라인상의 역할을 한다는 것을 시사한다. 보다 최근의 연구는 단어 읽기 시간에도 **형태론적 패밀리 크기**와 같은 비굴절 형태론적 구조의 효과를 보여줬다. 한 단어의 형태론적 패밀리 크기는 그것이 나타나는 다른 다중 형태소 단어와 합성어의 수이다. 예를 들어 *fear*의 가족은 *fearful, fearfully, fearfulness, fearless, fearlessly, fearlessness, fearsome, godfearing*을 포함하며, 총 크기는 9이다. 바옌과 다른 연구진(Baayen et al., 1997; De Jong et al., 2002; Moscoso del Prado Martin et al., 2004a)은 형태학적 패밀리 크기가 큰 단어가 더 빨리 인식된다는 것을 보여줬다. 최근 연구에서는 단어 인식 속도가 형태학적 패러다임에 포함된 **정보량**(또는 **엔트로피**)의 총량에 영향을 받는 것으로 나타났다(Moscoso del Prado Martín et al., 2004a). 엔트로피는 4장에서 다룬다.

3.13 요약

3장에서는 **형태론**을 소개했다. 또한 단어의 하위 부분을 다루는 언어 처리 영역과 형태론에서 중요할 뿐만 아니라 이후의 장에서 많은 다른 작업에서 역할을 하는 계산 장치인 **유한 상태 변환기**도 다뤘다. 그리고 **형태소 분석, 단어와 문장 토큰화, 철자 오류 감지** 등을 소개했다. 다음은 주요 요점을 요약한 것이다.

- **형태론적 파싱**은 한 단어로 구성되는 **형태소**를 찾는 과정이다(예: *cats*의 경우, cat +N +PL).
- 영어는 주로 **접두사**와 **접미사**를 사용해 **굴절**과 **파생** 형태론을 표현한다.
- 영어 굴절 형태론은 비교적 단순하며, 사람과 숫자 일치(*-s*)와 시제 표시(*-ed* 및 *-ing*)를 포함한다. 영어 **파생** 형태는 더 복잡하고 *-ation, -ness*와 같은 접미사, *co-*와 *re-*와 같은 접두사를 포함한다. 영어 **형태소**(허용 가능한 형태소 순서)에 대한 많은 제약 조건은 유한 오토마타로 표현될 수 있다.
- **유한 상태 변환기**는 출력 기호를 생성할 수 있는 유한 상태 오토마타의 확장이다. 중요한 FST 작업에는 **구성, 투영** 및 **교차**가 포함된다.
- **유한 상태 형태론**과 **2레벨 형태론**은 유한 상태 변환기를 형태론적 표현 및 파싱에 적용하는 것이다.

- 자동 변환기 컴파일러는 모든 재작성 규칙에 대한 변환기를 생성할 수 있다. 어휘와 철자 규칙은 변환기를 **구성**하고 **교차**시킴으로써 결합될 수 있다.
- **포터 알고리듬**은 접미사를 제거하고 접사를 제거하는 간단하고 효율적인 방법이다. 어휘 목록 기반 변환기 모델만큼 정확하지는 않지만 정확한 형태 구조가 필요하지 않은 **정보 검색**과 같은 작업과 관련이 있다.
- 간단한 정규 표현식 대체 또는 변환기를 사용해 **단어 토큰화**를 수행할 수 있다.
- **철자 오류 감지**는 일반적으로 사전에 없는 단어를 찾아서 수행된다. FST 사전이 유용할 수 있다.
- 두 문자열 사이의 **최소 편집 거리**는 하나를 다른 문자열로 편집하는 데 필요한 최소 작업 수다. 최소 편집 거리는 **동적 프로그래밍**을 통해 계산할 수 있으며, 이 경우 두 문자열이 **정렬**된다.

참고문헌 및 역사 참고 사항

유한 상태 변환기와 유한 상태 오토마타의 수학적인 유사성에도 불구하고, 두 모델은 다소 다른 전통에서 성장했다. 2장에서는 튜링(1936)의 알고리듬 연산 모델과 맥컬로치 및 피츠 유한 상태 유사 뉴런 모델에서 어떻게 발전했는지 설명했다. 튜링 기계가 변환기에 미치는 영향은 다소 간접적이었다. 허프먼(1954)은 릴레이 회로의 대수적 모델에 관한 새넌(1938)의 연구에 기초해 순차회로의 동작을 모델화하기 위해 본질적으로 상태 전이 테이블을 제안했다. 무어(1956)는 튜링과 새넌의 연구를 기반으로 하며, 허프먼의 연구에 대해 인식하지 못했다. 무어는 입력 기호의 알파벳과 출력 기호의 알파벳을 가진 유한한 수의 상태를 가진 기계에 대한 **유한 오토마톤**이라는 용어를 도입했다. 멀리(1955)는 무어와 허프먼의 작업을 확장하고 합성했다.

무어의 원문에 나오는 유한 오토마타와 멀리의 확장은 중요한 면에서 달랐다. 멀리 기계에서 입력/출력 기호는 상태 간의 전환과 연관된다. 무어 기계에서 입출력 기호는 상태와 연관돼 있다. 두 종류의 변환기는 동일하다. 모든 무어 기계는 동등한 멜리 기계로 변환될 수 있고, 그 반대의 경우도 마찬가지다. 유한 상태 변환기, 순차 변환기 등에 대한 추가 초기 작업은 살로마(1973)와 슈첸베르거(1977)에 의해 수행됐다.

형태론적 파싱의 초기 알고리듬은 13장에서 파싱할 때 논의하는 **상향식** 또는 **하향식** 방법을 사용했다. 초기 상향식 접미사 접근 방식은 고대 그리스어의 접두사를 반복적으로 제거하는 팩커드(1973) 파서였다. 입력 단어에서 반복적으로 접두사와 접미사를 제거하고 그것들을 메모한 후 어휘 목록에서 나머지를 찾아봤다. 제거된 접사와 호환되는 모든 루트를 반환했다. AMPLE^A Morphological Parser for Linguistic Exploration(Weber and Mann, 1981; Weber et al., 1988; Hankamer and Black, 1991)은 또 다른 초기 상향식 형태 파서다. 한카메르(1986)의 keCi는 터키어 형태소의 유한 상태 표현에 따라 터키어를 위한 초기 하향식 생성 및 테스트 또는 합성별 분석 형태소 분석기다. 프로그램은 단어의 왼쪽 가장자리와 일치할 수 있는 형태소로 시작하고, 가능한 모든 음운 법칙을 적용한다. 그리고 각각의 결과를 입력과 대조해 확인한다. 출력 중 하나가 성공하면 프로그램은 유한 상태 형태소를 다음 형태소로 따르고 입력과 계속 일치시키려 한다.

철자 규칙을 유한 상태 변환기로 모델링하는 아이디어는 실제로 음운론적 규칙(7장에서 논의)이 유한 상태 특성을 가지고 있다는 존슨(1972)의 초기 발상에 근거를 두고 있다. 존슨의 통찰력은 아쉽게도 사회의 관심을 끌지 못했고 로널드 카플란과 마틴 케이에 의해 독립적으로 발견됐는데, 처음에는 공개되지 않은 토론(Kaplan and Kay, 1981)에서, 그 후 마침내 인쇄됐다(Kaplan and Kay, 1994)(독립적인 복수 발견에 대한 논의는 56페이지 참조). 카플란과 케이의 연구는 후속으로 진행됐고, 핀란드어를 위한 유한 상태 형태론적 규칙을 기술한 코스케니에미(1983)에 의해 이루어졌다. 카트툰(1983)은 코스케니에미의 모델을 바탕으로 KIMMO라는 프로그램을 구축했다. 앤트워스(1990)는 영어에 2레벨 형태론 및 그 적용에 대한 많은 세부 사항을 제공한다.

핀란드어에 관한 코스케니에미 연구와 영어에 관한 앤트워스 연구(1990) 외에도, 터키어(Oflazer, 1993년)와 아랍어(Beesley, 1996)와 같은 많은 언어의 2레벨 또는 다른 유한 상태 모델들이 고안됐다. 바톤, 주니어 외 연구진(1987)은 코스케니에미와 처치(1988)가 응답한 2레벨 모델에서 계산 복잡성 문제를 제기한다.

유한 상태 형태론에 더 많은 관심이 가진 독자들은 비슬리와 카트툰(Beesley and Karttunen, 2003)을 추천한다. 아랍어와 셈어 형태론의 연산 모델에 더 관심이 있는 독자는 스므르즈(1998), 키라즈(2001), 하바시 외 연구진(2005) 등을 추천한다.

1990년대에는 문장 세분화의 여러 가지 실제 구현이 가능했다. 문장 세분화 이력과 다양한 알고리듬의 요약은 파머(2000), 그레펜스테트(1999), 미키브(2003)에서 찾을 수 있다. 단어 세분화는 특히 일본어와 중국어에서 연구돼 왔다. 우리가 설명하는 최대 일치 알고리듬은 일반적으로 기준선으로 사용되거나 단순하지만 합리적으로 정확한 알고리듬이 필요할 때, 보다 최근의 알고리듬은 확률론적 및 머신러닝 알고리듬에 의존한다. 예를 들어 스프로트 외 연구진(1996), 쉬에와 선(2003), 쳉 외 연구진(2005a)과 같은 알고리듬을 참조한다.

거스필드(1997)는 문자열 거리, 최소 편집 거리, 관련 분야에 대해 알고 싶을 만한 모든 것을 망라한 훌륭한 책이다.

오토마타 이론에 관심이 있는 학생들은 홉크로프트와 울먼(1979) 또는 루이스와 파파디미트리우(1988), 로슈와 샤베스(1997b)를 참조한다. 로슈와 샤베스(1997b)는 언어 애플리케이션을 위한 유한 상태 변환기의 결정적인 수학적 도입이며, 모리(1997), 모리(2000)와 함께 변환기 최소화와 결정화를 위한 알고리듬과 같은 많은 유용한 알고리듬을 제공한다.

CELEX 사전은 형태론적 분석에 매우 유용한 데이터베이스로 영어, 독일어, 네덜란드어의 큰 어휘집에 대한 전체 형태론적 파스를 포함하고 있다(Baayen et al., 1995). 로아크와 스프라우트(2007)는 형태론 및 구문학의 컴퓨터 문제에 대한 일반적인 소개다. 스프라우트(1993)는 전산 형태론에 대한 오래된 일반적인 도입이다.

연습

3.1 그림 3.6의 각 명사 및 동사 부류의 예를 제시하고 규칙의 일부 예외를 찾아라.

3.2 그림 3.17의 변환기를 확장해 sh 및 ch를 처리하라.

3.3 K 삽입 철자 규칙에 대한 변환기를 영어로 작성하라.

3.4 자음 이중 철자 규칙에 대한 변환기를 영어로 작성하라.

3.5 사운덱스 알고리듬(Knuth, 1973; Odell and Russell, 1922)은 사람들의 이름을 나타내기 위해 도서관과 오래된 인구 조사 기록에서 일반적으로 사용되는 방법이다. 철자가 약간 잘못됐거나 다른 방식으로 수정된 이름 버전(예: 수기로 쓴 인구 조사 기록에서 일반적으로 사용되는)은 여전히 정확한 철자 이름과 동일한 표

현을 가질 수 있다는 장점이 있다(예: Jurafsky, Jarofsky, Jarovsky, Jarovski 모두
J612에 매핑됨).

1. 이름의 첫 글자를 유지하고, 첫 글자가 아닌 a, e, h, i, o, u, w, y를 삭제하라.
2. 나머지 문자를 다음 숫자로 교체하라.

    b, f, p, v → 1

    c, g, j, k, q, s, x, z → 2d, t → 3

    l → 4

    m, n → 5

    r → 6

3. 동일한 이름의 시퀀스를 원래 이름에 인접한 두 개 이상의 문자에서 파생된
경우에만 단일 숫자로 교체하라(예: 666 → 6).
4. 세 번째 자리 이후의 자리(필요한 경우)를 드롭하거나 후행 0으로 패딩(필요한
경우)해 Letter Digit Digit Digit Digit Digit 형식으로 변환하라.

연습: 사운덱스 알고리듬을 구현하기 위해 FST를 작성하라.

3.6   포터(1980)를 읽거나 포터 어간에서 마틴 포터의 공식 홈페이지를 참조해 포터
형태소 분석기의 단계 중 하나를 변환기로 구현하라.

3.7   2장의 그림 2.19의 알고리듬 NDENSIZE를 수정해, 유한 상태 변환기의 파싱
알고리듬을 2장에서 소개한 유사 부호를 이용해 작성하라.

3.8   단어를 사용하는 프로그램을 작성하고, 온라인 사전을 이용해 단어(각각은 합법
적인 단어)들의 가능한 철자 순서를 바꾼 말들을 계산하라.

3.9   그림 3.17에서 왜 q_5에서 q_1까지 z, s, x 호가 있는가?

3.10   최소 편집 거리를 수작업으로 계산해 *drive*가 *brief*에 가까운지 또는 *divers*에
가까운지, 편집 거리가 얼마인지 파악하라. *distance*도 사용할 수 있다.

3.11   이제 최소 편집 거리 알고리듬을 구현하고 직접 계산한 결과를 사용해 코드를
확인하라.

3.12   최소 편집 거리 알고리듬을 보강해 정렬을 출력하라. 포인터를 저장하고 역추
적을 계산할 단계를 추가해야 한다.

그러나 "문장 확률"이라는 개념은 이 용어에 대한 알려진 해석에 따라 전혀 쓸모가 없을 수 있다.

– 노암 촘스키(1969, p.57)

언어학자가 그룹을 떠날 때마다 인식률이 높아진다.

– 프레드 옐리네크(당시 IBM 음성 그룹)(1988)[1]

미래를 예측할 수 있다는 것이 항상 좋은 것만은 아니다. 트로이의 카산드라는 예지력이 있었지만, 아폴로로부터 그녀의 예언을 아무도 믿지 않을 것이라는 저주를 받았다. 트로이의 파괴에 대한 카산드라의 경고는 무시됐다. 간단히 말해, 나중에 카산드라에게 일이 잘 풀리지 않았다고 하자.

단어를 예측하는 것은 덜 어려운 것처럼 보지만, 4장에서는 단어 예측에 대한 아이디어를 다룬다. 예를 들어 아래 문장 뒤에 어떤 단어가 뒤따를 것 같은지 살펴보자.

Please turn your homework...

여러분 대부분이 매우 가능성이 높은 단어가 *the*가 아닌 *in* 또는 *over*로 결론을 내렸기를 바란다. 이 **단어 예측** 아이디어를 이전의 *N* – 1 단어에서 다음 단어를 예측하는 ***N*그램** 모델이라고 부르는 확률론적 모델로 공식화한다. *N*그램은 *N*토큰 단어 연쇄이다. 2그램(더 흔히 **바이그램**bigram이라고 함)은 "please turn", "turn your" 또는 "your

*N*그램

---

1 그의 강연에서 나온 이 문구는 옐리네크 자신이 상기시킨 것이다. 그 인용문은 공식 기록에 나타나지 않았다(Palmer and Fininin, 1990). 몇몇은 노골적인 버전 "언어학자를 해고할 때마다 인식기의 성능이 향상된다"를 기억한다.

homework"와 같은 2단어 연쇄이다. 그리고 3그램(더 흔히 **트라이그램**^{trigram}이라고 함)은 "please turn your" 또는 "turn your homework"와 같은 3단어 연쇄이다. 자세히 살펴볼 N그램 모델은 이전 모델에서 N그램의 마지막 단어를 계산하는 모델이 된다.[2] 이러한 단어 연쇄의 통계적 모델을 **언어 모델** 또는 **LM**이라고도 한다. 다음 단어의 확률을 계산하는 것은 단어 연쇄의 확률을 계산하는 것과 밀접한 관련이 있는 것으로 밝혀졌다. 예를 들어 다음 시퀀스는 텍스트에 0이 아닌 확률로 나타날 수 있다.

언어 모델
LM

…all of a sudden I notice three guys standing on the sidewalk…

반면 같은 단어들의 집합을 다른 순서로 나열하면 훨씬 낮은 확률을 가진다.

on guys all I of notice sidewalk three a sudden standing the

우리가 볼 수 있듯이, 가능한 다음 단어에 조건부확률을 할당하는 N그램과 같은 추정기를 사용해 전체 문장에 결합 확률을 할당할 수 있다. 다음 단어 또는 전체 시퀀스의 확률을 추정하든 N그램 모델은 음성 및 언어 처리에서 가장 중요한 도구 중 하나이다.

노이즈가 많고 중의적인 입력으로 단어를 식별해야 하는 과제에는 N그램이 필수적이다. 예를 들어 **음성 인식**에서 입력된 말소리는 매우 혼동되고 많은 단어들은 극도로 유사하게 들린다. 러셀과 노르빅(2002)은 단어 연쇄의 확률이 얼마나 도움이 되는지 **필기 인식**의 직관을 제공한다. 영화 〈돈을 갖고 튀어라$^{Take\ the\ Money\ and\ Run}$〉에서 배우 우디 앨런은 어설프게 쓴 협박 노트로 은행을 털려고 한다. 협박 노트를 본 창구 직원이 "I have a gub"라고 잘못 읽었다. 하지만 음성 및 언어 처리 시스템은 "I have a gun"라는 순서가 비단어 "I have a gub"는 물론이고 "I have a gull"보다도 훨씬 더 가능성이 있다는 것을 안다면 이러한 실수를 피할 수 있을 것이다.

N그램 모델은 통계적 **기계 번역**에도 필수적이다. 예를 들어 중국어 원문(他向记者介绍了声明的主要内容)을 번역하고 그 과정에서 대략적인 영어 번역이 있을 수 있다.

he briefed to reporters on the chief contents of the statement

---

2   약간의 용어 중의성에서, 종종 "모델"이라는 단어를 삭제하고, 단어 N그램은 단어 연쇄 또는 예측 모델을 의미하는 데 사용된다.

he briefed reporters on the chief contents of the statement

he briefed to reporters on the main contents of the statement

he briefed reporters on the main contents of the statement

*N*그램 문법은 길이를 조절해도 *briefed reporters*가 *briefed to reporters*보다, **chief contents**보다는 *main contents*가 더 가능성이 높다는 것을 알 수 있다. 이를 통해 위의 굵은 글씨 문장을 가장 유창한 번역문, 즉, 확률이 가장 높은 문장으로 선택할 수 있다.

철자 수정에서는 다음과 같은 오류를 찾아 수정해야 한다(Kukich(1992)).

They are leaving in about fifteen *minuets* to go to her house.

The design *an* construction of the system will take more than a year.

이러한 오류에는 실제 단어가 포함돼 있기 때문에 사전에 없는 단어만 표시해서는 찾을 수 없다. 그러나 *in about fifteen minuets*는 *in about fifteen minutes*보다 훨씬 가능성이 적은 시퀀스다. 맞춤법 검사 프로그램은 확률 추정기를 사용해 이러한 오류를 감지하고 확률이 더 높은 수정을 제안할 수 있다.

보완 의사소통   단어 예측은 장애인을 돕는 **보완 의사소통** 시스템에도 중요하다(Newell et al., 1998). 물리학자 스티븐 호킹처럼 음성이나 수화를 이용해 의사소통을 할 수 없는 사람들은 간단한 신체동작을 이용해 시스템이 말하는 메뉴에서 단어를 선택함으로써 의사소통을 할 수 있다. 단어 예측을 사용해 메뉴에 적합한 단어를 제안할 수 있다.

이러한 샘플 영역 외에도 *N*그램은 품사 태깅, 자연어 생성 및 단어 유사성과 같은 NLP 작업과 저자 식별 및 감정 추출에서 휴대 전화의 예측 텍스트 입력 시스템에 이르는 애플리케이션 분야에서도 중요하다.

4.1 코퍼스에서의 단어 세기

[영어로 된 단어가 충분하지 않은지 묻는 질문에]:

"네, 충분하지만 올바른 것은 아닙니다."

– 베이츠에 보고된 제임스 조이스(1997)

확률은 무언가 카운팅하는 것에 기초한다. 확률에 대해 이야기하기 전에 무엇을 카운팅할지 결정해야 한다. 자연어로 무언가를 카운팅하는 것은 컴퓨터가 읽을 수 있는 텍스트나 언어의 음성 모음인 코퍼스에 기초한다. 브라운과 스위치보드라는 두 개의 인기 있는 코퍼스들을 살펴보자. 브라운 코퍼스는 1963~64년 브라운대학교에서 수집한 다양한 장르(신문, 픽션, 논픽션, 학술 등)의 500개의 서면 텍스트의 100만 단어 샘플 모음이다(Kučera and Francis, 1967; Francis, 1979; Francis and Kučera, 1982). 다음 브라운 문장에 몇 개의 단어가 있는가?

(4.1)   He stepped out into the hall, was delighted to encounter a water brother.

예(4.1)는 구두점을 단어로 계산하지 않으면 13단어로, 구두점을 계산하면 15단어로 한다. 마침표("."), 쉼표(","), 등을 단어로 취급할지 여부는 과제에 따라 다르다. 구두점은 경계(쉼표, 마침표, 콜론)를 찾고 의미의 일부 측면(물음표, 느낌표, 따옴표)을 식별하는 데 중요하다. 품사 태깅이나 파싱 또는 음성 합성 같은 일부 과제의 경우 구두점을 별도의 단어인 것처럼 취급하기도 한다.

1990년대 초, 낯선 사람 사이의 전화 통화에 대한 스위치보드 코퍼스를 수집했다. 스위치보드 코퍼스는 각각 평균 6분씩 2,430개의 대화를 포함하고 있으며, 총 240시간의 음성과 약 300만 개의 단어를 포함하고 있다(Godfrey et al., 1992). 이러한 구어체는 구두점이 없지만 단어 정의에 관한 다른 복잡한 문제를 야기한다. 스위치보드에서 나온 한 가지 발언을 보자. **발화**는 구어에서 문장에 대응한다.

비유창성
파편

(4.2)   I do uh main- mainly business data processing

필러
말 멈추고
추임새 넣기

이 발화에는 두 가지 종류의 **비유창성**이 있다. 끊어진 *main-*라는 단어를 **파편**이라고 한다. *uh*와 *um*과 같은 단어를 **필러**[fillers] 또는 **말 멈추고 추임새 넣기**[filled pauses]라고 부른다. 이를 단어로 간주해야 하는가? 다시 말하지만 활용에 따라 달라진다. 자동 음성 인식을 기반으로 자동 받아쓰기 시스템을 구축하는 경우, 비유창성을 제거하고 싶을 것이다.

그러나 때때로 비유창성을 유지한다. 사람들이 얼마나 말을 더듬는지를 통해 그들이 누구인지 식별할 수 있으며 혹은 그들이 스트레스를 받았거나 혼란스러워하는지를 감지할 수 있다. 비유창성은 특정 구문 구조에서도 종종 발생하기 때문에 구문 분석과 단어 예측에 도움이 될 수 있다. 예를 들어 스톨케와 슈라이버그(1996)는 *uh*를 단어로 취급하면 다음 단어 예측이 향상된다는 것을 발견했다(왜 그럴까?). 그래서 대부분의 음성 인식 시스템은 *uh*와 *um*을 단어로 취급한다.[3]

*They*처럼 대문자 토큰과 they처럼 대문자가 아닌 토큰은 같은 단어일까? 음성 인식에서는 이들을 함께 묶지만 품사 태그의 경우 대문자는 별도의 특징으로 유지된다. 4장의 나머지 부분에서는 우리의 모델이 대소문자를 구분하지 않는다고 가정할 것이다.

단어의 기본형   *cats* 대 *cat*과 같은 활용 형태는 어떠한가? 이 두 단어는 **단어의 기본형**으로 *cat*을 가지지만 어형은 다르다. 3장에서 단어의 기본형은 같은 어간, 같은 주요 품사 및 같은 단어 의미를 갖는 어휘 형태의 세트라는 것을 상기시킨다. **어형**은 단어가 굴절되거나 파생된 완전한 형태다. 아랍어와 같은 형태적으로 복잡한 언어의 경우, 종종 표제어 추출을 처리해야 한다. 그러나 영어로 음성 인식을 위한 *N*그램과 4장의 모든 예는 어형을 기반으로 한다.

보다시피 *N*그램 모델과 일반적으로 단어를 세려면 앞장에서 소개한 일종의 토큰화 또는 텍스트 정규화를 사용해야 한다(구두점 분리, m.p.h.와 같은 약어 처리, 철자 정규화 등).

타입   영어에는 몇 개의 단어가 있는가? 이 질문에 답하려면 **타입**, 코퍼스 또는 어휘 크기 토큰   *V*에 있는 구별되는 단어의 수, **토큰**, 총 실행 단어의 수 N을 구별해야 한다. 다음 브라운 문장은 16개의 토큰과 14개의 타입을 가지고 있다(구두점을 계산하지 않음).

(4.3)   They picnicked by the pool, then layback on the grass and looked at the stars.

스위치보드 코퍼스는 (약 300만 개의 어형 토큰에서) 약 2만 개의 어형 타입을 보유하고 있다. 셰익스피어의 전집은 (88만 4,647개의 어형 토큰에서) 29,066개의 어형 종류를 가지고 있다(Kučera, 1992). 브라운에는 37,851개의 기본형(1백만 개의 단어형 토큰 중)에서 61,805개의 단어 형태가 있다. 5억 8천 3백만 개의 어형 토큰으로 이루어진 매우 큰 코퍼스를 살펴본 브라운 외 연구진(1992)은 그것이 293,181개의 다른 어형 타입을 포함

---

3   클라크와 폭스 트리(2002)는 *uh*와 *um*의 의미가 다르다는 것을 보여줬다. 각각의 의미가 무엇이라고 생각하는가?

하고 있다는 것을 발견했다. 사전은 단어의 기본형 개수를 제공하는 데 도움이 될 수 있다. 사전 항목이나 볼드체는 단어의 기본형 개수의 매우 대략적인 상한선이다(일부 단어의 기본형에는 여러 개의 볼드체을 가지고 있기 때문에). 『미국 헤리티지 사전American Heritage Dictionary』에는 200,000개의 볼드체 형태가 나열돼 있다. 우리가 보는 코퍼스들 일수록 단어 타입을 더 많이 찾는다. 일반적으로 게일과 처치(1990)는 적어도 토큰 수의 제곱근과 함께 어휘 크기(유형 수)가 증가한다고 제안한다(즉, $V > O(\sqrt{N})$).

4장의 나머지 부분에서는 어형 타입을 의미하는 "타입"을 사용해 타입과 토큰을 계속 구별한다.

4.2 단순(Unsmoothed) N그램

N그램에 대한 직관적인 동기부터 시작해보자. 독자가 확률론에 대한 몇 가지 기본적인 배경을 얻었다고 가정한다. 우리의 목표는 어떤 이력 h가 주어진 단어 w의 확률 $P(w|h)$를 계산하는 것이다. h 이력이 "its water is so transparent that"라고 가정하고, 다음 단어가 the일 확률을 알고 싶다고 가정한다.

$$P(the|its\ water\ is\ so\ transparent\ that) \tag{4.4}$$

어떻게 이 확률을 계산할 수 있을까? 한 가지 방법은 상대 빈도를 세어서 추정하는 것이다. 예를 들어 매우 큰 코퍼스를 가지고, the water is so transparent that을 보는 횟수를 세고, the로 이어지는 횟수를 세어 볼 수 있다. 이는 "h 이력을 본 횟수 중에서 w라는 단어를 몇 번이나 따랐는가"라는 질문에 다음과 같이 대답할 것이다.

$$P(the|its\ water\ is\ so\ transparent\ that) = \frac{C(its\ water\ is\ so\ transparent\ that\ the)}{C(its\ water\ is\ so\ transparent\ that)} \tag{4.5}$$

웹과 같은 충분히 큰 코퍼스로, 이 개수를 계산하고 식 4.5로부터 확률을 추정할 수 있다. 지금 일시 중지하고 웹으로 이동해 이 추정치를 직접 계산해야 한다.

카운트에서 직접 확률을 추정하는 이 방법은 많은 경우 잘 작동한다. 하지만 대부분의 경우 웹조차도 좋은 추정치를 제공할 만큼 크지 않은 것으로 나타났다. 언어는 독창적이기 때문에 새로운 문장은 항상 만들어지고, 문장 전체를 셀 수 없을 것이기 때문이다. 예문의 간단한 확장조차도 웹상에서 0으로 카운트될 수 있다(예: "*Walden Pond's water is so transparent that the*").

마찬가지로 *its water is so transparent*와 같은 전체 단어 연쇄의 결합 확률을 알고 싶다면, *its water is so transparent*는 다섯 단어의 가능한 모든 시퀀스 중 몇 개를 물 어봄으로써 확률을 알 수 있다. *its water is so transparent*는 수를 얻고 가능한 모든 5개 단어 연쇄의 수의 합으로 나눠야 한다. 추정하기에는 많은 것 같다!

이러한 이유로, h 이력이 주어진 단어 w의 확률 또는 전체 단어 연쇄 W의 확률을 추정하는 더욱 현명한 방법을 도입할 필요가 있다. 우선 표기법을 약간 공식화한 것 부터 시작한다. 특정 랜덤 변수 X_i가 "the" 또는 $P(X_i = \text{"the"})$ 값을 취할 확률을 나타 내기 위해 단순화 $P(the)$를 사용할 것이다. N단어의 시퀀스를 $w_1 \ldots w_n$ 또는 w_1^n로 나 타낸다. 특정 값 $P(X = w_1, Y = w_2, Z = w_3, \ldots, W = w_n)$를 갖는 시퀀스 내 각 단어의 결합 확률에 대해 $P(w_1, w_2, \ldots, w_n)$를 사용한다.

이제 $P(w_1, w_2, \ldots, w_n)$와 같은 전체 시퀀스의 확률을 어떻게 계산할 수 있을까? 우 리가 할 수 있는 한 가지는 확률의 연쇄 법칙을 사용해 이 확률을 분해하는 것이다.

$$
\begin{aligned}
P(X_1 \ldots X_n) &= P(X_1)P(X_2|X_1)P(X_3|X_1^2)\ldots P(X_n|X_1^{n-1}) \\
&= \prod_{k=1}^{n} P(X_k|X_1^{k-1})
\end{aligned}
\tag{4.6}
$$

단어에 연쇄 법칙을 적용하면 다음과 같다.

$$
\begin{aligned}
P(w_1^n) &= P(w_1)P(w_2|w_1)P(w_3|w_1^2)\ldots P(w_n|w_1^{n-1}) \\
&= \prod_{k=1}^{n} P(w_k|w_1^{k-1})
\end{aligned}
\tag{4.7}
$$

연쇄 법칙은 시퀀스의 결합 확률 계산과 이전 단어가 주어진 단어의 조건부확률 계 산 간의 연결을 보여준다.

식 4.7은 여러 조건부확률을 곱해 전체 단어 연쇄의 결합 확률을 추정할 수 있음을 시사한다. 하지만 연쇄 법칙을 사용하는 것은 우리에게 별로 도움이 되지 않는다! $P(w_n|w_1^{n-1})$라는 긴 시퀀스의 단어가 주어졌을 때 단어의 정확한 확률을 계산하는 방 법을 알 수 없다. 위에서 말한 것처럼, 모든 단어가 긴 문자열 뒤에 나오는 횟수를 세

는 것으로만 추정할 수 없다. 그 이유는 언어는 독창적이고 어떤 특정한 맥락도 이전에는 일어나지 않았을 수 있기 때문이다.

N그램 모델의 직관은 단어의 전체 이력에서 주어진 단어의 확률을 계산하는 대신 마지막 몇 단어로 이력을 근사치를 나타낼 수 있다.

예를 들어 바이그램 모델은 직전 단어의 조건부확률 $P(w_n|w_{n-1})$만을 사용해 앞선 단어들이 모두 주어졌을 때의 단어의 확률 $P(w_n|w_1^{n-1})$로 근사치를 나타낸다. 즉, 아래의 확률을 계산하는 대신,

$$P(\text{the}|\text{Walden Pond's water is so transparent that}) \qquad (4.8)$$

아래의 확률로 근사한다.

$$P(\text{the}|\text{that}) \qquad (4.9)$$

바이그램 모형을 사용해 다음 단어의 조건부확률을 예측할 때 다음과 같은 근사치를 만든다.

$$P(w_n|w_1^{n-1}) \approx P(w_n|w_{n-1}) \qquad (4.10)$$

단어의 확률은 현재 단어 직전의 한 단어에 의해서만 좌우된다는 이 가정을 마르코프 가정이라고 한다. 마르코프 모델은 과거를 너무 멀리 보지 않고도 일부 미래 단위의 확률을 예측할 수 있다고 가정하는 확률론적 모델의 종류다. 바이그램(과거에 한 단어를 보는 것)을 트라이그램(과거에 두 단어를 보는 것)과 N그램(과거에 $N-1$ 단어를 보는 것)으로 일반화할 수 있다.

따라서 시퀀스에서 다음 단어의 조건부확률에 대한 이 N그램 근사에 대한 일반 방정식은 다음과 같다.

$$P(w_n|w_1^{n-1}) \approx P(w_n|w_{n-N+1}^{n-1}) \qquad (4.11)$$

개별 단어의 확률에 대한 바이그램 가정을 고려할 때, 식 4.10을 식 4.7에 대입함으로 완전한 단어 연쇄의 확률을 계산할 수 있다.

$$P(w_1^n) \approx \prod_{k=1}^{n} P(w_k|w_{k-1}) \qquad (4.12)$$

최대 우도
추정법

이러한 바이그램 또는 *N*그램 확률을 어떻게 추정하는가? 확률을 추정하는 가장 단순하고 직관적인 방법은 **최대 우도 추정법** 또는 **MLE**라고 한다. 코퍼스에서 카운트를 정규화해 *N*그램 모델의 매개변수에 대한 MLE 추정치를 구해 0과 1 사이에 놓이도록 정규화한다.[4]

예를 들어 이전 단어 x에 주어진 단어 y의 특정 바이그램 확률을 계산하기 위해, 바이그램의 개수 $C(xy)$를 계산하고 동일한 첫 단어 x를 공유하는 모든 바이그램의 합으로 표준화한다.

$$P(w_n|w_{n-1}) = \frac{C(w_{n-1}w_n)}{\sum_w C(w_{n-1}w)} \tag{4.13}$$

주어진 단어 w_{n-1}로 시작하는 모든 바이그램 카운트의 합계가 w_{n-1}의 단어에 대한 유니그램 카운트와 같아야 하기 때문에, 이 방정식을 단순화할 수 있다(독자는 이를 확신하기 위해 잠시 시간을 들여야 한다).

$$P(w_n|w_{n-1}) = \frac{C(w_{n-1}w_n)}{C(w_{n-1})} \tag{4.14}$$

세 문장의 미니 코퍼스를 사용해 예를 살펴보자. 우선 문장의 첫머리에 특수 기호 <s>로 각 문장을 보강해 첫 단어의 바이그램 문맥을 제시해야 한다. 또한 특수한 문장의 끝 기호</s>도 필요하다.[5]

```
<s> I am Sam </s>
<s> Sam I am </s>
<s> I do not like green eggs and ham </s>
```

여기 이 코퍼스에서 나온 몇 가지 바이그램 확률의 계산이 있다.

$$P(\text{I}|\text{<s>}) = \tfrac{2}{3} = .67 \qquad P(\text{Sam}|\text{<s>}) = \tfrac{1}{3} = .33 \qquad P(\text{am}|\text{I}) = \tfrac{2}{3} = .67$$

$$P(\text{</s>}|\text{Sam}) = \tfrac{1}{2} = 0.5 \qquad P(\text{Sam}|\text{am}) = \tfrac{1}{2} = .5 \qquad P(\text{do}|\text{I}) = \tfrac{1}{3} = .33$$

표준화   4   확률론적 모델의 경우 **표준화**는 결과 확률이 법적으로 0과 1 사이에 오도록 일부 총 계수로 나눈다는 것을 의미한다.

5   첸과 굿맨(1998)이 지적하듯이 바이그램 문법을 진정한 확률분포로 만들기 위해서는 끝 기호가 필요하다. 끝 기호가 없다면 주어진 길이의 모든 문장 확률은 합쳐서 1이 되고 전체 언어의 확률은 무한할 것이다.

$$P(w_n|w_{n-N+1}^{n-1}) = \frac{C(w_{n-N+1}^{n-1}w_n)}{C(w_{n-N+1}^{n-1})} \tag{4.15}$$

식 4.15(식 4.14와 유사)는 특정 시퀀스의 관측 빈도를 접두사의 관측 빈도로 나누어 N그램 확률을 추정한다. 이 비율을 상대 빈도라고 한다. 위에서는 확률 추정을 위한 방법으로 상대 빈도를 사용하는 것이 최대 우도 추정 또는 MLE의 예라고 말했다. MLE에서, 결과 매개변수 세트는 모델 M이 주어진 훈련 세트 T의 가능성(즉, $P(T|M)$)을 최대화한다.

예를 들어 단어 *Chinese*가 브라운 코퍼스처럼 100만 단어의 코퍼스에서 400번 발생한다고 가정해보자. 100만 단어의 다른 텍스트에서 무작위로 선택한 단어가 *Chinese*가 될 확률은 얼마인가? 그 확률의 MLE는 $\frac{400}{1000000}$ 또는 .0004이다. 현재 .0004는 모든 상황에서 *Chinese*가 발생할 확률을 추정하는 최선의 추정치는 아니다. 다른 코퍼스나 문맥에서 *Chinese*가 매우 가능성이 없는 단어라는 것이 밝혀질 수도 있다. 그러나 *Chinese*가 100만 단어의 코퍼스에서 400번 발생할 가능성이 가장 높다. 4.5절에서 더 나은 확률 추정치를 얻기 위해 MLE 추정치를 약간 수정하는 방법을 다룬다.

위의 14단어 예보다 약간 더 큰 코퍼스에서 몇 가지 예를 살펴보자. 지금은 사라졌지만 지난 세기의 대화 시스템인 버클리 레스토랑 프로젝트Berkeley Restaurant Project의 데이터를 사용할 것이다. 이 프로젝트는 캘리포니아 버클리 레스토랑 데이터베이스에 대한 질문에 답하는 대화 시스템이다(Jurafsky et al., 1994). 다음은 소문자로 돼 있고 구두점이 없는 몇 가지 샘플 사용자 쿼리이다(웹사이트에는 9,332개의 문장의 대표적인 코퍼스).

can you tell me about any good cantonese restaurants close by mid priced thai food is what i'm looking for

tell me about chez panisse
can you give me a listing of the kinds of food that are available i'm looking for a good place to eat breakfast

when is caffe venezia open during the day

그림 4.1은 버클리 레스토랑 프로젝트의 바이그램 문법에서 나온 바이그램 수를 보여준다. 값의 대부분은 0이라는 점에 유의해야 한다. 사실, 우리는 서로 결합하기 위해 샘플 단어들을 선택했다. 무작위 7개의 단어 세트에서 선택된 행렬은 훨씬 더 희소할 것이다.

	i	want	to	eat	chinese	food	lunch	spend
i	5	827	0	9	0	0	0	2
want	2	0	608	1	6	6	5	1
to	2	0	4	686	2	0	6	211
eat	0	0	2	0	16	2	42	0
chinese	1	0	0	0	0	82	1	0
food	15	0	15	0	1	4	0	0
lunch	2	0	0	0	0	1	0	0
spend	1	0	1	0	0	0	0	0

그림 4.1 바이그램은 9,332개의 문장으로 이루어진 버클리 레스토랑 프로젝트 코퍼스에 있는 단어 중 8개($V = 1446$)를 카운트한다. 0 카운트는 회색이다.

그림 4.2는 표준화 이후의 바이그램 확률을 보여준다(각 행을 다음과 같은 유니그램 카운트로 나눈다).

i	want	to	eat	chinese	food	lunch	spend
2533	927	2417	746	158	1093	341	278

다음은 몇 가지 다른 유용한 확률이다.

$$P(\text{i}|\text{<s>}) = 0.25 \qquad P(\text{english}|\text{want}) = 0.0011$$
$$P(\text{food}|\text{english}) = 0.5 \qquad P(\text{</s>}|\text{food}) = 0.68$$

이제 적절한 바이그램 확률을 다음과 같이 함께 곱하기만 하면 *I want English food*나 *I want Chinese food*와 같은 문장의 확률을 계산할 수 있다.

	i	want	to	eat	chinese	food	lunch	spend
i	0.002	0.33	0	0.0036	0	0	0	0.00079
want	0.0022	0	0.66	0.0011	0.0065	0.0065	0.0054	0.0011
to	0.00083	0	0.0017	0.28	0.00083	0	0.0025	0.087
eat	0	0	0.0027	0	0.021	0.0027	0.056	0
chinese	0.0063	0	0	0	0	0.52	0.0063	0
food	0.014	0	0.014	0	0.00092	0.0037	0	0
lunch	0.0059	0	0	0	0	0.0029	0	0
spend	0.0036	0	0.0036	0	0	0	0	0

그림 4.2 9,332개의 문장으로 이루어진 버클리 레스토랑 프로젝트 코퍼스에서 8개 단어에 대한 바이그램 확률. 0 확률은 회색으로 표시된다.

$$P(\text{<s> i want english food </s>})$$
$$= P(\text{i}|\text{<s>})P(\text{want}|\text{i})P(\text{english}|\text{want})$$
$$P(\text{food}|\text{english})P(\text{</s>}|\text{food})$$
$$= .25 \times .33 \times .0011 \times 0.5 \times 0.68$$
$$= = .000031$$

*i want chinese food*의 확률을 계산하는 것은 연습으로 남겨둘 것이다. 이 연습은 어떤 언어 현상이 바이그램으로 포착되는지에 대해 조금 더 생각해봐야 한다. 위의 바이그램 확률의 일부는 *eat* 뒤에 오는 것이 대개 명사나 형용사라는 사실이나, *to* 뒤에 오는 것이 대개 동사라는 사실처럼, 본질적으로 엄격히 통사론이라고 생각하는 몇몇 사실들을 인코딩한다. 다른 현상들은 영국 음식을 찾는 것에 대한 조언을 구할 가능성이 낮은 것처럼 언어보다 문화적일 수 있다.

4장에서는 일반적으로 교육 목적의 바이그램 모델을 제시하지만, 충분한 훈련 데이터가 있을 때는 직전 단어 한 개보다 직전 단어 두개에 조건을 붙인 **트라이그램** 모델을 사용할 가능성이 높다. 문장의 맨 처음에 트라이그램 확률을 계산하기 위해 첫 번째 트라이그램에 두 개의 유사 단어를 사용할 수 있다(즉, $P(\text{I}|\text{<s><s>})$).

트라이그램

4.3 훈련 및 테스트 세트

*N*그램 모델은 음성 및 언어 처리를 통해 볼 수 있는 통계 모델의 좋은 예다. *N*그램 모델의 확률은 훈련된 코퍼스에서 나온다. 일반적으로, 통계적 모델의 매개변수는 일부

데이터 세트에 대해 훈련된 다음, 모델을 일부 과제에서 새로운 데이터(예: 음성 인식)에 적용하고 얼마나 잘 작동하는지 살펴본다. 물론 이 새로운 데이터나 과제가 우리가 훈련시킨 것과 정확히 같지 않을 것이다.

훈련 세트   이 두 데이터 세트를 **훈련 세트**와 **테스트 세트**(또는 **훈련 코퍼스**와 **테스트 코퍼스**)로 이야기함으로써 일부 데이터에 대한 훈련과 일부 다른 데이터에 대한 테스트에 대한 아이디어를 표준화할 수 있다. 따라서 관련 데이터의 일부 코퍼스가 주어진 언어의 통계적 모델을 사용할 때, 데이터를 훈련과 테스트 세트로 나누는 것으로 시작한다.

훈련 세트에서 모델의 통계적 매개변수를 훈련한 다음, 이 훈련된 모델을 사용해 테스트 세트에서 확률을 계산한다.

이 훈련과 테스트 패러다임은 다른 N그램 아키텍처 **평가**에도 사용될 수 있다. 서로 다른 언어 모델(예: 서로 다른 시퀀스가 N인 N그램에 기반한 모델 또는 4.5절에 소개될 서로 다른 **평탄화** 알고리듬을 사용하는 모델)을 비교하려고 한다고 가정하자. 코퍼스를 훈련 세트와 테스트 세트로 나누어 비교할 수 있다. 그리고 나서 두 개의 서로 다른 N그램 모델을 훈련시키고 어떤 것이 더 나은 테스트 세트인지 살펴본다. 하지만 "테스트 세트를 모델링"한다는 것은 무엇을 의미하는가? 주어진 통계적 모델이 테스트 코퍼스와 얼마나 잘 일치하는지에 대한 유용한 지표가 있다. 그 방법은 4.4절에 소개된 **복잡도**라고 부른다. 복잡도는 테스트 세트에서 각 문장의 확률을 계산하는 것에 기초한다. 직관적으로 테스트 세트에 더 높은 확률을 할당하는 모델이 더 좋은 모델이다(따라서 테스트 세트를 보다 정확하게 예측함).

평가 지표는 테스트 세트 확률에 기초하기 때문에 테스트 문장을 훈련 세트에 넣지 않는 것이 중요하다. 특정 "테스트" 문장의 확률을 계산하려고 한다고 가정하자. 테스트 문장이 훈련 코퍼스의 일부인 경우, 테스트 세트에서 발생할 때 인위적으로 높은 확률로 잘못 할당된다. 이 상황을 테스트 세트에서 훈련이라고 부른다. 테스트 세트의 훈련은 모든 확률이 너무 높아 보이게 하고 복잡도에서 큰 오류를 유발하는 편향을 이끈다.

훈련과 테스트 세트 외에도 다른 데이터 분할이 유용한 경우가 많다. 때때로 훈련세트를 보강하기 위해 추가 데이터 소스가 필요하다. 그러한 추가 데이터를 **보류 세트**

보류 세트   held-out set라고 하는데, 훈련할 때 N그램 카운트를 훈련 세트에서 제외하기 때문이다.

보류 코퍼스는 다른 매개변수를 설정하는 데 사용한다. 예를 들어 4.6절의 **삽입** *N*그램 모델에서 삽입 가중치를 설정하기 위해 보류 데이터를 사용하는 것을 보여준다. 마지막으로, 여러 개의 테스트 세트를 가질 필요가 있다. 이는 특정 테스트 세트를 너무 자주 사용해서 그 특성에 내재적으로 튜닝할 수 있기 때문에 발생한다. 그러면 실제로 처음 보는 새로운 테스트 세트가 반드시 필요할 것이다. 이러한 경우, 초기 테스트 세트를 개발 테스트 세트 또는 **devset**라고 부른다. **개발 테스트 세트**는 5장에서 다시 논의한다.

어떻게 데이터를 훈련, 개발 및 테스트 세트로 나눌 것인가? 테스트 세트가 가능한 크게 되기를 원하고 작은 테스트 세트가 우연히 표현력이 충분하지 못할 수도 있기 때문에 절충이 있다. 반면에 가능한 많은 훈련 데이터를 원한다. 최소한 두 잠재적 모델 간의 통계적으로 유의한 차이를 측정하기에 충분한 통계적 검정력을 제공하는 가장 작은 테스트 세트를 선택하려고 한다. 실제로 종종 데이터를 80% 훈련, 10% 개발, 10% 테스트로 나눈다. 훈련과 테스트으로 나누고 싶은 큰 코퍼스를 고려할 때, 테스트 데이터는 코퍼스 내부의 어떤 연속적인 텍스트 시퀀스에서 추출하거나, 코퍼스의 무작위로 선택된 부분들에서 더 작은 "줄^{stripes}"의 텍스트들을 제거하고 테스트 세트로 결합할 수 있다.

4.3.1 훈련 코퍼스에 대한 *N*그램 민감도

*N*그램 모델은 많은 통계적 모델과 마찬가지로 훈련 코퍼스에 의존한다. 이것의 한 가지 함축적 의미는 그 확률이 종종 주어진 훈련 코퍼스에 대한 특정한 사실을 인코딩한다는 것이다. 또 다른 시사점은 *N*그램이 *N*의 가치를 증가시킬수록 훈련 코퍼스를 모델링하는 데 더 좋다는 것이다.

서로 다른 *N*그램 모델에서 임의의 문장을 생성하는 섀넌(1951)과 밀러와 셀프리지 (1950)의 기술을 빌려서 이 두 사실을 모두 시각화할 수 있다. 이는 유니그램 사례에서 어떻게 작용하는지 시각화하는 것이 가장 간단하다. 0과 1 사이의 확률 공간을 포괄하는 모든 영어 단어를 상상해보자. 각 단어는 빈도와 동일한 간격을 포괄한다. 0과 1 사이의 임의의 값을 선택하고 간격에 선택한 실제 값이 포함된 단어를 출력한다. 문장 최종 토큰 </s>를 임의로 생성할 때까지 계속해서 임의의 숫자를 선택하고 단어를 생성한다. 먼저 <s>로 시작하는 임의의 바이그램을 생성한 다음(바이그램 확률에 따라), 그 바이그램 확률에 따라 임의의 바이그램을 선택(다시, 바이그램 확률에 따라)하는 등 동일한 기법을 사용해 바이그램을 생성할 수 있다.

고차 N그램의 증가하는 힘에 대한 직관을 제공하기 위해 그림 4.3은 셰익스피어의 작품에 대해 훈련된 유니그램, 바이그램, 트라이그램 및 콰드리그램 모델에서 생성된 임의의 문장을 보여준다.

유니그램(Unigram)

To him swallowed confess hear both. Which. Of save on trail for are ay device and rote life have Every enter now severally so, let

Hill he late speaks; or! a more to leg less first you enter

Are where exeunt and sighs have rise excellency took of. Sleep knave we, near; vile like

바이그램(Bigram)

What means, sir. I confess she? then all sorts, he is trim, captain.

Why dost stand forth thy canopy, forsooth; he is this palpable hit the King Henry. Live king. Follow. What we, hath got so she that I rest and sent to scold and nature bankrupt, nor the first gentleman?

트라이그램(Trigram)

Sweet prince, Falstaff shall die. Harry of Monmouth's grave.

This shall forbid it should be branded, if renown made it empty.

Indeed the duke; and had a very good friend.

Fly, and will rid me these news of price. Therefore the sadness of parting, as they say, 'tis done.

콰드리그램(Quadrigram)

King Henry. What! I will go seek the traitor Gloucester. Exeunt some of the watch. A great banquet serv'd in; Will you not tell me who I am?

It cannot be but so.

Indeed the short and the long. Marry, 'tis a noble Lepidus.

그림 4.3   셰익스피어의 작품에서 계산된 네 개의 N그램 모델에서 임의로 생성된 문장. 모든 문자는 소문자로 변환됐으며 구두점은 단어로 처리됐다. 가독성을 높이기 위해 대문자로 출력을 직접 수정했다.

모델을 훈련하는 문맥이 길수록 문장의 응집성이 높아진다. 유니그램에서는 단어나 문장 최종 구두점 사이에 일관성 있는 관계가 없다. 바이그램 문장은 로컬 단어 대 단어 일관성을 가지고 있다(특히 구두점을 단어로 간주하는 경우). 트라이그램과 콰드리그램의 문장은 셰익스피어와 비슷하게 보이기 시작했다. 실제로 콰드리그램 문장에 대해 면밀하게 조사한 결과, 셰익스피어와 너무 비슷하게 보인다. *It cannot be but so*라는 말은 바로 *King John*에서 나온 말이다. 셰익스피어의 흠을 잡는 것은 아니지만 그의 모든 작품은 코퍼스들만큼 크지 않고($N = 884,647, V = 29,066$), N그램 확률 행렬은

터무니없이 희소하기 때문이다. $V^2 = 844,000,000$개의 가능한 바이그램이 있으며, 가능한 콰드리그램의 수는 $V^4 = 7 \times 10^{17}$이다. 따라서 생성자가 첫 번째 콰드리그램을 선택한 후에는 5개의 연속(*that, I, he, thou, so*)만 가능하다. 실제로 많은 콰드리그램의 경우 단 하나의 연속만이 있다.

문법이 훈련 세트에 의존하는 것에 대한 아이디어를 얻기 위해서, 전혀 다른 코퍼스인 〈월 스트리트 저널〉 신문에서 훈련된 *N*그램 문법을 살펴보자. 셰익스피어와 WSJ는 둘 다 영어이기 때문에 두 장르에 대한 *N*그램이 약간 겹칠 수 있다. 이는 사실인지 확인하기 위해 WSJ의 4,000만 단어에 대해 훈련된 유니그램, 바이그램, 트라이그램 문법으로 생성된 문장을 보여주는 그림 4.4를 만들었다.

유니그램(Unigram)

Months the my and issue of year foreign new exchange's september were recession ex-change new endorsed a acquire to six executives

바이그램(Bigram)

Last December through the way to preserve the Hudson corporation N. B. E. C. Taylor would seem to complete the major central planners one point five percent of U. S. E. has already old M. X. corporation of living on information such as more fr식uently fishing to keep her

트라이그램(Trigram)

They also point to ninety nine point six billion dollars from two hundred four oh six three percent of the rates of interest stores as Mexico and Brazil on market conditions

---

그림 4.4 〈월 스트리트 저널〉의 4,000만 단어에서 계산된 3개의 *N*그램 모델에서 임의로 생성된 문장은 모든 문자를 소문자로 바꾸고 구두점을 단어로 처리한다. 가독성을 높이기 위해 대문자로 출력을 수정했다.

이 예들을 그림 4.3의 가짜의 셰익스피어와 비교해보자. 표면적으로는 둘 다 "영어 같은 문장"을 모델로 하는 것처럼 보이지만, 가능한 문장에서는 겹치는 부분이 없으며, 작은 구절에도 겹치는 것이 거의 없다. 이 극명한 차이점은 만약 훈련 세트와 테스트 세트가 셰익스피어와 WSJ만큼 다르면 통계적 모델은 예측 변수로서 상당히 쓸모없을 가능성이 높다는 것을 말해준다.

*N*그램 모델을 만들 때 이 문제를 어떻게 처리해야 할까? 일반적으로, 테스트 코퍼스처럼 보이는 훈련 코퍼스를 반드시 사용할 필요가 있다. 특히 신문 텍스트, 초기 영어 소설, 전화 대화, 웹 페이지와 같은 다양한 **장르**의 텍스트에서 훈련과 테스트를 선택하지 않을 것이다. 때때로 특정 새 과제에 대한 적합한 훈련 텍스트를 찾는 것은 어려울 수 있다. 단기 메시지 서비스[SMS]에서 텍스트 예측을 위한 *N*그램을 구축하기 위

해서는 SMS 데이터의 훈련 코퍼스가 필요하다. 비즈니스 미팅에서 *N*그램을 구축하려면, 업무 회의의 전사된 코퍼스들이 필요하다.

우리가 문어체 영어 도메인을 염두에 두고 있지 않을 때 일반적인 연구를 위해, 영어의 100만 단어 브라운 코퍼스(Francis and Kučera, 1982)나 1억 단어 영국 국립 코퍼스(Leech et al., 1994)와 같은 다른 장르들을 포함하는 균형 잡힌 훈련 코퍼스를 사용할 수 있다.

또한 최근의 연구는 언어 모델을 다른 장르에 동적으로 적응시키는 방법을 연구했다. 4.9.4절을 참조한다.

4.3.2 미등록어: 개방형 대 폐쇄형 어휘 과제

때때로 발생할 수 있는 모든 단어들을 알고, 어휘 크기 *V*를 미리 알고 있는 언어 과제를 가지고 있다. **폐쇄형 어휘** 가정은 특정 어휘를 가지고 있고 테스트 세트는 특정 어휘 목록의 단어만을 포함할 수 있다는 가정이다. 따라서 폐쇄형 어휘 과제는 미등록어가 없다고 가정한다.

폐쇄형 어휘

하지만 이는 단순화시킨 것이며, 앞에서 제시했던 것처럼 [코퍼스에서] 관측되지 않은 단어들의 수가 끊임없이 늘어나기 때문에, 아마도 사전에 정확히 얼마나 많은 단어가 있는지 알 수 없으며, 우리의 모델이 적절한 것을 수행하기를 바란다. 이러한 이전에 못 본 이벤트들을 **미등록어** 또는 어휘에서 벗어난[OOV, Out of Vocabulary] 단어라고 부른다. 테스트 세트에 나타나는 OOV 단어의 비율을 **OOV 비율**이라고 한다.

OOV, Out of Vocabulary

개방형 어휘 체계는 ⟨UNK⟩라는 가짜 단어를 추가해 테스트 세트에서 이러한 잠재적인 미등록어들을 모델링하는 것이다. 미등록어 모델 ⟨UNK⟩의 확률을 다음과 같이 훈련할 수 있다.

개방형 어휘

1. 사전에 고정된 **어휘**(단어 목록)를 **선택**한다.

2. 텍스트 정규화 단계에서 훈련 집합에서 위의 단어 집합에 없는 (OOV) 모든 단어를 미등록어 토큰 ⟨UNK⟩로 변환한다.

3. 훈련 집합의 다른 정규 단어와 마찬가지로 그 개수로부터 ⟨UNK⟩의 확률을 추정한다.

어휘 선택이 필요 없는 대안은 훈련 데이터의 모든 단어 유형의 첫 번째 발생을 <UNK>로 대체하는 것이다.

4.4 *N*그램 평가: 복잡도

언어 모델의 성능을 평가하는 가장 좋은 방법은 애플리케이션에 언어 모델을 포함시키고 애플리케이션의 총 성능을 측정하는 것이다. 이러한 종단간 평가를 **외재적 평가**라고 하며, **조건 내** 평가라고도 한다(Sparck Jones and Galliers, 1996). 특정 요소의 특정 개선이 당면한 과제에 실제로 도움이 되는지 여부를 알 수 있는 유일한 방법은 외적 평가다. 따라서 음성 인식의 경우, 언어 인식을 각 언어 모델과 한 번씩 두 번 실행해 보다 정확한 전사법을 제공하는 음성 인식기를 보면서 두 언어 모델의 성능을 비교할 수 있다.

외재적 평가

하지만 종단간 평가는 종종 경제적이지 않다. 이를테면 큰 음성 인식 테스트 세트를 평가하는 데는 몇 시간 또는 심지어 며칠이 걸린다. 따라서 언어 모델의 잠재적인 개선을 신속하게 평가하기 위해 사용될 수 있는 메트릭을 원한다. **내재적 평가** 지표는 어떤 적용에 관계없이 모델의 품질을 측정하는 지표다. 복잡도는 *N*그램 언어 모델에 대한 가장 일반적인 본질적 평가 지표다. 복잡도의 (내재적) 개선이 음성 인식 성능(또는 다른 종단간 측정 기준)의 (외재적) 개선을 보장하지는 않지만, 종종 음성 인식 개선과 관련이 있다. 따라서 알고리듬에 대한 빠른 확인으로 일반적으로 사용되며, 복잡도의 개선은 종단간 평가를 통해 확인할 수 있다.

내재적 평가

복잡도의 직관은 두 개의 확률론적 모델을 고려할 때, 더 나은 모델은 테스트 데이터에 더 잘 적합하거나 테스트 데이터의 세부 사항을 더 잘 예측하는 모델이라는 것이다. 모델이 테스트 데이터에 할당하는 확률을 보고 더 나은 예측을 측정할 수 있다. 더 나은 모델이 테스트 데이터에 더 높은 확률을 할당한다. 좀 더 형식적으로, 테스트 세트에 있는 언어 모델의 복잡도(짧은 말로 *PP*라고도 함)은 언어 모델이 해당 테스트 세트에 할당하는 확률의 함수다. 테스트 세트 $W = w_1 w_2 ... w_N$의 경우, 복잡도는 다음 단어의 수로 정규화된 테스트 세트의 확률이다.

$$\begin{aligned}
\mathrm{PP}(W) &= P(w_1 w_2 \dots w_N)^{-\frac{1}{N}} \\
&= \sqrt[N]{\frac{1}{P(w_1 w_2 \dots w_N)}}
\end{aligned} \tag{4.16}$$

연쇄 법칙을 사용해 W 확률을 전개할 수 있다.

$$\mathrm{PP}(W) = \sqrt[N]{\prod_{i=1}^{N} \frac{1}{P(w_i | w_1 \dots w_{i-1})}} \tag{4.17}$$

따라서 W의 복잡도를 바이그램 언어 모델로 계산하면 다음과 같은 결과를 얻을 수 있다.

$$\mathrm{PP}(W) = \sqrt[N]{\prod_{i=1}^{N} \frac{1}{P(w_i | w_{i-1})}} \tag{4.18}$$

식 4.17의 역수 때문에 단어 연쇄의 조건부확률이 높을수록 복잡도가 낮아진다는 점에 유의한다. 따라서 복잡도를 최소화하는 것은 언어 모델에 따라 테스트 세트 확률을 최대화하는 것과 같다. 일반적으로 식 4.17이나 식 4.18의 단어 연쇄에 사용하는 것은 어떤 테스트 세트에서 단어 연쇄의 전체 시퀀스다. 물론 이 시퀀스는 많은 문장 경계를 넘나들 것이기 때문에, 시작 및 끝 문장 표시 <s>와 </s>를 확률 계산에 포함시킬 필요가 있다. 또한 단어 토큰 N의 총 카운트에 문장 끝 표시 </s>(그러나 문장 시작 마커 <s>는 제외)를 포함시킬 필요가 있다.

복잡도에 대해 생각하는 또 다른 방법이 있다. 언어의 가중 평균 분기 요소로서, 언어의 분기 요인은 어떤 단어를 따라갈 수 있는 다음 단어의 수이다. 10자리 각각이 동일한 확률 $P = \frac{1}{10}$로 발생하는 경우 숫자를 영어 (0, 1, 2, ..., 9)로 인식하는 과제를 고려해야 한다. 이 미니 언어의 복잡도는 사실 10이다. 이를 확인하기 위해서 길이가 N인 문자열을 생각해보자. 식 4.17의 복잡도는 다음과 같다.

$$\begin{aligned}
\mathrm{PP}(W) &= P(w_1 w_2 \dots w_N)^{-\frac{1}{N}} \\
&= \left(\frac{1}{10}^N\right)^{-\frac{1}{N}}
\end{aligned}$$

$$= \frac{1}{10}^{-1}$$
$$= 10 \qquad\qquad (4.19)$$

그러나 숫자 0이 실제로 빈번하고 다른 숫자보다 10배 더 자주 발생한다고 가정해 보자. 이제 다음 숫자가 대부분 0이 될 것이기 때문에 복잡도가 줄어들 것으로 예상해야 한다. 따라서 분기 계수가 여전히 10이지만 복잡도나 가중 분기 계수는 더 작다. 이 계산을 독자에게 연습으로 남겨둔다.

4.10절에서 복잡도가 엔트로피의 정보 이론적 개념과도 밀접하게 관련돼 있음을 알 수 있다.

마지막으로 서로 다른 N그램 모델을 비교하는 데 얼마나 복잡도를 사용할 수 있는지 예를 들어보자. 19,979개의 단어 어휘를 사용해 WSJ에서 3,800만 단어의 단어에 대한 유니그램, 바이그램, 트라이그램 문법을 훈련시켰다.[6] 그런 다음 식 4.18로 150만 단어의 테스트 세트에서 각 모델들의 복잡도를 계산했다. 다음 표는 각 문법에 따라 150만 단어의 WSJ 테스트 세트의 복잡도를 보여준다.

	유니그램	바이그램	트라이그램
복잡도	962	170	109

위에서 보는 바와 같이 N그램이 단어 연쇄에 대해 더 많은 정보를 제공할수록 복잡도는 더 낮아진다(식 4.17에서 봤듯이, 복잡도는 모델에 따른 테스트 시퀀스의 확률과 반비례한다).

복잡도를 계산할 때 N그램 모델 P는 테스트 세트에 대한 지식 없이 구축돼야 한다. 테스트 세트에 대한 어떤 종류의 지식도 복잡도를 인위적으로 낮출 수 있다. 예를 들어 테스트 세트에 대한 어휘가 사전에 명시돼 있는 **폐쇄형 어휘** 과제 위에 정의했다. 이는 복잡도를 크게 줄일 수 있다. 이 지식이 우리가 비교하는 각 모델에 동등하게 제공되는 한, 폐쇄형 어휘의 복잡도는 여전히 모델 비교에 유용할 수 있지만, 결과를 해석할 때는 주의를 기울여야 한다. 일반적으로 두 언어 모델의 복잡도는 같은 어휘를

---

6 굿튜링(Good-Turing) 할인인 캐츠 백오프(Katz backoff) 문법은 WSJ0 코퍼스(LDC, 1993), 개방형 어휘에서 3,800만 단어에 대해 〈UNK〉 토큰을 사용해 훈련을 받았다. 정의는 다음 절을 참조한다.

사용할 때만 비교가 된다.

4.5 평탄화

절대 원하지 않아 / 다른 말을 듣는 것을
아무것도. / 못 들었어!

일라이자 토리틀
– 앨런 제이 레너의 〈마이 페어 레이디〉 중에서

N그램 모델의 매개변수를 훈련하기 위해 우리가 본 최대 우도 추정 프로세스에는 주요한 문제가 있다. 우리의 최대 우도 추정치가 특정한 훈련 데이터 세트에 기초했기 때문에 야기되는 **희소한 데이터**의 문제다. 충분한 횟수가 발생한 N그램의 경우, 그 확률에 대해 충분히 추정할 수 있을 것이다. 그러나 코퍼스가 제한돼 있기 때문에 완벽하게 수용 가능한 일부 영어 단어 연쇄가 누락될 수 있다. 이 누락된 데이터는 주어진 테스트 모음에 대한 N그램 행렬이 실제로 0이 아닌 확률을 가지도록 추정되는 '제로 확률 N그램'의 사례가 매우 많음을 의미한다. 더욱이 MLE 방법은 카운트가 0이 아니라도 여전히 작을 때 잘못된 추정치를 산출한다.

희소한 데이터

이러한 제로 또는 저빈도 카운트에 대해 더 나은 추정치를 얻을 수 있는 방법이 필요하다. 제로 카운트는 또 다른 큰 문제를 야기하는 것으로 밝혀졌다. 위에서 정의한 **복잡도** 메트릭스는 각 테스트 문장의 확률을 계산하도록 요구한다. 그러나 테스트 문장에 N그램이 전혀 나타나지 않은 경우 이 N그램의 확률에 대한 최대 우도 추정치는 제로가 된다. 이는 언어 모델을 평가하기 위해서 훈련에서 관찰되지 않았던 N그램에 약간의 제로가 아닌 확률을 할당하도록 MLE 방법을 수정해야 한다는 것을 의미한다.

이러한 이유로, 잘못 추정한 확률 제로의 N그램 경우에 초점을 맞춰, N그램 확률 계산에 대한 최대 우도 추정치를 수정하려고 한다. 작은 데이터 세트의 변동성으로 인한 잘못된 추정치를 처리하는 수정에 대해 **평탄화**라는 용어를 사용한다. 그 이름은 (조금 앞을 내다보면) 높은 계수에서 나오는 확률 질량을 조금씩 깎아내고 대신 제로 계수 위에 쌓아 놓게 돼 분포를 매끄럽게 만드는 데서 유래됐다.

평탄화

다음 절에서는 몇 가지 평탄화 알고리듬을 소개하고 그림 4.2의 버클리 레스토랑 바이그램 확률을 어떻게 수정하는지 보여준다.

4.5.1 라플라스 평탄화

평탄화를 수행하는 한 가지 간단한 방법은 바이그램 카운트를 확률로 정규화하기 전에 바이그램 카운트의 매트릭스를 취하고 모든 카운트에 1을 더하는 것일 수 있다. 이 알고리듬은 **라플라스 평탄화** 또는 라플라스의 법칙(Lidstone, 1920; Johnson, 1932; Jeffreys, 1948)이라고 부른다. 라플라스 평탄화는 현대 N그램 모델에서 사용할 만큼 성능이 좋지 않지만, 다른 평탄화 알고리듬에서 볼 수 있는 많은 개념을 도입하고 또한 유용한 기준을 제공하기 때문에 라플라스 평탄화부터 시작한다.

유니그램 확률에 라플라스 평탄화를 적용하는 것으로 시작하겠다. 단어 w_i의 유니그램 확률의 평탄화하지 않은 최대 우도 추정치는 총 단어 토큰 수 N에 의해 정규화된 c_i 수이다.

$$P(w_i) = \frac{c_i}{N}$$

라플라스 평탄화는 단순히 각각의 횟수에 1을 더하는 것뿐이다(따라서 대체 이름은 **add-one** 평탄화를 추가함). 어휘에는 V 단어가 있고 각 단어가 증가했기 때문에 추가 V 관측치를 감안해 분모를 조정할 필요가 있다(분모를 늘리지 않으면 P값은 어떻게 되는가?).

$$P_{\text{Laplace}}(w_i) = \frac{c_i + 1}{N + V} \tag{4.20}$$

분자와 분모를 모두 변경하는 대신, 조정된 카운트 c^*를 정의함으로써 평탄화 알고리듬이 분자에 어떤 영향을 미치는지 설명하는 것이 편리하다. 이 조정된 카운트는 MLE 카운트와 직접 비교하기 더 쉽고 N에 의해 정규화해 MLE 카운트와 같은 확률로 바뀔 수 있다. 이 카운트를 정의하려면 1을 더하는 것 외에 분자도 변경해야 하기 때문에 정규화 계수 $\frac{N}{N+V}$을 곱해야 한다.

$$c_i^* = (c_i + 1)\frac{N}{N + V} \tag{4.21}$$

N에 의해 정규화해, c_i^*을 확률 P_i^*으로 전환할 수 있다.

평탄화를 보는 관련 방법은 제로 카운트에 할당될 확률 질량함수를 얻기 위해 제로가
아닌 카운트를 **할인**(낮게)하는 것이다. 따라서 할인된 카운트 c^*를 가리키는 대신, 상
대적인 할인 d_c의 관점에서 평탄화 알고리듬을 설명할 수 있다. 다음은 원래 카운트
에 대한 할인된 카운트의 비율이다.

할인

$$d_c = \frac{c^*}{c}$$

이제 유니그램 사례에 대한 직관을 얻었기 때문에, 버클리 레스토랑 프로젝트의 바
이그램들을 평탄화해본다. 그림 4.5는 그림 4.1의 바이그램에 대한 add-one 평탄화
카운트를 보여준다.

	i	want	to	eat	chinese	food	lunch	spend
i	6	828	1	10	1	1	1	3
want	3	1	609	2	7	7	6	2
to	3	1	5	687	3	1	7	212
eat	1	1	3	1	17	3	43	1
chinese	2	1	1	1	1	83	2	1
food	16	1	16	1	2	5	1	1
lunch	3	1	1	1	1	2	1	1
spend	2	1	2	1	1	1	1	1

그림 4.5 버클리 레스토랑 프로젝트 코퍼스에서 ($V = 1,446$ 중) 8개의 단어에 대한 추가 1개의 평탄화
바이그램 카운트(9,332문장) 이전에 제로였던 카운트는 회색으로 표시됐다.

그림 4.6은 그림 4.2의 바이그램에 대한 추가 평탄화 확률을 보여준다. 일반 바이
그램 확률은 각 카운트 행을 유니그램 카운트로 정규화해 계산된다.

$$P(w_n|w_{n-1}) = \frac{C(w_{n-1}w_n)}{C(w_{n-1})} \tag{4.22}$$

add-one 평탄화 바이그램 수의 경우, 어휘 V의 총 단어 유형 수로 유니그램 수를
늘려야 한다.

$$P_{\text{Laplace}}^*(w_n|w_{n-1}) = \frac{C(w_{n-1}w_n) + 1}{C(w_{n-1}) + V} \tag{4.23}$$

따라서 이전 절에 제시된 각 유니그램 카운트는 $V = 1,446$으로 증가해야 한다. 그 결과는 그림 4.6의 평탄화된 바이그램 확률이다.

	i	want	to	eat	chinese	food	lunch	spend
i	0.0015	0.21	0.00025	0.0025	0.00025	0.00025	0.00025	0.00075
want	0.0013	0.00042	0.26	0.00084	0.0029	0.0029	0.0025	0.00084
to	0.00078	0.00026	0.0013	0.18	0.00078	0.00026	0.0018	0.055
eat	0.00046	0.00046	0.0014	0.00046	0.0078	0.0014	0.02	0.00046
chinese	0.0012	0.00062	0.00062	0.00062	0.00062	0.052	0.0012	0.00062
food	0.0063	0.00039	0.0063	0.00039	0.00079	0.002	0.00039	0.00039
lunch	0.0017	0.00056	0.00056	0.00056	0.00056	0.0011	0.00056	0.00056
spend	0.0012	0.00058	0.0012	0.00058	0.00058	0.00058	0.00058	0.00058

그림 4.6   add-one은 9,332개의 BeRP 코퍼스에서 8개 단어($V = 1,446$ 제외)의 바이그램 확률을 평탄화했다. 이전 제로 확률은 회색으로 표시된다.

종종 카운트 행렬을 재구성하는 것이 편리해 평탄화 알고리듬이 원래의 카운트를 얼마나 변화시켰는지 알 수 있다. 이러한 조정된 카운트는 식 4.24로 계산할 수 있다. 그림 4.7은 재구성된 카운트를 보여준다.

$$c^*(w_{n-1}w_n) = \frac{[C(w_{n-1}w_n) + 1] \times C(w_{n-1})}{C(w_{n-1}) + V} \tag{4.24}$$

	i	want	to	eat	chinese	food	lunch	spend
i	3.8	527	0.64	6.4	0.64	0.64	0.64	1.9
want	1.2	0.39	238	0.78	2.7	2.7	2.3	0.78
to	1.9	0.63	3.1	430	1.9	0.63	4.4	133
eat	0.34	0.34	1	0.34	5.8	1	15	0.34
chinese	0.2	0.098	0.098	0.098	0.098	8.2	0.2	0.098
food	6.9	0.43	6.9	0.43	0.86	2.2	0.43	0.43
lunch	0.57	0.19	0.19	0.19	0.19	0.38	0.19	0.19
spend	0.32	0.16	0.32	0.16	0.16	0.16	0.16	0.16

그림 4.7   add-one은 9,332개의 BeRP 코퍼스에서 8개 단어($V = 1,446$개)에 대해 재구성됐다. 이전에 제로였던 카운트는 회색으로 표시됐다.

add-one 평탄화로 카운트가 크게 변경됐다. $C(want\ to)$가 608에서 238로 변경됐다! 확률 공간에서도 이를 확인할 수 있다. $P(to|want)$는 평탄화되지 않은 경우 .66에서

평탄화된 경우 .26으로 감소한다. 할인 d(새로운 카운트와 오래된 카운트의 비율)를 보면 각 접두어 단어의 카운트가 얼마나 현저하게 감소했는지 보여준다. 바이그램 *want to*에 대한 할인은 .39이며 *Chinese food*에 대한 할인은 .10으로 10의 계수이다!

　너무 많은 확률 질량이 모든 제로로 이동하기 때문에 카운트와 확률의 급격한 변화가 발생한다. 1이 아닌 분수를 더해서 질량을 조금 더 작게 움직일 수 있지만(add-δ smoothing; (Lidstone, 1920; Johnson, 1932; Jeffreys,1948)), 이 방법은 δ를 동적으로 선택하는 방법이 필요하다. 많은 카운트에 대한 부적절한 할인, 그리고 분산이 좋지 않은 카운트를 제공한다. 이러한 이유와 다른 이유로(Gale and Church, 1994), 다음 절에서 보여주는 것과 같은 N그램에 대해 더 나은 평탄화 방법이 필요하다.

4.5.2 굿 튜링 할인

add-one 평탄화보다 약간만 더 복잡하면서도 더 좋은 할인 알고리듬이 많다. 4.5.2절에

굿 튜링 서는 **굿 튜링** 평탄화로 알려진 할인 알고리듬 중 하나를 소개한다. 굿 튜링 알고리듬은 튜링의 독창적인 아이디어를 인정한 굿(1953)이 처음 제안했다.

　수많은 할인 알고리듬^{Good-Turing, Witten-Bell discounting, and Kneser-Ney smoothing}의 직관은 한 번 관측된 항목 수를 사용해 관측되지 않은 항목 수를 추정하는 데 도움을 주는 것이

싱글톤 다. 한 번 발생하는 단어 또는 N그램(또는 모든 이벤트)을 **싱글톤**^{singleton} 또는 **단 한 번 밖에 사용되지 않은 어구**^{hapax legomenon}라고 한다. 굿 튜링 직관은 싱글톤의 빈도를 제로 카운트 바이그램의 빈도를 재추정하는 것으로 사용하는 것이다.

　알고리듬을 형식화해보자. 굿 튜링 알고리듬은 c번 발생하는 N그램 수인 N_c 계산에 기초한다. c번 출현한 N그램의 개수를 빈도 c의 빈도라고 한다. 따라서 바이그램의 결합 확률을 평탄화하기 위해 아이디어를 적용하면 N_0은 카운트가 0인 바이그램의 수, N_1 카운트가 1인 바이그램의 수(싱글톤) 등이 된다. 각각의 N_c를 그 빈도 c로 설정된 훈련 세트에서 발생하는 다른 N그램의 수를 저장하는 빈으로 생각할 수 있다. 좀 더 형식적으로 다음과 같이 표현할 수 있다.

$$N_c = \sum_{x:count(x)=c} 1 \qquad (4.25)$$

N_c의 MLE 카운트는 c이다. 굿 튜링 직관은 코퍼스에서 $c+1$번 발생하는 MLE 확률에 의해 훈련 코퍼스에서 c번 발생하는 확률을 추정하는 것이다. 따라서 굿 튜링 추정값은 N_c에 대한 MLE 카운트 c를 N_{c+1}의 함수인 평탄화 카운트 c^*로 대체한다.

$$c^* = (c+1)\frac{N_{c+1}}{N_c} \qquad (4.26)$$

식 4.26을 사용해 모든 빈 N_1, N_2 등에 대한 MLE 카운트를 교체할 수 있다. 이 방정식을 직접 사용해 N_0의 평활 카운트 c^*를 재추정하는 대신, 제로 카운트 N_0를 가지거나 **미싱 매스**^{missing mass}라고 할 수 있는 확률 P^*_{GT}의 다음 방정식을 사용한다.

미싱 매스

$$P^*_{GT}(\text{훈련에 있어서 빈도가 0인 것들}) = \frac{N_1}{N} \qquad (4.27)$$

여기서 N_1은 빈 1의 항목 수, 즉 훈련에서 한 번 본 항목 수, N은 훈련에서 본 총 항목 수다. 따라서 식 4.27은 우리가 보는 $N+1$번째 바이그램이 우리가 훈련에서 본 적이 없는 바이그램이 될 확률을 제공한다. 식 4.26부터 식 4.27이 뒤따른다는 것은 독자를 위한 연습 4.8로 남겨둔다.

굿 튜링 방식은 동물 종의 개체수를 추정하기 위해 처음 제안됐다. 조슈아 굿맨과 스탠리 첸이 만든 이 도메인의 예를 들어보자. 우리가 8종(배스, 잉어, 메기, 뱀장어, 꽹이, 연어, 송어, 흰 살 생선)이 있는 호수에서 낚시를 하고 있는데, 6종의 물고기(잉어 10마리, 농어 3마리, 흰 물고기 2마리, 송어 1마리, 연어 1마리, 뱀장어 1마리)를 봤다고 가정해보자. 그래서 아직 메기나 배스를 보지 못했다. 다음에 잡을 물고기가 새로운 종, 즉 이 경우 메기나 배스 중 어느 쪽이든 우리의 훈련 세트에서 빈도가 제로인 물고기가 될 확률은 얼마인가?

지금까지 발견되지 않은 종(배스 또는 메기)의 MLE 카운트 c는 0이다. 그러나 식 4.27에 따르면 N_1은 3이고 N은 18이기 때문에 새로운 물고기가 발견되지 않은 종 중 하나가 될 확률은 $\frac{3}{18}$이다.

$$P^*_{GT}(\text{훈련에 있어서 빈도가 0인 것들}) = \frac{N_1}{N} = \frac{3}{18} \qquad (4.28)$$

다음 물고기가 또 다른 송어가 될 확률은 얼마나 될까? 송어의 MLE 카운트는 1이기 때문에 MLE 확률은 $\frac{1}{18}$이다. 하지만 방금 발견되지 않은 경우에 사용할 확률 질량의 $\frac{3}{18}$을 가져갔기 때문에 굿 튜링 추정치는 더 낮아야 한다. 송어, 농어, 잉어 등에 대한 MLE 확률을 할인해야 할 것이다. 수정된 카운트 c^* 및 굿 튜링 평탄화 확률 P^*_{GT}는 카운트 0(배스 또는 메기 등) 또는 카운트 1(송어, 연어, 뱀장어 등)을 가진 종에 대해 요약하면 다음과 같다.

	처음 보는 것(베스 또는 메기)	송어
c	0	1
MLE p	$p = \frac{0}{18} = 0$	$\frac{0}{18}$
c*		$c^*(송어) = 2 \times \frac{N_2}{N_1} = 2 \times \frac{1}{3} = .67$
GT p*GT	$P^*_{GT}(처음 보는 것) = \frac{N_1}{N} = \frac{3}{18} = .17$	$P^*_{GT}(송어) = \frac{.67}{18} = \frac{1}{27} = .037$

송어의 수정된 카운트 c^*는 $c = 1.0$에서 $c^* = .67$로 할인됐다(따라서 메기와 베스의 경우 일부 확률 질량 $P^*_{GT}(처음 보는 것) = \frac{3}{18} = .17$). 그리고 알 수 없는 2종이 있었다는 것을 알기 때문에 다음 물고기가 구체적으로 메기가 될 확률은 $P^*_{GT}(메기) = \frac{1}{2} \times \frac{3}{18} = .085$이다.

그림 4.8에는 바이그램 문법에 굿 튜링 할인을 적용하는 두 가지 예를 보여주며, 하나는 9,332개의 BeRP 코퍼스에 수록돼 있으며, 더 큰 예는 처치와 개일(1991)에 의해 연합통신사[AP] 뉴스의 2,200만 단어로 계산된 것이다. 두 예제에서 첫 번째 열에는 카운트 c, 즉 바이그램의 관측된 인스턴스 수가 표시된다. 두 번째 열은 이 카운트를 가진 바이그램의 수를 보여준다. 따라서 AP 바이그램 중 449,721은 2로 카운트된다. 세 번째 열에는 카운트의 c^*, 굿 튜링 재추정이 표시된다.

4.5.3 굿 튜링 추정의 일부 고급 문제

굿 튜링 추정치는 각 바이그램의 분포가 이항분포라고 가정하고(Church et al., 1991 참조), 우리가 보지 못한 바이그램의 수인 N_0를 알고 있다고 가정한다. 어휘 크기가 V이며 총 바이그램 수는 V_2이기 때문에 알 수 있다. 따라서 N_0는 V_2에서 우리가 본 모든 바이그램을 뺀 것이다.

연합통신사(AP) 뉴스			버클리 레스토랑		
c(MLE)	N_c	c^*(GT)	c(MLE)	N_c	c^*(GT)
0	74,671,100,000	0.0000270	0	2,081,496	0.002553
1	2,018,046	0.446	1	5315	0.533960
2	449,721	1.26	2	1419	1.357294
3	188,933	2.24	3	642	2.373832
4	105,668	3.24	4	381	4.081365
5	68,379	4.22	5	311	3.781350
6	48,190	5.19	6	196	4.500000

그림 4.8 바이그램은 "빈도의 빈도"와 굿 튜링 재추정을 통해 처치 앤 게일(1991)과 버클리 레스토랑 코퍼스(9,332문장)의 2,200만 AP 바이그램에 대해 재추정을 한다.

굿 튜링의 사용에는 많은 추가적인 복잡도가 있다. 예를 들어 식 4.26의 처리되지 않은 N_c값만 사용하는 것이 아니다. N_c에 대한 재추정 c^*은 N_{c+1}에 의존해 $N_{c+1} = 0$일 때 식 4.26이 정의되지 않기 때문이다. 그러한 0은 꽤 자주 발생한다. 위의 샘플 문제에서, $N_4 = 0$이므로, 3을 어떻게 계산할 수 있는가? 이에 대한 한 가지 해결책으로 **심플 굿 튜링**Simple Good-Turing을 사용한다(Gale and Sampson). 심플 굿 튜링에서는 빈 N_c를 계산한 후부터 식 4.26을 계산하기 전에 N_c 카운트를 평활해 시퀀스의 0을 대체한다. 가장 간단한 것은 단지 N_c값을 로그 공간에서 N_c를 c에 매핑하는 데 적합한 선형 회귀에서 계산된 값으로 대체하는 것이다(자세한 내용은 게일과 샘프슨, 1995 참고).

심플 굿 튜링

$$\log(N_c) = a + b \, \log(c) \tag{4.29}$$

또한 실제로 할인된 추정치 c^*가 모든 카운트에 사용되지 않는다. 큰 카운트(일부 임계값 k에 대해 $c > k$)는 신뢰할 수 있는 것으로 가정한다. 캐츠(1987)는 k를 5로 설정할 것을 제안한다. 따라서 다음과 같이 정의한다.

$$c^* = c \;\; \text{for} \; c > k \tag{4.30}$$

일부 k가 도입됐을 때 c^*에 대한 올바른 방정식은 다음과 같다(Katz, 1987).

$$c^* = \frac{(c+1)\frac{N_{c+1}}{N_c} - c\frac{(k+1)N_{k+1}}{N_1}}{1 - \frac{(k+1)N_{k+1}}{N_1}}, \;\; \text{for} \; 1 \leq c \leq k \tag{4.31}$$

마지막으로 굿 튜링 및 기타 할인을 통해 원시 카운트(특히 카운트 1)가 낮은 N그램을 카운트 0인 것처럼, 즉, 이를 이전에 못 본 것처럼 굿 튜링 할인을 적용한 다음 평탄화를 사용하는 것이 일반적이다.

굿 튜링 할인은 N그램의 할인에 단독으로 사용되지 않으며, 다음 절에서 설명하는 백오프 및 보정 알고리듬과 함께로만 사용된다.

4.6 보정법

지금까지 논의해온 할인은 빈도 N그램 제로 문제를 해결하는 데 도움이 될 수 있다. 그러나 우리가 끌어낼 수 있는 추가적인 지식의 원천이 있다. 만약 $P(w_n|w_{n-2}w_{n-1})$를 계산하려고 하지만 특정 트라이그램 $w_{n-2}w_{n-1}w_n$의 예가 없다면, 대신 바이그램 확률 $P(w_n|w_{n-1})$를 사용해 그 확률을 추정할 수 있다. 마찬가지로, 만약 $P(w_n|w_{n-1})$를 계산할 카운트가 없다면, 유니그램 $P(w_n)$를 볼 수 있다.

이 N그램 "계층 구조"를 사용하는 방법에는 두 가지가 있는데, 백오프와 보정법이다. 백오프에서 만약 0이 아닌 트라이그램 카운트가 있는 경우, 오직 트라이그램 카운트에만 의존한다. 고차 N그램에 대한 증거가 0인 경우에만 저차 N그램이 "백오프"된다. 이와는 대조적으로 보정법에서는 항상 모든 N그램 추정기의 확률 추정치를 혼합한다. 즉, 트라이그램, 바이그램, 유니그램 카운트의 가중 보정법을 수행한다.

단순 선형 보정법에서는 모든 모델을 선형적으로 변형해 서로 다른 차수의 N그램을 조합한다. 따라서 λ에 의해 각각 가중치가 부여된 유니그램, 바이그램, 트라이그램 확률을 혼합해 트라이그램 $P(w_n|w_{n-2}w_{n-1})$을 추정한다.

$$
\begin{aligned}
\hat{P}(w_n|w_{n-2}w_{n-1}) \;=\; & \lambda_1 P(w_n|w_{n-2}w_{n-1}) \\
& + \lambda_2 P(w_n|w_{n-1}) \\
& + \lambda_3 P(w_n)
\end{aligned} \tag{4.32}
$$

이때 λ들의 합은 1이 되도록 한다.

$$
\sum_i \lambda_i = 1 \tag{4.33}
$$

선형 보정법의 약간 더 정교한 버전에서 각 λ 가중치는 문맥에 따라 조절해 보다 정교한 방법으로 계산된다. 이렇게 해서 특정 바이그램에 대해 정확한 카운트를 가진 경우, 이 바이그램에 기초한 트라이그램의 카운트가 더 신뢰할 수 있을 것이라고 가정한다. 그래서 해당 트라이그램에 대한 λ를 더 높게 만들 수 있고, 보간법에서 해당 트라이그램에 더 많은 가중치를 부여할 수 있다. 식 4.34는 문맥 조건의 가중치를 사용한 보간 방정식을 보여준다.

$$
\begin{aligned}
\hat{P}(w_n|w_{n-2}w_{n-1}) \;=\; & \lambda_1(w_{n-2}^{n-1})P(w_n|w_{n-2}w_{n-1}) \\
& +\lambda_2(w_{n-2}^{n-1})P(w_n|w_{n-1}) \\
& +\lambda_3(w_{n-2}^{n-1})P(w_n)
\end{aligned}
\tag{4.34}
$$

보류된   이러한 λ값은 어떻게 설정되는가? 단순 보간법과 조건 보간법 λ는 모두 **보류된** 코퍼스에서 학습된다. 4.3절에서 보류된 코퍼스는 N그램 수를 설정하기 위해서가 아니라 다른 매개변수를 설정하기 위해 사용하는 추가 훈련 코퍼스라는 것을 상기해야 한다. 이 경우 그러한 데이터를 이용해 λ값을 설정할 수 있다. 보류된 코퍼스의 우도를 최대화하는 λ값을 선택함으로써 이를 할 수 있다. 즉, N그램 확률을 고정시킨 다음 식 4.32에 연결했을 때 보류된 세트의 확률이 가장 높은 λ값을 검색한다. 이 최적의 λ 세트를 찾는 방법은 다양하다. 한 가지 방법은 6장에서 정의된 EM 알고리듬을 사용하는 것인데, 이 알고리듬은 국소적으로 최적의 λ에 수렴하는 반복 학습 알고리듬이다(Baum, 1972 ; Dempster et al., 1977 ; Jelinek and Mercer, 1980).

4.7 백오프

단순한 보간법은 실제로 이해하고 구현하기가 쉽지만, 더 나은 알고리듬이 많이 있다. 이 가운데 하나는 백오프 N그램 모델링이다. 여기서 설명하는 백오프 버전도 굿튜링 할인을 사용한다. 이는 캐츠(1987)에 의해 소개됐다. 따라서 이러한 할인 후기는 **캐츠 백오프**라고도 부른다. 캐츠 백오프 N그램 모델에서, 필요한 N그램에 제로 카운트가 있다면, (N-1)그램으로 백오프해 근삿값을 추정한다. 0이 아닌 횟수를 가지는 이력에 도달할 때까지 계속 백오프한다.

$$P_{\text{katz}}(w_n|w_{n-N+1}^{n-1}) = \begin{cases} P^*(w_n|w_{n-N+1}^{n-1}), & \text{if } C(w_{n-N+1}^n) > 0 \\ \alpha(w_{n-N+1}^{n-1})P_{\text{katz}}(w_n|w_{n-N+2}^{n-1}), & \text{otherwise.} \end{cases} \quad (4.35)$$

식 4.35는 N그램에 대한 캐츠 백오프 확률이 이 N그램을 전에 본 적이 있다면(즉, 제로가 아닌 카운트를 보이는 경우), (할인된) 확률 P^*에 의존한다는 것을 보여준다. 그렇지 않으면 짧은 이력 $(N-1)$그램에 대한 캐츠 확률로 재귀적으로 백오프한다. 4.7.1절에서 할인 확률 P^*, 정규화 인자 α 및 제로 카운트 처리에 관한 기타 세부 사항을 정의한다. 이러한 세부 사항을 바탕으로 백오프의 트라이그램 버전은 다음과 같이 표현될 수 있다(교육적 명확성을 위해 w_i, w_{i-1} 등의 인덱스를 혼동하기 쉽기 때문에 순서대로 세 단어를 x, y, z라고 표시한다).

$$P_{\text{katz}}(z|x,y) = \begin{cases} P^*(z|x,y), & \text{if } C(x,y,z) > 0 \\ \alpha(x,y)P_{\text{katz}}(z|y), & \text{else if } C(x,y) > 0 \\ P^*(z), & \text{otherwise.} \end{cases} \quad (4.36)$$

$$P_{\text{katz}}(z|y) = \begin{cases} P^*(z|y), & \text{if } C(y,z) > 0 \\ \alpha(y)P^*(z), & \text{otherwise.} \end{cases} \quad (4.37)$$

캐츠 백오프 알고리듬의 필수적인 부분으로 할인을 통합한다. 이전의 할인 논의에서는 굿 튜링과 같은 방법을 사용해 처음 보는 이벤트에 확률 질량을 할당하는 방법을 보여줬다. 간단히, 처음 보는 이벤트들이 모두 똑같이 일어날 가능성이 있다고 가정했고, 따라서 확률 질량은 처음 보는 모든 이벤트들에 균등하게 분포됐다. 캐츠 백오프는 유니그램과 바이그램의 정보에 의존함으로써 처음 보는 트라이그램 이벤트들 사이에 확률 질량을 분배할 수 있는 더 나은 방법을 제공한다. 이전에 본 적 없는 모든 이벤트들을 위해 얼마나 많은 총 확률 질량을 책정해야 하는지 알려주고, 이 확률을 어떻게 분배해야 하는지 알려주기 위해 백오프를 사용한다.

할인은 식 4.35와 식 4.37에서 MLE 확률 $P(\cdot)$가 아닌 할인된 확률 $P^*(\cdot)$를 사용해 구현한다.

왜 식 4.35와 식 4.37에서 할인과 α 값이 필요한가? 가중치 없이 왜 MLE 확률 세 가지 세트를 가질 수 없었을까? 할인과 α 가중치가 없다면 방정식의 결과는 실제 확률이 아닐 것이기 때문이다! $P(w_n|w_{n-N+1}^{n-1})$의 MLE 추정치는 실제 확률이다. 주어진

N그램 문맥에서 모든 w_i의 확률을 합친다면 1을 얻어야 한다.

$$\sum_i P(w_i|w_jw_k) = 1 \qquad (4.38)$$

그러나 이 경우 MLE 확률을 사용하지만 MLE 확률이 0일 때 하위 모델로 백오프한다면 방정식에 추가 확률 질량을 더하고 단어의 총 확률이 1보다 커진다.

따라서 모든 백오프 언어 모델도 할인돼야 한다. P^*는 하위 N그램에 대한 확률 질량을 절약하기 위해 MLE 확률을 할인하는 데 사용된다. α는 모든 하위 N그램의 확률 질량이 상위 N그램의 값을 할인해 저장된 양으로 정확히 합치도록 하는 데 사용된다. P^*을 N그램의 조건부확률에 대한 할인된 (c^*) 추정치로 정의한다(그리고 MLE 확률을 위해 P를 저장한다).

$$P^*(w_n|w_{n-N+1}^{n-1}) = \frac{c^*(w_{n-N+1}^n)}{c(w_{n-N+1}^{n-1})} \qquad (4.39)$$

평균적으로 (할인된) c^*은 c보다 작을 것이고, 이 확률 P^*은 MLE 추정치보다 약간 작다.

$$\frac{c(w_{n-N+1}^n)}{c(w_{n-N+1}^{n-1})}$$

이렇게 하면, 하위 N그램에 대한 확률 질량을 남겨두고 α 가중치로 분배된다. α 계산의 세부 사항은 4.7.1절에 있다. 그림 4.9는 SRILM 툴킷을 사용해 BeRP 코퍼스에서 계산한 8개 샘플 단어의 캐츠 백오프 바이그램 확률을 보여준다.

	i	want	to	eat	chinese	food	lunch	spend
i	0.0014	0.326	0.00248	0.00355	0.000205	0.0017	0.00073	0.000489
want	0.00134	0.00152	0.656	0.000483	0.00455	0.00455	0.00384	0.000483
to	0.000512	0.00152	0.00165	0.284	0.000512	0.0017	0.00175	0.0873
eat	0.00101	0.00152	0.00166	0.00189	0.0214	0.00166	0.0563	0.000585
chinese	0.00283	0.00152	0.00248	0.00189	0.000205	0.519	0.00283	0.000585
food	0.0137	0.00152	0.0137	0.00189	0.000409	0.00366	0.00073	0.000585
lunch	0.00363	0.00152	0.00248	0.00189	0.000205	0.00131	0.00073	0.000585
spend	0.00161	0.00152	0.00161	0.00189	0.000205	0.0017	0.00073	0.000585

그림 4.9 굿 튜링은 9,332문장의 BeRP 코퍼스에서 8단어($V = 1,446$)에 대한 바이그램 확률을 평활화했으며, SRILM을 사용해 계산했으며, $k = 5$와 1의 카운트는 0으로 대체했다.

4.7.1 고급: 캐츠 백오프 α 및 P^* 계산 세부 사항

이 절에서는 할인된 확률 P^*과 역류 중량 $\alpha(w)$의 계산에 대한 나머지 세부 사항을 다룬다.

남은 확률 질량을 하위 N그램으로 전달하는 α로 시작한다. 남은 확률 질량의 총량을 $(N\text{-}1)$그램 문맥의 함수인 β함수로 나타낸다. 주어진 $(N\text{-}1)$그램 문맥의 경우, 남은 총 확률 질량은 해당 맥락에서 시작하는 모든 N그램에 대한 총 할인된 확률 질량을 1에서 빼서 계산할 수 있다.

$$\beta(w_{n-N+1}^{n-1}) = 1 - \sum_{w_n:c(w_{n-N+1}^n)>0} P^*(w_n|w_{n-N+1}^{n-1}) \tag{4.40}$$

모든 $(N\text{-}1)$그램에 배포할 준비가 된 총 확률 질량을 제공한다(예: 원래 모델이 트라이그램이었다면 바이그램). 각각의 개별 $(N\text{-}1)$그램(바이그램)은 이 질량의 일부분만 얻을 수 있기 때문에, 카운트가 0인 N그램(트라이그램)을 시작하는 모든 $(N\text{-}1)$그램(바이그램)의 총 확률로 β를 정규화해야 한다. N그램에서 $(N\text{-}1)$그램으로 분배할 확률 질량의 양을 계산하기 위한 최종 방정식은 α 함수로 표현된다.

$$\begin{aligned} \alpha(w_{n-N+1}^{n-1}) &= \frac{\beta(w_{n-N+1}^{n-1})}{\sum_{w_n:c(w_{n-N+1}^n)=0} P_{\text{katz}}(w_n|w_{n-N+2}^{n-1})} \\ &= \frac{1 - \sum_{w_n:c(w_{n-N+1}^n)>0} P^*(w_n|w_{n-N+1}^{n-1})}{1 - \sum_{w_n:c(w_{n-N+1}^n)>0} P^*(w_n|w_{n-N+2}^{n-1})} \end{aligned} \tag{4.41}$$

α는 앞의 단어 문자열, 즉 w_{n-N+1}^{n-1}의 함수이다. 따라서 각 트라이그램(d)을 할인하는 양과 하위 N그램(α)으로 재할당되는 질량은 N그램에서 발생하는 모든 $(N\text{-}1)$그램에 대해 재평가된다.

$(N\text{-}1)$그램 문맥의 카운트가 0일 때(즉, $c(w_{n-N+1}^{n-1})=0$일 때) 수행할 과제를 지정해야 하며, 정의는 다음과 같다.

$$P_{\text{katz}}(w_n|w_{n-N+1}^{n-1}) = P_{\text{katz}}(w_n|w_{n-N+2}^{n-1}) \qquad \text{if } c(w_{n-N+1}^{n-1}) = 0 \tag{4.42}$$

$$P^*(w_n|w_{n-N+1}^{n-1}) = 0 \qquad \text{if } c(w_{n-N+1}^{n-1}) = 0 \tag{4.43}$$

$$\beta\left(w_{n-N+1}^{n-1}\right) = 1 \qquad\qquad \text{if } c(w_{n-N+1}^{n-1}) = 0 \qquad\qquad (4.44)$$

4.8 실제 문제: 툴킷 및 데이터 형식

이제 N그램 언어 모델이 어떻게 표현되는지 살펴본다. 언어 모델 확률을 로그 형식으로 표시하고 계산해 언더플로^{underflow}를 방지하고 계산 속도를 높인다. 확률은 (정의상) 1보다 작기 때문에 함께 곱할 확률은 많을수록 곱은 작아진다. N그램을 충분히 곱하면 수치적 언더플로가 발생할 수 있다. 원초적인 확률 대신 로그 확률을 사용함으로써, 작지 않은 숫자를 얻는다. 로그 공간에서 더하는 것은 선형 공간에서 곱한 것과 같기 때문에 확률의 로그값들을 덧셈으로 결합한다. 언더플로를 방지할 뿐만 아니라 곱셈보다 덧셈이 더 빨리 계산된다. 로그 공간에서 모든 계산과 저장을 수행한 결과, 확률을 알려야 할 때는 logprob의 exp만 취하게 된다.

$$p_1 \times p_2 \times p_3 \times p_4 = \exp(\log p_1 + \log p_2 + \log p_3 + \log p_4) \qquad (4.45)$$

백오프 N그램 언어 모델은 일반적으로 **ARPA 형식**으로 저장된다. ARPA 형식의 N그램은 작은 헤더 뒤에 모든 0이 아닌 N그램 확률의 리스트가 있는 ASCII 파일이다 (모든 유니그램, 그 뒤에 바이그램, 그 뒤에 트라이그램 등). 각 N그램 입력은 할인된 로그 확률($\log_{10}$ 형식)과 백오프 가중치 α로 저장된다. 백오프 가중치는 더 긴 N그램의 접두사를 형성하는 N그램에만 필요하기 때문에, 최상위 N그램(이 경우, 트라이그램)이나 시퀀스 종료 토큰 <s>로 끝나는 N그램에 대해서는 α가 계산되지 않는다. 따라서 트라이그램의 경우, 각 N그램의 형식은 다음과 같다.

유니그램:	$\log P^*(w_i)$	w_i	$\log\alpha(w_i)$
바이그램:	$\log P^*(w_i\mid w_{i-1})$	$w_{i-1}w_i$	$\log\alpha(w_{i-1}w_i)$
트라이그램:	$\log P^*(w_i\mid w_{i-2},w_{i-1})$	$w_{i-2}w_{i-1}w_i$	

그림 4.10에는 BeRP 코퍼스에서 선택한 N그램이 포함된 ARPA 형식 LM 파일이 표시된다. 이러한 트라이그램 중 하나에 따라, x, y, z 단어 연쇄의 확률 $P(z\mid x, y)$는 다음과 같이 계산할 수 있다(4.37부터 반복).

$$P_{\text{katz}}(z|x,y) \;=\; \begin{cases} P^*(z|x,y), & \text{if } C(x,y,z) > 0 \\ \alpha(x,y)P_{\text{katz}}(z|y), & \text{else if } C(x,y) > 0 \\ P^*(z), & \text{otherwise.} \end{cases} \tag{4.46}$$

$$P_{\text{katz}}(z|y) \;=\; \begin{cases} P^*(z|y), & \text{if } C(y,z) > 0 \\ \alpha(y)P^*(z), & \text{otherwise.} \end{cases} \tag{4.47}$$

툴킷[Toolkits]: 언어 모델 구축에 일반적으로 사용되는 두 가지 툴킷은 SRILM 툴킷 (Stolcke, 2002)과 캠브리지-CMU 툴킷(Clarkson and Rosenfeld, 1997)이다. 두 가지 모두 공적으로 사용할 수 있으며 유사한 기능을 가지고 있다. 훈련 모드에서는 각 툴킷이 원초적인 텍스트 파일, 공백으로 구분된 단어가 포함된 한 줄에 한 문장씩, 그리고 N 순서, 할인 유형(굿 튜링 또는 Kneser-Ney, 4.9.1절에서 설명)과 같은 다양한 매개변수 및 다양한 임계값을 취한다. 출력은 ARPA 형식의 언어 모델이다. 복잡도 또는 디코딩 모드에서 툴킷은 ARPA 형식의 언어 모델과 문장 또는 코퍼스를 취하며 문장이나 코퍼스의 확률과 복잡도를 산출한다. 두 가지 모두 4장의 뒷부분과 5장에서 설명하는 많은 고급 피처를 구현한다. 예를 들어 스킵 N그램, 단어 격자, 네트워크 혼선, N그램 가지치기 등이 포함된다.

```
\data\
ngram 1=1447
ngram 2=9420
ngram 3=5201

\1-grams:\
-0.8679678       </s>
-99              <s>                        -1.068532
-4.743076        chow-fun                   -0.1943932
-4.266155        fries                      -0.5432462
-3.175167        thursday                   -0.7510199
-1.776296        want                       -1.04292
...
```

```
\2-grams:\
-0.6077676      <s>      i                        -0.6257131
-0.4861297      i        want                     0.0425899
-2.832415       to       drink                    -0.06423882
-0.5469525      to       eat                      -0.008193135
-0.09403705     today    </s>

...

\3-grams:\
-2.579416       <s>      i           prefer
-1.148009       <s>      about       fifteen
-0.4120701      to       go          to
-0.3735807      me       a           list
-0.260361       at       jupiter     </s>
-0.260361       a        malaysian   restaurant

...
\end\
```

그림 4.10 일부 샘플 N그램의 ARPA 형식. 각각은 $w_1...w_n$이라는 단어 연쇄인 *logprob*로 표시되며, 그 뒤에 로그 백오프 가중치 α가 나타난다. 최상위 N그램이나 <s>로 끝나는 N그램에 대해서는 어떤 α도 계산되지 않는다는 점에 유의해야 한다.

4.9 언어 모델링의 고급 문제

언어 모델은 음성 및 언어 처리 전반에 걸쳐 광범위한 역할을 하기 때문에, 여러 가지 방식으로 확장되고 증가됐다. 이 절에서는 Kneser-Ney 평탄화, 부류 기반 언어 모델링, 언어 모델 적응, 토픽 기반 언어 모델, 캐시 언어 모델, 가변 길이 N그램를 포함한 몇 가지 사항을 간략히 소개한다.

4.9.1 고급 평탄화 방법: Kneser-Ney 평탄화

Kneser-Ney

가장 일반적으로 사용되는 현대 N그램 평탄화 방법 중 하나는 보정법 **Kneser-Ney** 알고리듬이다.

　　Kneser-Ney는 **절대 할인**absolute discounting이라는 할인 방식에 뿌리를 두고 있다. 절대 할인은 식 4.26에서 봤던 굿 튜링 할인 공식보다 수정된 c^* 카운트하는 훨씬 더 좋은 방법이다. 직관을 얻기 위해 그림 4.8에서 확장된 바이그램 c^*의 굿 튜링 추정치를 다시 살펴보고, 다음에서 다시 포맷해본다.

c(MLE)	0	1	2	3	4	5	6	7	8	9
c^*(GT)	0.0000270	0.446	1.26	2.24	3.24	4.22	5.19	6.21	7.24	8.25

예리한 독자는 0과 1에 대한 재추정 카운트를 제외하고 MLE 카운트 c에서 0.75를 빼는 것만으로 다른 모든 재추정 카운트 c^*를 꽤 잘 추정할 수 있다는 것을 알아차렸을 수 있다. **절대 할인**^{Absolute discounting}은 각 카운트로부터 고정된 (절대) 할인 d를 빼서 이 직관을 공식화한다. 직관은 이미 많은 수에 대한 좋은 추정치를 가지고 있으며 작은 할인 d는 큰 영향을 미치지 않을 것이다. 추정치를 꼭 신뢰할 필요는 없는 작은 수를 주로 수정할 것이다. 바이그램에 적용되는 절대 할인 방정식은 다음과 같다(모든 것을 합쳐서 1로 만들기 위해 백오프에 적절한 계수 α를 가정).

$$P_{\text{absolute}}(w_i|w_{i-1}) = \begin{cases} \frac{C(w_{i-1}w_i)-\mathbf{D}}{C(w_{i-1})}, & \text{if } C(w_{i-1}w_i) > 0 \\ \alpha(w_i)P(w_i), & \text{otherwise.} \end{cases} \tag{4.48}$$

실제로 0과 1 카운트에 대해 구별되는 할인 값 D를 유지하고 싶을 수도 있다.

Kneser-Ney
할인

Kneser-Ney 할인(Kneser and Ney, 1995)은 백오프 분배를 처리하는 보다 정교한 방법으로 절대 할인을 강화한다. 이 문장에서 다음 단어를 예측하는 과제를 고려해본다.

I can't see without my reading _____.

단어 *glasses*가 단어 *Francisco*보다 훨씬 더 이 문장에 잘 어울리는것 같다. 그러나 *Francisco*는 사실 더 흔하기 때문에, 유니그램 모델은 *glasses*보다 *Francisco*를 더 선호할 것이다. *Francisco*가 빈번하지만, 단어 *San Francisco*, 즉, 단어 *San* 뒤에 나오는 직관을 포착하고 싶어 한다. 단어 *glasses*는 훨씬 더 넓은 분포를 가지고 있다.

따라서 유니그램 MLE 카운트(w라는 단어가 보인 횟수)로 백오프하는 대신 완전히 다른 백오프 분포를 사용하고자 한다. 처음 보는 새로운 문맥에서 w 단어를 볼 수 있을 것으로 예상할 수 있는 횟수를 보다 정확하게 추정하는 휴리스틱을 원한다. Kneser-Ney의 직관은 w 단어가 나타난 다양한 맥락의 수에 근거해 추정치를 산출하는 것이다. 많은 문맥에서 나타난 단어들은 어떤 새로운 문맥에서도 나타날 가능성이 더 높다. 이 새로운 백오프 확률인 "연속 확률"을 다음과 같이 표현할 수 있다.

$$P_{\text{CONTINUATION}}(w_i) = \frac{|\{w_{i-1} : C(w_{i-1}w_i) > 0\}|}{\sum_{w_i} |\{w_{i-1} : C(w_{i-1}w_i) > 0\}|} \tag{4.49}$$

Kneser-Ney 백오프 직관은 다음과 같이 공식화할 수 있다(모든 것을 합쳐서 1로 만들기 위해 백오프에 적절한 계수 α를 가정).

$$P_{\text{KN}}(w_i|w_{i-1}) = \begin{cases} \frac{C(w_{i-1}w_i) - \mathbf{D}}{C(w_{i-1})}, & \text{if } C(w_{i-1}w_i) > 0 \\ \alpha(w_i) \frac{|\{w_{i-1} : C(w_{i-1}w_i) > 0\}|}{\sum_{w_i} |\{w_{i-1} : C(w_{i-1}w_i) > 0\}|} & \text{otherwise.} \end{cases} \tag{4.50}$$

마지막으로, Kneser-Ney의 **백오프** 형식보다는 **보정법**을 사용하는 것이 더 낫다는 것이 밝혀졌다. 단순한 선형 보간법은 일반적으로 캐츠 백오프만큼 성공적이지 않다. 하지만 보간 Kneser-Ney처럼 보다 강력한 보간법 모델이 백오프 버전보다 더 잘 작동하는 것으로 나타났다. **보간 Kneser-Ney** 할인은 다음과 같은 방정식으로 계산할 수 있다(β의 연산 제외).

보간 Kneser-Ney

$$P_{\text{KN}}(w_i|w_{i-1}) = \frac{C(w_{i-1}w_i) - \mathbf{D}}{C(w_{i-1})} + \beta(w_i) \frac{|\{w_{i-1} : C(w_{i-1}w_i) > 0\}|}{\sum_{w_i} |\{w_{i-1} : C(w_{i-1}w_i) > 0\}|} \tag{4.51}$$

최종적인 유용한 참고 사항: 모든 보간법 모델은 백오프 모델로 표현될 수 있기 때문에 ARPA 백오프 형식으로 저장될 수 있다는 사실이 밝혀졌다. 모델을 제작할 때 보간만 하면 되기 때문에 백오프 형식으로 저장된 '바이그램' 확률은 실제로 '유니그램으로 보간된 바이그램'이다.

4.9.2 부류 기반 N그램

부류 기반
N그램
클러스터
N그램

부류 기반 N그램, 또는 **클러스터 N그램**은 어휘 범주나 클러스터에 대한 정보를 사용하는 *N*그램의 변형이다. 부류 기반 *N*그램은 훈련 데이터의 희소성을 처리하는 데 유용할 수 있다. 비행기 예약 시스템의 경우, *to Shanghai* 바이그램의 확률을 계산하려고 하지만 이 바이그램은 훈련 세트에서는 발생하지 않는다고 가정하자. 대신 우리의 훈련 데이터는 *to London*, *to Beijing*, *to Denver*로 돼 있다. 만약 모두 도시라는 것을 알고, *Shanghai*가 다른 문맥에서 훈련 세트에 나타난다고 가정하면, *from* 이후 도시가 뒤따를 가능성을 예측할 수 있다.

클러스터 N그램에는 많은 변형이 있다. 가장 간단한 것은 때때로 방법의 원조에 따
라 **IBM 클러스터링**[IBM clustering]으로 알려져 있다(Brown et al., 1992). IBM 클러스터링은
일종의 하드 클러스터링으로, 각 단어가 하나의 부류에만 속할 수 있다. 모델은 앞의
부류에 주어진 어휘 범주 c_i 확률(부류의 N그램에 기초함)과 주어진 w_i의 확률이라는 두
가지 요인을 곱해 단어 w_i의 조건부확률을 추정한다. 바이그램 형식의 IBM 모델은
다음과 같다.

$$P(w_i|w_{i-1}) \approx P(c_i|c_{i-1}) \times P(w_i|c_i)$$

만약 각 단어에 대한 부류를 알고 있는 훈련 코퍼스를 가지고 있다면, 부류가 주어
진 단어의 확률에 대한 최대 우도 추정치와 이전 부류가 주어진 부류의 확률을 다음
과 같이 계산할 수 있을 것이다.

$$P(w|c) = \frac{C(w)}{C(c)}$$
$$P(c_i|c_{i-1}) = \frac{C(c_{i-1}c_i)}{\sum_c C(c_{i-1}c)}$$

클러스터 N그램은 일반적으로 두 가지 방법으로 사용된다. 대화 시스템에서는 종
종 도메인 특정 어휘 범주를 수동 설계한다. 따라서 항공사 정보 시스템의 경우, 24장
에서 볼 수 있듯이 CITYNAME, AIRLINE, DAYOFWEEK, MONTH와 같은 부류
를 사용할 수 있다. 다른 경우에는 코퍼스에 단어를 군집화해 자동으로 부류를 유도
할 수 있다(Brown et al., 1992). 품사 태그와 같은 구문 범주는 부류만큼 잘 작동하지
않는 것 같다(Niesler et al., 1998).

클러스터 N그램은 자동 유도 또는 수동 설계 여부에 관계없이 일반적으로 일반 단
어 기반 N그램과 혼합된다.

4.9.3 언어 모델 적응 및 웹 사용

언어 모델링에서 최근 가장 흥미로운 발전 중 하나는 언어 모델 적응이다. 언어 모델
적응은 도메인 내의 트레이닝 데이터가 소량인 경우만, 다른 도메인으로부터 대량의

데이터가 있는 경우에 유효하다. 대규모 도메인 외 데이터 세트에 대해 훈련하고 모델을 소규모 도메인 내 데이터 세트에 맞게 조정할 수 있다(Federico, 1996; Iyer and Ostendorf, 1997, 1999a, 1999b; Bacchiani and Roark, 2003; Bacchiani et al., 2004; Bellegarda, 2004).

이러한 유형의 적응에 유용한 대규모 데이터 소스는 웹이다. 예를 들어 트라이그램 언어 모델을 개선하기 위해 웹을 적용하는 가장 간단한 방법은 검색엔진을 사용해 $w_1 w_2 w_3$ 및 $w_1 w_2 w_3$의 카운트를 얻은 다음 계산하는 것이다.

$$\hat{p}_{web} = \frac{c_{web}(w_1 w_2 w_3)}{c_{web}(w_1 w_2)} \tag{4.52}$$

그런 다음 $\hat{p}_{web}$을 기존의 N그램과 혼합할 수 있다(Berger and Miller, 1998; Zhu and Rosenfeld, 2001). 또한 토픽 또는 부류 종속성을 사용해 웹 데이터에서 도메인 관련 데이터를 찾는 보다 정교한 조합 방법을 사용할 수 있다(Bulyko et al., 2003).

실제로 N그램 계산을 위해 웹에서 모든 페이지를 다운로드하는 것은 어렵거나 불가능하다. 이러한 이유로, 대부분의 웹 데이터 사용은 검색엔진의 페이지 수에 의존한다. 페이지 수는 여러 가지 이유로 실제 카운트에 대한 근사치에 불과하다. 페이지에는 N그램이 여러 번 포함될 수 있고, 대부분의 검색엔진은 카운트를 반올림하며, 구두점은 삭제되며, 링크 및 기타 정보로 인해 카운트 자체를 조정할 수 있다. 회귀분석을 통해 페이지 수록부터 실제 단어 수를 예측하는 등의 구체적인 조정이 가능하기는 하지만(Zhu and Rosenfeld, 2001), 이러한 종류의 잡음은 웹을 코퍼스로 사용한 결과에 큰 영향을 미치지 않는 것으로 보인다(Keller and Lapata, 2003; Nakov and Hearst, 2005).

4.9.4 장거리 정보 사용: 간단한 요약

N그램 모델링에 장거리 문맥을 통합하는 많은 방법이 있다. 주로 바이그램과 트라이그램으로 토론을 제한했지만, 예를 들어 최신식 음성 인식 시스템은 장거리 N그램, 특히 4그램, 5그램에 기반을 두고 있다. 굿맨(2006)은 2억 8,400만 단어의 훈련 데이터를 통해 5그램이 4그램에 걸쳐 복잡도 점수를 향상시키지만, 향상된 정도이 크지는

않다는 것을 보여줬다. 굿맨은 최대 20그램의 문맥을 확인했으며, 6그램 후에는 2억 8,400만 단어의 훈련 데이터로는 더 긴 문맥이 유용하지 않다는 것을 발견했다.

많은 모델들은 장거리 정보를 얻는 더 정교한 방법에 초점을 맞추고 있다. 사람들은 전에 사용했던 단어들을 반복하는 경향이 있다. 따라서 어떤 단어가 텍스트에 한 번 사용된다면, 아마도 다시 사용될 것이다. **캐시** 언어 모델에 의해 이 사실을 포착할 수 있다(Kuhn and De Mori, 1990). 예를 들어 테스트 코퍼스의 단어 i를 예측과 유니그램 캐시 모델을 사용하기 위해 테스트 코퍼스의 앞 부분(단어 1부터 $i-1$)에서 유니그램 문법을 만들어 이를 기존의 N그램과 섞는다. 전체 세트보다는 이전 단어에서 더 짧은 창만 사용할 수 있다. 캐시 언어 모델은 단어를 완벽하게 알고 있는 모든 애플리케이션에서 매우 강력하다. 캐시 모델은 이전 단어가 정확히 알려지지 않은 도메인에서 잘 작동하지 않는다. 예를 들어 음성 애플리케이션에서 사용자가 오류를 수정할 수 있는 방법이 없는 한 캐시 모델은 음성 인식기가 이전 단어에 대해 한 오류를 "가두는 lock in"는 경향이 있다.

텍스트에서 단어가 자주 반복된다는 사실은 텍스트에 대한 더 일반적인 사실의 증상이다. 텍스트는 무언가와 관련되는 경향이 있다. 특정 토픽에 관한 문서는 유사한 단어를 사용하는 경향이 있다. 이는 다른 토픽에 대해 개별적인 언어 모델을 훈련할 수 있음을 시사한다. **토픽 기반** 언어 모델(Chen et al., 1998; Gildea and Hofmann, 1999)에서는 토픽마다 다른 종류의 단어를 사용할 수 있다는 사실을 이용하려고 노력한다. 예를 들어 각 토픽 t에 대해 다른 언어 모델을 훈련시킨 다음 각 토픽에 이력이 주어질 확률에 따라 가중치를 부여할 수 있다.

$$p(w|h) = \sum_t P(w|t)P(t|h) \tag{4.53}$$

비슷한 부류의 모델들은 다가오는 단어들이 본문의 이전 단어들과 의미상 유사한 직관에 의존한다. 이 모델들은 어떤 단어가 선행 단어와 유사성을 바탕으로 확률을 계산하기 위해 **잠재 의미 색인**(Coccaro and Jurafsky, 1998; Bellegarda, 1999, 2000, 또한 20장 참조)과 같은 의미론적 단어 연관성의 척도를 사용한다. 이전 단어와 단어의 유사성을 기반으로 확률을 계산한 다음 일반적인 N그램과 혼합한다.

이전 (조건부) 단어를 이전 단어의 고정된 창이 아닌 다른 것으로 만들어 N그램 모델을 확장하는 방법도 다양하다. 예를 들어 예측하려고 하는 단어와 근접하지는 않지만 (높은 상호 정보를 가지고 있는) 매우 관련이 있는 **트리거**라는 단어를 예측변수로 선택

트리거

할 수 있다(Rosenfeld, 1996; Niesler and Woodland, 1999; Zhou and Lua, 1998). 또는 앞의

N그램 스킵

문맥이 $P(w_i|w_{i-1}, w_{i-3})$와 같은 확률을 계산하는 중간 단어들을 "건너뛰는" **N그램 스킵**을 만들 수도 있다. 또한 더 긴 구절이 특히 빈번하거나 예측이 가능한 경우에 한해

가변 길이
N그램

이전의 추가적인 문맥을 사용할 수 있어 **가변 길이 N그램**을 생성할 수 있다(Ney et al., 1994; Kneser, 1996; Niesler and Woodland, 1996).

일반적으로 매우 크고 풍부한 문맥을 사용하면 언어 모델이 매우 커질 수 있다. 따라서 이러한 모델은 낮은 확률의 이벤트를 제거해 폐기하는 경우가 많다. 휴대폰과 같은 작은 플랫폼에서 사용되는 언어 모델에도 가지치기가 필수적이다(Stolcke, 1998; Church et al., 2007).

마지막으로 정교한 언어 구조를 언어 모델링에 통합하는 광범위한 연구가 있다. 확률론적 파서의 통사적 구조에 기초한 언어 모델은 14장에 설명돼 있다. 대화에서 현재의 화행에 기초한 언어 모델은 24장에 설명돼 있다.

4.10 고급: 정보 이론 배경

> 말을 바로 여기 뒀어.
>
> – 프랭크 로저, 〈아가씨와 건달들〉

테스트 세트의 N그램 모델을 평가하는 방법으로 4.4절에 복잡도를 소개했다. 더 나은 N그램 모델은 테스트 데이터에 더 높은 확률을 할당하는 모델이며, 복잡도는 테스트 세트 확률의 정규화된 버전이다. 복잡도에 대해 생각하는 또 다른 방법은 교차 엔트로피의 정보 이론 개념에 기초하는 것이다. 이 절에서는 복잡도에 대한 또 다른 직관을 측정 기준으로 제공하기 위해 복잡도의 기초가 되는 교차 엔트로피 개념을 포함해 정보 이론의 기본 사실을 간략히 검토한다. 관심 있는 독자는 커버와 토마스(1991)처럼 좋은 정보 이론 참고서를 참고한다.

복잡도는 정보 이론적인 **교차 엔트로피** 개념을 기반으로 하며, 이제 이를 정의하려

엔트로피

고 한다. **엔트로피**는 정보의 척도이며 음성 및 언어 처리 전반에 걸쳐 매우 중요하다. 특정 문법에 얼마나 많은 정보가 있는지, 그리고 주어진 문법이 주어진 언어와 얼마나 잘 일치하는지, 주어진 N그램 문법이 다음 단어가 될 수 있는 것에 대해 얼마나 예측하는지를 나타내는 지표로 사용될 수 있다. 두 개의 문법과 코퍼스가 주어지면 엔트로피를 사용해 코퍼스와 어떤 문법이 더 잘 일치하는지 알 수 있다. 또한 엔트로피를 사용해 두 개의 음성 인식 과제가 얼마나 어려운지를 비교하고, 주어진 확률적 문법이 인간의 문법과 얼마나 잘 일치하는지 측정할 수 있다.

연산 엔트로피는 우리가 예측하고 있는 모든 것(단어, 문자, 언어의 일부, χ라고 부르는 집합)에 걸쳐 있고, $p(x)$라고 하는 특정한 확률함수를 갖는 임의 변수 X를 설정해야 한다. 이 임의 변수 X의 엔트로피는 다음과 같다.

$$H(X) = - \sum_{x \in \chi} p(x) \log_2 p(x) \tag{4.54}$$

로그는 원칙적으로 어떤 기초에서도 계산될 수 있다. 만약 로그 베이스 2를 사용한다면, 엔트로피의 결괏값은 비트 단위로 측정될 것이다.

컴퓨터 공학자들에게 엔트로피를 정의하는 가장 직관적인 방법은 엔트로피를 최적의 코딩 방식에서 특정 결정이나 정보를 인코딩하는 데 필요한 비트 수에 대한 하한값으로 생각하는 것이다.

커버와 토마스(1991)는 다음과 같은 예를 제시한다. 경마에 내기를 하고 싶지만 욘커스 경마장까지 가기에는 너무 멀기 때문에 마권 업자에게 어떤 말에 베팅할지 짧은 메시지를 보내고 싶다. 이 특정 종족에 여덟 마리의 말이 있다고 가정해보자.

이 메시지를 인코딩하는 한 가지 방법은 말 수의 이진 표현을 코드로 사용하는 것이다. 따라서 말 1은 001, 말 2는 010, 말 3은 011 등이 될 것이며, 말 8은 000으로 코딩한다. 만약 하루 종일 베팅을 하고 각각의 말이 3비트로 코딩된다면, 평균적으로 경주당 3비트를 보낼 것이다.

더 잘 나타낼 수 있을까? 스프레드가 실제 베팅의 실제 분포이며 다음과 같이 각 말의 사전 확률로 표시한다고 가정한다.

Horse 1	$\frac{1}{2}$	Horse 5	$\frac{1}{64}$
Horse 2	$\frac{1}{4}$	Horse 6	$\frac{1}{64}$
Horse 3	$\frac{1}{8}$	Horse 7	$\frac{1}{64}$
Horse 4	$\frac{1}{16}$	Horse 8	$\frac{1}{64}$

말에 걸쳐 있는 임의 변수 X의 엔트로피는 비트 수에 대한 하한을 제공한다.

$$
\begin{aligned}
H(X) &= -\sum_{i=1}^{i=8} p(i) \log p(i) \\
&= -\tfrac{1}{2}\log\tfrac{1}{2} - \tfrac{1}{4}\log\tfrac{1}{4} - \tfrac{1}{8}\log\tfrac{1}{8} - \tfrac{1}{16}\log\tfrac{1}{16} - 4(\tfrac{1}{64}\log\tfrac{1}{64}) \\
&= 2 \text{ bits}
\end{aligned} \tag{4.55}
$$

경주당 평균 2비트의 코드는 더 가능성이 높은 말을 위한 짧은 인코딩과 더 가능성이 적은 말을 위한 더 긴 인코딩으로 만들어질 수 있다. 예를 들어 코드 0으로 가장 가능성이 높은 말을 인코딩할 수 있고, 나머지 말은 10, 110, 1110, 111100, 111101, 111110, 111111로 인코딩할 수 있다.

말의 확률이 같다면 어떻게 될까? 위에서 만약 같은 길이를 사용한다면 말 번호에 대한 이진 코드는 각 말이 코딩하는데 3비트가 걸렸고, 그래서 평균은 3이었다. 엔트로피도 동일한가? 이 경우 각 말은 $\frac{1}{8}$의 확률로 나타난다. 말의 선택의 엔트로피는 다음과 같다.

$$
H(X) = -\sum_{i=1}^{i=8} \frac{1}{8} \log \frac{1}{8} = -\log \frac{1}{8} = 3 \text{ bits} \tag{4.56}
$$

지금까지 단일 변수의 엔트로피를 계산해왔다. 그러나 엔트로피를 사용하는 것은 대부분 시퀀스를 포함한다. 예를 들어 문법의 경우, $W = \{w_0, w_1, w_2, \ldots, w_n\}$의 일부 시퀀스의 엔트로피를 계산하고 있을 것이다. 이를 위한 한 가지 방법은 단어의 시퀀스에 걸쳐 있는 변수를 갖는 것이다. 예를 들어 다음과 같이 일부 언어 L에서 길이 n의 모든 유한한 순서에 걸쳐 있는 임의 변수의 엔트로피를 계산할 수 있다.

$$
H(w_1, w_2, \ldots, w_n) = -\sum_{W_1^n \in L} p(W_1^n) \log p(W_1^n) \tag{4.57}
$$

엔트로피 비율을 정의할 수 있고(이를 단어당 엔트로피라고 생각할 수도 있다), 이 시퀀스의 엔트로피를 단어 수로 나눈 값으로 정의할 수 있다.

$$\frac{1}{n}H(W_1^n) = -\frac{1}{n}\sum_{W_1^n \in L} p(W_1^n) \log p(W_1^n) \tag{4.58}$$

그러나 언어의 정확한 엔트로피를 측정하기 위해서는 무한 길이의 시퀀스를 고려할 필요가 있다. 만약 언어를 일련의 단어를 생성하는 확률적 과정 L로 생각한다면, 그 언어의 엔트로피 비율 $H(L)$은 다음과 같이 정의된다.

$$\begin{aligned} H(L) &= -\lim_{n \to \infty} \frac{1}{n}H(w_1, w_2, \dots, w_n) \\ &= -\lim_{n \to \infty} \frac{1}{n}\sum_{W \in L} p(w_1, \dots, w_n) \log p(w_1, \dots, w_n) \end{aligned} \tag{4.59}$$

섀넌-맥밀란-브레이만 정리(Algoet and Cover, 1988; Cover and Thomas, 1991)는 언어가 일정한 방식으로 규칙적이라면(비유동적이고 에르고딕적이라면 정확해야 한다),

$$H(L) = \lim_{n \to \infty} -\frac{1}{n} \log p(w_1 w_2 \dots w_n) \tag{4.60}$$

즉, 가능한 모든 시퀀스를 종합하는 대신 충분히 긴 단일 시퀀스를 사용할 수 있다. 섀넌-맥밀란-브레이만 정리의 직관은 충분히 긴 단어 연쇄가 그 안에 다른 많은 짧은 시퀀스를 포함하고, 각각의 짧은 시퀀스는 확률에 따라 긴 시퀀스로 반복될 것이다.

확률적 프로세스는 시간 인덱스의 이동과 관련해 시퀀스에 할당되는 확률이 불변할 경우 **비유동적**이라고 한다. 다시 말하면, 시간 t에서의 단어에 대한 확률분포는 시간 $t+1$에서의 확률분포와 동일하다. 마르코프 모델 즉, N그램이 정지해 있는 것과 같다. 예를 들어 바이그램에서 P_i는 P_{i-1}에만 의존한다. 그래서 시간 지수를 x로 바꾸더라도 P_{i+x}는 여전히 P_{i+x-1}에 의존하고 있다. 그러나 12장에서 보듯이 자연어는 고정돼 있지 않다. 다가올 단어의 확률은 임의로 멀리 떨어져 있고, 시간에 의존한 이벤트에 좌우될 수 있기 때문이다. 따라서 통계적 모델은 자연어의 정확한 분포와 엔트로피에 대한 근사치만을 제공한다.

요약하자면 부정확하지만 간소화한 가정을 함으로써 매우 긴 출력의 샘플을 취하고 평균 로그 확률을 계산함으로써 몇몇 확률적 프로세스의 엔트로피를 계산할 수 있다.

다음 절에서는 매우 긴 시퀀스의 확률을 계산하는 방법과 이유(즉, 엔트로피가 어떤 종류의 문제에 유용할 것인지)에 대해 설명한다.

4.10.1 모델 비교를 위한 교차 엔트로피

교차 엔트로피   이 절에서는 **교차 엔트로피**를 소개하고 여러 확률론적 모델을 비교하는 유용성에 대해 논의한다. 교차 엔트로피는 일부 데이터를 생성한 실제 확률분포 p를 모를 때 유용하다. p의 모델인 m을 사용할 수 있게 해준다(즉, p에 대한 근사치). p에 대한 m의 교차 엔트로피는 다음과 같이 정의된다.

$$H(p,m) = \lim_{n \to \infty} -\frac{1}{n} \sum_{W \in L} p(w_1, \ldots, w_n) \log m(w_1, \ldots, w_n) \tag{4.61}$$

즉, 확률분포 p에 따라 시퀀스를 도출하지만, m에 따라 확률의 로그를 합한 것이다. 다시, 고정 에르고딕 과정에 대한 섀넌-맥밀란-브레이만 정리에 따라 수행한다.

$$H(p,m) = \lim_{n \to \infty} -\frac{1}{n} \log m(w_1 w_2 \ldots w_n) \tag{4.62}$$

엔트로피의 경우, 가능한 모든 시퀀스를 합하는 대신 충분히 긴 단일 시퀀스를 취함으로써 일부 분포 p에서 모델 m의 교차 엔트로피를 추정할 수 있다는 것을 의미한다.

교차 엔트로피를 유용하게 만드는 것은 교차 엔트로피 $H(p, m)$이 엔트로피 $H(p)$의 상한이라는 점이다. 모든 모델 m은 다음과 같다.

$$H(p) \leq H(p,m) \tag{4.63}$$

이는 확률 p에 따라 도출한 일련의 기호의 정확한 엔트로피를 추정하는 데 도움이 되는 일부 단순화된 모델 m을 사용할 수 있다는 것을 의미한다. m이 정확할수록 교차 엔트로피 $H(p, m)$이 정확한 엔트로피 $H(p)$에 가까워진다. 따라서 $H(p, m)$이 $H(p)$의 차이는 모델이 얼마나 정확한지 측정하는 척도다. 두 모델 m_1과 m_2 사이에서 교차 엔트로피가 더 낮은 모델이 더 정확할 것이다(교차 엔트로피는 절대 정확한 엔트로피보다 낮을 수 없기 때문에, 모델은 정확한 엔트로피를 과소평가해 오류를 범할 수 없다).

마침내 식 4.62처럼 복잡도와 교차 엔트로피의 관계를 볼 준비가 됐다. 교차 엔트로피는 관찰된 단어 연쇄의 길이가 무한대로 이동하기 때문에 한계를 정의한다. 고정

된 길이의 (충분히 긴) 시퀀스에 의존해 교차 엔트로피에 대한 근사치가 필요할 것이다. 일련의 단어 W에서 모델 $M = P(w_i|w_{i-N+1}...w_{i-1})$의 교차 엔트로피에 대한 이 근사는 다음과 같다.

$$H(W) = -\frac{1}{N} \log P(w_1 w_2 ... w_N) \tag{4.64}$$

일련의 단어 W에 대한 모델 P의 **복잡도**는 이제 공식적으로 이 교차 엔트로피의 exp로 정의된다.

$$
\begin{aligned}
\text{Perplexity}(W) &= 2^{H(W)} \\
&= P(w_1 w_2 ... w_N)^{-\frac{1}{N}} \\
&= \sqrt[N]{\frac{1}{P(w_1 w_2 ... w_N)}} \\
&= \sqrt[N]{\prod_{i=1}^{N} \frac{1}{P(w_i|w_1 ... w_{i-1})}}
\end{aligned}
\tag{4.65}
$$

4.11 고급: 영어의 엔트로피와 엔트로피 비율의 불변성

앞 절에서 제시했듯이 일부 모델 m의 교차 엔트로피는 일부 프로세스의 정확한 엔트로피에 대한 상한으로 사용될 수 있다. 이 방법을 사용해 영어의 정확한 엔트로피를 추정할 수 있다. 왜 영어의 엔트로피를 신경 써야 하는가?

한 가지 이유는 영어의 정확한 엔트로피가 확률적 문법의 향후 모든 실험에 확실한 하한을 제공하기 때문이다. 또 다른 이유는 어떤 언어의 부분이 가장 많은 정보를 제공하는지 이해하기 위해 영어의 엔트로피 값을 사용할 수 있다는 것이다(예를 들어 영어의 예측 확률은 주로 단어 순서, 의미, 형태, 구성 또는 실용적 단서에 기초하는가?). 이를 통해 언어 모델링에 주력해야 할 부분을 파악하는 데 큰 도움이 될 수 있다.

영어의 엔트로피를 계산하는 두 가지 일반적인 방법이 있다. 첫 번째는 섀넌(1951)이 정보 이론 분야를 정의하는 획기적인 과제의 일부로 사용했다. 섀넌은 인간 피험자가 일련의 글자를 추측하도록 요구하는 심리 실험을 구성했다. 글자를 정확히 추측하는 데 얼마나 많은 추측이 필요한지 살펴봄으로써, 글자의 확률과 그에 따른 시퀀스의 엔트로피를 추정할 수 있다.

실제 실험은 다음과 같이 설계된다. 피험자에게 영어 원문을 제시하고 다음 글자를 추측하도록 요청한다. 피험자들은 언어에 대한 지식을 이용해 가장 가능성이 높은 글자를 먼저 추측하고, 다음으로 가능성이 높은 글자를 추측하는 등의 방법을 사용한다. 피험자가 정확하게 추측하는 데 필요한 추측 횟수를 기록한다. 섀넌의 통찰은 주관식 시퀀스의 엔트로피가 영어의 엔트로피와 같다는 것이었다(직관은 추측 횟수가 주어지면 피험자가 n번 추측을 할 때마다 "가능성이 가장 높은 n번째" 문자를 선택해 원문을 재구성할 수 있다는 것이다). 이 방법론은 단어 추측보다는 문자 추측을 사용해야 한다(피험자가 때때로 가능한 모든 문자를 철저히 검색해야 하기 때문이다!). 그래서 섀넌은 단어당 엔트로피보다 영어의 **문자당** 엔트로피를 계산했고, 1.3비트(27자(26자 + 공백))의 엔트로피를 보고했다. 섀넌의 추정치는 하나의 텍스트(뒤마스 말론의 버진아 제퍼슨)를 바탕으로 하기 때문에 너무 낮을 것 같다. 섀넌은 피험자들이 다른 텍스트(신문 작성, 과학 연구, 시)에 대해 더 잘못된 추측(엔트로피)을 가지고 있다고 지적한다. 섀넌 실험에 관한 최근의 변화에는 피험자들이 다음 글자에 베팅하는 도박 패러다임의 사용이 포함된다(Cover and King, 1978; Cover and Thomas, 1991).

영어의 엔트로피를 계산하는 두 번째 방법은 섀넌의 결과를 반박하는 단일 텍스트 문제를 피하는 데 도움이 된다. 이 방법은 큰 코퍼스에 우수한 확률적 모델을 훈련시키는 것이며, 섀넌-맥밀란-브레이만 정리를 이용해 매우 긴 영어 시퀀스에 로그 확률을 할당하는 데 사용한다.

$$H(\text{English}) \leq \lim_{n \to \infty} -\frac{1}{n} \log m(w_1 w_2 \ldots w_n) \tag{4.66}$$

예를 들어 브라운 외 연구진(1992)은 5억 8,300만 단어의 영어(293,181개의 다른 유형)에 대한 트라이그램 언어 모델을 훈련시켜 브라운 코퍼스 전체(1,014,312개 토큰)의 확률을 계산하는 데 사용했다. 훈련 자료에는 신문, 백과사전, 소설, 사무 서신, 캐나다 의회의 절차 및 기타 자료가 포함돼 있다.

그런 다음 브라운 외 연구진(1992)은 단어 트리거 문법을 사용해 개별 문자의 시퀀스로 간주되는 브라운 코퍼스에 확률을 할당함으로써 브라운 코퍼스의 문자 엔트로피를 계산했다. 문자당 1.75비트의 엔트로피를 얻었다(문자 집합에는 95개의 출력 가능한

ASCII 문자가 모두 포함된다).

영어 표기 단어의 평균 길이(공백 포함)는 5.5자로 보고됐다(Nádas, 1984). 만약 이것이 맞다면 섀넌의 글자당 1.3비트의 추정치는 일반 영어의 단어당 142의 복잡도에 해당한다는 것을 의미한다. 앞서 WSJ 실험에 대해 보고한 숫자는 훈련과 테스트 세트가 같은 영어의 하위 표본에서 나왔기 때문에 이것보다 현저히 낮다. 즉, 그러한 실험들은 영어의 복잡도를 과소평가한다(예: WSJ는 세익스피어와 거의 비슷하지 않기 때문에).

많은 학자들이 엔트로피 비율이 일반적으로 인간 의사소통에 중요한 역할을 한다는 흥미로운 제안을 했다(Lindblom, 1990; Van Son et al., 1998; Aylett, 1999; Genzel and Charniak, 2002; Van Son and Pols, 2003; Levy and Jaeger, 2007). 그 아이디어는 사람들이 초당 전송되는 정보의 전송 속도를 대략적으로 일정하게 유지하기 위해 즉, 초당 일정한 수의 비트를 전송하거나 일정한 엔트로피 속도를 유지하기 위해 그렇게 말하는 것이다. 채널을 통해 정보를 전달하는 가장 효율적인 방법은 일정한 비율로 전달되기 때문에, 언어는 심지어 그러한 의사소통 효율을 위해 진화했을 수도 있다(Plotkin and Nowak, 2000). 일정한 엔트로피 비율 가설은 매우 다양한 증거가 있다. 담화에 대한 한 종류의 증거는 화자들이 예측 가능한 단어들을 짧게 하고(즉, 예측 가능한 단어들을 말하는 데 시간이 덜 걸린다는 것을 보여준다), 예측 불가능한 단어들을 길게 한다(Aylett, 1999; Jurafsky et al., 2001a; Aylett and Turk, 2004; Pluymaekers et al., 2005). 겐젤과 샤르니악(2002, 2003) 엔트로피 비율의 항상성이 텍스트에서 개별 문장의 엔트로피에 대한 예측을 한다는 것을 보여준다. 특히 이전의 담화적 맥락(예: 문장의 N그램 확률)을 무시하는 문장 엔트로피의 로컬 측정치가 문장 수와 함께 증가해야 한다고 예측하고 있으며, 이러한 증가분을 코퍼스들에서 문서화한다. 켈러(2004)는 엔트로피 비율이 수취인에게도 역할을 한다는 증거를 제시하며, 시선 추적 데이터에서 판독 시간으로 측정했을 때 문장의 엔트로피와 이해력에서 발생하는 처리 노력 사이의 상관관계를 보여준다.

4.12 요약

4장에서는 언어 처리에서 가장 오래되고 가장 유용한 실용적인 도구 중 하나인 N그램을 소개했다.

- N그램 확률은 이전 $N-1$ 단어가 주어진 단어의 조건부확률이다. N그램 확률은 단순히 코퍼스를 계산하고 정규화(**최대 우도 추정치**)해 계산하거나 좀 더 정교한 알고리듬으로 계산할 수 있다. N그램의 장점은 많은 풍부한 어휘 지식을 활용한다는 것이다. 일부 목적의 단점은 훈련받은 코퍼스에 매우 의존한다는 것이다.

- **평탄화** 알고리듬은 최대 우도 추정보다 N그램의 확률을 추정하는 더 나은 방법을 제공한다. N그램에 일반적으로 사용되는 평활화는 백오프 또는 보간 과제를 통해 하위 N그램 카운트에 의존한다.

- 두 가지 모두 백오프와 보간법이 필요한 경우, **Kneser-Ney**, **Witten-Bell** 또는 **굿 튜링** 할인과 같이 계산된다.

- 코퍼스를 **훈련 세트**와 **테스트 세트**로 분리하고, 훈련 세트에 모델을 훈련한다. 그리고 테스트 세트에 대한 평가를 실시해 N그램 **언어 모델**을 평가한다. 테스트 세트에 있는 언어 모델의 **복잡도** 2^H는 언어 모델을 비교하는 데 사용된다.

참고문헌 및 역사 참고 사항

N그램의 기초 수학은 마르코프(1913)에 의해 처음 제안됐다. 마르코프(1913)는 푸시킨의 예브게니 오네긴에 다음 문자가 모음인지 자음인지 예측하기 위해 현재 **마르코프 체인**(바이그램과 트라이그램)이라고 부르는 것을 사용했다. 마르코프는 2만 개의 문자를 V나 C로 분류하고, 앞의 1, 2자만 주어진다면 주어진 글자가 모음일 확률을 계산했다. 섀넌(1948)은 영어 단어 연쇄에 근사치를 계산하기 위해 N그램을 적용했다. 섀넌의 연구를 바탕으로 한 마르코프 모델은 1950년대까지 단어 연쇄를 모델링하는 엔지니어링적, 언어학적, 심리학적 과제에 흔히 사용됐다.

촘스키(1956)를 시작으로 촘스키(1957), 밀러와 촘스키(1963)를 포함한 일련의 매우 영향력 있는 논문에서 노암 촘스키는 "유한 상태 마르코프 프로세스"는 유용한 공학 휴리스틱이지만, 인간 문법 지식의 완전한 인지 모델이 될 수 없다고 주장했다. 이러한 주장들은 수십 년 동안 많은 언어학자들과 컴퓨터 언어학자들의 통계 모델링 작업을 덮어두게 했다.

N그램 모델의 부활은 섀넌의 영향을 받은 IBM 토마스 J. 왓슨 연구 센터의 옐리네크, 머서, 바울 그리고 바움과 동료들의 연구에 영향을 받은 CMU의 베이커에서 비롯됐다. 독립적으로 이 두 연구소는 음성 인식 시스템에 N그램을 성공적으로 사용했다(Baker, 1990; Jelinek, 1976; Baker, 1975; Bahl et al., 1983; Jelinek, 1990). 1970년대 IBM TANGORA 음성 인식 시스템에서는 트라이그램 모델이 사용됐지만, 그 아이디어는 훗날이 돼서야 기록됐다.

Add-one 라플라스는 1812년 승계 법칙에서 유래한 것으로, 존슨(1932)의 초기 Add-K 제안에 기초했다. 제프리스(1948)에 의해 제로 빈도 문제에 대한 엔지니어링 솔루션으로 처음 적용됐다. Add-one 알고리듬의 문제는 게일과 처치(1994)에 요약돼 있다. 굿 튜링 알고리듬은 나다스(1984)에서 인용한 바와 같이 캐츠에 의해 IBM의 N그램 문법의 평탄화에 처음 적용됐다. 처치와 게일(1991)은 그 증거뿐만 아니라 굿 튜링 방법에 대해서도 좋은 설명을 해준다. 샘프슨(1996)도 굿 튜링에 대해 유익한 논의를 하고 있다.

옐리네크(1990)는 IBM 언어 모델에 사용된 이 기술 및 기타 초기 언어 모델 혁신을 요약한다.

위튼-벨 할인(Witten and Bell, 1991), 다양한 부류 기반 모델(Jelinek, 1990; Kneser and Ney, 1993; Heeman, 1999; Samuelsson and Reichl, 1999), 굽타 외(1992)를 포함해 1980년대와 1990년대까지 다양한 언어 모델링 및 평탄화 기법이 테스트됐다. 1990년대 후반, 첸과 굿맨은 서로 다른 언어 모델을 비교한 매우 영향력 있는 일련의 논문을 작성했다(Chen and Goodman, 1996, 1998, 1999; Goodman, 2006). 첸과 굿맨은 서로 다른 할인 알고리듬, 캐시 모델, 부류 기반(클러스터) 모델 및 기타 언어 모델 매개변수를 비교하는 많은 신중하게 제어된 실험을 수행했다. 아울러 보간 Kneser-Ney의 장점을 보여줬으며, 이는 언어 모델링을 위한 가장 보편적인 현재 방법 중 하나가 됐다. 이 논문들은 4장에 영향을 미쳤으며, 언어 모델링에 더 관심이 있다면 위 논문들을 읽어보기를 권장한다.

언어 모델링에 관한 최근의 연구는 적응, 통사적, 대화적 구조에 기초한 정교한 언어 구조의 사용, 그리고 매우 큰 N그램에 초점을 맞추고 있다. 2006년에 구글은 유용한 연구 자료인 N그램의 매우 큰 세트를 공개했는데, 이 N그램은 1,024,908,267,229단어의 실행 텍스트에서 40번 이상 나타나는 모든 5단어 연쇄로 구성돼 있다. 1,176,470,663개의 5단어 연쇄는 1,300만 개 이상의 고유 단어 유형을 사용한다(Franz and Brants, 2006). 일반적으로 큰 언어 모델은 스톨케(1998)와 처치 외 연구진(2007)과 같은 기술들에 의해 실용적으로 다듬어질 필요가 있다.

연습

4.1   트라이그램. 확률 추정에 대한 방정식을 작성하라(식 4.14 수정).

4.2   평탄화되지 않은 유니그램과 바이그램을 계산하는 프로그램을 작성하라.

4.3   선택한 두 개의 작은 코퍼스들에서 N그램 프로그램을 실행하고(이메일 텍스트 또는 뉴스 그룹을 사용할 수 있음) 두 코퍼스들의 통계를 비교해본다. 그 둘 사이의 가장 일반적인 유니그램의 차이점은 무엇인가? 바이그램의 흥미로운 차이점은 무엇인가?

4.4   프로그램에 옵션을 추가해 임의의 문장을 생성하라.

4.5   굿 튜링 할인을 하려면 프로그램에 옵션을 추가하라.

4.6   프로그램에 옵션을 추가해 캐츠 백오프를 구현하라.

4.7   프로그램에 옵션을 추가해 테스트 세트의 복잡도를 계산하라.

4.8   (마이클 콜린스로부터 인용) 식 4.27에 주어진 식 4.26과 모든 필수 가정을 증명한다. 즉, 훈련에 나타난 N 항목에 대해 식 4.26의 GT 공식에 의해 정의된 확률분포를 고려할 때, 다음 (즉, $N+1$) 항목이 훈련에 표시되지 않을 확률은 식 4.27로 추정할 수 있다. 모든 N_c가 제로가 아니라고 가정하는 것을 포함해 증명에 필요한 가정을 할 수 있다.

4.9   (고급) 누군가가 한 문장의 모든 단어를 가져와서 무작위로 다시 정렬했다고 가정하자. 이러한 **단어 주머니**를 입력으로 받아 원래 순서대로 추측을 출력해내

는 프로그램을 작성하라. *N*그램 프로그램에서 생성된 *N*그램 문법(일부 코퍼스)을 사용해야 하며, 5장에서 소개된 비터비 알고리듬을 사용하라. 이 과제를 **주머니 생성**이라고도 한다.

4.10 **저작자 표시**는 특정 텍스트의 작성자를 발견하는 것과 관련이 있다. 저자 속성은 역사, 문학, 법의학 언어학을 포함한 많은 분야에서 중요하다. 예를 들어 모스텔러와 월리스(1964)는 누가 연방주의 논문을 썼는지 알아내기 위해 저자 식별 기법을 적용했다. 연방주의 논문은 1787~1788년에 알렉산더 해밀턴, 존 제이, 제임스 매디슨에 의해 작성돼 뉴욕을 설득해 미국 헌법을 비준했다. 그들은 익명으로 출판됐고, 그 결과 85편의 에세이 중 일부는 분명한 저자에게 귀속됐지만, 12명의 저자는 해밀턴과 매디슨 사이에서 논쟁에 휘말렸다. 포스터(1989)는 윌리엄 피터를 위한 W.S의 애도가$^{\text{Funeral Elegy}}$가 윌리엄 셰익스피어에 의해 쓰여졌을 수도 있다는 것과 클린턴의 미국 대통령 선거 운동에 관한 실화 소설의 원색$^{\text{Primary Colors}}$의 익명의 저자가 저널리스트 조 클라인임을 시사하기 위해 저자 식별 기법을 적용했다(Foster, 1996).

모스텔러와 월리스가 처음 사용하는 저작자 표시 표준 기법은 베이지안 접근법이다. 그들은 해밀턴의 작문에 대한 확률론적 모델과 매디슨의 작문에 대한 또 다른 모델을 훈련시킨 다음, 논쟁의 여지가 있는 각 에세이의 최대 우도 저자를 계산했다. 어휘 사용, 단어 길이, 음절 구조, 운율, 문법을 포함한 많은 복잡한 요소들이 이 모델들에 들어간다. 요약은 홈즈(1994)를 참조하라. 이 접근 방식은 텍스트가 어떤 장르에서 나오는지를 식별하는 데에도 사용할 수 있다.

많은 모델에서 한 가지 요소는 희귀한 단어의 사용이다. 이 한 요인에 대한 간단한 근사치로 베이지안 방법을 특정 텍스트의 속성에 적용한다. 테스트할 텍스트와 컴퓨터에서 읽을 수 있는 큰 텍스트 샘플과 함께 가능성이 있는 저자 또는 장르의 세 가지가 필요할 것이다. 그중 한 사람이 올바른 작가가 돼야 한다. 각 후보 저자에 대해 단일 언어 모델을 훈련시킨다. 각 언어 모델에 **싱글톤** 유니그램만 사용할 것이다. (1) A_1의 언어 모델을 취하고 (2) "알 수 없는" 텍스트에서 한 번만 발생하는 모든 유니그램의 확률을 곱하고 (3) 이들의

상승 평균(즉, n은 곱한 확률의 수)을 취함으로써 주어진 글의 확률인 $P(T|A_1)$를 계산한다. A_2에 대해서도 동일하게 한 뒤 더 높은 쪽을 선택한다. 올바른 후보가 만들어졌는가?

05
품사 태깅

접속사 연접, 기능은 무엇인가요?

– 밥 도로우, 〈스쿨하우스 록〉, 1973

문법학자 앞에 그노시스주의자가 앉아 있었다. 문법학자는 '한 단어는 명사, 동사, 불변화사 중 하나여야 한다'고 말했다. 그 그노시스주의자는 그의 옷을 부여잡고 울었다. '아! 이 밖에 또 다른 말이 있기를 바라며 크게 애썼는데, 20년 동안의 삶과 노력과 목표가 날아가버렸다. 이제 너는 나의 희망을 무너뜨렸다.' 비록 그노시스주의자는 이미 자신의 목적인 단어를 얻었지만, 그는 문법학자를 일깨우기 위해 이렇게 말했다.

– 루미(1207~1273), A. J. 아르베리가 번역한 루미의 담론

알렉산드리아의 디오니시우스 트락스(기원전 100년 경) 또는 아마도 다른 누군가(오래된 텍스트로 인해 확인하기 어려운 저자)는 당시의 언어 지식을 요약한 그리스어의 문법적 개요("technē")를 저술했다. 이 작품은 다른 많은 단어들 중에서도 구문, 이중모음, 접어, 비유를 포함한 현대 언어 어휘 중 놀랄 만큼 많은 부분의 직접적인 원천이다. 또한 명사, 동사, 대명사, 전치사, 부사, 접속사, 분사, 관사 등 8가지 **품사**에 대한 설명이 포함돼 있다. 비록 이전의 학자들(아리스토텔레스뿐만 아니라 스토이크족을 포함)이 그들 자신의 품사 목록을 가지고 있었지만, 다음 2000년 동안 그리스어, 라틴어 및 대부분의 유럽 언어에 대한 차후의 모든 품사 설명의 근거가 된 것은 트락스^Thrax의 8종 세트였다.

〈스쿨하우스 록Schoolhouse Rock〉은 1973년 텔레비전에서 방영된 3분짜리 뮤지컬 애니메이션 시리즈였다. 이 시리즈는 아이들이 곱셈표, 문법, 기초과학, 역사를 배우도록 영감을 주기 위해 만들어졌다. 예를 들어 그래머 록Grammar Rock 시퀀스는 품사에 관한 노래를 포함돼 있어, 이러한 범주들을 대중 문화의 영역으로 끌어들였다. 게다가 그래머 록은 문법적인 표기법에 있어서 놀라울 정도로 전통적이었다. 그중에는 품사에 관한 8곡도 포함돼 있었다. 비록 목록이 원래 분사와 관사를 형용사와 감탄사로 대체하는 트랙스의 원본에서 약간 수정됐지만, 2천년 동안 품사들의 영속성은 인간 언어에서의 역할의 중요성과 명료성을 동시에 보여주는 지표다.

태그 세트   최근의 품사(또는 **태그 세트**)의 목록에는 더 많은 단어 부류가 있다. 펜트리뱅크(Marcus et al., 1993)의 경우 45개, 브라운 코퍼스(Francis, 1979; Francis and Kučera, 1982)의 경우 87개, C7 태그 세트(Garside et al., 1997)의 경우 146개의 단어 부류가 있다.

언어 처리를 위한 품사(**POS, 어휘 범주, 형태론적 부류** 또는 **어휘 태그**라고도 함)의 중요성은 단어와 주변 단어에 많은 양의 정보를 제공하는 것이다. 이는 주요 범주(동사 대 명사)의 경우뿐만 아니라 많은 미세한 구분에도 해당된다. 예를 들어 이러한 태그 세트는 소유대명사(my, your, his, her, its)와 인칭대명사(I, you, he, me)를 구별한다. 어떤 단어가 소유대명사인지 인칭대명사인지 알면 그 주변에 어떤 단어가 발생할 가능성이 있는지 알 수 있다(소유대명사 뒤에는 명사, 인칭대명사 뒤에는 동사가 온다). 이는 음성 인식을 위한 언어 모델에서 유용할 수 있다.

한 단어의 품사는 그 단어가 어떻게 발음되는지 알려준다. 8장에서 설명하는 것처럼, 예를 들어 단어 *content*는 명사나 형용사가 될 수 있으며, 명사와 형용사는 다르게 발음된다(명사는 CONtent, 형용사 conTENT로 발음된다). 그래서 품사를 아는 것은 음성 합성 시스템에서 더 자연스러운 발음을 만들어낼 수 있고, 음성 인식 시스템에서 더 정확한 발음을 만들어낼 수 있다(이러한 다른 쌍에는 OBject(명사)와 obJECT(동사), DISCount(명사) 및 DIScount(동사)가 있다. 커틀러(1986)를 참조한다).

품사를 사용하면 정보 검색IR을 위한 형태소 분석에 사용할 수 있다. 단어의 품사를 알면 3장에서 볼 수 있듯이 어떤 형태적 접미사를 사용할 수 있는지 알려줄 수 있기 때문에 IR 애플리케이션을 향상시킬 수도 있다. 품사를 자동으로 할당하는 것은 22장에서 논의된 정보 추출 애플리케이션의 이름, 시간, 날짜 또는 기타 개체명을 신속하게 찾기 위한 파싱, 단어 의미 중의성 해소 알고리듬 및 텍스트의 부분 구문 분석의 역할을 한다. 품사로 표시된 것은 언어 연구에 유용하다. 예를 들어 특정 구조의 사례 또는 빈도를 찾는 데 도움이 될 수 있다.

5장에서는 품사를 단어에 할당하는 계산 방법(**품사 태깅**)에 중점을 둔다. 수작업으로 작성된 규칙(**규칙 기반 태깅**), 통계적 방법(HMM 태깅 및 최대 엔트로피 태깅) 및 **변환 기반 태깅** 및 **메모리 기반 태깅**과 같은 기타 방법을 포함해 많은 알고리듬이 이 문제에 적용됐다. 5장에서는 규칙 기반 태깅, HMM 태깅 및 변환 기반 태깅의 세 가지 알고리듬을 소개한다. 그러나 알고리듬 자체를 사용하기 전에 영어 어휘 범주와 이러한 부류를 형식적으로 코딩하기 위한 다양한 태그 세트의 요약부터 시작해보자.

5.1 (대부분) 영어의 어휘 범주

지금까지 **명사**와 **동사**와 같은 품사를 자유롭게 사용해왔다. 이 절에서는 다른 부류에 대해 보다 완벽하게 정의해본다. 전통적으로 품사 정의는 통사론 및 형태론적 기능에 기초해왔다. 근접하게 발생할 수 있는 것과 유사하게 기능하는 단어들('통사적 중의성 해소 특성') 또는 이 단어들이 취하는 접사(형태론적 특성)로 분류된다. 어휘 범주가 의미론적 일관성을 지향하는 경향을 가지고 있지만(언어는 사실 '사람, 장소 또는 사물', 형용사는 종종 속성을 나타냄), 반드시 그런 것은 아니지만 일반적으로 의미론적 일관성을 품사의 정의 기준으로 사용하지 않는다.

닫힌 부류
열린 부류

품사를 **닫힌 부류**와 **열린 부류**의 두 가지 광범위한 슈퍼 카테고리로 나눌 수 있다. 닫힌 부류는 구성이 비교적 고정적인 부류이다. 일례로 전치사는 영어로 고정적인 구성이기 때문에 닫힌 부류이다. 새로운 전치사는 거의 만들어지지 않는다. 대조적으로 명사와 동사는 새로운 명사와 동사가 계속해서 만들어지거나 다른 언어로부터 차용되기 때문에 열린 부류이다(예: 새로운 동사 *to fax* 또는 차용된 명사 *futon*). 주어진 화자나 코퍼스는 다른 열린 코퍼스는 단어를 가지고 있을 가능성이 높지만, 언어의 모든 화자와 충분히 큰 코퍼스는 닫힌 부류 단어 세트를 공유할 것이다. 또한 닫힌 부류 단어

기능어

는 일반적으로 *of, it, and, you*와 같은 **기능어**로서 매우 짧은 경향이 있고 자주 발생하며 문법에서 구조적인 용도가 있는 경우가 많다.

언어에는 **명사**, **동사**, **형용사**, **부사** 등 4가지 열린 부류가 있다. 모든 언어가 그렇지는 않지만, 영어는 이 4가지 모두를 가지고 있다.

명사   **명사**는 대부분의 사람, 장소 또는 사물에 대한 단어가 발생하는 통사론적 부류에 주어지는 이름이다. 그러나 명사와 같은 통사론적 부류는 의미론적이라기보다는 문장 구성을 통해 형태론적으로 정의되기 때문에 사람, 장소, 사물의 어떤 단어는 명사가 아닐 수도 있고, 반대로 어떤 명사는 사람, 장소, 사물에 대한 단어가 아닐 수도 있다. 따라서 명사에는 *ship*이나 *chair*와 같은 구체적인 용어, *bandwidth*나 *relationship*과 같은 추상적인 용어, *His pacing to and fro became quite annoying*에서의 *pacing*과 같은 동사형 용어가 포함돼 있다. 영어로 명사를 정의하는 것은 한정사(*a goat, its bandwidth, Plato's Republic*), 소유격 형태를 가질 수 있으며(*IBM's annual revenue*) 그리고 모든 명사가 복수형으로 나오는 것은 아니지만 복수형으로 나타낼 수 있다(*goats, abaci*).

고유명사   명사는 전통적으로 **고유명사**와 **보통명사**로 분류된다. Regina, Colorado, IBM과 같
보통명사 은 고유명사는 특정 인물이나 개체의 이름이다. 영어에서는 일반적으로 고유명사 앞에 관사가 오지 않는다(예: *the book is upstairs/Regina is upstairs*). 문어체 영어에서는 보통 고유명사를 대문자로 시작한다.

가산명사   영어를 포함한 많은 언어에서 보통 명사는 **가산명사**와 **불가산명사**로 나뉜다. 가산명
불가산명사 사는 문법적 열거가 가능한 명사들이다. 즉, 단수와 복수(*goat/goats, relationship/ relationships*)에서 모두 발생할 수 있고 셀 수 있다(*one goat, two goats*). 불가산명사는 무언가가 동질적인 그룹으로 개념화될 때 사용된다. 그래서 *snow, salt, communism*와 같은 단어들은 셀 수 없다(즉, **two snows* 또는 **two communisms*). 불가산명사도 관사 없이 표시될 수 있으며, 단수형 가산명사는 관사를 사용해야 한다(*Snow is white*는 가능하지만 **Goat is white*는 불가능함).

동사   **동사** 부류에는 *draw, provide, differ, go*와 같은 본동사를 포함해 동작 및 과정을 나타내는 단어들을 대부분 포함한다. 3장에서 봤듯이 영어 동사는 여러 가지 형태론적 형태(비3인칭-*sg*(*eat*), 3인칭-*jg*(*eats*), 진행형(*eating*), 과거분사형(*eaten*))이 있다. 닫힌 부류 형식으로 돌아가 조동사라고 하는 영어 동사의 하위 부류에 대해 다룬다.

많은 연구원들이 모든 인간 언어가 명사와 동사의 범주를 가지고 있다고 믿지만, 다른 연구원들은 리아우 인도네시아어, 통가어 같은 일부 언어는 이런 구별조차 하지 않는다고 주장해왔다(Broschart, 1997; Evans, 2000; Gil, 2000).

형용사   세 번째 열린 부류 영어 형식은 **형용사**다. 의미론적으로 이 부류에는 속성이나 자질을 설명하는 많은 용어들을 포함한다. 대부분의 언어에는 색(흰색, 검은색), 나이(늙은, 젊은), 가치(좋은, 나쁜)의 개념에 대한 형용사가 있지만, 형용사가 없는 언어도 있다. 예를 들어 한국어에서는 영어 형용사에 해당하는 단어들이 동사의 하위 부류로 작용하기 때문에 영어에서 형용사 "*beautiful*(아름다운)"은 한국어에서 "*to be beautiful*(아름답다)"을 의미하는 동사처럼 작용한다(Evans, 2000).

부사   마지막 열린 부류 형식인 **부사**는 의미론적으로나 형식적으로나 다소 뒤죽박죽으로 돼 있다. 예를 들어 섀커(1985)는 다음 문장에서는 이탤릭체로 된 모든 단어가 부사라고 지적한다.

Unfortunately, John walked *home extremely slowly yesterday*

부류가 의미론적인 공통점은 단지 이 단어들이 각각 무언가를 수식하는 것으로 볼 수 있다(종종 동사뿐만 아니라 다른 부사와 전체 동사구). **지시부사** 또는 **위치부사**(*home, here, downhill*)는 어떤 행동의 방향이나 위치를 명시하고, **정도부사**(*extremely, very, somewhat*)는 어떤 행동, 과정 또는 속성의 범위를 명시하고, **양태부사**(*slowly, slinkily, delicately*)는 어떤 행동이나 과정의 방식을 묘사하고, **시간부사**는 어떤 행동이나 사건이 일어난 시간을 묘사한다(*yesterday, Monday*). 여러 다른 종류들로 이뤄진 특성으로 인해, 일부 태깅 체계에서 일부 부사는 명사로 태그 지정된다(예: *Monday*와 같은 시간부사).

열린 부류보다 닫힌 부류는 언어마다 다르다. 다음은 영어로 된 몇 가지 중요한 닫힌 부류에 대한 간략한 개요다. 각각의 예는 다음과 같다.

- **전치사**: on, under, over, near, by, at, from, to, with
- **한정사**: a, an, the
- **대명사**: she, who, I, others
- **접속사**: and, but, or, as, if, when
- **조동사**: can, may, should, are

- **접사**: up, down, on, off, in, out, at, by
- **수사**: one, two, three, first, second, third

전치사   **전치사**는 명사구 앞에 온다. 의미론적으로 전치사와 명사구는 관계적이며, 종종 문자 그대로이든(*on it, before then, by the house*) 은유적이든(*on time, with gusto, beside herself*) 공간적 또는 시간적 관계를 나타낸다. 그러나 종종 다른 관계들을 나타내기도 한다(*Hamlet was written by Shakespeare*, 그리고 [셰익스피어에서] "*And I did laugh sans intermission an hour by his dial*"). 그림 5.1은 CELEX 온라인 사전(Baayen et al., 1995)에 따른 영어 전치사를 COBUILD 1,600만 단어의 영어 코퍼스에서 빈도에 따라 정렬했다. 사전과 태그 세트에 따라 어휘 범주가 다르게 표시되기 때문에 그림 5.1은 최종 목록으로 간주되지 않아야 한다. 게다가 이 목록은 전치사와 접사를 결합한다.

접사   **접사**는 전치사나 부사와 비슷한 단어로 동사와 조합해 쓰인다. 접사는 종종 전치사와 완전히 다른 의미를 가지고 있다.

He arose slowly and brushed himself *off*

...she had turned the paper *over*.

of	540,085	through	14,964	worth	1,563	pace	12
in	331,235	after	13,670	toward	1,390	nigh	9
for	142,421	between	13,275	plus	750	re	4
to	125,691	under	9,525	till	686	mid	3
with	124,965	per	6,515	amongst	525	o'er	2
on	109,129	among	5,090	via	351	but	0
at	100,169	within	5,030	amid	222	ere	0
by	77,794	towards	4,700	underneath	164	less	0
from	74,843	above	3,056	versus	113	midst	0
about	38,428	near	2,026	amidst	67	o'	0
than	20,210	off	1,695	sans	20	thru	0
over	18,071	past	1,575	circa	14	vice	0

그림 5.1   CELEX 온라인 사전의 영어 전치사 (및 접사) 빈도수는 COBUILD 1,600만 단어 코퍼스에서 나온다.

동사구   동사와 접사가 단일 구문 및 의미 단위로 동작할 때, 그 조합을 **동사구**라고 부른다. 동사구는 의미 단위로서 동작할 수 있기 때문에 동사와 접사의 별개의 의미로부터 예측할 수 없는 뜻을 갖는 경우가 많다. *turn down*은 'reject', rule out은 'eliminate', *find out*은 'discover', *go on*은 'continue'와 같은 뜻이다. 이 단어들은 동사와 접사의 뜻에서 독립적으로 예측될 수 있었던 뜻이 아니다. 헨리 데이빗 소로의 구동사의 몇 가지 예는 다음과 같다.

So I *went* on for some days cutting and hewing timber...

Moral reform is the effort to *throw off* sleep...

그림 5.2에서 크웍 외 연구진(1985)의 단어의 접사 목록을 보여준다. 접사와 전치사를 자동으로 구분하는 것은 극히 어렵기 때문에 일부 태그 세트(CELEX에 사용된 것과 같은)는 구별하지 못한다. 심지어 펜 트리뱅크와 같은 코퍼스들에서도 자동 프로세스에서 구별하기가 매우 어렵기 때문에 카운트를 제공하지 않는다.

aboard	aside	besides	forward(s)	opposite	through
about	astray	between	home	out	throughout
above	away	beyond	in	outside	together
across	back	by	inside	over	under
ahead	before	close	instead	overhead	underneath
alongside	behind	down	near	past	up
apart	below	east, etc.	off	round	within
around	beneath	eastward(s),etc.	on	since	without

그림 5.2 크웍 외 연구진(1985)의 영어 단어 접사

한정사
관사

한정사는 명사와 함께 발생하며, 종종 명사구의 시작을 나타내는 닫힌 부류다. 한정사의 작은 하위 유형 중 하나는 **관사**다. 영어는 *a, an, the* 세 가지 관사가 있다. 다른 한정사는 *this*(예: this chapter)와 that(예: that page)을 포함한다. a와 an은 명사 구를 불특정으로 표시하고, the는 명사구를 특정적으로 표시할 수 있다. 특정성은 21장에서 논의되는 담화 및 의미 속성이다. 관사는 영어로 꽤 자주 쓰여진다. 사실 the는 대부분의 코퍼스들에서 가장 자주 일어나는 단어다. 1,600만 단어 중 COBUILD 통계는 다음과 같다.

the: 1,071,676   a: 413,887   an: 59,359

접속사 **접속사**는 두 개의 구절, 절 또는 문장이 연결시킨다. *and, or, but*과 같은 등위접속사는 동등한 상태의 두 가지 요소를 결합한다. 종속접속사는 요소들 중 하나가 내포절 상태일 때 사용된다. 예를 들어 "*I thought that you might like some milk*"에서 *that*은 주절 "*I thought*"와 종속절 "*you might like some milk*"를 연결하는 종속접속사다. 이 절 전체가 본동사 *thought*의 "내용"이기 때문에 이 절은 종속절이라고 부른다. 이

보문어 와 같은 방식으로 동사를 요지와 연결하는 "*that*"과 같은 접속사들을 **보문어**complementizers라고 부르기도 한다. 12장과 15장에서는 보문어에 대해 더 자세히 설명한다. 그림 5.3에는 영어 접속사 목록이 나와 있다.

and	514,946	yet	5,040	considering	174	forasmuch as	0
that	134,773	since	4,843	lest	131	however	0
but	96,889	where	3,952	albeit	104	immediately	0
or	76,563	nor	3,078	providing	96	in as far as	0
as	54,608	once	2,826	whereupon	85	in so far as	0
if	53,917	unless	2,205	seeing	63	inasmuch as	0
when	37,975	why	1,333	directly	26	insomuch as	0
because	23,626	now	1,290	ere	12	insomuch that	0
so	12,933	neither	1,120	notwithstanding	3	like	0
before	10,720	whenever	913	according as	0	neither nor	0
though	10,329	whereas	867	as if	0	now that	0
than	9,511	except	864	as long as	0	only	0
while	8,144	till	686	as though	0	provided that	0
after	7,042	provided	594	both and	0	providing that	0
whether	5,978	whilst	351	but that	0	seeing as	0
for	5,935	suppose	281	but then	0	seeing as how	0
although	5,424	cos	188	but then again	0	seeing that	0
until	5,072	supposing	185	either or	0	without	0

그림 5.3 CELEX의 영어 등위접속사 및 종속접속사. 빈도수는 COBULD(1,600만 단어)에서 나온다.

대명사
인칭대명사
소유대명사
의문대명사

대명사는 종종 어떤 명사구나 개체 또는 사건을 언급하기 위한 일종의 속기 역할을 하는 형태다. **인칭대명사**는 사람이나 실체(*you, she, I, it, me,* 등)를 가리킨다. **소유대명사**는 실제 소유 또는 종종 그 사람과 어떤 대상 사이의 추상적인 관계(*my, your, his, her, its, one's, our, their*)를 나타내는 인칭대명사의 형태다. **의문대명사**Wh-pronouns(*what, who, whom, whoever*)가 어떤 질문 형식으로 사용되거나 보문어 역할을 할 수도 있다(*Frida,* *who married Diego...*). 그림 5.4는 다시 CELEX의 영어 대명사를 보여준다.

영어 동사의 닫힌 부류 하위 유형은 **조동사**다. 교차 언어학적으로 조동사는 어떤 행동이 현재, 과거, 미래에서 일어나는지(시제), 완료됐는지 여부(상相), 부정됐는지 여부(긍정·부정의 구별), 어떤 행동이 필요한지, 가능한지, 제안된지, 원하는지 등(경향)을 포함해 주동사의 특정한 의미론적 피처를 표시하는 단어(보통 동사)다.

영어 조동사로는 **연결동사** *be*, 동사 *do*와 *have*, 굴절된 형태와 함께 **법조동사**의 부류를 포함한다. *be*는 특정 술어명사의 주어와 형용사(*He is a duck*)를 연결하기 때문에 연결동사라고 한다. 동사 *have*는 완료시제(*I have gone, I had gone*), *be*는 수동태(*We were robbed*)나 진행형(*We are leaving*) 구조의 일부로 사용된다. 법조동사는 주동사가 묘사하는 사건이나 행동과 관련된 경향을 표시하기 위해 사용된다. 따라서 *can*은 능력이나 가능성, *may*는 허가나 가능성, *must*는 필요성을 나타낸다. 위에서 언급한 완료형의 *have* 외에도 구어체 영어에서 흔히 볼 수 있는 법조동사 *have*가 있다(예: *I have to go*). CELEX 사전이 주동사 의미(*I have three oranges, He dared me to eat them*)와 법조동사가 아닌 의미(*There has to be some mistake, Dare I confront him?*)를 구별하지 못하기 때문에 드물게 나타나는 법조동사 dare도 빈도수를 가지고 있지 않다. 그림 5.5에는 영어의 법조동사가 나열돼 있다.

it	199,920	how	13,137	yourself	2,437	no one	106
I	198,139	another	12,551	why	2,220	wherein	58
he	158,366	where	11,857	little	2,089	double	39
you	128,688	same	11,841	none	1,992	thine	30
his	99,820	something	11,754	nobody	1,684	summat	22
they	88,416	each	11,320	further	1,666	suchlike	18
this	84,927	both	10,930	everybody	1,474	fewest	15
that	82,603	last	10,816	ourselves	1,428	thyself	14
she	73,966	every	9,788	mine	1,426	whomever	11
her	69,004	himself	9,113	somebody	1,322	whosoever	10
we	64,846	nothing	9,026	former	1,177	whomsoever	8
all	61,767	when	8,336	past	984	wherefore	6
which	61,399	one	7,423	plenty	940	whereat	5
their	51,922	much	7,237	either	848	whatsoever	4
what	50,116	anything	6,937	yours	826	whereon	2
my	46,791	next	6,047	neither	618	whoso	2

him	45,024	themselves	5,990	fewer	536	aught	1
me	43,071	most	5,115	hers	482	howsoever	1
who	42,881	itself	5,032	ours	458	thrice	1
them	42,099	myself	4,819	whoever	391	wheresoever	1
no	33,458	everything	4,662	least	386	you–all	1
some	32,863	several	4,306	twlce	382	additional	0
other	29,391	less	4,278	theirs	303	anybody	0
your	28,923	herself	4,016	wherever	289	each other	0
its	27,783	whose	4,005	oneself	239	once	0
our	23,029	someone	3,755	thou	229	one another	0
these	22,697	certain	3,345	'un	227	overmuch	0
any	22,666	anyone	3,318	ye	192	such and such	0
more	21,873	whom	3,229	thy	191	whate'er	0
many	17,343	enough	3,197	whereby	176	whenever	0
such	16,880	half	3,065	thee	166	whereof	0
those	15,819	few	2,933	yourselves	148	whereto	0
own	15,741	everyone	2,812	latter	142	whereunto	0
us	15,724	whatever	2,571	whichever	121	whichsoever	0

그림 5.4 (대부분) CELEX 온라인 사전에서 영어의 어휘 범주 129 대명사. 빈도수는 COBUILD 1,600만 단어 코퍼스에서 나온다.

can	70,930	might	5,580	shouldn't	858
will	69,206	couldn't	4,265	mustn't	332
may	25,802	shall	4,118	'll	175
would	18,448	wouldn't	3,548	needn't	148
should	17,760	won't	3,100	mightn't	68
must	16,520	'd	2,299	oughtn't	44
need	9,955	ought	1,845	mayn't	3
can't	6,375	will	862	dare, have	???

그림 5.5 CELEX 온라인 사전의 영어 법조동사. 빈도수는 COBUILD 1,600만 단어 코퍼스에서 나온다.

감탄사
부정어

또한 영어는 **감탄사**(*oh, ah, hey, man, alas, uh, um*), **부정어**(*no, not*), **정중한 표현법**(*please, thank you*), **인사**(*hello, goodbye*), 존재의 **there**(*there are two on the table*) 등 다소 독특한 기능의 단어들이 많다. 이러한 부류가 특정 이름을 할당받는지 아니면 함께 묶였는지 표기의 목적에 따라 달라진다(감탄사 또는 심지어 부사로).

5.2 영어 태그 세트

앞의 절에서는 영어 단어에 대한 통사론의 범주를 폭넓게 설명했다. 이 절에서는 다양한 태깅 알고리듬을 도입하기 위해 품사 태깅에 사용된 실제 태그 세트를 설명함으로써 개요를 다듬는다.

영어의 인기 있는 태그 세트의 대부분은 브라운 코퍼스에 사용된 87개의 태그 세트에서 발전했다(Francis, 1979; Francis and Kučera, 1982). 브라운 코퍼스는 1963~1964년 브라운대학교에서 모은 다양한 장르(신문, 소설, 논픽션, 학술 등)의 500여 텍스트의 샘플 모음집이다(Kučera and Francis, 1967; Francis, 1979; Francis and Kučera, 1982). 이 코퍼스는 처음에는 TAGGIT 프로그램으로, 다음에는 태그의 수작업으로 품사 태그가 붙었다.

이 원래의 브라운 태그 세트 외에, 그림 5.7~5.8에서 가장 일반적으로 사용되는 태그 세트는 그림 5.6에 표시된 작은 45-태그 펜 트리뱅크 태그 세트(Marcus et al., 1993)와 그림 5.9에 표시된 중간 크기의 61-태그 C5 태그 세트다. 랭커스터 UCREL 프로젝트의 CLAWS^{Constituent Likelihood Automatic Word-tagging System} 태거^{tagger}는 영국 국립 코퍼스^{BNC}에 태그를 지정하는 데 사용한다(Garside et al., 1997).

브라운 코퍼스, 〈월 스트리트 저널〉 코퍼스, 스위치보드 코퍼스에 적용된 그림 5.6에서 널리 사용되는 펜 트리뱅크 세트에 집중한다. 어려운 태그 결정과 더 큰 태그 세트에서 이루어진 몇 가지 유용한 차이점에 대해 논의한다. 다음은 펜 트리뱅크 버전의 브라운 코퍼스에서 태그가 붙은 문장의 몇 가지 예들이다(슬래시로 구분된 각 단어 뒤에 태그를 배치해 태그가 붙은 단어를 나타낸다).

(5.1) The/DT grand/JJ jury/NN commented/VBD on/IN a/DT number/NN of/IN other/JJ topics/NNS ./.

(5.2) **There/EX** are/VBP 70/CD children/NNS **there/RB**

(5.3) Although/IN preliminary/JJ findings/NNS were/VBD **reported/VBN** more/RBR than/IN a/DT year/NN ago/IN ,/, the/DT latest/JJS results/NNS appear/VBP in/IN today/NN **'s/POS** New/NNP England/NNP Journal/NNP of/IN Medicine/NNP ,/,

예 (5.1)은 앞의 절에서 논의한 현상들을 보여준다. 한정사 *the*와 *a*, 형용사 *ground*와 *other*, 보통 명사 *jury*, *number*, *topics*, 그리고 과거시제 동사 *commented*가 있다. 예 (5.2)는 EX 태그를 사용해 존재의 *there* 구성을 영어로 표시하고, 비교를 위해 부사[RB]로 태그된 *there*를 또 다른 용도로 사용하는 것을 보여준다. 예 (5.3)은 소유형 형태소 *'s*의 세분화를 보여주고, 'were reported'라는 수동태 구조의 예를 보여준다. 여기서 동사 *reported*는 단순과거형[VBD]이 아니라 과거분사[VBN]로 표시된다. 또한 고유명사 *New England*는 NNP로 태그가 지정돼 있다는 점에 유의한다.

마지막으로, *New England Journal of Medicine*은 고유명사이기 때문에, 트리뱅크 태깅은 그 안에 있는 *Journal*과 *Medicine*을 포함해 각 명사를 NNP로 별도로 표시하도록 선택한다. 그렇지 않으면 보통명사[NN]로 분류될 수 있다.

태그	설명	예	태그	설명	예
CC	등위접속사	*and, but, or*	SYM	심볼	*+, %, &*
CD	기수	*one, two, three*	TO	"to"	*to*
DT	한정사	*a, the*	UH	감탄사	*ah, oops*
EX	존재의 'there'	*there*	VB	동사, 기본 형태	*eat*
FW	외래어	*mea culpa*	VBD	동사, 과거시제	*ate*
IN	전치사 또는 종속접속사	*of, in, by*	VBG	동사, 동명사	*eating*
JJ	형용사	*yellow*	VBN	동사, 과거분사	*eaten*
JJR	형용사, 비교급	*bigger*	VBP	동사, 현재형 시제, 3인칭 단수 제외	*eat*
JJS	형용사, 최상급	*wildest*	VBZ	동사, 현재형 시제, 3인칭 단수	*eats*
LS	목록 항목 표시	*1, 2, One*	WDT	wh-한정사	*which, that*
MD	법조동사	*can, should*	WP	Wh-대명사	*what, who*
NN	명사, 단수형 또는 불가산	*llama*	WP$	소유격 wh-대명사	*whose*
NNS	명사, 복수형	*llamas*	WRB	Wh-형용사	*how, where*
NNP	고유명사, 단수	*IBM*	$	통화 기호	*$*
NNPS	고유명사, 복수	*Carolinas*	#	파운드 기호	*#*
PDT	전치한정사	*all, both*	"	왼쪽 따옴표	*' 또는 "*
POS	소유격 어미	*'s*	"	오른쪽 따옴표	*' 또는 "*
PRP	인칭대명사	*I, you, he*	(	왼쪽 괄호	*[, (, {, <*
PRP$	소유대명사	*your, one's*	)	오른쪽 괄호	*],), }, >*
RB	부사	*quickly, never*	,	쉼표	*,*
RBR	부사, 비교급	*faster*	.	구문 끝 구두점	*. ! ?*
RBS	부사, 최상급	*fastest*	:	구문 중간 구두점	*: ; ... - -*
RP	소사	*up, off*			

그림 5.6 펜 트리뱅크 품사 태그(구두점 포함)

일부 태깅 구분은 인간과 기계 둘 다 만들기 꽤 어렵다. 예를 들어 전치사[IN], 소사 [RP], 부사[RB]는 크게 겹칠 수 있다. 단어 around는 모두 세 가지가 될 수 있다.

(5.4) Mrs./NNP Shaefer/NNP never/RB got/VBD **around/RP** to/TO joining/ VBG

(5.5) All/DT we/PRP gotta/VBN do/VB is/VBZ go/VB **around/IN** the/DT corner/NN

(5.6) Chateau/NNP Petrus/NNP costs/VBZ **around/RB** 250/CD

이러한 결정을 내리려면 구문에 대한 정교한 지식이 필요하다. 태깅 매뉴얼 (Santorini, 1990)은 컴퓨터 프로그래머가 이러한 결정을 내리는 데 도움을 줄 수 있고 자동 태거에 유용한 기능을 제공할 수 있는 다양한 휴리스틱스를 제공한다. 예를 들어 산토리니의 두 가지 휴리스틱스(1990)는 전치사가 일반적으로 다음과 같은 명사구 (전치사구 뒤에 있을 수도 있지만)와 연관돼 있으며, 단어 *around*는 "대략"을 의미할 때 부사로 태그가 붙는다. 더욱이, 다음과 같은 예시처럼 소사는 종종 명사구 목적어보다 앞에 또는 뒤에 있을 수도 있다.

(5.7) She told off/RP her friends

(5.8) She told her friends off/RP.

반면 전치사는 명사구를 따를 수 없다(*비문법적 문장을 나타낸다. 12장에서 다시 설명한다).

(5.9) She stepped off/IN the train

(5.10) *She stepped the train off/IN.

명사를 수식할 수 있는 단어 라벨링도 어려운 문제다. 때때로 명사 앞에 있는 수식어는 *cotton*과 같은 일반적인 명사일 때도 있고, 다른 때에는 트리뱅크 태깅 매뉴얼이 수식어를 형용사로 태그하고(예: *income-tax*와 같이 하이픈으로 연결된 보통명사일 경우), 다른 때에는 고유명사로 태그하는 것을 명시하고 있다(*Gramm-Rudman*과 같이 하이픈으로 연결된 고유명사일 경우).

(5.11) cotton/NN sweater/NN

(5.12) income-tax/JJ return/NN

(5.13) the/DT Gramm-Rudman/NP Act/NP

형용사, 보통명사 또는 고유명사가 될 수 있는 일부 단어는 수식어로서 동작할 때 트리뱅크에서 보통명사로 태그가 붙는다.

(5.14) Chinese/NN cooking/NN

(5.15) Pacific/NN waters/NNS

태깅에 있어서 세 번째로 알려진 어려움은 과거분사^{VBN}와 형용사^{JJ}를 구별하는 것이다. 단어 *married*는 아래 (5.16)과 같이 사건적이고 언어적인 방법으로 사용되고 있을 때 과거분사이며, (5.17)과 같이 속성을 표현하기 위해 사용됐을 때 형용사다.

(5.16) They were married/VBN by the Justice of the Peace yesterday at 5:00.

(5.17) At the time, she was already married/JJ.

산토리니(1990)와 같은 태깅 매뉴얼은 특정 단어가 특정 맥락에서 얼마나 '동사적' 또는 '사건적'인지를 결정하는 데 다양한 유용한 기준을 제공한다. 펜 트리뱅크 태그 세트는 브라운 코퍼스의 원래 87 태그 세트에서 선별됐다. 이러한 축소된 집합은 어휘 항목의 식별에서 복구할 수 있는 정보를 제외한다. 예를 들어 원래 브라운과 C5 태그 세트는 동사 *do*의 서로 다른 형태(예: C5 태그 *did*는 VDD, *doing*은 VDG), *be*와 *have*에 대해 별도의 태그를 포함한다. 이는 트리뱅크 세트에서 생략됐다.

펜 트리뱅크 태그 세트에 특정 통사론 구분이 표시되지 않았다. 이는 트리뱅크 문장이 단순히 태그 부착이 아닌 구문 분석이 됐기 때문이다. 따라서 통사론 정보는 구문 구조에서 표현된다. 예를 들어 단일 태그 IN은 문장의 트리 구조에 의해 명확해지기 때문에 전치사와 종속접속사 모두에 사용된다(종속접속사는 항상 절 앞에, 전치사는 명사 구 또는 전치사 구 앞에 있다). 그러나 대부분의 태그 지정 상황에는 구문 분석된 코퍼스들이 포함되지 않는다. 따라서 펜 트리뱅크 세트는 여러 용도로 충분히 구체적이지 않다. 예를 들어 원래의 브라운 태그 세트와 C5 태그 세트는 다음 예시와 같이 전치사^{IN}와 종속접속사^{CS}를 구별한다.

(5.18) **after/CS** spending/VBG a/AT day/NN at/IN the/AT Brown/NP Palace/N

(5.19) **after/IN** a/AT wedding/NN trip/NN to/IN Corpus/NP Christi/NP ./.

원래의 브라운과 C5 태그 세트는 또한 단어 to에 대한 두 개의 태그를 가지고 있다. 브라운에서는 부정사 용도가 TO로 태그되고, 전치사 용도는 IN으로 태그된다.

(5.20) **to/TO** give/VB priority/NN **to/IN** teacher/NN pay/NN raises/NNS

또한 브라운은 *home*, *west*, *Monday*, *tomorrow*와 같은 부사적 명사에 NR이라는 태그를 달고 있다. 트리뱅크에는 이 태그가 없기 때문에, 부사적 명사에 대한 훨씬 덜 일관된 정책을 가지고 있다. *Monday*, *Tuesday* 및 다른 요일은 NNP로, *tomorrow*, *west*, *home*은 때때로 NN으로, 때로는 RB로 표시된다. 따라서 트리뱅크 태그 세트는 시간 구문 감지와 같은 고급 NLP 작업에 덜 유용하다.

하지만 트리뱅크 태그 세트는 태그 알고리듬 평가에 가장 널리 사용돼 왔기 때문에, 다음에서 설명하는 많은 알고리듬이 주로 이 태그 세트에서 평가됐다. 물론 특정 애플리케이션에 태그 세트가 유용한지 여부는 애플리케이션에 필요한 정보의 양에 따라 달라진다.

5.3 품사 태깅

태깅   품사 태깅(또는 간단히 **태깅**)은 코퍼스의 각 단어에 품사 또는 다른 구문 부류 마커를 할당하는 과정이다. 태그는 일반적으로 구두점에도 적용되기 때문에, 태그 지정은 구두점(마침표, 쉼표 등)을 단어와 구분해야 한다. 따라서 3장에 설명된 종류의 **토큰화**는 일반적으로 태깅 과정, 쉼표, 인용 부호 등을 분리하고 단어와 명확한 문장 끝의 구두점(마침표, 물음표) 또는 e.g. 및 etc.와 같은 약어처럼 단어 일부의 구두점으로 수행된다.

태깅 알고리듬에 대한 입력은 단어의 문자열이며, 앞의 절에서 설명한 종류의 지정된 태그 세트다. 출력은 각 단어에 대한 최상의 단일 태그다. 다음은 12장에서 논의될 항공편 예약에 관한 대화 ATIS 코퍼스의 몇 가지 샘플 문장이다. 각각의 경우 그림 5.6에 정의된 펜 트리뱅크 태그 세트를 사용해 태그가 지정된 잠재적 출력을 표시했다.

(5.21) Book/VB that/DT flight/NN ./.

(5.22) Does/VBZ that/DT flight/NN serve/VB dinner/NN ?/.

앞 절에서는 인간이 하기 어려운 태깅 결정에 대해 논의했다. 이러한 간단한 예에서도 각 단어에 태그를 자동으로 할당하는 것은 간단한 일이 아니다. *book*은 **중의적**이다. 즉, 두 가지 이상의 사용법과 품사를 가지고 있다. 동사(*book that flight* 또는 *to book the suspect*) 또는 명사(*hand me that book* 또는 *a book of matches*)가 될 수 있다. 마찬가지로 *that*은 한정사(*Does that flight serve dinner*) 또는 보문 표시(*I thought that your flight was earlier*)가 될 수 있다. POS 태깅의 문제는 이러한 중의성을 **해결**하고 맥락에 맞는 태그를 선택하는 것이다. 그래서 품사 태깅은 이 책에서 볼 수 있는 많은 **중의성 해소** 과제들 중 하나다.

태깅 문제는 얼마나 어려운가? 앞 절에서는 몇 가지 어려운 태깅 결정을 설명했는데, 태그 중의성은 얼마나 일반적인가? 단 하나의 태그만 가지고 있는 영어 단어들은 중의적이지 않다. 그러나 영어의 많은 일반적인 단어들은 중의적이다(예를 들어 *can*은 조동사('to be able'), 명사('a metal container'), 동사('to put something in such a metal container')가 될 수 있음). 실제로 드로즈(1988)는 브라운 코퍼스에서 영어 단어 유형의 11.5%만 중의적이지만, 브라운 토큰의 40% 이상이 중의적이라고 보고 있다.

태그	설명	예
(	여는 괄호	*(, [*
)	닫는 괄호	*),]*
*	부정어	*not, n't*
,	쉼표	*,*
–	대시 기호	*–*
.	구문 끝	*. ; ? !*
:	콜론	*:*
ABL	전치 수식어	*quite, rather, such*
ABN	전치한정사	*half, all*
ABX	전치한정사, 이중접속사	*both*
AP	후치한정사	*many, next, several, last*
AT	관사	*a, the, an, no, a, every*
BE/BED/BEDZ/BEG/BEM/BEN/BER/BEZ		*be/were/was/being/am/been/are/is*
CC	등위접속사	*and, or, but, either, neither*
CD	기수	*two, 2, 1962, million*
CS	종속접속사	*that, as, after, whether, before*
DO/DOD/DOZ		*do, did, does*

태그	설명	예
DT	단수형 한정사	*this, that*
DTI	단수형 또는 복수형 한정사	*some, any*
DTS	복수형 한정사	*these, those, them*
DTX	한정사, 이중접속사	*either, neither*
EX	존재의 there	*there*
HV/HVD/HVG/HVN/HVZ		*have, had, having, had, has*
IN	전치사	*of, in, for, by, to, on, at*
JJ	형용사	
JJR	비교급 형용사	*better, greater, higher, larger, lower*
JJS	의미적으로 최상급 형용사	*main, top, principal, chief, key, foremost*
JJT	형태적으로 최상급 형용사	*best, greatest, highest, largest, latest, worst*
MD	법 조동사	*would, will, can, could, may, must, should*
NN	(보통) 단수 또는 불가산명사	*time, world, work, school, family, door*
NN$	소유격 단수 보통명사	*father's, year's, city's, earth's*
NNS	복수형 보통명사	*years, people, things, children, problems*
NNS$	소유격 복수명사	*children's, artist's parent's years'*
NP	단수형 고유명사	*Kennedy, England, Rachel, Congress*
NP$	소유격 단수 고유명사	*Plato's Faulkner's Viola's*
NPS	복수형 고유명사	*Americans, Democrats, Chinese*
NPS$	소유격 복수 고유명사	*Yankees', Gershwins' Earthmen's*
NR	부사명사	*home, west, tomorrow, Friday, North*
NR$	소유격 부사명사	*today's, yesterday's, Sunday's, South's*
NRS	복수형 부사명사	*Sundays, Fridays*
OD	서수	*second, 2nd, twenty-first, mid-twentieth*
PN	명사의 대명사	*one, something, nothing, anyone, none*
PN$	소유격 명사의 대명사	*one's, someone's, anyone's*
PP$	소유격 인칭대명사	*his, their, her, its, my, our, your*
PP$$	2번째 소유격 인칭대명사	*mine, his, ours, yours, theirs*
PPL	단수형 재귀 인칭대명사	*myself, herself*
PPLS	복수형 재귀대명사	*ourselves, themselves*
PPO	목적격 인칭대명사	*me, us, him*
PPS	3인칭. 단수형. 명사의 대명사	*he, she, it*
PPSS	기타 명사의 대명사	*I, we, they*
QL	수식어	*very, too, most, quite, almost, extremely*
QLP	후치수식어	*enough, indeed*
RB	부사	
RBR	비교급 부사	*later, more, better, longer, further*
RBT	최상급 부사	*best, most, highest, nearest*
RN	명사의 부사	*here, then*

그림 5.7   원본 87-태그 브라운 코퍼스 태그 세트의 첫 부분(프랜시스와 쿠체라, 1982). 이 목록에서 4개의 특수 하이픈 태그가 생략된다.

태그	설명	예
RP	부사 또는 소사	*across, off, up*
TO	부정사 표시	*to*
UH	감탄사, 느낌표	*well, oh, say, please, okay, uh, goodbye*
VB	동사, 기본형	*make, understand, try, determine, drop*
VBD	동사, 과거시제	*said, went, looked, brought, reached, kept*
VBG	동사, 현재분사, 동명사	*getting, writing, increasing*
VBN	동사, 과거분사	*made, given, found, called, required*
VBZ	동사, 3인칭 단수 현재	*says, follows, requires, transcends*
WDT	wh-한정사	*what, which*
WP$	소유격 wh-대명사	*whose*
WPO	목적격 wh-대명사	*whom, which, that*
WPS	주격 wh-대명사	*who, which, that*
WQL	how	
WRB	wh-부사	*how, when*

그림 5.8 나머지 87-태그 브라운 코퍼스 태그 세트(프랜시스와 쿠체라, 1982)

그림 5.10은 브라운 코퍼스와 다른 수준의 품사 중의성을 가진 단어 유형의 수를 보여준다. 프랜시스와 쿠체라(1982)가 브라운에서 수행한 원래의 태깅과 펜실베이니아대학교에서 수행한 트리뱅크-3 태깅의 두 가지 버전의 태깅된 브라운 코퍼스에서 계산한다. 더 큰 덩어리로 나눠진 태그가 있음에도 45-태그 코퍼스는 예기치 않게 87-태그 코퍼스보다 중의적이다.

그래도 40%의 중의적인 토큰 중 많은 부분이 중의성 해소하기 쉬운 것으로 나타났다. 단어와 관련된 다양한 태그가 동일하지 않기 때문이다. 예를 들어 *a*는 한정사 또는 글자 *a*(약어 또는 이니셜의 일부로)일 수 있다. 그러나 *a*에 대한 한정사의 의미는 훨씬 더 가능성이 높다.

규칙 기반 태거   대부분의 태깅 알고리듬은 **규칙 기반 태거**와 확률적 또는 **통계적 태거** 두 가지 부류 중 하나로 분류된다. 규칙 기반 태깅에는 일반적으로 중의적인 단어가 한정사를 따르는 경우, 동사가 아닌 명사라는 것을 지정하는 수기로 작성한 중의성 해소 규칙의 대규모 데이터베이스를 포함한다. 다음 절에서는 칼슨 외 연구진(1995)의 제한된 문법 아키텍처를 기초한 샘플 규칙 기반 태깅 **EngCG**에 대해 설명한다.

확률론적 태거는 일반적으로 주어진 맥락에서 주어진 단어가 주어진 태그를 가질 확률을 계산하기 위해 훈련 코퍼스를 사용해 태깅 중의성을 해결한다. 5.5절에서는

HMM 태거   은닉 마르코프 모델 또는 **HMM 태거**에 대해 설명한다.

브릴 태거   　마지막으로 5.6절은 브릴(1995) 이후 **변환 기반 태거** 또는 **브릴 태거**[Brill tagger]라고 부르는 태깅 방법을 설명한다. 브릴 태거는 두 태깅 아키텍처의 특징을 공유한다. 규칙 기반 태거와 마찬가지로 중의적인 단어에 주어진 태그가 있어야 하는 시기를 결정하는 규칙에 근거한다. 통계적 태거와 마찬가지로, 머신러닝 구성 요소를 가지고 있다. 규칙은 이전에 태그가 지정된 훈련 코퍼스에서 자동으로 유도된다.

5.4 규칙 기반 품사 태깅

품사를 자동으로 할당하는 최초의 알고리듬은 2단계 아키텍처를 기반으로 했다 (Harris, 1962; Klein and Simmons, 1963; Greene and Rubin, 1971).

태그	설명	예
AJ0	형용사(무표(無標)의)	*good, old*
AJC	비교급 형용사	*better, older*
AJS	최상급 형용사	*best, oldest*
AT0	관사	*the, a, an*
AV0	부사(무표(無標)의)	*often, well, longer, furthest*
AVP	부사 소사	*up, off, out*
AVQ	wh-부사	*when, how, why*
CJC	등위접속사	*and, or*
CJS	종속접속사	*although, when*
CJT	접속사 *that*	
CRD	기수(*one* 제외)	*3, twenty-five, 734*
DPS	소유격한정사	*your, their*
DT0	일반한정사	*these, some*
DTQ	wh-한정사	*whose, which*
EX0	존재의 *there*	
ITJ	감탄사 또는 기타 분리	*oh, yes, mhm*
NN0	명사(숫자의 중립)	*aircraft, data*
NN1	단수명사	*pencil, goose*
NN2	복수명사	*pencils, geese*
NP0	고유명사	*London, Michael, Mars*
ORD	서수	*sixth, 77th, last*
PNI	부정대명사	*none, everything*
PNP	인칭대명사	*you, them, ours*

태그	설명	예
PNQ	wh-대명사	*who, whoever*
PNX	재귀대명사	*itself, ourselves*
POS	소유격 *'s* 또는 *'*	
PRF	전치사 *of*	
PRP	전치사(*of* 제외)	*for, above, to*
PUL	구두점 – 왼쪽 괄호	*(* 또는 *[*
PUN	구두점 – 일반 기호	*. ! , : ; - ? ...*
PUQ	구두점 – 인용 부호	*' ' "*
PUR	구두점 – 오른쪽 괄호	*)* 또는 *]*
TO0	*to* 부정사	
UNC	미분류 항목(영어가 아님)	
VBB	*be* 기본형(동사 원형 제외)	*am, are*
VBD	*be* 과거형	*was, were*
VBG	*be* -ing형	*being*
VBI	*be* 동사 원형	
VBN	*be* 과거분사	*been*
VBZ	*be* -s형	*is, 's*
VDB/D/G/I/N/Z	*do* 형태	*do, does, did, doing, to do*
VHB/D/G/I/N/Z	*have* 형태	*have, had, having, to have*
VM0	법조동사	*can, could, will, 'll*
VVB	어휘 동사의 기본형(동사 원형 제외)	*take, live*
VVD	어휘 동사의 과거형	*took, lived*
VVG	어휘 동사의 -ing형	*taking, living*
VVI	어휘 동사의 동사 원형	*take, live*
VVN	어휘 동사의 과거분사형	*taken, lived*
VVZ	어휘 동사의 -s형	*takes, lives*
XX0	부정문 *not* 또는 *n't*	
ZZ0	알파벳 기호	*A, B, c, d*

그림 5.9 영국 국립 코퍼스에 대한 UCREL의 C5 태그 세트(가사이드 외 연구진, 1997)

첫 번째 단계는 사전으로 단어마다 잠재적인 품사 목록을 할당했다. 두 번째 단계는 이 목록을 각 단어의 품사로 분류하기 위해 수기로 작성한 명확성 규칙의 목록을 사용했다.

	87-태그 오리지널 브라운	45-태그 트리뱅크 브라운
중의적이지 않음(1 태그)	44,019	38,857
중의적(2 - 7 태그)	5,490	8844
세부 사항 2 태그	4,967	6,731
3 태그	411	1621
4 태그	91	357
5 태그	17	90
6 태그	2 (well,beat)	32
7 태그	2 (still,down)	6 (well, set, round, open, fit, down)
8 태그		4 ('s, half, back, a)
9 태그		3 (that, more, in)

그림 5.10   오리지널(87-태그) 태깅의 ICAME 릴리스 및 트리뱅크-3(45-태그) 태깅의 ICAME 릴리스에서 브라운 코퍼스의 단어 유형에 대한 태그 중의성의 양이다. 트리뱅크 세그먼트만 있기 때문에 숫자는 엄격하게 비교할 수 없다. 이 수치 중 일부에 대한 초기 추정치는 드로즈(1988)에 보고됐다.

비록 사전과 규칙 세트가 1960년대보다 훨씬 더 크지만 품사 태깅에 대한 현대의 규칙 기반 접근법은 유사한 구조를 가지고 있다. 가장 포괄적인 규칙 기반 접근법 중 하나는 제약 문법 접근법이다(Karlsson et al., 1995). 이 절에서는 이러한 접근 방식에 기초한 태거, **EngCG** 태거(Voutilainen,1995, 1999)에 대해 설명한다.

HMM 태거

EngCG ENGTWOL 어휘 목록은 3장에서 설명한 2단계 형태론에 기초해 영어 단어 어간에 대한 약 5만 6,000개 항목(Heikkilä, 1995)을 수록하고 있으며, 여러 품사를 가진 단어를 별도 항목으로 간주하며(예: 명사 및 동사 의미의 *hit*), 변형된 형태와 파생된 형태는 계산하지 않는다. 각 항목에는 일련의 형태론적, 통사적 피처들이 주석을 달았다. 그림 5.11에는 규칙 작성에 사용된 피처의 약간 단순화된 목록과 함께 선택된 몇 개의 단어가 표시된다.

단어	POS	추가 POS 기능
smaller	ADJ	COMPARATIVE
fast	ADV	SUPERLATIVE
that	DET	CENTRAL DEMONSTRATIVE SG
all	DET	PREDETERMINER SG/PL QUANTIFIER
dog's N	GENITIVE	SG
furniture	N	NOMINATIVE SG NOINDEFDETERMINER
one-third	NUM	SG
she	PRON	PERSONAL FEMININE NOMINATIVE SG3

단어	POS	추가 POS 기능
show	V	PRESENT −SG3 VFIN
show	N	NOMINATIVE SG
shown	PCP2	SVOO SVO SV
occurred	PCP2	SV
occurred	V	PAST VFIN SV

그림 5.11   ENGTWOL 어휘 목록(Voutilainen, 1995; Heikkilä, 1995)

그림 5.11의 대부분의 피처는 비교적 자명하다. 단수의 경우 SG, 3인칭 단수 이외의 경우 −SG3로 표기한다. NOMINATIVE는 비소유격을 의미하고, PCP2는 과거분사를 의미한다. PRE, CENTRAL 및 POST는 한정사를 위한 주문 슬롯이다(전치한정사(*all*)가 한정사(*the*)보다 우선한다: *all the president's men*). NOINDEFDETERMINER는 단어 *furniture*가 한정적 한정사 a와 함께 나타나지 않는다는 것을 의미한다. SV, SVO, SVOO는 동사의 **하위 범주화** 또는 **보어**를 명시한다. 하위 범주화는 12장과 15장에서 논의되지만, 간략히 동사가 주어와 함께 나타나는 SV(*nothing occurred*), 주어와 목적어가 있는 SVO(*I showed the film*), 주어와 2개의 주어와 2개의 보어가 있는 SVOO(*She showed her the ball*)를 나타낸다.

하위 범주화

태거의 첫 단계에서, 각 단어는 2단계 어휘 변환기를 통해 실행되며 가능한 모든 품사의 항목이 반환된다. 예를 들어 *Pavlov had shown that salivation...*은 다음 목록을 반환할 것이다(가능한 태그당 한 줄씩, 볼드체로 표시된 올바른 태그와 함께).

Pavlov	**PAVLOV N NOM SG PROPER**
had	**HAVE V PAST VFIN SVO**
	HAVE PCP2 SVO
shown	**SHOWPCP2 SVOO SVO SV**
	ADV
	PRON DEM SG
	DET CENTRAL DEM SG
	CS
salivation	**N NOMSG**
...	

그런 다음 EngCG는 입력 문장에 많은 제약 조건(EngCG-2 시스템의 최대 3,744개의 제약 조건)을 적용해 잘못된 품사를 배제한다. 위 표의 볼드체는 원하는 결과를 보여주

는데, 단순한 과거 시제 태그(과거분사 태그가 아닌)가 *had*에 적용되고 보어^{CS} 태그가

*that*에 적용되는 것이다. 제약 조건은 맥락과 일치하지 않는 태그를 제거하기 위해 부

정적인 방법으로 사용된다. 예를 들어 하나의 제약 조건은 ADV(부사의 강의어) 의미를

제외한 *that*의 모든 판독치를 제거한다(이것은 문장의 *it isn't that odd*라는 의미다). 제약

조건의 단순화된 버전은 다음과 같다.

ADVERBIAL-THAT RULE
Given input: "that"
if
  (+1 A/ADV/QUANT); /* *if next word is adj, adverb, or quantifier* */
  (+2 SENT-LIM);   /* *and following which is a sentence boundary,* */
  (NOT -1 SVOC/A); /* *and the previous word is not a verb like* */
                  /* *'consider' which allows adjs as object complements* */
then eliminate non-ADV tags
else eliminate ADV tag

이 규칙의 처음 두 절은 문장 끝의 형용사, 부사 또는 수량사 앞에 있는 *that*을 확인

한다. 다른 모든 경우에서 부사 판독이 제거된다. 마지막 절은 명사와 형용사를 취할

수 있는 *consider*나 *believe*와 같은 동사가 선행하는 경우를 없앤다. 이는 *that*의 예를

부사로 태그하지 않기 위한 것이다.

    I consider that odd.

또 다른 규칙은 앞의 단어가 보어를 기대하는(*believe*, *think*, *show*와 같은) 동사이고,

*that*이 명사 구절과 유한동사의 시작에 따른다면, *that*의 보어 의미가 가장 많이 사용

될 것이라는 제약 조건을 표현하기 위해 사용된다.

이 설명은 EngCG 아키텍처를 지나치게 단순화시킨다. 시스템은 확률론적 제약 조

건을 포함하며 또한 우리가 논의하지 않은 다른 통사적 정보를 이용한다. 관심 있는

독자는 칼슨 외 연구진(1995)과 부틸라이넨(1999)을 참고한다.

5.5 HMM 품사 태깅

태그에 확률의 사용은 상당히 오래됐다. 태깅의 확률은 스톨츠 외 연구진(1965)에 의해

처음 사용됐고, 비터비 디코딩^{Viterbi decoding}이 포함된 완전한 확률론적 태거는 바울과

머서(1976)가 개요를 제시했고, 1980년대에 다양한 확률적 태거가 구축됐다(Marshall, 1983; Garside, 1987; Church, 1988; DeRose, 1988). 이 절에서는 일반적으로 은닉 마르코프 모델 또는 HMM 태거로 알려진 특정한 확률적 태깅 알고리듬을 설명한다. 은닉 마르코프 모델 자체는 6장에서 더욱 자세하게 소개되고 정의된다. 이 절에서는 품사 태깅에 적용되는 은닉 마르코프 모델을 도입해, 미리 6장 내용을 설명한다.

은닉 마르코프 모델을 사용해 우리가 정의한 바와 같이 품사 태깅을 수행하는 것은 베이지안 추론의 특별한 경우로, 베이즈(1763) 이후 알려진 패러다임이다. 베이지안 추론 또는 베이지안 분류는 1959년 말 초기에 언어 문제에 성공적으로 적용됐으며, 1959년 블레드소의 OCR 작업과 베이지안 추론을 적용해 연방 논문의 저자를 결정하기 위한 모스텔러와 월리스(1964)의 주요 작업을 포함한다.

분류 작업에서 몇 가지 관찰이 제공되며, 어떤 부류에 속하는지 결정하는 것이 우리의 임무이다. 품사 태깅은 일반적으로 시퀀스 분류 작업으로 취급된다. 여기서 관찰은 단어의 시퀀스(예를 들어 문장)이며 품사 태그의 시퀀스를 할당하는 것이 우리의 임무다.

다음과 같은 문장이 있다고 가정해보자.

(5.23) Secretariat is expected to **race** tomorrow.

이 단어 시퀀스에 해당하는 가장 좋은 태그 시퀀스는 무엇인가? 베이지안 추론에서, 가능한 모든 부류의 시퀀스를 고려하는 것으로 시작한다. 태그 시퀀스의 이 영역에서 n 단어의 관찰 시퀀스 w_1^n을 고려할 때, 가장 가능성이 높은 태그 시퀀스를 선택하고자 한다. 즉, n 태그의 모든 시퀀스 중에서 $P(t_1^n|w_1^n)$가 가장 높은 단일 태그 시퀀스를 원한다. "올바른 태그 시퀀스의 추정치"를 의미하기 위해 삿갓표 ^를 사용한다.

$$\hat{t}_1^n = \underset{t_1^n}{\operatorname{argmax}} P(t_1^n|w_1^n) \tag{5.24}$$

$\operatorname{argmax}_x f(x)$ 함수는 "$f(x)$가 최대화되는 x"를 의미한다. 따라서 식 5.24는 모든 태그 시퀀스 길이 n의 중에서 오른쪽을 최대화하는 특정 태그 시퀀스 t_1^n을 원한다는 것을 의미한다. 식 5.24는 최적의 태그 시퀀스를 제공한다고 보장되지만 식을 어떻게 작동시키는지 명확하지 않다. 즉, 주어진 태그 시퀀스 t_1^n과 단어 시퀀스 w_1^n의 경우,

$P(t_1^n|w_1^n)$를 직접 계산하는 방법을 알 수 없다.

베이지안 분류의 직관은 식 5.24를 일련의 다른 확률로 변환하기 위해 베이스의 규칙을 사용하는 것인데, 이는 계산하기가 더 쉬운 것으로 판명된다. 베이스의 규칙은 식 5.25에 제시돼 있다. 이 규칙은 조건부확률 $P(x|y)$를 세 가지 다른 확률로 나눌 수 있는 방법을 제공한다.

$$P(x|y) = \frac{P(y|x)P(x)}{P(y)} \tag{5.25}$$

그런 다음 식 5.25를 식 5.24로 대체해 식 5.26을 얻는다.

$$\hat{t}_1^n = \operatorname*{argmax}_{t_1^n} \frac{P(w_1^n|t_1^n)P(t_1^n)}{P(w_1^n)} \tag{5.26}$$

분모 $P(w_1^n)$를 떨어뜨려 식 5.26을 편리하게 간소화할 수 있다. 왜 그럴까? 모든 태그 시퀀스 중에서 태그 시퀀스를 선택하기 때문에 각 태그 시퀀스에 대해 $\frac{P(w_1^n|t_1^n)P(t_1^n)}{P(w_1^n)}$를 계산한다. 그러나 $P(w_1^n)$는 각 태그 시퀀스에 대해 변경되지 않는다. 항상 동일한 관측치 w_1^n에 대해 가장 가능성이 높은 태그 시퀀스를 요구한다. 이 태그 시퀀스는 반드시 동일한 확률 $P(w_1^n)$를 가져야 한다. 따라서 다음과 같은 간단한 공식을 최대화하는 태그 시퀀스를 선택할 수 있다.

$$\hat{t}_1^n = \operatorname*{argmax}_{t_1^n} P(w_1^n|t_1^n)P(t_1^n) \tag{5.27}$$

요약하자면, 각 태그 시퀀스에 대해 두 개의 확률을 곱하고 이 결과물이 가장 큰 태그 시퀀스를 선택해 일부 단어 문자열 w_1^n이 주어진 가장 가능성이 높은 태그 시퀀스 $\hat{t}_1^n$을 계산한다. 두 항은 태그 시퀀스 $P(t_1^n)$의 **사전 확률**과 단어 문자열 $P(t_1^n|w_1^n)$의 **가능성**이다.

사전 확률
가능성

$$\hat{t}_1^n = \operatorname*{argmax}_{t_1^n} \overbrace{P(w_1^n|t_1^n)}^{\text{가능성}} \overbrace{P(t_1^n)}^{\text{사전확률}} \tag{5.28}$$

하지만 식 5.28은 직접 계산하기에는 여전히 너무 어렵다. 따라서 HMM 태거는 두 가지 간단한 가정을 한다. 첫 번째 가정은 단어가 나타날 확률은 자체 품사 태그에만 의존한다는 것이다. 즉, 단어 주변의 다른 단어와 주변의 다른 태그와는 무관하다.

$$P(w_1^n|t_1^n) \approx \prod_{i=1}^{n} P(w_i|t_i) \tag{5.29}$$

두 번째 가정은 태그가 나타날 확률은 전체 태그 시퀀스가 아니라 이전 태그에만 의존한다는 것이다. 이는 4장에서 본 **바이그램** 가정이다.

$$P(t_1^n) \approx \prod_{i=1}^{n} P(t_i|t_{i-1}) \tag{5.30}$$

단순화 가정 식 5.29와 식 5.30을 식 5.28에 연결하면 바이그램 태거가 가장 가능성이 높은 태그 시퀀스를 추정하는 다음과 같은 방정식이 발생한다.

$$\hat{t}_1^n = \underset{t_1^n}{\mathrm{argmax}}\, P(t_1^n|w_1^n) \approx \underset{t_1^n}{\mathrm{argmax}} \prod_{i=1}^{n} P(w_i|t_i)P(t_i|t_{i-1}) \tag{5.31}$$

식 5.31에는 두 가지 종류의 확률인 태그 전환 확률과 단어 확률이 포함돼 있다. 이 확률들이 무엇을 나타내는지 잠시 살펴보자. 태그 전환 확률 $P(t_i|t_{i-1})$은 이전 태그가 주어진 태그의 확률을 나타낸다. 예를 들어 *that/DT flight/NN and the/DT yellow/JJ hat/NN*과 같은 시퀀스에서처럼 한정사는 형용사와 명사에 선행할 가능성이 매우 높다. 따라서 $P(\mathrm{NN}|\mathrm{DT})$와 $P(\mathrm{JJ}|\mathrm{DT})$의 확률이 높을 것으로 예상한다. 그러나 영어에서는 형용사가 한정사에 선행하는 경우는 없기 때문에 $P(\mathrm{DT}|\mathrm{JJ})$의 확률은 낮아야 한다.

품사에 레이블을 붙인 코퍼스를 취한 다음 DT 이후 NN을 보는 시간 중 몇 번을 볼 수 있는지 계산함으로써 태그 전환 확률 $P(\mathrm{NN}|\mathrm{DT})$의 최대 우도 추정치를 계산할 수 있다. 즉, 다음 비율의 카운트를 계산한다.

$$P(t_i|t_{i-1}) = \frac{C(t_{i-1}, t_i)}{C(t_{i-1})} \tag{5.32}$$

검사할 특정 코퍼스를 선택하자. 5장의 예를 위해 앞에서 설명한 미국 영어의 백만 단어 코퍼스인 브라운 코퍼스를 사용할 것이다. 브라운 코퍼스는 1960년대에 87-태그 태그 세트로 한 번, 그리고 1990년대에 다시 한 번, 45-태그 트리뱅크 태그 세트로 두 번 태그가 붙었다. 이는 태그 세트를 비교하는 데 유용하며, 또한 널리 이용할 수 있다.

45-태그 트리뱅크 브라운 코퍼스에서 DT 태그는 116,454번 발생한다. 이 가운데 DT는 NN 56,509회(중의적인 태그의 몇 가지를 무시한 경우)에 따른다. 따라서 전환 확률의 MLE 추정치는 다음과 같이 계산된다.

$$P(NN|DT) = \frac{C(DT,NN)}{C(DT)} = \frac{56,509}{116,454} = .49 \tag{5.33}$$

우리가 추측한 대로 한정사 .49 다음에 보통명사를 얻을 확률은 실제로 상당히 높다.

단어 발생 확률 $P(w_i|t_i)$는 주어진 태그를 볼 때, 주어진 단어와 연관될 확률을 나타낸다. 예를 들어 VBZ(3인칭 단수 현재동사)라는 태그를 보고 그 태그를 가질 확률이 있는 동사를 추측한다면 아마도 영어에서 *to be* 동사가 너무 흔하기 때문에 동사 *is*를 추측할 가능성이 있다.

코퍼스에서 VBZ를 보는 횟수 중에서 VBZ가 단어 *is*에 레이블을 붙이는 횟수를 세어 P(is|VBZ)와 같은 단어 발생 확률의 MLE를 다시 계산할 수 있다. 즉, 다음 카운트 비율을 계산한다.

$$P(w_i|t_i) = \frac{C(t_i, w_i)}{C(t_i)} \tag{5.34}$$

트리뱅크 브라운 코퍼스에서는 VBZ라는 태그가 21,627번 발생하며, VBZ는 is의 태그가 10,073번 발생된다. 따라서 다음과 같다.

$$P(is|VBZ) = \frac{C(VBZ,is)}{C(VBZ)} = \frac{10,073}{21,627} = .47 \tag{5.35}$$

베이지안 모델링을 처음 접하는 독자들에게, 이 가능도 용어는 "어떤 태그가 단어 *is*에 가장 적합한지"를 묻는 것이 아니라는 점에 유의한다. 즉, P(VBZ|is)가 아니다. 대신 P(is|VBZ)를 계산하고 있다. 그 확률은 약간 반직관적으로 "만약 우리가 3인칭 단수동사를 기대하고 있었다면, 이 동사가 *is*가 될 가능성은 얼마나 될까?"라는 질문에 대답한다.

이제 HMM 태깅을 최대 확률로 태그 시퀀스를 선택하는 작업으로 정의하고, 이 확률을 계산할 방정식을 도출하며, 구성 확률을 계산하는 방법을 보여줬다. 사실 확률의 표시를 여러 가지 방법으로 단순화했다. 이후 절에서는 이러한 카운트를 평활화하기 위해 삭제된 보간 알고리듬, 태그 이력의 트라이그램 모델, 미등록어의 모델을 도입한다.

그러나 이러한 확장으로 돌아가기 전에 이러한 확률을 조합해 가장 가능성이 높은 태그 시퀀스를 선택하는 디코딩 알고리듬을 도입해야 한다.

5.5.1 가장 가능성이 높은 태그 시퀀스 계산: 예

앞의 절에서는 HMM 태깅 알고리듬이 가장 가능성이 높은 태그 시퀀스로 택하는 것으로서 태그 시퀀스의 확률과 각 태그가 단어를 생성할 확률이라는 두 가지 용어의 곱을 최대화하는 것을 보여줬다. 이 절에서는 특정 예에서 올바른 태그 시퀀스가 여러 가지 잘못된 시퀀스 중 하나보다 높은 확률을 달성하는 방법을 보여주는 특정 문장에서 이러한 방정식을 설명한다.

브라운과 스위치보드 코퍼스에서 수정된 두 가지 예에서 보여주듯이 영어로 명사나 동사가 될 수 있는 단어 *race*의 품사 중의성을 해결하는 데 초점을 맞춘다. 이 예에서, *to*가 부정사일 때만 사용되는 *to*, TO에 대한 특정 태그가 있기 때문에 87-태그의 브라운 코퍼스 태그 세트를 사용할 것이다. *to*의 전치사 용도는 IN으로 태그가 지정된다. 이것은 우리의 예에 유용할 것이다.[1]

(5.36)에서 *race*는 동사^{VB}이고, (5.37)에서 *race*는 공통명사^{NN}다.

(5.36) Secretariat/NNP is/BEZ expected/VBN to/TO **race**/VB tomorrow/NR

(5.37) People/NNS continue/VB to/TO inquire/VB the/AT reason/NN for/IN the/AT **race**/NN for/IN outer/JJ space/NN

어떻게 (5.36)에서 *race*가 NN이 아닌 VB로 올바르게 태그될 수 있는지 살펴보자. HMM 품사 태거는 이 중의성을 로컬이 아닌 전체적으로 해결하며, 전체 문장에 가장 적합한 태그 시퀀스를 선택한다. (5.36)에는 문장에 다른 중의성이 있기 때문에, (5.36)에 대해 여러 가지 가설적으로 가능한 태그 시퀀스가 많다(예: *expected*는 형용사

---

[1]   45-태그 트리뱅크-3 태그 세트는 스위치보드 코퍼스에서 이러한 차이를 만들지만, 브라운 코퍼스에서는 구별되지 않는다. tomorrow와 같은 45-태그 세트 시간 부사는 NN으로 태그가 지정되고, 87-태그 세트에서는 NR로 표시된다는 점을 기억해야 한다.

^{JJ}, 과거 시제/전제^{VBD} 또는 과거분사^{VBN}가 될 수 있음). 그러나 그림 5.12에 나타난 두 가지 잠재적 시퀀스를 생각해보자. 이러한 시퀀스는 *race*의 선택된 태그가 VB인지 NN인지에 관계없이 시퀀스는 한곳에서만 다르다.

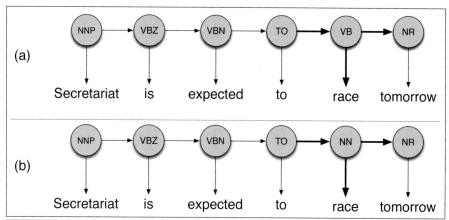

그림 5.12 Secretariat 문장에 해당하는 두 가지 가능한 태그 시퀀스 중 하나는 *race*가 VB인 올바른 순서에 해당한다. 이 그래프의 각 호는 확률과 관련이 있다. 두 그래프는 세 개의 호에서만 다르기 때문에 세 가지 확률로 나타난다.

이 두 시퀀스에서 거의 모든 확률은 동일하다. 그림 5.12에서 다른 세 가지 확률을 볼드체로 강조했다. 이 중 $P(t_i|t_{i-1})$와 $P(w_i|t_i)$에 해당하는 두 가지를 생각해보자. 그림 5.12a의 확률 $P(t_i|t_{i-1})$는 $P(\text{VB}|\text{TO})$이다. 그리고 그림 5.12b에서 전환 확률은 $P(\text{NN}|\text{TO})$이다.

태그 전환 확률 $P(\text{NN}|\text{TO})$ 및 $P(\text{VB}|\text{TO})$는 '이전의 태그를 고려할 때 동사(명사)를 기대할 가능성이 얼마나 되느냐'는 질문에 대한 답을 제시한다. 앞 절에서 봤듯이, 이러한 확률에 대한 최대 우도 추정치는 코퍼스 수에서 도출할 수 있다.

(87-태그 브라운 태그 세트) 태그 TO는 부정사 마커에 대해서만 사용되기 때문에, 매우 적은 수의 명사만이 마커를 따를 수 있다(연습으로서 명사가 *to*의 부정사 마커 사용을 따를 수 있는 문장을 생각해보도록 노력한다). 확실히 (87-태그) 브라운 코퍼스를 보면 다음과 같은 확률을 얻을 수 있는데, 이는 동사가 TO 다음에 일어날 명사보다 약 500배 정도 높은 확률을 나타낸다.

$$P(\text{NN}|\text{TO}) = .00047$$
$$P(\text{VB}|\text{TO}) = .83$$

이제 품사 태그가 주어진 경우, 단어 *race*의 어휘 가능성인 $P(w_i|t_i)$로 돌아가보자. 두 개의 가능한 태그 VB 및 NN의 경우, 이는 확률 $P(race|VB)$ 및 $P(race|NN)$에 해당한다. 다음은 브라운의 어휘적 가능성이다.

$$P(race|NN) = .00057$$
$$P(race|VB) = .00012$$

마지막으로 다음 태그 시퀀스 확률을 표시해야 한다(이 경우 *tomorrow*에 대한 태그 NR).

$$P(NR|VB) = .0027$$
$$P(NR|NN) = .0012$$

어휘적 가능성과 태그 시퀀스 확률을 곱하면, 그림 5.12에서 VB 태그가 있는 시퀀스의 확률이 더 높고 HMM 태거가 *race*의 가능성이 더 낮음에도 불구하고 *race*를 VB로 올바르게 태그 지정한다는 것을 알 수 있다.

$$P(VB|TO)P(NR|VB)P(race|VB) = .00000027$$
$$P(NN|TO)P(NR|NN)P(race|NN) = .00000000032$$

5.5.2 은닉 마르코프 모델 태거 공식화

이제 방정식과 가장 가능성이 높은 태그 시퀀스를 선택하는 몇 가지 예를 알아봤기 때문에, 은닉 마르코프 모델로서 이 문제의 간략한 공식화를 보여준다(더 완전한 공식화는 6장 참조).

편중된 유한
상태 오토마톤

HMM은 3장의 유한 오토마타의 확장이다. 유한 오토마톤은 입력 관찰에 따라 수행되는 상태 및 상태 간의 전환 세트에 의해 정의된다는 점을 상기한다. **편중된 유한 상태 오토마톤**은 각 호가 확률과 연관되는 유한 오토마톤을 간단히 확장하며 그 경로를 취할 가능성이 얼마나 되는지를 나타낸다. 노드를 떠나는 모든 호에 대한 확률은 1이어야 한다. **마르코프 연쇄**는 입력 시퀀스가 오토마톤이 통과할 상태를 고유하게 결정하는 편중된 오토마톤의 특별한 경우다. 마르코프 연쇄는 본질적으로 중의성 문제를 나타낼 수 없기 때문에 중의적이지 않은 시퀀스에 확률을 할당하는 데에만 유용하다.

마르코프 연쇄

마르코프 연쇄는 실제 조건부 이벤트를 볼 수 있는 상황에 적합하지만, 품사 태깅에는 적합하지 않다. 입력에 있는 단어를 관찰하는 동안 품사 태그를 관찰하지 않기 때문이다. 따라서 이전 품사 태그에 어떤 태그를 적용했는지 정확히 알 수 없어, 어떤 확률을 조건화할 수 없다. **은닉 마르코프 모델**[HMM]은 확률론적 모델에서 인과적 요인으로 생각하는 (입력에서 보는 단어와 같은) 관찰된 이벤트와 (품사 태그와 같은) 숨겨진 이벤트에 대해 모두 이야기할 수 있게 해준다.

은닉 마르코프
모델

HMM   **HMM**은 다음 구성 요소로 지정된다.

$Q = q_1 q_2 \ldots q_N$	a set of N **states**.
$A = a_{11} a_{12} \ldots a_{n1} \ldots a_{nn}$	a **transition probability matrix** A, each a_{ij} representing the probability of moving from state i to state j, s.t. $\sum_{j=1}^{n} a_{ij} = 1 \ \forall i$.
$O = o_1 o_2 \ldots o_T$	a sequence of T **observations**, each one drawn from a vocabulary $V = v_1, v_2, \ldots, v_V$.
$B = bi(ot)$	A sequence of **observation likelihoods**, also called **emission probabilities**, each expressing the probability of an observation o_t being generated from a state i.
q0,qF	a special **start state** and **end (final) state** that are not associated with observations, together with transition probabilities $a_{01} a_{02} \ldots a_{0n}$ out of the start state and $a_{1F} a_{2F} \ldots a_{nF}$ into the end state.

따라서 HMM에는 두 가지 종류의 확률, 즉, 식 5.31에서 봤던 **사전** 확률과 **우도** 확률에 해당하는 A 전환 확률과 B 관측 우도 두 가지가 있다. 그림 5.13은 세 가지 표본 상태와 이들 사이의 일부 A 전환 확률을 보여주는 HMM 품사 태거의 이전 확률을 보여준다. 그림 5.14는 단어 우도 B에 중점을 둔 HMM 품사 태깅의 또 다른 보기를 보여준다. 각각의 은닉 상태는 각 관측 단어에 대한 우도 벡터와 연관된다.

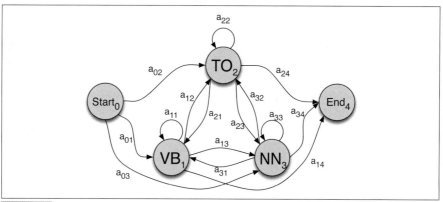

그림 5.13 HMM의 은닉 상태에 해당하는 마르코프 연쇄. A 전환 확률은 사전 확률을 계산하는 데 사용된다.

5.5.3 HMM 태깅을 위한 비터비 알고리듬 사용

디코딩
비터비

은닉변수를 포함하는 HMM과 같은 모든 모델의 경우, 어떤 변수의 시퀀스가 일부 관찰의 시퀀스의 근원이 되는지를 결정하는 작업을 **디코딩** 작업이라고 한다. **비터비**[Viterbi] 알고리듬은 아마도 품사 태깅이나 음성 인식에 HMM에 사용되는 가장 일반적인 디코딩 알고리듬일 것이다. 비터비라는 용어는 음성 및 언어 처리에서 흔히 볼 수 있지만, 실제로는 고전적인 **동적 프로그래밍** 알고리듬의 표준 애플리케이션이며 3장의 **최소 편집 거리** 알고리듬과 많이 닮았다. 비터비 알고리듬은 빈츠육(Vintsyuk, 1968)에 의해 음성 인식의 맥락에서 음성 및 언어 처리에 처음 적용됐지만, 크러스칼(1983)이 말하는 "독립적인 복수 발견과 발표의 주목할 만한 역사"를 가지고 있다. 자세한 내용은 6장 끝부분의 '역사 참고 사항' 절을 참고한다.

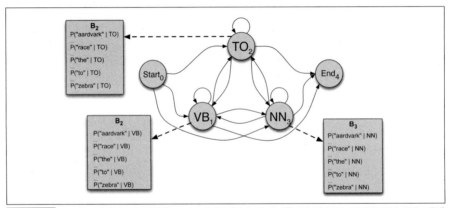

그림 5.14 이전 그림에서 B 관측치는 HMM과 유사하다. 각 상태(시작 및 종료 상태가 아닌 경우 제외)는 각 가능한 관측 단어에 대해 하나의 유사성인 확률 벡터와 연관돼 있다.

우리가 제시하는 비터비 알고리듬의 약간 단순화된 버전은 단일 HMM과 관찰된 단어의 시퀀스 $O = (o_1 o_2 o_3 \dots o_T)$를 입력해 가장 가능성이 높은 상태/태그 시퀀스 $Q = (q_1 q_2 q_2 \dots q_T)$의 확률과 함께 반환한다.

그림 5.15와 그림 5.16의 두 표로 HMM을 정의한다. 그림 5.15는 은닉 상태 사이의 전환 확률인 a_{ij} 확률을 나타낸다(즉, 음성 태그 부분). 그림 5.16은 주어진 태그의 관찰 우도인 $b_i(o_t)$ 확률을 나타낸다.

	VB	TO	NN	PPSS
⟨s⟩	.019	.0043	.041	.067
VB	.0038	.035	.047	.0070
TO	.83	0	.00047	0
NN	.0040	.016	.087	.0045
PPSS	.23	.00079	.0012	.00014

그림 5.15 태그 전환 확률(a 배열, $p(t_i|t_{i-1})$)은 스무딩 없이 87-태그 브라운 코퍼스에서 계산한다. 행에는 조건화 이벤트가 레이블로 표시되기 때문에, $P(PPSS|VB)$는 .0070이다. ⟨s⟩는 문장의 시작 기호다.

	I	want	to	race
VB	0	.0093	0	.00012
TO	0	0	.99	0
NN	0	.000054	0	.00057
PPSS	.37	0	0	0

그림 5.16 평활화 없이 87-태그 브라운 코퍼스에서 관측 우도(b 배열)를 계산했다.

그림 5.17은 비터비 알고리듬에 대한 유사 코드를 보여준다. 비터비 알고리듬은 확률 매트릭스를 설정하며, 상태 그래프의 각 관측치 t에 대해 하나의 열과 각 상태에 대해 하나의 행을 설정한다. 따라서 각 열은 4개의 단어에 대한 단일 결합 오토마톤에서 각 상태 q_i에 대한 셀을 가진다.

알고리듬은 먼저 N 또는 4개의 상태 열을 생성한다. 첫 번째 열은 첫 번째 단어의 i, 두 번째 단어의 *want*, 세 번째 단어의 *to*, 네 번째 단어의 *race* 관측에 해당한다. 첫 번째 열에서 각 셀의 비터비 값을 (시작 상태에서) 전환 확률과 (첫 번째 단어) 관찰 확률의 곱으로 설정함으로써 시작한다. 이는 그림 5.18에 나와 있다.

---

function VITERBI(*observations* of len *T*,*state-graph* of len *N*) **returns** *best-path*

create a path probability matrix *viterbi[N+2,T]*
for each state s **from** 1 **to** *N* **do**   ; initialization step
    $viterbi[s,1] \leftarrow a_{0,s} * b_s(o_1)$
    $backpointer[s,1] \leftarrow 0$
for each time step *t* **from** 2 **to** *T* **do**   ; recursion step
  for each state *s* **from** 1 **to** *N* **do**
        $viterbi[\text{s,t}] \leftarrow \max_{s'=1}^{N} viterbi[s',t-1] * a_{s',s} * b_s(o_t)$

        $backpointer[\text{s,t}] \leftarrow \operatorname*{argmax}_{s'=1}^{N} viterbi[s',t-1] * a_{s',s}$

$viterbi[q_F,\text{T}] \leftarrow \max_{s=1}^{N} viterbi[s,T] * a_{s,q_F}$; termination step

$backpointer[q_F,\text{T}] \leftarrow \operatorname*{argmax}_{s=1}^{N} viterbi[s,T] * a_{s,q_F}$; termination step

return the backtrace path by following backpointers to states back in time from
$backpointer[q_F,\text{T}]$

그림 5.17   최적의 태그 시퀀스를 찾기 위한 비터비 알고리듬. 관측 시퀀스와 HMM $\lambda = (A, B)$를 지정하면 알고리듬은 관측 시퀀스에 최대 가능성을 할당하는 HMM을 통해 상태 경로를 반환한다. 상태 0과 q_F는 방출되지 않는다는 점에 유의한다.

그런 다음 열별로 이동한다. 1열의 모든 상태, 2열의 각 상태로 이동할 확률을 계산한다. 시간 t의 각 상태 q_j에 대해 다음 방정식을 사용해 현재 셀로 이어지는 모든 경로의 확장에 대해 최댓값을 취함으로써 $viterbi[s, t]$ 값을 계산한다.

$$v_t(j) = \max_{i=1}^{N} v_{t-1}(i)\, a_{ij}\, b_j(o_t) \tag{5.38}$$

시간 t에서 비터비 확률을 계산하고 이전 경로를 확장하기 위해 식 5.38에 곱한 세 가지 요인은 다음과 같다.

$v_{t-1}(i)$	이전 시간 단계로부터의 **이전 비터비 경로 확률**
a_{ij}	이전 상태 q_i에서 현재 상태 q_j로의 **전환 확률**
$b_j(o_t)$	주어진 현재 상태 j에 대한 관측 기호의 **상태 관측 우도**

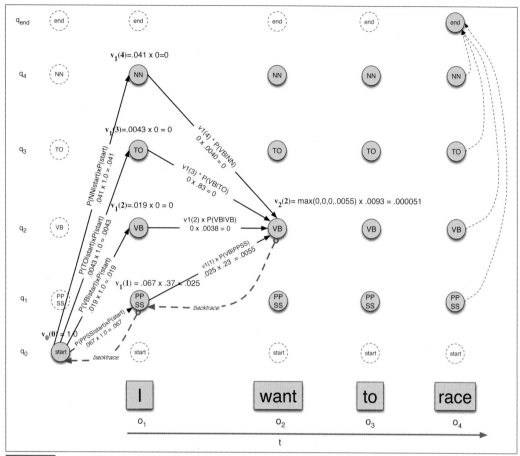

그림 5.18   비터비 알고리듬에 대한 개별 상태 열의 항목. 각 셀은 지금까지 최고의 경로 확률과 그 경로를 따라 이전 셀에 대한 포인터를 유지한다. 단지 열 0, 1, 2의 한 셀만 작성했을 뿐이다. 나머지는 독자를 위한 연습으로 남겨뒀다. 셀이 end 상태에서 역추적된 후, 정확한 상태 시퀀스 PPSS VB TO VB를 재구성할 수 있어야 한다.

그림 5.18에서 단어 *I*에 대한 열의 각 셀은 시작 상태에서 이전 확률(1.0), 시작 상태에서 해당 셀에 대한 태그로 전환 확률, 그리고 해당 셀에 대한 태그를 부여한 단어 *I*의 관측 우도를 곱해 계산한다. 밝혀진 바와 같이 단어 *I*는 NN, TO 또는 VB일 수 없기 때문에 3개의 셀이 0이다. 다음으로, 원하는 열의 각 셀은 이전 열의 최대 확률 경로로 업데이트된다. VB 셀의 값만 보여줬다. 이 셀은 최대 4개의 값을 얻는다. 이 경우에서와 같이, 그중 3개는 0이다(이전 열에 0의 값이 있었으므로). 나머지 값은 관련 전환 확률에 곱하고 (보통의) 최댓값을 취한다. 이 경우 최종 값 .000051은 이전 열의 PPSS 상태에서 나온다.

독자는 그림 5.18의 나머지 격자를 작성하고 역추적을 통해 정확한 상태 시퀀스 PPSS VB TO VB를 재구성해야 한다.

5.5.4 HMM 알고리듬을 트라이그램으로 확장

실제 사용 중인 HMM 태거는 단순화된 태거에 없는 여러 가지 정교함을 가지고 있다고 앞에서 언급했다. 누락된 중요한 기능 중 하나는 태그 맥락과 관련이 있다. 위에서 설명한 태거에서 태그가 나타날 확률은 이전 태그에만 의존한다고 가정한다.

$$P(t_1^n) \approx \prod_{i=1}^{n} P(t_i|t_{i-1}) \tag{5.39}$$

대부분의 최신 HMM 태거는 실제로 기록을 조금 더 사용한다. 태그의 확률은 이전의 두 태그에 따라 다르다.

$$P(t_1^n) \approx \prod_{i=1}^{n} P(t_i|t_{i-1}, t_{i-2}) \tag{5.40}$$

브란츠(2000)와 같은 최첨단 HMM 태거들은 태그 결정 전에 창을 늘리는 것 외에도 t_{n+1}의 시퀀스 끝 마커에 의존성을 더해 태거에게 문장 끝의 위치를 알려준다. 이는 품사 태깅에 대해 다음과 같은 방정식을 제공한다.

$$\hat{t}_1^n = \underset{t_1^n}{\operatorname{argmax}} P(t_1^n|w_1^n) \approx \underset{t_1^n}{\operatorname{argmax}} \left[\prod_{i=1}^{n} P(w_i|t_i) P(t_i|t_{i-1}, t_{i-2}) \right] P(t_{n+1}|t_n) \tag{5.41}$$

식 5.41로 문장을 태그할 때 맥락에 사용된 태그 중 3개가 문장의 끝에서 감소해 규칙적인 단어와 일치하지 않는다. 이러한 태그, t_{-1}, t_0 및 t_{n+1}은 모두 태그 세트에 추가된 단일 특수 '문장 경계' 태그로 설정할 수 있다. 이를 위해서는 3장에서 논의한 바와 같이 태거에게 전달된 문장들이 문장 경계를 구분하도록 요구한다.

식 5.41에 큰 문제가 하나 있는데, 바로 데이터 희소성이다. 테스트 세트에서 발생하는 특정 태그 시퀀스 t_{i-2}, t_{i-1}, t_i는 훈련 세트에서 결코 발생하지 않았을 수 있다. 즉, 식 5.42에 이어 카운트의 최대 우도 추정만으로 태그 트라이그램 확률을 계산할 수 없다.

$$P(t_i|t_{i-1}, t_{i-2}) = \frac{C(t_{i-2}, t_{i-1}, t_i)}{C(t_{i-2}, t_{i-1})} \tag{5.42}$$

왜 안 될까? 이러한 카운트 중 많은 수가 모든 훈련 세트에서 0이 될 것이고, 주어진 태그 시퀀스가 결코 일어나지 않을 것이라고 잘못 예측할 것이기 때문이다! 우리에게 필요한 것은 훈련 데이터에서 t_{i-2}, t_{i-1}, t_i 시퀀스가 결코 발생하지 않더라도 $P(t_i|t_{i-1}, t_{i-2})$를 추정하는 방법이다.

이 문제를 해결하기 위한 표준 접근법은 더 강력하지만 약한 추정값을 결합해 확률을 추정하는 것이다. 예를 들어 태그 시퀀스 PRP VB TO를 본 적이 없고 이 주파수에서 $P(\text{TO|PRP, VB})$를 계산할 수 없는 경우, 여전히 바이그램 확률 $P(\text{TO|VB})$ 또는 심지어 유니그램 확률 $P(\text{TO})$에 의존할 수 있다. 이러한 확률 각각에 대한 최대 우도 추정은 다음 계수를 갖는 코퍼스에서 계산할 수 있다.

$$\text{트라이그램} \quad \hat{P}(t_i|t_{i-1}, t_{i-2}) = \frac{C(t_{i-2}, t_{i-1}, t_i)}{C(t_{i-2}, t_{i-1})} \tag{5.43}$$

$$\text{바이그램} \quad \hat{P}(t_i|t_{i-1}) = \frac{C(t_{i-1}, t_i)}{C(t_{i-1})} \tag{5.44}$$

$$\text{유니그램} \quad \hat{P}(t_i) = \frac{C(t_i)}{N} \tag{5.45}$$

트라이그램 확률 $P(t_i|t_{i-1}, t_{i-2})$를 추정하기 위해 이 세 가지 추정값을 어떻게 조합해야 하는가? 가장 간단한 조합 방법은 선형 보간법이다. 선형 보간에서 확률 $P(t_i|t_{i-1}, t_{i-2})$를 유니그램, 바이그램, 트라이그램 확률의 가중치 합으로 추정한다.

$$P(t_i|t_{i-1}t_{i-2}) = \lambda_3\hat{P}(t_i|t_{i-1}t_{i-2}) + \lambda_2\hat{P}(t_i|t_{i-1}) + \lambda_1\hat{P}(t_i) \tag{5.46}$$

결과 P가 확률분포임을 확인하면서, $\lambda_1 + \lambda_2 + \lambda_3 = 1$을 요구한다. 이 λ는 어떻게 설정해야 하는가? 한 가지 좋은 방법은 옐리네크와 머서(1980)가 개발한 **삭제된 보간법**이다. 삭제된 보간에서는 각 트라이그램을 훈련 코퍼스에서 연속적으로 삭제하고 나머지 코퍼스의 가능성을 최대화하기 위해 λ를 선택한다. 삭제의 아이디어는 λ를 보이지 않는 데이터에 일반화하고 훈련 코퍼스를 과도하게 맞추지 않는 방식으로 설정하는 것이다. 그림 5.19에는 브란츠(2000) 버전의 태그 트라이그램에 대한 삭제된 보

삭제된 보간법

간 알고리듬이 표시된다.

브란츠(2000)는 트라이그램 HMM 태거로 펜 트리뱅크에서 96.7%의 정확도를 달성했다. 바이쉐델 외 연구진(1993)과 드로즈(1988)도 HMM 태깅에 대해 96% 이상의 정확도를 보고했다. 테데와 하퍼(1999)는 인접한 단어와 태그에 단어 가능성을 조절하는 아이디어를 포함해 트라이그램 HMM 모델의 여러 가지 기능 향상을 제공한다.

지금까지 본 HMM 태거는 직접 태그한 데이터로 훈련된다. 쿠피에(1992), 커팅 외 연구진(1992a), 기타는 6장에서 소개하는 EM 알고리듬을 이용해 레이블이 없는 데이터에 대한 HMM 태거의 훈련도 가능하다는 것을 보여준다. 이러한 태거는 여전히 어떤 태그가 어떤 단어에 할당될 수 있는지 나열하는 사전으로 시작한다. 그리고 나서 EM 알고리듬은 각 태그에 대한 단어 우도함수와 태그 전환 확률을 학습한다. 그러나 메리알도(1994)의 실험에 따르면 적은 양의 훈련 데이터로도 수동 태깅된 데이터에 대해 훈련된 태거가 EM에 의해 훈련된 것보다 더 잘 작동한 것으로 나타났다. 따라서, EM 훈련 "이론적인 HMM" 태거는 예를 들어 이전에 데이터가 직접 태그되지 않은 언어에 태그를 지정할 때, 훈련 데이터가 없는 경우에 가장 적합할 수 있다.

---

function DELETED-INTERPOLATION(*corpus*) **returns** λ_1, λ_2, λ_3

$\lambda_1 \leftarrow 0$
$\lambda_2 \leftarrow 0$
$\lambda_3 \leftarrow 0$
foreach trigram t_1, t_2, t_3 with $f(t_1, t_2, t_3) > 0$
    depending on the maximum of the following three values
        case $\frac{C(t_1, t_2, t_3) - 1}{C(t_1, t_2) - 1}$: increment λ_3 by $C(t_1, t_2, t_3)$
        case $\frac{C(t_2, t_3) - 1}{C(t_2) - 1}$: increment λ_2 by $C(t_1, t_2, t_3)$
        case $\frac{C(t_3) - 1}{N - 1}$: increment λ_1 by $C(t_1, t_2, t_3)$
    end
  end
normalize λ_1, λ_2, λ_3
return λ_1, λ_2, λ_3

그림 5.19 유니그램, 바이그램 및 트라이그램 태그 확률을 조합하기 위한 가중치를 설정하기 위한 삭제된 보간 알고리듬. 어떤 경우에라도 분모가 0이면, 그 경우의 결과를 0으로 정의한다. *N*은 코퍼스의 총 토큰 수다. 브란츠(2000) 이후

5.6 변환 기반 태깅

변화 기반 학습

변환 기반 태깅(브릴 태깅이라고도 함)은 머신러닝에 대한 **변화 기반 학습**TBL, Transformation-Based Tagging 접근법의 한 예다(Brill, 1995). 규칙 기반 및 확률론적 태거에서 영향을 얻는다. 규칙 기반 태거와 마찬가지로 TBL은 어떤 단어에 어떤 태그를 할당해야 하는지 지정하는 규칙을 기반으로 한다. 그러나 TBL은 확률적 태거와 마찬가지로 데이터로부터 자동으로 규칙이 유도되는 머신러닝 기법이다. 일부 HMM 태거와 같이 TBL은 지도식 학습 기법이다. TBL은 사전 태그가 지정된 훈련 코퍼스를 가정한다.

사무엘 외 연구진(1998)은 테리 하비에게 신뢰하는 TBL 패러다임을 이해하기 위해 유용한 비유법을 제공한다. 한 예술가가 푸른 하늘을 배경으로 초록색으로 단장한 하얀 집을 그린다고 상상해보자. 그림의 대부분이 하늘이라서 그림이 파란색이라고 가정해보자. 화가는 매우 넓은 붓을 사용해 캔버스 전체를 파란색으로 칠하는 것으로 시작할 수 있다. 다음에 다소 작은 흰 붓으로 바꾸어 집 전체를 흰색으로 칠할 수도 있다. 갈색 지붕이나 파란 창문이나 녹색의 박공에 대해 고민하지 않고 집안 전체를 색칠할 것이다. 다음으로 작은 갈색 브러시로 지붕 위를 칠할 것이다. 이제 작은 붓에 파란 페인트를 칠하고 집의 파란 창문에 페인트를 칠한다. 마지막으로, 매우 고운 초록색 붓을 들고 박공을 다듬는다.

화가는 캔버스를 많이 덮는 넓은 붓으로 시작하지만 다시 칠해야 할 많은 부분을 채색한다. 다음 레이어는 캔버스의 색은 적게 칠하지만 '실수'는 적게 만든다. 각 새로운 레이어에서는, 보다 미세한 붓을 사용하고 있기 때문에, 그림의 수정과 실수는 적어진다. TBL은 이 화가와 다소 같은 방법을 사용한다. TBL 알고리듬에는 태그 규칙 세트가 있다. 코퍼스는 먼저 가장 광범위한 규칙 즉, 대부분의 경우에 적용되는 규칙에 따라 먼저 태그가 지정된다. 그런 다음 약간 더 구체적인 규칙이 선택돼 일부 원래 태그의 일부를 바꾼다. 다음으로 더 좁은 규칙은 더 적은 수의 태그를 변경한다(이 중 일부는 이전에 변경된 태그일 수 있음).

5.6.1 TBL 규칙 적용 방법

브릴(1995)의 태거가 사용한 규칙 중 하나를 살펴보자. 규칙이 적용되기 전에 태거는 모든 단어에 가장 가능성이 높은 태그로 레이블을 붙인다. 태그가 달린 코퍼스로부터 이런 태그를 얻을 수 있다. 예를 들어 브라운 코퍼스에서 race는 명사일 가능성이 가장 높다.

$$P(\text{NN}|\text{race}) = .98$$
$$P(\text{VB}|\text{race}) = .02$$

위에서 본 *race*의 두 예 모두 NN으로 코딩됨을 의미한다. 첫 번째의 경우, NN이 잘못된 태그이므로 이는 잘못된 경우다.

(5.47) is/VBZ expected/VBN to/TO race/NN tomorrow/NN

두 번째의 경우, 이 *race*는 NN으로 올바르게 태그가 지정된다.

(5.48) the/DT race/NN for/IN outer/JJ space/NN

가장 가능성이 높은 태그를 선택한 후 브릴의 태거는 변환 규칙을 적용한다. 공교롭게도 브릴의 태거는 이 *race*의 잘못된 태깅에도 정확히 적용되는 규칙을 배웠다.

Change NN *to* VB *when the previous tag is* TO

이 규칙은 to/TO가 앞에 있기 때문에 정확히 다음 상황에서 *race/NN*을 *race/VB*로 변경한다.

(5.49) expected/VBN to/TO race/NN → expected/VBN to/TO race/VB

5.6.2 TBL 규칙 학습 방법

브릴의 TBL 알고리듬은 크게 세 가지 단계를 가지고 있다. 우선 모든 단어에 가장 가능성이 높은 태그를 붙인다. 그런 다음 가능한 모든 변환을 검사하고 태그가 가장 개선되는 변환을 선택한다. 마지막으로 이 규칙에 따라 데이터를 다시 태그한다. TBL은 이전 패스에 비해 불충분한 개선과 같은 일부 정지 기준에 도달할 때까지 마지막 두 단계를 반복한다. 2단계에서는 TBL이 각 단어의 정확한 태그를 알아야 한다는 점에 유의한다. 즉, TBL은 지도 학습 알고리듬이다.

TBL 프로세스의 출력은 순서가 지정된 변환 목록이며, 이는 새로운 코퍼스에 적용될 수 있는 "태깅 절차"를 구성한다. "이전에 단어 'IBM'과 그 전에 17~158단어 사이에 단어 'the'가 발생하면 NN을 VB로 변환한다"와 같은 변환을 상상할 수 있기 때문에 원칙적으로 가능한 변환 세트는 무한하다. 그러나 TBL은 알고리듬을 통과할 때마다 최상의 변환을 선택하기 위해 가능한 모든 변환을 고려할 필요가 있다. 따라서 **템플릿** 알고리듬은 변환 세트를 제한하는 방법이 필요하다. 이는 작은 **템플릿** 세트(추출된 변환)에 의해 수행된다. 모든 허용 가능한 변환은 템플릿 중 하나를 예시화하는 것이다. 브릴의 템플릿 세트는 그림 5.20에 열거돼 있다. 그림 5.21에는 변환 학습을 위한 이 알고리듬의 세부 사항이 수록돼 있다.

앞의 (다음) 단어에는 z라는 태그가 붙는다.
앞의 (뒤) 두 단어는 z라는 태그가 붙는다.
앞의 두 단어 중 한 단어에는 z라는 태그가 붙는다.
앞의 세 단어 중 한 단어에는 z라는 태그가 붙는다.
앞의 단어는 z로 태그되고 다음 단어는 w로 태그된다.
앞의 (다음) 단어는 z로 태그되고 앞의 (뒤) 두 단어는 w 태그가 붙는다.

그림 5.20   브릴(1995) 템플릿. 각각은 "다음과 같은 경우 태그 **a**를 태그 **b**로 변경하시오"로 시작된다. 변수 **a**, **b**, **z** 및 **w**는 품사에 걸쳐 있다.

---

function TBL(*corpus*) **returns** *transforms-queue*
  INITIALIZE-WITH-MOST-LIKELY-TAGS(*corpus*)
  until end condition is met **do**
    templates ← GENERATE-POTENTIAL-RELEVANT-TEMPLATES
    best-transform ← GET-BEST-TRANSFORM(*corpus*, *templates*)
    APPLY-TRANSFORM(*best-transform*, *corpus*)
    ENQUEUE(*best-transform-rule*, *transforms-queue*)
  end
  return(*transforms-queue*)

---

function GET-BEST-TRANSFORM(*corpus*, *templates*) **returns** *transform*
  for each *template* in *templates*
    (*instance*, *score*) ← GET-BEST-INSTANCE(*corpus*, *template*)
    if (*score* > *best-transform.score*) **then** *best-transform* ← (*instance*, *score*)
  return(*best-transform*)

```
function GET-BEST-INSTANCE(corpus, template) returns transform
  for from-tag ← from tag₁ to tagₙ do
    for to-tag ← from tag₁ to tagₙ do
      for pos ← from 1 to corpus-size do
        if (correct-tag(pos) == to-tag && current-tag(pos) == from-tag)
            num-good-transforms(current-tag(pos−1))++
          elseif (correct-tag(pos)==from-tag && current-tag(pos)==from-tag)
            num-bad-transforms(current-tag(pos−1))++
      end
      best-Z ← ARGMAXₜ (num-good-transforms(t) - num-bad-transforms(t))
      if(num-good-transforms(best-Z) - num-bad-transforms(best-Z)
              > best-instance.score) then
        best.rule ← "Change tag from from-tag to to-tag if prev tag is best-Z"
        best.score ← num-good-transforms(best-Z) - num-bad-transforms(best-Z)
return(best)
```

```
procedure APPLY-TRANSFORM(transform, corpus)
for pos ← from 1 to corpus-size do
  if (current-tag(pos)==best-rule-from)
        && (current-tag(pos−1)==best-rule-prev))
      current-tag(pos) ← best-rule-to
```

그림 5.21 태그 지정 학습을 위한 브릴(1995) TBL 알고리듬. GET_BEST_INSTANCE는 "이전 태그가 Z 일 경우, X에서 Y로 태그 변경" 이외의 변환 템플릿에 대해 변경될 수 있다.

그림 5.21의 핵심에는 GET_BEST_TRANSFORMATION과 GET_BEST_INSTANCE 의 두 가지 기능이 있다. GET_BEST_TRANSFORMATION은 잠재적인 템플릿 목록과 함께 호출된다. 각 템플릿에 대해 GET_BEST_TRANSFORMATION은 GET_BEST_ INSTANCE를 호출한다. GET_BEST_INSTANCE는 최고의 예시를 얻기 태그 변수 **a**, **b**, **z** 및 **w**에 대한 특정 값을 채워 각 템플릿의 가능한 모든 예시화를 반복적으로 테스트 한다.

실제로 알고리듬을 보다 효율적으로 만드는 여러 가지 방법이 있다. 예를 들어 템 플릿과 예시화된 변환은 데이터 기반 방식으로 제안될 수 있다. 변환-사례는 특정 단 어의 태깅을 개선할 경우에만 제안된다. 또한 잠재적 변환에 의해 훈련 코퍼스에 있 는 단어들을 미리 색인화함으로써 검색이 더 효율적으로 이루어질 수 있다. 로슈와 샤베스(1997a)는 각 규칙을 유한 상태 변환기로 변환하고 모든 변환기를 구성함으로써 태거 또한 속도를 높일 수 있는 방법을 보여준다.

그림 5.22는 브릴의 원래 태거에서 배운 몇 가지 규칙을 보여준다.

#	태그 변경		상태	예
	From	To		
1	NN	VB	이전 태그는 TO이다.	to/TO race/NN → VB
2	VBP	VB	이전 3개의 태그 중 하나는 MD이다.	might/MD vanish/VBP → VB
3	NN	VB	이전 2개의 태그 중 하나는 MD이다.	might/MD not reply/NN → VB
4	VB	NN	이전 2개의 태그 중 하나는 DT이다.	
5	VBD	VBN	이전 3개의 태그 중 하나는 VBZ이다.	

그림 5.22   브릴(1995)에서 처음으로 비어휘화된 변형 20개

5.7 평가 및 오류 분석

HMM POS-태거와 같은 통계적 모델에서 확률은 훈련된 코퍼스에서 나온다. 4.3절에서 태거나 N그램과 같은 통계적 모델을 훈련시키기 위해서는 **훈련 세트**를 따로 보관해야 한다고 봤다. 훈련 세트나 **훈련 코퍼스**의 설계는 신중하게 검토할 필요가 있다. 훈련 코퍼스가 작업 또는 도메인에 너무 특정된 경우, 확률은 너무 좁고 매우 다른 도메인의 문장 태깅에 잘 일반화되지 않을 수 있다. 그러나 훈련 코퍼스가 너무 일반적일 경우, 확률은 작업 또는 도메인을 충분히 반영하지 못할 수 있다.

N그램 모델을 평가하기 위해, 4.3절에서 코퍼스를 별개의 훈련 세트, 테스트 세트, 그리고 개발 테스트 세트라고 부르는 두 번째 테스트 세트로 나눌 필요가 있다고 말

개발 테스트 세트
dev-test

했다. 훈련 세트에서 태거를 훈련시킨다. 그런 다음 **개발 테스트 세트**(dev-test라고도 함)를 사용해 일부 매개변수를 조정하고, 일반적으로 가장 적합한 모델이 무엇인지 결정한다. 최적의 모델이 나오면 (아직 보이지 못했던) 테스트 세트에서 실행해 해당 모델의 성능을 확인한다. 데이터의 80%를 훈련에 사용하고 개발 테스트와 테스트에 각각 10%씩 저장할 수 있다. 왜 최종 테스트 세트와 구별되는 개발 테스트 세트가 필요한가? 개발 단계에서 최종 테스트 세트를 사용해 모든 테스트의 성능을 계산한다면, 이 세트에 대한 다양한 변경 사항과 매개변수를 조정하게 될 것이기 때문이다. 테스트 세트의 최종 오류율은 낙관적일 것이다. 즉, 실제 오류율을 과소평가할 것이다.

고정된 훈련 세트, 개발 세트 및 테스트 세트를 갖는 문제는 훈련을 위해 많은 데이터를 저장하기 위해 테스트 세트가 대표하기에 충분히 크지 않을 수 있다는 것이다. 따라서 더 나은 접근 방식은 훈련과 테스트를 위해 어떻게든 우리의 모든 데이터를 사용하는 것이다. 이게 어떻게 가능할까? 그 아이디어는 **교차 검증**을 사용하는 것이다. 교차 검증에서 무작위로 데이터의 훈련과 테스트 세트 구분을 선택하고 태거를 훈련시킨 다음 테스트 세트의 오차율을 계산한다. 그런 다음 무작위로 선택한 다른 훈련 세트와 테스트 세트를 반복한다. 평균 오차율을 얻기 위해 이 샘플링 과정을 10회 반복하고, 이 10회의 실행을 평균화한다. 이를 **10-배 교차 검증**^{10-fold cross-validation}이라고 한다.

10-배 교차 검증

교차 검증의 유일한 문제는 모든 데이터가 테스트에 사용되기 때문에 전체 코퍼스가 블라인드가 돼야 한다는 것이다. 가능한 피처를 제안하고 일반적으로 무슨 일이 일어나고 있는지 보기 위해 데이터를 검사할 수 없다. 그러나 코퍼스를 살펴보는 것은 종종 시스템을 설계하는 데 중요하다. 이 때문에 고정된 훈련 세트와 테스트 세트를 만든 다음 훈련 세트 내부에서 10배 교차 검증을 하는 것이 일반적이지만, 테스트 세트에서 오류율을 계산하는 것이 일반적이다.

테스트 세트가 준비되면 정확성에 따라 테스트 세트의 레이블링을 사람이 일일이 레이블을 붙인 전형 테스트 세트와 비교해 태그가 평가된다. 태거와 전형이 일치하는 테스트 세트의 모든 태그 백분율이다. 대부분의 현재 태깅 알고리듬은 펜 트리뱅크 세트와 같은 간단한 태그 세트의 정확도가 약 96~97%다. 이러한 정확성은 단어와 구두점을 위한 것이다. 단어의 정확도는 더 낮을 것이다.

기준선 최대 한계

97%가 얼마나 좋은가? 태그 세트와 작업이 다르기 때문에 태그의 성능을 하한 **기준선** 및 상한의 **최대 한계**와 비교할 수 있다. 최대 한계를 세우는 한 가지 방법은 인간이 그 작업을 얼마나 잘 수행하는지 보는 것이다. 예를 들어 마커스 외 연구진(1993)은 인간 주석자들이 펜 트리뱅크버전의 브라운 코퍼스에서 태그의 약 96~97%에 동의한 것으로 나타났다. 이는 표준이 3~4%의 오차 한계를 가질 수 있으며 100% 정확도를 얻는 것은 무의미하다는 것을 시사한다(마지막 3%를 모델링하는 것은 잡음을 모델링하는 것일 뿐이다). 실제로 라트나파르키(1996)는 태깅에 문제를 일으키는 태깅 중의성은 바로 인간은 훈련 세트에 일관성이 없는 레이블을 붙였음을 보여줬다. 그러나 보

틸레이넨(1995, p.174)의 두 가지 실험에서는 태그에 대해 논의할 수 있게 됐을 때 태그에 대해 100% 합의에 도달한 것으로 나타났다.

> **인간의 최대 한계:** 인간의 전형을 사용해 분류 알고리듬을 평가할 때는 표준에서 인간의 일치율을 확인한다.

게일 외 연구진(1992a)이 제안한 표준 **기준선**은 모호한 각 단어의 태그와 가장 유사한 유니그램을 선택하는 것이다. 각 단어에 대해 가장 가능성이 높은 태그는 직접 태깅한 코퍼스로 계산할 수 있다(평가되는 태거의 훈련 코퍼스와 동일할 수 있다).

> **가장 빈번한 부류 기준선:** 항상 분류 기준을 가장 빈번한 부류 기준선만큼 좋은 기준선과 비교한다(각 토큰을 훈련 세트에서 가장 자주 발생한 부류에 할당).

해리스(1962) 이후 태그 알고리듬에는 이러한 태그 빈도 직관이 통합돼 있다.

샤르니아크 외 연구진(1993)은 이 기준 알고리듬이 87-태그 브라운 태그 세트, 90~91%의 정확도를 달성한다는 것을 보여줬다. 토타노바 외 연구진(2003)은 45-태그 트리뱅크 태그 세트에서 알 수 없는 단어 모델로 증강된 좀 더 복잡한 버전이 93.69%를 달성한 것으로 나타났다.

모델을 비교할 때 통계적 테스트(사회과학을 위한 통계 부류 또는 교과서에 소개된 것)을 사용해 두 모델 간의 차이가 유의한지 판단하는 것이 중요하다. 코헨(1995)은 인공지능에 대한 통계적 연구 방법에 초점을 맞춘 유용한 참고 자료다. 디테리히(1998)는 분류사를 비교를 위한 통계적 테스트에 초점을 맞추고 있다. 품사 태거와 같은 시퀀스 모델을 통계적으로 비교할 때 **쌍체 테스트**나 **쌍체 일치 테스트**를 사용하는 것이 중요하다. 품사 태깅을 평가하기 위해 일반적으로 사용되는 쌍체 테스트에는 **윌콕슨 부호 순위 테스트, 쌍체 t-테스트, 맥네마 테스트**, 쌍체 일치 문장 세그먼트 단어 오류(MAPSSWE) 테스트가 포함되며, 원래 음성 인식에서 단어 오류율에 적용됐다.

쌍체 테스트
쌍체 일치 테스트
윌콕슨 부호 순위 테스트
쌍체 t-테스트
맥네마 테스트
MAPSSWE

5.7.1 오류 분석

어떤 모델이라도 개선하려면 어디가 잘못됐는지 파악해야 한다. 품사 태깅과 같은 분류사에서 오류를 분석하는 것은 **오차행렬** 또는 **분할표**를 사용해 이뤄진다. N-way 분류 작업의 오차행렬은 N-by-N 행렬이며, 여기서 셀(x, y)은 올바른 분류 x를 가진 항목이 y로 분류된 횟수를 포함한다. 예를 들어 다음 표는 프란츠(1996)의 HMM 태그 실험에서 나온 오차행렬의 일부를 보여준다. 행 레이블은 올바른 태그를 나타내고, 열 레이블은 태거의 가정된 태그를 나타내며, 각 셀은 전체 태그 오류의 백분율을 나타낸다. 따라서 전체 오류의 4.4%는 VBD를 VBN으로 잘못 인식해 발생했다. 일반적인 오류가 강조 표시된다.

	IN	JJ	NN	NNP	RB	VBD	VBN
IN	—	.2			.7		
JJ	.2	—	3.3	2.1	1.7	.2	2.7
NN		8.7	—				.2
NNP	.2	3.3	4.1	—	.2		
RB	2.2	2.0	.5		—		
VBD		.3	.5			—	4.4
VBN		2.8				2.6	—

위의 오차행렬과 프란츠(1996), 쿠픽(1992), 라트나파르키(1996)의 관련 오류 분석은 태거가 직면하고 있는 몇 가지 주요 문제를 시사한다.

1. **NN 대 NNP 대 JJ**: 이들은 기본적으로 구별하기 어렵다. 정보 추출과 기계 번역에는 특히 고유명사를 구분하는 것이 중요하다.
2. **RP 대 RB 대 IN**: 이 모든 것은 동사 바로 뒤에 종속된 시퀀스에 나타날 수 있다.
3. **VBD 대 VBN 대 JJ**: 이를 구별하는 것은 부분 구문 분석(분사는 수동태를 찾는 데 사용됨)과 명사구의 가장자리에 올바르게 레이블을 붙이는 데 중요하다.

이와 같은 오류 분석은 모든 컴퓨터 언어 애플리케이션의 중요한 부분이다. 오류 분석은 버그를 찾고, 훈련 데이터에서 문제를 찾으며, 가장 중요한 것은 문제를 해결하는 데 사용할 새로운 종류의 지식이나 알고리듬을 개발하는 데 도움을 줄 수 있다.

5.8 품사 태깅의 고급 문제

작동하는 태거를 구축하기 위해서는 많은 추가적인 문제들이 해결돼야 한다. 이 절에서는 텍스트 정규화를 위한 사전 처리 단계, 미등록어 처리 및 체코어, 헝가리어 및 터키어와 같은 형태론적으로 풍부한 언어에 태그를 지정할 때 발생하는 복잡함을 포함한 몇 가지 사항을 소개한다.

5.8.1 실제 문제: 태그 불확실성 및 토큰화

태그 불확실성은 단어가 여러 태그 사이에 중의적이고 명확하지 않은 경우에 발생한다. 이 경우 일부 태거에서는 여러 태그를 사용할 수 있다. 펜 트리뱅크와 영국 내셔널 코퍼스 모두 그렇다. 일반적인 태그의 불확실성에는 형용사 대 과거형 대 과거분사(JJ/VBD/VBN), 명사를 앞에서 수식하는 수식어로서 형용사 대 명사(JJ/NN)이다. 이러한 불확실한 태그를 가진 코퍼스를 사용할 경우 품사 태거를 훈련하고 채점할 때 태그 불확실성을 처리하는 세 가지 방법이 있다.

1. 불확실한 태그를 하나의 태그로 교체한다.
2. 테스트에서 태그가 올바른 태그 중 하나를 지정하면 불확실한 토큰에 올바르게 태그가 지정된 것으로 간주한다. 훈련에서, 어떻게든 단어의 태그 중 하나만 선택하라.
3. 불확실한 태그를 하나의 복잡한 태그로 처리한다.

비록 대부분의 이전에 발표된 결과가 세 번째 접근법을 사용한 것처럼 보이지만, 두 번째 접근법은 아마도 가장 합리적일 것이다. 예를 들어 펜 트리뱅크 브라운 코퍼스에 적용된 이 세 번째 접근 방식은 45개 대신에 85개의 태그로 훨씬 더 큰 태그 세트를 만들어내지만, 추가적인 40개의 복잡한 태그는 백만 개의 단어 코퍼스 중에서 총 121개의 단어 경우만을 포함한다.

대부분의 태그 알고리듬은 토큰화 프로세스가 태그에 적용됐다고 가정한다. 3장에서는 *etc*와 같은 단어에서 문장의 끝 마침표와 단어 내부 마침표를 구별하기 위한 마침표 토큰화 문제에 대해 논의했다. 토큰화를 위한 추가적인 역할은 단어 분리이다. 펜 트리뱅크와 영국 내셔널 코퍼스는 축약형과 그 어간에서 나오는 소유격 *'s*를 분리했다.

> would/MD n't/RB
>
> children/NNS 's/POS

실제로 특수 트리뱅크 태그 POS는 형태소에만 사용되는데, 토큰화 과정에서 분할해야 한다.

또 다른 토큰화 이슈는 다중 단어와 관련이 있다. 트리뱅크 태그 세트는 *New York*과 같은 단어의 토큰화는 화이트스페이스에서 이뤄진다고 가정한다. *a New York City firm*이라는 문구는 트리뱅크 표기법에서 *a/DT New/NNP York/NNP City/NNP firm/NN*의 다섯 개의 별도 단어로 태그가 돼 있다. 이와는 대조적으로 C5 태그 세트는 *in/II31 terms/II32 of/II33*에서와 같이 각 태그에 숫자를 추가해 "*in terms of*"와 같은 전치사를 하나의 단어로 간주할 수 있도록 한다.

5.8.2 미지의 단어

words people

never use —

could be

only I

know them

– 이시카와 타쿠보쿠(1885-1912)

논의한 모든 태깅 알고리듬은 모든 단어의 가능한 품사를 나열하는 사전을 필요로 한다. 그러나 7장에서 볼 수 있듯이 가장 큰 사전에는 여전히 가능한 모든 단어를 포함하지는 않을 것이다.

고유명사와 두문자어가 매우 자주 만들어지고 심지어 새로운 일반 명사와 동사들도 놀라운 속도로 그 언어에 들어간다. 따라서 완전한 태거를 구축하기 위해 항상 사전을 사용해 $p(w_i|t_i)$를 제공할 수 없다. 알 수 없는 단어의 태그를 추측하는 방법이 필요하다.

가장 간단한 미지의 단어 알고리듬은 각 미지의 단어가 가능한 모든 태그 중에서 동일한 확률로 중의적이다라고 가정하는 것이다. 그 후 태거는 맥락 POS 트리거에만 의존해 적절한 태그를 제안해야 한다. 조금 더 복잡한 알고리듬은 알 수 없는 단어에 대한 태그의 확률분포가 훈련 세트에서 단 한 번 일어난 단어에 대한 태그의 분포와

하팍스
레고메나

유사하다는 생각에 기초하고 있는데, 이는 바옌과 스프로트(1996) 및 더마타스와 코키나키스(1995)가 모두 제안한 아이디어다. 한 번만 발생하는 이 단어들은 **하팍스 레고메나**(단수형 **하팍스 레고메논**)로 알려져 있다. 예를 들어 미지의 단어와 하팍스 레고메나는 둘 다 명사일 가능성이 가장 높으며, 동사가 그 뒤를 따르지만 한정사 또는 감탄사가 될 가능성은 매우 낮다는 점에서 유사하다. 따라서, 미지의 단어에 대한 가능성 $P(w_i|t_i)$는 훈련 세트의 모든 싱글톤 단어에 대한 분포의 평균에 의해 결정된다. "한 번 본 적이 있는 것"을 "본 적이 없는 것들"의 평가자로 사용하는 이러한 생각은 4장의 굿 튜링 알고리듬에서 유용하게 입증됐다.

그러나 대부분의 미지의 단어 알고리듬은 훨씬 더 강력한 정보 출처인 단어의 형태론을 이용한다. 예를 들어 -s로 끝나는 단어는 복수명사[NNS], -ed로 끝나는 단어는 과거분사[VBN], able로 끝나는 단어는 형용사[JJ] 등이 될 가능성이 높다. 비록 한 번도 본적이 없던 단어라도, 형태론적 형태에 대한 사실들을 품사를 추측하기 위해 사용할 수 있다. 형태론적 지식 외에도, 맞춤법 정보는 매우 도움이 될 수 있다. 예를 들어 대문자로 시작하는 단어는 고유명사[NP]일 가능성이 높다. 하이픈의 존재 또한 유용한 특징이다. 브라운 트리뱅크 버전의 하이픈으로 연결된 단어들은 형용사[JJ]일 가능성이 가장 높다. 이러한 JJ의 보급은 트리뱅크의 레이블링 지침으로 인해 발생하는데, 이는 명사를 앞에서 수식하는 수식어가 하이픈을 포함하면 JJ로 레이블을 붙여야 한다고 명시했다.

이러한 특징들을 어떻게 조합해 품사 태거에 사용하는가? 한 가지 방법은 각 형상에 대해 개별 확률 추정기를 훈련하고 독립성을 가정해 확률을 곱하는 것이다. 바이셀렐 외 연구진(1993)은 4가지 특정한 형태론적 특징과 맞춤법에 기초해 모델을 만들었다. 이들은 3개의 굴절 엔딩(-ed, -s, -ing), 32개의 파생 엔딩(-ion, -al, -ive, -ly 등), 단어가 문장의 시작에 따라 4개의 대문자 값(+/- 대문자화, +/- 첫 글자)과 그 단어가 하이픈됐는지 여부에 따라 4개의 대문자화 값을 사용했다. 각 형상에 대해, 레이블이 지정된 훈련 세트에서 태그가 주어진 형상의 확률에 대한 최대 우도 추정치를 훈련시켰다. 그런 다음 형상을 결합해 독립성을 가정하고 다음과 같이 곱해 미지의 단어의 확률을 추정했다.

$$P(w_i|t_i) = p(\text{unknown-word}|t_i) * p(\text{capital}|t_i) * p(\text{endings/hyph}|t_i) \qquad (5.50)$$

사무엘슨(1993)과 브란츠(2000)의 또 다른 HMM 기반 접근 방식은 데이터 중심 방식으로 형태론 사용을 일반화한다. 이 접근법에서는 수작업으로 특정 접미사를 미리 선택하는 대신 모든 단어의 최종 문자 시퀀스를 고려한다. 최대 10글자의 접미사를 고려해 길이 i의 각 접미사에 대해 접미사가 주어진 태그 t_i의 확률을 계산한다.

$$P(t_i|l_{n-i+1}\dots l_n) \qquad (5.51)$$

이러한 확률은 연속적으로 점점 더 짧은 접미사로 평활화된다. 대문자로 시작하는 단어와 대문자화되지 않은 단어에는 별도의 접미사 시도가 유지된다.

일반적으로 대부분의 미지의 단어 모델들은 알 수 없는 단어가 전치사처럼 닫힌 부류 단어일 가능성이 낮다는 사실을 포착하려고 한다. 브란츠는 훈련 세트에서 빈도가 ≤10인 단어에 대해서만 훈련 세트의 접미사 확률을 계산해 이 사실을 모델링한다. 씨드와 하퍼(1999)의 HMM 태그 모델에서는 이 사실을 열린 부류 단어에 대해서만 훈련함으로써 대신 모델링한다.

식 5.51은 $p(t_i|w_i)$의 추정치를 제공한다는 점에 유의한다. HMM 태그 지정 접근법에 대해서는 $p(w_i|t_i)$가 필요하기 때문에, 베이지안 역산을 이용해 식 5.51에서 이를 도출할 수 있다(즉, 베이즈 규칙을 사용하고 두 개의 이전 $P(t_i)$와 $P(t_i|l_{n-i+1}\dots l_n)$의 연산 사용).

브란츠(2000)는 미지의 단어에 대문자 사용 정보를 사용하는 것 외에도 각 태그에 대문자 사용 기능을 추가해 알려진 단어에 대문자를 사용한다. 따라서 식 5.44와 같이 $P(t_i|t_{i-1}, t_{i-2})$를 계산하는 대신에, 실제로 확률 $P(t_i, c_i|t_{i-1}, c_{i-1}, t_{i-2}, c_{i-2})$를 계산한다. 이는 각 태그의 대문자 및 대문자되지 않은 버전을 갖는 것과 동일하며, 기본적으로 태그 세트의 크기가 두 배가 된다.

미지의 단어 검출에 대한 비HMM 기반 접근 방식은 TBL 알고리듬을 사용한 브릴(1995)의 접근 방식으로, 허용 가능한 템플릿은 직교 방식으로 정의됐다(단어의 첫 N 글자, 단어의 마지막 N 글자 등).

그러나 미지의 단어 처리에 대한 가장 최근의 접근법은 이러한 특징들을 세 번째 방법으로 결합한다. 라트나파르키(1996)와 맥칼럼 외 연구진(2000)이 처음 도입한 **최대 엔트로피 마르코프 모델**[MEMM]과 같은 **최대 엔트로피**[MaxEnt] 모델을 사용한다. 6장에서

최대 엔트로피
마르코프 모델
최대 엔트로피

MEMM을 연구한다. 최대 엔트로피 접근 방식은 많은 특성이 태그될 단어에 대해 계산되고 모든 특성이 다항 로지스틱 회귀 분석에 기초한 모델에서 결합되는 분류에 대한 로그-선형 접근 방식 중 하나다. 투타노바 외 연구진(2003)의 태거에 있는 미지의 단어 모델은 라트나파르키(1996)에서 확장된 특성 세트를 사용하며, 각 특성은 다음과 같은 피처를 포함해 단어의 속성을 나타낸다.

단어는 숫자를 포함한다.
단어는 대문자를 포함한다.
단어에 하이픈을 포함한다.
단어는 모두 대문자다.
단어는 특정 접두사를 포함한다(범위 ≤4의 모든 접두사 세트에서).
단어는 특정 접미사를 포함한다(범위 ≤4의 모든 접두사 세트에서).
단어는 대문자이며 숫자와 대시를 포함한다(*CFC-12*와 같이).
단어는 대문자이고 Co, Inc. etc가 3단어 이내로 따른다.

투타노바 외 연구진(2003)이 마지막 특징인 간단한 회사 이름 검출기가 Co. 또는 Inc.를 찾는 데 특히 유용하다는 것을 발견했다. 라트나파르키(1996) 모델은 카운트가 10 미만인 모든 형상을 무시했다는 점에 유의한다.

로그 선형 모델은 중국어 태깅에도 적용됐다(Tseng et al., 2005b). 중국어 단어는 매우 짧지만(미지의 단어당 영어의 경우 7.7자에 비해 중국어는 약 2.4자), 청 외 연구진(2005b)은 형태론적 특성이 여전히 미지의 단어에 대한 태깅 성능을 개선한다는 것을 발견했다. 예를 들어 미지의 단어의 각 문자 및 각 POS 태그에 대해, 해당 문자가 훈련 세트 단어에서 해당 태그와 함께 발생했는지 여부를 나타내는 2진법의 기능을 추가했다. 또한 중국어와 영어의 미지의 단어들에는 흥미로운 분포상의 차이점이 있다. 영어의 미지의 단어는 고유명사(WSJ에서 알 수 없는 단어의 41%는 NP임)인 경향이 있는 반면, 중국어에서는 미지의 단어의 대다수가 일반명사와 동사(중국 트리뱅크 5.0의 61%)이다. 이러한 비율은 독일어와 유사하며, 중국어와 독일어에서 형태론적 장치로 합성되는 비율로 인해 발생하는 것으로 보인다.

5.8.3 다른 언어의 품사 태깅

앞 단락에서 알 수 있듯이, 품사 태깅 알고리듬은 많은 다른 언어에도 적용됐다. 경우에 따라 이 방법은 큰 수정 없이도 잘 작동한다. 브란츠(2000)는 독일 NEGRA 코퍼스(96.7%)에서 영국 펜 트리뱅크와 정확히 같은 성능을 보였다. 그러나 고도로 불규칙적이거나 교묘한 언어를 다룰 때 많은 기능 보강 및 변화가 필요하게 된다.

이러한 언어들의 한 가지 문제는 단순히 영어에 비해 단어 수가 많다는 것이다. 3장에서 터키어와 같은 교착어(헝가리어와 같이 어느 정도 혼합된 교착 굴절형 언어)는 단어에 긴 형태소의 문자열이 포함돼 있는 언어라는 것을 상기시켜보자. 각 형태소는 상대적으로 표면 형태가 적기 때문에 종종 표면 텍스트에서 형태소를 명확하게 볼 수 있다. 예를 들어 메기시(1999)는 "of their hits"를 의미하는 헝가리어의 대표적인 예를 다음과 같이 제시한다.

(5.52) találataiknak

 talál -at   -a -i   -k -nak

 hit/find nominalizer his poss.plur their dat/gen

 "of their hits"

마찬가지로 하카니-터 외 연구진(Hakkani-Tür et al., 2002)에서 발췌한 다음 목록은 터키어로 'sleep'을 의미하는 어간 *uyu-*에서 생성할 수 있는 몇 가지 단어를 보여준다.

uyuyorum	'I am sleeping'	uyuyorsun	'you are sleeping'
uyuduk	'we slept'	uyumadan	'without sleeping'
uyuman	'your sleeping'	uyurken	'while (somebody) is sleeping'
uyutmak	'to cause someone to sleep'	uyutturmak	'to cause someone to cause another person to sleep'

이러한 조어 형성 능력이 있는 단어 형성 과정은 언어들에 대한 많은 어휘를 만들어 낸다. 예를 들어 오라베츠와 디엔스(2002)는 25만 단어의 영어 코퍼스가 약 19,000개의 다른 단어(즉, 단어 유형)를 가지고 있다는 것을 보여준다. 같은 사이즈의 헝가리어의 코퍼스는 거의 5만 개의 다른 단어를 가지고 있다. 이 문제는 훨씬 더 큰 코퍼스들에서도 계속된다. 하카니-터 외 연구진(2002)의 터키어에 대해서는 아래 표를 참고하며, 터키어의 어휘 사이즈가 영어보다 훨씬 크고 1,000만 단어에서도 영어보다 빠르게 증가하고 있다고 말한다.

코퍼스 사이즈	어휘 사이즈	
	터키어	영어
100만 단어	106,547	33,398
1,000만 단어	417,775	97,734

어휘 사이즈가 크면 HMM 알고리듬이 교착어에 직접 적용될 때 태깅 성능이 크게 저하되는 것으로 보인다. 예를 들어 오라베츠와 디엔스(2002)는 브란츠(2000)가 영어와 독일어 모두에서 96.7%를 달성하는 데 사용한 것과 동일한 HMM 소프트웨어(일명 'TnT')를 적용했으며, 헝가리어에서는 달성률이 92.88%에 그쳤다. 알려진 단어에서의 성능(98.32%)은 영어 결과와 비슷했다. 문제는 미지의 단어에서의 성능이었다. 헝가리어의 67.07%는 유사한 양의 영어 훈련 데이터를 가진 미지의 단어의 경우의 약 84~85%와 비교된다. 하직(2000)은 같은 문제를 체코어, 슬로베니아어, 에스토니아어, 루마니아어 등 매우 다양한 언어로 언급하고 있다. 이러한 태거의 성능은 기본적으로 알 수 없는 단어의 더 나은 모델을 제공하는 사전이 추가됨으로써 크게 향상된다. 요약하자면 굴절어와 교착어에 태깅의 한 가지 어려움은 알 수 없는 단어의 태깅이다.

그러한 언어와 관련된 두 번째 문제는 단어의 형태론에서 코딩되는 방대한 양의 정보다. 영어에서 단어의 통사적 기능에 대한 많은 정보는 단어 순서 또는 인접한 기능어로 표현된다. 고도의 굴절어에서는 격과 같은 정보(주격, 직접목적격, 소유격)나 성별(남성, 여성)과 같은 정보가 표시되며, 단어 순서는 통사적 기능을 표시하는 데 있어서 역할이 적다. 태깅은 파싱이나 정보 추출과 같은 다른 NLP 알고리듬의 사전 처리 단계에서 종종 사용되기 때문에, 이러한 형태론적 정보는 추출에 매우 중요하다. 예를 들어 격이나 성별이 없는 품사가 영어처럼 유용하기 위해서, 체코어의 품사 태깅 출력에 각 단어의 격과 성별에 대한 정보를 포함시킬 필요가 있다.

이러한 이유로, 교착어와 고도의 굴절어의 태그 세트는 대개 영어에서 봐 온 50-100 태그보다 훨씬 크다. 그러한 풍부한 태그 세트의 태그는 단일 기본 태그가 아닌 형태론적 태그의 시퀀스다. 이러한 태그 세트에서 단어로 태그를 할당한다는 것은 품사 태그와 형태론적 중의성의 문제를 공동으로 해결하고 있다는 것을 의미한다. 하카니-터 외 연구진(2002)은 터키어에서 다음과 같은 태그 예를 제공하는데, 여기서 단어

izin에는 가능한 세 가지 형태론적/품사 태그(및 의미)를 가지고 있다.

1. Yerdeki **izin** temizlenmesi gerek.   iz + Noun+A3sg+Pnon+Gen
   The trace on the floor should be cleaned.

2. Üzerinde parmak **izin** kalmiş   iz + Noun+A3sg+P2sg+Nom
   Your finger **print** is left on (it).

3. Içri girmek için **izin** alman gerekiyor.   izin + Noun+A3sg+Pnon+Nom
   You need a **permission** to enter.

품사 태그로 Noun+A3sg+Pnon+Gen과 같은 형태론적 분석 시퀀스를 사용하면 품사의 수가 크게 증가한다. MULTEXT-East 코퍼스들, 영어, 체코어, 에스토니아어, 헝가리어, 루마니아어, 슬로베니아어에서 이를 분명하게 볼 수 있다(Dimitrova et al., 1998; Erjavec, 2004). 하직(2000)은 이러한 코퍼스들에 대해 다음과 같은 태그 세트 사이즈를 제공한다.

언어	태그 세트 사이즈
영어	139
체코어	970
에스토니아어	476
헝가리어	401
루마니아어	486
슬로베니아어	1033

이와 같이 큰 태그 세트를 사용하는 경우, 일반적으로 단어별로 가능한 형태론적 태그 시퀀스 목록(즉, 가능한 품사 태그의 목록)을 생성하기 위해 각 단어에 대해 형태론적 분석을 실시할 필요가 있다. 태거의 역할은 이 태그들 사이에서 명확하게 만드는 것이다. 형태론적 분석은 다양한 방법으로 이루어질 수 있다. 터키의 형태론적 분석 하카니-터 외 연구진(2002) 모델은 3장에서 소개한 2단계 형태론에 기초하고 있다. 체코어와 MULTEXT-East 언어의 경우, 하직(2000) 및 하직과 흐라드카(1998)는 각 언어에 대해 고정된 외부 사전을 사용하며, 사전은 각 단어의 가능한 모든 형태를 컴파일하고 각 단어 형태에 대해 가능한 태그를 나열한다. 형태론적 분석은 또한 형태론적 파서가 알 수 없는 어간을 수용하고 여전히 접사를 적절하게 나눌 수 있기 때문에 미지의 단어 문제를 해결하는 데 결정적인 도움을 준다.

이러한 형태론적 분석을 감안할 때, 태깅 자체를 위한 다양한 방법을 사용할 수 있다. 터키어를 위한 하카니-터 외 연구진(2002) 모델은 태그 시퀀스의 마르코프 모델을 사용한다. 이 모델은 훈련 세트에서 태그 전환 확률을 계산해 다음과 같은 태그의 시퀀스에 확률을 할당한다.

izin+Noun+A3sg+Pnon+Nom

다른 모델들은 영어와 비슷한 기술을 사용한다. 예를 들어 하직(2000) 및 하직과 흐라드카(1998)는 MULTEXT-East 언어에 로그선형 지수 태거, 오라베츠와 디엔스(2002)와 제로스키 외 연구진(2000)은 TnT HMM 태거(Brants, 2000) 등을 사용한다.

5.8.4 태거 조합

우리가 설명한 다양한 품사 태깅 알고리듬도 결합할 수 있다. 태거 조합에 대한 가장 일반적인 접근 방식은 동일한 문장에서 여러 태거를 동시에 실행한 다음, 투표를 통해 또는 주어진 상황에서 신뢰할 태거를 선택하도록 다른 분류사를 훈련시켜 태거의 출력을 결합하는 것이다. 예를 들어 브릴과 우(1998)는 고차원 분류사를 통해 투표함으로써 유니그램, HMM, TBL, 최대 엔트로피 태거를 결합했고, 4개의 분류사 중 최고에 대한 작은 개선을 보여줬다. 일반적으로 이러한 종류의 조합은 태거가 보완적인 오류를 가지고 있을 때만 유용하다. 따라서 조합에 대한 연구는 오차가 실제로 다른 태거와 다른지 확인하는 것으로 시작한다. 또 다른 옵션은 태거를 직렬로 결합하는 것이다. 하직 외 연구진(2001)은 규칙 기반 접근 방식을 사용해 각 단어에 대해 불가능한 태그 확률을 일부 제거한 다음 HMM 태거를 사용해 나머지 태그에서 최상의 시퀀스를 선택함으로써 체코어에 이 옵션을 적용한다.

5.9 고급: 철자를 위한 잡음 통신로 모델

태깅을 위해 5.5절에서 소개된 베이지안 추론 모델은 음성 인식과 기계 번역에 중요한 도구인 **잡음 통신로** 모델의 구현으로 또 다른 설명을 한다.

이 절에서는 잡음 통신로 모델을 소개하고 철자 오류 수정 작업에 적용하는 방법을 보여준다. 노이즈 모델은 마이크로소프트 워드와 많은 검색엔진에서 사용된다. 일반적으로 **비단어 철자 오류**와 **실제 단어 철자 오류**를 포함해 모든 종류의 단일 단어 철자 오류를 수정하기 위해 가장 널리 사용되는 알고리듬이다.

비단어 철자 오류는 영어 단어가 아닌 오류(receive의 recieve처럼)이며, 사전에 없는 단어를 찾는 것만으로 오류를 **감지**할 수 있다. 3.10절에서 일부 철자 오류에 대한 후보 수정은 철자가 틀린 단어에 대한 **편집 거리**가 작은 단어를 찾는 것을 봤다.

5장에서 본 베이지안 모델과 잡음 통신로 모델은 이러한 수정을 찾는 더 나은 방법을 제공할 것이다. 뿐만 아니라 다음과 같은 **실제 단어 철자 오류**를 수정하는 작업인 **맥락별 맞춤법 검사**에는 잡음 통신로 모델을 사용할 수 있을 것이다.

They are leaving in about fifteen *minuets* to go to her house.

The study was conducted mainly *be* John Black.

이런 오류는 실제 단어가 있기 때문에 사전에 없는 단어만 표시하면 찾을 수 없으며, 편집 거리만으로 수정할 수도 없다. 그러나 *in about fifteen minutes* 후보 수정 주위의 단어는 원래 *in about fifteen minuets*보다 훨씬 더 가능성이 높은 단어 시퀀스를 만든다는 것에 주목한다. 노이즈 모델은 *N*그램 모델로 이 아이디어를 구현한다.

잡음 통신로

잡음 통신로 모델의 직관(그림 5.23 참조)은 잡음 통신 채널을 통해 전달됨으로써 철자가 틀린 단어를 올바른 철자가 "왜곡"된 것처럼 취급하는 것이다. 이 채널은 문자에 대체나 기타의 변화 형태로 "노이즈"를 도입해, "정확한" 단어를 인식하기 어렵게 한다. 우리의 목표는 채널의 모델을 구축하는 것이다. 이 모델을 고려할 때, 잡음 통신로의 모델을 통해 언어의 모든 단어를 전달하고 어떤 단어가 철자가 틀린 단어에 가장 가까운 단어를 살펴봄으로써 정확한 단어를 찾는다.

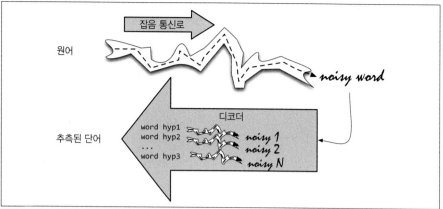

그림 5.23 잡음 통신로 모델에서 보여지는 표면 형태가 실제로 잡음 통신로를 통해 전달되는 원어의 "왜곡된" 형태라고 상상한다. 해독기는 이 채널의 모델을 통해 각각의 가설을 통과시키고 표면의 노이즈 단어와 가장 잘 일치하는 단어를 선택한다.

베이지안 　이 잡음 통신로 모델은 앞에서 본 HMM 태그 구조처럼 **베이지안 추론**의 특별한 경우다.

　관측치 O(철자가 틀린 단어)가 표시되며, 이 철자가 틀린 단어를 생성한 단어 w를 찾

V 는 것이 우리의 임무다. 어휘 V의 모든 가능한 단어 중에서 $P(w|O)$가 가장 높은 단어 w를 찾길 원한다.

$$\hat{w} = \operatorname*{argmax}_{w \in V} P(w|O) \tag{5.53}$$

　품사 태깅 부분에서 봤듯이, 베이스 규칙을 사용해 문제를 해결할 수 있다(태깅의 경우 분모를 무시할 수 있음).

$$\hat{w} = \operatorname*{argmax}_{w \in V} \frac{P(O|w)P(w)}{P(O)} = \operatorname*{argmax}_{w \in V} P(O|w)\,P(w) \tag{5.54}$$

　요약하자면 잡음 통신로 모델은 정확한 기본 단어 w를 가지고 있으며, 그 단어를 어떤 철자가 틀린 표면 형태로 수정하는 잡음 통신로를 가지고 있다고 말한다. 특정 관측 시퀀스 O를 생성하는 잡음 통신로의 확률은 $P(O|w)$에 의해 모델링된다. 가능한 숨겨진 단어에 대한 확률분포는 $P(w)$에 의해 모델링된다. 이전 $P(w)$와 관측 가능성 $P(O|w)$의 곱을 취하고 이 결과물이 가장 큰 단어를 선택함으로써 O를 잘못 추출하는 것을 관찰한 적이 있다는 점을 고려하면 가장 가능성이 높은 단어 $\hat{w}$을 계산할 수 있다.

잡음 통신로 접근 방식을 단어가 아닌 철자 오류를 수정하는 데 적용해보자. 이 접근법은 커니건 외 연구진(1990)에 의해 처음 제안됐다. 커니건 외 연구진의 프로그램 correct는 유닉스 철자 프로그램에 의해 거부된 단어들을 취하며, 잠재적인 정확한 단어들의 목록을 생성하고, 식 5.54에 따라 순위를 매기고, 가장 높은 순위를 고른다. 알고리듬을 *acress*를 철자가 틀린 예에 적용할 것이다. 알고리듬에는 '후보 정정 제안 proposing candidate corrections'과 '후보 점수 매기기scoring the candidates'의 두 단계가 있다.

후보 수정을 제안하기 위해 커니건 외 연구진(1990)은 올바른 단어가 단일 삽입, 삭제, 대체 또는 전치에 의한 철자 오류와 다를 것이라는 합리적인 단순화 가정을 만든다(Damerau, 1964). 후보 단어 목록은 큰 온라인 사전에서 단어의 결과로 나타나는 단일 변환의 애플리케이션에 의해 오타로 생성된다. 모든 가능한 변환을 *acress*에 적용하면 그림 5.24의 후보 단어 목록이 나온다.

오류	수정	올바른 문자	오류 문자	위치(글자 번호#)	유형
			변환		
acress	actress	t	–	2	삭제
acress	cress	–	a	0	삽입
acress	caress	ca	ac	0	전치
acress	access	c	r	2	대체
acress	across	o	e	3	대체
acress	acres	–	2	5	삽입
acress	acres	–	2	4	삽입

그림 5.24 틀린 철자 *acress*와 오류를 발생시킬 수 있는 변환에 대한 후보 수정(Kernighan et al.(1990) 이후) "–"은 null 문자를 나타낸다.

알고리듬의 두 번째 단계는 식 5.54에 의해 각 수정을 기록한다. t는 오타(철자가 틀린 단어)를 나타내며, c는 후보 수정의 세트 C에 걸쳐 있다. 가장 가능성 있는 수정은 다음과 같다.

$$\hat{c} = \underset{c \in C}{\operatorname{argmax}} \overbrace{P(t|c)}^{가능성} \overbrace{P(c)}^{사전확률} \tag{5.55}$$

각 수정 $P(c)$의 이전 확률은 맥락상 단어 c의 언어 모델 확률이다. 훈련학상의 이유로 이 절에서는 이를 유니그램 확률 $P(c)$라고 단순화 가정할 것이다. 그러나 실제로 철자 수정에서는 트라이그램 또는 4-그램 확률로 확장된다. 1988년 AP 뉴스 와이어 4,400만 단어의 코퍼스인 커니건 외 연구진(1990)의 코퍼스를 사용해보자. 이 코퍼스에서 단어 *actress*는 4,400만 중 1,343번, 단어 *acres*는 2,879번 발생하기 때문에 결과적으로 생성되는 유니그램 사전 확률은 다음과 같다.

c	freq(c)	p(c)
actress	1343	.0000315
cress	0	.000000014
caress	4	.0000001
access	2280	.000058
across	8436	.00019
acres	2879	.000065

어떻게 $P(t|c)$를 추정할 수 있을까? 타이피스트[typist]가 누구인지, 타이피스트가 왼손잡이인지 오른손잡이인지, 그리고 다른 많은 요인들을 알아야 하기 때문에 실제 채널을 완벽하게 모델링하는 것은 어렵다(즉, 단어가 잘못 입력될 정확한 확률 계산). 다행히도, 단순한 로컬 맥락 요인만 봐도 $p(t|c)$에 대한 꽤 합리적인 추정치를 얻을 수 있는 것으로 밝혀졌다. 삽입이나 삭제, 전치를 예측하는 가장 중요한 요인은 정확한 글자 자체의 정체성, 글자의 철자가 틀린 방식, 주변 맥락이기 때문이다. 예를 들어 문자 m과 n은 종종 서로 대체된다. m과 n은 부분적으로 정체성에 관한 사실(이 두 글자는 비슷하게 발음되고 키보드에서 서로 옆에 있기 때문에)과 맥락에 대한 일부 사실(비슷하게 발음되고 비슷한 맥락에서 발생하기 때문에)이다. 커니건 외 연구진(1990)은 이런 종류의 간단한 모델을 사용했다. 예를 들어 커니건 외 연구진은 몇몇 큰 오류의 코퍼스에서 문자 e가 문자 o로 대체된 횟수만을 사용해 $p(acress|across)$를 추정했다. 즉, 한 문자가 다른 문자 대신 잘못 사용된 횟수를 나타내는 26×26 행렬인 오차행렬로 표현된다. 예를 들어 대체 오차행렬에서 $[o, e]$라고 표시된 셀은 e가 o로 대체된 횟수를 제공한다. 삽입 오차행렬에서 $[t, s]$라고 레이블을 붙인 셀은 s 후에 t가 삽입된 횟수를 계산할 것이다. 오차행렬은 정확한 철자로 철자 오류 모음을 코드화한 다음 서로 다른 오류가 발생한 횟수를 세어 계산할 수 있다(Grudin, 1983). 커니건 외 연구진(1990)은 단일 오류 유형별로 하나씩, 네 가지 오차행렬을 사용했다.

- del[x, y]는 훈련 세트에서 올바른 단어의 xy 문자가 x로 입력된 횟수를 포함한다.
- ins[x, y]는 훈련 세트에서 올바른 단어의 문자 x가 xy로 입력된 횟수를 포함한다.
- sub[x, y]는 x가 y로 입력된 횟수다.
- trans[x, y]는 xy가 yx로 입력된 횟수다.

커니건 외 연구진(1990)은 이전 문자에 대한 삽입 및 삭제 확률을 조건화하기로 선택했으며, 다음 문자에 대한 조건화를 선택할 수도 있었다는 점에 유의한다. 이러한 행렬을 사용해 $p(t|c)$를 다음과 같이 추정했다(여기서 cp는 단어 c의 p번째 문자임).

$$P(t|c) = \begin{cases} \dfrac{\text{del}[c_{p-1}, c_p]}{\text{count}[c_{p-1}c_p]}, & \text{삭제하면} \\[2ex] \dfrac{\text{ins}[c_{p-1}, t_p]}{\text{count}[c_{p-1}]}, & \text{삽입하면} \\[2ex] \dfrac{\text{sub}[t_p, c_p]}{\text{count}[c_p]}, & \text{대체하면} \\[2ex] \dfrac{\text{trans}[c_p, c_{p+1}]}{\text{count}[c_p c_{p+1}]}, & \text{변경하면} \end{cases} \tag{5.56}$$

그림 5.25는 각 잠재적 보정에 대한 최종 확률을 나타낸다. 단, 이전 유니그램에 우도를 곱한다(식 5.56과 오차행렬로 계산). 마지막 열에는 "정상화된 백분율"이 표시된다.

c	freq(c)	p(c)	p(t|c)	p(t|c)p(c)	%
actress	1343	.0000315	.000117	3.69×10^{-9}	37%
cress	0	.000000014	.00000144	2.02×10^{-14}	0%
caress	4	.0000001	.00000164	1.64×10^{-13}	0%
access	2280	.000058	.000000209	1.21×10^{-11}	0%
across	8436	.00019	.0000093	1.77×10^{-9}	18%
acres	2879	.000065	.0000321	2.09×10^{-9}	21%
acres	2879	.000065	.0000342	2.22×10^{-9}	23%

그림 5.25 각 후보 수정의 순위 계산. acres는 두 가지 방법으로 생성될 수 있기 때문에 가장 높은 순위의 단어는 actress가 아니라 acres(표 아래쪽의 두 줄)라는 점에 유의한다. del[ ], ins[ ], sub[ ], trans[ ] 오차행렬은 커니건 외 연구진(1990)에 모두 제시돼 있다.

이러한 베이지안 알고리듬의 구현은 정확한 단어(총 정규화 비율 45%)로 acres를 예측하고, 두 번째로 가장 가능성이 높은 단어로 actress를 예측한다. 하지만 알고리듬은 여기서 잘못됐다. 작가의 의도는 맥락에서 명확해진다. ...was called a "stellar *and versatile acress whose combination of sass and glamour has defined her..."* 주위의 단어들을 보면 *actress*가 의도된 단어였음을 분명히 알 수 있다. 이는 실제로 잡음 통신로 모델에서 유니그램이 아닌 트라이그램 (또는 더 큰) 언어 모델을 사용하는 이유다. $P(c)$의 바이그램 모델이 이 문제를 정확하게 해결하는지 보는 것은 독자를 위한 연습 5.10으로 남겨둔다.

우리가 설명한 알고리듬은 오차행렬을 훈련시키기 위해 수동으로 주석이 달린 데이터가 필요하다. 커니건 외 연구진(1990)이 사용하는 대안적 접근법은 바로 이 철자 오류 수정 알고리듬 자체를 사용해 반복적으로 행렬을 계산하는 것이다. 반복 알고리듬은 먼저 동일한 값을 갖는 행렬을 초기화한다. 따라서 어떤 문자는 똑같이 삭제될 가능성이 있고, 다른 문자와 동등하게 대체될 가능성이 있다. 다음으로 철자 오류 수정 알고리듬을 일련의 철자 오류에 대해 실행된다. 수정과 짝을 이룬 일련의 오타를 고려하면, 오차행렬은 이제 다시 계산될 수 있고 철자 알고리듬은 다시 실행될 수 있다. 이 현명한 방법은 중요한 EM 알고리듬(Dempster et al., 1977)의 사례이며 6장에서 논의한다.

5.9.1 맥락별 철자 오류 수정

위에서 언급했듯이, 실제 영어 단어를 발생하는 오류인 실제 단어 철자 오류를 감지하고 수정하는 데도 잡음 통신로 접근법을 적용할 수 있다. 이는 집계에 따라 실제 단어가 생성되는 오타(삽입, 삭제, 대체)는 실수로 실제 단어를 생성(예: *there*를 *three*로)하거나 동음이의어 또는 동음이의어에 근접한 잘못된 철자를 대체(예: *desert*를 *dessert*로, *peace*를 *piece*로)했기 때문에 발생할 수 있다. 이러한 오류를 수정하는 작업을 맥락별 철자 수정이라고도 한다. 많은 연구에서 다음과 같은 예에서와 같이 철자 오류의 25~40%가 유효한 영어 단어라고 한다(Kukich, 1992).

They are leaving in about fifteen *minuets* to go to her house.

The design an construction of the system will take more than a year.

Can they *lave* him my messages?

The study was conducted mainly *be* John Black.

문장의 모든 단어에 대해 후보 철자법 세트를 생성하고 잡음 통신로 모델을 확장함으로써 실제 철자 오류를 처리할 수 있다(Mays et al., 1991).

후보 세트에는 단어 자체와 더불어 글자 수정(문자 삽입, 삭제, 대체) 또는 동음이의어 목록에서 생성된 모든 영어 단어가 포함된다. 그런 다음 알고리듬은 전체 문장에 가장 높은 확률을 제공하는 각 단어의 철자를 선택한다. 즉, $W = \{w_1, w_2, \ldots, w_k, \ldots, w_n\}$이라는 문장이 주어지며 w_k는 w'_k, w''_k 등 대체 철자를 가지고 있다. 이러한 가능한 철자 중에서 N그램 문법을 사용해 $P(W)$를 계산함으로써 $P(W)$를 최대화하는 철자를 선택한다.

좀 더 최근의 연구는 음성 정보를 포함하거나 더 복잡한 오류를 허용하는 것과 같은 채널 모델 $P(t|c)$의 개선에 중점을 뒀다(Brill and Moore, 2000; Toutanova and Moore, 2002). 언어 모델 $P(c)$의 가장 중요한 개선은 2006년 구글이 공개한 매우 큰 5-그램 세트를 사용하는 등 매우 큰 맥락을 사용하는 것이다(Franz and Brants, 2006). 잡음 통신로 모델의 파이썬 구현과 멋진 설명은 노르빅(Norvig, 2007)을 참조한다. 5장의 끝부분에는 추가 지침이 있다.

5.10 요약

5장에서는 **품사** 및 **품사 태깅**에 대한 아이디어를 소개했다. 주요 아이디어는 다음과 같다.

- 언어는 일반적으로 종종 매우 자주 사용되는 비교적 적은 수의 **닫힌 부류** 단어 세트를 가지며, 일반적으로 기능어로 작동하고 품사 태그에 중의적일 수 있다. 열린 부류 단어는 일반적으로 다양한 종류의 **명사, 동사, 형용사**를 포함한다. 40~200개 사이의 **태그 세트**를 기반으로하는 품사 코딩 체계가 많이 있다.

- **품사 태깅**은 일련의 단어에 대해 품사 레이블을 지정하는 프로세스다. 규칙 기반 태거는 수동으로 작성된 규칙을 사용해 태그 중의성을 구별한다. HMM 태거는 단어 우도와 태그 시퀀스 확률의 곱을 최대화하는 태그 시퀀스를 선택한다. 태깅에 사용되는 다른 머신러닝 모델에는 최대 엔트로피 및 기타 로

그 선형 모델, 의사 결정 트리, 메모리 기반 학습 및 변환 기반 학습이 포함 된다.

- HMM 태거의 확률은 수동 레이블 훈련 코퍼스에 대해 학습하고 삭제된 보 간법을 사용해 다른 N그램 수준을 결합하며 복잡하고 알 수 없는 단어 모델 을 통합한다.

- HMM과 입력 문자열이 주어지면, 비터비 알고리듬은 최적의 태그 시퀀스를 디코딩할 수 있다.

- 태거는 해당 테스트 세트의 사람 레이블과 테스트 세트의 결과를 비교해 평 가된다. 오류 분석은 태거가 잘 수행되지 않는 영역을 정확히 파악하는 데 도 움이 될 수 있다.

참고문헌 및 역사 참고 사항

가장 초기에 구현된 품사 할당 알고리듬은 1958년 6월부터 1959년 7월 사이에 펜실 베이니아대학교에서 시행된 젤리그 해리스의 변환 및 담화 분석 프로젝트[TDAP, Transformations and Discourse Analysis Project]의 파서 중 일부였을 수 있다(Harris, 1962). 이전의 자연어 처리 시스템은 단어에 품사 정보가 포함된 사전을 사용했지만, 품사 명확성을 수행하는 것으로 설명되지 않았다. 품사 파싱의 일환으로, TDAP은 14개의 수작업으 로 작성한 규칙으로 품사를 명확히 했다. 품사 태그 시퀀스의 사용은 모든 현대 알고 리듬을 미리 구성하며, 실행 순서는 단어에 대한 태그의 상대적 빈도에 기초한다. 파 서/태거가 최근에 재구현됐으며, 조시와 호플리(1999)와 카트툰(1999)에 의해 설명되 는데, 파서는 본질적으로 (현대적인 방식으로) 유한 상태 변환기의 캐스케이드로 구현되 었다고 언급한다.

TDAP 파서 직후에는 클라인과 시몬스의 컴퓨터 문법 코더[CGC, Computational Grammar Coder]가 있었다. CGC는 어휘집, 형태소 분석기 및 맥락 명확성의 세 가지 구성 요소 를 갖고 있었다. 1500단어의 작은 어휘는 함수어는 물론 불규칙명사, 동사, 형용사까 지 포함한 단순한 형태론 분석기에서는 설명할 수 없는 예외적인 단어들을 포함했다. 형태론 분석기는 굴절과 파생 접미사를 사용해 언어의 일부 부류를 할당했다. 어휘집 과 형태론적 분석기를 통해 단어 하나가 실행돼 후보 품사 세트를 생산했다. 그런 다음 500개의 맥락 규칙 세트를 사용해 주변의 중의적이지 않은 단어의 제도에 의존해 후보 세트를 명확하게 했다. 예를 들어 한 규칙은 관사와 동사 사이에서 허용되는 유일한 시퀀스는 ADJ-NOUN, NOUN-ADVERB 또는 NOUN-NOUN이라고 말했다. CGC 알고리듬은 사이언티픽 아메리칸^{Scientific American}과 어린이 백과사전의 관사에 30-태그 세트를 적용하는 데 있어 90%의 정확도를 보고했다.

TAGGIT 태거(Greene and Rubin, 1971)는 클라인과 시몬스(1963) 시스템을 기반으로 해 동일한 아키텍처를 사용하지만 사전의 사이즈와 태그 세트의 크기를 87개의 태그로 늘렸다. 예를 들어 다음의 샘플 규칙은 x라는 단어가 3인칭 단수동사^{VBZ} 앞에 복수명사^{NNS}가 될 가능성이 낮다고 나타낸다.

$$x \; VBZ \rightarrow not \; NNS$$

TAGGIT은 브라운 코퍼스에 적용됐고, 프란시스와 쿠크세라(1982, p.9)에 따르면, "코퍼스의 77%가 정확하게 태깅됐다"(브라운 코퍼스의 나머지 부분은 수작업으로 태그를 붙였다).

1970년대에 랭커스터-오슬로/베르겐^{LOB} 코퍼스는 브라운 코퍼스에 해당하는 영국식 영어로 컴파일됐다. 이 태그에는 HMM 태깅 접근법의 근사치로 볼 수 있는 확률론적 알고리듬인 CLAWS 태거로 태그됐다(Marshall, 1983, 1987; Garside, 1987). 알고리듬은 태그 바이그램 확률을 사용했지만, 각 태그의 단어 우도를 저장하는 대신 알고리듬은 태그를 $rare(P(\text{tag}|\text{word}) < .01)$ $infrequent$ $(P(\text{tag}|\text{word}) < .10)$ 또는 $normally \; frequent(P(\text{tag}|\text{word}) > .10)$로 표시했다.

처치(1988)의 확률론적 PARTS 태거는 완전한 HMM 태거에 가까웠다. 각 단어/태그 조합에 완전한 어휘 확률을 할당하기 위해 CLAWS 아이디어를 확장했고, 태그 시퀀스를 찾기 위해 비터비 디코딩을 사용했다. 그러나 CLAWS 태거와 마찬가지로, 이 단어는 태그의 확률을 저장했다.

$$P(\text{tag}|\text{word}) * P(\text{tag}|\text{previous } n \text{ tags}) \tag{5.57}$$

HMM 태그가 사용하는 것처럼 태그가 지정된 단어의 확률을 사용하는 것이 아니라 다음과 같다.

$$P(\text{word}|\text{tag}) * P(\text{tag}|\text{previous } n \text{ tags}) \qquad (5.58)$$

이후 태거는 종종 EM 훈련 알고리듬(Kupiec, 1992; Merialdo, 1994; Weischedel et al., 1993)과 함께 은닉 마르코프 모델의 사용을 명시적으로 도입했다(Schütze and Singer, 1994).

논의한 HMM 및 TBL 접근 방식과 같은 가장 최근의 태깅 알고리듬은 현재 단어, 인접 품사 또는 단어와 같은 다양한 특징과 맞춤법 및 형태론적 특징과 같은 알 수 없는 단어 특징으로 볼 때 문장에 대한 최고의 태그 순서를 추정하는 머신러닝 분류사다. 의사결정 트리(Jelinek et al., 1994; Magerman, 1995), 최대 엔트로피 모델(Ratnaparkhi, 1996), 기타 로그-선형 모델(Franz, 1996), 메모리 기반 학습(Daelemans et al., 1996), 선형 분리기 네트워크[SOW](Roth and Zelenko, 1998)를 포함해 많은 종류의 분류사가 이러한 특징들을 결합하기 위해 사용돼 왔다.

대부분의 머신러닝 모델은 〈월 스트리트 저널〉 코퍼스의 트리뱅크 45-태그 세트에서 약 96~97%의 유사한 특징으로 볼 때 비교적 유사한 성능을 달성하는 것으로 보인다. 5장의 집필을 기준으로, 본 WSJ 트리뱅크 작업에서 가장 높은 성과를 거둔 모델은 인접 단어의 정보뿐만 아니라 태그 및 복잡한 알 수 없는 단어 모델에 대한 정보를 이용하는 로그 선형 태거로, 정확도는 97.24%를 달성했다(Toutanova et al., 2003). 비지도식 모델에서 작업이 시작되지만 대부분 지도식 모델이 된다(Schütze, 1995; Brill, 1997; Clark, 2000; Banko and Moore, 2004; Goldwater and Griffiths, 2007).

품사 역사에 관심이 있는 독자는 로빈스(1967) 또는 쾨르너와 아셔(1995)와 같은 언어학의 역사, 특히 후자의 경우에 하우스홀더의 관사(1995)를 참고해야 한다. 샘프슨(1987) 및 가사이드 외 연구진(1997)은 브라운 및 기타 태그 세트의 출처 및 구성에 대한 자세한 설명을 제공한다. 품사 태그에 대한 자세한 내용은 반 할테렌(1999)에서 확인할 수 있다.

철자 오류 감지 및 수정 알고리듬은 적어도 블레어(1960) 이후 존재해왔다. 대부분의 초기 알고리듬은 3장의 연습에서 논의된 사운덱스 알고리듬과 같은 유사한 키보드 입력에 기초했다(Odell and Russell, 1922; Knuth, 1973). 다메라우(1964)는 오류 감지를 위한 사전 기반 알고리듬을 제공했는데, 그 이후 대부분의 오류 감지 알고리듬은 사전을 기반으로 했다. 다메라우는 단일 오류에도 작동하는 수정 알고리듬을 제공했다. 그 이후 대부분의 알고리듬은 바그너와 피셔(1974)로 시작하는 동적 프로그래밍에 의존했다. 쿠키치(1992)는 철자 오류 감지 및 수정에 관한 결정적인 설문을 작성했다. 현대의 알고리듬은 통계적 또는 머신러닝 알고리듬에 기초하고 있으며, 카시압과 옴멘(1983)과 커니건 외 연구진(1990)을 참고한다.

철자에 대한 최근의 접근법에는 잡음 통신로 모델(Brill and Moore, 2000; Toutanova and Moore, 2002)에 대한 확장뿐만 아니라 베이지안 분류기(Gale et al., 1993; Golding, 1997; Golding and Schabes, 1996), 의사 결정 목록(Yarowsky, 1994), 변환 기반 학습(Mangu and Brill, 1997), 잠재 의미 분석(Jones and Martin, 1997), 정밀 분석(Golding and Roth, 1999)과 같은 다른 많은 머신러닝이 포함된다. 허스트와 부다니츠키(2005)는 단어 관련성의 사용을 탐구한다. 20장을 참조한다. 잡음 채널 맞춤법 교정은 마이크로소프트 워드 맥락별 맞춤법 검사기를 포함한 많은 상업적 애플리케이션에서 사용된다.

연습

5.1   펜 트리뱅크 태그 세트로 태그가 지정된 다음 문장 각각에서 하나의 태그 오류를 찾아라.

1. I/PRP need/VBP a/DT flight/NN from/IN Atlanta/NN
2. Does/VBZ this/DT flight/NN serve/VB dinner/NNS
3. I/PRP have/VB a/DT friend/NN living/VBG in/IN Denver/NNP
4. Can/VBP you/PRP list/VB the/DT nonstop/JJ afternoon/NN flights/NNS

5.2   펜 트리뱅크 태그 세트를 사용해 데이몬 러니온의 단편소설에서 다음 문장으로 각 단어에 태그를 지정하라. 구두점을 무시해도 좋다. 이들 중 일부는 매우 어렵다.

1. It is a nice night.
2. This crap game is over a garage in Fifty-second Street...
3. ...Nobody ever takes the newspapers she sells...
4. He is a tall, skinny guy with a long, sad, mean-looking kisser, and a mournful voice.

5. ...I am sitting in Mindy's restaurant putting on the gefillte fish, which is a dish I am very fond of,...

6. When a guy and a doll get to taking peeks back and forth at each other, why there you are indeed.

5.3 이제 이전 연습의 태그와 한 두 친구의 대답을 비교하라. 어떤 단어가 가장 의견이 다른가? 그 이유는?

5.4 이제 연습 5.2의 문장에 태그를 지정하고, 그림 5.7의 좀 더 상세한 브라운 태그 세트를 사용하라.

5.5 그림 5.21의 TBL 알고리듬을 구현하라. 적은 수의 템플릿을 만들고 POS 태그가 지정된 훈련 세트에서 태거를 훈련시켜라.

5.6 '가능성이 가장 높은 태그' 기준을 구현하라. POS 태그가 지정된 훈련 세트를 찾아 각 단어에 대해 $p(p|w)$를 최대화하는 태그를 계산하는 데 사용하라. 문장의 경계를 다루기 위해서는 간단한 토크나이저를 구현해야 할 것이다. 먼저 모든 미지의 단어가 NN이라고 가정하고 알려진 단어와 미지의 단어에 대한 오류율을 계산하라. 이제 미지의 단어의 태그를 더 잘 지정하기 위해 최소 5개의 규칙을 작성하고 오류율의 차이를 표시하라.

5.7 처치(1988) 태거가 HMM 태거가 아니라는 것을 상기하라. 다음과 같은 단어가 주어진 태그의 확률을 포함하기 때문이다.

$$P(\text{tag}|\text{word}) * P(\text{tag}|\text{previous } n \text{ tags}) \tag{5.59}$$

HMM 태거처럼 태그가 주어진 단어의 가능성을 사용하는 대신,

$$P(\text{word}|\text{tag}) * P(\text{tag}|\text{previous } n \text{ tags}) \tag{5.60}$$

흥미롭게도, 이와 같은 종류의 '역우도'의 사용은 기계 번역에 대한 현대의 로그-선형 접근법에 유용한 것으로 입증됐다('참고문헌' 절 참조). 게당켄 실험으로서, HMM 태거가 처치 태거보다 더 나은 답을 도출할 수 있는 방법을 보여주는 문장, 태그 전환 확률 세트, 어휘 태그 확률 세트를 구성하고, 처치 태거가 더 나은 또 다른 예를 만든다.

5.8 바이그램 HMM 태거를 만들어라. 품사 태그가 달린 코퍼스가 필요할 것이다. 먼저 코퍼스를 훈련 세트와 테스트 세트로 나눈다. 레이블이 지정된 훈련 세트에서 직접 태그한 데이터에 HMM 태거의 전환 및 관찰 확률을 훈련시킨다. 그런 다음 5장과 6장에서 비터비 알고리듬을 구현해 임의의 테스트 문장을 디코딩(레이블)할 수 있도록 한다. 이제 테스트 세트에서 알고리듬을 실행해, 오류율을 보고하고 성능을 가장 빈번한 태그 기준선과 비교하라.

5.9 태거의 오류 분석을 수행하라. 오차행렬을 작성하고 가장 빈번한 오류를 조사한다. 이러한 오류에 대한 태거의 성능을 개선하기 위한 몇 가지 기능을 제안하라.

5.10 큰 코퍼스에서 바이그램 문법을 계산하고 정확한 순서 *...was called a "stellar and versatile acress whose combination of sass and glamour has defined her..."* 가 주어진 경우 그림 5.25에 나타난 철자 보정 확률을 다시 추정하라. 바이그램 문법은 정확한 단어 *actress*를 선택하는가?

5.11 노르빅(2007)을 읽고 파이썬 잡음 통신로 맞춤법 검사기에게 제안하는 확장 기능 중 하나를 구현하라.

은닉 마르코프 및
최대 엔트로피 모델

필요 없이 복잡하게 만들지 마십시오.

– 윌리엄 오컴

그녀의 여동생은 타티아나라고 불렀다.
처음으로 소설의 애정 어린 페이지들의 이름으로,
묘하게 기품 있었다.

– 알렉산드르 푸시킨의 『예브게니 오네긴』, 블라디미르 나보코프 번역본에서

알렉산더 푸시킨의 19세기 초에 연재된 운문 소설 『예브게니 오네긴』은 젊은 댄디 오네긴의 타티아나와의 사랑에 대한 거절, 친구 렌스키와의 결투, 그리고 두 가지 실수에 대한 후회를 이야기한다. 그러나 이 소설은 줄거리보다는 문체와 구조로 주로 사랑받았다. 다른 흥미로운 구조 혁신 중에서 이 작품은 특이한 운율 체계를 가진 약강 4음보격iambic tetrameter인 오네긴 스탠자Onegin stanza로 알려진 형태로 쓰여졌다. 이러한 요소들은 다른 언어로 번역하는 과정에서 복잡성과 논란을 야기했다. 많은 번역본들이 운문으로 돼 있지만 나보코프는 문자 그대로 영어 산문으로 엄격히 번역한 것으로 유명하다. 산문과 운문 번역 사이의 긴장감과 번역의 문제는 많은 논란을 불러일으켰다(예를 들어 호프스타터(1997) 참조).

1913년 A. A. 마르코프는 푸시킨의 텍스트에 대해 '텍스트의 빈도수를 사용해 순차적으로 다음 문자가 모음일 확률을 계산하는 데 도움을 줄 수 있을까?'라고 논란을 잠재우는 질문을 했다. 6장에서는 텍스트 및 음성 처리를 위한 통계 모델의 두 가지

중요한 분류인 마르코프 모델의 파생들을 소개한다. 그중 하나는 **은닉 마르코프 모델** HMM이며 다른 하나는 **최대 엔트로피 모델**MaxEnt이다. 특히 **최대 엔트로피 마르코프 모델** MEMM이라고 하는 MaxEnt의 마르코프는 관련 변종이다. 이들은 모두 **머신러닝** 모델이다. 4장에서 머신러닝의 일부 측면에 대해 이미 다뤘고, 5장에서 은닉 마르코프 모델을 간략하게 소개했다. 6장에서는 이 두 가지 중요한 모델을 더 자세히 소개한다.

시퀀스 분류기   HMM과 MEMM은 둘 다 **시퀀스 분류기**다. 시퀀스 분류기 또는 **시퀀스 레이블러** sequence labeler는 시퀀스에 따라 각 단위에 일부 레이블 또는 부류를 할당하는 작업을 하는 모델이다. 3장에서 연구한 유한 상태 변환기는 일종의 비확률적 시퀀스 분류기로, 단어의 시퀀스에서 형태소의 시퀀스로 변환한다. HMM과 MEMM을 확률론적 시퀀스 분류기로 활용해 이 개념을 확장한다. 일련의 단위(단어, 문자, 형태소, 문장 등)가 주어지면 가능한 레이블의 확률분포를 계산하고 최상의 레이블 시퀀스를 선택한다.

우리는 이미 한 가지 중요한 시퀀스 분류 작업을 봤다. 시퀀스별로 각 단어마다 품사 태깅을 할당해야 한다. 음성 및 언어 처리 과정 전반에 걸쳐 시퀀스 레이블링 작업이 발생하는데, 언어가 여러 구상적인 수준의 시퀀스로 구성된다고 생각하면 그리 놀라운 일이 아니다. 품사 태깅 외에도 이 책에서는 음성 인식(9장), 문장 분할 및 문자소-음소 변환(8장), 부분적인 파싱/청킹(13장), 개체명 인식 및 정보 추출(22장) 등의 작업에 시퀀스 모델을 적용한다.

6장은 크게 은닉 마르코프 모델과 최대 엔트로피 마르코프 모델의 두 절로 나눈다. 은닉 마르코프 모델에 대한 설명은 HMM 품사 태깅의 내용을 확장한다. 다음 절에서 마르코프 연쇄를 소개하고, HMM와 순방향 및 비터비 알고리듬에 대해 더욱 형식화해 자세히 설명하고, 마지막으로 은닉 마르코프 모델의 비지도 (또는 준지도) 학습을 위한 중요한 EM 알고리듬을 소개한다.

6장 후반부에서는 통계로부터 이미 익숙할 수 있는 기법인 선형 회귀와 로지스틱 회귀부터 시작해 최대 엔트로피 마르코프 모델을 점차적으로 소개한다. 다음으로 MaxEnt를 소개한다. MaxEnt 자체는 시퀀스 분류기가 아니며 부류를 단일 요소에 할당하는 데 사용된다. 최대 엔트로피라는 이름은 분류기가 오컴의 면도날Occam's Razor을 따르는 확률론적 모델을 가장 단순하지만(최소한 제한적이지만 최대 엔트로피를 가짐), 일부 특정 제약 조건과 여전히 일치한다는 생각에서 비롯한다. 최대 엔트로피 마르코프 모델은 비터비 알고리듬과 같은 구성 요소를 추가해 MaxEnt를 시퀀스 레이블링 작업으로 확장한 것이다.

6장에서는 분류기인 MaxEnt를 소개하지만 일반적으로 비순차 분류에 중점을 두지는 않는다. 비순차 분류는 9장의 **가우시안 혼합 모델**^{Gaussian mixture model}과 20장의 **나이브 베이즈**^{naive Bayes} 및 형태소 분석 분류기와 같은 분류기를 도입하면서 후기 장에서 다룬다.

6.1 마르코프 연쇄

은닉 마르코프 모델은 음성 및 언어 처리에서 가장 중요한 머신러닝 모델 중 하나다. 이를 제대로 정의하기 위해서는 우선 **관찰된 마르코프 모델**이라고도 부르는 **마르코프 연쇄**를 도입할 필요가 있다. 마르코프 연쇄와 은닉 마르코프 모델은 모두 2장의 유한 오토마타의 확장이다. 유한 오토마톤은 상태 세트와 상태 간의 전이 세트에 의해 정의된다.

가중 유한 상태 오토마톤
가중 유한 상태 오토마톤은 각 호가 확률과 연관되는 유한 오토마톤을 간단히 확대해 그 경로를 취할 확률이 얼마나 되는지를 나타낸다. 노드를 떠나는 모든 호에 대한 확률은 1로 합해야 한다.

마르코프 연쇄
마르코프 연쇄는 가중 오토마톤의 특수한 경우로, 입력 시퀀스가 오토마톤이 어떤 상태를 거치게 될지를 고유하게 결정한다. 본질적으로 중의성 문제를 나타낼 수 없기 때문에 마르코프 연쇄는 모호하지 않은 시퀀스에 확률을 할당할 때만 유용하다.

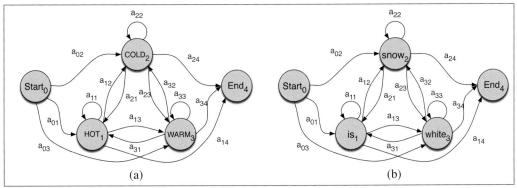

그림 6.1 날씨 (a)와 단어 (b)를 위한 마르코프 연쇄. 마르코프 연쇄는 구조, 상태 간 전이 및 시작 및 종료 상태로 지정된다.

그림 6.1a에는 날씨 이벤트의 시퀀스에 확률을 할당하기 위한 마르코프 연쇄가 표시되며, 어휘는 HOT, COLD, RAINY로 구성된다. 그림 6.1b는 $w_1 \ldots w_n$의 시퀀스에 확률을 할당하기 위한 마르코프 연쇄의 또 다른 간단한 예를 보여준다. 이 마르코프 연쇄는 사실 바이그램 언어 모델을 나타내기 때문에 익숙할 수 있다. 그림 6.1의 두 모델을 고려할 때, 어휘에서 나오는 어떤 시퀀스에도 확률을 할당할 수 있다. 이 작업을 수행하는 방법을 살펴보자.

먼저, 좀 더 형식적으로 마르코프 연쇄를 일종의 확률론적 그래픽 모델, 즉 확률론적 가정을 그래프로 표현하는 방법으로 살펴보자. 마르코프 연쇄는 다음 구성 요소로 지정된다.

$Q = q_1 q_2 \ldots q_N$	N **상태** 세트
$A = a_{01} a_{02} \ldots a_{n1} \ldots a_{nn}$	상태 i에서 상태 j로의 이동 확률을 나타내는 각각의 a_{ij}, **전이 확률 매트릭스** A, s.t $\sum_{j=1}^{n} a_{ij} = 1 \ \forall i$
q_0, q_F	관측치와 관련이 없는 특수한 **시작 상태** 및 **종료 (최종) 상태**

그림 6.1은 상태(시작 및 종료 상태 포함)를 그래프에서 노드로 나타내고, 전이는 노드 간 엣지로 나타낸다는 것을 보여준다.

마르코프 연쇄는 이러한 확률에 대한 중요한 가정을 구체화한다. **1차 마르코프 연쇄**에서 특정 상태의 확률은 이전 상태에만 의존한다.

$$\text{마르코프 가정: } P(q_i|q_1 \ldots q_{i-1}) = P(q_i|q_{i-1}) \tag{6.1}$$

각 a_{ij}는 확률 $p(q_j|q_i)$를 나타내기 때문에 확률 법칙은 주어진 상태에서 나가는 호의 값을 1로 합해야 한다.

$$\sum_{j=1}^{n} a_{ij} = 1 \ \ \forall i \tag{6.2}$$

마르코프 연쇄에 가끔 사용되는 대체 표현은 시작 또는 종료 상태에 의존하지 않고, 대신 초기 상태에 대한 분포를 나타내며 명시적으로 승인 상태를 나타낸다.

$\pi = \pi_1, \pi_2, \ldots, \pi_N$	상태에 대한 **초기 확률분포**. π_i는 마르코프 연쇄가 상태 i에서 시작될 확률이다. 일부 상태 j는 $\pi_j = 0$일 수 있으며 이는 초기 상태가 될 수 없음을 의미한다. 또한 $\sum_{j=1}^{n} \pi_i = 1$로 나타낼 수 있다.
$QA = \{q_x, q_y \ldots\}$	정당한 **수락 상태**의 $QA \subset Q$ 세트

따라서 상태 1이 첫 번째 상태일 확률은 a_{01} 또는 π_1로 나타낼 수 있다. 각 π_i는 확률 $p(q_i|START)$를 나타내므로 모든 π 확률의 합은 1이어야 한다.

$$\sum_{i=1}^{n} \pi_i = 1 \tag{6.3}$$

계속하기 전에 그림 6.2b의 표본 확률을 사용해 다음 각 시퀀스의 확률을 계산한다.

(6.4)　hot hot hot hot

(6.5)　cold hot cold hot

이러한 확률의 차이가 그림 6.2b로 인코딩된 실제 날씨 사실에 대해 말해주는 것은 무엇인가?

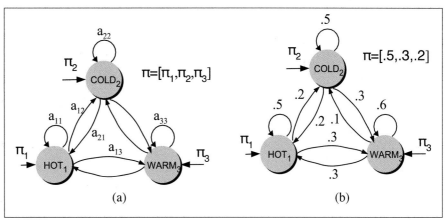

그림 6.2　그림 6.1에 표시된 날씨와 동일한 마르코프 연쇄의 또 다른 표현. 전이 확률이 a_{01}인 특수 시작 상태를 사용하는 대신 시작 상태 확률에 대한 분포를 나타내는 π 벡터를 사용한다. (b)의 그림은 샘플 확률을 보여준다.

6.2 은닉 마르코프 모델

마르코프 연쇄는 관찰할 수 있는 일련의 이벤트에 대한 확률을 계산해야 할 때 유용하다. 그러나 많은 경우에 있어서 관심을 갖는 이벤트들은 직접 관찰할 수 없을지도 모른다. 예를 들어 품사 태깅(5장)에서 품사 태그를 관찰하지 않았다. 단어를 보고 단어 시퀀스에서 정확한 태그를 추론해야 했다. 품사 태그가 관찰되지 않기 때문에 은

닉된다고 한다. 음성 인식에서 동일한 구조가 나타난다. 그 경우 음향의 이벤트를 보고 음향의 근본 원인이 되는 "숨겨진" 단어의 존재를 유추해야 한다.

은닉 마르코프 모델^{HMM}을 사용하면 관찰된 이벤트(입력에서 볼 수 있는 단어 등)와 (품사 태그와 같은) 숨겨진 이벤트를 확률론적 모드에서 인과적 요인으로 생각할 수 있다.

이 모델들을 예로 들자면 제이슨 아이즈너(2002b)가 고안한 작업을 사용한다. 지구 온난화의 역사를 연구하는 2799년의 기후학자라고 상상해보자. 2007년 여름 메릴랜드 볼티모어에서 날씨 기록을 찾을 수는 없지만, 그 여름에 매일 얼마나 많은 아이스크림을 먹었는지를 기록한 제이슨 아이즈너의 일기는 찾을 수 있다. 우리의 목표는 이러한 관측치를 사용해 매일 온도를 추정하는 것이다. 추운 날(C)과 더운 날(H)의 두 가지 종류만 있다고 가정함으로써 이 날씨 과제를 단순화시킬 것이다. 그래서 아이즈너 작업은 다음과 같다.

> 관찰 시퀀스 O를 주어, 각각의 관찰은 주어진 날에 먹는 아이스크림 수에 해당하는 정수를, 제이슨이 아이스크림을 먹게 한 날씨 상태(H 또는 C)의 정확한 '숨겨진' 시퀀스 Q를 알아낸다.

마르코프 연쇄와의 차이점에 중점을 둔 은닉 마르코프 모델의 공식적인 정의부터 시작한다. HMM은 다음 구성 요소로 지정된다.

$Q = q_1 q_2 \dots q_N$	N **상태** 세트
$A = a_{11} a_{12} \dots a_{n1} \dots a_{nn}$	상태 i에서 상태 j로의 이동 확률을 나타내는 각각의 a_{ij}, **전이 확률 매트릭스** A, s.t $\sum_{j=1}^{n} a_{ij} = 1 \; \forall i$
$O = o_1 o_2 \dots o_T$	어휘 $V = v_1, v_2, \dots, v_V$에서 추출한 T의 시퀀스 **관측치**
$B = b_i(o_t)$	**방출 확률**이라고도 하는 일련의 **관찰 가능성**들은 각각 관측치가 상태 i에서 o_t 생성될 확률
q_0, q_F	관찰과 관련이 없는 특별한 **시작 상태** 및 **종료(최종) 상태**와 함께 시작 상태를 벗어나는 전이 확률 $a_{01} a_{02} a_{02} \dots a_{0n}$ 및 종료 상태로의 $a_{1F} a_{2F} \dots a_{nF}$

마르코프 연쇄에 대해 언급한 바와 같이, HMM에 가끔 사용되는 대체 표현은 시작 또는 종료 상태에 의존하지 않고, 대신 초기 상태와 수락 상태에 대한 분포를 명시적으로 나타낸다. 이 책에서는 π 표기법을 사용하지 않지만, 문헌에서는 다음과 같이 볼 수 있다.

$\pi = \pi_1, \pi_2, \ldots, \pi_N$	상태에 대한 **초기 확률분포** π_i는 마르코프 연쇄가 상태 i에서 시작될 확률이다. 일부 상태 j는 $\pi_j = 0$일 수 있으며 이는 초기 상태가 될 수 없음을 의미한다. 또한 $\sum_{i=1}^{n} \pi_i = 1$로 나타낸다.
$QA = \{q_x, q_y \ldots\}$	정당한 **수락 상태**의 $QA \subset Q$ 세트

1차 은닉 마르코프 모델은 두 가지 간단한 가정을 인스턴스화한다. 첫째, 1차 마르코프 연쇄와 마찬가지로 특정 상태의 확률은 이전 상태에만 의존한다.

$$\text{마르코프 가정}: \quad P(q_i|q_1 \ldots q_{i-1}) = P(q_i|q_{i-1}) \tag{6.6}$$

둘째, 출력 관측치 o_i의 확률은 관측치 q_i를 생성한 상태에만 의존하며, 다른 상태 또는 다른 관측치에는 의존하지 않는다.

$$\text{출력 독립성}: \quad P(o_i|q_1 \ldots q_i, \ldots, q_T, o_1, \ldots, o_i, \ldots, o_T) = P(o_i|q_i) \tag{6.7}$$

그림 6.3은 아이스크림 작업에 대한 샘플 HMM을 보여준다. 숨겨진 두 상태(H와 C)는 더운 날씨와 추운 날씨에 해당하며, 관측치(알파벳 $O = \{1, 2, 3\}$)는 주어진 날에 제이슨이 먹은 아이스크림 수에 해당한다.

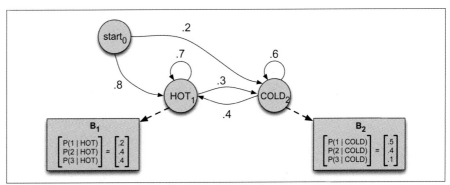

그림 6.3   제이슨이 먹은 아이스크림의 수(관측치)를 날씨(H 또는 C, 숨겨진 변수)와 연관시키기 위한 은닉 마르코프 모델. 이 예에서는 최종 상태를 사용하지 않는 대신 상태 1과 상태 2를 최종(수락) 상태로 허용한다.

그림 6.3의 HMM에서 두 상태 간에 전이될 (제로가 아닌) 확률이 있다는 점에 유의한다. 그러한 HMM을 **완전 연결형** 또는 **에르고딕 HMM**이라고 한다. 그러나 때때로 상태 간 전이의 많은 부분이 제로 확률을 갖는 HMM을 갖고 있다. 예를 들어 **좌우**(Bakis 라고도 함) HMM에서는 그림 6.4와 같이 상태 전이가 왼쪽에서 오른쪽으로 진행된다. Bakis HM에서 더 높은 번호의 상태에서 더 낮은 번호의 상태로 전이되지 않는다(또

에르고딕 HMM

Bakis

는 더 정확히 말하면 번호가 높은 상태에서 번호가 낮은 상태로의 전이는 제로 확률을 가진다).
Bakis HMM은 일반적으로 대화와 같은 시점의 제약을 받는 과정을 모델링하는 데
사용된다. 9장에서 자세히 설명한다.

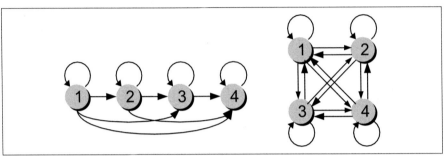

그림 6.4   좌우(Bakis) MHM과 오른쪽에서 완전 연결형 (에르고딕) HMM 2개의 4가지 상태의 은닉 마르코프 모델. Bakis 모델에서는 표시되지 않은 모든 전이는 제로 확률을 가진다.

이제 HMM의 구조를 살펴봤으므로 HMM을 사용해 컴퓨팅하는 알고리듬을 사용
한다. 1960년대 잭 퍼거슨의 튜토리얼을 바탕으로 한 라비너(1989)의 영향력 있는 튜
토리얼에서는 은닉 마르코프 모델은 다음과 같은 **세 가지 근본적인 문제**로 특성지어져
야 한다는 생각을 소개했다.

문제 1(우도):   HMM $\lambda = (A, B)$ 및 관찰 시퀀스 O가 주어지면, 우도 $P(O|\lambda)$를 결정한다.
문제 2(디코딩):   관찰 시퀀스 O와 HMM $\lambda = (A, B)$가 주어진 경우 최상의 은닉 상태 시퀀스 Q를 찾는다.
문제 3(학습):   관찰 시퀀스 O와 HMM의 상태 세트가 주어지면 HMM 매개변수 A 및 B를 학습한다.

이미 5장에서 문제 2의 예를 봤다. 다음 3개의 절에서는 세 가지 문제를 더 정식으로
소개한다.

6.3 우도 계산: 순방향 알고리듬

첫 번째 문제는 특정한 관찰 시퀀스의 가능성을 계산하는 것이다. 예를 들어 그림
6.2b의 HMM을 고려할 때, 시퀀스 *3 1 3*의 확률은 얼마인가? 더 공식화하면 다음과
같다.

우도 계산: HMM $\lambda = (A, B)$ 및 관찰 시퀀스 O에 따라 우도 $P(O|\lambda)$를 결정한다.

표면 관측치가 숨겨진 이벤트와 동일한 마르코프 연쇄의 경우 *3 1 3*이라는 레이블이 붙은 상태를 따르고 호를 따라 확률을 곱하는 것만으로도 *3 1 3*의 확률을 계산할 수 있었다. 은닉 마르코프 모델에게는 일이 그렇게 간단하지 않다. *3 1 3*과 같은 아이스크림 관찰 시퀀스의 확률을 결정하고 싶지만, 은닉 상태 시퀀스가 무엇인지 모른다!

좀 더 간단한 상황부터 시작해보자. 우리가 날씨를 이미 알고 있고 제이슨이 아이스크림을 얼마나 먹을지 예측하고 싶었다고 가정한다. 이는 많은 MHM 작업에서 유용한 부분이다. 주어진 은닉 상태 시퀀스(예: *hot hot cold*)의 경우 출력 우도 *3 1 3*을 쉽게 계산할 수 있다.

이제 방법을 보자. 첫째, 은닉 마르코프 모델의 경우 각각의 은닉 상태는 하나의 관측치만 생성한다. 따라서 은닉 상태의 시퀀스와 관찰 시퀀스의 길이가 동일하다.[1]

식 6.6에서 표현된 이러한 일대일 매핑과 마르코프 가정을 고려할 때, 특정 은닉 상태 시퀀스 $Q = q_0, q_1, q_2, ..., q_T$ 및 관찰 시퀀스 $O = o_1, o_2, ..., o_T$의 경우 관찰 시퀀스의 가능성은 다음과 같다.

$$P(O|Q) = \prod_{i=1}^{T} P(o_i|q_i) \tag{6.8}$$

하나의 가능한 은닉 상태 시퀀스 *hot hot cold*에서 아이스크림 관측치 *3 1 3*의 전방 확률 계산은 식 6.9에 나타나 있다. 그림 6.5는 이 계산을 그래픽으로 나타낸다.

$$P(3\ 1\ 3|\text{hot hot cold}) = P(3|\text{hot}) \times P(1|\text{hot}) \times P(3|\text{cold}) \tag{6.9}$$

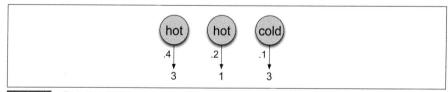

그림 6.5   은닉 상태 시퀀스 *hot hot cold*를 고려한 아이스크림 이벤트 *3 1 3*에 대한 관찰 우도 계산

그러나 물론 은닉 상태(날씨) 시퀀스가 무엇인지 실제로 알지 못한다. 대신 가능한 모든 날씨 순서를 합산해 아이스크림 사건 *3 1 3*의 확률을 계산해야 한다. 먼저 특정

---

1   분절의 HMM(음성 인식) 또는 semi-HMM(텍스트 처리)이라고 부르는 HMM의 변종에서는 은닉 상태 시퀀스의 길이와 관찰 시퀀스의 길이 사이의 이 일대일 매핑은 유지되지 않는다.

날씨 시퀀스 Q에 있고 아이스크림 이벤트의 특정 시퀀스 O를 생성할 확률을 계산해 보자. 일반적으로 다음과 같다.

$$P(O,Q) = P(O|Q) \times P(Q) = \prod_{i=1}^{n} P(o_i|q_i) \times \prod_{i=1}^{n} P(q_i|q_{i-1}) \tag{6.10}$$

아이스크림 관측치 *3 1 3*과 은닉 상태 시퀀스 *hot hot cold*의 결합 확률 계산은 식 6.11에 나와 있다. 그림 6.6은 이 계산을 그래픽으로 나타낸 것이다.

$$
\begin{aligned}
P(3\ 1\ 3, \text{hot hot cold}) &= P(\text{hot}|\text{start}) \times P(\text{hot}|\text{hot}) \times P(\text{cold}|\text{hot}) \\
&\times P(3|\text{hot}) \times P(1|\text{hot}) \times P(3|\text{cold})
\end{aligned}
\tag{6.11}
$$

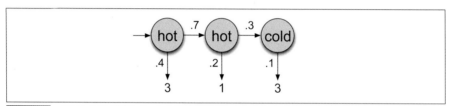

그림 6.6   아이스크림 이벤트 *3 1 3*과 은닉 상태 시퀀스 *hot hot cold*의 결합 확률 계산

이제 특정 은닉 상태 시퀀스를 사용해 관측치의 공동 확률을 계산하는 방법을 알았기 때문에, 가능한 모든 은닉 상태 시퀀스를 합쳐서 관측치의 총 확률을 계산할 수 있다.

$$P(O) = \sum_Q P(O,Q) = \sum_Q P(O|Q)P(Q) \tag{6.12}$$

특별한 경우에, 8개의 3가지 이벤트 시퀀스 *cold cold cold*, *cold cold hot*의 합은 다음과 같다.

$$P(3\ 1\ 3) = P(3\ 1\ 3, \text{cold cold cold}) + P(3\ 1\ 3, \text{cold cold hot}) + P(3\ 1\ 3, \text{hot hot cold}) + \dots$$

은닉 상태 N 및 관찰 시퀀스 T의 HMM의 경우 N^T 가능한 숨겨진 시퀀스가 있다. N과 T가 모두 큰 실제 작업의 경우 N^T는 매우 큰 수이기 때문에 은닉 상태 시퀀스마다 별도의 관찰 우도를 계산한 다음 합산해 총 관찰 우도를 계산할 수 없다.

이러한 지수 알고리듬을 사용하는 대신 순방향 알고리듬이라는 효율적인 $O(N^2 T)$ 알고리듬을 사용한다. 순방향 알고리듬은 일종의 동적 프로그래밍 알고리듬이다. 즉, 테이블을 사용해 관찰 시퀀스의 확률을 높일 때 중간 값을 저장하는 알고리듬이다.

순방향 알고리듬은 관찰 시퀀스를 생성할 수 있는 모든 가능한 은닉 상태 경로의 확률을 합산해 관찰 확률을 계산하지만, 이러한 경로를 무조건으로 하나의 순방향 격자로 접음으로써 효율적이다.

그림 6.7은 은닉 상태 시퀀스 *hot hot cold*의 경우 3 1 3의 가능성을 계산하기 위한 순방향 격자의 예를 보여준다.

순방향 알고리듬 격자 $\alpha_t(j)$의 각 셀은 오토마톤 λ가 주어지면 첫 번째 t 관측치를 본 후 상태 j에 있을 확률을 나타낸다. 각 셀 $\alpha_t(j)$의 값은 이 셀로 연결될 수 있는 모든 경로의 확률을 합산해 계산한다. 공식적으로 각 셀은 다음 확률을 나타낸다.

$$\alpha_t(j) = P(o_1, o_2 \ldots o_t, q_t = j | \lambda) \tag{6.13}$$

여기서 $q_t = j$는 "상태 순서에서 t번째 상태가 state j일 확률"을 의미한다. 현재 셀로 이어지는 모든 경로의 확장을 합산해 이 확률을 계산한다. 시점 t에서 주어진 상태 q_j의 경우 $\alpha_t(j)$ 값은 다음과 같이 계산된다.

$$\alpha_t(j) = \sum_{i=1}^{N} \alpha_{t-1}(i) a_{ij} b_j(o_t) \tag{6.14}$$

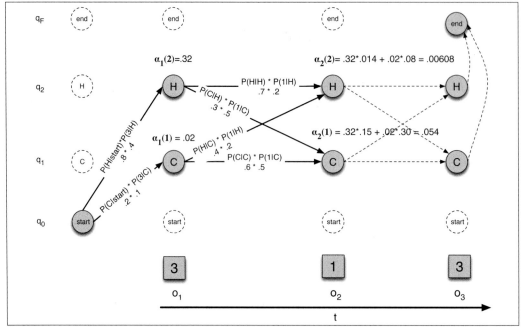

그림 6.7 아이스크림 이벤트 *3 1 3*에 대한 총 관찰 우도를 계산하기 위한 순방향 격자. 은닉 상태는 원 안에 있고 관측치는 사각형 안에 있다. 흰색(비어 있는) 원은 허용돼 있지 않은 전이를 나타낸다. 그림에는 두 가지 시점 단계에서 두 상태에 대한 $\alpha_t(j)$의 연산이 표시된다. 각 셀의 계산은 식 6.14는 $\alpha_t(j) = \sum_{j=1}^{N} \alpha_{t-1}(i)a_{ij}b_j(o_t)$를 따른다. 각 셀에서 표현되는 결과 확률은 식 6.13은 $\alpha_t(j) = P(o_1, o_2...o_t, q_t = j|\lambda)$이다.

식 6.14에서 시점 t에서 순방향 확률을 계산하기 위해 이전 경로를 확장하는 데 곱한 세 가지 요인은 다음과 같다.

$\alpha_{t-1}(i)$	이전 시점 단계로부터의 **이전 전진 경로 확률**
a_{ij}	이전 상태 q_i에서 현재 상태 q_j로의 **전이 확률**
$b_j(o_t)$	현재 상태 j가 주어진 관찰 심볼 o_t의 **상태 관찰 우도**

부분 관측치 *3 1*을 생성한 상태 1의 시점 2단계에 있을 수 있는 전방 확률인 $\alpha_2(1)$의 그림 6.7의 연산을 고려한다. α 확률을 시점 단계 1에서 두 경로를 통해 확장해 계산한다. 위의 세 가지 요소로 구성된 확장은 $\alpha_1(1) \times P(H|H) \times P(1|H)$ 및 $\alpha_1(2) \times P(H|C) \times P(1|H)$이다.

그림 6.8은 격자의 새 셀의 값을 계산하기 위한 이 유도 단계의 또 다른 시각화를 보여준다.

순방향 알고리듬의 두 가지 공식 정의를 제시한다. 그림 6.9의 유사 코드와 여기에 정의된 재귀에 대한 설명이다.

1. 초기화:

$$\alpha_1(j) \;=\; a_{0j}b_j(o_1) \;\; 1 \leq j \leq N \tag{6.15}$$

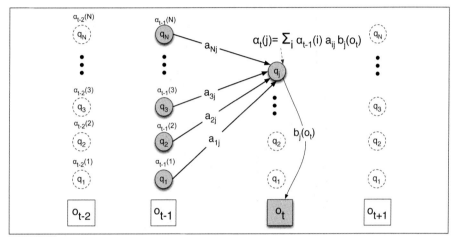

그림 6.8 격자의 단일 요소 $\alpha_t(i)$ 계산을 이전의 모든 값 α_{t-1}로 시각화하고, 변환 확률 a로 가중하며, 관찰 확률 $b_i(o_{t+1})$로 곱한다. HMM의 많은 적용의 경우 많은 전이 확률은 0이기 때문에 모든 이전 상태가 현재 상태의 순방향 확률을 기여하는 것은 아니다. 은닉 상태는 원 안에 있고 관측치는 사각형 안에 있다. 음영 처리된 노드는 $\alpha_t(i)$에 대한 확률 계산에 포함된다. 시작 및 종료 상태가 표시되지 않는다.

---

function FORWARD(*observations* of len T, *state-graph* of len N) **returns** *forward-prob*

create a probability matrix *forward[N+2,T]*
for each state s **from** 1 **to** N **do**   ; initialization step
    $forward[s,1] \leftarrow a_{0,s} * b_s(o_1)$
for each time step t **from** 2 **to** T **do**   ; recursion step
    for each state s **from** 1 **to** N **do**

$$forward[s,t] \leftarrow \sum_{s'=1}^{N} forward[s',t-1] \;*\; a_{s',s} \;*\; b_s(o_t)$$

$$forward[q_F,T] \leftarrow \sum_{s=1}^{N} forward[s,T] \;*\; a_{s,q_F} \quad \text{; termination step}$$

return *forward*$[q_F,T]$

그림 6.9 순방향 알고리듬. α_t를 나타내기 위해 *forward[s, t]*라는 표기법을 사용했다.

2. 재귀(상태 0과 F가 방출되지 않기 때문에):

$$\alpha_t(j) = \sum_{i=1}^{N} \alpha_{t-1}(i) a_{ij} b_j(o_t); \quad 1 \leq j \leq N, 1 < t \leq T \tag{6.16}$$

3. 종료:

$$P(O|\lambda) = \alpha_T(q_F) = \sum_{i=1}^{N} \alpha_T(i) a_{iF} \tag{6.17}$$

6.4 디코딩: 비터비 알고리듬

숨겨진 변수를 포함하는 HMM과 같은 모델의 대해, 어떤 변수의 시퀀스가 일부 관찰
시퀀스의 기본 소스가 되는지를 결정하는 작업을 **디코딩** 작업이라고 한다. 아이스크
림 도메인에서는 아이스크림 관측치 *3 1 3*과 HMM의 시퀀스가 주어진 **디코더**의 임무
는 최상의 숨겨진 날씨 시퀀스(*H H H*)를 찾는 것이다. 더 공식적으로 다음과 같이 나
타낼 수 있다.

디코딩

디코더

> **디코딩:** HMM $\lambda = (A, B)$와 일련의 관측치 $O = o_1, o_2, ..., o_T$로 주어지며, 가장
> 가능성이 높은 상태의 시퀀스 $Q = q_1 q_2 q_3 ... q_T$이다.

가능한 모든 은닉 상태 시퀀스(*HHH, HHC, HCH* 등)에 대해 순방향 알고리듬을 실
행하고 해당 은닉 상태 시퀀스에서 관찰 시퀀스의 우도를 계산할 수 있다. 그런 다음
최대 관측 우도를 가진 은닉 상태 시퀀스를 선택할 수 있다. 기하 급수적으로 많은 수
의 상태 시퀀스가 있기 때문에 이전 절에서 이를 수행할 수 없음을 분명히 해야 한다.

대신, HMM에 대한 가장 일반적인 디코딩 알고리듬은 **비터비 알고리듬**이다. 순방향
알고리듬과 마찬가지로 **비터비**는 **동적 프로그래밍**의 일종으로 동적 프로그래밍 격자를
사용한다. 또한 비터비는 또 다른 동적 프로그래밍 변종인 3장의 **최소 편집 거리** 알고
리듬과 매우 유사하다.

비터비
알고리듬

그림 6.10에는 관찰 시퀀스 *3 1 3*에 대한 최상의 은닉 상태 시퀀스를 계산하기 위
한 비터비 격자의 예가 나와 있다. 격자를 채워 왼쪽에서 오른쪽으로 관찰 순서를 처
리하기 위해서다. 격자의 각 셀인 $v_t(j)$는 자동 λ을 감안해 첫 번째 t 관측치를 보고 가

장 가능성이 높은 상태 시퀀스 $q_0, q_1, ..., q_{t-1}$을 통과한 후 HMM이 상태 j에 있을 확률을 나타낸다. 각 셀 $v_t(j)$의 값은 이 셀로 이끌 수 있는 가장 가능성 있는 경로를 재귀적으로 취함으로써 계산된다. 공식적으로는 각 셀이 확률을 표시한다.

$$v_t(j) = \max_{q_0, q_1, ..., q_{t-1}} P(q_0, q_1 ... q_{t-1}, o_1, o_2 ... o_t, q_t = j | \lambda) \tag{6.18}$$

가능한 모든 이전 상태 시퀀스 $\max_{q_0, q_1, ..., q_{t-1}}$ 에 대해 최댓값을 취함으로써 가장 가능성이 높은 경로를 나타낸다. 다른 동적 프로그래밍 알고리듬과 마찬가지로 비터비는 각 셀을 반복적으로 채운다. 시점 $t-1$에서 모든 상태에 있을 확률을 이미 계산했기 때문에 현재 셀로 이어지는 경로의 확장 가능성을 최대한 활용해 비터비 확률을 계산한다. 시점 t에서 주어진 상태 q_j에 대해 $v_t(j)$값은 다음과 같이 계산된다.

$$v_t(j) = \max_{i=1}^{N} v_{t-1}(i) \, a_{ij} \, b_j(o_t) \tag{6.19}$$

시점 t에서 비터비 확률을 계산하기 위해 이전 경로를 확장하기 위해 식 6.19에 곱한 세 가지 요인은 다음과 같다.

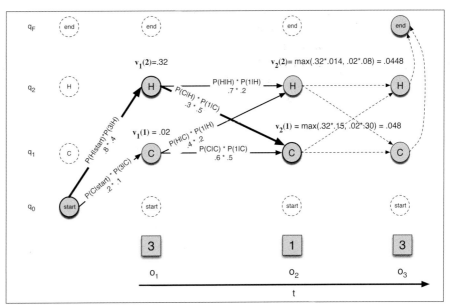

그림 6.10　비터비 격자는 아이스크림 먹기 이벤트 *3 1 3*을 위해 은닉 상태 공간을 통해 최고의 경로를 계산하기 위한 것이다. 은닉 상태는 원 안에 있고 관측치는 사각형 안에 있다. 흰색 원은 불법 전이를 나타낸다. 그림은 두 가지 시점 단계에서 두 상태에 대한 $v_t(j)$의 계산을 보여준다. 각 셀의 계산은 식 6.19: $v_t(j) = \max_{1 \leq i \leq N-1} v_{t-1}(i) a_{ij} b_j(o_t)$를 따른다. 각 셀에서 표현되는 결과 확률은 식 6.18: $v_t(j) = P(q_0, q_1, ..., q_{t-1}, o_1, o_2, ..., o_t, q_t = j | \lambda)$이다.

$v_{t-1}(i)$	이전 시점 단계로부터의 **이전 비터비 경로 확률**
a_{ij}	이전 상태 q_i에서 현재 상태 q_j로의 **전이 확률**
$b_j(o_t)$	현재 상태 j가 주어진 관찰 심볼 o_t의 **상태 관찰 우도**

그림 6.11은 비터비 알고리듬의 유사 코드를 보여준다. 비터비 알고리듬은 순방향 알고리듬이 **합**을 취하는 이전 경로 확률보다 최댓값을 갖는다는 점을 제외하고는 순방향 알고리듬과 동일하다. 또한 비터비 알고리듬에는 순방향 알고리듬에 없는 한 가지 구성 요소인 **백포인터**backpointer가 있다. 그 이유는 순방향 알고리듬이 관찰 우도를 생성해야 하지만, 비터비 알고리듬은 확률과 가장 가능성이 높은 상태 시퀀스를 생성해야 하기 때문이다. 그림 6.12에서 제시된 바와 같이 각 상태를 유도한 은닉 상태의 경로를 추적한 다음, 마지막에 시작까지의 최선의 경로(**비터비 역추적**)를 역추적함으로써 이 최상의 상태 시퀀스를 계산한다.

비터비 역추적

마지막으로 비터비 재귀에 대한 공식적인 정의를 다음과 같이 내릴 수 있다.

---

function VITERBI(*observations* of len T, *state-graph* of len N) **returns** *best-path*

   create a path probability matrix *viterbi[N+2,T]*
   for each state s **from** 1 **to** N **do**   ; initialization step
        viterbi[s,1] $\leftarrow a_{0,s} * b_s(o_1)$
        backpointer[s,1] $\leftarrow 0$
   for each time step t **from** 2 **to** T **do**   ; recursion step
    for each state s **from** 1 **to** N **do**

$$viterbi[s,t] \leftarrow \max_{s'=1}^{N} \; viterbi[s',t-1] * a_{s',s} * b_s(o_t)$$

$$backpointer[s,t] \leftarrow \operatorname*{argmax}_{s'=1}^{N} \; viterbi[s',t-1] * a_{s',s}$$

$$viterbi[q_F,T] \leftarrow \max_{s=1}^{N} \; viterbi[s,T] * a_{s,q_F} \qquad \text{; termination step}$$

$$backpointer[q_F,T] \leftarrow \operatorname*{argmax}_{s=1}^{N} \; viterbi[s,T] * a_{s,q_F} \qquad \text{; termination step}$$

   return the backtrace path by following backpointers to states back in
      time from *backpointer[q_F,T]*

그림 6.11 은닉 상태의 최적 시퀀스를 찾기 위한 비터비 알고리듬. 관찰 시퀀스와 HMM $\lambda = (A, B)$를 지정하면 알고리듬은 관찰 시퀀스에 최대 우도를 할당하는 HMM을 통해 상태 경로를 반환한다. 상태 0과 q_F는 방출되지 않는다.

1. **초기화**:

$$v_1(j) = a_{0j}b_j(o_1) \; 1 \leq j \leq N \tag{6.20}$$

$$bt_1(j) = 0 \tag{6.21}$$

2. **재귀**(상태 0과 q_F는 방출되지 않음):

$$v_t(j) = \max_{i=1}^{N} v_{t-1}(i)\,a_{ij}\,b_j(o_t); \quad 1 \leq j \leq N, 1 < t \leq T \tag{6.22}$$

$$bt_t(j) = \operatorname*{argmax}_{i=1}^{N} v_{t-1}(i)\,a_{ij}\,b_j(o_t); \quad 1 \leq j \leq N, 1 < t \leq T \tag{6.23}$$

3. **종료**:

$$\text{최고 점수:} \quad P* = v_t(q_F) = \max_{i=1}^{N} v_T(i)*a_{i,F} \tag{6.24}$$

$$\text{역추적 시작:} \quad q_T* = bt_T(q_F) = \operatorname*{argmax}_{i=1}^{N} v_T(i)*a_{i,F} \tag{6.25}$$

6.5 HMM 훈련: 순방향–역방향 알고리듬

HMM의 세 번째 문제인 HMM의 매개변수, 즉 A 및 B 매트릭스를 학습한다.

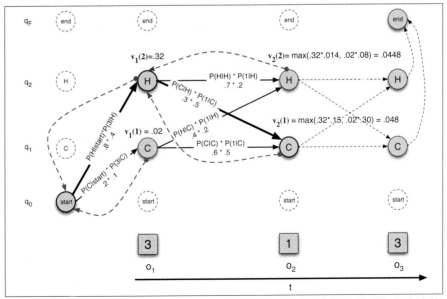

그림 6.12 비터비의 역추적. 다음 관찰을 위해 각 경로를 새로운 상태 계정으로 확장할 때 이 상태로 만든 최적의 경로로 백포인트(파선 표시)를 유지한다.

> **학습:** 관찰 시퀀스 O와 HMM에서 가능한 상태 세트를 지정하면 HMM 매개변수 A와 B를 학습한다.

이러한 학습 알고리듬에 대한 입력은 레이블이 없는 관찰 시퀀스 O와 잠재적으로 은닉 상태 Q의 어휘일 것이다. 따라서 아이스크림 과제의 경우, 일련의 관찰 $O = \{1, 3, 2, ...\}$과 은닉 상태 H와 C의 세트로 시작할 것이다. 품사 태깅 작업의 경우, 일련의 관찰 $O = \{w_1, w_2, w_3 ...\}$과 NN, NNS, VBD, IN,... 등 일련의 은닉 상태로 시작한다.

순전파-역전파
바움웰치
EM

HMM 훈련을 위한 표준 알고리듬은 **순전파-역전파**, 또는 **바움-웰치**Baum-Welch 알고리듬(Baum, 1972)으로, **예측 최대화**Expectation-Maximization 또는 **EM** 알고리듬의 특별한 경우이다(Dempster et al., 1977). 알고리듬을 통해 HMM의 전이 확률 A와 방출 확률 B를 모두 훈련시킬 수 있을 것이다.

마르코프 연쇄를 훈련시키는 훨씬 간단한 경우부터 시작해보자. 은닉 마르코프 모델보다는 마르코프 연쇄의 상태가 관찰되기 때문에 관찰 시퀀스에 따라 모델을 실행할 수 있으며, 모델을 통해 어떤 경로를 거쳐 각 관찰 기호를 생성했는지 직접 확인할 수 있다. 물론 마르코프 연쇄는 방출 확률 B가 없다(대안으로 모든 b 확률이 관찰된 기호의 경우 1.0이고 다른 모든 기호의 경우 0인 변질된 은닉 마르코프 모델로 볼 수 있다). 따라서 훈련해야 할 유일한 확률은 전이 확률 매트릭스 A이다.

$C(i \rightarrow j)$ 호출한 다음 전이가 이루어진 횟수를 세어 상태 i에서 특정 전이를 수행한 모든 시점의 총 계수에 의해 정규화를 함으로써 상태 i와 j 사이의 특정 전이의 확률 a_{ij}의 최대 우도 추정치를 얻는다.

$$a_{ij} = \frac{C(i \rightarrow j)}{\sum_{q \in Q} C(i \rightarrow q)} \tag{6.26}$$

어느 상태에 있는지 알고 있기 때문에 마르코프 연쇄로 이 확률을 직접 계산할 수 있다. HMM의 경우 주어진 입력에 대해 어떤 상태 경로가 기계를 통과했는지 알 수 없기 때문에 관찰 시퀀스에서 직접 카운트를 계산할 수 없다. 바움웰치 알고리듬은 이 문제를 해결하기 위해 두 가지 깔끔한 직관을 사용한다. 첫 번째 아이디어는 반복적으로 카운트를 추정하는 것이다. 전이 및 관측 확률에 대한 추정으로 시작한 다음 추정 확률을 사용해 더 나은 확률을 도출할 것이다. 두 번째 아이디어는 관측치에 대한 순방향 확률을 계산한 다음 이 순방향 확률에 기여한 모든 다른 경로 간에 해당 확률 질량을 나누는 것으로 추정된 확률을 얻는 것이다.

알고리듬을 이해하기 위해서는 순방향 확률과 관련된 유용한 확률을 정의하고 **역방향 확률**을 호출할 필요가 있다.

역방향 확률 β는 시점 $t+1$에서 끝까지 관측치를 볼 확률로, 시점 t에서 상태 i에 있다는 점을 감안한다(그리고 오토마톤 λ가 주어진 경우).

$$\beta_t(i) = P(o_{t+1}, o_{t+2} \ldots o_T | q_t = i, \lambda) \tag{6.27}$$

전방 알고리듬과 유사한 방식으로 귀납적으로 계산된다.

1. **초기화**:

$$\beta_T(i) = a_{i,F}, \quad 1 \le i \le N \tag{6.28}$$

2. **재귀**(상태 0과 q_F가 방출되지 않기 때문에):

$$\beta_t(i) = \sum_{j=1}^{N} a_{ij} \, b_j(o_{t+1}) \, \beta_{t+1}(j), \quad 1 \le i \le N, 1 \le t < T \tag{6.29}$$

3. **종료**:

$$P(O|\lambda) = \alpha_T(q_F) = \beta_1(0) = \sum_{j=1}^{N} a_{0j} \, b_j(o_1) \, \beta_1(j) \tag{6.30}$$

그림 6.13은 역방향 귀납법 단계를 보여준다.

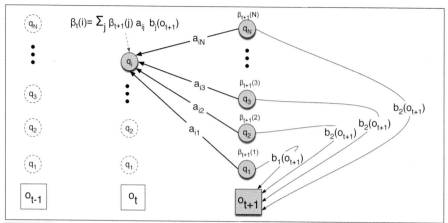

그림 6.13   변환 확률 a_{ij}와 관측 확률 $b_j(o_{t+1})$로 가중치를 부여한 모든 연속 값 $\beta_{t+1}(j)$을 합산해 $\beta_t(i)$를 계산한다. 시작 및 종료 상태가 표시되지 않는다.

기계를 통해 실제 경로가 숨겨져 있음에도 불구하고, 현재 순방향 확률과 역방향 확률을 어떻게 관찰 시퀀스에서 전이 확률 a_{ij}와 관찰 확률 $b_i(o_t)$를 계산하는 데 어떻게 도움이 될 수 있는지 이해할 준비가 돼 있다.

먼저 식 6.26의 변종에 의한 $\hat{a}_{ij}$을 추정하는 방법을 살펴보자.

$$\hat{a}_{ij} = \frac{\text{상태 } i \text{에서 상태 } j \text{로 전이 예상 횟수}}{\text{상태 } i \text{에서 예상되는 전이 수}} \tag{6.31}$$

분자는 어떻게 계산할까? 여기 직관이 있다. 관측 시퀀스의 특정 시점 t에서 주어진 전이 $i \rightarrow j$가 취해질 확률의 추정치가 있다고 가정하자. 각 특정 시간 t에 대해 이 확률을 알고 있다면, 모든 시간 t를 합산해 전이에 대한 총 카운트를 추정할 수 있다.

좀 더 공식적으로, 관측 시퀀스와 모델이 주어진 경우 확률 ξ_t를 시간 t에 상태 i에 있을 확률로 정의하고 시간 $t+1$에 상태 j를 정의하자.

$$\xi_t(i, j) = P(q_t = i, q_{t+1} = j | O, \lambda) \tag{6.32}$$

ξ_t를 계산하기 위해, 먼저 ξ_t와 유사하지만 관측치의 확률을 포함하는 데 있어서 다른 확률을 계산한다. 식 6.32와 O의 조건이 다르다.

$$\text{not-quite-}\xi_t(i, j) = P(q_t = i, q_{t+1} = j, O | \lambda) \tag{6.33}$$

그림 6.14는 *not-quite-*ξ_t 계산에 들어가는 다양한 확률, 즉 해당 호에 대한 전이

확률, 호에 대한 α 확률, 호에 대한 β 확률, 호 바로 뒤에 있는 기호의 관측 확률을 보여준다. 이 4가지를 함께 곱해 다음과 같이 *not-quite-*ξ_t를 생산한다.

$$\text{not-quite-}\xi_t(i, j) = \alpha_t(i)\, a_{ij} b_j(o_{t+1}) \beta_{t+1}(j) \tag{6.34}$$

not-quite-ξ_t에서 ξ_t를 계산하기 위해 확률 법칙을 따르고 $P(O|\lambda)$로 나눈다.

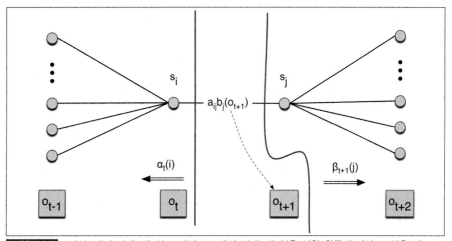

그림 6.14   시점 t에서 상태 i에 있고 시점 $t+1$에서 상태 j에 있을 결합 확률의 계산. 그림은 $P(q_t = i,$ $q_{t+1} = j, O|\lambda)$를 생성하기 위해 결합돼야 하는 다양한 확률을 보여준다. α 및 β 확률, 전이 확률 a_{ij} 및 관찰 확률 $b_j(o_{t+1})$이다. ©1989 IEEE 인 라비너(1989) 이후

$$P(X|Y, Z) = \frac{P(X, Y|Z)}{P(Y|Z)} \tag{6.35}$$

모델이 주어진 관측치의 확률은 단순하게 전체 발화의 순방향 확률(또는 전체 발화의 역방향 확률)이기 때문에 다음과 같은 여러 가지 방법으로 계산할 수 있다.

$$P(O|\lambda) = \alpha_T(N) = \beta_T(1) = \sum_{j=1}^{N} \alpha_t(j) \beta_t(j) \tag{6.36}$$

그래서 ξ_t의 최종 방정식은 다음과 같다.

$$\xi_t(i, j) = \frac{\alpha_t(i)\, a_{ij} b_j(o_{t+1}) \beta_{t+1}(j)}{\alpha_T(N)} \tag{6.37}$$

상태 i에서 상태 j로의 예상 전이 횟수는 모든 t에 대한 합이다. 식 6.31에서 a_{ij}에 대한 추정을 위해서는 단지 한 가지 더 필요하다. 상태 i에서 예상되는 총 전이 수이

며, 상태 i의 모든 전이를 합산해 얻을 수 있다. 여기 $\hat{a}_{ij}$의 최종 공식은 다음과 같다.

$$\hat{a}_{ij} = \frac{\sum_{t=1}^{T-1} \xi_t(i, j)}{\sum_{t=1}^{T-1} \sum_{j=1}^{N} \xi_t(i, j)} \tag{6.38}$$

또한 관찰 확률을 다시 계산하기 위한 공식도 필요하다. 이는 상태 j가 주어지면 관측 어휘 V에서 주어진 심볼 v_k의 확률이며, $b_j(v_k)$라고 한다. 우리는 이 계산을 시도한다.

$$b_j(v_k) = \frac{\text{상태 } j \text{ 및 관찰 심볼 } v_k \text{에서 예상되는 횟수}}{\text{상태에서 예상되는 횟수}} \tag{6.39}$$

이를 위해 시점 t에서 상태 j에 있을 확률을 알아야 할 것이며, 이를 $\gamma_t(j)$라고 한다.

$$\gamma_t(j) = P(q_t = j | O, \lambda) \tag{6.40}$$

다시 한 번 확률에 관찰 시퀀스를 포함시켜 계산한다.

$$\gamma_t(j) = \frac{P(q_t = j, O | \lambda)}{P(O | \lambda)} \tag{6.41}$$

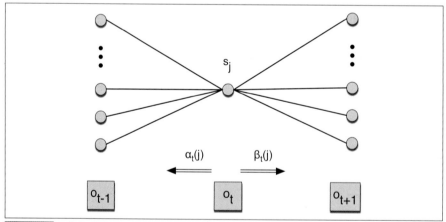

그림 6.15 시점 t에서 상태 j에 있을 확률 $\gamma_t(j)$의 계산. γ는 실제로 ξ의 변질된 사례이기 때문에 이 수치는 상태 i가 상태 j로 축소된 그림 6.14의 버전과 같다. ⓒ1989 IEEE 인 라비너(1989) 이후

그림 6.15에서 알 수 있듯이 식 6.41의 분자는 단지 순방향 확률과 역방향 확률의 결과물일 뿐이다.

$$\gamma_t(j) = \frac{\alpha_t(j) \beta_t(j)}{P(O | \lambda)} \tag{6.42}$$

b를 계산할 준비가 돼 있다. 분자의 경우 관측치 o_t가 관심 있는 기호 v_k인 모든 시점 단계 t에 대해 $\gamma_t(j)$를 합한다. 분모의 경우, 모든 시점 단계 t에 걸쳐 $\gamma_t(j)$를 합한다. 결과는 상태 j에 있고 기호 v_k를 봤던 시점의 백분율이다($\sum_{t=1, s.t.\ O_t=v_t}^{T}$은 "시점 t 관측치가 v_k였던 모든 t에 대한 합"을 의미한다).

$$\hat{b}_j(v_k) = \frac{\sum_{t=1 s.t. O_t=v_k}^{T} \gamma_t(j)}{\sum_{t=1}^{T} \gamma_t(j)} \tag{6.43}$$

이제 식 6.38과 식 6.43에서 이미 A와 B의 이전 추정치를 가지고 있다고 가정하고, 관찰 시퀀스 O로부터 경과 A와 B 관측 확률을 다시 추정할 수 있는 방법이 있다.

이러한 재추정은 반복적인 순방향-역방향 알고리듬의 핵심을 형성한다. 순방향-역방향 알고리듬(그림 6.16)은 HMM 매개변수 $\lambda = (A, B)$의 초기 추정치로 시작한다. 그런 다음 두 단계를 반복적으로 실행한다. EM(예측-최대화) 알고리듬의 다른 경우와 E-step 마찬가지로, 순방향-역방향 알고리듬은 **예측** 단계 또는 **E-step** 및 **최대화** 단계 또는 M-step **M-step**의 두 단계가 있다.

E-step에서는 이전 A 및 B 확률에서 예상 상태 점유 수 γ과 예상 상태 전이 수 ξ을 계산한다. M-step에서는 γ과 ξ을 사용해 새로운 A와 B 확률을 다시 계산한다.

---

function FORWARD-BACKWARD(*observations* of len T, *output vocabulary V, hidden state set Q*) **returns** *HMM=(A,B)*

initialize A and B
iterate until convergence
    E-step

$$\gamma_t(j) = \frac{\alpha_t(j)\beta_t(j)}{P(O|\lambda)} \ \forall t \text{ and } j$$

$$\xi_t(i,j) = \frac{\alpha_t(i)\,a_{ij}b_j(o_{t+1})\beta_{t+1}(j)}{\alpha_T(N)} \ \forall t, i, \text{ and } j$$

    M-step

$$\hat{a}_{ij} = \frac{\sum_{t=1}^{T-1} \xi_t(i,j)}{\sum_{t=1}^{T-1} \sum_{j=1}^{N} \xi_t(i,j)}$$

$$\hat{b}_j(v_k) = \frac{\displaystyle\sum_{t=1 \, s.t. \, O_t = v_k}^{T} \gamma_t(j)}{\displaystyle\sum_{t=1}^{T} \gamma_t(j)}$$

return A, B

그림 6.16 순방향-역방향 알고리듬

원칙적으로 순방향-역방향 알고리듬은 A와 B 매개변수에 대해 완전히 비지도 학습을 수행할 수 있지만, 실제로 초기 조건은 매우 중요하다. 이러한 이유로 알고리듬에는 종종 추가 정보가 주어진다. 예를 들어 음성 인식의 경우 실제로 HMM 구조는 수작업으로 설정되는 경우가 많고, 방출(B) 및 (제로가 아님) 전이 확률만 관찰 시퀀스 O 집합에서 훈련된다. 또한 9장의 9.7절에서는 초기 A와 B 추정치가 음성 인식에서 도출되는 방법에 대해 논의한다. 또한 음성의 경우 순방향-역방향 알고리듬이 연속적인 입력("연속 관측 밀도")으로 확장될 수 있다는 것을 보여준다.

6.6 최대 엔트로피 모델: 배경

이제 **최대 엔트로피** 모델링이라고 부르는 두 번째 확률론적 머신러닝 프레임워크, 줄여서 **MaxEnt**라고 부르는 이것은 **다항 로지스틱 회귀 분석**으로 더 널리 알려져 있다.

6장의 목표는 시퀀스 분류에 MaxEnt를 사용하는 것이다. 시퀀스 분류 또는 시퀀스 레이블링 작업은 품사 태그를 단어에 할당하는 것과 같은 어떤 순서로 각 요소에 레이블을 할당하는 것이다. 가장 일반적인 MaxEnt 시퀀스 분류기는 6.8절에 소개된 **최대 엔트로피 마르코프 모델** 또는 **MEMM**이다. 그러나 MaxEnt를 시퀀스 분류기로 사용하기 전에, 비순차 분류를 도입할 필요가 있다.

분류 작업은 단일 관찰을 수행하고 관찰을 설명하는 유용한 피처를 추출한 다음, 피처를 기반으로 관찰을 일련의 개별 부류 중 하나로 분류하는 것이다. **확률론적** 분류기는 이보다 약간 더 많은 역할을 한다. 레이블 또는 부류를 할당하는 것 외에도, 관측치가 해당 분류에 있을 **확률**을 제공한다. 실제로, 주어진 관측치에 대해 확률 분류기는 모든 부류에 대한 확률분포를 제공한다.

이러한 비순차 분류 작업은 음성 및 언어 처리 전반에 걸쳐 발생한다. 예를 들어 **텍스트 분류**에서 특정 메일을 스팸으로 분류할지 여부를 결정해야 할 수 있다. **감정 분석**에서 특정한 문장이나 문서가 긍정적이거나 부정적인 의견을 표현하는지 판단해야 한다. 많은 작업에서 문장의 경계가 어디에 있는지 알아야 할 것이고, 따라서 마침표 문자(˙)를 문장 경계로 분류해야 한다. 이 책을 통해 분류의 필요성에 대한 더 많은 예를 보여준다.

로그-선형 분류기 MaxEnt는 **지수** 또는 **로그-선형 분류기**로 알려진 분류기 패밀리에 속한다. MaxEnt는 입력에서 일부 피처 세트를 추출해 **선형**으로 결합하고(각 피처에 가중치를 곱한 다음 합계를 더하는 것을 의미), 다음에 설명하는 이유로 이 합계를 지수로 사용한다.

이 직관을 조금 더 구체화해보자. 일부 피처를 추출하는 입력 x(아마도 태그를 지정해야 하는 단어 또는 분류해야 하는 문서)가 있다고 가정한다. 태깅의 피처는 "이 단어는 -*ing*으로 끝나거나 이전 단어는 '*the*'였다"일 수 있다. 그러한 각 피처에 대해 가중치가 있다.

피처와 가중치를 고려해, 우리의 목표는 단어 범주(예: 품사태그)를 선택하는 것이다. MaxEnt는 가장 가능성이 높은 태그를 선택해 이 작업을 수행한다. 관측치 x에 주어진 특정 부류 c의 확률은 다음과 같다.

$$p(c|x) \;=\; \frac{1}{Z} \exp\left(\sum_i w_i f_i\right) \tag{6.44}$$

여기서 Z는 정규화 요소로, 확률의 합을 1로 정확하게 만드는 데 사용된다. 그리고 통상적인 $\exp(x) = e^x$로 나타낸다. 이는 다양한 방식으로 단순화된 방정식이다. 예를 들어 실제 MaxEnt 모델에서 피처 f와 가중치 w는 모두 부류 c에 의존한다(즉, 부류에 따라 다른 피처와 가중치를 갖는다).

정규화 항 Z의 정의 및 지수함수의 직관을 포함해 MaxEnt 분류기의 세부 사항을 설명하려면 먼저 피처를 이용한 예측의 토대를 마련하는 **선형 회귀 분석**과 지수 모델을 도입한 **로지스틱 회귀 분석**을 이해해야 한다. 다음 두 절에서 이 영역을 다루는데, 회귀에 대한 배경지식이 있는 독자는 다음을 건너뛸 수 있다. 다음 6.7절에서 MaxEnt 분류기의 세부 사항을 소개한다. 마지막으로, 6.8절에서 MaxEnt 분류기가 **최대 엔트로피 마르코프 모델**[MEMM]에서 시퀀스 분류에 어떻게 사용되는지 보여준다.

6.6.1 선형 회귀 분석

통계에서 일부 입력 피처를 일부 출력값에 매핑하는 작업에 서로 다른 두 개의 명칭을 사용한다. 출력이 실제 값일 때는 회귀라는 단어를 사용하고, 출력이 개별 부류 세트 중 하나일 때는 분류라고 한다.

통계 부류의 선형 회귀 분석에 이미 익숙할 수 있다. 아이디어는 우리에게 관측치 세트가 주어진다는 것인데, 각 관측치는 어떤 피처와 연관돼 있으며, 각 관측치에 대해 어떤 실제 가치 있는 결과를 예측하고자 한다. 주택 가격을 예측하는 영역의 예를 보자. 레빗과 더블너(2005)는 부동산 광고에 쓰인 단어가 주택이 호가보다 더 많이 팔릴지 아니면 적게 팔릴지를 가늠할 수 있는 좋은 예측 변수가 될 수 있다는 것을 보여줬다. 예를 들어 부동산 광고가 단어 *fantastic*, *cute*, *charming*(환상적인, 귀여운, 매력적인)이 포함된 주택은 더 낮은 가격에 팔리는 경향이 있는 반면, 단어 maple, granite(단풍나무, 화강암)가 포함된 주택은 더 높은 가격에 팔리는 경향이 있다는 것을 보여줬다. 레빗과 더블너의 가설은 부동산 중개업자들이 집안에 어떤 특정한 안 좋은 면을 감추기 위해 '환상적인'과 같은 모호하지만 긍정적인 단어를 사용했다는 것이었다. 단지 교육학상의 목적으로, 그림 6.17의 가짜 데이터를 만들었다.

# 모호한 형용사의 수	호가에 팔린 주택 가격
4	0
3	$1000
2	$1500
2	$6000
1	$14000
0	$18000

그림 6.17 부동산 광고에 나오는 모호한 형용사(환상적인, 귀여운, 매력적인) 수와 호가에 판매된 주택 가격에 대한 일부 가짜 자료다.

그림 6.18에는 x축의 피처(형용사 수)와 y축의 가격이 표시된 그래프가 표시된다. 또한 관측된 데이터에 가장 적합한 선인 **회귀선**을 그렸다. 모든 선의 방정식은 $y = mx + b$이며, 그래프에서 볼 수 있듯이 이 선의 기울기는 $m = -4900$이며, 절편은 $16,550$이다. 이 선의 이 두 매개변수(기울기 m 및 절편 b)를 피처(이 경우 x, 형용사의 수)에서 출력값 y(이 경우 가격)에 매핑하기 위해 사용하는 가중치 세트로 생각할 수 있다. w를 사용해

회귀선

다음과 같은 가중치를 참조함으로 이 선형함수를 나타낼 수 있다.

$$\text{price} = w_0 + w_1 * \text{Num\_Adjectives} \qquad (6.45)$$

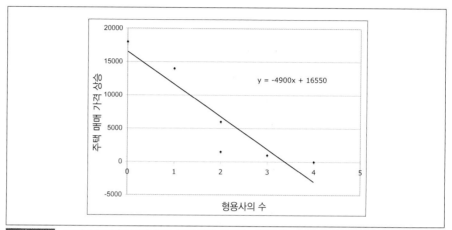

y = -4900x + 16550

그림 6.18   그림 6.17의 (구성된) 점과 이에 가장 잘 맞는 회귀선($y = -4900x + 16550$)의 그림

따라서 식 6.45는 형용사의 판매 가격을 추정할 수 있는 선형함수를 제공한다. 예를 들어 광고에 5개의 형용사가 있는 집이 얼마에 팔릴까?

선형 모형의 진정한 능력은 두 개 이상의 피처를 사용할 때 나타난다(전문적으로 **다중 선형 회귀**라고 함). 예를 들어 최종 주택 가격은 아마도 현재의 모기지 금리, 시장에서 판매되지 않은 주택 수 등과 같은 많은 요인에 따라 달라질 수 있다. 각 주택을 변수로 인코딩할 수 있으며, 각 요인의 중요성은 다음과 같이 그 변수에 대한 가중치가 될 것이다.

$$\text{price} = w_0 + w_1 * \text{Num\_Adjectives} + w_2 * \text{Mortgage\_Rate} + w_3 * \text{Num\_Unsold\_Houses}$$

음성 및 언어 처리에서, 종종 형용사의 수 또는 모기지 금리 같은 이러한 예측 요소들을 **피처**라고 한다. 이러한 피처들의 벡터에 의해 각각의 관측치를 나타낸다. 한 주택이 광고에 형용사 1개가 들어 있고 모기지 금리는 6.5였고 도시에는 미분양 주택이 1만 채 있다고 가정해보자. 이 집의 피처 벡터는 $\vec{f} = (1,\ 6.5,\ 10000)$이다. 이 작업에서 이전에 배운 가중치 벡터가 $\vec{w} = (w_0,\ w_1,\ w_2,\ w_3) = (18000,\ -5000,\ -3000,\ -1.8)$이라고 가정하자. 그러면 이 집의 예측값은 각 피처에 가중치를 곱해 계산한다.

$$\text{price} = w_0 + \sum_{i=1}^{N} w_i \times f_i \tag{6.46}$$

일반적으로 값 1을 갖는 f_0이라는 절편 피처가 있는 것처럼 동작할 것이며, 이는 성가신 w_0에 관해서 방정식을 단순화시킬 수 있으며, 따라서 일반적으로 y의 값을 추정하기 위한 선형 회귀 분석을 나타낼 수 있다.

$$\textbf{선형 회귀 분석:} \quad y = \sum_{i=0}^{N} w_i \times f_i \tag{6.47}$$

두 벡터를 가져와 각 요소를 쌍으로 곱해 그 결과를 합해 스칼라^{scalar}를 만드는 것을 **내적**^{dot product}이라고 한다. 두 벡터 a와 b 사이의 내적 $a \cdot b$가 다음과 같이 정의된다.

$$\textbf{내적:} \quad a \cdot b = \sum_{i=1}^{N} a_i b_i = a_1 b_1 + a_2 b_2 + \cdots + a_n b_n \tag{6.48}$$

따라서 식 6.47은 가중치 벡터와 피처 벡터 사이의 내적과 같다.

$$y = w \cdot f \tag{6.49}$$

벡터의 내적은 음성 및 언어 처리에서 자주 발생한다. 종종 지저분한 합계 표시를 피하기 위해 내적 표기법에 의존한다.

선형 회귀 분석 학습

선형 회귀 분석을 위한 가중치를 어떻게 학습하고 있는가? 직관적으로, 훈련 세트에서 본 실제 값과 가능한 가깝게 추정 값 y를 만드는 가중치를 선택하고자 한다.

훈련 세트 $y_{obs}^{(j)}$에 관측된 레이블이 있는 훈련 세트의 특정 경우 $x^{(j)}$를 고려한다(훈련의 예를 나타내기 위해 괄호 안의 위첨자를 사용함). 선형 회귀 모델은 다음과 같이 $y^{(j)}$ 값을 예측한다.

$$y_{pred}^{(j)} = \sum_{i=0}^{N} w_i \times f_i^{(j)} \tag{6.50}$$

예측 값 $y_{pred}^{(j)}$와 관측 값 $y_{obs}^{(j)}$의 차이를 최소화하기 위해 W의 전체 가중치 세트를 선택하고, 이 차이를 훈련 세트의 모든 M 예에 걸쳐 최소화하고자 한다. 실제로 한 예에서 음성의 거리$^{negative\ distance}$가 다른 예에서 양성의 차이$^{positive\ difference}$를 상쇄하는 것을 원하지 않기 때문에 차이의 절댓값을 최소화하고자 한다. 따라서 단순성(그리고 차별성)을 위해 차이의 제곱을 최소화한다. 따라서 최소화하고 싶은 총 가치는 **오차제곱합**이라고 하는 현재 가중치 W의 이 비용함수다.

오차제곱합

$$\text{cost}(W) = \sum_{j=0}^{M} \left(y_{pred}^{(j)} - y_{obs}^{(j)} \right)^2 \tag{6.51}$$

여기서 오차제곱합을 최소화하기 위해 최적의 가중치를 선택하는 세부 사항을 제공하지 않는다. 그러나 간단히 말해, 각 관측치 x(i)와 연관된 피처 벡터로 구성된 행렬에 각 행이 있는 단일 행렬 X에 전체 훈련 세트를 넣고 관측된 y 값을 모두 벡터 $\vec{y}$에 넣으면, 비용(W)을 최소화할 수 있는 최적의 중량 값 W에 대한 폐쇄형 공식이 있다.

$$W = (X^T X)^{-1} X^T \vec{y} \tag{6.52}$$

이 방정식의 구현은 SPSS 또는 R과 같은 통계적 패키지에서 광범위하게 이용할 수 있다.

6.6.2 로지스틱 회귀

선형 회귀는 실제 가치 있는 결과를 예측할 때 사용한다. 그러나 종종 음성 및 언어 처리에서 **분류**를 수행한다. 예측하려는 결과 y는 이산값 작은 세트에서 하나를 가져온다.

이항 분류의 가장 간단한 경우, 즉 일부 관측치 x가 부류에 있는지(참), 없는지(거짓) 여부를 분류한다. 즉, y는 값 1(참) 또는 0(거짓)만 취할 수 있으며, x의 피처를 취해 참 또는 거짓으로 반환할 수 있는 분류기를 원한다. 또한 0 또는 1 값만 반환하는 것이 아니라 특정 관측치가 부류 0 또는 1에 있을 **확률**을 제공할 수 있는 모델이 필요하다. 대부분의 실제 작업에서 이 분류기의 결과를 추가 분류기로 전달해 일부 작업을 수행하기 때문에 중요하다. 관측치가 어느 부류에 속하는지 완전히 확신하는 경우가 드물기 때문에, 다른 모든 부류를 배제하고 현 단계에서는 어려운 결정을 내리는 것을 선호하지 않는다. 대신 가능한 한 많은 정보, 즉, 각 부류에 할당할 확률 값과 함께 전체 부류 세트를 나중에 분류기로 전달하려고 한다.

이런 종류의 확률론적 분류에 사용하기 위해 선형 회귀 모델을 수정할 수 있을까? 다음과 같이 확률을 예측하기 위해 선형 모델을 훈련하려고 시도했다고 가정한다.

$$P(y = \text{true}|x) \;=\; \sum_{i=0}^{N} w_i \times f_i \tag{6.53}$$

$$=\; w \cdot f \tag{6.54}$$

모델은 각 훈련 관측치가 부류에 있으면(참) 목푯값 $y = 1$을 할당하고, 부류에 없으면(거짓) 목푯값 $y = 0$을 할당함으로써 훈련할 수 있다. 각 관측치 x는 피처 벡터 f를 가지며, 가중치 벡터 w를 1(부류 내 관측치의 경우) 또는 0(부류 내 관측치가 아닌 경우)에서 예측 오차를 최소화하도록 훈련할 것이다. 훈련 후, 가중치 벡터의 내적과 그 관측을 위한 피처를 취함으로써 관측치가 주어지는 부류의 확률을 계산할 것이다.

이 모델의 문제는 그 어떤 것도 출력이 적법한 확률, 즉 0과 1 사이에 있도록 강요하지 않는다는 것이다. $\sum_{i=0}^{N} w_i \times f_i$라는 표현은 $-\infty$에서 ∞까지의 값을 산출한다. 이 문제를 어떻게 해결할 수 있을까? 선형 예측 변수 $w \cdot f$를 유지하지만, 확률을 예측하는 대신 두 확률의 비율을 예측한다고 가정하자. 구체적으로 부류에 있을 확률과 부류에 없을 확률의 비율을 예측한다고 가정한다. 이 비율을 **오즈**^{odds}라고 한다. 이벤트가 일어날 확률은 .75이고 일어나지 않을 확률은 .25인 경우, 발생할 확률은 $.75/.25 = 3$이라고 말한다. 선형 모델을 사용해 y가 참일 확률을 예측할 수 있다.

오즈

$$\frac{p(y = \text{true})|x}{1 - p(y = \text{true}|x)} = w \cdot f \tag{6.55}$$

이 마지막 모델은 끝으로, 확률의 비율은 0과 ∞ 사이에 있을 수 있다. 그러나 $-\infty$과 ∞ 사이에 놓이려면 방정식의 왼쪽이 필요하다. 이 확률의 자연 로그를 취함으로써 이것을 달성할 수 있다.

$$\ln\left(\frac{p(y = \text{true}|x)}{1 - p(y = \text{true}|x)}\right) = w \cdot f \tag{6.56}$$

로짓함수

이제 좌우 모두 $-\infty$과 ∞ 사이에 놓여 있다. 왼쪽의 이 함수(오즈의 로그)는 **로짓함수**^{logit function}로 알려져 있다.

$$\text{logit}\,(p(x)) = \ln\left(\frac{p(x)}{1-p(x)}\right) \tag{6.57}$$

확률보다는 확률의 로짓^{logit}을 추정하기 위해 선형함수를 사용하는 회귀 모델을 **로지스틱 회귀**라고 한다. 선형함수가 로짓 값을 추정하는 경우 확률 $P(y = \text{true})$에 대한 로지스틱 회귀의 실제 공식은 무엇인가? 여기서 멈추고 식 6.56과 함께 확률 $P(y = \text{true})$를 해결하기 위해 간단한 대수학을 적용해야 한다.

$P(y = \text{true})$을 해결했을 때 다음과 같은 파생어가 나와야 한다.

$$\ln\left(\frac{p(y=\text{true}|x)}{1-p(y=\text{true}|x)}\right) = w \cdot f$$

$$\frac{p(y=\text{true}|x)}{1-p(y=\text{true}|x)} = e^{w \cdot f} \tag{6.58}$$

$$p(y=\text{true}|x) = (1 - p(y=\text{true}|x))e^{w \cdot f}$$

$$p(y=\text{true}|x) = e^{w \cdot f} - p(y=\text{true}|x)e^{w \cdot f}$$

$$p(y=\text{true}|x) + p(y=\text{true}|x)e^{w \cdot f} = e^{w \cdot f}$$

$$p(y=\text{true}|x)(1 + e^{w \cdot f}) = e^{w \cdot f}$$

$$p(y=\text{true}|x) = \frac{e^{w \cdot f}}{1 + e^{w \cdot f}} \tag{6.59}$$

일단 이 확률이 가지면, $p(y = \text{false}|x)$ 부류에 속하지 않는 관측치의 확률은 두 개의 합이 1이어야 하기 때문에 쉽게 기술할 수 있다.

$$p(y=\text{false}|x) = \frac{1}{1 + e^{w \cdot f}} \tag{6.60}$$

다음은 명시적 합계 표기법으로 다시 표현한 방정식이다.

$$p(y=\text{true}|x) = \frac{\exp(\sum_{i=0}^{N} w_i f_i)}{1 + \exp(\sum_{i=0}^{N} w_i f_i)} \tag{6.61}$$

$$p(y=\text{false}|x) = \frac{1}{1 + \exp(\sum_{i=0}^{N} w_i f_i)} \tag{6.62}$$

확률 $P(y = \text{true}|x)$를 (6.59)의 분자와 분모를 $e^{-w \cdot f}$로 나누어 약간 다른 방식으로 표현할 수 있다.

$$p(y = \text{true}|x) = \frac{e^{w \cdot f}}{1 + e^{w \cdot f}} \tag{6.63}$$

$$= \frac{1}{1 + e^{-w \cdot f}} \tag{6.64}$$

로지스틱함수   마지막 방정식은 이제 **로지스틱함수**(로지스틱 회귀에 이름을 부여하는 함수)라고 부르는 형태다. 로지스틱함수의 일반적인 형태는 다음과 같다.

$$\frac{1}{1 + e^{-x}} \tag{6.65}$$

로지스틱함수는 $-\infty$과 ∞의 값을 0과 1 사이에 위치하도록 매핑한다. 다시 $P(y = \text{false}|x)$를 표현해 확률의 합을 1로 만들 수 있다.

$$p(y = \text{false}|x) = \frac{e^{-w \cdot f}}{1 + e^{-w \cdot f}} \tag{6.66}$$

6.6.3 로지스틱 회귀: 분류

특정한 관측치가 주어지면 두 부류('참' 또는 '거짓') 중 어떤 것이 속하는지 어떻게 결정하는가? 이는 **추론**이라고도 하는 **분류** 작업이다. 분명히 정확한 부류는 확률이 높은 부류다. 따라서 관측치에 '참'이라는 레이블을 붙어야 한다고 해도 무방하다.

$$p(y = \text{true}|x) > p(y = \text{false}|x)$$
$$\frac{p(y = \text{true}|x)}{p(y = \text{false}|x)} > 1$$
$$\frac{p(y = \text{true}|x)}{1 - p(y = \text{true}|x)} > 1$$

식 6.58부터 오즈 비[odds ratio]를 대체한다.

$$e^{w \cdot f} > 1$$
$$w \cdot f > 0 \tag{6.67}$$

또는 명시적 합계 표기법으로 나타낸다.

$$\sum_{i=0}^{N} w_i f_i > 0 \tag{6.68}$$

따라서 관측치가 부류의 구성원인지 여부를 결정하려면 선형함수를 계산하고 선형함수의 값이 양수인지 확인하면 된다. 그렇다면 관측치는 부류에 있다.

더 진전된 점: 방정식 $\sum_{i=0}^{N} w_i f_i = 0$은 **초평면**hyperplane의 방정식이다(N 치수에 대한 선의 일반화). 따라서 방정식 $\sum_{i=0}^{N} w_i f_i > 0$은 이 초평면 위의 N차원 공간의 일부분이다. 따라서 로지스틱 회귀 함수는 부류에 있는 공간에서의 분리점('참')과 부류에 없는 점을 구분하는 초평면 학습으로 볼 수 있다.

6.6.4 고급: 로지스틱 회귀 학습

선형 회귀 분석에서 학습은 훈련 세트의 오차제곱합을 최소화하는 가중치를 선택하는 것으로 구성됐다. 로지스틱 회귀에서는 **조건부 최대 우도 추정치**를 사용한다. 이는 훈련 데이터에서 관측된 y 값의 확률을 관측치 x로 주어진 가장 높게 만드는 매개변수 w를 선택한다는 것을 의미한다. 즉, 개별 훈련 관측치 x의 경우 다음과 같은 가중치를 선택하고자 한다.

$$\hat{w} = \operatorname*{argmax}_{w} P(y^{(i)}|x^{(i)}) \tag{6.69}$$

전체 훈련 세트에 적합한 가중치를 선택한다.

$$\hat{w} = \operatorname*{argmax}_{w} \prod_i P(y^{(i)}|x^{(i)}) \tag{6.70}$$

일반적으로 로그 가능성에 대해 작업한다.

$$\hat{w} = \operatorname*{argmax}_{w} \sum_i \log P(y^{(i)}|x^{(i)}) \tag{6.71}$$

따라서 좀 더 명확하게 다음과 같이 표현한다.

$$\hat{w} = \operatorname*{argmax}_{w} \sum_i \log \begin{cases} P(y^{(i)} = 1|x^{(i)})) & \text{for } y^{(i)} = 1 \\ P(y^{(i)} = 0|x^{(i)})) & \text{for } y^{(i)} = 0 \end{cases} \tag{6.72}$$

이 방정식은 다루기 어렵기 때문에 일반적으로 편리한 구상주의적인 요령을 적용한다. $y = 0$이면 첫 번째 항이 사라지고, $y = 1$이면 두 번째 항이 사라진다.

$$\hat{w} = \operatorname*{argmax}_{w} \sum_{i} y^{(i)} \log P(y^{(i)} = 1 | x^{(i)}) + (1 - y^{(i)}) \log P(y^{(i)} = 0 | x^{(i)}) \qquad (6.73)$$

이제 식 6.64와 식 6.66으로 대체하면, 다음을 얻을 수 있다.

$$\hat{w} = \operatorname*{argmax}_{w} \sum_{i} y^{(i)} \log \frac{1}{1 + e^{-w \cdot f}} + (1 - y^{(i)}) \log \frac{e^{-w \cdot f}}{1 + e^{-w \cdot f}} \qquad (6.74)$$

컨벡스 최적화   식 6.74에 따라 최대 로그 우도를 초래하는 가중치를 찾는 것은 **컨벡스 최적화**convex optimization라고 알려진 분야의 문제다. 가장 일반적으로 사용되는 알고리듬으로는 L-BFGS(Nocedal, 1980; Byrd et al., 1995)와 같은 **준-뉴턴**quasi-Newton 방법과 경사 상승법gradient ascent, 켤레 기울기conjugate gradient 및 다양한 반복 스케일링 알고리듬(Darroch and Ratcliff, 1972; Della Pietra et al., 1997; Malouf, 2002)이 있다. 이러한 학습 알고리듬은 MaxEnt 모델링 툴킷에서 사용할 수 있지만 여기서 정의하기에는 너무 복잡하다. 관심 있는 독자들은 6장 끝부분에 있는 '참고문헌' 절을 참고한다.

6.7 최대 엔트로피 모델링

앞에서 관측치를 두 종류 중 하나로 분류하는 데 로지스틱 회귀 분석을 어떻게 사용할 수 있는지 보여줬다. 그러나 대부분의 경우, 언어 처리에서 발생하는 분류 문제의 종류는 더 많은 수의 부류(예: 품사 부류 세트)를 포함한다. 로지스틱 회귀는 이산형 값이 많은 함수에 대해서도 정의할 수 있다. 이러한 경우 **다항 로지스틱 회귀**라고 한다.

다항 로지스틱 회귀   위에서 언급했듯이, 다항 로지스틱 회귀는 음성 및 언어 처리에서 MaxEnt라고 부른다('최대 엔트로피'라는 명칭에 대해서는 6.7.1절 참조).

MaxEnt 분류기의 부류 확률을 계산하는 방정식은 위의 식 6.61~6.62의 일반화다. 목푯값 y는 부류 c_1, c_2, ..., c_C에 해당하는 C의 다른 값을 취할 수 있는 임의의 변수라고 가정해보자.

6장의 앞부분에서 MaxEnt 모델에서 y가 특정 부류 c일 확률을 추정한다.

$$p(c|x) = \frac{1}{Z} \exp \sum_{i} w_i f_i \qquad (6.75)$$

이제 이 도식 방정식에 몇 가지 세부 사항을 추가해보자. 먼저 정규화 요인 Z를 구체화하고 피처의 수를 N으로 지정하고 가중치의 값을 부류 c에 따라 결정한다. 최종 방정식은 다음과 같다.

$$p(c|x) = \frac{\exp\left(\sum_{i=0}^{N} w_{ci} f_i\right)}{\sum_{c' \in C} \exp\left(\sum_{i=0}^{N} w_{c'i} f_i\right)} \tag{6.76}$$

정규화 요인 Z는 지수를 실제 확률로 만드는 데 사용된다.

$$Z = \sum_{C} p(c|x) = \sum_{c' \in C} \exp\left(\sum_{i=0}^{N} w_{c'i} f_i\right) \tag{6.77}$$

최종 MaxEnt 방정식을 보려면 한 번 더 변경해야 한다. 지금까지 피처 f_i가 실수치라고 가정해왔다. 그러나 음성 및 언어 처리에서 2진수 값을 갖는 피처를 사용하는 지시함수 것이 더 일반적이다. 값 0과 1만을 취하는 피처를 **지시함수**라고도 한다. 일반적으로 우리가 사용하는 피처는 관찰의 일부 피처와 할당을 고려 중인 부류의 지시함수다. 따라서 MaxEnt에서 표기법 f_i 대신 표기법 $f_i(c, x)$를 사용하는데, 이는 주어진 관측치 x에 대해 특정 부류 c에 대한 피처 i를 의미한다. MaxEnt에서 x가 주어진 부류 c의 y 확률을 계산하는 마지막 방정식은 다음과 같다.

$$p(c|x) = \frac{\exp\left(\sum_{i=0}^{N} w_{ci} f_i(c,x)\right)}{\sum_{c' \in C} \exp\left(\sum_{i=0}^{N} w_{c'i} f_i(c',x)\right)} \tag{6.78}$$

2진법 피처의 사용에 대한 명확한 이해를 위해 품사 태깅을 위한 몇 가지 샘플 피처를 살펴보자. 식 5.36에서 반복된 식 6.79의 단어 *race*에 품사 태그를 할당한다고 가정하자.

(6.79) Secretariat/NNP is/BEZ expected/VBN to/TO **race**/?? tomorrow/

다시 말하지만, 지금은 시퀀스 분류가 아닌 단순 분류만 하고 있기 때문에 단일 단어에 대해서만 생각해보자. 전체 단어에 대해 태그를 지정하는 방법은 6.8절에서 설명한다.

VB 부류를 *race*에 할당할지 아니면 *NN*과 같은 다른 부류를 할당할지 알고 싶다. 유용한 피처 중 하나인 f_i은 현재 단어가 *race*이라는 사실일 것이다. 따라서 다음과 같은 경우 '참'인 2진법 피처를 추가할 수 있다.

$$f_1(c,x) = \begin{cases} 1 & \text{if } word_i = \text{"race"} \ \& \ c = \text{NN} \\ 0 & \text{otherwise} \end{cases}$$

또 다른 피처는 앞의 단어에 *TO* 태그가 있는지 여부다.

$$f_2(c,x) = \begin{cases} 1 & \text{if } t_{i-1} = \text{TO} \ \& \ c = \text{VB} \\ 0 & \text{otherwise} \end{cases}$$

두 가지 추가 품사 태깅은 단어의 철자 및 대소문자 구분 측면에 초점을 맞출 수 있다.

$$f_3(c,x) = \begin{cases} 1 & \text{if } \text{suffix}(word_i) = \text{"ing"} \ \& \ c = \text{VBG} \\ 0 & \text{otherwise} \end{cases}$$

$$f_4(c,x) = \begin{cases} 1 & \text{if } \text{is\_lower\_case}(word_i) \ \& \ c = \text{VB} \\ 0 & \text{otherwise} \end{cases}$$

각 피처는 관측치의 속성과 레이블이 지정된 부류에 따라 다르다. 예를 들어 *race*와 VB 사이의 링크나 이전 TO와 NN 간의 링크에 대해 별도의 피처가 필요하다.

$$f_5(c,x) = \begin{cases} 1 & \text{if } word_i = \text{"race"} \ \& \ c = \text{VB} \\ 0 & \text{otherwise} \end{cases}$$

$$f_6(c,x) = \begin{cases} 1 & \text{if } t_{i-1} = \text{TO} \ \& \ c = \text{NN} \\ 0 & \text{otherwise} \end{cases}$$

이 피처들은 각각 상응하는 가중치를 가지고 있다. 따라서 $w_1(c, x)$의 가중치는 단어 *race*가 VB 태그에 대해 얼마나 강한 큐인지, $w_2(c, x)$는 현재 단어인 VB에 대해 이전 태그 *TO*가 얼마나 강한 큐인지를 나타낼 것이다.

		f1	f2	f3	f4	f5	f6
VB	f	0	1	0	1	1	0
VB	w		.8		.01	.1	
NN	f	1	0	0	0	0	1
NN	w	.8					−1.3

그림 6.19 식 6.79의 단어 *race*에 태깅하기 위한 일부 샘플 피처 값 및 가중치

두 부류 VB와 VN의 피처 가중치는 그림 6.19와 같다고 가정해보자. 현재 입력 관측치(현재 단어가 *race*인 경우) x를 호출한다. 이제 식 6.78을 사용해 $P(NN|x)$와 $P(VB|x)$를 계산할 수 있다.

$$P(NN|x) = \frac{e^{.8}e^{-1.3}}{e^{.8}e^{-1.3} + e^{.8}e^{.01}e^{.1}} = .20 \tag{6.80}$$

$$P(VB|x) = \frac{e^{.8}e^{.01}e^{.1}}{e^{.8}e^{-1.3} + e^{.8}e^{.01}e^{.1}} = .80 \tag{6.81}$$

MaxEnt를 사용해 분류를 수행할 때 MaxEnt는 자연스럽게 부류에 대한 확률분포를 제공한다. 엄밀한 분류를 실시해 최고의 부류를 선택하고 싶다면 확률이 가장 높은 부류를 선택할 수 있다.

$$\hat{c} = \underset{c \in C}{\operatorname{argmax}} P(c|x) \tag{6.82}$$

따라서 MaxEnt에서의 분류는 (불 방식^{Boolean}) 로지스틱 회귀에서의 분류의 일반화다. 불 방식 로지스틱 회귀에서 분류는 부류에 있는 관측치와 부류에 없는 관측치를 구분하는 하나의 선형 표현식을 작성하는 것을 포함한다. 반대로 MaxEnt의 분류는 각 C 부류에 대해 별도이 선형 표현식을 작성하는 것을 포함한다.

그러나 나중에 6.8절에서 보여주듯이, 일반적으로 MaxEnt를 엄밀한 분류에 사용하지 않는다. 우리는 일반적으로 MaxEnt를 시퀀스 분류의 일부로 사용하려고 한다. 여기서 한 단위에 가장 적합한 단일 부류가 아니라 전체 시퀀스 중에서 가장 좋은 것을 원한다. 이 작업의 경우, 각 개별 단위에 대한 전체 확률분포를 활용해 최적의 시퀀스를 찾는 것이 유용하다. 실제로 비시퀀스 애플리케이션에서도 부류의 확률분포가 선택보다 더 유용하다.

지금까지 설명한 피처들은 관측치의 단일 2진법의 속성을 나타낸다. 그러나 단어의 속성 조합을 표현하는 더 복잡한 피처를 만드는 것은 종종 유용하다. 서포트 벡터 머신^{SVM}과 같은 머신러닝 모델은 원시적 속성 간의 상호작용을 자동으로 모델링할 수 있지만, MaxEnt에서는 어떤 종류의 복잡한 피처도 수작업으로 정의해야 한다. 예를 들어 대문자로 시작하는 단어(예: *Day*)는 보통명사(예: *United Nations Day*)보다 고유명사^{NNP}일 가능성이 더 높다. 그러나 대문자화되나 문장의 첫머리에 나오는 단어(앞 단어는 <s>이다)는 *Day after day*...에서와 같이 고유명사가 아닐 가능성이 크다. 이러한 각각의 속성이 이미 초기의 피처라도 MaxEnt는 해당 조합을 모델링하지 않을 것이다. 그래서 이 속성들의 불 방식 조합은 피처로 수동 인코딩돼야 한다.

$$f_{125}(c,x) = \begin{cases} 1 & \text{if } word_{i-1} = \texttt{<s>} \ \& \ \text{isupperfirst}(word_i) \ \& \ c = \text{NNP} \\ 0 & \text{otherwise} \end{cases}$$

따라서 MaxEnt를 성공적으로 사용하려면 적절한 피처와 피처의 조합을 설계해야 한다.

최대 엔트로피 모델 학습

MaxEnt 모델의 학습은 6.6.4절에서 설명한 로지스틱 회귀 학습 알고리듬의 일반화를 통해 이루어질 수 있다. 식 6.71에서 봤듯이 M 훈련 샘플의 로그 우도를 최대화하는 매개변수 w를 찾고자 한다.

$$\hat{w} = \underset{w}{\text{argmax}} \sum_{i} \log P(y^{(i)}|x^{(i)}) \tag{6.83}$$

이항 로지스틱 회귀와 마찬가지로, 이 함수를 최대화하는 가중치를 찾기 위해 컨벡스 최적화 알고리듬을 사용한다.

정규화 　간단한 참고 사항: MaxEnt 훈련의 한 가지 중요한 측면은 **정규화**라는 가중치를 평활화하는 것이다. 정규화의 목표는 큰 가중치를 불리하게 하는 것이다. 그렇지 않으면 MaxEnt 모델이 훈련 데이터를 능가하는 매우 높은 가중치를 배울 것이다. 최적화된 우도함수를 변경해 훈련의 정규화를 구현한다. 식 6.83의 최적화 대신 다음을 최적화한다.

$$\hat{w} = \underset{w}{\mathrm{argmax}} \sum_i \log P(y^{(i)}|x^{(i)}) - \alpha R(w) \tag{6.84}$$

여기서 $R(w)$는 큰 가중치를 부과하는 데 사용되는 정규화 항이다. 정규화 항 $R(w)$ 을 가중치 값의 2차함수로 만드는 것이 일반적이다.

$$R(W) = \sum_{j=1}^{N} w_j^2 \tag{6.85}$$

따라서 가중치의 제곱을 빼면 더 작은 가중치를 선호하게 된다.

$$\hat{w} = \underset{w}{\mathrm{argmax}} \sum_i \log P(y^{(i)}|x^{(i)}) - \alpha \sum_{j=1}^{N} w_j^2 \tag{6.86}$$

이러한 종류의 정규화는 평균 $\mu = 0$인 가우시안 분포에 따라 가중치가 분포된다고 가정하는 것과 같다. 가우스 분포 또는 정규 분포에서는 값이 평균에서 멀어질수록 확률이 낮아진다(분산 σ에 의해 조정됨). 가중치에 대한 사전 가우시안을 사용함으로써 가중치는 값 0을 선호한다는 것을 의미한다. 가중치 w_j에 대한 가우시안은 다음과 같다.

$$\frac{1}{\sqrt{2\pi\sigma_j^2}} \exp\left(-\frac{(w_j - \mu_j)^2}{2\sigma_j^2}\right) \tag{6.87}$$

가중치 이전에 각 가중치에 가우시안을 곱하면 다음과 같은 제약이 극대화된다.

$$\hat{w} = \underset{w}{\mathrm{argmax}} \prod_i^M P(y^{(i)}|x^{(i)}) \times \prod_{j=1}^{N} \frac{1}{\sqrt{2\pi\sigma_j^2}} \exp\left(-\frac{(w_j - \mu_j)^2}{2\sigma_j^2}\right) \tag{6.88}$$

로그 공간에서 $\mu = 0$인 것은 다음과 같다.

$$\hat{w} = \underset{w}{\mathrm{argmax}} \sum_i \log P(y^{(i)}|x^{(i)}) - \sum_{j=1}^{N} \frac{w_j^2}{2\sigma_j^2} \tag{6.89}$$

이는 식 6.86과 같은 형식이다.

MaxEnt에는 학습 세부 사항에 대한 방대한 문헌이 있다. 자세한 내용은 6장의 끝부분을 참조한다.

6.7.1 최대 엔트로피라고 부르는 이유

다항 로지스틱 회귀 모델을 MaxEnt 또는 최대 엔트로피 모델이라고 하는 이유는 무엇인가? 이 해석의 직관을 품사 태깅 맥락에서 살펴보자. *zzfish*(이 예제에서 만든 단어)라는 단어에 태그를 할당하고 싶다고 가정하자. 가장 적은 가정만으로 제약 조건을 부과하지 않는 확률론적 태깅 모델(단어에 품사 태그의 분포)은 무엇인가? 직관적으로 보면 다음과 같은 분포가 가능하다.

NN	JJ	NNS	VB	NNP	IN	MD	UH	SYM	VBG	POS	PRP	CC	CD	...
$\frac{1}{45}$	$\frac{1}{45}$	$\frac{1}{45}$	$\frac{1}{45}$	$\frac{1}{45}$	$\frac{1}{45}$	$\frac{1}{45}$	$\frac{1}{45}$	$\frac{1}{45}$	$\frac{1}{45}$	$\frac{1}{45}$	$\frac{1}{45}$	$\frac{1}{45}$	$\frac{1}{45}$	...

이제 품사 태그로 레이블이 지정된 훈련 데이터가 있다고 가정해보자. 이 데이터에서 알 수 있는 것은 *zzfish*의 가능한 태그 세트는 NN, JJ, NNS, VB이다(*zzfish*는 *fish*와 비슷한 단어이지만 형용사일 수도 있음). 이 제약 조건에 의존하지만 더 이상의 가정을 전혀 하지 않는 태깅 모델은 무엇인가? 이들 중 하나가 올바른 태그여야 하기 때문에 우리는 알고 있다.

$$P(NN) + P(JJ) + P(NNS) + P(VB) = 1 \qquad (6.90)$$

추가 정보가 없기 때문에 우리가 알고 있는 것 이상으로 더 이상 가정하지 않는 모델은 다음 단어 각각에 동일한 확률을 할당한다.

NN	JJ	NNS	VB	NNP	IN	MD	UH	SYM	VBG	POS	PRP	CC	CD	...
$\frac{1}{4}$	$\frac{1}{4}$	$\frac{1}{4}$	$\frac{1}{4}$	0	0	0	0	0	0	0	0	0	0	...

첫 번째 예에서는 45개의 품사에 대한 정보 없는 분포를 원했지만, 이 경우에는 4개의 품사에 대한 정보 없는 분포를 원했는데, 모든 가능한 분포 중에서 등가 분포가 최대 엔트로피를 가지고 있는 것으로 나타났다. 4.10절에서 랜덤변수 x 분포의 엔트로피가 다음과 같이 계산된다.

$$H(x) = -\sum_x P(x) \log_2 P(x) \qquad (6.91)$$

랜덤변수의 모든 값이 동일한 확률을 갖는 등가성 분포는 정보가 더 많은 분포보다 높은 엔트로피를 갖는다. 따라서 4개 변수에 걸친 모든 분포 중에서 $\{\frac{1}{4}, \frac{1}{4}, \frac{1}{4}, \frac{1}{4}\}$ 분포가 최대 엔트로피를 가진다(이에 대한 직관을 갖기 위해 식 6.91을 사용해 $\{\frac{1}{4}, \frac{1}{2}, \frac{1}{8}, \frac{1}{8}\}$과 같은 다른 분포의 엔트로피를 계산하고 모두 같은 확률분포보다 낮은지 확인한다).

MaxEnt 모델링의 직관은 우리가 구축하려는 확률론적 모델은 우리가 어떤 제약을 가하든 따라야 하지만, 이러한 제약을 넘어서 오컴의 면도날, 즉 가능한 가장 적은 가정을 해야 한다는 것이다.

태깅 예제에 몇 가지 제약 조건을 추가해보자. 태깅된 훈련 데이터를 살펴본 결과 10개 중 8개가 zzfish를 NN 또는 NNS와 같은 보통명사로 태깅했다고 가정한다. 이를 '단어는 zzfish이고 $t_i = $ NN 또는 $t_i = $ NNS'라는 피처를 명시하고 있다고 생각할 수 있다. 이제 분포를 수정해 확률 질량의 8을 명사에 주도록 할 수 있다. 즉, 이제 두 가지 제약을 갖게 됐다.

$$P(NN) + P(JJ) + P(NNS) + P(VB) = 1$$
$$P(\text{word is } zzfish \text{ and } t_i = \text{NN or } t_i = \text{NNS}) = \frac{8}{10}$$

그러나 더 이상 가정하지 않는다(JJ와 VB를 동등하게 유지하고 NN과 NNS를 동등하게 유지).

NN	JJ	NNS	VB	NNP	...
$\frac{4}{10}$	$\frac{1}{10}$	$\frac{4}{10}$	$\frac{1}{10}$	0	...

이제 zzfish에 대한 정보가 더 이상 없다고 가정해보자. 그러나 훈련 데이터에서 모든 영어 단어(zzfish만이 아니라)에 대해 동사[VB]가 20분의 1 단어로 나타난다. 이제 이러한 제약 조건을 추가할 수 있다(피처 $t_i = $ VB에 대응).

$$P(NN) + P(JJ) + P(NNS) + P(VB) = 1$$
$$P(\text{word is } zzfish \text{ and } t_i = \text{NN or } t_i = \text{NNS}) = \frac{8}{10}$$
$$P(VB) = \frac{1}{20}$$

결과적인 최대 엔트로피 분포는 이제 다음과 같다.

NN	JJ	NNS	VB
$\frac{4}{10}$	$\frac{3}{20}$	$\frac{4}{10}$	$\frac{1}{20}$

요약하면, 최대 엔트로피의 직관은 피처를 계속 추가해 분포를 구축하는 것이다. 각 피처는 훈련 관측치의 일부를 선택하는 지시함수다. 각 피처에 대해 전체 분포에 제약 조건을 추가해 이 하위 집합에 대한 분포가 훈련 데이터에서 본 경험적 분포와 일치하도록 지정한다. 그런 다음 이러한 제약 조건에 부합하는 최대 엔트로피 분포를 선택한다. 버거 외 연구진(1996)은 다음과 같이 이 분포를 찾는 최적화 문제를 제기한다.

"허용된 확률분포의 집합 C에서 모델을 선택하려면 최대 엔트로피 $H(p)$를 가진 모형 $p^* \in \mathscr{C}$를 선택하시오."

$$p^* = \underset{p \in \mathscr{C}}{\mathrm{argmax}}\, H(p) \tag{6.92}$$

이제 중요한 결론에 도달했다. 버거 외 연구진(1996)은 이 최적화 문제에 대한 해결책이 정확히 다항 로지스틱 회귀 모델의 확률분포로 밝혀졌으며 가중치 W가 훈련 데이터의 가능성을 최대화한다는 것을 보여준다. 따라서 다항 로지스틱 회귀를 위한 지수 모델은 최대 우도 기준에 따라 훈련될 때, 피처함수로부터 제약 조건의 영향을 받는 최대 엔트로피 분포도 찾는다.

6.8 최대 엔트로피 마르코프 모델

기본 MaxEnt 모델 자체가 시퀀스의 분류기가 아니라는 점을 지적함으로써 MaxEnt에 대한 논의를 시작했다. 대신 텍스트 분류(익명 텍스트의 가능한 작성자 사이에서 선택 또는 이메일의 스팸으로 분류)나 마침표가 문장의 끝을 표시하는지 여부를 결정하는 것과 같은 작업에서처럼 단일 관측치를 개별 부류 세트 중 하나로 분류하는 데 사용된다.

이 절은 HMM과 마찬가지로 시퀀스의 각 요소에 부류를 할당하는 데 적용할 수 있도록 기본 MaxEnt 분류기의 확대된 **최대 엔트로피 마르코프 모델** 또는 **MEMM**으로 전이한다. 왜 MaxEnt에 시퀀스 분류기가 구축되기를 원하는가? 어떻게 시퀀스 분류기가 HMM보다 좋을까?

품사 태깅에 대한 HMM 접근 방식을 고려한다. HMM 태깅 모델은 $P(\text{tag}|\text{tag})$와 $P(\text{word}|\text{tag})$ 형식의 확률을 기반으로 한다. 즉, 태깅 프로세스에 지식의 소스를 포함시키려면 지식을 이 두 가지 확률 중 하나로 인코딩하는 방법을 찾아야 한다. 그러나 많은 지식 소스가 이러한 모델에 적합하지 않다. 예를 들어 5.8.2절에서 미지의 단어에 태그를 붙이는 경우 유용한 특징에는 대문자화, 하이픈 존재, 단어 어미 등이 포함된다. $P(\text{capitalization}|\text{tag})$, $P(\text{hyphen}|\text{tag})$, $P(\text{suffix}|\text{tag})$ 등과 같은 확률을 HMM형 모델에 쉽게 맞출 수 있는 방법은 없다.

품사 태깅에 MaxEnt를 적용하는 것에 대해 논의할 때 이전 절에서 직관의 일부를 제시했다. 품사 태깅은 분명히 시퀀스 레이블 작업이지만, 품사 태그를 한 단어에 지정하는 것에 대해서만 논의했다.

어떻게 하면 이 단일 로컬 분류기를 가져다가 일반 시퀀스 분류기로 만들 수 있을까? 각 단어를 분류할 때 현재 단어의 특징, 주변 단어의 특징, 그리고 이전 단어의 분류기 출력에 의존할 수 있다. 예를 들어 가장 간단한 방법은 로컬 분류기를 왼쪽에서 오른쪽으로 실행해, 먼저 문장의 첫 번째 단어, 그다음 두 번째 단어 등을 열심히 분류하는 것이다. 각 단어를 분류할 때, 특징으로서 앞의 단어에서 나온 분류기의 출력에 의존할 수 있다. 예를 들어 단어 *race*에 태그를 붙이는 과정에서 유용한 피처가 이전 단어의 태그임을 알 수 있었다. 이전 TO는 *race*가 VB라는 좋은 표시인 반면, 이전 DT는 *race*가 NN임을 나타내는 좋은 표시다. 이와 같이 엄격한 좌우 슬라이딩 윈도우 접근법은 광범위한 범위에서 놀랄 만큼 좋은 결과를 나타냈다.

이러한 방식으로 품사 태깅을 수행할 수 있지만, 이 간단한 좌우 분류기는 결함을 가지고 있다. 다음 단어로 넘어가기 전에 각 단어에 대해 어려운 결정을 내린다는 것이다. 이는 분류기가 이전의 결정을 알리기 위해 이후의 단어의 정보를 사용할 수 없다는 것을 의미한다. 반대로 은닉 마르코프 모델에서는 각 단어마다 어려운 결정을 내릴 필요가 없다. 비터비 디코딩을 사용해 전체 문장에 최적인 품사 태그의 시퀀스를 찾았다.

최대 엔트로피 마르코프 모델(또는 MEMM)은 비터비 알고리듬을 MaxEnt와 결합해 이와 같은 이점을 얻을 수 있게 해준다. 품사 태깅을 다시 보면서 작동 방식을 살펴보겠다.

MEMM을 HMM과 비교할 때 MEMM을 이해하는 것이 가장 쉽다. HMM을 사용해 가장 가능성이 높은 품사 태그 시퀀스를 모델링할 때, $P(T|W)$를 직접 계산하는 대신 베이스의 규칙에 의존한다.

$$
\begin{aligned}
\hat{T} &= \underset{T}{\operatorname{argmax}} P(T|W) \\
&= \underset{T}{\operatorname{argmax}} P(W|T)P(T) \\
&= \underset{T}{\operatorname{argmax}} \prod_i P(word_i|tag_i) \prod_i P(tag_i|tag_{i-1})
\end{aligned}
\tag{6.93}
$$

즉, 우리가 설명한 HMM은 우도 $P(W|T)$를 최적화하는 생성 모델이며, 우도와 앞에 오는 $P(T)$를 결합해 후방을 추정한다.

반면에 MEMM에서는 뒤에 오는 $P(T|W)$를 직접 계산한다. 가능한 태그 시퀀스를 구별하기 위해 모델을 직접 훈련시키기 때문에 MEMM을 생성 모델이 아닌 **판별 모델** discriminative model이라고 한다. MEMM에서는 다음과 같이 확률을 세분화한다.

판별 모델

$$
\begin{aligned}
\hat{T} &= \underset{T}{\operatorname{argmax}} P(T|W) \\
&= \underset{T}{\operatorname{argmax}} \prod_i P(tag_i|word_i, tag_{i-1})
\end{aligned}
\tag{6.94}
$$

따라서 MEMM에서는 우도와 앞에 오는 별도의 모델을 보유하는 대신 $P(tag_i|word_i, tag_{i-1})$를 추정하기 위한 단일 확률론적 모델을 훈련한다. 이 마지막 부분에 MaxEnt를 사용할 것이며, 앞에 오는 태그, 관측된 단어, 우리가 포함하고자 하는 다른 피처들에 대한 각각의 로컬 태그의 확률을 추정할 것이다.

그림 6.20에서 5장의 그림 5.12a의 HMM 모델을 반복하고 MEMM에 대한 새로운 모델을 추가하는 POS 태깅 작업의 MEMM 대 MEMM 직관을 볼 수 있다. MEMM 모델은 각 전이 및 관측치에 대한 뚜렷한 확률 추정치를 포함하지만 MEMM은 은닉 상태당 하나의 확률 추정치를 제공한다. 즉, 이전 태그와 관측치가 주어진 다음 태그의 확률이다.

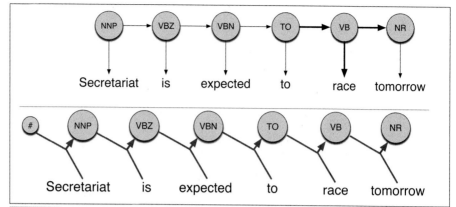

그림 6.20   'Secretariat' 문장에 대한 올바른 태그 시퀀스에 대한 확률 계산의 HMM(위) 및 MEMM(아래) 표현. 각 호는 확률과 관련이 있다. HMM은 관측 우도와 이전 상태에 대해 두 개의 개별 확률을 계산하는 반면, MEMM은 이전 상태와 현재 관측치에 대해 조건화된 각 상태에서 단일 확률함수를 계산한다.

그림 6.21은 그림 6.20에 나와 있지 않은 HMM에 대한 MEMM의 또 다른 장점을 강조한다. HMM과는 달리 MEMM은 입력 관측의 어떤 유용한 피처에서도 조건을 충족할 수 있다. HMM은 우도 기반으로 하기 때문에 HMM에서는 불가능했다. 따라서 관측치의 각 피처 우도를 계산해야 했을 것이다.

좀 더 공식적으로, HMM에서 관측치가 다음과 같이 주어진 상태 시퀀스의 확률을 계산한다.

$$P(Q|O) = \prod_{i=1}^{n} P(o_i|q_i) \times \prod_{i=1}^{n} P(q_i|q_{i-1}) \tag{6.95}$$

MEMM에서는 관측치가 다음과 같이 주어진 상태 시퀀스의 확률을 계산한다.

$$P(Q|O) = \prod_{i=1}^{n} P(q_i|q_{i-1}, o_i) \tag{6.96}$$

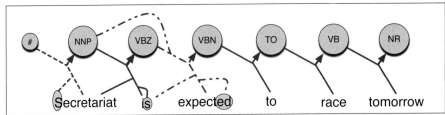

그림 6.21   품사 태깅을 위한 MEMM으로 MEMM이 대문자화, 형태론(-s 또는 -ed로 끝나는) 및 이전 단어 또는 태그와 같은 입력의 많은 피처에 대해 조건화할 수 있음을 보여주기 때문에 그림 6.20의 설명을 보완한다. 각 부류마다 다른 선 스타일을 사용해 처음 세 가지 결정을 위한 몇 가지 추가적인 피처들을 보여줬다.

그러나 실제로 MEMM은 HMM보다 훨씬 더 많은 피처에서 조건화할 수 있기 때문에 일반적으로 더 많은 요소에서 우측을 조건화한다.

상태 q'에서 관측치 o를 생성하는 상태 q로 전이의 개별 확률을 추정하기 위해 다음과 같은 MaxEnt 모델을 구축한다.

$$P(q|q',o) = \frac{1}{Z(o,q')} \exp \left(\sum_i w_i f_i(o,q) \right) \tag{6.97}$$

6.8.1 MEMM에서 디코딩 및 학습

MEMM은 HMM과 마찬가지로 비터비 알고리듬을 사용해 디코딩(추론) 작업을 수행한다. 구체적으로, 여기에는 $N \times T$ 배열을 $P(t_i|t_{i-1}, word_i)$에 대한 적절한 값으로 채우는 작업이 포함되며, 진행하면서 백포인터를 유지한다. HMM 비터비와 마찬가지로 테이블이 채워지면 최종 열의 최댓값에서 뒤로 포인터를 따라가서 원하는 레이블 세트를 검색하면 된다. 비터비의 HMM 스타일 적용에서 필요한 변화는 각 셀을 채우는 방법과 관련이 있다. 식 6.22에서 비터비 방정식의 재귀적 단계가 상태 j에 대한 시간 t의 비터비 값을 다음과 같이 계산한다.

$$v_t(j) = \max_{i=1}^{N} v_{t-1}(i) a_{ij} b_j(o_t); \quad 1 \le j \le N, 1 < t \le T \tag{6.98}$$

다음은 HMM 구현이다.

$$v_t(j) = \max_{i=1}^{N} v_{t-1}(i) \, P(s_j|s_i) \, P(o_t|s_j) \quad 1 \le j \le N, 1 < t \le T \tag{6.99}$$

MEMM은 a와 b 선행 및 우도 확률을 직접 후부로 대체하면서 이 후자의 공식에 약간의 변경만을 요구한다.

$$v_t(j) = \max_{i=1}^{N} v_{t-1}(i)\, P(s_j|s_i, o_t) \quad 1 \le j \le N, 1 < t \le T \tag{6.100}$$

그림 6.22에는 6.4절의 아이스크림 과제에 적용된 MEMM에 대한 비터비 격자의 예가 표시된다. 아이스크림 과제는 제이슨 아이즈너의 일기에서 먹었던 아이스크림의 관찰된 수에서 숨겨진 날씨(덥거나 춥거나)를 알아내는 것이었다. 그림 6.22는 $P(s_i|s_{i-1}, o_i)$를 계산하는 MaxEnt 모델이 있다고 가정하는 추상적인 비터비 확률 계산을 보여준다.

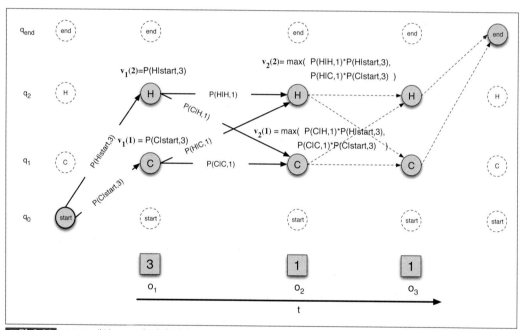

그림 6.22 HMM 대신 MEM에 의해 계산된 먹은 아이스크림으로부터의 추론. 그림 6.10의 HMM 수치에서 수정된 먹은 아이스크림 이벤트 *3 1 3*의 은닉 상태 공간을 통과하는 최적의 경로를 계산하기 위한 비터비 격자다.

MEMM에서의 학습은 로지스틱 회귀 분석과 MaxEnt에 대해 설명한 것과 동일한 지도 학습 알고리듬에 의존한다. 일련의 관찰, 피처함수 및 해당 은닉 상태가 주어지면, 훈련 코퍼스의 로그 우도를 최대화하도록 가중치를 훈련한다. HMM과 마찬가지로 훈련 데이터의 레이블 시퀀스가 누락되거나 불완전한 경우 등 준지도 모드로

MEMM을 훈련할 수도 있다. 이 목적을 위해 EM 알고리듬 버전을 사용할 수 있다.

6.9 요약

6장에서는 확률론적 시퀀스 분류의 두 가지 중요한 모델인 은닉 마르코프 모델과 최대 엔트로피 마르코프 모델을 설명했다. 두 모델 모두 음성 및 언어 처리 전반에 걸쳐 널리 사용된다.

- 은닉 마르코프 모델[HMM]은 일련의 **관측** 시퀀스를 관측을 설명하는 **숨겨진 부류** 또는 **은닉 상태**의 시퀀스와 연관시키는 방법이다.
- 관측 시퀀스가 주어지면 은닉 상태 시퀀스를 발견하는 프로세스를 **디코딩** 또는 **추론**이라고 한다. **비터비** 알고리듬은 일반적으로 디코딩에 사용된다.
- HMM의 모수는 A 전이 확률 행렬과 B 관측 우도 행렬이다. 둘 다 **바움-웰치** 또는 순방향-역방향 알고리듬으로 훈련될 수 있다.
- MaxEnt 모델은 관측치의 가중치 **피처** 세트의 지수함수로부터 오는 확률을 입력해 **관측치**에 **부류**를 할당하는 분류기다.
- MaxEnt 모델은 본 교재에서는 자세히 설명하지 않지만, **컨벡스 최적화 분야**의 방법으로 훈련받을 수 있다.
- **최대 엔트로피 마르코프 모델** 또는 **MEMM**은 비터비 디코딩 알고리듬을 사용하는 MaxEnt의 시퀀스 모델 증강이다.
- MEMM은 EM 버전으로 MaxEnt 훈련을 보강해 훈련할 수 있다.

참고문헌 및 역사 참고 사항

4장 말미에 논의한 바와 같이 마르코프 연쇄는 알렉산드르 푸시킨이 쓴 『예브게니 오네긴』의 다음에 오는 문자가 모음인지 자음인지 예측하기 위해 마르코프(1913, 2006)를 처음 사용했다.

은닉 마르코프 모델은 바움 및 프린스턴의 국방분석연구소의 동료들이 개발했다 (Baum and Petrie, 1966; Baum and Eagon, 1967).

비터비 알고리듬은 빈츠육(1968)에 의해 음성 인식의 맥락에서 음성 및 언어 처리에 처음 적용됐지만, 크루스칼(1983)이 "독립적 복수 발견과 발표의 주목할 만한 역사"를 말했다.[2] 크루스칼과 다른 이들은 적어도 네 개의 별도 분야에서 발표된 알고리듬의 독립적으로 발견된 변형을 다음과 같이 제공한다.

인용	분야
비터비(1967)	정보 이론
빈츠육(1968)	음성 처리
니들맨과 분쉬(1970)	분자 생물학
사코에와 치바(1971)	음성 처리
샌코프(1972)	분자 생물학
라이헤르트 외 연구진(1973)	분자 생물학
바그너와 피셔(1974)	컴퓨터 공학

비터비라는 용어의 사용은 이제 음성 및 언어 처리에서 모든 종류의 확률론적 최대화 문제에 **동적 프로그래밍**을 적용하기 위한 표준이 됐다. 비확률론적 문제(최소 편집 거리 등)의 경우 일반적 용어로 동적 프로그래밍으로 사용된다. 포니 주니어(1973)는 정보통신 이론의 맥락에서 비터비 알고리듬의 기원을 탐구하는 초기 조사 논문을 썼다.

은닉 마르코프 모델이 세 가지 근본적인 문제로 특징지어져야 한다는 우리의 생각은 1960년대 IDA의 잭 퍼거슨의 튜토리얼에 바탕을 둔 라비너(1989)의 영향력 있는 튜토리얼을 바탕으로 모델링됐다. 옐리네크(1997), 라비너와 주앙(1993)은 음성 인식 문제에 적용되는 순방향-역방향 알고리듬에 대해 매우 완전한 설명을 한다. 옐리네크(1997)도 전향과 EM의 관계를 보여준다. 매닝과 슈체(1999)와 같은 다른 교과서에서 HMM에 대한 설명도 참조한다. 단백질과 핵산의 생물학적 시퀀스에 HMM과 같은 확률론적 모델을 적용하려면 더빈 등(1998)을 참조한다. 빌메스(1997)는 EM에 관한 튜토리얼이다.

로지스틱 회귀 및 기타 로그 선형 모델은 20세기 중반 이후 여러 분야에서 사용돼 왔지만, IBM의 1990년대 초 작업부터 자연어 처리 날짜에 최대 엔트로피/다중 로지스틱 회귀가 사용됐다(Berger et al., 1996; Della Pietra et al., 1997). 이 초기 작업은 최대 엔트로피 형식을 도입하고, 학습 알고리듬(반복적 스케일링 개선)을 제안했으며, 정규화의 활용을 제안했다. MaxEnt의 여러 애플리케이션이 뒤따랐다. 최대 엔트로피 모델에 대한 정규화 및 평활화에 대한 자세한 내용은 (*inter alia*) 첸과 로젠펠드(2000), 굿맨

---

2   7개가 상당히 주목할 만하지만, 복수 발견의 확산에 대한 논의는 56페이지(1.6.7절 해당)를 참조한다.

(2004) 및 듀딕과 샤피르(2006)를 참조한다. 6장의 설명은 앤드류 응의 강의 노트에 의해 영향을 받았다.

비록 6장의 두 번째 부분은 MaxEnt 스타일 분류에 중점을 뒀지만, 음성 및 언어 처리 과정 전반에 걸쳐 분류에 대한 수많은 다른 접근법이 사용된다. 나이브 베이즈 (Duda et al., 2000)는 종종 좋은 기준으로 적용된다(흔히 실제 사용하기에 충분히 좋은 결과를 산출함). 20장에서 나이브 베이즈를 다룬다. 서포트 벡터 머신(Vapnik, 1995)은 텍스트 분류와 다양한 시퀀스 처리 애플리케이션에서 성공적으로 사용해왔다. 의사결정 목록은 단어 의미 식별에 널리 사용해왔으며, 의사결정 트리(Breiman et al., 1984; Quinlan, 1986)는 음성 처리에서 많은 애플리케이션에서 사용해왔다. 분류에 대한 지도 머신러닝 접근 방식에 대한 좋은 참고문헌으로 두다 외 연구진(2000), 헤스티 외 연구진(2001) 그리고 위튼과 프랭크(2005)가 있다.

최대 엔트로피 마르코프 모델[MEMM]은 라트나파르키(1996)와 맥컬럼 외 연구진(2000)이 도입했다.

많은 시퀀스 모델은 **조건부 무작위 필드**[CRF]와 같은 MEMM을 보강한다(Lafferty et al., 2001; Sutton and McCallum, 2006). 또한 작업의 시퀀스를 정하는 **마진 최대화**(SVM 분류기의 기초가 되는 통찰력)에 대한 다양한 일반화가 있다.

연습

6.1　순방향 알고리듬을 구현하고 그림 6.3의 HMM과 함께 실행해 관측 시퀀스 *331122313* 및 *331123312*의 확률을 계산하라. 어느 쪽이 더 가능성이 높은가?

6.2　비터비 알고리듬을 구현하고 그림 6.3의 HMM과 함께 실행해 위의 두 가지 관측 시퀀스, 각각 *331122313* 및 *331123312*에 대해 가장 가능성이 높은 기상 시퀀스를 계산하라.

6.3　연습 5.8에서 작성한 HMM 태거를 레이블이 있는 훈련 코퍼스 외에 레이블이 없는 일부 데이터를 사용할 수 있는 기능을 추가해 확장하라. 먼저 레이블이 없는(즉, 품사 태그 없음) 큰 코퍼스를 획득한다. 다음으로, 순방향 훈련 알고리듬을 실행한다. 이제 연습 5.8의 훈련 코퍼스에서 훈련한 HMM 매개변수부터

시작한다. 이 모델을 M_0이라고 한다. 이러한 HMM 매개변수를 사용해 순방향-역방향 알고리듬을 실행해 비지도 코퍼스에 레이블을 지정한다. 이제 새로운 모델 M_1을 갖게 됐으니, M_1의 성능을 보류된 레이블의 데이터에서 테스트하라.

6.4 이전 과제의 일반화로서, 제이슨 아이즈너의 HMM 태깅 과제를 그의 웹페이지에서 이용할 수 있다. 제이슨 아이즈너의 과제는 날씨와 아이스크림 관측의 코퍼스, 영어 품사 태그의 코퍼스, 그리고 비교할 수 있는 순방향 알고리듬의 정확한 숫자를 가진 매우 손쉬운 스프레드 시트를 포함한다.

6.5 MaxEnt 분류기를 훈련해 영화 리뷰가 긍정적 리뷰(평론가가 영화를 좋아함)인지 부정적인 리뷰인지를 결정한다. 당신의 임무는 영화 리뷰의 텍스트를 입력으로 받아 출력(긍정) 또는 0(부정)으로 만드는 것이다. 분류기 자체를 구현할 필요는 없고, 웹에서 다양한 MaxEnt 분류기를 찾을 수 있다. 당신은 웹 기반의 영화 리뷰 사이트를 스크랩해 얻을 수 있는 레이블이 있는 코퍼스 및 유용한 피처 세트로 구성된 훈련 및 테스트 문서 세트가 필요할 것이다. 피처의 경우, 가장 간단한 것은 단지 훈련 세트에서 가장 빈번한 2,500개의 단어에 대한 이진 피처를 만들어 그 단어가 문서에 존재하는지 여부를 표시하는 것이다.

영화 리뷰의 극성을 결정하는 것은 일종의 감정 분석 작업이다. 감정, 의견 및 주관성의 추출에 관한 실질적인 연구는 취 외 연구진(2005), 위브 (2000), 팡 외 연구진(2002), 터니(2002), 터니와 리트만(2003), 위브와 미할시아(2006), 토마스 외 연구진(2006), 윌슨 외 연구진(2006)과 같은 개별 논문을 참고하라.

07
음성학

(조지 쿠코 감독으로부터 1964년 영화 〈마이 페어 레이디〉의 스타 렉스 해리슨에게 음성학자처럼 행동하는 법을 가르쳐 달라는 요청을 받았을 때)

"나의 즉각적인 대답은 '노래하는 집사와 노래하는 세 명의 하녀가 없지만, 조교수로서 할 수 있는 것을 말해주겠다'였습니다."

— 2004년 〈LA 타임즈〉 부고에서 인용한 피터 라데포거드

아이들에게 읽기를 가르치는 '총체적 언어 교수법'과 '발음 중심 어학 교수법' 사이의 논쟁은 언뜻 보기에 순전히 현대적인 교육 논쟁처럼 보인다. 그러나 현대의 많은 논쟁과 마찬가지로, 이 토론은 중요한 역사적 변증법을 문자 체계로 요약하고 있다. 가장 먼저 독립적으로 발명된 문자 체계는 주로 하나의 기호가 단어 전체를 나타내는 표의문자였다(수메르어, 중국어, 마야어). 그러나 우리가 찾을 수 있는 초기 단계부터, 대부분의 문자 시스템은 단어들을 구성하는 소리를 나타내는 음절 문자 체계나 음소 문자 체계 요소들을 포함하고 있다. 따라서 수메르어 기호는 *ba*로 발음되고 "ration"이라는 의미하며, 오직 소리 /ba/로 기능할 수도 있다. 일차적으로 표의문자로 남아 있는 현대 중국어조차 외국어의 철자를 표기하기 위해 소리 기반의 문자를 사용한다. 순전히 음에 기반을 둔 문자 시스템, 즉 일본식 히라가나나 가타카나, (이 책에서 사용되는 로마자처럼) 알파벳, (셈어체 문자처럼) 자음은 대개 두 문화가 합쳐지면서 이러한 초기 기호-음절 체계로 거슬러 올라갈 수 있다. 따라서 아랍어, 아람어, 히브리어, 그리스어, 로마어 시스템은 모두 이집트 상형문자의 필기체 형태에서 서세미아 용병들에 의해 양식된 것으로 추정되는 서세미아 문자에서 유래한다. 일본어 음절은 소리를 나

타내는 한자의 형태에서 변이됐다. 이 한자 자체는 당나라 때 중국에 전해진 불교 경전에 산스크리트어를 음운적으로 나타내기 위해 한자로 사용됐다.

그 기원이 무엇이든, 소리에 기초한 표기 체계에 함축된 아이디어는 구어체가 더 작은 말하기 단위로 구성된다는 모든 현대 음운론 이론의 기초가 되는 우르 이론^Ur-theory이다. 음성과 단어를 더 작은 단위로 분해한다는 생각은 **음성 인식**(음향 파형을 텍스트 단어의 문자열로 변환) 및 **음성 합성** 또는 **텍스트 음성 변환**(문자열을 음향 파형으로 변환)에 대한 알고리듬의 기초가 된다.

7장에서는 컴퓨터 관점에서 음성학을 소개한다. 음성학은 언어적 소리의 연구, 인간 성도의 조음 기관에 의해 어떻게 생성되는지, 음향적으로 어떻게 실현되는지 그리고 이 음향적 실현이 어떻게 디지털화되고 처리될 수 있는지에 대한 연구다.

음성 인식과 텍스트 음성 변환 시스템의 핵심 요소인 **단음**^phones으로 부르는 개별 음성 단위로 단어가 발음되는 방식으로 시작한다.

음성 인식 시스템은 인식할 수 있는 모든 단어에 대한 발음이 필요하고 텍스트 음성 변환 시스템은 말할 수 있는 모든 단어에 대한 발음이 있어야 한다. 7장의 첫 번째 절에서는 발음을 설명하기 위한 음성 문자를 소개한다. 이어서 음성학의 두 가지 주요 영역인 **조음 음성학**, 입 속의 조음 기관에서 말소리가 어떻게 생성되는지에 대한 연구와 말소리의 음향 분석에 대한 **음향 음성학**을 소개한다.

또한 음성이 다른 환경에서 다르게 실현되는 체계적 방법을 설명하는 언어학 영역인 **음운론**에 대해 간략히 언급하고, 이 음향 체계가 문법의 나머지 부분과 어떻게 관련되는지에 대해서도 언급한다. 그리고 중요한 **어미 변이** 현상에 초점을 맞춘다. 단음은 다른 맥락에서 다르게 발음된다. 11장에서 음운학의 계산적 측면으로 돌아간다.

7.1 말소리 및 발음 표기

음성학
단음

단어의 발음에 대한 연구는 **음성학**의 한 분야로, 전 세계 언어에서 사용되는 말소리들 단음에 대한 연구다. 단어의 발음을 **단음**이나 **분절음**을 나타내는 일련의 기호로 모델링한다. 단음은 음성이며, 영어와 같은 알파벳 문자와 비슷한 발음 기호로 표현된다.

이 절에서는 영어, 특히 미국 영어의 다양한 단음을 조사해 단음의 생성 방식과 상

징적으로 표현되는 방식을 보여준다. 단음을 설명하기 위해 국제 음성 기호^{IPA}와

IPA ARPAbet, 두 가지 알파벳을 사용한다. **국제 음성 기호**^{IPA}는 1888년 국제 음성 학회가 모든 인간 언어의 소리를 필사할 목적으로 개발한 표준이다. IPA는 알파벳일뿐만 아니라 표기의 필요에 따라 달라지는 일련의 표기 원칙이므로, IPA의 원칙에 따라 동일한 발음을 다른 방식으로 표시할 수 있다.

ARPAbet(Shoup, 1980)은 또 다른 음성 문자이지만 미국 영어용으로 특별히 설계돼 ASCII 기호를 사용한다. 이는 IPA의 미국 영어 서브셋^{subset}의 편리한 ASCII 표현이라고 생각할 수 있다. ARPAbet 기호는 음성 인식 및 합성을 위한 발음 사전과 같이 ASCII가 아닌 글꼴이 불편한 애플리케이션에서 자주 사용된다. ARPAbet은 발음의 계산적 표현에 흔히 사용되기 때문에, 이 책의 나머지 부분에 있는 IPA보다 ARPAbet에 의존한다. 그림 7.1과 7.2는 각각 자음과 모음을 변환하기 위한 ARPAbet 기호와 IPA 등가물을 보여준다.

ARPAbet 기호	IPA 기호	단어	ARPAbet 표기
[p]	[p]	parsley	[p aa r s l iy]
[t]	[t]	tea	[t iy]
[k]	[k]	cook	[k uh k]
[b]	[b]	bay	[b ey]
[d]	[d]	dill	[d ih l]
[g]	[g]	garlic	[g aa r l ix k]
[m]	[m]	mint	[m ih n t]
[n]	[n]	nutmeg	[n ah t m eh g]
[ng]	[ŋ]	baking	[b ey k ix ng]
[f]	[f]	flour	[f l aw axr]
[v]	[v]	clove	[k l ow v]
[th]	[θ]	thick	[th ih k]
[dh]	[ð]	those	[dh ow z]
[s]	[s]	soup	[s uw p]
[z]	[z]	eggs	[eh g z]
[sh]	[ʃ]	squash	[s k w aa sh]
[zh]	[ʒ]	ambrosia	[ae m b r ow zh ax]
[ch]	[tʃ]	cherry	[ch eh r iy]
[jh]	[dʒ]	jar	[jh aa r]
[l]	[l]	licorice	[l ih k axr ix sh]
[w]	[w]	kiwi	[k iy w iy]

[r]	[r]	<u>r</u>ice	[r ay s]
[y]	[j]	<u>y</u>ellow	[y eh l ow]
[h]	[h]	<u>h</u>oney	[h ah n iy]
드물게 사용되는 단음 및 이음			
[q]	[ʔ]	uh-oh	[q ah q ow]
[dx]	[ɾ]	bu<u>tt</u>er	[b ah dx axr]
[nx]	[ɾ̃]	wi<u>nn</u>er	[w ih nx axr]
[el]	[l̩]	tab<u>le</u>	[t ey b el]

그림 7.1   IPA와 동등한 영어 자음 표기용 ARPAbet 기호. 설탄음 [dx], 비강 설탄음 [nx], 성문 폐쇄음 [q], 음절 자음과 같은 일부 희귀 기호는 주로 정밀 전사법에 사용된다.

ARPAbet 기호	IPA 기호	단어	ARPAbet 표기
[iy]	[i]	l<u>i</u>ly	[l ih l iy]
[ih]	[ɪ]	l<u>i</u>ly	[l ih l iy]
[ey]	[eɪ]	d<u>ai</u>sy	[d ey z iy]
[eh]	[ɛ]	p<u>e</u>n	[p eh n]
[ae]	[æ]	<u>a</u>ster	[ae s t axr]
[aa]	[ɑ]	p<u>o</u>ppy	[p aa p iy]
[ao]	[ɔ]	<u>o</u>rchid	[ao r k ix d]
[uh]	[ʊ]	w<u>oo</u>d	[w uh d]
[ow]	[oʊ]	l<u>o</u>tus	[l ow dx ax s]
[uw]	[u]	t<u>u</u>lip	[t uw l ix p]
[ah]	[ʌ]	b<u>u</u>ttercup	[b ah dx axr k ah p]
[er]	[ɝ]	b<u>ir</u>d	[b er d]
[ay]	[aɪ]	<u>i</u>ris	[ay r ix s]
[aw]	[aʊ]	sunfl<u>ow</u>er	[s ah n f l aw axr]
[oy]	[ɔɪ]	s<u>oi</u>l	[s oy l]
약화 및 흔치 않은 단음			
[ax]	[ə]	l<u>o</u>tus	[l ow dx ax s]
[axr]	[ɚ]	heath<u>er</u>	[h eh dh axr]
[ix]	[ɨ]	tul<u>i</u>p	[t uw l ix p]
[ux]	[ʉ]	d<u>u</u>de[1]	[d ux d]

그림 7.2   IPA와 동등한 영어 모음 표기용 ARPAbet 기호. 더 흔치 않은 단음 및 축소된 모음의 목록을 다시 참고한다(7.2.5절 참조). 예를 들어 [ax]는 중성모음이고, [ix]는 [ih]에 해당하는 약화 모음이며, [axr] 은 [er]에 해당하는 약화 모음이다.

---

1   단음 [ux]는 일반 미국 영어에서는 드물며 음성 인식/합성에는 일반적으로 사용되지 않는다. 1970년대 후반부터 미국 영어의 서부와 북부 도시 방언에 등장한 [uw]를 나타낸다(Labov, 1994). 이 전설음화는 처음에 문 자파의 '밸리 걸스'를 모방하고 녹음함으로써 대중의 주목을 받았다(Zappa and Zappa, 1982). 그럼에도 대부분의 화자들에게 [uw]는 여전히 *dude*와 같은 단어로 [ux]보다 훨씬 더 일반적이다.

IPA와 ARPAbet 기호의 상당수는 영어와 많은 다른 언어의 철자법에 사용되는 로마 문자와 동등하다. 그래서 예를 들어 ARPAbet 단음[p]는 *platypus*, *puma*, *pachyderm*의 시작부분, *leopard*의 중간부분, 또는 *antelope*의 끝부분에 있는 자음 소리를 나타낸다. 그러나 일반적으로 영어 철자법과 단음의 문자 매핑은 비교적 **이해하기 힘들다**. 한 글자는 다른 맥락에서 매우 다른 소리를 나타낼 수 있다. 영어 문자 *c*는 *cougar*[k uw g axr]에서는 단음 [k]에 해당하지만, *cell*[s eth l]에서는 단음 [s]에 해당한다. 단음 [k]는 *c*와 *k*로 나타나는 것 외에 *x*(*fox* [f aa k s]), *ck*(*jackal* [jh ae k el]), *cc*(*raccoon*[r ae k uw n])의 일부로 나타날 수 있다. 예를 들어 스페인어와 같은 많은 다른 언어들은 영어보다 소리와 철자법 매핑에 훨씬 더 **명료**하다.

7.2 조음 음성학

ARPAbet 단음 목록은 각 단음이 어떻게 생성되는지 이해하지 못하면 쓸모가 없다. 따라서 입, 목, 코의 다양한 기관들이 폐로부터의 공기 흐름을 수정함에 따라 단음이 어떻게 생성되는지에 대한 연구인 **조음 음성학**을 살펴본다.

조음 음성학

7.2.1 발성 기관

그림 7.3은 음성 기관을 보여준다. 소리는 공기의 빠른 움직임에 의해 만들어진다. 인간은 기관(전문적으로 **숨통**^trachea^)을 통해 폐에서 공기를 배출한 다음 입이나 코를 통해 대부분의 소리를 구어로 만들어낸다. 기관지를 통과할 때, 공기는 보통 후골이나 발성 기관으로 알려진 **후두**를 통과한다. 후두에는 두 개의 작은 근육층, 즉, **성대 주름**(흔히 비전문적으로 **목청**이라고 함)이 들어 있는데, 이 주름이 함께 움직이거나 떨어져서 움직일 수 있다. 이 두 주름 사이의 공간을 **성문**^glottis^이라고 부른다. 접힌 주름이 서로 가까이 붙어 있으면 (그러나 꽉 닫히지 않은 경우) 공기가 통과할 때 진동하고 멀리 떨어져 있으면 진동하지 않는다. 성대 주름과 진동으로 만들어진 소리를 **유성음**^voiced^이라고 하며, 이 성대 진동 없이 만들어진 소리를 **무성음**^unvoiced 또는 voiceless^이라고 한다. 유성음에는 [b], [d], [g], [v], [z], 기타 모든 영어 모음이 포함된다. 무성음에는 [p], [t], [k], [f], [s] 등이 있다.

유성음
무성음

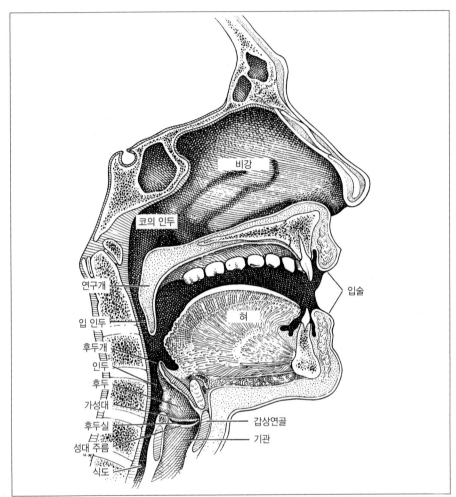

그림 7.3 발성 기관의 측면도. 선드벅(1977)의 라즐로 쿠비니의 그림 《ⓒ Scientific American》

기관 위의 부위는 성대라고 하며, 구강과 비강으로 구성돼 있다. 공기가 기관지를 떠난 후, 입이나 코를 통해 몸을 빠져나갈 수 있다. 대부분의 소리는 입을 통과하는 **비음** 공기에 의해 만들어진다. 코를 통과하는 공기에 의해 발생하는 소리를 **비음**이라고 한다. 비음에는 구강과 비음 모두 공명하는 빈 부분으로 사용한다. 영어 비음에는 [m], [n], [ng]가 있다.

단음은 자음과 모음의 두 가지 주요 부류로 나뉜다. 두 종류의 소리는 입, 목, 코를 통한 공기의 움직임에 의해 형성된다. 자음은 어떤 식으로든 공기 흐름을 제한하거나 차단해 만들어지며, 유성음이거나 무성음이 일 수 있다. 모음은 방해물이 적고, 보통 유성음이며, 일반적으로 자음보다 소리가 더 크고 오래 지속된다. 이 용어의 전문적 사용은 일반적인 사용법과 매우 유사하다. [p], [b], [t], [d], [k], [g], [f], [v], [s], [z], [r], [l] 등은 자음이다. [aa], [ae], [ao], [ih], [aw], [ow], [uw] 등이 모음이다. **반모음** (예: [y], [w])은 자음과 모음의 성질을 일부 가지고 있다. 자음처럼 짧고 작은 음절을 가지고 있으며, 모음과 같이 유성음이다.

반모음

7.2.2 자음: 조음 위치

자음은 어떤 방식으로 공기 흐름을 제한해 만들어지기 때문에, 자음은 이 제한이 이뤄진 위치에 의해 구별될 수 있다. 그림 7.4에 나와 있는 조음 위치는 종종 자동 음성 인식에서 아래 설명된 단음을 등가 부류로 그룹화하는 유용한 방법으로 사용된다.

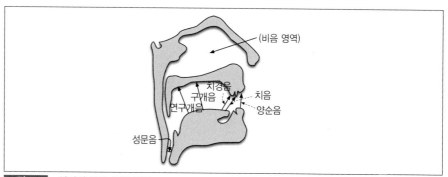

그림 7.4 영어의 주요 조음 위치

순음
- **순음**: 두 입술이 합쳐져 주요 제한되는 자음은 양순음 조음 위치를 갖는다. 영어에서는 *possum*의 [p], *bear*의 [b], 그리고 *marmot*의 [m]을 포함한다. 영어 순치음 [v]와 [f]는 윗니가 아랫입술을 누르고 윗니의 공간을 통해 공기가 흐르게 함으로써 만들어진다.

치음
- **치음**: 혀를 치아에 대고 내는 소리는 치음이다. 영어의 주요 치음은 thing의 [th]와 though의 [dh]이며, 혀끝을 치아 사이에 두고 이빨 뒤에 놓음으로써 만들어진다.

치경음
- **치경음**: 치경부 능선은 윗니 바로 뒤에 있는 입천장의 부분이다. 대부분의 미국 영어 사용자들은 혀끝을 치골능선에 대고 단음을 [s], [z], [t], [d]로 만든

설정음

다. **설정음**^{coronal}이라는 단어는 종종 치음과 치경음 모두를 지칭하는 데 사용
된다.

구개음
구개
경구개 치경음

- **구개음**: 입천장(**구개**)은 치경 뒤쪽에서 뾰족하게 솟아 있다. **경구개 치경음** [sh]
  (_shrimp_), [ch](_china_), [zh](_Asian_), [jh](_jar_)은 치경의 솟아오르는 뒷면에 대고
  혀의 날을 사용해 만들어진다. _yak_의 구개음[y]은 혀의 앞부분을 구개에 가
  까이에 늘려서 만든다.

연구개음

- **연구개음**: **연구개** 또는 물렁입천장은 입천장 맨 뒤에 있는 움직이는 근육 플랩
  이다. [k](_cuckoo_), [g](_goose_), [ŋ](_kingfisher_)의 소리는 후설을 연구개에 대고
  위로 눌러서 만들어진다.

성문음

- **성문음**: 성문 폐쇄음[q] (IPA [ʔ])은 성문을 닫아(성대를 모아서) 만들어진다.

7.2.3 자음: 조음 방식

조음 방식

또한 자음은 공기의 흐름이 제한되는 방식, 예를 들어 공기가 완전히 정지되거나 부
분적으로 막히는 방식에 의해 구별된다. 이 피처를 자음의 **조음 방식**이라고 한다. 위
치 조합과 조작 방식은 일반적으로 자음을 고유하게 식별하기에 충분하다. 다음은 영
어 자음의 조음 방식이다.

폐쇄음

폐쇄음은 공기 흐름이 짧은 시간 동안 완전히 차단되는 자음이다. 이 폐쇄음은 공기
가 방출될 때 폭발적인 소리를 낸다. 막히는 시기를 **폐쇄**^{closure}, 폭발은 **개방**^{release}이라
고 한다. 영어는 [b], [d], [g]와 같은 유성폐쇄음과 [p], [t], [k]와 같은 무성폐쇄음이
있다. 폐쇄음은 **폐쇄 자음**이라고도 한다. 일부 컴퓨터 시스템에서는 폐쇄음의 폐쇄 및
개방 부분에 대한 별도의 레이블이 있는 더욱 한정된 (상세적인) 표기 방식을 사용한
다. 예를 들어 ARPAbet의 한 버전에서 [p], [t], [k]의 폐쇄는 각각 [pcl], [tcl], [kcl]로
표시되며, 기호 [p], [t], [k]는 폐쇄음의 개방을 의미한다. 다른 버전에서 기호 [pd],
[td], [kd], [bd], [gd]는 불파음(단어나 문구의 끝에 있는 폐쇄음이 종종 폐쇄 자음의 개방이 누
락됨)를 의미하며, [p], [t], [k] 등은 폐쇄와 개방으로 정상적인 폐쇄음을 의미한다.
IPA는 불파음([pˈ], [tˈ], [kˈ])을 표시하기 위해 특수 기호를 사용한다. 7장에서 이러한
한정된 표시 방식을 사용하지 않는다. 폐쇄와 개방을 모두 포함하는 완전한 폐쇄음을
의미하기 위해 항상 [p]를 사용한다.

비음   **비음** [n], [m], [ng]는 연구개를 낮추고 공기가 비강으로 통하게 해 만들어진다.

마찰음   **마찰음**에서 공기 흐름은 수축되지만 완전히 차단되지는 않는다. 수축에서 오는 불규칙한 공기의 흐름은 특징적인 "쉿쉿하는^hissing" 소리를 낸다. 영어 순치마찰음 [f]와 [v]는 아랫입술을 윗니에 대고 눌러서 만들어지며, 윗니 사이의 공기 흐름이 제한된다. 치마찰음 [th]과 [dh]는 치아 사이에 공기가 혀 주위를 흐르게 한다. 치조 마찰음 [s]과 [z]는 혀로 치경에 대항해 만들어지며, 공기를 치아 가장자리 위로 밀어낸다. 경구개치경 마찰음 [sh]과 [zh]에서 혀는 치경 뒤쪽에 있으며, 혀에 형성된 홈을 통해 공기를 강제한다. 고음의 마찰음(영어 [s], [z], [sh], [zh])를 **치찰음**이라고 한다. 마찰음이 바로 뒤따르는 폐쇄음을 **파찰음**이라고 하는데, 여기에는 영어 [ch](*chicken*)와 [jh] (*giraffe*)가 포함된다.

접근음   **접근음**에서는 두 조음 기관은 서로 가까이 있지만 난기류를 일으킬 만큼 충분히 가깝지는 않다. 영어 [y](*yellow*)에서는 혀가 입천장 가까이 움직이지만 마찰력을 특징지을 정도의 난기류를 일으킬 정도로 가까이 움직이지 않는다. 영어 [w](*wood*)에서는 후설이 연구개에 가깝게 다가온다. 미국인의 [r]은 적어도 두 가지 방법으로 형성될 수 있다. 혀 끝이 확장되고 입천장에 가깝게 또는 입천장 근처에 전체 혀가 뭉쳐져 있다. [l]은 혀의 끝이 치조능선 또는 치아에 닿도록 형성되며, 혀의 한쪽 또는 양쪽이 낮아져 공기가 통과할 수 있다. [l]은 혀 측면이 떨어지기 때문에 **설측음**이라고 한다.

설전음
설설전음   **설전음**이나 **설설전음** [dx](또는 IPA [ɾ])은 치조능선에 붙여 혀를 빠르게 움직이는 것이다. 단어 *lotus*([l ow dx ax s])의 중간에 있는 자음은 미국 영어의 대부분의 방언에서 설전음으로 사용되며, 많은 영국 방언의 사용자들은 이 단어에서 설전음으로 사용하는 대신 [t]를 사용한다.

7.2.4 모음

자음과 마찬가지로 모음은 만들어질 때 발음이 있는 위치에 의해 특징지어질 수 있다. 모음과 가장 관련 있는 세 가지 매개변수는 모음 **높이**라고 하는 것으로, 이는 혀의 가장 높은 부분, 모음의 **앞쪽** 또는 **뒷쪽** 높이와 대략 상관관계가 있어 이 높은 지점이 구강 앞이나 뒤쪽으로 향하는지 그리고 입술의 모양이 둥글지 않은지를 나타낸다. 그림 7.5는 서로 다른 모음에 대한 혀의 위치를 보여준다.

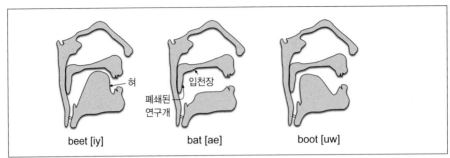

그림 7.5 세 개의 영어 모음을 위한 혀의 위치: 높은 앞면[iy], 낮은 앞면[ae] 및 높은 뒷면[uw]

예를 들어 모음 [iy]에서는 혀의 가장 높은 지점은 입 앞쪽을 향한다. 모음 [uw]에서는 대조적으로 혀의 고점이 입 뒤쪽을 향해 위치한다. 앞쪽으로 혀를 올리는 모음을 **전설모음**이라고 하고, 뒤쪽으로 혀를 올리는 모음을 **후설모음**이라고 한다. [ih]와 [eh]가 모두 전설모음이지만, 혀는 [eh]보다 [ih]가 높다. 혀의 최고점이 비교적 높은 모음을 **고모음**이라 하고, 최대 혀높이 중간 또는 낮은 값을 가진 모음을 각각 **중모음** 또는 **저모음**이라고 한다.

전설모음
후설 모음

고모음

그림 7.6은 다른 모음의 높이를 개략적으로 나타낸 것이다. 요약 특성 **높이**는 실제 혀 위치와 대략적으로만 상관되기 때문에 도식적인 것이다. 사실 음향 사실을 더 정확하게 반영하는 것이다. 차트에는 두 가지 종류의 모음이 있다. 혀 높이는 점으로 표시되고 모음은 경로로 표시된다. 모음의 생성 과정에서 혀의 위치가 현저하게 변하는 모음은 **이중모음**이다. 영어는 특히 이중모음이 풍부하다.

이중모음

모음의 두 번째 중요한 조음의 관점은 입술 모양이다. 어떤 모음은 입술을 둥글게 해 발음한다(휘파람에 사용되는 것과 같은 입술 모양). 이러한 **원순모음**에는 [uw], [ao], [ow] 등이 있다.

원순모음

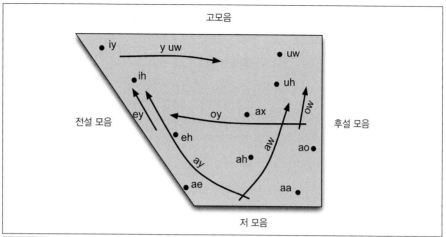

그림 7.6 영어 모음 도식화 '모음 공간'

7.2.5 음절

자음과 모음이 결합해 음절을 만든다. 음절에 대한 완전히 합의된 정의는 없다. 대략적으로, 음절은 모음과 비슷한 음절(**공명음**)이며, 가장 밀접한 관련이 있는 주변의 자음들 중 일부와 같은 소리이다. 단어 *dog*는 한 음절 [d aa g]를 가지고 있고, 단어 *catnip*는 두 음절, [k ae t]와 [n ih p]를 가지고 있다. 음절의 핵심에 있는 모음들을 **음절핵**이라고 부른다. 선택적인 초성이나 자음의 세트를 **두음**^Onset이라고 부른다. 시작에 하나 이상의 자음(단어 *strike*[s t r ay k]처럼)이 있으면 **복합 두음**이라고 한다. **말음**^Coda은 선택적 자음 또는 음절핵에 따른 자음의 순서다. 따라서 [d]는 *dog*의 두음이며, [g]는 말음이다. **압운**^rime 또는 rhyme은 음절핵뿐만 아니라 말음이다. 그림 7.7은 일부 음절 구조 샘플을 보여준다.

여백 주석: 음절핵 / 두음 / 말음

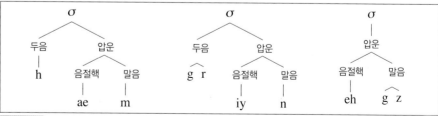

그림 7.7 *ham, green, eggs*의 음절 구조. σ=음절

음절 구분   단어를 자동으로 음절로 나누는 작업을 **음절 구분**이라고 하며, 11.4절에서 설명한다.

음소 배열론   음절 구조는 언어의 **음소 배열론**과도 밀접한 관련이 있다. 음소 배열론이란 언어에서 단음이 서로 따라갈 수 있는 제약 조건을 말한다. 예를 들어 영어는 두음에서 어떤 종류의 자음이 함께 나타날 수 있는지에 강한 제약을 가지고 있다. 이를테면 시퀀스 [zdr]은 적합한 영어 음절의 두음일 수 없다. 음소 배열론은 음절 위치 필러의 제약 조건 목록이나 가능한 단음 시퀀스의 유한 상태 모델로 나타낼 수 있다. 단음 시퀀스에 *N*그램 문법을 훈련시켜 확률론적 음소 배열론을 만드는 것도 가능하다.

어휘 강세와 중성모음

미국 영어의 자연스러운 문장에서 특정 음절은 다른 음절보다 더 돌출된다. 이를 **강세가 있는** 음절이라고 하며, 이 돌출부와 관련된 언어 표식을 **고저 악센트**라고 한다. 눈에

고저 악센트 잘 띄는 단어나 음절은 음높이 고저 악센트를 **포함**(관련된)한다고 한다. 고저 악센트는 문장 강세라고도 부르지만, 문장 강세는 문장에서 가장 두드러진 악센트만을 가리킬 수 있다.

     악센트가 있는 음절은 음조의 움직임 또는 위의 어떤 조합과 연관돼 더 크고, 더 길거나, 더 크게 될 수 있다. 악센트는 의미에 있어서 중요한 역할을 하기 때문에, 화자가 특정 음절에 악센트를 붙이기로 선택한 이유를 정확히 이해하는 것은 매우 복잡하다. 8.3.2절에서 이 문제를 자세히 다룬다. 그러나 발음의 중요한 요소 중 하나는 발

어휘적 강세 음 사전에서 자주 나타난다. 이 인자를 **어휘적 강세**라고 한다. 어휘적 강세가 있는 음절은 그 단어가 악센트를 받으면 더 크거나 더 길어질 음절이다. 예를 들어 단어 *parsley*는 두 번째 음절이 아닌 첫 음절에 강조돼 있다. 따라서 단어 *parsley*가 문장에서 고저 악센트를 받는다면 더 강해질 첫 음절이다.

     IPA에서 어휘적 강세를 가지고 있음을 나타내기 위해 음절 앞에 기호 [']를 쓴다(예: ['par.sli]). 어휘적 강세의 이러한 차이는 단어의 의미에 영향을 줄 수 있다. 예를 들어 단어 *content*는 명사나 형용사가 될 수 있다. 발음할 때 명사나 형용사는 서로 다른 강세 음절을 가지고 있기 때문에 다르게 발음된다(명사는 ['kɑn.tɛnt], 형용사[kən.'tɛnt]로 발음된다).

축약모음

중성모음

　　강세를 받지 않은 모음은 **축약모음**으로 더욱 약해질 수 있다. 가장 일반적인 축약모음은 **중성모음**([ax])이다. 영어의 축약모음은 완전한 형태를 가지고 있지 않다. 조음 동작은 완전 모음처럼 완전하지 않다. 결과적으로 입의 모양은 다소 중립적이며, 혀는 특별히 높지도 낮지도 않다. 예를 들어 *parakeet*의 두 번째 모음은 중성모음 [p ae r ax k iy t]이다.

　　중성모음이 가장 일반적인 축약모음이지만, 적어도 일부 방언에서는 그렇지 않다. 볼링거(1981)는 미국 영어에 중모음 [ə], 전모음 [i], 원순모음 [ɵ]의 세 가지 축약모음이 있다고 제안했다. 전체 ARPAbet에는 중성모음 [ax] 및 [ix]([ɨ]) 및 r 음색을 띤 중성모음(흔히 schwar라고 함)인 [axr] 중 두 가지가 포함돼 있다. 컴퓨터의 애플리케이션에서(Miller, 1998), [ax]와 [ix]는 영어의 많은 방언으로 함께 떨어지고 있다(Wells, 1982, p. 167-168).

　　모든 강세가 없는 모음이 감소되는 것은 아니다. 어떤 모음, 특히 이중모음도 강세가 없는 위치에서도 전체 특성을 유지할 수 있다. 예를 들어 모음 [iy]는 *eat*[iy t]와 같이 강세가 있는 위치에 나타나거나 *carry*[k ae r iy]와 같이 강세가 없는 위치에 나타날 수 있다.

　　일부 컴퓨터용 ARPAbet 어휘 목록은 중성모음처럼 축약모음을 명시적으로 표시한다. 그러나 일반적으로 축소를 예측하기 위해서는 어휘 목록 이외의 것들에 관한 지식이 필요하다(다음 절에서 보여 주는 운율학의 맥락, 발화율 등). 따라서 다른 ARPAbet 버전은 강세를 표시하지만 강세가 감소에 어떤 영향을 미치는지 표시하지 않는다. 예를 들어 CMU 사전(CMU, 1993)은 각 모음을 숫자 0(강세 없음), 1(강세), 2(제2강세)로 표시한다. 따라서 단어 *counter*는 [K AW1 N T ER0]으로, 단어 *table*는 [T EY1 B AH0 L]로 나열된다. **제2강세**는 단어 *dictionary*[D IH1 K SH AH0 N EH2 R IY0]와 같이 제1강세보다 낮지만 강세가 없는 모음보다 높은 강세 수준으로 정의된다.

제2강세

　　악센트, 강세, 제2강세, 전체 모음 및 축약모음과 같은 여러 가지 잠재적인 레벨을 언급했다. 정확히 얼마나 많은 레벨이 적절한지는 여전히 공개적인 연구 문제다. 이 다섯 가지 레벨 모두를 사용하는 컴퓨터 시스템은 거의 없으며, 대부분 1~3가지 레벨을 사용한다. 8.3.1절에서 운율 체계를 더 자세히 소개할 때 이 논의로 돌아간다.

7.3 음운론적 범주 및 발음 변이

> 'Scuse me, while I kiss the sky
>
> – 지미 핸드릭스, 〈Purple Haze〉

> 'Scuse me, while I kiss this guy
>
> – 일반적으로 같은 가사를 잘못 듣는 경우

각 단어가 모든 맥락과 모든 화자에서 동일하게 발음되는 고정 문자열로 발음된다면 음성 인식과 음성 합성 작업은 매우 쉬울 것이다. 단어와 단음의 인식은 여러 가지 요인에 따라 크게 달라진다. 그림 7.8은 미국 영어 전화 통화를 수작업으로 음성 기호로 표기한 스위치보드 코퍼스에서 나온 단어 *because*와 *about* 발음이 다른 샘플을 보여준다(Greenberg et al., 1996).

because				about			
ARPAbet	%	ARPAbet	%	ARPAbet	%	ARPAbet	%
b iy k ah z	27%	ks	2%	ax ba w	32%	b ae	3%
b ix k ah z	14%	k ix z	2%	ax ba w t	16%	b aw t	3%
k ah z	7%	k ih z	2%	b aw	9%	ax b aw dx	3%
k ax z	5%	b iy k ah zh	2%	ix ba w	8%	ax b ae	3%
b ix k ax z	4%	b iy k ah s	2%	ix ba w t	5%	b aa	3%
b ih k ah z	3%	b iy k ah	2%	ix b ae	4%	b ae dx	3%
b ax k ah z	3%	b iy k aa z	2%	ax b ae dx	3%	ix b aw dx	2%
k uh z	2%	ax z	2%	b aw dx	3%	ix b aa t	2%

그림 7.8 미국 영어 회화 전화 대화의 스위치보드 코퍼스에서 직접 음성 기호로 표기한 because와 about의 가장 일반적인 16가지 발음(Godfrey et al., 1992; Greenberg et al., 1996)

이러한 광범위한 변이를 어떻게 모델링하고 예측할 수 있는가? 한 가지 유용한 수단은 화자의 생각에서 정신적으로 표현되는 것이 단음이 아닌 추상적인 범주라는 가정이다. 예를 들어 단어 *tunafish*와 *starfish*에서 [t]의 다른 발음을 고려해보자. *tunafish*의 [t]는 **유기음**이 된다. 유기음은 다음 모음의 음성이 두음 전, 폐쇄음 후 무성음의 기간이다. 성대가 진동하지 않기 때문에 [t] 전후와 모음 전에서 유기음이 훅 부는 입김처럼 들린다. 대조적으로, 첫 글자 [s] 다음에 나오는 [t]는 **무기음**이기 때문에, *starfish*의 [t]는 [t] 폐쇄 후 무성음 기간이 없다. [t]의 인식에서 이러한 변이는 예

유기음

무기음

측 가능하다. [t]가 단어를 시작할 때마다 또는 영어로 비축약 음절이 될 때마다 예측 가능하다. [k]에도 같은 변이가 일어난다. [k]와 [g]가 모두 무기음이기 때문에 *sky*의 [k]는 지미 헨드릭스의 가사에 [g]로 잘못 들리는 경우가 많다.[2]

[t]의 다른 문맥 변이도 있다. 예를 들어 두 모음 사이에 [t]가 발생할 때, 특히 첫 번째 모음이 강조됐을 때 설전음으로 발음되는 경우가 많다. 설전음은 혀 윗부분이 위아래로 웅크리고 있다가 치조능선에 빠르게 부딪히는 유성음이다. 따라서 단어 *buttercup*은 보통 [b ah t axr k uh p]가 아니라 [b ah dx axr k uh p]로 발음된다. [t]의 또 다른 변이는 치음 [th] 전에 발생한다. 여기서 [t]는 치음화(IPA [t̪])가 된다. 즉, 혀가 치조능선에 폐쇄를 형성하는 대신 혀가 치아의 뒤쪽에 닿는다.

언어학과 음성 처리 모두에서 관념적인 부류를 사용해 모든 [t]의 유사성을 포착한다. 가장 단순한 이론적인 부류를 **음소**라고 하며, 다른 맥락에서 다른 표면 실현을 **이음**異音이라고 한다. 전통적으로 슬래시 안에 음소를 쓴다. 따라서 위의 예에서 /t/는 (IPA에서) [th], [R], [t]를 포함하는 음소다. 그림 7.9에는 /t/의 여러 이음이 요약돼 있다. 음성 합성이나 인식에서 이론적인 음소 단위의 이 개념에 근사치를 위해 ARPAbet과 같은 단음을 사용하고, ARPAbet 단음을 사용해 발음 어휘를 표현한다. 이러한 이유로 그림 7.1에 열거된 이음은 분석을 위한 정밀 전사법에 사용되는 경향이 있고 음성 인식 또는 합성 시스템에는 거의 사용되지 않는다.

음소
이음

IPA	ARPAbet	설명	환경	예시
th	[t]	유기음	첫 글자에서	*toucan*
t		무기음	[s] 이후 또는 축약 음절로	*starfish*
ʔ	[q]	성문 폐쇄음	[n] 이전 모음 또는 단어의 마지막	*kitten*
ʔt	[qt]	성문 폐쇄음 t	때때로 단어의 마지막	*cat*
ɾ	[dx]	설전음	모음 사이에	*butter*
t̚	[tcl]	불파음화 t	자음 전 또는 단어의 마지막	*fruitcake*
t̪		치음 t	치음 전 ([θ])	*eighth*
		생략된 t	때때로 단어의 마지막	*past*

그림 7.9 일반 미국 영어에서 /t/의 일부 이음

---

2 ARPAbet에는 유기음을 표시하는 방법이 없다. IPA에서 유기음은 [h]로 표시되므로 IPA에서 단어 *tunafish*는 [tʰunəfiʃ]로 표기된다.

변이는 그림 7.9가 제안한 것보다 훨씬 더 일반적이다. 변이에 영향을 미치는 한 가지 요인은 자연스럽고 구어체가 될수록, 화자가 더 빨리 말할수록, 소리가 더 짧아지고 줄어들며 일반적으로 함께 작동한다는 것이다. 이 현상은 **축소** 또는 **음성의 조음 감소**hypoarticulation로 알려져 있다. 예를 들어 **동화**assimilation란 어떤 분절음을 더 인접한 분절음처럼 만들기 위한 분절음에서의 변이다. 치음 [θ] 이전에 [t]에서 [t]까지 치음화를 하는 것은 동화의 한 예다. 언어 간 동화의 일반적인 유형은 **구개음화**이다. 구개음은 다음 분절음이 **구개음** 또는 **치경구개음**이기 때문에 분절음에 대한 수축이 보통보다 입천장에 더 가깝게 움직인다. 가장 일반적인 경우, /s/는 [sh]가 되고, /z/는 [zh]가 되고, /t/는 [ch]가 되고, /d/는 [jh]가 된다. 그림 7.8에서 구개음화의 한 사례를 봤다. *because*는 [b iy k ah zh]로 발음한 이유는 다음 단어가 *you've*였기 때문이다. 단어의 기본형 *you*(you, your, you've, and you'd)는 스위치보드 코퍼스에서 구개음화를 일으킬 가능성이 매우 높다.

생략은 영어 대화에서 꽤 흔하다. 단어 *about*과 *it*에서 마지막 /t/를 생략한 예를 봤다. 마지막 /t/ 및 /d/의 생략은 광범위하게 연구됐다. /d/는 /t/보다 생략될 가능성이 더 높으며, 두 가지 모두 자음 이전에 삭제될 가능성이 더 높다(Labov, 1972). 그림 7.10은 스위치보드 코퍼스에서 구개음화 및 마지막의 t/d 생략의 예를 보여준다.

구개음화			마지막의 t/d 생략		
문구	어휘	축소	문구	어휘	축소
set your	s eh t y ow r	s eh ch er	find him	f ay n d h ih m	f ay n ix m
not yet	n aa t y eh t	n aa ch eh t	and we	ae n d w iy	eh n w iy
did you	d ih d y uw	d ih jh ya h	draft the	d r ae f t dh iy	d r ae f dh iy

그림 7.10　스위치보드 코퍼스에서 구개음화 및 마지막의 t/d 생략의 예. t/d 예시 중 일부는 완전히 생략되는 대신 성문음화가 있을 수 있다.

7.3.1 발음 피처

음소는 맥락 효과를 모델링하는 매우 총체적인 방법만을 제공한다. 동화 및 생략과 같은 많은 발음 과정은 인접 맥락에 대한 좀 더 세밀한 조음 사실에 의해 가장 잘 모델링된다. 그림 7.10은 /t/와 /d/가 [h], [dh], [w] 이전에 생략됐음을 보여줬다. 생략에 영향을 미칠 수 있는 가능한 모든 다음 단음을 나열하기보다는 /t/가 대신 "자음 앞"을 생략하는 것을 일반화했다. 이와 유사하게, 설탄음화는 일종의 유무성 동화라고 볼 수 있는데, 무성음 /t/는 유성 모음이나 활음 사이에서 유성 설전음[dx]이 된다. 가능한 모든 모음이나 활음을 나열하기보다는, 설탄음화가 "모음 근처나 유성 분절음"에서 일어난다고 말한다. 마지막으로 비음 [n], [m], [ng] 앞에 나오는 모음은 다음 모음의 비음질을 어느 정도 습득하는 경우가 많다. 이 각각의 경우에, 단음은 인접한 단음의 조음에 영향을 받는다(비음, 자음, 유성음). 이러한 변이가 일어나는 이유는 음성 생성 중 음성 조음 기관(혀, 입술, 연구개)의 움직임이 지속적이고 운동량 같은 물리적 제약을 받기 때문이다. 따라서 조음 기관은 하나의 단음 중에 다음 단음에 맞춰 이동하기 시작할 수 있다. 단음의 실현이 주변 단음의 조음 이동에 영향을 받는 경우, 동

동시 조음　시 조음의 영향을 받는다고 말한다. **동시 조음**^coarticulation 은 마지막 소리로부터 다음 소리를 예측하거나 지속하는 조음 기관의 움직임이다.

변별적 자질　**변별적 자질**을 사용하면, 동시 조음의 원인이 되는 다양한 단음의 일반화를 포착할 수 있다. (일반적으로) 특징은 이진변수로서 음소 그룹 일반화를 표현한다. 예를 들어 자질 [voice]는 유성음(모음, [n], [v], [b] 등)에 해당한다. 유성음은 [+voice], 무성음은 [−voice]이라고 말한다. 이러한 조음 자질은 앞에서 설명한 **위치**와 **방식**에 대한 조음적 개념을 끌어낼 수 있다. 일반적인 **조음 위치** 자질에는 [+labial]([p, b, m]), [+coronal]([ch d dh jh l n r s sh t th z zh]), [+dorsal] 등이 있다.

조음 방법 자질에는 [+consonantal] (아니면 대신에, [+vocalic]), [+continuant], [+sonorant]이 있다. 모음의 경우, 자질로는 [+high], [+low], [+back], [+round] 등이 있다. 변별적 자질은 각 음소를 자질값의 행렬로 나타내기 위해 사용된다. 많은 다른 자질들이 존재한다. 아마도 이들 중 어떤 것이든 대부분의 계산 목적에 완벽하게 적합할 것이다. 그림 7.11은 하나의 부분적인 특징 세트에서 일부 단음의 값을 보여 준다.

	syl	son	cons	strident	nasal	high	back	round	tense	voice	labial	coronal	dorsal
b	−	−	+	−	−	−	−	+	+	+	+	−	−
p	−	−	+	−	−	−	−	−	+	−	+	−	−
iy	+	+	−	−	−	+	−	−	−	−	−	−	−

그림 7.11　단음의 일부 부분 자질값의 행렬, 촘스키 및 할레(1968)에서 단순화된 값. Syl은 음절의 줄임말이고, *son*은 공명음의 줄임말이며, Cons는 자음의 줄임말이다.

이러한 변별적 자질의 주된 사용 중 하나는 단음의 자연스러운 조음 부류를 포착하는 것이다. 우리가 보게 될 것처럼 합성과 인식 양쪽 모두에서 어떤 맥락에서 단음이 동작하는 방법에 대한 모델을 만들어야 한다. 그러나 단음의 동작에 대해 가능한 모든 좌우 맥락 단음의 상호작용을 모델링할 충분한 데이터를 가지고 있는 경우는 거의 없다. 이러한 이유로 맥락의 유용한 모델로 관련 자질([voice], [nasal] 등)을 사용할 수 있다. 자질은 단음의 일종의 백오프backoff 모델로서 기능한다. 음성 인식에서 또 다른 용도는 조음 자질 감지기를 구축하고 단음 감지에 사용하는 것이다. 예를 들어 키르히호프 외 연구진(2002)은 다음과 같은 다가multivalued 조음 피처 세트에 대한 신경망 검출기를 구축하고 독일어 음성 인식에서 단음 검출을 개선하기 위해 이를 사용했다.

특징	의미	특징	의미
voicing	+voice, −voice, silence	manner	stop, vowel, lateral, nasal, fricative, silence
cplace	labial, coronal, palatal, velar	vplace	glottal, high, mid, low, silence
front-back	front, back, nil, silence	rounding	+round, −round, nil, silence

7.3.2 발음 변이 예측

인식뿐만 아니라 음성 합성을 위해서는 관념적인 범주와 표면 외관 사이의 관계를 나타내고 관념적인 범주와 발음의 맥락에서 표면 외관을 예측할 수 있어야 한다. 음운학의 초기 연구에서는 음운과 그 이음의 관계가 **음운 규칙**으로 포착됐다. 촘스키와 할레(1968)의 전통적인 표기법에서 설탄음화 음운 규칙은 다음과 같다.

$$\left/\left\{\begin{matrix} t \\ d \end{matrix}\right\}\right/ \rightarrow [\text{dx}] \ / \ \acute{V} \underline{\quad} V \tag{7.1}$$

이 표기법에서는 화살표의 오른쪽에 표면 이음이 나타나며, 표음식의 환경은 밑줄(_)을 둘러싼 기호로 표시된다. 이와 같은 간단한 규칙은 단어에 대해 많은 발음을 만들고자 할 때 음성 인식과 합성 모두에 사용된다. 음성 인식에서 이 규칙은 단어에 대해 가장 가능성이 높은 단일 발음을 고르기 위한 첫 단계로 종종 사용된다(10.5.3절 참조).

그러나 일반적으로 이러한 단순한 "촘스키-할레" 유형의 규칙이 주어진 피상적인 변이가 언제 사용될지 우리에게 잘 알려주지 못하는 두 가지 이유가 있다. 첫째로, 변이는 확률적인 과정이다. 설탄음화는 때때로 같은 환경에서도 발생하지만 때로는 발생하지 않는다. 둘째, 이 예측 작업에 있어서 음성 환경과 관련이 없는 많은 요소들이 중요하다. 따라서 언어 연구와 음성 인식/합성 모두 통계적 도구에 의존해 특정 맥락에서 특정 /t/가 설탄음 요인을 보여줌으로써 단어의 표면 형태를 예측한다.

7.3.3 발음 변이에 영향을 미치는 요인

발음 변이에 영향을 미치는 한 가지 중요한 요소는 일반적으로 초당 음절로 측정되는

발화율　　**발화율**이다. 발화율은 화자에 따라 그리고 화자마다 다르다. 빠른 발화에서는 설탄음화, 모음 약화, 마지막 /t/ 및 /d/ 생략 등 많은 종류의 표음식 감소 과정이 훨씬 일반적이다(Wolfram, 1969). 초 당 음절(또는 초 당 단어)을 변환(영역 표기에서 단어 또는 음절의 수를 세고 초 수로 나눈 값) 또는 신호 처리 측정 지표로 측정할 수 있다(Morgan and Fosler-Lussier, 1989).

　변동에 영향을 미치는 또 다른 요인은 단어 빈도나 예측 가능성이다. 마지막의 /t/ 및 /d/ 생략은 특히 *and*와 *just*처럼 자주 사용되는 단어에서 발생할 가능성이 높다(Labov, 1975; Neu, 1980). 또한 분절음을 둘러싼 두 단어가 연어^{collocation}일 때 생략될 가능성이 더 높다(Bybee, 2000; Zwicky, 1972). 단음 [t]는 빈번한 단어나 구절에서 구개음화되기 쉽다. 조건부확률이 높은 단어는 모음을 줄이거나 자음을 생략할 가능성이 더 높다(Bell et al., 2003).

　다른 발음, 음운론, 형태론적 요인도 변이에 영향을 미친다. 예를 들어 /t/는 /d/보다 설탄음 가능성이 훨씬 높고 음절, 음보 및 단어 경계와의 상호작용은 복잡하다

억양구　(Rhodes, 1992). 8장에서 설명하듯이 음성은 **억양구** 또는 **기식군**이라고 부르는 단위로
기식군　구분된다. 억양구의 처음이나 끝에 있는 단어들은 더 길고 축소될 가능성이 적다. 형태론에 대해서는 단어 마지막 /t/ 또는 /d/가 영어 과거 시제 어미라면 생략 가능성이 낮은 것으로 나타났다(Guy, 1980). 예를 들어 스위치보드에서는 두 단어가 비슷한 빈도를 가지고 있음에도 단어 *turned*(30%/d/-deletion)는 단어 *around*(73%/d/-deletion)에서 생략 가능성이 더 높다.

　변이는 화자의 심리 상태에도 영향을 받는다. 예를 들어 단어 *the*는 전체 모음 [dh iy] 또는 모음 축약 [dh ax]로 발음할 수 있다. 화자가 유창하지 않고 '계획상의 문제'

가 있을 때 전체 모음[iy]으로 발음될 가능성이 더 높다. 일반적으로 화자는 다음에 무엇을 말할지 모르는 경우 모음 축약보다 전체 모음을 사용할 가능성이 더 높다(Fox Tree and Clark, 1997; Bell et al., 2003; Keating et al., 1994).

방언
사회 언어학

성별, 계급, **방언**과 같은 **사회언어학** 요소도 발음 변이에 영향을 미친다. 북미 영어는 8개의 방언 지역(북부, 남부, 뉴잉글랜드, 뉴욕/대서양 중부, 북미들랜드, 남중부, 서부, 캐나다)으로 나뉘는 경우가 많다. 남부 방언 화자는 모음을 [ay]로 하는 일부 단어에서 이중모음 대신 단모음 또는 근단음 [aa] 또는 [ae]를 사용한다.

AAVE

이러한 방언에서 *rice*은 [r aa s]로 발음된다. **AAVE**^(African-American Vernacular English)는 남미계 영어와 많은 모음을 공유하고 있으며, *business*의 경우, [b ih d n ih s], *ask*의 경우 [ae k s]와 같은 특정 발음을 가진 개별 단어들도 가지고 있다. 고령의 화자나 미국 서부와 중서부에서 온 사람이 아닌 사람의 경우, 단어 *caught*와 *cot*는 각각 다른 모음을 갖는다(각각 [k ao t]와 [k aa t]). 젊은 미국인들 또는 서부 사람들은 *cot*과 *caught* 두 단어를 똑같이 발음한다. 모음 [ao]와 [aa]는 일반적으로 [r] 앞을 제외하고는 이러한 방언에서 구별되지 않는다. 일부 미국 방언과 대부분의 비미국 영어(예: 오스트레일리아 영어)의 화자의 경우, 단어 *Mary*([m ey r iy]), *marry*([m ae r iy]), *merry*([m eh r iy])가 모두 다르게 발음한다. 하지만 많은 미국인들은 이 세 단어를 모두 동일하게 [m eh r iy]로 발음한다.

다른 사회언어적 차이는 **음역**이나 **표현법**에 기인한다. 화자는 사회적 상황이나 대화 상대의 동질감에 따라 같은 단어를 다르게 발음할 수 있다. 가장 잘 연구된 표현법 변형의 예 중 하나는 접미사 *-ing*(something와 같이)로, [ih ng] 또는 [ih n](종종 *somethin'*라고 쓰임)로 발음될 수 있다. 대부분의 화자는 두 가지 형태를 모두 사용한다. 라보브(1966)에서 보여주듯이, 좀 더 격식을 차릴 때는 [ih ng]를, 좀 더 캐주얼할 때는 [ih n]을 사용한다. 발트와 쇼펜(1981)은 남성이 여성보다 비표준형 [ih n]을 더 많이 사용할 가능성이 높으며, 듣는 사람이 여성일 경우, 남녀 모두 표준형 [ih ng]를 더 많이 사용할 가능성이 있으며, 남성(여성은 아님)은 친구들과 대화할 때 [ih n]로 전환하는 경향이 있다는 것을 알아냈다.

변이 예측에 대한 이러한 결과 중 상당수는 표음식의 변이 분석에서 오랜 역사를 가진 기술인 음성으로 번역된 코퍼스들(Cedergren and Sankoff, 1974), 특히 VARBRUL

및 GOLDVARB 소프트웨어(Rand and Sankoff, 1990)에서 로지스틱 회귀에 의존한다.

마지막으로, 특정 단음의 상세한 음향 인식은 주변 단음과의 **동시 조음**에 의해 크게 영향을 받는다. 그래서 음향 음성학을 소개한 후 8장(8.4절과 10.3절)에서 세밀한 음성학의 세부 사항을 다룬다.

7.4 음향 음성학 및 신호

음향 파형에 대한 간략한 소개와 빈도 분석 및 스펙트럼에 대한 아이디어를 요약하고 디지털화하는 방법부터 소개한다. 극히 간략한 개요로서, 관심 있는 독자는 7장의 끝에 있는 '참고문헌' 절을 참조하라.

7.4.1 파형

음향 분석은 사인 및 코사인함수를 기반으로 한다. 그림 7.12에는 사인파^{sine wave}의 구성, 특히 다음과 같은 함수가 표시된다.

$$y = A * sin(2\pi f t) \tag{7.2}$$

여기서 진폭 A를 1로 설정하고 빈도 f를 초당 10사이클로 설정했다.

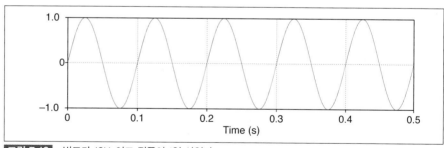

그림 7.12 빈도가 10Hz이고 진폭이 1인 사인파

빈도
진폭
초당 사이클

파형의 두 가지 중요한 특성이 **빈도**와 **진폭**이라는 것을 기초 수학에서 생각해냈다. 빈도는 파형이 스스로 반복되는 초당 횟수, 즉, **사이클** 수다. 보통 **초당 사이클**로 빈도를 측정한다. 그림 7.12의 신호는 0.5초 동안 5회 반복되며, 따라서 초당 10회 반복된다. 초당 사이클은 보통 **헤르츠**(Hz)라고 부르기 때문에 그림 7.12의 주파수는 10Hz로 설명될 것이다. 사인파의 진폭 A는 Y축의 최댓값이다.

헤르츠
Hz

주기   파형의 **주기** T는 하나의 사이클이 완료되는 데 걸리는 시간으로 정의되며, 다음과 같이 정의된다.

$$T = \frac{1}{f} \tag{7.3}$$

그림 7.12에서 우리는 각 사이클이 10분의 1초 동안 지속됨을 알 수 있다. 따라서 $T = 0.1$초이다.

7.4.2 음성 음파

가상의 파형에서 음파로 바꾸자. 사람 귀의 입력과 같이, 음성 인식기의 입력은 기압의 복잡한 일련의 변화다. 이러한 기압의 변화는 분명히 화자에서 비롯되며, 공기가 성문을 통과해 구강 또는 비강을 빠져나가는 특정한 방법에 의해 발생한다. 시간에 따른 기압의 변화를 음파로 표현한다. 때때로 이러한 그래프를 이해하는 데 도움이 되는 한 가지 비유로는 기압파를 차단하는 수직 판이다(아마 화자의 입 앞 마이크에서 또는 청자의 고막에서). 그래프는 이 판에 있는 공기 분자의 **압축** 또는 **희박 상태**(비압축) 양을 측정한다. 그림 7.13은 모음 [iy]의 단음 스위치보드 코퍼스에서 "she just had a baby"라고 말하는 사람으로부터 받은 파형의 짧은 분절음을 보여준다.

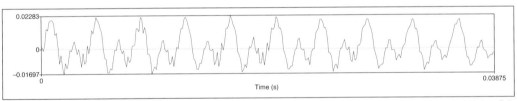

그림 7.13 그림 7.17에 표시된 발화에서 모음 [iy]의 파형. y축은 정상 기압 이상과 이하의 기압 수준을 나타낸다. x축은 시간을 나타낸다. 파형이 규칙적으로 반복된다는 것에 주목한다.

그림 7.13에 표시된 음파의 디지털 표현이 어떻게 구성될 것인지 살펴보자. 음성을 처리하는 첫 번째 단계는 아날로그 표현(첫 번째 공기압과 그다음 마이크로폰의 아날로그 전기 신호)을 디지털 신호로 변환하는 것이다. **아날로그-디지털 변환**의 이 과정은 **샘플링**과 정량화의 두 단계가 있다. 신호를 샘플링하기 위해 특정 시간에 진폭을 측정한다. **샘플링 속도**는 초당 채취한 샘플 수다. 파형을 정확하게 측정하기 위해서는 각 사이클에 적어도 두 개의 샘플이 있어야 한다. 하나는 파형의 양^{positive}의 부분 측정하는 샘플과

샘플링
샘플링 속도

다른 하나는 음^{negative}의 부분을 측정하는 샘플이다. 사이클당 샘플이 2개 이상일 경우 진폭 정확도가 높아지지만 샘플이 2개 미만일 경우 파형의 주파수가 완전히 누락된다. 따라서 측정할 수 있는 최대 주파수 파형은 (매 사이클마다 두 개의 샘플이 필요하기 때문에) 주파수가 샘플링 속도의 절반인 주파수 파형이 된다. 주어진 샘플링 속도에 대한 이 최대 주파수를 **나이퀴스트 주파수**$^{Nyquist frequency}$라고 부른다. 인간의 언어에 있는 대부분의 정보는 10,000Hz 미만의 주파수에 있다. 따라서 완전한 정확성을 위해 20,000Hz의 샘플링 속도가 필요하다. 그러나 통화음은 교환망에 의해 필터링되며, 4,000Hz 미만의 주파수만 전화로 전송된다. 따라서 8,000Hz의 샘플링 속도는 스위치보드 코퍼스와 같은 **전화 대역폭** 음성에 충분하다. 16,000Hz 샘플링 속도(**광대역**이라고도 함)는 마이크 음성에 자주 사용된다.

8,000Hz 샘플링 속도라도 음성의 각 초마다 8,000개의 진폭 측정이 필요하기 때문에 진폭 측정을 효율적으로 저장하는 것이 중요하다. 일반적으로 8비트(-128 ~ 127의 값) 또는 16비트(-32768 ~ 32767의 값)의 정수로 저장된다. 두 정수의 차이가 최소 입도(양자 크기)로 작용하고 이 양자 크기보다 더 가까운 모든 값을 동일하게 나타내기 때문에 실제 값을 정수로 나타내는 이 과정을 **양자화**라고 한다.

데이터가 양자화되면 다양한 형식으로 저장된다. 이러한 형식의 한 가지 매개변수는 앞에서 설명한 샘플링 속도와 샘플 크기인데, 통화음은 흔히 8kHz에서 샘플링되고 8비트 샘플로 저장되며, 마이크 데이터는 종종 16kHz에서 샘플링되고 16비트 샘플로 저장된다. 이러한 형식의 또 다른 매개변수는 **채널** 수다. 스테레오 데이터나 쌍방의 대화를 위해 우리는 두 채널을 같은 파일에 저장하거나 별도의 파일에 저장할 수 있다. 최종 매개변수는 개별 샘플 스토리지(선형 또는 압축형)이다. 통화음에서 사용되는 하나의 일반적인 압축 형식은 μ-법칙이다(흔히 u-법칙라고 쓰여 있지만 여전히 mu-법칙으로 발음된다). μ-법칙과 같은 로그 압축 알고리듬의 직관은 인간의 청각이 큰 강도보다 작은 강도에서도 더 민감하다는 것이다. 로그는 큰 값에 대한 더 많은 오차를 감수하면서 더 충실한 작은 가치를 나타낸다. 선형(기록되지 않은) 값은 일반적으로 **선형 PCM**값(PCM은 펄스 코드 변조$^{Pulse Code modulation}$를 의미하지만, 신경 쓰지 않아도 된다) 선형 PCM 샘플 값 x를 8-비트 μ-법칙을 압축하는 방정식은 다음과 같다(여기서 8비트의 경우 $\mu = 255$).

<aside>나이퀴스트 주파수</aside>
<aside>전화 대역폭 광대역</aside>
<aside>양자화</aside>
<aside>채널</aside>
<aside>PCM</aside>

$$F(x) = \frac{sgn(s)\log(1 + \mu|s|)}{\log(1 + \mu)} \tag{7.4}$$

마이크로소프트의 .wav, 애플의 AIFF, 선^{Sun}의 AU와 같이 디지털화된 웨이브 파일을 저장하기 위한 많은 표준 파일 형식이 있으며, 모두 특별한 헤더를 가지고 있다. 간단한 헤더 없는 "raw" 파일도 사용된다. 예를 들어 .wav 형식은 멀티미디어 파일에 대한 마이크로소프트의 RIFF 형식의 하위 집합이며, RIFF는 일련의 중첩된 데이터와 제어 정보를 나타낼 수 있는 일반 형식이다. 그림 7.14에는 단일 데이터 청크와 포맷 청크가 함께 포함된 간단한 .wav 파일이 표시된다.

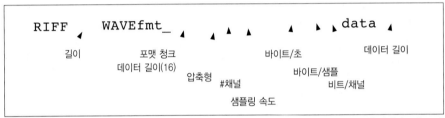

그림 7.14 하나의 청크로 단순 파일을 가정하는 마이크로소프트 웨이브 파일 헤더 형식이다. 이 44바이트 헤더 다음에는 데이터 청크가 있다.

7.4.3 주파수와 진폭: 피치와 음량

음파는 파형과 마찬가지로 앞에서 완전한 사인파에 대해 소개한 주파수, 진폭, 기타 특성 등의 측면에서 설명할 수 있다. 음파에서는 사인파에 비해 측정하기가 쉽지 않다. 주파수를 고려해보자. 그림 7.13에서 정확히 사인은 아니지만, 그럼에도 불구하고 파형은 주기적이며, 그림에서 캡처한 38.75밀리초(.03875초)에서 10번 반복된다. 따라서 이 파형의 주파수는 10/.03875 또는 258Hz이다.

이 주기적인 258Hz 파형은 성대의 진동 속도에서 온다. 그림 7.13의 파형이 모음 [iy]에서 나왔기 때문에, 유성이다. 음성은 성대 주름이 규칙적으로 열리고 닫히면서 발생한다. 성대 주름이 열리면 공기가 폐를 통해 밀려 올라오면서 고기압을 형성한다. 주름이 닫히면 폐의 압력이 없어진다. 따라서 성대가 진동할 때, 성대의 개구부에 해당하는 각각의 주요 최고점은 그림 7.13에서 보는 종류의 진폭에서 규칙적인 최고점들을 볼 수 있을 것으로 예측한다. 성대 주름 진동의 주파수, 즉 복합파의 주파수를

기본 주파수
F0
피치 트랙

파형의 **기본 주파수**라고 하며, 흔히 **F0**이라고 줄여서 부른다. 시간이 지남에 따라 **피치 트랙**pitch track에서 F0을 그릴 수 있다. 그림 7.15는 파형 아래에 표시된 짧은 질문 "Three o'clock?"의 피치 트랙을 보여준다. 질문 끝에 F0의 상승에 주목한다.

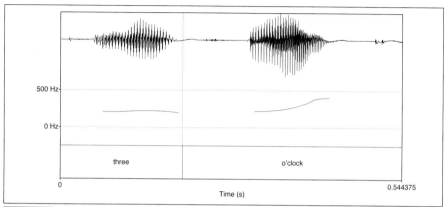

500 Hz

0 Hz

three

o'clock

0

Time (s)

0.544375

그림 7.15   웨이브 파일 아래에 표시된 "Three o'clock?"이라는 질문의 피치 트랙. 질문 끝에서 F0의 상승에 주목한다. 매우 조용한 부분("o'clock"의 'o') 동안의 자동 피치 추적은 음성 영역의 펄스를 계산하는 것에 기초하며, 목소리가 없는 경우(또는 불충분한 소리)에는 작동하지 않는다는 점에 유의한다.

그림 7.13의 수직축은 기압 변동의 양을 측정한다. 압력은 파스칼(Pa)로 측정한 단위 면적당 힘이다. 수직축의 높은 값(높은 진폭)은 그 시점에 더 많은 기압이 있음을 나타내고, 0 값은 정상 기압(대기)이 있음을 의미하며, 음의 값은 정상 공기압보다 낮음을 의미한다(희박한 상태).

어느 시점에서든 진폭의 이 값 외에도, 종종 공기압의 평균 변위가 얼마나 큰지 어느 정도 알기 위해 일정 시간 범위에 걸친 평균 진폭을 알 필요가 있다. 그러나 한 범위에 걸쳐 진폭 값의 평균만 취할 수는 없다. 양의 값과 음의 값이 대부분 취소돼 0에 가까운 숫자가 남게 된다. 대신 일반적으로 RMS^root-mean-square 진폭을 사용하는데, 이 진폭은 평균화(양수화)하기 전에 각 숫자를 제곱한 다음 마지막에 제곱근을 취한다.

$$\text{RMS amplitude}_{i=1}^{N} = \sqrt{\frac{1}{N}\sum_{i=1}^{N} x_i^2} \qquad (7.5)$$

신호의 **파워**power는 진폭의 제곱과 관련이 있다. 소리의 샘플 수가 N인 경우, 검정력은 다음과 같다.

$$\text{Power} = \frac{1}{N} \sum_{i=1}^{N} x_i^2 \qquad (7.6)$$

종종 파워보다는 소리의 세기를 더 자주 언급하는데, 이는 소리를 인간의 청각 한 계점으로 정규화하고 dB로 측정한다. P_0가 청각 임계 압력 $= 2 \times 10^{-5}$ Pa이면 세기 는 다음과 같이 정의된다.

$$\text{Intensity} = 10 \log_{10} \frac{1}{NP_0} \sum_{i=1}^{N} x_i^2 \qquad (7.7)$$

그림 7.16은 CallHome 코퍼스의 "Is it a long movie?" 문장의 세기 구성을 보여 주며, 파형 구성 아래에 표시했다.

두 가지 중요한 지각적 특성인 **음조**와 **음량**은 주파수와 세기와 관련이 있다. 소리의

음조 **음조**는 기본 주파수의 정신적 감각 또는 지각적 상관관계다. 일반적으로 소리의 기본 주파수가 더 높으면 더 높은 음조를 가진 것으로 인식한다. 인간의 청각은 주파수에 따라 다른 예민함을 가지고 있으며, 우리는 관계가 선형적이지 않기 때문에 "일반적 으로"라고 말한다. 대략적으로 말하면, 인간의 음조 인식은 100Hz와 1,000Hz 사이 에서 가장 정확하며 이 범위 음조에서는 주파수와 선형적으로 상관관계가 있다. 인간 의 청력은 1,000Hz 이상의 주파수를 덜 정확하게 나타내며, 이 범위보다 높은 음조 는 대수적으로 주파수와 상관관계가 있다. 로그 표현은 고주파수 간의 차이가 압축돼 정확히 인식되지 않는다는 것을 의미한다. 음조 인식 척도의 다양한 음향 심리학의

멜 모델들이 있다. 한 가지 일반적인 모델은 **멜** 스케일mel scale이다(Stevens et al., 1937; Stevens and Volkmann, 1940). 멜은 음조에서 지각적으로 등거리인 소리 쌍이 동일한 수 의 멜에 의해 분리되도록 정의된 음조 단위다. 멜 주파수 m은 다음과 같이 정제하지 않은 음향 주파수로 계산할 수 있다.

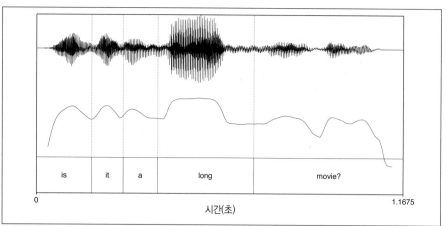

그림 7.16   "Is it a long movie?"라는 문장의 세기 구성. 각 모음의 최고점 세기와 단어 *long*의 경우, 특히 높은 최고점에 유의한다.

$$m = 1127\ln(1 + \frac{f}{700})\tag{7.8}$$

9장에서 음성 인식에 사용되는 언어의 MFCC 표현을 소개할 때 멜 스케일을 다시 다룬다.

소리의 **음량**은 **파워**의 지각적 상관관계다. 그래서 진폭이 더 큰 소리는 더 크게 인식되지만, 관계는 선형적이지 않다. 우선 μ-법칙 압축을 정의할 때 위에서 언급했듯이, 인간은 저출력 범위에서 더 큰 해상력을 갖고 있다. 귀는 작은 파워 차이에 더 민감하다. 둘째로 파워, 주파수 및 인식된 음량 사이에는 복잡한 관계가 있다는 것이 밝혀졌다. 특정 주파수 범위의 소리는 다른 주파수 범위에 있는 소리보다 더 큰 것으로 인식된다.

피치 검출   F0 자동 추출을 위한 다양한 알고리듬이 존재한다. 전문 용어로 **피치 검출**pitch extraction 알고리듬이라고 한다. 예를 들어 피치 검출의 자기상관 방식은 다양한 오프셋에서 신호 자체와의 상관관계를 분석한다. 가장 높은 상관관계를 제공하는 오프셋은 신호의 주기를 제공한다. 피치 검출을 위한 다른 방법들은 9장에서 소개한 캡스트럴cepstral 피처를 기반으로 한다. 다양한 공개적인 피치 검출 툴킷이 있다. 예를 들어 프라트Praat와 함께 증강된 자기상관 피치 추적기가 제공된다(Boersma and Weenink, 2005).

7.4.4 파형에서 단음의 해석

파형의 육안 검사를 통해 많은 것을 알 수 있다. 이를테면 모음은 발견하기 매우 쉽다. 모음은 유성음이다. 모음의 또 다른 특성은 모음들이 길거나 상대적으로 소리가 크다는 것이다(그림 7.16의 강도 그림에서 볼 수 있듯이). 시간의 길이는 x축에 직접 나타나며, 음량은 y축의 (제곱) 진폭과 관련이 있다. 이전 절에서 그림 7.13에서 봤던 종류의 진폭에서 규칙적인 최고점에 의해 유성음화가 실현되는 것을 봤는데, 각각의 주요 최고점은 성대의 개구부에 해당한다. 그림 7.17은 "she just had a baby"라는 짧은 문장의 파형을 보여준다. 이 파형에 단어와 단음 레이블을 붙였다. 그림 7.17 [iy], [ax], [ae], [ax], [ey], [iy]의 각 6개 모음에는 모두 유성음화를 나타내는 규칙적인 진폭 최고점을 갖는다.

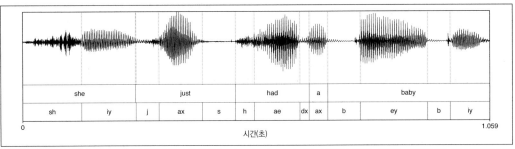

그림 7.17   스위치보드 코퍼스(대화 4325)에서 "She just had a baby"는 문장의 파형. 화자는 1991년에 20살이었던 여성으로, 대략 녹음된 시기가 언제인지 알 수 있으며, 미국식 영어에 사우스 미들랜드 방언을 사용한다.

폐쇄에 이어 개방으로 구성된 폐쇄 자음의 경우, 종종 침묵의 기간이나 거의 침묵에 가까운 시간 뒤에 진폭이 약간 터지는 것을 볼 수 있다. 그림 7.17의 *baby*에 있는 두 [b] 모두에서 이를 볼 수 있다.

파형 내에서 자주 인식되는 또 다른 단음은 마찰음이다. 마찰음, 특히 [sh]와 같은 조찰성 마찰음은 공기 흐름의 좁은 경로에서 난기류를 유발할 때 만들어진다. 그 결과 발생하는 쉿소리는 시끄럽고 불규칙한 파형을 가지고 있다. 이는 그림 7.17에서 볼 수 있으며, 그림 7.18에서는 더 명확하다. 여기서는 첫 번째 단어 *she*만 확대한 그림이다.

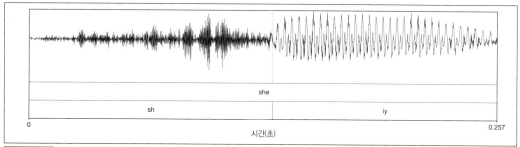

그림 7.18   그림 7.17의 웨이브 파일에서 추출된 첫 번째 단어 *she*에 대한 자세한 설명. 마찰음 [sh]의 불규칙 잡음과 모음의 규칙적인 유성음화 [iy]의 차이에 주목한다.

7.4.5 스펙트럼 및 주파수 영역

일부 광범위한 음성 피처(에너지, 음조 및 유성음화의 존재, 폐쇄음 또는 마찰음 등)는 파형에서 직접 해석할 수 있지만, 음성 인식(인간 청각 처리뿐만 아니라)과 같은 대부분의 컴퓨터 애플리케이션은 그 구성 요소가 자주 사용하는 음의 측면에서 다른 표현에 기초하고 있다. **푸리에 분석**^{Fourier analysis}의 통찰은 모든 복잡한 파형이 서로 다른 주파수의 많은 사인파의 합으로 표현될 수 있다는 것이다. 그림 7.19의 파형을 고려한다. 이 파형은 주파수 10Hz와 주파수 100Hz 중 하나인 두 개의 사인 파형을 합산해 생성됐다.

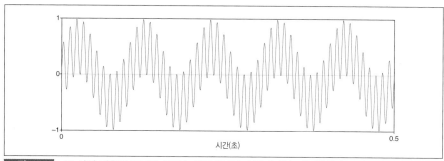

그림 7.19   두 사인 파형의 합계인 주파수 10Hz(0.5초 시간대에서 5회 반복)와 주파수 100Hz 중 하나, 두 진폭 10이다.

스펙트럼   **스펙트럼**으로 이 두 요소 주파수를 나타낼 수 있다. 신호의 스펙트럼은 각각의 주파수 구성 요소와 진폭의 표현이다. 그림 7.20은 그림 7.19의 스펙트럼을 나타낸다. 주파수(Hz)는 x축에, 진폭은 y축에 있다. 그림에 표시된 두 개의 스파이크(하나는 10Hz, 다른 하나는 100Hz)를 유의한다. 따라서 스펙트럼은 원래의 파형을 대체 표현하며, 스펙트럼을 특정 시점에서 음파의 구성 요소 주파수를 연구하는 도구로 사용한다.

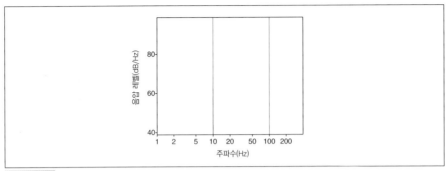

그림 7.20   그림 7.19의 파형 스펙트럼

이제 음성 파형의 주파수 성분을 살펴보자. 그림 7.21은 그림 7.17에 나온 문장에서 잘라낸 단어의 모음 [ae]에 대한 파형의 일부를 보여준다.

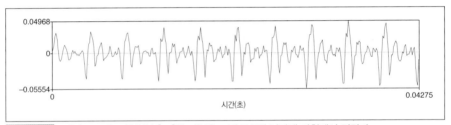

그림 7.21   단어 *had*의 모음 부분 [ae]의 파형은 그림 7.17에 나타낸 파형에서 잘랐다.

그림에는 10번 정도 반복되는 복잡한 파형이 있지만, 큰 패턴(반복된 파형 안에 있는 4개의 작은 최고점)마다 4번씩 반복되는 작은 반복 파형이 있다는 점에 유의한다. 이 복합 파형은 약 234Hz의 주파수를 가진다(약 0.0427초에 약 10회 반복되고, 10사이클/.0427초 = 234Hz).

그러면 작은 파형은 큰 파형의 약 4배, 즉 약 936Hz의 주파수를 가져야 한다. 그때 자세히 보면 936Hz의 많은 파형의 정점에 있는 두 개의 작은 파형을 볼 수 있다. 이 작은 파장의 주파수는 936Hz 파형의 약 2배, 따라서 1872Hz이어야 한다.

그림 7.22에는 개별의 푸리에 변환^{DFT}으로 계산한 그림 7.21의 파형에 대한 평활화된 스펙트럼이 표시된다.

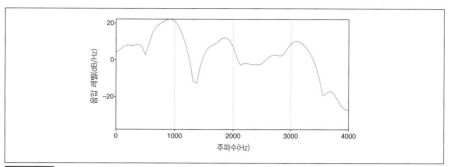

그림 7.22 그림 7.17의 *She just had a baby* 파형에 있는 단어 *had*의 모음 [ae]의 스펙트럼

스펙트럼의 x축은 주파수를 나타내고, y축은 각 주파수 성분의 크기를 나타낸다(앞에서 살펴본 진폭의 로그 측정치인 데시벨(dB) 단위). 따라서 그림 7.22는 약 930Hz, 1860Hz 및 3020Hz에서 다른 많은 낮은 크기의 주파수 구성 요소와 함께 중요한 주파수 구성 요소를 보여준다. 그림 7.21의 파동을 보고 시간 영역에서 발견한 것이 바로 이 두 가지 요소뿐이다. 스펙트럼이 유용한 이유는 무엇인가? 스펙트럼에서 쉽게 볼 수 있는 스펙트럼 최고점은 다른 단음의 특성이다. 단음은 특징적인 스펙트럼 "시그니처"를 가지고 있다. 화학 원소가 연소할 때 서로 다른 빛의 파장을 발산해 빛의 스펙트럼을 보고 별의 원소를 탐지할 수 있듯이, 파형의 스펙트럼을 보고 서로 다른 단음의 특징적인 시그니처를 검출할 수 있다. 이러한 스펙트럼 정보의 사용은 인간과 기계 음성 인식 모두에 필수적이다. 인간의 청각에서 **달팽이관**, 즉 **내이**의 기능은 들어 오는 파형의 스펙트럼을 계산하는 것이다. 마찬가지로, HMM 관측으로 음성 인식에 사용되는 다양한 종류의 음향 특성은 모두 스펙트럼 정보의 서로 다른 표현이다.

달팽이관

서로 다른 모음의 스펙트럼을 살펴보자. 어떤 모음은 시간이 지남에 따라 변하기 때문에, **스펙트로그램**spectrogram이라고 부르는 다른 종류의 구성을 사용할 것이다. 스펙트럼은 파형의 주파수 구성 요소를 한 번에 보여주는 반면, 스펙트로그램은 파형을 구성하는 다양한 주파수가 시간이 지남에 따라 어떻게 변하는지 상상하는 방법이다. x축은 파형처럼 시간을 표시하지만, y축은 이제 주파수를 헤르츠 단위로 표시한다. 스펙트로그램의 어두운 부분은 주파수 성분의 진폭에 해당한다. 매우 어두운 부분은 진폭이 높고, 밝은 부분은 진폭이 낮다. 따라서 스펙트로그램은 3차원(시간 x 주파수 x 진폭)을 시각화하는 데 유용한 방법이다.

스펙트로그램

그림 7.23은 미국 영어 모음 3개의 스펙트로그램 [ih], [ae], [ah]를 보여준다. 각 모음에는 다양한 주파수 대역에서 어두운 막대 세트가 있으며, 각 모음마다 약간 다른 밴드가 있다. 이들 각각은 그림 7.21에서 본 것과 같은 종류의 스펙트럼 최고점을 나타낸다.

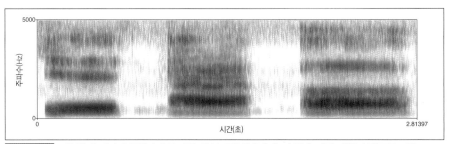

그림 7.23   첫 번째 저자가 말한 3개의 미국 영어 모음인 [ih], [ae] 및 [uh]에 대한 스펙트로그램

포먼트   각각의 어두운 막대(또는 스펙트럼 피크^{spectral peak})는 **포먼트**^{formant}라고 한다. 아래에서 논의하듯이, 포먼트는 특히 성도에 의해 증폭되는 주파수 대역이다. 서로 다른 위치에 있는 성도로 서로 다른 모음들이 생산되기 때문에, 다른 종류의 증폭이나 공명들을 생산하게 될 것이다. F1과 F2라고 부르는 처음 두 가지 포먼트들을 살펴본다. 하단에 가장 가까운 어두운 막대인 F1은 세 모음에 대해 다른 위치에 있다는 점에 유의한다. F1은 [ih](중점적으로 약 470Hz)에 대해 낮으며 [ae]와 [ah](약 800Hz)에 대해서 다소 높다. 반대로 아래에서 두 번째 어두운 막대인 F2는 [ih]가 가장 높고, [ae]가 중간이며, [ah]가 가장 낮다.

축소 및 동시조음 과정으로 인해 보기가 다소 어려워지지만 실행 중인 대화에서 동일한 포먼트를 볼 수 있다. 그림 7.24는 "she just had a baby"의 스펙트로그램을 보여주며, 그 파형은 그림 7.17에 나와 있다. F1과 F2 (또한 F3)는 *just*의 [ax], *had*의 [ae], *baby*의 [ey]에 대해 매우 명확하다.

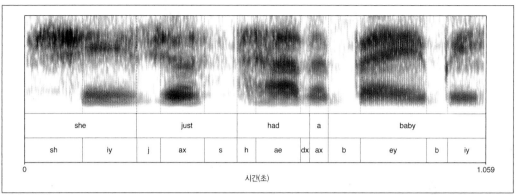

	she		just			had		a		baby		
sh	iy	j	ax	s	h	ae	dx	ax	b	ey	b	iy

0   시간(초)   1.059

그림 7.24 그림 7.17에 파형이 나온 "she just had a baby"라는 문장의 스펙트로그램. 스펙트로그램을 그림 7.22와 같이 끝에서 끝까지 배치된 스펙트럼(타임 슬라이스)의 집합으로 생각할 수 있다.

스펙트럼 표현으로 단음 식별에 어떤 구체적인 단서가 제시될 수 있는가? 첫째, 서로 다른 모음들이 특징적인 위치에 포먼트를 가지고 있기 때문에, 스펙트럼은 서로 모음을 구별할 수 있다. 샘플 파형에서 [ae]에 930Hz, 1860Hz, 3020Hz의 포먼트가 있는 것을 봤다. 그림 7.17의 발음이 시작될 때 모음 [iy]를 고려한다. 이 모음의 스펙트럼은 그림 7.25와 같다. [iy]의 첫 번째 포먼트는 540Hz로 [ae]의 첫 번째 포먼트보다 훨씬 낮으며, 두 번째 포먼트(2581Hz)는 [ae]의 두 번째 포먼트보다 훨씬 높다. 잘 살펴보면 그림 7.24에서 이 포먼트는 약 0.5초 정도 어두운 막대로 볼 수 있다.

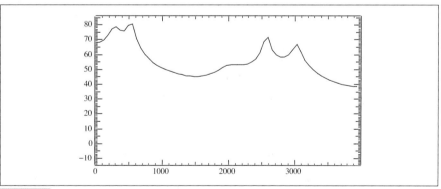

그림 7.25 *she just had a baby*를 시작할 때 모음 [iy]에 대한 평활화된(LPC) 스펙트럼. 첫 번째 포먼트(540Hz)는 그림 7.22에 나타낸 [ae]의 첫 번째 포먼트보다 훨씬 낮으며, 두 번째 포먼트는 [ae]의 두 번째 포먼트보다 훨씬 높다.

포먼트가 화자마다 여전히 다르지만 처음 두 포먼트 (F1 및 F2라고 함)의 위치는 모음 정체성을 결정하는 데 큰 역할을 한다. 더 높은 포먼트는 개별 모음보다는 화자의 성도의 일반적인 특성에 의해 더 많이 발생하는 경향이 있다. 포먼트는 또한 비강 단음 [n], [m], [ng] 및 유음 [l] 및 [r]을 식별하는 데 사용할 수 있다.

7.4.6 소스-필터 모델

왜 모음마다 스펙트럼 시그니처가 다른가? 간단히 언급했듯이, 포먼트는 공명된 구강에 의해 발생한다. **소스-필터 모델**^{Source-Filter Model}은 성문(소스)이 생성하는 펄스가 성도(필터)에 의해 어떻게 형성되는지를 모델링해 소리의 음향학을 설명하는 방식이다.

소스-필터
모델

어떻게 작동하는지 보자. 성문음의 펄스로 인한 공기의 진동과 같은 파형이 있을 때마다 파형에도 **배음**이 있다. 배음은 주파수가 기본파의 배수인 또 다른 파형이다. 따라서 115Hz 성문음의 주름 진동은 230Hz, 345Hz, 460Hz 등의 배음(다른 파형)으로 이어진다. 일반적으로 이러한 각각의 파형은 기본 주파수 파형보다 진폭이 훨씬 약할 것이다.

하지만 성대는 일종의 필터나 증폭기 역할을 하는 것으로 밝혀졌다. 실제로 튜브와 같은 강^{cavity}은 특정 주파수의 파장을 증폭시키고 다른 파장을 감쇠시킨다. 이 증폭 과정은 강의 모양에 의해 발생한다. 주어진 모양이 특정 주파수의 소리를 공명시켜 증폭시킨다. 따라서 강의 형태를 변화시킴으로써 다른 주파수를 증폭시킬 수 있다.

특정한 모음들을 만들 때, 기본적으로 혀와 다른 조음 기관들을 특정한 위치에 배치함으로써 성도강의 형태를 바꾸는 것이다. 그 결과 모음이 다르면 서로 다른 배음들이 증폭된다. 따라서 동일한 기본 주파수의 파형이 다른 성도 위치를 통과하면 다른 배음이 증폭된다.

성도의 모양과 대응하는 스펙트럼 사이의 관계를 보면 이 증폭의 결과를 알 수 있다. 그림 7.26은 세 개의 모음과 일반적인 결과 스펙트럼에 대한 성도 위치를 보여준다. 포먼트는 스펙트럼에서 성도가 특정 배음 주파수를 증폭하는 위치다.

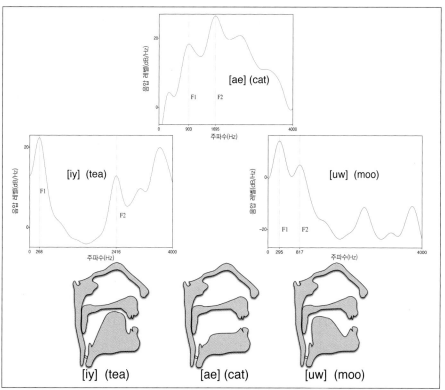

그림 7.26   성도 위치를 필터로 시각화: 3개의 영어 모음에 대한 혀 위치와 F1 및 F2를 보여주는 부드러운 스펙트럼 결과

7.5 음성 리소스

발음 사전   컴퓨터 작업을 위해 다양한 음성 리소스를 활용할 수 있다. 한 가지 핵심 리소스는 **발음 사전**이다. 이러한 온라인 음성 사전은 각 단어에 대한 발음 표기를 제공한다. 영어에 일반적으로 사용되는 세 가지 온라인 사전은 CELEX, CMUdict, PRONLEX 어휘 목록이다. 다른 언어의 경우 LDC는 이집트 아랍어, 독일어, 일본어, 한국어, 만다린어, 스페인어용 발음 사전을 발표했다. 이 모든 사전들은 음성 인식과 합성 작업 모두에 사용될 수 있다.

CELEX 사전(Baayen et al., 1995)은 사전에서 가장 풍부한 주석을 달았다. 1974년 옥스퍼드 고급 학습자 사전(41,000개의 기본형)과 1978년 현대 영어의 롱맨 사전(53,000개의 기본형)에 수록된 모든 단어를 포함하고 있으며, 총 16,595개의 단어 형태에 대한 발음이 있다. 미국식보다는 영국식 발음은 SAM이라고 부르는 IPA의 ASCII 버전으로 표기된다. 각 음절에 대한 단음 문자열, 음절, 강세 수준과 같은 기본적인 음성 정보 외에도 각 단어에는 형태론, 품사, 구문론, 빈도 정보도 주석을 달았다. CELEX(CMU, PRONLEX뿐만 아니라)는 제1 강세, 제2 강세, 무강세의 세 단계를 나타낸다. 예를 들어 단어 *dictionary*에 대한 CELEX 정보 중 일부는 다중 발음을 포함한다('dIk-S@n-rI 및 'dIk-S@-n@-rI, 각각 ARPAbet [d ih k sh ax n r ih] 및 [d ih k sh ax n ax r ih]). 또한 각 단어에 대한 CV skelata([CVC][CVC][CV] 및 [CVC][CV][CV][CV]), 단어의 빈도, 명사라는 사실, 형태론적 구조(diction+ary)와 함께 포함한다.

무료 CMU 발음 사전(CMU, 1993)에는 약 125,000개의 단어 형식에 대한 발음이 있다. 이는 39-단음 ARPAbet에서 파생된 음소 세트를 사용한다. 표기는 음소이기 때문에, 설탄음이거나 축약 모음과 같은 어떤 종류의 표면 축소를 표시하는 대신, 각 모음에는 숫자 0(강세 없음), 1(강세 있음) 또는 2(제2 강세)로 표시한다. 따라서 단어 *tiger*는 [T AY1 G ER0], 단어 *table*은 [T EY1 B AH0 L], 단어 *dictionary*는 [0 N EH2 R IY0]로 나열된다. 사전은 음절 분류가 돼 있지 않지만, 음절핵은 암묵적으로 (번호가 매겨진) 모음으로 표시돼 있다.

PRONLEX 사전(LDC, 1995)은 음성 인식을 위해 설계됐으며, 90,694개의 단어 형식의 발음을 포함하고 있다. 이는 스위치보드 코퍼스뿐만 아니라 〈월 스트리트 저널〉의 여러 해 동안 사용된 모든 단어들을 다루고 있다. PRONLEX는 고유명사가 많이 포함된다는 장점이 있다(20,000개인 반면 CELEX는 약 1,000개만 가지고 있음). 명칭은 실용적 용도에 중요하며, 자주 쓰이기도 하고 어렵기도 하다. 8장에서 명칭 발음의 도출에 관해 다룬다.

또 다른 유용한 리소스는 음성 주석이 달린 코퍼스인데, 이 코퍼스에서는 파형의 집합이 해당 단음의 문자열로 직접 레이블을 붙인다. 영어에서 중요한 세 가지 음성 코퍼스들은 TIMIT 코퍼스, 스위치보드 코퍼스 그리고 벅아이[Buckeye] 코퍼스다.

TIMIT 코퍼스(NIST, 1990)는 텍사스 인스트루먼트[TI], MIT, SRI의 공동 프로젝트로 수집됐다. 630명의 화자가 읽은 각각 10개의 문장으로 구성된 6,300개의 문장 코퍼스다. 6,300개의 문장은 2,342개의 미리 정해진 문장 세트에서 추출됐으며, 일부는 특정한 방언 요소를 선택했고, 다른 일부는 음성 이음 적용 범위를 최대화하기 위

해 선택됐다. 코퍼스의 각 문장은 음운학적으로 수작업으로 레이블을 붙이고, 단음의
순서는 문장 파일과 자동으로 정렬된 다음, 자동 단음 경계가 수동으로 수정됐다
(Seneff and Zue, 1988). 그 결과는 **시간 정렬 표기법**이다. 즉, 각 단음이 파형의 시작 및
종료 시간과 연결되는 전사다. 그림 7.17에서 시간 정렬 표기법의 그래픽적인 예를
보여줬다.

시간 정렬
표기법

TIMIT와 아래의 스위치보드 표기법 프로젝트 코퍼스의 폰세트^{phoneset}는 ARPAbet
의 최소 단위의 음소 버전보다 더 상세하다. 특히 이러한 음성 표기는 그림 7.1과 그
림 7.2에서 언급된 다양한 축소·희귀 단음인 설탄음 [dx], 성문 폐쇄음 [q], 축약된
모음 [ax], [ix], [axr], [h]([hv])의 유성 이음, 폐쇄음을 위해 분리된 단음([dcl], [tcl] 등),
개방음([d], [t] 등)을 사용한다. 필기법의 예시는 그림 7.27에 나와 있다.

she	had	your	dark	suit	in	greasy	wash	water	all	year
sh iy	hv ae dcl	jh axr	dcl d aa r kcl	s ux q	en	gcl g r iy s ix	w aa sh	q w aa dx axr q	aa l	y ix axr

그림 7.27 TIMIT 코퍼스의 음성 표기법. *had*에서는 [d]의 구개음화, *dark*에서는 미공개 최종 폐쇄음, *suit*에서 [q]까지의
최종 [t]의 성문음화 그리고 *water*에서는 [t]의 설탄음을 참고한다. TIMIT 코퍼스에는 각 단음에 대한 시간 정렬도 포함돼 있
다(표시되지 않음).

TIMIT가 담화 읽기를 기반으로 하는 경우, 보다 최근의 스위치보드 표기법 프로
젝트 코퍼스는 대화형 코퍼스를 기반으로 한다. 음성 주석이 달린 이 부분은 다양한
대화에서 추출한 약 3.5시간의 문장으로 구성돼 있다(Greenberg et al., 1996). TIMIT와
마찬가지로 주석 추가된 각 발화에는 시간 정렬 표기가 포함돼 있다. 스위치보드 기
록은 단음 레벨이 아닌 음절 레벨로 정렬된 시간이다. 따라서 대본은 해당 파형 파일
에 있는 각 음절의 시작과 종료 시간을 가진 음절 순서에 따라 구성된다. 그림 7.28에
는 they're kind of in between right now라는 문구에 대한 스위치보드 표기법 프로젝
트의 예를 보여준다.

0.470	0.640	0.720	0.900	0.953	1.279	1.410	1.630
dh er	k aa	n ax	v ih m	b ix	t w iy n	r ay	n aw

그림 7.28 스위치보드 문구 *they're kind of in between right now*의 음성 표기 *they're* 및 *of*의 모음
약화, *kind* 및 *right*의 말음 탈락 그리고 재음절화(*of*의 [v]가 *in*의 시작으로 붙음)에 유의한다. 시간은 문장
의 시작부터 각 음절의 시작까지 초 단위로 주어진다.

벅아이 코퍼스(Pitt et al., 2007, 2005)는 40명의 화자의 약 30만 개의 단어를 포함하는 좀 더 최근의 자연스러운 미국어의 음성학상 표기된 코퍼스다. 음성학상 표기된 코퍼스는 다른 언어에도 사용할 수 있다. 독일어의 키엘Kiel 코퍼스는 중국사회과학원이 음성 기호로 표기한 다양한 만다린Mandarin 코퍼스처럼 일반적으로 사용된다(Li et al., 2000).

사전이나 코퍼스들과 같은 리소스 외에도 유용한 음성 소프트웨어 도구들이 많다. 가장 다양한 기능 중 하나가 무료 **Praat** 패키지(Boersma and Weenink, 2005)인데, 여기에는 스펙트럼과 스펙트로그램 분석, 피치 검출과 포먼트 분석, 자동화를 위한 내장된 스크립팅 언어가 포함된다. 마이크로소프트, 매킨토시 및 유닉스 환경에서 사용할 수 있다.

7.6 고급: 조음 및 동작 음운론

7.3.1절에서 **변별적 자질**을 사용해 단음 부류에 걸친 일반화를 캡처할 수 있다는 것을 봤다. 이러한 일반화는 주로 조음적이지만, [strident] 및 모음 높이 특징과 같은 일부는 주로 음향적이다. 조음이 음성 생성의 기초가 된다는 이 생각은 **조음 동작**이 기본 음운 추출인 조음 음운학에서보다 정교한 방식으로 사용된다(Browman and Goldstein, 1992, 1995). 조음 동작은 매개변수화된 **동적 시스템**으로 정의된다. 음성 생성은 혀, 입술, 성문 등의 둘 이상의 근육계를 사용할 수 있는 동작을 필요로 하기 때문에, 조음 음운론은 언어 발음을 잠재적으로 중첩되는 조음 동작의 시퀀스로 나타낸다. 그림 7.29는 단어 *pan*[p ae n]을 만드는 데 필요한 동작의 시퀀스(또는 **동작 스코어**Gestural score)를 보여준다. 입술이 먼저 닫히고, 그다음에 성문이 열리고, 그다음 설체가 모음 [ae]를 위해 인두벽 쪽으로 아래 뒤로 움직이며, 비음을 위한 연구개가 떨어지고, 마지막으로 혀끝을 치경에 바짝 붙이고 있다. 도표의 선은 서로에 대해 단계적인 동작을 나타낸다. 이러한 동작 표현으로 모음 [ae]의 비음성은 동작의 타이밍에 의해 설명된다. 혀끝이 완전히 닫히기 전에 연구개가 떨어진다.

동작 스코어

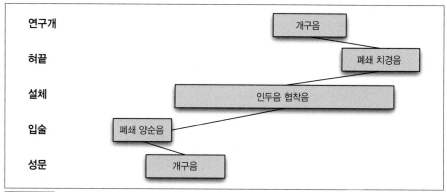

그림 7.29 브라우만과 골드스타인(1995)은 단어 *pan*의 동작 스코어[p ae n]를 발표했다.

　　조음 음운론의 이면에 있는 직관은 음성의 연속적인 본성을 포착하는 일련의 은닉 상태가 단음의 개별 시퀀스보다 훨씬 낮다는 것이다. 또한 발음이 가능한 동작을 기본 단위로 사용하면 **연결 음소**diphones(8.4절)와 **완성 음절**triphones(10.3절)을 소개할 때 자세히 살펴볼 인접 동작에 대한 동시 조음의 세밀한 효과를 모델링하는 데 도움이 될 수 있다.

　　조음 음운론의 계산적 구현은 최근 음성 인식에 나타나고 있다. 이러한 구현은 단음보다는 조음 동작을 기본 표현이나 은닉 변수로 사용한다. 복합적인 조음 기관(혀, 입술 등)이 동시에 움직일 수 있기 때문에, 은닉 변수로 동작을 사용하는 것은 다중 계층의 은닉 표현을 의미한다. 그림 7.30은 리비스쿠 및 글라스(2004b)와 리비스쿠 (2005) 작업에 사용된 조음 자질 세트를 보여준다. 그림 7.31은 단음이 이 특징 세트에 매핑되는 방법에 대한 예를 보여준다.

자질	설명	값 = 의미
LIP-LOC	입술 위치	LAB = 순음(중립 위치), PRO = 돌출(원형), DEN = 치음
LIP-OPEN	입술 열림 정도	CL = 폐쇄음; CR = critical(순음/순치마찰음); NA = 협착음(예: [w], [uw]); WI = 개구음(기타 모든 사운드)
TT-LOC	혀끝 위치	DEN = 치간음([th], [dh]), ALV = 치경음([t], [n]), P-A = 경구개 치경음([sh]), RET = 반전음([r])
TT-OPEN	혀 끝의 개방 정도	CL = 폐쇄음(폐쇄 자음); CR = critical(마찰음) NA = 협착음([r], 치경 활음); M-N = 중간-협착음; MID = 중간; WI = 협착음
TB-LOC	설체의 위치	PAL = 구개음(예: [sh], [y]); VEL = 연구개음(예: [k], [ng]); UVU = 구개수음(중립 위치); PHA = 인두음(예: [aa])
TB-OPEN	설체의 개방 정도	CL = 폐쇄음(폐쇄 자음); CR = critical(예: "legal"에서 [g]로 마찰음); NA = 협착음(예: [y]); M-N = 중간-협착음; MID = 중간; WI = 개구음
VEL	연구개 상태	CL = 폐쇄음(비음이 아닌); OP = 개방음(비음)
GLOT	성문 상태	CL = 폐쇄음(성문 폐쇄음); CR = critical(유성음); OP = 개방음(무성음)

그림 7.30 리비스쿠(2005)의 조음-음운 기반 자질 세트

단음	LIP-LOC	LIP-OPEN	TT-LOC	TT-OPEN	TB-LOC	TB-OPEN	VEL	GLOT
aa	LAB	W	ALV	W	PHA	M–N	CL(.9),OP(.1)	CR
ae	LAB	W	ALV	W	VEL	W	CL(.9),OP(.1)	CR
b	LAB	CR	ALV	M	UVU	W	CL	CL
f	DEN	CR	ALV	M	VEL	M	CL	OP
n	LAB	W	ALV	CL	UVU	M	OP	CR
s	LAB	W	ALV	CR	UVU	M	CL	OP
uw	PRO	N	P–A	W	VEL	N	CL(.9),OP(.1)	CR

그림 7.31 리비스쿠(2005): 단음에서 타깃 조음 자질값에 대한 매핑 샘플. 일부 값은 확률론적이다.

7.7 요약

7장은 음성학 및 컴퓨터 음성학의 많은 중요한 개념들을 소개했다.

- 단음이라고 부르는 단위의 관점에서 단어의 발음을 나타낼 수 있다. 단음 표시의 표준 시스템은 **국제 음성 알파벳** 또는 **IPA**이다. 영어 표기를 위한 가장 일반적인 계산 시스템은 **ARPAbet**으로 ASCII 기호를 편리하게 사용한다.

- 단음은 발성 기관에 의해 조음적으로 생성되는 방식으로 설명할 수 있다. 자음은 발성과 조음의 **위치**와 **방식**에 따라 정의된다. 모음은 **혀의 높낮이**, **앞뒤차**, **입술 둥글기**로 정의된다.

- 음소는 다른 음성 인식에 대한 일반화 또는 관념적 개념이다. **이음적**^{Allophonic} 규칙은 주어진 맥락에서 음소가 어떻게 실현되는지를 나타낸다.

- 또한 음성 사운드는 **음향적**으로 설명할 수 있다. 음파는 **주파수**, **진폭** 또는 지각 상관관계, **음조**, **음량** 등의 측면에서 설명할 수 있다.

- 소리의 **스펙트럼**은 소리의 다른 주파수 구성 요소를 설명한다. 일부 음성 속성은 파형에서 알아볼 수 있지만 인간과 기계 모두 단음 감지를 위해 스펙트럼 분석에 의존한다.

- **스펙트로그램**^{spectrogram}은 시간의 경과에 따른 스펙트럼의 플롯이다. 모음은 **포먼트**^{formant}라고 하는 특유의 배음에 의해 설명된다.

- **발음 사전**은 영어용 CMU 사전과 영어, 독일어, 네덜란드어용 CELEX 사전을 포함해 음성 인식과 합성에 널리 이용되고 있다. LDC에서 다른 사전을 사용할 수 있다.

- 음성적으로 전사된 코퍼스들은 단음 변이 및 자연어 감소의 연산 모델을 구축하는 데 유용한 리소스다.

참고문헌 및 역사 참고 사항

발음이 가능한 음성학의 주요 통찰력은 기원전 800~150년 인도 언어학자들로부터 유래했다. 인도 언어학자들은 조음의 위치와 방식의 개념을 창안했고, 유성화의 성문음 메커니즘을 고안했으며 동화 개념을 이해했다. 유럽 과학은 2000년 이상 지난 19세기 후반까지 인도의 음성학자들을 따라잡지 못했다. 그리스인들은 기본적인 표음식의 지식을 가지고 있었다. 예를 들어 플라톤의 『테아이테토스Theaetetus』와 『크라틸로스Cratylus』가 될 무렵, 그들은 모음과 자음을 구별했고, 폐쇄 자음을 지속음과 구별했다. 스토아 학파Stoics는 음절의 개념을 발전시켰고 가능한 단어에 대한 음소 배열 제약을 알고 있었다. 12세기의 알려지지 않은 아이슬란드 학자는 음소의 개념을 이용해 길이와 비음성을 포함한 아이슬란드어를 위한 음소 표기 체계를 제안했다. 그러나 그의 글은 1818년까지 출판되지 않은 채 남아 있었고, 그 당시에도 스칸디나비아 밖에서는 대체로 알려지지 않았다(Robins, 1967). 현대 음성학의 시대는 보통 스윗Sweet에 의해 시작됐다고 하는데, 스윗은 『Handbook of Phonetics』(1877)에서 본질적으로 음소인 것을 제안했다. 또한 전사를 위한 알파벳을 고안해냈고 *broad*와 *narrow* 전사를 구별해 결국 IPA에 통합된 많은 아이디어를 제안했다. 스윗은 당시 최고의 음성학자로 여겨졌다. 스윗은 음성을 목적으로 언어에 대한 최초의 과학적인 기록을 만들었고, 조음 기술의 상태를 발전시켰다. 또한 스윗은 함께 지내기가 힘들었다고 악명 높았으며, 조지 버나드 쇼가 그를 모델로 삼은 무대 캐릭터인 헨리 히긴스에서 성격이 잘 나타나 있다. 음운은 폴란드 학자 보두앵 드 쿠르트네에 의해 처음 명명됐는데, 1894년 이론을 발표했다.

전사와 조음 음성학에 더 관심이 있는 학생들은 라데포게드(1993)나 클라크와 얄롭(1995) 같은 음성학 입문 교재를 참고해야 한다. 풀럼과 라두소(1996)는 IPA의 각 기호와 발음 구별 부호를 위한 포괄적인 안내서다. 영어 구어체의 축약 및 기타 음성 과정에 대한 세부 사항을 위한 좋은 자료는 셔키(2003)이다. 웰스(1982)는 3권의 영어 방언에 관한 자료다.

음향 음성학의 많은 고전적 통찰력은 1950년대 후반 또는 1960년대 초에 개발됐다. 단 몇 가지 주요 사항에는 음향 분광기(Koenig et al., 1946), 소스 필터 이론의 도출과 같은 이론적 통찰력 및 조음과 음향 사이의 매핑에 대한 기타 문제(Fant, 1960; Stevens et al., 1953; Stevens and House, 1955; Heinz and Stevens, 1961; Stevens and House, 1961), 모음 포먼트의 F1xF2 공간(Peterson and Barney, 1952), 강세의 음성 특성 이해(Fry, 1955), 단음 인식의 기본적인 이해들을 포함한다(Miller and Nicely, 1955; Liberman et al., 1952). 리히스티(1967)는 음향 음성학에 관한 고전 논문 모음집이다. 거너 팬트의 많은 정석 논문이 팬트(2004)에 수집됐다.

음향 음성학에 관한 우수한 교과서로는 존슨(2003)과 라데포게드(1996)가 있다. 콜맨(2005)은 언어적 관점에서 다른 음성 처리 문제뿐만 아니라 음향의 컴퓨터 처리 과정에 대한 소개를 포함한다. 스티븐스(1998)는 말소리 생성에 대한 영향력 있는 이론을 제시한다. 다양한 책에서 신호 처리와 전기 공학적인 관점에서 음성을 다룬다. 황 외 연구진(2001), 오쇼너시(2000), 골드앤모건(1999) 등이 컴퓨터 음성학 문제를 가장 잘 다뤘다. 디지털 신호 처리에 관한 우수한 교과서는 라이언스(2004)와 래비너와 샤퍼(1978)가 있다.

음향 음성학 분석을 위한 많은 소프트웨어 패키지가 있다. 아마도 가장 널리 사용되는 것은 **Praat**일 것이다(Boersma and Weenink, 2005).

컴퓨터에 관련된 많은 음성학 논문은 *Journal of the Acoustical Society of America* (JASA), *Computer Speech and Language, Speech Communication*에서 찾아볼 수 있다.

연습

7.1   ARPAbet 전사에서 다음 단어의 오류를 찾아라.

   a. "three" [dh r i]   b. "sing" [s ih n g]   c. "eyes" [ay s]

   d. "study" [s t uh d i]   e. "though" [th ow]   f. "planning" [p pl aa n ih ng]

   g. "slight" [s l iy t]

7.2 IPA에서 ARPAbet으로 다음과 같은 색상의 단어의 발음을 번역하라(이와 다르게 발음한다고 생각되면 메모한다).

a. [rɛd] b. [blu] c. [grin]

d. [jɛloʊ] e. [blæk] f. [waɪt]

g. [ɔrɪndʒ] h. [pɝpl̩] i. [pjus]

j. [toʊp]

7.3 이라 거슈윈의 ⟨Let's Call the Whole Thing Off⟩의 가사는 "tomato", "potato", "either"의 두 가지 발음(각각)을 이야기한다. 이 세 단어의 각각 발음을 ARPAbet으로 옮겨라.

7.4 다음 단어를 ARPAbet에 기록하라.

1. dark
2. suit
3. greasy
4. wash
5. water

7.5 원하는 웨이브 파일을 가져온다. 몇 가지 예는 교과서 웹사이트에 있다. Praat 소프트웨어를 다운로드하고 이를 사용해, 각 웨이브 파일의 일부를 재생하고 웨이브 파일과 스펙트로그램을 볼 수 있도록 Praat을 사용해 단어 수준의 웨이브 파일을 ARPAbet 단음으로 전사하라.

7.6 영어 모음 중 [aa], [eh], [ae], [iy], [uw] 중 5개의 영어 모음을 말하는 것을 기록하고 각 모음에서 F1과 F2를 찾아라.

08
음성 합성

그리고 컴퓨터는 계속 스마트해지고 있다. 과학자들은 곧 그들과 대화할 수 있을 것이라고 말한다('그들'은 '컴퓨터'를 의미한다. 과학자들이 우리와 대화할 수 있을지 의문이다).

‒ 데이브 배리

1769년 오스트리아의 수도 비엔나에서 볼프강 폰 켐펠렌은 왕후 마리아 테레사를 위해 메커니컬 터크^{Mechanical Turk}를 만들었다. 메커니컬 터크 뒤에는 기어가 가득 찬 나무상자로 구성된 체스를 두는 오토마톤이 있었고, 기계 팔로 체스 말들을 움직여 체스를 두는 로봇 마네킹이 앉아 있었다. 터크는 수십 년 동안 유럽과 아메리카를 돌며 나폴레옹 보나파르트를 물리치고 심지어 영국 수학자 찰스 배비지와 플레이했다. 메커니컬 터크는 상자 안에 숨겨진 인간 체스 선수의 힘을 빌린 속임수라는 사실이 없었다면 인공지능의 초기 성공작 중 하나였을지도 모른다.

하지만 발명가 폰 켐펠렌이 1769년과 1790년 사이에 최초의 완전한 문장 음성 합성기를 만들었다는 사실은 잘 알려지지 않았다. 폰 켐펠렌의 장치는 폐처럼 보이게 만들어진 풀무, 고무 마우스피스 및 콧구멍, 성대 주름처럼 보이게 만들어진 리드^{reed}, 마찰음을 위한 다양한 휘파람 소리, 폐쇄 자음을 위한 공기를 공급하는 소형 보조 풀무로 구성됐다. 두 손으로 레버를 움직여 구멍을 여닫고, 유연한 가죽 "성대"를 조정하면 조작자가 다양한 자음과 모음을 생성할 수 있게 된다.

2세기 이상 지난 지금, 더 이상 나무와 가죽으로 합성기를 만들지 않으며 인간 조작자도 필요하지 않다. **문자 음성 변환**^{text-to-speech} 또는 **TTS**라고도 부르는 음성 합성의

문자 음성 변환
TTS

현대적인 작업은 문자로부터 음성(음향 파형)을 생성하는 것이다.

현대 음성 합성은 응용 범위가 매우 다양하다. 합성기는 사람들과 대화를 수행하는 전화 기반 대화 에이전트에서 사용된다(24장). 합성기는 시각장애인을 위해 소리 내어 읽는 기기나 비디오 게임, 어린이 장난감과 같이 사람들에게 말하는 비대화형 애플리케이션에서도 중요하다. 끝으로, 음성 합성은 신경계 질환 환자들을 위해 사용될 수 있다. ALS로 인해 목소리 사용법을 잃은 천체물리학자 스티븐 호킹은 음성 타이핑해 합성기가 말을 하게 한다. 음성 합성의 최신 시스템은 다양한 입력 상황에서 매우 자연스러운 음성을 얻을 수 있지만, 최고의 시스템조차도 여전히 나무처럼 딱딱하게 들리는 경향이 있고 사용하는 음성에 제한이 있다.

음성 합성 작업은 다음과 같은 텍스트를 매핑하는 것이다.

(8.1)   PG&E will file schedules on April 20.

다음과 같은 파형으로,

음성 합성 시스템은 매핑을 두 단계로 수행한다. 먼저 입력 텍스트를 **음소 내부 표현**으로 변환한 다음, 이 내부 표현을 파형으로 변환한다. 첫 번째 단계 **텍스트 분석**과 두 번째 단계 **파형 합성**을 호출할 것이다(이러한 단계에는 다른 이름들도 사용됨).

텍스트 분석
파형 합성

이 문장에 대한 내부 표현 표본은 그림 8.1에 나타나 있다. 약어 PG&E는 P G AND E로 전개되고, 숫자 20은 *twentieth*로 전개되며, 각 단어에 대해 단음 시퀀스가 제공된다. 나중에 정의한 운율학 및 구문 정보(*)도 있다.

P	G	AND	E*	WILL	FILE	SCHEDULES*	ON	APRIL	TWENTIETH* L-L%
p	iy	jh	iy	ae	n	d	iy	w	ih	l	f	ay	l	s	k	eh	jh	ax	l	z	aa	n	ey	p	r	ih	l	t	w	eh	n	t	iy	ax	th

그림 8.1   문장 *PG&E will file schedules on April 20.*의 유닛 선택 합성기에 대한 중간 출력. 숫자와 두문자어가 전개됐고, 단어가 단음으로 변환됐으며, 운율적 자질이 할당됐다.

텍스트 분석 알고리듬은 비교적 표준이지만 파형 합성에는 세 가지 서로 다른 패러 다임이 있다. 즉 **연결 합성**, **포먼트 합성**, **조음 합성**이 있다. 대부분의 최신 상용 TTS 시 스템의 아키텍처는 음성 샘플을 잘게 쪼개서 데이터베이스에 저장하고 새로운 문장 을 만들기 위해 결합하고 재구성하는 연결 합성에 기초한다. 따라서 8장의 끝부분에 서 포먼트와 조음 합성을 간략하게 소개하지만, 8장의 대부분에서 연결 합성에 초점 을 맞춘다.

모래시계 비유   그림 8.2는 테일러(2008)의 2단계 **모래시계 비유**를 사용해 결합 음편 선택 합성을 위 한 TTS 아키텍처를 보여준다. 다음 절에서는 이 아키텍처의 각 구성 요소를 살펴본다.

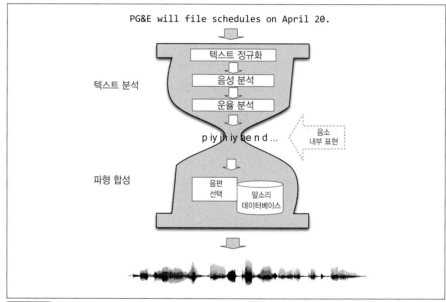

그림 8.2 음편 선택(연결) 음성 합성을 위한 TTS 아키텍처

8.1 텍스트 정규화

음소 내부 표현을 생성하기 위해서는 우선 다양한 방법으로 원문을 사전 처리하거나 정상화   **정상화**해야 한다. 입력된 텍스트를 문장으로 나누고, 약어, 숫자 등의 특이점을 다루 어야 한다. 엔론Enron 코퍼스(Klimt and Yang, 2004)에서 인용한 다음 텍스트의 어려움 을 고려해야 한다.

He said the increase in credit limits helped B.C. Hydro achieve record net income of about $1 billion during the year ending March 31. This figure does not include any write-downs that may occur if Powerex determines that any of its customer accounts are not collectible. Cousins, however, was insistent that all debts will be collected: "We continue to pursue monies owing and we expect to be paid for electricity we have sold.

문장 토큰화 텍스트 정규화의 첫 번째 작업은 **문장 토큰화**다. 이 단락을 합성을 위한 별도의 발화로 나누기 위해서는 첫 번째 문장이 *B.C*의 마침표가 아닌 *March 31* 이후의 마침표가 끝난다는 것을 알 필요가 있다. 또한 구두점이 마침표가 아닌 콜론임에도 불구하고 단어 *collected*로 끝나는 문장이 있다는 것도 알아야 한다. 두 번째 정규화 작업은 비표준어를 다루는 것이다. 비표준어로는 숫자, 두문자어, 약어 등이 있다. 예를 들어 *March 31*은 *March three one*이 아니라 *March thirty-first*로 발음해야 한다. *$1 billion*는 *one billion dollars*로 발음해야 하며, 단어 *dollars*는 *billion* 뒤에 나타난다.

8.1.1 문장 토큰화

문장 경계는 항상 마침표로 표시되지 않고 때때로 콜론처럼 구두점으로 표시될 수 있기 때문에 문장 토큰화가 어려운 두 가지 예를 위에서 봤다. 약어가 문장을 끝낼 때 추가적인 문제가 발생하는데, 이 경우 약어 최종 마침표가 두 가지 역할을 한다.

(8.2) He said the increase in credit limits helped B.C. Hydro achieve record net income of about $1 billion during the year ending March 31.

(8.3) Cousins, however, was insistent that all debts will be collected: "We continue to pursue monies owing and we expect to be paid for electricity we have sold."

(8.4) The group included Dr. J. M. Freeman and T. Boone Pickens Jr.

문장의 토큰화의 핵심은 마침표의 명확성이다. 3장에서 마침표의 명확성에 대한 간단한 Perl 스크립트를 봤다. 대부분의 문장 토큰화 알고리듬은 이 결정론적 알고리듬보다 약간 더 복잡하며, 특히 수동으로 빌드하는 것보다 머신러닝 방식으로 훈련한다. 먼저 문장 경계로 훈련 세트를 수작업으로 표시한 다음 지도된 머신러닝 방법(결정 트리, 로지스틱 회귀, SVM 등)을 적용해 문장 경계 결정을 표시하는 분류기를 훈련시킨다.

더욱 구체적으로 입력 텍스트를 공백으로 구분된 토큰으로 토큰화하는 것부터 시작해 세 개의 문자 !, . 또는 ?(또는 가능한 :) 중 하나를 포함하는 토큰을 선택할 수 있다. 그러한 토큰의 코퍼스를 수동으로 레이블링한 후, 분류기를 훈련시켜 이러한 토큰 안에 있는 잠재적 문장 경계 문자에 대해 이진 결정(EOS$^{\text{end-of-sentence}}$ 대 not-EOS)을 내린다.

이러한 분류기의 성공은 분류를 위해 추출되는 자질에 따라 달라진다. 문장 경계에 레이블이 지정된 소량의 학습 데이터가 있다고 가정할 때 이러한 **후보** 문장 경계 문자를 모호하게 만드는 데 사용할 수 있는 자질 템플릿을 생각해보자.

- 접두사(후보 앞의 후보 토큰 부분)
- 접미사(후보 뒤의 후보 토큰 부분)
- 접두사 또는 접미사가 약어인지 여부(목록에서)
- 후보 앞의 단어
- 후보 다음 단어
- 후보 앞의 단어가 약어인지 여부
- 후보 뒤의 단어가 약어인지 여부

다음 예를 고려해본다.

(8.5)   ANLP Corp. chairman Dr. Smith resigned.

이러한 자질 템플릿에 따라 (8.5)의 Corp.에서 마침표 .의 자질값은 다음과 같을 것이다.

```
PreviousWord = ANLP                NextWord = chairman
Prefix = Corp                      Suffix = NULL
PreviousWordAbbreviation = 1       NextWordAbbreviation = 0
```

훈련 세트가 충분히 크면 문장 경계에 대한 어휘 단서를 찾을 수도 있다. 예를 들어 특정 단어는 문장의 시작 또는 문장의 끝에 나오는 경향이 있다. 따라서 다음 자질을 추가할 수 있다.

- 확률 [후보가 문장 끝에 발생]
- 확률 [후보 뒤에 나오는 단어가 문장 시작 부분에 나타남]

마지막으로, 위의 자질들은 대부분 언어에 독립적인 반면 우리는 언어에 특정한 자질을 사용할 수 있다. 예를 들어 영어에서 문장은 보통 다음과 같은 자질을 제시하면서 대문자로 시작한다.

- 후보 사례: Upper, Lower, AllCap, Numbers
- 후보 뒤따르는 단어의 경우: Upper, Lower, AllCap, Numbers

마찬가지로, 경어나 직함(예: Dr., Mr., Gen.), 기업 표시 기호(예: Corp., Inc.) 또는 월(예: Jan., Feb.)과 같은 구체적인 약어 하위 부류를 가질 수 있다.

모든 머신러닝 방식을 적용해 EOS 분류기를 훈련할 수 있다. 로지스틱 회귀 분석(6.6.2절)과 의사결정 트리는 두 가지 일반적인 방법이다. 로지스틱 회귀 분석은 특성이 어떻게 사용되는지 더 쉽게 확인할 수 있기 때문에 그림 8.3에서 의사결정 트리를 대신 보여줬지만 다소 더 높은 정확도를 가질 수 있다.

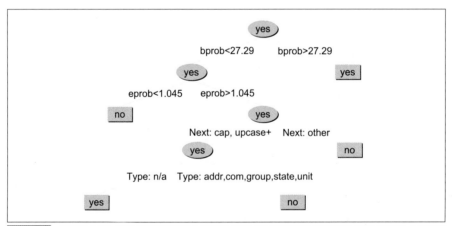

그림 8.3 마침표 "."가 문장 끝(YES)이거나 문장의 끝이 아닌지(NO)를 예측하기 위한 리처드 스프로트의 결정 트리. 현재 단어가 문장의 시작(bprob), 이전 단어가 문장의 끝(eprob), 다음 단어의 대문자, 약어 하위 부류(회사, 상태, 측정 말소리)의 로그 가능성과 같은 자질을 사용한다.

8.1.2 비표준 단어

텍스트 정규화의 두 번째 단계는 **비표준 단어**[NSW]를 정규화하는 것이다. 비표준 단어는 발음하기 전에 일련의 영어 단어로 전개돼야 하는 숫자 또는 약어와 같은 토큰이다.

비표준어는 중의적인 경우가 많기 때문에 어렵다. 예를 들어 숫자 *1750*은 문맥에 따라 최소한 네 가지 다른 방법으로 말할 수 있다.

seventeen fifty: (in *"The European economy in 1750"*)

one seven five zero: (in *"The password is 1750"*)

seventeen hundred and fifty: (in *"1750 dollars"*)

one thousand, seven hundred, and fifty: (in *"1750 dollars"*)

IV(four, fourth 또는 I V(정맥 주사를 의미))와 같은 로마 숫자 또는 *2/3*(two thirds 또는 February third 또는 March second 또는 two slash three)과 같은 숫자도 유사한 중의성이 발생한다.

일부 비표준 단어는 **약어, 문자 시퀀스, 두문자어** 등 문자로 구성돼 있다. 약어는 일반적으로 **전개**된 것처럼 발음된다. 따라서 *Wed*는 Wednesday, *Jan 1*는 January first로 발음된다. *UN, DVD, PC, IBM*과 같은 **문자 시퀀스**는 순서대로 문자로 발음된다. 따라서 *IBM*은 [ay b iy eh m]으로 발음된다. *IKEA, MoMA, NASA, UNICEF*와 같은 두문자어는 단어인 것처럼 발음된다. 즉, MoMA는 [m ow m ax]로 발음된다. 여기에서도 중의성이 발생한다. *Jan*을 단어(Jan이라는 사람 이름)로 읽어야 하는가, 아니면 달 January로 전개돼야 하는가? 다른 유형의 숫자와 알파벳 비표준 단어들은 그림 8.4에 요약돼 있다.

알파벳	EXPN	축약형	adv, N.Y., mph, gov't
	LSEQ	글자 순서	DVD, D.C., PC, UN, IBM,
	ASWD	단어로 해석	IKEA, 알 수 없는 단어 / 이름
숫자	NUM	숫자(수치)	12, 45, 1/2, 0.6
	NORD	숫자(서수)	May 7, 3rd, Bill Gates III
	NTEL	전화(또는 일부)	212-555-4523
	NDIG	자릿수	Room 101
	NIDE	식별자	747, 386, I5, pc110, 3A
	NADDR	번지 주소	747, 386, I5, pc110, 3A
	NZIP	우편번호 또는 사서함	91020
	NTIME	(복합) 시간	3.20, 11:45
	NDATE	(복합) 날짜	2/28/05, 28/02/05
	NYER	연도	1998, 80s, 1900s, 2008
	MONEY	돈(미국 또는 기타)	$3.45, HK$300, Y20,200,
	BMONEY	돈 tr/m/billions	$200K $3.45 billion
	PRCT	퍼센트	75% 3.4%

그림 8.4   스프로트 외 연구진(2001)의 표 1에서 선택한 텍스트 정규화의 일부 비표준 단어 유형. URL, 이메일 및 일부 복잡한 구두점 사용 유형은 나열되지 않았다.

쌍체 방식

순차적인 방식

각 유형에는 특정한 구체화 방법이 있다. 예를 들어 연도(NYER)는 일반적으로 **쌍체 방식**paired method으로 읽히는데, 여기서 각 한 쌍의 자릿수는 정수로 발음된다(예: 1750의 경우, seventeen fifty). 반면 미국 우편번호(NZIP)는 **순차적인 방식**serial method으로 읽히는데, 한 자릿수의 순서로 읽힌다(예: 94110의 경우 nine four one one zero). BMONEY 유형은 마지막에 단어 dollars를 읽어야 하는 $3.2 billion과 같은 표현의 특이성을 three point two billion dollars로 다룬다. 알파벳 NSW의 경우 전개된 N.Y.와 같은 약어에 대한 EXPN, 문자 시퀀스로 발음되는 두문자어에 대한 LSEQ, 마치 단어처럼 발음되는 두문자어에 대한 ASWD 부류가 있다.

비표준어를 다루려면 최소한 세 가지 단계가 필요하다. 잠재적 비표준 단어를 분리하고 식별하기 위한 **토큰화**, 그림 8.4의 유형으로 레이블을 지정하는 **분류** 그리고 각 유형을 표준 단어의 문자열로 변환하기 위한 **전개**다.

토큰화 단계에서는 공백으로 입력 내용을 토큰화한 다음 발음 사전에 없는 단어가 비표준 단어라고 가정할 수 있다. 보다 정교한 토큰화 알고리듬은 일부 사전에는 이미 일부 약어가 포함돼 있다는 사실도 다룰 것이다. 예를 들어 CMU 사전에는 *mon*, *tues*, *nov*, *dec* 등과 같은 주간 및 월 약어뿐만 아니라 *st*, *mr*, *mrs*에 대한 약어(따라서 부정확한) 발음이 포함돼 있다. 따라서 미지의 단어 외에도 이러한 두문자어 및 단일 문자 토큰을 잠재적 비표준 단어로 표시할 필요가 있다. 토큰화 알고리듬은 또한 *2-car*나 *RVing*과 같이 두 토큰의 조합인 단어를 분할할 필요가 있다. 단어들은 대시에 분할하거나 소문자에서 대문자로 변경하는 것과 같은 간단한 휴리스틱^{heuristics}에 의해 분할될 수 있다.

다음 단계는 NSW 유형을 할당하는 것이다. 많은 유형은 간단한 정규식으로 감지할 수 있다. 예를 들어 NYER는 다음과 같은 정규식으로 감지할 수 있다.

/(1[89][0-9][0-9])|(20[0-9][0-9])/

다른 부류는 규칙을 쓰기가 더 어려울 수 있기 때문에, 더 강력한 옵션은 많은 자질이 있는 머신러닝 분류기를 사용하는 것이다.

예를 들어 알파벳 ASWD, LSEQ 및 EXPN 클래스를 구별하기 위해 구성 요소 문자 위에 자질을 사용할 수 있다. 따라서 짧은 전체 대문자 단어(IBM, US)는 LSEQ일 수 있고, 작은 따옴표(*gov't, cap'n*)가 있는 긴 소문자 단어는 EXPN일 수 있으며, 다중 모음이 있는 모든 대문자 단어(*NASA, IKEA*)는 ASWD일 가능성이 더 높을 수 있다.

또 다른 유용한 특징은 인접한 단어의 정체성이다. *3/4*와 같은 모호한 문자열은 NUM(three-fourths) 또는 NDATE(march third)일 수 있다. NDATE는 단어 *on* 앞에, 단어 *of* 뒤에, 또는 단어 *Monday*가 주변 단어 어딘가에 있을 수 있다. 이와는 대조적으로 NUM의 예는 다른 숫자 앞에 있거나 *mile*과 *inch*와 같은 단어가 뒤에 올 수 있다. 마찬가지로 *VII*와 같은 로마 숫자들은 *Chapter*, *part*나 *Act*가 앞에 올 때 NORD(seven)가 되는 경향이 있지만, *king*이나 *Pope*라는 단어가 근처에 발생할 때는 NUM(seventh)이 된다. 이러한 문맥 단어들은 직접 자질로 선택할 수도 있고 20장의 **결정 목록** 알고리듬과 같은 머신러닝 기법으로 학습할 수도 있다.

위의 모든 아이디어를 결합한 단일 머신러닝 분류기를 구축해 최대의 능력을 얻을 수 있다. 예를 들어 스프로트 외 연구진(2001)의 NSW 분류기는 '*all-upper-case*', '*has- two-vowels*', '*contains-slash*', '*token-length*'와 같은 문자 기반 피처와 함께 주변 문맥에 *Chapter*, *on*, *king*과 같은 특정 단어가 존재하는 이진 피처를 포함해 136개의 특징을 사용한다. 스프로트 외 연구진(2001)은 또한 많은 NSW를 분류하기 위해 직접 작성한 정규식을 사용한 대략적인 초안의 규칙 기반 분류기를 포함했다. 이 초안 분류기의 출력은 주 분류기의 또 다른 피처로 사용됐다.

그러한 주요 분류기를 구축하기 위해서는 각각의 토큰에 NSW 범주가 레이블이 지정된 수동 레이블 훈련 세트가 필요하다. 그러한 수동 레이블 데이터베이스 중 하나는 스프로트 외 연구진이 생산했다. 레이블이 지정된 훈련 세트를 고려할 때 앞에서 설명한 로지스틱 회귀 분석 또는 의사결정 트리 알고리듬과 같은 지도된 머신러닝 알고리듬을 적용할 수 있다. 관찰된 각 토큰 o_i에 대해 위에서 설명한 자질을 추출한다. 그런 다음 그림 8.4의 직접 레이블을 지정한 NSW 범주를 예측하기 위해 이러한 자질을 사용하도록 분류기를 훈련시킨다.

NSW를 다루는 세 번째 단계는 평범한 단어로 전개하는 것이다. 하나의 NSW 유형인 EXPN은 전개하기가 상당히 어렵다. 유형에는 NY와 같은 약어와 두문자어가 포함된다. 일반적으로 약어 사전의 도움을 받아 전개돼야 하며, 중의적인 부분은 다음 절에서 논의된 동음이의어 명확화 알고리듬으로 다룰 수 있다.

다른 NSW 유형의 전개는 일반적으로 결정론적이다. 예를 들어 LSEQ는 각 문자마다 하나씩 단어 시퀀스로 전개되고, ASWD는 자체적으로 전개되며, NUM은 기수를 나타내는 단어 시퀀스로 전개되며, NORD는 서수를 나타내는 단어 시퀀스로 전개되며, NDIG와 NZIP은 모두 각 자리마다 하나씩 단어 시퀀스로 전개된다.

다른 유형은 약간 더 복잡하다. NYER는 연도가 00로 끝나지 않는 두 자리의 숫자로 전개되는 경우 4자리 연도는 기수(2000년은 two thousand) 또는 **100 말소리의 방식**(1800년은 eighteen hundred)으로 발음된다. NTEL은 숫자의 시퀀스와 같이 전개될 수 있다. 또는 마지막 네 자리를 **쌍을 이룬 자릿수**paired digits로 읽을 수 있다. 이 경우 각 쌍은 정수로 읽는다. 또한 **후행 말소리**라고 알려진 형태로도 읽을 수 있는데, 여기서 숫자는 0이 아닌 마지막 숫자까지 숫자를 연속적으로 읽으면 적절한 말소리 뒤에 발음된다(예: *876-5000*의 경우 eight seven six five thousand). NDATE, MONEY, NTIME의 전개는 독자를 위한 연습 8.1~8.4로 남겨둔다.

물론 이러한 전개의 대부분은 방언에 따라 다르다. 호주 영어에서, 전화번호의 시퀀스 33은 일반적으로 double three로 읽힌다. 다른 언어들도 비표준 단어 정규화에 추가적인 어려움을 제기한다. 프랑스어나 독일어의 경우, 위의 문제 외에도 정규화는

100 말소리의
방식

형태론적 특성에 따라 달라질 수 있다. 프랑스어에서는 *1 fille*('one girl')이 une fille로 정규화되지만, *1 garçon*('one boy')은 un garçon으로 정규화된다. 마찬가지로 독일어에서도 *Heinrich IV*('Henry IV')는 명사의 문법적 사례에 따라 Heinrich der Vierte, Heinrich des Vierten, Heinrich dem Vierten, 또는 Heinrich den Vierten으로 정규화될 수 있다(Demberg, 2006).

8.1.3 동형이의어의 중의성 해소

동형이의어

앞의 절에서 NSW 알고리듬의 목표는 각 NSW에 대해 발음할 표준 단어 시퀀스를 결정하는 것이었다. 그러나 때때로 표준어라도 어떻게 발음할 것인가를 결정하는 것은 어렵다. 철자는 같지만 발음이 다른 단어인 **동형이의어**에 적용된다. 여기 영어 *use*, *live*, *bass*의 동형이의어의 몇 가지 예가 있다.

(8.6)   It's no use(/y uw s/) to ask to use (/y uw z/) the telephone.

(8.7)   Do you live(/l ih v/) near a zoo with live(/l ay v/) animals?

(8.8)   I prefer bass(/b ae s/) fishing to playing the bass(/b ey s/) guitar.

프랑스어 동형이의어에는 *fils*([fis] 'son' 대 [fil] 'thread']의 두 가지 발음이 있음) 또는 *fier*('proud' 또는 'to trust')와 *est*('is' 또는 'East')에 대한 복수 발음이 있다(Divay and Vitale, 1997).

다행스럽게도 동형이의어의 중의성 해소 작업을 위해 영어로 된 두 가지 형태의 동형이의어(프랑스어 및 독일어와 같은 유사한 언어)는 다른 품사를 갖는 경향이 있다. 예를 들어 위의 *use*의 두 가지 형태는 (각각) 명사와 동사인 반면, *live*의 두 가지 형태는 (각각) 동사와 명사다. 그림 8.5는 일부 명사-동사와 형용사-동사 동형이의어 발음 사이의 흥미로운 체계적인 관계를 보여준다. 실제로 리버만과 처치(1992)는 AP 뉴스 와이어의 4,400만 단어에서 가장 빈번한 동형이의어 중 상당수가 품사를 사용하는 것만으로 명확히 할 수 있다는 것을 보여줬다(가장 빈번한 15개의 동형이의어는 *use*, *increase*, *close*, *record*, *house*, *contract*, *lead*, *live*, *lives*, *protest*, *survey*, *project*, *separate*, *present*, *read*이다).

최종 음성			강세 변화			마지막 모음 -ate	
N (/s/)	V (/z/)		N (init. stress)	V (fin. stress)		N/A (final /ax/)	V (final /ey/)
use	y uw s	y uw z	record	r eh1 k axr0 d	r ix0 k ao1 r d	estimate	eh s t ih m ax t	eh s t ih m ey t
close	k l ow s	k l ow z	insult	ih1 n s ax0 l t	ix0 n s ah1 l t	separate	s eh p ax r ax t	s eh p ax r ey t
house	h aw s	h aw z	object	aa1 b j eh0 k t	ax0 b j eh1 k t	moderate	m aa d ax r ax t	m aa d ax r ey t

그림 8.5 동형이의어 사이의 일부 체계적인 관계: 마지막 자음(명사/s/ 대 동사/z/), 강세 변화(명사 초기 강세 대 동사 최종 강세), -ate 명사/형용사의 마지막 모음 약화

품사에 대한 지식은 많은 동형이의어를 명확하게 하기에 충분하다. 그래서 실제로 품사로 분류된 동형이의어들의 구별되는 발음을 저장한 다음, 문맥에서 주어진 동형이의어들에 대한 발음을 선택하기 위해 음성 태거를 작동시킴으로써 동형이의어의 중의성 해소를 수행한다.

그러나 많은 동형이의어들이 있는데, 두 발음이 같은 부분을 가지고 있다. 위에서 *bass*(생선 대 악기)의 두 가지 발음을 봤다. 다른 예로는 *lead*가 있다(두 개의 명사 발음이 있기 때문에 /l iy d/(가죽끈이나 규제)와 /l eh d/(금속)가 있다. 또한 동형이의어의 중의성 해소로서 특정 약어(이전에 NSW 중의성 해소로 언급됨)를 명확화하는 작업을 생각할 수 있다. 예를 들어 Dr.는 doctor와 drive 사이, St.는 Saint와 street 사이에서 애매하다. 마지막으로 *polish*/는 Polish와 같이 대소문자가 다른 단어가 있다. 이 단어는 문장 시작 부분이나 모두 대문자로 된 텍스트와 같은 상황에서만 동형이의어다.

실제로, 품사로 해결할 수 없는 이러한 마지막 부류의 동형이의어는 TTS 시스템에서 무시되는 경우가 많다. 또는 20장에서 소개할 야로스키(1997)의 의사결정 목록 알고리듬처럼 단어 의미 중의성 해소 알고리듬을 사용해 문제를 해결할 수 있다.

8.2 음성 분석

합성 다음 단계는 텍스트 분석에서 정규화된 단어 문자열에서 각 단어에 대한 발음을 생성하는 것이다. 여기서 가장 중요한 요소는 큰 발음 사전이다. 그러나 실행 중인 텍스트는 항상 사전에 나타나지 않는 단어를 포함하기 때문에 사전만으로는 불충분하다. 예를 들어 블랙 외 연구진(1998)은 펜 〈월 스트리트 저널〉 트리뱅크의 첫 번째 절에 있는 영국 영어 사전 OALD 어휘를 사용했다. 이 절의 39,923개 단어(토큰) 중 사

전에는 1,775개 단어 토큰(4.6%)이 수록되지 않았으며, 이 중 943개가 고유(즉, 943종)하다. 이러한 미지의 단어 토큰의 분포는 다음과 같았다.

명칭	알려지지 않은 단어	오타 및 기타
1360	351	64
76.6%	19.8%	3.6%

따라서 사전을 보강해야 하는 두 가지 주요 영역은 명칭과 그 밖의 알려지지 않은 단어들을 다루는 데 있다. 다음 세 절에서는 각각 사전, 명칭 및 기타 알려지지 않은 단어에 대한 문자소의 음소 변환 규칙의 순서로 각각에 대해 논의한다.

8.2.1 사전 조회

음성 사전은 7.5절에서 소개했다. TTS에 가장 널리 사용되는 것 중 하나는 자유롭게 이용할 수 있는 CMU 발음 사전(CMU, 1993)으로, 약 120,000 단어에 대한 발음이 있다. 그 발음은 39개 단음 ARPAbet에서 파생된 음소 세트로 대략적으로 음소이다. 음성 전사란 축약 모음[ax] 또는 [ix]와 같은 표면적 감소를 표시하는 대신에 CMUdict는 각 모음에 0(강세 없음), 1(제1강세) 또는 2(제2강세)와 같은 강세 태그를 표시한다. 따라서 강세가 0인(이중모음이 아닌) 모음은 일반적으로 [ax] 또는 [ix]에 해당한다. 대부분의 단어들은 단 하나의 발음에 불과하지만, 그중 약 8,000개의 단어들은 2, 3개의 발음을 가지고 있고, 이러한 발음에 어떤 종류의 음성 감소가 표시된다. 음절핵은 암묵적으로 (번호가 매겨진) 모음으로 표시되지만 사전은 음절로 나누는 것은 아니다. 그림 8.6은 몇 가지 샘플 발음을 보여준다.

ANTECEDENTS	AE2 N T IH0 S IY1 D AH0 N T S	*PAKISTANI*	P AE2 K IH0 S T AE1 N IY0
CHANG	CH AE1 NG	*TABLE*	T EY1 B AH0 L
DICTIONARY	D IH1 K SH AH0 N EH2 R IY0	*TROTSKY*	T R AA1 T S K IY2
DINNER	D IH1 N ER0	*WALTER*	W AO1 L T ER0
LUNCH	L AH1 N CH	*WALTZING*	W AO1 L T S IH0 NG
MCFARLAND	M AH0 K F AA1 R L AH0 N D	*WALTZING(2)*	W AO1 L S IH0 NG

그림 8.6 CMU 발음 사전의 일부 샘플 발음

CMU 사전은 합성 용도가 아닌 음성 인식을 위해 설계됐다. 따라서 합성 시 사용할 복수 발음 중 어떤 것을 명시하지 않고, 음절 경계를 표시하지 않으며, 사전 머리글을 대문자로 만들기 때문에, *US*와 *us*를 구별하지 않는다(US는 [AH1 S]와 [Y UW1 EH1 S] 두 가지 발음을 가지고 있음).

연구 목적으로 자유롭게 이용할 수 있는 110,000단어의 UNISYN 사전은 합성을 위해 특별히 설계됐기 때문에 이러한 많은 문제들을 해결한다(Fitt, 2002). UNISYN은 음절, 강세 및 일부 형태론적 경계를 제공한다. 게다가 UNISYN의 발음은 일반 미국어, RP 영국어, 호주어 등을 포함한 영어의 수십 가지 방언에서도 읽을 수 있다. UNISYN은 약간 다른 단음 세트를 사용한다. 다음은 몇 가지 예를 보여준다.

going: { g * ou }.> i ng >
antecedents: { * a n . tˆ i . s ˜ ii . d n! t }> s >
dictionary: { d * ik . sh @ . n ˜ e . r ii }

8.2.2 명칭

앞 절에서 논의된 알 수 없는 단어 배포는 개인 명칭(이름과 성), 지명(도시, 거리 및 기타 장소 이름), 상업적 명칭(회사 및 제품 이름)을 포함한 명칭의 중요성을 나타냈다. 스피겔(2003)은 개인 명칭만 고려했을 때 미국에만 200만 개의 서로 다른 성과 10만 개의 이름이 있을 것으로 추산하고 있다. 200만이란 매우 큰 숫자인데, CMU 사전의 전체 크기보다 더 큰 크기의 숫자다. 이 때문에 대부분의 대규모 TTS 시스템에는 대형 이름 발음 사전이 포함돼 있다. 그림 8.6에서 봤듯이, CMU 사전은 그 자체로 매우 다양한 이름을 포함하고 있다. 특히 미국의 개인 명칭 빈도에 대한 오래된 벨 랩 추정치에서 6,000개의 이름뿐만 아니라 가장 빈번한 50,000개의 성을 발음하는 것을 포함한다.

얼마나 많은 명칭을 포함해야 충분할까? 리버만과 처치(1992)는 50,000개의 명칭이 담긴 사전이 4,400만 단어의 AP 뉴스와이어로 명칭 토큰의 70%를 커버한다는 사실을 발견했다. 흥미롭게도 나머지 명칭(코퍼스에 있는 토큰의 최대 97.43 %)은 *Walter* 또는 *Lucas*와 같은 명칭에 강세 중립 접미사를 추가해, *Walters* 또는 *Lucasville*을 생성하는 것과 같은, 50,000개의 명칭을 간단히 수정함으로써 설명될 수 있었다. 다른 발음은 운율 유사성에 의해 만들어질 수 있다. *Trotsky*라는 명칭의 발음이 있지만 *Plotsky*라는 명칭이 없는 경우, *Trotsky*에서 초기 /tr/를 초기 /pl/로 대체해 *Plotsky*의 발음을 도출할 수 있다.

　형태론적 분해, 유사성 형성 및 사전에 이미 있는 철자가 변형된 새로운 명칭의 매핑을 포함한 이와 같은 기술(Fackrell and Skut, 2004)은 명칭 발음에서 약간의 성공을 거뒀다. 그러나 일반적으로 명칭 발음은 여전히 어렵다. 많은 현대 시스템은 다음 절에서 설명하는 문자소의 음소 변환 방법을 통해 알 수 없는 명칭을 처리한다. 종종 두 개의 예측 시스템을 구축해 하나는 명칭을 위한 것이고 다른 하나는 명칭이 아닌 것을 위한 것이다. 스피겔(2003, 2002)은 더 많은 문제를 적절한 명칭 발음으로 요약한다.

8.2.3 문자소의 음소 변환

일단 비표준 단어를 확장해 발음 사전에서 모두 찾아봤으면 나머지 알려지지 않은 단어들을 발음해야 한다. 일련의 문자를 다음의 시퀀스로 변환하는 과정을 **문자소의 음소 변환**이라고 하며, 때로는 **g2p**를 단축하기도 한다. 문자소 대 음소 알고리듬의 역할은 cake와 같은 문자열을 [K EY K]와 같은 단음 문자열로 변환하는 것이다.

　알고리듬의 초창기는 7장의 연습 7.1의 촘스키-할레 재작성 규칙 형식으로 수작업으로 작성한 규칙이었다. 종종 **문자-음성** 또는 LTS 규칙이라고 부르며, 때때로 여전히 사용된다. LTS 규칙은 순서대로 적용되며, 이후 (기본값) 규칙은 이전 규칙의 문맥을 적용할 수 없는 경우에만 적용된다. 문자 *c*를 발음하는 간단한 규칙의 쌍은 다음과 같다.

$$c \rightarrow [k] / \underline{\quad} \{a,o\}V \qquad ; \text{context dependent} \qquad (8.9)$$

$$c \rightarrow [s] \qquad\qquad\qquad ; \text{context independent} \qquad (8.10)$$

　실제 규칙은 훨씬 더 복잡해야 한다(예를 들어 *c*는 *cello* 또는 *concerto*에서도 [ch]로 발음할 수 있음). 더 복잡한 것은 영어에 있어 매우 어려운 강세 할당 규칙이다. 기호 X가 가능한 모든 음절을 나타내는 앨런 외 연구진(1987)의 많은 강세 규칙 중 하나만을 고려한다.

$$V \quad \rightarrow \quad [+\text{stress}] \, / \, X \text{\_\_\_}C^* \, \{V_{\text{short}} \, C \, C?|V\} \, \{V_{\text{short}} \, C^*|V\} \qquad (8.11)$$

이 규칙은 다음의 두 가지 상황을 나타낸다.

1. 모음에는 1-강세를 한 음절로 하고 그 다음에 약한 음절 뒤에 짧은 모음과 0 또는 더 많은 자음을 가진 형태소 최종 음절을 붙인다(예: *difficult*).

2. 약한 음절 앞에 오는 음절의 모음에 1-강세를 할당하고 그 뒤에 형태소-마지막 모음을 지정한다(예: *oregano*).

일부 최신 시스템은 여전히 이렇게 복잡한 수기 규칙을 사용하고 있지만, 대부분의 시스템은 머신러닝에 기반한 자동 또는 반자동 방법에 의존함으로써 더 높은 정확도를 달성한다. 이 현대 확률론적 문자소의 음소 변환 문제는 루카센과 머서(1984)에 의해 처음으로 공식화됐다. 문자 시퀀스 L이 주어지면 가장 가능성이 높은 단음 시퀀스 P를 검색한다.

$$\hat{P} = \underset{P}{\text{argmax}} \, P(P|L) \qquad (8.12)$$

확률론적 방법은 훈련 세트와 테스트 세트를 가정한다. 두 세트 모두 사전의 단어 목록이며 각 단어에 대한 철자와 발음이 있다. 다음 하위 절에서는 이 확률 $P(P|L)$를 추정하도록 분류기를 훈련하고 미지의 단어 발음을 생성하는 데 적용하는 방법을 보여준다.

교육 세트에 대한 문자-단음 정렬 찾기

대부분의 문자-단음 알고리듬은 어떤 단음이 각 문자에 맞춰 **정렬**되는지 알려주는 선형을 가지고 있다고 가정한다. 훈련 세트의 단어마다 이 정렬이 필요하다. 문자는 여러 단음(예: *x*는 종종 k s에 정렬됨)에 맞춰 정렬할 수 있으며, 다음 정렬에서 *cake*의 마지막 문자처럼 단음을 전혀 사용하지 않을 수 있다.

```
L: c  a   k  e
   |  |   |  |
P: K  EY  K  ε
```

그러한 문자-단음 정렬을 찾는 한 가지 방법은 블랙 외 연구진(1998)의 반자동 방법이다. 블랙 외 연구진의 알고리듬은 각 문자를 인식할 수 있는 **허용 가능한** 단음의 수작업으로 작성한 목록에 의존하기 때문에 반자동이다. 다음은 글자 *c* 및 *e*에 대한 허용 목록이다.

c: k ch s sh t-s ϵ

e: ih iy er ax ah eh ey uw ay ow y-uw oy aa ϵ

훈련 세트의 각 단어에 대한 정렬을 생성하기 위해 모든 문자에 대해 이 허용 목록을 취하고 훈련 세트의 각 단어에 대해 허용 목록에 맞는 발음과 철자 사이의 모든 정렬을 찾아낸다. 이 큰 정렬 목록으로부터, 모든 단어에 대한 모든 정렬을 합산해 각 단음(또는 멀티폰 또는 ϵ)에 정렬되는 각 문자의 총 카운트를 계산한다. 이 카운트에서 각 단음 p_i와 문자 l_j에 대해 확률 $P(p_i|l_j)$를 얻기 위해 정규화할 수 있다.

$$P(p_i|l_j) = \frac{\text{count}(p_i, l_j)}{\text{count}(l_j)} \tag{8.13}$$

이제 비터비 알고리듬을 사용해 각 단어에 대한 최상의 (비터비) 정렬을 생성하고 이러한 확률을 가져와 문자를 단음에 다시 정렬할 수 있다. 여기서 각 정렬의 확률은 모든 개별 단음/문자 정렬의 결과일 뿐이다. 결과는 각 훈련 쌍(*P, L*)에 대해 양호한 단일 정렬 *A*가 된다.

테스트 세트에 가장 적합한 단음 문자열 선택

새로운 단어 *w*가 주어지면 이제 해당 문자를 단음 문자열로 매핑해야 한다. 정렬된 훈련 세트에서 머신러닝 분류기를 훈련시킬 것이다. 분류기는 단어의 문자를 보고 가장 가능성이 높은 단음을 생성할 것이다. 분명히 주변의 문자를 보면 단음을 더 잘 예측할 수 있다. 문자 *a*를 생각해보자. 단어 *cat*에서 *a*는 AE로 발음된다. 그러나 단어 *cake*에서 *a*는 *cake* 마지막에 *e*가 있기 때문에 EY로 발음된다. 따라서 마지막 *e*가 있는지 아는 것이 유용한 자질이다. 일반적으로 앞의 문자 *k*와 다음 문자의 *k*를 본다. 또 다른 유용한 자질은 이전 단음의 정확한 본질일 것이다. 본질을 알면 확률 모델에 음운론적 정보를 얻을 수 있다. 물론 이전 단음의 정확한 본질을 알 수는 없지만, 모델이 예측한 이전 단음을 살펴보면 대략적으로 추정할 수 있다. 이를 위해 분류기를 왼쪽에서 오른쪽으로 실행해 단음을 하나씩 생성할 수 있다.

요약하면 가장 일반적인 분류기 모델에서 각 단음 p_i의 확률은 이전 문자 k와 다음 문자 k의 이전에 생성된 가장 최근의 k 단음에서 추정한다.

그림 8.7은 이 왼쪽에서 오른쪽으로 프로세스의 개요를 나타내며, 분류기가 단어 *Jurafsky*의 문자 *s*를 위한 단음을 선택하기 위해 사용하는 자질을 나타낸다. 예를 들어 각 모음의 복사본 2개(예: AE 및 AE1) 또는 CMU 사전에서 사용된 세 가지 레벨의 강세 AE0, AE, AE2를 갖는 등 강세 정보를 단음 세트에 추가해 강세 예측을 단음 예측에 통합할 수 있다. 그 밖에 유용한 자질은 단어의 품사 태거(대부분의 품사 태거는 알 수 없는 단어에 대해서도 품사 태거의 추정치를 제공함)와, 이전 모음을 강조했는지 또는 심지어 문자 부류를 사용했는지 등이 있다(대략 자음, 모음, 유음 등에 해당).

연음   일부 언어의 경우, 다음 단어에 대한 자질도 알아야 한다. 프랑스어는 **연음**^{liaison}이라는 현상을 가지고 있는데, 어떤 단어의 마지막 단음의 실현은 다음 단어의 존재 여부와 그 단어가 자음으로 시작하는지 모음으로 시작하는지 여부에 따라 달라진다. 예를 들어 프랑스어 *six*는 [sis](*j'en veux six* 'I want six'), [siz](*six enfants* 'six children'), [si] (*six filles* 'six girls')라고 발음할 수 있다.

마지막으로, 대부분의 합성 시스템은 두 개의 문자소의 음소 변환 분류기를 별도로 구축하는데 하나는 알 수 없는 개인 명칭을 위한 것이고, 다른 하나는 알려지지 않은 단어를 위한 것이다. 개인 명칭을 발음하는 경우, 이름이 원래 유래된 외국어를 나타내는 추가 기능을 사용하는 것이 도움이 된다. 이러한 자질은 문자 시퀀스에 기초한 외국어 분류기의 출력일 수 있다(다른 언어들은 특성 문자 N그램 시퀀스를 가지고 있음).

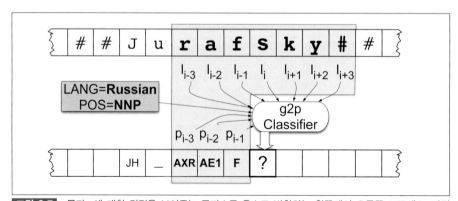

그림 8.7 문자 *s*에 대한 결정을 보여주는 문자소를 음소로 변환하는 왼쪽에서 오른쪽 프로세스. 자질은 상황에 맞는 창 $k = 3$을 사용해 음영으로 표시되며, 실제 TTS 시스템은 5 이상의 창 크기를 사용한다.

의사결정 트리와 로지스틱 회귀 분석은 조건부 분류기로, 문자소 시퀀스가 주어진 조건부 확률이 가장 높은 음소 문자열을 계산한다. 좀 더 최근의 문자소 음소 변환에서는 은닉 상태가 단음과 **graphone**이라고 부르는 문자소의 조합인 공동 분류기를 사용한다. 자세한 내용은 8장 끝부분의 '역사 참고 사항' 절을 참조한다.

8.3 운율 분석

운율   언어 분석의 마지막 단계는 운율 분석이다. 시에서 **운율**이라는 단어는 운문의 운율 구조를 연구하는 것을 가리킨다. 그러나 언어학과 언어 처리에서 **운율**이라는 용어는 언어의 억양과 리듬의 측면에 대한 연구를 의미하기 위해 사용한다. 좀 더 기술적으로, 운율은 라드(1996)에 의해 "문장 수준의 실용적 의미를 전달하기 위한 초분절적인 자질의 사용"으로 정의됐다. **초분절적인**이란 세그먼트 또는 단음의 수준 이상을 의미한

초분절적인   다. 이 용어는 특히 단음 문자열과 관계없이 **F0, 지속 시간** 및 **에너지**와 같은 음향 특성의 사용을 나타낸다.

문장 수준의 실용적 의미에 의해 라드는 문장과 그 담화 또는 외부 맥락 사이의 관계와 관련이 있는 여러 종류의 의미를 언급하고 있다. 예를 들어 운율은 평서문과 의문문의 차이, 또는 대화가 세그먼트나 하위 다이얼로그로 구성되는 방식과 같이 **담화 구조**나 **기능**을 표시하는 데 사용될 수 있다. 운율은 또한 특정한 단어나 구절이 중요하거나 핵심적인 것을 나타내는 것과 같은 **강조점**[saliency]을 표시하는 데에도 사용된다.

강조점   마지막으로 운율은 행복, 놀라움, 분노를 표현하는 것과 같은 감정적이고 정서적 의미에 많이 쓰인다.

다음 절에서는 음성 합성에 중요한 운율의 세 가지 측면(**운율 구조, 운율 현저성, 억양**)을 소개한다. 운율 분석은 일반적으로 두 부분으로 진행된다. 첫째로 운율 구조, 운율 현저성, 텍스트의 억양에 대한 추상적 표현을 계산한다. 음편 선택 합성의 경우, 텍스트 분석 구성 요소에서 이 작업만 수행하면 된다. 다이폰[diphone]과 HMM 합성의 경우, 한 단계 더 나아가 이러한 운율 구조에서 **지속 시간**과 **F0** 값을 예측한다.

8.3.1 운율 구조

구어 문장은 일부 단어가 자연스럽게 그룹화되는 것처럼 보이고 일부 단어 사이에 눈에 띄는 단절 또는 분리가 있는 것처럼 보이는 운율 구조를 가지고 있다. 운율 구조는 **운율적 표현**이라는 관점에서 설명되는데, 이는 발화가 구문적 구문 구조를 갖는 것과 유사한 방식으로 운율적 구문 구조를 갖는다는 것을 의미한다. 예를 들어 문장 *I wanted to go to London, but could only get tickets for France*에는 두 개의 주요 **억양구**가 있는데, 그 경계는 쉼표에서 표시된다. 게다가 첫 번째 구문에는 *I wanted | to go | to London*라는 단어들을 분할하는 다른 운율적인 구문 경계(흔히 **중간 구문**이라고 함)가 있는 것처럼 보인다.

운율 표현은 음성 합성에 많은 영향을 미친다. 구문의 마지막 모음은 보통보다 길다. 종종 억양구 뒤에 일시 중지를 삽입하고, 8.3.6절에서 논했듯이 억양구의 시작에서 끝까지 F0이 약간 하락하는 경우가 있으며, F0은 새로운 억양구의 시작 부분에서 재설정된다.

실용적인 구문 경계 예측은 일반적으로 이진 분류 작업으로 처리되며, 여기서 단어가 주어지고 그 뒤에 운율 경계를 둘지 여부를 결정해야 한다. 경계 예측을 위한 간단한 모델은 결정적 규칙을 기반으로 할 수 있다. 매우 높은 정밀도 규칙은 문장 분할에서 봤던 것이다. 구두점 뒤에 경계를 삽입한다. 일반적으로 사용되는 또 다른 규칙은 콘텐츠 단어 다음의 기능어 앞에 구 경계를 삽입한다.

더 정교한 모델은 머신러닝 분류기를 기반으로 한다. 분류기에 대한 훈련 세트를 만들기 위해 먼저 코퍼스를 선택한 다음 코퍼스의 모든 운율 경계를 표시한다. 이러한 운율적 경계 레이블링을 수행하는 한 가지 방법은 ToBI 또는 Tilt(8.3.4절 참조)와 같은 억양 모델을 사용해 인간 레이블러가 음성을 듣고 이론에 의해 정의된 경계 이벤트로 전사에 레이블링하도록 하는 것이다. 그러나 운율적 레이블링은 매우 시간이 많이 걸리기 때문에 텍스트 전용 대안이 종종 사용된다. 이 방법에서 인간 레이블러는 음성을 무시한 채 훈련 코퍼스의 텍스트만 확인한다. 레이블러는 발화를 말한 경우 운율적 경계가 적합하게 발생할 수 있는 단어 사이의 교차점을 표시한다.

레이블이 지정된 훈련 코퍼스가 주어지면 단어 사이의 모든 분기점에서 이진(경계 대 무경계) 결정을 내릴 수 있도록 분류기를 훈련할 수 있다(Wang and Hirschberg, 1992;

Ostendorf and Veilleux, 1994; Taylor and Black, 1998).

분류에 일반적으로 사용되는 피처는 다음과 같다.

- **길이 피처**: 구문의 길이는 거의 동일한 경향이 있으므로 구문 길이를 암시하는 다양한 피처를 사용할 수 있다 (Bachenko and Fitzpatrick, 1990; Grosjean et al., 1979; Gee and Grosjean, 1983).
  - 발화의 총 단어 및 음절 수
  - 문장의 시작과 끝에서 교차점까지의 거리(단어 또는 음절)
  - 마지막 구두점에서 단어 말소리의 거리
- **음성 및 구두점의 인접 부분**:
  - 교차점 주변의 단어 창에 대한 품사 태그. 일반적으로 접합 전후의 두 단어를 사용한다.
  - 다음 구두점 유형

운율 구조와 구문 구조 사이에는 또한 상관관계가 있다(Price et al., 1991). 따라서 콜린스(1997)와 같은 강력한 구문 분석기를 사용해 문장에 대략적인 구문 정보를 표시할 수 있으며, 여기서 이 단어로 끝나는 가장 큰 구문의 크기와 같은 구문 피처를 추출할 수 있다(Ostendorf and Veilleux, 1994; Koehn et al., 2000). 12~14장에서 구문 구조와 파싱을 소개한다.

8.3.2 운율 돋들림

더 두드러지게   어떤 말에서 어떤 단어들은 다른 단어들보다 **더 두드러지게** 들린다. 두드러진 단어들은 청자에게 강조돼 있다고 느끼게 한다. 화자들은 단어를 더 크게 말하거나, 더 느리게 말하거나, 단어 중에 F0을 변화시켜 더 높거나 더 가변적으로 만든다.

고저 악센트   일반적으로 언어적 마커를 두드러진 단어(**고저 악센트**라고 하는 마커)와 연결해 돋들림의 핵심 개념을 포착한다. 두드러진 단어는 고저 악센트를 표시돼 있다고(연관된) 한다. 따라서 고저 악센트는 음성 발화의 맥락에서 단어의 음운 설명의 일부분이다.

고저 악센트는 7장에서 논의한 강세와 관련이 있다. 단어의 강조된 음절은 고저 악센트가 실현되는 곳이다. 즉, 화자가 단어에 고저 악센트를 주어 강조하기로 결정하면 단어의 강조된 음절에 악센트가 나타나게 된다. 다음 예는 악센트가 있는 단어를 대문자로 표시하며, 강조된 음절은 볼드체로 악센트(더 크고 긴 음절)를 표시한다.

(8.14) I'm a little SUR**PRISED** to hear it **CHAR**ACTERIZED as UP**BEAT**.

일반적으로 악센트가 있는 단어와 악센트가 없는 단어 사이의 이진 구분보다 더 세밀한 구분이 필요하다. 예를 들어 구절의 마지막 악센트는 일반적으로 다른 억양보다 더 두드러지는 것으로 인식된다. 이 두드러진 마지막 악센트를 **음절핵 악센트**nuclear accent라고 한다. 강한 악센트는 일반적으로 의미적 목적에 사용된다. 예를 들어 단어가 문장의 의미적 초점이라는 것을 나타내기 위해(21장 참조) 또는 단어가 대조적이거나 어떤 면에서 중요하다는 것을 나타낸다. 이러한 강조 단어는 종종 대문자로 작성되거나 문자 주위에 **stars**가 표시돼 SMS나 이메일 또는 *Alice in Wonderland*로 작성된다. 후자의 예는 다음과 같다.

음절핵 악센트

(8.15) "I know SOMETHING interesting is sure to happen," she said to herself.

또한 기능어처럼 일부 단어는 보통보다 **덜** 두드러질 수 있다. 이는 종종 음성학적으로 매우 축소된다(7장 참조). 악센트는 악센트와 관련된 **억양**에 따라 다를 수 있다. 예를 들어 특히 높은 피치를 가진 악센트는 특히 낮은 피치를 가진 악센트와 다른 기능을 가지고 있다. 8.3.4의 ToBI 모델에서 어떻게 모델링되는지 보여준다.

순간적인 억양을 무시한 채, 음성 합성 시스템이 **강한 악센트**, **고저 악센트**, **무 강세**, 축약 네 가지 수준의 돋들림을 사용할 수 있다고 요약할 수 있다. 그러나 실제로 구현된 많은 시스템은 이러한 수준 중 2~3개의 하위 집합으로만 수행한다.

두 가지 수준에서 고저 악센트 예측은 이진 분류 작업으로, 주어진 단어의 악센트 여부를 결정해야 한다. 일반적으로 유익한 단어(내용어, 특히 새롭거나 예상치 못한 단어)는 악센트를 갖는 경향이 있기 때문에(Ladd, 1996; Bolinger, 1972), 가장 단순한 악센트 예측 시스템은 모든 내용어에 악센트를 붙이고 기능어에 대해서는 사용하지 않는 것이다.

예를 들어 더 나은 모델은 어떤 단어가 담화에서 새롭거나 오래된 것인지, 대조적으로 사용되고 있는지 그리고 정확히 얼마나 많은 새로운 정보가 포함돼 있는지를 이해하기 위해 정교한 의미적 지식이 필요한 것처럼 보일 수 있으며, 그러한 정보는 실제로 초기 시스템들에서 사용됐다(Hirschberg, 1993). 그러나 허쉬버그와 다른 이들은 이러한 정교한 의미론과 상관관계가 있는 단순하고 확고한 특성을 사용함으로써 더 나은 예측을 보여줬다.

예를 들어 신규 정보나 예측 불가능한 정보가 악센트가 되는 경향이 있다는 사실은 N그램이나 tf-idf와 같은 확고한 특성으로 모델링할 수 있다(Pan and Hirschberg, 2000; Pan and McKeown, 1999). 단어의 단일 확률 $P(w_i)$와 바이그램 확률 $P(w_i|w_{i-1})$은 모두 악센트와 상관관계가 있다. 단어의 개연성이 높을수록 악센트가 될 가능성이 적다. 마찬가지로 **tf-idf**(Term-Frequency/Inverse-Document Frequency; 23장 참조)로 알려진 정보 검색 측정은 유용한 악센트 예측변수다. Tf-idf는 큰 N-문서 배경 코퍼스에서 여러 문서에 나타나는 단어를 다운그레이드해 특정 문서 d에서 단어의 의미적 중요성을 포착한다. tf-idf의 많은 버전 중 하나는 다음과 같이 공식적으로 표현할 수 있는데, $tf_{i,j}$는 문서 d_j에서 w_i의 빈도, n_i는 w_i를 포함하는 코퍼스의 총 문서 수다.

(좌측 여백) tf-idf

$$idf_i = \log\left(\frac{N}{n_i}\right)$$
$$\text{tf-idf}_{i,j} == \text{tf}_{i,j} \times idf_i \tag{8.16}$$

훈련 세트에서 충분히 많이 본 단어의 경우, 단어의 개별 악센트 확률을 모델링하는 악센트 비율 특성을 사용할 수 있다. 단어의 악센트 비율은 단지 단어의 악센트에 의한 확률일 뿐이다(이 확률이 0.5와 크게 다른 경우, 그렇지 않은 경우 0.5). 좀 더 공식적으로 다음과 같이 표현한다.

$$AccentRatio(w) = \begin{cases} \frac{k}{N} & \text{if } B(k,N,0.5) \leq 0.05 \\ 0.5 & \texttt{otherwise} \end{cases}$$

여기서 N은 훈련 세트에서 단어 w가 발생한 총 횟수, k는 악센트를 받은 횟수, $B(k, n, 0.5)$는 성공과 실패 확률이 같을 경우, n 시험에서 k 성공이 있을 확률(이항식 분포에서)이다(Nenkova et al., 2007; Yuan et al., 2005).

품사, N그램, tf-idf 및 악센트 비율과 같은 특성을 분류기에서 결합해 악센트를 예측할 수 있다. 이러한 확고한 특성은 비교적 잘 작동하지만 악센트 예측의 많은 문제는 여전히 연구 대상으로 남아 있다.

예를 들어 형용사-명사 또는 명사-명사 합성어에서 두 단어 중 어떤 것이 강조돼야 하는지 예측하기는 어렵다. 예를 들어 *new truck*과 같은 형용사-명사 조합은 오른쪽 단어에 악센트가 있을 가능성이 높은 반면(*new TRUCK*), *TREE surgeon*와 같은 명사-명사 합성어는 왼쪽에는 악센트가 있을 가능성이 있다. 그러나 이러한 규칙의 예외는 명사 합성어에서의 억양 예측을 상당히 복잡하게 만든다. 예를 들어 명사-명사 합성어 *APPLE cake*는 첫 번째 단어에 악센트가 있는 반면, 명사-명사 합성어 *apple PIE* 또는 *city HALL*은 두 번째 단어에 모두 악센트가 있다(Liberman and Sproat, 1992; Sproat, 1994, 1998a).

또 다른 문제는 리듬과 관련이 있다. 일반적으로 화자는 악센트를 너무 가깝게 붙이거나(**충돌**clash이라고 알려진 현상), 너무 멀리 떨어뜨리는 것(**감소**lapse)을 피한다. 따라서 *city HALL*과 *PARKING lot*은 *CITY hall PARKING lot*과 결합해 *HALL*의 악센트는 *CITY*로 이동해 *PARKING* 악센트와의 충돌하지 않게 된다(Liberman and Prince, 1977).

충돌 감소

이러한 리듬 제약 조건 중 일부는 그림 8.7과 같은 시퀀스 모델링 방법을 사용해 포착할 수 있다. 그림 8.7에서는 앞의 단어의 출력을 특성으로 해 왼쪽에서 오른쪽으로 분류기를 실행한다. 또한 MEMM(6장)이나 조건부 무작위 필드(CRFs)와 같은 좀 더 정교한 머신러닝 모델을 사용할 수 있다(Gregory and Altun, 2004).

8.3.3 억양

억양

동일한 돋들림과 표현 패턴을 가진 두 개의 발음은 다른 **억양**을 사용함으로써 여전히 운율적으로 다를 수 있다. 발음의 **억양**은 시간이 지남에 따라 F0의 상승과 하락한다. 영어의 문항과 예-아니오 질문의 사이의 차이점은 매우 명백한 억양의 예다. 같은 문장은 F0에서 예-아니오 질문을 나타내기 위해 끝을 올리는 억양이거나, 평서문 억양을 나타내기 위해 F0에서 끝을 내리는 억양으로 말할 수 있다. 그림 8.8은 의문문이나 평서문으로 사용되는 동일한 단어의 F0 트랙을 보여준다. 의문문은 끝을 올리는 억양이다. 이를 종종 **질문 상승**question rise이라고 한다. 평서문의 끝을 내리는 억양을 **최종 하락**final fall이라고 한다.

질문 상승 최종 하락

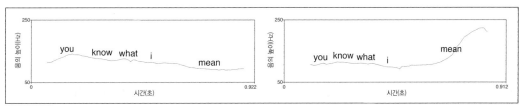

그림 8.8 평서문 *You know what I mean*(왼쪽)과 의문문 *You know what I mean?*(오른쪽)의 같은 텍스트가 읽었다. 영어의 예-아니요 질문 억양은 F0에서 최종이 급격히 상승한다.

영어는 의미를 표현하기 위해 억양을 광범위하게 사용하는 것으로 나타났다. 예-아니요 질문에 대한 잘 알려진 상승 외에도 쉼표로 구분된 명사 목록을 포함하는 영어 구문은 종종 각 명사 다음에 **연속 상승**이라고 하는 짧은 상승을 갖는다. 다른 예로는 **부정**을 표현하고 **놀라움**을 표현하기 위한 특징적인 영어 억양 곡선이 있다.

연속 상승

영어의 의미와 억양의 매핑은 매우 복잡하며, ToBI 같은 억양에 대한 언어 이론은 이 매핑의 정교한 모델을 개발하기 시작했다. 따라서 실제로 대부분의 합성 시스템은 **연속 상승**(쉼표), **질문 상승**(질문이 예-아니요 질문인 경우 물음표) 그리고 그렇지 않은 경우, **최종 하락**과 같은 두세 개의 억양만 구별한다.

8.3.4 보다 정교한 모델: ToBI

현재의 합성 시스템은 일반적으로 위에서 논의한 것과 같은 단순한 운율 모델을 사용하는 반면, 최근의 연구는 훨씬 더 정교한 모델의 개발에 초점을 맞추고 있다. 여기서 ToBI와 Tilt 모델에 대해 간략하게 설명한다.

ToBI

ToBI

운율의 언어학적 모델 중 가장 널리 사용되는 것은 **ToBI** 모델이다(Silverman et al., 1992; Beckman and Hirschberg, 1994; Pierrehumbert, 1980; Pitrelli et al., 1994). ToBI는 돋들림, 억양, 경계를 모델링하는 음운론적 억양론이다. ToBI의 돋들림과 억양의 모델은 그림 8.9에 나타난 5개의 **고저 악센트**와 4개의 **경계톤**에 기초한다.

경계톤

ToBI에서 말하는 것은 일련의 억양 구절로 구성돼 있으며, 각각은 네 개의 **경계톤** 중 하나로 끝난다. 경계톤은 8.3.3절에서 논의된 억양의 최종 발화 측면을 나타낸다. 발화의 각 단어는 선택적으로 5가지 유형의 고저 악센트 중 하나와 연관될 수 있다.

각 억양 구절은 하나 이상의 **중간 구절**로 구성된다. 이들 구절은 또한 화자의 피치 범위에 특히 높은 구절을 표시하는 **%H** 높은 초기 경계톤과 더불어 **H-**와 **L-** 악센트 문구를 포함한 경계톤의 종류로 표시할 수 있다.

	고저 악센트		경계톤	
H*	높은 악센트	L-L%	"최종 하락": 미국 영어의 "평서문 억양 곡선"	
L*	낮은 악센트	L-H%	연속 상승	
L*+H	scooped accent	H-H%	"질문 상승": 음역적 예-아니요 질문 억양 곡선	
L+H*	상승 최고점 악센트	H-L%	최종 레벨 안정기(H- 다음의 "상승"을 유발하기 때문에 안정기)	
H+!H*	감소			

그림 8.9 미국 영어 억양을 위한 ToBI 전사 시스템의 악센트 및 경계톤 레이블(Beckman and Ayers, 1997; Beckman and Hirschberg, 1994).

브레이크
인덱스

ToBI는 억양과 경계음 외에도 별도의 **브레이크 인덱스**break index 계층에 레이블이 지정된 네 가지 수준의 표현을 구별한다. 가장 큰 구문 분리는 위에서 논의된 억양 구문(브레이크 인덱스 4)과 중간 구문(브레이크 인덱스 3)이다. 브레이크 인덱스 2는 중간 구문보다 작은 단어 사이의 분리 또는 일시 중지를 표시하기 위해 사용되며, 1은 일반적인 구문-중간 단어 경계에 사용된다.

그림 8.10에는 Praat 프로그램을 사용해 ToBI 전사톤, 맞춤법 및 표현 **계층**이 표시된다. 같은 문장을 두 개의 다른 억양으로 읽는다. (a)에서는 단어 Marianna가 높은 H* 억양으로 사용되고, 문장은 평서문의 경계톤 L-L%를 가지고 있다. (b)에서 단어 Marianna는 낮은 L* 억양과 예-아니요 질문 경계톤 H-H%로 사용된다. ToBI의 한 가지 목표는 악센트의 종류에 따라 다른 의미를 표현하는 것이다. 여기서 L* 악센트는 문장에 *surprise*의 의미를 추가한다(즉, *'Are you really saying it was Marianna?'*와 같은 의미)(Hirschberg and Pierrehumbert, 1986; Steedman, 2007).

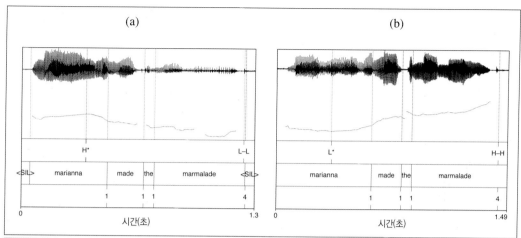

그림 8.10 메리 벡맨이 두 가지 다른 억양 패턴으로 읽고 ToBI로 전사한 동일한 문장이다. (a) H * 악센트와 전형적인 미국 영어 평서문의 최종 하락 L-L%를 나타낸다. (b) 전형적인 미국 영어 예-아니요 질문 상승 H-H%와 함께 L* 악센트를 나타낸다.

ToBI 모델은 일본어용 J TOBI 시스템(Venditti, 2005)과 같은 여러 언어에 대해 제안해왔다(Jun, 2005).

또 다른 억양 모델

Tilt   **Tilt** 모델(Taylor, 2000)은 악센트 및 경계톤과 같은 억양 이벤트 시퀀스를 사용한다는 점에서 ToBI와 닮았다. 그러나 Tilt는 악센트에 ToBI 스타일의 개별 음소 부류를 사용하지 않는다. 대신 각 이벤트는 억양의 F0 모양을 나타내는 연속 파라미터에 의해 모델링된다. ToBI에서와 같이 각 이벤트마다 카테고리 범주를 지정하는 대신, 각 Tilt 운율 이벤트는 지속 시간, 진폭, 기울기 매개변수의 세 가지 음향 매개변수 세트로 특징지어진다. 이러한 음향 매개변수는 고저 악센트(a)와 경계 톤(b)에 대해 수동으로 레이블을 지정한 코퍼스에 대해 훈련된다. 사람의 레이블은 악센트나 어조를 포함하는 음절을 지정한다. 그런 다음 음향 매개변수는 웨이브 파일에서 자동으로 훈련된다. 그림 8.11에는 Tilt 표현의 샘플을 보여준다.

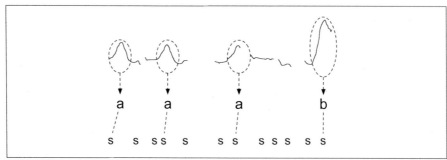

그림 8.11 Tilt 모델에서 이벤트의 개략도(Taylor, 2000). 각 음조 악센트(a)와 경계톤(b)은 음절핵 s와 정렬된다.

Tilt의 각 악센트는 최고점까지 **상승 구성 요소**(어쩌면 없거나)가 있고, 그다음 **하강 구성 요소**(가능한 없음)가 있는 것으로 간주된다. 자동 악센트 검출기는 웨이브 파일에서 각 악센트의 시작점, 최고점 및 끝점을 찾으며, 이 모든 것이 상승 및 하강 구성 요소의 지속 시간과 진폭을 결정한다. tilt 파라미터는 이벤트의 F0 기울기에 대한 관념적인 설명으로, 이벤트의 상대적인 상승 및 하강 크기를 비교해 계산한다. tilt 값이 1.0이면 상승, -1.0 하강, 0 등락, -0.5는 상승과 하락이 큰 악센트 등을 나타낸다.

$$\text{tilt} = \frac{\text{tilt}_{amp} + \text{tilt}_{dur}}{2}$$
$$= \frac{|A_{\text{rise}}| - |A_{\text{fall}}|}{|A_{\text{rise}}| + |A_{\text{fall}}|} + \frac{D_{\text{rise}} - D_{\text{fall}}}{D_{\text{rise}} + D_{\text{fall}}} \tag{8.17}$$

다른 억양 모델에 대한 포인터는 8장 끝부분에 있는 '역사 참고 사항' 절을 참조한다.

8.3.5 운율 레이블에서 음의 길이 연산

지금까지 설명된 텍스트 분석 프로세스의 결과는 관련 단어에 고저 악센트가 표시된 단어와 적절한 경계톤이 표시된 단어로 주석이 달린 음소 문자열이다. 8.5절에서 설명하는 **음편 선택 합성** 방식의 경우, 텍스트 분석 구성 요소의 충분한 출력이다.

다이폰diphone 합성 및 포먼트 합성과 같은 다른 접근법의 경우, 각 세그먼트 **음의 길이**와 **F0** 값도 지정해야 한다.

단음은 음의 길이가 상당히 다양하다. 음의 길이 중 일부는 단음 자체의 본질이 내재돼 있다. 예를 들어 모음은 일반적으로 자음보다 훨씬 길다. 단음 음성의 스위치보드 코퍼스에서 [aa] 단음은 평균 118밀리초, [d]는 평균 68밀리초이다. 그러나 단음음의 길이는 규칙 기반 또는 통계적 방법에 의해 모델링될 수 있는 다양한 문맥적 요인에 의해서도 영향을 받는다.

규칙 기반 방법 중 가장 잘 알려진 것은 클라트(1979)의 방법으로, 규칙을 사용해 최소 음의 길이 d_{min}을 상회하면서, 문맥에 의해 단음 d의 평균 또는 '문맥 중립' 음의 길이가 연장되거나 단축되는 방법을 모델링한다. 각 클라트 규칙은 음의 길이 증가 요인과 연관된다. 다음 몇 가지 예가 있다.

예비 연장:	일시 정지하기 전에 음절에 있는 모음이나 음절의 자음은 1.4만큼 길어진다.
마지막의 비-문구 축약:	구문-마지막이 아닌 부문은 0.6만큼 단축된다. 구문 최종 모음 직후에 오는 유음과 비음은 1.4씩 연장된다.
강세가 없는 축약:	강세가 없는 세그먼트는 더 압축할 수 있기 때문에 최소 음의 길이 dmin이 절반으로 줄어들고 대부분의 단음 유형에서 .7로 단축된다.
악센트 연장:	악센트가 있는 모음은 1.4 늘어난다.
자음군 축약:	자음 뒤에 자음은 0.5로 단축된다.
무성음 앞의 단축:	모음은 무성 폐쇄 자음 전에 0.7로 단축된다.

N 요소 가중치 f가 주어지면 단음 음의 길이에 대한 클라트 공식은 다음과 같다.

$$d = d_{min} + \prod_{i=1}^{N} f_i \times (\bar{d} - d_{min}) \tag{8.18}$$

최신 머신러닝 시스템은 수동으로 작성한 클라트 규칙을 기반으로 특성을 정의하는 데 사용한다. 예를 들어 다음과 같은 특성을 사용한다.

- 왼쪽 및 오른쪽 단음 문맥의 본질
- 현재 단음의 어휘 강세 및 악센트 값
- 음절, 단어, 구의 위치
- 일시 중지 후

곱의 합   그런 다음 결정 트리 또는 **곱의 합**Sum-of-products 모델(van Santen, 1994, 1997, 1998)과 같은 머신러닝 분류기를 훈련해 해당 세그먼트의 최종 음의 길이를 예측하는 특성을 결합할 수 있다.

8.3.6 운율 레이블에서 F0 연산

다이폰, 조음, HMM, 포먼트 합성을 위해 각 세그먼트의 F0 값도 지정해야 한다. ToBI나 Tilt와 같은 톤 시퀀스 모델의 경우 F0 생성을 2단계로 할 수 있다. 먼저 각 고저 악센트 및 경계톤에 대해 F0 **목표점**을 지정한 다음 이러한 목표들 사이에서 보간해 전체 문장에 대한 F0 음조 곡선을 만든다(Anderson et al., 1984).

목표점

목표점을 지정하려면 먼저 목표점(F0 값)이 무엇인지와 발생 시기(이 최고점 또는 최저점이 음절에서 발생하는 정확한 시간)를 설명해야 한다. 목표점의 F0 값은 일반적으로 헤르츠의 절대적 용어로 지정되지 않는다. 대신 **피치 범위**를 기준으로 정의된다. 화자의 피치 범위는 특정 발음의 최저 주파수(**기준 주파수**)와 발음의 최고 주파수(**상한선**) 사이의 범위다. 일부 모델에서 목표점은 기준선이라고 부르는 사이의 선에 상대적으로 지정된다.

피치 범위
기준 주파수
상한선

예를 들어 발음의 시작점이 목표점의 50%(기준선과 상한선 사이의 중간)를 갖는다고 지정하는 규칙을 작성할 수 있다. 질카 외 연구진(1999)의 규칙 기반 시스템에서 H* 악센트의 목표점은 100%(상한선)이고 L* 엑센트는 0%(기준선)이다. L+H* 악센트에는 20%와 100%의 두 가지 목표점이 있다. 최종 경계톤 H-H%와 L-L%는 각각 120%와 -20%로 매우 높고 매우 낮은 편이다.

둘째, 악센트 부호가 있는 음절에서 타깃이 적용되는 위치를 정확히 지정해야 한다. 이를 악센트 **정렬**이라고 한다. 질카 외 연구진(1999)의 규칙 기반 시스템에서 다시 H* 악센트는 악센트 음절의 유성음 부분을 통해 60% 정렬된다(IP-초기 악센트는 음절에서 다소 늦게 정렬되고 IP-최종 악센트는 다소 일찍 정렬된다).

이러한 규칙을 직접 작성하는 대신 고저 악센트 시퀀스에서 F0 값으로의 매핑을 자동으로 학습하는 것이다. 예를 들어 블랙과 헌트(1996)는 선형 회귀 분석을 사용해 각 음절에 목푯값을 할당했다. 고저 악센트 또는 경계톤이 있는 각 음절에 대해 블랙과 헌트는 음절의 시작, 중간 및 끝에서 세 가지 목푯값을 예측했다. 음절의 세 위치 각각에 대해 하나씩 세 개의 개별 선형 회귀 모델을 훈련시켰다. 피처는 다음과 같다.

- 현재 음절의 악센트 유형, 이전 두 음절 및 다음 두 음절
- 이 음절 및 주변 음절의 어휘 강세

- 구문의 시작 및 끝부분까지의 음절 수
- 구문 끝까지 악센트 음절 수

이러한 머신러닝 모델에는 악센트 레이블이 지정된 학습 세트가 필요하다. 이러한 모델이 처음 보는 코퍼스로 얼마나 잘 일반화되는지는 분명하지 않지만, 이러한 운율적으로 표시된 코퍼스가 많이 있다.

억양내림 　마지막으로 F0 연산 모델은 피치가 문장을 통해 감소하는 경향이 있다는 사실을 모델링해야 한다. 발음에 걸친 이 미묘한 피치 하락을 **억양내림**declination이라고 한다. 예는 그림 8.12에 나와 있다.

그림 8.12 　문장 "I was pretty goofy for about 24 hours afterwards"에서 F0 억양내림

억양내림의 정확한 본질은 많은 연구 대상이다. 일부 모델은 기준선(또는 기준선 및 상한선 모두)이 발성할 때 천천히 감소하도록 허용함으로써 처리한다. ToBI와 유사한 모델에서 F0의 하강 경향은 두 개의 개별 구성 요소에 의해 모델링되며, 억양내림 외 **다운스텝** 　에도 특정 높은 톤은 **다운스텝**으로 표시된다.

각각의 다운스텝의 높은 악센트는 음정 범위를 압축하여 각 악센트에 대한 상한선을 낮추는 결과를 가져온다.

8.3.7 텍스트 분석의 최종 결과: 내부 표현

텍스트 분석의 최종 출력은 입력 텍스트 문장의 내부 표현이다. 음편 선택 합성의 경우, 내부 표현은 그림 8.1과 같이 운율 경계 및 두드러진 음절 표시와 함께 단음 문자열처럼 단순할 수 있다. 연결 합성 알고리듬뿐만 아니라 다이폰 합성의 경우, 내부 표현에는 각 단음에 대한 음의 길이와 F0 값도 포함돼야 한다.

그림 8.13에는 *"Do you really want to see all of it?"*이라는 문장에 대한 페스티벌 (Black et al., 1999) 다이폰의 음성 합성 시스템의 일부 TTS 출력 샘플을 보여준다. 이

출력은 그림 8.14에 표시된 F0 값과 함께 8.4절에 설명된 파형 합성 구성 요소에 대한 입력일 것이다. 여기서의 음의 길이는 CART-방식 의사결정 트리에 의해 계산된다(Riley, 1992).

				H*								to		see		L*		L-H%			
do		you		really				want								all		it			
d	uw	y	uw	r	ih	l	iy	w	aa	n	t	t	ax	s	iy	ao	l	ah	v	ih	t
110	110	50	50	75	64	57	82	57	50	72	41	43	47	54	130	76	90	44	62	46	220

그림 8.13 그림 8.14에 표시된 F0 음조 곡선과 함께 *Do you really want to see all of it?* 문장의 페스티벌(Black et al., 1999) 생성기 출력(폴 테일러의 그림)

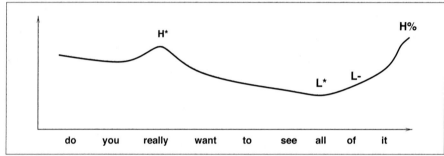

그림 8.14 폴 테일러가 그린 그림 8.13의 페스티벌 합성 시스템에 의해 생성된 샘플 문장의 F0 음조 곡선이다.

위에서 제안한 바와 같이 어떤 음절에 악센트를 붙여야 하고 어떤 음절을 적용해야 하는지 알기 위해서는 실제 지식과 의미 정보가 필요하기 때문에 문장에 대한 적절한 운율 패턴을 결정하는 것은 어렵다. 이러한 종류의 정보는 텍스트에서 추출하기 어렵다. 따라서 운율 모듈은 입력 텍스트의 "중립 평서문" 버전을 생성하는 것을 목표로 하며, 담화 이력이나 실제 사건에 대한 언급 없이 문장을 기본 방식으로 사용해야 한다고 가정한다. TTS에서 억양이 딱딱하게 들리는 주요 이유 중 하나다.

8.4 다이폰 파형 합성

이제 내부 표현을 파형으로 바꾸는 방법을 볼 준비가 돼 있다. 이 절에서는 **다이폰 합**성, 다음 절에서는 **음편 선택 합성**의 두 가지 종류의 **연결 합성**을 제시한다.

다이폰 합성을 위해, 내부 표현은 그림 8.13과 그림 8.14와 같으며, 음의 길이와 F0 목표 세트와 관련된 각 단음의 목록으로 구성돼 있다.

다이폰   다이폰의 연결 합성 모델은 미리 기록된 **다이폰**의 데이터베이스에서 말소리를 선택하고 연결함으로써 일련의 단음에서 파형을 생성한다. 다이폰은 대략 한 단음의 중간에서 다음 단음의 중간으로 가는 단음과 같은 말소리다. 다이폰의 연결 합성은 다음과 같은 단계로 특징지어질 수 있다.

훈련:

1. 각 다이폰의 예를 말하는 단일 화자를 녹음한다.
2. 음성에서 각 다이폰을 잘라내고 모든 다이폰을 데이터베이스에 저장한다.

합성:

1. 데이터베이스에서 원하는 단음 순서에 해당하는 다이폰 시퀀스를 가져온다.
2. 경계에서 약간의 신호 처리를 사용해 다이폰을 연결한다.
3. 신호 처리를 사용해 다이폰의 운율(f0, 음의 길이)을 원하는 운율 시퀀스로 변경한다.

연접 합성에는 단음보다 다이폰을 사용하는 경향이 있는데, 이는 동시 조음 현상 때문이다. 7장에서 동시 조음을 다음 소리를 예상하기 위한 조음 기관의 움직임 또는 마지막 소리에서 계속 반복하는 움직임으로 정의했다. 동시 조음으로 인해 각 단음 이전 및 다음 단음에 따라 조금씩 다르다. 따라서 단음을 연결하면 경계에서 매우 큰 불연속이 발생한다.

다이폰에서는, 유닛 내부의 다음 단음으로의 전환을 포함시킴으로써, 이 동시 조음을 모델링한다. 예를 들어 다이폰 [w-eh]은 [w] 단음에서 [eh] 단음으로의 전환을 포함한다. 한 단음의 중간에서 다음 단음의 중간까지 다이폰이 정의되기 때문에, 다이폰들을 연결시킬 때, 단음의 중간을 연결하고 있고, 단음의 중간은 문맥에 의해 영향을 덜 받는 경향이 있다. 그림 8.15는 모음 [eh]의 시작과 끝이 중심보다 훨씬 더 많이 움직인다는 직관을 보여준다.

8.4.1 다이폰 데이터베이스 구축 단계

다이폰 데이터베이스를 구축하려면 다음 6단계가 필요하다.

1. **다이폰 인벤토리**를 생성한다.
2. 연사를 모집하다.
3. 화자가 각 다이폰에 대해 읽을 텍스트를 만든다.
4. 각 다이폰을 읽는 화자를 녹음한다.
5. 다이폰을 분할, 레이블링 및 피치를 표시한다.
6. 다이폰을 삭제한다.

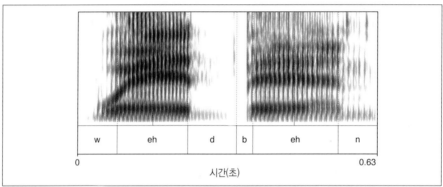

그림 8.15 모음 [eh]는 단어 *wed*와 *Ben*에서 서로 다른 주변 문맥에 나타난다. [eh]의 시작과 끝에서 두 번째 포먼트(F2)의 차이를 확인한다. 중심 마크에서 가운데의 비교적 안정된 상태 부분이 있다.

시스템에 필요한 다이폰의 인벤토리는 얼마인가? 43개의 단음을 가지고 있다면 (올리브 외 연구진(1998)의 AT&T 시스템처럼), $43^2 = 1,849$의 가정적으로 가능한 다이폰 조합이 있다. 이 모든 다이폰이 실제로 발생할 수 있는 것은 아니다. 예를 들어 영어 음운론적 제약 조건은 일부 조합을 배제한다. [h], [y], [w]와 같은 단음은 모음 앞에만 발생할 수 있다. 게다가 일부 다이폰 시스템은 연속적인 무성음 정지 사이의 침묵과 같이 단음 간에 동시 조음이 불가능한 경우 다이폰을 저장하지 않는다. 따라서 올리브 외 연구진(1998)의 43 단음 시스템은 가정적으로 가능한 1,849개가 아닌 1,162개의 다이폰만 가지고 있다.

성우
음성

다음으로 **성우**인 화자를 모집한다. 이 화자를 위한 다이폰의 데이터베이스를 **음성**이라고 부른다. 상업 시스템은 남성과 여성 음성과 같은 여러 목소리를 가지고 있다.

이제 성우가 말할 텍스트를 만들고 각 다이폰을 녹음한다. 다이폰 녹음에서 가장 중요한 것은 가능한 한 일관성을 유지하는 것이다. 가능하면 일정한 피치, 에너지 및 음의 길이를 가져야 눈에 띄는 단절 없이 쉽게 함께 붙일 수 있다. **캐리어 문구**에 녹음할 각 다이폰을 동봉해 일관성을 유지한다. 다른 단음으로 다이폰을 둘러싸면 다른 단음보다 다이폰을 더 크게 또는 더 작게 만드는 발화 최종 길이 또는 초기 단음 효과를 유지한다. 자음-모음 및 모음-자음, 단음-침묵 및 침묵-단음 시퀀스에 대해 서로 다른 캐리어 문구가 필요하다. 예를 들어 [b aa] 또는 [b ae]와 같은 자음 모음 시퀀스는 음절 [t aa]와 [m aa] 사이에 포함될 수 있다.

캐리어 문구

> pause t aa b aa m aa pause
>
> pause t aa b ae m aa pause
>
> pause t aa b eh m aa pause
>
> …

이전 합성 장치 음성이 주변에 있는 경우, 해당 음성을 사용해 프롬프트를 큰 소리로 읽고 성우가 프롬프트 후에 반복되도록 할 수 있다. 이는 각 다이폰의 발음을 일관되게 유지하는 또 다른 방법이다. 고품질 마이크와 조용한 공간을 사용하거나 사운드 부스를 사용하는 것도 중요하다.

강제 정렬

일단 음성을 녹음하고 나면, 보통 **강제 정렬** 모드에서 음성 인식기를 실행해 각각의 다이폰에 해당하는 두 개의 단음에 레이블을 지정하고 분류를 해야 한다. 강제 정렬 모드에서는 음성 인식이 단음 시퀀스를 정확히 알려준다. 음성 인식은 파형에서 정확한 단음 경계를 찾는 것이다. 음성 인식기는 단음 경계를 찾는 데 완전히 정확하지 않기 때문에 대개 자동 단음 분할은 수동으로 수정된다.

이제 수동으로 수정한 경계가 있는 두 개의 단음(예: [b aa])을 갖게 됐다. 데이터베이스에 대한 /b-aa/ 단음을 만들 수 있는 두 가지 방법이 있다. 한 가지 방법은 규칙을 사용해 단음에 다이폰 경계를 배치할 거리를 결정하는 것이다. 예를 들어 일시 정지의 경우, 다이폰 경계의 30%를 단음에 넣는다. 대부분의 다른 단음의 경우, 다이폰 경계선을 50% 단음에 배치한다.

다이폰 경계를 찾는 더 정교한 방법은 두 단음을 모두 저장하고 어떤 단음과 연결

최적 결합

하려고 하는지 알 수 있을 때까지 다이폰의 분리를 기다리는 것이다. **최적 결합**으로 알려진 이 방법에서는 두 개의 다이폰(complete, uncuted)을 취한다. 각 다이폰에 대해 가능한 모든 커팅 포인트를 확인하고 첫 번째 다이폰의 최종 프레임이 다음 다이폰의 최종 프레임과 음향적으로 가장 유사하도록 하는 두 개의 커팅 포인트를 선택한다 (Taylor and Isard, 1991 ; Conkie and Isard, 1996). 음향 유사성은 9.3절에 정의된 바와 같

캡스트럴
유사성

이 **캡스트럴 유사성**^{cepstral similarity}으로 측정할 수 있다.

8.4.2 다이폰 연결 및 운율학의 TD-PSOLA

이제 개별적인 발화를 합성하기 위한 남은 단계들을 알아보자. 발화에 대한 텍스트 분석을 완료했고, 다이폰 시퀀스와 운율적 대상에 도달했으며, 또한 다이폰 데이터베이스에서 적절한 다이폰의 시퀀스를 가져왔다고 가정해보자. 다음으로 다이폰을 연결한 다음 중간 표현의 운율(피치, 에너지, 음의 길이)를 운율 요건에 맞게 조절해야 한다.

흡착음

다이폰이 두 개 있는 상황에서 성공적으로 연결하려면 어떻게 해야 할까? 교차점에 걸쳐 있는 두 다이폰 가장자리의 파형이 매우 다르면 감지할 수 있는 **흡착음**^{click}이 발생한다. 따라서 양쪽 다이폰의 가장자리에 창 설정 기능을 적용해 샘플의 진폭이 낮거나 0이 되도록 해야 한다. 그리고 두 다이폰이 모두 유성음인 경우, 두 다이폰이

피치 동기식

피치 동기식^{pitch-synchronously}으로 결합되도록 할 필요가 있다. 즉, 첫 번째 다이폰의 끝에 있는 피치 주기는 두 번째 다이폰의 시작 부분에 있는 피치 주기에 맞춰야 한다. 그렇지 않으면 그 결과로 발생하는 단일 불규칙 피치 주기도 감지할 수 있다.

이제 연결된 다이폰의 시퀀스를 고려해볼 때, 운율적 요구 사항을 충족하기 위해 피치와 지속 시간을 어떻게 수정해야 할까? 이를 수행하기 위한 간단한 알고리듬인

TD-PSOLA

TD-PSOLA^{Time-Domain Pitch-Synchronous OverLap-and-Add}가 있다.

방금 말했듯이 **피치 동기식** 알고리듬은 각 피치 주기 또는 **에포크**^{epoch}마다 무언가를 하는 알고리듬이다. 그러한 알고리듬의 경우 정확한 피치 표시(각 피치 펄스 또는 에포크의 정확한 발생 위치 측정)를 갖는 것이 중요하다. 에포크는 최대 성문음 압력의 순간 또

피치 표시
피치 트래킹

는 성문음 폐쇄의 순간으로 정의될 수 있다. **피치 표시** 또는 **에포크 감지** 및 **피치 트래킹**의 차이점에 유의한다. 피치 트래킹은 각 특정 시점의 **F0 값**(성문의 초당 평균 주기)을

주변 평균으로 제공한다. 피치 표시는 각 진동 주기에서 성대 주름이 특정 포인트(에포크)에 도달하는 정확한 시점을 찾는다.

에포크 레이블링은 두 가지 방법으로 할 수 있다. 전통적이고 여전히 가장 정확한 방법은 전기 **전기성문파형검사**^{Electroglottograph}나 **EGG**(종종 laryngograph 또는 Lx라고도 함)를 사용하는 것이다. EGG는 후두 근처의 화자의 목(외부)에 묶여 결후를 통해 작은 흐름을 흘려보내는 장치다. 변환기는 성대 주름 전체에 걸쳐 임피던스^{impedance}를 측정해 성문이 열렸는지 혹은 닫혔는지 여부를 감지한다. 일부 현대 합성 데이터베이스는 여전히 EGG로 기록된다. EGG 사용의 문제는 화자가 데이터베이스를 기록하는 동안 화자에게 부착해야 한다는 것이다. 비록 EGG가 특별히 간섭하는 것은 아니지만, 여전히 성가시고, 녹음하는 동안 EGG를 사용해야 한다. 이미 수집된 음성을 피치 표시하는 데는 사용할 수 없다. 현대판 에포크 감지기는 이제 대부분의 상용 TTS 엔진에서 더 이상 EGG가 사용되지 않을 정도로 정확도에 근접하고 있다. 에포크 감지를 위한 알고리듬에는 브루크스와 로크(1999), 벨드후이스(2000) 등이 있다.

에포크 레이블이 붙은 코퍼스가 주어진다면 TD-PSOLA의 직관은 각 피치 주기에 대한 프레임을 추출(프레임에 모서리가 없는 창)한 다음 단순히 윈도우 피치 주기 프레임을 겹쳐서 추가함으로써 이러한 프레임을 다양한 방법으로 재조합해 파형의 피치 및 지속 시간을 수정할 수 있다(창에 대한 내용은 9.3.2절 참고). 프레임을 추출해 어떤 식으로든 조작한 다음 중첩된 신호를 결합해 신호를 재조합하는 것을 **중첩-가산법**^{overlap-and-add} 또는 **OLA** 알고리듬이라고 한다. TD-PSOLA는 프레임이 피치 동기식이고 전체 프로세스가 시간 도메인에서 발생하는 중첩-가산의 특별한 경우다.

예를 들어 다이폰에 특정 기간을 할당하려면 녹음된 마스터 다이폰의 길이를 연장하는 것이 좋다. TD-PSOLA와 신호의 길이를 늘리기 위해 일부 피치 동기식 프레임의 복사본을 추가로 삽입해 신호의 일부를 복제한다. 그림 8.16은 직관을 보여준다.

또한 TD-PSOLA를 사용해 녹음된 다이폰의 F0 값을 더 높거나 더 낮은 값으로 변경할 수 있다. F0을 증가시키기 위해, 원래 녹음된 다이폰 신호에서 각 피치 동기식 프레임을 추출해 원하는 주기 및 그에 따른 주파수에 의해 결정되는 오버랩 양으로 프레임을 더 가깝게 배치한 다음, 겹치는 신호를 더해 최종 신호를 생성한다. 하지만

전기성문파형
검사
EGG
laryngograph
Lx

중첩-가산법
OLA

모든 프레임을 더 가까이 이동시킴으로써, 시간 내에 신호를 더 짧게 만든다. 따라서 지속 시간을 일정하게 유지하면서 피치를 변경하기 위해서는 중복 프레임을 추가해야 한다.

그림 8.17은 직관을 보여준다. 이 그림에서 중복되고 추가된 추출된 피치 동기식 프레임을 명시적으로 보여줬다. 프레임은 더 가까이 이동했고(피치 증가), 지속 시간을 일정하게 유지하기 위해 추가 프레임이 추가됐다.

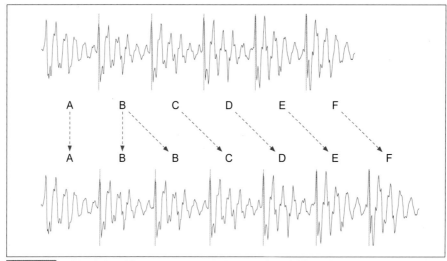

그림 8.16 지속 시간 수정용 TD-PSOLA. 개별 피치 동기식 프레임을 복제해 신호를 연장하거나(여기 표시된 대로), 신호를 단축하기 위해 삭제할 수 있다.

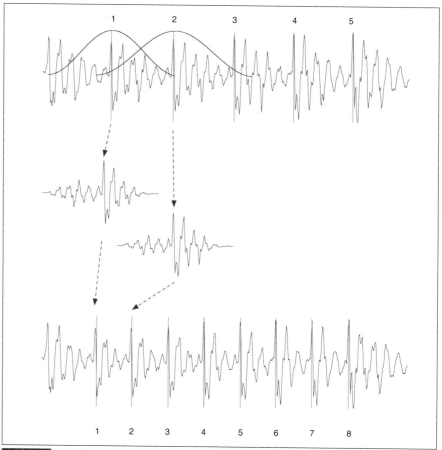

그림 8.17 피치(F0) 수정을 위한 TD-PSOLA. 피치를 높이기 위해 개별 피치 동기식 프레임을 추출해 해닝 창을 달아서 더 가까이 이동시킨 다음 합산을 한다. 피치를 낮추기 위해 프레임을 더 멀리 이동시킨다. 피치를 높이면 신호가 짧아지기 때문에(프레임이 더 가까워지기 때문에), 지속 시간을 일정하게 유지하면서 피치를 바꾸려면 프레임도 복제해야 한다.

8.5 음편 선택 (파형) 합성

다이폰 파형 합성은 두 가지 주요 문제를 안고 있다. 첫째, 저장된 다이폰 데이터베이스는 원하는 운율을 생성하기 위해 PSOLA와 같은 신호 처리 방법에 의해 수정돼야 한다. 저장된 음성의 어떤 종류의 신호 처리도 음성에 인공물을 남기기 때문에 음성을 부자연스럽게 만들 수 있다. 둘째, 다이폰 합성은 하나의 인접 단음으로 인한 동시 조음만 포착한다. 그러나 음성 인식에는 더 먼 단음, 음절 구조, 인접 단음의 강세 패턴, 심지어 단어 수준의 효과까지 더 많은 광범위한 효과가 있다.

이 때문에 현대의 상업용 신시사이저는 **음편 선택 합성**이라고 하는 다이폰 합성의 일반화를 기본으로 하고 있다. 다이폰 합성과 마찬가지로 음편 선택 합성도 일종의 연결 합성 알고리듬이다. 단어 **말소리**는 함께 연결돼 출력을 형성하는 저장된 모든 음성 조각을 의미한다. 음편 선택 합성의 직관은 크기가 서로 다른 말소리를 저장할 수 있다는 것인데, 이는 다이폰보다 훨씬 클 수 있다. 따라서 음편 선택은 다음과 같은 두 가지 면에서 고전적인 다이폰 합성과 다르다.

1. 다이폰 합성에서 데이터베이스는 각 다이폰의 사본 하나를 저장한다. 음편 선택에서 데이터베이스는 여러 시간 길이이며 각 다이폰의 사본이 많다.

2. 다이폰 합성에서 말소리의 운율은 PSOLA 또는 유사한 알고리듬에 의해 수정된다. 음편 선택에서는 연결된 말소리에 신호 처리를 하지 않는다(또는 최소).

음편 선택의 강점은 대규모 말소리 데이터베이스 때문이다. 충분히 큰 데이터베이스에서는 합성하고자 하는 발화의 전체 단어나 구문이 이미 데이터베이스에 존재해 이러한 단어나 구에 대해 극히 자연스러운 파형을 초래할 수 있다. 따라서 데이터베이스에서 연속되는 다이폰을 선택해 암시적으로 더 큰 말소리를 만든다. 게다가 큰 청크를 발견하지 못하고 개별적인 다이폰으로 백오프하는 경우, 각 다이폰의 많은 복사본은 자연스럽게 어울릴 만한 것을 찾을 가능성을 더 높여준다.

음편 선택의 구조는 다음과 같이 요약할 수 있다. 대량의 말소리 데이터베이스를 제공받았는데, 이를 다이폰이라고 가정해보자. 하프폰, 음절, 반음절과 같은 다른 종류의 말소리를 가지고 음편을 선택할 수도 있지만, 그림 8.1에서 설명한 바와 같이 강세 값, 단어 본질, F0 정보와 같은 자질과 함께 타깃 '내부 표현', 즉, 단음 문자열에 대한 특성을 부여받는다.

신시사이저의 목표는 데이터베이스에서 타깃 표현에 해당하는 최적의 다이폰 말소리 시퀀스를 선택하는 것이다. "최상의" 시퀀스란 무엇을 의미하는가? 직관적으로 가장 좋은 시퀀스는 다음과 같다.

- 우리가 선택한 각 다이폰 장치는 타깃 다이폰의 사양을 정확히 충족한다(F0, 강세 수준, 인접한 음성 등).

- 각 다이폰 장치는 감지할 수 있는 주변 장치와 원활하게 연결된다.

물론 실제로 사양에 정확히 부합하는 말소리가 있을 것이라고 장담할 수는 없으며, 모든 단일 결합이 인식할 수 없는 일련의 말소리는 찾을 수 없을 것 같다. 따라서 실제로 음편 선택 알고리듬은 이러한 제약 조건의 변화도 버전을 구현하며, 최소한 **타깃 비용**과 **결합 비용**을 최소화하는 말소리 시퀀스를 찾으려고 한다.

타깃 비용 $T(u_t, s_t)$:	타깃 사양 s_t가 잠재적 말소리 u_t와 얼마나 잘 일치하는지
결합 비용 $J(u_t, u_{t+1})$:	잠재적 말소리 u_t가 잠재적인 인접 u_{t+1}과 얼마나 잘 결합하는지(개념적으로)

T와 J 값은 비용으로 표현되며, 높은 값은 잘못된 일치와 잘못된 결합을 나타낸다(Hunt and Black, 1996).

형식적으로 T 타깃 사양의 시퀀스 S가 주어진 음편 선택 합성의 작업은 데이터베이스에서 T 말소리의 시퀀스 $\hat{U}$를 찾아 이러한 비용의 합계를 최소화하는 것이다.

$$\hat{U} = \underset{U}{\mathrm{argmin}} \sum_{t=1}^{T} T(s_t, u_t) + \sum_{t=1}^{T-1} J(u_t, u_{t+1}) \tag{8.19}$$

디코딩 및 훈련 작업으로 전환하기 전에 먼저 타깃 비용 및 결합 비용을 좀 더 자세히 정의해보자.

타깃 비용은 말소리가 타깃 다이폰 사양과 얼마나 잘 일치하는지 측정한다. 각 다이폰 타깃에 대한 사양을 피처 벡터로 생각할 수 있다. 다음은 음절이 강조돼야 할 경우 및 음절에서 다이폰이 나오는 위치와 같은 범위(특징)를 사용하는 세 가지 대상 다이폰 사양에 대한 세 가지 샘플 벡터다.

/ih-t/, +stress, phrase internal, high F0, content word

/n-t/, -stress, phrase final, high F0, function word

/dh-ax/, -stress, phrase initial, low F0, word 'the'

우리는 타깃 사양 s와 말소리 사이의 거리를 원한다. 이는 각 차원의 말소리가 규격과 얼마나 다른지 나타내는 함수다. 각 범위 p에 대해 약간의 하위 비용 $T_p(s_t[p], u_j[p])$를 생각해낼 수 있다고 가정해보자. 강세와 같은 이진 피처의 **하위 비용**은 1 또는 0일 수 있다. F0과 같은 연속 피처에 대한 하위 비용은 사양 F0과 말소리 F0 사이의

하위 비용

차이(또는 로그 차이)일 수 있다. 어떤 범위는 다른 범위에 비해 음성 인식에 더 중요하기 때문에, 또한 각 범위에 무게를 두고자 할 것이다. 이러한 모든 하위 비용을 결합하는 가장 간단한 방법은 독립적이고 부가적인 것이라고 가정하는 것이다. 이 모델을 사용해, 주어진 타깃/말소리 쌍의 총 타깃 비용은 각 피처/범위에 대한 이러한 모든 하위 비용에 대한 가중 합계이다.

$$T(s_t, u_j) = \sum_{p=1}^{P} w_p T_p(s_t[p], u_j[p]) \tag{8.20}$$

타깃 비용은 원하는 다이폰 사양의 함수와 데이터베이스로부터의 말소리다. 반대로 **결합 비용**은 데이터베이스에서 두 개의 말소리의 함수다. 결합 비용의 타깃은 결합이 완전히 자연스러울 때 낮은 (0)이고, 결합이 감지되거나 부조화할 때 높다. 합류할 두 말소리의 가장자리 음향 유사성을 측정함으로써 이 목표를 달성한다. 만약 두 말소리가 매우 유사한 에너지, F0 및 스펙트럼 피처를 가지고 있다면 아마도 잘 결합할 것이다. 따라서 타깃 비용과 마찬가지로 가중된 하위 비용을 합산해 결합 비용을 계산한다.

$$J(u_t, u_{t+1}) = \sum_{p=1}^{P} w_p J_p(u_t[p], u_{t+1}[p]) \tag{8.21}$$

고전적인 헌트와 블랙(1996) 알고리듬에서 사용되는 세 가지 하위 비용은 연결 지점에서의 켑스트럼 거리와 로그 파워와 F0의 절대적 차이다. 9.3절의 켑스트럼을 소개한다.

또한 연결될 두 말소리 u_t와 u_{t+1}이 말소리 데이터베이스의 연속적인 다이폰이었다면(즉, 원래 발음으로 서로 뒤따름), 결합 비용을 0: $J(u_t, u_{t+1}) = 0$으로 설정했다. 이는 음편 선택 합성의 중요한 특징으로, 음편 선택 합성의 크고 자연스러운 시퀀스를 데이터베이스에서 선택하도록 장려하기 때문이다.

식 8.19에 표현된 대로 타깃 및 결합 비용의 합계를 최소화하는 최상의 말소리 시퀀스를 어떻게 찾을 것인가? 표준 방법은 음편 선택 문제를 은닉 마르코프 모델로 생각하는 것이다. 타깃 말소리는 관찰된 출력이고 데이터베이스의 말소리는 은닉 상태이다. 우리의 임무는 최상의 은닉 상태 시퀀스를 찾는 것이다. 비터비 알고리듬(6장)을 사용해 이 문제를 해결할 수 있다. 그림 8.18에는 최적의 말소리 순서를 결정하는 최상의(비터비) 경로뿐만 아니라 검색 공간의 스케치도 나와 있다.

결합 및 타깃 비용에 대한 가중치는 가중치 수가 적고 (20 순서에 따라) 머신러닝 알고리듬이 항상 인간의 수행을 달성하는 것은 아니기 때문에 수동으로 설정되는 경우가 많다. 시스템 설계자는 시스템에서 생성된 전체 문장을 듣고 합리적으로 들리는 발화를 생성하는 가중치 값을 선택한다. 그러나 다양한 자동 가중치 설정 알고리듬이 존재한다. 이들 중 다수는 아마도 켑스트럼 거리를 기반으로 한 두 문장의 음향 사이에 일종의 거리함수가 있다고 가정한다. 예를 들어 헌트와 블랙(1996)의 방법은 음편 선택 데이터베이스에서 문장의 테스트 세트를 보유한다. 이러한 각 테스트 문장에 대해 단어 시퀀스에서 문장 파형을 합성한다(훈련 데이터베이스에 있는 다른 문장의 말소리 사용). 다음으로 합성된 문장의 음향과 실제 인간 문장의 음향을 비교한다. 이제 합성된 문장들의 시퀀스를 가지고 있는데, 각각은 인간과의 거리함수와 연관돼 있다. 그런 다음 이러한 거리를 기반으로 한 선형 회귀를 사용해 거리를 최소화하기 위해 타깃 비용 가중치를 설정한다.

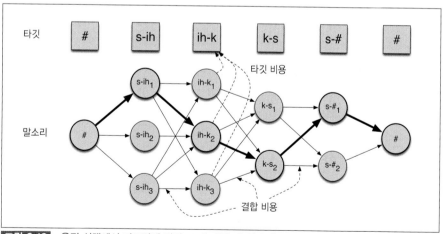

그림 8.18 음편 선택에서 디코딩해 단어 *six*에 대한 타깃(사양) 다이폰 시퀀스와 검색해야 하는 가능한 데이터베이스 다이폰 말소리 세트를 보여준다. 타깃과 결합 비용의 합을 최소화하는 최상의 (비터비) 경로는 굵게 표시돼 있다.

타깃 비용과 결합 비용 모두를 할당하는 고급 방법도 있다. 예를 들어 앞에서는 두 장치의 피처를 살펴보고, 피처 비용의 가중 합계를 수행하고, 최저 비용 말소리를 선택해 두 장치 사이의 타깃 비용을 계산했다. 대안적 접근법(9장에서 소개된 음성 인식 기법을 배운 후 새로운 판독기가 다시 돌아와야 할 수도 있음)은 타깃 말소리를 어떤 음향 공간에 매핑한 다음 그 음향 공간에서 타깃 근처에 있는 말소리를 찾는 것이다. 예를 들어 도노반과 우드랜드(1995)와 도노반과 이데(1998)의 방법은 10.3절 그림 10.14에 설명된 음성 인식의 의사결정 트리 알고리듬을 사용해 모든 훈련 말소리를 클러스터링한다. 의사결정 트리는 위에서 설명한 것과 동일한 특징에 기초하지만, 여기서는 각 피처 세트의 특징을 갖는 말소리 클러스터를 포함하는 리프 노드로의 의사결정 트리를 따라 내려간다. 이 말소리 클러스터는 음성 인식과 마찬가지로 가우스 모델에 의해 매개변수화될 수 있기 때문에, 피처 세트를 켑스트럼 값의 확률분포로 매핑할 수 있어 타깃과 데이터베이스의 말소리 사이의 거리를 쉽게 계산할 수 있다. 결합 비용의 경우, 보다 정교한 매트릭스는 특정 결합이 어떻게 인지될 수 있는지를 이용한다(Wouters and Macon, 1998; Syrdal and Conkie, 2004; Bulyko and Ostendorf, 2001).

8.6 평가

음성 합성 시스템은 인간의 청취자들에 의해 평가된다. 하지만 인간의 청취 실험은 많은 비용과 시간이 소요된다. 그래서 합성 평가를 위한 우수한 자동 측정 기준의 개발은 개방적이고 흥미로운 연구 주제다.

명료성   음성 합성 시스템에 대한 최소 평가 기준은 **명료성**이다. 즉, 사람이 합성된 발화의
음질   단어와 의미를 정확하게 해석하는 능력이다. 또 다른 측정 기준은 **음질**이다. 음성의 자연스러움, 유창성 또는 명확성을 추상적으로 측정한 것이다.

진단 운율   명료성 로컬 측정은 청취자가 두 단음을 구별할 수 있는 능력을 테스트한다. **진단**
테스트   **운율 테스트**DRT, Diagnostic Rhyme Test(Voiers et al., 1975)는 두음 자음의 명료성을 테스트한다.
DRT   dense/tense 또는 bond/pond(상이한 발음) 또는 mean/beat 또는 neck/deck(상이한 비음)과 같이 단일 음성 특징에서만 다른 96쌍의 혼동 가능한 운율 단어에 기초한다. 각 쌍에 대해, 청취자들은 쌍의 한 멤버를 듣고 그들이 생각하는 것을 표시한다. 그다음

정답의 백분율을 정보화 지표로 사용한다. 수정된 운율 테스트[MRT, Modified Rhyme Test] (House et al., 1965)는 서로 다른 300단어 세트를 바탕으로 한 유사한 테스트로, 6단어 50세트로 구성돼 있다. 각 6단어 세트는 초기 또는 최종 자음에 따라 다르다(예: *went, sent, bent, dent, tent, rent or bat, bad, back, bass, ban, bath*). 청취자들에게는 6단어의 폐쇄된 목록에서 식별해야 하는 단일 단어가 제공한다. 정확한 식별의 퍼센트는 다시 명료성 지표로 사용된다.

캐리어 구문　문맥의 영향이 매우 중요하기 때문에 DRT와 MRT 단어 모두 다음과 같은 **캐리어 구문**에 포함돼 있다.

> Now we will say <word> again.

의미론적으로 예측할 수 없는 문장　단일 단음보다 큰 말소리를 테스트하기 위해 **의미론적으로 예측할 수 없는 문장**[SUS]을 사용할 수 있다(Benoît et al., 1996). DET ADJ NOUN VERB DET NOUN와 같은 간단한 POS 템플릿을 사용해 슬롯에 임의의 영어 단어를 삽입하고 다음과 같은 문장을 만들어낸다.

> The unsure steaks closed the fish.

DRT/MRT 및 SUS와 같은 명료도 측정은 명료도 측정에서 문맥의 역할을 제외한다. 이를 통해 시스템의 명료도를 신중하게 제어할 수 있지만, 맥락이나 의미상 예측 불가능한 문장은 TTS가 상용 애플리케이션에서 사용되는 방식에 적합하지 않다. 따라서 DRT나 SUS 대신 상용 애플리케이션에서 일반적으로 원하는 애플리케이션을 모방한 상황에서 명료성을 테스트한다. 즉, 소리내어 주소 읽기, 뉴스 텍스트 읽기 등이 있다.

합성된 발화의 **음질**을 추가로 평가하기 위해 청취자에게 한 문장을 재생하고 합성된 발화가 얼마나 좋은지 평가하는 **평점 척도법**[MOS]을 제공하도록 요청할 수 있다. 일반적으로 1~5등급이 있다. 그런 다음 동일한 문장에서 MOS 점수를 비교해 시스템을 **평점 척도법** 비교할 수 있다(예: 유의한 차이를 테스트하기 위해 t-테스트 사용).

만약 정확히 두 시스템을 비교하고 있다면(아마도 특정한 변화가 실제로 시스템을 개선했는지 확인하기 위해), **AB 테스트**를 사용할 수 있다. AB 테스트에서 서로 다른 두 시스 **AB 테스트**

템(A와 B 시스템)에 의해 합성된 동일한 문장을 재생한다. 인간 청취자들은 두 가지 발화 중 어느 것이 더 좋은지 선택한다. 50개 문장에 대해 이 작업을 수행하고 각 시스템에 대해 선호하는 문장 수를 비교한다. 청취자 편향을 피하려면 각 문장에 대해 합성된 두 파형을 랜덤 순서로 표시해야 한다.

참고문헌 및 역사 참고 사항

8장의 시작 부분에서 언급했듯이, 음성 합성은 음성 및 언어 처리의 초기 분야 중 하나다. 18세기에는 폰 켐펠렌 모델뿐만 아니라 오르간 파이프를 사용한 1773년 코펜하겐의 크라첸슈타인의 모음 모델을 포함해 발화 과정의 여러 물리적 모델들이 있었다.

그러나 음성 합성의 현대 시대는 파형 합성의 세 가지 주요 패러다임(포먼트 합성, 조음 합성 및 연쇄 합성)이 모두 제안된 1950년대 초에 도래했다고 분명히 말할 수 있다.

연결 합성은 벨 연구소의 해리스(1953)가 처음 제안한 것으로 보인다. 해리스는 문자 그대로 단음에 해당하는 자기 테이프 조각들을 연결했다. 해리스의 제안은 실제로 다이폰 합성보다 음편 선택 합성에 더 가깝다. 각 단음의 여러 복사본을 저장하고 결합 비용 사용을 제안했다(주변 말소리와 가장 원활한 포먼트 전환으로 음편 선택). 해리스의 모델은 다이폰이 아닌 단음을 기반으로 했기 때문에 동시조음으로 인해 문제가 발생했다. 피터슨 외 연구진(1958)은 다이폰의 사용, F0, 강세 및 음의 길이를 포함한 각 다이폰의 여러 복사본이 있는 데이터베이스 그리고 F0에 기초한 결합 비용과 인접 말소리 사이의 포먼트 거리를 사용하는 것을 포함해, 음편 선택 합성의 기본적인 아이디어들을 많이 추가했다. 또한 파형의 창 설정과 같은 미세 연결 기술을 제안했다. 그러나 피터슨 외 연구진 모델은 순전히 이론적이며 다이폰 합성이 처음 구현된 1960년대와 1970년대까지 연결 합성이 구현되지 않았다(Dixon and Maxey, 1968; Olive, 1977). 이후의 다이폰 시스템에는 자음 클러스터와 같은 더 큰 말소리가 포함됐다(Olive and Liberman, 1979). 균일하지 않은 큰 말소리와 타깃 비용의 사용을 포함한 현대적인 음편 선택은 사이사카(1988), 사이사카 외 연구진(1992)에 의해 발명됐다. 헌트와 블랙(1996)은 모델을 공식화해 ATR CATR 시스템의 맥락에서 8장에 제시했던 형태로 넣었다(Black and Taylor, 1994). 클러스터링에 의해 자동으로 합성 말소리를 생성한다는 생각은 나카지마와 하마다(1988)에 의해 처음 발명됐으나, 주로 음성 인식에서 의사결정 트리 클러스터링 알고리듬을 통합한 도노반(1996)에 의해 개발됐다. AT&T NextGen 신시사이저의 일부로 많은 음편 선택 혁신이 이루어졌다(Syrdal et al., 2000; Syrdal and Conkie, 2004). 8장에서 연결 합성에 초점을 맞췄지만, 두 가지 다른 합성 패러다임이 있는데, 특히 포먼트를 포함해 인공 스펙트럼을 생성하는 규칙을 구축하는 **포먼트 합성**과 성도와 조음 과정의 물리학을 직접 모델링하는 **조음 합성**이었다.

포먼트 신시사이저는 원래 인공 스펙트로그램을 만들어 인간의 음성을 모방하려는 시도에서 영감을 받았다. Haskins Laboratories Pattern Playback Machine은 움직이는 투명 벨트에 스펙트로그램 패턴을 그리고 파형의 고조파를 필터링하기 위해 반사율을 사용함으로써 음파를 발생시켰다(Cooper et al., 1951). 다른 초기의 포먼트 신시사이저에는 로렌스(1953)와 팬트(1951)가 포함된다. 아마도 포먼트 신시사이저 중 가장 잘 알려진 것은 MITalk 시스템(Alen et al., 1987)과 Digital Equipment Corporation의 DECtalk에 사용되는 Klattalk 소프트웨어(Klatt, 1982)를 포함한 Klatt 포먼트 신시사이저와 그 후속 시스템이었을 것이다. 자세한 내용은 클라트(1975)를 참고한다.

조음 신시사이저는 성도의 물리학을 열린 튜브로 모델링해 음성을 합성하려고 시도한다. 초기 모델과 다소 최신 모델 모두 스티브스 외 연구진(1953), 플래너 간 외 연구진(1975), 팬트(1986)의 모델들이 대표적이다. 자세한 내용은 클라트(1975) 및 플래너 간(1972)을 참조한다.

TTS의 텍스트 분석 구성 요소의 개발은 자연어 처리의 다른 영역에서 기술을 차용했기 때문에 다소 늦게 이루어졌다. 초기 합성 시스템의 입력은 텍스트가 아니라 음소(천공 카드에 입력됨)였다. 텍스트를 입력으로 가져간 최초의 텍스트 음성 변환 시스템은 우메다와 테라니시(Umeda et al., 1968; Teranishi and Umeda, 1968; Umeda, 1976)의 시스템이었던 것으로 보인다.

이 시스템은 억양과 강세뿐만 아니라 운율적 경계를 할당하는 어휘 파서를 포함했다. 예를 들어 코커 외 연구진(1973)의 확장은 동사의 디액센트[deaccenting]에 대한 규칙을 더 추가하고, 조음 모델도 탐색했다. 이러한 초기 TTS 시스템은 단어 발음을 위해 발음 사전을 사용했다. 더 큰 어휘로 확장하기 위해, MITalk(Allen et al., 1987)와 같은
초기 형식 기반 TTS 시스템은 큰 사전들을 저장하기에는 컴퓨터 메모리가 너무 비쌌
기 때문에 사전 대신에 문자 대 소리 규칙을 사용했다.

현대의 자소 대 음소 모델은 원래 음성 인식의 맥락에서 제안됐던 루카센과 머서
(1984)의 영향력 있는 초기 확률론적 자소 대 음소 모델에서 파생됐다. 그러나 머신러
닝 모델의 광범위한 사용은 지연됐는데, 초기 일화적 증거로 수기 규칙이 세즈노프스
키와 로젠버그(1987)의 신경망보다 더 잘 작동했기 때문이다.

댐퍼 외 연구진(1999)의 면밀한 비교는 머신러닝 방법이 대체로 우수하다는 것을
보여줬다. 모델 중 다수는 발음을 유추(Byrd and Chodorow, 1985; Dedina and Nusbaum,
1991; Daelemans and van den Bosch, 1997; Marchand and Damper, 2000)하거나, 잠재 유
추(Bellegarda, 2005)를 사용한다. 또한 HMM(Taylor, 2005)도 제안됐다. 가장 최근의
연구는 공동 **그래폰**graphone 모델을 사용하고 있는데, 이 모델에서 은닉변수는 음소-문
자소 쌍이며 확률론적 모델은 조건부 우도보다는 연결 부분을 기반으로 하는 연결 그
래폰 모델을 사용한다(Deligne et al., 1995; Luk and Damper, 1996; Galescu and Allen,
2001; Bisani and Ney, 2002; Chen, 2003).

운율에 관한 문헌은 방대하다. 또 다른 중요한 연산 모델은 **후지사키** 모델이다
(Fujisaki and Ohno, 1997). IViE(Grabe, 2001)는 ToBI의 확장으로 다양한 영어의 종류
(Grabe et al., 2000)에 레이블을 지정하는 데 초점을 맞춘다. 또한 억양구(Beckman and
Pierrehumbert, 1986), 억양 말소리(Du Bois et al., 1983), 성조 말소리(Crystal, 1969), 절
및 기타 통사적 말소리와의 관계(Chomsky and Halle, 1968; Langendoen, 1975; Streeter,
1978; Hirschberg and Pierrehumbert, 1986; Selkirk, 1986; Nespor and Vogel, 1986; Croft,
1995; Ladd, 1996; Ford and Thompson, 1996; Ford et al., 1996)를 포함한 억양 구조 말소
리에 대한 많은 논쟁이 있다. 음성 합성에 관한 많은 최근의 연구들은 감정적 발언 생
성에 초점을 맞추고 있다(Cahn, 1990; Bulut et al., 2002; Hamza et al., 2004; Eide et al.,
2004; Lee et al., 2006; Schroder, 2006, 기타).

음성 합성을 위한 가장 흥미로운 새로운 패러다임 중 하나는 HMM 합성인데, 도
쿠다 외 연구진(1995b)이 먼저 제안하고 도쿠다 외 연구진(1995a), 도쿠다 외 연구진
(2000), 도쿠다 외 연구진(2003)에서 상세히 기술했다. 타일러(2008)의 **HMM 합성** 교과

서 요약본을 참조한다. 황 외 연구진(2001) 및 기브본 외 연구진(2000)이 TTS 평가에 대한 자세한 정보를 제시한다. **블리자드 챌린지**(Blinder Challenge, 2005 ; Bennett, 2005)이 라고 하는 연례 음성 합성 대회도 참조한다.

앨런 외 연구진(1987)(MITalk 시스템)과 스프로트(1998b)(Bell Labs 시스템)에 두 개의 고전적인 텍스트 음성 합성 시스템이 설명돼 있다. 최근의 교과서에는 두토이트 (1997), 황 외 연구진(2001)이 포함돼 있다. 테일러(2008년), 앨런 블랙의 온라인 강의 노트(http://festvox.org/festtut/notes/festtut_toc.html)를 참고한다. 영향력 있는 논문집에 는 반 산텐 외 연구진(1997), 신기사카 외 연구진(1997), 나라얀과 알완(2004) 등이 있 다. 컨퍼런스 간행물은 메인 스피치 엔지니어링 컨퍼런스(INTERSPEECH, IEEE ICASSP)와 음성 합성 워크숍을 참고한다. 저널에는 Speech Synthesis Work-shops, Journals include Speech Communication, Computer Speech and Language, the IEEE Transactions on Audio, Speech, and Language Processing, the ACM Trans actions on Speech and Language Processing 등이 있다.

연습

8.1 MONEY를 다루는 텍스트 정규화 루틴을 구현하라. 즉, $45, $320, $4100과 같은 달러 금액의 문자열을 단어에 매핑하라(코드를 직접 작성하거나 FST를 설계). 만약 숫자를 발음하는 여러 가지 방법이 있다면 가장 좋아하는 방법을 선택할 수 있다.

8.2 NTEL, 즉 555-1212, 555-1300 등의 7자리 전화번호를 다루는 텍스트 정규 화 루틴을 구현하라. 마지막 4자리에는 **쌍체 말소리와 후행 말소리** 발음의 조합 을 사용하라(다시, 코드를 쓰거나 FST를 설계한다).

8.3 그림 8.4에서 NDATE 유형을 다루는 텍스트 정규화 루틴을 구현하라.

8.4 그림 8.4에서 NTIME 유형을 다루는 텍스트 정규화 루틴을 구현하라.

8.5 (앨런 블랙의 제안) 무료 페스티벌 음성 신시사이저를 다운로드한다. 당신의 수 업에 있는 모든 사람의 이름을 정확하게 발음하기 위해 어휘를 확장하라.

8.6 페스티벌 신시사이저를 다운로드한다. 자신의 음성을 사용해 다이폰 신시사이저를 녹음하고 훈련시켜라.

8.7 문구 경계 예측 변수를 구축하라. 원하는 분류기를 사용할 수 있으며, 387페이지에 설명된 피처 중 일부를 구현해야 한다.

09
자동 음성 인식

프레드릭이 어렸을 때 매우 용감하고 대담해서,

그의 아버지는 그가 선원이 될 것이라고 생각했다.

그랬었지. 아아! 난 그의 유모였고, 그건 운명이었다.

장래가 촉망되는 소년 견습생을 **조종사**에게 데려가서 견습하게 하는 것이—

강건한 젊은이에게 나쁘지 않은 삶은 분명 많지는 않지만

내가 유모이긴 하지만 네 아들을 조종사로 만드는 것보다 더 나쁜 짓을 할 수도 있어.

난 멍청한 육아 도우미였어. 항상 쇄파 위에서 키를 잡았다.

그리고 나는 난청으로 말을 제대로 이해하지 못했다. 내 두뇌에서 회전하는

내 지시를 잘못 이해하고 나는 이 유망한 소년 견습생을

해적에게 데려가서 견습시켰다.

– 〈펜잔스의 해적〉, 길버트와 설리번, 1877년

유모 루스의 실수는 프레드릭이 해적으로서 오랜 기간 동안 도제 계약을 하게 만들었고, 21번째 생일과 윤년이 얽힌 약간의 문제로 63년을 더 도제살이를 연장할 뻔했다. 길버트와 설리반의 작품에서는 그 실수는 아주 자연스러운 것이었다. 루스가 나중에 말했듯이, "두 단어(pilot과 pirate)는 너무나 발음이 비슷했다!" 사실, 구어 이해는 어려운 작업이며, 인간처럼 구어 이해에 능하다는 것은 주목할 만한 일이다. **자동 음성 인식**ASR 연구의 목적은 음향 신호에서 단어 문자열로 매핑되는 시스템을 구축해 이 문제를 계산적으로 해결하는 것이다. **자동 음성 이해**ASU는 이 목표를 단지 단어만이 아니라 문장에 대한 이해로 확장한다.

자동 음성 인식
ASR

어떤 환경에서든 화자에 대한 자동 받아쓰기의 일반적인 문제는 아직 해결되지 않았다. 그러나 최근 몇 년 동안 ASR 기술은 특정 제한된 영역에서 실행 가능한 수준까지 발전했다. 한 가지 주요 응용 분야는 인간과 컴퓨터의 상호작용이다. 많은 작업이 시각적 또는 포인팅 인터페이스로 더 잘 해결되지만, 언어는 완전한 자연어 통신이 유용하거나 키보드가 적합하지 않은 작업의 경우, 키보드보다 더 나은 인터페이스가 될 가능성이 있다. 여기에는 사용자가 조작할 개체나 제어할 장비가 있는 경우와 같이 손이 많이 사용하거나 눈이 많이 사용되는 애플리케이션이 포함된다. 또 다른 중요한 애플리케이션은 전화 통화 방법이다. 예를 들어 음성 다이얼로그 시스템에서 숫자 입력, 수신자 부담 전화 수락을 위한 "예" 인식, 비행기 또는 기차 정보 검색, 통화 라우팅("Accounting, please", "Prof. Regier, please")을 인식하는 것이다. 일부 애플리케이션에서는 음성과 포인팅을 결합한 멀티 모달 인터페이스가 음성이 없는 그래픽 사용자 인터페이스보다 더 효율적일 수 있다(Cohen et al., 1998). 마지막으로 ASR은 받아쓰기, 즉 한 명의 특정 화자의 확장된 독백을 전사해 적용된다. 받아쓰기는 규칙과 같은 분야에서 일반적이며 어의를 확장하는 의사소통의 일부로서도 중요하다(일부 장애를 가진 컴퓨터와 인간 사이의 상호작용으로 타이핑이 불가능하거나 말을 할 수 없게 됨). 맹인 밀턴은 딸들에게 *Paradise Lost*를 받아쓰게 했고 헨리 제임스는 반복적인 스트레스 장애를 겪은 후 그의 후기 소설을 받아쓰게 했다.

아키텍처 세부 사항으로 이동하기 전에 음성 인식 작업의 몇 가지 매개변수에 대해 논의해보자. 음성 인식 작업에서 변형의 관점은 어휘의 크기다. 인식해야 하는 고유한 단어의 수가 적으면 음성 인식이 더 쉽다. 따라서 yes 대 no 탐지와 같은 두 단어 어휘 또는 **숫자 작업**digits task이라고 하는 숫자 시퀀스(zero에서 nine까지, oh 추가)를 인식하는 것과 같은 11개 단어 어휘를 사용하는 작업은 비교적 쉽다. 반면 인간과 인간의 전화 대화를 전사하거나 방송 뉴스를 전사하는 것과 같이 20,000에서 60,000단어의 큰 어휘를 사용하는 작업은 훨씬 더 어렵다.

두 번째 관점의 변형은 음성이 얼마나 유창하고, 자연스럽고, 일상적인 대화인가 하는 것이다. 각각의 단어가 일종의 멈춤으로 둘러싸여 있는 **고립 단어** 인식은 단어가 서로 부딪쳐 세분화돼야 하는 **연속 음성**을 인식하는 것보다 훨씬 쉽다. 연속 음성 작업 자체는 문화마다 크게 다르다. 예를 들어 인간 대 기계 음성은 인간 대 인간 음성보다

낭독 연설

대화 음성

인식하기가 훨씬 쉬운 것으로 밝혀졌다. 즉, 인간이 기계와 대화하거나, (받아쓰기 작업을 시뮬레이션하는) **낭독 연설**로 큰 소리로 읽거나, 또는 음성 대화 시스템과 대화하는 것을 인식하는 것은 비교적 쉽다. 예를 들어 비즈니스 미팅을 전사하기 위해 **대화 음성**에서 서로 이야기하는 두 사람의 말을 인식하는 것은 훨씬 더 어렵다. 인간이 기계와 대화할 때 말을 상당히 단순화해 더 느리고 명확하게 말하는 것 같다.

세 번째 관점의 변형은 채널과 소음이다. **받아쓰기** 작업(및 음성 인식의 많은 실험실 연구)은 고품질의 헤드 마운팅 마이크를 사용해 수행된다. 헤드마운트 마이크는 스피커의 머리가 움직일 때 테이블 마이크에서 발생하는 왜곡을 제거한다. 어떤 종류의 소음도 인식을 어렵게 만든다. 그래서 조용한 사무실에서 말하는 사람을 인식하는 것은 창문을 연 채 고속도로에서 시끄러운 차 안에서 말하는 사람을 인식하는 것보다 훨씬 쉽다.

변형의 마지막 관점은 악센트 또는 화자의 부류 특성이다. 화자가 표준어를 사용하거나 일반적으로 시스템이 훈련된 데이터와 일치하는 사투리를 사용하는 경우 음성을 더 쉽게 인식할 수 있다. 따라서 외국어 발음이나 어린 아이들의 말투는 인식이 더 어렵다(정확하게 시스템이 이러한 종류의 음성에 대해 특별히 훈련되지 않은 경우).

그림 9.1은 서로 다른 ASR 작업에 대한 최신 시스템에서 잘못된 단어(**단어 오류율** 또는 WER, 472페이지에 정의됨)의 대략적인 비율을 보여준다.

작업	어휘	오류율 %
TI Digits	11(zero-nine, oh)	.5
Wall Street Journal read speech	5,000	3
Wall Street Journal read speech	20,000	3
Broadcast News	64,000+	10
Conversational Telephone Speech (CTS)	64,000+	20

그림 9.1 2006년경 다양한 작업에 대한 ASR에 대해 보고된 대략적인 단어의 오류율(잘못 인식된 단어의 비율). Broadcast News 및 CTS의 오류율은 특정 훈련 및 테스트 시나리오에 기초하며 대략적인 숫자로 간주해야 한다. 다르게 정의된 작업의 오류율은 최대 2배까지 다양하다.

소음과 악센트로 인한 변형은 오류율을 상당히 증가시킨다. 일본어 악센트나 스페인어 악센트 영어의 단어 오류율은 같은 작업을 하는 원어민보다 3~4배 정도 높은 것으로 보고됐다(Tomokiyo, 2001).

또한 10dB SNR(신호 대 잡음비)로 자동차 소음을 추가하면 오류율이 2~4배까지 올라갈 수 있다.

일반적으로 이러한 오류율은 음성 인식 성능이 꾸준히 향상됐기 때문에 매년 감소한다. 한 가지 추정치는 알고리듬 개선과 무어의 법칙의 조합으로 인해 지난 10년 동안 성능이 연간 약 10% 향상됐다는 것이다(Deng and Huang, 2004).

9장에서 설명하는 알고리듬은 이러한 다양한 음성 작업에 적용할 수 있지만, 이 장에서는 한 가지 중요한 영역인 **대용량 어휘 연속 음성 인식**LVCSR의 기본 사항에 초점을 맞췄다. 대용량 어휘는 일반적으로 시스템이 약 20,000에서 60,000단어의 어휘를 가지고 있다. 위에서 **연속**이란 단어가 자연스럽게 함께 흘러간다는 것을 의미한다고 봤다. 더욱이, 우리가 논의하게 될 알고리듬은 일반적으로 **불특정 다수의 대화자**다. 즉, 시스템이 이전에 한번도 노출되지 않았던 사람들의 음성을 인식할 수 있다.

LVCSR의 지배적 패러다임은 HMM이며, 9장에서 이 접근법에 초점을 맞춘다. 8장에서는 HMM 기반 음성 인식에 사용되는 핵심 알고리듬의 대부분을 소개했다. 7장에서는 **단음, 음절**, 억양에 대한 주요 음성학적 개념과 음운학적 개념을 소개했다. 5장과 6장은 **베이스의 규칙, 은닉 마르코프 모델**HMM, **비터비** 알고리듬, 바움-웰치 (순방향 역방향) 훈련 알고리듬의 사용을 소개했다. 4장에서는 **N그램** 언어 모델과 **복잡도**perplexity 메트릭을 소개했다. 9장에서는 HMM 음성 인식을 위한 아키텍처의 개요로 시작하고, 피처 추출을 위한 신호 처리와 중요한 MFCC 피처 추출을 위한 개요를 제공한 다음, 가우시안 음향 모델을 소개한다. 그런 다음 비터비 디코딩이 ASR 맥락에서 어떻게 작동하는지를 계속하며, **임베디드 훈련**이라고 부르는 ASR에 대한 완전한 훈련 절차를 요약한다. 마지막으로 표준 평가 지표인 단어 오류율을 소개한다. 10장은 몇 가지 고급 ASR 주제와 함께 소개한다.

9.1 음성 인식 아키텍처

음성 인식의 과제는 입력으로 음향 파형을 취하고, 출력으로 단어 문자열을 생성하는 것이다. HMM 기반 음성 인식 시스템은 잡음 채널의 메타포를 사용한다. **잡음 채널** 모델의 직관(그림 9.2 참조)은 음향 파형을 단어의 문자열, 즉 잡음이 많은 통신 채널을 통해 전달된 버전으로 취급하는 것이다. 이 채널은 '잡음^{noise}'을 도입해 "정확한" 단어 문자열을 인식하기 어렵게 만든다. 그러면 우리의 목표는 채널이 "정확한" 문장을 수정해 문장을 복구하는 방법을 파악할 수 있도록 채널의 모델을 구축하는 것이다.

잡음 채널 모델의 통찰은 채널이 소스를 왜곡하는 방법을 안다면 언어의 가능한 모든 문장을 취하고 잡음 채널 모델을 통해 각 문장을 실행하고 출력과 일치하는지를 확인함으로써 파형의 정확한 소스 문장을 찾을 수 있다는 것이다. 그런 다음 원하는 소스 문장으로 가장 적합한 소스 문장을 선택한다.

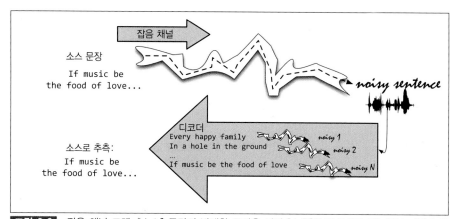

그림 9.2   잡음 채널 모델. "소스" 문장의 방대한 공간을 뒤져 "소음"을 발생시킬 가능성이 가장 높은 문장을 선택한다. 소스 문장의 이전 확률 모델(N그램), 특정 단음 문자열로 실현되는 단어의 확률(HMM 어휘집), 음향 또는 스펙트럼 특징으로 실현되는 단음의 확률(가우시안 혼합물 모델)이 필요하다.

그림 9.2에서 표현했듯이 잡음 채널 모델을 구현하려면 두 가지 문제에 대한 해결책이 필요하다. 첫째, 잡음 입력에 가장 잘 일치하는 문장을 고르려면 "최적 일치"를 위한 완전한 측정 지표가 필요할 것이다. 음성은 매우 가변적이기 때문에, 음향 입력 문장은 이 문장에 대해 가지고 있는 어떤 모델과도 정확히 일치하지 않을 것이다. 8장에서와 마찬가지로 확률을 측정 기준으로 사용한다. 이로써 음성 인식 문제는 베이스(1763)의 작업 이후 알려진 방법인 **베이지안 추론**$^{Bayesian\ inference}$의 특별한 경우가 된다.

베이지안 추론

베이지안 추론 또는 베이지안 분류는 1950년대까지 광학 문자 인식과 같은 언어 문제(Bledsoe and Browning, 1959)와 연방주의론의 저자를 결정하는 모스텔러와 월리스(1964)의 정적적 저작과 같은 저작인 귀속 작업에 성공적으로 적용됐다. 우리의 목표는 다양한 확률론적 모델을 결합해 후보 소스 문장이 주어지는 잡음 음향 관측-시퀀스의 확률에 대한 완전한 추정치를 얻는 것이다. 그러면 모든 문장의 공간을 탐색할 수 있고, 가장 높은 확률의 소스 문장을 선택할 수 있다.

둘째, 모든 영어 문장의 세트는 방대하기 때문에 가능한 모든 문장을 검색하지 않고 입력과 일치할 가능성이 있는 문장만을 고려하는 효율적인 알고리듬이 필요하다. 이는 이미 5장과 6장에서 HMM용 비터비 디코딩 알고리듬으로 다룬 디코딩 또는 검색 문제다. 음성 인식에서 검색 공간이 너무 크기 때문에 효율적인 검색이 작업의 중요한 부분이고, 검색하는 여러 분야에 집중한다.

이 소개의 나머지 부분에서는 5장에서 품사 태깅에 대해 소개한 음성 인식을 위한 확률적 또는 베이지안 모델을 검토한다. 그런 다음 최신 HMM 기반 ASR 시스템의 다양한 구성 요소를 소개한다.

음성 인식을 위한 확률론적 잡음 채널 아키텍처의 목표는 다음과 같이 요약될 수 있다.

일부 음향 입력 O가 주어졌을 때 언어 L의 모든 문장 중에서 가장 가능성이 높은 문장은 무엇인가?

예를 들어 음향 입력 O를 10밀리초마다 입력을 슬라이스해, 각 슬라이스를 해당 슬라이스의 에너지 또는 주파수의 부동 소수점 값으로 나타내는 개별 "기호" 또는 "관측"의 시퀀스로 취급할 수 있다. 각 인덱스는 일정 시간 간격을 나타내며, 연속 o_i는 일시적으로 연속된 입력 슬라이스를 나타낸다(대문자는 기호의 시퀀스를 나타내며 개별 기호의 경우 소문자를 나타냄).

$$O = o_1, o_2, o_3, \ldots, o_t \tag{9.1}$$

유사하게, 문장을 단어 문자열로 구성된 것처럼 취급한다.

$$W = w_1, w_2, w_3, \ldots, w_n \tag{9.2}$$

이 두 가지 모두 가정을 단순화시키고 있다. 예를 들어 문장을 단어로 나누는 것은 때로는 너무 세밀한 구분(개별적인 단어보다는 단어의 그룹에 대한 사실을 모델링하고자 함)이며 때로는 너무 심한 분할(형태론을 처리해야 함)이다. 일반적으로 음성 인식에서 단어는 맞춤법에 의해 정의된다(모든 단어를 소문자로 매핑한 후). *oak*는 *oaks*와는 다른 단어로 취급되지만, 조동사 *can*("can you tell me...")은 명사 *can*("i need a can of...")과 같은 단어로 취급된다.

위의 우리 직관의 확률적 구현은 다음과 같이 표현될 수 있다.

$$\hat{W} = \underset{W \in \mathscr{L}}{\operatorname{argmax}} P(W|O) \tag{9.3}$$

함수 $\operatorname{argmax}_x f(x)$는 "$f(x)$가 가장 큰 x"를 의미한다. 식 9.3은 최적의 문장 W를 보장한다. 이제 방정식을 작동시킬 필요가 있다. 즉, 주어진 문장 W와 음향 시퀀스 O에 대해 $P(W|O)$를 계산해야 한다. 어떤 확률 $P(x|y)$를 주어진다면 베이스의 규칙을 사용해 다음과 같이 분류할 수 있다.

$$P(x|y) = \frac{P(y|x)P(x)}{P(y)} \tag{9.4}$$

5장에서 다음과 같이 식 9.4를 식 9.3으로 대체할 수 있다고 봤다.

$$\hat{W} = \underset{W \in \mathscr{L}}{\operatorname{argmax}} \frac{P(O|W)P(W)}{P(O)} \tag{9.5}$$

식 9.5의 오른쪽에 있는 확률은 대부분 $P(W|O)$보다 계산하기 쉽다. 예를 들어 단어 문자열 자체의 이전 확률인 $P(W)$는 4장의 N그램 언어 모델에 의해 추정된 것이다. 그리고 아래에 $P(O|W)$도 쉽게 추정할 수 있다는 것을 알 수 있다. 그러나 음향 관측 시퀀스의 확률인 $P(O)$는 추정하기가 더 어렵다. 다행히도 5장에서 봤던 것처럼 $P(O)$를 무시할 수 있다. 왜일까? 가능한 모든 문장에 대해 최대화하고 있기 때문에 언어의 각 문장에 대해 $\frac{P(O|W)P(W)}{P(O)}$를 계산할 것이다. 하지만 문장마다 $P(O)$는 변하지 않는다. 각 잠재적 문장에 대해 여전히 동일한 관측치 O를 조사 중이며, 이는 동일한 확률 $P(O)$를 가져야 한다.

$$\hat{W} = \underset{W \in \mathscr{L}}{\operatorname{argmax}} \frac{P(O|W)P(W)}{P(O)} = \underset{W \in \mathscr{L}}{\operatorname{argmax}} P(O|W) P(W) \tag{9.6}$$

요약하면, 관측 시퀀스 O가 주어진 가장 가능성이 높은 문장 W는 각 문장에 대해 두 확률의 곱을 취하고 이 곱이 가장 큰 문장을 선택해 계산할 수 있다. 이 두 항을 계산하는 음성 인식기의 구성 요소에는 이름이 있다. **이전 확률**인 $P(W)$는 **언어 모델**에 의

언어 모델

음향 모델 해 계산된다. 관측 가능성인 $P(O|W)$는 **음향 모델**에 의해 계산된다.

$$\hat{W} = \underset{W \in \mathscr{L}}{\operatorname{argmax}} \overbrace{P(O|W)}^{\text{likelihood}} \overbrace{P(W)}^{\text{prior}} \tag{9.7}$$

$P(W)$ 이전의 언어 모델^{LM}은 주어진 단어 문자열이 영어 문장일 확률을 나타낸다. 4장에서 계산을 통해 문장에 확률을 할당하는 N그램 문법을 사용해 $P(W)$ 이전 언어 모델을 계산하는 방법을 봤다.

$$P(w_1^n) \approx \prod_{k=1}^{n} P(w_k|w_{k-N+1}^{k-1}) \tag{9.8}$$

9장에서는 6장에서 다룬 HMM을 사용해 우도 $P(O|W)$를 계산하는 음향 모델^{AM}을 구축하는 방법을 보여준다. AM 및 LM 확률이 주어지면 확률 모델은 주어진 음향 파형에 대한 최대 확률 단어 문자열을 계산하기 위해 검색 알고리듬에서 작동할 수 있다. 그림 9.3은 이전과 우도의 계산을 나타내는 단일 발음을 처리하는 HMM 음성 인식기의 구성 요소를 보여준다. 이 그림은 3단계로 인식 과정을 보여준다. **피처 추출** 또는 **신호 처리** 단계에서 음향 파형은 스펙트럼 형상으로 변환되는 **프레임**(보통 10, 15 또는 20밀리초)으로 샘플링된다. 따라서 각 시간 창은 에너지와 **스펙트럼 변화**에 대한 정보뿐만 아니라 이 스펙트럼 정보를 나타내는 약 39개의 특징의 벡터로 표현된다. 9.3절에서는 피처 추출 프로세스에 대한 개요를 제공한다.

음향 모델링 또는 **단음 인식** 단계에서 언어 단위(단어, 단음, 단음의 하위 부분)가 주어진 관측된 스펙트럼 피처 벡터의 가능성을 계산한다. 예를 들어 가우시안 혼합물 모델 ^{GMM} 분류기를 사용해 각 HMM 상태 q에 대해 사용하며, 단음이나 서브폰^{subphone}에 해당하며, 이 단음 $p(o|q)$가 주어진 특정 피처 벡터의 우도다. 이 단계의 출력에 대한 (간단하게) 사고방식은 확률 벡터의 시퀀스로서, 각 시간 프레임에 각각 하나씩, 각 시간 프레임에 각 벡터에는 그 당시에 각 단음 또는 서브폰 유닛이 음향 피처 벡터 관측을 생성했을 우도를 포함한다.

마지막으로, 디코딩 단계에서는 이 음향적 우도의 순서에 더해 단어 발음의 HMM 사전으로 구성된 음향 모델^{AM}을 언어 모델^{LM}(일반적으로 N그램 문법)과 결합해 가장 가능성이 높은 단어 순서를 출력한다. HMM 사전은 9.2절에서 보여주듯이 각 발음은 단음 시퀀스로 대표되는 단어의 발음 목록이다. 각 단어는 HMM으로 간주될 수 있으며, 여기서 단음(또는 일부 하위단음)는 HMM의 상태이며 가우스 우도 추정기는 각 상태에 대한 HMM 출력 우도함수를 제공한다. 대부분의 ASR 시스템은 디코딩을 위해 비터비 알고리듬을 사용하며, 가지치기, 빠른 일치, 트리 구조 어휘 등 매우 다양한 정교한 보강을 디코딩 속도를 높인다.

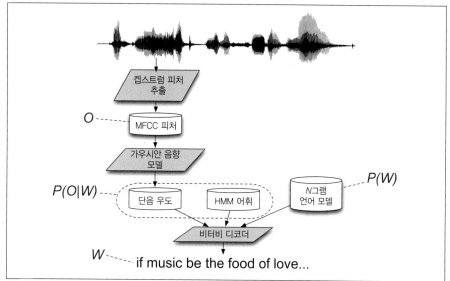

그림 9.3 단일 문장을 디코딩하는 단순화된 음성 인식기를 위한 회로도 아키텍처. 효율성을 위해 다양한 종류의 가지치기와 빠른 일치가 필요하기 때문에 실제 인식기는 더 복잡하다. 이 아키텍처는 디코딩만을 위한 것이다. 훈련 매개변수를 위한 별도의 아키텍처도 필요하다.

9.2 음성에 적용된 은닉 마르코프 모델

이제 HMM 모델이 음성 인식에 어떻게 적용되는지 살펴보자. 6장에서 은닉 마르코프 모델의 특징은 다음과 같다.

$Q = q_1 q_2 \ldots q_N$	상태의 세트
$A = a_{01} a_{02} \ldots a_{n1} \ldots a_{nn}$	**전이 확률 매트릭스** A. 각각의 a_{ij}는 상태 i에서 상태 j, s.t. $\sum_{j=1}^{n} a_{ij} = 1$ $\forall i$로 이동할 확률을 나타낸다.
$O = o_1 o_2 \ldots o_N$	각 **관측치** 세트는 어휘 $V = v_1, v_2, \ldots, v_V$에서 도출된다.
$B = b_i(o_t)$	**배출 확률**이라고도 하는 일련의 **관측 우도**들은 각각 관측치가 상태 i에서 o_t 생성될 확률을 나타낸다.
q_0, q_{end}	관측과 관련이 없는 특별한 **시작 및 종료 상태**

또한 HMM 디코딩을 위한 **비터비** 알고리듬과 HMM 훈련을 위한 **바움-웰치** 또는 **순방향-역방향** 알고리듬을 소개했다.

이러한 HMM 패러다임의 모든 측면이 ASR에서 결정적인 역할을 한다. 여기서는 상태, 전환 및 관측이 음성 인식 작업에 매핑되는 방법에 대해 논의하는 것으로 시작한다. 9.6절의 비터비 디코딩의 ASR 애플리케이션으로 돌아간다. 구어 처리에 필요한 바움-웰치 알고리듬의 확장은 9.4절과 9.7절에서 다룬다. 앞서 책에서 본 HMM의 예를 떠올려보자. 5장에서 HMM의 은닉 상태는 품사, 관측은 단어, HMM 디코딩 작업은 단어 시퀀스를 품사 시퀀스에 매핑했다. 6장에서 HMM의 은닉 상태는 날씨였고, 관측은 '아이스크림 소비량'이었으며, 디코딩 작업은 일련의 아이스크림 소비량에서 날씨 시퀀스를 결정하는 것이었다. 음성의 경우, 은닉 상태는 단음, 단음의 일부 또는 단어들이고, 각각의 관측은 한 시점에 파형의 스펙트럼과 에너지에 관한 정보이며, 디코딩 프로세스는 이 일련의 음향 정보를 단음과 단어에 매핑한다.

음성 인식을 위한 관측 시퀀스는 음향 피처 벡터의 순서다. 각 음향 피처 벡터는 특정 시점의 서로 다른 주파수 대역에서 에너지의 양과 같은 정보를 나타낸다. 9.3절에서 이러한 관측의 본질로 돌아가지만, 현재로서는 각 관측치가 스펙트럼 정보를 나타내는 39개의 실제 가치 피처의 벡터로 구성돼 있다는 것에 주목한다. 관측은 일반적으로 10밀리초마다 그려지기 때문에 1초의 음성은 길이 39개의 각 벡터인 100개의 스펙트럼 피처 벡터가 필요하다.

은닉 마르코프 모델의 은닉 상태는 다양한 방법으로 음성을 모델링하는 데 사용할 수 있다. **숫자 인식**(oh를 추가한 zero에서 nine까지의 11개의 단어 인식)이나 **예-아니요** 인식(yes와 no 두 단어 인식)과 같은 작은 작업의 경우, 상태가 전체 단어에 해당하는 HMM을 만들 수 있다. 그러나 대부분의 대규모 작업의 경우, HMM의 은닉 상태는 단음과 같은 단위에 해당하고 단어는 이러한 단음과 같은 단위의 시퀀스다.

HMM의 각 상태가 하나의 단음에 해당하는 HMM 모델을 설명하는 것으로 시작하겠다(단음이 무엇인지 잊어버렸다면 다시 돌아가서 7장의 정의를 다시 살펴본다). 따라서 모델에서 단어 HMM은 연결된 일련의 HMM 상태로 구성된다. 그림 9.4는 단어 six의 기본 단음 상태 HMM 구조의 도식을 보여준다.

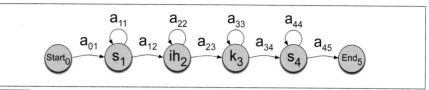

그림 9.4 단어 *six*에 대한 HMM으로, 4개의 방출 상태, 2개의 비방출 상태 및 전환 확률 A로 구성된다. 관측 확률 *B*는 표시되지 않는다.

그림 9.4에는 단음 사이의 특정 연결만 존재한다. 6장에서 설명한 HMM에서는 상태 간에 임의의 전환이 있었다. 어떤 상태든 다른 상태로 전환될 수 있다. 이는 5장의 품사 태깅을 위한 HMM에서도 마찬가지였다. 일부 태그 전환의 확률은 낮았지만, 원칙적으로 모든 태그도 다른 태그를 따를 수 있었다. 다른 HMM 애플리케이션과 달리 음성 인식용 HMM 모델은 임의 전환을 허용하지 않는다. 대신 음성의 순차적인 특성에 따라 전환에 강력 제약을 둔다. 특이한 경우를 제외하고, 음성에 대한 HMM은 상태에서 단어의 이전 상태로 전환되는 것을 허용하지 않는다. 즉, 상태는 그들 자신이나 연속된 상태로 전환될 수 있다. 6장에서 봤듯이, 이와 같은 **좌우 HMM** 구조를 **바키스 네트워크**^Bakis network라고 한다.

바키스 네트워크

그림 9.4의 단순화된 형태로 설명된 음성에 사용되는 가장 일반적인 모델은 훨씬 더 제한적이어서, 상태는 오직 자체(셀프 루프) 또는 단일 후속 상태로 전환될 수 있다. 셀프 루프를 사용하면 하나의 단음이 다양한 음향 입력량을 처리할 수 있도록 반복할 수 있다. 단음 지속 시간은 단음의 아이덴티티, 화자의 말하는 속도, 음성 맥락 그리고 단어의 운율의 두드러진 정도에 따라 매우 다양하다. 스위치보드 코퍼스를 보면, 단음 [aa]의 길이가 7~387밀리초(1~40프레임)까지 다양하며, 단음 [z]의 지속 시간은 7밀리초에서 1.3초 이상(130프레임)까지 다양하다. 따라서 자체 루프는 단일 상태를 여러 번 반복할 수 있다.

매우 간단한 음성 작업(숫자와 같은 적은 수의 단어를 인식)의 경우, 단음을 나타내기 위해 HMM 상태를 사용하는 것으로 충분하다. 그러나 일반적인 LVCSR 작업에서는 보다 세밀한 표현이 필요하다. 단음은 1초 이상, 즉 100프레임 이상 지속할 수 있지만 100프레임은 음향학적으로 동일하지 않기 때문이다. 단음의 스펙트럼 특성과 에너지의 양은 단음에 따라 극적으로 다르다. 예를 들어 7장에서의 정지 공명에는 폐쇄

부분이 있어 음향 에너지가 거의 없고, 그다음에 릴리스 버스트^{release burst}가 나온다는 것을 상기하라. 마찬가지로 이중모음은 F1과 F2가 크게 변하는 모음이다. 그림 9.5 는 단어 "Ike", ARPAbet [ay k]의 두 단음 각각에 대해 시간에 따른 스펙트럼 특성의 큰 변화를 보여준다.

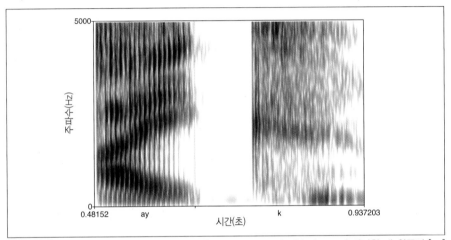

그림 9.5 "Ike"라는 단어의 두 단음은 [ay k]로 발음된다. F2가 상승하고 F1이 하강할 때 왼쪽의 [ay] 모음의 연속적인 변화와 폐쇄음 [k]의 무음과 해제 부분의 급격한 차이를 주목한다.

시간 경과에 따른 단음의 비균질성에 대한 이러한 사실을 포착하기 위해, LVCSR 에서는 일반적으로 둘 이상의 HMM 상태를 가진 단음을 모델링한다. 가장 복잡한 구성은 시작, 중간 및 종료 상태의 세 가지 HMM 상태를 사용하는 것이다. 따라서 각 단음은 그림 9.6과 같이 하나가 아닌 3개의 방출 MHM 상태로 구성된다(양쪽 끝에 두 개의 비-방출 상태 추가). 5개 상태 단음 HMM 전체를 지칭하기 위해 단어 **모델**이나 **단음 모델**을 지정하고 개별 서브폰 HMM 상태를 지칭하기 위해 단어 **HMM state**(또는 그 냥 state)를 사용하는 것이 일반적이다.

단음 모델

HMM state

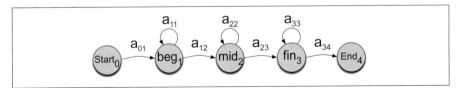

그림 9.6 단음의 표준 5개 상태 HMM 모델로, 3개의 방출 상태(단음의 전환 시작, 정상 상태 및 전환 영역에 해당)와 2개의 비-방출 상태로 구성된다.

이러한 좀 더 복잡한 단음 모델을 사용해 전체 단어에 대한 HMM을 구축하려면 그림 9.4의 단어 모델의 각 단음을 3개 상태 단음 MHM으로 간단히 교체할 수 있다. 각 단음 모델의 비-방출 시작 및 종료 상태를 선행 단음과 후속 단음의 방출 상태로 직접 전환해 전체 단어에 대해 두 개의 비-방출 단음만 남는다. 그림 9.7은 확장된 단어를 보여준다.

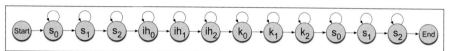

그림 9.7 "six", [s ih k s]에 대한 합성어 모델이며, 각각 3개의 방출 상태를 가진 4개의 단음 모델을 결합해 형성된다.

요약하면, 음성 인식의 HMM 모델은 다음에 의해 매개변수로 지정된다.

$Q = q_1 q_2 \ldots q_N$	**서브폰**에 해당하는 **상태** 세트
$A = a_{01} a_{02} \ldots a_{n1} \ldots a_{nn}$	**전이 확률 매트릭스** A, 각 a_{ij}는 **셀프 루프** 또는 다음 서브폰으로 가는 각 서브폰의 확률을 나타낸다.
$B = b_i(o_t)$	**방출 확률**이라고도 하는 **관측 가능성** 세트는 각각 서브폰 상태 i에서 생성되는 켑스트럼 피처 벡터(관측 o_t)의 확률을 나타낸다.

A 확률과 상태 Q를 보는 또 다른 방법은 이 두 가지가 함께 **어휘 목록**을 나타낸다는 것이다. 즉, 단어에 대한 발음의 집합이며, 각 발음은 서브폰 세트로 구성되며, 전이 확률 A에 의해 지정된 서브폰의 순서이다.

이제 음성 인식에서 단음과 단어를 나타내는 HMM 상태의 기본 구조를 다뤘다. 9장 뒷부분에서 트라이폰 맥락과 특수 무음의 단음과 같은 HMM 모델의 확장에 대해 살펴본다. 하지만 우선 음성 인식 위해 HMM의 다음 구성 요소인 관측 우도로 전환해야 한다. 관측 우도를 논의하기 위해서는 먼저 실제 음향 관측치인 피처 벡터를 도입해야 한다. 9.3절에서 이들에 대해 논의한 후 9.4절을 음향 모델과 관측 우도 계산에 반영한다. 그런 다음 비터비 디코딩을 다시 소개하고 음향 모델과 언어 모델을 결합해 최상의 문장을 선택하는 방법을 보여준다.

9.3 피처 추출: MFCC 벡터

피처 벡터

이 절에서는 입력 파형을 일련의 음향 **피처 벡터**로 변환하는 방법을 설명한다. 각 벡터는 신호의 작은 시간 창에서 정보를 나타낸다. 피처 표현에는 많은 가능성이 있지만,

MFCC
켑스트럼

음성 인식에서 가장 일반적인 것은 **MFCC**, 즉 **멜 켑스트럼 주파수 계수**이며, **켑스트럼**의 중요한 아이디어를 기반으로 한다. 파형에서 MFCC를 추출하는 프로세스를 비교적 높은 수준으로 설명한다. 더 자세한 내용에 관심이 있는 학생들은 음성 신호 처리 과정을 계속 진행할 것을 권장한다.

7.4.2절부터 아날로그 음성 파형을 디지털화하고 정량화하는 과정을 반복한다. 음성 처리의 첫 번째 단계는 아날로그 표현(첫 번째 공기압과 그다음 마이크의 아날로그 전기 신호)을 디지털 신호로 변환하는 것이다. **아날로그-디지털 변환**의 이 과정은 **샘플링**과 정

샘플링

샘플링 속도

량화의 두 단계가 있다. 신호는 특정 시간에 진폭을 측정해 샘플링한다. **샘플링 속도**는 초당 채취한 샘플 수다. 파동을 정확하게 측정하기 위해서는 각 사이클에 적어도 두 개의 샘플이 있어야 하는데 하나는 파동의 양의 부분을 측정하는 샘플과 다른 하나는 음의 부분을 측정하는 샘플이다. 사이클당 샘플이 2개 이상일 경우 진폭 정확도가 높아지지만 샘플이 2개 미만일 경우 파장의 주파수가 완전히 빗나가게 된다. 따라서 측정할 수 있는 최대 주파수 파형은 주파수가 샘플링 속도의 절반인 주파수 파형이 된다(매 사이클마다 두 개의 샘플이 필요하기 때문에). 주어진 샘플링 속도에 대한 이 최대 주

나이퀴스트
주파수

파수를 **나이퀴스트 주파수**라고 부른다. 인간의 음성에서 대부분의 정보는 10,000Hz 미만의 주파수에 있기 때문에 완전한 정확성을 위해 20,000Hz의 샘플링 속도가 필요할 것이다. 그러나 전화 음성은 교환망에 의해 필터링되며, 4,000Hz 미만의 주파수만 전화로 전송된다. 따라서 8,000Hz의 샘플링 속도는 스위치보드 코퍼스와 같은 **전화**

전화 대역

광대역

대역 음성에 충분하다. 16,000Hz 샘플링 속도(**광대역**이라고도 함)는 마이크 음성에 자주 사용된다.

8,000Hz 샘플링 속도라도 음성의 1초당 8,000개의 진폭 측정이 필요하므로 진폭 측정을 효율적으로 저장하는 것이 중요하다. 일반적으로 8비트(-128 - 127의 값) 또는 16비트(-32768 - 32767의 값)의 정수로 저장된다. 실제 값을 정수로 나타내는 이 과정

정량화

을 **정량화**라고 하는데, 이는 최소의 세분성(양자 크기)이 있고, 이 양자 크기보다 더 가까운 모든 값이 동일하게 표현되기 때문이다.

디지털화되고 정량화된 파형의 각 샘플을 $x[n]$로 지칭하며, 여기서 n은 시간 경과에 따른 인덱스다. 이제 파형의 디지털화되고 정량화된 표현을 확보했기 때문에 MFCC 피처를 추출할 준비가 됐다. 이 프로세스의 7단계는 그림 9.8에 나타나 있으며, 다음 각 절에 개별적으로 설명돼 있다.

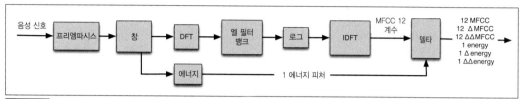

그림 9.8   디지털화된 파형에서 39차원 MFCC 피처 벡터 시퀀스 추출

9.3.1 프리엠파시스

MFCC 피처 추출의 첫 번째 단계는 고주파에서의 에너지 양을 증가시키는 것이다. 모음과 같은 음성 세그먼트에 대한 스펙트럼을 살펴보면 높은 주파수보다 낮은 주파수에서 더 많은 에너지가 존재하는 것으로 나타났다. 주파수 전반에 걸친 에너지 감소(**스펙트럼 틸트**spectral tilt라고 함)는 성문 펄스의 특성으로 인해 발생한다. 고주파 에너지를 증가시키면 이러한 고주파 에너지의 정보를 음향 모델에 더 많이 사용할 수 있게 되고 단음 감지 정확도를 향상시킨다.

스펙트럼 틸트

이 프리엠파시스Preemphasis는 필터로 수행된다.[1] 그림 9.9는 첫 번째 저자의 단모음 [aa] 발음의 프리엠파시스 전후의 스펙트럼 슬라이스의 예를 보여준다.

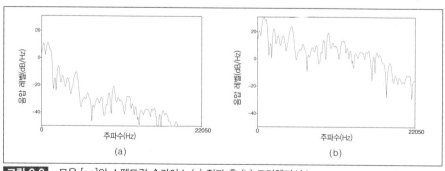

그림 9.9   모음 [aa]의 스펙트럼 슬라이스 (a) 전과 후 (b) 프리엠파시스

---

1   신호 처리 경험이 있는 학생용: 이 프리엠파시스 필터는 1차 고역 통과 필터다. 시간 영역에서 입력 $x[n]$ 및 $0.9 \leq \alpha \leq 1.0$인 경우 필터 방정식은 $y[n] = x[n] - \alpha x[n-1]$이다.

9.3.2 윈도잉

피처 추출의 목표는 단음 또는 서브폰 분류기를 구축하는 데 도움을 줄 수 있는 스펙트럼 피처를 제공하는 것이다. 따라서 스펙트럼은 매우 빠르게 변화하기 때문에 전체 발화 또는 대화에서 스펙트럼을 추출하고 싶지 않다. 기술적으로 음성이 **비정상** 신호라고 말하는데, 이는 음성의 통계적 특성이 시간이 지남에 따라 일정하지 않다는 것을 의미한다. 대신, 특정 서브폰을 특징짓고 신호가 **고정**돼 있다는 (개략적인) 가정을 할 수 있는 작은 음성 **창**^window에서 스펙트럼 특성을 추출하고자 한다(즉, 통계적 속성이 영역 내에서 일정함).

비정상

고정

우리는 일부 영역 내에서 0이 아닌 창과 다른 영역에서는 0인 창을 사용해 대략적으로 고정된 부분의 음성을 추출한다. 그리고 음성 신호를 가로질러 이 창을 실행하고 이 창 내부의 파형을 추출한다.

이러한 윈도잉^windowing 프로세스를 세 가지 매개변수, 즉 **너비**가 창(밀리초), 연속적인 창 사이의 **오프셋**^offset 그리고 창의 형태에 의해 특징지을 수 있다. 각 창에서 추출한 음성을 **프레임**이라고 부르고, 프레임의 밀리초 수를 **프레임 크기**라고 하며, 연속적인 창의 왼쪽 가장자리 사이의 밀리초 수를 **프레임 이동**이라고 부른다.

프레임
프레임 크기
프레임 이동

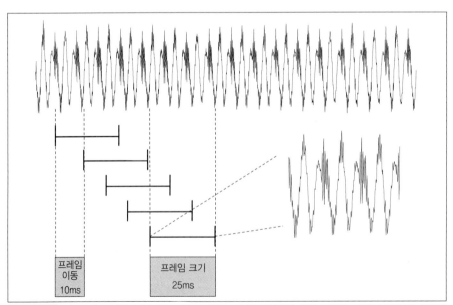

그림 9.10 10ms의 프레임 이동, 25ms의 프레임 크기 및 직사각형 창을 가정해 프레임 이동 및 프레임 크기를 보여주는 윈도잉 프로세스다.

신호를 추출하기 위해 시간 n, $s[n]$의 신호 값에 시간 n, $w[n]$의 창 값을 곱한다.

$$y[n] = w[n]s[n] \tag{9.9}$$

그림 9.10은 추출된 창 모양 신호가 원래 신호와 동일하게 보이기 때문에 이러한 창 모양이 직사각형임을 시사한다. 실제로 가장 간단한 창은 **직사각형** 창이다. 그러나 직사각형 창은 경계에서 신호를 갑자기 차단하기 때문에 문제를 일으킬 수 있다. 이러한 불연속성은 푸리에 분석을 할 때 문제를 일으킨다. 이러한 이유로 MFCC 추출에 사용되는 좀 더 일반적인 창은 **해밍** 창으로, 창 경계에서 신호 값을 0으로 축소해 불연속성을 방지한다. 그림 9.11은 직사각형 창과 해밍 창을 보여준다. 방정식은 다음과 같다(길이가 L 프레임인 창을 가정).

직사각형

직사각형　$w[n] = \begin{cases} 1 & 0 \leq n \leq L-1 \\ 0 & \text{그렇지 않으면} \end{cases} \tag{9.10}$

해밍

해밍　$w[n] = \begin{cases} 0.54 - 0.46\cos\left(\frac{2\pi n}{L}\right) & 0 \leq n \leq L-1 \\ 0 & \text{그렇지 않으면} \end{cases} \tag{9.11}$

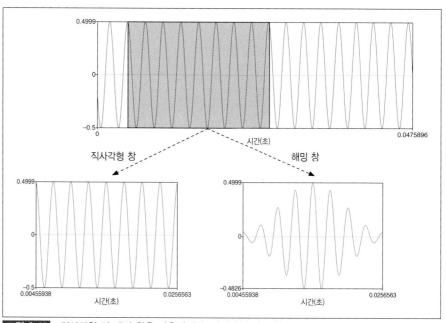

그림 9.11　직사각형 및 해밍 창을 사용해 순수 사인파의 일부 창이다.

9.3.3 이산 푸리에 변환

이산 푸리에
변환

DFT

다음 단계는 창의 신호에 대한 스펙트럼 정보를 추출하는 것이다. 신호에 다른 주파수 대역에서 얼마나 많은 에너지가 포함돼 있는지 알아야 한다. 이산 시간(샘플링된) 신호에 대한 이산 주파수 대역의 스펙트럼 정보를 추출하는 도구는 **이산 푸리에 변환** 또는 **DFT**이다.

DFT에 대한 입력은 창의 신호 $x[n]...x[m]$ 및 출력은 각 N개의 이산 주파수 대역에 대해 원래 신호에서 해당 주파수 구성 요소의 크기와 위상을 나타내는 복소수 $X[k]$다. 주파수에 대해 크기를 플롯하면 7장에서 소개한 **스펙트럼**을 시각화할 수 있다. 예를 들어 그림 9.12는 DFT에 의해 계산된 신호의 25ms 해밍 창 부분과 그 스펙트럼을 나타낸다(일부 추가 평활화 포함).

여기서 DFT의 수학적 세부 사항을 소개하지 않는다. 단, 푸리에 분석은 일반적으로 **오일러의 공식**에 의존한다는 점을 제외하고는 다음과 같다.

오일러의 공식

$$e^{j\theta} = \cos\theta + j\sin\theta \tag{9.12}$$

DFT는 이미 신호 처리를 공부한 학생들을 위해 다음과 같이 정의된다.

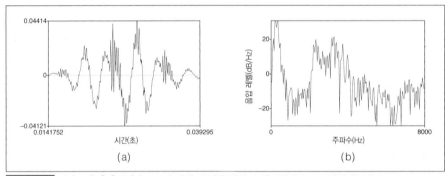

그림 9.12   (a) 모음 [iy] 및 (b) DFT에 의해 계산된 해당 스펙트럼의 25ms 해밍 창 부분

$$X[k] = \sum_{n=0}^{N-1} x[n]e^{-j\frac{2\pi}{N}kn} \tag{9.13}$$

고속 푸리에
변환

FFT

DFT 계산에 일반적으로 사용되는 알고리듬은 **고속 푸리에 변환** 또는 **FFT**이다. DFT의 구현은 매우 효율적이지만 2의 거듭제곱인 N의 값에만 적용된다.

9.3.4 멜 필터 뱅크 및 로그

FFT의 결과는 각 주파수 대역의 에너지 양에 대한 정보다. 그러나 사람의 청력은 모든 주파수 대역에서 똑같이 민감하지 않다. 약 1000Hz 이상의 높은 주파수에서는 덜 민감하다. 피처 추출 중에 인체 청각의 이러한 속성을 모델링하면 음성 인식 성능이 향상되는 것으로 나타났다. MFCC에서 사용되는 모델의 형태는 DFT에 의해 출력되 **멜** 는 주파수를 7장에서 언급한 **멜** 스케일로 왜곡하는 것이다. **멜**(Stevens et al., 1937; Stevens and Volkmann, 1940)은 피치 단위다. 정의에 따라 음높이가 지각적으로 등거리인 소리 쌍은 동일한 수의 멜로 구분된다. 헤르츠 단위의 주파수와 멜 스케일 사이의 매핑은 1000Hz 미만에서 선형이고 1000Hz 이상에서는 로그다. 멜 주파수 m은 다음과 같이 원시 음향 주파수에서 계산할 수 있다.

$$mel(f) = 1127 \ln(1 + \frac{f}{700}) \qquad (9.14)$$

MFCC 연산 중 각 주파수 대역에서 에너지를 수집하는 필터 뱅크bank of filters를 만들어 이 직관을 구현하는데, 10개의 필터가 1000Hz 이하에서 선형적으로 간격을 두고 나머지 필터는 1000Hz 이상으로 로그적으로 확산된다. 그림 9.13은 이 아이디어를 구현하는 삼각형 필터의 뱅크를 보여준다.

마지막으로 각 멜 스펙트럼 값의 로그를 취한다. 일반적으로 신호 레벨에 대한 인간의 반응은 대수적logarithmic이다. 인간은 낮은 진폭보다 높은 진폭에서 진폭의 미세한 차이에 덜 민감하다. 또한 로그를 사용하면, 화자의 입이 마이크로부터 가까워지거나 멀어지는 것에 의해서, 전력의 변화 등의 입력의 변화에 대해서 이 피처의 예측은 그다지 민감하지 않다.

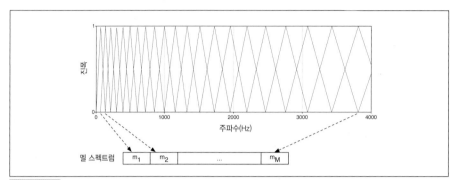

그림 9.13   데이비스와 머멜슈타인의 멜 필터 뱅크(1980). 각 삼각 필터는 주어진 주파수 범위에서 에너지를 수집한다. 필터는 1000Hz 미만의 선형 간격과 1000Hz 이상의 로그 간격이다.

9.3.5 켑스트럼: 역이산 푸리에 변환

단음 감지를 위한 피처 표현으로 멜 스펙트럼 자체를 사용하는 것은 가능하겠지만, 스펙트럼에도 몇 가지 문제가 있다. 이러한 이유로, MFCC 피처 추출의 다음 단계는 **켑스트럼** 계산이다. 켑스트럼은 많은 유용한 처리 이점을 가지고 있고 또한 단음 인식 성능을 크게 향상시킨다.

켑스트럼

    켑스트럼의 한 가지 방법은 소스와 **필터**를 분리하는 유용한 방법이다. 7.4.6절에서 특정 기본 주파수의 성문 소스 파형이 성도를 통과할 때 음성 파형이 생성된다는 것을 상기한다. 그 형태는 특정한 필터링 특성을 가지고 있기 때문이다. 그러나 성문 **소스**의 많은 특성(기본 주파수, 성문파의 세부 사항 등)은 서로 다른 단음을 구별하는 데 중요하지 않다. 대신 단음 감지에 가장 유용한 정보는 **필터**, 즉 성대의 정확한 위치다. 만약 성대의 모양을 안다면, 어떤 단음이 생성되고 있는지 알 수 있을 것이다. 이는 단음 감지를 위한 유용한 피처가 소스와 필터를 분리^{deconvolve}하고 성도 필터만 보여줄 수 있는 방법을 찾을 수 있음을 시사한다. 켑스트럼이 이를 수행하는 한 가지 방법인 것으로 밝혀졌다.

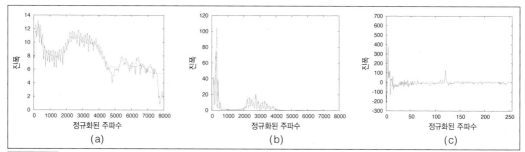

그림 9.14 테일러(2008)의 크기 스펙트럼(a), 로그 크기 스펙트럼(b) 및 켑스트럼(c)을 허용으로 한다. 두 스펙트럼에는 스펙트럼을 시각화하는 데 도움이 되도록 위에 평활된 스펙트럴 포곡선이 있다.

단순화를 위해 MFCC 정의의 일부인 프리엠파시스와 멜 워핑mel warping은 무시하고 켑스트럼의 기본 정의만을 살펴보자. 켑스트럼은 *spectrum of the log of the spectrum*(스펙트럼 로그의 스펙트럼)이라고 생각할 수 있다. 이는 혼란스럽게 들릴지도 모른다. 하지만 쉬운 부분인 *log of the spectrum*(스펙트럼의 로그)부터 시작해보자. 즉, 켑스트럼은 테일러(2008)의 그림 9.14(a)에 나타난 모음에 대한 것과 같은 표준 크기 스펙트럼에서 시작한다. 그런 다음 그림 9.14(b)와 같이 진폭 스펙트럼magnitude spectrum 의 각 진폭 값을 로그로 대체한다.

다음 단계는 *if itself were a waveform*(그 자체가 파형인 것)처럼 로그 스펙트럼을 시각화하는 것이다. 그림 9.14(b)의 로그 스펙트럼을 고려한다. 스펙트럼(x축의 주파수) 이라는 것을 알려주는 축 레이블을 제거하고 x축에 시간이 걸리는 정상적인 음성 신호만을 다루고 있다고 상상해보자. 이 '허위 신호'의 스펙트럼에 대해 뭐라고 말할 수 있을까? 이 파동에는 고주파 반복 성분이 있다는 점에 유의한다. 약 120Hz의 주파수에서 x축을 따라 1,000마다 약 8회 반복하는 작은 파동이 있다. 이 고주파 성분은 신호의 기본 주파수에 의해 발생하며 신호의 각 고주파에서 스펙트럼의 작은 피크를 나타낸다. 또한 이 '허위 신호'에는 몇 가지 낮은 주파수 성분이 있다. 예를 들어 포곡선 또는 포먼트 구조는 훨씬 낮은 주파수를 위해 창에 약 4개의 큰 피크를 가지고 있다.

그림 9.14(c)는 우리가 설명한 로그 스펙트럼의 **켑스트럼**을 보여준다. 이 켑스트럼 (cepstrum이라는 단어는 spectrum의 처음 네 글자를 반대로 해 형성됨)은 x축을 따라 **샘플**과 함께 표시된다. 로그 스펙트럼의 스펙트럼을 취함으로써 스펙트럼의 주파수 영역을 떠나 시간 영역으로 되돌아가기 때문이다. 켑스트럼의 정확한 단위는 샘플이다.

이 켑스트럼을 살펴보면 F0에 해당하고 성문파를 나타내는 120 주변에 실제로 큰 피크가 있음을 알 수 있다. x축의 낮은 값에는 다른 다양한 구성 요소가 있다. 이를 성도 필터(혀와 다른 관절체의 위치)를 나타낸다. 따라서 만약 단음을 감지하는 데 관심이 있다면, 더 낮은 켑스트럼 값만 사용할 수 있으며, 피치를 탐지하는 것에 관심이 있다면, 더 높은 켑스트럼 값을 사용할 수 있다.

MFCC 추출의 목적으로, 일반적으로 처음 12개의 켑스트럼 값만 취한다. 이 12개의 계수는 성문음의 소스에 대한 정보와 명확하게 분리된 성도 필터에 대한 정보만을 나타낼 것이다.

켑스트럼 계수는 서로 다른 계수의 분산이 상관되지 않는 경향이 있다는 매우 유용한 속성을 가지고 있다. 다른 주파수 대역의 스펙트럼 계수가 상관관계가 있는 스펙트럼의 경우에는 해당되지 않는다. 켑스트럼 피처가 상관관계가 없다는 사실은 다음 절에서 볼 수 있듯이 가우스 음향 모델(가우스 혼합 모델 또는 GMM)이 모든 MFCC 피처 간의 공분산을 나타낼 필요가 없다는 것을 의미하며, 이는 매개변수의 수를 크게 감소시킨다.

신호 처리를 받은 경우, 켑스트럼은 **신호의 DFT 로그 크기의 역DFT**로 더 공식적으로 정의된다. 따라서 창이 있는 음성 프레임 $x[n]$의 경우,

$$c[n] = \sum_{n=0}^{N-1} log \left(\left| \sum_{n=0}^{N-1} x[n] e^{-j\frac{2\pi}{N}kn} \right| \right) e^{j\frac{2\pi}{N}kn} \tag{9.15}$$

9.3.6 델타와 에너지

앞의 절에서 역DFT를 사용해 켑스트럼을 추출하면 각 프레임에 대해 12개의 켑스트럼 계수가 생성된다. 다음으로 프레임의 에너지인 13번째 피처를 추가한다. 에너지는 단음의 본질과 상관관계가 있기 때문에 단음 탐지에 유용한 신호다(모음과 치찰음은 파열음보다 더 많은 에너지를 가짐 등). 프레임의 **에너지**는 프레임에 있는 샘플의 전력의 시간에 따른 총합이다. 따라서 시간 샘플 t_1에서 시간 샘플 t_2까지 창의 신호 x에 대해 에너지는 다음과 같다.

$$Energy = \sum_{t=t_1}^{t_2} x^2[t]$$
(9.16)

음성 신호에 대한 또 다른 중요한 사실은 프레임마다 일정하지 않다는 것이다. 전환 시 포먼트의 기울기 또는 폐쇄 파열음에서 폭발 파열음로의 변경의 특성과 같은 이러한 변화는 다음 본질에 대한 유용한 힌트가 된다. 이러한 이유로, 또한 시간의 경과에 따른 켑스트럼 피처의 변화와 관련된 피처들을 추가한다.

델타

이중 델타

이를 위해 13가지 피처(12개의 켑스트럼 피처와 에너지) 각각에 대해 **델타** 또는 **속도** 피처와 **이중 델타** 또는 가속 피처를 추가함으로써 이를 수행한다. 13개의 델타 피처는 각각 해당 켑스트럼/에너지 피처의 프레임 간 변화를 나타내며, 13개의 이중 델타 특성은 각각 해당 델타 피처의 프레임 간 변화를 나타낸다.

델타 계산의 간단한 방법은 단지 프레임 간의 차이를 계산하는 것이다. 따라서 시간 t의 특정 켑스트럼 값 $c(t)$에 대한 델타 값 $d(t)$은 다음과 같이 추정할 수 있다.

$$d(t) = \frac{c(t+1) - c(t-1)}{2}$$
(9.17)

그러나 이 간단한 추정 대신 더 넓은 프레임 문맥을 사용해 기울기에 대해 더 정교한 추정치를 만드는 것이 좀 더 일반적이다.

9.3.7 요약: MFCC

12개의 켑스트럼 피처에 에너지를 추가한 후 델타 및 이중 델타 피처를 추가하면 다음과 같은 39개의 MFCC 피처가 생성된다.

12개의 켑스트럼 계수
12개의 델타 켑스트럼 계수
12개의 이중 델타 켑스트럼 계수
1개의 에너지 계수
1개의 델타 에너지 계수
1개의 이중 델타 에너지 계수
39개의 MFCC 피처

다시 말하지만, MFCC 피처에 대한 가장 유용한 사실 중 하나는 켑스트럼 계수가 상관관계가 없는 경향이 있다는 것이고 이는 음향 모델을 훨씬 더 간단하게 만든다.

9.4 음향 우도 계산

앞의 절은 웨이브 파일에서 스펙트럼 정보를 나타내는 MFCC 피처를 추출해 10밀리 초마다 39차원 벡터를 생성하는 방법을 다뤘다. 이제 HMM 상태에서 이러한 피처 벡터의 우도를 계산하는 방법을 알아본다. 6장에서 이 출력 우도는 HMM의 B 확률 함수에 의해 계산했다. 개별 상태 q_i 및 관측치 o_t가 주어지면 B 행렬의 관측 우도는 $b_t(i)$라고 하는 $p(o_t|q_i)$를 제공한다.

5장의 품사 태깅의 경우, 각 관측치 ot는 이산 기호(단어)이며, 주어진 태그가 훈련 세트에서 주어진 관측치를 생성하는 횟수를 세는 것만으로도 품사 태그가 주어진 관 측치의 우도를 계산할 수 있다. 그러나 음성 인식의 경우, MFCC 벡터는 실제 값을 가진 숫자로서, 벡터가 각각 발생하는 횟수를 계산해 특정 상태(단음)가 MFCC 벡터 를 생성할 우도를 계산할 수 없다(각 벡터는 고유할 가능성이 높기 때문이다).

디코딩과 훈련 모두에서 실수 값 관측치의 $p(o_t|q_i)$를 계산할 수 있는 관측 우도함수 가 필요하다. 디코딩에서 관측 ot가 주어지며, 가능한 각 HMM 상태에 대한 확률 $p(o_t|q_i)$를 생성해 가장 가능성이 높은 상태 시퀀스를 선택할 수 있다. 이 관측 우도 B 함수가 있으면 6장의 바움-웰치 알고리듬을 수정해 HMM 훈련의 일부로 훈련하는 방법을 알아내야 한다.

9.4.1 벡터 양자화

MFCC 벡터를 셀 수 있는 기호처럼 보이게 하는 한 가지 방법은 각 입력 벡터를 소수 의 기호 중 하나에 매핑하는 매핑함수를 구축하는 것이다. 그런 다음 단어의 품사 태 깅과 같이 기호에 대한 확률을 카운팅해 계산할 수 있다. 입력 벡터를 이산 정량화된 기호에 매핑하는 아이디어를 **벡터 양자화** 또는 **VQ**라고 한다(Gray, 1984). 벡터 양자화 는 현대의 LVCSR 시스템에서 음향 모델 역할을 하기에는 너무 간단하지만, 유용한 교육학적 단계로서 ASR의 다양한 영역에서 중요한 역할을 하기 때문에 이를 이용해

벡터 양자화
VQ

음향 모델링에 관한 논의를 시작한다.

벡터 양자화에서는 각 훈련 피처 벡터를 소수의 부류로 매핑해 작은 기호 세트를 만든 다음, 이산 기호로 각 클래스를 나타낸다. 좀 더 형식적으로 벡터 정량화 시스템은 **코드북**, **클러스터링 알고리듬**, **거리 척도**로 특징지어진다.

코드북

코드북은 가능한 부류의 목록으로, 어휘 $V = \{v_1, v_2, ..., v_n\}$을 구성하는 기호들의 세트다. 코드북의 각 기호 vk에 대해 특정 피처 벡터인 **코드 워드**라고도 하는 **프로토타입 벡터**를 나열한다. 예를 들어 256개의 코드 워드를 사용하기로 선택할 경우, 각 벡터를 0에서 255까지의 값으로 나타낼 수 있다(각 벡터를 단일 8비트 값으로 나타낼 수 있기 때문에 이를 8비트 VQ라고 한다). 이 256개의 각 값은 프로토타입 피처 벡터와 연관될 것이다.

코드 워드
프로토타입
벡터

클러스터링

클러스터링 알고리듬을 사용해 훈련 세트의 모든 피처 벡터를 256개의 클래스로 클러스터링해 코드북을 만든다. 그런 다음 클러스터에서 대표적인 피처 벡터를 선택해 해당 클러스터의 프로토타입 벡터 또는 코드 워드로 만든다.

K-평균
클러스터링

K-평균 클러스터링이 자주 사용되지만 여기서는 클러스터링을 정의하지 않는다. 자세한 설명은 황 외 연구진(2001) 또는 두다 외 연구진(2000)을 참조한다.

코드북을 만든 후에는 들어오는 각 피처 벡터를 256개의 프로토타입 벡터 각각과 비교하고 가장 가까운 프로토타입을 선택하고 (일부 **거리 척도** 기준) 입력 벡터를 이 프로토타입 벡터의 인덱스로 대체한다. 이 프로세스의 개략도는 그림 9.15에 나와 있다.

VQ의 장점은 부류의 수가 한정돼 있기 때문에 각 부류 v_k에 대해 특정 HMM 상태/서브폰에 의해 생성될 확률을 단순히 해당 상태에 의해 레이블이 지정될 때 발생하는 횟수를 세어 정규화하는 것으로 계산할 수 있다는 것이다.

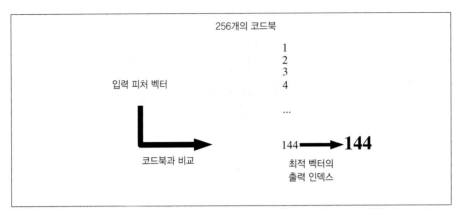

그림 9.15 각 입력 피처 벡터에 대한 기호 v_q를 선택하기 위한 (훈련된) 벡터 양자화(VQ) 프로세스의 도식 아키텍처. 벡터는 코드북의 각 코드 워드와 비교되며, 가장 가까운 항목(일부 거리 측정 기준)이 선택되고, 가장 가까운 코드 워드의 인덱스가 출력된다.

클러스터링 프로세스와 디코딩 프로세스 모두 두 음향 피처 벡터가 얼마나 유사한지 지정하는 **거리 척도** 또는 **왜곡** 척도가 필요하다. 거리 척도는 클러스터를 구축하고 각 클러스터에 대한 프로토타입 벡터를 찾고 들어오는 벡터를 프로토타입과 비교하는 데 사용된다.

거리 척도

음향 피처 벡터의 가장 간단한 거리 측정 기준은 **유클리드 거리**다. 유클리드 거리란 두 벡터에 의해 정의된 두 지점 사이의 N차원 공간에서의 거리를 말한다. 실제로 유클리드 거리의 제곱을 의미하지만, '유클리드 거리'라는 문구를 사용한다. 따라서 벡터 x와 길이 D의 벡터 y가 주어졌을 때, 이들 사이의 (제곱) 유클리드 거리는 다음과 같이 정의된다.

유클리드 거리

$$d_{\text{euclidean}}(x, y) = \sum_{i=1}^{D}(x_i - y_i)^2 \qquad (9.18)$$

식 9.18에 설명된 (제곱) 유클리드 거리(및 그림 9.16의 2차원에 대해 표시됨)는 총 제곱 오차라고도 하며 벡터 전치 연산자를 사용해 다음과 같이 나타낼 수 있다.

$$d_{\text{euclidean}}(x, y) = (x - y)^T(x - y) \qquad (9.19)$$

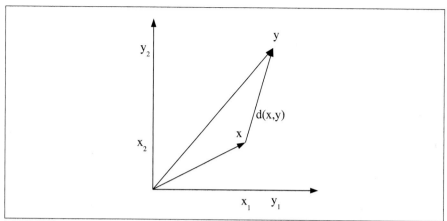

그림 9.16   2차원의 유클리드 거리. 피타고라스 정리에 의해 평면에서 두 점 사이의 거리 $x = (x_1, y_1)$와 $y = (x_2, y_2)$ $d(x, y) = \sqrt{(x_1, y_1)^2 + (x_1, y_1)^2}$

유클리드 거리 척도는 피처 벡터의 각 차원이 동등하게 중요하다고 가정한다. 그러나 실제로 각 차원은 다른 분산을 가지고 있다. 차원에 분산이 많은 경향이 있는 경우 거리 척도 항목에서 더 적게 계산하는 것이 좋다. 분산이 낮은 차원의 큰 차이는 분산이 높은 차원의 큰 차이보다 더 많이 계산돼야 한다. 약간 더 복잡한 거리 척도 기준인 **마할라노비스 거리**는 각 차원의 다양한 변화를 고려한다.

마할라노비스 거리

음향 특성 벡터의 각 차원 i에 분산 σ_i^2가 있다고 가정하면, 마할라노비스 거리는 다음과 같다.

$$d_{\mathrm{mahalanobis}}(x, y) = \sum_{i=1}^{D} \frac{(x_i - y_i)^2}{\sigma_i^2} \tag{9.20}$$

선형 대수에 대한 배경 지식이 더 많은 독자를 위해 여기 전체 공분산 행렬을 포함하는 마할라노비스 거리의 일반적인 형태가 있다(공분산 행렬은 아래에서 정의됨).

$$d_{\mathrm{mahalanobis}}(x, y) = (x - y)^T \Sigma^{-1} (x - y) \tag{9.21}$$

요약하면 음성 신호를 디코딩할 때 VQ를 사용해 HMM 상태 q_j가 주어지면 피처 벡터의 음향 우도를 계산하기 위해 피처 벡터와 N 코드 워드 각각 사이의 유클리드 또는 마할라노비스 거리를 계산하고 가장 가까운 코드 워드를 선택한다. 그리고 코드 워드 인덱스 v_k를 가져온다. 그런 다음 HMM에 의해 정의된 사전 계산된 B 우도 행렬에서 HMM 상태 j가 주어진 경우 코드워드 인덱스 v_k의 우도를 찾는다.

$$\hat{b}_j(o_t) = b_j(v_k) \text{ s.t. } v_k \text{ is codeword of closest vector to } o_t \tag{9.22}$$

VQ는 거의 사용되지 않기 때문에 여기서는 VQ 데이터를 처리하기 위해 EM 알고리듬을 수정하는 방정식을 제공하는 공간을 사용하지 않는다. 대신 연속 입력 매개변수의 EM 훈련에 대한 논의는 가우시안을 소개할 때 다음 절에서 다룬다.

9.4.2 가우시안 PDF

벡터 양자화는 계산이 매우 쉽고 스토리지가 거의 필요하지 않다는 장점이 있다. 이러한 장점에도 불구하고 벡터 양자화는 좋은 음성 모델이 아니다. 적은 수의 코드 워드로는 음성 신호의 넓은 가변성을 포착하기에 불충분하다. 음성은 단순히 단정적이고 상징적인 과정이 아니다.

따라서 현대 음성 인식 알고리듬은 음향 우도를 계산하기 위해 벡터 양자화를 사용하지 않는다. 대신 실제 값의 연속 입력 피처 벡터에 대한 관측 확률 계산을 기반으로 한다. 이러한 음향 모델은 연속 공간에 대한 **확률 밀도함수** 또는 pdf의 계산을 기반으로 한다. 음향 우도를 계산하는 가장 일반적인 방법은 **가우시안 혼합 모델**[GMM] **pdfs**이지만 신경망, 서포트 벡터 머신[SVM, Support Vector Machine] 및 CRF[조건부 랜덤 필드]도 사용된다.

확률 밀도함수

가우시안 혼합
모델
GMM

가우스 확률 추정기의 가장 간단한 사용부터 시작해 사용되는 보다 정교한 모델까지 천천히 구축해보자.

일변량 가우시안

정규분포라고도 알려진 가우스 분포는 기본 통계에서 익숙한 종-곡선 함수다. 가우스 분포는 그림 9.17과 같이 **평균** 또는 평균값과 **분산**에 의해 모수화된 함수로 평균 확산 또는 분산의 특성을 나타낸다. μ는 평균을 나타내고 σ^2는 분산을 나타내며, 가우스함수에 대한 다음 공식을 제공한다.

$$f(x|\mu, \sigma) = \frac{1}{\sqrt{2\pi\sigma^2}} exp(-\frac{(x-\mu)^2}{2\sigma^2}) \tag{9.23}$$

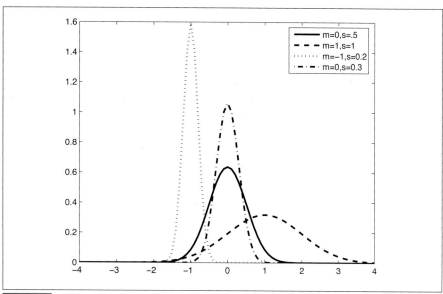

그림 9.17　평균과 분산이 다른 가우시안함수

기본 통계량에서 랜덤변수 X의 평균이 X의 기댓값임을 상기한다. 이산변수 X의 경우, X의 값에 대한 가중치 합이다(연속변수의 경우 정수다).

$$\mu = E(X) = \sum_{i=1}^{N} p(X_i) X_i \tag{9.24}$$

랜덤변수 X의 분산은 평균에서 가중 제곱 평균 편차다.

$$\sigma^2 = E(X_i - E(X))^2 = \sum_{i=1}^{N} p(X_i)(X_i - E(X))^2 \tag{9.25}$$

가우시안함수가 확률 밀도함수로 사용되면 곡선 아래 면적은 1로 제한된다. 그런 다음 해당 값의 범위에 대한 곡선 아래의 영역을 합산해 랜덤변수가 특정 값의 범위를 차지하는 확률을 계산할 수 있다. 그림 9.18은 가우스 구간의 영역으로 표현되는 확률을 보여준다.

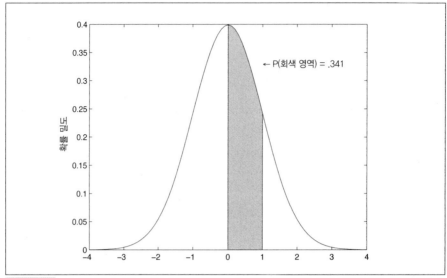

그림 9.18   총 확률이 .341인 0에서 1까지의 영역을 표시하는 가우시안 확률 밀도함수다. 따라서 이 샘플 가우시안의 경우, X 축의 값이 0과 1 사이에 있을 확률은 .341이다.

일변량 가우시안 pdf를 사용해 (한 차원의) 관측 피처 벡터 o_t의 가능한 값이 정규분포를 따른다고 가정함으로써 특정 HMM 상태 j가 피처 벡터의 단일 차원 값을 생성할 확률을 추정할 수 있다. 즉, 음향 벡터의 한 차원에 대한 관측 우도함수 $b_j(o_t)$를 가우시안으로 나타낸다. 우선은 관측을 단일 실제 값 숫자(단일 켑스트럼 피처)로 받아들이고, 각 HMM 상태 j가 평균 값 μ_j와 분산 σ_j^2와 연관됐다고 가정하면, 가우스 pdf에 대한 방정식을 사용해 우도 $b_j(o_t)$를 계산한다.

$$b_j(o_t) = \frac{1}{\sqrt{2\pi\sigma_j^2}} exp\left(-\frac{(o_t - \mu_j)^2}{2\sigma_j^2}\right) \tag{9.26}$$

식 9.26은 $b_j(o_t)$를 계산하는 방법을 보여준다. $b_j(o_t)$는 상태 j에서 단일 일변량 가우시안과 평균 및 분산이 주어진 개별 음향 관측의 우도다. 이제 이 확률을 HMM 디코딩에 사용할 수 있다.

그러나 먼저 훈련 문제를 해결해야 한다. 각 HMM 상태 q_i에 대해 가우스인의 평균과 분산을 어떻게 계산하는가? 먼저 완전히 레이블이 지정된 훈련 세트의 간단한 상황을 상상해보자. 각 음향 관측은 이를 만들어내는 HMM 상태가 레이블을 지정했다. 그러한 훈련 세트에서는 식 9.27에 나타낸 것과 같이 상태 i에 해당하는 각 o_t의 평균값만 취하면 각 상태의 평균값을 계산할 수 있었다. 분산은 식 9.28에 표시된 것처럼 각 관측치와 평균 사이의 합 제곱 오차로 계산될 수 있다.

$$\hat{\mu}_i \;=\; \frac{1}{T}\sum_{t=1}^{T} o_t \text{ s.t. } q_t \text{ is state } i \tag{9.27}$$

$$\hat{\sigma}_j^2 \;=\; \frac{1}{T}\sum_{t=1}^{T} (o_t - \mu_i)^2 \text{ s.t. } q_t \text{ is state } i \tag{9.28}$$

그러나 상태가 HMM에 숨겨져 있기 때문에 정확히 어떤 관측 벡터 o_t가 어떤 상태에 의해 생성됐는지 알 수 없다. 우리가 하고 싶은 것은 각 관측 벡터를 가능한 모든 상태 i에 할당하는 것이다. 즉, HMM이 시간 t의 상태 i에 있을 확률에 할당한다. 다행히도 우리는 이미 할당하는 방법을 알고 있다. 시간 t가 상태 i에 있을 확률은 6장에서 $\xi_t(i)$로 정의됐고, 순방향과 역방향 확률을 이용해 바움-웰치 알고리듬의 일부로 $\xi_t(i)$를 계산하는 방법을 봤다. 바움-웰치는 반복 알고리듬이며, 더 나은 관찰 확률 b를 얻는 것은 또한 우리가 특정 시간에 상태에 있을 확률 ξ을 더 확신하는 데 도움이 된다. 그래서 $\xi_t(i)$의 확률 계산을 반복적으로 해야 한다. 업데이트된 평균과 분산 $\hat{\mu}$ 및 $\hat{\sigma}^2$를 계산하기 위한 방정식을 제공한다.

$$\hat{\mu}_i \;=\; \frac{\sum_{t=1}^{T} \xi_t(i) o_t}{\sum_{t=1}^{T} \xi_t(i)} \tag{9.29}$$

$$\hat{\sigma}_i^2 \;=\; \frac{\sum_{t=1}^{T} \xi_t(i)(o_t - \mu_i)^2}{\sum_{t=1}^{T} \xi_t(i)} \tag{9.30}$$

식 9.29와 9.30은 HMM의 순방향-역방향(바움-웰치) 훈련에서 사용된다. 보다시피 μ_i와 σ_i 값은 처음에 어떤 초기 추정치로 설정됐다가 숫자가 수렴될 때까지 재추정된다.

다변량 가우시안

식 9.26은 단일 켑스트럼 피처의 음향 우도를 계산하기 위해 가우시안을 사용하는 방법을 보여준다. 음향 관측은 39개의 피처 벡터이기 때문에 39개 값의 벡터에 확률을 할당할 수 있는 다변량 가우시안을 사용해야 할 것이다. 일변량 가우시안이 평균 μ와 분산 σ^2로 정의되는 경우, 다변량 가우시안은 차원성 D의 평균 벡터 $\vec{\mu}$와 공분산 행렬 σ에 의해 정의되며, 아래에 정의된다. 앞 절에서 논의한 바와 같이 LVCSR의 대표적인 켑스트럼 벡터의 경우, D는 39이다.

$$f(\vec{x}|\vec{\mu},\Sigma) = \frac{1}{(2\pi)^{\frac{D}{2}}|\Sigma|^{\frac{1}{2}}} \exp\left(-\frac{1}{2}(x-\mu)^{\mathrm{T}}\Sigma^{-1}(x-\mu)\right) \tag{9.31}$$

공분산 행렬 Σ는 각 차원의 분산뿐만 아니라 두 차원 간의 공분산을 캡처한다.

기본 통계에서 두 랜덤변수 X와 Y의 공분산이 평균으로부터의 평균 편차의 곱의 예상값이라는 것을 다시 상기한다.

$$\Sigma = E[(X-E(X))(Y-E(Y))] = \sum_{i=1}^{N} p(X_iY_i)(X_i - E(X))(Y_i - E(Y)) \tag{9.32}$$

따라서 평균 벡터 μ_j 및 공분산 행렬 Σ_j와 주어진 관측 벡터 o_t를 가진 주어진 HMM 상태의 다변량 가우시안 확률 추정치는 다음과 같다.

$$b_j(o_t) = \frac{1}{(2\pi)^{\frac{D}{2}}|\Sigma|^{\frac{1}{2}}} \exp\left(-\frac{1}{2}(o_t-\mu_j)^T\Sigma_j^{-1}(o_t-\mu_j)\right) \tag{9.33}$$

공분산 행렬 Σ_j는 형상 차원 쌍 간의 분산을 나타낸다. 서로 다른 차원의 피처가 공변하지 않는다는 단순화된 가정, 즉 피처 벡터의 서로 다른 차원의 분산 사이에 상관관계가 없다고 가정했다. 이 경우 각 피처 차원의 단순히 구별되는 분산을 유지할 수 있다. 각 차원에 대해 별도의 분산을 유지하는 것은 **대각선인** 공분산 행렬, 즉, 0이 아닌 요소는 행렬의 주 대각선을 따라만 나타나는 것과 동등하다는 것이 밝혀졌다. 이러한 대각 공분산 행렬의 주 대각선에는 각 차원의 분산 $\sigma_1^2, \sigma_2^2, ...\sigma_D^2$이 포함돼 있다.

대각선인

전체 공분산 행렬 대 대각 공분산 행렬의 역할에 초점을 맞춰 다변량 가우시안 행렬의 몇 가지 예를 살펴보자. ASR에서 흔히 볼 수 있는 39개 차원이 아닌 2개 차원이 있는 간단한 다변량 가우시안을 분석할 것이다. 그림 9.19는 2차원의 3개의 다른 다변량 가우시안이다. 가장 왼쪽 그림은 대각선 공분산 행렬이 있는 가우시안이며, 두 차원의 분산이 동일하다. 그림 9.20은 그림 9.19의 가우시안에 해당하는 3개의 등

고선 플롯을 보여준다. 각 등고선도는 가우시안을 통과하는 한 조각이다. 그림 9.20
의 가장 왼쪽 그래프는 대각선 등분산 가우시안을 통과하는 슬라이스를 보여준다. 분
산이 X와 Y 방향으로 모두 동일하기 때문에 슬라이스는 원형이다.

그림 9.19의 중간 그림은 대각선 공분산 행렬이 있지만 분산이 같지 않은 가우시안
이다. 이 그림에서, 특히 그림 9.20에 나타낸 등고선 슬라이스에서, 한 차원에서는 다
른 차원보다 분산이 3배 이상 크다는 것이 명백하다.

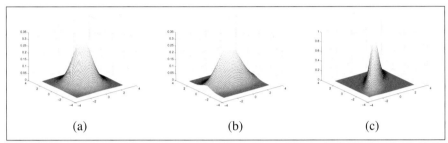

(a)   (b)   (c)

그림 9.19   2차원에서 3개의 다변량 가우시안. 처음 두 개는 대각선 공분산 행렬을 갖고 있는데, 하나는
두 차원에서 동일한 분산을 갖는 행렬 $\begin{bmatrix} 1 & 0 \\ 0 & 1 \end{bmatrix}$, 두 번째는 두 차원에서 다른 분산을 갖는 두 번째, $\begin{bmatrix} .6 & 0 \\ 0 & 2 \end{bmatrix}$
그리고 세 번째는 공분산의 비대각선에서 0이 아닌 요소를 갖는 $\begin{bmatrix} 1 & .8 \\ .8 & 1 \end{bmatrix}$이다.

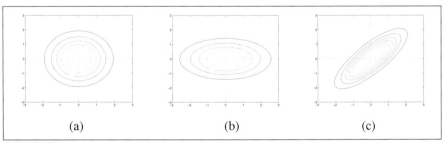

(a)   (b)   (c)

그림 9.20   앞의 그림과 동일한 3개의 다변량 가우시안. 왼쪽에서 오른쪽으로 분산이 같은 대각-공분
산 행렬, 분산이 같지 않은 대각선 및 대각선 공분산 행렬이다. 비대각 공분산을 사용하는 경우, 차원 X에
대한 값을 알면 차원 Y에 대한 값을 알 수 있다.

그림 9.19와 그림 9.20의 가장 오른쪽 그래프는 비대각 공분산 행렬을 가진 가우시
안을 보여준다. 그림 9.20의 등고선 플롯에서 다른 두 플롯에서와 같이 등고선이 두
축과 정렬돼 있지 않다는 것을 알 수 있다. 이 때문에 한 차원 값을 알면 다른 차원 값
을 예측하는 데 도움이 될 수 있다. 따라서 비대각 공분산 행렬을 사용하면 다차원 형
상값 간의 상관관계를 모델링할 수 있다.

따라서 완전한 공분산 행렬이 있는 가우시안은 대각선 공분산 행렬이 있는 모델보다 음향 우도의 강력한 모델이다. 그리고 실제로 음성 인식 성능은 대각선 공분산 가우시안보다 완전 공분산 가우시안을 사용하는 것이 더 좋다. 하지만 완전 공분산 가우시안의 두 가지 문제 때문에 실제로 사용하기 어렵다. 첫째, 계산 속도가 느리다. 완전 공분산 행렬은 D^2 매개변수를 갖는 반면 대각 공분산 행렬은 D만 갖는다. 이는 실제 ASR 시스템에서 속도 차이를 크게 만든다. 둘째, 완전 공분산 행렬에는 더 많은 매개변수가 있기 때문에 대각 공분산 행렬보다 훈련하는 데 훨씬 더 많은 데이터가 필요하다. 대각선 공분산 모델을 사용하면 10.3절에서 소개한 트라이폰(맥락 종속 단음)과 같은 다른 항목에 대한 매개변수를 저장할 수 있다.

이러한 이유로 대부분의 ASR 시스템은 실제로 대각선 공분산을 사용한다. 이 절의 나머지 부분에 대해 대각선 공분산을 가정한다.

따라서 식 9.33은 공분산 행렬 대신 각 차원에 대한 평균과 분산을 단순히 유지하는 식 9.34의 버전으로 단순화할 수 있다. 따라서 식 9.34는 대각-공분산 다변량 가우시안을 사용해 주어진 HMM 상태 j의 D차원 피처 벡터(o_t)의 우도 $b_j(o_t)$를 추정하는 방법을 설명한다.

$$b_j(o_t) = \prod_{d=1}^{D} \frac{1}{\sqrt{2\pi\sigma_{jd}^2}} exp\left(-\frac{1}{2}\left[\frac{(o_{td} - \mu_{jd})^2}{\sigma_{jd}^2}\right]\right) \tag{9.34}$$

대각 공분산 다변량 가우시안 훈련은 일변량 가우시안 훈련의 간단한 일반화다. $\xi_t(i)$ 값을 사용해 시간 t에서 상태 i에 있을 우도를 알려주는 동일한 바움-웰치 훈련을 수행한다. 실제로 식 9.30에서와 똑같은 식을 사용할 것이다. 단, 현재 스칼라 대신 벡터를 다루고 있다는 점을 제외하고, 관측 값 o_t는 켑스트럼 피처 벡터이며, 평균 벡터 $\vec{\mu}$는 켑스트럼 평균의 벡터이며, 분산 벡터 $\vec{\sigma}_i^2$는 켑스트럼 분산의 벡터이다.

$$\hat{\mu}_i = \frac{\sum_{t=1}^{T} \xi_t(i) o_t}{\sum_{t=1}^{T} \xi_t(i)} \tag{9.35}$$

$$\hat{\sigma}_i^2 = \frac{\sum_{t=1}^{T} \xi_t(i)(o_t - \mu_i)(o_t - \mu_i)^T}{\sum_{t=1}^{T} \xi_t(i)} \tag{9.36}$$

가우시안 혼합 모델

앞의 하위 절에서는 다변량 가우스 모델을 사용해 음향 특성 벡터 관측에 우도 점수를 할당할 수 있음을 보여줬다. 이는 피처 벡터의 각 치수를 정규분포로 모델링한다. 그러나 특정 켑스트럼 피처는 강한 비정규분포를 가질 수 있다. 정규분포에 대한 가정은 무척 강한 가정일 수 있다. 이러한 이유로, 종종 단일 다변량 가우스가 아니라 다변량 가우시안의 가중치 혼합을 사용해 관측 우도를 모델링한다. 이러한 모델을 **가우시안 혼합 모델** 또는 **GMM**이라고 한다. 식 9.37은 GMM함수의 방정식을 보여준다. 결과함수는 M 가우시안의 합이다. 그림 9.21은 가우시안의 혼합이 어떻게 임의의 함수를 모델링할 수 있는지에 대한 직관을 보여준다.

가우시안 혼합
모델
GMM

$$f(x|\mu, \Sigma) = \sum_{k=1}^{M} c_k \frac{1}{\sqrt{2\pi|\Sigma_k|}} exp[(x-\mu_k)^T \Sigma^{-1}(x-\mu_k)] \tag{9.37}$$

식 9.38은 출력 우도함수 $b_j(o_t)$의 정의를 보여준다.

$$b_j(o_t) = \sum_{m=1}^{M} c_{jm} \frac{1}{\sqrt{2\pi|\Sigma_{jm}|}} exp[(x-\mu_{jm})^T \Sigma_{jm}^{-1}(o_t-\mu_{jm})] \tag{9.38}$$

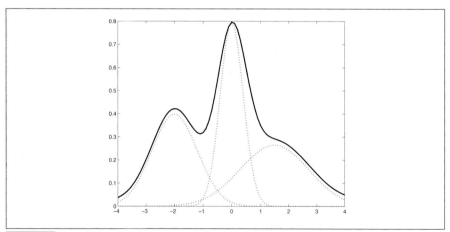

그림 9.21 3개의 가우시안 혼합으로 근사된 임의의 함수다.

GMM 우도함수 훈련으로 넘어간다. 보기에 어려워 보일 수 있다. 어떤 혼합이 각 분포의 어느 부분을 처리해야 하는지 미리 알지 못한다면 GMM 모델을 어떻게 훈련시킬 수 있을까? 바움-웰치 알고리듬을 사용해 각 상태 j에 있을 우도를 알려주기만 하면 각 출력에 어떤 상태가 처리되는지 알 수 없어도 단일 다변량 가우스 훈련을 할 수 있다는 점을 상기한다. 동일한 트릭이 GMM에도 효과가 있을 것으로 나타났다. 바움-웰치를 사용해 관측을 처리하는 특정 혼합의 확률을 알려주고 이 확률을 반복 적으로 업데이트할 수 있다. 위 ξ 함수를 사용해 상태 확률을 계산했다. 이 함수와 유 사하게 $\xi_{tm}(j)$를 정의해 출력 관측 값 o_t를 설명하는 m번째 혼합 성분으로 시간 t에서 j 상태에 있을 확률을 의미한다. 다음과 같이 $\xi_{tm}(j)$를 계산할 수 있다.

$$\xi_{tm}(j) = \frac{\sum_{i=1} N \alpha_{t-1}(j) a_{ij} c_{jm} b_{jm}(o_t) \beta_t(j)}{\alpha_T(F)} \tag{9.39}$$

만약 바움-웰치의 이전 반복에서 ξ의 값을 가졌다면, 다음 식으로 평균, 혼합 가중 치, 공분산을 재계산하기 위해 $\xi_{tm}(j)$를 사용할 수 있다.

$$\hat{\mu}_{im} = \frac{\sum_{t=1}^{T} \hat{\xi}_{tm}(i) o_t}{\sum_{t=1}^{T} \sum_{m=1}^{M} \xi_{tm}(i)} \tag{9.40}$$

$$\hat{c}_{im} = \frac{\sum_{t=1}^{T} \xi_{tm}(i)}{\sum_{t=1}^{T} \sum_{k=1}^{M} \xi_{tk}(i)} \tag{9.41}$$

$$\hat{\Sigma}_{im} = \frac{\sum_{t=1}^{T} \xi_t(i)(o_t - \mu_{im})(o_t - \mu_{im})^T}{\sum_{t=1}^{T} \sum_{k=1}^{M} \xi_{tm}(i)} \tag{9.42}$$

9.4.3 확률, 로그 확률 및 거리함수

로그 확률
로그프로브

지금까지 음향 모델링에 대해 제공한 모든 방정식은 확률을 사용했다. 그러나 **로그 확 률**(또는 **로그프로브**logprob)은 확률보다 작업하기가 훨씬 쉽다. 따라서 실제로 음성 인식 (및 관련 분야) 전반에 걸쳐 확률보다는 로그 확률을 계산한다.

확률을 사용할 수 없는 한 가지 주요 이유는 수치 언더 플로numeric underflow이다. 전 체 문장의 우도를 계산하기 위해 10ms 프레임마다 하나씩 많은 작은 확률 값을 곱한 다. 많은 확률을 곱하면 숫자가 점점 더 작아지고 언더 플로가 발생한다. 그래서 .00000001 같은 작은 숫자의 로그는 10^{-8}을 사용하는 것이 편리하다. 로그 확률을 사용하는 두 번째 이유는 계산 속도다. 덧셈이 곱셈보다 빠르기 때문에 확률을 곱하는 대신 로그 확률을 더한다. 로그 확률은 지수화를 피할 수 있기 때문에 가우시안 모델을 사용할 때 특히 효율적이다.

따라서 단일 다변량 대각 공분산 가우스 모델의 경우 식 9.43을 계산하는 대신 식 9.44와 같이 계산한다.

$$b_j(o_t) = \prod_{d=1}^{D} \frac{1}{\sqrt{2\pi\sigma_{jd}^2}} exp\left(-\frac{1}{2}\frac{(o_{td}-\mu_{jd})^2}{\sigma_{jd}^2}\right) \tag{9.43}$$

$$\log b_j(o_t) = -\frac{1}{2}\sum_{d=1}^{D}\left[log(2\pi)+\sigma_{jd}^2+\frac{(o_{td}-\mu_{jd})^2}{\sigma_{jd}^2}\right] \tag{9.44}$$

항을 재배열하면, 상수 C를 끌어내기 위해 다시 작성할 수 있다.

$$\log b_j(o_t) = C - \frac{1}{2}\sum_{d=1}^{D}\frac{(o_{td}-\mu_{jd})^2}{\sigma_{jd}^2} \tag{9.45}$$

여기서 C는 미리 계산될 수 있다.

$$C = -\frac{1}{2}\sum_{d=1}^{D}\left(\log(2\pi)+\sigma_{jd}^2\right) \tag{9.46}$$

요약하면, 로그 영역에서 음향 모델을 계산하는 것은 훨씬 더 간단한 계산을 의미하며, 그중 많은 것은 속도를 위해 미리 계산될 수 있다.

지각력이 있는 독자는 식 9.45가 마할라노비스 거리 식 9.20에 대한 방정식과 매우 유사하다는 것을 알아차렸을 것이다. 실제로 가우시안 로그프로브^{logprob}를 생각하는 한 가지 방법은 가중 거리 척도다.

미적분학에 익숙한 독자들을 위한 가우시안 확률 밀도함수에 대한 추가 요점은 다음과 같다. 식 9.26과 같은 관측 우도 방정식은 가우시안 확률 밀도함수를 사용했기 때문에 관측 우도에 대해 반환되는 값 $b_j(o_t)$는 기술적으로 확률은 아니며, 실제로 1보다 클 수 있다.

이는 영역을 통합하는 것이 아니라 단일 지점에서 $b_j(o_t)$의 값을 계산하기 때문이다. 가우시안 PDF 곡선 아래의 총 면적은 1로 제한되지만, 어떤 지점에서든 실제 값은 1보다 클 수 있다(매우 얇고 긴 가우시안을 상상해보자. 값은 중앙에서 1보다 클 수 있지만 곡선은 여전히 1.0이다). 한 영역을 통합하는 경우 각 점에 너비 dx를 곱하면 값이 1 미만으로 낮아진다. 가우시안 추정값이 실제 확률이 아니라는 사실은 가장 가능성 있는 HMM 상태를 선택하는 데 중요하지 않다. 서로 다른 가우시안을 비교하기 때문에 각각이 dx 요소가 누락됐다.

요약하면, 마지막 몇 개의 하위 절에서는 음성 인식의 음향 훈련을 위한 가우시안 모델을 소개했다. 간단한 일변량 가우시안으로 시작해 먼저 다변량 가우스로 확장해 다차원 음향 피처 벡터를 처리했다. 그런 다음 가우시안의 대각선 공분산 단순화를 소개한 다음 가우시안 혼합^{GMM}을 소개했다.

9.5 어휘 목록과 언어 모델

8장에서는 N그램 언어 모델(4장)과 발음 어휘(7장)에 대한 폭넓은 논의를 포함하고 있었기 때문에, 9.5절에서는 간략하게 설명한다.

LVCSR의 언어 모델은 트라이그램 또는 심지어 4-그램인 경향이 있다. 이를 구축하고 조작하는 데 좋은 툴킷을 사용할 수 있다(Stolcke, 2002; Young et al., 2005). 바이그램과 유니그램 문법은 큰 어휘 애플리케이션에는 거의 사용되지 않는다. 그러나 트라이그램은 엄청난 공간을 필요로 하기 때문에, 메모리 제약을 받는 휴대폰과 같은 애플리케이션의 언어 모델은 더 작은 맥락을 사용하는 경향이 있다(또는 압축 기술을 사용). 24장에서 다루지만, 일부 단순한 대화 애플리케이션은 제한된 영역을 이용해 매우 단순한 유한 상태 또는 가중 유한 상태 문법을 사용한다.

어휘 목록은 단순히 단어의 목록이며, 각 단어의 발음이 단음 시퀀스로 표현된다. CMU 사전(CMU, 1993)과 같이 공개적으로 사용할 수 있는 어휘를 사용해 LVCSR에 일반적으로 사용되는 6만 개의 어휘를 추출할 수 있다. 대부분의 단어들은 단일 발음을 가지고 있지만, 동음이의어나 자주 사용되는 기능어와 같은 단어들은 더 많을 수 있다. 대부분의 LVCSR 시스템에서 단어당 평균 발음의 수는 1에서 2.5까지다. 10.5.3절에서는 발음 모델링 문제에 대해 논의한다.

9.6 검색 및 디코딩

이제 완전한 음성 인식기의 모든 부분을 설명했다. 프레임의 단면 피처를 추출하는 방법과 해당 프레임의 음향 우도 $b_j(o_t)$를 계산하는 방법을 보여줬다. 또한 어휘적 지식을 표현하는 방법을 알고 있으며, 각 단어 HMM은 일련의 단음 모델로 구성돼 있으며, 각 단음 모델은 일련의 서브폰 상태로 구성돼 있다. 마지막으로, 4장에서 N그램을 사용해 단어 예측 가능성의 모델을 구축하는 방법을 보여줬다.

디코딩   9.6절에서는 이러한 모든 지식을 결합해 **디코딩** 문제를 해결하는 방법을 보여준다. 즉, 이 모든 확률 추정기를 결합해 가장 가능성이 높은 단어 문자열을 생성한다. 디코딩 질문을 "음향 관측의 연속성을 볼 때, 후행 확률이 가장 높은 단어의 문자열을 어떻게 선택해야 하는가?"라고 표현할 수 있다.

9장의 시작 부분에서 음성 인식을 위한 잡음 채널 모델을 상기해야 한다. 이 모델에서, 베이스의 규칙을 사용하며, 단어들의 최상의 단어 시퀀스는 언어 모델 이전과 음향 가능성이라는 두 가지 요소의 곱을 최대화하는 것이라는 결과를 가지고 있다.

$$\hat{W} = \underset{W \in \mathscr{L}}{\mathrm{argmax}} \ \overbrace{P(O|W)}^{\text{likelihood}} \ \overbrace{P(W)}^{\text{prior}} \tag{9.47}$$

이제 음향 모델과 언어 모델을 모두 정의했기 때문에, 이 최대 확률 단어 시퀀스를 찾는 방법을 볼 준비가 돼 있다. 하지만 우선 식 9.47은 잘못된 가정들에 의존하기 때문에 수정해야 한다. 특정 상태(서브폰)가 주어졌을 때 특정 음향 관측(프레임)의 우도를 계산하기 위해 다변량 가우시안 혼합 분류기를 훈련했음을 상기한다. 각 음향 프레임에 대해 별도의 분류기를 계산하고 이러한 확률을 곱해 전체 단어의 확률을 얻음으로써 각 서브폰의 확률을 심각하게 과소평가하고 있다. 이는 프레임에 걸쳐 연속성이 많기 때문이다. 만약 음향 상황을 고려한다면, 주어진 프레임에 더 큰 기대치를 가질 것이고 따라서 더 높은 확률을 할당할 수 있을 것이다. 그래서 두 확률의 가중치를 다시 조정해야 한다. **언어 가중치**라고도 부르는 **LMSF**나 **언어적 모델 스케일링 팩터**를 추가함으로써 이를 수행한다. 이 요소는 언어 모델 확률 $P(W)$에 대한 지수로, $P(W)$는 1보다 작고 LMSF는 1(많은 시스템에서 5와 15 사이)보다 크기 때문에, 이는 LM 확률의 값을 감소시키는 효과가 있다.

$$\hat{W} = \underset{W \in \mathscr{L}}{\operatorname{argmax}} P(O|W)P(W)^{LMSF} \qquad (9.48)$$

이러한 방식으로 언어 모델 확률 $P(W)$에 가중치를 다시 적용하려면 한 가지 더 변경해야 한다. $P(W)$가 단어 삽입에 따른 페널티로 부작용이 있기 때문이다. $|V|$ 크기의 어휘에 있는 모든 단어들이 동일한 확률 $\frac{1}{|V|}$를 갖는 균일한 언어 모델의 경우, 이를 확인하는 것이 가장 간단하다. 이 경우, N개의 단어가 포함된 문장은 $\frac{1}{|V|}$ 단어 각각에 대해 1의 언어 모델 확률을 가지며, 총 페널티 $\frac{N}{|V|}$이다. N이 클수록(문장에 단어가 많을수록) 이 $\frac{1}{V}$ 페널티 승수를 더 많이 취하게 되고 문장의 확률이 더 낮아진다. 따라서 언어 모델 확률이 (평균적으로) 감소하면(더 큰 페널티 발생), 디코더는 더 긴 단어를 더 적게 선호할 것이다. 언어 모델 확률이 증가하면(페널티가 더 커짐), 디코더는 더 짧은 단어를 선호할 것이다. 따라서 음향 모델의 균형을 맞추기 위해 LMSF를 사용하는 것은 단어 삽입 페널티를 감소시키는 부작용이 있다. 이를 상쇄하기 위해 별도의 **단어 삽입 페널티**로 다시 추가해야 한다.

단어 삽입 페널티

$$\hat{W} = \underset{W \in \mathscr{L}}{\operatorname{argmax}} P(O|W)P(W)^{LMSF} WIP^N \qquad (9.49)$$

실제로 로그프로브들을 사용하기 때문에, 디코더의 목표는 다음과 같다.

$$\hat{W} = \underset{W \in \mathscr{L}}{\operatorname{argmax}} \log P(O|W) + LMSF \times \log P(W) + N \times \log WIP \qquad (9.50)$$

이제 최대화해야 할 방정식이 생겼으니, 디코딩 방법을 살펴보자. 발화를 단어로 동시에 분할하고 각 단어를 식별하는 것이 디코더의 역할이다. 이 작업은 단음 측면에서 단어가 발음되는 방식과 단음이 음향적 특징으로 표현되는 방식 측면에서 모두 변형으로 인해 어렵게 된다. 문제의 난이도에 대한 직관을 설명하기 위해 디코더에 일련의 이산 단음이 주어지는 음성 인식 작업의 매우 간소화된 버전을 상상해보자. 그럴 경우 각각의 단음이 완벽한 정확도로 무엇인지 알 수 있지만 디코딩은 여전히 어렵다. 예를 들어 스위치보드 코퍼스에서 단음의(수동으로 레이블 지정) 시퀀스에서 다음 문장을 디코딩해보자(정답을 미리 보지 마시오!).

[ay d ih s hh er d s ah m th ih ng ax b aw m uh v ih ng r ih s en l ih]

정답은 주석에 있다.[2] 이 과제는 부분적으로 동시 조음과 빠른 음성 때문에 어렵다 (예: *just*의 첫 번째 단음의 경우 [d]). 그러나 말하기는 영어 작문과 달리 단어 경계를 나타내는 공간이 없기 때문에 또한 어렵다. 그 단어를 식별하고 세분화하면서 동시에 단음을 식별해야 하는 진정한 디코딩 작업은 물론 훨씬 더 어렵다.

디코딩의 경우, 6장에서 소개한 비터비 알고리듬으로 시작해 숫자 인식의 영역에서 11개의 어휘 크기(숫자 *one*에서 *nine*까지, *zero* 및 *oh* 포함)를 갖는 간단한 작업으로 시작한다.

음성 인식을 위해 HMM 모델의 기본 구성 요소를 상기한다.

$Q = q_1 q_2 \ldots q_N$	**서브폰**에 해당하는 **상태** 세트
$A = a_{01} a_{02} \ldots a_{n1} \ldots a_{nn}$	**전이 확률 행렬** A, 각 a_{ij}는 셀프-루프 또는 다음 서브폰으로 가는 각 서브폰의 확률을 나타낸다. Q와 A는 함께 시스템이 인식할 수 있는 각 단어에 대해 HMM 상태 그래프 구조인 발음 어휘를 구현한다.
$B = b_i(o_t)$	방출 확률이라고도 하는 일련의 관측 우도 세트는 각각 서브폰 상태 i에서 생성되는 켑스트럼 피처 벡터(관측 o_t)의 확률을 나타낸다.

각 단어의 HMM 구조는 단어의 발음 어휘에서 나온다. 일반적으로 7장에서 설명한 무료 CMUdict 사전과 같은 기성 발음 사전을 사용한다. 427페이지에서 음성 인식의 단어에 대한 HMM 구조는 단음 HMM의 간단한 연결이며 각 단음은 3개의 서브폰 상태로 구성되며 모든 상태는 정확히 두 가지 전환(셀프-루프 및 다음 단음으로의 루프)을 갖는다. 따라서 단순히 사전에서 단음 문자열을 가져와서 각 단음을 3개의 서브폰으로 확장하고 연결해 숫자 인식기의 각 숫자 단어에 대한 HMM 구조를 계산한다. 또한 일반적으로 각 단어 끝에 선택적 무음의 단음을 추가해 단어 사이에 일시 정지할 수 있다. 보통 ARPAbet의 일부 버전에서 상태 Q의 집합을 정의하는데, 무음의 단음으로 확장되고 각각의 단음에 3개의 서브폰을 생성하도록 확장됐다.

HMM에 대한 A와 B 행렬은 9.7절에 설명한 **임베디드 훈련** 절차에서 바움-웰치 알고리듬에 의해 훈련된다. 일단 이 확률들이 훈련됐다고 가정할 것이다.

---

2 정답: I just heard something about moving recently.

그림 9.22에는 숫자 인식에 대한 결과 HMM이 표시된다. 각 단어의 끝에서 끝 상태로 전환하고 끝 상태에서 다시 시작 상태로 전환해 숫자 시퀀스를 허용하도록 비방출 시작 및 종료 상태를 추가했다는 점에 유의한다. 또한 각 단어의 끝에 있는 선택적 무음의 단음도 참고한다.

숫자 인식기는 많은 숫자 상황(전화번호 또는 신용카드 번호)에서 각 숫자가 나타날 확률이 동일할 수 있기 때문에 단어 확률을 사용하지 않는 경우가 많다. 그러나 그림 9.22의 각 단어에 전이 확률을 포함해 주로 다른 종류의 인식 작업에 대한 확률을 보여준다. 마침 주소(종종 0 또는 00으로 끝날 가능성이 높음)나 중국어의 행운의 숫자 "8"과 같이 숫자가 더 빈번한 문화에서처럼 자릿수 확률이 중요한 경우가 있다.

이제 HMM을 갖게 됐으니, 6장에서 소개한 것과 동일한 비터비 알고리듬(디코딩용)과 순방향 알고리듬(훈련 및 스택 디코딩의 일부로)을 사용할 수 있다. 우선 순방향 알고리듬을 사용해 HMM이 주어진 관측 시퀀스 O의 우도인 $P(O|\lambda)$를 생성하는 방법을 알아보자. 예를 들어 11자리 숫자 전체가 아니라 단어 five로만 구성된 것처럼 HMM을 사용한다. 이러한 우도를 계산하려면 가능한 모든 상태 시퀀스를 종합해야 한다. $five$에 상태 [f], [ay], [v]라고 가정하면 10-관측 시퀀스는 다음과 같은 많은 시퀀스를 포함한다.

```
f  ay ay ay ay v  v  v  v  v
f  f  ay ay ay ay v  v  v  v
f  f  f  f  ay ay ay ay v  v
f  f  ay ay ay ay ay ay v  v
f  f  ay ay ay ay ay v  v  v
...
```

순방향 알고리듬은 이 많은 수의 시퀀스를 $O(N^2T)$ 시간으로 효율적으로 합산한다.

순방향 알고리듬을 빠르게 살펴보자. 동적 프로그래밍 알고리듬, 즉 관측 시퀀스의 확률을 쌓으면서 테이블을 사용해 중간 값을 저장하는 알고리듬이다. 순방향 알고리듬은 관측 시퀀스를 생성할 수 있는 모든 가능한 경로의 확률을 합산해 관측 확률을 계산한다.

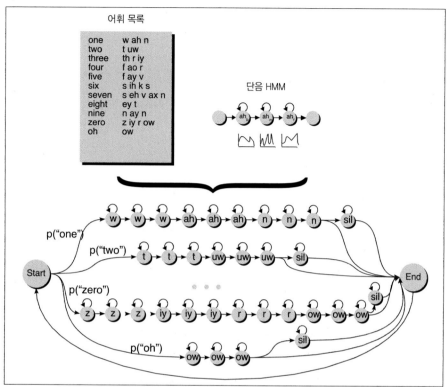

그림 9.22　숫자 인식 작업을 위한 HMM. 어휘는 단음 시퀀스를 지정하며, 각각의 단음 HMM은 가우시안 방출 가능성 모델을 가진 3개의 서브폰으로 구성돼 있다. 이들을 결합하고 각 단어의 끝에 선택적 무음을 추가하면 전체 작업에 대해 하나의 HMM이 된다. 임의 길이의 숫자 시퀀스를 허용하려면 종료 상태에서 시작 상태로의 전환을 기록해둔다.

순방향 알고리듬의 각 셀 $\alpha_t(j)$ 또는 순방향 $[t, j]$은 오토마톤 λ을 감안해 첫 번째 t 관측치를 본 후 상태 j에 있을 확률을 나타낸다. 이 셀로 이끌 수 있는 모든 경로의 확률을 합산해 각 셀의 값을 계산한다. 형식적으로 각 셀은 다음과 같은 확률을 나타낸다.

$$\alpha_t(j) = P(o_1, o_2 \ldots o_t, q_t = j | \lambda) \tag{9.51}$$

여기서 $q_t = j$는 "상태 시퀀스에서 t번째 상태가 j 상태일 확률"을 의미한다. 이 확률을 모든 경로의 확장을 합산해 계산한다. 현재의 셀로 이어진다. 시간 t에서 주어진 상태 q_j에 대해 $\alpha_t(j)$ 값은 다음과 같이 계산된다.

$$\alpha_t(j) = \sum_{i=1}^{N} \alpha_{t-1}(i) a_{ij} b_j(o_t) \tag{9.52}$$

식 9.52에서 시간 t에서 순방향 확률을 계산하기 위해 이전 경로를 확장함에 있어 곱한 세 가지 요소는 다음과 같다.

$\alpha_{t-1}(i)$	이전 시간 단계의 **이전 순방향 경로 확률**
a_{ij}	이전 상태 q_i에서 현재 상태 q_j로의 **전환 확률**
$b_j(o_t)$	현재 상태 j에서 관찰 기호 o_t의 **상태 관측 가능성**

알고리듬은 그림 9.23에 설명돼 있다.

---

function FORWARD(*observations* of len T, *state-graph* of len N) **returns** *forward-prob*

create a probability matrix *forward[N+2,T]*
for each state s **from 1 to N do**   ; initialization step
　　$forward[s,1] \leftarrow a_{0,s} * b_s(o_1)$
for each time step t **from 2 to T do**   ; recursion step
　for each state s **from 1 to N do**

$$forward[s,t] \leftarrow \sum_{s'=1}^{N} forward[s',t-1] * a_{s',s} * b_s(o_t)$$

$$forward[q_F,\mathrm{T}] \leftarrow \sum_{s=1}^{N} forward[s,T] * a_{s,q_F} \qquad ; \text{termination step}$$

return *forward[q_F,T]*

그림 9.23   단어 모델이 주어진 관측 시퀀스의 우도 계산에 대한 순방향 알고리듬. $a[s, s']$는 현재 상태 s에서 다음 상태 s'로의 전환 확률이고, $b[s', o_t]$는 주어진 s의 관측 가능성이다. 관측 우도 $b[s', o_t]$는 음향 모델에 의해 계산된다.

10개의 관측치가 주어진 단일 단어 *five*에 대해 단순화된 HMM에서 실행되는 순방향 알고리듬의 추적을 보자. 프레임 전환이 10ms라고 가정하면 100ms가 된다. HMM 구조는 그림 9.24의 왼쪽을 따라 수직으로 표시되며, 이후 전방 트레일리스의 처음 3단계 시간이 표시된다. 그림 9.25에 전체 격자가 표시돼 있으며, B 값은 각 프레임에 대한 관측 가능성의 벡터를 제공한다. 이러한 가능성은 모든 음향 모델(GMM 또는 기타)에 의해 계산될 수 있다. 이 예에서는 교수법의 목적을 위해 간단한 값을 수작업으로 만들었다.

이제 디코딩 문제로 돌아가자. 비터비 디코딩 알고리듬을 6장의 HMM에 대한 설명에서 떠올려보자. 비터비 알고리듬은 시간 $O(N^2T)$에서 가장 가능성이 높은 상태 시퀀스를 반환한다(가장 가능성이 높은 단어 시퀀스와 동일하지는 않지만 종종 충분한 근사치).

비터비 격자의 각 셀인 $v_t(j)$는 오토마톤 λ을 감안할 때 첫 번째 t 관측치를 보고 가장 가능성이 높은 상태 시퀀스 $q_1...q_{t-1}$을 통과한 후 HMM이 상태 j에 있을 확률을 나타낸다. 이 셀로 이끌 수 있는 가장 가능성 있는 경로를 재귀적으로 취함으로써 각 세포 $v_t(j)$의 가치를 계산한다. 형식적으로 각 셀은 다음과 같은 확률을 나타낸다.

$$v_t(j) = P(q_0, q_1...q_{t-1}, o_1, o_2...o_t, q_t = j|\lambda) \tag{9.53}$$

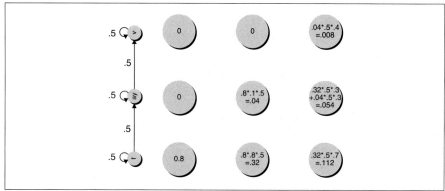

그림 9.24 순방향 격자 계산의 처음 3단계는 단어 *five*에 대한 계산이다. *A* 전환 확률은 왼쪽 가장자리를 따라 표시되며, *B* 관측 가능성은 그림 9.25에 나타나 있다.

V	0		0		0.008		0.0093		0.0114		0.00703		0.00345		0.00306		0.00206		0.00117
AY	0		0.04		0.054		0.0664		0.0355		0.016		0.00676		0.00208		0.000532		0.000109
F	0.8		0.32		0.112		0.0224		0.00448		0.000896		0.000179		4.48e-05		1.12e-05		2.8e-06
시간	1		2		3		4		5		6		7		8		9		10
B	f	0.8	f	0.8	f	0.7	f	0.4	f	0.4	f	0.4	f	0.4	f	0.5	f	0.5	f	0.5
	ay	0.1	ay	0.1	ay	0.3	ay	0.8	ay	0.8	ay	0.8	ay	0.8	ay	0.6	ay	0.5	ay	0.4
	v	0.6	v	0.6	v	0.4	v	0.3	v	0.3	v	0.3	v	0.3	v	0.6	v	0.8	v	0.9
	p	0.4	p	0.4	p	0.2	p	0.1	p	0.1	p	0.1	p	0.1	p	0.1	p	0.3	p	0.3
	iy	0.1	iy	0.1	iy	0.3	iy	0.6	iy	0.6	iy	0.6	iy	0.6	iy	0.5	iy	0.5	iy	0.4

그림 9.25 단어 *five*의 10개 프레임에 대한 순방향 격자는 3개의 방출 상태(*f, ay, v*) 그리고 비방출 시작 및 종료 상태(표시되지 않음)로 구성된다. 표의 아래쪽 절반은 각 프레임에서 관찰에 대한 *B* 관측 우도 벡터의 일부를 제공하며, 각 단음 *Q*에 대한 *p(o|q)* 값은 교수법의 목적을 위해 수작업으로 생성된다. 이 표는 그림 9.24에 표시된 5개의 HMM 구조를 가정하며, 각각의 방출 상태는 .5 루프백 확률을 가진다.

다른 동적 프로그래밍 알고리듬과 마찬가지로 비터비는 각 셀을 재귀적으로 채운다. 시간 $t-1$에서 모든 상태에 있을 확률을 이미 계산했음을 감안해, 현재 셀로 이어지는 경로의 확장의 가장 가능성이 높은 값을 취함으로써 비터비 확률을 계산한다. 시간 t에서 주어진 상태 q_j에 대해 $v_t(j)$값은 다음과 같이 계산된다.

$$v_t(j) \;=\; \max_{i=1}^{N} v_{t-1}(i)\, a_{ij}\, b_j(o_t) \tag{9.54}$$

시간 t에서 비터비 확률을 계산하기 위해 이전 경로를 확장하기 위해 식 9.54에 곱한 세 가지 요소는 다음과 같다.

$v_{t-1}(i)$	이전 시간 단계의 **이전 비터비 경로 확률**
a_{ij}	이전 상태 q_i에서 현재 상태 q_j로의 **전환 확률**
$b_j(o_t)$	현재 상태 j에서 관찰 기호 o_t의 **상태 관측 가능성**

그림 9.26은 6장에서 반복해 비터비 알고리듬을 보여준다.

비터비 알고리듬의 목표는 관측치 세트 $o=(o_1 o_2 o_3 \dots o_T)$에서 최상의 상태 시퀀스 $q=(q_1 q_2 q_3 \dots q_T)$를 찾는 것임을 상기한다. 또한 이 상태 시퀀스(상태와 관측 시퀀스의 공동 확률)의 확률도 찾을 필요가 있다. 비터비 알고리듬은 전향이 SUM을 취하는 이전 경로 확률에 대해 MAX를 취한다는 점을 제외하고 순방향 알고리듬과 동일하다.

---

function VITERBI(*observations* of len T,*state-graph* of len N) **returns** *best-path*

create a path probability matrix *viterbi[N+2,T]*
for each state s **from** 1 **to** N **do**   ; initialization step
    $viterbi[s,1] \leftarrow a_{0,s} * b_s(o_1)$
    $backpointer[s,1] \leftarrow 0$
for each time step t **from** 2 **to** T **do**   ; recursion step
  for each state s **from** 1 **to** N **do**
    $viterbi[s,t] \leftarrow \max_{s'=1}^{N} \; viterbi[s',t-1] * a_{s',s} * b_s(o_t)$

    $backpointer[s,t] \leftarrow \operatorname*{argmax}_{s'=1}^{N} \; viterbi[s',t-1] * a_{s',s}$

$viterbi[q_F,T] \leftarrow \max_{s=1}^{N} \; viterbi[s,T] * a_{s,q_F}$; termination step

$backpointer[q_F,T] \leftarrow \operatorname*{argmax}_{s=1}^{N} \; viterbi[s,T] * a_{s,q_F}$; termination step

> **return** the backtrace path by following backpointers to states back in
> time from $backpointer[q_F, T]$

그림 9.26 은닉 상태의 최적 시퀀스를 찾기 위한 비터비 알고리듬. 단어의 관측 시퀀스와 HMM(A와 B 행렬에 의해 정의됨)을 주어진 알고리듬은 관측 시퀀스에 최대 우도를 할당하는 HMM을 통해 상태 경로를 반환한다. $a[s', s]$는 이전 상태 s'에서 현재 상태 s로 전환 확률이고 $b_s(o_t)$는 주어진 s의 관측 가능성이다. 상태 0과 F는 비방출 시작 및 종료 상태다.

그림 9.27은 그림 9.24의 순방향 격자에 해당하는 비터비 격자의 처음 세 가지 시간 단계의 계산을 보여준다. 다시 켑스트럼 관측에 대한 구성 확률을 사용했다. 여기서 또한 왼쪽 상단 모서리에 0 셀을 표시하지 않는 일반적인 규칙을 따른다. 세 번째 열의 중간 셀만 비터비와 순방향 사이에 차이가 있다. 그림 9.25는 완전한 격자를 보여준다.

이 (만든) 예제에 대한 비터비의 최종 값과 순방향 알고리듬 간의 차이에 유의한다. 순방향 알고리듬은 관측 시퀀스의 확률을 .00128로 제공하며, 최종 열을 합하면 얻을 수 있다. 비터비 알고리듬은 최상의 경로를 제공하는 관측 시퀀스의 확률을 제공하며 비터비 행렬에서 .000493으로 얻는다. 비터비 확률은 예상해야 하는 것처럼 전방 확률보다 훨씬 작다. 반면에 전방 확률은 모든 경로에 걸친 합이다.

물론 비터비 디코더의 진정한 유용성은 일련의 단어들을 디코딩하는 능력에 있다. 크로스 워드 디코딩을 하려면 한 단어의 끝에서 다른 단어의 시작 부분으로 전환될 수 있는 단어간 확률을 가지고, 단어 간 상태 전환만 있는 A 행렬을 확장할 필요가 있다. 그림 9.22(459페이지)의 숫자 HMM 모델은 각각의 단어를 독립된 것으로 간주하고, 단지 단일한 확률만을 사용할 수 있다는 것을 보여줬다. 고차 N그램은 훨씬 더 일반적이다. 그림 9.29는 바이그램 확률을 가진 숫자 HMM의 확대를 보여준다.

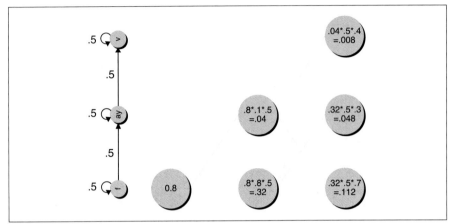

그림 9.27 비터비 격자의 처음 3단계는 단어 *five*에 대한 계산이다. *A* 전이 확률은 왼쪽 가장자리를 따라 표시되며, *B* 관측 우도는 그림 9.28에 나타나 있다. 여기서 상태 1(단음 [f])에서 출발할 확률은 1.0이라고 단순화 가정을 한다.

V	0		0		0.008		0.0072		0.00672		0.00403		0.00188		0.00161		0.000667		0.000493
AY	0		0.04		0.048		0.0448		0.0269		0.0125		0.00538		0.00167		0.000428		8.78e-05
F	0.8		0.32		0.112		0.0224		0.00448		0.000896		0.000179		4.48e-05		1.12e-05		2.8e-06
Time	1		2		3		4		5		6		7		8		9		10
B	f	0.8	f	0.8	f	0.7	f	0.4	f	0.4	f	0.4	f	0.4	f	0.5	f	0.5	f	0.5
	ay	0.1	ay	0.1	ay	0.3	ay	0.8	ay	0.8	ay	0.8	ay	0.8	ay	0.6	ay	0.5	ay	0.4
	v	0.6	v	0.6	v	0.4	v	0.3	v	0.3	v	0.3	v	0.3	v	0.6	v	0.8	v	0.9
	p	0.4	p	0.4	p	0.2	p	0.1	p	0.1	p	0.1	p	0.1	p	0.1	p	0.3	p	0.3
	iy	0.1	iy	0.1	iy	0.3	iy	0.6	iy	0.6	iy	0.6	iy	0.6	iy	0.5	iy	0.5	iy	0.4

그림 9.28 비터비 격자는 단어 *five*의 10개 프레임에 대한 것으로, 3개의 방출 상태(*f*, *ay*, *v*) 그리고 비방출 시작 및 종료 상태(표시되지 않음)로 구성된다. 표의 아래쪽 절반은 각 프레임에서 관측 *o*에 대한 *B* 관측우도 벡터의 일부를 제공하며, 각 단음 *q*에 대한 $p(o|q)$ 값은 교수법의 목적을 위해 수작업으로 생성된다. 이 표는 그림 9.27에 표시된 5개의 HMM 구조를 가정하며, 각각의 방출 상태는 .5 루프백 확률을 가진다.

　　그러한 다중 단어 디코딩 작업에 대한 HMM 격자의 도식은 그림 9.30에 나타나 있다. 단어 간 전이는 그림 9.27과 정확히 같다. 하지만 이제 단어 사이에 전환을 추가했다. 이 호에서의 전환 확률은 각 단어 안에 있는 *A* 행렬이 아니라 언어 모델 $P(W)$에서 나온다.

　　전체 비터비 격자가 발음으로 계산되면, 마지막 시간 단계에서 가장 가능성이 높은 상태에서 시작해 가장 가능성이 높은 상태 문자열, 즉 가장 가능성이 높은 단어 줄을 얻기 위해 역추적 포인터들을 따라갈 수 있다. 그림 9.31은 w_2에 있는 가장 좋은 상태에서 역추적 포인터가 역추적돼 결국 w_N과 w_1을 거쳐 최종 단어 문자열 $w_1w_N \ldots w_2$가 되는 것을 보여준다.

비터비 알고리듬을 사용하는 것은 각각의 가능한 단어 문자열에 대한 순방향 알고리듬을 전형적으로 실행하는 것보다 훨씬 더 효율적이다. 그럼에도 불구하고 여전히 느리고, 음성 인식에 관한 많은 현대적인 연구는 디코딩 과정을 가속화하는 데 초점을 맞추고 있다. 예를 들어 대어휘 인식에서 알고리듬이 한 상태 열에서 다음 상태 열로 경로를 확장하고 있을 때 가능한 모든 단어를 고려하지 않는다. 대신 낮은 확률 경로는 각 시간 단계에서 **가지치기**되며 다음 상태 열로 확장되지 않는다.

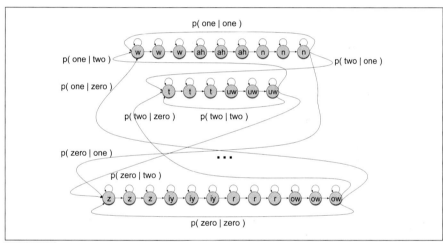

그림 9.29 숫자 인식 작업을 위한 바이그램 문법 네트워크. 바이그램은 한 단어의 끝에서 다음 단어의 시작으로 전이할 확률을 제공한다.

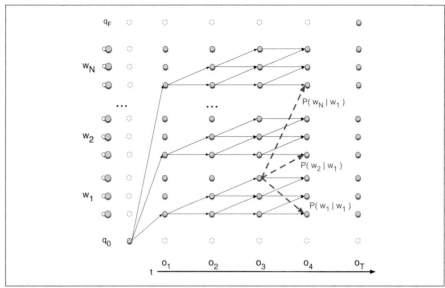

그림 9.30   바이그램 언어 모델을 위한 HMM 비터비 격자의 도식. 단어 내 전이는 그림 9.27과 동일하다. 단어 사이에 각 단어의 끝 상태부터 단어 쌍의 바이그램 확률을 레이블이 지정된 모든 단어의 시작 상태까지 잠재적인 전이가 추가된다(w_1에서 진한 점선으로 표시됨).

빔 탐색   이 가지치기 작업은 보통 **빔 탐색**에 의해 구현된다(Lowerre, 1968). 빔 탐색에서는 각 시간 t에서 최상의 (가장 가능성이 높은) 상태/경로 D의 확률을 먼저 계산한다. 그런 다

빔 폭   음 D보다 더 나쁜 상태는 일정한 임계값(**빔 폭**) θ으로 제거한다. 확률과 음의 로그 확률 영역 모두에서 빔 탐색에 대해 이야기할 수 있다. 확률 영역에서는 확률이 $\theta * D$ 미만인 경로/상태를 가지며, 음의 로그 영역에서는 $\theta + D$보다 큰 경로를 가지치기한다.

활성 리스트   빔 탐색은 각 시간 단계에서 유지되는 상태의 **활성 리스트**를 사용해 실행된다. 다음 시간 단계로 이동할 때는 이러한 단어의 전환만 연장된다.

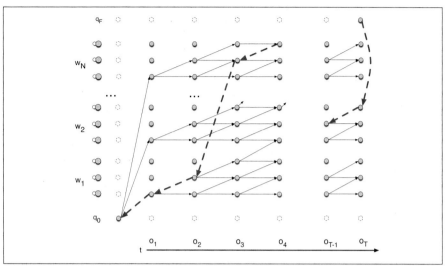

그림 9.31 비터비 역추적 HMM 격자. 역추적은 최종 상태에서 시작되며, 단어 문자열이 파생되는 최상의 단음 문자열이 된다.

이 빔 탐색 근사치를 만들면 디코딩 성능의 저하 비용에서 상당한 속도를 높일 수 있다. 황 외 연구진(2001)에서는 기본적으로 검색 공간의 5~10%의 빔 크기가 충분하며, 따라서 상태의 90~95%는 고려되지 않는다고 제안한다. 왜냐하면 실제로 대부분의 비터비 구현은 빔 탐색을 사용하기 때문에 문헌 중 일부는 비터비 대신 **빔 탐색** 또는 **시간 동기 빔 탐색**이라는 용어를 사용한다.

빔 탐색

시간 동기
빔 탐색

9.7 임베디드 훈련

이제 HMM 기반의 음성 인식 시스템이 어떻게 훈련되는지 알아보려고 한다. 이미 훈련의 몇 가지 측면을 봤다. 4장에서 언어 모델을 훈련시키는 방법을 보여줬다. 9.4절에서는 방법, 분산 및 가중치 훈련을 다루기 위해 EM 알고리듬을 강화해 GMM 음향 모델을 훈련시키는 방법을 살펴봤다.

이 절에서는 이 증강 EM 훈련 알고리듬이 음향 모델 훈련의 전 과정에 어떻게 부합하는지를 보여줌으로써 HMM 훈련의 그림을 완성한다. 검토를 위한 **음향 모델**의 세 가지 구성 요소는 다음과 같다.

$Q = q_1 q_2 \ldots q_N$	**상태** 세트로 표시되는 **서브폰**
$A = a_{01} a_{02} \ldots a_{n1} \ldots a_{nn}$	**서브폰 전환 확률 매트릭스** A, 각 a_{ij}는 **셀프 루프** 또는 다음 서브폰으로 가는 각 서브폰의 확률을 나타낸다. Q와 A는 함께 시스템이 인식할 수 있는 각 단어에 대해 HMM 상태 그래프 구조인 **발음 어휘**를 구현한다.
$B = b_j(o_t)$	**방출 확률**이라고도 하는 일련의 **관측 우도** 세트로, 각각 서브폰 상태 i에서 생성되는 켑스트럼 피처 벡터(관측 o_t)의 확률을 나타낸다.

발음 어휘, 즉 각 단어에 대한 기본적인 HMM 상태 그래프 구조를 그림 9.7과 그림 9.22에서 봤던 각 상태에 루프백이 있는 단순한 선형 HMM 구조로 미리 지정했다고 가정할 것이다. 일반적으로 음성 인식 시스템은 개별 단어 HMM의 구조를 배우려 하지 않기 때문에 B 행렬만 훈련하면 되고, A 행렬의 제로가 아닌(셀프 루프 및 다음 서브폰) 전이 확률도 훈련하면 된다. A 행렬의 다른 모든 확률은 0으로 설정되며 절대 변경되지 않는다.

가능한 가장 간단한 훈련 방법은 수작업으로 **레이블을 지정한 분절 단어** 훈련으로, 수작업으로 정렬된 훈련 데이터를 바탕으로 단어마다 HMM에 대한 B와 A 행렬을 별도로 훈련한다. 웨이브 파일에 저장된 음성 숫자의 각 인스턴스가 있고 각 단어와 단음의 시작 및 종료 시간을 수작업으로 표시한 숫자의 훈련 코퍼스를 받는다. 이러한 데이터베이스를 사용할 경우, 훈련 데이터에만 계산해 B 가우시안 관측 우도와 A 전이 확률을 계산할 수 있다. A 전이 확률은 각 단어에 특정하지만, 동일한 단음이 여러 단어로 발생한 경우, B 가우시안은 단어에 걸쳐 공유된다.

하지만 수작업으로 분할된 훈련 데이터는 연속 음성을 위한 훈련 시스템에서 거의 사용되지 않는다. 한 가지 이유는 사람을 사용해 음성 경계에 수작업으로 레이블을 지정하는 것이 매우 비용이 많이 든다. 실시간으로 최대 400배까지 소요될 수 있다(즉, 음성 1시간마다 레이블을 지정하는 데 400시간의 레이블링 시간). 또 다른 이유는 사람이 단음보다 작은 단위에 대해 음성 라벨링을 잘 못하기 때문이다. 사람들은 서브폰의 경계를 일관되게 찾는 데 서툴다. ASR 시스템은 경계를 찾는 데 사람보다 낮지는 않지만, 그 오류는 적어도 훈련 세트와 테스트 세트 간에 일관성이 있다.

이 때문에 음성 인식 시스템은 전체 문장에 포함된 각 단음 HMM을 훈련하고, 훈련 절차의 일환으로 분할과 단음 정렬이 자동으로 이루어진다. 이 전체 음향 모델 훈련 과정은 **임베디드 훈련**이라고 부른다. 그러나 단음 분할은 차별적(SVM: 비-가우시안)

임베디드 훈련

우도 추정기용 초기 시스템을 부팅스트랩 또는 단음 인식과 같은 작업에 여전히 일부 역할을 한다.

간단한 숫자 체계를 훈련시키려면, 음성 숫자 시퀀스의 훈련 코퍼스가 필요하다. 간단히 말해서 훈련 코퍼스가 각각 음성 숫자의 시퀀스를 포함하는 별도의 웨이브 파일로 분리돼 있다고 가정한다. 각각의 웨이브 파일에 대해, 정확한 숫자 단어 순서가 필요하다. 따라서 각 웨이브 파일과 전사(단어 문자열)를 연관시킨다. 또한 (훈련되지 않은) 단음 HMM 세트를 정의하는 발음 어휘와 폰셋이 필요하다. 전사, 어휘, 단음 HMM에서 그림 9.32와 같이 각 문장에 대해 "전체 문장" HMM을 만들 수 있다.

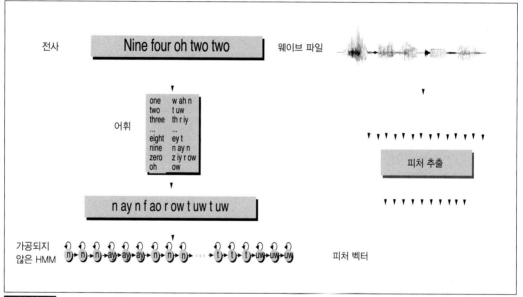

그림 9.32 임베디드 훈련 알고리듬에 대한 입력: 해당 전사가 있는 음성 숫자의 웨이브 파일. 전사체는 가공되지 않은 HMM으로 변환되며, 웨이브 파일에서 추출된 켑스트럼 피처에 대해 정렬하고 훈련할 준비가 된다.

이제 HMM에 대한 전이 행렬 A와 출력 우도 추정기 B를 훈련할 준비가 돼 있다. HMM의 임베디드 훈련을 위한 바움-웰치 기반의 패러다임의 장점은 우리에게 필요한 모든 훈련 데이터라는 것이다. 특히 음성으로 변환된 데이터는 필요 없다. 심지어 각 단어들이 어디에서 시작하고 끝나는지도 알 필요가 없다. 바움-웰치 알고리듬은 단어와 단음의 가능한 모든 구분에 대해 $\xi_j(t)$, 시간 t에 상태 j에 있을 확률, 관측 순서 O를 사용해 합산할 것이다.

플랫 스타트

그러나 전이 및 관측 확률에 대한 초기 추정치가 필요하다. a_{ij}와 $b_j(o_t)$를 위한 가장 간단한 방법은 **플랫 스타트**flat start이다. 플랫 스타트에서, 우선 이후 단음에서 이전 단음로의 전이와 같이 구조상으로 제로가 되고자 하는 모든 HMM 전환을 제로로 설정한다. 바움-웰치의 γ 확률 계산에는 a_{ij}의 이전 값이 포함되기 때문에 이러한 제로 값은 절대 변하지 않을 것이다. 그런 다음 나머지 (제로가 아닌) HMM 전이는 모두 동등하게 만든다. 따라서 각 상태에서 벗어난 두 가지 전이(셀프 루프 및 다음 서브폰으로의 전이) 각각은 0.5의 확률을 가질 것이다. 가우시안의 경우, 플랫 스타트는 각 가우시안의 평균과 분산을 전체 훈련 데이터의 전체적 평균과 분산으로 동일하게 초기화한다.

이제 A와 B 확률에 대한 초기 추정치를 가지고 있다. 표준 가우시안 HMM 시스템의 경우, 이제 전체 훈련 세트에서 바움-웰치 알고리듬의 여러 반복을 실행한다. 각각의 반복은 HMM 매개변수를 수정하며, 시스템이 수렴될 때 정지한다. 6장에서 논의한 바와 같이 각 반복 동안 초기 A와 B 확률을 주어진 각 문장의 순방향-역방향 확률을 계산하고 계산된 확률을 사용해 A와 B 확률을 다시 추정한다. 또한 다변량 가우시안의 가우시안 평균과 분산을 올바르게 업데이트하기 위해 앞 절에서 논의한 EM 수정사항을 적용한다. 혼합 가우시안 처리를 위해 임베디드 훈련 알고리듬을 수정하는 방법에 대해 10장의 10.3절에서 논한다.

요약하면, 기본 **임베디드 훈련 절차**는 다음과 같다.

주어진 사항: 폰셋, 발음 어휘, 전사된 웨이브 파일

1. 그림 9.32와 같이 각 문장에 대해 "전체 문장" HMM을 작성한다.
2. A 확률을 0.5(루프백 또는 올바른 다음 서브 폰의 경우) 또는 0(다른 모든 전환의 경우)으로 초기화한다.
3. 각 가우시안에 대한 평균과 분산을 전체 훈련 세트에 대한 전체적 평균과 분산으로 설정해 B 확률을 초기화한다.
4. 바움-웰치 알고리듬의 여러 반복을 실행한다.

바움-웰치 알고리듬은 임베디드 훈련 과정의 구성 요소로 반복적으로 사용된다. 바움-웰치는 시간 t에서 상태 i 기호 o_t를 방출하는 상태 i에 있는 모든 가능한 경로에 대한 합계를 위해 순방향-역방향을 사용해 시간 t에 상태 i에 있을 확률인 $\xi_t(i)$를 계산한다. 이를 통해 시간 t에서 상태 j를 통과하는 모든 경로에서 방출 확률 $b_j(o_t)$를 다시 추정하기 위한 카운트를 축적할 수 있다. 하지만 바움-웰치 그 자체는 시간이 많이 걸릴 수 있다.

비터비 훈련   비터비 알고리듬을 사용하는 바움-웰치 훈련의 효율적인 근사치가 있다. **비터비 훈련**에서, 시간 t에서 상태 j를 통과하는 모든 경로에 합계로 카운트를 축적하는 대신, 비터비(가장 가능성이 높은) 경로만 선택해 대략적으로 계산한다. 따라서 임베디드 훈련의 모든 단계에서 EM을 실행하는 대신 비터비를 반복적으로 실행한다.

이러한 방식으로 훈련 데이터에 대해 비터비 알고리듬을 실행하는 것을 **강제 비터비**
강제 정렬   **정렬** 또는 **강제 정렬**이라고 한다. (테스트 세트의 비터비 디코딩과 달리) 비터비 훈련에서는 각 관측 순서에 어떤 단어 문자열을 할당해야 하는지 알고 있기 때문에, 비터비 알고리듬이 a_{ij}를 적절히 설정해 특정 단어를 통과하도록 "강제"할 수 있다. 따라서 강제적인 비터비는 정확한 상태(서브폰) 시퀀스만 파악하면 되지만 단어 시퀀스를 발견할 필요는 없기 때문에 정규 비터비 디코딩 알고리듬을 단순화한 것이다. 결과는 **강제 정렬**, 즉 훈련 관측 시퀀스에 해당하는 단일 최상의 상태 경로이다. 이제 이 HMM 상태와 관측치의 정렬을 사용해 HMM 매개변수를 재추정하기 위한 카운트를 누적할 수 있다. 앞에서 단어 전사와 경계를 찾고자 하는 웨이브파일이 있을 때마다 텍스트 음성 변환과 같은 다른 음성 애플리케이션에서도 강제 정렬이 사용될 수 있다는 것을 봤다.

비터비 정렬에서 (비혼합) 가우시안을 재훈련하는 식은 다음과 같다.

$$\hat{\mu}_i = \frac{1}{T} \sum_{t=1}^{T} o_t \text{ s.t. } q_t \text{ is state } i \tag{9.55}$$

$$\hat{\sigma}_j^2 = \frac{1}{T} \sum_{t=1}^{T} (o_t - \mu_i)^2 \text{ s.t. } q_t \text{ is state } i \tag{9.56}$$

'완전히 레이블이 지정된 훈련 세트의 단순한 상황을 상상'하고 있었을 때, 식 9.27과 식 9.28로 이 방정식을 이미 봤다.

이 강제적인 비터비 알고리듬은 HMM/MLP나 HMM/SVM 시스템과 같은 하이브리드 모델의 임베디드 훈련에도 사용된다. 훈련되지 않은 MLP로 시작하고, 잡음

이 있는 출력을 HMM에 대한 B 값으로 사용해 훈련 데이터의 강제 비터비 정렬을 수행한다. MLP가 랜덤이었기 때문에 이 정렬은 상당히 오류가 있을 것이다. 이제 이 (매우 오류가 많은) 비터비 정렬은 단음 레이블이 있는 피처 벡터의 레이블을 제공한다. MLP를 재훈련하기 위해 이 레이블을 사용한다. 강제 정렬에서 취한 전이 카운트를 사용해 HMM 전이 확률을 추정할 수 있다. HMM 매개변수가 수렴되기 시작할 때까지 신경망 훈련과 비터비 정렬의 힐-클라이밍 과정을 계속한다.

9.8 평가: 단어 오류율

단어 오류   음성 인식 시스템의 표준 평가 지표는 **단어 오류**율이다. 단어 오류율은 인식기에서 반환한 단어 문자열(흔히 **가설된** 단어 문자열이라고 함)이 정확하거나 **참조** 전사와 얼마나 다른지를 기준으로 한다. 이렇게 정확한 전사법을 주어진다면, 계산 단어의 오류의 첫 번째 단계는 3장에서 설명한 바와 같이 가설이 있는 문자열과 정확한 문자열 사이의 단어의 **최소 편집 거리**를 계산하는 것이다. 이 계산의 결과는 올바른 문자열과 가정된 문자열 사이의 매핑에 필요한 단어 **대치**, 단어 **삽입** 및 단어 **삭제**의 최소 개수가 될 것이다. 그런 다음 단어 오류율[WER]은 다음과 같이 정의한다(식에는 삽입이 포함되기 때문에 오류율이 100%보다 클 수 있다).

$$\text{단어 오류율} = 100 \times \frac{\text{삽입} + \text{대치} + \text{삭제}}{\text{정확한 전사의 전체 단어}}$$

또한 적어도 하나의 오류가 있는 문장의 수를 알려주는 문장 오류율[SER]에 대해서도 설명할 것이다.

$$\text{문장 오류율} = 100 \times \frac{\text{한 단어 이상의 오류가 있는 문장의 수}}{\text{총 문장 수}}$$

다음은 CallHome 코퍼스의 참조와 가설 발언 사이의 샘플 정렬로 오류율을 계산하는 데 사용된 카운트를 보여준다.

```
REF:  i ***  ** UM the PHONE IS        i LEFT  THE portable ****  PHONE UPSTAIRS last night
HYP:  i GOT IT TO  the *****   FULLEST i LOVE TO   portable FORM OF      STORES  last night
Eval:  I  I  I S    D      S   S      S          I      S    S
```

이 발언에는 6개의 대체, 3개의 삽입, 1개의 삭제 등이 있다.

$$단어\ 오류율 = 100\frac{6+3+1}{13} = 76.9\%$$

　　최소 편집 거리와 단어 오류율을 계산을 구현하기 위한 표준 방법은 **sclite**라는 무료 스크립트로, 미국 국립표준기술원(NIST, 2005)에서 이용할 수 있다. sclite는 일련의 참고문장과 일치하는 가설문장이 주어진다. 정렬을 수행하고 단어 오류율을 계산하는 측면에서 sclite는 많은 다른 유용한 작업을 수행한다. 예를 들어 **오류 분석**의 경우, 어떤 단어가 다른 사람에게 잘못 인식되는지 보여주는 오차 행렬과 같은 유용한 정보를 제공하고, 자주 삽입되거나 삭제되는 단어의 통계를 요약한다. sclite는 또한 **문장 오류율**과 같은 유용한 통계뿐만 아니라, 문장 오류율, 적어도 하나의 단어의 오류가 있는 문장의 백분율도 화자에 의한 오류율을 제공한다.

문장 오류율

　　마지막으로 sclite는 유의성 테스트를 계산하는 데 사용될 수 있다. ASR 시스템을 일부 변경해 단어 오류율이 1% 감소했다고 가정하자. 변경 사항이 정말로 개선됐는지 알기 위해서는 1%의 차이가 단지 우연 때문만은 아니라는 것을 확실히 하기 위한 통계적 테스트가 필요하다. 두 단어의 오류율이 다른지 여부를 결정하기 위한 표준 통계 테스트는 일치 쌍 문장 세그먼트 단어 오류[MAPSSWE] 테스트로, sclite에서도 사용할 수 있다(**McNemar 테스트**도 가끔 사용됨).

McNemar 테스트

　　MAPSSWE 테스트는 두 시스템이 생성하는 단어 오류 수 사이의 차이를 조사하는 매개변수 테스트로, 여러 세그먼트에서 평균을 구한다. 세그먼트는 상당히 짧거나 전체 발언만큼 길 수 있다. 일반적으로, 정규성 가정을 정당화하고 영향력을 최대화하기 위해 가장 많은 (짧은) 세그먼트를 갖기를 원한다. 테스트에서는 한 세그먼트의 오차가 다른 세그먼트의 오차와 통계적으로 독립적일 것을 요구한다. ASR 시스템은 트라이그램 LM을 사용하는 경향이 있기 때문에, 두 인식기가 모두 정확해지는 단어들(또는 회전/교차 경계)로 경계가 지정된 영역으로 세그먼트를 정의함으로써 이 요구 사항을 대략적으로 추정할 수 있다. 다음은 네 개의 지역을 가진 NIST(2007b)의 예다.

```
             I              II              III              IV
    REF: |it was|the best|of|times it|was the worst|of times|  |it was
    SYS A:|ITS   |the best|of|times it|IS the worst |of times|OR|it was
    SYS B:|it was|the best|  |times it|WON the TEST |of times|  |it was
```

영역 I에서 시스템 A는 2개의 오류(삭제 및 삽입)를 가지며 시스템 B는 0, 영역 III에서 시스템 A는 1개의 오류(대체)를 가지며 시스템 B는 2개의 오류를 가진다. 두 시스템의 오차 사이의 차이를 나타내는 변수 Z의 순서를 다음과 같이 정의해보자.

N_A^i 시스템 A에 의해 세그먼트 i에서 발생한 오류 수

N_B^i 시스템 B에 의해 세그먼트 i에서 발생한 오류 수

Z $N_A^i - N_B^i = 1, 2, \cdots, n$. n은 세그먼트 수

위의 예에서 Z 값의 시퀀스는 {2, −1, −1, 1}이다. 직관적으로 두 시스템이 동일하면 평균 차이, 즉 Z 값의 평균이 0이 될 것으로 예상할 수 있다. 따라서 차이의 실제 평균을 mu_z라고 부르면 $mu_z = 0$인지 알고 싶다. 길릭과 콕스(1989)의 원래 제안 및 표기법에 따라 제한된 샘플에서 실제 평균을 $\hat{\mu}_z = \sum_{i=1}^{n} Z_i / n$으로 추정할 수 있다.

Z_i의 분산 추정치는 다음과 같다.

$$\sigma_z^2 = \frac{1}{n-1} \sum_{i=1}^{n} (Z_i - \mu_z)^2 \tag{9.57}$$

$$W = \frac{\hat{\mu}_z}{\sigma_z / \sqrt{n}} \tag{9.58}$$

충분히 큰 $n (> 50)$의 경우 W는 근사적으로 단위 분산을 갖는 정규분포를 갖는다. 귀무 가설은 $H_0 : \mu_z = 0$이며, 따라서 Z는 표준 정규이고, w는 실현된 값 W인, $2 * P(Z \geq |w|) \leq 0.05$(양측) 또는 $P(Z \geq |w|) \leq 0.05$일 경우 거부될 수 있다. 이러한 확률은 정규분포의 표준 표에서 확인할 수 있다.

측정 기준으로 단어 오류율을 개선할 수 있을까? 모든 단어에 동일한 가중치를 부여하지 않는 어떤 것이 있다면 좋을 텐데, 아마도 a나 of와 같은 기능 단어보다 Tuesday와 같은 내용어에 더 가중치를 부여하면 좋을 것이다. 연구자들은 일반적으로 이것이 좋은 생각이라는 것에 동의하지만, ASR의 모든 적용에서 작동하는 메트릭에 동의하기 어렵다는 것이 입증됐다. 그러나 원하는 의미론적 출력이 더 명확한 대화 시스템의 경우, concept error rate(개념 오류율)라는 행렬이 매우 유용한 것으로 입증됐으며 24장에 설명돼 있다.

9.9 요약

4장과 6장에 이어 9장에서는 **대어휘 연속 음성 인식** 문제를 해결하기 위한 기본 알고리듬을 소개했다.

- 음성 인식기에 대한 입력은 일련의 음향 파동이다. **파형, 스펙트로그램** 및 **스펙트럼**은 신호의 정보를 이해하는 데 사용되는 시각화 도구 중 하나다.

- 음성 인식의 첫 번째 단계에서 음파는 **샘플링, 양자화** 및 일종의 스펙트럼 표현으로 변환된다. 일반적으로 사용되는 **스펙트럼 표현**은 입력의 각 프레임에 대한 피처 벡터를 제공하는 **멜 켑스트럼** 또는 **MFCC**이다.

- GMM 음향 모델은 각 프레임에 대한 이러한 피처 벡터의 **표음식의 우도**(관측 **우도**라고도 함)를 추정하는 데 사용한다.

- **디코딩** 또는 **검색** 또는 **추론**은 입력 관측의 시퀀스와 일치하는 모델 상태의 최적 시퀀스를 찾는 과정이다. 우연하게도 이 과정에 세 가지 용어가 있다는 사실은 음성 인식이 본질적으로 학제 간이며 둘 이상의 분야에서 그 은유를 끌어낸다는 암시다. **디코딩**은 정보 이론에서 비롯되고, 인공지능에서 **검색** 및 **추론**된다.

- 보통 가지치기로 구현한 다음 **빔 탐색**이라고 하는 시간 동기식 **비터비** 디코딩 알고리듬을 도입했다. 알고리듬은 켑스트럼 피처 벡터, GMM 음향 모델, N 그램 언어 모델의 시퀀스를 입력으로 받아들여 일련의 단어를 생성한다.

- **임베디드 훈련** 패러다임은 음성 인식기를 훈련시키는 일반적인 방법이다. 수작업으로 만들어진 발음 구조를 가진 초기 어휘를 주어, HMM 전이 확률과 HMM 관측 확률을 훈련시킬 수 있다.

참고문헌 및 역사 참고 사항

음성을 인식한 최초의 기계는 아마도 1920년대에 판매된 '라디오 렉스Radio Rex'라는 이름의 상업용 장난감이었을 것이다. 렉스는 500Hz의 음향 에너지로 방출됐을 때 (스프링을 통해) 움직이는 셀룰로이드 강아지였다. 500Hz는 대략 '렉스'에서 모음 [eh]의 첫 번째 포먼트이기 때문에, 사람이 부르면 오는 것처럼 보였다(David, Jr. and Selfridge, 1962).

1940년대 후반에서 1950년대 초까지, 많은 기계 음성 인식 시스템이 구축됐다. 초기 Bell Labs 시스템은 단일 스피커에서 10자리 숫자 중 하나를 인식할 수 있었다(Davis et al., 1952). 이 시스템은 각 자리마다 하나씩 10개의 화자에 의존하는 저장 패턴을 가지고 있었는데, 각각의 패턴은 숫자의 처음 두 개의 모음 포먼트를 대략적으로 표현했다. 입력과 상대 상관계수가 가장 높은 패턴을 선택해 97~99%의 정확도를 달성했다. 프라이(1959)와 데네스(1959)는 비슷한 패턴 인식 원리를 바탕으로 모음 4개와 자음 9개를 인식하는 음소 인식기를 런던 유니버시티 칼리지에 구축했다. 프라이와 데네스의 시스템은 인식기를 구속하기 위해 음소 변환 확률을 사용한 최초의 시스템이었다.

1960년대 후반과 1970년대 초반에는 여러 가지 중요한 패러다임의 변화가 있었다. 첫 번째로는 효율적인 고속 푸리에 변환[FFT](Cooley and Tukey, 1965), 음성에 켑스트럼 처리의 적용(Oppenheim et al., 1968), 음성 코딩을 위한 LPC 개발을 포함한 여러 가지 피처 추출 알고리듬이 있었다(Atal and Hanauer, 1971). 두 번째로는 저장된 패턴과 일치할 때 말하기 속도와 세그먼트 길이의 차이를 처리하기 위해 입력 신호를 늘리거나 축소하는 여러 가지 방법이 있다. 이 문제를 해결하기 위한 자연스러운 알고리듬은 동적 프로그래밍이었고, 6장에서 봤던 것처럼 알고리듬은 이 문제를 해결하기 위해 여러 번 재창조됐다. 음성 처리에 대한 첫 적용은 빈츠육(1968)이 했지만, 다른 연구자에게서는 결과가 얻어지지 않았고, 벨리치코와 자고루이코(1970)와 사코에와 지바(1971)(그리고 1984)에 의해 재창조됐다. 곧이어 이타쿠라(1975)는 이 동적 프로그래밍 아이디어와 기존에 음성 코딩에만 사용됐던 LPC 계수를 결합시켰다. 결과 시스템은 들어오는 단어에서 LPC 피처를 추출하고 저장된 LPC 템플릿과 일치시키기 위해 동적 프로그래밍을 사용했다. 들어오는 음성에 대해 템플릿을 일치시키기 위해 동적 프로그래밍을 비확률적으로 사용하는 것을 **동적 시간 왜곡**이라고 한다.

이 기간의 세 번째 혁신은 HMM의 부상이었다. 은닉 마르코프 모델은 1972년경에 두 개의 연구소에서 독립적으로 음성에 적용된 것으로 보인다. 한 가지 적용은 통계학자, 특히 바움과 프린스턴 소재 국방분석연구소의 동료들이 다양한 선행 문제에 HMM을 적용해 이뤄졌다(Baum and Petrie, 1966; Baum and Eagon, 1967). 제임스 베이커는 CMU에서 대학원 공부를 하면서 이 작업을 익혀 음성 처리(Baker, 1975)에 알고리듬을 적용했다. 독립적으로 프리드리히 옐리네크, 로버트 머서, 랄릿 바울(1948)은 섀넌(1948)의 작업에 영향을 받은 정보 이론적 모델에 대한 연구에서 도출해 IBM 토마스 J. 왓슨 연구 센터의 연설에 HMM을 적용했다(Jelinek et al., 1975). IBM과 베이커의 시스템은 특히 9장에서 설명한 베이지안 프레임워크의 사용에서 매우 유사했다. 한 가지 초기 차이점은 디코딩 알고리듬이었다. 베이커의 드래곤 시스템은 비터비 (동적 프로그래밍) 디코딩을 사용했고, IBM 시스템은 옐리네크의 스택 디코딩 알고리듬을 적용했다(Jelinek, 1969). 그 후 베이커는 음성 인식 회사인 드래곤 시스템즈를 설립하기 전에 잠시 IBM 그룹에 일했다. 음성 인식에 대한 HMM의 접근 방식은 세기가 끝날 때쯤이면 그 분야를 완전히 지배적일 것으로 예측했다. 실제로 IBM 연구소는 클래스 기반 N그램, HMM 기반 음성 품사 태깅, 통계 기계 번역 및 엔트로피/페르미티entropy/perplexity를 포함한 자연어 처리로 통계 모델을 확장하는 원동력이었다.

HMM의 사용은 음성 커뮤니티를 통해 천천히 퍼졌다. 한 가지 원인은 미 국방부의 첨단 연구 프로젝트 기관인 ARPA가 후원한 여러 연구 프로그램이었다. 첫 5년 프로그램은 1971년에 시작됐고, 클라트(1977)에서 검토됐다. 이 첫 번째 프로그램의 목표는 몇 명의 화자, 제한된 문법과 어휘(1000단어), 10% 미만의 의미 오류율을 바탕으로 음성 이해 시스템을 구축하는 것이었다. 시스템 개발 공사SDC 시스템, 볼트 · 베라넥 · 뉴먼BBN의 HWIM 시스템, 카네기멜론대학교의 Hearsay-II 시스템, 카네기-멜론의 Harpy 시스템(Lowere, 1968) 등 4개 시스템이 자금을 지원받아 상호 비교했다. Harpy 시스템은 베이커의 HMM 기반 DRAGON 시스템의 단순화된 버전을 사용했으며, 테스트된 시스템 중 최고였고, 클라트에 따르면 ARPA 프로젝트의 원래 목표를 충족시킨 유일한 시스템이라고 한다(단순화 작업에 대한 의미론적 정확도 비율 94%).

1980년대 중반부터 ARPA는 많은 새로운 음성 연구 프로그램에 자금을 지원했다. 첫 번째는 '리소스 관리RM' 작업(Price et al., 1988)은 이전의 ARPA 과제와 마찬가지로 읽기 음성(1,000단어 어휘로 구성된 문장을 읽는 화자)를 전사(인식)하는 것을 포함했지만, 현재는 화자 독립적 인식을 수반하는 요소를 포함하고 있다. 이후 과제에는 5,000단어의 제한된 시스템으로 시작해 마지막으로 무제한의 어휘 시스템으로 읽는 〈월 스트리트 저널WSJ〉의 문장 인식이 포함됐다(실제로 대부분의 시스템은 약 6만 단어를 사용한다). 이후 음성 인식 작업은 읽기 음성에서 좀 더 자연스러운 영역으로 옮겨 갔다. 브로드

캐스트 뉴스 도메인(LDC, 1998; Graff, 1997)과 스위치보드, **CallHome**, **CallFriend**, **Fisher** 도메인(Godfrey et al., 1992; Cieri et al., 2004)(친구나 낯선 사람 사이의 자연스러운 전화 대화), 항공 교통 정보 시스템[ATIS] 과제(Hemphill et al., 1990)는 잠재적인 항공사, 시간, 날짜 등에 대한 질문에 답함으로써 사용자가 항공편을 예약할 수 있도록 시뮬레이션하는 것이 목표였던 초기 음성 이해 작업이었다.

각 ARPA 과제에는 대략 연간 백오프가 포함됐는데, 이 백오프는 북미와 유럽의 모든 ARPA 지원 시스템과 다른 많은 '자원 봉사' 시스템을 대상으로 단어 오류율 또는 의미 오류율 측면에서 서로 평가했다. 초기 평가에서 영리기업은 일반적으로 경쟁하지 않았지만 결국 많은, 특히 IBM과 AT&T들이 정기적으로 경쟁했다. ARPA 대회는 어떤 아이디어가 전년도 오류를 감소시켰는지 쉽게 알 수 있었기 때문에 연구실들 사이에서 광범위한 기술의 차용을 초래했고, 그 경쟁은 사실상 모든 주요 음성 인식 연구실로 HMM 패러다임이 확산되는 데 중요한 요소였을 것이다. 또한 ARPA 프로그램은 원래 각 평가(TIMIT, RM, WSJ, ATIS, BN, CallHome, Switchboard, Fisher)를 위한 훈련 및 테스트 시스템을 위해 설계됐지만 일반적인 연구 용도로 사용할 수 있게 됐다.

음성 연구는 음성 인식 외에도 여러 분야를 포함한다. 이미 7장에서 컴퓨터 음운학, 8장에서 음성 합성을 다뤘으며, 24장에서 음성 대화 시스템을 논의할 것이다. 또 다른 중요한 영역은 **화자 인식**으로, 화자를 식별한다. 일반적으로 전화상으로 개인 정보에 접근할 때 보안을 위해(이 화자 X인가, 아닌가?) 2진 결정을 하는 **화자 검증**의 하위 작업과 다수의 화자의 데이터베이스와 화자의 음성을 일치시키려고 하는 N 결정 중 하나를 내리는 화자 식별의 하위 작업들을 구분한다(Reynolds and Rose, 1995; Shriberg et al., 2005; Doddington, 2001). 이러한 작업은 웨이브파일이 주어지고 어떤 언어가 사용되고 있는지 식별해야 하는 **언어 식별**과 관련이 있다. 이것은 적절한 언어를 사용하는 운영자에게 호출자를 자동으로 안내하는 데 유용하다.

음성 인식에 관한 다수의 교재와 참고서는 9장의 내용을 더욱 심도 있게 이해하고자 하는 독자들에게 추천한다. 황 외 연구진(2001)은 가장 포괄적이고 최신의 참조 문헌이며, 적극 권장된다. 옐리네크(1997), 골드와 모건(1999), 라비너와 주앙(1993)은 좋은 종합 교과서다. 마지막 두 교과서는 또한 그 분야의 역사를 논하고 레빈슨(1995)의 설문 조사 논문과 함께 9장의 짧은 역사 토론에 영향을 줬다. 오쇼네시(2000)는 인간과 기계 음성 처리를 다룬다. 디지털 신호 처리에 관한 우수한 교과서는 라이온스(2004)와 래비너와 샤퍼(1978)가 있다. 순방향-역방향 알고리듬에 대한 설명은 라비너(1989)를 본떠서 만들었고, 또 다른 유용한 자습서인 크닐과 영(1997)의 영향을 받았다. 음성 인식 분야의 연구는 매년 개최되는 INTER-SPEECH 컨퍼런스(연간 ICSLP 및 EUROSPEECH라고 함)의 진행뿐만 아니라 매년 개최되는 IEEE 국제 음향, 음성 및 신호 처리 컨퍼런스^{ICASSP}에서도 자주 나타난다. 저널에는 Speech Communication, Computer Speech and Language 및 Audio, Speech, and Language Processing에 대한 IEEE Transactions 및 Speech and Language Processing에 대한 ACM Transactions 등이 포함된다.

연습

9.1 472페이지의 "um the phone is I left the..."라는 잘못 인식된 필사본에서 각각의 오류를 분석하라. 각각에 대해 신호 처리, 발음 모델링, 어휘 크기, 언어 모델, 디코딩 검색에서 가지치기 등의 문제로 인해 발생한다고 생각하는지 여부를 추측하라.

9.2 실제로 앞서 4장에서 언급했듯이 음성 인식기는 실제 확률이 아닌 **로그프로브**^{logprob}를 사용해 모든 확률 계산을 수행한다. 이는 매우 작은 확률에 대한 언더플로를 방지하는 데 도움이 되지만, 모든 확률 승수는 로그프로브 추가에 의해 구현될 수 있기 때문에 비터비 알고리듬을 매우 효율적으로 만든다. 그림 9.26의 비터비 알고리듬에 대한 유사 코드를 다시 작성해 확률 대신 로그프로브를 사용하라.

9.3 이제 그림 9.26의 비터비 알고리듬을 수정해 462페이지에 설명된 빔 탐색을 구현하라.

힌트: 주어진 상태가 단어의 끝에 있는지 여부를 확인하려면 코드를 추가해야 할 것이다.

9.4 마지막으로, 그림 9.26의 비터비 알고리듬을 역추적 포인터의 배열을 구현하는 좀 더 상세한 유사 코드로 수정하라.

9.5 HTK 또는 Sonic과 같이 공개적으로 사용할 수 있는 인식기의 일부로 제공되는 튜토리얼을 사용해 숫자 인식기를 작성하라.

9.6 위의 숫자 인식기를 사용해 문장에 대한 다음 우도를 덤프하라. 비터비 알고리듬을 구현하면 이러한 우도를 성공적으로 디코딩할 수 있음을 보여준다.

음성 인식: 고급 주제

사실, 그들의 성문 기계는 조잡한 기계였다. 몇 개의 주파수만 구별할 수 있었고 이해할 수 없는 오점으로 진폭을 표시했다. 그러나 매우 중요한 작업을 위한 것이 아니었다.

– 알렉산드르 1세 솔제니친, 『제1원(The First Circle)』, 505페이지

중국 황실의 *keju* 공무원 시험은 606년부터 1905년에 폐지되기 전까지 거의 1300년 동안 계속됐다. 절정에 이르렀을 때, 중국 전역에서 수백 만 명의 예비 관료들이 획일적인 시험에 참가해 고위 관직을 놓고 경쟁했다. 수도에서 열리는 이번 시험의 마지막 "수도권" 지역을 위해, 응시자들은 역사, 시, 유교 고전, 정책에 대한 질문에 답하면서 9일 밤낮으로 시험장에 갇혀 있었다. 당연히 이 수백만 명의 후보자들이 모두 수도에 나타나지 않았다. 대신 지방 자치주에서 하루짜리 시험을 통과한 후보자들은 2년에 한 번씩 지방 시험을 치를 수 있었고, 그 시험을 통과해야만 수도권 시험에 응시할 수 있었다.

유능한 공무원을 선택하는 이 알고리듬은 다단계 수색의 한 예다. 마지막 9일 과정은 모든 후보를 조사하기 위해 (공간과 시간 모두에서) 무척 많은 리소스를 필요로 한다. 대신 알고리듬은 예비 후보 목록을 작성하기 위해 덜 집중적인 1일 과정을 사용하며, 이 목록에만 최종 테스트를 적용한다.

keju 방식은 음성 인식에도 적용될 수 있다. 5-그램과 파서 기반의 언어 모델이나 4개 단음의 문맥이 보이는 단음 모델과 같이 매우 비싼 알고리듬을 인식해 사용할 수 있기를 원한다. 그러나 각 파형에 대해 엄청난 수의 잠재적 전사가 존재하며, 그러한

강력한 알고리듬을 모든 후보에게 적용하기에는 (시간, 공간 또는 둘 다) 비용이 너무 많이 든다. 대신 효율적이지만 재래식의 지식 리소스가 느리지만 스마트한 알고리듬으로 재분류될 수 있는 잠재적 후보 목록을 생성하는 **다중 분석 디코딩**을 적용한다. 그러한 디코더와 **문맥에 의존하는 음향 모델**과 같은 지식 원천을 소개하는데, 이는 대규모 어휘 인식에 필수적이다. 또한 변동의 모델링과 차별적 훈련의 중요한 주제를 간략히 소개한다.

10.1 다중 경로 디코딩: *N*-베스트 목록 및 격자

9장에서는 HMM 디코딩을 위한 비터비 알고리듬을 적용했다. 그러나 비터비 디코더에는 두 가지 주요 한계가 있다. 첫째, 비터비 디코더는 입력 음향에 따라 가장 가능성이 높은 단어의 시퀀스를 실제로 계산하지 않는다. 그대신 입력에 따라 가장 가능성이 높은 상태 순서(즉, 단음이나 서브폰)에 대한 근사치를 계산한다. 예를 들어 특정 단어 시퀀스 *W*를 고려해보자. 주어진 관측 시퀀스 *O*의 실제 우도는 가능한 모든 경로를 합산해 순방향 알고리듬에 의해 계산된다.

$$P(O|W) = \sum_{S \in S_1^T} P(O, S|W) \qquad (10.1)$$

비터비 알고리듬은 *W*를 통한 최상의 상태 경로의 확률을 사용해 이 합에 근사치를 나타낸다.

$$P(O|W) \approx \max_{S \in S_1^T} P(O, S|W) \qquad (10.2)$$

비터비 근사치   이 **비터비 근사치**는 괜찮은 편이다. 단음의 가장 가능성이 높은 순서는 대개 가장 가능성이 높은 단어 순서에 해당하기 때문이다. 하지만 항상 그렇지는 않다. 어휘가 각 단어에 대해 여러 개의 발음을 가진 음성 인식 시스템을 생각해보자. 올바른 단어 시퀀스에 많은 발음이 있는 단어가 포함돼 있다고 가정해본다. 각 단어의 시작 호를 떠나는 확률은 1.0으로 합해야 하기 때문에, 이 다중 발음 HMM 단어 모델을 통한 각각의 발음 경로는 하나의 발음 경로만을 가진 단어의 경로보다 작은 확률을 가질 것이다. 따라서 비터비 디코더는 이러한 발음 경로 중 하나만을 따를 수 있기 때문에,

하나의 발음 경로만을 가진 부정확한 단어에 조력하는 이 다발성 단어를 무시할 수도 있다. 본질적으로 비터비 근사치는 많은 발음이 있는 단어에 불이익을 준다.

비터비 디코더의 두 번째 문제는 많은 유용한 지식 소스를 이용하는 것이 불가능하거나 비용이 많이 든다는 것이다. 우리가 정의한 비터비 알고리듬은 바이그램 문법보다 더 복잡한 언어 모델을 완전히 활용할 수 없다. 그 이유는 트라이그램 문법이 앞에서 언급한 것처럼 **동적 프로그래밍 불변성**을 위반하기 때문이다. 이 불변성은 전체 관측 시퀀스에 대한 궁극적인 최선의 경로가 상태 q_i를 통과한다면, 이 최상의 경로는 상태 q_i까지의 최상의 경로를 포함해야 한다는 단순화 가정이다. 트라이그램 문법은 단어의 확률이 앞의 두 단어에 기초하도록 허용하기 때문에, 문장의 가장 좋은 트라이그램-확률 경로는 단어를 통과하지만 그 단어에 대한 최선의 경로는 포함하지 않을 수 있다. 이러한 상황은 w_y, w_z가 주어졌을 때 특정 단어 w_x가 높은 트라이그램 확률을 가질 때 발생할 수 있지만, 반대로 wy에 대한 가장 좋은 경로는 wz를 포함하지 않았다(즉, $p(w_y|w_q, w_z)$는 모든 q에 대해 낮음). 50개의 태그를 사용하는 HMM 품사 태깅과 같은 소규모 도메인의 경우 이전의 2~3개 상태 조합을 모두 고려해 이 문제를 해결할 수 있다. 그러나 이러한 접근 방식은 상태 수가 매우 많고 이전 단어가 이전에는 많은 상태에서만 발생할 수 있기 때문에 음성 인식에서는 불가능하다. PCFG와 같은 고급 확률론적 LM도 동일한 동적 프로그래밍 가정을 방해한다.

비터비 디코딩에는 두 가지 해결책이 있다. 가장 일반적인 것은 비터비 디코더를 최고의 발화 대신 여러 잠재적 발화를 반환하도록 수정한 다음 다른 고급 언어 모델이나 발음 모델링 알고리듬을 사용해 다중 출력을 다시 정렬하는 것이다(Schwartz and Austin, 1991; Soong and Huang, 1990; Murveit et al., 1993). 두 번째 해결책은 **스택 디코더** 또는 **A*** 디코더와 같이 완전히 다른 디코딩 알고리듬을 사용하는 것이다(Jelinek, 1969; Jelinek et al., 1975). 이 절에서 다중 경로 디코딩으로 시작한 다음 스택 디코딩으로 돌아간다.

다중 경로 디코딩에서 디코딩 과정을 두 단계로 세분화한다. 첫 번째 단계에서는 빠르고 효율적인 지식 리소스나 알고리듬을 사용해 최적의 검색을 수행한다. 예를 들어 바이그램처럼 정교하지 않지만 효율적인 언어 모델을 사용하거나 단순화된 음향 모

동적
프로그래밍
불변성

스택 디코더
A*

넬을 사용할 수 있다. 두 번째 디코딩 단계에서는 축소된 검색 공간에 더 정교하지만 더 느린 디코딩 알고리듬을 적용할 수 있다. 이 경로들 사이의 인터페이스는 **N-베스트 목록**이나 **단어 격자**다.

다중 경로 디코딩을 위한 가장 간단한 알고리듬은 주어진 음성 입력에 대한 N-베스트 문장(단어 시퀀스)을 반환하도록 비터비 알고리듬을 수정하는 것이다. 예를 들어 바이그램 문법이 그러한 N-베스트 비터비 알고리듬과 함께 사용돼 각각 AM 우도 및 LM 사전 점수를 가진 가장 가능성이 높은 1,000개의 문장을 반환한다고 가정하자. 이 1,000가지 베스트 목록은 이제 트라이그램 문법처럼 더욱 정교한 언어 모델에 전달할 수 있다. 이 새로운 LM은 각 가설 문장의 바이그램 LM 점수를 새로운 트라이그램 LM 확률로 대체한다. 이러한 이전 값은 각 문장의 음향 우도와 결합돼 각 문장에 대한 새로운 사후 확률을 생성할 수 있다. 따라서 문장은 이보다 정교한 확률에 따라 재분류되고 다시 순위가 지정된다. 그림 10.1은 이 알고리듬에 대한 직관을 보여준다.

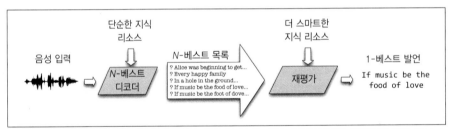

그림 10.1 2단계 디코딩 모델의 일부로 N-베스트 디코딩 사용. 효율적이지만 정교하지 않은 지식 소스를 사용해 N-베스트 발화를 반환한다. 이렇게 하면 2차 경로 모델의 검색 공간이 크게 줄어들어 정교하지만 느릴 수 있다.

여러 알고리듬이 비터비를 확장해 N-베스트 가설을 생성한다. N개의 가장 가능성이 높은 가설을 찾기 위한 다항 시간 허용 알고리듬은 없지만(Young, 1984) 근사(허용되지 않는) 알고리듬이 다수 존재한다. 그중 하나인 슈워츠와 차우(1990)의 "정확한 N-베스트" 알고리듬을 소개한다. 정확한 N-베스트에서는 각 상태가 단일 경로/역추적을 유지하는 대신 각 상태의 최대 N개의 다른 경로를 유지한다. 그러나 이러한 경로가 서로 다른 단어의 경로에 부합하는지 확인하고 싶다. 같은 단어에 매핑되는 다른 상태 시퀀스에 N 경로를 낭비하고 싶지 않다. 이를 위해 **단어 이력**, 단어의 전체 시퀀스를 현재의 단어/상태까지 각각의 경로에 유지한다. 만약 같은 단어 이력을 가진 두 경로가 동시에 어떤 상태에 이르게 되면, 그 경로를 병합해 경로 확률을 합친다. 최상의 N 단어 시퀀스를 유지하려면 결과 알고리듬에 정상 비터비 시간을 $O(N)$ 곱해야 한다. 이러한 경로 병합은 **가설 재조합**이라 하는 통계 기계 번역에서도 발생한다.

이러한 알고리듬의 결과는 그림 10.2와 같은 N-베스트 목록이다. 그림 10.2에서 정확한 가설은 첫 번째 가설이지만, 물론 N-베스트 목록을 사용하는 이유는 항상 그런 것은 아니다. N-베스트 목록의 각 문장에는 음향 모델 확률과 언어 모델 확률도 주석을 달았다. 이를 통해 2단계 지식 리소스가 이러한 두 가지 확률 중 하나를 개선된 추정치로 대체할 수 있다.

순위	경로	AM logprob	LM logprob
1.	it's an area that's naturally sort of mysterious	−7193.53	−20.25
2.	that's an area that's naturally sort of mysterious	−7192.28	−21.11
3.	it's an area that's not really sort of mysterious	−7221.68	−18.91
4.	that scenario that's naturally sort of mysterious	−7189.19	−22.08
5.	there's an area that's naturally sort of mysterious	−7198.35	−21.34
6.	that's an area that's not really sort of mysterious	−7220.44	−19.77
7.	the scenario that's naturally sort of mysterious	−7205.42	−21.50
8.	so it's an area that's naturally sort of mysterious	−7195.92	−21.71
9.	that scenario that's not really sort of mysterious	−7217.34	−20.70
10.	there's an area that's not really sort of mysterious	−7226.51	−20.01

그림 10.2 CU- HTK BN 시스템(필 우들랜드에게 감사한다)에서 제작한 브로드캐스트 뉴스 코퍼스의 10-베스트 목록의 예. 로그프로브는 log10을 사용한다. 언어 모델 척도계수(LMSF)는 15이다.

N-베스트 목록의 한 가지 문제는 N이 클 때 모든 문장을 나열하는 것이 매우 비효율적이라는 것이다. 또 다른 문제는 N-베스트 목록이 2차 경로 디코더에 대해 우리가 원하는 만큼의 정보를 제공하지 않는다는 것이다. 예를 들어 단어에 대한 새로운 음향 모델을 다시 적용할 수 있도록 각 단어 가설의 고유한 음향 모델 정보를 원할 수 있다. 또는 새로운 지속 시간 모델을 적용할 수 있도록 각 단어의 시작 시간과 종료 시간을 다르게 사용할 수 있기를 원할 것이다.

단어 격자   이러한 이유로 1차 경로 디코더의 출력은 보통 **단어 격자**라 부르는 더욱 정교한 표현이다(Murveit et al., 1993; Aubert and Ney, 1995).

단어 격자는 가능한 단어 시퀀스에 대한 훨씬 더 많은 정보를 효율적으로 나타내는 지시 그래프다.[1] 일부 시스템에서는 그래프에 있는 노드가 단어이고, 호는 단어 간 전환이다. 그 외에서 호는 단어의 가설을 나타내고, 노드는 특정 시점이다. 이 후자의 모델을 사용해 각 호는 시작과 종료 시간, 음향 모델과 언어 모델 확률, 단음의 시퀀스(단어의 발음), 또는 심지어 단음의 지속 시간 등 단어 가설에 대한 많은 정보를 나타내도록 한다. 그림 10.3은 그림 10.2의 N-베스트 목록에 해당하는 샘플 격자를 보여준다. 격자에는 동일한 단어에 대해 각각의 시작 또는 종료 시간이 약간 다른 많은 고유한 링크(레코드)가 포함돼 있다는 점에 유의한다. 이러한 격자는 N-베스트 목록에서 생성되지 않으며, 대신 각 시간 단계에서 활성(빔에서)이었던 가설의 일부를 포함시켜 1차 경로 디코딩 중에 격자가 생성된다. 음향 및 언어 모델은 상황에 따라 다르기 때문에, 각각의 관련 상황에 대해 구별되는 링크를 생성해야 하며, 그 결과 단어들은 같지만 시간 및 문맥은 다른 많은 수의 링크가 생성돼야 한다. 또한 그림 10.2와 같은 N-베스트 목록을 먼저 그림 10.3과 같은 격자를 만든 다음 N-단어 문자열을 생성하기 위한 경로를 추적함으로써 만들 수 있다.

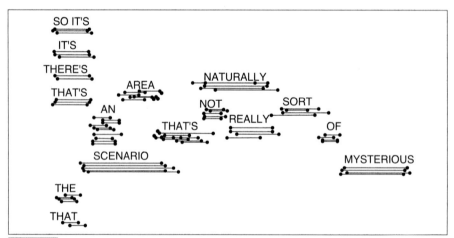

그림 10.3 그림 10.2의 N-베스트 목록에 해당하는 단어 격자. 각 단어 아래의 호는 격자 안의 각 단어 가설에 대한 서로 다른 시작 시간과 종료 시간을 보여준다. 이 중 일부에 대해서는 각 단어 가설이 이전 가설의 끝에서 어떻게 시작돼야 하는지를 개략적으로 보여줬다. 이 그림에는 각 호를 장식하는 음향 및 언어 모델 확률은 표시되지 않는다.

---

1   사실 ASR 격자는 실제 격자가 필요하지 않기 때문에 수학에서 친숙할 수 있는 격자의 종류가 아니다(즉, 각 원소 쌍에 대한 고유한 결합과 같은 특정한 성질을 가진 부분적인 순서 세트. 실제로는 그래프일 뿐이지만 관례상 격자라고 부른다).

격자 안의 각 단어 가설이 음향 모델 가능성 및 언어 모델 확률과 함께 별도로 증강된다는 사실은 보다 정교한 언어 모델 또는 보다 정교한 음향 모델을 사용해 격자를 통과하는 어떤 경로도 재평가할 수 있게 해준다. N-베스트 목록과 마찬가지로, 이 재분류 목표는 **1-베스트 발화**를 첫 번째 디코딩 패스에서 낮은 점수를 받은 다른 발음으로 대체하는 것이다. 이 2차 경로 지식 리소스가 완벽한 단어 오류율을 얻으려면 실제 정확한 문장은 격자 또는 N-베스트 목록에 있어야 한다. 정확한 문장이 없으면 재평가 지식 리소스를 찾을 수 없다. 따라서 격자 또는 N-베스트 목록을 작업할 때 기준선 **격자 오류율**, 즉 격자로부터의 하한 단어 오류율을 고려하는 것이 중요하다 (Woodland et al., 1995; Ortmanns et al., 1997). 격자 오류율은 단어 오류율이 가장 낮은 격자 경로(문장)를 선택했을 때 얻게 되는 단어 오류율이다. 어떤 경로를 선택할지에 대한 완벽한 지식에 의존하기 때문에 어떤 문장/경로를 선택할지 알려주는 오라클이 필요하기 때문에 이를 **오라클**Oracle 오류율이라고 부른다.

또 다른 중요한 **격자 밀도** 개념은 격자 내 가장자리 수를 참조 전사의 단어 수로 나눈 격자 밀도다. 그림 10.3에서 도식적으로 봤듯이, 실제 격자는 시작 시간과 종료 시간이 약간 다른 개별 단어 가설의 많은 복사본으로 매우 밀도가 높은 경우가 많다. 이 밀도 때문에 격자는 종종 가지치기된다.

가지치기 외에도 격자는 종종 **단어 그래프** 또는 **유한 상태 머신**이라고 부르는 다른 더 도식적인 종류의 격자로 단순화된다. 비록 종종 단어 격자라고 부르고 있지만 말이다. 이 단어 그래프에서는 타이밍 정보가 제거되고 동일한 단어의 여러 중복 복사본이 병합된다. 단어들의 타이밍은 그래프의 구조에 암묵적으로 남겨져 있다. 또한 음향 모델 우도 정보가 제거돼 언어 모델 확률만 남는다. 결과 그래프는 N그램 언어 모델의 자연스러운 확장인 가중 FSA이다. 그림 10.3에 해당하는 단어 그래프는 그림 10.4에 나타나 있다. 이 단어 그래프는 사실 또 다른 디코딩 경로의 언어 모델로 사용될 수 있다. 이러한 단어 그래프 언어 모델은 검색 공간을 크게 제한하기 때문에 1차 경로 디코딩에서 사용하기에는 너무 느린 복잡한 음향 모델을 사용할 수 있다.

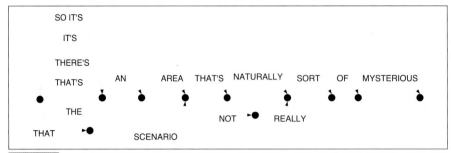

그림 10.4   그림 10.2의 *N*-베스트 목록에 해당하는 단어 그래프. 격자 내 각 단어 가설에는 언어 모델 확률도 있다(이 그림에는 표시되지 않음).

최종 유형의 격자는 격자에서 개별 단어의 사후 확률을 표현해야 할 때 사용된다. 음성 인식의 목표는 문장을 최대 사후 확률로 계산하는 것이지만, 음성 인식의 실제 사후 확률은 거의 볼 수 없다. 음성 인식의 기본 방정식의 최대화에서 분모를 무시하기 때문이다.

$$\hat{W} = \underset{W \in \mathscr{L}}{\mathrm{argmax}} \, \frac{P(O|W)P(W)}{P(O)} = \underset{W \in \mathscr{L}}{\mathrm{argmax}} \, P(O|W)\,P(W) \tag{10.3}$$

우도와 선행의 곱은 발화의 사후 확률은 **아니다**(대신 $P(O, W)$, 관측의 결합 확률과 단어 시퀀스). 결합 확률은 최상의 가설을 선택하는 데 적합하지만, 이 가설이 얼마나 좋은지는 알 수 없다. 아마도 최상의 가설은 여전히 부적합하고, 사용자들에게 반복을 요청할 필요가 있다. 단어의 사후 확률이 있다면, 사후 확률은 상대적인 척도가 아니라 절대적인 척도가 되기 때문에 **신뢰도** 지표로 사용될 수 있다. 인식기는 종종 신뢰도 지표를 더 높은 수준의 프로세스(예: 다이얼로그 매니저, 24장 참조)로 전달해 인식기가 반환하는 단어 문자열이 얼마나 좋은 것인지 표시한다.

단어의 사후 확률을 계산하려면, 발음의 특정 지점에서 사용 가능한 모든 다른 단어의 가설들에 대해 표준화가 필요할 것이다. 각 지점에서 어떤 단어가 경쟁하고 혼동되는지 알아야 할 것이다. 이러한 단어 혼돈의 순서를 보여주는 격자를 **혼동 네트워크**confusion networks, **메쉬**meshes, **소시지**sausages 또는 **꼬인 격자**pinched lattices라 한다. 혼동 네트워크는 그림 10.5와 같이 일련의 단어 위치로 구성된다. 각각의 위치에는 상호 배타적인 단어 가설이 있다. 네트워크는 각 위치에서 한 단어의 선택에 의해 만들어질 수 있는 문장의 세트를 나타낸다. 격자 또는 단어 그래프와는 달리, 혼동 네트워크를 구축할 때 원래 격자에 없는 경로를 은연중에 추가한다는 점에 유의한다.

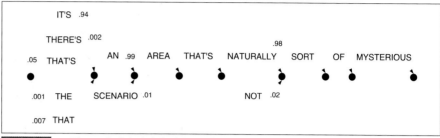

그림 10.5 그림 10.3의 격자 단어에 해당하는 혼동 네트워크. 각각의 단어는 사후 확률과 연관돼 있다. 격자의 일부 단어가 제거됐다는 점에 유의한다(SRI-LM 툴킷으로 계산된 확률).

격자의 서로 다른 가설 경로를 서로 정렬해 혼동 네트워크를 구축한다. 단어를 통과하는 모든 경로를 합산한 다음 모든 경쟁 단어의 확률 합계로 표준화함으로써 각 단어의 사후 확률을 계산한다. 자세한 내용은 만구 외 연구진(2000), 에버만과 우드랜드(2000), 쿠마르와 번(2002), 두피오티스 외 연구진(2003b)을 참조한다. (문장 우도보다 단어 사후 확률을 최대화함으로써) 혼동 네트워크는 오류율을 최소화하고, 단어 간 구별되는 차별적 분류기를 훈련하는 데에도 사용한다.

SRI-LM(Stolcke, 2002)(http://www.speech.sri.com/projects/srilm/) 및 HTK 언어 모델링 툴킷(Young et al., 2005)(http://htk.eng.cam.ac.uk/)과 같은 표준 공개 언어 모델링 툴킷은 격자, N-베스트 목록 및 혼동 네트워크를 생성하고 조작하는 데 사용될 수 있다.

순방향
역방향

다른 종류의 다단계 검색에는 간단한 **순방향** 검색을 수행한 후 상세 **역방향**(즉, 시간 역행) 검색을 수행하는 순방향-역방향 검색 알고리듬(HMM 매개변수 설정에 대한 순방향-역방향 알고리듬과 혼동되지 않음)(Austin et al., 1991)이 포함된다.

10.2 A*("스택") 디코딩

비터비 알고리듬은 HMM을 통과하는 단일 최적MAX 경로의 우도를 계산하면서 순방향 계산을 근사하게 하는 반면, 순방향 알고리듬은 HMM을 통과하는 모든 경로의 총SUM의 우도를 계산한다는 것을 기억하라. A* 디코딩 알고리듬은 비터비 근사치를 피하면서 완전한 순방향 확률을 사용할 수 있게 해준다. 또한 A* 디코딩은 임의의 언어 모델을 사용할 수도 있다. 따라서 A*은 다중 디코딩의 1-경로 대안이다.

A* 디코딩 알고리듬은 어떤 언어로 허용 가능한 단어의 시퀀스를 암묵적으로 정의하는 트리를 우선적으로 최적의 검색하는 것이다. 왼쪽의 START 노드에 루트를 둔 그림 10.6의 트리를 고려한다. 이 트리의 각 리프는 언어의 한 문장을 정의한다. START에서 리프까지의 경로를 따라 모든 단어를 연결함으로써 형성된 것이다. 이 트리를 명시적으로 표현하지는 않지만 알고리듬은 트리를 디코딩 검색을 구성하는 방법으로 암묵적으로 사용한다.

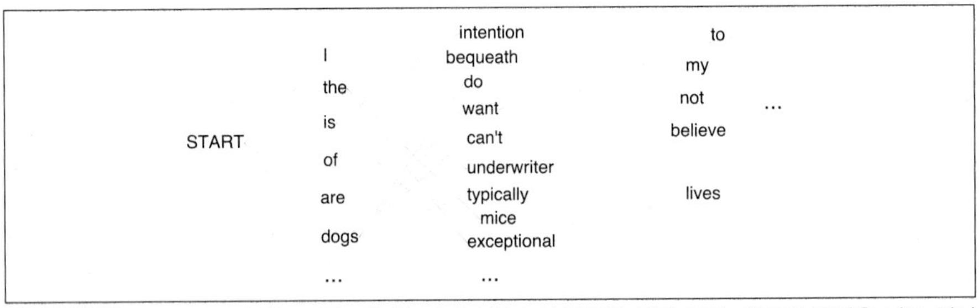

| START | I
the
is
of
are
dogs
... | intention
bequeath
do
want
can't
underwriter
typically
mice
exceptional
... | to
my
not
believe

lives | ... |

그림 10.6   언어를 정의하는 허용 가능한 단어 시퀀스의 암묵적 격자 표시. 언어의 문장은 너무 커서 명시적으로 표현하지 못하지만 격자는 접두사 탐색에 대한 은유를 제공한다.

알고리듬은 트리의 루트부터 리프까지 검색을 수행해 가장 높은 확률 경로와 따라서 가장 높은 확률 문장을 찾는다. 루트부터 리프를 향해 나아가면서, 주어진 단어 노드를 떠나는 각각의 가지들은 현재의 단어들을 따라갈 수 있는 단어를 나타낸다. 이 가지들은 각각 확률을 가지고 있는데, 이는 지금까지 우리가 보아온 문장의 부분을 주어진 이 다음 단어의 조건부확률을 나타낸다. 또한 순방향 알고리듬을 사용해 각 단어에 관측된 음향 데이터의 일부를 생성할 수 있는 우도를 할당할 수 있다. 따라서 A* 디코더는 가장 높은 확률을 가진 루트부터 리프까지 경로(단어 시퀀스)를 찾아야 하며, 여기서 경로 확률은 언어 모델 확률(사전) 및 데이터와 음향 일치(우도)의 곱으로 정의된다. 부분 경로의 **우선순위 대기열**(예: 문장 접두사, 각 주석을 점수로 표시)을 유지해 이 경로를 찾는다. 우선순위 대기열에서 각 요소에는 점수가 매겨지며, *pop* 연산은 점수가 가장 높은 요소를 반환한다. A* 디코딩 알고리듬은 지금까지 최고의 접두사를 반복적으로 선택하고, 접두사의 가능한 모든 다음 단어를 계산하며, 이러한 확장된 문장을 큐에 추가한다. 그림 10.7은 완전한 알고리듬을 보여준다.

---

function STACK-DECODING() **returns** *min-distance*

  Initialize the priority queue with a null sentence.
  Loop until queue is empty
    Pop the best (highest score) sentence s off the queue.
    If (*s* is marked end-of-sentence (EOS)) output s and terminate.
    Get list of candidate next words by doing fast matches.
    For each candidate next word w:
      Create a new candidate sentence *s + w*.
      Use forward algorithm to compute acoustic likelihood *L* of *s + w*.
      Compute language model probability *P* of extended sentence *s + w*.
      Compute "score" for *s + w* (a function of *L*, *P*, and etc.).
      If (end-of-sentence) set EOS flag for *s + w*.
      Insert *s + w* into the queue together with its score and EOS flag.

그림 10.7 A* 디코딩 알고리듬(Paul(1991)과 Jelinek(1997)에서 수정됨). 문장의 점수를 계산하는 데 사용되는 평가함수는 여기에 완전히 정의돼 있지 않다. 가능한 평가함수는 아래에 설명해놓았다.

*If music be the food of love*라는 정확한 전사 파형에서 작동하는 A* 디코더의 양식화된 예를 생각해보자. 그림 10.8은 디코더가 루트에서 길이 1의 경로를 검사한 후의 검색 공간을 보여준다. **패스트매치**[fast match]를 통해 가능한 다음 단어를 선택한다. 패

패스트매치

스트매치(아래에 자세히 설명)는 종종 순방향 확률에 대한 일부 근사치를 계산해 가능한 다음 단어 수를 얻기 위한 알고리듬이다. 이 예에서는 패스트매치를 바탕으로 가능한 다음 단어 중 일부를 선택하고 각 단어마다 점수를 할당했다. 단어 *Alice*가 가장 높은 점수를 가지고 있지만 아직 정확히 어떻게 점수를 매기는지 말하지 않았다.

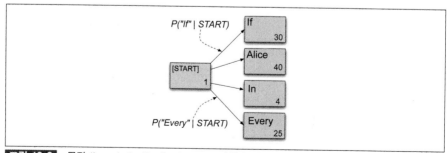

그림 10.8 문장 *If music be the food of love* 검색의 시작. 이 초기 단계에서는 *Alice*가 가장 유력한 가설이다(다른 가설보다 점수가 높음).

그림 10.9a는 검색의 다음 단계를 보여준다. *Alice* 노드를 확장했다. 즉, *Alice* 노드가 더 이상 대기열에 없지만 하위 노드는 대기열에 있다. 이제 *if*라는 레이블이 붙은 노드는 실제로 *Alice*의 어떤 자식보다 높은 점수를 가지고 있다는 점에 유의한다. 그림 10.9b는 *if* 노드를 확장하고 제거하고 *if music*, *if muscle*, *if messy*를 대기열에 추가한 후의 검색 상태를 보여준다.

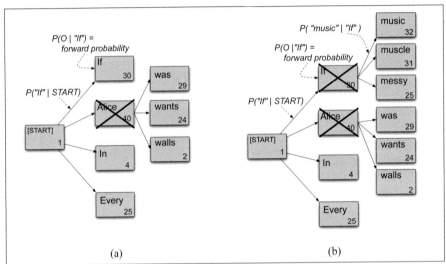

그림 10.9   문장 *If music be the food of love*를 찾는 다음 단계. (a)에서는 이제 *Alice* 노드를 확장하고 점수가 비교적 높은 3개의 확장을 추가했다. 가장 높은 점수를 받은 노드는 *START if*이며, 이는 *START Alice* 경로를 전혀 따르지 않는다. (b)에서는 *if* 노드를 확장했다. 그러면 *START if music* 가설이 가장 높은 점수를 받는다.

가설에 대한 점수 기준이 그 확률과 관련이 있기를 분명히 원한다. 실제로 음향 문자열 y_1^j가 주어진 일련의 단어 w_1^i의 점수는 이전 단어와 우도의 결과물이어야 하는 것처럼 보일 수 있다.

$$P(y_1^j|w_1^i)P(w_1^i)$$

하지만 이 확률을 점수로 사용할 수 없다. 짧은 경로보다 긴 경로에 대한 확률이 더 작기 때문이다. 이는 확률과 하위 문자열에 대한 기본적인 사실 때문이다. 문자열의 접두사는 문자열 자체보다 더 높은 확률을 가져야 한다(예: P(START the...)는 P(START the book)보다 클 것이다). 따라서 확률을 점수로 사용하면 A* 디코딩 알고리듬이 단일 단어 가설에서 고착될 것이다. 대신 부분 경로 p가 주어지면 A^* 평가함수 $f^*(p)$를 사용한다(Nilsson, 1980; Pearl, 1984).

$$f^*(p) = g(p) + h^*(p)$$

$f^*(p)$는 부분 경로 p로 시작하는 최적의 전체 경로(완전한 문장)의 예상 점수다. 다시 말해 문장을 계속 진행하도록 놔두면 이 경로가 얼마나 잘될 것인가를 추정하는 것이다. A^* 알고리듬은 다음 두 가지 구성 요소에서 이 추정치를 작성한다.

- $g(p)$는 발화 시작부터 부분 경로 p의 끝까지의 점수다. 이 g함수는 지금까지의 음향에서 주어진 p의 확률로 충분히 추정할 수 있다(즉, p를 구성하는 단어 문자열 W에 대해 $P(O|W)$ $P(W)$로 한다).
- $h^*(p)$는 발화의 끝까지 부분 경로의 최상으로 확장된 것을 추정하는 것이다.

h^*에 대한 충분한 추정치를 내는 것은 풀리지 않은 흥미로운 문제다. 간단한 접근법은 문장에 남아 있는 단어 수와 상관관계가 있는 h^* 추정치를 선택하는 것이다(Paul, 1991). 조금 더 현명한 방법은 나머지 프레임에 대해 프레임당 예상 우도를 추정하고 이를 나머지 시간의 추정치와 곱하는 것이다. 훈련 세트에서 프레임당 평균적인 가능성을 계산함으로써 예측 우도를 계산할 수 있다. 자세한 내용은 옐리네크(1997)를 참조한다.

트리 구조의 어휘 목록

위에서 언급한 바와 같이 A^*와 다른 2단계 디코딩 알고리듬은 음향 입력의 일부와 일치할 가능성이 있는 어휘에서 단어를 빠르게 찾기 위해 빠른 매치가 필요하다. 많은 **패스트매치** 알고리듬은 트리 구조로 구성된 어휘에 의존하는데, 이 어휘는 동일한 단음 시퀀스로 시작하는 단어에 대해 순방향 확률 계산을 공유할 수 있는 구조에 단어 발음을 저장한다. **트리 구조의 어휘 목록**은 클롭스타드와 몬드쉐인(1975)에 의해 처음 제안됐으며, A^* 디코딩(Gupta et al., 1988; Bahl et al., 1992)과 비터비 디코딩(Ney et al., 1992; Nguyen and Schwartz, 1999)에 모두 사용할 수 있다. 그림 10.10은 Sphinx-II 인식기에 사용된 것과 같은 트리 구조 어휘 목록의 예를 보여준다(Ravishankar, 1996). 각 트리 루트는 그 문맥에 의존하는 단음(단음 문맥이 단어 경계를 가로질러 유지되지 수도 있

<aside>트리 구조의 어휘 목록</aside>

고 그렇지 않을 수도 있음)로 시작하는 모든 단어의 첫 번째 단음을 나타내며, 각 리프는
단어와 연관된다.

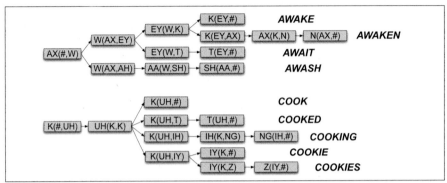

그림 10.10 Sphinx-II 인식기에 사용된 것과 같은 트리 구조의 어휘 인식기(Ravishankar, 1996). 각 노
드는 특정 트라이폰에 해당하므로 EY(W, K)는 W가 선행하고 K가 뒤따르는 단음 EY를 의미한다.

10.3 문맥에 따른 음향 모델: 트라이폰

ASR에 대한 HMM 패러다임의 9.4절에 있는 애플리케이션에서 단음의 시작, 중간
및 끝에서 서브폰에 해당하는 세 가지 방출 상태로 각 단음에 대해 HMM을 생성하는
방법을 보여줬다. 각각의 서브폰("[eh]의 시작", "[t]의 시작", "[ae]의 중간")을 자체 GMM
으로 표현했다.

그러나 "eh의 시작"과 같은 서브폰에 고정된 GMM을 사용할 때의 문제는 단음이
주변 단음에 따라 크게 달라진다는 것이다. 음성 생성 중 조음 기관(혀, 입술, 연구개)의
움직임이 연속적이고 운동력 같은 물리적 제약을 받기 때문이다. 따라서 조음 기관은

조음 기관   한 단음 동안 이동을 시작해 다음 단음을 위해 제자리에 들어갈 수 있다. 7장에서 **조음
기관**을 다음 소리를 예상하거나 마지막 소리로부터 인내하기 위한 조음 기관의 움직
임으로 정의했다. 그림 10.11은 모음 [eh]에 대한 인접 단음 문맥으로 인한 결합을 보
여준다.

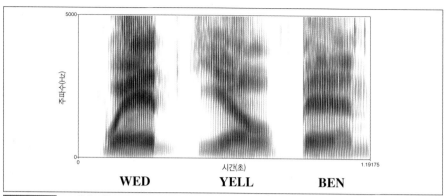

그림 10.11 모음 [eh]는 세 가지 다른 트라이폰 맥락에서 단어 *wed*, *yell*, *Ben*로 표현된다. 세 가지 경우 모두 [eh]의 시작과 끝에서 두 번째 포먼트(F2)에 표시된 차이점을 확인한다.

CI 단음
CD 단음

　　단음이 서로 다른 맥락에서 나타나는 뚜렷한 변동을 모델링하기 위해, 대부분의 LVCSR 시스템은 문맥 독립형(CI 단음) HMM을 문맥 종속형 또는 **CD 단음**으로 대체한다. 문맥 종속형 모델의 가장 일반적인 종류는 트라이폰 HMM이다(Schwartz et al., 1985; Deng et al., 1990). 트라이폰 모델은 특정한 좌우 문맥의 단음을 나타낸다. 예를 들어 트라이폰 [y-eh+l]은 "[eh] 앞에 [y], 뒤에 [l]"을 의미한다. 일반적으로 [a-b+c]는 "[b] 앞에 [a], 뒤에 [c]"를 의미한다. 완전한 트라이폰 문맥이 없는 상황에서는 [a-b]를 "[b] 앞에 [a]", [b+c]를 "[b] 뒤에 [c]"를 의미한다.

　　문맥에 의존하는 단음은 중요한 변화 원인을 포착하고 현대 ASR 시스템의 핵심 부분이다. 그러나 통제되지 않는 문맥 의존성은 또한 우리가 언어 모델링에서 본 것과 동일한 문제인 훈련 데이터 희소성을 도입한다. 우리가 훈련시키려 하는 모델이 복잡할수록, 훈련할 수 있는 각각의 단음 유형에 대한 충분한 관찰을 보지 못했을 가능성이 있다. 50개의 단음의 경우, 원칙적으로 50³개 또는 125,000개의 트라이폰을 필요로 한다. 실제로 3개의 단음의 모든 시퀀스가 가능한 것은 아니다(영어는 [ae-eh+ow] 또는 [m-j+t]와 같은 트라이폰 시퀀스를 허용하지 않는 것 같음). 영 외 연구진(1994)은 20K 〈월 스트리트 저널〉 작업에 55,000개의 트라이폰이 필요하다는 사실을 발견했다. 그러나 영 외 연구진은 실제로 WSJ 훈련 데이터의 SI84 섹션에서 발생한 트라이폰의 절반도 안되는 18,500개만이 실제로 발생했다는 것을 발견했다.

　　데이터 희소성 문제 때문에 훈련해야 할 트라이폰 매개변수를 줄여야 한다. 가장 일반적인 방법은 일부 문맥을 클러스터링하고 문맥이 동일한 클러스터에 속하는 서브폰을 연결하는 것이다(Young and Woodland, 1994). 예를 들어 왼쪽에 [n]이 있는 단음의 시작은 왼쪽에 [m]이 있는 단음의 시작과 매우 비슷하게 보일 수 있다. 예를 들어 [m-eh+d]와 [n-eh+d] 트라이폰의 첫 번째(시작) 서브폰을 하나로 묶을 수 있다. 두 상태를 묶는다는 것은 같은 가우시안을 공유한다는 뜻이다. 그래서 [m-eh+d]와 [n-eh+d] 트라이폰의 첫 번째 서브폰에 대해 가우시안 모델 하나만 훈련한다. 마찬가지로, 왼쪽 문맥 단음 [r]과 [w]는 후속 단음의 초기 서브폰에도 유사한 영향을 미치는 것으로 밝혀졌다.

예를 들어 그림 10.12는 자음 [w], [r], [m], [n] 앞에 모음 [iy]를 나타낸다. [iy]의 시작은 [w]와 [r] 이후 F2에서 비슷한 상승률을 보인다는 점에 유의한다. 그리고 [m]과 [n]의 시작 부분의 유사성에 주목한다. 이 화자(제1 저자)는 비음 포먼트(N2)을 1000Hz 정도 가지고 있다.

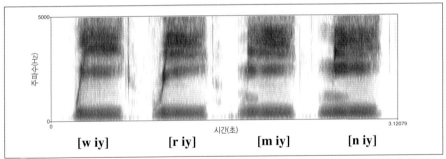

그림 10.12 단어 *we, re, me, knee*. 전이음 [w]와 [r]은 두 개의 비음 [n]과 [m]처럼 모음 [iy]의 시작 부분에 유사한 효과를 나타낸다.

그림 10.13은 클러스터링 알고리듬에 의해 학습된 트라이폰 연결 유형의 예를 보여준다. 각 혼합 가우시안 모델은 다양한 트라이폰 HMM의 서브폰 상태에서 공유된다.

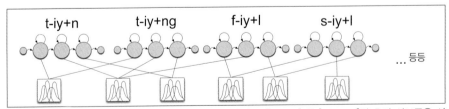

그림 10.13 클러스터링 결과를 보여주는 4개의 트라이폰. [t-iy+n] 및 [t-iy+ng]의 초기 서브폰은 서로 연결돼 있다. 즉, 영 외 연구진(1994) 다음으로, 동일한 가우시안 혼합 음향 모델을 공유한다.

클러스터링할 문맥을 어떻게 결정하는가? 가장 일반적인 방법은 의사결정 트리를 사용하는 것이다. 각 단음의 상태(서브폰)별로 별도의 트리가 구축된다. 그림 10.14는 오델(1995)에서 수정된 /ih/ 단음의 첫 번째(시작) 상태의 샘플 트리를 보여준다. /ih/ 를 중심으로 모든 트라이폰의 (시작 상태)를 포함하는 하나의 큰 클러스터로 트리의 루트 노드에서 시작한다. 트리의 각 노드에서 문맥에 대한 질문을 해 현재 클러스터를 두 개의 작은 클러스터로 분할했다. 예를 들어 그림 10.14의 트리는 먼저 초기 클러스터를 두 개의 클러스터로 나누는데, 하나는 왼쪽에 비음 단음이 있고 다른 하나는 없는 클러스터다. 루트에서 트리를 내려갈 때, 이 각각의 클러스터는 점진적으로 분할된다. 그림 10.14의 트리는 그림에서 A-E라고 표시된 모든 초기 상태 /ih/ 트라이폰을 5개의 클러스터로 분할할 것이다.

결정 트리에서 사용되는 질문은 7장에서 소개된 유형의 왼쪽 또는 오른쪽 단음이 표음식의 피처 **표음식의 피처**를 가지고 있는지 묻는다. 그림 10.15에는 몇 가지 결정 트리 질문이 표시된다. 모음과 자음에 대한 별도의 질문이 있다. 진짜 트리들은 더 많은 질문들을 할 것이다.

그림 10.14와 같은 의사결정 트리는 어떻게 훈련되는가? 그 트리는 루트에서부터 거꾸로 자라 있다. 각 반복에서 알고리듬은 가능한 각 질문 q와 트리의 각 노드 n을 고려한다. 각 문항에 대해 새로운 분할이 훈련 데이터의 음향 우도에 어떤 영향을 미치는지 고려한다. 알고리듬은 훈련 데이터의 현재 음향 우도와 동점 모델의 기초가 질문 q를 통해 분할된 경우 새로운 우도 사이의 차이를 계산한다. 알고리듬은 최대 우도를 제공하는 노드 n과 질문 q를 선택한다. 그런 다음 절차가 반복돼 각 리프 노드에 최소 임계값 수의 예제가 있을 때 중지된다.

또한 9.7절에서 봤던 임베디드 훈련 알고리듬을 문맥에 의존하는 단음과 혼합 가우시안도 다루기 위해 수정할 필요가 있다. 두 경우 모두 영 외 연구진(1994)에서 설명한 복제 대로 EM의 **복제** 및 추가 반복 사용을 포함하는 좀 더 복잡한 프로세스를 사용한다.

예를 들어 문맥에 따른 모델을 훈련하기 위해 먼저 표준 임베디드 훈련을 사용해 EM의 다중 경로를 사용해 문맥에 독립적인 모델을 훈련시켜 각 모노폰 /aa/, /ae/ 등의 서브폰에 대해 개별 단일 가우시안 모델을 생성한다. 그리고 나서 각각의 모노폰 모델을 **복제**한다. 즉, 3개의 하위 상태 가우시안을 사용해 모델의 동일한 복사본을 만들어 각각의 잠재적인 트라이폰에 대해 하나의 복제품을 만든다. A 전이 행렬은 복제되지 않지만, 모노폰의 모든 트라이폰 클론을 위해 함께 결합된다. 그런 다음 EM 반복을 다시 실행하고 트라이폰인 가우시안들을 다시 훈련시킨다.

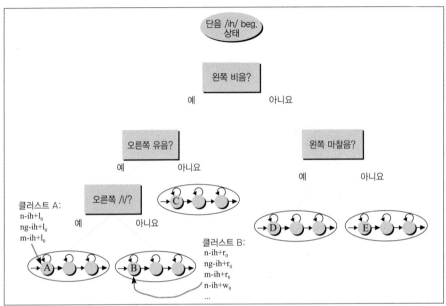

그림 10.14   연결할 트라이폰 상태(서브폰)를 선택하기 위한 결정 트리. 이 트리는 트라이폰의 상태 0(시작 상태) /n-ih+l/, /ng-ih+l/, /m-ih+l/을 클러스터 부류 A로 클러스터링하고 다른 트라이폰은 부류 B‒E로 클러스터링한다. 오델(1995)에서 개조했다.

피처	단음
폐쇄음	b d g k p t
비음	m n ng
마찰음	ch dh f jh s sh th v z zh
유음	l r w y
모음	aa ae ah ao aw ax axr ay eh er ey ih ix iy ow oy uh uw
전설모음	ae eh ih ix iy
중설모음	aa ah ao axr er
후설모음	ax ow uh uw
고모음	ih ix iy uh uw
원순음	ao ow oy uh uw w
축약	ax axr ix
무성음	ch f hh k p s sh t th
설단음	ch d dh jh l n r s sh t th z zh

그림 10.15   오델(1995)이 사용한 음성 피처에 대한 의사결정 트리 질문 예시

이제 각 모노폰에 대해 498페이지에 설명된 클러스터링 알고리듬을 사용해 연결된 상태 클러스터 세트를 얻기 위해 문맥에 의존하는 모든 트라이폰을 클러스터링한다. 하나의 전형적인 상태가 이 클러스터의 예시로 선택되고 나머지는 여기에 연결된다.

이 동일한 복제 절차를 사용해 혼합 가우시안을 학습한다. 먼저 위에서 설명한 것처럼 각 연결된 트라이폰 상태에 대한 단일 혼합 가우시안 모델을 학습하기 위해 EM의 여러 반복이 포함된 임베디드 훈련을 사용한다. 그런 다음 각 상태를 두 개의 동일한 가우시안으로 복제(분할)하고 각각의 값을 엡실론으로 교란한 다음, EM을 다시 실행해 값을 다시 학습시킨다. 그리고 나서 두 혼합을 각각 분할해 결과적으로 4개를 동요시키고 다시 훈련시켰다. 각 상태의 관측 수에 대해 적절한 수의 혼합을 얻을 때까지 계속한다.

따라서 그림 10.16에서 개략적으로 나타낸 것과 같이 이 두 가지 복제 및 재훈련 절차를 직렬로 적용해 완전한 상황에 따른 GMM 트라이폰 모델을 만든다.

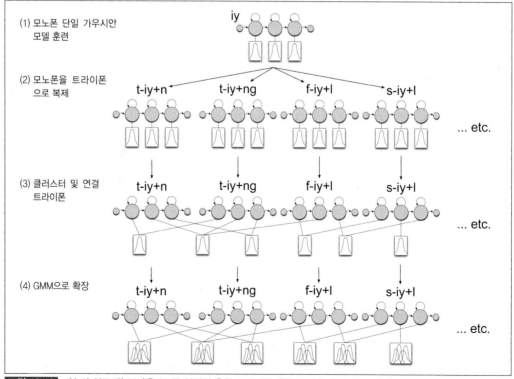

그림 10.16　영 외 연구진(1994)을 본 뜬 연결된 혼합 트라이폰 음향 모델을 훈련하는 4단계

10.4 차별적 훈련

HMM 매개변수(A와 B 행렬)를 훈련하기 위해 제시한 바움-웰치 및 임베디드 훈련 모

MLE   델은 훈련 데이터의 우도를 최대화하는 것에 기초한다. 이 **최대 우도 추정**^{MLE}의 대안은

데이터에 가장 좋은 모델을 적합시키는 것이 아니라 다른 모든 모델과 가장 좋은 모

구별   델을 **구별**하는 데 초점을 맞추는 것이다. 이러한 훈련 절차에는 상호 정보 추정

^{MMIE}(Woodland and Povey, 2002), 신경망/SVM 분류기(Bourlard and Morgan, 1994), 최소

분류 오류 훈련과 같은 기타 기술(Chou et al., 1993; McDermott and Hazen, 2004), 또는

최소 베이즈 위험 추정(Doumpiotis et al., 2003a)이 포함된다. 이 중 처음 두 가지를 다

음 두 개의 하위 절에 요약한다.

10.4.1 최대 상호 정보 추정

최대 우도 추정^{MLE}에서는 훈련 데이터의 우도를 극대화하기 위해 음향 모델 매개변수

(A 및 B)를 훈련한다. 모든 가능한 문장들 $W' \in \mathscr{L}$ 중에서 특정한 관측 시퀀스 O와 단

어 시퀀스 W_k에 해당하는 특정 HMM 모델 M_k를 고려한다. 따라서 MLE 기준은 최

대화된다.

$$\mathscr{F}_{\mathrm{MLE}}(\lambda) = P_\lambda(O|M_k) \tag{10.4}$$

음성 인식에서 우리의 목표는 가장 많은 문장에 대한 정확한 전사를 갖는 것이기

때문에, 평균적으로 모든 잘못된 단어 문자열 $W_j s.t. j \neq k$의 확률보다 확실히 높은 단

어 문자열 W_k의 확률을 원한다. 그러나 위의 MLE 기준은 이를 보장하지 않는다. 따

라서 올바른 모델에 가장 높은 확률을 할당하는 모델 λ, 즉, $P_\lambda(M_k|O)$를 선택할 수 있

는 몇 가지 다른 기준을 선택하고자 한다. 관측 시퀀스의 확률보다 단어 문자열의 확

CMLE   률을 최대화하는 것을 **조건부 최대 우도 추정** 또는 **CMLE**라고 한다.

$$\mathscr{F}_{\mathrm{CMLE}}(\lambda) = P_\lambda(M_k|O) \tag{10.5}$$

베이스의 규칙을 사용해 다음과 같이 표현할 수 있다.

$$\mathscr{F}_{\mathrm{CMLE}}(\lambda) = P_\lambda(M_k|O) = \frac{P_\lambda(O|M_k)P(M_k)}{P_\lambda(O)} \tag{10.6}$$

이제 한계화(생성할 수 있었던 모든 시퀀스에 대한 요약)를 통해 $P_\lambda(O)$를 확장해보자. 관측 시퀀스의 총 확률은 관측 우도의 모든 단어 문자열에 대한 가중치 합이다.

$$P(O) = \sum_{W \in \mathscr{L}} P(O|W)P(W) \tag{10.7}$$

그래서 식 10.6의 완전한 확장은 다음과 같다.

$$\mathscr{F}_{\text{CMLE}}(\lambda) = P_\lambda(M_k|O) = \frac{P_\lambda(O|M_k)P(M_k)}{\sum_{M \in \mathscr{L}} P_\lambda(O|M)P(M)} \tag{10.8}$$

약간 혼란스러운 표준 명칭으로 CMLE는 대신 최대 상호 정보 추정^{MMIE}이라고 부른다. 음향 훈련 중에 각 문장 W의 언어 모델 확률이 일정하다(고정됐다)고 가정하면, 사후 $P(W|O)$를 최대화하고 상호 정보 $I(W, O)$를 최대화하는 것은 동등하다는 것을 알 수 있기 때문이다. 따라서 여기서부터는 이 기준을 CMLE 기준이 아닌 MMIE 기준으로 언급할 것이며, 식 10.8이 재작성된다.

$$\mathscr{F}_{\text{MMIE}}(\lambda) = P_\lambda(M_k|O) = \frac{P_\lambda(O|M_k)P(M_k)}{\sum_{M \in \mathscr{L}} P_\lambda(O|M)P(M)} \tag{10.9}$$

간단히 말해서, MMIE 추정의 목표는 식 10.4가 아니라 식 10.9를 최대화하는 것이다. 이제 목표가 $P_\lambda(M_k|O)$를 최대화하는 것이라면, 식 10.9의 분자를 최대화하는 것뿐만 아니라 분모를 최소화할 필요가 있다. 분모가 최대화하려는 모델과 동일한 항과 다른 모든 모델에 대한 항을 포함한다는 점을 명확히 하기 위해 분모를 다시 작성할 수 있다는 점에 유의한다.

$$P_\lambda(M_k|O) = \frac{P_\lambda(O|M_k)P(M_k)}{P_\lambda(O|M_k)P(M_k) + \sum_{i \neq k} P_\lambda(O|M_i)P(M_i)} \tag{10.10}$$

따라서 $P_\lambda(M_k|O)$를 최대화하기 위해서는 λ을 점진적으로 변경해 올바른 모델의 확률을 높이는 동시에 부정확한 각 모델의 확률을 낮출 필요가 있을 것이다. 따라서 MMIE와의 훈련은 정확한 시퀀스와 다른 모든 시퀀스를 **구별**하는 중요한 목표를 확실히 달성한다.

MMIE의 구현은 상당히 복잡하며, 여기서 식 10.4 대신 식 10.9를 최대화하는 확장된 바움-웰치 훈련이라고 부르는 바움-웰치 훈련의 변형에 의존한다는 점을 제외하고는 논의하지 않는다. 간단히 이를 2단계 알고리듬으로 볼 수 있다. 먼저 표준 MLE 바움-웰치를 사용해 훈련 발음에 대한 순방향-역방향 카운트를 계산한다. 그런 다음 다른 가능한 모든 발음을 사용해 또 다른 순방향-역방향 경로를 계산하고, 이 경로를 카운트에서 뺀다. 물론, 이 전체 분모를 계산하는 것은 모든 훈련 데이터에 완전한 인식 패스를 실행해야 하기 때문에 계산적으로 매우 비용이 많이 든다. 일반 EM에서는 *correct* 단어 시퀀스의 우도를 최대화하기 위해 노력하기 때문에 훈련 데이터에 대해 디코딩을 실행할 필요가 없다. MMIE에서는 가능한 *all* 단어 시퀀스의 확률을 계산해야 한다. 디코딩은 복잡한 언어 모델 때문에 매우 시간이 많이 걸린다. 따라서 실제로 MMIE 알고리듬은 단어 격자에서 발생하는 경로만을 전체 경로 집합에 대한 근사치로 합산해 분모를 추정한다.

CMLE는 나다스(1983)와 바울 외 연구진(1986)의 MMIE에 의해 처음 제안됐지만 실제로 단어 오류율을 감소시키는 실질적인 구현은 훨씬 후에 이루어졌다. 자세한 내용은 우드랜드 포비(2002) 또는 노만딘(1996)을 참조한다.

10.4.2 사후 분류기에 기반한 음향 모델

또 다른 종류의 식별하는 훈련에는 가우시안 음향 우도 분류기를 다층 퍼셉트론^{MLP} 또는 서포트 벡터 머신^{SVM}과 같이 사후 추정치를 제공하는 프레임 수준 분류기로 교체하는 것이 포함된다. HMM의 GMM 분류기가 SVM 또는 MLP로 대체될 때 이를 **HMM-SVM** 또는 **HMM-MLP 하이브리드** 접근 방식이라고 부른다(Bourlard and Morgan, 1994). SVM 또는 MLP 접근 방식은 가우시안 모델과 마찬가지로 단일 시간 *t*에서 단면 피처 벡터의 확률을 추정한다. 사후 접근 방식은 종종 인접 기간의 켑스트럼 피처 벡터를 포함해 GMM 모델보다 더 큰 음향 정보를 사용한다. 따라서 일반적인 음향 MLP 또는 SVM의 입력은 현재 프레임에 대한 피처 벡터와 이전 4개 프레임 즉, GMM 모델이 사용하는 단일 벡터 대신 총 9개의 켑스트럼 피처 벡터가 될 수 있다. SVM이나 MLP 모델은 광범위한 문맥을 가지고 있기 때문에 일반적으로 서브폰이나 트라이폰이 아닌 단음을 사용하고, 각각의 단음 뒷부분을 계산한다.

따라서 SVM 또는 MLP 분류기는 관측 벡터, 즉, $P(q_j|o_t)$에 주어진 상태 *j*의 사후 확률을 계산하고 있다(계산도 문맥에 따라 조건화돼 있지만, 당분간은 그 부분은 무시하자). 그

러나 HMM, $b_j(o_t)$에 필요한 관측 우도는 $P(o_t|q_j)$이다. 베이스의 규칙은 서로를 계산하는 방법을 보는 데 도움이 될 수 있다. 분류기는 다음과 같이 계산하고 있다.

$$p(q_j|o_t) = \frac{P(o_t|q_j)p(q_j)}{p(o_t)} \tag{10.11}$$

항을 다음과 같이 재정렬할 수 있다.

$$\frac{p(o_t|q_j)}{p(o_t)} = \frac{P(q_j|o_t)}{p(q_j)} \tag{10.12}$$

식 10.12의 우측에 있는 두 항은 사후 분류기에서 직접 계산할 수 있다. 분자는 SVM 또는 MLP의 출력이며 분모는 모든 관측치(즉, $\xi_j(t)$의 전체 t에 대한 합계)를 합한 주어진 상태의 총 확률이다. 따라서 $P(o_t|q_j)$를 직접 계산할 수는 없지만, *can*은 식 10.12를 사용해 $\frac{P(o_t|q_j)}{P(o_t)}$를 계산할 수 있는데, 이는 **조정된 우도**(우도를 관측의 확률로 나눈 값)로 알려져 있다. 사실 관측치 $p(o_t)$의 확률은 인식 중 상수이고, 방정식에서 존재는 손상되지 않기 때문에 조정된 우도는 정규 확률만큼 좋다.

조정된 우도

SVM 또는 MLP 분류기를 훈련시키려면 각 관측 값 o_t에 대한 정확한 단음 레이블 q_j를 알아야 한다. GMM에 대해 본 **임베디드 훈련** 알고리듬으로 이 레이블을 얻을 수 있다. 분류기의 초기 버전과 훈련 문장의 단어 대본으로부터 시작한다. 훈련 데이터를 강제로 정렬해 단음 문자열을 생산하고, 이제 분류기를 다시 훈련시키고 반복한다.

10.5 모델링 변화

10장의 시작 부분에서 언급했듯이 음성 인식에서 변형은 가장 큰 장애물 중 하나다. 음성 특성이나 방언과의 차이, 장르(즉흥적인 말하기 대 연설문 읽기 등), 환경(소란스러운 환경 대 조용한 환경 등)으로 인한 변형을 언급했다. 이런 종류의 변형을 다루는 것은 현대 연구의 주요 주제다.

10.5.1 환경 변화 및 잡음

스펙트럼 감산
상가성 잡음

환경 변화는 음성학에서 가장 많은 관심을 받았고, 환경 잡음을 다루기 위한 다양한 기술들이 제안됐다. 이를테면 **스펙트럼 감산**은 **상가성 잡음**을 퇴치하는 데 사용된다. 상가성 잡음은 엔진이나 바람 또는 냉장고와 같은 외부 음원에서 발생하는 잡음으로 비교적 일정하며 관측된 신호를 생성하기 위해 음성 파형에 시간 영역에 추가되는 잡음 신호로 모델링할 수 있다. 스펙트럼 감산에서는 비음성 영역에서의 평균 잡음을 추정하고 음성 신호에서 이 평균값을 뺀다. 흥미롭게도 스피커는 종종 진폭, F0 및 포먼트 주파수를 증가시킴으로써 높은 배경 잡음 레벨을 보상한다. 잡음으로 인한 음성 생성의 변화는 1911년에 처음 기술한 에티엔 롬바드$^{Etienne Lombard}$의 이름을 따서 **롬바드 효과**$^{Lombard effect}$라고 부른다(Junqua, 1993).

롬바드 효과

다른 잡음 강건성 기법은 다른 마이크와 같은 채널 특성에 의한 잡음인 합성곱 잡음$^{convolutional noise}$을 처리하기 위해 사용된다. 예를 들어 **켑스트럼 정규화법**에서 시간 경과에 따른 켑스트럼의 평균을 계산하고 각 프레임에서 이를 빼면, 평균 켑스트럼은 마이크와 실내 음향의 고정 스펙트럼 특성을 모델링한다(Atal, 1974).

켑스트럼 정규화법

마지막으로 기침, 큰 호흡, 목을 가다듬는 소리와 같은 비언어적 소리 또는 경고음, 전화벨, 문이 쾅 하고 닫히는 것과 같은 환경적 소리를 명시적으로 모델링할 수 있다. 각각의 소리에 대해 특별한 단음을 만들고 그 단음으로만 구성된 단어를 어휘에 추가한다. 그런 다음 이러한 비언어 단어 레이블을 훈련 데이터 기록에 추가하고 바움-웰치 훈련으로 단음을 정상적으로 훈련시킨다(Ward, 1989). 이 단어들은 종종 작은 일정한 확률로 임의의 두 단어 사이에 나타나도록 해 언어 모델에 추가되기도 한다.

10.5.2 화자별 변이 및 화자 적응

음성 인식 시스템은 화자 독립형으로 설계됐다. 단일 사용자 시스템을 구축하기 위해 충분한 훈련 데이터를 수집하는 것이 실용적이지 않기 때문이다. 하지만 충분한 데이터를 가지고 있을 때, 화자 종속형 시스템은 화자 독립형 시스템보다 더 잘 작동한다. 테스트 데이터가 훈련 데이터와 더 유사하게 보인다면 변동성을 줄이고 모델의 정밀도를 높일 수 있다.

개별 화자에 대해 훈련할 수 있을 만큼 충분한 데이터가 있는 것은 드문 일이지만 두 개의 중요한 화자 그룹인 남성과 여성을 위한 별도의 모델을 훈련시킬 충분한 데이터를 가지고 있다. 여성과 남성은 음역 및 기타 음향·음성 특성이 다르기 때문에 성별로 훈련 데이터를 나누고 남성과 여성을 위한 개별 음향 모델을 훈련할 수 있다.

그런 다음 테스트 문장이 들어오면 성별 감지기를 사용해 두 가지 음향 모델 중 어떤 것을 사용할지 결정한다. 성별 감지기는 켑스트럼 피처에 기반한 이진 GMM 분류기로 구축될 수 있다. 그러한 **성별 의존형 음향 모델링**은 대부분의 LVCSR 시스템에서 사용된다.

성별 의존형 음향 모델링

화자 독립형 음향 모델을 새로운 화자에 **적응**하는 것이 중요하다. 예를 들어 **최대 우도 선형 회귀**MLLR 기법(Leggetter and Woodland, 1995)은 GMM 음향 모델을 새로운 화자의 소량 데이터에 적응시킨다. 그 아이디어는 작은 양의 데이터를 사용해 가우시안들의 수단을 뒤틀 수 있는 선형 변환을 훈련시키는 것이다. MLLR과 기타 **화자 적응** 기술은 최근 몇 년 동안 ASR 성능 향상의 가장 큰 원천 중 하나다.

MLLR

화자 적응

MLLR 알고리듬은 훈련된 음향 모델과 새로운 화자의 작은 적응 데이터 세트로 시작한다. 적응 세트는 3문장이나 10초의 음성 정도로 작을 수 있다. 선형 변환 매트릭스(W)와 바이어스 벡터(ω)를 배워 음향 모델 가우시안의 평균을 변환한다. 가우시안의 이전 평균이 μ인 경우, 새로운 평균 $\hat{\mu}$에 대한 방정식은 다음과 같다.

$$\hat{\mu} = W\mu + \omega \tag{10.13}$$

가장 간단한 경우, 단일 광범위한 변이를 학습해 각 가우시안 모델에 적용할 수 있다. 따라서 음향 우도에 대한 결과 방정식은 약간만 수정된다.

$$b_j(o_t) = \frac{1}{\sqrt{2\pi|\Sigma j|}} \exp\left(-\frac{1}{2}(o_t - (W\mu_j + \omega))^T \Sigma_j^{-1}(o_t - (W\mu_j + \omega))\right) \tag{10.14}$$

변이는 적응 데이터 세트의 우도를 최대화하기 위해 선형 회귀 분석을 사용해 학습된다. 먼저 적응 세트에서 순방향-역빙향 정렬을 실행해 상태 점유 확률 $\xi_j(t)$를 계산한다. 그런 다음 $\xi_j(t)$가 포함된 연립 방정식 시스템을 풀어서 W를 계산한다. 충분한 데이터를 이용할 수 있다면, 더 많은 수의 변이를 학습할 수도 있다.

MLLR은 화자 적응법의 세 가지 주요 부류 중 하나인 화자 적응에 대한 **선형 변환** 접근법의 한 유형이다. 다른 두 가지는 **MAP 적응**과 **화자 클러스터링** 방식이다. 포괄적인 조사는 우드랜드(2001)를 참조한다.

MLLR 및 기타 화자 적응 알고리듬은 LVCSR의 또 다른 큰 오류 원인인 외래어 또는 방언 악센트가 있는 화자의 문제를 해결할 수 있다. 테스트 세트 화자가 (일반적

으로 표준) 훈련 세트와 다른 방언 또는 억양(예: 스페인어 악센트 영어 또는 남방 악센트 중
국어)을 구사할 때 단어 오류율이 높아진다. 여기서는 a의 적응 세트를 사용할 수 있
다. 예를 들어 10명의 화자로부터 몇 개의 문장을 사용해 그룹으로 조정해 방언이나
억양에 존재하는 모든 특성을 다루는 MLLR 변이를 생성한다(Huang et al., 2000;
Tomokiyo and Waibel, 2001; Wang et al., 2003).

　　또 다른 유용한 화자 적응 기술은 화자 간의 음성 변이의 중요한 원천인 화자의 다
양한 성도 길이를 제어하는 것이다. 화자의 성도 길이의 신호는 단서가 된다. 예를 들
VTLN　어 성도가 더 긴 화자는 포먼트가 더 낮은 경향이 있다. 따라서 **VTLN**^{Vocal Track Length}
^{Normalization}이라는 프로세스에서 음역 길이를 감지하고 정규화할 수 있다. 자세한 내
용과 포인터는 10장 끝부분에 있는 '역사 참고 사항'을 참조한다.

10.5.3 발음 모델링: 장르에 따른 변이

대화 말하기가 읽기보다 인식하기가 더 어려운 이유는 무엇인가? 어휘나 문법의 차
이인가? 아니면 녹음 상황 때문인가?

　　이들 중 어느 것도 원인이 아닌 것 같다. 와인트라웁 외 연구진(1996)은 대화 대 읽
기 음성의 ASR 성능을 연구해 이러한 요소와 기타 요소를 제어했다. 연구실에 있는
두 명의 피험자들이 전화 통화를 했다. 그런 다음 와인트라웁 외 연구진(1996)은 대화
내용을 수기로 기록하고 참가자들에게 다시 돌아와 마치 받아쓰듯 동일한 전화선을
통해 자신의 대화록을 읽도록 했다. 자연스러운 대화와 읽기 음성을 모두 녹음했다.
이제 와인트라웁 외 연구진(1996)은 동일한 대본, 화자 및 마이크를 사용해 하나의 자
연 발생적인 코퍼스와 하나의 읽기 음성 코퍼스를 가지고 있었다. 그들은 읽기 음성
(WER = 29%)이 대화 음성(WER = 53%)보다 인식하기가 더 쉽다는 것을 발견했다. 화
자, 단어 및 채널이 제어됐기 때문에 이 차이는 음향 모델 또는 어휘 목록의 어딘가에
서 모델링할 수 있어야 한다.

　　사라클라 외 연구진(2000)은 이러한 대화형 음성의 난이도가 바뀐 발음, 즉 어휘 목
록의 단음 문자열과 사람들이 실제로 말한 것 사이의 불일치에 기인한다는 가설을
테스트했다. 7장에서 대화 음성의 방대한 발음 변이를 상기해야 한다(*because*의 경우
12가지, *the*의 경우 수백 가지 다른 스위치보드 발음이 다름). 사라클라 외 연구진(2000)은 오

라클 실험에서 스위치보드 인식기에 각 단어에 대해 어떤 발음을 사용해야 하는지 알려주면 단어 오류율이 47%에서 27%로 떨어진다는 것을 보여줬다.

어떤 발음을 사용할지 아는 것이 정확성을 향상시킨다면 어휘 목록에 각 단어에 대한 발음을 더 추가해 인식을 향상시킬 수 있을까? 하지만 여러 발음을 추가하는 것은 추가적인 혼동 때문에 잘 작동하지 않는 것으로 나타났다. 단어 of의 일반적인 발음이 단모음 [ax]이면 이제 단어 a와 매우 혼동될 수 있다(Cohen, 1989). 다중 발음은 또한 비터비 디코딩에 문제를 일으킨다. 482페이지에서 언급했듯이 비터비 디코더는 최상의 **단어** 문자열이 아닌 최상의 **단음** 문자열을 찾는다. 즉, 비터비는 확률 질량이 더 많은 발음으로 나뉘어 있기 때문에 발음이 많은 단어에 대항한다. 마지막으로 CD 폰(트라이폰)은 이미 단전음과 모음 감소와 같은 동시조음 현상을 성공적으로 모델링하기 때문에 다중 발음을 사용해 동시조음 현상을 모델링하는 것이 불필요할 수 있다 (Jurafsky et al., 2001b).

대신 대부분의 현재 LVCSR 시스템은 단어당 매우 적은 수의 발음을 사용한다. 일반적으로 사전이나 7장에 설명된 유형의 음운론적 규칙으로부터 파생된 많은 발음을 가진 어휘로 시작한다. 그런 다음 이 어휘 목록을 사용해 훈련 세트의 강제 비터비 단음 정렬을 실행한다. 정렬 결과는 훈련 코퍼스의 음성 표기법으로 사용된 발음과 각 발음의 빈도를 보여준다. 그런 다음 유사한 발음을 하나로 정리할 수 있다(예: 두 발음이 한 단음 대치에서만 다를 경우 더 빈번한 발음을 선택함). 그런 다음 각 단어의 최대 우도 발음을 선택한다. 빈도가 높은 발음을 가진 매우 빈번한 단어에 대해서만 두 번째 또는 세 번째 발음을 추가한다. 이러한 기능어의 경우, 음향 우도 계산에 사용할 수 있는 발음 확률로 사전에 주석을 달았다(Cohen, 1989; Hain et al., 2001; Hain, 2002).

발음 변이를 다루는 더 나은 방법을 찾는 것은 아직 해결되지 않은 연구 문제로 남아 있다. 한 가지 유망한 방법은 발음에 영향을 미치는 비음성 요인에 초점을 맞추는 것이다. 예를 들어 예측 가능성이 매우 높거나 억양 구문의 시작 또는 끝에서 또는 불일치가 뒤따르는 단어들은 매우 다르게 발음된다(Fosler-Lussier and Morgan, 1999; Bell et al., 2003). 포슬러-루시어(1999)는 어떤 발음을 사용할지 예측하기 위해 이러한 종류의 요소를 사용함으로써 단어 오류가 감소하는 것을 보여준다. 발음 모델링에서 또 다른 흥미로운 연구 라인은 동적 베이지안 네트워크를 사용해 음성 감소를 생성하는 발음기의 복합 오버랩을 모델링한다(Livescu and Glass, 2004b, 2004a).

발음 모델링에서 또 다른 중요한 문제는 알 수 없는 단어들을 다루는 것이다. 전화기반 웹 인터페이스와 같은 웹 기반 애플리케이션에서 인식기 어휘는 웹에서 발생하는 수백만 개의 알 수 없는 단어, 특히 이름에 대한 발음으로 자동 보강돼야 한다. 이문제를 해결하기 위해 8.2.3절에서 설명한 것과 같은 자소 대 음소 기법을 사용한다.

10.6 메타데이터: 경계, 구두점 및 눌변

지금까지 설명한 음성 인식 과정의 산출물은 다듬어지지 않은 단어의 문자열에 불과하다. 대화의 일부분(Jones et al., 2003)에 대해 다음과 같은 표준 전사 샘플(즉, 완벽한 단어 인식을 가정)을 고려한다.

> yeah actually um i belong to a gym down here a gold's gym uh-huh and uh exercise i try to exercise five days a week um and i usually do that uh what type of exercising do you do in the gym

위의 어려운 전사를 다음과 같이 훨씬 명확한 버전과 비교해보자.

> A: Yeah I belong to a gym down here. Gold's Gym. And I try to exercise five days a week. And I usually do that.
>
> B: What type of exercising do you do in the gym?

원고는 구두점이나 대문자로 구분되지 않고 눌변이 흩어져 있어 읽기 어렵다(Jones et al., 2003, 2005). 전사에 구두점을 추가하면 가독성이 향상될 뿐만 아니라 전사된 텍스트의 정보 추출 알고리듬의 정확성도 향상된다(Makhoul et al., 2005; Hillard et al., 2006). 사후 처리 ASR 출력에는 다음과 같은 작업이 포함된다.

분리　　**분리**는 회의록과 같은 멀티 스피커 작업에서 음성 영역에 화자 레이블(위의 A: 및 B:)을 할당하는 작업이다.

문장 분할　　**문장 분할**은 마침표와 같은 유용한 구두점이 있기 때문에 텍스트(3장 및 8장)에서 쉽게 문장 경계를 찾는 작업이다. 음성의 경계 감지는 구두점이 부족하고 필사된 단어가 오류가 있기 때문에 더 어렵지만 일시 중지 및 문장-최종 억양과 같은 운율적 자질을 단서로 사용할 수 있다는 장점이 있다.

트루캐싱

트루캐싱^{Truecasing}은 단어에 올바른 대소문자를 지정하는 작업으로, 문장–시작 단어들은 대문자로 시작하고, 두문자어는 모두 대문자로 돼 있다. 이는 종종 품사 태그와 같은 HMM 분류 작업으로 다뤄지며, ALL-Lower CASE, UPPER-CASE-INITIAL, all-Caps 등의 숨겨진 상태가 있다.

구두점 감지는 문장–최종 구두점(마침표, 물음표, 느낌표)과 쉼표, 따옴표 등을 할당하는 작업이다.

눌변 감지

눌변 감지는 가독성을 위해 전사에서 눌변을 제거하거나 최소한 쉼표나 글꼴 변경으로 표시하는 데 사용된다. 눌변 감지 알고리듬은 단어 조각에서 이따금 발생하는 잘못 인식된 단어들을 방지하는 데 중요한 역할을 할 수 있다.

메타데이터
풍부한 전사

텍스트 출력에서 구두점, 경계 및 분할을 표시하는 것을 **메타데이터** 또는 **풍부한 전사**라고 한다. 이 작업 중 몇 가지를 좀 더 자세히 살펴보자. **문장 분할**은 두 단어 사이의 각 결합을 문장 경계 또는 문장 내부로 표시되는 이진 분류 작업으로 모델링할 수 있다. 그림 10.17은 후보 경계 위치를 샘플 문장으로 보여준다. 이러한 분류기는 각 후보 경계 주변의 단어 및 품사 태그, 이전에 발견된 경계로부터의 거리와 같은 길이 피처 및 다음과 같은 운율론적 자질과 같이 8.3.1절에서 논의된 피처를 사용할 수 있다.

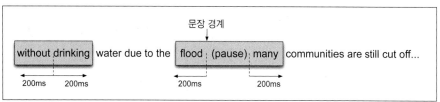

그림 10.17 각 단어 간 경계에서 계산된 후보 문장 경계는 슈라이버그 외 연구진(2000) 알고리듬에서 운율론적 자질 추출 영역을 보여준다.

- **지속 시간**: 후보 경계에 앞서 단음과 라임(제1악센트가 있는 음절과 코다)의 지속 시간. 문장 최종 단어는 길어지는 경향이 있기 때문이다. 각 단음은 보통 해당 단음의 평균 지속 시간으로 정규화된다.
- **일시 중지**: 후보 경계에서 단어 간 일시 중지 기간
- **F0 피처**: 경계를 가로지르는 **피치의 변화**. 문장의 경계는 종종 **피치 재설정**(피치의 갑작스러운 변화)을 갖는 반면, 비경계들은 경계를 가로질러 연속 피치를 가질 가능성이 더 높다. 또 다른 유용한 F0 피처는 사전 경계 단어의 **피치 범위**

인데, 문장은 화자의 F0 기준선에 가까운 최종 하락(8.3.3절)으로 끝나는 경우
가 많다.

구두점 감지의 경우 문장 경계 감지와 유사한 피처가 사용되지만 두 개가 아닌 여러
개의 숨겨진 부류(쉼표, 문장 끝 물음표, 인용 부호, 구두점 없음)가 있다. 이 두 가지 작업
모두에 대해 간단한 이진 분류기 대신 은닉 상태가 문장 경계 결정에 해당하는 HMM
으로 문장 분할을 모델링해 시퀀스 정보를 통합할 수 있다. 운율과 어휘 피처의 조합
은 24.5.2절에서 화행 감지에 대해 자세히 설명한다.

대화의 **눌변** 또는 **정정**에는 다음과 같은 현상이 포함한다.

눌변 유형	예시
필러(또는 채워진 일시 중지):	But, *uh,* that was absurd
단어 세분화	A guy went to a *d–,* a landfill
반복:	it was just a *change of, change of* location
재시작	it's *–* I find it very strange

그림 10.18의 ATIS 문장은 재시동 예와 *uh* 및 *I mean* 필러의 예를 보여주며, 편집
단계를 시작하는 중단 지점을 보여준다.

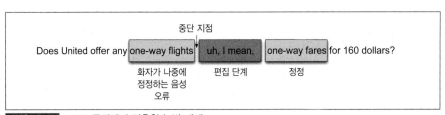

그림 10.18   ATIS 문장에서 적용한 눌변 예제

눌변 감지는 문장 경계를 탐지하는 것과 유사하다. 분류기는 텍스트와 운문 피처를
모두 사용해 각 단어 경계에서 결정을 내리도록 훈련된다. 피처에는 인접 단어와 품
사 태그, 단어 경계에서 일시 정지 기간, 경계 앞에 있는 단어와 단음의 지속 시간, 경
계를 가로지르는 피치 값의 차이 등이 있다. 단편 감지 피처는 **지터**jitter, 피치 주기의
작은 변화 측정치(Rosenberg, 1971), **스펙트럼 기울기**, 스펙트럼의 경사(9.3.1절), **개방 지
수** 등 음질 탐지를 위한 피처에 의존한다(Fant, 1997).

지터

스펙트럼
기울기
개방 지수

10.7 인간의 음성 인식

물론 인간은 기계보다 음성 인식이 훨씬 더 뛰어나다. 현재의 기계는 깨끗한 음성은 인간보다 대략 5배 정도 더 나쁘고, 시끄러운 음성에서는 그 격차는 증가하는 것 같다.

어휘 접속

ASR은 인간 음성 인식과 일부 피처를 공유하며, 그중 일부는 차용됐다(예: PLP 분석(Hermansky, 1990)은 인간 청각 시스템의 특성에 의해 영감을 받았다). 인간 **어휘 접속**의 세 가지 속성(머릿속의 어휘 목록에서 단어를 검색하는 과정)도 **빈도수, 유사성, 큐 기반 처리**의 ASR 모델에 의해 공유된다. N그램 언어 모델을 가진 ASR과 같이 인간의 어휘적 접속은 단어 빈도에 민감하다. 인간은 높은 빈도 단어에 더 빨리 접근하고, 더 시끄러운 환경에서 단어에 대해 인식하고, 낮은 빈도 단어에 비해 자극이 덜하다(Howes, 1957; Grosjean, 1980; Tyler, 1984). ASR 모델과 마찬가지로 인간의 어휘적 접속은 유사하다. 여러 단어가 동시에 활동한다(Marslen-Wilson and Welsh, 1978; Salasoo and Pisoni, 1985 등).

마지막으로, 인간의 음성 인식은 많은 수준의 신호를 통합한다. 포먼트 구조나 음성 타이밍과 같은 음향 신호(Oden and Massaro, 1978; Miller, 1994), 입술 움직임과 같은 시각 신호(McGurk and Macdonald, 1976; Massaro and Cohen, 1983; Massaro, 1998) 그리고 어휘 단서(Warren, 1970; Samuel, 1981; Connine and Clifton, 1987; Connine, 1990)를

음소 복원 효과

통합한다. 예를 들어 워렌(1970)은 **음소 복원 효과**를 시연했다. 음성 샘플(예: legislature의 [s])의 단음을 기침 소리로 교체했고, 변형된 소리를 듣는 피험자들이 [s]를 포함한

맥구르크 효과

단어 *legislature* 전체를 들은 것으로 나타났다. **맥구르크 효과**^{McGurk effect}에서 맥구르크와 맥도날드(1976)는 시각적 입력이 단음 인식에 방해가 돼 피험자가 전혀 다른 단음을 인식하게 할 수 있다는 것을 보여줬다. 피험자들에게 누군가가 음절 *ga*를 말하는 비디오를 보여줬지만, 그 오디오 신호는 어떤 사람이 음절 *ba*를 말하는 것으로 더빙됐다. 피험자들은 대신 *da*와 같은 세 번째 단음을 들었다고 보고했다. 우리는 독자들이 웹의 비디오 데모에서 이것을 시도해볼 것을 권장한다. 이를테면 http://www.haskins.yale.edu/featured/heads/mcgurk.html을 참조한다.

단어 연관성

인간의 음성 인식의 다른 단서로는 의미론적 **단어 연관성**(최근 의미론적으로 관련된 단

반복 점화

어가 더 빨리 들리면 단어가 더 빨리 액세스됨)과 **반복 점화**(단어 자체가 방금 들었다면 더 빨리

액세스됨)이 있다. 이 두 결과의 직관은 반복 점화를 모델링한 쿤과 데 모리(1990), 로젠펠드의 트리거 언어 모델(1996) 그리고 모델 단어 연관성(4장)을 모델링한 코카로와 쥬라프스키(1998), 벨레가르다(1999)의 LSA 모델에 통합됐다. 그리고 콜과 루드니키(1983)는 문맥이 단어와 단음 처리에 미치는 영향에 대한 이러한 통찰의 많은 부분이 윌리엄 배글리(1901)에 의해 실제로 발견됐다. 배글리는 에디슨 축음기 실린더에 음성을 녹음해 수정하고 피험자에게 제시함으로써 음운 복원 효과의 초기 버전을 포함한 성과를 달성했다. 하지만 배글리의 결과는 잊혔고 훨씬 나중에 재발견됐다.

우리는 인간과 기계 음성 인식의 유사성에 초점을 맞췄다. 한 가지 차이점은 시간적 처리다. ASR 모델이 전체 발화에 걸쳐 최적화를 강조하는 경우가 많지만, 인간 행위는 **직결 처리**를 강조하는 것처럼 보인다. 즉, 사람들은 발화를 단어로 점진적으로 분할하고 듣는 대로 해석을 할당한다. 예를 들어 마슬렌-윌슨(1973)은 250ms의 짧은 시차로 어떤 구절을 들을 때 그림자처럼 따라 할 수 있는(다시 반복) 사람들, 즉 가까운 미행자들을 연구했다. 마슬렌-윌슨은 이러한 미행자가 범한 오류가 문맥과 구문론적으로 적절할 때 단어 분할, 구문 분석 및 해석이 이 250ms 내에서 이뤄졌음을 나타냈다. 콜(1973)과 콜과 제이키믹(1980)은 잘못된 발음 감지에 대한 연구에서 유사한 효과를 발견했다. 이러한 결과는 인간 음성 인식의 심리학적 모델을 어휘적 접근의 시간적 처리에 집중하도록 이끌었다. 예를 들어 신경망 TRACE 모델(McClelland and Elman, 1986)은 세 가지 수준의 연산 단위를 가지고 있는데, 각각 특징, 음소 및 단어의 존재에 대한 가설을 나타내고 입력에 의해 병렬로 활성화된다. 활성화는 단어의 활성화가 모든 다른 단어를 약간 억제하도록 서로 다른 수준의 단위들 사이에서 선동적으로 흐르고 단일 수준의 단위들 사이에서 억제적으로 흐른다. 인간의 어휘적 접근은 또한 **인근 효과**(단어의 주변은 단어와 매우 유사한 단어들의 집합)를 나타낸다. 빈도 가중치가 큰 주변을 가진 단어들은 주변이 적은 단어보다 더 느리게 액세스된다(Luce et al., 1990). ASR 모델들은 이 단어 수준 경쟁에 집중하지 않는다. 마지막으로 인간은 단어 인식 커틀러와 노리스(1988), 커틀러와 카터(1987), ASR에서 운율을 사용하는 것은 중요한 미래 연구 방향이다.

직결 처리

인근 효과

10.8 요약

- 두 가지 고급 디코딩 알고리듬을 소개했다. 멀티패스(N-베스트 또는 격자) 디코딩 알고리듬 및 **스택** 또는 **A*** 디코딩
- 고급 음향 모델은 단음보다 문맥에 의존하는 트라이폰이다. 전체 트라이폰 세트가 너무 크기 때문에, 우리는 대신 적은 수의 자동 클러스터링된 트라이폰을 사용한다.
- 음향 모델은 새로운 화자에 맞게 개조될 수 있다.
- 발음 변형은 사람과 사람의 음성 인식 오류의 원인이지만, 현재 기술로는 성공적으로 처리되지 않는다.

참고문헌 및 역사 참고 사항

대부분의 관련 음성 인식 기록은 9장을 참조한다. 스택 디코딩은 인공지능으로 개발된 **A* 검색**과 동일하지만, 스택 디코딩 알고리듬은 정보 이론 문헌에서 독자적으로 개발됐고, AI 최우선best-first 검색과의 연결은 나중에야 발견됐다(Jelinek, 1976). 성도 길이 정규화에 관한 유용한 참고문헌에는 코헨 외 연구진(1995), 베그만 외 연구진(1996), 아이데와 기쉬(1996), 리와 로즈(1996), 웰링 외 연구진(2002), 김 외 연구진(2004) 등이 있다.

현재 음성 인식 연구의 많은 새로운 방향은 동적 베이즈 망과 요인 HMM과 같은 새로운 **그래픽 모델**(Zweig, 1998; Bilmes, 2003; Livescu et al., 2003; Bilmes and Bar-tels, 2005; Frankel et al., 2007)을 포함해 HMM 모델에 대한 대안을 포함한다. **프레임 기반** HMM 음향 모델 (각 프레임에 대한 결정을 내림)을 가변 길이 세그먼트(단음)를 감지하려고 시도하는 **세그먼트 기반 인식기**로 한다(Digilakis, 1992; Os-tendorf et al., 1996; Glass, 2003). 새로운 **랜드마크 기반** 인식기와 발성 음운론 기반 인식기는 각각 음향 또는 조음으로 정의된 변별적 자질의 사용에 초점을 맞추고 있다(Niyogi et al., 1998; Livescu, 2005; Hasegawa-Johnson, 2005; Juneja and Espy-Wilson, 2003).

메타데이터 연구의 개요는 슈라이버그(2005)를 참조한다. 슈리베르크(2002), 나카타니와 허쉬베르크(1994)는 눌변의 음향 및 어휘적 특성에 대한 계산에 초점을 맞춘

코퍼스 연구다. 음성의 문장 구분에 관한 초기 논문으로는 왕과 허쉬베르크(1992), 오스트렌도르프와 로스(1997) 등이 있다. 슈라이버그 외 연구진(2000) 및 류 외 연구진(2006)을 참고한다. 문장 세분화에 관한 최근 연구를 위해 김과 우드랜드(2001), 힐러드 외 연구진(2006)이 있다. 구두점 검출에 관한 사항은 나카타니와 허쉬베르크(1994), 호날과 슐츠(2003, 2005), 리스 외 연구진(2006)을 참고하며, 여러 메타데이터 추출 작업을 공동으로 다루는 다수의 논문을 참조한다(Heeman and Allen, 1999; Liu et al., 2005, 2006).

연습

10.1   그림 10.7(492페이지)의 스택 디코딩 알고리듬을 구현하라. 문장에 남아 있는 단어 수의 추정치처럼 간단한 h^* 함수를 선택한다.

10.2   그림 9.23의 순방향 알고리듬을 수정해 그림 10.10의 트리 구조 어휘 목록을 사용하라.

10.3   Sonic 및 HTK 시스템을 포함한 많은 ASR 시스템은 **토큰 통과 비터비** 알고리듬이라고 하는 비터비에 대해 다른 알고리듬을 사용한다(Young et al., 1989). 이 문서를 읽고 이 알고리듬을 구현하라.

11
컴퓨터의 음운론

bidakupadotigolabubidakutupiropadotigolabutupirobidaku⋯

– 단어 분할 자극제(Word segmentation stimulus) (Saffran et al., 1996a)

음운론은 소리가 다른 환경에서 다르게 실현되는 체계적 방법에 대한 연구로, 이 소리 시스템이 문법의 나머지 부분과 어떻게 관련되는지 연구한다. 7장의 음소, 변이 및 조음 음운론, 8장의 운율과 억양 음운론을 포함해 10장에서 음운론의 다양한 측면을 **컴퓨터 음운론** 다뤘다. 11장에서는 컴퓨터 모델의 사용한 **컴퓨터 음운론**을 소개한다.

비컴퓨터 음운론의 모델은 흔히 생성적 용어로 구성돼, 기초적인 음운론 형태가 표면 음운론적 형태로 어떻게 매핑되는지 표현한다. 대조적으로 우리는 컴퓨터 음운론에서 음운론적 파싱의 역문제에 더 관심이 있다. 표면 형태에서 기초 구조로 이동한다. 여기에는 **음절화**, 표면어에 대한 올바른 음절 구조를 결정하는 작업, 음절 또는 형태소의 기본 문자열을 결정하는 작업이 포함된다. 이론적 관심 외에도 음절화와 같은 과정이 음성 처리에 유용하다. 또한 11장에서는 유한 상태 변환기와 다양한 버전의 **최적성 이론**과 같은 컴퓨터 음운론적 방법들을 논하고 음운론 및 형태론적 표현에 대한 머신러닝의 주요 문제에 대한 다수의 알고리듬을 소개한다.

11.1 유한 상태 음운론

3장에서 철자법과 형태론에 유한 상태 변환기를 적용했다. 오토마타의 음운론 적용은 상당히 유사하며, 실제로 더 일찍 나타났다(Kaplan and Kay, 1981). 그림 11.1은 동기부여의 예를 보여준다. (11.1)에서 단순화된 설탄음화 규칙을 모델링하는 변환기를 보여준다.

$$/t/ \rightarrow [dx] / \acute{V} \_\_ V \tag{11.1}$$

그림 11.1의 변환기는 탄설음이 올바른 위치(강세 모음 후, 비강세 모음 이전)에서 발생하는 모든 문자열을 수용하고 탄설음이 발생하지 않거나 잘못된 환경에서 탄설음이 발생하는 문자열은 거부한다.[1]

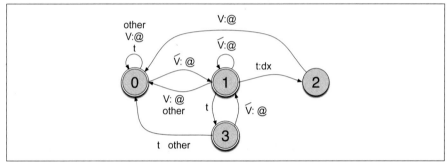

그림 11.1   영어 탄설음용 변환기: ARPAbet "dx"는 탄설음을 나타내며, "other" 기호는 "변환기의 다른 곳에서 사용되지 않는 모든 가능한 쌍"을 의미한다. "@"은 "어떤 호에서도 사용되지 않는 기호"를 의미한다.

음운론적 규칙에 대한 변환기에 대해 생각할 수 있는 한 가지 방법은 3장에서 처음 언급된 코스케니에미(1983)의 **2단계 형태론**이다. 2단계 형태론의 직관은 음운론적 규칙이 변환기에 더욱 자연스럽게 대응되도록 표기법을 강화하는 것이다. **규칙 순서**의 개념에서 출발함으로써 이 생각에 동기를 부여한다. 전통적인 음운론 시스템에서는 어휘 형태와 표면 형태 사이에 많은 음운론적 규칙이 적용된다. 때때로 이러한 규칙들은 상호작용한다. 한 규칙의 출력은 다른 규칙의 입력에 영향을 미친다. 변환기 시스템에서 규칙 상호작용을 구현하는 한 가지 방법은 변환기를 **계단식**으로 실행하는 것이다. 영어 명사 복수 접미사 *-s*의 음운론적 작용을 다루는 데 필요한 규칙을 생각해보자. 이 접미사는 [s/sh/z/zh/ch/jh] 중 하나 뒤에 [ix z]로 발음된다(따라서 *peaches*는 [p iy ch ix z]로 발음됨). 이 *-s* 접미사는 유성음 뒤에 [z]로 발음되며(그래서 *pigs*는 [p ih g z]로 발음됨), 비음 뒤에 [s]로 발음된다(*cats*는 [k ae t s]로 발음됨). 다른 맥락에서 형태

---

1   교수법의 목적으로, 이 예는 사회적 계급, 단어 빈도, 발화율 등과 같이 탄설음에 영향을 미치는 다른 중요한 요소들을 무시한다.

소의 실현을 위한 음운론적 규칙을 작성함으로써 이러한 변동을 모델링한다.

이 세 가지 형태([s], [z], [ix z]) 중에서, 접미사의 "어휘" 발음으로 [z]를 선택할 것이다(규칙 작성을 단순화하는 것으로 판명되기 때문임). 다음으로 두 가지 음운론적 규칙을 작성한다. 124페이지의 E-삽입 철자법과 유사하게 형태소-최종 치찰음 뒤에 복수 형태소 [z] 앞에 [ix]를 삽입한다. 다른 하나는 -s 접미사가 무성음 자음 뒤에 [s]로 올바르게 인식되는지 확인한다.

$$\epsilon \rightarrow ix \ / \ [\text{+sibilant}] \ \text{\textasciicircum} \ \underline{\quad} \ z \ \# \tag{11.2}$$

$$z \rightarrow s \ / \ [\text{-voice}] \ \text{\textasciicircum} \ \underline{\quad} \ \# \tag{11.3}$$

이 두 규칙은 순서를 정해야 한다. 규칙 (11.2)은 (11.3) 이전에 적용돼야 한다. (11.2)의 환경은 z를 포함하고, 규칙 (11.3)은 z를 변경하기 때문이다. 복수형 -s와 연결된 어휘 형식 *fox*에서 두 규칙을 모두 실행하는 것을 고려한다.

어휘 형식:	f aa k ˆ z
(11.2) 적용:	f aa k s ˆ ix z
(11.3) 적용되지 않음:	f aa k sˆ ix z

무성음화 규칙(11.3)을 먼저 주문하면 잘못된 결과를 얻게 된다. 하나의 규칙이 다른 규칙을 위해 환경을 파괴하는 이런 상황을 **출혈 관계**^{bleeding}라고 한다.[2]

출혈 관계

어휘 형식:	f aa k s ˆ z
(11.3) 적용:	f aa k s ˆ s
(11.2) 적용되지 않음:	f aa k s ˆ s

3장에서 제시된 바와 같이, 이 규칙들은 각각 변환기로 나타낼 수 있다. 규칙도 순서가 정해져 있기 때문에 변환기도 순서가 필요하다. 예를 들어 계단식으로 배치되는 경우, 첫 번째 변환기의 출력은 두 번째 변환기의 입력을 공급할 것이다. 많은 규칙들이 이런 식으로 겹겹이 쌓일 수 있다. 3장에서 논의했듯이 계단식, 특히 레벨이 많은 계단식 실행은 다루기 어려울 수 있다. 따라서 변환기 계단식 실행은 보통 개별 변환

---

2 만약 −s의 어휘적 형식을 [z]가 아닌 [s]로 표현했다면, -s를 음성으로 발음하기 위해 규칙을 역으로 작성했을 것이다. 또 다른 규칙 관계는 **급여 관계**(feeding)인데, 한 규칙이 다른 규칙에 대한 환경을 생성하므로 미리 실행해야 한다.

기를 구성함으로써 보다 복잡한 단일 변환기로 대체된다.

2단계 형태론은 규칙 순서 문제를 해결하는 또 다른 방법이다. 코스케니에미(1983)는 문법에서 대부분의 음운론적 규칙들은 서로 독립돼 있다고 말했다. 규칙들 사이의 급여와 출혈 관계는 표준이 아니다. 따라서 코스케니에미는 음운론적 규칙을 직렬이 아닌 병렬로 실행할 것을 제안했다. 규칙 상호작용(급여 또는 출혈)이 있는 경우, 일부 규칙을 약간 수정해 처리한다. 코스케니에미의 2단계 규칙은 어휘-표면 매핑의 잘 형성된 형태에 대한 **평서문의 제약 조건**을 표현하는 한 방법으로 생각할 수 있다. 또한 2단계 규칙은 4개의 다른 **규칙 연산자**를 사용해 의무적 또는 선택적일 때 명시적으로 코딩함으로써 전통적인 음운론 규칙과 다르다. $\ge$ 규칙은 전통적인 **의무적인** 음운론 규칙에 대응하며 $\Rightarrow$ 규칙은 **선택적인 규칙**을 구현한다.

규칙 유형	해석
$a{:}b \Leftarrow c$ ___ d	a는 문맥 c ___ d에서 **항상** b로 실현된다.
$a{:}b \Rightarrow c$ ___ d	a는 문맥 c ___ d에서 **오직** b로 실현된다.
$a{:}b \Leftrightarrow c$ ___ d	a는 문맥 c ___ d와 그 어디에서도 b로 실현된다.
$a{:}b/ \Leftarrow c$ ___ d	a는 문맥 c ___ d에서 b로 **결코** 실현되지 않는다.

2단계 규칙의 가장 중요한 직관, 급여와 출혈 관계를 피할 수 있는 메커니즘은 3장에서 소개된 콜론("$:$")을 이용해 두 단계의 제약을 나타내는 능력이다. 기호 $a{:}b$는 표면 b에 매핑되는 어휘적 a를 의미한다. 따라서 $a{:}b \Leftrightarrow :c$ ___ 는 a가 **표면** c 다음에 b로 실현되는 것을 의미한다. 대조적으로 $a{:}b \Leftrightarrow c{:}$ ___ 는 **어휘** c 다음에 a가 b로 실현되는 것을 의미한다. 콜론이 없는 기호 c는 $c{:}c$, 즉 표면 c에 대한 어휘 c 매핑과 동일하다.

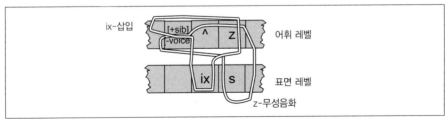

그림 11.2 ix-삽입 및 z-무성음화의 제약 조건은 표면 z가 아닌 어휘 z를 참조한다.

그림 11.2는 2단계 접근 방식이 ix-삽입 및 z-무성음화 규칙의 순서를 피하는 방법에 대한 직관을 보여준다. 이는 z-무성음화 규칙이 표면 s에 어휘 z 삽입을 매핑하고 ix 규칙은 어휘 z를 가리킨다는 것이다. 이 제약 조건을 모델링하는 2단계 규칙은 (11.4) 및 (11.5)에 나타나 있다.

$$\epsilon : ix \iff [+sibilant]: \text{^} \underline{\quad} z: \# \tag{11.4}$$

$$z : s \iff [-voice]: \text{^} \underline{\quad} \# \tag{11.5}$$

3장에서 논의한 바와 같이 규칙은 오토마타로 자동 컴파일될 수 있다(자세한 내용은 카플란과 케이(1994) 및 앤트워스(1990) 참조). 두 가지 규칙에 해당하는 오토마타는 그림 11.3과 그림 11.4에 나타나 있다. 그림 11.3은 3장의 그림 3.17에 기초한다. 이 오토마톤의 실행 방식은 124페이지를 참조한다. 그림 11.3에서 복수형 형태소는 z:로 표현되며, 이는 제약 조건이 표면 z가 아닌 어휘에 대해 표현됐음을 나타낸다.

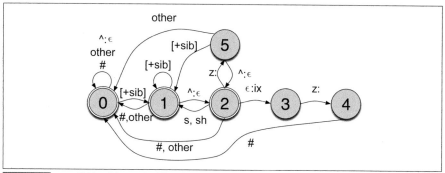

그림 11.3 ix- 삽입 규칙 11.2에 대한 변환기. 규칙은 "형태소가 치찰음으로 끝나고 다음 형태소가 단어 최종 z일 때마다 [ix]를 삽입하라"로 읽을 수 있다.

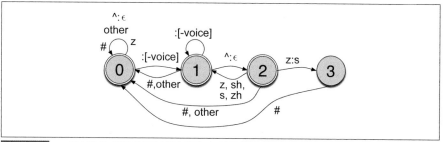

그림 11.4 z-무성음화 규칙 11.3에 대한 변환기. 이 규칙은 "형태소-최종 무성 자음을 따르는 경우, 형태소 z를 무성음화한다"로 요약할 수 있다.

그림 11.5는 입력 [f aa k s ^ z]에서 병렬로 실행되는 두 개의 오토마타를 보여준다. 두 오토마타는 모두 형태소 경계를 제거하기 위한 기본 매핑 ^:ϵ을 가정하며, 두 오토마타는 모두 허용 상태로 끝난다.

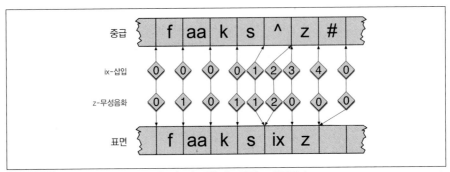

그림 11.5 ix-삽입(11.2)과 z-무성음화(11.3) 변환기는 병렬로 실행한다.

11.2 고급 유한 상태 음운론

음운론의 유한 상태 모델은 **조화**와 **템플래틱** 형태론^templatic morphology^과 같은 좀 더 정교한 음운론 및 형태론 현상에도 적용해왔다.

11.2.1 조화

유한 상태 모델이 캘리포니아에서 사용되는 아메리카 원주민 언어인 요쿠츠어의 요엘마니 방언에서 세 가지 음운론 규칙의 복잡한 상호작용을 처리하는 방법을 살펴보자.[3] 첫째, 요쿠츠어(터키어, 헝가리어 등 다른 언어와 마찬가지로)는 **모음 조화**가 이루어지는데, 모음의 형태가 이웃 모음처럼 변하는 과정이다. 요쿠츠어에서 접미사 모음은 앞의 어간 모음과 전후와 원순성이 일치하도록 형태를 바꾼다. 즉, 어간 모음이 /u/이면 /i/와 같은 앞모음이 뒷모음 [u]으로 나타난다. 이 조화 규칙은 접미사와 어간 모음의 높이가 같은 경우에 적용된다(예: /u/ 및 /i/ 모두 높음, /o/ 및 /a/ 둘 다 낮음).

---

3   이 규칙은 뉴먼(1944)을 바탕으로 키세베르스(1969)에 의해 처음 제안됐다. 우리의 예는 콜과 키세베르스(1995)를 참고했으며, 교육학적 단순화를 위해 모음 미명세(underspecification)와 같은 일부 세부 사항은 생략됐다(Archangeli, 1984).

	높은 어간				낮은 어간		
	어휘		표면	주석	어휘	표면	주석
조화	dub+hin	→	dubhun	"tangles"	bok'+al	→ bok'ol	"mighteat"
조화 없음	xil+hin	→	xilhin	"leads by the hand"	xat'+al	→ xat'al	"might find"

두 번째 관련 규칙인 **하강**은 긴 고모음을 낮추고 /u:/는 [o:]가 되고 /i:/는 [e:]가 되며, 세 번째 규칙인 **단축**은 닫힌 음절로 장모음을 짧게 한다.

	하강				단축	
ʔuːt'+it	→	ʔoːt'ut	"steal, passive aorist"	s:ap+hin	→	saphin
miːk'+it	→	meːk'+it	"swallow, passive aorist"	suduːk+hin	→	sudokhun

ix-삽입과 z-무성음화 규칙을 정렬해야 했던 것처럼 요쿠츠어 세 규칙을 정렬해야 한다. 어휘 형식 /ʔuːt'+it/의 /u:/는 /i/가 표면 형태 [ʔoːtut]에서 하강하기 전에 /i/가 [u]가 되기 때문에 조화를 먼저 주문해야 한다. /suduːk+hin/의 /u:/은 [o]로 낮아지기 때문에 단축 전에 하강 순서를 정해야 하며, 단축 후 하강 순서를 정하면 [u]로 표면에 나타난다.

요쿠츠어 데이터는 연속된 세 가지 규칙의 계단식으로 모델링되거나 병렬로 연결된 세 개의 규칙으로 2단계 형식주의로 모델링될 수 있다. 그림 11.6은 두 가지 아키텍처를 보여준다(Lakoff, 1993 ; Karttunen, 1998). 앞에서 제시한 2단계 예처럼 규칙은 때때로 어휘적 맥락, 때로는 표면적 맥락을 참조해 작동한다. 규칙 작성은 독자를 위한 연습 11.4로 남겨둔다.

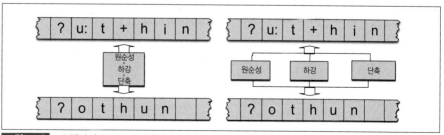

그림 11.6 요엘마니 요쿠츠어의 원순성, 하강, 단축 룰을 조합한 것

11.2.2 템플래틱 형태론

아랍어, 히브리어, 시리아어 등 셈어권에서 공통적으로 사용되는 템플래틱(비연결) Templatic 형태론(109페이지 참조)에 대해서도 유한 상태 모델이 제안됐다. 이러한 모델 중 많은 수가 매카시(1981)의 CV 접근법에 따라 그려지며, 여기서 /katab/와 같은 단어는 세 개의 분리된 형태소로 표현된다. 자음(ktb)으로 구성된 어근 형태소, 모음(a)으로 구성된 **음성 형태소** 및 CV 패턴 형태소(때때로 binyan 또는 **CV 스켈레톤**이라고도 함) 계층 (CVCVC)로 표현된다. 매카시는 이러한 형태소를 별도의 형태론적 **계층**으로 표현했다.

예를 들어 케이(1987)의 영향력 있는 모델은 매카시의 각 계층에 대해 별도의 테이프를 사용한다. 케이의 모델에 대한 높은 수준의 직관이 그림 11.7에 나타나 있는데, 2개가 아닌 4개의 테이프를 읽는 그의 특수 변환기를 보여준다.

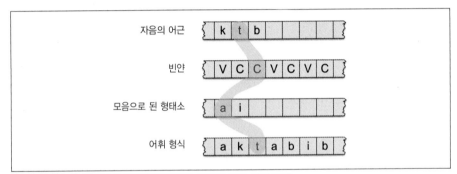

그림 11.7   케이(1987)의 템플래틱(비연결) 형태의 유한 상태 모델

멀티테이프 모델에서 어려운 점은 테이프의 줄을 정렬하는 것이다. 케이의 모델에서는 빈안 테이프가 정렬 가이드 역할을 했다. 케이의 멀티 테이프 직관은 셈어적 형태론의 유한 상태 모델을 더 완벽하게 만들어냈다. 자세한 내용과 대체 모델은 11장 끝부분에 있는 '참고문헌' 절을 참고한다.

11.3 컴퓨터의 최적 이론

전통적인 음운론적 파생에서, 기초적인 어휘적 형태와 표면적 형태를 갖게 된다. 그최적성 이론 후 음운론 체계는 기초 형태를 표면 형태에 매핑하는 일련의 규칙으로 구성된다. **최적성 이론**OT(Prince and Smolensky, 1993)은 변환보다는 필터링이라는 은유를 바탕으로 음운 도출을 보는 대안적인 방법을 제시한다. OT 모델은 두 가지 기능(GEN 및 EVAL)과 일련의 지정된 위반 제약 조건^{CON}을 포함한다. 기본적인 형태에 따라, GEN 함수는 입력을 위한 적합한 표면 형태가 될 수 없는 표면 형태도 상상이 가능한 모든 표면 형태를 생성한다. 그런 다음 EAL 함수는 CON의 각 제약 조건을 제약 조건 순위의 순서로 이러한 표면 형태에 적용한다. 제약 조건을 가장 잘 충족하는 표면 형태를 선택한다.

몇 가지 요엘마니 데이터를 사용해 OT를 간략하게 소개한 다음 컴퓨터를 사용한 결과를 살펴본다.[4] 위에서 논의된 흥미로운 모음 조화 현상 외에도, 요엘마니는 자음의 시퀀스를 배제하는 음운론적 제약을 가지고 있다. 연속된 세 개의 자음(CCC)은 표면적인 단어로 발생하는 것이 허용되지 않는다. 그러나 때때로 한 단어에는 두 개의 연속된 형태소가 포함돼 첫 번째 단어는 두 개의 자음으로 끝나고, 두 번째 단어는 한 개의 자음으로 시작된다(또는 그 반대). 언어는 이 문제를 해결하기 위해 무엇을 하는가? 요엘마니는 자음 중 하나를 생략하거나 그 사이에 모음을 삽입하는 것으로 나타났다.

어간이 C로 끝나고 접미사가 CC로 시작하는 경우 접미사의 첫 번째 C가 생략된다 ("+"는 여기서 형태소 경계를 의미함).

$$\text{C-deletion:} \quad C \rightarrow \epsilon \,/\, C + \underline{\quad} \, C \qquad (11.6)$$

예를 들어 다소 단순화하면, CCVC "passive consequent adjunctive" 형태소 hne:l은 이전의 형태소가 자음으로 끝나는 경우, 초기 C를 떨어뜨린다. 따라서 diyel "guard" 후에 diyel-ne:l-aw, "guard-passive consequent adjunctive-locative"라는 형식을 얻게 될 것이다.

어간이 CC로 끝나고 접미사가 C로 시작되면 언어는 대신 모음을 삽입해 처음 두 개의 자음을 분리한다.

$$\text{V-insertion:} \quad \epsilon \rightarrow V \,/\, C \, \underline{\quad} \, C + C \qquad (11.7)$$

---

4 다음의 요엘마니 예시를 통한 OT에 대한 설명은 아칸젤리(1997)와 1999년 LSA 언어 연구소의 제니퍼 콜의 강의에서 많이 가져왔다.

예를 들어 i는 어근 ʔilk- "sing" 뒤에 C-초기 접미사 -hin, "past"가 오면 ʔilik-hin, "sang"을 생성하지만, 뒤에 -en, ʔilken의 "future"와 같은 V- 초기 접미사가 올 때 "will sing"을 생성한다.

키세베르스(1970)는 이 두 규칙이 세 개의 자음을 연속적으로 피하는 함수가 동일하다고 제안했다. 이를 음절 구조로 다시 설명한다. 요엘마니 음절은 CVC나 CV 형식일 수 있다. 복잡한 초성이나 복잡한 음절 말음은 자음이 여러 개일 경우 허용되지 않는다. CVCC 음절은 표면에서 허용되지 않기 때문에, CVCC 어근은 표면에 나타날 때 **재음절화**가 돼야 한다. 음절의 관점에서 보면 삽입과 생략은 모두 요엘마니 단어들이 적절하게 음절될 수 있도록 하기 위해 발생한다. 다음은 변경 없이 삽입 및 생략된 재음절화의 예다.

재음절화

근본적인 형태소	표면 음절화	주석
ʔilk-en	ʔil.ken	"will sing"
ʔilk-hin	ʔi.lik.hin	"sang"
diyel-hnil-aw	di.yel.ne:.law	"guard – passive cons. adjunctive – locative"

최적 이론의 직관은 독특한 삽입과 생략 규칙을 사용하는 것이 아니라 음절 구조에 대한 이러한 종류의 제약을 직접적으로 나타내려고 노력하는 것이다. 그러한 제약 조건 중 하나인 *COMPLEX는 "복잡한 초성이나 음절 말음 없음"이라고 말한다. 다른 종류의 제약 조건은 표면 형태가 기초 형태와 동일해야 한다(신뢰할 수 있음). 따라서 FAITHV는 "모음을 생략하거나 삽입하지 마시오"이고, FAITHC는 "자음을 생략하거나 삽입하지 마시오"라고 말한다. 기본 형태에 따라 GEN 함수는 가능한 모든 표면 형태(즉, 모든 가능한 음절과 함께 가능한 모든 세그먼트 삽입 및 생략)를 생성하며, 이러한 (위반적인) 제약 조건에 따라 EVAL 함수에 의해 순위가 매겨진다. 일반적으로 삽입과 생략은 분산돼 있지만, 일부 언어와 상황에서는 삽입과 생략이 음절 구조와 같은 다른 제약 조건을 위반하는 것보다 선호된다. 그림 11.8은 아키텍처를 보여준다.

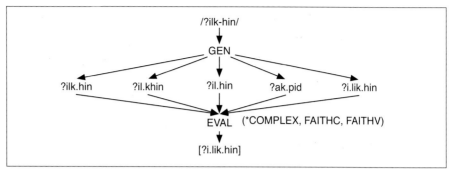

그림 11.8 최적 이론의 파생 아키텍처

EVAL 함수는 아래 표에 표시된 대로 각 후보에 순위 순서로 각 제약 조건을 적용해 작동한다.

	/ʔilk-hin/	*COMPLEX	FAITHC	FAITHV
	ʔilk.hin	*!		
	ʔil.khin	*!		
	ʔil.hin		*!	
☞	ʔi.lik.hin			*
	ʔak.pid		*!	

가장 높은 순위의 제약 조건부터 시작해 한 후보가 다른 모든 후보에 비해 제약을 위반하지 않거나 제약을 적게 위반할 경우 해당 후보는 최적으로 선언된다. 두 후보가 동점일 경우(최고 등급 위반이 동일), 다음으로 높은 순위 위반이 고려된다. 이 평가는 일반적으로 **tableau**(복수 tableaux)로 표시된다. 상단 좌측 셀은 입력을 표시하며, 제약 조건은 상단 행에 걸쳐 순위에 따라 나열되며, 가장 왼쪽 열을 따라 출력될 수 있다.[5] 형식이 제약 조건을 위반하면 관련 셀은 *를 포함하고, *!는 후보를 제거하는 치명적인 위반을 나타낸다. (상위 수준의 제약 조건이 이미 위반됐기 때문에) 관련이 없는 제약 조건의 셀은 음영 처리된다.

최적 이론적 파생의 한 가지 어필은 제약 조건이 교차 언어적 일반화로 추정된다는 것이다. 즉, 모든 언어는 어느 정도 충실한 버전, 간단한 음절에 대한 선호도 등을 가지고 있는 것으로 추정된다. 언어는 제약 조건의 순위를 어떻게 매기는가에 따라 다르다. 따라서 영어는 *COMPLEX보다 FAITHC의 순위를 더 높게 매긴다(이것을 어떻게 알 수 있을까?). 25장에 나오는 언어 보편성의 개념으로 되돌아간다.

11.3.1 최적 이론의 유한 상태 변환기 모델

이제 최적 이론의 언어적 동기를 개요를 제시했다. 유한 상태와 확률론의 두 종류의 컴퓨터를 사용한 OT 모델을 살펴본다. 엘리슨(1994)의 기초 작업에 이어 프랭크와 사타(1998)는 GEN이 정규 관계인 경우(예: 입력에 어떤 종류의 문맥 자유 트리가 포함돼 있지 않다고 가정)와 (2)어떤 제약 조건의 허용된 위반 횟수가 유한한 경계를 가지고 있는 경우 유한 상태 수단 (1)에 의해 OT 파생을 계산할 수 있다는 것을 보여줬다. 두 번째 제약 조건은 우리가 언급하지 않은 OT의 속성과 관련된다. 즉, 두 후보가 정확히 동일한 수의 제약 조건을 위반할 경우, 해당 제약 조건의 위반 횟수가 가장 적은 후보가 유력한 후보라는 것이다. 해몬드(1997)의 이 작업과 그에 이어 카르투넨(1998)은 OT를 기초 형식을 부여받고 일련의 후보 형식을 생산하는 유한 상태 변환기로 구현하자고 제안했다. 위의 음절 예제의 경우, GEN은 자음 생략 또는 모음 삽입과 그 음절의 변형인 모든 문자열을 생성한다.

각 제약 조건은 제약을 충족하는 문자열만 통과할 수 있는 필터 변환기로 구현된다. 올바른 문자열의 경우, 변환기는 항등사상 역할을 한다. 예를 들어 *COMPLEX는 입력 문자열이 시작 또는 음절 말음에 두 개의 자음을 가지지 않는 한 입력 문자열을 스스로 매핑하는 변환기로 구현되며, 이 경우 입력 문자열이 null로 매핑된다. 그런 다음 그림 11.9에서 제시한 바와 같이 상위 순위 제약 조건이 단순히 먼저 실행되는 계단식으로 제약 조건을 배치할 수 있다.

그림 11.9   카르투넨의 OT 계단식 구현 버전 #1(무자비한 캐스케이드(merciless cascade))

그림 11.9의 계단식 모델에 결정적인 결함이 하나 있다. 제약 조건-변환기가 제약 조건을 위반하는 모든 후보를 필터링한다. 그러나 ?i.lik.hin의 적절한 파생을 포함한 많은 파생에서는 최적의 형태조차도 여전히 제약 조건을 위반한다. 그림 11.8의 계단식은 잘못 필터링해 표면 형태를 전혀 남기지 않을 것이다. 제한 조건은 후보 세트를 0으로 줄이지 않는 경우에만 강제하는 것이 필수적이다(Frank and Satta, 1998; Hammond, 1997).

관대한 구성   카르투넨(1998)은 **관대한 구성** 연산자와 함께 이 직관을 공식화하는데, 이 직관은 정규 구성과 **우선순위 결합**이라는 작전이 결합돼 있다. 그 제약을 충족시키는 후보가 있으면 이들 후보는 평소처럼 필터를 통과한다는 게 기본 생각이다. 어떤 결과도 제약을 충족시키지 못하면, 관대한 구성은 후보들의 "all"을 유지한다. 그림 11.10은 일반적인 아이디어를 보여주며, 자세한 내용은 카르투넨(1998)을 참조한다.

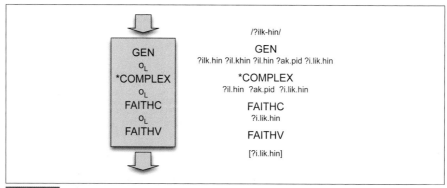

그림 11.10   카르투넨의 계단식 OT 구현 버전 #2(관대한 캐스케이드(lenient cascade))는 각 FST 제약 조건을 통과할 후보군을 시각적으로 보여준다.

11.3.2 최적 이론의 확률적 모델

확률론적인
OT

클래식 OT는 각 입력의 단일 최대 조화 출력을 할당하기 때문에 7.3절에서 본 종류의 변형을 다루도록 설계되지 않았다. 변형을 다루는 한 가지 방법은 **확률론적인 OT**에서 사용되는 제약 조건 순위의 좀 더 동적인 개념을 사용하는 것이다(Boersma and Hayes, 2001). 확률론적인 OT에서 순서가 매겨지는 제약 조건 대신 각 제약 조건은 연속 척도의 값과 연관된다. 연속 척도는 순위가 제공할 수 없는 한 가지를 제공한다. 두 제약 조건의 상대적 중요도나 가중치는 둘 사이의 거리에 비례할 수 있다. 그림 11.11은 그러한 연속적인 척도의 스케치를 보여준다.

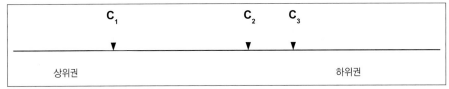

그림 11.11 확률론적인 OT의 부어스마와 헤이스(2001) 연속 척도

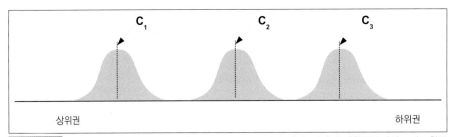

그림 11.12 엄격하게 순위가 매겨진 확률론적인 OT의 세 가지 제약. 따라서 비확률론적인 OT는 확률론적인 OT의 특별한 경우다.

제약 조건 사이의 거리가 평가에서 어떻게 역할을 할 수 있는가? 확률론적인 OT는 제약 조건 값에 대해 추가적인 가정을 한다. 그림 11.11과 같이 고정된 값을 갖는 대신에, 그림 11.12와 같이 고정된 값을 중심으로 한 가우시안 분포의 값을 가진다. 평가할 때 각 제약 조건과 연관된 가우시안 평균과 분산에 의해 정의된 확률로 제약 조건 값(**선택 지점**)이 그려진다.

그림 11.12와 같이 두 제약 조건에 대한 분포가 충분히 떨어져 있는 경우, 하위 순위 제약 조건이 상위 순위 제약 조건을 벗어날 확률은 거의 또는 전혀 없을 것이다.

따라서 확률론적인 OT는 특별한 경우로서 비확률론적인 OT를 포함한다.

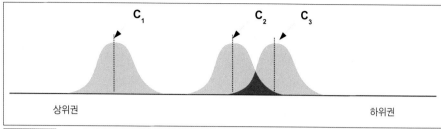

그림 11.13 C_3가 때때로 C_2보다 우위를 차지하는 확률론적인 OT의 세 가지 제약 조건

흥미로운 사례는 확률론적인 OT의 두 제약 조건이 분포에서 겹칠 때 발생하며, 낮은 순위의 제약 조건이 상위 순위의 제약 조건보다 우선할 가능성이 있다. 예를 들어 그림 11.13에서 제약 조건 C_2는 일반적으로 C_3보다 높지만 때로는 C_2보다 높다. 이는 동일한 기초 형태에 대해 다른 선택 지점이 다른 표면 변형이 가장 높은 순위를 차지하게 할 수 있기 때문에 확률론적 OT는 변동을 모델링할 수 있다. 모델링 변형의 이점 외에도 확률론적인 OT는 확률론 학습 이론을 갖는 데 있어 비확률론적인 OT와 다르며, 이 이론은 11.5.3절에서 다룬다. 마지막 참고 사항은 확률론적인 OT 자체는 6장의 일반 선형 모델의 특별한 경우로 볼 수 있다.

11.4 음절화

음절화　일련의 단음을 음절로 나누는 작업인 **음절화**는 다양한 음성 애플리케이션에서 중요하다. 음성 합성에서 음절은 악센트와 같은 운율적 요소를 예측하는 데 중요하다. 단음의 인식은 음절에서의 위치에 따라 결정된다(초성 [l]은 음설 말음[l]과 다르게 발음됨). 음성 인식에서 음절화는 단음보다는 음절로 발음을 나타내는 인식기에게 유용하다. 음절화는 음절로 표현할 수 없는 단어를 찾아 발음 사전에서 오류를 찾는 데 도움을 줄 수 있으며, 코퍼스 언어학 연구의 음절 경계로 코퍼스들에 주석을 달 수 있다. 마지막으로, 음절은 이론 생성 음운론에서 중요한 역할을 한다.

음절화가 어려운 계산 작업인 한 가지 이유는 음절 경계에 대해 완전히 합의된 정의가 없기 때문이다. 다른 온라인 음절 사전(예: CMU 및 CELEX 어휘 목록)은 때로 다른 음절을 선택하기도 한다. 실제로 라데포게드(1993)가 지적했듯이, 때로는 단어에 몇 개의 음절이 있는지조차 명확하지 않다. 일부 단어(*meal, teal, seal, hire, fire, hour*)는 1음절 또는 2음절로 볼 수 있다.

음성 및 언어 처리의 많은 작업과 마찬가지로, 음절화도 수작업으로 작성한 규칙이나 레이블링된 훈련 세트의 머신러닝을 기반으로 수 있다. 어떤 종류의 지식을 음절 표기 설계에 사용할 수 있을까? 한 가지 가능한 제약 조건은 모음(VCCV) 이전에 단어 중간에서 일련의 자음이 발생할 때 가능한 한 많은 자음(언어의 다른 제약 조건에 따라)이 **최대 초성** 첫 번째 음절의 코다보다는 두 번째 음절의 시작으로 음절화돼야 한다는 **최대 초성** Maximum Onset 원칙이다. 따라서 최대 초성 원칙은 음절화 VC.CV 또는 VCC.V보다 V.CCV를 선호한다.

공명도 또 다른 원칙은 소리의 **공명도**를 사용하는 것인데, 소리의 공명도가 얼마나 지각적으로 두드러지거나, 시끄럽거나, 모음과 비슷한지를 측정하는 척도다. **공명도 체계**를 정의하기 위한 다양한 시도가 있다. 일반적으로 모든 것이 같다면, 모음은 활음(w, y)보다 더 울려퍼진다. 활음(w, y)은 유음(l, r)보다 더 소리가 더 울리며 비음(n, m, ng), 마찰음(z, s, sh, zh, v, f th, dh)이 그 뒤를 잇는다. 음절 구조에 대한 공명도 제약 조건은 음절핵이 연속적으로 가장 울리는 단음이어야 하며(**공명도 정점**) 음절의 공명도는 단조롭게 음절핵에서 벗어나서(음절 말음과 초성 쪽으로) 감소한다고 말한다. 따라서 음절 $C_1C_2VC_3C_4$에서는 음절핵 V가 가장 울리는 요소가 되고, 자음 C_2가 C_1보다 더 울리며, 자음 C_3가 자음 C_4보다 더 울리는 요소가 된다.

골드워터와 존슨(2005)은 최대 초성 및 공명도 배열에 기초해 규칙 기반의 언어 독립형 분류기를 구현한다. 두 음절핵 사이의 자음군을 감안할 때, 공명도는 음절 경계를 가장 낮은 음절의 자음 바로 앞이나 바로 뒤에 있도록 제한한다. 골드워터와 존슨 분류기는 공명도와 최대 초성을 결합해 가장 낮은 공명도와 자음 앞의 음절 경계를 예측한다. 이 간단한 음절화는 영어와 독일어로 된 다음절 단어의 86~87%를 정확하게 음절화 구분한다.

이 오류율은 불합리하지 않으며 더 나아가 언어적, 심리학적 증거는 이러한 원칙들이 음절 구조에서 역할을 한다는 것을 암시하지만, 최대 초성과 공명도 배열 모두 예외가 있는 것 같다. 단어 *spell*에서 영어 음절-초기 클러스터 /sp st sk/, 공명도가 적은 /p/는 공명도가 큰 /s/와 모음 사이에 발생해 공명도 배열을 위반한다(Blevins,

1995). 영어에서 /kn/과 같이 언어별로 허용되지 않는 초성군을 배제할 수 있는 방법이 전혀 없는 경우, 공명도 배열과 최대 초성의 조합은 단어 *weakness*의 음절화를 *weak.ness*가 아닌 *wea.kness*으로 잘못 예측한다. 게다가 한 음절에 대한 강세(강조된 음절은 더 복잡한 음절 말음을 갖는 경향이 있다), 형태론적 경계의 유무 그리고 심지어 단어의 철자를 포함한 다른 제약 조건들이 중요하게 보인다(Titone and Connine, 1997; Treiman et al., 2002).

따라서 더 높은 성과를 달성하려면 이러한 종류의 언어별 지식을 사용해야 한다. 가장 일반적으로 사용되는 규칙 기반 음절화는 피셔(1996)가 구현한 칸(1976)의 논문에 기초한다. 칸 알고리듬은 허용 가능한 영어 초기 클러스터, 허용 가능한 영어 최종 클러스터, "보편적으로 나쁜" 클러스터 등의 목록 형태로 언어별 정보를 사용한다. 이 알고리듬은 가능한 경우 단어 경계나 강세와 같은 다른 정보와 함께 단음 문자열을 사용하고, 단음 사이에 음절 경계를 할당한다. 그림 11.14처럼 음절은 세 가지 규칙에 따라 점진적으로 작성된다. 규칙 1은 각 음절 세그먼트에서 음절핵을 형성하고, 규칙 2a는 초성을 음절핵에 연결하고, 규칙 2b는 음절 말음의 자음을 연결한다.[6] 규칙 2a 및 2b는 유효한 초성 자음 시퀀스 목록(예: [b], [b l], [b r], [b y], [ch], [d], [d r], [d w], [d y], [dh], [f], [f l], [f r], [f y], [g], [g l], [g r], [g w]) 및 유효한 음절 말음군을 사용한다. 영어에는 매우 많은 수의 음절 말음 자음군이 있다. 더 긴 (4-자음) 클러스터 중 일부는 다음과 같다.

k s t s	l f th s	m f s t	n d th s	n k s t	r k t s	r p t s
k s th s	l k t s	m p f t	n t s t	n k t s	r l d z	r s t s
	l t s t	m p s t	n t th s	n k th s	r m p th	r t s t

알고리듬은 또한 음성이 얼마나 빠르거나 일상적인지를 나타내는 매개변수를 사용한다. 음성이 빠르거나 더 비공식적일수록, 보여주지 않은 추가 규칙에 기초해 더 많은 재음절화가 발생한다.

---

6   규칙 2a 앞의 규칙 2a는 최대 초성의 구현으로 볼 수 있다.

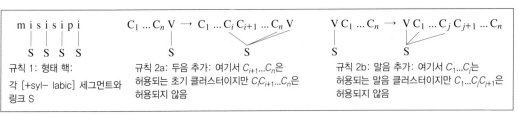

그림 11.14 칸(1976)의 처음 세 개의 음절 규칙. 규칙 2b는 단어 경계를 넘어 적용되지 않을 수 있다.

수기로 작성한 규칙 대신 수작업으로 만든 사전을 지도 훈련 세트로 사용해 머신러닝 방식을 적용할 수 있다. 예를 들어 7.5절에서 논의된 CELEX의 음절 어휘 목록은 종종 이런 방식으로 사용되며, 일부 단어를 훈련 세트로 선택하고 다른 단어를 개발 테스트 및 테스트 세트로 예약한다. 의사결정 트리(van den Bosch, 1997), 가중 유한 상태 변환기(Kiraz and Möbius, 1998), 확률론적 문맥 자유 문법(Seneff et al., 1996; Müler, 2002, 2001; Goldwater and Johnson, 2005)을 포함한 음절 예측에 통계 분류기를 사용할 수 있다.

예를 들어 키라즈 및 모바이오스(1998) 알고리듬은 음절 경계를 다음 시퀀스로 삽입하는 가중 유한 상태 변환기다(3장에서 본 형태소 경계와 유사함). **가중 FST**(Pereira et al., 1994)는 각 호가 한 쌍의 기호뿐만 아니라 확률과 연관되는 유한 변환기의 단순한 증가다. 확률은 경로를 취할 확률을 나타낸다. 노드를 떠나는 모든 호의 확률은 합이 1이어야 한다.

가중 FST

키라즈 및 모바이오스의 음절 오토마톤은 초성용 1개, 음절핵용 1개, 음절 말음용 1개 등 3개의 별도 가중 변환기로 구성되며, 음절 말음이 끝난 후 음절 마커를 삽입하는 FST에 연결된다. 키라즈 및 모바이오스(1998)는 훈련 세트의 빈도에서 경로 가중치를 계산한다. 빈도 f의 각 경로(예: 음절핵 [iy])에는 가중치 $1/f$가 할당된다. 빈도를 값으로 변환하는 또 다른 방법은 로그 확률을 사용하는 것이다. 그림 11.15는 키라즈 및 모바이오스(1998)에서 간소화된 샘플 오토마톤을 보여준다. 일부 음절핵에 대한 가중치만을 보여줬다. 각각의 가능한 초성, 음절핵, 음절 말음에 대한 호는 위의 칸 알고리듬에서 사용된 것과 같은 언어 의존적 목록에서 추출된다.

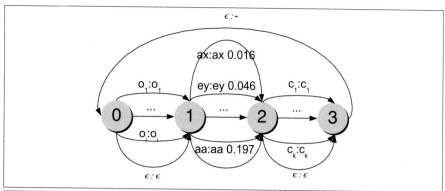

그림 11.15 초성 (o), 음절 말음(c) 및 음절핵 호를 보여주는 키라즈 및 모바이오스(1998) 음절 오토마톤의 단순화된 버전이다. 일부 샘플 음절핵 호에 대해서만 표시된 각 호의 값이며, 마지막이 아닌 모든 음절 뒤에 음절 경계 마커 '–'가 삽입된다.

그림 11.15에 표시된 오토마톤은 weakness[w iy k n eh s] 표현과 같은 입력 시퀀스에서 "–":[w iy k – n eh s]와 같은 음절 마커를 포함하는 출력 시퀀스로 매핑하는 데 사용할 수 있다. 단어에 여러 개의 가능한 법적 음절이 있는 경우, 비터비 알고리듬을 사용해 FST를 통해 가장 가능성이 높은 경로와 그에 따라 가장 가능성 있는 세분화를 선택한다. 예를 들어 독일어 Fenster는 가능한 세 가지 음절화 즉, [fɛns-tɐ] ⟨74⟩, [fɛn-stɐ]⟨75⟩, [fɛnst-ɐ]⟨87⟩(각괄호 안에 값 표시)을 가지고 있다. 독일어 Fenster의 음절화는 훈련 세트에서 초성과 음절 말음의 빈도를 기준으로 가장 낮은 값의 음절화 fɛns-tɐ를 정확하게 선택한다. 음절화에는 형태론적 경계도 중요하기 때문에, 음절 구조의 영향을 받을 수 있도록 형태론적 파싱 변환기 뒤에 키라즈 및 모바이오스(1998) 음절화 변환기를 배치할 수 있다.

확률론적 문맥 자유 문법PCFG에 기반한 보다 최근의 음절화는 음절들 사이의 보다 복잡한 계층적이고 확률론적 종속성을 모델링할 수 있다(Seneff et al., 1996; Müller, 2002, 2001; Goldwater and Johnson, 2005). 반 덴 보쉬(1997)와 같은 다른 머신러닝 접근 방식과 함께, 현대의 통계적 음절화 접근 방식은 단어 정확도가 약 97~98% 정도 정확하며, 음절 구조의 확률론적 모델도 의미 없는 단어의 수용성에 대한 인간의 판단을 예측하는 것으로 나타났다(Coleman and Pierrehumbert, 1997).

음절화에는 여러 가지 다른 방향들이 있다. 하나는 비지도 머신러닝 알고리듬의 사용이다(Ellison, 1992; Müller et al., 2000; Goldwater and Johnson, 2005). 또 다른 것은 음절화의 다른 단서들을 사용하는 것이다. 예를 들어 정밀 음성 전사에서 나오는 이음의 세부 사항과 같은 말이다(Church, 1983).

11.5 음운론 및 형태론 학습

음운론의 구조의 머신러닝은 앞의 절에서 논의된 음절 구조의 유도를 넘어 위와 그 이상의 컴퓨터를 사용한 음운론의 활발한 연구 영역이다. 지도 학습 작업은 유도될 음운론 (또는 형태론) 구조에 대해 명시적으로 레이블이 지정된 훈련 세트를 기반으로 한다. 비지도 작업은 레이블이 지정된 훈련 데이터 없이 음운 또는 형태론적 구조를 유도하려고 시도한다. 음운론적 규칙 학습, 형태론적 규칙 학습, OT 제약 순위 학습 등 3가지 대표적인 학습 영역을 살펴보자.

11.5.1 음운론적 규칙 학습

이 절에서 일반적으로 2단계 음운론의 유한 상태 모델 또는 고전적인 촘스키-할레 규칙으로 구성된 음운론적 규칙 학습의 초기 문헌을 간략하게 요약한다.

존슨(1984)은 음운론적 규칙 유도를 위한 최초의 연산 알고리듬 중 하나를 제공한다. 존슨의 알고리듬은 형태 규칙에 대해 작동한다.

$$a \rightarrow b/C \tag{11.8}$$

여기서 C는 a 주위에 있는 세그먼트의 피처 행렬이다. 존슨 알고리듬은 표면에서 b가 발생하는 모든 C_i와 표면에서 a가 발생하는 모든 부정적인 문맥 C_j를 고려해 C가 충족해야 하는 제약 조건 방정식의 시스템을 설정한다. 투레츠키 외 연구진(1990)은 삽입음과 생략 규칙으로 존슨의 작업을 확장시켰다.

길데아와 쥬라프스키(1996)의 알고리듬은 앞에서 논의한 유형의 2단계 규칙을 대표하는 변환기를 유도하기 위해 설계됐다. 길데아와 쥬라프스키의 지도 알고리듬은 기초 형태와 표면 형태의 쌍에 대해 훈련됐다. 예를 들어 영어 설탄음화 법칙을 배우려고 시도했다(음성학적 문맥에만 초점을 맞추고 사회적 요소와 다른 요소들을 무시함). 따라서 훈련 세트는 다음과 같이 기본 /t/ 및 표면 설탄음 [dx] 또는 기초 /t/ 및 표면 [t]이 있는 기본/표면 쌍으로 구성됐다.

설탄음화				비-설탄음화			
butter	/b ah t axr/	→	[b ah dx axr]	*stop*	/s t aa p/	→	[s t aa p]
meter	/m iy t axr/	→	[m iy dx axr]	*cat*	/k ae t/	→	[k ae t]

알고리듬은 **후속 변환기**의 일반 학습 알고리듬인 OSTIA(Oncina et al., 1993)를 기반으로 했다(109페이지). 길데아와 유라프스키는 기본 형태/표면 형태 쌍의 큰 코퍼스를 감안할 때, OSTIA 알고리듬 자체가 음운 변환기를 학습하기에는 너무 일반적이었다는 것을 보여줬다. 위의 예와 같은 25,000개의 기본 형태/표면 형태 쌍을 고려할 때, 알고리듬은 그림 11.16(a)의 거대하고 부정확한 오토마톤으로 끝나게 된다. 길데아와 쥬라프스키는 그 후 자연어 음운론 특화된 학습 편향으로 OSTIA를 보강했다. 예를 들어 기본 세그먼트가 표면에서 비슷하게 실현되는 경향이 있다는 **충실도** 편향(즉, 모든 것이 동일하고, 기본 /p/가 표면[p]으로 나타날 가능성이 있다는 것)과 음성 피처에 대한 지식을 추가했다. 편향은 OSTIA가 그림 11.16(b)의 오토마톤을 학습할 수 있게 했으며, 다른 음운론적 규칙에 대한 오토마톤을 교정할 수 있게 했다.

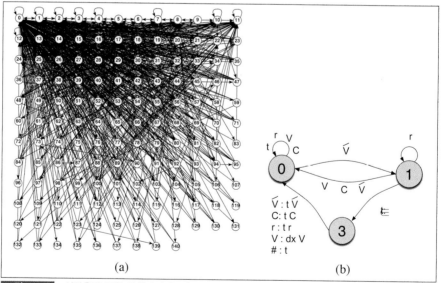

(a)   (b)

그림 11.16   설탄음화 규칙 변환기의 유도(길데아와 쥬라프스키 이후(1996)). (a)의 변환기는 학습의 초기 시도다. (b)의 변환기는 충실도 편향 후에 유도된 올바른 변환기다.

이 연구는 성공적인 학습을 위해서는 데이터로부터의 경험적 유도와 학습 편향의 통합이 필요하다는 것을 시사한다. 다음 몇 절에서는 형태론적 학습과 OT 제약 조건의 순위에 관한 작업에 적용된 이 두 가지 요소를 살펴본다.

11.5.2 형태론적 규칙 학습

3장에서 형태론적 파싱을 위한 유한 상태 변환기의 사용에 대해 논의했다. 일반적으로 이러한 형태론적 파서들은 수작업으로 제작되며 상대적으로 정확도가 높지만, 형태론적 파서들의 지도 머신러닝에 관한 연구도 있다(van den Bosch, 1997). 그러나 최근의 연구는 자동적으로 부트스트랩 형태론적 구조를 만드는 비지도 방법에 초점을 맞추고 있다. 비지도 (또는 약하게 지도되는) 학습 문제는 수작업으로 만든 형태론적 파서 또는 형태론적 분할 훈련 코퍼스가 아직 존재하지 않는 언어가 많기 때문에 유용할 것이다. 게다가 언어 구조의 학습성은 언어학에서 많이 논의되는 과학적인 주제다. 비지도 형태론적 학습은 언어 학습을 가능하게 하는 것이 무엇인지 이해하는 데 도움을 줄 수 있다.

　비지도 형태론 유도에 대한 접근 방식은 적절한 형태론적 분석에 매우 다양한 단서들을 사용했다. 초기 접근법은 모두 본질적으로 세분화에 기반을 두고 있었다. 코퍼스가 주어지면, 다양한 비지도 휴리스틱스를 사용해 각각의 단어를 어간과 접사로 나누려고 했다. 예를 들어 가장 초기의 작업은 다음 글자에 대해 불확실성이 큰 단어의 한 지점에서 형태소 경계를 가정했다(Harris, 1954, 1988; Hafer and Weiss, 1974).

트라이　　예를 들어 그림 11.17은 단어 *car*, *care*, *cars*, *cares*, *cared* 등을 저장하는 **트라이** Trie[7]를 보여준다. 그림 11.17의 트리에 있는 특정 노드에는 넓은 분기 요소(car 이후 및 care 후)가 있다. 지금까지 트라이의 경로를 주는 다음 글자를 예측하는 작업을 생각해 보면, 이 점들은 조건부 엔트로피가 높다고 할 수 있다. 가능한 많은 연속성이 있다.[8] 이는 유용한 휴리스틱이지만, 충분하지는 않다. 이 예에서 단어 *careful*의 일부인 *care*뿐만 아니라 형태소 *car*를 배제하는 방법이 필요하다. 이를 위해서는 복잡한 임계값 세트가 필요하다.

7　**트라이**(trie)는 문자열을 저장하는 데 사용되는 트리 구조로, 문자열이 루트에서 리프까지의 경로로 표현된다. 따라서 트리의 각 비단말 노드는 문자열의 접두사를 저장하며, 모든 공통 접두사는 노드로 표시된다. 단어 **trie**는 *retrieval*에서 유래하며 [t r iy] 또는 [t r ay]로 발음된다.

8　흥미롭게도, 예측 가능성이 낮은 영역에 경계를 두는 이 아이디어는 유아들이 단어 세분화에 사용하는 것으로 나타났다 (Saffran et al., 1996b).

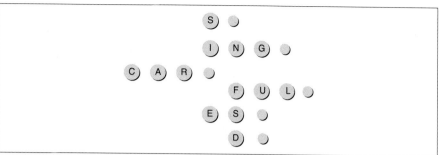

그림 11.17 문자 트라이의 예. 해리스 스타일 알고리듬은 *car*와 *care*에 이어 형태소 경계를 삽입할 것이다. 쇼네와 쥬라프스키(2000) 이후

최소 설명 길이

MDL

형태론 유도에 대한 또 다른 세분화 기반 접근 방식은 전체 문법, **최소 설명 길이**의 기준 또는 **MDL**에 대한 단일 기준을 전 세계적으로 최적화하는 데 초점을 맞추고 있다. MDL 원리는 언어 학습에 널리 사용되고 있으며, 14장의 문법 유도에서 다시 설명한다. 그 아이디어는 일부 데이터의 최적 확률론적 모델을 학습하려고 한다는 것이다. 제안된 모델이 있으면 전체 데이터 세트에 가능성을 할당할 수 있다. 또한 제안된 모델을 사용해 이 데이터에 압축 길이를 할당할 수 있다(확률론적 모델에서는 데이터의 압축 길이가 로그 확률로 추정할 수 있는 엔트로피와 관련이 있다는 직관을 사용할 수 있다). 또한 제안된 모델 자체에 길이를 지정할 수 있다. MDL 원칙은 데이터 길이와 모델 길이의 합계가 가장 작은 모델을 선택하라고 말한다. 그 원리는 종종 베이스 관점에서 바라본다. 만약 최대 사후 확률 $P(M|D)$를 가진 일부 데이터 D에 대해 모든 모델 M 중에서 가장 좋은 모델 $\hat{M}$을 학습하려는 경우, 베이스의 규칙을 사용해 가장 좋은 모델 $\hat{M}$을 다음과 같이 표현할 수 있다.

$$\hat{M} = argmax_M P(M|D) = argmax_M \frac{P(D|M)P(M)}{P(D)} = argmax_M P(D|M)P(M)$$

따라서 최상의 모델은 데이터 $P(D|M)$의 확률과 모델 $P(M)$ 이전의 두 항을 최대화하는 것이다. MDL 원칙은 모델의 이전 용어가 모델의 길이와 관련돼야 한다.

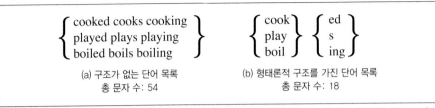

그림 11.18 형태론적 구조를 가진 어휘의 설명 길이 축소를 보여주는 MDL의 단순한 버전, 골드스미스 (2001)에서 각색했다.

분할 유도에 대한 MDL 접근 방식은 카자코프(1997)뿐만 아니라 드 마르켄(1996)과 브렌트(1999)에 의해 처음 제안됐다. 여기서는 골드스미스(2001)의 최신 사례를 요약했다. MDL 직관은 골드스미스에서 영감을 받은 그림 11.18의 도식적인 예에서 볼 수 있다.

그림 11.18에서 보는 바와 같이 형태론적 구조를 사용하면 더 적은 문자로 어휘 목록을 나타낼 수 있다. 물론 이 예는 형태론적 표현의 정확한 복잡성을 나타내지는 않는다. 왜냐하면 실제로 모든 단어가 모든 접사와 결합할 수 있는 것은 아니기 때문이다. 골드스미스(2001)의 다음과 같이 특정 어간과 함께 나타날 수 있는 접미사의 목록인 **시그니처**를 사용하는 것이 개선됐다.

시그니처	예
NULL.ed.ing.s	remain remained remaining remains
NULL.s	cow cows
e.ed.es.ing	notice noticed notices noticing

골드스미스(2001) 버전의 MDL은 모든 단어의 가능한 분할을 어간과 접미사로 간주한다. 그런 다음 전체 코퍼스에 대해 압축된 코퍼스 길이와 모델 길이를 공동으로 최소화하는 세분화 세트를 선택한다. 모델의 길이는 접사, 어간, 시그니처의 합이다. 알고리듬은 코퍼스에 확률을 할당하고 나서 모델이 주어진 코퍼스의 교차 엔트로피를 계산해 코퍼스의 압축 길이를 추정한다.

어간 및 접사 통계는 형태론 학습에서는 상당히 성공적이지만, MDL의 과다 분할(예: 단어 *ally*를 *all* + *y*로 분할) 또는 과소 분할(예: *dirt*와 *dirty* 사이의 링크 누락)되는 경우를 처리하기 위해 다른 피처가 제안됐다. 예를 들어 쇼네와 쥬라프스키(2000, 2001)는 *ally*와 *all*은 의미론적으로 관련이 없는 반면 *dirt*와 *dirty*는 의미론적 역할을 제안한다. 쇼네와 쥬라프스키(2000) 알고리듬은 트라이를 사용해 "전위 형태론적 변이형 PPMV", 즉 잠재적 접사만 다른 단어를 만든다. 각 쌍에 대해 잠재의미분석LSA 알고리듬(20장)을 사용해 단어 사이의 의미 유사성을 계산한다. LSA는 문맥에 있는 단어의 분포로부터 직접 유도되는 단어 유사성의 비지도 모델이다. 쇼네와 쥬라프스키(2000)는 의미 유사성만을 사용하는 것이 MDL만큼 형태론적 구조의 예측변수를 보여줬다. 다음 표는 PPMV 간의 LSA 기반 유사성을 보여준다. 이 예에서 유사성은 형태론적으로 관련이 있는 단어에 대해서만 높다.

PPMV	스코어	PPMV	스코어	PPMV	스코어	PPMV	스코어
ally/allies	6.5	dirty/dirt	2.4	car/cares	−0.14	car/cared	−.096
car/cars	5.6	rating/rate	0.97	car/caring	−0.71	ally/all	−1.3

쇼네와 쥬라프스키(2001)는 접두사 및 양분접사를 학습하기 위해 알고리듬을 확장했으며, 인접 단어 문맥의 구문 및 기타 효과(Jacquemin, 1997), PPMV 사이의 레벤슈타인 거리(Gaussier, 1999)를 포함한 다른 유용한 피처를 통합했다.

우리가 언급한 알고리듬은 규칙적인 형태론을 배우는 데 초점을 맞추고 있다. 야로우스키와 위센토스키(2000)는 "불규칙한" 형태론을 학습하는 더 복잡한 문제를 다룬다. 야로우스키와 위센토스키의 생각은 각 잠재적 어간(예: 영어 *take* 또는 스페인 *jugar*)에 굴절형(예: 영어 *Took* 또는 스페인어 *Juegan*)을 확률적으로 정렬하는 것이다. 이들의 정렬 기반 알고리듬 결과는 다음 표와 같이 선택적 어간 변경과 접미사를 모두 포함하는 굴절-어근 매핑이다.

영어				스페인			
어근	굴절	어간 변경	접미사	어근	굴절	어간 변경	접미사
take	took	ake→ook	+ϵ	jugar	juega	gar→eg	+a
take	taking	e→ϵ	+ing	jugar	jugamos	ar→ϵ	+amos
skip	skipped	ϵ→p	+ed	tener	tienen	ener→ien	+en

야로우스키와 위센토스키(2000) 알고리듬은 언어의 규칙적인 굴절 접사 및 개방형 부류 어간 목록에 대한 지식을 가정하며, 두 가지 모두 위의 알고리듬 중 하나에 의해 유도될 수 있다. 굴절형으로 주어진 야로우스키와 위센토스키(2000) 알고리듬은 굴절형과 잠재적 어간의 상대적 빈도, 어휘적 맥락에서의 유사성, 이들 사이의 레벤슈타

인 거리 등 잠재적 어간에 가중치를 부여하기 위해 다양한 지식 소스를 사용한다.

11.5.3 최적 이론 학습

최적 이론의 학습에 대한 간략한 개요로 마무리한다. OT 학습에 대한 대부분의 작업은 제약이 이미 주어졌고 그 작업은 단지 순위를 배우는 것이라고 가정했다. 순위를 학습하기 위한 두 가지 알고리듬은 테사르와 스몰렌스키(2000)의 **제약 강등 알고리듬**과 보어스마와 헤이스(2001)의 **점진적 학습 알고리듬** 등 두 가지가 어느 정도 구체적으로 작성됐다.

제약 강등 **제약 강등** 알고리듬은 두 가지 가정을 한다. 언어의 가능한 모든 OT 제약 조건을 알고 있다는 것과 각 표면 형태는 완전한 구문 분석 및 기본 형태로 주석을 달았다는 것이다. 알고리듬의 직관은 이러한 표면 관측 각각이 제약 조건 순위에 대한 암시적 증거를 제공한다는 것이다.

기본 형태에 따라, GEN 알고리듬을 사용해 암묵적으로 경쟁자 집합을 형성할 수 있다. 이제 정확히 관측된 문법 형태와 각 경쟁자로 구성된 쌍을 구성할 수 있다. 학습자는 (관측되지 않은) 각 경쟁자 *loser*보다 관측된 학습 *winner*를 선호하는 제약 조건 순위를 찾아야 한다. 일련의 제약 조건이 주어지기 때문에, 표준 OT 구문 분석 아키텍처를 사용해 각 승자 또는 패자가 정확히 어떤 제약 조건을 위반하는지 결정할 수 있다.

예를 들어 후보 1을 관측했지만 현재 제약 조건이 후보 2를 선호하는 학습 알고리듬을 다음과 같이 고려한다(이 예와 다음 표는 보어스마와 헤이스(2001)에서 수정됨).

/ 기본 형식 /	C_1	C_2	C_3	C_4	C_5	C_6	C_7	C_8
후보 1(학습 관측)	*!	**	*		*			*
☞　　후보 2(학습자 출력)			*	*	*		*	*

그러한 *winner/loser* 쌍의 집합에 따라, 제약 강등 알고리듬은 관측된 양식(후보 1)이 선호될 때까지 승자 후보 2가 위반한 각 제약 조건을 강등시켜야 한다. 알고리듬은 먼저 두 후보 간에 동일한 위반으로 인한 표시를 취소한다.

/ 기본 형식 /		C_1	C_2	C_3	C_4	C_5	C_6	C_7	C_8
후보 1(학습 관측)		*!	**	*		*			*
☞ 후보 2(학습자 출력)			*	*	*		*		*

이러한 제약 조건은 패자가 위반하는 제약 조건에 의해 지배될 때까지 계층에서 밀려 내려간다. 알고리듬은 제약을 계층으로 나누고, 제약을 이동시킬 하위 계층을 찾으려고 한다. C_1과 C_2가 C_8 아래로 이동함에 따라 이러한 직관을 단순화한다.

/ 기본 형식 /		C_3	C_4	C_5	C_6	C_7	C_8	C_1	C_2
☞ 후보 1(학습 관측)					*			*	*
후보 2(학습자 출력)			*!		*				

보어스마와 헤이스(2001)의 점진적 학습 알고리듬[GLA]은 확률론적 OT에서 제약 조건 순위를 학습하는 제약 조건 강등의 일반화다. OT는 확률론적 OT의 특수한 경우인 만큼 알고리듬도 OT 순위를 학습한다. 자유 변동 사례에서 학습할 수 있어 제약 강등을 일반화한다. 11.3절에서 확률론적 OT에서 각 제약 조건은 연속 척도의 순위 값과 연관돼 있다는 것을 상기한다. 순위 값은 제약 조건에 대한 가우스 분포의 평균으로 정의된다. GLA의 목표는 각 제약 조건에 대한 순위 값을 할당하는 것이다. 알고리듬은 제약 조건 강등 알고리듬에 대한 간단한 확장이며 최종 단계까지 정확히 동일한 단계를 따른다. 하위 계층에 대한 제약 조건을 강등시키는 대신 학습 관측(후보 1)에 의해 위반된 각 제약 조건의 순위 값이 약간 감소되고, 학습자 출력(후보 2)에 의해 위반된 각 제약 조건의 순위 값이 약간 증가한다.

/ 기본 형식 /		C_1	C_2	C_3	C_4	C_5	C_6	C_7	C_8
후보 1(학습 관측)		*!→	*→			*→			
☞ 후보 2(학습자 출력)					←*		←*		

11.6 요약

11장은 음성학 및 컴퓨터 음운론의 많은 중요한 개념들을 소개했다.

- **변환기**는 3장에서 철자 규칙을 모델링하기 위해 사용된 것처럼 음운론적 규칙을 모델링하는 데 사용될 수 있다. **2단계 형태론**은 어휘와 표면 형태 사이의 매핑에 대한 유한 상태 **적격 제약 조건**으로 음운론적 규칙을 모델링한다.
- **최적 이론**은 음운론적으로 잘 형성된 이론이다. 변환기에 대한 연산 구현과 관계가 있다.
- **음절화**를 위한 연산 모델이 존재하며, 음절 경계를 단음 문자열에 삽입한다.
- 지도 및 비지도 모두 음운론적 규칙과 형태론적 규칙을 학습하기 위한 수많은 알고리듬이 있다.

참고문헌 및 역사 참고 사항

음운론적 규칙이 규칙적인 관계로 모델링될 수 있다는 생각은 존슨(1972)으로 거슬러 올라간다. 존슨은 어떤 음운론적 시스템이라도 자기 자신의 출력에 규칙을 적용하지 못하게 하는 음운론적 시스템(즉, 재귀적 규칙이 없는 시스템)은 규칙으로 모델링할 수 있다는 것을 보여줬다. 당시 사실상 공식화된 거의 모든 음운론적 규칙에는 이러한 특성이 있었다(초기 강세 및 톤 규칙과 같이 필수 피처를 가진 일부 규칙은 제외). 하지만 존슨의 통찰력은 커뮤니티의 관심을 끌지 못했고, 로널드 카플란과 마틴 케이에 의해 독자적으로 발견됐다. 2단계 형태론의 나머지 이력에 대해서는 3장을 참고한다. 아랍어와 같은 언어로 템플래틱 형태론을 다루는 초기 연산 유한 상태 모델로는 카타자와 코스케니에미(1988), 코르나이(1991), 버드와 엘리슨(1994), 비즐리(1996) 등이 있다. 케이(1987) 모델의 확장은 키라즈(1997, 2000, 2001)를 포함한다. 유한 상태 미적분 연장에 기초한 최근 모델로는 비슬리와 카트툰엔(2000)이 있다. 카트툰엔(1993)은 여기서 제시할 수 있었던 것보다 더 많은 고급 세부 사항을 포함하는 2단계 형태론에 대한 튜토리얼을 제공한다. 유한 상태 형태론에 대한 최종적인 텍스트는 비슬리와 카트툰엔(2003)이다. 다른 FSA 음성학 모델로는 버드와 엘리슨(1994)이 있다.

최적 이론은 프린스와 스몰렌스키에 의해 개발돼 10여 년 후에 출판될 때까지 기술 보고서(Prince and Smolensky, 1993)로 회람됐다(Prince and Smolensky, 2004). OT의 광범위한 유한 상태 문헌에는 아이즈너(1997, 2000b, 2002a), 게르데만과 반 노르트(2000), 리글(2005) 등이 있다.

음운론 학습에 관한 최근의 연구는 몇 가지 새로운 분야에 초점을 맞추고 있다. 하나는 확률론(Coleman and Pierrehumbert, 1997; Frisch et al., 2000; Bailey and Hahn, 2001; Hayes and Wilson, 2008; Albright, 2007)을 포함해 언어에서 허용되는 단어 내부 시퀀스에 대한 음운론적 제약을 학습하는 것이다(Hayes, 2004; Prince and Tesar, 2004; Tesar and Prince, 2007). 관련 작업은 관측된 표면형과 제약 조건의 집합이 주어진 기초 형태와 음운론적 교대법의 학습이다. 기본 형태를 학습하기 위한 많은 비지도 알고리듬은 제약 조건 만족도 접근 방식에 기초하고 있는데, 이 접근 방식은 표면형을 교대로 검사한 다음 반복적으로 가능한 기초 형태를 배제한다(Tesar and Prince, 2007; Alderete et al., 2005; Tesar, 2006a, 2006b). 자로즈(2006, 2008)의 비지도 어휘 목록의 문법의 최대 우도 학습^{MLG} 모델은 6장에서 설명한 예상 극대화^{EM} 알고리듬을 사용해 표면형이 주어진 기본형과 제약 순위를 확률론적 버전의 OT에서 학습한다.

실제로 이 자로즈(2008)의 확률론적 모델뿐만 아니라 11장 앞부분에서 설명한 확률론적 OT에 더해, 컴퓨터 음운론의 많은 최근 연구는 **조화 문법**과 **최대 엔트로피 모델**을 포함해 가중치 제약이 있는 모델에 초점을 맞추고 있다. 예를 들어 **조화 문법**은 형태에 대한 최적성이 최대 **조화**로 정의되는 최적 이론(또는 더 적절하게 최적 이론이 원래부터 성장한 이론)의 연장선이다. 조화는 가중치 제약의 합으로 정의된다(Smolensky and Legendre, 2006). OT형 순위보다는 가중치 합계를 사용하는 데 있어서 하모니 이론은 6장의 로그-선형 모델과 유사하다. 최근의 컴퓨터 작업에는 최대 엔트로피 모델(Goldwater and Johnson, 2003)과 페이터 외 연구진(2007) 및 페이터(2008)의 조화 문법 관련 모델의 OT 적용이 포함된다.

단어 세분화는 컴퓨터 언어학의 초기 문제 중 하나이며, 모델은 해리스(1954)로 거슬러 올라간다. 많은 현대 모델들 중에는 브렌트(1999)와 골드워터 외 연구진(2006)과 같은 베이지안 모델들이 있다. 세분화 문제는 컴퓨터 발달 심리학에서도 중요하다. 대표적인 최근의 연구는 크리스티안센 외 연구진(1998), 퀼 외 연구진(1998), 티에센과 사프란(2004), 티센 외 연구진(2005). 형태론 유도에 대한 최근의 연구는 바로니 외 연구진(2002), 클라크(2002), 올브라이트 및 헤이스(2003) 등이 뒤를 이었다.

음운론에 더 관심이 있는 독자들은 오든(2005) 및 카거(2000)와 같은 음운론 교과서를 참고하라.

조화 문법

조화

연습

11.1   (11.3) 규칙에 대한 오토마톤을 구축하라.

11.2   일부 캐나다 영어 방언은 **캐나다 상승 현상**^{Canadian Raising}을 나타낸다. /aɪ/는 [ʌɪ]로, /aʊ/는 [ʌʊ]로 상승하며, 무성음 자음 앞에 강세를 받는 위치에 있다 (Bromberger and Halle, 1989). /aɪ/만을 다루는 단순화된 규칙은 다음과 같이 나타낼 수 있다.

$$\text{/aɪ/} \rightarrow \text{[ʌɪ]} / \underline{\quad\quad} \begin{bmatrix} C \\ -voice \end{bmatrix} \tag{11.9}$$

일부 캐나다 방언에서는 이 규칙이 설탄음화 규칙과 상호작용해 단어 *rider* ([raɪɾɚ])와 *writer*([rʌɪɾɚ])에 대해 서로 다른 발음을 유발한다. 2단계 규칙과 이러한 구분을 올바르게 모델링해 필요에 따라 가정을 단순화하는 상승 및 설탄음화 규칙에 대한 오토마톤을 작성하라.

11.3   영어 과거시제^{preterite} 접미사 *-d*의 발음에 대한 어휘 항목과 앞의 문맥에 따라 발음의 차이를 표현하는 2단계 규칙을 작성하라. 철자법은 무시하고, 단어 *add*, *pat*, *bake*, *bag*의 과거 시제의 발음을 올바르게 처리하라.

11.4   520페이지에서 요엘마니 요쿠츠의 조화, 축약, 하락 현상에 대한 2단계 규칙을 작성하고 규칙을 병렬로 실행할 수 있는지 확인하라.

12
영어의 격식어법

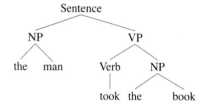

문맥 자유 문법의 첫 번째 구문 분석 트리(Chomsky, 1956)

이탈로 칼비노의 『If on a winter's night a traveler』

게르하르트 프리드랜더 외 연구진의 『Nuclear and Radiochemistry』

제임스 볼드윈의 『The Fire Next Time』

G. B. 트뤼도의 『A Tad Overweight, but Violet Eyes to Die For』

켄 케시의 『Sometimes a Great Notion』

앤드루 홀러런의 『Dancer from the Dance』

— 풀럼(1991, 195페이지)의 제목이 문장의 구성 요소가 아닌 영어로 된 6권의 책

문법에 대한 연구는 아주 오래된 역사를 가지고 있다. 파니니의 산스크리트어 문법은 2천 년 전에 쓰여졌고, 오늘날에도 산스크리트어를 가르칠 때도 언급되고 있다. 이와는 대조적으로, 제프 풀럼은 최근 강연에서 "대부분의 교육을 받은 미국인들이 믿고 있는 영문법의 거의 모든 것이 잘못됐다"고 말했다. 12장에서 문법과 통사론에 대한 지식의 일부 차이를 해결하고, 이 지식을 포착하는 데 사용할 수 있는 몇 가지 공식적인 메커니즘을 소개한다.

syntax

syntax^{통사론}이라는 단어는 그리스어인 *sýntaxis*에서 유래됐으며, '함께 설정하거나 배열한다'는 뜻으로, 낱말들이 함께 배열되는 방식을 나타낸다. 11장에서 다양한 통사적 개념을 봐왔다. 2장에서 소개된 정규 언어는 단어의 문자열 순서를 나타내는 간단한 방법을 제시했고, 4장은 단어 순서에 대한 확률을 계산하는 방법을 보여줬다. 5장에서는 품사 범주가 단어들에 대한 일종의 등가 클래스로 작용할 수 있다는 것을 보여줬다. 12장과 다음장에서는 이러한 단순한 개념을 훨씬 뛰어넘는 통사론과 문법에 대한 정교한 개념을 소개한다. 12장에서는 **구성 요소, 문법적 관계, 하위 분류 및 의존성**의 세 가지 주요 신개념들을 소개한다.

구성 요소의 기본 개념은 단어 그룹이 하나의 단위나 구문이라고 부르는 하나의 구성으로 작동할 수 있다는 것이다. 예를 들어 명사구라는 단어들의 그룹이 종종 하나의 단위로 작동한다. 명사구는 *she* 또는 *Michael*과 같은 단일 단어와 *the house*, *Russian Hill*, *a well-weathered three-story structure*와 같은 구문을 포함한다. 12장에서는 이러한 구성 요소를 모델링할 수 있는 형식주의인 **문맥 자유 문법**의 사용을 소개한다.

문법적 관계는 SUBJECTS(주어) 및 OBJECTS(목적어)와 기타 관련 개념과 같은 전통적인 문법에서 개념들을 정형화한 것이다. 다음 문장에서 명사구 *She*는 SUBJECT이고 *a mammoth breakfast*는 OBJECTS이다.

(12.1)   She ate a mammoth breakfast.

하위 범주화 및 **의존 관계**는 단어와 구 사이의 특정 종류의 관계를 가리킨다. 예를 들어 *I want to fly to Detroit*에서처럼 동사 *want* 뒤에는 부정사가 오거나, *I want a flight to Detroit*에서처럼 명사구가 올 수도 있다. 그러나 동사 *find* 뒤에는 부정사가 올 수 없다(*I found to fly to Dallas*). 이를 동사의 *subcategorization*(하위 범주화)에 대한 사실이라고 한다.

우리가 보여주듯이, 지금까지 논의한 어떤 통사적 메커니즘도 이러한 현상을 쉽게 포착할 수 없다. 문맥 자유 문법을 기반으로 한 문법에 의해 훨씬 더 자연스럽게 모델링될 수 있다. 따라서 문맥 자유 문법은 자연어 구문(그리고 컴퓨터 언어의 경우)의 많은 형식적 모델의 중추적인 역할을 한다. 이와 같이 문법 검사, 의미 해석, 대화 이해 및 기계 번역을 포함한 많은 컴퓨터 애플리케이션에 필수적이며, 문장의 단어들 사이에 정교한 관계를 표현할 수 있을 만큼 강력하다. 그리고 계산적으로 충분히 다루기 쉽기 때문에 (13장에 나와 있는 것처럼) 문장을 파싱하기 위한 효율적인 알고리듬이 존재한다. 14장 후반부에서 문맥 자유 문법에 확률을 추가하는 것이 중의성 모델을 제공하고 인간 파싱의 특정 측면을 모델링하는 데 도움이 된다는 것을 보여준다.

　12장에서는 문법 형식주의에 대한 소개와 더불어 영어의 문법에 대한 간략한 개요도 제공한다. 비교적 단순한 문장인 항공 교통 정보 시스템ATIS 도메인을 선택했다 (Hemphill et al., 1990). ATIS 시스템은 항공사의 예약을 돕기 위한 음성 언어 시스템의 초기 사례다. 사용자들은 *I'd like to fly from Atlanta to Denver*와 같은 제약 조건을 지정하고, 시스템과 대화해 항공편을 예약하려고 한다. 미국 정부는 1990년대 초 데이터를 수집하고 ATIS 시스템을 구축하기 위해 여러 다른 연구 사이트에 자금을 지원했다. 12장에서 모델링한 문장은 시스템에 대한 사용자 쿼리 코퍼스에서 가져온다.

12.1 구성 요소

영어에서 단어는 어떻게 그룹화되는가? 하나 이상의 명사를 둘러싼 일련의 단어인 **명사구**를 생각해보자. 여기 명사구의 몇 가지 예가 있다(데이먼 러니언에게 감사를 표한다).

명사구

Harry the Horse	a high-class spot such as Mindy's
the Broadway coppers	the reason he comes into the Hot Box
they	three parties from Brooklyn

　이러한 단어가 함께 그룹화(또는 '형식 구성 요소')되는지 어떻게 알 수 있는가? 한 가지 증거는 동사 앞에 유사한 통사론의 환경에서 나타날 수 있다는 것이다.

> three parties from Brooklyn *arrive*. . .
> a high-class spot such as Mindy's *attracts*. . .
> the Broadway coppers *love*. . .
> they *sit*

　그러나 전체 명사구는 동사 앞에 일어날 수 있지만, 명사구를 구성하는 각각의 개별 단어에는 해당되지 않는다. 다음은 문법적인 영어 문장이 아니다(문법적인 영어 문장이 아닌 부분을 표시하기 위해 별표(*)를 사용한다).

> *from arrive. . .   *as attracts. . .
>
> *the is. . .   *spot sat. . .

그래서 영어에서 이 단어들의 순서에 대한 사실들을 "*Noun Phrases can occur before verbs*(동사 앞에 명사구가 올 수 있다)"처럼 정확하게 기술할 수 있어야 한다.

구성 요소에 대한 다른 종류의 증거는 **구에서 다른 용어 앞에 배치**preposed 또는 **구에서 다른 용어 뒤에 배치**postposed 구성하는 것에서 비롯된다. 예를 들어 *on September seventeenth*의 전치사 구는 시작부분의 앞 또는 끝부분의 뒤에 배치되는 것을 포함해 다음 예처럼 여러 다른 위치에 배치할 수 있다.

구에서 다른
용어 앞에 배치
구에서 다른
용어 뒤에 배치

> *On September seventeenth*, I'd like to fly from Atlanta to Denver
>
> I'd like to fly *on September seventeenth* from Atlanta to Denver
>
> I'd like to fly from Atlanta to Denver *on September seventeenth*

그러나 다시 말하지만, 전체 구문을 다르게 배치될 수 있지만 그 구절을 구성하는 개별 단어들은 그럴 수 없다.

> *On September, I'd like to fly seventeenth from Atlanta to Denver
>
> *On I'd like to fly September seventeenth from Atlanta to Denver
>
> *I'd like to fly on September from Atlanta to Denver seventeenth

12.6절은 재귀 구조를 모델링하는 능력에 기초해 문맥 자유 문법에 대한 다른 동기를 제공한다. 단일 구성 요소로 작동하는 단어 그룹의 자세한 예는 래드포드(1988)를 참조한다.

12.2 문맥 자유 문법

영어 및 기타 자연어에서 구성 구조를 모델링하는 데 가장 일반적으로 사용되는 수학 시스템은 **문맥 자유 문법** 또는 CFG이다. 문맥 자유 문법은 **구문 구조 문법**이라고도 하며, 형식주의는 **배커스 나우어 형식** 또는 BNF에 해당한다. 구성 요소 구조에 문법을 기초화한다는 생각은 심리학자 빌헬름 룬트(1900)로 거슬러 올라가지만 촘스키(1956)와 독립적으로 배커스(1959)까지 공식화되지 않았다.

CFG

규칙

어휘

NP

문맥 자유 문법은 일련의 **규칙** 또는 **결과**로 구성되며, 각각은 언어의 기호를 그룹화하고 함께 정렬할 수 있는 방법과 단어 및 기호의 **어휘**를 표현한다. 예를 들어 다음 결과는 **NP**(또는 **명사구**)가 *ProperNoun*(*Det*) 다음에 *Nominal*로 구성될 수 있음을 표현한다. *Nominal*은 하나 이상의 *Nouns*일 수 있다.

$$NP \rightarrow Det\ Nominal$$
$$NP \rightarrow ProperNoun$$
$$Nominal \rightarrow Noun\ |\ Nominal\ Noun$$

문맥 자유 규칙은 계층적으로 삽입될 수 있기 때문에 어휘 목록에 대한 사실을 표현하는 다음과 같은 다른 규칙들과 이전의 규칙을 결합할 수 있다.

$$Det \rightarrow a$$
$$Det \rightarrow the$$
$$Noun \rightarrow flight$$

CFG에서 사용되는 기호는 두 가지 부류로 나뉜다. 언어의 단어에 해당하는 기호들("the", "night club")은 **터미널** 기호라고 부르며, 어휘는 이러한 터미널 기호를 도입하는 규칙들의 세트다. 이들의 클러스터 또는 일반화를 표현하는 기호를 **논터미널**^non-terminals이라고 한다. 각 문맥 자유 규칙에서 화살표 오른쪽(→)에 있는 항목은 하나 이상의 터미널과 논터미널의 순서가 지정된 목록이며, 화살표 왼쪽에는 일부 클러스터 또는 일반화를 나타내는 단일 터미널 기호가 있다. 어휘 사전에서는 각 단어에 관련된 논터미널이 5장에서 정의한 어휘 범주 또는 품사다.

non-terminals

CFG는 문장을 생성하기 위한 장치와 주어진 문장에 구조를 할당하기 위한 장치로서 두 가지 방식으로 생각할 수 있다. 3장의 유한 상태 변환기에 대한 논의에서 이와 같은 이원론을 봤다. CFG를 생성기로 보면 → 화살표를 "왼쪽의 기호를 오른쪽의 기호 문자열로 다시 작성"이라고 읽을 수 있다.

기호에서 시작:	*NP*
규칙 12.2를 사용해 NP를 다음과 같이 다시 작성:	*Det Nominal*
그리고 규칙 12.2:	*Det Noun*
마지막으로 12.2 및 12.2를 다음과 같이 표시:	*a flight*

flight 문자열은 논터미널 NP에서 파생될 수 있다. 따라서 CFG는 문자열 집합을 생성하는 데 사용될 수 있다. 이러한 규칙 확장의 시퀀스를 단어 문자열의 **파생**이라고 한다. **구문 분석 트리**^{parse tree}에 의한 파생을 나타내는 것이 일반적이다(보통 윗부분에 어근을 두고 거꾸로 표시됨). 그림 12.1은 이 파생의 트리 표현을 보여준다.

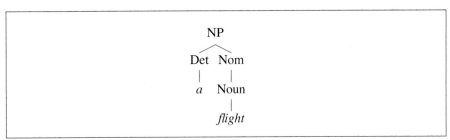

그림 12.1   *flight*에 대한 구문 분석 트리

그림 12.1의 구문 분석 트리에서 노드 NP가 트리의 모든 노드(*Det, Nom, Noun, a, flight*)를 지배한다고 말할 수 있다. 더 나아가 *Det* 및 *Nom* 노드를 직접적으로 **지배**한다고 말할 수 있다.

지배

CFG에 의해 정의된 형식 언어는 지정된 시작 기호에서 파생 가능한 문자열 집합이다. 각 문법에는 반드시 하나의 지정된 **시작 기호**가 있어야 하는데, 이를 흔히 S라고 부른다. 문맥 자유 문법은 문장의 정의에 자주 사용되기 때문에 S는 보통 "문장" 노드로 해석되며, S에서 파생되는 문자열 집합은 일부 단순화된 버전의 영어에서 문장의 집합이다.

시작 기호

규칙 목록에 S를 확장하는 몇 가지 상위 수준의 규칙과 몇 가지 다른 규칙을 추가하자. 하나의 규칙은 문장이 명사구 뒤에 **동사구**로 구성될 수 있다는 사실을 표현할 것이다.

동사구

$$S \rightarrow NP\,VP \quad \text{I prefer a morning flight}$$

영어의 동사구는 여러 가지 다른 것들로 이루어진 동사로 구성된다. 예를 들어 한 종류의 동사구는 명사구 다음에 나오는 동사로 구성된다.

$$VP \rightarrow Verb\,NP \quad \text{prefer a morning flight}$$

또는 동사 뒤에 명사구와 전치사구가 올 수 있다.

$$VP \rightarrow Verb\ NP\ PP \quad \text{leave Boston in the morning}$$

또는 동사구에는 동사 뒤에 전치사구가 올 수 있다.

$$VP \rightarrow Verb\ PP \quad \text{leaving on Thursday}$$

전치사구는 일반적으로 명사구 뒤에 전치사가 있다. 예를 들어 ATIS 코퍼스에서 일반적인 유형의 전치사구는 위치나 방향을 나타내기 위해 사용된다.

$$PP \rightarrow Preposition\ NP \quad \text{from Los Angeles}$$

PP 내부의 *NP*는 위치가 될 필요가 없다. *PP*는 종종 시간과 날짜 그리고 다른 명사와 함께 사용된다. 이는 임의적으로 복잡할 수 있다. ATIS 코퍼스에서 나온 10가지 예는 다음과 같다.

to Seattle	on these flights
in Minneapolis	about the ground transportation in Chicago
on Wednesday	of the round trip flight on United Airlines
in the evening	of the AP fifty seven flight
on the ninth of July	with a stopover in Nashville

그림 12.2는 샘플 어휘를 제시하며, 그림 12.3은 우리가 지금까지 봐 온 문법 규칙을 요약한 것이다. 이를 $\mathscr{L}_0$이라고 부를 것이다. 논터미널에 대체 가능한 확장성을 나타내기 위해 or-심볼 |를 사용할 수 있다.

이 문법을 사용해 이 "ATIS 언어"의 문장을 생성할 수 있다. *S*로 시작해서 *NP VP*로 확장한 다음, *NP*의 임의 확장(예: *I*)과 *VP*의 임의 확장(예: *Verb NP*) 등을 선택해서 *I prefer a morning flight*라는 문자열을 생성할 때까지 계속한다. 그림 12.4는 *I prefer a morning flight*의 완전한 파생을 나타내는 구문 분석 트리를 보여준다.

명사(Noun)	→	flights | breeze | trip | morning
동사(Verb)	→	is | prefer | like | need | want | fly
형용사(Adjective)	→	cheapest | non-stop | first | latest | other | direct
대명사(Pronoun)	→	me | I | you | it
고유명사(Proper-Noun)	→	Alaska | Baltimore | Los Angeles | Chicago | United | American
한정사(Determiner)	→	the | a | an | this | these | that
전치사(Preposition)	→	from | to | on | near
접속사(Conjunction)	→	and | or | but

그림 12.2 $\mathcal{L}_0$의 어휘 목록

문법 규칙			예
S	→	NP VP	I + want a morning flight
NP	→	Pronoun	I
	|	Proper-Noun	Los Angeles
	|	Det Nominal	a + flight
Nominal	→	Nominal Noun	morning + flight
	|	Noun	flights
VP	→	Verb	do
	|	Verb NP	want + a flight
	|	Verb NP PP	leave + Boston + in the morning
	|	Verb PP	leaving + on Thursday
PP	→	Preposition NP	from + Los Angeles

그림 12.3 $\mathcal{L}_0$에 대한 문법, 각 규칙에 대한 예제 구문

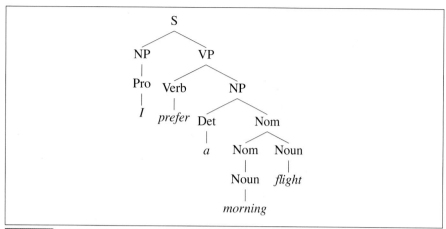

그림 12.4 문법 $\mathcal{L}_0$에 따른 "*I prefer a morning flight*"에 대한 구문 분석 트리

대괄호 표기법   구문 분석 트리를 **대괄호 표기법**이라고 부르는 더 간결한 형식으로 표현하는 것이 편리할 때가 있다. 본질적으로 LISP 트리 표현과 동일하다. 다음은 그림 12.4의 구문 분석 트리를 괄호로 묶은 표현이다.

(12.2) $[_S \ [_{NP} \ [_{Pro} \ \text{I}]] \ [_{VP} \ [_V \ \text{prefer}] \ [_{NP} \ [_{Det} \ \text{a}] \ [_{Nom} \ [_N \ \text{morning}] \ [_{Nom} \ [_N \ \text{flight}]]]]]]$

    $\mathcal{L}_0$와 같은 CFG는 형식 언어를 정의한다. 2장에서 형식 언어가 문자열 집합임을 봤다. 문법에 의해 파생될 수 있는 문장(단어 문자열)은 그 문법에 의해 정의된 형식 언

문법적   어에 있으며, **문법적** 문장이라고 부른다. 주어진 형식 문법으로 도출할 수 없는 문장

비문법적   은 해당 문법으로 정의된 언어가 아니며 **비문법적**이라고 한다. "in"과 "out" 사이의 이 강경책은 모든 형식 언어의 특징을 나타내지만, 자연어가 실제로 어떻게 작동하는지 보여주는 매우 단순한 모델일 뿐이다. 주어진 문장이 주어진 자연어(예: 영어)의 일부 인지를 판단하는 것은 흔히 문맥에 따라 달라지기 때문이다. 언어학에서, 자연어를 모델링하기 위한 형식 언어의 사용은 문법에 의해 "생성된" 가능한 문장들의 집합에

생성 문법   의해 정의되기 때문에 **생성 문법**이라고 한다.

12.2.1 문맥 자유 문법의 형식적 정의

문맥 자유 문법과 생성되는 언어에 대한 빠르고 공식적인 설명으로 요약해 이 절을 마무리한다. 문맥 자유 문법 G는 N, Σ, R, S의 네 가지 매개변수로 정의된다("4-튜플

4-tuple"이라고 함).

N	**논터미널** 기호(또는 변수) 세트
Σ	**터미널** 기호 세트(N에서 분리됨)
R	$A \rightarrow \beta$ 형식의 각각의 규칙 또는 생성 세트, 여기서 A는 논터미널이고, β는 무한 문자열 집합($\Sigma \cup N$)*
S	지정된 **시작 기호**

이 책의 나머지 부분에서는 문맥 자유 문법의 형식적 특성에 대해 논의할 때(영어 또는 다른 언어에 대한 특정 사실 설명과는 대조적으로) 다음과 같은 규칙을 준수한다.

A, B, S와 같은 대문자	논터미널
S	시작 기호
α, β, γ과 같은 소문자 그리스 문자	($\Sigma \cup N$)*에서 가져온 문자열
u, v, w와 같은 소문자 로마 문자	터미널 문자열

언어는 파생의 개념을 통해 정의된다. 어떤 일련의 규칙 애플리케이션에 의해 두 번째 문자열로 다시 쓸 수 있는 경우, 한 문자열은 또 다른 문자열로 파생된다. 좀 더 공식적으로 홉크로프트와 울먼(1979)에 이어,

직접 파생
$A \rightarrow \beta$가 P의 생성이고, α와 γ가 집합의 문자열 ($\Sigma \cup N$)*이면 $\alpha A \gamma$가 $\alpha \beta \gamma$ 또는 $\alpha A \gamma \Rightarrow \alpha \beta \gamma$를 **직접 파생**한다.

파생은 직접 파생의 일반화다.

α_1, α_2, ..., α_m을 ($\Sigma \cup N$)*, $m \geq 1$의 문자열로 지정한다.

$$\alpha_1 \Rightarrow \alpha_2, \alpha_2 \Rightarrow \alpha_3, \ldots, \alpha_{m-1} \Rightarrow \alpha_m$$

α_1은 α_m 또는 $\alpha_1 \overset{*}{\Rightarrow} \alpha_m$을 **파생**한다.

그런 다음 문법 G에 의해 생성된 $\mathscr{L}_G$ 언어를 지정된 시작 기호 S에서 파생될 수 있는 터미널 기호로 구성된 문자열 세트로 형식적 정의할 수 있다.

$$\mathscr{L}_G = \{w | w \text{ is in } \Sigma* \text{ and } S \overset{*}{\Rightarrow} w\}$$

12.3 영어 문법 규칙

이 절에서는 영어 구문 구조의 몇 가지 측면을 더 소개한다. 일관성을 위해 ATIS 도메인의 문장에 계속 초점을 맞출 것이다. 공간 제한으로 인해 가장 중요한 점만 설명한다. 독자는 허들스턴과 풀럼(2002)과 같은 좋은 영어 레퍼런스 문법을 참고한다.

12.3.1 문장 레벨의 구성 요소

작은 문법 $\mathcal{L}_0$에서는 *I prefer a morning flight*와 같은 평서문들을 위한 문장 레벨의 구성 요소 한 개만 제공했다. 많은 수의 영어 문장 구성 요소들 중에서 평서문 구조, 명령형 구조, 예-아니요 의문문, 구조 그리고 wh-의문문 구조 등 네 가지가 특히 일반적이고 중요하다.

평서문   **평서문** 구조를 가진 문장은 주어 명사구 다음에 동사구인 *"I prefer a morning flight"*가 있다. 이 구조를 가진 문장들은 24장에서 우리가 추적하는 수많은 용도를 가지고 있다. 다음은 ATIS 도메인의 몇 가지 예다.

> The flight should be eleven a.m. tomorrow
> The return flight should leave at around seven p.m.
> I'd like to fly the coach discount class
> I want a flight from Ontario to Chicago
> I plan to leave on July first around six thirty in the evening

명령형   **명령형** 구조로 된 문장은 동사구로 시작해 주어가 없는 경우가 많다. 거의 항상 명령과 제안에 사용되기 때문에 명령형이라고 부른다. 다음은 ATIS 도메인에서 시스템에 대한 명령이다.

> Show the lowest fare
> Show me the cheapest fare that has lunch
> Give me Sunday's flights arriving in Las Vegas from New York City
> List all flights between five and seven p.m.
> Show me all flights that depart before ten a.m. and have first class fares
> Please list the flights from Charlotte to Long Beach arriving after lunch

time Show me the last flight to leave

*S*의 확장을 위한 또 다른 규칙으로 이 문장 구조를 모델링할 수 있다.

$$S \rightarrow VP$$

예-아니요 의문문 구조를 가진 문장은 종종 질문을 할 때(항상 그렇지는 않지만), 보조동사, 주어 *NP*, *VP*순으로 사용된다. 여기 몇 가지 예가 있다. 세 번째 예는 질문이 아니라 명령이나 제안이라는 점에 유의한다. 24장에서는 질문, 요청 또는 제안과 같은 서로 다른 **실용적인** 기능을 수행하기 위해 이러한 질문 양식을 사용하는 것에 대해 설명한다.

Do any of these flights have stops?

Does American's flight eighteen twenty five serve dinner?

Can you give me the same information for United?

규칙은 다음과 같다.

$$S \rightarrow Aux\ NP\ VP$$

우리가 조사하는 문장 레벨의 구성 요소 중 가장 복잡한 것은 다양한 **wh-** 구조다. wh- 구조는 구성 요소 중 하나가 **wh-구문**, 즉 **wh-단어**(*who, whose, when, where, what, which, how, why*)를 포함하고 있기 때문에 붙여진 이름이다. wh-구문은 크게 문장 레벨의 구성 요소의 두 가지 부류로 그룹화될 수 있다. **wh-주어-의문문** 구조는 첫 번째 명사구에 wh- 단어가 포함돼 있다는 점을 제외하면 평서문 구조와 동일하다.

What airlines fly from Burbank to Denver?

Which flights depart Burbank after noon and arrive in Denver by six p.m?

Whose flights serve breakfast?

Which of these flights have the longest layover in Nashville?

규칙은 다음과 같으며, 연습 12.10에서는 *Wh-NP*를 구성하는 구성 요소에 대한 규칙을 설명한다.

$$S \rightarrow Wh\text{-}NP\ VP$$

wh-비-주어-의문문 구조에서 wh-구문은 문장의 주어가 아니기 때문에 문장에는 다른 주어가 포함된다. 이러한 유형의 문장에서는 예-아니요 의문문 구조에서와 마찬가지로 조동사가 주어 NP 앞에 나타난다. 다음은 샘플 규칙의 예다.

What flights do you have from Burbank to Tacoma Washington?

$$S \rightarrow \textit{Wh-NP Aux NP VP}$$

장거리 의존성

wh-비-주어-의문문과 같은 구조는 Wh-NP *what flights*가 VP의 주동사 *have*와 의미상 관련이 있는 술어와는 거리가 멀기 때문에 **장거리 의존성**을 포함한다. 위의 문법 규칙과 호환되는 구문 분석 및 이해의 일부 모델에서 *flights*와 *have* 간의 관계와 같은 장거리 의존성은 의미 관계로 간주된다. 이러한 모델에서 *flights*가 *have*의 독립변수라는 것을 알아내는 작업은 의미 해석 중에 수행된다. 다른 구문 분석 모델에서 *flights*와 *have* 사이의 관계는 구문 관계로 간주되고 동사 뒤에 **트레이스**trace 또는 **빈 카테고리**라는 작은 마커를 삽입하도록 문법이 수정된다. 571페이지의 펜 트리뱅크를 소개할 때 이러한 빈 카테고리 모델을 다시 설명한다.

주제화

주제화나 다른 앞쪽 구조와 같이 여기서 모델링하려고 시도하지 않을 다른 문장 수준의 구조들이 있다. 주제화(펜 트리뱅크에서도 장거리 의존으로 취급됨)에서는 담화 목적을 위해 문장의 시작 부분에 구절이 배치된다.

On Tuesday, I'd like to fly from Detroit to Saint Petersburg

12.3.2 절과 문장

다음 단계로 넘어가기 전에 방금 설명한 문법에서 S 규칙의 상태를 명확히 해야 한다. S 규칙은 담화의 기본 단위로 독립적인 전체 문장을 설명하기 위한 것이다. 그러나 앞으로 보게 될 것처럼 S는 문법 규칙의 오른쪽에도 나타날 수 있기 때문에 더 큰 문장에 포함될 수 있다. 분명히 S가 되는 것은 담화의 단위로 독립된 이상의 것이 있다.

문장 구성(즉, S규칙)을 문법의 나머지 부분과 구별하는 것은 어떤 의미에서 완벽한 complete 개념이다. 이런 면에서 전통적인 문법들이 완전한 생각을 형성한다고 묘사하는 **절**의 개념에 부합한다. 이러한 "완전한 생각"의 개념을 더 정확하게 만드는 한 가지 방법은 S의 주동사가 모든 독립변수를 갖는 구문 분석 트리의 노드라고 표현하는 것이다. 나중에 동사의 **독립변수**를 정의하지만, 지금은 그림 12.4의 *I prefer a morning flight*에 대한 트리의 그림을 보자. 동사 *prefer*는 주어 I와 목적어 *a morning flight*의 두 가지 독립변수를 가지고 있다. 독립변수 중 하나는 *VP* 노드 아래에 나타나지만 다른 하나는 주어 *NP*로 *S* 노드 아래에만 나타난다.

12.3.3 명사구

$\mathcal{L}_0$ 문법은 영어에서 가장 빈번하게 발생하는 명사구의 세 가지 유형, 즉 대명사, 고유명사, *NP → Det Nominal* 구조를 소개했다. 대명사와 고유명사는 그 나름대로 복잡할 수 있지만, 이 절의 중심은 통사론적 복잡성의 대부분이 존재하는 마지막 유형에 있다. 이러한 명사구가 맨 앞쪽, 명사구의 중심 명사, 맨 앞쪽 명사 앞뒤에 나타날 수 있는 다양한 수식어와 함께 구성된 것으로 볼 수 있다. 다양한 부분을 자세히 살펴보자.

한정사

명사 구절은 다음 예와 같이 간단한 어휘 한정사로 시작할 수 있다.

a stop	the flights	this flight
those flights	any flights	some flights

영어 명사구에서 한정사의 역할은 다음과 같이 좀 더 복잡한 표현으로도 채워질 수도 있다.

> United's flight
> United's pilot's union
> Denver's mayor's mother's canceled flight

이 예에서 한정사의 역할은 다음 규칙과 같이 소유격 마커로 *'s*가 뒤 따르는 명사구로 구성된 소유격 표현으로 채워진다.

$$Det \rightarrow NP's$$

(*NP*가 *Det*로 시작할 수 있기 때문에) 이 규칙이 재귀적이라는 사실은 소유격 표현식의 시퀀스가 한정사 역할을 하는 위의 마지막 두 가지 예를 모델링하는 데 도움이 된다.

경우에 따라 한정사는 영어에서 선택 사항이다. 예를 들어 한정사가 수식하는 명사가 복수일 경우 생략할 수 있다.

(12.3) Show me flights from San Francisco to Denver on weekdays

5장에서 봤듯이 불가산명사 역시 한정사가 필요 없다. 불가산명사는 종종 (항상 그런 것은 아님) 물질처럼 취급되는 것(예: *water*, *snow* 포함), 부정관사 "*a*"를 사용하지 않으며, 복수형을 사용하지 않는다. 많은 추상명사는 불가산명사(*music*, *homework*)이다. ATIS 영역의 불가산명사에는 *breakfast*, *lunch*, *dinner*가 포함된다.

(12.4) Does this flight serve dinner?

연습 12.4는 독자에게 CFG 형식주의에서 이 사실을 나타낼 것을 요구한다.

명사류

명사 구조는 한정사를 따르고 사전 및 사후 명사 수식어를 포함한다. 문법 $\mathcal{L}_0$에 나타난 바와 같이, 가장 단순한 형태에서 명사는 단일 명사로 구성될 수 있다.

$$Nominal \rightarrow Noun$$

앞으로 살펴보겠지만, 이 규칙은 또한 더 복잡한 명사 구조를 캡처하는 데 사용되는 다양한 재귀 규칙의 근본에 대한 기초도 제공한다.

핵심 명사 앞

명사에서 핵심 명사("후치 한정어") 앞에 다양한 종류의 어휘 범주가 나타날 수 있다. 여기에는 **기수, 서수, 수량사**가 포함된다. 기수의 예는 다음과 같다.

기수
서수
수량사

        two friends   one stop

서수에는 *first*, *second*, *third* 등이 포함되지만 *next*, *last*, *past*, *other*, *another*과 같은 단어도 포함된다.

the first one   the next day   the second leg

the last flight   the other American flight

일부 수량사(*many, (a) few, several*)는 복수형 가산명사에서만 발생한다.

many fares

수량사 *much* 및 *a little*은 불가산명사에서만 발생한다. 형용사는 수량사 뒤, 명사 앞에 온다.

a *first-class* fare   a *non-stop* flight

the *longest* layover   the *earliest* lunch flight

형용사는 또한 형용사구 또는 AP라고 부르는 구절로 분류될 수 있다. AP는 형용사 앞에 부사를 둘 수 있다(형용사와 부사의 정의는 5장 참조).

the *least expensive* fare

명사의 앞에서 수식하는 수식어에 대한 모든 옵션을 다음과 같은 하나의 규칙과 결합할 수 있다.

$$NP \rightarrow (Det)\ (Card)\ (Ord)\ (Quant)\ (AP)\ Nominal$$

이 단순화된 명사구 규칙은 평탄한 구조를 가지고 있기 때문에 대부분의 현대 문법 생성 이론에서 가정할 수 있는 것보다 간단하다. 12.4절에서 논했듯이, 평탄한 구조는 컴퓨터 애플리케이션의 단순성을 위해 사용된다(그리고 실제로 명사구에 대해 보편적으로 합의된 내부 구성 요소는 없다).

선택적 구성 요소를 표시하기 위해 괄호 "( )"를 사용한다. 한 세트의 괄호가 있는 규칙은 실제로 두 규칙의 약칭이다. 하나는 선택적 구성 요소를 포함하고 다른 하나는 포함하지 않는다.

핵심 명사 뒤

핵심 명사는 **후치 수식어**가 따를 수 있다. 영어에는 다음과 같은 세 가지 종류의 명사의 후치 수식어가 일반적이다.

prepositional phrases	all flights *from Cleveland*
non-finite clauses	any flights *arriving after eleven a.m.*
relative clauses	a flight *that serves breakfast*

전치사 어구 후치 수식어는 항공편의 출발지와 목적지를 표시하는 데 사용되기 때문에 ATIS 코퍼스에서 특히 일반적이다. 다음은 각 PP의 경계를 표시하기 위해 괄호를 삽입한 몇 가지 예다. 두 개 이상의 PP를 함께 연결할 수 있다.

any stopovers *[for Delta seven fifty one]*

all flights *[from Cleveland] [to Newark]*

arrival *[in San Jose] [before seven p.m.]*

a reservation *[on flight six oh six] [from Tampa] [to Montreal]*

다음은 형용사가 명사를 뒤에서 수식하는 *PP*를 설명하는 새로운 명사의 규칙이다.

Nominal → Nominal PP

비정형
가장 흔한 세 종류의 **비정형** 후치 수식어구는 동명사(*-ing*), *-ed*, 부정사 형식이다.

동명사
동명사 후치 수식어구는 동사의 동명사 형태(*-ing*)로 시작하는 동사구로 구성된다. 다음 예에서 동사구는 모두 동사 뒤에 전치사구만 포함되지만 일반적으로 이 동사구는 그 안에 모든 것을 포함할 수 있다(즉, 동명사와 의미상 및 구문적으로 호환되는 모든 것).

any of those *[leaving on Thursday]*

any flights *[arriving after eleven a.m.]*

flights *[arriving within thirty minutes of each other]*

새로운 논터미널 *GerundVP*를 사용해 다음과 같이 동명사 수식어를 사용해 *Nominals*를 정의할 수 있다.

Nominal → Nominal GerundVP

모든 VP 결과를 복제하고 *GerundV*를 *V*로 대체함으로써 *GerundVP* 구성 요소에 대한 규칙을 만들 수 있다.

$$GerundVP \rightarrow GerundV\ NP$$
$$|\ GerundV\ PP\ |\ GerundV\ |\ GerundV\ NP\ PP$$

*GerundV*는 다음으로 정의될 수 있다.

$$GerundV \rightarrow being\ |\ arriving\ |\ leaving\ |\ \dots$$

아래 이탤릭체로 된 문구는 두 가지 다른 일반적인 유형의 비정형절, 부정사 및 *-ed* 형식의 예시다.

> the last flight *to arrive in Boston*
>
> I need to have dinner *served*
>
> Which is the aircraft *used by this flight?*

형용사가 명사를 뒤에서 수식하는 관계사절(더 정확히 말하면 **제한적 관계사절**)은 종종 **관계대명사**(가장 일반적으로 *that*, *who*)로 시작하는 절이다. 관계대명사는 다음 예에서 포함된 동사의 주어(**주어 관계**)로 작동한다.

> a flight *that serves breakfast*
>
> flights *that leave in the morning*
>
> the United flight *that arrives in San Jose around ten p.m.*
>
> the one *that leaves at ten thirty five*

다음과 같은 규칙을 추가해 처리한다.

$$Nominal \rightarrow Nominal\ RelClause$$
$$RelClause \rightarrow (who\ |\ that)\ VP$$

관계대명사는 다음 예에서와 같이 포함된 동사의 목적어로서의 기능도 할 수 있다. 독자들에게 이런 종류의 더 복잡한 관계절에 대한 문법 규칙의 작성 연습으로 남긴다.

> the earliest American Airlines flight that I can get

다음과 같은 예에서 알 수 있듯이 다양한 형용사가 명사를 뒤에서 수식하는 수식어를 조합할 수 있다.

> a flight *[from Phoenix to Detroit]* *[leaving Monday evening]*

I need a flight *[to Seattle] [leaving from Baltimore] [making a stop in Minneapolis]*
evening flights *[from Nashville to Houston] [that serve dinner]*
a friend *[living in Denver] [that would like to visit me here in Washington DC]*

명사구 앞

*NP*를 수정해 앞에 나타나는 단어 클래스를 **전치한정사**라고 한다. 이들 중 대부분은 숫자나 양과 관련이 있다. 일반적인 전치한정사는 *all*이다.

all the flights   all flights   all non-stop flights

그림 12.5에 제시된 예시 명사구는 이러한 규칙이 결합될 때 발생하는 복잡성의 일부를 보여준다.

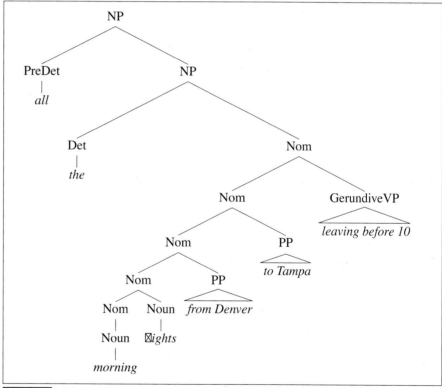

그림 12.5 "all the morning flights from Denver to Tampa leaving before 10"에 대한 구문 분석 트리

12.3.4 일치

3장에서 영어의 굴절 형태론에 대해 설명했다. 영어의 대부분의 동사는 현재 시제로 3인칭, 단수형의 주어(*the flight does*)에 사용되는 형태와 다른 모든 종류의 주어에 사용되는 형태(*all the flights do, I do*)의 두 가지 형태로 나타날 수 있다. 3인칭(*3sg*) 형식은 보통 3sg가 아닌 형식이 아닌 최종 *-s*를 가진다. 다음은 다양한 주어와 함께 동사 *do* 를 사용하는 몇 가지 예다.

> Do [*NP* all of these flights] offer first class service?
>
> Do [*NP* I] get dinner on this flight?
>
> Do [*NP* you] have a flight from Boston to Forth Worth?
>
> Does [*NP* this flight] stop in Dallas?

다음은 동사 leave와 관련된 예다.

> What flights *leave* in the morning?
>
> What flight *leaves* from Pittsburgh?

이 일치 현상은 동사가 주어로 작용하는 명사가 있을 때마다 발생한다. 주어가 동사와 일치하지 않는 문장은 문법에 어긋난다.

> *[What flight] *leave* in the morning?
>
> *Does [*NP* you] have a flight from Boston to Forth Worth?
>
> *Do [*NP* this flight] stop in Dallas?

이러한 일치 현상을 처리하기 위해 문법을 어떻게 수정할 수 있을까? 한 가지 방법은 여러 규칙 세트로 문법을 확장하는 것이다. 하나는 *3sg* 주어에 대한 규칙 세트와 다른 하나는 *3sg*가 아닌 주어에 대한 것이다. 예를 들어 이러한 예-아니요 의문문을 처리하는 규칙은 다음과 같다.

$$S \rightarrow Aux\ NP\ VP$$

이를 다음 형식의 두 가지 규칙으로 바꿀 수 있다.

$$S \rightarrow 3sgAux\ 3sgNP\ VP$$

$$S \rightarrow Non3sgAux\ Non3sgNP\ VP$$

그런 다음, 다음과 같은 어휘 목록을 위한 규칙을 추가할 수 있다.

$$3sgAux \rightarrow does \mid has \mid can \mid \ldots$$
$$Non3sgAux \rightarrow do \mid have \mid can \mid \ldots$$

그러나 *3sgNP*와 *Non3sgNP*에 대한 규칙을 추가해야 한다. *NP*에 대한 각 규칙의 복사본을 두 개 만든다. 대명사는 1인칭, 2인칭, 3인칭이 될 수 있지만 전체 어휘 명사구는 3인칭만 가능하기 때문에 단수형과 복수형을 구별하기만 하면 된다(1인칭 및 2인칭대명사는 연습으로 남겨둔다).

$$3SgNP \rightarrow Det\ SgNominal$$
$$Non3SgNP \rightarrow Det\ PlNominal$$
$$SgNominal \rightarrow SgNoun$$
$$PlNominal \rightarrow PlNoun$$
$$SgNoun \rightarrow flight \mid fare \mid dollar \mid reservation \mid \ldots$$
$$PlNoun \rightarrow flights \mid fares \mid dollars \mid reservations \mid \ldots$$

수의 일치를 처리하는 이 방법의 문제점은 문법 크기를 두 배로 늘린다는 것이다. 명사 또는 동사를 가리키는 모든 규칙에는 "단수" 버전과 "복수" 버전이 있어야 한다. 불행히도 주어-동사 일치는 빙산의 일각에 불과하다. 또한 핵심 명사와 그 한정사도 수가 일치해야 한다는 사실을 파악하기 위해 규칙 사본을 도입해야 한다.

this flight	*this flights
those flights	*those flight

규칙의 확산은 명사의 **경우**에도 발생해야 한다. 예를 들어 영어 대명사는 **주격**(*I, she, he, they*)와 **직접목적격**(*me, her, him, them*) 버전이 있다. 이들 각각에 대해 모든 *NP* 및 *N* 규칙의 새 버전이 필요하다.

이러한 문제들은 독일어나 프랑스어와 같은 언어에서 복합적으로 발생하는데, 이 언어들은 영어와 같이 수의 일치가 있을 뿐만 아니라 **성별 일치**도 가지고 있다. 3장에서 명사의 성별이 그것의 수식하는 형용사와 한정사의 성별과 일치해야 한다고 간단

(왼쪽 여백: 경우 / 주격 / 직접목적격 / 성별 일치)

히 언급했다. 이는 언어의 규칙 집합에 또 다른 승수를 추가한다.

피처 구조
단일화
매개변수화

　　15장은 **피처 구조**와 **단일화**를 통해 문법의 각 논터미널을 효과적으로 **매개변수화**함으로써 문법의 크기를 드러내지 않고 이러한 일치 문제를 처리하는 방법을 소개한다. 그러나 많은 실용적인 컴퓨터 문법에서 단순히 CFG에 의존하고 많은 수의 규칙을 사용한다.

12.3.5 동사구와 하위 범주화

동사구는 동사와 기타 여러 구성 요소로 구성된다. 지금까지 구축한 간단한 규칙에서 이러한 다른 구성 요소에는 *NP*와 *PP* 그리고 두 가지 구성 요소들의 조합을 포함한다.

> VP → Verb　disappear
>
> VP → Verb NP　prefer a morning flight
>
> VP → Verb NP PP　leave Boston in the morning
>
> VP → Verb PP　leaving on Thursday

　　동사구는 이것보다 훨씬 더 복잡할 수 있다. 포함된 문장 전체와 같은 다른 많은 종류의 구성 요소가 동사 뒤에 올 수 있다. 이를 **문장의 보어**라고 한다.

문장의 보어

> You [$_{VP}$ [$_V$ said [$_S$ there were two flights that were the cheapest]]]
>
> You [$_{VP}$ [$_V$ said [$_S$ you had a two hundred sixty six dollar fare]]
>
> [$_{VP}$ [$_V$ Tell] [$_{NP}$ me] [$_S$ how to get from the airport in Philadelphia to downtown]]
>
> I [$_{VP}$ [$_V$ think [$_S$ I would like to take the nine thirty flight]]

다음과 같은 규칙이 있다.

$$VP → Verb\ S$$

　　*VP*의 또 다른 잠재적 구성 요소는 또 다른 *VP*이다. *want, would like, try, intend, need*와 같은 동사의 경우가 이에 해당한다.

> I want [$_{VP}$ to fly from Milwaukee to Orlando]
>
> Hi, I want [$_{VP}$ to arrange three flights]

Hello, I'm trying [$_{VP}$ to find a flight that goes from Pittsburgh to Denver after two p.m.]

5장에서 동사 뒤에는 전치사와 비슷하지만 동사와 결합해 *take off*와 같은 구동사를 형성하는 단어인 불변화사가 뒤따를 수 있다. 이러한 불변화사는 일반적으로 다른 언어 이후의 요소가 아닌 방식으로 동사의 필수적인 부분으로 간주된다. 구동사는 두 단어로 구성된 개별 동사로 처리된다.

동사구는 가능한 많은 종류의 구성 요소를 가질 수 있지만 모든 동사가 모든 동사구와 호환되는 것은 아니다. 예를 들어 동사 *want*는 NP 보어(*I want a flight...*) 또는 부정사 VP 보어(*I want to fly to...*)와 함께 사용할 수 있다. 대조적으로 동사 *find*는 이런 종류의 VP 보어를 취할 수 없다(* *I found to fly to Dallas*).

동사가 다른 종류의 보어와 호환된다는 생각은 매우 오래된 것이다. 전통적인 문법은 직접목적어 NP(*I found a flight*)를 취하는 **타동사** *find*와 그렇지 않은 **자동사** *disappear*를 구별한다(**I disappeared a flight*).

전통적인 문법이 동사를이 두 가지 범주(타동사와 자동사 범주)로 분류하는 경우, 현대 문법은 최대 100개의 **하위 범주**를 구분한다(사실 이러한 하위 범주화 프레임에 대한 태그 세트가 많이 존재한다. COMLEX 태그 세트의 경우 맥클라우드 외 연구진(1998), ACQUILEX 태그 세트의 경우 산필리포(1993), 15장에서 추가 설명을 참조). *find*는 NP에 대해 **하위 범주화**되고, 동사 *want*는 NP 또는 비정형 VP에 대해 하위 범주화된다.

또한 이러한 구성 요소를 동사의 **보어**라고 부른다(따라서 위의 **문장 보어**라는 용어를 사용함). 그래서 *want*가 VP 보어를 취할 수 있다고 말한다. 이러한 가능한 보어 집합을 동사의 **하위 범주화 프레임**이라고 한다. 동사와 이러한 다른 구성 요소 사이의 관계에 대해 말하는 또 다른 방법은 동사를 논리적 술어로 생각하고 구성 요소를 술어의 논리적 독립변수로 생각하는 것이다. 따라서 FIND(I, A FLIGHT) 또는 WANT(I, TO FLY)와 같은 술어-인수 관계를 생각할 수 있다. 동사 의미론의 술어 미적분 표현에 대해 설명할 때 17장에서 동사와 인수에 대한 이러한 관점에 대해 더 많이 다룬다.

타동사
자동사

하위 범주

하위 범주화

보어

하위 범주화
프레임

프레임	동사	예
∅	eat, sleep	I ate
NP	prefer, find, leave	Find [$_{NP}$ the flight from Pittsburgh to Boston]
NP NP	show, give	Show [$_{NP}$ me] [$_{NP}$ airlines with flights from Pittsburgh]
PP$_{from}$ PP$_{to}$	fly, travel	I would like to fly [$_{PP}$ from Boston] [$_{PP}$ to Philadelphia]
NP PP$_{with}$	help, load	Can you help [$_{NP}$ me] [$_{PP}$ with a flight]
VPto	prefer, want, need	I would prefer [$_{VPto}$ to go by United airlines]
VPbrst	can, would, might	I can [$_{VPbrst}$ go from Boston]
S	mean	Does this mean [$_S$ AA has a hub in Boston]

그림 12.6   예제 동사 세트에 대한 하위 범주화 프레임

예제 동사 세트에 대한 하위 범주화 프레임은 그림 12.6에 나와 있다. 동사가 부정사(*VPto*)인 동사구 또는 동사가 어간(굴절되지 않는: *VPbrst*)인 동사구와 같이 특정 유형의 동사구에 대해 하위 범주화 될 수 있다. 또한 단일 동사는 다른 하위 범주화 프레임을 사용할 수 있다. 예를 들어 동사 *find*는 *NP* 프레임뿐만 아니라 *NP NP* 프레임(*find me a flight*)을 사용할 수 있다.

문맥 자유 문법에서 동사와 그 보어 간의 관계를 어떻게 표현할 수 있을까? 우리가 할 수 있는 한 가지는 독립변수 피처로 작업을 수행하는 것이다. 동사 부류의 하위 유형을 따로 만드는 것이다(*Verb-with-NP-complement*, *Verb-with-Inf-VP-complement*, *Verb-with-S-complement*, 등).

$$Verb\text{-}with\text{-}NP\text{-}complement \rightarrow find \mid leave \mid repeat \mid \dots$$
$$Verb\text{-}with\text{-}S\text{-}complement \rightarrow think \mid believe \mid say \mid \dots$$
$$Verb\text{-}with\text{-}Inf\text{-}VP\text{-}complement \rightarrow want \mid try \mid need \mid \dots$$

그런 다음 적절한 동사 하위 유형을 요구하도록 각 VP 규칙을 수정할 수 있다.

$$VP \rightarrow Verb\text{-}with\text{-}no\text{-}complement \quad disappear$$
$$VP \rightarrow Verb\text{-}with\text{-}NP\text{-}comp \; NP \quad prefer \; a \; morning \; flight$$
$$VP \rightarrow Verb\text{-}with\text{-}S\text{-}comp \; S \; said \; there \; were \; two \; flights$$

이 접근 방식의 문제는 독립변수 피처 문제에 대한 동일한 솔루션과 마찬가지로 규칙 수가 엄청나게 급증하는 것이다. 이 두 가지 문제에 대한 표준 솔루션은 15장에서 소개된 **피처 구조**다. 여기서는 동사가 할 수 있는 것처럼 명사, 형용사 및 전치사가 보

어를 위해 하위 범주화할 수 있다는 사실에 대해서도 다룬다.

12.3.6 조동사

조동사

법조동사

완료형
진행시제
수동태

동사의 하위 부류인 **조동사** 또는 **보조동사**에는 일종의 하위 범주화로 볼 수 있는 특정 구문 제약이 있다. 조동사에는 **법조동사** *can*, *could*, *may*, *might*, *must*, *will*, *would*, *shall*, *should*가 있으며, **완료형** 조동사 *have*, **진행시제** 조동사 *be*, **수동태** 조동사 *be*를 포함한다. 이러한 각 동사는 다음 동사의 형태에 제약을 두며, 각 동사도 특정 순서로 결합돼야 한다.

법조동사는 핵심 동사가 가장 기본적인 어간인 VP를 하위 범주로 분류한다(예: *can go in the morning, will try to find a flight*). 완료형 동사 *have*는 핵심 동사가 과거분사 형태인 VP(예: *have booked 3 flights*), 진행형 동사 be는 핵심 동사가 동명사인 VP(예: *am going from Atlanta*), 수동태 동사 *be*는 핵심 동사가 과거분사인 VP(*was delayed by inclement weather*)에 대해 하위 범주화된다.

문장은 여러 개의 조동사를 가질 수 있지만, 반드시 법조동사 < 완료형 조동사 < 진행시제 조동사 < 수동태 조동사라는 특정한 순서로 발생해야 한다. 다음은 여러 보조 장치의 몇 가지 예다.

법조동사 완료형	*could have been a contender*
법조동사 수동태	*will be married*
현재 완료형 조동사	*have been feasting*
법조동사 완료형 수동태	*might have been prevented*

조동사는 종종 특정한 종류의 VP 보어를 위해 하위 범주화되는 *want*, *seem*, *intend* 와 같은 동사처럼 취급된다. 따라서 *can*은 *verb-with-bare-stem-VP-complement*로 어휘 목록에 나열된다. 일반적으로 할리데이(1985)의 **체계적 문법**에서 사용되는 조동사 사이의 순서 제약 조건을 포착하는 한 가지 방법은 **동사 그룹**이라고 하는 특수한 구성 요소를 도입하는 것인데, 그 하위 구성 요소에는 주동사는 물론 모든 조동사가 포함된다. 일부 순서 제약 조건은 다른 방법으로 포착할 수도 있다. 예를 들어 법조동사 는 수동태 형태나 분사 형태를 가지고 있지 않기 때문에, 단순히 수동형이거나 수동

체계적 문법

동사 그룹

태 *be* 또는 완료형 *have*를 따르는 것이 허용되지 않는다. 연습 12.8은 독자들에게 조동사의 문법 규칙을 작성하도록 요구한다.

수동태 구조는 다른 조동사와 다르게 만드는 여러 속성을 갖고 있다. 하나의 중요한 차이점은 의미론적 차이다. 비-수동태(**능동태**) 문장의 주어는 종종 동사에 의해 기술된 사건의 의미론적 동작주인 반면(I prevented a catastrophe), 수동태 문장의 주어는 종종 사건의 경험자나 피동작주(a catastrophe was prevented)이다. 이에 대해서는 19장에서 더 자세히 다룬다.

12.3.7 대등 관계

등위

여기에서 설명하는 주요 구문 유형은 *and, or, but*과 같은 **접속사**와 결합해 동일한 유형의 더 큰 구문을 형성할 수 있다. 예를 들어 **등위** 명사구는 접속사로 구분된 두 개의 다른 명사구로 구성될 수 있다.

Please repeat [$_{NP}$ [$_{NP}$ the flights] *and* [$_{NP}$ the costs]]

I need to know [$_{NP}$ [$_{NP}$ the aircraft] *and* [$_{NP}$ the flight number]]

이러한 구조를 허용하는 규칙은 다음과 같다.

$$NP \rightarrow NP \ and \ NP$$

접속사를 통해 등위 구문을 형성하는 능력은 종종 구성 요소에 대한 테스트로 사용된다. 두 번째 한정사가 없다는 점에서 위에 제시된 예와 다른 다음 예제를 고려한다.

Please repeat the [$_{Nom}$ [$_{Nom}$ flights] *and* [$_{Nom}$ costs]]

I need to know the [$_{Nom}$ [$_{Nom}$ aircraft] *and* [$_{Nom}$ flight number]]

이러한 문구가 연결될 수 있다는 사실은 우리가 사용하고 있는 기본 *Nominal* 구성 요소의 존재에 대한 증거다. 이에 대한 새로운 규칙은 다음과 같다.

$$Nominal \rightarrow Nominal \ and \ Nominal$$

다음 예는 *VP* 및 *S*와 관련된 접속사를 보여준다.

What flights do you have [$_{VP}$ [$_{VP}$ leaving Denver] *and* [$_{VP}$ arriving in San Francisco]]

[$_S$ [$_S$ I'm interested in a flight from Dallas to Washington] *and* [$_S$ I'm also interested in going to Baltimore]]

*VP*와 *S* 접속사 규칙은 위에 주어진 *NP*를 반영한다.

$$VP \rightarrow VP \text{ and } VP$$
$$S \rightarrow S \text{ and } S$$

모든 주요 문구 유형은 이러한 방식으로 연결될 수 있기 때문에, 이러한 접속사 사실을 좀 더 일반적으로 표현할 수 있다. 가즈다르 외 연구진(1985)과 같은 많은 문법 형식들은 다음과 같은 **메타룰**^{metarules}을 사용해 이를 수행한다.

메타룰

$$X \rightarrow X \text{ and } X$$

이 메타룰은 단순히 모든 논터미널이 동일한 논터미널과 연결돼 동일한 유형의 구성 요소를 생성할 수 있다고 명시한다. 물론 변수 *X*는 논터미널 자체보다는 어떤 논터미널을 나타내는 변수로 지정돼야 한다.

12.4 트리뱅크

12장에서 지금까지 살펴본 유형의 문맥 자유 문법 규칙은 원칙적으로 모든 문장에 구문 분석 트리를 할당하는 데 사용할 수 있다. 이는 모든 문장이 구문 분석 트리로 통사론 주석이 달린 코퍼스를 구축할 수 있음을 의미한다. 이러한 통사론 주석이 달린 코퍼스를 **트리뱅크**^{Treebanks}라고 한다. 트리뱅크는 13장에서 논의하듯이, 파싱과 통사론 현상에 대한 다양한 경험적 조사에서 중요한 역할을 한다.

트리뱅크

일반적으로 각 문장을 자동으로 구문 분석하기 위해 파서(다음 두 장에서 설명하는 종류)를 사용한 후 사람(언어학자)이 구문 분석을 수작업으로 수정함으로써 매우 다양한 트리뱅크가 만들어졌다. **펜 트리뱅크** 프로젝트(5장에서 소개한 POS 태그 세트)는 영어의 브라운, 스위치보드, ATIS, 〈월 스트리트 저널〉 코퍼스에서 트리뱅크를 비롯해 아랍어와 중국어로 트리뱅크를 생성했다. 다른 트리뱅크로는 체코어를 위한 프라하 의존성 트리뱅크^{Prague Dependency Treebank}, 독일어를 위한 네그라 트리뱅크^{Negra Treebank}, 영어

펜 트리뱅크

를 위한 수잔 트리뱅크^{Susanne Treebank} 등이 있다.

12.4.1 예제: 펜 트리뱅크 프로젝트

그림 12.7은 펜 트리뱅크의 브라운과 ATIS 부분의 문장을 보여준다.[1] 품사 태그의 포맷 차이에 유의한다. 그러한 작은 차이는 일반적이기 때문에 트리뱅크 처리에서 다루어야 한다. 펜 트리뱅크 품사 태그 세트는 5장에 정의돼 있다. 트리에 대해 LISP식 괄호화된 표기법을 사용하는 것은 극히 보편적이며 위에서(12.2)에서 본 괄호 표기법과 유사하다. 익숙하지 않은 사람들을 위해 그림 12.8에 표준 노드-라인 트리 표현을 보여준다.

```
((S
   (NP-SBJ (DT That)                  ((S
      (JJ cold) (, ,)                    (NP-SBJ The/DT flight/NN )
      (JJ empty) (NN sky) )              (VP should/MD
   (VP (VBD was)                            (VP arrive/VB
      (ADJP-PRD (JJ full)                      (PP-TMP at/IN
         (PP (IN of)                              (NP eleven/CD a.m/RB ))
            (NP (NN fire)                      (NP-TMP tomorrow/NN )))))
            (CC and)
            (NN light) ))))
   (. .) ))
            (a)                                        (b)
```

그림 12.7   브라운(a) 및 ATIS (b) 코퍼스들의 LDC 트리뱅크 3버전에서 구문 분석된 문장

---

1   펜 트리뱅크 프로젝트는 다국어와 다양한 단계로 트리뱅크를 출시했는데, 트리뱅크 I(Marcus et al., 1993), 트리뱅크 II(Marcus et al., 1994), 트리뱅크 III 영어 트리뱅크 III 릴리스가 있었다(우리는 트리뱅크 III를 우리의 예시로 사용함).

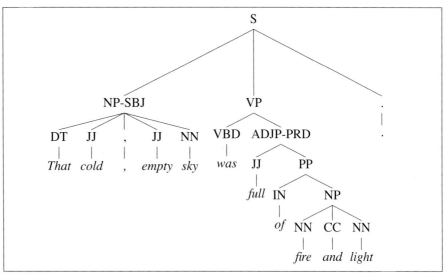

그림 12.8 이전 그림에서 브라운 코퍼스 문장에 해당하는 트리

통사적 이동

그림 12.9는 〈월 스트리트 저널〉의 트리를 보여준다. 이 트리는 펜 트리뱅크의 또 다른 피처를 보여주는데, 장거리 의존성이나 **통사적 이동**을 표시하기 위한 트레이스 (-NONE-노드) 사용이다. 예를 들어 인용문은 종종 say와 같은 인용 동사를 따른다. 그러나 이 예에서는 "We would have to wait until we have collected on those assets"라는 인용문이 단어 he said 앞에 나온다. -NONE- 노드만 포함하는 빈 S는 인용문이 자주 발생하는 said 이후 위치를 표시한다. 이 빈 노드는 문장 시작 부분의 인용 부호 S와 같이 인덱스 2로 표시한다(트리뱅크 II 및 III에서). 이러한 공동 인덱싱co-indexing은 일부 파서가 이 앞부분이나 주제화 인용구가 동사 said의 보어라는 사실을 더 쉽게 복구할 수 있도록 한다. 유사한 -NONE- 노드는 동사 to wait 바로 앞에 구문 주어가 없다는 사실을 표시한다. 대신 주어는 이전의 NP We이다. 다시 말하지만, 둘 다 인덱스 1과 공동 인덱싱된다.

펜 트리뱅크 II와 트리뱅크 III 릴리스는 술어와 인수 사이의 관계를 쉽게 회복할 수 있도록 추가 정보를 추가했다. 특정 구문에는 특정 텍스트 범주(헤드라인, 제목), 의미 기능(시제 구문, 위치)에서 문법적 기능(표면 주어, 논리 주제, 구문, 비VP 술어)을 나타내는 태그가 표시됐다(Marcus et al., 1994; Bies et al., 1995). 그림 12.9는 -SBJsurface subject 및 -TMPtemporal phrase 태그의 예를 보여준다. 그림 12.8에는 VP가 아닌 술어에 사용되는 -PRD 태그(그림 12.8의 태그는 ADJP)가 추가돼 표시된다. 592페이지의 그림 12.20에는 "미완성 또는 불완전한 구문"을 의미하는 NP-UNF의 태그 -UNF가 표시된다.

```
( (S (`` ``)
    (S-TPC-2
      (NP-SBJ-1 (PRP We) )
      (VP (MD would)
        (VP (VB have)
          (S
            (NP-SBJ (-NONE-  *-1) )
            (VP (TO to)
              (VP (VB wait)
                (SBAR-TMP (IN until)
                  (S
                    (NP-SBJ (PRP we) )
                    (VP (VBP have)
                      (VP (VBN collected)
                        (PP-CLR (IN on)
                          (NP (DT those)(NNS assets)))))))))))))
    (, ,) ('' '')
    (NP-SBJ (PRP he) )
    (VP (VBD said)
      (S (-NONE-  *T*-2) ))
    (. .) ))
```

그림 12.9 LDC 펜 트리뱅크의 〈월 스트리트 저널〉 부분의 문장. 빈 -NONE- 노드의 사용을 주의한다.

12.4.2 문법으로서의 트리뱅크

트리뱅크의 문장은 암묵적으로 언어의 문법을 구성한다. 예를 들어 그림 12.7과 그림 12.9의 구문 분석된 세 개의 문장에서 각각의 CFG 규칙을 추출할 수 있다. 간단히 하기 위해 규칙 접미사(-SBJ 등)를 제거한다. 결과 문법은 그림 12.10에 나와 있다.

펜 트리뱅크를 구문 분석하는 데 사용되는 문법은 비교적 평탄해 매우 많고 매우 긴 규칙을 낳는다. 예를 들어 VP를 확장하기 위한 약 4,500개의 서로 다른 규칙들 중에는 길이와 동사 인수의 가능한 모든 배열의 PP 시퀀스에 대한 별도의 규칙이 있다.

VP → VBD PP
VP → VBD PP PP
VP → VBD PP

```
VP → VBD  PP  PP
VP → VBD  PP  PP  PP
VP → VBD  PP  PP  PP  PP
VP → VB  ADVP  PP
VP → VB  PP  ADVP
VP → ADVP  VB  PP
```

문법	어휘 항목
S→ NP VP.	PRP→we | he
S→ NP VP	DT→the | that | those
S→ "S", NP VP.	JJ→cold | empty | full
S→ −NONE−	NN→sky | fire | light | flight | tomorrow
NP→ DT NN	NNS→assets
NP→ DT NNS	CC→and
NP→ NN CC NN	IN→of | at | until | on
NP→ CD RB	CD→eleven
NP→ DT JJ, JJ NN	RB→a.m.
NP→PRP	VB→arrive | have | wait
NP→ -NONE-	VBD→was | said
VP→MD VP	VBP→have
VP→VBD ADJP	VBN→collected
VP→VBD S	MD→should | would
VP→VBN PP	TO→to
VP→VB S	
VP→VB SBAR	
VP→VBP VP	
VP→VBN PP	
VP→TO VP	
SBAR→IN S	
ADJP→JJ PP	
PP→IN NP	

그림 12.10 그림 12.7과 그림 12.9의 세 개의 트리뱅크 문장에서 추출되는 CFG 문법 규칙과 어휘 항목의 샘플

또한, 다음과 같은 더 긴 규칙도 있다.

```
VP → VBP  PP  PP  PP  PP  PP  ADVP  PP
```

이탤릭체로 표시된 *VP*:

(12.5)   This mostly happens because we go from football in the fall to lifting in the winter to football again in the spring.

수천 개의 *NP* 규칙 중 일부는 다음과 같다.

```
NP → DT JJ NN
NP → DT JJ NNS
NP → DT JJ NN NN
NP → DT JJ JJ NN
NP → DT JJ CD NNS
NP → RB DT JJ NN NN
NP → RB DT JJ JJ NNS
NP → DT JJ JJ NNP NNS
NP → DT NNP NNP NNP NNP JJ NN
NP → DT JJ NNP CC JJ JJ NN NNS
NP → RB DT JJS NN NN SBAR
NP → DT VBG JJ NNP NNP CC NNP
NP → DT JJ NNS, NNS CC NN NNS NN
NP → DT JJ JJ VBG NN NNP NNP FW NNP
NP → NP JJ, JJ ' ' SBAR ' 'NNS
```

예를 들어 이러한 규칙의 마지막 두 가지는 다음과 같은 두 개의 *NP*에서 비롯된다.

(12.6)   [$_{DT}$ The] [$_{JJ}$ state-owned] [$_{JJ}$ industrial] [$_{VBG}$ holding] [$_{NN}$ company] [$_{NNP}$ Instituto] [$_{NNP}$ Nacional] [$_{FW}$ de] [$_{NNP}$ Industria]

(12.7)   [$_{NP}$ Shearson's] [$_{JJ}$ easy-to-film], [$_{JJ}$ black-and-white] "[$_{SBAR}$ Where We Stand]" [$_{NNS}$ commercials]

이와 같이 큰 문법으로 보면, 약 100만 개 단어를 담고 있는 펜 트리뱅크 III의 〈월스트리트 저널〉 코퍼스에도 약 100만 개의 비어휘 규칙 토큰이 있으며, 약 17,500개의 뚜렷한 규칙 유형으로 구성돼 있다.

많은 수의 플랫 규칙과 같은 트리뱅크 문법에 대한 다양한 사실들은 확률론적 파싱 알고리듬에 문제를 제기한다. 이 때문에 트리뱅크에서 추출한 문법에 대해 다양한 수정을 하는 것이 일반적이다. 이에 대해서는 14장에서 자세히 다룬다.

12.4.3 트리뱅크 검색

언어 연구나 컴퓨터 애플리케이션에 대한 분석적 질문에 대답하기 위해 특정한 문법 현상의 예를 찾기 위해 트리뱅크를 통해 검색하는 것이 중요하다. 그러나 텍스트 검색에 사용되는 정규 표현식이나 웹 검색에 사용되는 단어 위의 불 연산식[Boolean expressions] 모두 충분한 검색 도구가 아니다. 필요한 것은 특정 패턴을 검색하기 위해 구문 분석 트리의 노드와 링크에 대한 제약 조건을 지정할 수 있는 언어다.

다양한 트리 검색어가 다른 툴로 존재한다. **Tgrep**(Pito, 1993)과 **TGrep2**(Rohde, 2005)는 트리 제약 조건을 표현하기 위해 유사한 언어를 사용하는 트리뱅크를 검색하기 위해 공개적으로 사용할 수 있는 툴이다. 온라인 매뉴얼(Rohde, 2005)에서 **TGrep2**가 사용한 언어에 대해 설명한다.

tgrep 또는 **TGrep2**의 패턴은 노드의 사양으로 구성되며, 그 뒤에 다른 노드에 대한 링크가 뒤따를 수 있다. 노드 사양을 사용해 해당 노드에 어간을 둔 하위 트리를 반환할 수 있다.

        NP

예를 들어 패턴은 NP인 코퍼스의 모든 하위 트리를 반환한다. 노드는 이름, 슬래시 내부의 정규식 또는 이들의 분리로 지정할 수 있다. 예를 들어 펜 트리뱅크 표기법에서 단수명사 또는 복수명사(NN 또는 NNS)를 다음 중 하나로 지정할 수 있다.

        /NNS?/   NN|NNS

단어 *bush* 또는 문자열 *tree*로 끝나는 노드는 다음과 같이 표현될 수 있다.

        /tree$/|bush

tgrep/TGrep2 패턴의 힘은 링크에 대한 정보를 지정하는 능력에 있다. 연산자 <는 **직접적인 지배**를 의미하며, 따라서 다음 패턴은 PP를 직접적으로 지배하는 *NP*와 일치한다.

        NP < PP

관계 <<는 우위를 지정한다. 이 패턴은 *PP*를 지배하는 *NP*와 일치한다.

        NP << PP

따라서 이러한 이전 패턴은 다음 트리 중 하나와 일치할 것이다.

(12.8)   (NP (NP (NN reinvestment))
            (PP (IN of)
                (NP (NNS dividends))))
(12.9)   (NP (NP
                (DT the) (JJ austere) (NN company) (NN dormitory))
            (VP (VBN run)
                (PP (IN by)
                    (NP (DT a) (JJ prying) (NN caretaker)))))

관계 .는 선형 우선순위를 표시한다. 다음 패턴은 JJ를 직접적으로 지배하는 NP와 일치하며 PP가 바로 뒤따른다. 예를 들어 위의 (12.9)에서 *the austere company dormitory*를 지배하는 *NP*와 일치한다.[2]

        NP < JJ . VP

tgrep/TGrep2 표현식의 각 관계는 첫 번째 또는 루트 노드를 가리키는 것으로 해석된다. 따라서 다음 표현식은 둘 다 *PP*보다 앞서서 S를 지배하는 *NP*를 의미한다.

        NP . PP < S

대신 *PP*가 S를 지배한다는 것을 명시하고 싶다면 다음과 같이 괄호를 사용할 수 있다.

        NP . (PP < S)

그림 12.11은 **TGrep2**에 대한 주요 링크 작업을 제공한다.

---

2   선형 우선순위의 정의는 tgrep과 TGrep2 사이에 약간 다르다. 자세한 내용은 로데(2005)를 참조한다.

링크	설명
A < B	A는 B의 부모이다(직접적인 지배).
A > B	A는 B의 자식이다.
A <N B	B는 A의 N번째 자식이다(첫 번째 자식은 <1이다).
A >N B	A는 B의 N번째 자식이다(첫 번째 자식은 >1이다).
A <, B	A <1 B와 동의어이다.
A >, B	A >1 B와 동의어이다.
A <-N B	B는 A의 N번째부터 마지막까지의 자식이다(마지막 자식은 <−1이다).
A >-N B	A는 B의 N번째에서 마지막 자식이다. (마지막 자식은 >−1이다.)
A <- B	B는 A의 마지막 자식이다(A <−1 B와 동의어이다).
A >- B	A는 B의 마지막 자식이다(A >−1 B와 동의어이다).
A <' B	B는 A의 마지막 자식이다(또한 A <−1 B와 동의어이다).
A >' B	A는 B의 마지막 자식이다(또한 A >−1 B와 동의어이다).
A <: B	B는 A의 유일한 자식이다.
A >: B	A는 B의 유일한 자식이다.
A << B	A는 B를 지배한다(A는 B의 조상이다).
A >> B	A는 B에 의해 지배된다(A는 B의 자손이다).
A <<, B	B는 A의 가장 왼쪽의 자손이다.
A >>, B	B는 A의 가장 오른쪽의 후손이다.
A <<' B	B는 A의 가장 오른쪽의 자손이다.
A >>' B	A는 B의 가장 오른쪽의 자손이다.
A <<: B	A에서 내려오는 유일한 경로 위에 B가 있다.
A >>: B	B에서 내려오는 유일한 경로 위에 A가 있다.
A . B	A가 B의 바로 앞선다.
A , B	A는 B의 바로 뒤를 따른다.
A .. B	A가 B보다 앞선다.
A ,, B	A는 B를 따른다.
A $ B	A는 B의 자매이다(그리고 A ≠ B이다).
A $. B	A는 B의 자매이고 바로 앞선다.
A $, B	A는 B의 자매이고 B의 바로 뒤를 따른다.
A $.. B	A는 B의 자매이며 B보다 앞선다.
A $,, B	A는 B의 자매이고 B를 따른다.

그림 12.11 로데(2005)에서 요약한 TGrep2의 링크

12.4.4 구의 중심 단어 탐색

앞서 비공식적으로 통사론 구성 요소가 어휘의 **중심 단어**와 연관될 수 있다고 제안했다. *N*은 *NP* 구의 중심 단어, *V*는 *VP* 구의 중심 단어이다. 각 구성 요소에 대한 구의

중심 단어라는 개념은 블룸필드(1914)이 제안했다. 구의 중심 단어 주도 구문 구조 문법Head-Driven Phrase Structure Grammar(Pollard and Sag, 1994)과 같은 언어적 형식주의의 중심이며, 어휘화된 문법이 등장하면서 컴퓨터 언어학에서 매우 큰 인기를 끌었다(14장).

어휘 구의 중심 단어의 단순한 모델에서, 각 문맥 자유 규칙은 구의 중심 단어와 연관된다(Charniak, 1997; Collins, 1999). 구의 중심 단어는 문법적으로 가장 중요한 구절의 단어다. 구의 중심 단어들은 구문 분석 트리 위로 전달된다. 따라서 구문 분석 트리의 각 논터미널은 어휘 구의 중심 단어인 단어로 주석을 달았다. 그림 12.12는 콜린스(1999)의 트리의 예를 보여주는데, 이 트리에서 각 논터미널은 헤드로 주석을 달았다. "Workers dumped sacks into a bin"은 WSJ 문장의 축약 형식이다.

이러한 트리의 생성을 위해 각 CFG 규칙을 보강해 오른쪽 측면 구성 요소 하나를 구의 중심 단어 소산으로 식별해야 한다. 그리고 나서 한 노드의 표제어는 그 구의 중심 단어 소산의 표제어로 설정된다. 이러한 구의 중심 단어 결과를 선택하는 것은 교과서적인 예에서는 간단하지만(*NN*은 *NP* 구의 중심 단어) 대부분의 구에서 복잡하고 실제로 논란이 되고 있다(보문 표시 *to* 또는 동사가 무한 동사 구문의 중심 단어여야 하는가?). 구문의 현대 구문 이론은 일반적으로 구의 중심 단어를 정의하는 요소를 포함한다(Pollard and Sag, 1994 참조).

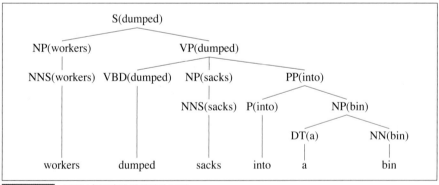

그림 12.12 콜린스(1999)의 어휘화된 트리

구의 중심 단어를 찾기 위한 대안적 접근법은 대부분의 실용적인 계산 시스템에서 사용된다. 문법 자체에서 구의 중심 단어 규칙을 지정하는 대신, 구의 중심 단어는 특정 문장에 대한 트리의 맥락에서 동적으로 식별된다. 다시 말해서, 일단 문장이 파싱

되면, 결과 트리는 각 노드를 적절한 구의 중심 단어로 장식하기 위해 나타난다. 대부분의 현재 시스템은 콜린스(1999)에서 주어진 펜 트리뱅크 문법을 위한 실용적인 규칙과 같은 간단한 수기로 작성한 규칙 세트에 의존하지만, 원래는 매거맨(1995)이 개발했다. 예를 들어 *NP* 구의 중심 단어를 찾기 위한 규칙은 다음과 같다(Collins, 1999, 238페이지).

- If the last word is tagged POS, return last-word.
- Else search from right to left for the first child which is an NN, NNP, NNPS, NX, POS, or JJR.
- Else search from left to right for the first child which is an NP.
- Else search from right to left for the first child which is a $, ADJP, or PRN.
- Else search from right to left for the first child which is a CD.
- Else search from right to left for the first child which is a JJ, JJS, RB or QP.
- Else return the last word

이 세트에서 선택된 다른 규칙은 그림 12.13에 나타나 있다. 예를 들어 $VP \rightarrow Y_1 \cdots Y_n$ 형식의 VP 규칙의 경우 알고리듬은 $Y_1 \cdots Y_n$ 왼쪽에서 시작한다. 그리고 TO 타입의 첫 번째 Y_i를 찾고, TO가 발견되지 않으면 VBD 타입의 첫 번째 Y_i를 검색하고, VBD가 발견되지 않으면 VBN을 검색한다. 자세한 내용은 콜린스(1999)를 참고한다.

근원	방향	우선순위 목록
ADJP	Left	NNS QP NN $ ADVP JJ VBN VBG ADJP JJR NP JJS DT FW RBR RBS SBAR RB
ADVP	Right	RBR RB RBS FW ADVP TO CD JJR JJ IN NP JJS NN
PRN	Left	
PRT	Right	RP
QP	Left	$ IN NNS NN JJ RB DT CD NCD QP JJR JJS
S	Left	TO IN VP S SBAR ADJP UCP NP
SBAR	Left	WHNP WHPP WHADVP WHADJP IN DT S SQ SINV SBAR FRAG
VP	Left	TO VBD VBN MD VBZ VB VBG VBP VP ADJP NN NN SNP

그림 12.13 콜린스(1999)에서 선택한 구의 중심 단어 규칙. 구의 중심 단어 규칙 집합은 **구의 중심 단어 여과 표**(head percolation table)라고 한다.

12.5 문법 동등성 및 정규형

형식 언어는 (아마도 무한한) 일련의 단어들로 정의된다. 이는 두 개의 문법이 동일한 문자열을 생성하는지 여부를 질문함으로써 동일 여부를 물어볼 수 있음을 시사한다. 사실, 두 개의 뚜렷한 문맥 자유 문법이 동일한 언어를 생성하도록 할 수 있다.

약한 동등성
강한 동등성

보통 **약한 동등성**과 **강한 동등성**의 두 종류의 문법 동등성을 구별한다. 두 개의 문자는 동일한 문자열 and를 생성하고 각 문장에 동일한 구문 구조를 할당하는 경우 매우 동등하다(단어가 아닌 기호의 이름만 바꿀 수 있음). 두 개의 문법은 동일한 문자열 집합을 생성하지만 각 문장에 동일한 구문 구조를 할당하지 않는 경우 약하게 동등하다.

각 결과가 특정 형식을 취하는 문법에 대한 표준형을 갖는 것이 때때로 유용하다. 예를 들어 문맥 자유 문법은 ε가 없고 각 결과가 A → B C 또는 A → a 형식 중 하나

촘스키 표준형
CNF

인 경우, **촘스키 표준형**CNF이다(Chomsky, 1963). 즉, 각 규칙의 오른쪽에는 두 개의 논 터미널 기호 또는 하나의 터미널 기호가 있다. 촘스키 표준형 문법은 이진수(어휘 삽입

이진수 분기

전의 노드까지)를 갖는 **이진수 분기**다. 13장의 CKY 파싱 알고리듬에 있는 이진수 분기 속성을 사용한다.

어떤 문법이라도 약한 동등성 촘스키 표준형의 문법으로 변환될 수 있다.

$$A \rightarrow B\,C\,D$$

형식의 규칙은 다음과 같은 두 가지 CNF 규칙으로 변환될 수 있다(연습 12.11에서는 독자에게 전체 알고리듬을 공식화하도록 요청함).

$$A \rightarrow B\,X$$
$$X \rightarrow C\,D$$

때때로 이진수 분기를 사용하는 것은 실제로 더 작은 문법을 생성할 수 있다.

```
VP → VBD NP PP*
```

예를 들어 위와 같이 특징지을 수 있는 문장들은 펜 트리뱅크에서 다음과 같은 일련의 규칙이 있다.

```
VP → VBD NP PP
VP → VBD NP PP PP
```

```
VP → VBD NP PP PP PP
VP → VBD NP PP PP PP PP
...
```

그러나 다음과 같은 2-규칙 문법으로도 생성될 수 있다.

```
VP → VBD NP PP
VP → VP PP
```

A → A B 형식의 규칙이 있는 기호 B의 잠재적으로 무한한 시퀀스를 갖는 기호 A의 생성을 **상위 부가**^{Chomsky-adjunction}라고 한다.

12.6 유한 상태 및 문맥 자유 문법

12.1절에서 적절한 문법 모델이 구성 요소, 하위 범주화 및 의존성 관계에 대한 복잡한 상호 관련 사실을 나타낼 수 있어야 한다고 주장했으며, 이를 위해 최소한 문맥 자유 문법의 힘이 필요하다는 것을 암시했다. 그러나 왜 이러한 구문적 사실들을 포착하기 위해 한정된 상태의 방법만을 사용할 수 없는 것일까? 13장에서 다루지만, 정규 언어에서 문맥 자유 언어로 전환할 때 처리 속도 측면에서 상당한 대가를 치르기 때문에 이 질문에 대한 답은 매우 중요하다.

이 질문에 대한 대답은 두 가지다. 첫 번째는 수학적이다. 16장에서 특정한 가정들을 주어졌을 때, 영어와 다른 자연어에 존재하는 어떤 통사론적 구조들이 정규 언어가 아닌 것으로 만든다는 것을 보여준다. 두 번째 대답은 더 주관적이고 표현성의 개념과 관련이 있다. 유한 상태 방법이 문제의 통사론적 사실을 다룰 수 있는 경우에도, 종종 일반화를 명확하게 하거나, 이해할 수 있는 형식화로 유도하거나, 후속 의미 처리에 즉시 사용하는 구조를 생성하는 방식으로 표현하지 않는 경우가 많다.

수학적 결함에 대해서는 여기서 간단히 검토하고, 16장에서 자세히 다룬다. 2장에서 유한 상태 기계와 정규 문법이라는 정규 표현식에 대한 완전히 동등한 대안이 정규 언어를 기술할 수 있다고 언급했다. 정규 문법의 규칙은 오른쪽 선형 또는 왼쪽 선형 형식이기 때문에 문맥 자유 문법에서 제한된 형식의 규칙이다. 예를 들어 오른쪽 선형 문법에서 규칙은 모두 $A \rightarrow w*$ 또는 $A \rightarrow w*B$ 형식이다. 즉, 논터미널은 터미널 문자열 또는 뒤에 오는 터미널 문자열로 확장된다. 이러한 규칙은 12장 전체에서 사용했던 규칙과 매우 유사하다. 그러면 규칙이 할 수 없는 것은 무엇인가? 규칙이 할 수 없는 것은 다음과 같은 재귀적 **센터 임베딩**center-embedding 규칙을 표현하는 것이다. 여기서 논터미널은 (비어 있지 않은) 문자열로 둘러싸여 그 자체로 재작성된다.

$$A \overset{*}{\Rightarrow} \alpha A \beta \qquad\qquad (12.10)$$

즉, L을 생성하는 문법이 이 형식의 **센터 임베디드** 재귀가 없는 경우에만 유한 상태 기계에 의해 언어가 생성될 수 있다(Chomsky, 1959a; Bar-Hillel et al., 1961; Nederhof, 2000). 직관적으로 문법 규칙의 오른쪽이나 왼쪽 가장자리에 항상 논터미널 기호가 있는 것이 아니라 반복적으로 처리될 수 있는 문법 규칙이다. 이러한 센터 임베딩 규칙은 $a^n b^n$ 언어와 같은 인위적인 문제를 다루거나 프로그래밍과 마크업 언어에서 구분 기호를 정확하게 일치시키는 것과 같은 실제적인 문제를 처리하는 데 필요하다. 영어의 경우 성공이 확실한 예시가 없지만 다음과 같은 예제가 문제의 특징을 제공한다.

(12.11) The luggage arrived.

(12.12) The luggage that the passengers checked arrived.

(12.13) The luggage that the passengers that the storm delayed checked arrived.

적어도 이론적으로는 이런 종류의 임베딩은 계속될 수 있지만, 이러한 예제를 처리하는 것이 점점 더 어려워진다. 그리고 이와 같은 외부 교과서에서는 상당히 드물다. 16장에서는 문맥 자유 문법이 작업에 적합한지 여부 문제와 관련 문제를 논한다.

그렇다면, 통사론 분석에서 유한 상태 방법에 대한 역할은 없는 것일까? 펜 트리뱅크 문법에서 사용되는 규칙뿐만 아니라 12장에서 명사구에 사용되는 규칙들을 재빨리 검토하면, 유한 상태 방법에 의해 대부분 처리될 수 있음을 알 수 있다. **명사군**, 명사구의 관형격 및 명사부에는 다음 규칙을 고려한다.

Nominal → (Det) (Card) (Ord) (Quant) (AP) Nominal

이 규칙의 명사 앞에서 수식하는 요소를 터미널로 변환한다고 가정하면, 이 규칙은 사실상 우선형이며 유한 상태 기계에 의해 포착될 수 있다. 사실 주어진 문맥 자유 문법의 근사치인 정규 문법을 자동으로 구축할 수 있다. 12장 끝부분에 있는 '역사 참고 사항'을 살핀다. 따라서 일치하는 구문 및 의미 규칙이 필요하지 않은 많은 실제 목적에 대해서는 유한 상태 규칙으로 충분하다.

12.7 의존성 문법

12장에서는 사용 가능한 많은 트리뱅크와 파서가 이러한 종류의 구문 표현을 생성하기 때문에 문맥 자유 문법에 중점을 뒀다. 그러나 음성 및 언어 처리에서 상당히 중요 **의존성 문법** 해지고 있는 **의존성 문법**이라고 하는 문법 형식주의 에서는 구성 요소와 구문 구조 규칙이 근본적인 역할을 하지 않는다. 대신, 문장의 통사론 구조는 순전히 단어와 단어 사이의 이항 의미 또는 통사론 관계로 설명된다. 의존성 문법은 테스니어(1959)의 작 **의존성** 업에 크게 의존하며 이름 **의존성**은 초기 컴퓨터 언어학자 데이비드 헤이스에 의해 처음 사용됐을 수 있다. 그러나 이 어휘 의존성 문법 개념은 사실 비교적 최근의 구문 구조 또는 구성 요소 문법보다 오래됐으며 고대 그리스 및 인도 언어 전통에 뿌리를 두고 있다. 사실, "문장을 주어와 술어로 파싱"하는 전통적인 문법의 개념은 구성적 관계보다는 어휘 관계에 기반을 두고 있다.

그림 12.14는 마르네프 외 연구진(2006)의 의존성 문법 형식을 사용해 *They hid the letter on the shelf*라는 문장의 유형화된 의존성 구문 분석을 보여준다. 논터미널 또는 구문 노드가 없다는 점에 유의한다. 구문 분석 트리의 각 링크는 두 개의 어휘 노드 사이에 있다. 이는 48개의 문법 관계의 고정된 인벤토리에서 링크가 레이블이 지 **유형화된** 정돼 있기 때문에(유형화), **유형화된 의존성 구문 분석**이며, 그중 일부는 그림 12.15에 나 **의존성** 와 있다. **링크 문법**(Sleator and Temperley, 1993)과 같은 다른 의존성 기반 컴퓨터 문법 **구문 분석** 은 서로 다르지만 거의 겹치는 링크를 사용한다. 유형화되지 않은 의존성 구문 분석 **링크 문법** 에서 링크의 레이블이 지정되지 않는다.

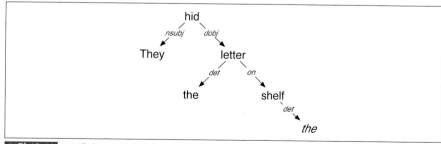

그림 12.14 스탠퍼드 파서의 유형화된 의존성 구문 분석(de Marnefe et al., 2006)

인수 의존성	설명
nsubj	명목상의 주어
csubj	절의 주어
dobj	직접목적어
iobj	간접목적어
pobj	전치사의 목적어
한정어 의존성	설명
tmod	시제수식어
appos	동격수식어
det	한정사
prep	전치사의 수식어

그림 12.15 드 마르네프 외 연구진(2006)의 문법적 관계 중 일부

14장에서 보듯이 의존성 형식주의의 한 가지 이점은 단어가 의존 항목에 대해 가지는 강력한 예측 파싱 능력이다. 동사의 정체성을 알면 어떤 명사가 주어인지 목적어인지를 결정하는 데 도움이 될 수 있다. 의존성 문법 연구자들은 의존성 문법의 또 다른 장점은 상대적으로 **자유 어순**으로 언어를 처리할 수 있다는 것이다. 예를 들어 체코어의 어순은 영어보다 훨씬 더 유연하다. *object*(목적어)는 *location adverbial*(장소 부사)이나 comp보다 전후에 발생할 수 있다. 구문 구조 문법은 이러한 부사 구문이 발생할 수 있는 구문 분석 트리의 각 위치에 대해 별도의 규칙이 필요하다. 종속 문법은 이 특정한 부사적 관계를 나타내는 하나의 연결 유형을 가질 것이다. 따라서 의존 문법은 어순 변화로부터 추출하며, 구문 분석에 필요한 정보만을 나타낸다.

의존성 문법의 계산적 구현에는 영어용 링크 문법(Sleator and Temperley, 1993), 제약 조건 문법(Karlsson et al., 1995), **MINIPAR**(Lin, 2003), 스탠퍼드 파서(de Marneffe et al., 2006)가 포함된다. 다른 언어의 의존성 리소스에는 확률적 의존성 파서들을 훈련시키는 데 사용돼 온 체코 하지크(1998)를 위한 프라하 의존성 트리뱅크(1998)가 50만 단어로 포함돼 있다(Collins et al., 1999).

12.7.1 의존성과 구의 중심 단어 간의 관계

독자는 그림 12.14와 같은 의존성 그래프와 그림 12.12와 같은 구의 중심 단어 구조 사이의 유사성을 알아차렸을 수 있다. 사실, 레이블이 지정되지 않은 의존성 그래프

는 구의 중심 단어 규칙을 사용해 문맥 자유 분석에서 자동으로 파생될 수 있다. 다음은 샤와 파머(2001)의 알고리듬이다.

1. 구의 중심 단어 여과 테이블을 사용해 구문 구조에서 각 노드의 head child를 표시한다.

2. 의존성 구조에서 각 non-head-child의 구의 중심 단어가 head-child의 구의 중심 단어에 의존하도록 한다.

그림 12.16의 구문 분석 트리에 적용된 이 알고리듬은 그림 12.17의 의존성 구조를 생성할 것이다. 그런 다음 수기로 작성한 패턴을 사용해 의존성을 입력할 수 있다(de Marneffe et al., 2006).

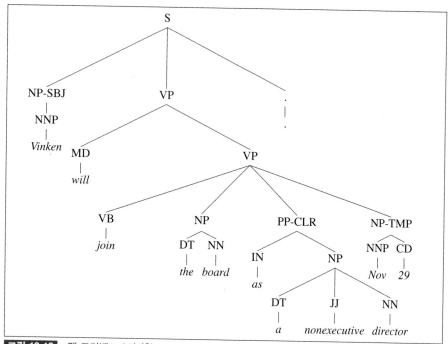

그림 12.16 펜 트리뱅크 3의 〈월 스트리트 저널〉 구성 요소에 있는 문구 구조 트리

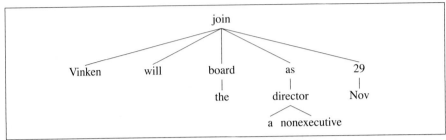

그림 12.17 위에 주어진 알고리듬에 의해 그림 12.16에서 생성된 의존성 트리

14장에서 어휘화된 파싱에 대해 논의할 때와 15장에서 구의 중심 단어 피처와 하위 범주를 소개할 때 구의 중심 단어와 의존성에 대한 논의로 돌아간다.

12.7.2 범주 문법

범주 문법

결합 범주 문법

범주 문법은 초기 어휘 문법 모델이다(Adjukiewicz, 1935; Bar-Hillel, 1953)). 이 절에서는 범주 문법, **결합 범주 문법** 또는 CCG(Steedman, 1996, 1989, 2000)에 대한 하나의 중요한 확장자의 간략한 개요를 제공한다. 범주 문법에는 두 가지 요소가 있다. **분류 어휘**는 각 단어를 통사적, 의미적 범주와 연관시킨다. **결합 규칙**은 함수와 인수를 결합할 수 있게 한다. 범주에는 함자functors와 인수arguments 이 두 가지 유형이 있다. 인수는 명사와 마찬가지로 N과 같은 단순한 범주를 가지고 있다. 동사나 한정사는 함자 역할을 한다. 예를 들어 한정사는 NP를 생성할 권리의 N에 적용되는 함수로 생각할 수 있다. 그러한 복잡한 범주는 X/Y 및 X\Y 연산자와 함께 구축된다. X/Y는 Y에서 X까지의 함수, 즉, X를 생성할 수 있는 오른쪽의 Y와 결합하는 것을 의미한다. 따라서 한정사는 NP를 생산할 수 있는 권리의 N과 결합되는 범주 NP/N을 받는다. 타동사에는 VP/NP 범주가 있을 수 있다. *give*와 같은 VP. 이중 타동사를 생성하기 위해 오른쪽의 NP와 결합하는 것이 범주(VP/NP)/NP를 가질 수 있다. *NP*와 결합해 타동사를 생성하는 것이다. 가장 간단한 **결합 규칙**은 X/Y와 오른쪽의 Y를 결합해 X 또는 X\를 생성하며, 왼쪽의 Y와 결합해 X를 생성한다.

스티먼(1989)의 간단한 문장 *Harry eats apples*를 생각해보자. 조어 *VP* 범주를 사용하는 대신 *eat apples*와 같은 유한 동사구에는 범주(S\NP): 왼쪽의 NP와 결합해 문장을 만든다고 가정해보자. *Harry*와 *apples*는 둘 다 NP이다. *Eats*는 유한 타동사로서 오른쪽의 NP와 결합해 유한 VP: (S\NP)/NP를 생성한다. S의 파생은 다음과 같이 진행된다.

(12.14)

$$\frac{\displaystyle \frac{\text{Harry}}{\text{NP}} \quad \frac{\text{eats}}{(\text{S}\backslash\text{NP})/\text{NP}} \quad \frac{\text{apples}}{\text{NP}}}{\displaystyle \frac{\text{S}\backslash\text{NP}}{\text{S}}}$$

현대의 범주 문법에는 조정 및 기타 복잡한 현상에 필요한 더욱 복잡한 결합 규칙이 포함되며, 또한 통사적 범주뿐만 아니라 의미 범주의 구성도 포함된다. 유용한 참고 자료에 대한 포인터는 장 끝을 참조한다.

12.8 음성 언어 통사론

영어의 문어체 문법과 회화체 문법은 많은 특징들을 공유하지만 또한 여러 면에서 다르다. 이 절에서는 구어체 영어의 구문 특성에 대한 간략한 개요를 제공한다.

발화   보통 구어 단위의 **문장**보다는 **발화**라는 용어를 사용한다. 그림 12.18에는 음성 언어 문법의 음성 ATIS 발화 샘플을 보여준다.

the . [exhale] . . . [inhale] . . uh does American airlines . offer any . one way flights . uh one way fares, for one hundred and sixty one dollars

[mm] i'd like to leave i guess between um . [smack] . five o'clock no, five o'clock and uh, seven o'clock . PM

all right, [throat clear] . . i'd like to know the . give me the flight . times . in the morning . for September twentieth . nineteen ninety one

uh one way

. w- wha- what is the lowest, cost, fare

[click] . i need to fly, betwee- . leaving . Philadelphia . to, Atlanta [exhale]

on United airlines . . give me, the . . time . from New York . [smack] . to Boise-, to . I'm sorry . on United airlines . [uh] give me the flight, numbers, the flight times from . [uh] Boston . to Dallas

그림 12.18 ATIS 시스템과 상호작용하는 사용자의 음성 발화 샘플

이는 음성 인식을 위한 음성 코퍼스들을 필사하는 데 사용되는 표준 전사 스타일이다. 쉼표 ","는 잠깐의 일시 중지를 표시하고, 각 마침표 "."는 긴 일시 중지를 나타낸다. 단편(불완전한 *what*을 나타내는 *wha*-와 같은 불완전한 단어)은 대시로 표시되고, 대괄호 "[smack]"은 비언어적 사건(**쩝쩝거리는 입소리**, **숨소리** 등)을 표시한다.

이 말들은 여러 가지 면에서 쓰여진 영어 문장들과 다르다. 하나는 어휘 통계다. 예를 들어 구어 영어는 쓰여진 영어보다 대명사가 훨씬 높다. 구어 문장의 주제는 거의 항상 대명사다.

발화는 여러 가지 면에서 문어의 영어 문장과 다르다. 하나는 어휘 통계에 있다. 예를 들어 구어체 영어는 문어체 영어보다 대명사를 훨씬 많이 사용한다. 구어체의 주어는 거의 대명사다. 구어체는 종종 짧은 단편이나 구문으로 구성된다(*one way* 또는 *around four p.m.*는 문어체 영어에서 다소 일반적이지 않음). 구어체 문장은 물론 문어체 표현에는 없는 음운론적, 운율적, 음향적 특성을 가지고 있으며, 8장에서 다뤘다. 마지막으로 구어체 문장은 다양한 종류의 눌변(주저함, 정정, 재시작 등)을 가지고 있다.

12.8.1 눌변 및 정정

아마도 구어체와 문어체를 구별하는 가장 두드러진 통사론적 자질은 눌변으로 알려진 현상의 종류와 정정으로 알려진 현상의 부류일 것이다.

눌변에는 단어 *uh*와 *um*의 사용, 단어 반복, 재시작, 낱말 조각 등이 포함된다. 그림 12.19의 ATIS 문장은 재시작 및 *uh*의 사용 예를 보여준다. 여기서 재시작은 화자가 *one-way flights*를 요구하며 시작한 다음, 스스로 멈추고 정정하고 다시 *one-way fares*에 대해 질문할 때 발생한다.

화자가 나중에
정정하는 음성
오류

정정

중단 지점

one-way flights 부분을 **화자가 나중에 정정하는 음성 오류**^{reparandum}라고 하며, 대체 시퀀스 *one-way fares*을 **정정**이라고 한다. 화자가 원래 어순을 끊는 **중단 지점**은 단어 *flights* 바로 뒤에 발생한다. 편집 단계에서는 *you know, I mean, uh, um*과 같이 흔히 **편집 용어**라고하는 것을 볼 수 있다.

편집 용어

filled pauses
filler

단어 *uh*와 *um*(filled pauses 또는 filler라고 함)은 일반적으로 음성 인식 어휘나 문법에서 정규 단어처럼 취급된다.

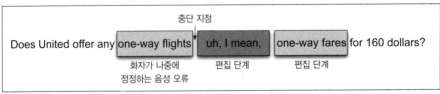

그림 12.19   문장에서 채택된 눌변 예(그림 10.18 참조)

단편   그림 12.18의 *wha-*와 *betwee-*와 같은 불완전한 단어는 **단편**이라고 알려져 있다. 단편은 이전 또는 다음의 단어에 잘못 연결돼 단어 분절 오류가 발생하는 경우가 많기 때문에 음성 인식 시스템에 매우 문제가 있다.

눌변은 매우 일반적이다. 스위치보드 트리뱅크 코퍼스의 한 조사에 따르면 2개의 단어가 포함된 문장의 37%가 어떤 식으로든 눌변이 발견됐다. 실제로 단어 uh는 스위치보드에서 가장 많이 쓰이는 단어 중 하나이다.

입력 문장에 의미를 부여하는 음성 이해와 같은 애플리케이션의 경우, 화자가 "정정한" 단어로 간주하는 것을 편집하기 위해 재시작을 감지하는 것이 유용할 수 있다. 예를 들어 위의 문장에서는 재시작이 있었다는 것을 감지할 수 있다면, 화자가 나중에 정정하는 음성 오류를 삭제하고 문장의 나머지 부분을 구문 분석하면 된다.

Does United offer any ~~one-way flights uh I mean~~ one-way fares for 160 dollars?

눌변은 문장의 구성 구조와 어떻게 상호작용하는가? 힌들(1983)은 정정이 중단점 직전에 구성 요소와 동일한 구조를 가지고 있다는 것을 보여줬다. 따라서 위의 예에서 정정은 화자가 나중에 정정하는 음성 오류와 마찬가지로 NP이다. 중단 지점을 자동으로 찾을 수 있다면 화자가 나중에 정정하는 음성 오류의 경계를 자동으로 감지하는 것도 가능하다.

눌변과 통사 구조 사이에는 다른 상호작용이 있다. 예를 들어 주어 NP 직후에 눌변이 있을 때, 정정은 항상 주어를 반복하지만, 이전 담화 마커는 반복하지 않는다. 조동사 또는 주동사 뒤에 정정이 이루어진다면 동사와 주어는 항상(거의) 함께 재활용된다(Fox and Jasperson, 1995). 10.6절에서 눌변의 자동 감지에 대해 다룬다.

12.8.2 구어체를 위한 트리뱅크

스위치보드와 같은 구어체용 트리뱅크는 눌변과 같은 구어체 현상을 처리하기 위해 증강된 표기법을 사용한다. 그림 12.20은 스위치보드 문장의 구문 분석 트리(12.15)를 보여준다. 이 문장은 트리뱅크가 어떻게 눌변을 표시하는지 나타낸다. 대괄호는 화자가 나중에 정정하는 음성 오류, 편집 단계, 정정을 포함한 전체 정정 영역을 나타낸다. 더하기 기호는 화자가 정정하는 음성 오류의 끝을 표시한다.

(12.15) But I don't have [any, + {F uh, } any] real idea

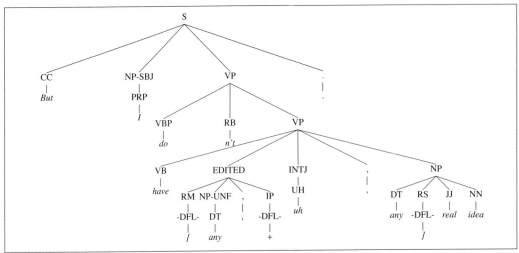

그림 12.20   펜 트리뱅크 III는 스위치보드 문장에 대한 구문 분석 트리로, 구문 분석 트리에 눌변 정보가 어떻게 표현되는지를 보여준다. .RM 및 .RS 노드가 정정 부분의 시작과 끝을 표시하는 .EDITED 노드를 참고하고, 침묵을 채우는 "*uh*"를 사용한다.

12.9 문법과 언어의 프로세싱

사람들은 언어의 정신적 처리에 문맥 자유 문법을 사용하는가? 명확한 증거를 찾는 것은 매우 어렵다. 예를 들어 일부 초기 실험에서는 피험자에게 문장에서 어떤 단어가 더 밀접하게 연관돼 있는지 판단하도록 요청했다(Levelt, 1970). 이들의 직관적인 그룹이 통사론적 구성 요소에 해당한다는 사실을 발견했다. 다른 실험자들은 피험자들이 문장을 듣게 하는 동시에 짧은 "클릭"을 다른 시간에 듣게 함으로써 청각 이해에서 구성 요소의 역할을 조사했다. 포더와 비버(1965)는 피험자들이 종종 클릭 소리를 구성 요소의 경계에서 발생한 것처럼 잘못 듣는 경우를 발견했다. 포더와 비버는 그 구성 요소가 따라서 중단에 저항하는 "지각 단위"라고 주장했다. 하지만 클릭 패러다임에는 심각한 방법론적 문제가 있었다(예: Clark and Clark (1977)의 논의 참조).

모든 초기 연구의 더 큰 문제는 구성 요소가 종종 통사론적 단위일 뿐만 아니라 의미적 단위라는 사실을 통제하지 않는다는 것이다. 따라서 18장에서 더 자세히 논의한 바와 같이, *a single odd block*은 구성 요소(*NP*)일 뿐 아니라 의미 단위(특정 특성을 갖는 타입 BLOCK의 객체)이기도 하다. 따라서 사람들이 구성 요소의 경계를 인지하고 있다는 것을 보여주는 실험은 단순히 통사적 사실보다는 의미론적 사실의 측정이 될 수 있다.

따라서 의미 단위가 아닌 구성 요소에 대한 증거를 찾을 필요가 있다. 더욱이 어휘 의존성에 기초한 많은 비헌법 기반 문법 이론 때문에, "어휘적" 사실로 해석될 수 없는 증거, 즉 특정 단어에 기초하지 않는 선거구에 대한 증거를 찾는 것이 중요하다.

따라서 의미 단위가 *not* 구성 요소에 대한 증거를 찾을 필요가 있다. 나아가 어휘적 의존성에 기초한 문법의 비-구성적 문법 이론 때문에 *lexical* 사실로 해석될 수 없는 증거를 찾는 것이 중요하다. 즉, 특정 단어를 기반으로 하지 않는 구성 요소에 대한 증거이다.

구성 요소를 주장하는 일련의 실험들이 캐서린 보크와 그녀의 동료들로부터 나왔다. 예를 들어 보크와 로벨(1990)은 특정 통사론적 구성 요소(예: *V NP PP*와 같은 특정 유형의 동사구)를 사용하는 주어가 다음 문장에서 구성 요소를 사용할 가능성이 더 높은지 여부를 연구함으로써 모든 초기 위험을 피했다. 다시 말해서, 구성 요소의 사용이 후속 문장에서 그 사용을 *primes*하는지 여부를 질문했다. 11장에서 봤듯이, 프라이밍은 정신 구조의 존재를 테스트하는 일반적인 방법이다. 보크와 로벨은 영어의 **2중 목적어를 취하는 동사 교체**에 의존했다. 이중 타동사는 다음과 같은 두 가지 인수를 취할 수 있는 *give*와 같은 동사다.

(12.16) The wealthy widow gave [*NP* the church] [*NP* her Mercedes].

동사 *give*는 간접목적어가 전치사구로 표현되는 **전치사의 여격**이라고 하는 또 다른 가능한 하위 범주화 프레임을 허용한다.

(12.17) The wealthy widow gave [*NP* her Mercedes] [*PP* to the church].

568페이지에서 논의한 바와 같이, *give* 이외의 많은 동사는 교체를 가지고 있다 (send, sell 등, 여러 가지 교체 패턴에 대한 요약은 레빈(1993)을 참조). 보크와 로벨은 피험자에게 그림을 주고 그림을 한 문장으로 묘사해 달라고 요청해 단어 교체를 보여준다. 이 그림은 남학생이 선생님께 사과를 건네는 등의 이벤트를 보여주며, *give* 또는 *sell*

과 같은 동사를 유도하도록 설계됐다. 이 동사들이 번갈아 사용되기 때문에, 주어는 *The boy gave the apple to the teacher* 또는 *The boy gave the teacher an apple*라고 말할 수 있다. 그림을 설명하기 전에 피험자들에게 관련 없는 "프라이밍" 문장을 큰 소리로 읽도록 요청했다. 프라이밍 문장은 *V NP NP* 또는 *V NP PP* 구조를 가졌다. 결정적으로, 이러한 프라이밍 문장은 날짜 대체 문장과 동일한 *constituent structure*(구성 구조)를 갖지만 동일한 의미를 갖지는 않는다. 예를 들어 프라이밍 *semantics*(의미론)은 *datives*(여격)가 아니라 전치사의 *locatives*(처소격)일 수 있다.

(12.18) IBM moved [$_{NP}$ a bigger computer] [$_{PP}$ to the Sears store].

보크와 로벨은 *V NP PP* 문장을 방금 읽은 피험자들이 그림을 묘사할 때 *V NP PP* 구조를 사용할 가능성이 더 높다는 것을 발견했다. 이는 특정 구성 요소의 사용이 나중에 그 구성 요소의 사용 준비시켰고, 따라서 구성 요소가 준비되기 위해서는 정신적으로 표현돼야 한다.

최근의 연구에서, 보크와 그녀의 동료들은 이런 종류의 구성 요소 구조에 대한 증거를 계속해서 찾고 있다.

12.10 요약

12장에서는 문맥 자유 문법의 사용을 통해 구문의 여러 기본 개념을 소개했다.

- 많은 언어에서 연속된 단어 그룹은 **문맥 자유 문법**(구문-구조 문법이라고도 함)으로 모델링할 수 있는 그룹 또는 구성 요소로 작동한다.
- 문맥 자유 문법은 일련의 **규칙** 또는 **결과물**로 구성되며, 논터미널 기호 세트와 터미널 기호 세트를 통해 표현된다. 형식적으로, **특정 문맥 자유 언어**는 **특정 문맥 자유 문법**에서 **파생**될 수 있는 문자열 집합이다.
- **생성 문법**은 언어학에서 자연어의 문법을 모델링하는 데 사용되는 형식 언어의 전통적인 명칭이다.
- 영어에는 많은 문장 수준의 문법 구조가 있다. **평서문, 명령문, 예-아니요 의문문, wh-의문문**은 네 가지 일반적인 유형이며, 문맥 자유 규칙으로 모델링될 수 있다.

- 영어 **명사구**에는 **구의 중심 단어**인 **명사** 앞에 **한정사, 수사, 정량자** 및 **형용사**가 있을 수 있으며, 이는 많은 **후치 수식어**가 따를 수 있다. 즉, **동명사 VP, 부정사 VP, 과거분사 VP**가 일반적이다.
- 영어의 **주어**는 인칭과 수에서 주동사와 **일치**한다.
- 동사는 예상하는 **보어**의 종류에 따라 **하위 분류**될 수 있다. 간단한 하위 범주는 **타동사**와 **자동사**이다. 대부분의 문법들은 이것들 보다 더 많은 범주를 포함한다.
- 구어에서의 문장의 상관관계를 일반적으로 **발화**라고 한다. 발화는 **눌변**, *um*이나 *uh*와 같은 **채워진 일시 중지, 재시작, 정정** 등 있다.
- 구문 분석된 문장의 **트리 뱅크**는 여러 장르의 영어와 여러 언어에 대해 존재한다. 트리 뱅크는 트리 검색 도구로 검색할 수 있다.
- 문맥 자유 문법은 **촘스키 정규형**으로 변환할 수 있으며, 각 규칙의 오른쪽에는 두 개의 논터미널 또는 단일 터미널이 있다.
- 문맥 자유 문법은 유한 상태 오토마타보다 강력하지만, 그럼에도 불구하고 FSA로 문맥 자유 문법을 **근사화**할 수 있다.
- **구성**이 인간의 언어 처리에 중요한 역할을 한다는 몇 가지 증거가 있다.

참고문헌 및 역사 참고 사항

> [퍼시벌(1976)에 인용된 문구 구성 개념의 기원]:
>
> den sprachlichen Ausdruck für die willkürliche Gliederung einer Gesammtvorstellung in ihre in logische Beziehung zueinander gesetzten Bestandteile´
>
> [전체 개념을 서로 논리적 관계의 구성 부분으로 임의로 나누는 언어적 표현]
>
> – W. 분트

퍼시벌(1976)에 따르면, 한 문장을 구성 요소의 계층 구조로 나누는 아이디어는 신기원을 이룬 심리학자 빌헬름 분트(Wundt, 1900)의 *Völkerpsychologie*에서 나타났다. 레너드 블룸필드는 그의 초기 저서 『*An Introduction to the Study of Language*』(Bloomfield, 1914)에서 분트의 구성에 대한 아이디어를 언어학에 반영했다. 레너드 블룸필드의 후기 저서인 『*Language*』(Bloomfield, 1933)는 당시 "직접 구성 성분 분석"이라고 부르며, 미국에서 잘 정립된 구문 연구 방법이었다. 대조적으로, 고전 시대부터 시작된 전통적인 유럽 문법은 구성 요소가 아닌 *words* 간의 관계를 정의했으며, 유럽 구문 학자는 이러한 **의존성** 문법에 대한 강조점을 유지했다.

American Structuralism은 "발견 절차"에 대한 검색의 관점에서 즉, 언어의 구문을 기술하기 위한 방법론적 알고리듬이라는 즉각적인 구성 요소에 대한 많은 구체적인 정의를 봤다. 일반적으로 이러한 시도들은 "직접 구성 요소의 주요 기준은 조합이 단순한 단위로 작용하는 정도"라는 직관을 포착하려는 시도다(Bazell, 1966, p.284).

구체적인 정의 중 가장 잘 알려진 것은 *substitutability*(대체 가능성) 테스트를 통해 개별 단위의 분포 유사성에 대한 해리스의 생각이다. 본질적으로 이 방법은 가능한 구성 요소를 단순한 구조로 대체하려고 시도함으로써, 구성 요소로 분해하는 방식으로 진행됐다. 예를 들어 *man*의 단순한 형태를 대체하는 것이 좀 더 복잡한 구성(예: *intense young man*)의 구조에서 대체 가능하다면, *intense young man* 형태는 아마도 구성 요소일 것이다. 해리스의 테스트는 구성 요소가 일종의 동등성 클래스라는 직관의 시작이었다.

이 계층적 구성 요소의 개념에 대한 첫 번째 형식화는 촘스키(1956)에서 정의된 구문 구조 문법이었으며, 촘스키(1957)와 촘스키(1975)에서 더욱 확장(반론 제기)했다. 이 때부터 대부분의 생성 언어 이론은 적어도 부분적으로 문맥 자유 문법이나 일반화에 기반을 뒀다(예: Head-Driven Phrase Structure Grammar(Pollard and Sag, 1994), Lexical-Functional Grammar(Bresnan, 1982)), Government and Binding(Chomsky, 1981) 및 Construction Grammar(Kay and Fillmore, 1999)에 기초함). 이러한 이론의 대부분은 구문의 중심 단어 개념에 의존하는 **X-바 스키마타**[X-bar schemata]로 알려진 문맥 자유 도식 템플릿을 사용했다.

촘스키의 초기 작업 직후, 문맥 자유 문법은 백커스(1959)에 의해 재창조됐고, ALGOL 프로그래밍 언어에 대한 설명에서 나우르 외 연구진(1960)에 의해 독립적으로 재발명됐다. 백커스(1996)는 자신이 에밀 포스트의 작업에 영향을 받았으며 나우르의 작업은 백커스의 작업과는 무관하다고 언급했다(과학 분야의 복수 발명에 대한 56페이지의 설명을 참고). 이 초기 작업 후, 이러한 문법을 구문 분석하는 효율적인 알고리듬

X-바 스키마타

의 초기 개발로 인해, 수많은 자연어 처리 연산 모델이 문맥 자유 문법을 기반으로 했다(13장 참고).

이미 언급했듯이, 문맥 자유 규칙에 기반한 문법은 어디에나 존재하지 않는다. CFG에 대한 다양한 확장 클래스는 특히 장거리 의존성을 처리하도록 설계됐다. 이전에 일부 문법이 장거리 종속 항목을 의미론적으로 관련되지만 통사론적은 아닌 것으로 취급한다고 언급했다. 의존적 구문은 장거리 링크를 나타내지 않는다(Kay and Fillmore, 1999; Culicover and Jackendoff, 2005). 그러나 대안이 있다. 하나의 확장된 형식주의는 **트리 결합 문법**Tree Adjoining Grammar, TAG(Joshi, 1985)이다. 기본 TAG 데이터 구조는 규칙이 아니라 트리이다. 트리는 **머리글자 트리**initial trees와 **조동사 트리**auxiliary trees의 두 가지 종류가 있다. 예를 들어 머리글자 트리는 단순한 문장의 구조를 나타내고, 조동사 트리는 트리에 재귀성을 추가한다. 트리는 **대입** 및 **부속**이라는 두 가지 작업으로 결합된다. 부속 작업은 장거리 의존성을 처리한다. 자세한 내용은 조시(1985)를 참조한다. **어휘화한 트리 결합 문법**이라고 하는 트리 결합 문법의 확장은 14장에서 다룬다. 트리 결합 문법은 16장에서 소개된 **문맥 의존적 언어**의 한 구성원이다.

571페이지에서 빈 범주와 공동 인덱싱의 사용에 기초한 장거리 의존성을 처리하는 또 다른 방법을 언급했다. 펜 트리뱅크는 확장 표준 이론과 미니멀리즘에서 (다양한 트리뱅크 코퍼스들에서) 끌어내는 이 모델을 사용한다(Radford, 1997).

구성 요소보다는 단어 관계에 기초한 문법의 대표적인 예로는 멜크룩(1979), 허드슨의 단어 문법(1984), 칼손 외 연구진의 제약 문법(1995) 등이 있다.

CFG에 근접한 정규 문법을 구축하는 알고리듬은 다양하다(Pereira and Wright, 1997; Johnson, 1998a; Langendoen and Langsam, 1987; Nederhof, 2000; Mohri and Nederhof, 2001).

영어 문법에 관심 있는 독자는 영어의 세 가지 큰 참조 문법 중 하나인 허들스턴과 풀럼(2002), 비버 외 연구진(1999) 및 퀴르크 외 연구진(1985), 또 다른 유용한 참고문헌으로는 맥컬리(1998)가 있다.

다양한 관점의 구문에 대한 좋은 입문 교재들이 많이 있다. 사그 외 연구진(2003)은 구문 구조의 규칙, 통일 그리고 구의 중심 단어 기반한 구문 구조 문법에서 유형 서열 활용에 중점을 두고, 생성적 관점에서 구문을 도입하는 것이다. 반 발린, **Jr.**와 라 폴

라(1997)는 기능적 관점에서 소개된 것으로, 교차 언어론적 데이터와 통사 구조를 위

기능적 한 **기능적** 동기에 초점을 맞추고 있다.

　기본 범주 문법에 대한 소개는 바흐(1988)를 참조한다. 특히 람베크(1958), 다우티 (1979), 아데스와 스테드먼((1982)에는 범주 문법에 대한 다양한 확장이 제시돼 있다. 외흘레 외 연구진(1988)의 다른 논문은 확장에 대한 조사를 제공한다. 결합 범주 문법 은 스테드먼(1989, 2000)에 제시돼 있다. 튜토리얼 소개는 스테드먼과 발드리지(2007) 를 참조한다. 의미 구성에 대한 설명은 18장을 참조한다.

연습

12.1　다음 ATIS 구문에 대한 트리 구조를 그려라.

　　1. Dallas

　　2. from Denver

　　3. after five p.m.

　　4. arriving in Washington 5. early flights

　　6. all redeye flights

　　7. on Thursday

　　8. a one-way fare

　　9. any delays in Denver

12.2　다음 ATIS 문장에 대한 트리 구조를 그려라.

　　1. Does American airlines have a flight between five a.m. and six a.m.?

　　2. I would like to fly on American airlines.

　　3. Please repeat that.

　　4. Does American 487 have a first-class section?

　　5. I need to fly between Philadelphia and Atlanta.

　　6. What is the fare from Atlanta to Denver?

　　7. Is there an American airlines flight from Philadelphia to Dallas?

12.3　564페이지의 문법 규칙을 보완해 대명사를 처리하라. 인칭과 (일부 언어에서 명 사 형용사 대명사의) 격을 적절히 처리해야 한다.

12.4 12.3.3~12.3.4절의 명사구 문법을 수정해, 불가산명사와 그 일치 특성을 올바르게 모델링하라.

12.5 문법 형식주의에서 괄호를 허용하지 않는다면 560페이지의 규칙은 얼마나 많은 종류의 NP로 확장되는가?

12.6 12.3.5절에 표현된 여러 하위 범주화에 대한 VP 규칙과 Verb-with-NP-complement와 같은 하위 범주화 동사 규칙이 다른 문법을 가정한다. *the earliest flight that you have*과 같은 예시를 적절히 처리하려면 형용사가 명사를 뒤에서 수식하는 관계절(12.5)에 대한 규칙이 어떻게 수정돼야 할까? 예에서 대명사 *that*이 동사 *get*의 목적어라는 것을 상기한다. 당신의 규칙은 이 명사구를 허용해야 하지만 비문법적인 S *I get*은 정확하게 배제해야 한다.

12.7 이전 문제에 대한 솔루션이 NP the earliest flight that I can get으로 올바르게 모델링했는가? *the earliest flight that I think my mother wants me to book for her*은 어떻게 모델링되는가? 힌트: 이 현상을 **장거리 의존성**이라고 한다.

12.8 영어 조동사의 언어적 하위 범주를 표현하는 규칙을 작성하라. 예를 들어 verb-with-bare-stem-VP-complement → can 규칙을 가질 수 있다.

소유형
소유격

12.9 *Fortune's office or my uncle's marks*와 같은 NP를 **소유형** 또는 **소유격** 명사구라고 한다. 다음의 핵어명사의 한정사로서 *Fortune's or my uncle's*와 같은 하위 NP를 다루면 소유격 명사구를 모델링할 수 있다. 영어 소유격에 대한 문법 규칙을 써라. 's는 별도의 단어인 것처럼 취급할 수 있다(즉, 's 앞에 항상 공백이 있는 것처럼).

12.10 556페이지에서는 *Wh-NP* 구성 요소의 필요성에 대해 논의했다. 가장 단순한 *Wh-NP*는 Wh-대명사(who, whom, whose, which) 중 하나다. *which four will you have? what credit do you have with the Duke?*에서 Wh-단어 *what*과 *which*는 한정사가 될 수 있는가? 다양한 유형의 *Wh-NP*에 대한 규칙을 작성하라.

12.11 임의의 문맥 자유 문법을 촘스키 정규 형식으로 변환하는 알고리듬을 작성하라.

13
통사론 파싱

사실을 조사하고 발견하는 데는 두 가지 방법밖에 존재하지 않는다. 사람은 감각과
세부 사항에서 가장 일반적인 공리로 빠르게 나아가고 중간 공리를 도출하고 발견한
다. 다른 하나는 감각과 세부 사항으로부터 공리를 구성하는데, 가장 일반적인 공리
에 도달할 때까지 계속적이고 점진적으로 상승한다.

– 프랜시스 베이컨, 『노붐 오르가눔』 I. 19 (1620)

3장에서 파싱을 입력 문자열을 인식하고 구조를 할당하는 조합으로 정의했다. 그렇
다면 통사론 파싱은 문장을 인식하고, 통사론 구조를 할당하는 일이다. 13장은 12장
에서 설명한 종류의 문맥 자유 문법으로 할당된 구조의 종류에 초점을 맞춘다. 그러
나 순전히 평서문의 형식주의에 바탕을 두고 있기 때문에, 문맥 자유 문법은 주어진
문장에 대한 구문 분석 트리를 계산해야 하는 방법을 지정하지 않는다. 따라서 트리
를 생성하기 위해 이러한 문법을 사용하는 알고리듬을 지정해야 한다. 13장에서는 입
력 문장에 완전한 문맥 자유(구문 구조) 트리를 자동으로 할당하기 위해 가장 널리 사
용되는 세 가지 파싱 알고리듬을 제시한다.

이러한 종류의 구문 분석 트리는 워드 프로세싱 시스템에서 **문법 검사** 같은 애플리
케이션에 직접적으로 유용하다. 구문 분석할 수 없는 문장은 문법적 오류가 있을 수
있다(또는 적어도 읽기 어려울 수 있음). 그러나 좀 더 전형적으로 구문 분석 트리는 **의미론
적 분석**을 위한 중요한 중간 표현 단계의 역할을 하기 때문에(18장 참조) **질의응답**이나
정보 추출과 같은 애플리케이션에서 중요한 역할을 한다.

What books were written by British women authors before 1800?

예를 들어 위 질문에 답하려면 문장의 주어가 *what books*이고, by- 부가사가 *British women authors*라는 것을 알아야 사용자가 저자 목록이 아니라 책 목록을 원한다는 것을 알 수 있다.

파싱 알고리듬을 제시하기 전에 먼저 표준 알고리듬에 동기를 부여하는 몇 가지 요소를 설명한다. 먼저 2장에서 유한 상태 오토마타에 대해 소개한 파싱 및 인식에 대한 **검색 메타포**를 다시 살펴보고, **하향식** 및 **상향식** 검색 전략에 대해 이야기한다. 그런 다음 중의성 문제가 통사론의 처리에서 어떻게 다시 대두될 것인지 그리고 어떻게 궁극적으로 실현 불가능한 역추적에 기초해 단순화된 접근법을 만드는지 논의한다.

다음 절에서는 Cocke-Kasami-Younger[CKY] 알고리듬(Kasami, 1965; Lounger, 1967), Earley 알고리듬(Earley, 1970), 차트 구문 분석 접근법(Kay, 1982; Kaplan, 1973)을 제시한다. 이러한 접근법은 모두 상향식 및 하향식 파싱의 통찰력을 동적 프로그래밍과 결합해 복잡한 입력을 효율적으로 처리한다. 12장에서 최소 편집 거리, 비터비, 포워드 등의 동적 프로그래밍 알고리듬을 사용한 몇 가지 애플리케이션을 이미 살펴봤다. 마지막으로, 입력의 피상적인 통사론 분석이 충분할 수 있는 상황에서 사용하기 위해 **부분 파싱 분석** 방법에 대해 설명한다.

문법	어휘 목록
$S \rightarrow NP\ VP$	$Det \rightarrow that \mid this \mid a$
$S \rightarrow Aux\ NP\ VP$	$Noun \rightarrow book \mid flight \mid meal \mid money$
$S \rightarrow VP$	$Verb \rightarrow book \mid include \mid prefer$
$NP \rightarrow Pronoun$	$Pronoun \rightarrow I \mid she \mid me$
$NP \rightarrow Proper\text{-}Noun$	$Proper\text{-}Noun \rightarrow Houston \mid NWA$
$NP \rightarrow Det\ Nominal$	$Aux \rightarrow does$
$Nominal \rightarrow Noun$	$Preposition \rightarrow from \mid to \mid on \mid near \mid through$
$Nominal \rightarrow Nominal\ Noun$	
$Nominal \rightarrow Nominal\ PP$	
$VP \rightarrow Verb$	
$VP \rightarrow Verb\ NP$	
$VP \rightarrow Verb\ NP\ PP$	
$VP \rightarrow Verb\ PP$	
$VP \rightarrow VP\ PP$	
$PP \rightarrow Preposition\ NP$	

그림 13.1 $\mathscr{L}_1$ 미니어처 영어 문법과 어휘 목록

13.1 검색으로 파싱

2장과 3장에서는 유한 상태 오토마톤을 통해 올바른 경로를 찾거나 입력에 대한 올바른 변환을 찾는 것이 검색 문제로 볼 수 있었다. 유한 상태 오토마타의 경우, 검색은 머신을 통과하는 가능한 모든 경로의 공간을 통해 이뤄진다. 통사론 파싱에서 파서는 주어진 문장에 대한 올바른 구문 분석 트리를 찾기 위해 가능한 구문 분석 트리 공간을 검색하는 것으로 볼 수 있다. 가능한 경로의 검색 공간이 오토마톤의 구조에 의해 정의된 것처럼 가능한 구문 분석 트리의 검색 공간은 문법으로 정의된다. 다음 ATIS 문장을 고려한다.

(13.1)   Book that flight.

그림 13.1에는 $\mathscr{L}_1$ 문법이 소개돼 있는데, 12장의 $\mathscr{L}_0$ 문법이 몇 가지 추가 규칙으로 구성돼 있다. 이 문법을 고려할 때, 이 예제에 대한 정확한 구문 분석 트리는 그림 13.2처럼 나타낼 수 있다.

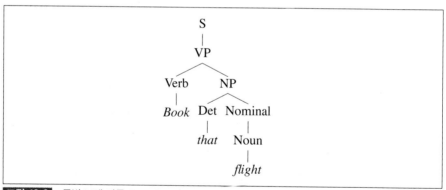

그림 13.2   문법 L1에 따른 Book that flight 문장의 구문 분석 트리

$\mathscr{L}_1$을 사용해 그림 13.2의 구문 분석 트리를 이 예제에 할당할 수 있는가? 파싱 검색의 목적은 루트가 시작 기호 S이고 입력에 있는 단어를 정확하게 포함하는 모든 트리를 찾는 것이다. 우리가 선택한 검색 알고리듬과 상관없이 두 종류의 제약 조건은 검색을 안내하는 데 도움이 될 것이다. 한 가지 제약 조건은 데이터, 즉 입력 문장 자체에서 온다. 마지막 구문 분석 트리에 대한 그 밖의 사실이 무엇이든 잎은 세 개로 *book*, *that*, *flight*라는 단어여야 한다는 것을 알고 있다. 두 번째 종류의 제약은 문법

에서 비롯된다. 최종 구문 분석 트리의 다른 사항이 무엇이든 간에 하나의 루트가 있어야 하며, 출발 기호 *S*가 돼야 한다는 것을 알고 있다.

13장을 시작할 때 베이컨이 언급한 이 두 가지 제약 조건은 대부분의 파서들의 기초가 되는 두 가지 검색 전략, 즉 **하향식** 또는 **목표 지향적** 검색과 **상향식** 또는 **데이터 지향적** 검색이 나오게 한다. 이러한 제약 조건은 단순한 검색 전략 그 이상이다. 이는 서양 철학적 전통에서 두 가지 중요한 통찰력을 반영한다. 사전 지식의 이용을 강조하는 **합리주의** 전통과 앞에 놓인 데이터를 강조하는 **경험주의** 전통이다.

합리주의
경험주의

13.1.1 하향식 파싱

하향식   **하향식** 파서는 루트 노드 S에서 잎까지 빌드를 시도해 구문 분석 트리를 검색한다. 가능한 모든 트리를 병렬로 빌드한다고 가정할 때, 하향식 파서가 탐색하는 검색 공간을 생각해보자. 알고리듬은 지정된 시작 기호 *S*에 의해 입력이 도출될 수 있다고 가정하는 것으로 시작한다. 다음 단계는 *S*가 왼쪽에 있는 모든 문법 규칙을 찾아 *S*로 시작할 수 있는 모든 트리의 상단을 찾는 것이다. 그림 13.1의 문법에서는 세 가지 규칙이 *S*를 확장하기 때문에 그림 13.3의 검색 공간의 두 번째 **가닥** 또는 레벨에는 세 개의 부분 트리가 있다.

가닥

다음으로 원래 *S*를 확장한 것처럼 이 세 개의 새로운 트리에서 구성 요소를 확장한다. 첫 번째 트리는 *VP*를, 두 번째 트리는 *Aux*에 이어 *NP*와 *VP*를 그리고 세 번째 트리는 스스로 *VP*를 예상한다. 페이지의 검색 공간을 맞추기 위해 그림 13.3의 세 번째 가닥에서 각 트리의 가장 왼쪽 잎이 확장된 결과인 트리의 하위 집합만을 표시했다. 검색 공간의 각 가닥에서 파서에게 새로운 예상값을 제공하기 위해 규칙의 오른쪽 측면을 사용한다. 파서들은 나머지 트리들을 재귀적으로 생성하는 데 사용된다. 트리들은 결국 트리의 아래쪽에 있는 품사 범주에 도달할 때까지 아래로 자란다. 이때, 잎이 입력의 모든 단어와 일치하지 않는 트리는 거부될 수 있고, 성공적인 구문 분석을 나타내는 트리는 남겨질 수 있다. 그림 13.3에서는 세 번째 가닥의 다섯 번째 구문 분석 트리(규칙 *VP → Verb NP*)만이 결국 입력 문장 *Book that flight*와 일치하게 된다.

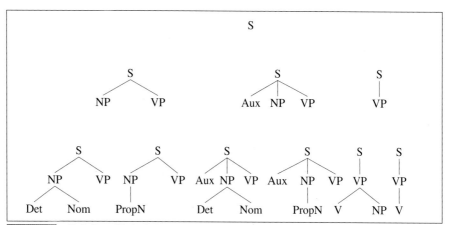

그림 13.3 확장되는 하향식 검색 공간. 이전의 가닥에서 각각의 트리를 가져와서 가장 왼쪽의 논터미널을 각각의 가능한 확장으로 대체하고, 이 트리들을 각각 새로운 가닥으로 수집해, 각각의 가닥을 생성한다.

13.1.2 상향식 파싱

상향식

상향식 구문 분석은 가장 초기에 알려진 파싱 알고리듬(Yngve(1955)가 처음 제안함)이며, 컴퓨터 언어에 일반적인 이동-축소 파서에서 사용된다(Aho and Ullman, 1972). 상향식 구문 분석에서 파서는 입력 단어로 시작해 한 번에 하나씩 문법의 규칙을 적용해 단어에서 위로 트리를 구축하려고 한다. 파서가 모든 입력을 포함하는 시작 기호 *S*에 뿌리를 둔 트리를 빌드하는 데 성공하면 구문 분석도 성공한다. 그림 13.4는 *Book that flight* 문장으로 시작하는 상향식 검색 공간을 보여준다. 파서는 어휘 목록에서 각 입력 단어를 찾고 각 단어에 대한 품사로 세 개의 부분 트리를 구축하는 것으로 시작한다. 그러나 단어 *book*은 명사 또는 동사가 될 수 있기 때문에 중의적이다. 따라서 파서는 두 가지 가능한 트리 집합을 고려해야 한다. 그림 13.4의 처음 두 가닥은 검색 공간의 이러한 초기 분기점을 보여준다.

그런 다음 두 번째 가닥의 각 트리가 확장된다. 왼쪽의 구문 분석(*book*이 명사로 잘못 간주된 구문)에서 *Nominal → Noun* 규칙이 두 명사(*book* 및 *flight*) 모두에 적용된다. 이 동일한 규칙은 오른쪽의 유일한 명사(*flight*)에도 적용돼, 세 번째 가닥에 트리를 생성한다.

일반적으로 파서는 일부 규칙의 오른쪽이 맞을 수 있는 구문 분석 진행 중인 위치를 찾아서 다음 가닥으로 확장한다. 이는 왼쪽이 확장되지 않은 논터미널과 일치할 때 규칙을 적용해 트리를 확장한 이전의 하향식 파서와 대조된다.

따라서 네 번째 가닥에서 첫 번째 및 세 번째 구문 분석의 *Det Nominal* 시퀀스가 *NP → Det Nominal* 규칙의 우측으로 인식된다.

다섯 번째 가닥에서는 book을 명사로 해석하는 것이 검색 공간에서 제거됐다. 이 구문 분석을 계속할 수 없기 때문이다. 오른쪽의 *Nominal NP*가 있는 문법에는 규칙이 없다. 검색 공간의 마지막 가닥(그림 13.4에 표시되지 않음)에는 올바른 구문 분석이 포함된다(그림 13.2 참조).

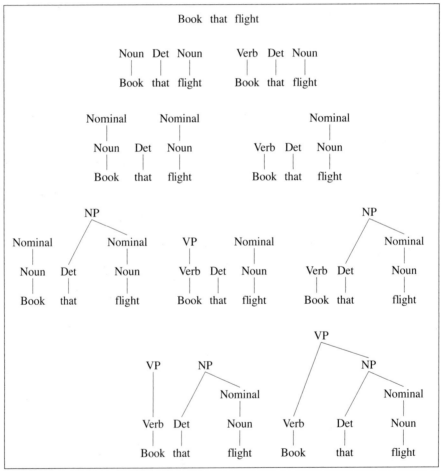

그림 13.4 *Book that flight* 문장에 대한 확장 상향식 검색 공간. 이 그림은 올바른 구문 분석 트리를 사용한 검색의 최종 단계가 표시되지 않는다(그림 13.2 참조). 이 그림의 검색 공간에서 최종 구문 분석 트리가 어떻게 표시되는지 이해해야 한다.

13.1.3 하향식 및 상향식 파싱 비교

이 두 아키텍처는 각각 장단점이 있다. 하향식 전략은 S를 생성할 수 없는 트리를 탐구하는 데 시간을 낭비하지 않는다. 트리만 생성하는 것으로 시작되기 때문이다. 즉, 일부 S에 근원을 둔 트리에서 위치를 찾을 수 없는 하위 트리도 탐색하지 않는다. 반면 상향식 전략에서는 S로 갈 희망이 없거나 이웃과 잘 어울리지 않는 트리가 아무렇게나 생성된다.

하향식 접근 방식은 비효율적이다. S로 이어지지 않는 트리로 시간을 낭비하지는 않지만 입력과 일관성이 없는 S트리에 상당한 노력을 기울인다. 그림 13.3의 세 번째 가닥에 있는 6개의 트리 중 처음 4개는 모두 단어 *book*과 일치하지 않는 가지를 남겼다. 이 트리들 중 어떤 트리도 이 문장을 구문 분석하는 데 사용될 수 없을 것이다. 하향식 파서의 이러한 약점은 입력을 검토하기 전에 트리를 생성한다. 반면 상향식 파서들은 적어도 위치상으로 입력에 기초하지 않은 트리는 절대 제안하지 않는다.

13.2 중의성

One morning I shot an elephant in my pajamas. How he got into my pajamas I don't know.

어느 날 아침 나는 잠옷 입은 코끼리를 찍었다. 어떻게 코끼리가 내 잠옷에 들어갔는지 모르겠어.

– 그루초 막스, 〈파티 대소동(Animal Crackers)〉, 1930년 작

중의성은 아마도 파서가 직면한 가장 심각한 문제일 것이다. 5장에서는 **품사 모호성** 및 **품사 중의성** 개념을 소개했다. 이 절에서는 파싱에 사용되는 통사론 구조에서 발생하는 **구조적 중의성**이라고하는 새로운 종류의 중의성을 소개한다. 구조적 중의성은 문법이 하나 이상의 가능한 구문 분석을 문장에 할당할 때 발생한다. 스폴딩 선장으로 잘 알려진 그루초 막스의 대사는 *in my pajamas*라는 구절이 *elephant*가 이끄는 *NP* 또는 *shot*이 이끄는 동사구의 일부일 수 있기 때문에 중의적이다. 그림 13.5는 막스의 대사에 대한 두 가지 분석을 보여준다.

구조적 중의성

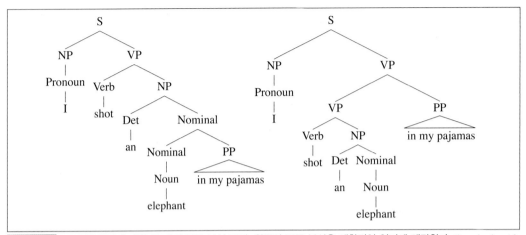

그림 13.5   모호한 문장에 대한 두 개의 구문 분석 트리. 왼쪽의 구문 분석은 해학적인 읽기에 해당한다. *the elephant is in the pajamas* 경우 오른쪽의 구문 분석은 *Captain Spaulding did the shooting in his pajamas*와 일치한다.

연결 관계에
따른 중의성
수식의 범위에
따른 중의성

구조적 중의성은 여러 형태로 나타난다. 두 가지 일반적인 중의성 유형은 **연결 관계에 따른 중의성**^{Attachment ambiguity}과 **수식의 범위에 따른 중의성**^{Coordination ambiguity}이다.

문장은 특정 구성 요소를 파스 트리에 둘 이상의 위치에 부착할 수 있는 경우 연결 관계에 따른 중의성이 있다. 위의 그루초 막스 문장은 *PP* 연결 관계에 따른 중의성의 예다. 다양한 종류의 부사구에도 이런 종류의 중의성이 따른다. 예를 들어 다음 예에서 *flying to Paris*는 주어가 *the Eiffel Tower*인 동명사 *VP*의 일부일 수도 있고, *saw*가 이끄는 *VP*를 수식하는 부가사일 수 있다.

(13.2)   We saw the Eiffel Tower flying to Paris.

수식의 범위에
따른 중의성

수식의 범위에 따른 중의성에서 서로 다른 구문 세트는 *and*와 같은 접속사에 의해 결합될 수 있다. 예를 들어 *old men and women*이라는 문구는 *[old [men and women]]*으로 괄호로 묶으면 *old men* 및 *old women*을 나타내고, *[old men] and [women]*의 경우, *old*는 *men*에만 해당된다.

이러한 중의적 표현들은 실제 문장에서 복잡한 방식으로 결합된다. 예를 들어 뉴스를 요약한 프로그램은 브라운 코퍼스부터 다음과 같은 문장을 구문 분석할 수 있어야 한다.

(13.3) President Kennedy today pushed aside other White House business to devote all his time and attention to working on the Berlin crisis address he will deliver tomorrow night to the American people over nationwide television and radio.

이 문장은 여러 중위성을 가지고 있는데, 의미상 말이 안 되기 때문에 주의 깊게 읽어야 한다. 마지막 명사구는 *[nationwide [television and radio]]* 또는 *[[nationwide television] and radio]*으로 구문 분석할 수 있다. *pushed aside*의 직접목적어는 *other White House business*이 돼야 하지만 이상한 표현일 수도 있다*[other White House business to devote all his time and attention to working]*(즉, *Kennedy affirmed [his intention to propose a new budget to address the deficit]*와 같은 구조다). 그리고 *on the Berlin crisis address he will deliver tomorrow night to the American people*이라는 문구는 동사 *pushed*를 수식하는 부가사가 될 수 있다. *over nationwide television and radio*와 같은 *PP*는 상위 *VP* 또는 *NP*에 소속될 수 있다(예: *people* 또는 *night*를 수식할 수 있음).

자연발생적인 문장에 대해 말이 안 되는 구문 분석이 많다는 사실은 모든 파서에 영향을 미치는 매우 성가신 문제다. 궁극적으로 대부분의 자연어 처리 시스템은 **통사론의 중의성 해소**라는 프로세스를 통해 가능한 여러 구문 분석에서 올바른 구문 분석을 선택할 수 있어야 한다. 하지만 효과적인 중의성 해소 알고리듬은 일반적으로 구문 처리 중에 쉽게 사용할 수 없는 통계적, 의미론적 및 실용적인 지식을 필요로 한다(이러한 지식을 활용하는 기술은 14장과 18장에서 설명한다).

통사론의
중의성 해소

이러한 지식이 부족하면 주어진 입력에 대해 가능한 모든 구문 분석 트리를 반환하는 선택을 할 수 있다. 하지만 12장에 설명된 펜 트리뱅크 문법과 같이 중의적이고 광범위한 문법에서 가능한 모든 구문 분석을 생성하는 것은 문제가 있다. 그 이유는 특정 입력에 대해 가능한 잠재적으로 기하급수적인 구문 분석 수에 있다. 다음 ATIS 예를 참고한다.

(13.4) Show me the meal on Flight UA 386 from San Francisco to Denver.

재귀적인 *VP → VP PP* 및 *Nominal → Nominal PP* 규칙은 이 문장 끝에 있는 세 개의 전치사와 결합해 이 문장에 대해 총 14개의 구문 분석 트리를 산출한다. 예를 들어

*from San Francisco*는 *show*가 이끄는 VP의 일부가 될 수 있다(상영은 샌프란시스코에서 발생되고 있다고 이상하게 해석됨). 그림 13.6은 이 문장에 대한 합리적인 구문을 보여준다. 처칠과 파틸(1982)은 이러한 유형의 문장에 대한 구문 분석 수가 산술식의 괄호 안의 수와 같은 비율로 기하급수적으로 증가한다는 것을 보여줬다.

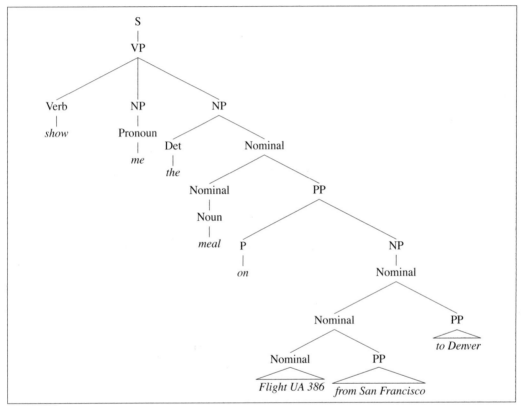

그림 13.6   (13.4)에 대한 합리적인 구문 분석

로컬 중의성   문장이 중의적이지 않더라도(즉, 마지막에 두 개 이상의 파싱이 없는 경우), **로컬 중의성**으로 인해 파싱하는 것이 비효율적일 수 있다. 로컬 중의성은 문장 전체가 중의적이지 않더라도 문장의 일부, 즉 구문 분석이 둘 이상일 때 발생한다. 예를 들어 *Book that flight*라는 문장은 중의적이지 않지만 파서가 첫 번째 단어 *Book*을 봤을 때, 단어 *Book*이 동사인지 명사인지 나중에 알 수 없다. 따라서 가능한 구문 분석을 모두 고려해야 한다.

13.3 중의성 측면에서 검색

로컬 및 전역 중의성이 통사론 파싱에 제기하는 문제를 완전히 이해하기 위해 하향식 및 상향식 파싱에 대한 이전 설명으로 돌아가보자. 여기서 가능한 모든 구문 분석 트리를 병렬로 탐색할 수 있다는 간단한 가정을 했다. 그래서 그림 13.3과 그림 13.4의 검색의 각 가닥은 이전 가닥에서 구문 분석 트리의 병렬 확장을 보여준다. 이 방법을 직접 구현하는 것은 확실히 가능하지만 일반적으로 트리가 구성될 때 트리 공간을 저장하려면 비현실적인 양의 메모리가 필요하다. 사실적인 문법은 우리가 사용해온 축소된 문법보다 훨씬 더 모호하기 때문에 특히 그렇다.

복잡한 검색 공간을 탐색하는 일반적인 대안적 접근 방식은 2장과 3장에서 다양한 유한 상태 머신을 구현하는 데 사용되는 것과 같은 의제 기반의 역추적 전략을 사용하는 것이다. 역추적 접근 방식은 한 번에 하나의 상태를 체계적으로 탐색해 검색 공간을 점진적으로 확장한다. 확장을 위해 선택된 상태는 깊이 우선 또는 너비 우선 방법과 같은 단순한 체계적 전략 또는 확률론적 및 의미론적 고려 사항을 사용하는 더 복잡한 방법에 기초할 수 있다. 주어진 전략이 입력과 일치하지 않는 트리에 도달하면, 이미 의제에 있는 탐색되지 않은 옵션으로 돌아가 검색을 계속한다. 이 전략의 순효과는 프로세스 초기에 생성된 트리에 대한 작업으로 돌아 가기 전에 성공하거나 실패할 때까지 한 목표로 매진해 트리를 추적하는 파서다.

하지만 전형적인 문법의 만연한 중의성은 모든 역추적 접근 방식에서 지나친 비효율성을 초래한다. 역추적 파서는 종종 입력의 일부에 대해 유효한 트리를 빌드한 다음, 역추적 중에 폐기하지만 다시 빌드해야 한다는 사실을 발견한다. (13.5)에서 NP에 대한 구문 분석을 찾는 데 관련된 하향식 역추적 프로세스를 고려한다.

(13.5)   a flight from Indianapolis to Houston on NWA

우선의 완전한 구문 분석은 그림 13.7의 하단 트리로 표시된다. 이 구문에는 수많은 구문 분석이 있지만 여기서는 이 단일 기본 구문 분석을 검색하는 경로에 소요되는 반복 작업의 양에 중점을 둔다.

일반적인 하향식, 깊이 우선, 왼쪽에서 오른쪽 역추적 전략은 모든 입력을 포함하지 않기 때문에 실패하는 작은 구문 분석 트리로 이어진다. 이러한 연속적인 실패는 점점 더 많은 입력을 점진적으로 다루는 구문 분석까지 이어지는 역추적 이벤트를 트리거한다. 이 하향식 접근 방식에 의해 올바른 구문 분석을 시도하는 트리 시퀀스는 그림 13.7에 나와 있다.

이 그림은 역추적 접근 방식에서 발생하는 작업의 중복 유형을 명확하게 보여준다. 최상위 구성 요소를 제외하고 최종 트리의 모든 부분이 두 번 이상 파생된다. 물론 이 간단한 예제에서 수행된 작업은 동사구 또는 문장의 레벨에서 도입된 중의성으로 인해 확대된다. 이 예제는 하향식 구문 분석에만 해당되지만 상향식 구문 분석에도 낭비되는 결과의 유사한 예가 존재한다.

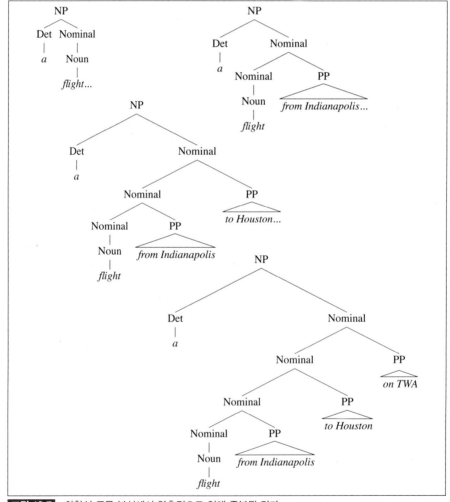

그림 13.7 하향식 구문 분석에서 역추적으로 인해 중복된 결과

13.4 동적 프로그래밍 파싱 방법

이전 절에서는 표준 상향식 또는 하향식 파서를 나쁜 영향을 주는 몇 가지 중의성 문제를 제시했다. 다행히도 단일 부류의 알고리듬으로 이러한 문제를 해결할 수 있다. **동적 프로그래밍**은 최소 편집 거리, 비터비 및 포워드 알고리듬에 도움이 된 것처럼 이 문제를 해결하기 위한 프레임워크를 다시 한 번 제공한다. 동적 프로그래밍 접근 방식은 하위 문제에 대한 솔루션 테이블을 체계적으로 채운다. 완료되면 테이블에는 전체 문제를 해결하는 데 필요한 모든 하위 문제에 대한 솔루션이 포함된다.

파싱의 경우, 테이블은 검색된 입력의 각 구성 요소의 하위 트리를 저장한다. 하위 트리가 한 번 검색 및 저장되고 해당 구성 요소를 호출하는 모든 구문 분석에서 사용되기 때문에 효율성이 향상된다. 이는 다시 파싱하는 문제(하위 트리는 다시 구문 분석되지 않고 조회됨)를 해결하고 중의성 문제를 부분적으로 해결한다(동적 프로그래밍 테이블은 구문 분석을 재구성할 수 있는 링크와 함께 모든 구성 요소를 저장해 가능한 모든 구문 분석을 암묵적으로 저장함). 앞서 언급했듯이 가장 널리 사용되는 세 가지 방법은 Cocke-Kasami-Younger^{CKY} 알고리듬, Earley 알고리듬 및 차트 구문 분석이다.

13.4.1 CKY 파싱

CKY 알고리듬의 주요 요구 사항 중 하나를 검토해 CKY 알고리듬에 대한 조사를 시작한다. 사용되는 문법은 촘스키 표준형^{CNF}이어야 한다. 12장에서 CNF의 문법은 $A \rightarrow B\ C$ 또는 $A \rightarrow w$ 형식의 규칙으로 제한된다는 것을 상기한다. 즉, 각 규칙의 오른쪽은 두 개의 논터미널 또는 단일 터미널로 확장돼야 한다. 문법을 CNF로 제한한다고 해서 표현력이 상실되지 않는다. 문맥 자유 문법은 원래 문법과 정확히 동일한 문자열 집합을 받아들이는 해당 CNF 문법으로 변환될 수 있기 때문이다. 이 단일 제한은 매우 간단하고 정확한 테이블 기반 구문 분석 방법을 제공한다.

촘스키 표준형으로 변환

일반 CFG를 CNF로 표시되는 것으로 변환하는 프로세스부터 살펴보자. ϵ-free 문법을 다루고 있다고 가정하면, 일반적인 문법에서 다뤄야 할 세 가지 상황이 있다. 오른쪽에 터미널과 논터미널을 혼합하는 규칙, 오른쪽에는 단일 논터미널이 있는 규칙,

오른쪽의 길이가 2보다 큰 규칙이다.

터미널과 논터미널을 혼합하는 규칙에 대한 해결책은 단순히 원래 터미널만 포함하는 새로운 더미 논터미널을 도입하는 것이다. 예를 들어 *INF-VP → to VP*와 같은 부정사 구문에 대한 규칙은 *INF-VP → TO VP* 및 *TO → to*라는 두 가지 규칙으로 대체된다.

오른쪽에 논터미널 단일 규칙을 **유닛 생성 규칙**이라고 한다. 원래 규칙의 오른쪽을 궁극적으로 유도하는 모든 비유닛 생성 규칙의 오른쪽으로 다시 작성해 유닛 생성을 제거할 수 있다. 좀 더 공식적으로, $A \overset{*}{\Rightarrow} B$가 하나 이상의 유닛 생산 체인에 의해 $B → \gamma$가 우리 문법에서 비유닛 생성이면, 문법에서 이러한 각 규칙에 대해 $A → \gamma$를 추가하고 모든 중간 유닛을 폐기한다. 아주 작은 문법으로 증명했듯이, 문법의 기본적인 평탄화로 이어질 수 있으며, 결과적으로 결과 트리에서 터미널이 상당히 높은 레벨로 증진될 수 있다.

오른쪽이 2보다 긴 규칙은 여러 가지의 새로운 규칙에 걸쳐 더 긴 시퀀스를 분산시키는 새로운 논터미널의 도입을 통해 정상화된다.

$$A → B \ C \ \gamma$$

위와 같은 규칙을 가지고 있다면 가장 왼쪽의 논터미널을 새로운 논터미널로 교체하고 새로운 생산 결과를 다음과 같은 새로운 규칙으로 도입한다.

$$X1 → B \ C$$
$$A → X1 \ \gamma$$

오른쪽이 더 긴 경우, 문제가 되는 규칙이 길이 2의 규칙으로 대체될 때까지 이 프로세스를 반복한다. 맨 왼쪽의 논터미널 쌍을 대체하는 선택은 순전히 임의적이다. 이진 규칙을 생성하는 체계적인 계획이면 충분하다.

현재 문법에서 규칙 $S → Aux \ NP \ VP$가 두 가지 규칙 $S → X1VP$ 및 $X1 → Aux \ NP$로 대체될 것이다.

전체 변환 프로세스는 다음과 같이 요약할 수 있다.

1. 모든 준수 규칙을 변경하지 않고 새 문법에 복사한다.

2. 규칙 내의 터미널을 논터미널로 더미 변환한다.

3. 유닛 결과를 전환한다.

4. 모든 규칙을 2진법으로 만들어 새로운 문법에 추가한다.

그림 13.8은 앞서 602페이지에서 소개한 $\mathscr{L}_1$ 문법에 이 전체 변환 절차를 적용한 결과를 보여준다. 이 수치는 원래 어휘 규칙을 보여주지 않는다. 이러한 원래 어휘 규칙은 이미 CNF에 있기 때문에, 모두 변경되지 않고 새로운 문법으로 이어지게 된다. 그러나 그림 13.8은 유닛 결과를 제거하는 과정이 사실상 새로운 어휘 규칙을 만든 다양한 장소를 보여준다. 예를 들어 변환된 문법에서 모든 원동사는 VP와 S로 승격 됐다.

$\mathscr{L}_1$ 문법	CNF의 $\mathscr{L}_1$
$S \rightarrow NP\ VP$	$S \rightarrow NP\ VP$
$S \rightarrow Aux\ NP\ VP$	$S \rightarrow X1\ VP$
	$X1 \rightarrow Aux\ NP$
$S \rightarrow VP$	$S \rightarrow book\ |\ include\ |\ prefer$
	$S \rightarrow Verb\ NP$
	$S \rightarrow X2\ PP$
	$S \rightarrow Verb\ PP$
	$S \rightarrow VP\ PP$
$NP \rightarrow Pronoun$	$NP \rightarrow I\ |\ she\ |\ me$
$NP \rightarrow Proper\text{-}Noun$	$NP \rightarrow TWA\ |\ Houston$
$NP \rightarrow Det\ Nominal$	$NP \rightarrow Det\ Nominal$
$Nominal \rightarrow Noun$	$Nominal \rightarrow book\ |\ flight\ |\ meal\ |\ money$
$Nominal \rightarrow Nominal\ Noun$	$Nominal \rightarrow Nominal\ Noun$
$Nominal \rightarrow Nominal\ PP$	$Nominal \rightarrow Nominal\ PP$
$VP \rightarrow Verb$	$VP \rightarrow book\ |\ include\ |\ prefer$
$VP \rightarrow Verb\ NP$	$VP \rightarrow Verb\ NP$
$VP \rightarrow Verb\ NP\ PP$	$VP \rightarrow X2\ PP$
	$X2 \rightarrow Verb\ NP$
$VP \rightarrow Verb\ PP$	$VP \rightarrow Verb\ PP$
$VP \rightarrow VP\ PP$	$VP \rightarrow VP\ PP$
$PP \rightarrow Preposition\ NP$	$PP \rightarrow Preposition\ NP$

그림 13.8 $\mathscr{L}_1$ 문법 및 CNF로의 변환. 여기에 표시되지는 않지만 $\mathscr{L}_1$의 모든 원래 어휘 항목도 변경되지 않고 그대로 유지된다.

CKY 인식

이제 CNF의 문법을 사용하면 구문 분석 트리에서 품사 레벨 이상의 각 논터미널 노드에는 정확히 두 개의 결실을 가질 것이다. 간단한 2차원 행렬을 사용해 전체 트리의 구조를 인코딩할 수 있다. 더 구체적으로 길이가 n인 문장의 경우, $(n+1) \times (n+1)$ 행렬의 상삼각 부분을 사용한다. 이 행렬의 각 셀 $[i, j]$에는 입력 위치 i에서 j까지의 모든 구성 요소를 나타내는 논터미널 세트를 포함한다. 인덱싱 체계가 0으로 시작하기 때문에 인덱스가 입력 단어 사이의 간격을 가리키는 것으로 생각하는 것이 당연하다($_0$ Book $_1$ that $_2$ flight $_3$ 참조). 그러면 전체 입력을 나타내는 셀이 행렬의 $[0, n]$ 위치에 있게 된다.

문법이 CNF에 있기 때문에 테이블의 논터미널 항목은 구문 분석에 정확히 두 개의 결실이 있다. 따라서 테이블에서 항목 $[i, j]$로 표시되는 각 구성 요소에 대해 입력 k에 위치가 있어야 한다. 여기서 $i < k < j$가 되도록 두 부분으로 나눌 수 있다. 이러한 위치 k가 주어지면 첫 번째 구성 요소 $[i, k]$는 항목 $[i, j]$의 i행 어딘가에 왼쪽에 있어야 하고, 두 번째 항목 $[k, j]$는 j열을 따라 그 아래에 있어야 한다.

이를 좀 더 구체적으로 설명하려면 그림 13.9에 표시된 완성된 구문 분석 행렬의 다음 예를 고려한다.

(13.6)   Book the flight through Houston.

행렬의 초대각선 행은 입력의 각 입력 단어에 대한 품사를 포함한다. 초대각선 위의 후속 대각선에는 입력에서 증가하는 길이의 모든 범위를 포함하는 구성 요소가 포함된다.

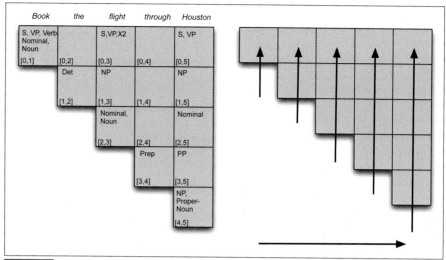

그림 13.9   *Book the flight through Houston*을 위한 구문 분석 테이블 완성

이 모든 것을 감안할 때, CKY 인식은 단순히 구문 분석 테이블을 올바른 방식으로 채우는 문제일 뿐이다. 이를 위해 어떤 셀 $[i, j]$를 채우는 시점에서는 이 엔트리에 기여할 수 있는 부분(즉, 왼쪽의 셀과 아래의 셀)을 포함하는 셀이 이미 채워지도록 상향식 방식으로 진행할 것이다. 이를 수행하는 방법에는 여러 가지가 있다. 그림 13.9의 오른쪽에서 볼 수 있듯이 그림 13.10에 주어진 알고리듬은 왼쪽에서 오른쪽으로 한 번에 한 열씩 위쪽 삼각형 행렬을 채운다. 그런 다음 각 열이 아래에서 위로 채워진다. 이 체계는 각 시점에서 필요한 모든 정보를 확보하도록 보장한다(왼쪽의 모든 열이 이미 채워졌기 때문에 왼쪽, 아래쪽에서 위쪽으로 채워지기 때문에 아래). 또한 왼쪽에서 오른쪽으로 열을 채우는 것은 한 번에 하나씩 각 단어를 처리하는 것에 해당하기 때문에 온라인 구문 분석을 미러링한다.

그림 13.10에 제시된 알고리듬의 가장 바깥쪽 루프는 열을 반복하고 두 번째 루프는 아래에서 위로 행을 반복한다. 가장 안쪽 루프의 목적은 입력에서 i에서 j까지의 부분 문자열이 둘로 분할될 수 있는 모든 위치에 걸쳐 범위를 지정하는 것이다. k가 문자열을 분할할 수 있는 위치에 걸쳐 있기 때문에 우리가 고려하는 셀 쌍은 정확히 같은 방식으로 i행을 따라 오른쪽으로 이동하고 j열을 따라 아래로 이동한다. 그림 13.11은 셀 $[i, j]$를 채우는 일반적인 경우를 보여준다. 각 분할에서 알고리듬은 두 셀

의 내용이 문법 규칙에 의해 승인된 방식으로 결합될 수 있는지 여부를 고려한다. 이러한 규칙이 있으면 왼쪽에 있는 논터미널이 테이블에 입력된다.

그림 13.12는 단어 *Houston*을 읽은 후, 테이블의 5열에 있는 5개의 셀이 어떻게 채워지는지 보여준다. 화살표는 테이블에 항목을 추가하는 데 사용되는 두 범위를 가리킨다. 셀 [0, 5]의 동작은 *PP*가 *flight*를 수식 경우와 *booking*을 수식하는 경우 그리고 원래 *VP → Verb NP PP* 규칙에서 두 번째 인수를 포착하는 경우, 현재 *VP → X2 PP* 규칙으로 간접 포착된 세 가지 대체 구문 분석이 있음을 나타낸다.

실제로 현재 알고리듬은 논터미널 세트를 셀 항목으로 조작하기 때문에 동일한 논터미널의 여러 사본을 테이블에 포함하지 않는다. [0, 5]를 처리하는 동안 발견된 두 번째 *S* 및 *VP*는 아무런 효과도 없을 것이다. 다음 절에서 이 동작을 다시 살펴본다.

```
function CKY-PARSE(words, grammar) returns table

    for j←from 1 to LENGTH(words) do
        table[j − 1, j]←{A | A→words[j] ∈ grammar}
        for i←from j − 2 downto 0 do
            for k←i + 1 to j − 1 do
                table[i,j]←table[i,j] ∪
                        {A | A→BC ∈ grammar,
                             B ∈ table[i, k],
                             C ∈ table[k, j]}
```

그림 13.10 CKY 알고리듬

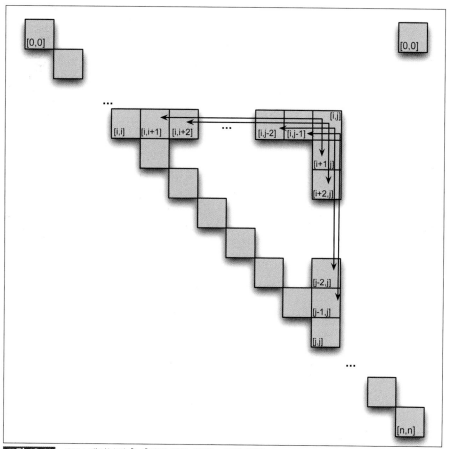

그림 13.11 CKY 테이블의 $[i, j]$번째 셀을 채우는 모든 방법

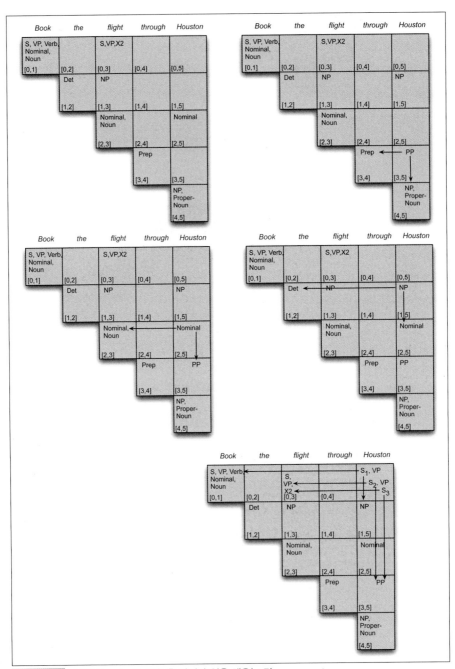

그림 13.12 단어 *Houston*을 읽은 후 마지막 열을 채우는 것

CKY 파싱

그림 13.10에 제시된 알고리듬은 파서가 아니라 인식기다. 파서가 성공하기 위해서는 셀 [0, N]에서 S를 찾아야 한다. 주어진 입력에 대해 가능한 모든 구문 분석을 반환할 수 있는 파서로 변환하려면 알고리듬에 두 가지 간단한 변경을 수행할 수 있다. 첫 번째 변경은 테이블의 항목을 증가시켜 각 논터미널이 다음의 포인터와 쌍을 이루도록 하는 것이다. 파생된 테이블 항목(그림 13.12와 거의 비슷함), 두 번째 변경 사항은 동일한 논터미널의 여러 버전이 테이블에 입력되도록 허용하는 것이다(그림 13.12와 동일). 이러한 변경으로 완료된 테이블에는 주어진 입력에 대해 가능한 모든 구문 분석이 포함된다. 임의의 단일 구문 분석을 반환하는 것은 셀 [0, n]에서 S를 선택한 다음 테이블에서 구성 요소를 재귀적으로 검색하는 것으로 구성된다.

물론 주어진 입력에 대한 모든 구문 분석을 반환하면 상당한 비용이 발생할 수 있다. 앞서 살펴본 바와 같이 기하급수적인 수의 구문 분석이 주어진 입력과 연관될 수 있다. 이러한 경우, 모든 구문 분석을 반환하면 불가피한 기하급수적인 비용이 발생한다. 14장에서 다루지만 각 항목의 확률을 포함하도록 테이블을 추가로 보강해 주어진 입력에 대해 최상의 구문 분석을 검색하는 방법을 고려할 수도 있다. 가장 가능성이 높은 구문 분석 검색은 완성된 구문 분석 테이블에 대해 5장에서 적절하게 수정된 버전의 비터비 알고리듬을 실행하는 것으로 구성된다.

CKY 연습

마지막으로, CNF에 대한 제약이 이론적으로 문제를 일으키지 않지만 실제로는 사소하지 않은 문제를 제기한다. 당연히 현재 상황에서 파서는 통사론 전공의 언어학자가 제공한 사용하기 편한 문법과 일치하는 트리를 반환하지 않는다. 문법 개발자를 힘들게 만드는 것 외에도 CNF로의 변환은 의미 분석에 대한 구문 기반 접근 방식을 복잡하게 만든다.

이러한 문제를 해결하기 위한 한 가지 접근 방식은 구문 분석의 사후 처리 단계로 트리를 원래 문법으로 다시 변환할 수 있는 충분한 정보를 유지하는 것이다. 범위가 2보다 큰 규칙에 사용되는 변환의 경우, 이는 사소한 것이다. 새로운 더미 논터미널을 삭제하고 결실을 승격하면 원래 트리가 복원된다.

유닛 생성의 경우, 올바른 트리를 복구하는 데 필요한 정보를 저장하는 것보다 직접 처리하기 위해 기본 CKY 알고리듬을 변경하는 것이 더 편리하다. 이 변경을 연습 13.3에서 실습해본다. 14장에 제시된 확률론적 파서의 대부분은 이러한 방식으로 변경된 CKY 알고리듬을 사용한다. 또 다른 해결책은 단순히 임의의 CFG를 받아들이는 더 복잡한 동적 프로그래밍 솔루션을 채택하는 것이다. 다음 절에서는 그러한 접근법을 제시한다.

13.4.2 Earley 알고리듬

CKY 알고리듬에 의해 구현된 상향식 검색과 달리 Earley 알고리듬(Earley, 1970)은 동적 프로그래밍을 사용해 앞서 13.1.1절에서 논의된 종류의 하향식 검색을 구현한다. Earley 알고리듬의 핵심은 $N+1$ 항목이 있는 배열을 채우는 단일 왼쪽에서 오른

차트   쪽 패스로, 즉 $N+1$ 항목이 있는 **차트**라고 할 수 있다. 문장의 각 단어 위치에 대해 차트에는 지금까지 생성된 부분 구문 분석 트리를 나타내는 상태 목록이 포함된다. CKY 알고리듬과 마찬가지로 인덱스는 입력에서 단어 사이의 위치를 나타낸다(예: $_0Book_1that_2flight_3$). 문장이 끝날 때까지 차트는 입력의 가능한 모든 구문 분석을 간결하게 인코딩한다. 가능한 각 하위 트리는 한 번만 표시되기 때문에 필요한 모든 구문 분석에서 공유할 수 있다.

각 차트 항목에 포함된 개별 상태에는 단일 문법 규칙에 해당하는 하위 트리, 이 하위 트리를 완료하는 과정에서 이루어진 진행률에 대한 정보, 입력에 대한 하위 트리의 위치 등 세 가지 종류의 정보가 포함된다. 상태의 문법 규칙 오른쪽에 있는 • 기호를

점선괘   사용해 인식 과정을 표시한다. 결과 구조를 **점선괘**라고 한다. 입력에 대한 상태의 위치는 상태가 시작되는 위치와 점이 있는 위치를 나타내는 두 개의 숫자로 표시된다.

파싱 과정(13.7)에서 Earley 알고리듬에 의해 생성된 다음 예제 상태를 고려한다.

(13.7)   Book that flight.

$$S \rightarrow \bullet VP, [0,0]$$
$$NP \rightarrow Det \bullet Nominal, [1,2]$$
$$VP \rightarrow V\,NP\,\bullet, [0,3]$$

구성 요소의 왼쪽에 점이 있는 첫 번째 상태는 특정 종류의 S의 하향식 예측을 나타낸다. 첫 번째 0은 이 상태에 의해 예측된 구성 요소가 입력 시작에서 시작돼야 함을 나타낸다. 두 번째 0은 점이 시작 부분에도 있다는 사실을 반영한다. 이 문장 처리의 후반 단계에서 생성된 두 번째 상태는 *NP*가 위치 1에서 시작하고 *Det*가 성공적으로 구문 분석됐으며, 다음에 *Nominal*이 예상됨을 나타낸다. 두 구성 요소의 오른쪽에 점이 있는 세 번째 상태는 전체 입력에 걸쳐 있는 VP에 해당하는 트리의 성공적인 발견을 나타낸다.

Earley 파서의 기본 작업은 차트에서 $N + 1$ 세트의 상태를 좌우 방식으로 각 세트 내의 상태를 순서대로 처리하는 것이다. 각 단계에서 아래 설명된 세 가지 연산자 중 하나가 상태에 따라 각 상태에 적용된다. 각각의 경우에 이로 인해 차트의 현재 또는 다음 상태 세트 끝에 새로운 상태가 추가된다. 알고리듬은 항상 차트를 통해 앞으로 나아가면서 추가된다. 상태는 제거되지 않으며 알고리듬은 이전 차트 항목으로 이동한 후에는 절대로 역추적하지 않는다. 마지막 차트 항목의 상태 목록에 $S \rightarrow \alpha\bullet$, $[0, N]$ 상태가 있으면 구문 분석의 성공을 나타낸다. 그림 13.13은 완전한 알고리듬을 제공한다.

```
function EARLEY-PARSE(words, grammar) returns chart

    ENQUEUE((γ → •S, [0,0]), chart[0])
    for i←from 0 to LENGTH(words) do
      for each state in chart[i] do
        if INCOMPLETE?(state) and
               NEXT-CAT(state) is not a part of speech then
           PREDICTOR(state)
        elseif INCOMPLETE?(state) and
               NEXT-CAT(state) is a part of speech then
           SCANNER(state)
        else
           COMPLETER(state)
      end
    end
    return(chart)
```

```
procedure PREDICTOR((A → α • B β, [i, j]))
    for each (B → γ) in GRAMMAR-RULES-FOR(B, grammar) do
        ENQUEUE((B → • γ, [j, j]), chart[j])
    end

procedure SCANNER((A → α • B β, [i, j]))
    if B ⊂ PARTS-OF-SPEECH(word[j]) then
        ENQUEUE((B → word[j], [j, j+1]), chart[j+1])

procedure COMPLETER((B → γ •, [j, k]))
    for each (A → α • B β, [i, j]) in chart[j] do
        ENQUEUE((A → α B • β, [i, k]), chart[k])
    end

procedure ENQUEUE(state, chart-entry)
    if state is not already in chart-entry then
        PUSH(state, chart-entry)
    end
```

그림 13.13   Earley 알고리듬

다음 세 절에서는 차트의 상태를 처리하는 데 사용되는 세 가지 연산자에 대해 자세히 설명한다. 각각은 단일 상태를 입력으로 취하고 그로부터 새로운 상태를 파생한다. 이러한 새로운 상태는 아직 존재하지 않는 한 차트에 추가된다. PREDICTOR 및 COMPLETER는 처리 중인 차트 항목에 상태를 추가하고 SCANNER는 다음 차트 항목에 상태를 추가한다.

PREDICTOR

이름에서 짐작할 수 있듯이 PREDICTOR의 역할은 구문 분석 프로세스 중에 생성된 하향식 기댓값을 나타내는 새로운 상태를 만드는 것이다. PREDICTOR는 논터미널이 품사 범주가 아닌 경우, 점 바로 오른쪽에 논터미널이 있는 모든 상태에 적용된다. 이 애플리케이션은 문법에 의해 제공되는 논터미널의 각 대안적 확장에 대해 새로운 상태를 생성한다. 이러한 새로운 상태는 생성 상태와 동일한 차트 항목에 배치된다. 생성 상태가 끝나는 입력 지점에서 시작하고 끝난다. 예를 들어 PREDICTOR를 $S → • VP$, [0, 0] 상태에 적용하면, 첫 번째 차트 항목에 다음 5개 상태가 추가된다.

$$VP \rightarrow \bullet Verb, \; [0,0]$$
$$VP \rightarrow \bullet Verb \; NP, \; [0,0]$$
$$VP \rightarrow \bullet Verb \; NP \; PP, \; [0,0]$$
$$VP \rightarrow \bullet Verb \; PP, \; [0,0]$$
$$VP \rightarrow \bullet VP \; PP, \; [0,0]$$

SCANNER

상태가 점의 오른쪽에 품사 범주를 가지고 있으면 SCANNER가 호출돼 입력을 검사하고 특정 품사를 가진 단어의 예측에 해당하는 상태를 차트에 통합한다. SCANNER는 입력 상태에서 점이 예측된 입력 범주를 넘어가는 새로운 상태를 만들어 이를 수행한다. CKY와 달리 Earley는 하향식 입력을 사용해 품사 중의성을 처리한다. 일부 기존 상태에 의해 예측된 단어의 품사만 차트에 표시된다.

본 예제로 돌아가서 상태 $VP \rightarrow \bullet Verb \; NP$, $[0, 0]$이 처리되면 SCANNER는 점 다음의 범주가 품사이기 때문에 입력에서 현재 단어를 참조한다. 그런 다음 book은 현재 상태의 기댓값과 일치하는 동사가 될 수 있다. 이로 인해 새로운 상태 $Verb \rightarrow book \bullet$, $[0, 1]$이 생성된다. 그런 다음이 새로운 상태가 현재 처리 중인 차트 항목에 추가된다. 명사 book 의미는 입력의 이 위치에 있는 규칙에 의해 예측되지 않기 때문에 차트에 입력되지 않는다.

SCANNER 및 PREDICTOR 버전은 알고리듬의 원래 공식화(Earley, 1970)에서의 해당 작업과 약간 다르다. 터미널은 PREDICTOR와 SCANNER 모두에서 문법의 일반적인 부분으로 균일하게 처리됐다. 이 접근 방식에서 $VP \rightarrow \bullet Verb \; NP$, $[0, 0]$과 같은 상태는 Verb가 왼쪽에 있는 규칙에 해당하는 예측 상태를 트리거한다. 현재 예제에서는 상태 $Verb \rightarrow \bullet book$이 예측된다. 원래 SCANNER는이 예측된 상태를 발견하고 현재 입력 토큰을 예측된 토큰과 일치시켜 점이 진보한 $Verb \rightarrow book \bullet$인 새로운 상태가 된다.

하지만 이 접근법은 어휘 목록이 큰 애플리케이션에는 실용적이지 않다. 주어진 어휘 범주의 모든 단어를 나타내는 상태는 해당 범주가 예측되는 즉시 차트에 입력되기 때문이다. 현재 예제에서는 모든 알려진 동사를 나타내는 상태가 book에 추가된다.

이러한 이유로 PREDICTOR 버전은 개별 어휘 항목에 대한 예측을 나타내는 상태를 생성하지 않는다. SCANNER는 차트의 어떤 상태도 이를 예측하지 못함에도 불구하고 완료된 어휘 항목을 나타내는 상태를 명시적으로 삽입해 이를 보완한다.

COMPLETER

COMPLETER는 점이 규칙의 오른쪽 끝에 도달한 상태에 적용된다. 이러한 상태의 존재는 파서가 입력의 일정 범위에 걸쳐 특정 문법 범주를 성공적으로 발견했다는 사실을 나타낸다. COMPLETER의 목적은 입력의 이 위치에서 이 문법 범주를 찾고 있던 이전에 생성된 모든 상태를 찾고 발전시키는 것이다. 그런 다음 COMPLETER는 이전 상태를 복사하고 예상 범주 위로 점을 이동하고 현재 차트 항목에 새로운 상태를 설치하는 상태를 생성한다.

현재 예에서 $NP \rightarrow Det\ Nominal\bullet$, [1, 3] 상태가 처리되면 COMPLETER는 위치 1에서 끝나고 NP를 예상하는 불완전한 상태를 찾는다. $VP \rightarrow Verb \bullet NP$, [0, 1] 및 $VP \rightarrow Verb \bullet NP\ PP$, [0, 1] 상태를 찾는다. 그 결과 새로운 완료 상태인 $VP \rightarrow Verb\ NP\bullet$, [0, 3]과 새로운 불완전 상태인 $VP \rightarrow Verb\ NP \bullet PP$, [0, 3]이 차트에 추가된다.

완전한 예제

그림 13.14는 (13.7)의 완전히 처리하는 동안 생성된 상태 시퀀스를 보여준다. 각 행은 참조를 위한 상태 번호, 점선괘, 시작점과 끝점, 마지막으로 이 상태를 차트에 추가한 함수를 나타낸다. 알고리듬은 S에 대한 하향식 기댓값으로 차트를 시드하는 것으로 시작한다. 즉, 더미 상태 $\gamma \rightarrow \bullet S$, [0, 0]을 Chart[0]에 추가한다. 이 상태가 처리되면 PREDICTOR로 전달돼 가능한 각 S 유형에 대한 예측을 나타내는 세 가지 상태가 생성되고 해당 트리의 모든 왼쪽 모서리에 대한 상태로 타동사가 넘어간다. 상태 $VP \rightarrow \bullet Verb$, [0, 0]에 도달하면 SCANNER가 호출되고 첫 번째 단어를 읽는다. 동사 *Book*의 의미를 나타내는 상태가 Chart[1] 항목에 추가된다. 다음 문장의 초기 VP 상태가 처리되면 SCANNER가 다시 호출된다. 그러나 새로운 상태는 차트에 이미 있는 *Verb* 상태와 동일하기 때문에 추가되지 않는다.

Chart[0]	S0	$\gamma \to \bullet S$	[0,0]	Dummy start state
	S1	$S \to \bullet NP\ VP$	[0,0]	Predictor
	S2	$S \to \bullet Aux\ NP\ VP$	[0,0]	Predictor
	S3	$S \to \bullet VP$	[0,0]	Predictor
	S4	$NP \to \bullet Pronoun$	[0,0]	Predictor
	S5	$NP \to \bullet Proper\text{-}Noun$	[0,0]	Predictor
	S6	$NP \to \bullet Det\ Nominal$	[0,0]	Predictor
	S7	$VP \to \bullet Verb$	[0,0]	Predictor
	S8	$VP \to \bullet Verb\ NP$	[0,0]	Predictor
	S9	$VP \to \bullet Verb\ NP\ PP$	[0,0]	Predictor
	S10	$VP \to \bullet Verb\ PP$	[0,0]	Predictor
	S11	$VP \to \bullet VP\ PP$	[0,0]	Predictor
Chart[1]	S12	$Verb \to book\bullet$	[0,1]	Scanner
	S13	$VP \to Verb\bullet$	[0,1]	Completer
	S14	$VP \to Verb\bullet NP$	[0,1]	Completer
	S15	$VP \to Verb\bullet NP\ PP$	[0,1]	Completer
	S16	$VP \to Verb\bullet PP$	[0,1]	Completer
	S17	$S \to VP\bullet$	[0,1]	Completer
	S18	$VP \to VP\bullet PP$	[0,1]	Completer
	S19	$NP \to \bullet Pronoun$	[1,1]	Predictor
	S20	$NP \to \bullet Proper\text{-}Noun$	[1,1]	Predictor
	S21	$NP \to \bullet Det\ Nominal$	[1,1]	Predictor
	S22	$PP \to \bullet Prep\ NP$	[1,1]	Predictor
Chart[2]	S23	$Det \to that\bullet$	[1,2]	Scanner
	S24	$NP \to Det\bullet Nominal$	[1,2]	Completer
	S25	$Nominal \to \bullet Noun$	[2,2]	Predictor
	S26	$Nominal \to \bullet Nominal\ Noun$	[2,2]	Predictor
	S27	$Nominal \to \bullet Nominal\ PP$	[2,2]	Predictor
Chart[3]	S28	$Noun \to flight\bullet$	[2,3]	Scanner
	S29	$Nominal \to Noun\bullet$	[2,3]	Completer
	S30	$NP \to Det\ Nominal\bullet$	[1,3]	Completer
	S31	$Nominal \to Nominal\bullet Noun$	[2,3]	Completer
	S32	$Nominal \to Nominal\bullet PP$	[2,3]	Completer
	S33	$VP \to Verb\ NP\bullet$	[0,3]	Completer
	S34	$VP \to Verb\ NP\bullet PP$	[0,3]	Completer
	S35	$PP \to \bullet Prep\ NP$	[3,3]	Predictor
	S36	$S \to VP\bullet$	[0,3]	Completer
	S37	$VP \to VP\bullet PP$	[0,3]	Completer

그림 13.14 Earley의 *Book that flight* 구문 분석 중에 생성된 차트 항목. 각 항목은 상태, 시작 및 끝 지점, 차트에 배치한 함수를 보여준다.

Chart[0]의 모든 상태가 처리되면 알고리듬은 Chart[1]로 이동해 동사 *book*의 의미를 나타내는 상태를 찾는다. 이는 구성 요소의 오른쪽에 점이 있는 완전한 상태이기 때문에 COMPLETER로 전달된다. 그런 다음 COMPLETER는 입력의 이 시점에서 동사를 예상하는 이전에 존재하는 4개의 *VP* 상태를 찾는다. 이러한 상태는 점이 향상된 상태로 복사돼 Chart[1]에 추가된다. 자동 *VP*에 해당하는 완료된 상태는 명령문을 나타내는 *S*의 생성으로 이어진다. 또는 타동사 구절의 점은 서로 다른 형태의 *NP*를 예측하는 세 가지 상태의 생성으로 이어진다. 상태 $NP \rightarrow \bullet Det\ Nominal$, $[1,1]$은 SCANNER가 단어 *that*을 읽고 해당 상태를 Chart[2]에 추가하도록 한다.

Chart[2]로 이동해 알고리듬은 *that*의 한정사 의미를 나타내는 상태를 찾는다. 이 완전한 상태는 Chart[1]에서 예측한 *NP* 상태에서 점의 전진으로 이어지고 다양한 종류의 *Nominal*에 대한 예측으로 이어진다. 이 가운데 첫 번째는 단어 *flight*를 처리하기 위해 SCANNER가 마지막으로 호출되도록 한다.

마지막으로 Chart[3]로 이동한다. *flight*를 나타내는 상태의 존재는 *NP*, 타동사의 *VP* 및 *S*의 완료로 이어진다. 마지막 차트 항목에서 상태 $S \rightarrow VP\bullet$, $[0, 3]$의 존재는 성공적인 구문 분석을 나타낸다.

이 예제를 앞에서 제공된 CKY 예제와 대조하는 것이 유용하다. Earley는 명사 *book* 의미에 대한 항목을 추가하는 것을 피할 수 있었지만 전반적인 반응은 분명히 CKY보다 훨씬 더 뒤죽박죽이다. 이 혼잡함은 Earley가 내린 예측의 순전히 하향식 성질에서 비롯된다. 연습 13.6에서는 이러한 불필요한 예측 중 일부를 제거해 알고리듬을 개선해야 한다.

차트에서 구문 분석 트리 검색

CKY 알고리듬과 마찬가지로 이 Earley 알고리듬 버전은 파서가 아니라 인식기다. 유효한 문장은 차트에서 $S \rightarrow \alpha\bullet$, $[0, N]$ 상태를 그대로 유지한다. 차트에서 구문 분석을 검색하려면 구성 요소를 생성한 완료된 상태에 대한 정보가 있는 각 상태에 추가 필드를 추가해야 한다.

이러한 필드를 채우는 데 필요한 정보는 COMPLETER 함수를 간단히 변경해 수집할 수 있다. COMPLETER는 점 다음의 구성 요소가 발견되면 기존의 불완전 상태를 전진시켜 새로운 상태를 생성한다. COMPLETER를 변경해 이전 상태에 대한 포인터를 새로운 상태의 구성 상태 목록에 추가한다. 차트에서 구문 분석 트리를 검색하는 것은 최종 차트 항목에서 완전한 *S*를 나타내는 상태(또는 상태들)로 시작하는 다음 포인터의 문제일 뿐이다. 그림 13.15는 이 예제의 최종 구문 분석에 관여한 적절하게 업데이트된 COMPLETER에 의해 생성된 차트 항목을 보여준다.

Chart[1]	S12	*Verb → book•*	[0,1]	Scanner
Chart[2]	S23	*Det → that•*	[1,2]	Scanner
Chart[3]	S28	*Noun → flight•*	[2,3]	Scanner
	S29	*Nominal → Noun•*	[2,3]	(S28)
	S30	*NP → Det Nominal•*	[1,3]	(S23, S29)
	S33	*VP → Verb NP•*	[0,3]	(S12, S30)
	S36	*S → VP•*	[0,3]	(S33)

그림 13.15 구조적 구문 분석 정보를 포함해, *Book that flight*의 최종 구문 분석에 관여한 상태

13.4.3 차트 파싱

CKY 및 Earley 알고리듬 모두에서 이벤트가 발생하는 순서(테이블에 항목 추가, 단어 읽기, 예측 등)는 알고리듬을 구성하는 절차에 의해 정적으로 한정된다. 현재 정보를 기반으로 이벤트가 발생하는 순서를 동적으로 결정하는 것은 다양한 이유로 필요한 경우가 많다. 다행히도 마틴 케이와 그의 동료(Kaplan, 1973; Kay, 1982)에 의해 발전된 차트 파싱 접근법인 **차트 파싱**을 사용하면 차트 항목이 처리되는 순서를 유연하게 결정할 수 있다. 이는 명시적인 어젠다를 사용해 수행된다. 이 방식에서는 상태(이 접근 방식에서는 **엣지**edges라고 함)가 생성될 때 주요 구문 분석 알고리듬과 별도로 지정된 정책에 따라 정렬된 상태로 유지되는 어젠다에 추가된다. 이는 이전에 여러 번 봤던 상태 공간 검색의 또 다른 인스턴스로 볼 수 있다. 2장과 3장의 FSA 및 FST 인식 및 구문 분석 알고리듬은 단순 고정된 정책이 있는 어젠다를 사용했으며 9장에 설명된 A* 디코딩 알고리듬은 확률적으로 정렬된 어젠다에 의해 구동된다.

그림 13.16은 이러한 체계를 기반으로 하는 파서의 일반 버전을 보여준다. 알고리듬의 주요 부분은 어젠다의 전면에서 엣지를 제거하고 처리한 다음 어젠다의 다음 항목으로 이동하는 단일 루프로 구성된다. 어젠다가 비어 있으면 파서가 중지되고 차트

를 반환한다. 따라서 어젠다에서 요소를 정렬하는 데 사용되는 정책은 추가 엣지가 생성되고 예측이 이루어지는 순서를 결정한다.

---

function CHART-PARSE(*words, grammar, agenda-strategy*) **returns** *chart*

  INITIALIZE(*chart, agenda, words*)
  while *agenda*
    current-edge ← POP(*agenda*)
    PROCESS-EDGE(*current-edge*)
  return(*chart*)

  procedure PROCESS-EDGE(*edge*)
    ADD-TO-CHART(*edge*)
    if INCOMPLETE?(*edge*)
      FORWARD-FUNDAMENTAL-RULE(*edge*)
    else
      BACKWARD-FUNDAMENTAL-RULE(*edge*)
    MAKE-PREDICTIONS(*edge*)

  procedure FORWARD-FUNDAMENTAL(($A \rightarrow \alpha \bullet B \beta, [i, j]$))
  for each($B \rightarrow \gamma \bullet, [j, k]$) **in** *chart*
    ADD-TO-AGENDA($A \rightarrow \alpha B \bullet \beta, [i, k]$)

  procedure BACKWARD-FUNDAMENTAL(($B \rightarrow \gamma \bullet, [j, k]$))
  for each($A \rightarrow \alpha \bullet B \beta, [i, j]$) **in** *chart*
    ADD-TO-AGENDA($A \rightarrow \alpha B \bullet \beta, [i, k]$)

  procedure ADD-TO-CHART(*edge*)
    if *edge* is not already in *chart* **then**
      Add *edge* to *chart*

  procedure ADD-TO-AGENDA(*edge*)
    if *edge* is not already in *agenda* **then**
      APPLY(*agenda-strategy, edge, agenda*)

그림 13.16 차트 파싱 알고리듬

기본 규칙   이 접근 방식에서 엣지 처리의 핵심 원칙은 케이가 차트 파싱의 **기본 규칙**이라고 한 것이다. 기본 규칙은 차트에 엣지 중 하나가 다른 하나가 필요로 하는 구성 요소를 제공하는 두 개의 연속된 엣지가 포함된 경우, 원래 엣지에 걸쳐 제공된 자료를 통합하는 새로운 엣지를 만들어야 한다. 공식적으로 기본 규칙은 다음과 같다. 차트에 두 개의 엣지 $A \rightarrow \alpha \cdot B \beta$, $[i, j]$ 및 $B \rightarrow \gamma \cdot$, $[j, k]$가 포함된 경우, 새로운 엣지 $A \rightarrow \alpha B \cdot \beta[i, k]$를 추가해야 한다. 기본 규칙은 CKY 및 Earley 알고리듬 모두에서 발견되는 기본 테이블 채우기 작업의 일반화라는 것을 분명히 해야 한다.

기본 규칙은 어젠다에서 엣지가 제거되고 PROCESS-EDGE 절차로 전달될 때 그림 13.16에서 트리거된다. 기본 규칙 자체는 관련된 두 엣지 중 어떤 것이 처리를 트리거했는지 지정하지 않는다. PROCESS-EDGE는 문제의 엣지가 완전한지 여부를 확인해 두 경우를 모두 처리한다. 이 작업이 완료되면 알고리듬이 차트의 앞부분에서 기존 엣지를 개선할 수 있는지 확인한다. 불완전한 경우 알고리듬은 나중에 차트에서 기존 엣지에 의해 향상될 수 있는지 여부를 차트에서 나중에 확인한다.

지정할 알고리듬의 다음 부분은 처리되는 엣지를 기반으로 예측을 수행하는 방법이다. 차트 파싱에서 예측을 수행하는 데는 두 가지 주요 구성 요소가 있다. 바로 예측을 트리거하는 이벤트와 예측의 특성이다. 이러한 구성 요소는 하향식 또는 상향식 전략을 추구하는지에 따라 다르다. Earley와 마찬가지로 하향식 예측은 차트에 입력된 불완전한 엣지에서 발생하는 기대치에 의해 트리거된다. 상향식 예측은 완료된 구성 요소의 발견에 의해 트리거된다. 그림 13.17은 이러한 두 가지 전략을 차트 파싱 알고리듬에 통합하는 방법을 보여준다.

```
procedure MAKE-PREDICTIONS(edge)
   if Top-Down and INCOMPLETE?(edge)
      TD-PREDICT(edge)
   elseif Bottom-Up and COMPLETE?(edge)
      BU-PREDICT(edge)


procedure TD-PREDICT((A → α • B β, [i, j]))
   for each(B → γ) in grammar do
      ADD-TO-AGENDA(B → •γ, [j, j])


procedure BU-PREDICT((B → γ •, [i, j]))
   for each(A → B β) in grammar
      ADD-TO-AGENDA(A → B • β, [i, j])
```

그림 13.17 더 많은 차트 파싱 알고리듬

분명히 이 접근 방식을 실제 파서로 전환하기 위해 지정해야 하는 많은 부기^{bookkeeping}의 세부 사항을 생략했다. 해결해야 할 세부 사항 중에는 INITIALIZE 절차가 시작되는 방법, 단어를 읽는 방법과 시기, 차트 구성 방법 및 어젠다 전략 지정 방법 등이 있다. 실제로 이 접근 방식을 설명할 때 케이(1982)는 특정 파서가 아닌 전체 파서 패밀리를 더 정확하게 지정하기 때문에 알고리듬이 아닌 **알고리듬 스키마**^{algorithm schema}라고 한다.

알고리듬 스키마

연습 13.7에서는 다양한 차트 파서를 구현해 사용 가능한 몇 가지 선택 사항을 탐색하도록 요구한다.

13.5 부분적인 파싱

많은 언어 처리 작업에는 모든 입력에 대해 복잡하고 완전한 구문 분석 트리가 필요하지 않다. 입력 문장의 **부분적인 구문 분석** 또는 **피상적인 구문 분석**으로 충분할 수 있다. 예를 들어 정보 추출 시스템은 일반적으로 텍스트에서 가능한 모든 정보를 추출하지 않는다. 단순히 중요한 정보를 포함할 가능성이 있는 텍스트의 세그먼트를 식별하고 분류한다. 마찬가지로 정보 검색 시스템은 텍스트에서 발견된 구성 요소의 하위 집합에 따라 텍스트를 색인화할 수 있다.

부분적인 구문 분석 피상적인 구문 분석

부분 구문 분석에는 여러 가지 접근 방식이 있다. 일부는 3장에서 논의된 종류의 FST의 캐스케이드를 사용해 트리와 같은 표현을 생성한다. 이러한 접근 방식은 일반적으로 13장과 12장에서 논의한 것보다 더 평탄한 트리를 생성한다. 이러한 평탄성은 FST 캐스케이드 접근 방식이 일반적으로 전치사 구문 첨부, 등위 관계 중의성 및 명사의 합성어 분석과 같은 의미론적 또는 맥락적 요인이 필요할 수 있는 결정을 지연한다는 사실에서 발생한다. 그럼에도 불구하고 의도는 입력의 모든 주요 구성 요소를 연결하는 구문 분석 트리를 생성하는 것이다.

청킹

부분적인 파싱의 대체 스타일은 **청킹**^{chunking}으로 알려져 있다. 청킹은 대부분의 광범위한 문법에서 발견되는 주요 품사에 해당하는 기본 비재귀 구를 구성하는 문장의 평평하고 겹치지 않는 부분을 식별하고 분류하는 프로세스다. 이 세트에는 일반적으로 명사 구, 동사 구, 형용사 구 및 전치사 구가 포함된다. 즉, 내용을 포함하는 품사에 해당하는 구다. 물론 모든 애플리케이션에서 이러한 범주를 모두 식별해야 하는 것은 아니다. 실제로 가장 일반적인 청킹 작업은 텍스트에서 모든 기본 명사 구문을 찾는 것이다.

청크 텍스트에는 계층 구조가 없기 때문에 간단한 괄호 표기법으로 주어진 예에서 청크의 위치와 유형을 표시하기에 충분하다. 다음 예는 일반적인 괄호 표기법을 보여 준다.

(13.8) $[_{NP}$ The morning flight] $[_{PP}$ from] $[_{NP}$ Denver] $[_{VP}$ has arrived.]

이 괄호 표기법은 청킹과 관련된 두 가지 기본 작업, 즉 청크의 겹치지 않는 범위를 찾고 발견된 청크에 올바른 레이블을 할당하는 것이다.

이 예에서 모든 단어는 일부 청크에 포함돼 있다. 모든 청킹 애플리케이션에는 해당되지 않는다. 예를 들어 다음과 같이 입력에서 기본 *NP*를 검색하는 시스템에서와 같이 모든 입력의 많은 단어는 종종 어떤 청크에서 벗어나게 된다.

(13.9) $[_{NP}$ The morning flight] from $[_{NP}$ Denver] has arrived.

주어진 시스템의 통사적 기본 구문을 구성하는 세부 사항은 시스템의 기본 구문 이론과 구문이 트리뱅크에서 파생됐는지 여부에 따라 다르다. 그럼에도 불구하고 대부분의 시스템에서 일부 표준 지침을 따른다. 우선 주어진 유형의 기본 구문은 동일한 유형의 구성 요소를 재귀적으로 포함하지 않는다. 이러한 종류의 재귀를 제거하면 비재귀 구문의 경계를 결정하는 문제가 발생한다. 대부분의 접근 방식에서 기본 문구는 구성 요소 내의 모든 이전 헤드 단어 요소와 함께 문구의 표제어를 포함하지만 결정적으로 모든 다음 헤드 단어 요소를 제외한다. 주요 범주에서 다음 헤드 단어 수식어를 제거하면 연결 관계에 따른 중의성을 해결할 필요가 자동으로 제거된다. 이러한 제외는 종종 헤드 단어로만 구성되는 PP 및 VP와 같은 특정 이상점을 유발한다. 따라서 초기 예제 *a flight from Indianapolis to Houston on NWA*는 다음과 같이 축소된다.

(13.10) $[_{NP}$ a flight] $[_{PP}$ from] $[_{NP}$ Indianapolis] $[_{PP}$ to]$[_{NP}$ Houston]$[_{PP}$ on]$[_{NP}$ NWA]

13.5.1 유한 상태 규칙 기반 청킹

우리가 고려하고 있는 종류의 통사적 기본 구문은 2장과 3장에서 논의된 종류의 유한 상태 오토마타(또는 유한 상태 규칙 또는 정규 표현식)로 특징지어질 수 있다. 유한 상태 규칙 기반 청킹에서 규칙은 다음과 같다. 특정 애플리케이션에 대한 관심 문구를 캡처하기 위해 수작업으로 제작됐다. 대부분의 규칙 기반 시스템에서 청킹은 왼쪽에서 오른쪽으로 진행해 문장의 시작 부분에서 가장 긴 일치 청크를 찾고 이전에 인식된 청크의 끝 뒤 첫 단어부터 계속한다. 이 과정은 문장이 끝날 때까지 계속된다. 이는 그리디 프로세스이며 주어진 입력에 대해 최상의 글로벌 분석을 찾을 수 있다고 보장할 수 없다.

이러한 청크 규칙에 적용되는 주요 제한 사항은 재귀를 포함할 수 없다. 규칙의 오른쪽은 규칙이 캡처하도록 설계된 범주를 직접 또는 간접적으로 참조할 수 없다. 즉, $NP \rightarrow Det\ Nominal$ 형식의 규칙은 괜찮지만, $Nominal \rightarrow Nominal\ PP$와 같은 규칙은 그렇지 않다. 애브니(1996)에서 채택한 다음 예제 청크 규칙을 고려한다.

$$NP \rightarrow (DT)NN^*\ NN$$
$$NP \rightarrow NNP$$
$$VP \rightarrow VB$$
$$VP \rightarrow Aux\ VB$$

이러한 규칙을 단일 유한 상태 변환기로 바꾸는 과정은 3장에서 영어의 철자 및 음운 규칙을 캡처하기 위해 소개한 것과 동일한 과정이다. 유한 상태 변환기는 각 규칙에 따라 생성된 다음 함께 결합돼 결정되고 최소화될 수 있는 단일 머신을 형성한다.

이전 변환기의 출력을 후속 변환기에 대한 입력으로 사용해 캐스케이드를 형성한다. 부분적인 구문 분석에서 이 기술을 사용하면 실제 문맥 자유 파서의 출력에 더 근접하게 접근할 수 있다. 이 접근 방식에서는 통사론적 기본 어구의 하위 집합을 찾기 위해 방금 설명한 방식으로 초기 변환기 집합을 사용한다. 그런 다음 이러한 기본 어구는 전치사 구, 동사 구, 절 및 문장과 같은 더 크고 더 큰 구성 요소를 감지하는 추가 변환기에 입력으로 전달된다. 애브니(1996)에서 다시 적용한 다음 규칙을 고려한다.

$$FST_2 \; PP \rightarrow IN \; NP$$

$$FST_3 \quad S \rightarrow PP*NP \; PP*VP \; PP*$$

이 두 시스템을 이전 규칙 세트와 결합하면 세 개의 시스템 캐스케이드가 생성된다. (13.8)에 대한 이 캐스케이드 적용은 그림 13.18에 나타나 있다.

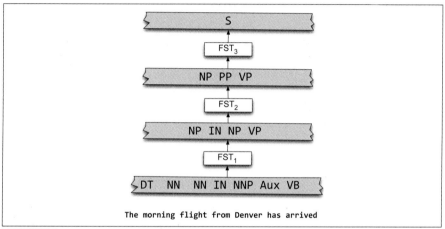

그림 13.18   유한 상태 캐스케이드 세트를 통한 청크 기반 부분적 파싱. FST₁은 품사 태그에서 기본 명사 구 및 동사 구로 변환한다. FST₂는 전치사 구를 찾는다. 마지막으로 FST₃는 문장을 감지한다.

13.5.2 청킹에 대한 머신러닝 기반 접근법

품사 태깅과 마찬가지로 규칙 기반 처리의 대안은 지도된 머신러닝 기술을 사용하고 주석이 달린 데이터를 훈련 세트로 사용해 청커를 훈련하는 것이다. 6장의 앞부분에서 설명한 것처럼 작업을 순차적 분류 중 하나로 볼 수 있다. 여기서 분류기는 입력의 각 요소에 순서대로 레이블을 지정하도록 훈련된다. 훈련 분류기에 대한 모든 표준 접근 방식이 이 문제에 적용된다. 이 접근 방식을 개척한 작업에서 램쇼와 마커스(1995)는 5장에 설명된 변환 기반 학습 방법을 사용했다.

이러한 접근 방식의 중요한 첫 번째 단계는 순차적 분류가 가능한 방식으로 청킹 프로세스를 볼 수 있는 것이다. 특히 효과적인 접근 방식은 청킹을 품사 태깅과 유사한 태깅 작업으로 취급하는 것이다(Ramshaw and Marcus, 1995). 이 접근 방식에서 작은 태그 세트는 입력에서 청크의 분할과 레이블링을 동시에 인코딩한다. 이를 수행하는 표준 방법은 **IOB 태깅**이라고 부르며, 각 청크의 시작(B) 및 내부(I) 부분과 어떤 청

IOB 태깅

크 외부(O)에 있는 입력 요소를 나타내는 태그를 도입해 수행된다. 이 체계에서 태그 세트의 크기는 (2n+1)이며, 여기서 n은 분류할 범주의 수다. 다음 예제는 태깅 작업으로 재구성된 633페이지 (13.8)의 괄호 표기법을 보여준다.

(13.11) *The   morning flight from   Denver has   arrived*
　　　　 B_NP I_NP   I_NP B_PP B_NP   B_VP I_VP

기본 NP만 태그된 동일한 문장은 O 태그의 역할을 나타낸다.

(13.12) *The   morning flight from Denver has arrived*.
　　　　 B_NP I_NP   I_NP O   B_NP O   O

이 스키마에는 청크 끝의 명시적인 인코딩이 없다. 청크의 끝은 I 또는 B에서 B 또는 O 태그로 전환될 때 암시돼 있다. 이 인코딩은 단어에 순차적으로 레이블을 지정할 때, 일반적으로 (적어도 영어로) 청크가 언제 끝났는지 아는 것보다 새로운 청크의 시작을 감지하는 것이 더 쉽다는 개념을 반영한다. 당연히 다른 다양한 태깅 체계는 구성 요소의 끝을 명시적으로 표시하는 일부를 포함해 미묘하게 다른 방식으로 청크를 나타낸다. 종 킴 생과 빈스트라(1999)는 이 기본 태깅 체계에 대한 세 가지 변형을 설명하고 다양한 청킹 작업에 대한 성능을 조사한다.

이러한 태깅 스키마가 주어지면 청커를 구축하는 것은 태그 세트의 IOB 태그 중 하나를 사용해 입력 문장의 각 단어에 레이블을 지정하도록 분류기를 훈련하는 것으로 구성된다. 물론 훈련에는 관심 있는 문구로 구분되고 적절한 범주로 표시된 훈련 데이터가 필요하다. 직접적인 접근 방식은 대표 코퍼스에 주석을 추가하는 것이다. 하지만 주석 작업은 비용과 시간이 많이 소요될 수 있다. 청킹을 위한 이러한 데이터를 찾는 가장 좋은 곳은 12장에서 설명한 펜 트리뱅크와 같은 기존 트리뱅크에 있다.

이러한 트리뱅크는 각 코퍼스 문장에 완전한 구문 분석을 제공해 구문 분석 성분에서 기본 구문을 추출할 수 있다. 관심 있는 구문을 찾으려면 코퍼스에서 적절한 논터미널 이름을 알아야 한다. 청크 경계를 찾으려면 헤드 단어를 찾은 다음, 헤드 단어 왼쪽에 있는 요소를 포함하고 오른쪽에 있는 텍스트는 무시해야 한다. 이는 12장에 설명된 헤드 단어 찾기 규칙의 정확성에 의존하기 때문에 다소 오류가 발생하기 쉽다.

트리뱅크에서 훈련 코퍼스를 추출한 후, 이제 훈련 데이터를 분류기를 훈련하는 데 유용한 형태로 제시해야 한다. 이 경우 각 입력은 분류할 단어를 둘러싸고 있는 문맥 창에서 추출한 피처 세트로 표시될 수 있다. 분류되는 단어 앞에 두 단어, 뒤에 두 단어를 확장하는 창을 사용하면 합리적인 성능을 얻을 수 있을 것으로 보인다. 이 창에서 추출한 피처에는 단어 자체, 창에 있는 이전 입력의 청크 태그가 포함된다.

그림 13.19는 앞에서 제시한 예를 통해 이 스키마를 보여준다. 훈련하는 동안 분류기는 13개의 피처값으로 구성된 훈련 벡터를 제공받는다. 결정 지점 왼쪽에 있는 두 단어, 품사 및 청크 태그, 품사와 함께 태그를 지정할 단어, 품사와 함께 뒤따르는 두 단어, 마지막으로 올바른 청크 태그, 이 경우 I_NP 분류하는 동안 분류기에는 답이 없는 동일한 벡터가 제공되고 태그 세트에서 가장 적절한 태그를 할당한다.

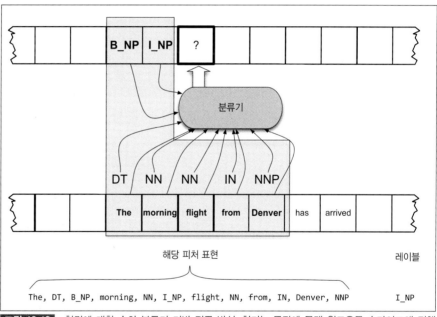

그림 13.19 청킹에 대한 순차 분류기 기반 접근 방식. 청커는 문장에 문맥 윈도우를 슬라이드해 진행되는 단어를 분류한다. 이 시점에서 분류기는 *flight*에 레이블을 지정하려고 한다. 문맥에서 파생된 피처에는 일반적으로 단어, 품사 태그 및 이전에 할당된 청크 태그가 포함된다.

13.5.3 청킹 시스템 평가

품사 태거의 평가와 마찬가지로 청커의 평가는 청커의 출력과 인간 주석자가 제공한 기준이 되는 가장 정확한 답변을 비교해 진행된다. 그러나 품사 태깅과 달리 단어별 정확도 측정은 적절하지 않다. 대신 청커는 정보 검색 분야에서 빌린 정밀도, 재현율 및 F-측정 개념에 따라 평가된다.

정밀도   **정밀도**는 시스템에서 제공한 청크의 백분율을 측정한다. 여기서 정답은 청크의 경계와 청크의 레이블이 모두 정확하다는 것을 의미한다. 따라서 정밀도는 다음과 같이 정의된다.

$$\text{정밀도:} = \frac{\text{시스템에서 제공한 올바른 청크 수}}{\text{시스템에서 제공하는 전체 청크 수}}$$

재현율   **재현율**은 시스템에 의해 정확하게 식별된 입력에 실제로 존재하는 청크의 비율을 측정한다. 재현율은 다음과 같이 정의된다.

$$\text{재현율:} = \frac{\text{시스템에서 제공한 올바른 청크 수}}{\text{실제 텍스트의 전체 청크 수}}$$

F-측정   **F-측정**은 이 두 측정치를 하나의 측정 기준으로 결합하는 방법을 제공한다(van Rijsbergen, 1975). F-측정은 다음과 같이 정의된다.

$$F_\beta = \frac{(\beta^2 + 1)PR}{\beta^2 P + R}$$

β 매개변수는 애플리케이션의 필요에 따라 재현율과 정밀도의 중요성에 차등 가중치를 부여한다. $\beta > 1$ 값은 재현율을 선호하는 반면, $\beta < 1$ 값은 정밀도를 선호한다. $\beta = 1$이면 정밀도와 재현율이 동일하게 균형을 이룬다. 때때로 $F_{\beta=1}$ 또는 그냥 F_1이라고 한다.

$$F_1 = \frac{2PR}{P + R} \tag{13.13}$$

F-측정은 정밀도 및 재현율의 가중 조화 평균에서 비롯된다. 숫자 세트의 조화 평균은 역수 산술 평균의 역수 값이다.

$$\text{HarmonicMean}(a_1, a_2, a_3, a_4, ..., a_n) = \frac{n}{\frac{1}{a_1} \frac{1}{a_2} \frac{1}{a_3} ... \frac{1}{a_n}} \tag{13.14}$$

따라서 F-측정은 다음과 같다.

$$F = \frac{1}{\frac{1}{\alpha P} \times \frac{1}{(1-\alpha)R}} \quad \text{or} \left(\text{with } \beta^2 = \frac{1-\alpha}{\alpha}\right) \quad F = \frac{(\beta^2+1)PR}{\beta^2 P + R} \qquad (13.15)$$

현재 최고의 시스템은 base-NP 청킹 작업에서 약 .96의 F-측정을 달성한다. 그림 13.20에 제공된 것과 같은 더욱 완전한 기본 구문 세트를 찾기 위해 설계된 학습 기반 시스템은 .92~.94 범위에서 F-측정을 달성한다. 학습 접근법의 선택은 거의 영향을 미치지 것처럼 보인다. 광범위한 머신러닝 접근법은 유사한 결과를 얻는다(Cardie et al., 2000). FST 기반 시스템(13.5.1절)은 이 작업에서 .85~.92 범위의 F-측정을 달성한다.

청킹 결과에 대한 통계적 유의성은 맥네마어즈의 테스트와 같은 일치 쌍 테스트 또는 473페이지에 설명된 MAPSSWE[Matched-Pair Sentence Segment Word Error] 테스트와 같은 변형을 사용해 계산할 수 있다.

현재 시스템의 성능을 제한하는 요인으로는 품사 태깅 정확도, 구문 분석 트리에서 청크를 추출하는 과정에서 도입된 훈련 데이터의 불일치, 접속사와 관련된 중의성을 해결하기 어려움 등이 있다. 명사 앞에 놓는 수식어와 접속사를 포함하는 다음 예제를 고려한다.

(13.16) [NP Late arrivals and departures] are commonplace during winter.

(13.17) [NP Late arrivals] and [NP cancellations] are commonplace during winter.

첫 번째 예에서 *late*는 *arrivals*와 *departures*가 모두 공유돼 하나의 긴 base-NP를 생성한다. 두 번째 예에서 *late*는 공유되지 않고 *arrivals*만 수식해 두 개의 base-NP를 생성한다. 이 두 가지 상황과 이와 유사한 상황을 구별하려면 현재 청커가 사용할 수 없는 의미 및 문맥 정보에 액세스해야 한다.

레이블	범주	비율(%)	예
NP	명사구(Noun Phrase)	51	The most frequently cancelled flight
VP	동사구(Verb Phrase)	20	may not arrive
PP	전치사구(Prepositional Phrase)	20	to Houston
ADVP	부사구(Adverbial Phrase)	4	earlier
SBAR	종속절(Subordinate Clause)	2	that
ADJP	형용사구(Adjective Phrase)	2	late

그림 13.20 2000 CONLL 공유 작업에서 가장 자주 사용되는 기본 구문. 이 청크는 펜 트리뱅크에 포함된 주요 범주에 해당한다.

13.6 요약

13장에서 소개된 두 가지 주요 아이디어는 **파싱**과 **부분 파싱**이다. 다음은 이러한 아이디어에 대해 다룬 주요 요점을 요약한 것이다.

- 구문 분석은 검색 문제로 볼 수 있다.
- 이 검색에 대한 두 가지 일반적인 아키텍처 메타포는 하향식(루트 S에서 시작해 입력 단어까지 성장하는 트리) 및 상향식(단어에서 시작해 루트 S쪽으로 성장하는 트리)이다.
- **반복되는 하위 트리 파싱**과 결합된 **중의성**은 단순한 역추적 알고리듬에 문제를 야기한다.
- 문법이 하나 이상의 가능한 구문 분석을 할당하면 문장이 **구조적으로 모호**하다. 구조적 중의성의 일반적인 종류에는 **PP 접속, 수식의 범위에 따른 중의성** 및 **명사구 구분 중의성**이 포함된다.
- **동적 프로그래밍** 파싱 알고리듬은 부분 파싱 테이블을 사용해 모호한 문장을 효율적으로 구문 분석한다. CKY, Earley, **차트 파싱** 알고리듬은 모두 동적 프로그래밍을 사용해 하위 트리의 반복 파싱 문제를 해결한다.
- CKY 알고리듬은 문법의 형태를 촘스키 표준형^{CNF}으로 제한하고, Earley 및 차트 파서들은 제한되지 않은 문맥 자유 문법을 허용한다.
- 완전한 파싱 없이 **정보 추출** 문제를 포함한 많은 실질적인 문제를 해결할 수 있다.
- **부분 구문 분석**과 **청킹**은 텍스트에서 피상적인 구문 성분을 식별하는 방법이다.
- 규칙 기반 또는 머신러닝 기반 방법을 통해 정확도가 높은 부분 구문 분석을 수행할 수 있다.

참고문헌 및 역사 참고 사항

컴파일러의 역사에 대해 쓰면서 크누스는 다음과 같이 기록한다.

> 이 분야에서는 독립적으로 일하는 사람들이 동일한 기술을 유사하게 발견하는 경우가 비정상적으로 많았다.

복수 발견이 일반적이라면 아마도 이상하지 않을 것이다(56페이지 참조). 그러나 이 이력이 각 알고리듬의 특징적인 초기 언급만을 제공하는 간결함의 측면에서 오류를 범할 만큼 충분히 유사한 발표가 있었다. 관심 있는 독자는 아호와 울만(1972)을 참고한다.

상향식 파싱은 기계 번역 절차의 일부로 너비 우선, 상향식 파싱 알고리듬을 제공한 잉베(1955)에 의해 처음 설명된 것으로 보인다. 파싱과 번역에 대한 하향식 접근 방식은 글레니(1960), 아이언스(1961), 쿠노와 오팅거(1963)에 설명됐다. 다시 한 번 동적 프로그래밍 파싱은 독자적인 발견의 이력을 가지고 있다. 마틴 케이(개인 커뮤니케이션)에 따르면 CKY 알고리듬의 루트를 포함하는 동적 프로그래밍 파서가 1960년 존 코크에 의해 처음 구현됐다. 이후 작업은 알고리듬을 확장하고 공식화했으며, 시간 복잡성을 입증했다(Kay, 1967; Younger, 1967; Kasami, 1965). 관련 **WFST**^{Well-Formed Substring Table}는 구노(1965)가 구문 분석 과정에서 모든 이전 계산 결과를 저장하는 데이터 구조로 독립적으로 제안한 것으로 보인다. 코크 작업의 일반화에 따라 유사한 데이터 구조가 케이(1967, 1973)에 의해 독립적으로 설명됐다. 파싱에 대한 동적 프로그래밍의 하향식 적용은 Earley의 Ph.D. 논문(Earley, 1968, 1970). 셰일(1976)은 WFST와 Earley 알고리듬이 동등성을 보여줬다. 노르빅(1991)은 동적 프로그래밍이 제공하는 효율성이 단순한 하향식 파서 주위에 *memoization* 연산을 감싸는 것만으로 *memoization* 함수(예: LISP)를 사용해 모든 언어로 캡처할 수 있음을 보여준다. 파싱의 초기 이력에서 유한 상태 오토마타의 캐스케이드를 통한 파싱은 일반적이었지만(Harris, 1962), 초점은 곧 완전한 CFG 파싱으로 옮겨졌다. 처치(1980)는 자연어 이해를 위한 처리 모델로서 유한 상태 문법으로의 반환을 주장했다. 다른 초기 유한 상태 구문 분석 모델에는 에제르드(1988)가 포함된다. 애브니(1991)는 피상적인 파싱의 중요한 실질적인 역할을 주장했다. 피상적인 파싱에 대한 최근 연구는 패턴 학습 작업에 머신러닝을 적용한다. 램쇼와 마커스(1995), 아르가몬 외 연구진(1998), 무노즈 외 연구진(1999)을 참고한다.

파싱 알고리듬에 대해 대표적으로 아호와 울만(1972)이 있다. 이 책의 초점은 컴퓨터 언어에 있지만 대부분의 알고리듬은 자연어에 적용됐다. 아호 외 연구진(1986)과 같은 좋은 프로그래밍 언어 교재도 유용하다.

WFST

연습

13.1 임의의 문맥 자유 문법을 CNF로 변환하는 알고리듬을 구현한다. $\mathcal{L}_1$ 문법에 프로그램을 적용하라.

13.2 CKY 알고리듬을 구현하고 변환된 $\mathcal{L}_1$ 문법으로 테스트하라.

13.3 618페이지의 그림 13.10에 주어진 CKY 알고리듬을 다시 작성해 유닛 생성을 포함하는 문법을 수용할 수 있도록 한다.

13.4 그림 13.13의 Earley 알고리듬을 확장해, 629페이지에 설명된 대로 COMPLETER에 대한 의사 코드를 수정해 차트에서 구문 분석 트리를 검색할 수 있도록 한다.

13.5 이전 실습에서 보강된 Earley 알고리듬을 구현하라. $\mathcal{L}_1$ 문법을 사용해 테스트 문장에서 확인한다.

13.6 쓸모없는 예측의 수를 줄이기 위해 상향식 정보를 더 잘 사용하도록 Earley 알고리듬을 변경하라.

13.7 차트 파싱 패러다임에서 CKY 및 Earley 알고리듬을 다시 평가하라.

13.8 부분적 파싱과 전체 파싱의 상대적인 장점과 단점을 논의한다.

13.9 13.5절에 제공된 예를 사용해 명사군에 대해 좀 더 광범위한 유한 상태 문법을 구현하고 일부 *NP*에서 테스트하라. 가능한 경우 품사가 있는 온라인 사전을 사용하고 그렇지 않다면 수기로 더 제한된 시스템을 구축한다.

13.10 맞춤법 오류 또는 자동 음성 인식으로 인해 발생하는 오류가 포함된 잘못된 입력을 처리하기 위해 파서를 확장하는 방법을 논의한다.

14
통계에 근거한 파싱

Two roads diverged in a wood, and I – I took the one less traveled by…
나무로 갈라진 두 길, 그리고 내가 자주 다니지 않는 길을 택했지…

— 로버트 프로스트, 〈가지 않은 길〉

데이몬 러니온의 단편 소설에 등장하는 인물들은 "어떤 제안이든" 기꺼이 베팅한다. 러니온은 『미스 사라 브라운의 짧은 서사시 The Idyll of Miss Sarah Brown』에서 스카이 마스터슨에 대해 언급했듯이 에이스를 연속해서 얻을 확률에서부터 2루에서 홈 플레이트로 땅콩을 던질 수 있는 사람에 대한 확률에 이르기까지 베팅한다. 여기에는 언어 처리에 대한 교훈이 있다. 충분한 지식이 있으면 거의 모든 것에 대한 확률을 계산할 수 있다. 앞의 두 장에서는 정교한 구문 구조와 파싱 모델을 소개했다. 14장에서 통사론적 지식의 확률적 모델을 구축하고 효율적인 확률론적 파서에서 이 확률론적 지식의 일부를 사용할 수 있음을 보여준다.

중의성 해소 확률론적 파싱의 한 가지 중요한 용도는 **중의성 해소** 문제를 해결하는 것이다. 13장에서 평균적으로 문장은 수식의 범위에 따른 중의성 및 연결 관계에 따른 중의성과 같은 문제로 인해 통사론적으로 중의적인 경향이 있다. CKY 및 Earley 파싱 알고리듬은 이러한 중의성을 효율적인 방식으로 나타낼 수 있지만 이를 해결할 준비가 돼 있지 않다. 확률적 파서는 문제에 대한 해결책을 제시한다. 각 해석의 확률을 계산하고 가장 가능성 있는 해석을 선택한다. 따라서 중의성의 확산으로 인해 자연어 이해 작업(의미역 레이블링, 요약, 질의응답, 기계 번역)에 사용되는 대부분의 현대 파서는 확률적으로 필요하다.

확률론적 문법과 파서의 또 다른 중요한 용도는 음성 인식을 위한 **언어 모델링**이다. N그램 문법이 음성 인식기에서 다음 단어를 예측하는 데 사용돼 단어에 대한 음향 모델 검색을 제한하는 것을 확인했다. 보다 정교한 문법의 확률론적 버전은 음성 인식기에 추가적인 예측 능력을 제공할 수 있다. 물론 인간은 음성 인식기와 동일한 중의성 문제를 다뤄야 하며, 심리학적 실험에서 사람들이 인간 언어 처리 작업(예: 인간의 읽기 또는 말하기 이해)에서 확률론적 문법과 같은 것을 사용한다고 시사하는 점이 흥미롭다.

가장 일반적으로 사용되는 확률론적 문법은 각 규칙이 확률과 연관되는 문맥 자유 문법의 확률적 확장인 **PCFG**$^{Probabilistic\ Context-Free\ Grammar}$이다. 다음 절에서 PCFG를 소개하며, 수작업으로 레이블이 지정된 트리뱅크 문법으로 학습하는 방법과 구문 분석하는 방법을 보여준다. 13장에서 본 **CKY 알고리듬**의 확률론적 버전인 PCFG의 가장 기본적인 파싱 알고리듬을 제시한다.

그런 다음 기본 확률 모델(트리뱅크 문법으로 훈련된 PCFG)을 개선할 수 있는 여러 방법을 보여준다. 훈련된 트리뱅크 문법을 개선하는 한 가지 방법은 논터미널의 이름을 변경하는 것이다. 논터미널을 때로는 더 구체적이고 때로는 더 일반적으로 만들면 파싱 점수를 개선하는 더 나은 확률 모델의 문법을 만들 수 있다. PCFG의 또 다른 확장은 더 정교한 조건화 요소를 추가하고 PCFG를 확률론적 **하위 범주화** 정보와 확률론적 **어휘 의존성**을 다루도록 확장함으로써 작동한다.

마지막으로 파서를 평가하기 위한 표준 PARSEVAL 메트릭을 설명하고 인간 파싱에 대한 몇 가지 심리적 결과에 대해 다룬다.

14.1 확률론적 문맥 자유 문법

PCFG

SCFG

문맥 자유 문법의 가장 간단한 확장은 **PCFG**$^{Probabilistic\ Context-Free\ Grammar}$으로, 또한 **SCFG**$^{Stochastic\ Context-Free\ Grammar}$라고도 하며, 부스(1969년)에 의해 처음 제안됐다. 문맥 자유 문법 G는 4개의 매개변수(N, Σ, R, S)로 정의된다. 확률론적 문맥 자유 문법은 또한 R의 각 규칙에 약간의 추가와 함께 4개의 매개변수로 정의된다.

N	**논터미널 기호** 세트(또는 **변수**)
Σ	**터미널 기호** 세트(N에서 분리됨)
R	각 형식 **규칙** 또는 제작물 세트 $A \rightarrow \beta \, [p]$
	여기서 A는 논터미널인 경우
	β는 무한대의 문자열 집합($\Sigma \cup N$)*에서 나온 기호 문자열로 p는 $P(\beta\|A)$를 표현하는 0과 1 사이의 숫자다.
S	지정된 **시작 기호**

즉, PCFG는 조건부확률로 R의 각 규칙을 보강해 표준 CFG와 다르다.

$$A \rightarrow \beta \ [p] \tag{14.1}$$

여기서 p는 주어진 논터미널 A가 시퀀스 β로 확장될 확률을 나타낸다. 즉, p는 왼쪽[LHS] 논터미널 A가 주어진 경우, 주어진 확장 β의 조건부확률이다. 이 확률을 다음과 같이 나타낼 수 있다.

$$P(A \rightarrow \beta)$$

또는 다음과 같이 나타낼 수 있다.

$$P(A \rightarrow \beta \,|\, A)$$

또는 다음과 같이 나타낼 수 있다.

$$P(RHS|LHS)$$

따라서 논터미널의 가능한 확장을 모두 고려한다면, 그 확률의 합은 1이어야 한다.

$$\sum_{\beta} P(A \rightarrow \beta) = 1$$

문법		어휘 목록
$S \rightarrow NP\ VP$	[.80]	$Det \rightarrow that$ [.10] | a [.30] | the [.60]
$S \rightarrow Aux\ NP\ VP$	[.15]	$Noun \rightarrow book$ [.10] | $flight$ [.30]
$S \rightarrow VP$	[.05]	[.15] | $meal$ | $money$ [.05]
$NP \rightarrow Pronoun$	[.35]	| $flights$ [.40] | $dinner$ [.10]
$NP \rightarrow Proper\text{-}Noun$	[.30]	$Verb \rightarrow book$ [.30] | $include$ [.30]
$NP \rightarrow Det\ Nominal$	[.20]	| $prefer;$ [.40]
$NP \rightarrow Nominal$	[.15]	$Pronoun \rightarrow I$ [.40] | she [.05]
$Nominal \rightarrow Noun$	[.75]	| me [.15] | you [.40]
$Nominal \rightarrow Nominal\ Noun$	[.20]	$Proper\text{-}Noun \rightarrow Houston$ [.60]
$Nominal \rightarrow Nominal\ PP$	[.05]	| NWA [.40]
$VP \rightarrow Verb$	[.35]	$Aux \rightarrow does$ [.60] | can [40]
$VP \rightarrow Verb\ NP$	[.20]	$Preposition \rightarrow from$ [.30] | to [.30]
$VP \rightarrow Verb\ NP\ PP$	[.10]	| on [.20] | $near$ [.15]
$VP \rightarrow Verb\ PP$	[.15]	| $through$ [.05]
$VP \rightarrow Verb\ NP\ NP$	[.05]	
$VP \rightarrow VP\ PP$	[.15]	
$PP \rightarrow Preposition\ NP$	[1.0]	

그림 14.1   그림 13.1의 $\mathcal{L}_1$ 축소된 영어 CFG 문법과 어휘 목록을 확률론적으로 확장한 PCFG. 이러한 확률은 교육학적 목적을 위해 구성됐으며 코퍼스에 기초하지 않는다(실제 코퍼스에는 더 많은 규칙이 있으므로 각 규칙의 실제 확률은 훨씬 더 작다).

그림 14.1은 $\mathcal{L}_1$ 축소된 영어 CFG 문법과 어휘 목록을 확률론적으로 확장한 PCFG를 보여준다. 각 논터미널 합계의 모든 확장 확률은 1이다. 또한 이러한 확률은 교육적 목적을 위해 구성됐다. 실제 문법에는 논터미널마다 훨씬 더 많은 규칙이 있다. 따라서 특정 규칙의 확률은 훨씬 더 작은 경향이 있다.

일관성   PCFG는 언어에서 모든 문장의 확률의 합이 1이면 **일관성**이 있다고 한다. 어떤 종류의 재귀 규칙은 일부 문장에 대해 무한히 반복적인 파생어를 발생시킴으로써 문법이 일관되지 않게 한다. 예를 들어 확률 1의 규칙 $S \rightarrow S$는 절대 종료되지 않는 파생으로 인해 확률 질량을 상실하게 된다. 일관된 문법과 일관되지 않은 문법에 대한 자세한 내용은 부스와 톰프슨(1973)을 참고한다.

PCFG를 어떻게 사용하는가? PCFG는 특정 구문 분석 트리의 확률(중의성 해소에 사용됨)과 문장 또는 문장 조각의 확률(언어 모델링에 사용됨)을 포함해 문장과 구문 분석 트리에 관한 여러 유용한 확률을 추정하는 데 사용할 수 있다. 어떻게 작동하는지 보자.

14.1.1 중의성 해소를 위한 PCFG

PCFG는 문장 S의 각 구문 분석 트리 T(즉, 각 **파생**)에 확률을 할당한다. 이 속성은 **중의성 해소**에 유용하다. 예를 들어 그림 14.2에 표시된 "Book the dinner flight" 문장의 두 구문 분석을 고려한다. 왼쪽의 합리적인 구문 분석은 "Book a flight that serves dinner"을 의미한다. 그러나 오른쪽의 비합리적인 구문 분석은 "Book a flight on behalf of 'the dinner'"를 의미한다. 구조적으로 유사한 문장인 "Book a flight on behalf of 'the dinner'"가 "Can you book a flight on behalf of John?"과 같은 것을 의미한다.

특정 구문 분석 T의 확률은 구문 분석 트리 T에서 n개의 논터미널 노드 각각을 확장하는 데 사용되는 모든 n 규칙의 확률의 결과로 정의된다. 여기서 각 규칙 i는 $LHS_i \rightarrow RHS_i$로 표현될 수 있다.

$$P(T,S) = \prod_{i=1}^{n} P(RHS_i|LHS_i) \tag{14.2}$$

결과 확률 $P(T, S)$는 구문 분석과 문장의 결합 확률과 구문 분석 $P(T)$의 확률이기도 하다. 어떻게 이게 사실일 수 있을까? 첫째, 결합 확률의 정의에 의해 다음과 같다.

$$P(T,S) = P(T)P(S|T) \tag{14.3}$$

그러나 구문 분석 트리는 문장의 모든 단어가 포함하기 때문에 $P(S \mid T)$는 1이다. 따라서 다음과 같다.

$$P(T,S) = P(T)P(S|T) = P(T) \tag{14.4}$$

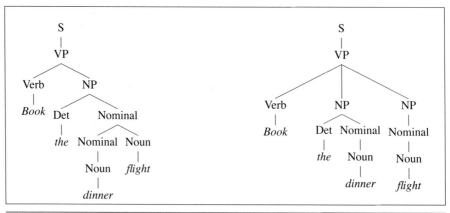

규칙			P	규칙			P
S	→	VP	.05	S	→	VP	.05
VP	→	Verb NP	.20	VP	→	Verb NP NP	.10
NP	→	Det Nominal	.20	NP	→	Det Nominal	.20
Nominal	→	Nominal Noun	.20	NP	→	Nominal	.15
Nominal	→	Noun	.75	Nominal	→	Noun	.75
				Nominal	→	Noun	.75
Verb	→	book	.30	Verb	→	book	.30
Det	→	the	.60	Det	→	the	.60
Noun	→	dinner	.10	Noun	→	dinner	.10
Noun	→	flights	.40	Noun	→	flights	.40

그림 14.2   모호한 문장에 대한 두 개의 구문 분석 트리. 왼쪽의 타동사의 구문 분석은 "Book a flight that serves dinner"라는 알맞은 의미에 해당하고. 오른쪽의 2중 목적어를 취하는 구문 분석은 "Book a flight on behalf of 'the dinner'"라는 말이 안 되는 의미에 해당된다.

도출에 사용된 각 규칙의 확률을 곱해 그림 14.2에서 각 트리의 확률을 계산할 수 있다. 예를 들어 그림 14.2a의 왼쪽 트리(T_{left}라고 함)와 오른쪽 트리(그림 14.2b 또는 T_{right})의 확률은 다음과 같이 계산할 수 있다.

$$P(T_{left}) = .05 * .20 * .20 * .20 * .75 * .30 * .60 * .10 * .40 = \mathbf{2.2 \times 10^{-6}}$$
$$P(T_{right}) = .05 * .10 * .20 * .15 * .75 * .75 * .30 * .60 * .10 * .40 = \mathbf{6.1 \times 10^{-7}}$$

그림 14.2의 왼쪽(타동사) 트리가 오른쪽의 2중 목적어를 취하는 트리보다 훨씬 높은 확률을 가지고 있음을 알 수 있다. 따라서 이 구문 분석은 PCFG 확률이 가장 높은 구문 분석을 선택하는 중의성 해소 알고리듬에 의해 올바르게 선택된다.

가장 높은 확률로 구문 분석을 선택하는 것이 중의성 해소를 수행하는 올바른 방법이라는 직관을 공식화한다. 주어진 문장 S에 대해 가능한 모든 구문 분석 트리를 고려한다. 단어 S 문자열은 S에 대한 구문 분석 트리의 **산출량**^{yield}이라고 한다. 따라서 S의 산출량을 가진 모든 구문 분석 트리 중에서 중의성 해소 알고리듬은 주어진 S가 가장 가능성이 높은 구문 분석 트리를 선택한다.

산출량

$$\hat{T}(S) = \underset{T \, s.t. S = \text{yield}(T)}{\text{argmax}} P(T|S) \tag{14.5}$$

정의에 따라 확률 $P(T|S)$는 $P(T, S)/P(S)$로 다시 쓰여질 수 있다.

$$\hat{T}(S) = \underset{T \, s.t. S = \text{yield}(T)}{\text{argmax}} \frac{P(T,S)}{P(S)} \tag{14.6}$$

동일한 문장에 대해 모든 구문 분석 트리를 최대화하기 때문에 $P(S)$는 각 트리마다 상수가 될 수 있어, 다음과 같이 제거할 수 있다.

$$\hat{T}(S) = \underset{T \, s.t. S = \text{yield}(T)}{\text{argmax}} P(T,S) \tag{14.7}$$

또한 위에서 $P(T, S) = P(T)$를 보여줬기 때문에, 가장 가능성이 높은 구문 분석을 선택하는 최종 방정식은 가장 높은 확률을 가진 구문 분석을 선택하는 것으로 깔끔하게 단순화된다.

$$\hat{T}(S) = \underset{T \, s.t. S = \text{yield}(T)}{\text{argmax}} P(T) \tag{14.8}$$

14.1.2 언어 모델링을 위한 PCFG

PCFG의 두 번째 속성은 문장을 구성하는 단어의 문자열에 확률을 할당한다는 것이다. 이는 음성 인식, 기계 번역, 철자 교정, 보완 의사소통 또는 기타 애플리케이션에서 사용하든 **언어 모델링**에서 중요하다. 명확한 문장의 확률은 $P(T, S) = P(T)$ 또는 해당 문장에 대한 단일 구문 분석 트리의 확률이다. 중의성 문장의 확률은 문장에 대한 모든 구문 분석 트리의 확률의 합이다.

언어 모델링

$$P(S) \quad = \sum_{T s.t. S=\text{yield}(T)} P(T,S) \qquad (14.9)$$

$$= \sum_{T s.t. S=\text{yield}(T)} P(T) \qquad (14.10)$$

언어 모델링에 유용한 PCFG의 추가 피처는 문장의 하위 문자열에 확률을 할당하는 기능이다. 예를 들어 지금까지 본 모든 단어 $w_1, ..., w_{i-1}$을 고려해 문장에서 다음 단어 w_i의 확률을 알고 싶다고 가정해보자. 이것에 대한 일반적인 공식은 다음과 같다.

$$P(w_i | w_1, w_2, ..., w_{i-1}) = \frac{P(w_1, w_2, ..., w_{i-1}, w_i, ...)}{P(w_1, w_2, ..., w_{i-1}, ...)} \qquad (14.11)$$

4장에서 전체 문맥 대신에 마지막 한두 단어로만 조건화하는 N그램으로 이 확률의 간단한 근사치를 봤다. 따라서 바이그램 근사치는 다음과 같다.

$$P(w_i | w_1, w_2, ..., w_{i-1}) \approx \frac{P(w_{i-1}, w_i)}{P(w_{i-1})} \qquad (14.12)$$

그러나 N그램 모델이 문맥의 두 단어만을 사용할 수 있다는 것은 잠재적으로 유용한 예측 단서들을 무시하고 있다는 것을 의미한다. 첼바와 옐리네크(2000)의 다음 문장에서 단어 *after*를 예측해보자.

(14.13) the contract ended with a loss of 7 cents after trading as low as 9 cents

트라이그램 문법은 단어 *7 cents*에서 *after*를 예측해야 하지만 동사 *ended*와 주어 *contract*는 PCFG 기반 파서는 우리가 활용할 수 있는 유용한 예측변수가 될 것임이 분명해 보인다. 실제로 PCFG를 사용하면 그림 14.11에 표시된 전체 이전 문맥 $w_1, w_2, ..., w_{i-1}$을 조건화할 수 있다. 14.9절에서 언어 모델로서 PCFG 사용법과 PCFG의 증강을 사용하는 방법에 대해 자세히 설명한다.

요약하면, 본 절과 이전 절은 PCFG를 구문 분석에서의 중의성과 언어 모델링에서의 단어 예측에 모두 적용할 수 있다는 것을 보여줬다. 이 두 애플리케이션 모두 주어진 문장 S에 대한 구문 분석 트리 T의 확률을 계산할 수 있어야 한다. 다음 절에서는 이 확률을 계산하기 위한 몇 가지 알고리듬을 소개한다.

14.2 PCFG의 확률론적 CKY 파싱

PCFG의 구문 분석 문제는 주어진 문장 S에 대해 가장 가능성이 높은 구문 분석 $\hat{T}$를 생성하는 것이다. 즉, 다음과 같다.

$$\hat{T}(S) = \underset{T s.t. S = \text{yield}(T)}{\text{argmax}} P(T) \tag{14.14}$$

가장 가능성이 높은 구문 분석을 계산하는 알고리듬은 파싱을 위한 표준 알고리듬의 단순한 확장이다. 13장의 CKY 및 Earley 알고리듬의 확률론적 버전이 있다. 대부분의 현대 확률론적 파서는 네이(1991)가 처음 설명한 **확률론적 CKY** 알고리듬에 기초한다.

확률론적 CKY

CKY 알고리듬과 마찬가지로 확률론적 CKY 알고리듬에 대해 PCFG가 촘스키 표준형이라고 가정한다. 582페이지에서 CNF의 문법은 $A \rightarrow B\ C$, 또는 $A \rightarrow w$ 형식의 규칙으로 제한된다. 즉, 각 규칙의 오른쪽은 두 개의 논터미널 또는 단일 터미널로 확장돼야 한다.

CKY 알고리듬의 경우 각 문장을 단어 사이에 지수를 갖는 것으로 표현했다.

(14.15) Book the flight through Houston.

따라서 (14.15)와 같은 예제 문장은 각 단어 사이에 다음 색인을 가정할 것이다.

(14.16) ⓪ Book ① the ② flight ③ through ④ Houston ⑤.

이러한 지수를 사용해 CKY 구문 분석 트리의 각 구성 요소는 2차원 행렬로 인코딩된다. 특히 길이가 n인 문장과 V 논터미널을 포함하는 문법의 경우, $(n+1) \times (n+1)$ 행렬의 상부 삼각형 부분을 사용한다. CKY의 경우, 각 셀 테이블 $[i, j]$에는 i에서 j까지의 단어 시퀀스에 걸쳐 있을 수 있는 구성 요소 목록을 포함하고 있다. 확률론적 CKY의 경우, 각 셀의 구성 요소를 최대 길이 V의 3차원을 구성하는 것으로 생각하는 것이 약간 더 간단하다. 이 세 번째 차원은 이 셀에 배치할 수 있는 각 논터미널에 해당하며, 셀의 값은 구성 요소 목록이 아닌 해당 논터미널/구성 요소에 대한 확률이다. 요약하면 이 $(n+1) \times (n+1) \times V$ 행렬의 각 셀 $[i, j, A]$는 입력의 위치 i에서 j에 걸쳐 있는 성분 A의 확률이다.

그림 14.3은 그림 13.10에서 기본 CKY 알고리듬을 확장하면서 확률론적 CKY 알고리듬에 대해 유사 코드를 제공한다.

---

function PROBABILISTIC-CKY(*words*,*grammar*) **returns** most probable parse
                                                                    and its probability

$\quad$ **for** $j \leftarrow$ **from** 1 **to** LENGTH(*words*) **do**
$\quad\quad$ **for all** $\{A \mid A \rightarrow words[j] \in grammar\}$
$\quad\quad\quad$ *table*[$j-1, j, A$] $\leftarrow$ P(A $\rightarrow$ *words*[j])
$\quad\quad$ **for** $i \leftarrow$ **from** $j-2$ **downto** 0 **do**
$\quad\quad\quad$ **for** $k \leftarrow i+1$ **to** $j-1$ **do**
$\quad\quad\quad\quad$ **for all** $\{A \mid A \rightarrow BC \in grammar,$
$\quad\quad\quad\quad\quad$ **and** *table*[i, k, B] > 0 **and** *table*[k, j, C] $> 0\}$
$\quad\quad\quad\quad\quad$ **if** (*table*[i,j,A] $< P(A \rightarrow BC) \times$ *table*[i,k,B] $\times$ *table*[k,j,C]) **then**
$\quad\quad\quad\quad\quad\quad$ *table*[i,j,A] $\leftarrow$ P(A $\rightarrow$ BC) $\times$ *table*[i,k,B] $\times$ *table*[k,j,C]
$\quad\quad\quad\quad\quad\quad$ *back*[i,j,A] $\leftarrow \{k,B,C\}$
$\quad$ **return** BUILD TREE(*back*[1, LENGTH(words), S]), *table*[1, LENGTH(words), S]

그림 14.3   촘스키 표준형의 num_rules 규칙이 있는 PCFG 문법에서 *num_words* 단어 문자열의 최대 확률 구문 분석을 찾기 위한 확률론적 CKY 알고리듬. back은 최상의 구문 분석을 복구하는 데 사용되는 백 포인터의 배열이다. *build_tree* 기능은 독자에게 연습으로 남겨둔다.

CKY 알고리듬과 마찬가지로 그림 14.3에 표시된 확률론적 CKY 알고리듬은 촘스키 표준형의 문법을 요구한다. 확률론적 문법을 CNF로 변환하려면 각 구문 분석의 확률이 새로운 CNF 문법에서 동일하게 유지되도록 확률도 수정해야 한다. 연습 14.2에서는 규칙 확률을 올바르게 처리할 수 있도록 13장의 CNF로 변환하는 알고리듬을 수정하도록 요구한다.

실제로 유닛 생성을 CNF로 변환하지 않고 직접 처리하는 일반화된 CKY 알고리듬을 더 자주 사용한다. 연습 13.3이 CKY에서 이렇게 변경하도록 요청했다. 연습 14.3에서는 이 변경 사항을 확률론적 CKY로 확장하도록 요청한다.

이미 CNF에 있는 다음 축소된 문법을 사용해 확률론적 CKY 차트의 예를 보자.

S	$\rightarrow$	NP VP	.80	Det	$\rightarrow$	the	.40
NP	$\rightarrow$	Det N	.30	Det	$\rightarrow$	a	.40
VP	$\rightarrow$	V NP	.20	N	$\rightarrow$	meal	.01
V	$\rightarrow$	includes	.05	N	$\rightarrow$	flight	.02

이 문법을 고려할 때, 그림 14.4는 이 문장의 확률론적 CKY 구문 분석의 첫 번째 단계를 보여준다.

(14.17) The flight includes a meal

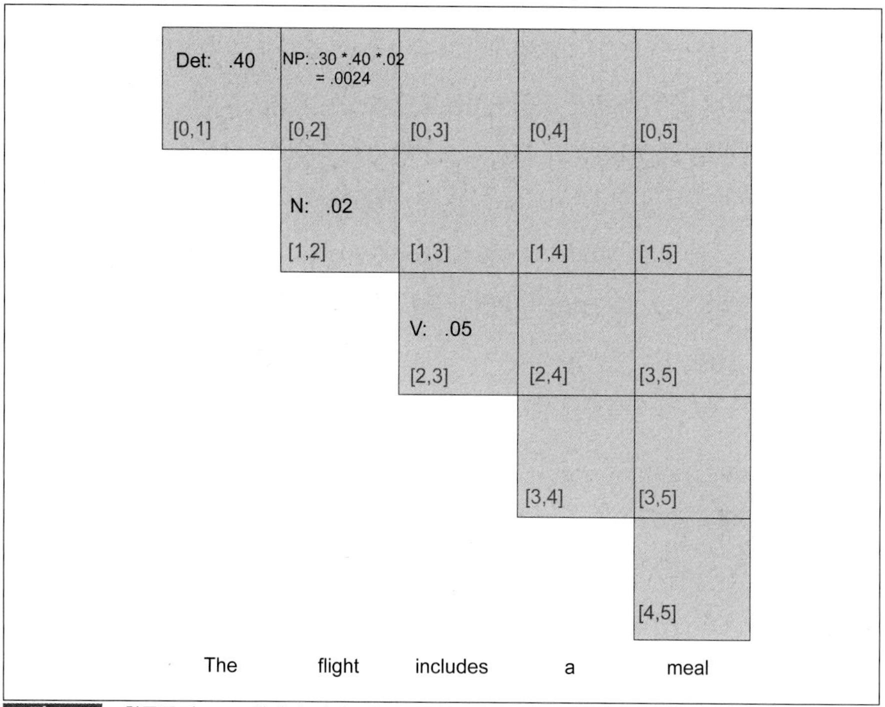

그림 14.4 확률론적 CKY 행렬의 시작. 차트의 나머지 부분을 채우는 것은 독자를 위한 연습 14.4로 남겨진다.

14.3 PCFG 규칙 확률 학습 방법

PCFG 규칙 확률은 어디에서 오는가? 문법 규칙에 대한 확률을 배우는 방법에는 두 가지가 있다. 가장 간단한 방법은 이미 구문 분석된 문장의 모음인 트리뱅크를 사용하는 것이다. 12장에서 트리뱅크의 개념과 일반적으로 사용되는 펜 트리뱅크(Marcus et al., 1993), 영어, 중국어 및 언어학 데이터 컨소시엄Linguistic Data Consortium에서 배포하는 기타 언어로 된 구문 분석 트리 모음을 소개했다. 트리뱅크가 주어지면 확장이 발생하는 횟수를 세고 정규화해 논터미널의 각 확장 확률을 계산할 수 있다.

$$P(\alpha \rightarrow \beta | \alpha) = \frac{\text{Count}(\alpha \rightarrow \beta)}{\sum_\gamma \text{Count}(\alpha \rightarrow \gamma)} = \frac{\text{Count}(\alpha \rightarrow \beta)}{\text{Count}(\alpha)} \tag{14.18}$$

트리뱅크는 없지만 (비확률론적) 파서가 있는 경우, 먼저 파서로 문장 모음을 파싱해 PCFG 규칙 확률을 계산하는 데 필요한 개수를 생성할 수 있다. 문장이 모호하지 않다면 코퍼스를 구문 분석하고 구문 분석의 모든 규칙에 대해 카운터를 증가시킨 다음 확률을 얻기 위해 정규화하는 것만큼 간단하다.

하지만 대부분의 문장은 모호하다. 즉, 여러 구문 분석이 있기 때문에 규칙을 계산할 구문 분석을 알지 못한다. 대신 문장의 각 구문 분석에 대해 별도의 계수를 유지하고 각 부분 계수에 가중치를 부여해야 한다. 파싱이 나타날 확률이다. 그러나 규칙에 가중치를 부여하기 위해 이러한 파싱 확률을 얻으려면 이미 확률 적 파서가 있어야 한다.

이 닭이 먼저냐 달걀이 먼저냐의 문제를 해결하기 위한 직관은 규칙 확률이 동일한 파서로 시작한 다음, 문장을 구문 분석하고, 각 구문 분석에 대한 확률을 계산한다. 그리고 이 확률을 사용해 개수에 가중치를 부여하고, 재추정함으로써 추정치를 점진적으로 개선하는 것이다. 확률이 수렴될 때까지 규칙 확률 등이 있다. 이 솔루션을 계산하는 표준 알고리듬을 **inside-outside** 알고리듬이라고 한다. 이는 베이커(1979)에 의해 6장의 순방향 알고리듬의 일반화로 제안됐다. 순방향 역방향과 마찬가지로 내부 외부는 EM^{Expectation Maximization} 알고리듬의 특수한 경우로서, **예상 단계** 및 **최대화 단계**, 두 단계가 있다. 알고리듬에 대한 완전한 설명은 라리와 영(1990) 또는 매닝과 슈체 (1999)를 참조한다.

inside-outside

예상 단계
최대화 단계

문법에 대한 규칙 확률을 추정하기 위해 inside-outside 알고리듬을 사용하는 것은 실제로 inside-outside의 제한된 사용이다. inside-outside 알고리듬은 실제로 규칙 확률을 설정하는 것뿐만 아니라 문법 규칙 자체를 유도하는 데에도 사용할 수 있다. 그러나 문법 유도가 너무 어려워서 inside-outside 자체만으로는 매우 성공적인 문법 유도자가 아니다. 다른 문법 유도 알고리듬에 대한 포인터는 14장 끝부분에 있는 '역사 참고 사항'을 참고한다.

14.4 PCFG의 문제

확률론적 문맥 자유 문법은 문맥 자유 문법에 대한 자연스러운 확장이지만 확률 추정기에는 두 가지 주요 문제가 있다.

- **빈약한 독립 가정**: CFG 규칙은 확률에 대한 독립 가정을 적용해 구문 분석 트리에서 구조적 종속성에 대한 잘못된 모델링을 초래한다.

- **어휘 조건의 부족**: CFG 규칙은 특정 단어에 대한 통사론적 사실을 모델링하지 않아 하위 범주화 중의성, 전치사 연결 및 수식 구조 중의성 문제로 이어진다.

이러한 문제로 인해 대부분의 현재 확률론적 파싱 모델은 PCFG의 일부 확장 버전을 사용하거나 어떤 방식으로든 트리뱅크 기반 문법을 수정한다. 문제를 더 자세히 설명한 후, 다음 절에서 기능 확장 중 일부를 소개한다.

14.4.1 규칙 간의 구조적 종속성을 결여한 독립 가정

문제를 좀 더 자세히 살펴보자. CFG에서 논터미널의 확장은 문맥, 즉 구문 분석 트리의 다른 근처의 논터미널과 독립적이다. 마찬가지로 PCFG에서 $NP \rightarrow Det\ N$과 같은 특정 규칙의 확률도 나머지 트리와 무관하다. 정의에 따르면 독립 이벤트 그룹의 확률은 확률의 곱이다. 이 두 가지 사실은 PCFG에서 각 논터미널 확장의 확률을 곱해 트리의 확률을 계산하는 이유를 설명한다.

하지만 CFG 독립 가정은 낮은 확률 추정치를 초래한다. 이는 영어에서 노드 확장 방법의 선택이 결국 구문 분석 트리의 노드 위치에 따라 달라질 수 있기 때문이다. 예를 들어 영어에서는 통사론의 **주어**인 NP가 대명사일 가능성이 훨씬 더 높고 통사론의 **목적어**인 NP는 비대명사일 가능성이 훨씬 더 높다(예: 고유명사 또는 한정사 명사 시퀀스). 스위치보드 코퍼스의 NP에 대한 통계에서 볼 수 있다(Francis et al., 1999).[1]

---

[1] 31,021개의 평서문으로부터 주어의 분포, 7,489개의 문장으로부터 목적어의 분포다. 이러한 경향은 토픽이나 이전의 정보를 문장에서 인식하기 위해 주어 위치를 이용함으로써 발생한다(Givón, 1990). 대명사는 이전의 정보에 대해 말하는 방법인 반면, 비대명사("어휘") 명사구는 새로운 지시 대상을 나타내기 위해 사용된다. 21장에서 새로운 정보와 이전의 정보에 대해 자세히 설명한다.

	대명사	비대명사
주어	91%	9%
목적어	34%	66%

하지만 PCFG의 확률에서 이러한 문맥적 차이를 나타낼 방법은 없다. 논터미널 *NP*의 두 확장을 대명사 또는 한정사＋명사로 간주한다. 이 두 가지 규칙의 확률을 어떻게 설정할 것인가? 확률을 스위치보드 코퍼스에서 전체적인 확률로 설정하면, 두 규칙은 거의 동일한 확률을 가지고 있다.

$$NP \rightarrow DT\ NN \quad .28$$
$$NP \rightarrow PRP \quad\quad .25$$

PCFG는 규칙 확률을 주변 문맥에서 조건화하는 것을 허용하지 않기 때문에, 이 같은 확률은 우리가 얻는 전부다. 주어 위치에서 $NP \rightarrow PRP$의 확률은 .91까지 올라가고, 목적어 위치에서는 $NP \rightarrow DT\ NN$의 확률은 .66까지 올라간다는 사실을 포착할 방법이 없다.

이러한 종속성은 *NP*가 대명사(예: $NP \rightarrow PRP$) 대 어휘 NP(예: $NP \rightarrow DT\ NN$)로 확장될 확률이 *NP*가 주어인지 목적어인지 여부에 따라 포착될 수 있다. 14.5절에서는 이러한 종류의 조건을 추가하기 위한 상위 주석 기법을 소개한다.

14.4.2 어휘 종속성의 민감성 결여

PCFG의 두 번째 문제는 구문 분석 트리의 단어에 대한 민감도가 부족하다는 것이다. 구문 분석 확률에는 품사가 주어진 단어의 확률이 포함되기 때문에 단어는 PCFG에서 역할을 한다(즉, $V \rightarrow sleep$, $NN \rightarrow book$ 등과 같은 규칙).

그러나 어휘 정보는 전치사구(*PP*) 연결 관계에 따른 중의성을 해결하는 것과 같이 문법의 다른 곳에서 유용하다는 것이 밝혀졌다. 영어의 전치사구는 명사구나 동사구를 수정할 수 있기 때문에 파서가 전치사구를 발견하면 트리에 연결할 위치를 결정해야 한다. 다음 예를 고려한다.

(14.19) Workers dumped sacks into a bin.

그림 14.5는 이 문장에 대해 가능한 두 가지 구문 분석 트리를 보여준다. 왼쪽이 올바른 구문 분석이다. 그림 14.6은 전치사 연결 문제에 대한 또 다른 관점을 보여주며, 그림 14.5의 중의성을 해결하는 것은 NP 또는 VP 노드에서 트리의 나머지 부분에 전치사 구문을 연결할지 여부를 결정하는 것과 동일함을 보여준다. 올바른 구문 분석에는 **VP 연결**이 필요하고 잘못된 구문 분석은 **NP 연결**을 의미한다.

VP 연결
NP 연결

PCFG가 미리 *PP* 연결 관계에 따른 중의성을 처리하지 않는 이유는 무엇인가? 그림 14.5의 두 구문 분석 트리는 거의 동일한 규칙을 가지고 있다. 왼쪽 구문 분석에 다음 규칙이 있다는 점만 다르다.

$$VP \;\rightarrow\; VBD\,NP\,PP$$

오른쪽 구문 분석에는 다음과 같은 항목이 있다.

$$VP \;\rightarrow\; VBD\,NP$$
$$NP \;\rightarrow\; NP\,PP$$

이러한 확률이 설정되는 방식에 따라 PCFG는 항상 *NP* 연결 또는 *VP* 연결을 선호한다. 실제로 *NP* 연결은 영어에서 더 일반적이기 때문에 코퍼스에서 이러한 규칙 확률을 훈련시켰다면, 항상 *NP* 연결을 선호해 문장을 잘못 분석할 수 있다.

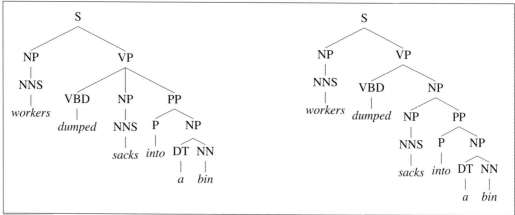

그림 14.5 **전치사구 연결 관계에 따른 중의성**에 대해 가능한 두 개의 구문 분석 트리. 왼쪽 구문 분석은 "into a bin"이 sacks의 결과 위치를 설명하는 올바른 구문이다. 오른쪽의 잘못된 구문 분석에서 dumped할 sacks는 의미하는 바가 무엇이든 이미 "into a bin"이 있는 sacks이다.

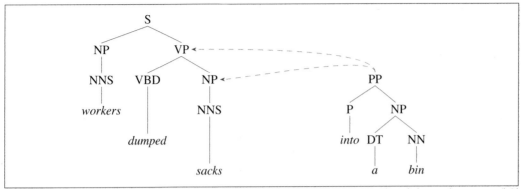

그림 14.6   전치사 연결 관계 문제의 또 다른 관점. 오른쪽의 *PP*가 왼쪽의 부분 구문 분석 트리의 *VP* 또는 *NP* 노드에 연결돼야 하는가?

그러나 이 문장에 대해 *VP* 연결을 선호하는 확률을 설정했다고 가정해보자. 이제 *NP* 연결이 필요한 다음 문장을 잘못 분석한다.

(14.20) fishermen caught tons of herring

입력 문장의 어떤 정보를 통해 (14.20)에는 *NP* 연결이 필요하고 (14.19)에는 *VP* 연결이 필요하다는 것을 알 수 있는가?

이러한 선호도는 동사, 명사 및 전치사의 일치에서 비롯된다는 것이 분명해야 한다. 동사 *dumped*와 전치사 *into* 사이의 관련성이 명사 *sacks*와 전치사 *into* 사이의 관련성보다 더 큰 것으로 보이며, 따라서 *VP* 연결로 이어진다. 반면에 (14.20)에서 *tons*와 *of* 사이의 관련성은 *caught*와 *of* 사이의 관련성보다 커서 *NP* 연결로 이어진다.

따라서 이러한 종류의 예제에 대한 올바른 구문 분석을 얻으려면 다른 동사 및 전치사에 대한 **어휘 종속성** 통계를 처리하기 위해 PCFG 확률을 어떻게든 증가시키는 모델이 필요하다.

어휘 종속성

수식의 범위에 따른 중의성은 어휘 종속성이 적절한 구문 분석을 선택하는 데 중요한 또 다른 경우다. 그림 14.7은 콜린스(1999)의 *dogs in house and cats*라는 구문에 대한 두 개의 구문 분석을 사용한 예를 보여준다. *dogs*는 의미론적으로 *houses*보다 *cats*와 더 밀접한 관계가 있기 때문에 (대부분의 개는 고양이 안에 속할 수 없기 때문에) 구문 분석 [*dogs in [$_{NP}$ houses and cats]*]는 부자연스럽고 선호하지 않아야 한다. 그러나 그림 14.7의 두 구문 분석은 정확히 동일한 PCFG 규칙을 가지고 있기 때문에

PCFG는 동일한 확률을 할당한다.

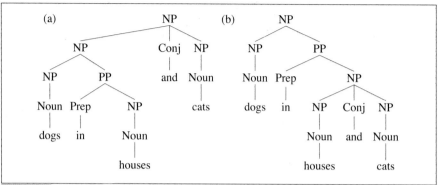

그림 14.7 수식의 범위에 따른 중의성의 한 예. 콜린스(1999)에 따라 왼쪽 구조가 직관적으로 정확한 구조지만, 두 구조가 정확히 동일한 규칙을 사용하기 때문에 PCFG는 그들에게 동일한 확률을 할당한다.

요약하자면, 이 절과 이전 절에서 확률론적 문맥 자유 문법이 중요한 구조적 및 어휘적 종속성을 모델링할 수 없다는 것을 보여줬다. 다음 두 절에서는 이 두 가지 문제를 모두 다루기 위해 PCFG를 증강하기 위한 현재 방법을 스케치한다.

14.5 논터미널을 분할한 PCFG 개선

위에 언급된 PCFG의 두 가지 문제 중 첫 번째 문제부터 시작해보자. 주어 위치에 있는 *NP*는 대명사가 되는 경향이 있는 반면, 목적어 위치에 있는 *NP*는 완전한 어휘(비대명사) 형식을 갖는 경향이 있는 것처럼 구조적 종속성을 모델링할 수 없다. 어떻게 PCFG를 증강해 이 사실을 올바르게 모델링할 수 있는가? 한 가지 아이디어는 *NP* 논터미널을 두 가지 버전으로 **분할**하는 것이다. 하나는 주어를 위한 것이고, 다른 하나는 목적어을 위한 것이다. 두 개의 노드(예: $NP_{subject}$와 NP_{object})가 있으면, 규칙 $NP_{subject} \rightarrow PRP$ 및 규칙 $NP_{object} \rightarrow PRP$에 대해 서로 다른 확률을 갖기 때문에 서로 다른 분포 속성을 올바르게 모델링할 수 있다.

분할

이러한 분할 직관을 구현하는 한 가지 방법은 부모 주석을 수행하는 것이다 (Johnson, 1998b). 여기서 구문 분석 트리에서 각 노드에 해당 부모를 주석으로 추가한다. 따라서 문장의 주어이고 따라서 부모 *S*를 갖는 *NP* 노드는 *NP^S*로 주석 처리되고, 부모가 *VP*인 직접목적어 *NP*는 *NP^VP*로 주석 처리된다. 그림 14.8은 *NP* 및 *VP*

와 같은 구문 논터미널을 부모 주석으로 처리하는 문법에 의해 생성된 트리의 예를 보여준다.

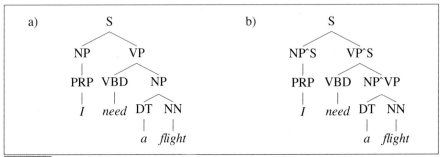

그림 14.8　표준 PCFG 구문 분석 트리 (a)와 이전 터미널 (b)가 아닌 노드에 대한 부모 주석이 있는 트리. 구문 분석 (b)의 모든 논터미널 노드(이전 터미널 품사 노드 제외)는 부모의 동일성으로 주석 처리됐다.

　이러한 구의 노드를 분할하는 것 외에도 선행 터미널 품사 노드를 분할해 PCFG를 개선할 수도 있다(Klein and Manning, 2003b). 예를 들어 다른 종류의 부사(RB)는 다른 구문 위치에서 발생하는 경향이 있다. ADVP 부모를 가진 가장 일반적인 부사는 *also* 및 *now*이며, VP 부모는 *n't* 및 *not*이며, NP 부모는 *only* 및 *just*이다. 따라서 *RB^ADVP*, *RB^VP*, *RB^NP*와 같은 태그를 추가하면 PCFG 모델링을 개선하는 데 유용할 수 있다.

　마찬가지로 펜 트리뱅크 태그 IN은 종속접속사(*while, as, if*), 보문 표시(*that, for*), 전치사(*of, in, from*)를 포함한 다양한 품사를 표시할 수 있다. 이러한 차이 중 일부는 부모 주석(S에 따른 종속 접속사, PP에 따른 전치사)에 의해 포착될 수 있는 반면, 다른 것들은 특별히 종단 이전 노드를 분할해야 한다. 그림 14.9는 부모 주석이 달린 문법이라도 *to see if advertising works*에서 명사로 *works*를 잘못 구문 분석하는 클라인과 매닝(2003b)의 예를 보여주고 있다. *if*가 중요한 문장 보어를 선호하도록 사전 단어를 분할하면 정확한 동사 구문이 된다.

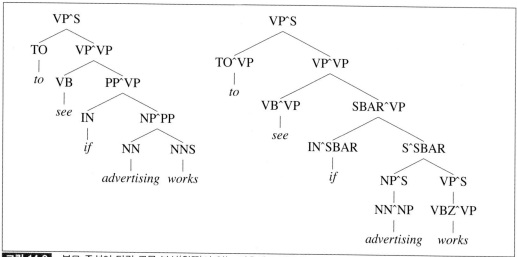

그림 14.9 부모 주석이 달린 구문 분석(왼쪽)이 있는 경우에도 잘못된 구문 분석. 정확한 구문 분석(오른쪽)은 이전 터미널 노드가 분할된 문법에 의해 생성돼 확률론적 문법이 *if*가 문장 보어를 선호한다는 사실을 포착할 수 있게 됐다. 클라인과 매닝(2003b)에서 각색했다.

부모 주석이 불충분한 경우를 처리하기 위해 트리의 다른 기능을 기반으로 특정 노드 분할을 지정하는 규칙을 직접 작성할 수도 있다. 예를 들어 보문 표시 IN과 종속 접속사 IN을 구별하기 위해 둘 다 동일한 부모를 가질 수 있다. 어휘 정체성과 같은 트리의 다른 측면을 조건으로 하는 규칙을 작성할 수 있다(어휘 *that*은 종속 접속사인 as 로서 보문 표시일 가능성이 높다).

노드 분할에 문제가 없는 것은 아니다. 이는 문법의 크기를 증가시키고, 각 문법 규칙에 사용할 수 있는 학습 데이터의 양을 줄여 과적합을 초래한다. 따라서 특정 훈련 세트에 대해 정확한 수준의 세분화로 분할하는 것이 중요하다. 초기 모델은 최적의 논터미널 수를 찾기 위해 수동으로 작성한 규칙을 사용했지만(Klein and Manning, 2003b), 최신 모델은 자동으로 최적의 분할을 검색한다. 예를 들어 페트로브 외 연구진(2006)의 **분할 및 병합** 알고리듬은 간단한 X-bar 문법으로 시작해 논터미널을 교대로 분할하고 논터미널을 병합해 훈련 세트 트리뱅크의 가능성을 최대화하는 주석이 달린 노드 세트를 찾아낸다. 이 글을 쓰는 시점에서 페트로브 외 연구진(2006) 알고리듬은 펜 트리뱅크에서 알려진 파싱 알고리듬 중 최고였다.

분할 및 병합

14.6 확률론적 어휘 CFG

앞의 절에서는 문법 규칙 기호를 자동 분할 및 병합으로 재설계할 경우, 처리되지 않은 PCFG를 구문 분석하기 위한 단순한 확률론적 CKY 알고리듬이 매우 높은 구문 분석 정확도를 달성할 수 있음을 보여줬다.

어휘화된   이 절에서는 문법 규칙을 수정하는 대신 **어휘화된** 규칙을 허용하도록 파서의 확률론적 모델을 수정하는 대체 모델군에 대해 설명한다. 어휘화된 파서들의 결과적인 제품군에는 잘 알려진 **콜린스 파서**(Collins, 1999)와 **샤르니악 파서**(Charniak, 1997)가 포함되는데, 이 두 제품군 모두 공개적으로 사용할 수 있고 자연어 처리 과정 전반에 걸쳐 널리 사용된다.

콜린스 파서
샤르니악 파서

12.4.4절에서 구문 구성 요소가 어휘 **헤드**와 연관될 수 있음을 봤고, 트리의 각 논터미널이 어휘 헤드로 주석이 달린 **어휘화된 문법**을 정의했다. 여기서 $VP \rightarrow V\,BD\,NP\,PP$와 같은 규칙이 다음과 같이 확장될 것이다.

어휘화된 문법

$$VP(dumped) \rightarrow VBD(dumped)\ NP(sacks)\ PP(into) \tag{14.21}$$

헤드 태그   표준 형식의 어휘 문법에서 실제로 헤드의 품사 태그인 **헤드 태그**를 논터미널 기호와 연결하는 추가 확장을 만든다. 따라서 각 규칙은 각 구성 요소의 표제어 및 중심 단어 태그에 의해 사전화돼 다음과 같은 사전화된 규칙의 형식이 된다.

$$VP(dumped,VBD) \rightarrow VBD(dumped,VBD)\ NP(sacks,NNS)\ PP(into,IN) \tag{14.22}$$

그림 12.12에서 확장된 그림 14.10의 중심 단어 태그가 있는 어휘 구문 분석 트리를 보여준다. 이러한 어휘 트리를 생성하려면 각 PCFG 규칙을 보강해 하나의 오른쪽 구성 요소가 중심 단어의 종이 속되도록 식별해야 한다. 그런 다음 노드의 중심 단어는 종속의 표제어로 설정되고 중심 단어 태그는 표제어의 품사 태그로 설정된다. 그림 12.13에서 특정 구성 요소의 중심 단어를 식별하기 위해 수동으로 작성한 규칙 집합을 제공했다.

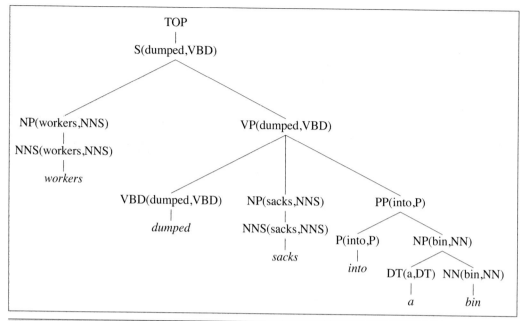

내부 규칙			어휘 규칙		
TOP	→	S(dumped,VBD)	NNS(workers,NNS)	→	workers
S(dumped,VBD)	→	NP(workers,NNS)　VP(dumped,VBD)	VBD(dumped,VBD)	→	dumped
NP(workers,NNS)	→	NNS(workers,NNS)	NNS(sacks,NNS)	→	sacks
VP(dumped,VBD)	→	VBD(dumped, VBD)　NP(sacks,NNS) PP(into,P)	P(into,P)	→	into
PP(into,P)	→	P(into,P)　NP(bin,NN)	DT(a,DT)	→	a
NP(bin,NN)	→	DT(a,DT)　NN(bin,NN)	NN(bin,NN)	→	bin

그림 14.10 콜린스(1999)에서 채택한 WSJ 문장에 대한 중심 단어 태그를 포함한 어휘 트리. 아래에서는 이 구문 분석 트리에 필요한 PCFG 규칙, 왼쪽의 내부 규칙, 오른쪽의 어휘 규칙을 보여준다.

어휘화된 문법을 자연스럽게 생각하는 방법은 부모 주석으로, 즉 각 규칙의 복사본이 많은 문맥 자유 단순한 문법으로서 각 구성원에 대해 가능한 표제어/중심 단어 태그 하나씩 복사하는 것이다. 이러한 방식으로 확률론적 어휘 CFG를 생각하면, 그림 14.10의 트리 아래에 표시된 간단한 PCFG 규칙 세트가 생성된다.

어휘 규칙　　그림 14.10은 두 종류의 규칙을 보여준다. 이전의 터미널을 단어로 확장하는 **어휘**
내부 규칙　　**규칙**과 다른 규칙 확장을 표현하는 **내부 규칙**이다. 이러한 종류의 규칙은 매우 다른 종류의 확률과 연관돼 있기 때문에 어휘화된 문법에서 구별해야 한다. 어휘 규칙은 결정론적이다. 즉, *NN*(*bin*, *NN*)과 같은 어휘화된 이전의 터미널이 단어 *bin*으로만 확장될 수 있기 때문에 확률 1.0을 갖는다. 그러나 내부 규칙의 경우 확률을 추정해야 한다.

확률론적 어휘 CFG를 매우 복잡한 논터미널이 많은 CFG처럼 취급하고 최대 우도 추정치에서 각 규칙에 대한 확률을 추정한다고 가정한다. 따라서 식 (14.18)에서 규칙 $P(VP(dumped, VBD) \rightarrow VBD(dumped, VBD) \; NP(sacks, NNS) \; PP(into, P))$에 대한 확률에 대한 MLE 추정값은 다음과 같다.

$$\frac{Count(VP(dumped,VBD) \rightarrow VBD(dumped, VBD) \; NP(sacks,NNS) \; PP(into,P))}{Count(VP(dumped,VBD))} \quad (14.23)$$

그러나 (14.23)의 경우는 카운트가 너무 구체적이기 때문에, 카운트의 좋은 추정치를 얻을 수 있는 방법은 없다. *sacks*로 이어지는 하나의 *NP* 인수와 *into*로 이어지는 *PP* 대부분의 있는 동사 구문을 가진 문장의 많은 (또는 심지어 어떤) 인스턴스도 볼 수 없을 것이다. 즉, 이와 같이 완전하게 어휘화된 PCFG 규칙의 카운트는 너무 희박하고 대부분의 규칙 확률은 0이 될 것이다.

어휘화된 파싱의 아이디어는 합리적인 카운트를 얻을 수 있는 더 작은 독립 확률 추정치의 종속으로서 확률 식 14.24을 추정할 수 있도록 각 규칙을 세분화하기 위한 추가적인 독립성 가정을 하는 것이다. 다음 절에는 콜린스 파싱 방법 중 하나가 요약돼 있다.

$$P(VP(dumped,VBD) \rightarrow VBD(dumped, VBD) \; NP(sacks,NNS) \; PP(into,P)) \quad (14.24)$$

14.6.1 콜린스 파서

현대의 통계 파서들은 그들이 어떤 독립성을 가정하는지에 있어서 정확히 다르다. 이 절에서는 콜린스의 모델 1의 간략화된 버전을 설명하지만 다른 많은 파서도 알아둬야 한다. 14장 끝부분에 있는 '요약'을 참고한다.

콜린스 파서의 첫 번째 직관은 중심 단어 왼쪽의 논터미널과 중심 단어 오른쪽의 논터미널과 함께 모든 (내부) CFG 규칙의 오른쪽이 중심 단어 논터미널로 구성된 것으로 생각하는 것이다. 개략적으로, 다음과 같은 규칙들을 생각한다.

$$LHS \rightarrow L_n L_{n-1} \dots L_1 H R_1 \dots R_{n-1} R_n \tag{14.25}$$

이는 어휘화된 문법이기 때문에, L_1이나 R_3, H 또는 LHS와 같은 각 기호는 실제로 *VP(dumped, VP)* 또는 *NP(sacks, NNS)*와 같이 카테고리와 해당 중심 단어 및 태그를 나타내는 복잡한 기호다.

이제 이 규칙에 대한 단일 MLE 확률을 계산하는 대신, 깔끔한 생성 스토리를 통해 이 규칙을 세분화할 것이다. 콜린스 모델 1이라고 하는 것은 약간 단순화다. 이 새로운 생성 스토리는 왼쪽에 주어진 것이며, 먼저 규칙의 중심 단어를 생성한 다음 내부에서 바깥쪽으로 중심 단어의 종속 항목을 하나씩 생성한다. 이러한 각 생성 단계에는 고유한 확률을 가진다.

또한 규칙의 왼쪽과 오른쪽 가장자리에 특수 STOP 논터미널을 추가한다. 이 논터미널을 통해 모델은 주어진 측에서 종속 생성을 중지해야 하는 시기를 알 수 있다. 헤드의 왼쪽에 STOP을 생성할 때까지 헤드의 왼쪽에 종속 항목을 생성한다. 이때 헤드의 오른쪽으로 이동해 STOP을 생성할 때까지 종속 항목을 생성하기 시작한다. 따라서 다음과 같이 보강된 규칙을 생성하는 것과 같다.

$$\begin{aligned} P(VP(dumped,VBD) \rightarrow \\ \text{STOP } VBD(dumped,\ VBD)\ NP(sacks,NNS)\ PP(into,P)\ \text{STOP}) \end{aligned} \tag{14.26}$$

이 증강 규칙에 대한 생성 스토리를 살펴보자. 중심 단어 생성을 위한 P_H, 왼쪽에 종속 관계의 생성을 위한 P_L, 오른쪽에 종속 관계의 생성을 위한 P_R의 세 가지 종류의 확률을 사용한다.

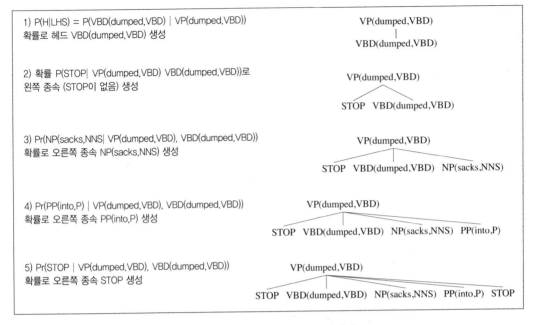

요약하면, 이 규칙의 확률은 다음과 같이 추정된다.

$$P(VP(dumped,VBD) \rightarrow$$
$$VBD(dumped, VBD)\ NP(sacks,NNS)\ PP(into,P)) \tag{14.27}$$

$$P_H(VBD|VP, dumped) \times P_L(STOP|VP, VBD, dumped) \tag{14.28}$$
$$\times P_R(NP(sacks,NNS)|VP, VBD, dumped)$$
$$\times P_R(PP(into,P)|VP, VBD, dumped)$$
$$\times P_R(STOP|VP, VBD, dumped)$$

이러한 각 확률은 (14.27)의 전체 확률보다 훨씬 적은 양의 데이터에서 추정할 수 있다. 예를 들어 성분 확률 $P_R(NP(sacks, NNS)|VP, VBD, dumped)$에 대한 최대 우도 추정치는 다음과 같다.

$$\frac{Count(\ VP(dumped,VBD)\ with\ NNS(sacks)as\ a\ daughter\ somewhere\ on\ the\ right\ )}{Count(\ VP(dumped,VBD)\ )} \tag{14.29}$$

이 카운트는 (14.27)의 복잡한 카운트보다 희소성 문제의 영향을 훨씬 덜 받는다.

보다 일반적으로 h를 사용해 중심 단어와 함께 표제어를 의미하고, l은 왼쪽에 단어+태그를 의미하며, r은 오른쪽에 단어+태그를 의미한다면, 전체 규칙의 확률은 다음과 같이 표현할 수 있다.

1. $H(Hw, ht)$ 구문의 중심 단어를 확률로 생성

$$P_H(H(hw,ht)|P,hw,ht)$$

2. 총 확률로 중심 단어 왼쪽에 수식어 생성

$$\prod_{i=1}^{n+1} P_L(L_i(lw_i,lt_i)|P,H,hw,ht)$$

$L_{n+1}(lw_{n+1}, lt_{n+1})$ = STOP이 되고, STOP 토큰을 생성하면 생성을 중단한다.

3. 총 확률로 중심 단어 오른쪽에 수식어 생성

$$\prod_{i=1}^{n+1} P_P(R_i(rw_i,rt_i)|P,H,hw,ht)$$

$R_{n+1}(rw_{n+1}, rt_{n+1})$ = STOP이 되고, STOP 토큰을 생성하면 생성을 중단한다.

14.6.2 고급: 콜린스 파서의 추가 세부 정보

실제 콜린스 파서 모델은 이전 절에서 제시한 단순 모델보다 몇 가지 방법으로 더 복잡하다. 콜린스 모델 1에는 거리 기능이 포함돼 있다. 따라서 P_L과 P_R을 다음과 같이 계산하는 대신에,

$$P_L(L_i(lw_i,lt_i)|P,H,hw,ht) \tag{14.30}$$

$$P_R(R_i(rw_i,rt_i)|P,H,hw,ht) \tag{14.31}$$

콜린스 모델 1은 또한 거리 피처에 대한 조건,

$$P_L(L_i(lw_i,lt_i)|P,H,hw,ht,distance_L(i-1)) \tag{14.32}$$

$$P_L(L_i(lw_i,lt_i)|P,H,hw,ht,distance_L(i-1)) \tag{14.33}$$

거리 측정은 이전 수식어 단어 *below* 시퀀스의 함수다(즉, 왼쪽에서 이미 생성한 각 논터미널 수식어의 산출물인 단어). 콜린스(2003)에서 채택한 그림 14.11은 확률 $P(R_2(rh_2,$

$rt_2)|P,H,hw,ht,distance_R(1))$의 연산을 보여준다.

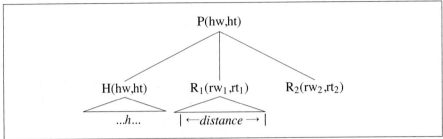

그림 14.11 R_2는 확률 $P(R_2(rh_2, rt_2)|P, H, hw, ht, distance_R(1))$으로 생성된다. 거리는 이전에 종속된 논터미널 R_1의 산출물이다. 만약 또 다른 개입된 종속어구가 있었다면, 산출물도 포함됐을 것이다. 콜린스 (2003)의 각색.

이 거리 측정의 가장 간단한 버전은 이러한 이전의 종속성 아래의 표면 문자열을 기반으로 하는 두 개의 이진 특징의 튜플일 뿐이다. (1) 길이의 문자열이 0인가? (즉, 이전 단어가 생성되지 않았는가?) (2) 문자열에 동사가 포함돼 있는가?

콜린스 모델 2는 각 동사에 대한 하위 범주화 프레임에 대한 조건화 및 부가사와 인수를 구분하는 등 더욱 정교한 기능을 추가한다.

마지막으로, 평활화는 N그램 모델에서와 마찬가지로 통계 파서에게도 중요하다. 어휘화된 규칙은 훈련에서 결코 발생하지 않을 수 있는 많은 어휘적 항목에서 조건화되기 때문에 어휘화된 파서의 경우 특히 그렇다(콜린스 또는 다른 독립성 가정 방법을 사용하더라도).

$P_R(R_i(rw_i, rt_i)|P, hw, ht)$ 확률을 고려한다. 이 헤드와 함께 특정 오른손 구성 요소가 발생하지 않으면 어떻게 해야 하는가? 콜린스 모델은 완전 어휘화(표제어에 대한 조건화), 중심 단어 태그로만 백 오프, 완전히 어휘화되지 않는 세 가지 백 오프 모델을 보간해 이 문제를 해결한다.

백 오프 레벨	$P_R(R_i(rw_i, rt_i\|...)$	예
1	$P_R(R_i(rw_i, rt_i)\|P, hw, ht)$	$P_R(NP(sacks,NNS)\|VP, VBD, dumped)$
2	$P_R(R_i(rw_i, rt_i)\|P, h_t)$	$P_R(NP(sacks,NNS)\|VP,VBD)$
3	$P_R(R_i(rw_i, rt_i)\|P)$	$P_R(NP(sacks,NNS)\|VP)$

유사한 백 오프 모델이 P_L 및 P_H용으로도 구축된다. 'backoff'라는 단어를 사용했지만 실제로 백 오프 모델이 아니라 보간된 모델들이다. 위의 세 모델은 선형 보간되

며, 여기서 e_1, e_2 및 e_3은 위의 세 백 오프 모델의 최대 우도 추정치다.

$$P_R(...) = \lambda_1 e_1 + (1 - \lambda_1)(\lambda_2 e_2 + (1 - \lambda_2)e_3) \tag{14.34}$$

λ_1 및 λ_2의 값은 비켈 외 연구진(1997)에 이어 Witten-Bell discounting(Witten and Bell, 1991)을 구현하도록 설정된다.

콜린스 모델은 테스트 세트에서 어떤 미지의 단어 그리고 훈련 세트에서 6회 미만이 발생하는 단어를 특별한 무명 단어 토큰으로 대체함으로써 UNKNOWN 단어를 다룬다. 테스트 세트의 알 수 없는 단어에는 라트나파키(1996) 태거에 의해 사전 처리 단계의 품사 태그가 할당되며, 다른 모든 단어는 구문 분석 과정의 일부로 태그가 지정된다.

콜린스 모델의 파싱 알고리듬은 확률론적 CKY의 확장이다. 콜린스(2003)를 참고한다. 기본적인 어휘화된 확률을 다루기 위해 CKY 알고리듬을 확장하는 것은 독자를 위한 연습 14.5와 14.6으로 남겨둔다.

14.7 파서 평가

파서와 문법을 평가하는 표준 기술을 PARSEVAL 측정이라고 한다. 블랙 외 연구진(1991)에 의해 제안됐으며, 13장에서 봤던 신호 검출 이론과 동일한 아이디어에 기초했다. PARSEVAL 메트릭의 직관은 가설 구문 분석 트리의 구성 요소가 수동으로 레이블링된 기준이 되는 가장 정확한 참조 구문 분석의 구성 요소와 얼마나 유사한지 측정하는 것이다. 따라서 PARSEVAL은 테스트 세트의 각 문장에 대해 인간 레이블이 붙은 '최적 표준' 구문 분석 트리가 있다고 가정한다. 일반적으로 펜 트리뱅크와 같은 트리뱅크에서 이러한 기준이 되는 가장 정확한 구문 분석을 가져온다.

테스트 세트에 대한 이러한 기준이 되는 가장 정확한 참조 구문 분석이 주어지면, 문장 s의 C_h 구문 분석 가설에서 주어진 구성 요소는 참조 구문 분석 C_r에 동일한 시작점, 끝점 및 논터미널 기호를 가진 구성 요소가 있는 경우 'correct'라는 레이블이 지정된다.

그런 다음 13장의 청킹에서처럼 정밀도와 재현율을 측정할 수 있다.

$$\text{레이블이 지정된 재현율}: = \frac{s\text{의 가설 구문 분석에서 올바른 구성 요소 수}}{s\text{의 참조 구문 분석에서 올바른 구성 요소 수}}$$

$$\text{레이블이 지정된 정밀도}: = \frac{s\text{의 가설 구문 분석에서 올바른 구성 요소의 수}}{s\text{의 가설 구문 분석에서 전체 구성 요소 수}}$$

F 측정 정밀도 및 재현율의 다른 용도와 마찬가지로 개별적으로 보고하는 대신 단일 숫자인 **F 측정**(van Rijsbergen, 1975)을 보고하는 경우가 많다(van Rijsbergen, 1975). *F* 측정은 다음과 같이 정의된다.

$$F_\beta = \frac{(\beta^2 + 1)PR}{\beta^2 P + R}$$

β 매개변수는 애플리케이션의 필요에 따라 재현율과 정밀도의 중요성에 차등 가중한다. $\beta > 1$값은 재현율을 선호하고 $\beta < 1$값은 정밀도를 선호한다. $\beta = 1$이면 정밀도와 재현율이 동일하게 균형을 이루며, 때때로 $F_{\beta=1}$ 또는 그냥 F_1이라고 한다.

$$F_1 = \frac{2PR}{P + R} \tag{14.35}$$

F 측정값은 정밀도 및 재현율의 가중 조화 평균에서 파생된다. 일련의 숫자의 조화 평균은 역수의 산술 평균의 역수라는 것을 상기한다.

$$\text{HarmonicMean}(a_1, a_2, a_3, a_4, ..., a_n) = \frac{n}{\frac{1}{a_1} \frac{1}{a_2} \frac{1}{a_3} \cdots \frac{1}{a_n}} \tag{14.36}$$

따라서 *F* 측정값은 다음과 같다.

$$F = \frac{1}{\frac{1}{\alpha P} \times \frac{1}{(1-\alpha)R}} \quad \text{or} \left(\text{with } \beta^2 = \frac{1-\alpha}{\alpha} \right) \quad F = \frac{(\beta^2 + 1)PR}{\beta^2 P + R} \tag{14.37}$$

각 문장에 대해 새로운 메트릭인 교차 괄호를 추가로 사용한다.

- **교차 괄호**: 참조 구문 분석에 ((A B) C)와 같은 괄호가 있지만 가설 구문 분석에는 (A (B C))와 같은 괄호가 있는 구성 요소의 수다.

이 글을 쓸 당시만 해도 〈월 스트리트 저널〉 트리뱅크에서 훈련하고 테스트된 현대 파서들의 성능은 재현율 90%, 정밀도 90%, 교차 괄호 성분(문장당 약 1%)보다 다소 높았다.

　서로 다른 문법을 사용하는 파서를 비교하기 위해 PARSEVAL 메트릭에는 문법에 특화된 정보(조동사, 'to' 부정사 등)를 제거하고 단순화된 점수를 계산하기 위한 정규화 알고리듬이 포함된다. 관심 있는 독자는 블랙 외 연구진(1991)을 참고한다. PARSEVAL 메트릭의 정식 공개 구현을 **evalb**라고 한다(Sekine and Collins, 1997).

evalb

　당신은 constituent 정확도를 측정하는 대신 올바르게 구문 분석된 *sentences* 수를 측정해 파서를 평가하지 않는지 궁금할 것이다. 구성 요소를 사용하는 이유는 구성 요소를 측정하면 좀 더 세분화된 메트릭을 제공하기 때문이다. 이는 대부분의 파서가 완벽한 파싱을 얻지 못하는 긴 문장의 경우 특히 그렇다. 문장의 정확성만 측정했다면 대부분의 구성 요소를 잘못한 구문 분석과 한 구성 요소만 잘못한 구문을 구별할 수 없다.

　그럼에도 구성 요소가 항상 파서 평가를 위한 최적의 유닛은 아니다. 예를 들어 PARSEVAL 메트릭을 사용하려면 파서가 기준이 되는 가장 정확한 형식으로 트리를 생성해야 한다. 즉, 펜 트리뱅크(또는 트리뱅크 형식을 생성하는 다른 파서)에 대해 서로 다른 스타일의 구문 분석(종속성 구문 분석 또는 LFG 기능 구조 등)을 생성하는 구문 분석기를 평가하려면 다음을 수행해야 한다. 출력 구문 분석을 트리뱅크 형식으로 매핑한다. 관련 문제는 구성 요소가 가장 신경 쓰는 수준이 아닐 수 있다는 것이다. 문법적 종속성(주어, 목적어 등)을 복구하는 데 파서가 얼마나 잘 수행하는지에 더 관심이 있을 수 있으며, 구문 분석이 의미론적 이해에 얼마나 유용한지에 대한 더 나은 메트릭을 제공할 수 있다. 이러한 목적을 위해 레이블이 문법적 관계를 나타내는 레이블이 있는 종속성의 정밀도 및 재현율을 측정하는 데 기반한 대체 평가 메트릭을 사용할 수 있다(Lin, 1995; Carroll et al., 1998; Collins et al., 1999). 예를 들어 카플란 외 연구진(2004)은 콜린스(1999) 파서를 Xerox XLE 파서(Riezler et al., 2002)와 비교했는데 두 구문 분석 트리를 종속성 표현으로 변환해 훨씬 더 풍부한 의미 표현을 생성한다.

14.8　고급: 차별적 재순위화

지금까지 파싱에서 본 모델인 PCFG 파서와 콜린스 어휘화된 파서는 생성 파서다.

즉, 이러한 파서들에서 구현된 확률론적 모델은 파서가 이 생성 절차에서 할 수 있는 각각의 선택에 확률을 할당해, 특정 문장을 생성할 확률을 제공한다는 것을 의미한다.

생성 모델은 몇 가지 중요한 이점을 가지고 있다. 최대 가능성으로 훈련하기 쉽고, 어떻게 다른 근거의 원천들이 결합되는지에 대한 명확한 모델을 제공한다. 그러나 생성적 파싱 모델은 또한 임의의 종류의 정보를 확률 모델에 통합하는 것을 어렵게 만든다. 확률은 문장의 생성적 파생에 기초하기 때문이다. 특정 PCFG 규칙에 로컬이 아닌 피처를 추가하기 어렵다.

예를 들어 트리 구조에 대한 포괄적인 사실을 어떻게 표현하는지 생각해보자. 영어의 구문 분석 트리는 우확장되는 경향이 있다. 따라서 우리의 모델이 더 우확장되고 나머지는 모두 동일한 트리에 더 높은 확률을 할당하기를 원한다. 또한 헤비한 구성요소(단어 수가 많은 것)가 문장의 뒷부분에 나타나는 경향이 있다. 또는 화자 일치와 같은 포괄적인 사실에 대한 구문 분석 확률을 조건화 할 수 있다(일부 화자는 복합 관계절을 사용하거나 수동형을 사용할 가능성이 더 높다). 또는 문장 전반에 걸친 복합문의 담화 요소를 조건으로 할 수도 있다. 이러한 종류의 포괄적인 요소들 중 어느 것도 우리가 고려해온 생성 모델에 포함하기에는 사소한 것이 아니다. 예를 들어 각 논터미널을 지금까지의 구문 분석에서 우확장 방법에 의존하게 하거나, 각 *NP* 논터미널이 이전 문장에서 사용된 관련 절의 수에 민감하게 만드는 단순화 모델은 너무 희박한 계수를 초래할 것이다.

6장에서 이 문제에 대해 논의했다. 이러한 종류의 포괄적인 기능에 대한 필요성이 HMM 대신 POS 태깅을 위해 로그 선형^{MEMM} 모델을 사용하는 원인이 됐다. 구문 분석에는 두 가지 광범위한 차별 모델 부류가 있다. 동적 프로그래밍 접근 방식과 차별적 재순위화를 사용하는 2단계 구문 분석 모델이다. 이 절의 나머지 부분에서 차별적 재순위화를 설명한다. 차별적 동적 프로그래밍 접근법에 대한 지침은 14장 끝부분을 참고한다.

차별적 재순위화 시스템의 첫 번째 단계에서는 지금까지 설명한 유형의 일반적인 통계 파서를 실행할 수 있다. 그러나 단일 최상의 구문 분석을 생성하는 대신, 확률과 함께 구문 분석의 순위 목록을 생성하도록 구문 분석기를 수정한다. 이 순위 목록을

N-베스트 목록이라고 부른다(N-베스트 목록은 음성 인식을 위한 다중 패스 디코딩 모델에 대한 논의에서 9장에서 처음 소개함). N-베스트 구문 분석 목록을 생성하기 위해 통계 파서를 수정하는 다양한 방법이 있다. 문헌의 지침은 14장 끝부분을 참고한다. 훈련 세트와 테스트 세트의 각 문장에 대해 이 N-베스트 파서를 실행하고 N-구문 분석/확률 쌍의 세트를 생성한다.

차별적 재순위화 모델의 두 번째 단계는 N-구문 분석/확률 쌍을 입력으로 사용해 이러한 각 문장을 가져와서 몇 가지 큰 피처 세트를 추출하고 **N-베스트 목록**에서 단일 최상의 구문 분석을 선택하는 분류기다. 6장에서 소개한 로그 선형 분류기와 같은 모든 유형의 분류기로 재순위화할 수 있다.

재순위화는 다양한 기능을 사용할 수 있다. 포함해야 할 중요한 기능 중 하나는 첫 번째 단계 통계 파서에서 할당한 구문 분석 확률이다. 다른 기능에는 트리의 각 CFG 규칙, 병렬 연결의 수, 각 구성 요소의 무거움, 구문 분석 트리의 우확장 측정 방법, 다양한 트리 조각이 발생하는 횟수, 트리에서 인접한 논터미널의 바이그램 등이 포함될 수 있다.

2단계 아키텍처에는 단점이 있다. 전체 아키텍처의 정확도 비율은 첫 번째 단계 N-베스트 목록의 최상의 구문 분석 정확도보다 더 좋을 수 없다. 순위를 재지정하는 방법은 N-베스트 구문 분석 중 하나를 선택하기 때문이다. 목록에서 최상의 구문 분석을 선택하더라도 올바른 구문 분석이 목록에 없으면 100% 정확도를 얻을 수 없다. 따라서 N-베스트 목록의 오라클 정확도 한계(종종 F 측정으로 측정)를 고려하는 것이 중요하다. 특정 N-베스트 목록의 오라클 정확도는 정확도가 가장 높은 구문 분석을 선택한 경우 얻는 정확도다. 이를 **오라클의 정확도**라고 한다. 왜냐하면 (오라클에서 나온 것처럼) 완벽한 지식에 의존하기 때문이다.[2] 물론 N-베스트 F 측정이 1-best F 측정보다 높은 경우, 차별적 재순위화를 구현하는 것이 합리적이다. 다행히도 이런 경우가 자주 있다. 예를 들어 샤르니아크(2000) 파서는 펜트 리뱅크의 23절에서 F 측정이 0.897이지만 50-best 구문 분석을 생성하는 샤르니아크 및 존슨(2005) 알고리듬은 훨씬 더 높은 오라클 F 측정이 0.968이다.

옆주: N-베스트 목록

옆주: 오라클 정확도

---

2   9장에서 **격자 오류율**에 대해 설명할 때 이와 동일한 오라클 아이디어를 소개했다.

14.9 고급: 파서 기반 언어 모델링

앞에서 통계 파서가 N그램보다 장거리 정보를 활용할 수 있다고 설명했는데, 이는 언어 모델링/단어 예측에서 더 나은 작업을 수행할 수 있음을 시사한다. 훈련 데이터가 매우 많은 경우에도 4-그램 또는 5-그램 문법이 언어 모델링을 수행하는 가장 좋은 방법이다. 그러나 이러한 거대한 모델의 데이터가 충분하지 않은 상황에서 N그램 모델보다 정확도가 높은 파서 기반 언어 모델이 개발되기 시작했다.

언어 모델링을 위한 두 가지 일반적인 애플리케이션은 음성 인식과 기계 번역이다. 이러한 애플리케이션 중 하나에 대한 언어 모델링을 위해 통계 파서를 사용하는 가장 간단한 방법은 이전 절과 10.1절에서 논의된 형식의 2단계 알고리듬을 통해서다. 첫 번째 단계에서는 일반적인 N그램 문법을 사용해 일반적인 음성 인식 디코더, 즉 기계 번역 디코더를 실행한다. 그러나 최선의 전사나 번역문을 만드는 대신에 각각 확률(또는 격자)과 함께 순위를 매긴 N-베스트 전사/번역 문장 목록을 생성한다.

그런 다음 두 번째 단계에서 통계 파서를 실행하고 N-베스트 목록이나 격자의 각 문장에 구문 분석 확률을 할당한다. 그러고 나서 이 파스 확률에 기초해 문장을 재정렬하고 가장 좋은 문장 하나를 선택한다. 이 알고리듬은 단순한 트라이그램 문법을 사용하는 것보다 더 잘 작동할 수 있다. 예를 들어 이 2단계 아키텍처로 〈월 스트리트 저널〉의 구어 문장을 인식하는 작업에서 샤르니아크(2001) 파서가 할당한 확률은 다음에서 계산된 간단한 트라이그램 문법에 비해 절대 단어 오류율이 약 2% 향상됐다 (Hall and Johnson, 2003). 파서가 할당한 구문 분석 확률을 그대로 사용하거나 원래 N그램 확률과 선형적으로 결합할 수 있다.

적어도 음성 인식의 경우 2패스 아키텍처에 대한 대안은 파서가 왼쪽에서 오른쪽으로 엄격하게 실행되도록 수정해 문장에서 다음 단어의 확률을 점진적으로 제공할 수 있도록 하는 것이다. 이를 통해 파서가 첫 번째 디코딩 패스에 직접 맞출 수 있고, 두 번째 패스를 완전히 제거할 수 있다. 이러한 왼쪽에서 오른쪽으로, 파서 기반 언어 모델링 알고리듬이 많이 존재하지만(Stolcke, 1995; Jurafsky et al., 1995; Roark, 2001; Xu et al., 2002), 파서 기반 통계 언어 모델 분야에서는 아직 초기 단계다.

14.10 휴먼 파싱

논의해온 확률론적 파싱 모델의 종류는 인간이 파싱할 때도 사용하는 것일까? 이 질
문에 대한 답은 **인간의 문장 처리**라고 부르는 분야에 있다. 최근 연구에 따르면 인간이
확률론적 파싱 알고리듬을 적용하는 방법에는 적어도 두 가지가 있다고 한다.

인간의
문장 처리

한 연구에 따르면 인간이 읽을 때 단어의 예측 가능성이 **가독 시간**에 영향을 미치는
것으로 나타났다. 더 예측 가능한 단어들은 더 빨리 읽힌다. 예측 가능성을 정의하는
한 가지 방법은 간단한 바이그램 측정값을 사용하는 것이다. 예를 들어 스콧과 쉴콕
(2003)은 시선 추적 장치를 사용해 문장을 읽는 참가자의 시선을 모니터링했다. 일부
는 높은 바이그램 확률을 가진 동사-명사 쌍(예: (14.38a))을, 다른 일부는 낮은 바이그
램 확률을 가진 동사-명사 쌍(예: (14.38b))을 갖도록 문장을 구성했다.

가독 시간

(14.38) a) HIGH PROB: **혼란을 피하는** 한 가지 방법은 중단 동안 변경하는 것이다.

b) LOW PROB: **발견을 피하는** 한 가지 방법은 중단 동안 변경하는 것이다.

단어의 바이그램 예측 가능성이 높을수록 참가자들이 단어를 보는 시간(**초기 고착 기
간**)이 짧다는 것을 발견했다.

이 결과는 *N*그램 확률에 대한 증거만 제공하지만 조금 더 최근의 추론에서는 앞의
문장 접두사의 구문 분석을 고려할 때, 다음 단어의 확률도 단어의 가독 시간을 예측
한다고 제안했다(Hale, 2001; Levy, 2008).

흥미롭게도, 가독 시간에 대한 확률의 이러한 효과는 형태론적 구조에 대해서도 나
타났다. 단어를 인식하는 시간은 단어의 엔트로피와 단어의 형태론적 패러다임의 엔
트로피에 의해 영향을 받는다(Moscoso del Prado Martín et al., 2004b).

두 번째 연구 집단은 인간이 가능한 여러 구문 분석이 가능한 문장을 어떻게 중의
성을 해소하는지 조사했다.

이는 인간이 더 가능성 있는 구문 분석을 선호함을 시사한다. 이러한 연구들은 종
종 **오인 문장**garden-path으로 부르는 일시적으로 모호한 특정 종류의 문장에 의존한다.
베버(1970)가 처음 설명한 이 문장들은 사람들이 구문 분석하기 매우 어렵게 만들기
위해 결합되는 세 가지 속성을 갖도록 교묘하게 구성된 문장이다.

오인 문장

1. **일시적인 중의성**: 문장이 중의적이지 않지만 처음 부분이 중의적이다.

2. 초기 부분에 있는 두 개 이상의 구문 분석 중 하나가 인간의 구문 분석 메커니즘보다 선호된다.

3. 그러나 선호하지 않는 구문 분석은 문장에 대한 올바른 구문이다.

이 세 가지 특성의 결과는 사람들이 잘못된 구문 분석을 향해 "현혹시켜" 잘못된 구문 분석이라는 것을 깨닫자 혼란스러워한다는 것이다. 때로는 베버의 예(14.39)에서와 같이 이러한 혼란은 상당히 의식적이다. 사실 이 문장은 구문 분석하기가 너무 어려워서 독자들은 종종 정확한 구조를 보여줘야 한다. 올바른 구조에서 *raced*는 *The horse*를 수식하는 축약된 관계절의 일부로서, "The horse [which was raced past the barn] fell"이라는 뜻이며, 이 구조는 "Students taught by the Berlitz method do worse when they get to France"라는 문장에도 있다.

(14.39) The horse raced past the barn fell.

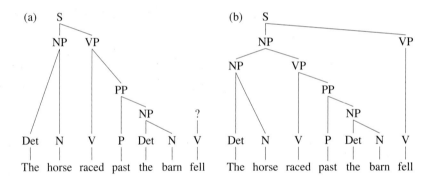

마르티 허스트의 예제(14.40)에서 독자는 종종 동사 *houses*를 명사로 잘못 분석한다(*the complex houses*를 명사구와 동사가 아닌 명사구로 분석함). 다른 경우에는 오인 문장으로 인한 혼란은 가독 시간을 약간 늘려야만 측정할 수 있을 정도로 미묘하다. 따라서 (14.41)에서 독자들은 종종 삽입 구문의 주어가 아니라 *forgot*의 직접목적어로 *the solution*을 잘못 분석한다. 이 잘못된 구문 분석은 감지하기 힘들며, 실험 참가자가 규제 문장에서보다 단어 *was*를 읽는 데 더 오래 걸리기 때문에 눈에 띈다. 단어에서 이 "작은 오인 문장mini garden path" 효과는 피험자가 직접목적어 구문 분석을 선택했고, 이제 자신이 문장 보어에 있음을 깨닫고 구문 분석을 재분석하거나 재배열해야 함을 시사한다.

(14.40) The complex houses married and single students and their families.

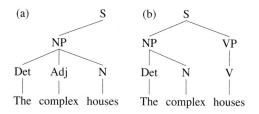

(14.41) The student forgot the solution was in the back of the book.

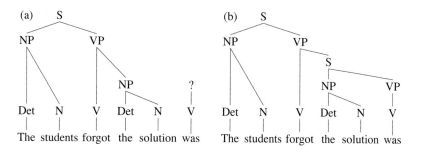

많은 요인들이 특정(잘못된) 구문 분석의 이러한 선호에 역할을 하는 것처럼 보이지만, 적어도 하나의 요인은 통사론적 확률, 특히 어휘화된(하위 범주화) 확률인 것처럼 보인다. 예를 들어 동사 *forgot*이 직접목적어를 가져갈 확률($VP \rightarrow V\ NP$)보다 더 높다. 이러한 차이는 독자들이 *forgot* 다음에 직접목적어를 기대하게 하고, 문장의 보어를 만났을 때 놀라게 한다(가독 시간이 더 길어짐). 이와는 대조적으로, *hope*와 같이 문장의 보어를 선호하는 동사는 *was*에서 추가 가독 시간을 유발하지 않았다.

(14.40)의 오인은 $P(houses|Noun)$가 $P(houses\,|\,Verb)$보다 높고, $P(complex|Adjective)$가 $P(complex|Noun)$보다 높으며, 적어도 (14.39)의 오인은 축약된 관계대명사절 구성의 낮은 확률에 의해 부분적으로 야기된다.

문법적 지식 외에도 인간 파싱은 리소스 제약(16장에서 논의된 기억 한계), 주제 구조(19장에서 논의된 동사가 의미론적 동작주나 피동작주를 기대하는지 여부), 담화적 제약(21장)을 포함해, 나중에 설명하는 많은 다른 요소들에 의해 영향을 받는다.

14.11 요약

14장에서는 **확률론적 문맥 자유 문법**과 **확률론적 어휘화된 문맥 자유 문법**에 중점을 두고 **확률론적** 구문 분석의 기초를 제시했다.

- 확률론적 문법은 4장의 N그램 문법보다 더 정교한 구문 정보를 포착하려고 시도하면서 문장이나 단어 문자열에 확률을 할당한다.

- **확률론적 문맥 자유 문법**[PCFG]은 모든 규칙에 해당 규칙이 선택될 확률로 주석이 추가되는 문맥 자유 문법이다. 각 PCFG 규칙은 조건부 독립적인 것처럼 처리된다. 따라서 문장의 확률은 문장의 구문 분석에서 각 규칙의 확률을 곱해 계산된다.

- 확률론적 CKY[Cocke-Kasami-Younger] 알고리듬은 CKY 파싱 알고리듬의 확률론적 버전이다. 또한 Earley 알고리듬과 같은 다른 파서들의 확률론적 버전도 있다.

- PCFG 확률은 **구문 분석된 코퍼스**에서 계산하거나 코퍼스를 구문 분석해 학습할 수 있다. inside-outside 알고리듬은 구문 분석되는 문장이 중의적이라는 사실을 처리하는 방식이다.

- 처리되지 않은 PCFG는 규칙 간의 독립성 가정이 부족하고 어휘 종속성에 대한 민감도가 부족하다.

- 이 문제를 처리하는 한 가지 방법은 논터미널을 분할하고 병합하는 것이다(자동 또는 수동으로).

- **확률적 어휘화된 CFG**는 기본 PCFG 모델이 각 규칙에 대한 **어휘 중심 단어**로 보강되는 이 문제에 대한 또 다른 솔루션이다. 그런 다음 규칙의 확률은 어휘핵 또는 인근의 중심 단어에서 조건화될 수 있다.

- 어휘화된 PCFG(예: 샤르니아크 및 콜린스 파서)에 대한 파서는 확률론적 CKY 파싱에 대한 확장을 기반으로 한다.

- 파서는 **레이블링된 재현율, 레이블링된 정밀도** 및 **교차 괄호**의 세 가지 메트릭으로 평가된다.

- **오인 문장** 및 기타 온라인 문장 처리 실험의 증거는 인간 파서가 문법에 대한 몇 가지 확률 정보를 사용함을 시사한다.

참고문헌 및 역사 참고 사항

확률론적 문맥 자유 문법의 많은 형식적 속성은 부스(1969)와 살로마(1969)에 의해 처음으로 고안됐다. 베이커(1979)는 PCFG 확률의 비지도 훈련을 위한 inside-outside 알고리듬을 제안하고 내부 확률을 계산하기 위해 CKY 스타일 구문 분석 알고리듬을 사용했다. 옐리네크와 라퍼티(1991)는 접두사에 대한 확률을 계산하기 위해 CKY 알고리듬을 확장했다. 스톨케(1995)는 Earley 알고리듬을 PCFG와 함께 사용하는데, 이 두 알고리듬을 모두 사용했다.

1990년대 초에 시작된 많은 연구자들은 PCFG에 어휘 종속성을 추가하고 PCFG 규칙 확률을 주변 구문 구조에 더 민감하게 만드는 작업을 수행했다. 예를 들어 샤베스 외 연구진(1988)과 샤베스(1990)는 헤드 사용에 대한 초기 연구를 발표했다. 어휘 의존성 사용에 관한 많은 논문이 1990년 6월 DARPA Speech 및 Natural Language Workshop에서 처음 발표됐다. 힌들 및 로트(1990)의 논문은 전치사 문구를 붙이는 문제에 어휘 의존성을 적용했다. 이후 논문에 대한 질문 세션에서 켄 처치는 이 방법을 전체 구문 분석에 적용할 것을 제안했다(Marcus, 1990). 확률적 종속성 정보로 보강된 이러한 확률론적 CFG 구문 분석에 대한 초기 작업에는 매거먼 및 마커스(1991), 블랙 외 연구진(1992), 보드(1993) 옐리네크 외 연구진(1994), 콜린스(1996), 샤르니아크 (1997) 및 콜린스(1999) 등이 있다. 다른 최근 PCFG 구문 분석 모델에는 클라인과 매닝(2003a) 및 페트로프 외 연구진(2006) 등이 있다.

이 초기 어휘적 확률론적 작업은 처음에는 변환 기반 학습[TBL](Brill and Resnik, 1994), 최대 엔트로피(Ratnaparkhi et al., 1994), 메모리 기반 학습(Zavrel 및 Dalemans, 1997), 로그-선형 모델(Franz, 1997), 중심 단어 사이의 의미적 거리를 사용한 의사결정 트리(WordNet에서 계산), 부스팅을 포함한 방법을 사용해 전치사-구문 연결 같은 특정 구문 분석 문제를 해결하는 데 초점을 맞췄다.

또 다른 방향은 12장에서 논의한 TAG 문법(Resnik, 1992; Schabes, 1992)과 확률론적 LR 파싱(Briscoe and Carroll, 1993), 확률론적 링크 문법(Lafferty et al., 1992)을 바탕으로 PCFG 이외의 문법들의 확률론적 공식화를 구축하기 위해 어휘 확률론적 파싱 작업을 확장했다. **슈퍼태깅**[supertagging]이라고 하는 확률론적 파싱에 대한 접근법은 샤베

슈퍼태깅

스 외 연구진(1988)의 어휘화된 TAG 문법에 기초해 실제로 어휘화된 구문 분석 트리의 조각인 매우 복잡한 태그를 사용해 품사 태깅 메타포를 파싱으로 확장한다. 예를 들어 명사 *purchase*는 명사 복합어의 첫 번째 명사(명사가 지배하는 작은 트리의 왼쪽에 있을 수 있음)와 두 번째 명사(오른쪽에 있을 수 있음)의 태그가 다를 것이다. 슈퍼태깅은 CCG 파싱과 HPSG 파싱에도 적용됐다(Clark and Curran, 2004a; Matsuzaki et al., 2007; Blunsom and Baldwin, 2006). CCG에 대한 비슈퍼태깅 통계 파서로는 호켄마이어와 스티드만(2002)이 있다.

굿맨(1997), 애브니(1997), 존슨 외 연구진(1999)은 피처 기반 문법의 확률론적 처리에 대한 초기 논의를 했다. HPSG와 LFG와 같은 피처 기반 문법 형식의 통계적 모델 구축에 관한 다른 최근 연구에는 리즐러 외 연구진(2002), 카플란 외 연구진(2004), 투타노바 외 연구진(2005) 등이 포함된다.

파싱에 대한 차별적 접근 방식은 동적 프로그래밍 방법과 차별적 재순위화 방법의 두 가지 범주에 속한다고 앞서 언급했다. 차별적 재순위화 접근 방식에는 N-베스트 구문 분석이 필요하다. A^* 검색을 기반으로 하는 파서는 첫 번째 최상의 구문 분석을 지나서 검색을 계속하는 것만으로 N-베스트 목록을 생성하도록 쉽게 수정할 수 있다(Roark, 2001). 14장에 설명된 것과 같은 동적 프로그래밍 알고리듬은 큰 가지치기(Collins, 2000; Collins and Koo, 2005; Bikel, 2004) 또는 새로운 알고리듬(Jiménez and Marzal, 2000; Charniak and Johnson, 2005; Huang and Chiang, 2005)을 사용해 동적 프로그래밍을 제거해 수정할 수 있다. 일부는 슈워츠 및 차우(1990)와 같은 음성 인식 알고리듬에서 채택됐다(10.1절 참조).

동적 프로그래밍 방법에서는 N-베스트 목록을 출력했다가 다시 순위를 매기는 대신 파스를 차트에 압축적으로 표시하고, 차트에서 직접 디코딩하는 데 로그 선형을 비롯한 다른 방법을 적용한다. 그러한 현대적인 방법으로는 존슨(2001), 클라크와 커란(2004b), 타스카르 외 연구진(2004)이 있다. 다른 순위 개발에는 최적화 기준의 변경이 포함된다(Titov and Henderson, 2006).

최근의 또 다른 중요한 연구 분야는 의존성 파싱이다. 알고리듬에는 아이스너의 이중 어휘 알고리듬(Eisner, 1996b, 1996a, 2000a), 최대 스패닝spanning 트리 접근법(온라인 학습 사용)(McDonald et al., 2005a, 2005b), 파서 작업에 대한 분류기 구축 기반 접근

비투영 종속성

(Kudo and Matsumoto, 2002; Yamada and Matsumoto, 2003; Nivre et al., 2006; Titov and Henderson, 2007)이 포함된다. 일반적으로 투영 종속성과 **비투영 종속성**을 구분한다. 비투영적 종속성은 종속성 라인이 교차할 수 있는 종속성이다. 이는 영어에서 흔하지는 않지만 더 자유로운 어순을 가진 많은 언어에서 매우 일반적이다. 비투영 종속성 알고리듬에는 맥도날드 외 연구진(2005b) 및 니브르(2007). 클라인-매닝 파서는 종속성 및 구성 정보를 결합한다(Klein and Manning, 2003c).

콜린스(1999)의 논문에는 매우 읽기 쉬운 필드 조사와 파서 소개가 포함돼 있다. 매닝 및 슈트체(1999)는 확률론적 파싱을 광범위하게 다룬다.

문법 유도 분야는 통계적 파싱과 밀접한 관련이 있으며, 파서는 종종 문법 유도 알고리듬의 일부로 사용된다. 문법 유도에서 가장 초기의 통계 작업 중 하나는 호닝(1969)으로, PCFG가 반증 없이 유도될 수 있음을 보여줬으며, 현대의 초기 확률론적 문법 작업은 단순히 EM을 사용하는 것만으로는 충분하지 않다는 것을 보여줬다(Lari and Young, 1990; Carroll and Charniak, 1992). 유레트(1998), 클라크(2001), 클라인 및 매닝(2002), 클라인 및 매닝(2004)과 같은 최근의 확률론적 연구는 클라인(2005)과 아드리아인 및 반 자넨(2004)에 요약돼 있다. 이 요약 이후의 작업에는 스미스 및 아이스너(2005), 하히기 및 클라인(2006), 스미스 및 아이스너(2007)가 포함된다.

연습

14.1   CKY 알고리듬을 구현하라.

14.2   규칙 확률을 올바르게 처리하기 위해 13장에서 CNF로 변환하는 알고리듬을 수정하라. 결과 CNF가 각 구문 분석 트리에 동일한 총 확률을 할당하는지 확인하라.

14.3   연습 13.3은 유닛 생성을 CNF로 변환하는 대신 직접 처리하도록 CKY 알고리듬을 업데이트하도록 요청했다. 이 변경을 확률론적 CKY로 확장하라.

14.4   그림 14.4의 나머지 확률론적 CKY 차트를 작성하라.

14.5   어휘화된 확률을 처리하기 위해 CKY 알고리듬을 어떻게 보강해야 하는지 개요를 제시하라.

14.6   CKY 알고리듬의 어휘화된 확장하라.

14.7   14.7절에 설명된 PARSEVAL 메트릭을 구현하라. 다음으로, 트리뱅크를 사용하거나 직접 확인한 파싱된 테스트 세트를 생성한다. 이제 CFG (또는 기타) 파서 및 문법을 사용하고 테스트 세트를 구문 분석하고 레이블이 지정된 재현율, 레이블이 지정된 정밀도 및 교차 괄호를 계산하라.

15
피처와 결합

프란시스 신부: 여러분 중 누구라도 왜 속박해서는 안 되는지를 안다면, 당신의 영혼
에게 말하시오.

– 윌리엄 셰익스피어, 『헛소동(Much Ado About Nothing)』

환원주의적 관점에서 지난 수백 년 동안의 자연과학의 역사는 작은 기초 요소의 결합
된 행동에 의해 더 큰 구조의 행동을 설명하려는 시도로 볼 수 있다. 생물학에서 유전
의 속성은 유전자의 작용으로 설명됐고, 다시 유전자의 속성은 DNA의 작용으로 설
명됐다. 물리학에서 물질은 원자로, 다시 원자 입자로 환원됐다. 환원주의의 매력은
컴퓨터 언어학에서 벗어나지 못했다.

　15장에서는 *VPto*, *Sthat*, *Non3sgAux*, *3sgNP*와 같은 문법 범주뿐만 아니라 이를
사용하는 $S \rightarrow NP\ VP$와 같은 문법 범주는 관련된 복잡한 *properties*(속성) 집합을 가질
수 있는 *objects*(개체)로 생각해야 한다는 개념을 소개한다. 속성의 정보는 **제약 조건으**
로 표시되기 때문에 이러한 종류의 모델을 **제약 조건 기반 형식**이라고 하는 경우가 많다.

제약 조건
기반 형식

　왜 문법적인 범주에 제약을 가하고 표현하는 더 세밀한 방법이 필요할까? 12장에
서 한 가지 문제가 발생했는데, 여기서 일치 및 하위 범주화와 같은 문법 현상의 단순
한 모델이 과잉 생성 문제를 초래할 수 있다고 봤다. 예를 들어 *this flights*와 같은 문
법적이지 않은 명사 구절과 *disappeared a flight*과 같은 동사 구절을 피하기 위해,
Non3sgVPto, *NPmass*, *3sgNP*, *Non3sgAux*와 같은 초기 문법 범주의 엄청난 확산을
야기할 수밖에 없었다. 이러한 새로운 범주는 문법 규칙의 수를 폭발적으로 증가시키
고, 이에 상응하는 문법 일반성의 상실로 이어졌다. 제약 조건에 기반 표현 체계를 사

용하면 수와 인칭 일치, 하위 범주화 및 질량/수와 같은 의미 범주에 대한 세분화된 정보를 나타낼 수 있다.

제약 조건 기반 형식주의는 문맥 자유 문법보다 더 복잡한 현상을 모델링할 수 있는 능력, 구문 표현을 위한 의미론을 효율적이고 편리하게 계산할 수 있는 능력과 같이 15장에서 다루지 않은 다른 장점을 가지고 있다.

문법상 수의 경우, 이 접근 방식이 어떻게 작동할 수 있는지 간단히 생각해보자. 12장에서 봤듯이 *this flight*와 *those flights*와 같은 명사구는 단수인지 복수인지에 따라 구별될 수 있다. 단수 또는 복수 값을 가질 수 있는 NUMBER라는 속성을 *NP* 범주의 적절한 구성 요소와 연결하면 구분을 파악할 수 있다. 이 능력이 주어지면 *this flight*는 *NP* 범주의 구성 요소이며 또한 NUMBER 속성에 대한 값이 단수라고 말할 수 있다. 이 동일한 속성은 *serves lunch* 및 *serve lunch*와 같은 VP 범주의 단수 및 복수 구성 요소를 구분하는 데 동일한 방식으로 사용할 수 있다.

물론, 단순히 이러한 속성을 다양한 단어 및 구문과 연관시키는 것만으로는 과잉 생성 문제가 해결되지 않는다. 이러한 속성을 유용하게 만들려면 균등성 테스트와 같은 간단한 작업을 수행할 수 있는 기능이 필요하다. 이러한 테스트를 문법 규칙과 결합해 문법에 의해 문법 문자열만 생성되도록 다양한 제약 조건을 추가할 수 있다. 예를 들어 주어진 명사구와 동사구가 각각의 숫자 속성에 대해 동일한 값을 가지고 있는지 물어볼 수 있다. 이러한 테스트는 다음과 같은 종류의 규칙으로 설명된다.

$$S \rightarrow NP\ VP$$
NP의 수가 VP의 수와 동일한 경우에만.

15장의 나머지 부분에서는 피처 구조 및 통합을 기반으로 한 제약기반 형식주의의 컴퓨터 조작 실시에 대한 세부 정보를 제공한다. 다음 절에서는 우리가 염두에 두고 있는 문법적 속성의 종류를 캡처하는 데 사용되는 표현인 피처 구조에 대해 설명한다. 그런 다음 15.2절에서는 피처 구조에 대한 기본 작업을 구현하는 통일 연산자를 소개하고, 15.3절에서는 구조를 문법 형식으로 통일하는 방법을 다룬다. 15.4절에서는 통일 알고리듬과 필요한 데이터 구조를 소개한다. 다음으로 15.5절에서는 피처 구조와 통합 연산자를 파서에 통일하는 방법을 설명한다. 마지막으로 15.6절에서는 이 제약 기반 형식주의에 대한 가장 중요한 확장, 유형 및 상속 사용, 기타 확장에 대해 설명한다.

15.1 피처 구조

피처 구조

우리가 염두에 두고 있는 종류의 속성을 인코딩하는 가장 간단한 방법 중 하나는 **피처 구조**를 사용하는 것이다. 피처 구조는 단순히 피처값 쌍들의 집합으로, 여기서 피처는 어떤 유한 집합에서 도출된 분석 불가능한 원자 기호이며, 값은 원자 기호 또는 피처 구조 그 자체다. 이러한 피처 구조는 **속성-값 매트릭스** 또는 **AVM**으로 설명된다.

$$\begin{bmatrix} \text{FEATURE}_1 & value_1 \\ \text{FEATURE}_2 & value_2 \\ \vdots & \\ \text{FEATURE}_n & value_n \end{bmatrix}$$

이를 구체화하기 위해 위에서 논의한 숫자 특성을 고려한다. 이 특성을 캡처하기 위해 기호 NUMBER를 사용해 이 문법 속성을 지정하고, 기호 *sg* 및 *pl*(3장에서 소개함)을 사용해 영어로 취할 수 있는 값을 지정한다. 이 단일 피처로 구성된 간단한 피처 구조는 다음과 같이 설명된다.

$$\begin{bmatrix} \text{NUMBER} & sg \end{bmatrix}$$

사람의 문법적 개념을 포착하기 위해 피처값 쌍을 추가하면 다음과 같은 피처 구조가 생성된다.

$$\begin{bmatrix} \text{NUMBER} & sg \\ \text{PERSON} & 3rd \end{bmatrix}$$

다음으로 이 구조가 CAT 피처를 사용해, 대응하는 구성소의 문법 범주를 인코딩할 수 있다. 예를 들어 다음과 같은 구조를 사용해 피처가 명사구와 연관돼 있음을 나타낼 수 있다.

$$\begin{bmatrix} \text{CAT} & NP \\ \text{NUMBER} & sg \\ \text{PERSON} & 3rd \end{bmatrix}$$

이 구조는 12장에서 소개한 *3sgNP* 범주를 표현해 명사구의 제한된 하위 범주를 캡처하는 데 사용할 수 있다.

앞에서 언급했듯이 피처는 그 값으로서 원자 기호로 한정되지 않고, 다른 피처 구조를 피처값으로 가질 수도 있다. 이는 유사한 처리를 위해 일련의 피처값 쌍을 묶고자 할 때 특히 유용하다. 예를 들어 문법 주어는 수와 인칭 피처에서 모두 술어와 일치해야 하기 때문에 NUMBER와 PERSON 피처는 종종 함께 묶인다고 생각해보자. 이 덩어리는 NUMBER와 PERSON 피처값 쌍으로 구성된 피처 구조를 그 값으로 삼는 AGREEMENT 피처에 의해 포착될 수 있다. 3인칭 단수명사 구문에 이 피처를 도입하면 다음과 같은 종류의 구조를 얻을 수 있다.

$$\begin{bmatrix} \text{CAT} & NP \\ \text{AGREEMENT} & \begin{bmatrix} \text{NUMBER} & sg \\ \text{PERSON} & 3rd \end{bmatrix} \end{bmatrix}$$

이러한 종류의 배열을 고려할 때, AGREEMENT 피처의 동일성을 테스트해, 두 구성 요소의 NUMBER와 PERSON 피처값의 동일성을 테스트할 수 있다.

피처 경로   피처 구조를 값으로 사용하는 이 능력은 **피처 경로**의 개념으로 상당히 직접적으로 이어진다. 피처 경로는 피처값으로 이어지는 피처 구조를 통한 피처 시퀀스에 불과하다. 예를 들어 마지막 피처 구조에서는 ⟨AGREEMENT NUMBER⟩ 경로가 값 *sg*로, ⟨AGREEMENT PERSON⟩ 경로가 값 *3rd*로 이어진다고 말할 수 있다. 이러한 경로의 개념은 자연스럽게 그림 15.1에 나타난 피처 구조를 설명하는 대안적인 방법으로 이어진다. 그림 15.4에서 논의한 바와 같이, 피처 구조가 어떻게 구현될 것인지를 암시한다. 이 다이어그램에서 피처 구조는 피처가 레이블이 지정된 엣지로 나타나고 값이 노드로 나타나는 방향 그래프로 표시된다.

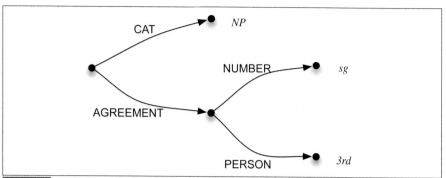

그림 15.1 공유 값을 가진 피처 구조. ⟨HEAD SUBJECT AGREEMENT⟩ 경로를 따라 찾은 위치(값)는 ⟨HEAD AGREEMENT⟩ 경로를 통해 찾은 위치(값)와 동일하다.

이 경로 개념은 여러 설정에서 유용하다는 것이 입증되지만, 여기에서는 추가로 중요한 피처 구조를 설명하는 데 도움이 되도록 소개한다. 실제로 일부 피처 구조를 값으로 공유하는 피처를 포함하는 구조다. 이러한 피처 구조를 **재입력 구조**라고 한다. 여기서 염두에 두는 것은 두 피처가 동일한 값을 가질 수 있다는 단순한 개념이 아니라 정확히 동일한 피처 구조(또는 그래프의 노드)를 공유한다는 것이다. 그래프를 통한 경로로 생각하면 이 두 가지 경우를 명확하게 구분할 수 있다. 단순 균등의 경우, 두 경로는 그래프에서 동일하지만 별개의 구조를 고정하는 별개의 노드로 이어진다. 재입력 구조의 경우, 두 개의 피처 경로가 실제로 구조의 동일한 노드로 연결된다.

그림 15.2는 재입력의 간단한 예를 보여준다. 이 구조에서, ⟨HEAD SUBJECT AGREEMENT⟩ 경로와 ⟨HEAD AGREEMENT⟩ 경로가 같은 위치로 이어진다. 공유될 값을 나타내는 숫자 지수를 추가해 AVM 다이어그램에서 이와 같은 공유 구조를 나타낸다. 그림 15.2의 피처 구조의 AVM 버전은 케이(1979)에 기초한 PATR-II 시스템(Shieber, 1986)의 표기법을 사용해 다음과 같이 나타낼 수 있다.

$$
\begin{bmatrix}
\text{CAT} & S \\
\text{HEAD} & \begin{bmatrix}
\text{AGREEMENT} & \boxed{1}\begin{bmatrix} \text{NUMBER} & sg \\ \text{PERSON} & 3rd \end{bmatrix} \\
\text{SUBJECT} & \begin{bmatrix} \text{AGREEMENT} & \boxed{1} \end{bmatrix}
\end{bmatrix}
\end{bmatrix}
$$

재입력 구조

이러한 간단한 구조는 놀랍도록 간결하고 명쾌한 방법으로 언어 일반화를 표현할 수 있는 능력을 준다.

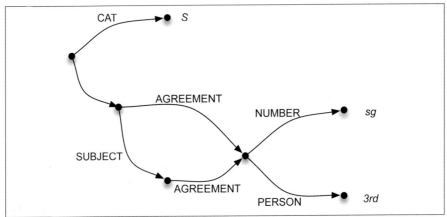

그림 15.2 공유 값을 가진 피처 구조. 〈HEAD SUBJECT AGREEMENT〉 경로를 따라 찾은 위치(값)는 〈HEAD AGREEMENT〉 경로를 통해 찾은 위치(값)와 동일하다.

15.2 피처 구조의 통일

앞서 언급했듯이, 피처 구조는 합리적으로 효율적이고 강력한 작업을 수행할 수 없으면 거의 쓸모가 없을 것이다. 수행해야 하는 두 가지 주요 작업은 두 구조의 정보 콘텐츠를 병합하고 호환되지 않는 구조의 병합을 거부하는 것이다. 다행히도 **통일**이라고 하는 단일 계산 기술은 두 가지 목적을 모두 만족시킨다. 이 절의 대부분은 통일이 이러한 병합 및 호환성 개념을 인스턴스화하는 방법을 일련의 예를 통해 설명한다. 통일 알고리듬 및 구현에 대한 논의는 15.4절에서 다룬다.

통일

통일 연산자의 다음과 같은 간단한 적용부터 시작한다.

$$\begin{bmatrix} \text{NUMBER} & sg \end{bmatrix} \sqcup \begin{bmatrix} \text{NUMBER} & sg \end{bmatrix} = \begin{bmatrix} \text{NUMBER} & sg \end{bmatrix}$$

방정식에서 알 수 있듯이, 통일은 두 개의 피처 구조를 인수로 받아들이고 성공하면 피처 구조를 반환하는 이진 연산(여기서는 ⊔로 표시됨)이다. 이 예에서 통일은 간단한 동등성 검사를 수행하는 데 사용된다. 각 구조의 해당 NUMBER 피처가 해당 값에 일치하기 때문에 통일이 성공한다. 이 경우 원래 구조가 일치해 출력이 입력과 동일하다. 두 구조의 NUMBER 피처에 호환되지 않는 값을 가지기 때문에 다음과 유사한 종류의 검사가 실패한다.

$$\begin{bmatrix} \text{NUMBER} & sg \end{bmatrix} \sqcup \begin{bmatrix} \text{NUMBER} & pl \end{bmatrix} \textit{Fails!}$$

이 다음 통일은 통일의 양립이라는 개념의 중요한 측면을 보여준다.

$$\begin{bmatrix} \text{NUMBER} & sg \end{bmatrix} \sqcup \begin{bmatrix} \text{NUMBER} & [] \end{bmatrix} = \begin{bmatrix} \text{NUMBER} & sg \end{bmatrix}$$

이 상황에서 이러한 피처 구조는 각각의 NUMBER 피처에 대해 주어진 값이 서로 다르지만 호환이 가능하기 때문에 병합될 수 있다. 두 번째 구조의 [ ] 값은 값이 지정되지 않은 상태로 남겨졌음을 나타낸다. 그러한 [ ] 값을 가진 피처는 다른 구조에서 해당 피처의 어떤 값과도 성공적으로 일치시킬 수 있다. 따라서 이 경우, 첫 번째 구조의 값 sg는 두 번째 구조로부터의 [ ] 값과 일치할 수 있으며, 표시된 출력에서 알 수 있듯이, 통일 유형의 결과는 더욱 구체적이고, null이 아닌 값이 제공하는 값을 가진 구조다.

다음 예는 통일의 또 다른 합병 측면을 예시한다.

$$\begin{bmatrix} \text{NUMBER} & sg \end{bmatrix} \sqcup \begin{bmatrix} \text{PERSON} & 3rd \end{bmatrix} = \begin{bmatrix} \text{NUMBER} & sg \\ \text{PERSON} & 3rd \end{bmatrix}$$

여기서 통일의 결과는 원래의 두 구조가 하나의 더 큰 구조로 합쳐진 것이다. 이 더 큰 구조는 각각의 원래의 구조에 저장된 모든 정보의 결합을 포함한다. 간단한 예이긴 하지만 이러한 구조들이 왜 호환성이 있다고 판단되는지를 이해하는 것이 중요하다. 분명히 양립할 수 없는 피처를 포함하고 있지 않기 때문에 양립할 수 있다. 즉, 서로 부족한 피처값 쌍을 각각 포함하고 있다고 해서 통일의 실패가 초래되지는 않는다.

이제 다소 복잡한 재입력 구조의 통일과 관련된 일련의 사례를 고려한다. 다음 예제는 첫 번째 인수에 재입력 구조의 존재에 의해 복잡한 동등성 검사를 보여준다.

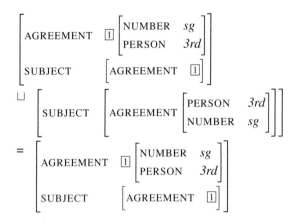

이 예제에서 중요한 요소는 두 입력 구조의 SUBJECT 피처다. 이러한 피처의 통일은 ① 숫자 인덱스를 따라 첫 번째 인수에서 찾은 값이 두 번째 인수에 직접 있는 값과 일치하기 때문에 성공한다. 두 번째 인수에는 최상위 수준의 AGREEMENT 피처가 없기 때문에 첫 번째 인수의 AGREEMENT 피처의 값은 통일의 성공에 영향을 미치지 않는다. AGREEMENT 피처의 값이 SUBJECT 피처와 공유되기 때문에 관련성이 있다.

다음 예는 통일의 복사 기능을 보여준다.

(15.1)
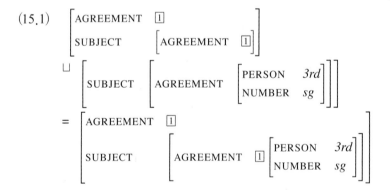

여기서 두 번째 인수의 〈SUBJECT AGREEMENT〉 경로를 통해 찾은 값은 첫 번째 인수의 해당 위치로 복사된다. 또한 첫 번째 인수의 AGREEMENT 기능은 〈SUBJECT AGREEMENT〉 경로의 끝에 있는 값에 연결하는 인덱스의 부작용으로 값을 받는다.

다음 예제는 실제로 값을 공유하는 피처와 단순히 동일한 값을 가진 피처 간의 중요한 차이점을 보여준다.

$$(15.2)\quad \begin{bmatrix} \text{AGREEMENT} & [\text{NUMBER} \quad sg] \\ \text{SUBJECT} & [\text{AGREEMENT} \quad [\text{NUMBER} \quad sg]] \end{bmatrix}$$

$$\sqcup \begin{bmatrix} \text{SUBJECT} & \left[\text{AGREEMENT} \begin{bmatrix} \text{PERSON} & 3 \\ \text{NUMBER} & sg \end{bmatrix}\right] \end{bmatrix}$$

$$= \begin{bmatrix} \text{AGREEMENT} & [\text{NUMBER} \quad sg] \\ \text{SUBJECT} & \left[\text{AGREEMENT} \begin{bmatrix} \text{NUMBER} & sg \\ \text{PERSON} & 3 \end{bmatrix}\right] \end{bmatrix}$$

⟨SUBJECT AGREEMENT⟩ 경로와 ⟨AGREEMENT⟩ 경로의 끝에 있는 값은 첫 번째 인수에서 동일하지만 공유되지는 않는다. 두 인수의 SUBJECT 피처 통일은 두 번째 인수의 PERSON 정보를 결과에 추가된다. 그러나 AGREEMENT 피처를 ⟨SUBJECT AGREEMENT⟩ 경로에 연결하는 인덱스가 없기 때문에 이 정보는 AGREEMENT 피처의 값에 추가되지 않는다.

마지막으로 통일 실패의 다음 예를 고려한다.

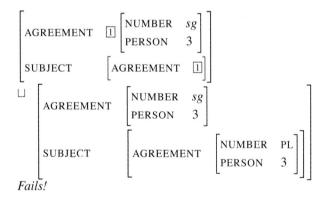

Fails!

피처를 순서대로 진행하면 먼저 이 예의 AGREEMENT 피처가 성공적으로 일치한다는 것을 알 수 있다. 그러나 SUBJECT 피처로 넘어가면, 각각의 ⟨SUBJECT AGREEMENT NUMBER⟩ 경로에서 찾은 값이 다르기 때문에 통일 실패가 발생한다.

피처 구조는 일부 언어의 목적어에 대한 부분 정보를 나타내거나 목적어가 될 수 있는 것에 정보 제약을 두는 방법이다. 통일은 각 피처 구조의 정보를 병합하거나 두 제약 조건을 모두 충족하는 목적어를 설명하는 방법으로 볼 수 있다. 직관적으로 두 피처 구조를 통일하면 입력 피처 구조 중 하나보다 더 구체적이거나 더 많은 정보가 있는 새로운 피처 구조가 생성된다. 덜 구체적인(더 추상적인) 피처 구조는 동일하거나 더 구체적인 피처 구조를 **포함**한다고 말한다.

소전제는 연산자 $\sqsubseteq$로 표시된다. 피처 구조 F는 다음과 같은 경우에만 피처 $G(F \sqsubseteq G)$를 포함한다.

1. F의 모든 피처 x에 대해 $F(x) \sqsubseteq G(x)$(여기서 $F(x)$는 "피처 구조 F의 피처 x 값"을 의미함).

2. $F(p) = F(q)$와 같은 F의 모든 경로 p 및 q에 대해 $G(p) = G(q)$인 경우이기도 하다.

예를 들어 다음 피처 구조를 고려한다.

$$(15.3) \quad \begin{bmatrix} \text{NUMBER} & sg \end{bmatrix}$$

$$(15.4) \quad \begin{bmatrix} \text{PERSON} & 3 \end{bmatrix}$$

$$(15.5) \quad \begin{bmatrix} \text{NUMBER} & sg \\ \text{PERSON} & 3 \end{bmatrix}$$

$$(15.6) \quad \begin{bmatrix} \text{CAT} & \text{VP} \\ \text{AGREEMENT} & \boxed{1} \\ \text{SUBJECT} & \begin{bmatrix} \text{AGREEMENT} & \boxed{1} \end{bmatrix} \end{bmatrix}$$

$$(15.6) \quad \begin{bmatrix} \text{CAT} & \text{VP} \\ \text{AGREEMENT} & \boxed{1} \\ \text{SUBJECT} & \begin{bmatrix} \text{AGREEMENT} & \boxed{1} \begin{bmatrix} \text{PERSON} & 3 \\ \text{NUMBER} & sg \end{bmatrix} \end{bmatrix} \end{bmatrix}$$

그 사이에 다음과 같은 포함 관계가 있다.

$$15.3 \sqsubseteq 15.5$$
$$15.4 \sqsubseteq 15.5$$
$$15.6 \sqsubseteq 15.7$$

포함은 부분적인 순서로서, 서로 포함하거나 포함하지 않는 피처 구조 쌍이 있다.

$$15.3 \sqsubseteq 15.5$$

$$15.4 \not\sqsubseteq 15.5$$

반 격자   모든 피처 구조는 빈 구조 [ ]에 포함되므로, 피처 구조 간의 관계를 **반 격자**로 정의할 수 있다. 통일은 포함 관계 반 격자로 정의할 수 있다. 두 개의 피처 구조 F와 G가 주어지면 $F \sqcup G$는 $F \sqsubseteq H$ 및 $G \sqsubseteq H$가되는 가장 일반적인 피처 구조 H로 정의된다.

단조롭다   포함 관계로 정의된 정보 순서는 반 격자이기 때문에 통일 작업은 **단조롭다**(Pereira and Shieber, 1984; Rounds and Kasper, 1986; Moshier, 1988). 즉, 일부 설명이 피처 구조에 해당하는 경우 이를 다른 피처 구조와 통일하면 원래 설명을 여전히 알맞은 피처 구조가 생성된다. 따라서 통일 작업은 연관성이 있다. 통일할 유한한 피처 구조 세트가 주어지면 임의의 순서로 확인하고 동일한 결과를 얻을 수 있다.

요약하면, 통일은 다양한 제약 조건에서 지식을 통일하는 방법이다. 두 개의 호환 가능한 피처 구조가 입력으로 주어지면 통일은 입력에 모든 정보를 포함하는 가장 일반적인 피처 구조를 생성한다. 두 개의 호환되지 않는 피처 구조가 지정되면 실패한다.

15.3 문법의 피처 구조

피처 구조와 통일을 도입하는 주된 목적은 문맥 자유 문법의 메커니즘만으로는 표현하기 어려운 구문적 제약을 명쾌하게 표현하는 방법을 제공하는 것이다. 따라서 다음 단계는 피처 구조와 통일 작업을 문법 사양에 통일하는 방법을 지정하는 것이다. 규칙 구성 요소에 대한 특징 구조를 지정하는 부가 장치와 해당 구성소에 대한 제약을 표현하는 적절한 통일 연산을 사용해 일반적인 문맥 자유 문법 규칙을 *augmenting*(증강)해 달성할 수 있다. 문법적인 관점에서, 이러한 부가 장치는 다음 목표를 달성하기 위해 사용된다.

- 복잡한 피처 구조를 어휘 항목 및 문법 범주 인스턴스와 연결
- 구성소 부분의 피처 구조를 기반으로 더 큰 문법적 구성소의 피처 구조 구성을 가이드

- 문법 구조의 지정된 부분 사이에 호환성 제약을 적용

다음 표기법을 사용해, 샤이버(1986)에 설명된 PATR-II 시스템을 기반으로 이러한 모든 목표를 달성할 수 있는 문법 확대를 나타낸다.

$$\beta_0 \; \rightarrow \; \beta_1 \cdots \beta_n$$
$$\{set \; of \; constraints\}$$

지정된 제약 조건은 다음 형식 중 하나를 가진다.

$$\langle \beta_i \, feature \; path \rangle \;\; = \;\; Atomic \; value$$
$$\langle \beta_i \, feature \; path \rangle \;\; = \;\; \langle \beta_j \, feature \; path \rangle$$

표기법 $\langle \beta_i \, feature \; path \rangle$는 규칙의 문맥 자유 부분의 β_i 구성소와 관련된 피처 구조를 통한 피처 경로를 나타낸다. 첫 번째 제약 스타일은 지정된 경로의 끝에 있는 값이 지정된 원자 값과 통일돼야 함을 명시한다. 두 번째 형식은 주어진 두 경로의 끝에 있는 값을 단일화할 수 있어야 함을 명시한다. 이러한 제약 조건의 사용을 설명하기 위해, 15장의 처음에 제안된 수 일치 문제에 대한 비공식적인 해결책으로 돌아가보자.

$$S \; \rightarrow \; NP \; VP$$
NP의 수가 VP의 수와 동일한 경우에만.

새로운 표기법을 사용해 이 규칙은 이제 다음과 같이 표현할 수 있다.

$$S \; \rightarrow \; NP \; VP$$
$$\langle NP \; \text{NUMBER} \rangle = \langle VP \; \text{NUMBER} \rangle$$

규칙에서 동일한 구문 범주의 구성소가 둘 이상인 경우 $VP \rightarrow V \, NP_1 \, NP_2$에서와 같이 구성소를 첨자로 유지한다.

표기법에서 한 발짝 물러서서, 이 접근 방식에서 문맥 자유 규칙의 단순 생성적 특성이 증가에 의해 근본적으로 변경됐다는 점에 유의하는 것이 중요하다. 일반적인 문맥 자유 규칙은 단순한 연결 개념을 기반으로 한다. NP 다음에 VP는 S다. 또는 발생상으로 S를 생성하려면 NP를 VP에 연결하기만 하면 된다. 새로운 체계에서 이 연결은 성공적인 통일 작업을 수반해야 한다. 이는 자연스럽게 통일 연산의 계산적 복잡성과 새로운 문법의 생성력에 미치는 영향에 대한 질문으로 이어진다. 이러한 문제는

16장에서 설명한다.

검토하기 위해, 이 접근 방식에는 두 가지 기본 구성소가 있다.

- 문맥 자유 문법 규칙의 요소에는 관련된 피처 기반 제약 조건이 있다. 이는 원자 문법 범주에서 속성이 있는 더 복잡한 범주로의 변화를 반영한다.
- 개별 규칙과 연관된 구속 조건은 규칙이 연결된 규칙의 부분과 관련된 피처 구조를 나타낼 수 있다.

다음 절에서는 일치, 문법적 헤드, 하위 범주화 및 장거리 종속성의 네 가지 흥미로운 언어 현상에 대한 통일 제약의 적용을 설명한다.

15.3.1 일치

12장에서 논의한 바와 같이, 일치 현상은 영어의 여러 위치에 나타난다. 15.3.1절에서는 단일화를 사용해 영어 일치 현상의 두 가지 주요 유형인 주어-동사 일치 및 한정사-명사의 일치를 캡처하는 방법을 설명한다. 이러한 현상을 설명하기 위해 이 토론 내내 다음의 ATIS 문장을 예로 들 것이다.

(15.8)　This flight serves breakfast.

(15.9)　Does this flight serve breakfast?

(15.10) Do these flights serve breakfast?

위에 제시된 SUBJECT-VERB 일치를 시행하는 데 사용되는 제약은 PERSON 피처를 무시한다는 점에서 부족하다. AGREEMENT 피처를 사용하는 다음 제약 조건이 이 문제를 처리한다.

$$S \rightarrow NP\ VP$$
$$\langle NP\ \text{AGREEMENT} \rangle = \langle VP\ \text{AGREEMENT} \rangle$$

예제 15.9 및 15.10은 SUBJECT-VERB 일치의 사소한 변형을 보여준다. 예-아니요 질문에서 주어 *NP*는 비정형으로 나타나는 문장의 주동사가 아닌 조동사와 일치해야 한다. 이 일치 제약은 다음 규칙에 의해 처리될 수 있다.

$$S \rightarrow Aux\ NP\ VP$$
$$\langle Aux\ \text{AGREEMENT} \rangle = \langle NP\ \text{AGREEMENT} \rangle$$

명사구에서 한정사와 명사 간의 일치는 유사한 방식으로 처리된다. 기본 작업은 위에 주어진 표현을 허용하지만 한정사와 명사가 NUMBER 피처에서 충돌하는 것을 원치 않는 *this flights 및 *those flight 표현을 차단하는 것이다. 다시 말하지만 이 제약을 적용하는 논리적 위치는 그 부분들을 하나로 모으는 문법 규칙에 있다.

$$NP \rightarrow Det\ Nominal$$
$$\langle Det\ \text{AGREEMENT} \rangle = \langle Nominal\ \text{AGREEMENT} \rangle$$
$$\langle NP\ \text{AGREEMENT} \rangle = \langle Nominal\ \text{AGREEMENT} \rangle$$

이 규칙은 Det의 AGREEMENT 피처가 Nominal의 AGREEMENT 피처와 통일돼야 하며 NP의 AGREEMENT 피처도 Nominal과 통일돼야 함을 명시한다.

주어-동사 및 한정사-명사 일치를 시행하는 데 필요한 제약을 표현했기 때문에 이제 이러한 제약을 작동시키는 데 필요한 나머지 복잡한 절차를 채워야 한다. 특히 이러한 제약에 참여하는 다양한 구성소(Aux, VP, NP, Det 및 Nominal)가 다양한 일치 피처에 대한 값을 획득하는 방법을 고려해야 한다.

우리의 제약은 어휘 및 비어휘 구성소를 모두 포함한다는 점에 주목한다. 더 간단한 어휘 구성소인 Aux 및 Det는 다음 규칙에서와 같이 어휘 목록에서 직접 각 일치 피처에 대한 값을 받는다.

$$Aux \rightarrow do$$
$$\langle Aux\ \text{AGREEMENT NUMBER} \rangle = pl$$
$$\langle Aux\ \text{AGREEMENT PERSON} \rangle = 3rd$$
$$Aux \rightarrow does$$
$$\langle Aux\ \text{AGREEMENT NUMBER} \rangle = sg$$
$$\langle Aux\ \text{AGREEMENT PERSON} \rangle = 3rd$$
$$Det \rightarrow this$$
$$\langle Det\ \text{AGREEMENT NUMBER} \rangle = sg$$
$$Det \rightarrow these$$
$$\langle Det\ \text{AGREEMENT NUMBER} \rangle = pl$$

첫 번째 S 규칙으로 돌아가서 먼저 VP 구성소에 대한 AGREEMENT 피처를 고려해 보자. 이 VP의 구성 구조는 다음 규칙에 의해 지정된다.

$$VP \rightarrow Verb\,NP$$

성소에 대한 일치 제약은 구성소 동사를 기반으로 해야 한다는 것이 분명해 보인다. 이 동사는 이전 어휘 항목과 마찬가지로 다음 규칙에서와 같이 어휘 목록에서 직접 일치 피처값을 얻을 수 있다.

$$Verb \rightarrow serve$$
$$\langle Verb\ \text{AGREEMENT NUMBER}\rangle = pl$$
$$Verb \rightarrow serves$$
$$\langle Verb\ \text{AGREEMENT NUMBER}\rangle = sg$$
$$\langle Verb\ \text{AGREEMENT PERSON}\rangle = 3rd$$

남은 것은 상위 VP의 일치 피처가 동사 구성소와 동일하도록 제한된다는 것을 규정하는 것이다.

$$VP \rightarrow Verb\,NP$$
$$\langle VP\ \text{AGREEMENT}\rangle = \langle Verb\ \text{AGREEMENT}\rangle$$

즉, 비어휘 문법적 구성 요소는 구성하고 있는 구성소에서 적어도 일부 피처에 대한 값을 얻을 수 있다.

나머지 NP 및 $Nominal$ 범주에도 동일한 기법이 적용된다. 이러한 범주의 일치 피처값은 명사 *flight* 및 *flights*에서 도출된다.

$$Noun \rightarrow flight$$
$$\langle Noun\ \text{AGREEMENT NUMBER}\rangle = sg$$
$$Noun \rightarrow flights$$
$$\langle Noun\ \text{AGREEMENT NUMBER}\rangle = pl$$

Nominal 피처는 구성 명사와 동일한 값을 갖도록 제한될 수 있다.

$$Nominal \rightarrow Noun$$
$$\langle Nominal\ \text{AGREEMENT}\rangle = \langle Noun\ \text{AGREEMENT}\rangle$$

이 절은 영어 일치 시스템을 피상적으로 다뤘으며, 다른 언어의 일치 시스템은 영어보다 상당히 복잡할 수 있다.

15.3.2 헤드 피처

명사구, 명사, 동사구 등의 구성 문법적 구성소가 일치 피처를 갖는 방식을 설명하기 위해 앞 절에서는 구문 구조 하위에서 상위로 피처 구조를 복사하는 개념을 소개했다. 이는 제약에 기반한 문법에서 훨씬 더 일반적인 현상의 특정한 예인 것으로 밝혀졌다. 특히 대부분의 문법 범주 피처는 *one*에서 부모에게 복사된다. 피처를 제공하는 헤드 피처 하위를 구절의 헤드라고 하며, 복사한 피처를 **헤드 피처**라고 한다.

12.4.4절에서 처음 소개된 이 헤드 개념은 제약 기반 문법에서 중요한 역할을 한다. 마지막 절에서 다음 세 가지 규칙을 고려한다.

$$VP \rightarrow Verb\ NP$$
$$\langle VP\ \text{AGREEMENT} \rangle = \langle Verb\ \text{AGREEMENT} \rangle$$
$$NP \rightarrow Det\ Nominal$$
$$\langle Det\ \text{AGREEMENT} \rangle = \langle Nominal\ \text{AGREEMENT} \rangle$$
$$\langle NP\ \text{AGREEMENT} \rangle = \langle Nominal\ \text{AGREEMENT} \rangle$$
$$Nominal \rightarrow Noun$$
$$\langle Nominal\ \text{AGREEMENT} \rangle = \langle Noun\ \text{AGREEMENT} \rangle$$

각 규칙에서 일치 피처 구조를 상위에 제공하는 구성소가 문구의 헤드다. 보다 구체적으로 동사는 동사구의 헤드이고, 명사는 명사구의 헤드이며, 명사는 명사의 헤드다. 결과적으로 일치 피처 구조가 헤드 피처라고 할 수 있다. 일치 피처 구조를 HEAD 피처 아래에 배치한 후 다음 제약 조건에서와 같이 해당 피처를 위쪽으로 복사해 이러한 일반화를 반영하도록 규칙을 다시 작성할 수 있다.

$$VP \rightarrow Verb\ NP \tag{15.11}$$
$$\langle VP\ \text{HEAD} \rangle = \langle Verb\ \text{HEAD} \rangle$$

$$NP \rightarrow Det\ Nominal \tag{15.12}$$
$$\langle NP\ \text{HEAD} \rangle = \langle Nominal\ \text{HEAD} \rangle$$
$$\langle Det\ \text{HEAD AGREEMENT} \rangle = \langle Nominal\ \text{HEAD AGREEMENT} \rangle$$

$$Nominal \rightarrow Noun \qquad (15.13)$$
$$\langle Nominal\ \text{HEAD} \rangle = \langle Noun\ \text{HEAD} \rangle$$

마찬가지로, 피처를 소개하는 어휘 항목은 이제 다음과 같이 이 HEAD 개념을 반영해야 한다.

$$Noun \rightarrow flights$$
$$\langle Noun\ \text{HEAD AGREEMENT NUMBER} \rangle = pl$$
$$Verb \rightarrow serves$$
$$\langle Verb\ \text{HEAD AGREEMENT NUMBER} \rangle = sg$$
$$\langle Verb\ \text{HEAD AGREEMENT PERSON} \rangle = 3rd$$

15.3.3 하위 범주화

하위 범주화는 동사가 함께 나타날 수 있는 인수의 패턴에 까다로울 수 있는 개념이다. 12장에서는 일치하지 않는 동사와 동사구가 포함된 비문법적인 문장이 생성되는 것을 방지하기 위해 동사의 범주를 여러 하위 범주로 분할해야 했다. 이보다 구체적인 동사 범주는 다음과 같이 발생하도록 허용된 특정 동사구의 정의에 사용됐다.

$$Verb\text{-}with\text{-}S\text{-}comp \rightarrow think$$
$$VP \rightarrow Verb\text{-}with\text{-}S\text{-}comp\ S$$

분명히 이 접근 방식은 숫자 문제를 해결하기 위한 유사한 접근 방식에서 봤던 것과 똑같은 범주의 바람직하지 않은 확산을 도입한다. 이러한 확산을 방지하는 적절한 방법은 동사 범주의 다양한 구성 요소를 구별하기 위해 피처 구조를 도입하는 것이다. SUBCAT라고하는 원자 특성을 어휘의 각 동사와 적절한 값으로 연결해 목표를 달성할 수 있다. 예를 들어 *serves*의 전이 버전에는 어휘 목록에서 다음 피처 구조가 할당될 수 있다.

$$Verb \rightarrow serves$$
$$\langle Verb\ \text{HEAD AGREEMENT NUMBER} \rangle = sg$$
$$\langle Verb\ \text{HEAD SUBCAT} \rangle = trans$$

SUBCAT 피처는 동사가 단일 명사구 인수를 가진 동사구에만 나타나야 함을 나머지 문법에 알린다. 다음과 같이 문법의 모든 동사구 규칙에 해당 제약 조건을 추가 적용한다.

$$VP \rightarrow Verb$$
$$\langle VP \text{ HEAD} \rangle = \langle Verb \text{ HEAD} \rangle$$
$$\langle VP \text{ HEAD SUBCAT} \rangle = intrans$$
$$VP \rightarrow Verb\,NP$$
$$\langle VP \text{ HEAD} \rangle = \langle Verb \text{ HEAD} \rangle$$
$$\langle VP \text{ HEAD SUBCAT} \rangle = trans$$
$$VP \rightarrow Verb\,NP\,NP$$
$$\langle VP \text{ HEAD} \rangle = \langle Verb \text{ HEAD} \rangle$$
$$\langle VP \text{ HEAD SUBCAT} \rangle = ditrans$$

이 규칙의 첫 번째 통일 제약 조건은 동사구가 동사 구성소에서 HEAD 피처를 수신하고, 두 번째 제약 조건은 해당 SUBCAT 피처의 값이 무엇인지 지정한다. 부적합한 동사구와 함께 동사를 사용하려는 시도는 VP의 SUBCAT 피처값이 두 번째 제약 조건에 제공된 원자 기호와 통일되지 않기 때문에 실패한다. 이 접근 방식에는 영어로 된 50~100개의 동사 구문 프레임 각각에 대해 고유한 기호가 필요하다.

이러한 분석 불가능한 SUBCAT 기호는 동사가 취할 것으로 예상하는 인수의 수 또는 유형을 직접 인코딩하지 않기 때문에 다소 서투른 접근 방식이다. 이를 확인하기 위해 어휘 목록에서 동사의 항목을 검사하고 하위 범주화 프레임이 무엇인지 알 수는 없다. 오히려 SUBCAT 피처의 값을 해당 동사를 받아들일 수 있는 문법의 동사구 규칙에 대한 포인터로 간접적으로 사용해야 한다.

피처 구조의 표현력을 더 잘 활용하는 좀 더 우아한 솔루션을 사용하면 동사 엔트리가 인수의 순서 및 유형을 직접 지정할 수 있다. 서브에 대한 다음 항목은 동사의 하위 범주 피처가 목적어와 보어의 목록을 표현하는 그러한 접근법의 한 예다.

$$Verb \rightarrow serves$$
$$\langle Verb \text{ HEAD AGREEMENT NUMBER} \rangle = sg$$
$$\langle Verb \text{ HEAD SUBCAT FIRST CAT} \rangle = NP$$
$$\langle Verb \text{ HEAD SUBCAT SECOND} \rangle = end$$

이 항목은 FIRST 피처를 사용해 첫 번째 동사 뒤에 발생하는 인수가 *NP*여야 함을 나타내고, SECOND 피처의 값은 이 동사가 하나의 인수만 예상함을 나타낸다. 두 개의 인수가 있는 *leave Boston in the morning*과 같은 동사는 다음과 같은 종류의 항목을 갖는다.

$$Verb \rightarrow leaves$$
$$\langle Verb \text{ HEAD AGREEMENT NUMBER} \rangle = sg$$
$$\langle Verb \text{ HEAD SUBCAT FIRST CAT} \rangle = NP$$
$$\langle Verb \text{ HEAD SUBCAT SECOND CAT} \rangle = PP$$
$$\langle Verb \text{ HEAD SUBCAT THIRD} \rangle = end$$

물론 이 방식은 목록을 인코딩하는 바로크 방식이다. 또한 15.6절에 정의된 유형 개념을 사용해 목록 유형을 더욱 명확하게 정의할 수 있다.

이제 개별 동사구 규칙은 다음 전이 규칙에서와 같이 동사에 의해 지정된 요소가 정확히 존재하는지 확인해야 한다.

$$VP \rightarrow Verb\ NP \qquad\qquad (15.14)$$
$$\langle VP \text{ HEAD} \rangle = \langle Verb \text{ HEAD} \rangle$$
$$\langle VP \text{ HEAD SUBCAT FIRST CAT} \rangle = \langle NP \text{ CAT} \rangle$$
$$\langle VP \text{ HEAD SUBCAT SECOND} \rangle = end$$

이 규칙의 제약 조건에서 두 번째 제약 조건은 동사 SUBCAT 목록의 첫 번째 요소 범주가 동사 바로 다음에 나오는 구성소 범주와 일치해야 함을 나타낸다. 세 번째 제약 조건은 이 동사구 규칙이 단일 인수만 예측한다.

이전 예제는 동사에 대한 다소 간단한 하위 범주화 구조를 보여줬다. 실제로 동사는 매우 복잡한 **하위 범주화 프레임**(예: *NP PP*, *NP NP* 또는 *NP S*)에 대해 하위 범주화 할 수 있으며 이러한 프레임은 다양한 구문 유형으로 구성될 수 있다. 영어 동사에 대해 가능한 하위 범주화 프레임 목록을 만들려면 먼저 이러한 프레임을 구성할 수 있는 가능한 구문 유형 목록이 필요하다. 그림 15.3은 동사에 대한 하위 범주화 프레임을 구성하기 위해 가능한 구문 유형의 짧은 목록을 보여준다. 이 목록은 FrameNet 프로젝트(Johnson, 1999; Baker et al., 1998)에서 동사 하위 범주화 프레임을 생성하는 데 사용된 목록에서 수정됐으며, *there* 및 *it*와 같은 동사의 특수 주어에 대한 구문 유형과

하위 범주화
프레임

목적어 및 보어를 포함한다.

Noun Phrase Types		
There	nonreferential there	**There** is still much to learn
It	nonreferential it	**It** was evident that my ideas
NP	noun phrase	As he was relating **his story**
Preposition Phrase Types		
PP	preposition phrase	couch their message **in terms**
PPing	gerundive PP	censured him **for not having intervened**
PPpart	particle	turn it **off**
Verb Phrase Types		
VPbrst	bare stem VP	she could **discuss it**
VPto	to-marked infin. VP	Why do you want **to know**?
VPwh	wh-VP	it is worth considering **how to write**
VPing	gerundive VP	I would consider **using it**
Complement Clause types		
Sfin	finite clause	maintain **that the situation was unsatisfactory**
Swh	wh-clause	it tells us **where we are**
Sif	whether/if clause	ask **whether Aristophanes is depicting a**
Sing	gerundive clause	see **some attention being given**
Sto	to-marked clause	know **themselves to be relatively unhealthy**
Sforto	for-to clause	She was waiting **for him to make some reply**
Sbrst	bare stem clause	commanded **that his sermons be published**
Other Types		
AjP	adjective phrase	thought it **possible**
Quo	quotes	asked **"What was it like?"**

그림 15.3 동사에 대한 잠재적 하위 범주화 프레임 세트를 만들기 위해 결합할 수 있는 잠재적인 구문 유형의 작은 세트다. FrameNet 태그 세트에서 수정됐다(Johnson, 1999; Baker et al., 1998). 그리고 샘플 문장 조각은 영국 국립 코퍼스에서 가져온 것이다.

그림 15.3의 구문 유형이 통일 문법에 사용되는 경우, 각 구문 유형은 피처별로 설명

VPto 될 수 있다. 예를 들어 *want*에 의해 하위 범주화된 **VPto** 형식은 다음과 같이 표현될 수 있다.

$$Verb \rightarrow want$$
$$\langle Verb \text{ HEAD SUBCAT FIRST CAT} \rangle = VP$$
$$\langle Verb \text{ HEAD SUBCAT FIRST FORM} \rangle = infinitive$$

영어로 된 50~100개의 가능한 동사 하위 범주화 프레임 각각은 이러한 구문 유형에서 추출한 목록으로 설명될 것이다. 예를 들어 여기에 두 가지의 보어 *want*의 예가 있다. 이 예제를 사용해 두 가지 다른 표기법 가능성을 증명할 수 있다. 첫째, 목록은 꺾쇠괄호 ⟨ 및 ⟩ 표기법으로 표시할 수 있다. 둘째, 패스 방정식 주석이 달린 재입력 규칙을 사용하는 대신 어휘 항목을 단일 피처 구조로 나타낼 수 있다.

하위 범주화	예
Quo	asked [Quo "What was it like?"]
NP	asking [NP a question]
Swh	asked [Swh what trades you're interested in]
Sto	ask [Sto him to tell you]
PP	that means asking [PP at home]
Vto	asked [Vto to see a girl called Evelyn]
NP	Sif asked [NP him] [Sif whether he could make]
NP	NP asked [NP myself] [NP a question]
NP Swh	asked [NP him] [Swh why he took time off]

그림 15.4   BNC의 예제와 함께 동사 ask에 대한 샘플 하위 범주화 패턴 세트

$$
\begin{bmatrix}
\text{ORTH} & \textit{want} \\
\text{CAT} & \textit{Verb} \\
\text{HEAD} & \begin{bmatrix} \text{SUBCAT} & \left\langle \begin{bmatrix} \text{CAT } \textit{NP} \end{bmatrix}, \begin{bmatrix} \text{CAT } \textit{VP} \\ \text{HEAD } \begin{bmatrix} \text{VFORM } \textit{infinitival} \end{bmatrix} \end{bmatrix} \right\rangle \end{bmatrix}
\end{bmatrix}
$$

제한된 구문 유형 세트조차 결합하면 가능한 하위 범주화 프레임 세트가 매우 커진다. 또한 각 동사는 다양한 하위 범주화 프레임을 허용한다. 그림 15.4는 BNC의 예와 함께 동사 *ask*에 대한 하위 범주화 패턴 세트를 제공한다.

동사, 형용사, 명사에 대한 하위 범주화 프레임과 동사 하위 범주화 프레임의 ACQUILEX 태그 세트(Sanfilippo, 1993)를 포함하는 COMLEX 세트(Macleod et al., 1998)와 같은 포괄적인 하위 범주화 프레임 태그 세트가 많다. 많은 하위 범주화 프레임 태그 세트는 명백한 주어가 없는 하위 동사구에서 암시적 주어의 정체성을 지정하는 것과 같이 보어에 대한 다른 정보를 추가한다. 이를 **제어** 정보라고 한다. 예를 들어 적어도 일부 방언에서는 *Temmy promised Ruth to go*는 테미가 할 것이다(*Temmy will*

제어

do the going)를 의미하고, *Temmy persuaded Ruth to go*는 루스는 계속 할 것이다(*Ruth will do the going*)를 의미한다. 동사에 대해 가능한 여러 하위 범주화 프레임 중 일부는 동사의 의미에 의해 부분적으로 예측될 수 있다. 예를 들어 많은 전달 동사(예: *give, send, carry*)는 두 개의 하위 범주화 프레임 *NP NP* 및 *NP PP*를 예측 가능하게 사용한다.

> NP NP sent FAA Administrator James Busey a letter
> NP PP sent a letter to the chairman of the Armed Services Committee

대체 　　동사 부류에 걸친 하위 범주화 프레임 간의 이러한 관계를 논항 구조 **대체**라고 하며, 19장에서 언어적 논항 구조의 의미론을 논의할 때 설명한다. 14장에서는 동사가 허용하는 다른 하위 범주화 프레임 중에서도 일반적으로 동사가 선호한다는 사실을 모델링하는 확률을 소개한다.

다른 품사의 하위 범주화

원자가 　　하위 범주화 또는 **원자가**valence라는 개념은 원래 동사를 위해 고안됐지만 최근 다른 많은 종류의 단어가 원자가와 유사한 행동을 보인다는 사실에 초점을 맞추고 있다. 전치사 *while*과 *during*의 다음과 같은 대조적인 사용을 고려해보자.

(15.15) Keep your seatbelt fastened while *we are taking off.*

(15.16) *Keep your seatbelt fastened while *take off.*

(15.17) Keep your seatbelt fastened during *take off.*

(15.18) *Keep your seatbelt fastened during *we are taking off.*

이 단어들 사이의 명백한 유사성에도 불구하고, 인수에 대해 매우 다른 요구를 한다. 이러한 차이를 나타내는 것은 독자를 위한 연습 15.5로 남겨둔다.

　　많은 형용사와 명사에도 하위 범주화 프레임이 있다. 다음은 형용사 *apparent, aware, unimportant*와 명사 *assumption, question*를 사용하는 몇 가지 예다.

> It was **apparent** $[_{Sfin}$ that the kitchen was the only room...$]$
> It was **apparent** $[_{PP}$ from the way she rested her hand over his$]$
> **aware** $[_{Sfin}$ he may have caused offense$]$
> it is **unimportant** $[_{Swheth}$ whether only a little bit is accepted$]$

the **assumption** [$_{Sfin}$ that wasteful methods have been employed]

the **question** [$_{Swheth}$ whether the authorities might have decided]

명사 및 형용사에 대한 하위 범주화 프레임에 대한 설명은 Nomlex(Macleod et al., 1998), FrameNet, Johnson(1999), NomBank(Meyers et al., 2004)를 참조한다.

동사는 주어와 보어에 대한 하위 범주화 제약을 표현한다. 예를 들어 동사 *seem*은 **Sfin**을 주어로 사용할 수 있지만(*That she was affected seems obvious*), 동사 *paint*는 그렇지 않다는 어휘적 사실을 표현해야 한다. SUBJECT 피처를 사용해 이러한 제약 조건을 표현할 수 있다.

15.3.4 장거리 종속성

지금까지 개발한 하위 범주화 모델에는 두 가지 구성 요소가 있다. 각 헤드 단어에는 예상되는 보어 목록이 포함된 SUBCAT 피처가 있다. 그런 다음 (15.14)의 VP 규칙과 같은 구문 규칙은 SUBCAT 목록의 각 예상 보어를 실제 구성소와 일치시킨다. 이 메커니즘은 동사의 보어가 실제로 동사구에서 발견될 때 잘 작동한다.

그러나 때때로 동사에 의해 하위 범주화된 구성소는 로컬로 인스턴스화되지 않고 술어와 **장거리** 관계에 있다. 이러한 **장거리 종속성**의 몇 가지 예는 다음과 같다.

장거리
장거리 종속성

What cities does Continental service?

What flights do you have from Boston to Baltimore?

What time does that flight leave Atlanta?

첫 번째 예에서 구성소 *what city*는 동사 *service*로 하위 분류되지만, 문장이 **wh-non-subject-question**의 예이므로 목적어가 문장의 맨 앞에 위치한다. 12장에서 **wh-non-subject-question**에 대한 (간단한) 구문 구조 규칙은 다음과 같음을 상기하라.

$$S \quad \rightarrow \quad \textit{Wh-NP Aux NP VP}$$

이제 피처가 생겼으니, *NP*가 주어인 만큼 *Aux*와 *NP*가 일치하도록 이 구문 구조 규칙을 보강할 수 있다. 그러나 *Wh-NP*가 *VP*의 일부 하위 범주화 슬롯을 채워야 한다는 규칙을 보강할 방법도 필요하다. 이러한 장거리 종속성의 표현은 하위 범주화 요구 사항이 채워지는 동사가 필러에서 상당히 멀어질 수 있기 때문에 매우 어려운 문제다. 예를 들어 다음 문장에서 *wh-phrase which flight*는 동사 *book*의 하위 범주화 요건을 채워야 한다. 그 사이에 두 개의 동사가 있다(*want, have*).

Which flight do you want me to have the travel agent book?

통일 문법에서 장거리 종속성을 나타내는 많은 솔루션은 구문 분석 트리에서 구에서 구로 전달되는, 종종 **갭 리스트**라고 부르는 피처 GAP으로 구현된 목록을 유지하는 것이 포함된다. **필러**(예: *which flight*)는 갭 리스트에 포함되며, 결국 일부 동사의 하위 범주화 프레임과 통일돼야 한다. 이러한 전략에 대한 설명과 장거리 종속성에서 모델링해야 하는 다른 많은 문제에 대한 설명은 사그와 와소우(1999)를 참고한다.

갭 리스트

필러

15.4 통일 실행

통일 연산자는 두 개의 피처 구조를 입력을 사용하고, 성공하면 병합된 단일 피처 구조를 반환하고 두 입력이 호환되지 않으면 실패 신호를 반환한다. 입력 피처 구조는 방향성 비순환 그래프DAG로 표시되며, 피처는 지시된 엣지에 레이블로 표시되고 피처 값은 원자 기호 또는 DAG이다. 연산자의 구현은 통일의 다양한 요구 사항을 수용하도록 적절하게 조정된 비교적 간단한 재귀적 그래프 매칭 알고리듬이다. 대략적으로 말하면 알고리듬은 한 입력의 피처를 반복하고 다른 입력에서 해당 피처를 찾으려고 시도한다. 각 피처값이 모두 일치하면 통일은 성공한다. 불일치가 있으면 통일은 실패한다. 재귀는 피처 구조를 값으로 갖는 피처를 정확하게 일치시킬 필요성에 의해 동기가 부여된다.

이 알고리듬의 주목할 만한 측면은 두 인수의 통일 정보로 새로운 피처 구조를 구성하는 대신 인수를 부정적으로 변경해 결국 정확히 동일한 정보를 가리킨다. 따라서 통일 연산자에 대한 성공적인 호출의 결과는 적절하게 변경된 인수 버전으로 구성된다. 다음 절에서 논의한 바와 같이 이 알고리듬의 부정적인 피처는 우리가 가정하고 있는 DAG로서 피처 구조의 단순한 그래프 버전에 대한 특정 사소한 확장이 필요하다.

15.4.1 통일 데이터 구조

알고리듬의 부정적인 병합 측면을 용이하게 만들기 위해 입력 피처 구조를 나타내는데 사용되는 DAG에 약간의 복잡성을 추가한다. 피처 구조는 추가 엣지 또는 필드가 있는 DAG로 표현된다. 특히 각 피처 구조는 콘텐츠 필드와 포인터 필드의 두 필드로 구성된다. 콘텐츠 필드는 null이거나 일반 피처 구조를 포함할 수 있다. 마찬가지로 포인터 필드는 null이거나 다른 피처 구조에 대한 포인터를 포함할 수 있다. DAG의 포인터 필드가 null이면 DAG의 콘텐츠 필드에는 처리할 실제 피처 구조가 포함된다. 반면에 포인터 필드가 null이 아닌 경우, 포인터의 대상은 처리할 실제 피처 구조를 나타낸다. 통일의 병합 측면은 처리 중에 DAG의 포인터 필드를 변경해 달성된다.

이것이 어떻게 작동하는지 알아보기 위해 다음과 같은 익숙한 피처 구조의 확장된 DAG 표현을 고려한다.

$$(15.19) \begin{bmatrix} \text{NUMBER} & sg \\ \text{PERSON} & 3rd \end{bmatrix}$$

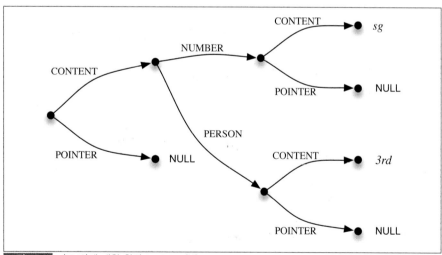

그림 15.5   (15.19)에 대한 확장 DAG 표기법

그림 15.5는 이 확장된 표현을 그래픽 형식으로 보여준다. 확장된 표현에는 최상위 피처 계층과 각 포함된 피처 구조에 대한 내용과 포인터 링크가 원자 값까지 모두 포함돼 있다.

통일 알고리듬에 대한 세부 정보를 제공하기 전에 다음과 같은 간단한 예를 통해
이 확장 DAG 표현의 사용을 설명한다.

$$(15.20) \begin{bmatrix} \text{NUMBER} & sg \end{bmatrix} \sqcup \begin{bmatrix} \text{PERSON} & 3rd \end{bmatrix} = \begin{bmatrix} \text{NUMBER} & sg \\ \text{PERSON} & 3rd \end{bmatrix}$$

이 통일로 인해 두 개의 원래 인수에서 얻은 정보의 결합을 포함하는 새로운 구조
가 생성된다. 확장된 표기법을 사용하면 원래 인수에 대한 몇 가지 추가 및 한 구조에
서 다른 구조로의 일부 포인터를 변경해 결국 동일한 내용을 포함해 통일이 어떻게
이루어지는지 확인할 수 있다. 이 예에서는 그림 15.6과 같이 첫 번째 인수에
PERSON 피처를 먼저 추가한 다음 POINTER 필드를 두 번째 인수의 적절한 위치에
대한 포인터로 채워 값을 할당해 이를 수행한다.

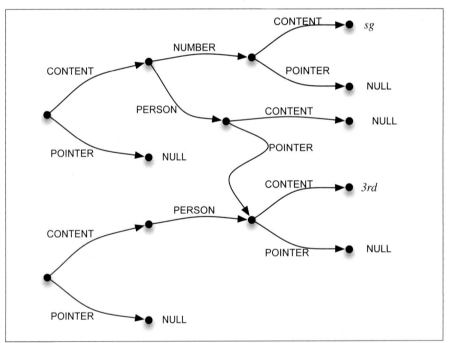

그림 15.6   첫 번째 인수의 새로운 PERSON 피처를 두 번째 인수의 적절한 값에 할당한 후 인수

그러나 이 과정은 아직 끝나지 않았다. 그림 15.6에서 첫 번째 인수가 이제 모든 올
바른 정보를 포함하고 있지만, 두 번째 인수는 그렇지 않다. NUMBER 피처가 없다.

물론 첫 번째 항목의 적절한 위치에 대한 포인터를 사용해 이 인수에 NUMBER 피처를 추가할 수 있다. 이 변경으로 인해 두 가지 인수가 통일의 모든 올바른 정보를 갖게 된다.

하지만 이 솔루션은 두 가지 인수가 정확히 통일돼야 한다는 우리의 요구 사항을 충족시키지 못하기 때문에 불충분하다. 두 가지 인수가 최상위 수준에서 완전히 통일되지 않았기 때문에 하나의 인수를 포함하는 향후의 통일은 다른 인수에 나타나지 않을 것이다. 이 문제에 대한 해결책은 두 번째 인수의 POINTER 필드를 첫 번째 인수를 가리키도록 설정하는 것이다. 이 작업이 완료되면 두 인수 중 하나에 대한 향후 변경 사항이 즉시 둘 다에 반영된다. 이 최종 변경의 결과는 그림 15.7에 나와 있다.

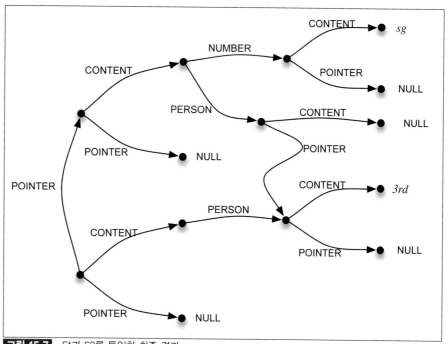

그림 15.7 F1과 F2를 통일한 최종 결과

15.4.2 통일 알고리듬

우리가 이끌어온 통일 알고리듬은 그림 15.8에 나와 있다. 이 알고리듬은 확장된 DAG 표현을 사용해 표현된 두 가지 피처 구조를 허용하고 인수 중 하나의 수정된 버전 또는 피처 구조가 호환되지 않는 경우, 실패 신호를 값으로 반환한다.

이 알고리듬의 첫 번째 단계는 두 인수의 정확한 정보를 획득하는 것이다. 확장 피처 구조의 포인터 필드가 null이 아닌 경우, 포인터 필드에서 찾은 포인터를 따라가면 해당 구조의 정확한 정보를 찾을 수 있다. 변수 f_1 및 f_2는 이 포인터 후속 프로세스의 결과물이며, 흔히 **역참조**^{dereferencing}라고 한다.

역참조

모든 재귀 알고리듬과 마찬가지로, 다음 단계는 원래 인수의 일부를 포함하는 재귀 호출을 진행하기 전에 재귀의 다양한 기본 사례를 테스트하는 것이다. 이 경우 세 가지 가능한 기본 사례가 있다.

- 인수는 동일하다.
- 인수 중 하나 또는 둘 모두에 null 값을 갖는다.
- 인수가 null이 아니고 동일하지 않다.

구조가 동일하면 첫 번째 포인터가 두 번째 포인터로 설정되고 두 번째 포인터가 반환된다. 이 경우에 왜 이 포인터 변경이 이루어지는지 이해하는 것이 중요하다. 결국 인수가 동일하기 때문에 둘 중 하나를 반환하는 것으로 충분할 것이다. 단일 통일의 경우에 해당될 수 있지만 통일 연산자에 대한 두 가지 인수가 정확하게 통일되기를 원한다. 정보를 추가하는 후속 통일이 둘 모두에 추가되도록 인수가 완전히 동일하기를 원하기 때문에 포인터 변경이 필요하다.

두 인수 중 하나가 null인 경우, null 인수의 포인터 필드가 다른 인수를 가리키도록 변경되고 이 필드는 반환된다. 그 결과 현재 두 구조가 동일한 값을 가리킨다.

---

function UNIFY(*f1-orig*, *f2-orig*) **returns** f-structure or failure

f1 ← Dereferenced contents of *f1-orig*
f2 ← Dereferenced contents of *f2-orig*

if *f1* and *f2* are identical **then**
    f1.pointer ← *f2*
    return *f2*
else if *f2* is null **then**
    f2.pointer ← *f1*
    return *f1*

else if both *f1* and *f2* are complex feature structures **then**
  f2.pointer ← *f1*
  for each *f2-feature* **in** *f2* **do**
    f1-feature ← Find or create a corresponding feature in *f1*
    if UNIFY(*f1-feature.value*, *f2-feature.value*) **returns** failure **then**
      return failure
  return *f1*
else return failure

그림 15.8 통일 알고리듬

위의 테스트 모두 정확하지 않은 경우 두 가지 가능성이 있다. 동일하지 않은 원자 값이거나 동일하지 않은 복잡한 구조다. 전자의 경우, 알고리듬이 실패 신호를 반환 하도록 유도하는 인수의 비호환성 구조다. 후자의 경우, 이러한 복잡한 구조의 구성 소 부분이 호환되는지 확인하기 위해 재귀 호출이 필요하다. 이 구현에서 재귀의 핵 심은 두 번째 인수 *f2*의 모든 기능에 대한 루프다. 이 루프는 *f2*의 각 피처값을 *f1*의 해당 피처와 통일하려고 한다. 이 루프의 *f1*에서 누락된 피처가 *f2*에서 발견되면 피처 가 *f1*에 추가되고 NULL값이 지정된다. 그런 다음 해당 피처가 시작된 것처럼 처리가 계속된다. 이러한 통일 중 *every* 하나가 성공하면 *f2*의 포인터 필드가 *f1*로 설정돼 구 조의 통일이 완료되고 *f1*이 통일 값으로 반환된다.

예

이 알고리듬을 설명하기 위해 다음 예제를 살펴보겠다.

$$
(15.21) \quad \begin{bmatrix} \text{AGREEMENT} & \boxed{1}\begin{bmatrix} \text{NUMBER} & sg \end{bmatrix} \\ \text{SUBJECT} & \begin{bmatrix} \text{AGREEMENT} & \boxed{1} \end{bmatrix} \end{bmatrix}
$$
$$
\sqcup \begin{bmatrix} \text{SUBJECT} & \begin{bmatrix} \text{AGREEMENT} \begin{bmatrix} \text{PERSON} & 3rd \end{bmatrix} \end{bmatrix} \end{bmatrix}
$$

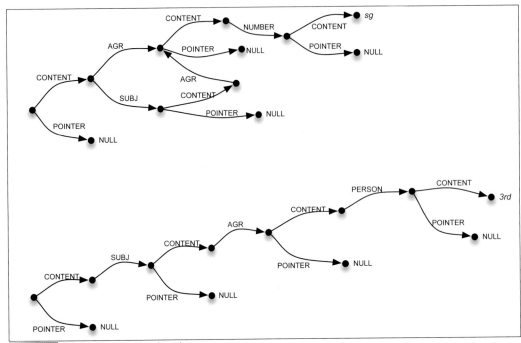

그림 15.9 초기 인수 *f1* 및 *f2* ~ (15.21)

그림 15.9는 이러한 통일에 대한 인수의 확장된 표현을 보여준다. 이러한 원래 인수는 동일하거나 null 또는 원자성이 아니기 때문에 기본 루프가 입력된다. *f2*의 피처를 반복하는 알고리듬은 *f1* 및 *f2*의 해당 SUBJECT 피처값을 통일하려는 재귀적 시도로 이어진다.

$$\begin{bmatrix} \text{AGREEMENT} & \boxed{1} \end{bmatrix} \sqcup \begin{bmatrix} \text{AGREEMENT} & \begin{bmatrix} \text{PERSON} & \textit{3rd} \end{bmatrix} \end{bmatrix}$$

이러한 인수는 또한 동일하지 않고, null이 아니고 원자가 아니므로 루프가 다시 입력돼 AGREEMENT 피처의 값을 반복적으로 확인한다.

$$\begin{bmatrix} \text{NUMBER} & \textit{sg} \end{bmatrix} \sqcup \begin{bmatrix} \text{PERSON} & \textit{3rd} \end{bmatrix}$$

두 번째 인수의 피처를 반복할 때, 첫 번째 인수에 PERSON 피처가 없다는 사실이 발견된다. 따라서 NULL 값으로 초기화된 PERSON 피처가 첫 번째 인수에 추가된다. 이는 사실상 이전 통일을 다음으로 변경한다.

$$\begin{bmatrix} \text{NUMBER} & sg \\ \text{PERSON} & null \end{bmatrix} \sqcup \begin{bmatrix} \text{PERSON} & 3rd \end{bmatrix}$$

이 새로운 PERSON 피처를 만든 후, 다음 재귀 호출은 첫 번째 인수의 새로운 피처의 NULL 값을 두 번째 인수의 세 번째 값과 통일한다. 모든 재귀 수준에서 *f2* 인수를 확인할 추가 피처가 없기 때문에 UNIFY에 대한 각 재귀 호출이 반환된다. 결과는 그림 15.10에 나와 있다.

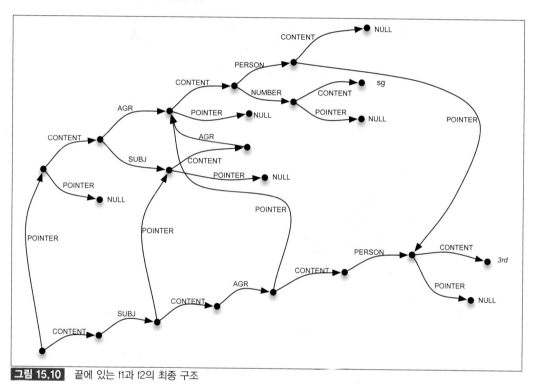

그림 15.10 끝에 있는 f1과 f2의 최종 구조

15.5 통일 제약 조건을 사용한 구문 분석

이제 피처 구조를 통일하고 파서로 통일하는 데 필요한 모든 준비가 됐다. 다행히 순서와 무관한 통일의 피처로 인해 파서에서 사용되는 실제 검색 전략을 대부분 무시할 수 있다. 통일 제약 조건을 문법의 문맥 자유 규칙과 연결하고 피처 구조를 검색 상태와 연결하면 13장에 설명된 표준 검색 알고리듬을 사용할 수 있다.

물론 가능한 구현 전략의 범위가 상당히 넓다. 예를 들어 규칙의 문맥 자유 구성소를 사용해 이전처럼 간단히 구문 분석한 다음 결과 트리에 대한 피처 구조를 구축해 통일 실패를 포함하는 구문 분석을 필터링할 수 있다. 이러한 접근 방식은 결국 잘 구성된 구조만 만들 수 있지만, 구문 분석 중에 파서의 검색 공간 크기를 줄이기 위해 통일의 힘을 사용하지 못한다.

다음 절에서는 통일 제약 조건을 Earley 구문 분석 프로세스에 직접 통일해 통일의 힘을 더 잘 활용하는 접근 방식을 설명한다. 잘못 형성된 구조가 제안되는 즉시 제거되도록 허용한다. 우리가 보여 주듯이, 이 접근법은 기본 Earley 알고리듬에 최소한의 변경만 필요하다. 그런 다음 표준 문맥 자유 방법에서 벗어나 통일 기반 구문 분석에 대한 접근 방식을 간단히 고려한다.

15.5.1 Earley 파서로의 통일

피처 구조를 통일하고 Earley 알고리듬으로 통일하는 데 두 가지 목표가 있다. 피처 구조를 사용해 구문 분석의 구성 요소에 대해 더 풍부한 표현을 제공하고 통일 제약을 위반하는 잘못된 구성 요소의 차트에 진입하는 것을 차단하는 것이다. 이러한 목표는 623페이지에 제공된 원래 Earley 계획을 상당히 최소화해 달성할 수 있음을 보여준다.

첫 번째 변경 사항은 원본 코드에서 사용된 다양한 표현을 포함한다. Earley 알고리듬은 일련의 상태로 차트라고 하는 데이터 구조를 채우기 위해 단순 문맥 자유 문법 규칙 세트를 사용해 작동한다. 구문 분석이 끝나면 이 차트를 구성하는 상태는 입력의 가능한 모든 구문 분석을 나타낸다. 따라서 문맥 자유 문법 규칙과 차트의 상태를 모두 변경해 변경을 시작한다.

규칙은 현재 구성 요소 외에도 통일 제약 조건에서 파생된 피처 구조를 포함하는 방식으로 변경된다. 좀 더 구체적으로, 규칙과 함께 나열된 제약 조건을 사용해 구문 분석 중에 해당 규칙과 함께 사용할 DAG로 표시되는 피처 구조를 구축한다.

통일 제약이 있는 다음과 같은 문맥 자유 규칙을 고려한다.

$$S \rightarrow NP\ VP$$
$$\langle NP\ \text{HEAD AGREEMENT} \rangle = \langle VP\ \text{HEAD AGREEMENT} \rangle$$
$$\langle S\ \text{HEAD} \rangle = \langle VP\ \text{HEAD} \rangle$$

이러한 제약 조건을 피처 구조로 변환하면 다음과 같은 구조가 된다.

$$\begin{bmatrix} S & \begin{bmatrix} \text{HEAD} & \boxed{1} \end{bmatrix} \\ NP & \begin{bmatrix} \text{HEAD} & \begin{bmatrix} \text{AGREEMENT} & \boxed{2} \end{bmatrix} \end{bmatrix} \\ VP & \begin{bmatrix} \text{HEAD} & \boxed{1} \begin{bmatrix} \text{AGREEMENT} & \boxed{2} \end{bmatrix} \end{bmatrix} \end{bmatrix}$$

이 파생에서는 우선 문맥 자유 규칙, S, NP, VP의 각 부분에 대한 최상위 피처를 만들어 다양한 제약 조건을 하나의 구조로 결합했다. 그런 다음 제약 조건의 경로 방정식을 따라 이 구조에 구성 요소를 추가한다. 이는 순전히 기호법의 변환이라는 점에 유의한다. DAG와 제약 조건 방정식은 동일한 정보를 포함하고 있다. 그러나 제약 조건을 단일 기능 구조로 묶으면 통일 알고리듬에 직접 전달할 수 있는 형식이 된다.

두 번째 변경 사항은 Earley 차트에서 부분 구문 분석을 나타내기 위해 사용되는 상태를 포함한다. 원래 상태에는 사용 중인 문맥 자유 규칙에 대한 필드, 규칙이 완료된 정도를 나타내는 점의 위치, 상태의 시작과 끝 위치, 완료된 상태의 하위 부분을 나타내는 기타 상태 목록이 포함된다. 이 필드 세트 상태에 해당하는 피처 구조를 나타내는 DAG를 포함하는 추가 필드를 추가하기만 하면 된다. PREDICTOR에서 상태를 생성하기 위해 규칙을 처음 사용하는 경우, 상태와 연결된 DAG는 단순히 규칙에서 검색된 DAG로 구성된다. 예를 들어 PREDICTOR가 위의 S 규칙을 사용해 차트에 상태를 입력하면 위에 제공된 DAG가 초기 DAG가 된다. 다음과 같은 상태를 나타내며, 여기서 *Dag*는 위에 주어진 피처 구조를 나타낸다.

$$S \rightarrow \bullet NP\ VP,\ [0,0],\ [],\ Dag$$

이러한 표현 추가가 주어지면 알고리듬 자체를 변경할 수 있다. 가장 중요한 변경은 COMPLETER 루틴에서 발생하는 기존 상태의 확장에 의해 새로운 상태가 생성될 때 발생하는 작업과 관련이 있다. 완성된 구성 요소가 차트에 추가되면 COMPLETER 가 호출된다. 그 임무는 새로 완성된 구성 요소와 호환되는 구성 요소를 찾고 있는 차트에서 기존 상태를 발견하고 확장하는 것이다. 따라서 COMPLETER는 다른 두 상태의 정보를 결합해 새로운 상태를 만드는 함수이기 때문에 통일 작업을 적용할 가능성이 높다.

보다 구체적으로 COMPLETER는 새로 완료된 상태에 의해 •이 진행될 수 있는 기존 상태를 찾아 차트에 새 상태를 추가한다. •의 바로 다음 구성 요소 범주가 새로 완성된 구성 요소의 범주와 일치할 때 전진할 수 있다. 피처 구조의 사용을 수용하기 위해 새로 완성된 상태와 관련된 피처 구조를 고급 피처 구조의 적절한 부분과 통합해 이 체계를 변경할 수 있다. 이 통합이 성공하면 새로운 상태의 DAG가 통일된 구조를 수신하고 차트에 입력된다. 실패하면 차트에 새로운 상태가 입력되지 않는다. COMPLETER에 대한 적절한 변경은 그림 15.11에 나와 있다.

다음 상태에서 캡처한 것처럼 That이 이미 표시된 구문 *That flight*를 구문 분석하는 맥락에서 다음의 프로세스를 고려한다.

$$NP \rightarrow Det \bullet Nominal[0,1], [S_{Det}], Dag_1$$

$$Dag_1 \begin{bmatrix} NP & \begin{bmatrix} HEAD & \boxed{1} \end{bmatrix} \\ DET & \begin{bmatrix} HEAD & \begin{bmatrix} AGREEMENT & \boxed{2} \begin{bmatrix} NUMBER & SG \end{bmatrix} \end{bmatrix} \end{bmatrix} \\ NOMINAL & \begin{bmatrix} HEAD & \boxed{1} \begin{bmatrix} AGREEMENT & \boxed{2} \end{bmatrix} \end{bmatrix} \end{bmatrix}$$

이제 파서가 *flight*를 처리하고 다음 상태를 생성한 이후 상황을 고려한다.

$$Nominal \rightarrow Noun \bullet, [1,2], [S_{Noun}], Dag_2$$

$$Dag_2 \begin{bmatrix} NOMINAL & \begin{bmatrix} HEAD & \boxed{1} \end{bmatrix} \\ NOUN & \begin{bmatrix} HEAD & \boxed{1} \begin{bmatrix} AGREEMENT & \begin{bmatrix} NUMBER & SG \end{bmatrix} \end{bmatrix} \end{bmatrix} \end{bmatrix}$$

NP 규칙을 발전시키기 위해 파서는 Dag_2의 NOMINAL 피처에 있는 피처 구조와 *NP*의 Dag_1의 NOMINAL 피처에 있는 피처 구조를 통합한다. 원래 알고리듬에서와 같이 기존 상태가 진행됐다는 사실을 나타내는 새로운 상태가 생성된다. 이 새로운 상태의

DAG에는 이 통합의 결과인 DAG가 주어진다.

원래 알고리듬의 최종 변경 사항은 차트에 이미 포함된 상태 확인과 관련이 있다. 원래 알고리듬에서 ENQUEUE 함수는 차트에 이미 있는 상태와 *identical* 상태를 차트에 입력하는 것을 거부했다. "identical"은 시작 및 종료 위치가 같고 • 위치가 같은 동일한 규칙을 의미한다. 알고리듬이 무엇보다도 왼쪽 재귀 규칙과 관련된 무한 재귀 문제를 피할 수 있는 것은 바로 이 검사였다.

물론 문제는 상태가 관련된 복잡한 피처 구조를 가지고 있기 때문에 이제 더 복잡하다는 것이다. 원래 기준에서 동일하게 보였던 상태는 관련 DAG가 다를 수 있기 때문에 실제로는 다를 수 있다. 이 문제에 대한 한 가지 해결책은 상태와 관련된 DAG를 포함하도록 유사성 확인을 확장하는 것이지만, 이 솔루션을 개선할 수 있다.

개선 원인은 유사성 확인 원인에 있다. 그 목적은 이미 존재하는 상태에 의해 구문 분석에 영향을 미치는 상태를 차트에 낭비하는 것을 방지하기 위함이다. 다시 말해서, 결국 다른 상태에서 수행할 작업을 복제하는 상태 차트에 진입하는 것을 방지하고자 한다. 물론 이는 동일한 상태의 경우지만, 차트에서 새로운 상태가 고려되는 것보다 *more general* 상태인 경우에도 마찬가지다.

*Dag*가 *Det*에 제약을 두지 않는 상태에서 차트에 다음 상태가 포함하는 상황을 고려한다.

$$NP \to \bullet Det\ NP, [i, i], [], Dag$$

이러한 상태는 단순히 위치 i에서 *Det*이 예상되고 *Det*이 수행한다. 이제 파서가 DAG가 *Det*을 단수형으로 제한한다는 점을 제외하고 이 상태와 동일한 새로운 상태를 차트에 삽입하려는 상황을 고려한다. 이 경우 문제의 상태가 동일하지 않더라도 차트에 새로운 상태를 추가해도 아무 효과가 없기 때문에 방지해야 한다.

이를 보기 위해 모든 경우를 고려해보자. 새로운 상태가 추가되면 후속 단수형 *Det*이 두 규칙과 일치하고 둘 다 진행된다. 피처 통일 결과, 두 가지 모두 *Dets*가 단수형을 나타내는 DAG를 갖게 되며, 차트에서 최종 결과는 중복 상태가 된다. 복수형 *Det*이 발견되면 새로운 상태는 이를 거부하고 진행하지 않고 이전 규칙은 진행해 하나의 새로운 상태를 차트에 입력한다. 반면에 새로운 상태가 차트에 배치되지 않은 경우,

후속 복수형 또는 단수형 *Det*은 보다 일반적인 상태와 일치해 이를 진전시켜 차트에 하나의 새로운 상태를 추가한다. 이렇게 하면 복제를 피하는 것을 제외하고는 새로운 상태가 차트에 입력된 것과 똑같은 상황이 된다. 요컨대, 차트에 이미 있는 상태보다 더 구체적인 상태를 차트에 입력하는 것으로는 어떤 가치도 달성되지 않는다.

다행히도 앞에서 소개한 포함 개념은 피처 구조 간의 일반화 및 전문화 관계에 대해 공식적으로 이야기할 수 있는 방법을 제공한다. ENQUEUE를 변경하는 적절한 방법은 새로 생성된 상태가 차트의 기존 상태에 포함되는지 확인하는 것이다. 그렇다면 차트에 허용되지 않는다. 보다 구체적으로, 새로운 상태가 규칙, 시작 및 종료 위치, 하위 부분 및 • 위치 측면에서 기존 상태와 동일한 경우, 해당 DAG가 다음의 DAG에 포함돼 있으면 해당 상태가 차트에 입력되지 않는다. 기존 상태(즉, $Dag_{old} \sqsubseteq Dag_{new}$인 경우). 원래 ENQUEUE 절차에 필요한 변경 사항은 그림 15.11에 나와 있다.

```
function EARLEY-PARSE(words, grammar) returns chart

    ADDTOCHART((γ → • S, [0,0], dagγ ), chart[0])
    for i ← from 0 to LENGTH(words) do
      for each state in chart[i] do
        if INCOMPLETE?(state) and
              NEXT-CAT(state) is not a part of speech then
            PREDICTOR(state)
        elseif INCOMPLETE?(state) and
              NEXT-CAT(state) is a part of speech then
            SCANNER(state)
        else
            COMPLETER(state)
      end
    end
    return(chart)

procedure PREDICTOR((A → α • B β, [i, j], dagA))
    for each (B → γ) in GRAMMAR-RULES-FOR(B, grammar) do
        ADDTOCHART((B → • γ, [ j, j], dagB), chart[j])
    end
```

```
procedure SCANNER((A → α → B β, [i, j], dagA))
    if B ∈ PARTS-OF-SPEECH(word[j]) then
        ADDTOCHART((B → word[ j]•, [ j, j+1], dagB), chart[j+1])


procedure COMPLETER((B → γ •, [ j, k], dagB))
    for each (A → α • B β, [i, j], dagA) in chart[j] do
        if new-dag ← UNIFY-STATES(dagB, dagA,B) ≠ Fails!
            ADDTOCHART((A → α B • β, [i, k],new-dag), chart[k])
    end


procedure UNIFY-STATES(dag1, dag2, cat)
    dag1-cp ← COPYDAG(dag1)
    dag2-cp ← COPYDAG(dag2)
    UNIFY(FOLLOW-PATH(cat, dag1-cp), FOLLOW-PATH(cat, dag2-cp))


procedure ADDTOCHART(state, chart-entry)
    if state is not subsumed by a state in chart-entry then
        PUSH-ON-END(state, chart-entry)
    end
```

그림 15.11   통일을 포함하도록 Earley 알고리듬 수정

복사의 필요성

UNIFY-STATE 절차 내에서 COPYDAG를 호출하려면 약간의 정교함이 필요하다. Earley 알고리듬 및 일반적으로 동적 프로그래밍 접근 방식의 강점 중 하나는 일단 상태가 차트에 입력되면 상태가 다음과 같은 다른 파생의 일부로 반복해서 사용될 수 있다. 끝은 성공적인 구문 분석으로 이어지지 않는다. 이 피처는 차트에 이미 있는 상태가 해당 진행 상황을 반영하도록 업데이트되지 않고 대신 복사된 다음 업데이트돼 추가 파생에 다시 사용할 수 있도록 원래 상태를 그대로 유지한다는 사실에 대한 동기부여다.

통일 알고리듬의 부정적인 특성 때문에 동작을 보존하려면 UNIFY-STATE에서 COPYDAG를 호출해야 한다. 기존 상태와 관련된 DAG를 단순히 통일하면 해당 상태는 단일화에 의해 변경될 수 있다. COMPLETER 함수의 후속 사용을 위해 동일한 형식으로 사용할 수 없다. 통일이 성공하든 실패하든 상관없이 원래 상태가 변경되기 때문에 부정적인 결과를 초래한다.

초기 통일 시도가 실패한 다음 예에서 COPYDAG에 대한 호출이 없으면 어떻게 되는지 고려해보자.

(15.22) Show me morning flights.

파서가 다음과 같은 이중타동사 구문 규칙뿐만 아니라 동사 *show*의 2중 목적어를 취하는 동사 버전에 대해 다음과 같은 항목을 가지고 있다고 가정해보자.

$Verb \rightarrow show$
  $\langle Verb$ HEAD SUBCAT FIRST CAT$\rangle = NP$
  $\langle Verb$ HEAD SUBCAT SECOND CAT$\rangle = NP$
  $\langle Verb$ HEAD SUBCAT THIRD$\rangle = END$
$VP \rightarrow Verb\ NP$
  $\langle VP$ HEAD$\rangle = \langle Verb$ HEAD$\rangle$
  $\langle VP$ HEAD SUBCAT FIRST CAT$\rangle = \langle NP$ CAT$\rangle$
  $\langle VP$ HEAD SUBCAT SECOND$\rangle = END$
$VP \rightarrow Verb\ NP\ NP$
  $\langle VP$ HEAD$\rangle = \langle Verb$ HEAD$\rangle$
  $\langle VP$ HEAD SUBCAT FIRST CAT$\rangle = \langle NP_1$ CAT$\rangle$
  $\langle VP$ HEAD SUBCAT SECOND CAT$\rangle = \langle NP_2$ CAT$\rangle$
  $\langle VP$ HEAD SUBCAT THIRD$\rangle = END$

단어 *me*를 읽으면 타동사 구를 나타내는 상태는 점이 끝으로 이동했기 때문에 완성된다. 따라서 COMPLETER는 완전한 상태를 차트에 입력하기 전에 UNIFY-STATES를 호출한다. 이 두 규칙의 SUBCAT 구조가 통합될 수 없기 때문에 호출이 실패한다. 물론 이 버전의 *show*가 2중 목적어를 취하는 동사이기 때문에 정확히 우리가 원하는 것이다. 안타깝게도 통일 알고리듬의 부정적인 특성으로 인해 이미 *show*를 나타내는 상태에 연결된 DAG와 *VP*에 연결된 DAG를 변경해 나중에 올바른 동사 구문 규칙과 함께 사용할 수 있도록 손상시켰다. 따라서 상태가 여러 파생과 함께 반복해서 사용될 수 있는지 확인하기 위해 상태와 관련된 통합을 시도하기 전에 상태와 관련된 DAG를 복사한다.

이 모든 복사는 상당히 비경제적이다. 그 결과 비용을 최소화하기 위한 여러 가지 대체 기술이 개발됐다(Pereira, 1985; Karttunen and Kay, 1985; Tomabechi, 1991; Kogure,

1990). 키퍼 외 연구진(1999) 및 펜과 문테아누(2003)는 대규모 통합 기반 파싱 시스템을 가속화하기 위한 일련의 관련 기술을 설명한다.

15.5.2 통일 기반 파싱

구문 분석에서 통일을 사용하는 좀 더 급진적인 접근 방식은 증강된 문법 규칙을 표시하는 다른 방법을 살펴봄으로써 동기를 부여할 수 있다. 15장 전체에서 사용한 다음 S 규칙을 고려한다.

$$S \rightarrow NP\ VP$$
$$\langle NP\ \text{HEAD AGREEMENT} \rangle = \langle VP\ \text{HEAD AGREEMENT} \rangle$$
$$\langle S\ \text{HEAD} \rangle = \langle VP\ \text{HEAD} \rangle$$

이 규칙의 문맥 자유 부분을 변경하는 흥미로운 방법은 문법 범주가 지정되는 방식을 변경하는 것이다. 특히 규칙의 문맥 자유 부분이 아닌 피처 구조 내부에 규칙 부분에 대한 범주 정보를 배치할 수 있다. 이 접근 방식의 전형적인 인스턴스화는 다음 규칙을 제공한다(Shieber, 1986).

$$X_0 \rightarrow X_1\ X_2$$
$$\langle X_0\ \text{CAT} \rangle = S$$
$$\langle X_1\ \text{CAT} \rangle = NP$$
$$\langle X_2\ \text{CAT} \rangle = VP$$
$$\langle X_1\ \text{HEAD AGREEMENT} \rangle = \langle X_2\ \text{HEAD AGREEMENT} \rangle$$
$$\langle X_0\ \text{HEAD} \rangle = \langle X_2\ \text{HEAD} \rangle$$

규칙의 문맥 자유 구성 요소에만 초점을 맞춰 규칙은 이제 X_0 구성 요소가 두 구성 요소로 구성되고, X_1 구성 요소가 X_2 구성 요소 바로 왼쪽에 있음을 나타낸다. 이러한 구성 요소의 실제 카테고리에 대한 정보는 규칙의 피처 구조 내에 배치된다. 이 경우 X_0은 S, X_1은 NP, X_2는 VP임을 나타낸다. 이 표기법 변경을 처리하기 위해 Earley 알고리듬을 변경하는 것은 간단하다. 규칙의 문맥 자유 구성 요소에서 구성 요소의 범주를 찾는 대신 알고리듬은 규칙과 관련된 DAG의 CAT 피처를 살펴보면 된다.

물론 이 두 규칙이 정확히 동일한 정보를 포함하고 있는 경우이기 때문에 이 변경으로 인한 이점이 있는지 확실하지 않다. 이 변경의 잠재적인 이점을 확인하려면 다음 규칙을 고려한다.

$$X_0 \rightarrow X_1 \ X_2$$
$$\langle X_0 \ \text{CAT} \rangle = \langle X_1 \ \text{CAT} \rangle$$
$$\langle X_2 \ \text{CAT} \rangle = PP$$
$$X_0 \rightarrow X_1 \ and \ X_2$$
$$\langle X_1 \ \text{CAT} \rangle = \langle X_2 \ \text{CAT} \rangle$$
$$\langle X_0 \ \text{CAT} \rangle = \langle X_1 \ \text{CAT} \rangle$$

첫 번째 규칙은 $NP \rightarrow NP \ PP$ 및 $VP \rightarrow VP \ PP$와 같이 이미 살펴본 다양한 규칙을 일반화하려는 시도다. 단순히 모든 범주 뒤에 전치사구가 올 수 있으며, 결과 구성 요소가 원본과 동일한 범주를 갖는다는 것을 나타낸다. 마찬가지로 두 번째 규칙은 $S \rightarrow S$ 및 S, $NP \rightarrow NP$ 및 NP 등과 같은 규칙을 일반화하려는 시도다.[1]

모든 구성 요소를 동일한 범주의 구성 요소와 결합해 동일한 종류의 새 범주를 생성할 수 있다. 이러한 규칙의 공통점은 제한적이지만 지정되지 않은 범주가 있는 구성 요소를 포함하는 구문 구조 규칙을 사용한다는 것이다. 이전 규칙 형식으로는 수행할 수 없다.

물론 이러한 규칙은 CAT 피처의 사용에 의존하기 때문에 규칙의 모든 다양한 인스턴스화를 간단하게 열거해 그 효과를 이전 형식으로 추정할 수 있다. 새로운 접근 방식에 대한 더 강력한 사례는 기존 구문 범주로 쉽게 특성화되지 않는 구성 요소를 포함하는 문법 규칙 또는 구성의 존재에 의해 동기가 부여된다.

WSJ(Jurafsky, 1992)에서 영어 HOW-MANY 구성소의 다음 예를 고려한다.

(15.23) **How early** does it open?

(15.24) **How deep** is her Greenness?

(15.25) **How papery** are your profits?

(15.26) **How quickly** we forget.

(15.27) **How many of** you can name three famous sporting Blanchards?

---

1   이러한 규칙을 문제의 현상에 대한 정확하거나 완전한 설명으로 오인해서는 안 된다.

이 예에서 볼 수 있듯이, HOW-MANY 구성소에는 어휘 항목 *how*와 구문적으로 특성화하기 다소 어려운 어휘 항목 또는 구문의 두 가지 구성 요소가 있다. 여기서 우리가 관심을 갖는 것은 두 번째 요소다. 이 예에서 알 수 있듯이, 형용사, 부사 또는 어떤 종류의 정량화된 구문 일 수 있다(이 범주의 모든 구성소가 문법적 결과를 생성하는 것은 아니다). 분명히 이 두 번째 요소를 설명하는 더 좋은 방법은 *scalar* 개념으로, 다음 규칙에서와 같이 피처 구조로 캡처할 수 있는 제약 조건이다.

$$X_0 \rightarrow X_1 X_2$$
$$\langle X_1 \text{ ORTH} \rangle = \langle how \rangle$$
$$\langle X_2 \text{ SEM} \rangle = \langle \text{SCALAR} \rangle$$

이와 같은 규칙에 대한 완전한 설명은 의미론을 포함하기 때문에 17장에서 다룬다. 여기서 핵심 요점은 피처 구조를 사용해, 문법 규칙이 구문 범주의 개념을 전혀 사용하지 않는 방식으로 구성 요소에 제약을 가할 수 있다는 것이다.

물론 이러한 종류의 규칙을 처리하려면 파싱 체계를 약간 변경해야 한다. 지금까지 고려한 모든 파싱 접근 방식은 입력에 포함된 다양한 구성소의 구문 범주에 의해 구동된다. 보다 구체적으로, 예측된 범주와 발견된 범주 간의 단순한 원자 일치를 기반으로 한다. 예를 들어 그림 15.11에 표시된 COMPLETER 함수의 작업을 고려한다. 이 함수는 새로 완료된 상태로 진행할 수 있는 상태에 대한 차트를 검색한다. COMPLETER는 새로 완성된 상태의 범주를 기존 상태 •의 다음 구성소 범주와 일치시켜 수행한다. 이러한 접근 방식은 참고할 범주가 없는 경우 문제가 발생한다.

COMPLETER의 이 문제에 대한 해결책은 차트에서 DAG가 새로 완료된 상태의 DAG와 *unify* 상태를 검색하는 것이다. 이렇게 하면 상태 또는 규칙에 범주가 있다는 요구 사항이 제거된다. PREDICTOR는 X_0 DAG 구성 요소가 예측 상태 •의 다음에 오는 구성소와 통합될 수 있는 차트 상태에 상태를 추가해 유사한 방식으로 변경할 수 있다. 연습 15.6에서는 이 스타일의 파싱에 영향을 미치기 위해 그림 15.11의 유사 부호에 필요한 변경을 수행하도록 요구한다. 연습 15.7에서는 특히 예측과 관련해 이러한 변경의 의미를 고려하도록 요구한다.

15.6 유형과 상속

> 나는 고대와 현대의 작가들이 유전법에 더 큰 중요성을 부여하지 않은 것이 놀랍다...
>
> 알렉시스 드 토크빌, 『미국의 민주주의』, 1840

지금까지 제시한 기본 피처 구조에는 형식주의로 확장된 두 가지 문제가 있다. 첫 번째 문제는 피처의 가치가 될 수 있는 것에 제약을 둘 방법이 없다는 것이다. 예를 들어 NUMBER 속성이 sg 및 pl만 값으로 취할 수 있다고 암시적으로 가정했다. 그러나 현재 시스템에서는 NUMBER가 3rd 또는 feminine 값을 사용하는 것을 막을 수 없다.

$$\begin{bmatrix} \text{NUMBER} & \textit{feminine} \end{bmatrix}$$

이 문제로 인해 많은 통합 기반 문법 이론이 피처의 가능한 값을 제한하기 위해 다양한 메커니즘을 추가했다. 예를 들어 FUG^Functional Unification Grammar(Kay, 1979, 1984, 1985) 및 LFG^Lexical Functional Grammar(Bresnan, 1982)와 같은 형식주의는 *sneeze*와 같은 상태 동사가 직접목적어와 통합되지 않도록 하는 방법에 초점을 맞췄다(*Marin sneezed*

none *Toby*). 이는 FUG에서 어떤 것과도 통합할 수 없는 특수 원자 **none**을 추가하고, LFG에서는 피처를 채워서는 안 되는 시기를 지정하는 일관성 조건을 추가해 해결했다. 예를 들어 일반화된 문구 구조 문법^GPSG(Gazdar et al., 1985, 1988)은 명사가 일부 동사의 속성을 갖는 것을 방지하기 위해 **피처 동시 발생 제한** 클래스를 추가했다.

간단한 피처 구조의 두 번째 문제는 일반화를 캡처할 방법이 없다는 것이다. 예를 들어 699페이지의 하위 범주화 절에 설명된 여러 유형의 영어 동사구는 동사에 대한 여러 종류의 하위 범주화 프레임과 마찬가지로 많은 피처를 공유한다. 통사론 전문 언어학자들은 이러한 일반성을 표현할 방법을 찾고 있었다.

유형   이 두 가지 문제에 대한 일반적인 해결책은 **유형**을 사용하는 것이다. 통일 문법의 유형 체계는 다음과 같은 특징이 있다.

1. 각 피처 구조는 유형별로 레이블이 지정된다.
2. 반대로, 각 유형에는 어떤 피처가 적합한지, 어떤 유형의 값을 취할 수 있는지를 나타내는 **적합성 조건**이 있다.

적합성

유형 계층 3. 유형은 더 구체적인 유형이 더 추상적인 유형의 속성을 계승하는 **유형 계층** 구조로 구성된다.

4. 속성 및 값을 통합하는 것 외에도 피처 구조의 유형을 통합하도록 통합 작업이 수정됐다.

유형화된 피처 구조 단순 유형 복합 유형 이러한 **유형화된 피처 구조** 시스템에서 유형은 표준 피처 구조에 대한 속성 및 값과 마찬가지로 새로운 객체 클래스다. 유형은 **단순 유형**(원자형이라고도 함)과 **복합 유형** 이 두 가지가 있다. 단순 유형은 **sg** 또는 pl과 같은 원자 기호이며(모든 유형에 **볼드체** 사용), 표준 피처 구조에서 사용되는 단순 원자 값을 대체한다. 모든 유형은 다중 상속 **유형 계층** 구조(**격자**라고하는 일종의 **부분 순서**)로 구성된다. 그림 15.12는 AGREE 피처의 값이 될 수 있는 원자 객체의 유형이 될 새로운 유형 일치에 대한 유형 계층 구조를 보여준다.

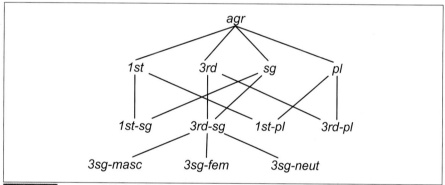

그림 15.12 AGREE 속성의 값이 될 수 있는 agr 유형의 하위 유형에 대한 카펜터(1992)의 단순 유형 계층 구조

하위 유형 그림 15.12의 계층에서 **3rd**는 **agr**의 **하위 유형**이고 **3-sg**는 **3rd** 및 **sg**의 **하위 유형**이다. 유형은 유형 계층 구조에서 통합될 수 있다. 두 유형의 통합은 두 입력 유형보다 더 구체적이고 가장 일반적인 유형이다. 따라서 다음과 같다.

$$\textbf{3rd} \sqcup \textbf{sg} = \textbf{3sg}$$
$$\textbf{1st} \sqcup \textbf{pl} = \textbf{1pl}$$
$$\textbf{1st} \sqcup \textbf{agr} = \textbf{1st}$$
$$\textbf{3rd} \sqcup \textbf{1st} = \textit{undefined}$$

실패 유형   정의된 통일체가 없는 두 유형의 통합은 정의되지 않았지만, 이 **실패 유형**을 기호 ⊥ 로 명시적으로 나타낼 수 있다(Aït-Kaci, 1984).

두 번째 유형은 복합 유형으로, 다음과 같이 지정된다.

- 해당 유형에 적합한 피처 세트
- 해당 피처의 값에 대한 제한(유형으로 표현됨)
- 값들 간의 동일성 제한

일치 및 언어 형태 정보를 나타내는 복합형 동사의 단순화된 표현을 고려한다. 동사의 정의는 두 가지 적절한 피처인 AGREE와 VFORM을 정의하고 두 피처의 값 유형도 정의한다. AGREE 피처가 위의 그림 15.12에 정의된 **agr** 유형의 값을 취하고 VFORM 피처가 **vform** 유형의 값을 취한다고 가정해본다. 여기서 **vform**은 **정형, 부정사, 동명사, 기본, 현재분사, 과거분사, 수동분사**의 7개 하위 유형을 취합한다. 따라서 동사는 다음과 같이 정의된다(AVM 상단 또는 왼쪽 브래킷의 왼쪽 하단에 형식을 표시해야 하는 경우).

$$
\begin{bmatrix}
\textbf{verb} \\
\text{AGREE} & \textbf{agr} \\
\text{VFORM} & \textbf{vform}
\end{bmatrix}
$$

대조적으로 유형 **명사**는 ASSEM 피처로 정의될 수 있지만 VFORM 특성은 정의되지 않는다.

$$
\begin{bmatrix}
\textbf{noun} \\
\text{AGREE} & \textbf{agr}
\end{bmatrix}
$$

통합 작업은 구성 요소 피처값을 통합하는 것 외에도 두 구조의 유형이 통합되도록 요구함으로써 유형화된 피처 구조에 대해 증강한다.

$$
\begin{bmatrix}
\textbf{verb} \\
\text{AGREE} & \textbf{1st} \\
\text{VFORM} & \textbf{gerund}
\end{bmatrix}
\sqcup
\begin{bmatrix}
\textbf{verb} \\
\text{AGREE} & \textbf{sg} \\
\text{VFORM} & \textbf{gerund}
\end{bmatrix}
=
\begin{bmatrix}
\textbf{verb} \\
\text{AGREE} & \textbf{1-sg} \\
\text{VFORM} & \textbf{gerund}
\end{bmatrix}
$$

복합 유형도 유형 계층의 일부다. 복합 유형의 하위 유형은 해당 값에 대한 제약 조건과 함께 부모의 모든 피처를 계승한다. 예를 들어 산필리포(1993)는 유형 계층 구조를 사용해 어휘 목록의 계층 구조를 인코딩한다. 그림 15.13은 이 계층 구조의 작은 부분을 보여준다. 이 부분은 문장의 보어를 취하는 동사의 다양한 하위 범주를 모델링하는 부분이다. 이는 타동사(직접목적어를 취하는 것: (*ask yourself whether you have become better informed*))와 자동사(*Monsieur asked whether I wanted to ride*)로 나뉜다. **trans-comp-cat** 형식은 필요한 직접 목적어를 도입해 명사구의 형식으로 제한하고 **sbase-comp-cat** 형식은 기본 형식(가장 기본적인 어간)을 보완하고 기본 형식으로 제한한다.

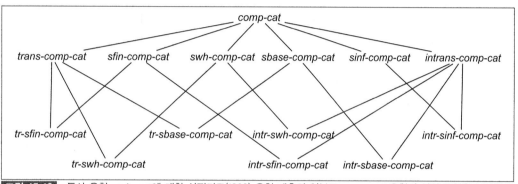

그림 15.13 동사 유형 **verb-cat**에 대한 산필리포(1993) 유형 계층의 일부로 **comp-cat** 유형의 하위 유형을 보여준다. 이들은 모두 문장의 보어를 취하는 동사의 하위 범주다.

15.6.1 고급: 입력할 확장자

기본　**기본 통합**으로 상속을 허용해 유형화된 피처 구조를 확장할 수 있다. 기본 시스템은 주로 이전 절에서 설명한 종류의 어휘 유형 계층에서 일반화 및 하위 정규화 예외를 인

우선 통합　코딩하는 데 사용됐다. 기본 통합의 초기 버전에서 작업은 **우선 통합** 작업(Kaplan, 1987)의 순서에 따라 달라졌다. 보다 최근의 아키텍처는 라이터의 기본 로직(Reiter, 1980)과 관련된 순서는 독립적이다(Lascarides and Copestake, 1997: Young and Rounds, 1993).

　　HPSG(Pollard and Sag, 1987, 1994) 및 LFG(Bresnan, 1982)를 포함한 많은 통일 기반 문법 이론은 어휘 일반화를 캡처하기 위한 상속 외에 추가 메커니즘인 어휘 규칙을

어휘 규칙　사용한다. **어휘 규칙**(Jackendoff, 1975)은 규칙에 의해 자동으로 확장될 수 있는 감소된 중복성 없는 어휘를 허용함으로써 어휘 일반화를 표현한다. 예를 들어 폴라드 및 사

그(1994)와 복잡성 문제에 대한 카펜터(1991) 및 효율적인 구현에 대한 뮤러스와 미네 (1997)를 참조한다. 반대로, 어휘 규칙을 대체하기 위해 유형 계층을 사용하는 방법에 대해서는 크리거와 네르본느(1993)를 참고한다.

유형을 사용해 구성 요소를 나타낼 수 있다. 698페이지의 (15.11)과 같은 규칙은 일반 구문 구조 규칙 템플릿을 사용하고 경로 방정식을 통해 피처를 추가하지만 전체 구문 구조 규칙을 유형으로 나타낼 수도 있다. 이를 위해서는 구성 요소를 피처로 표현하는 방법이 필요하다. 사그와 와소(1999)에 이어 한 가지 방법은 DTRS("daughters")라는 피처가 있는 유형 **구문**을 사용하는 것이다. 이 구문은 값이 **구문** 목록이다. 예를 들어 I love New York이라는 문구는 다음과 같은 표현할 수 있다(DTRS 피처만 표시).

$$
\begin{bmatrix}
\textbf{phrase} \\
\text{DTRS} \left\langle
\begin{bmatrix} \text{CAT } PRO \\ \text{ORTH } I \end{bmatrix},
\begin{bmatrix}
\text{CAT } VP \\
\text{DTRS} \left\langle
\begin{bmatrix} \text{CAT } Verb \\ \text{ORTH } love \end{bmatrix},
\begin{bmatrix} \text{CAT } NP \\ \text{ORTH } New\ York \end{bmatrix}
\right\rangle
\end{bmatrix}
\right\rangle
\end{bmatrix}
$$

15.6.2 통일에 대한 기타 확장

패스 불균등(Moshier, 1988; Carpenter, 1992; Carpenter and Penn, 1994), **부정**(Johnson, 1988, 1990), **설정 값 피처**(Pollard and Moshier, 1990), **분리**(Kay, 1979; Kasper and Rounds, 1986)를 포함한 유형 외에도 통합에 대한 많은 확장이 있다. 일부 통합 시스템에서는 이러한 작업이 피처 구조에 통합된다. 이와는 대조적으로 카스퍼와 라운즈(1986) 등은 피처 구조를 설명하는 별도의 메타 언어로 구현한다. 이 개념은 페레이라와 쉬에버(1984)의 작업과 카플란과 브레즈난(1982)의 초기 작업에서 파생됐으며, 모두 피처 구조를 설명하는 메타 언어와 실제 피처 구조 자체를 구분했다. 따라서 설명은 피처 구조 세트를 설명하기 위해 부정과 분리를 사용할 수 있지만(즉, 특정 피처는 특정 값을 포함하지 않아야 하거나 값 세트를 포함할 수 없음), 설명을 충족하는 피처 구조의 실제 사례는 값을 부정하거나 분리하지 않을 것이다.

지금까지 설명한 통일 문법에는 중의성 해소를 위한 메커니즘이 없다. 통일 문법에 대한 최근의 연구는 특히 확률론적 확대의 사용을 통해 이러한 중의성 해소 문제에 초점을 맞추고 있다. 중요한 참고 자료는 역사 참고 사항 절을 참조한다.

15.7 요약

15장에서는 피처 구조와 이를 결합하는 통합 작업을 소개했다.

- 피처 구조는 피처값 쌍의 집합으로, 피처는 일부 유한 집합에서 도출된 분석 불가능한 원자 기호이며, 값은 원자 기호 또는 피처 구조다. 특성 값은 **속성값 행렬**AVM 또는 방향성 비사이클 그래프DAG로 표시되며, 여기서 피처는 방향 레이블이 지정된 엣지이고 피처값은 그래프의 노드다.

- 통일은 정보 결합(두 피처 구조의 정보 내용 병합)과 정보 비교(호환되지 않는 피처의 병합 거부) 모두를 위한 작업이다.

- 구문 구조 규칙은 피처 구조 및 규칙 구성 요소의 피처 구조 간의 관계를 표현하는 피처 제약으로 보강될 수 있다. **하위 범주화** 제약 조건은 헤드 동사(또는 다른 술어)의 피처 구조로 표현될 수 있다. 동사에 의해 하위 분류되는 요소는 동사구에 나타나거나 **장거리 종속성**으로 동사와 별도로 구현될 수 있다.

- 피처 구조를 **입력**할 수 있다. 결과적으로 **입력된 피처 구조**는 주어진 피처가 취할 수 있는 값 유형에 제약을 둔다. 또한 유형 간의 일반화를 캡처하기 위해 **유형 계층** 구조로 구성될 수 있다.

참고문헌 및 역사 참고 사항

언어 이론에서 피처의 사용은 원래 음운론에서 유래한다. 앤더슨(1985)은 야콥슨(1939)이 트루베츠코이(1939)와 다른 사람들이 이전에 사용한 피처를 사용해 이론에서 존재론적 유형으로 피처(시차적 피처라고 함)를 처음으로 사용한 것으로 간주하고, 피처의 의미론적 사용으로 곧 이어졌다. 의미론에서 구성 요소 분석의 역사는 19장을 참고한다. 구문의 피처는 1950년대에 잘 확립됐으며, 촘스키(1965)에 의해 대중화됐다.

언어학의 통일 작업은 케이(1979)(피처 구조 통일)와 콜메라워(1970, 1975)(용어 통일)에 의해 독립적으로 개발됐다(56페이지 참조). 둘 다 기계 번역 분야에 종사하고 있었고, 언어 정보를 결합하기 위한 원상태로 되돌릴 수 있는 형식을 찾고 있었다. 콜메라워의 원래 Q-system은 영어에서 프랑스어로의 기계 번역 시스템용으로 설계된 논리 변수를 포함하는 일련의 재입력 규칙을 기반으로 하는 상향식 파서였다. 재입력 규칙은 구문 분석과 생성 모두에 대해 작동할 수 있도록 되돌릴 수 있었다. 콜메라워, 페르난드 디디에, 로버트 파세로, 필리프 루셀, 장 트루델은 로빈슨(1965)의 도출 연역 원리를 사용해 Q-system을 완전한 통합으로 확장했다. 그리고 프롤로그 언어를 설계하고 이를 기반으로 프랑스어 분석기를 구현했다(Colmerauer and Roussel, 1996).

프롤로그와 확정절 문법을 사용하는 자연어에 대한 용어 통일의 현대적 사용은 콜메라워(1975)의 변형 문법을 기반으로 하며 페레이라와 워렌(1980)이 개발하고 이름을 지정했다. 한편, 마틴 케이와 론 카플란은 ATN^Augmented Transition Network 문법 작업을 했다. ATN은 노드가 피처 레지스터로 확장되는 RTN^Recursive Transition Network이다. 수동형의 ATN 분석에서 첫 번째 NP는 주어 레지스터에 할당되고 피동사가 발견되면 값이 목적어 레지스터로 이동된다. 이 프로세스를 되돌릴 수 있도록 하기 위해 피처 레지스터를 한 번만 채울 수 있도록 한다. 즉, 한 번만 덮어쓸 수 없도록 레지스터 할당을 제한했다. 따라서 이를 깨닫지 못한 채 논리 변수의 개념으로 향해 나아갔다. 케이의 원래 통일 알고리듬은 용어가 아닌 피처 구조를 위해 설계됐다(Kay, 1979). 15.5절에 제공된 Earley 스타일 접근 방식에 통일을 통합하는 것은 샤이버(1985b)에 기초한다.

통일에 대한 명확한 소개는 샤이버(1986)를, 통일에 대한 다원적 조사는 나이트 (1989)를 참조한다.

상속 및 적절성 조건은 KL-ONE 지식 표현 시스템의 확장이라는 맥락에서 보브로와 웨버(1980)가 언어 지식에 대해 처음 제안했다(Brachman and Schmolze, 1985). 많은 연구자들이 적절성 조건이 없는 단순한 상속을 채택했다. 초기 사용자로는 제이콥스(1985, 1987)가 있다. Aït-Kaci(1984)는 논리 프로그래밍 커뮤니티에서 통일의 상속 개념을 차용했다. 상속과 적절성 조건을 포함한 피처 구조의 유형은 칼더(1987), 폴라드와 사그(1987), 엘하닷 (1990)에 의해 독립적으로 제안됐다. 유형화된 피처 구조는 킹(1989)과 카펜터(1992)에 의해 공식화됐다. 특히 어휘 일반화를 캡처하기 위해 언어학에서 유형 계층의 사용에 대한 광범위한 문헌이 있다. 앞서 논의된 논문 외에도 관심 있는 독자는 언어 지식 표현을 위한 상속 네트워크를 정의하기 위해 설계된 DATR 언어의 설명에 대해 에반스와 가즈다(1996), 종속성 문법에서 상속 사용에 대해 프레이저와 허드슨(1992), 일반적인 개요는 대레만스 외 연구진(1992)을 참조한다. 형식화된 피처 구조를 통해 제약 기반 문법을 구현하기 위한 형식화 및 시스템에는 TDL 언어를 사용하는 PAGE 시스템(Krieger and Schäfer, 1994), ALE(Carpenter and Penn, 1994), ConTroll(Götz et al., 1997), LKB(Copestake, 2002)이 포함된다.

통합 파싱의 효율성 문제는 키퍼 외 연구진(1999), 말루프 외 연구진(2000), 문테아누와 펜(2004)을 참고한다.

통일에 기초한 문법 이론에는 Lexical Functional Grammar[LFG](Bresnan, 1982), Head-Driven Phrase Structure Grammar[HPSG](Pollard and Sag, 1987, 1994), Construction Grammar(Kay and Fillmore, 1999), Unification Categorial Grammar(Uszkoreit, 1986)가 있다.

통일 문법에 대한 최근의 많은 컴퓨터의 작업은 중의성 해소를 위한 확률적 증대에 초점을 맞췄다. 주요 관련 논문으로는 에브니(1997), 굿먼(1997), 존슨 외 연구진(1999), 리즐러 외 연구진(2000), 제만과 존슨(2002), 리즐러 외 연구진(2002, 2003), 카플란 외 연구진(2004), 미야오와 츠지이(2005), 투타노바 외 연구진(2005), 니노미야 외 연구진(2006), 블런섬과 볼드윈(2006)이 있다.

연습

15.1 예제 15.1~15.2에 주어진 AVM에 해당하는 DAG를 그려라.

15.2 대명사 사용에 초점을 맞춘 Berkeley Restaurant Project[BERP]의 다음 예를 고려한다.

> I want to spend lots of money.
>
> Tell me about Chez Panisse.
>
> I'd like to take her to dinner.
>
> She doesn't like Italian.

이러한 대명사가 모두 Pro 범주에 속한다고 가정하고 다음 예를 차단하는 통합 제약 조건이 있는 어휘 및 문법 항목을 작성하라.

*Me want to spend lots of money.

*Tell I about Chez Panisse.

*I would like to take she to dinner.

*Her doesn't like Italian.

15.3   예제 15.3~15.7의 피처 구조에 해당하는 포함 반 격자 그림을 그려라. 가장 일반적인 피처 구조 [ ]를 포함해야 한다.

15.4   다음 예를 고려한다.

The sheep are baaaaing.

The sheep is baaaaing.

단어 *the*, *sheep*, *baaaaing*에 대한 적절한 어휘 항목을 만들어라. 항목이 예시의 주어와 다양한 부분에 대해 NUMBER 피처에 대한 값을 올바르게 할당할 수 있음을 표시하라.

15.5   704페이지에 표시된 *while* 및 *during*에 대해 서로 다른 SUBCAT 프레임을 표현하는 피처 구조를 만들어라.

15.6   그림 15.11에 표시된 유사 코드를 변경해, 721페이지에 설명된 더욱 근본적인 통일 기반 구문 분석을 수행하라.

15.7   샤이버(1985b)가 제시한 다음과 같은 문제의 문법을 생각해보자.

$$S \rightarrow T$$
$$\langle T \text{ F} \rangle = \text{a}$$
$$T_1 \rightarrow T_2 A$$
$$\langle T_1 \text{ F} \rangle = \langle T_2 \text{ F F} \rangle$$
$$S \rightarrow A$$
$$A \rightarrow a$$

이전 연습에서 수정한 PREDICTOR를 사용해 차트에 입력된 첫 번째 *S* 상태를 표시한 다음 반복에서 PREDICTOR에 표시된 문제 동작을 설명하고 문제의 원인과 해결 방법에 대해 논의하라.

15.8   목록 접근 방식을 사용해 동사의 하위 범주화 프레임을 나타냄으로써, 문법이 다음의 두 개의 *VP* 규칙만 가지고 어떻게 임의 수의 동사 하위 범주화 프레임

을 처리할 수 있는지를 보여준다. 좀 더 구체적으로 이 규칙을 적용하기 위해 이러한 규칙에 추가돼야 하는 제약 조건을 제시하라.

$$VP \rightarrow Verb$$
$$VP \rightarrow VP\ X$$

이 문제에 대한 해결책은 동사의 하위 범주화 프레임을 재귀적으로 살펴보는 것과 관련이 있다. 이는 어려운 문제인데, 막히는 부분은 샤이버(1986)를 참고하라.

15.9 727페이지는 유형화된 피처 구조를 사용해 구성소를 나타내는 방법을 보여줬다. 이 표기법을 사용해 698페이지에 표시된 규칙 15.11, 15.12 및 15.13을 나타내라.

16
언어와 복잡성

이는 잭이 지은 집에 비축해놓은 맥아를 먹은 쥐를 죽인 고양이를 걱정한 개다.
– 마더 구스, 『잭이 지은 집(The House that Jack Built)』

이는 개가 걱정한 고양이가 죽인 쥐가 먹은 맥아다.

– 빅터 H. 잉베(1960)

뮤지컬 코미디와 코믹 오페레타의 대부분의 유머는 엄청나게 복잡한 반전에 주인공을 엮는다. 길버트와 설리번의 오페라 〈곤돌라 뱃사공The Gondoliers〉에서 플라사 토로 공작의 딸인 카실다는 아버지의 수행원 루이즈와 사랑에 빠졌다. 하지만 카실다는 유한 바라타리아 왕국의 어린 왕자와 결혼했다는 사실을 알게 된다. 이 어린 왕자는 종교 재판관에 의해 베니스의 "매우 존경받는 곤돌라 사공 집"에서 자랐다. 그 곤돌라 사공에게는 같은 나이의 아기가 있었고, 어떤 아이가 왕자인지 기억할 수 없었다. 그래서 카실다는 "곤돌리 사공 두 사람 중 한 사람과 결혼했지만, 어느 쪽인지 말할 수 없다"는 난처한 위치에 있었다. 위로의 뜻으로, 종교 재판관은 그녀에게 "그런 곤란한 일이 빈번히 일어난다"고 말한다.

다행히도 그러한 곤란한 상황은 자연어에서는 자주 일어나지 않는다. 그게 정말일까? 사실, 위의 잉베의 문장이나 다음처럼 너무 복잡해서 이해하기 어려운 문장이 있다.

"The Republicans who the senator who she voted for chastised were trying to cut all benefits for veterans".

문장을 연구하고, 더 일반적으로 자연어에서 발생하는 복잡성 수준을 이해하는 것은 언어 처리의 중요한 영역이다. 예를 들어 복잡성은 특정 형식 메커니즘을 사용해야 하는 시기를 결정하는 데 중요한 역할을 한다. 유한 오토마타, 마르코프 모델, 변환기, 음운론적 재작성 규칙 및 문맥 자유 문법과 같은 형식적 메커니즘은 **영향력**의 관점에서 설명될 수 있으며, 또는 설명할 수 있는 현상의 **복잡성** 측면에서 동등하게 설명될 수 있다. 16장에서는 이러한 다양한 형식적 메커니즘의 표현력 또는 복잡성을 비교할 수 있는 이론적 도구인 촘스키 계층 구조를 소개한다. 이 도구를 사용해 자연어, 특히 영어 구문의 올바른 형식적 영향력에 대한 주장을 요약하고, **교차 직렬 종속성**이라는 흥미로운 구문 속성을 가진 유명한 독일어의 스위스 방언도 포함한다. 이 속성은 문맥 자유 문법이 자연어의 형태와 구문을 모델링하기에 충분하지 않다고 주장하는 데 사용됐다.

자연어와 형식 모델 간의 관계를 이해하기 위한 메트릭으로 복잡성을 사용하는 것 외에도 복잡성 분야는 개별 구성이나 문장을 이해하기 어렵게 만드는 요인과도 관련이 있다. 예를 들어 위에서 특정 **중첩** 또는 **중앙 내포** 문장은 사람들이 처리하기 어렵다는 것을 알았다. 사람들이 어떤 문장을 처리하기 어렵게 만드는 이유를 이해하는 것은 인간의 구문 분석을 이해하는 데 중요한 부분이다.

16.1 촘스키 계층 구조

오토마타, 문맥 자유 문법, 음운론적 재작성 규칙은 어떤 관련이 있는가? 공통점은 각각 형식적인 언어를 설명한다는 것이다. 우리가 보아 온 것은 유한한 알파벳을 통한 일련의 문자열이다. 그러나 형식주의로 쓸 수 있는 문법의 종류는 다른 **생성력**을 가지고 있다. 한 문법은 다른 문법이 정의할 수 없는 언어를 정의할 수 있다면 다른 문법보다 생성력이나 **복잡성**이 더 크다. 예를 들어 유한 상태 오토마톤으로 설명할 수 없는 형식 언어를 설명하는 데 문맥 자유 문법을 사용할 수 있음을 보여준다.

더 큰 영향력의 문법으로 설명할 수 있는 언어 집합이 낮은 영향력의 문법으로 설명할 수 있는 언어 집합을 포함하는 문법의 계층 구조를 구성하는 것이 가능하다. 가능한 한 많은 계층이 있다. 컴퓨터 언어학에서 가장 일반적으로 사용되는 것은 **촘스키**

계층 구조(Chomsky, 1959a)로, 여기에는 4가지 종류의 문법이 포함된다. 그림 16.1은 촘스키 계층 구조의 4가지 문법과 유용한 다섯 번째 유형인 가벼운 문맥 인식 언어를 보여준다.

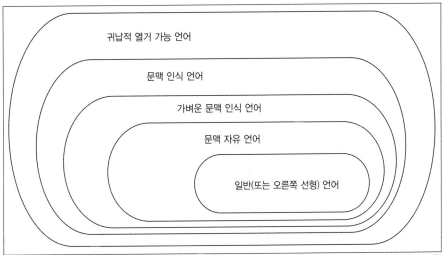

그림 16.1 촘스키 계층 구조의 4개 언어에 대한 벤 다이어그램. 5등급으로 가벼운 문맥 인식 언어로 확장됐다.

가장 강력한 언어에서 가장 약한 언어로의 생성력의 감소는 일반적으로 문법 규칙이 작성될 수 있는 방식에 제약을 가함으로써 달성될 수 있다. 그림 16.2는 확장된 촘스키 계층 구조에 있는 다섯 가지 유형의 문법을 보여주며, 규칙이 취해야 하는 형식에 대한 제약으로 정의된다. 이 예에서 A는 단일 논터미널이고 α, β 및 γ는 터미널 및 논터미널 기호의 임의 문자열이다. 아래에 명시적으로 허용되지 않는 경우가 아니면 비어 있을 수 있다. x는 임의의 터미널 기호 문자열이다.

유형	공용 이름	룰 스켈레톤	언어적 예
0	튜링 등가물	$\alpha \rightarrow \beta$, s.t. $\alpha \neq \epsilon$	HPSG, LFG, 미니멀리즘
1	문맥 인식	$\alpha A\beta \rightarrow \alpha\gamma\beta$, s.t. $\gamma \neq \epsilon$	
–	가벼운 문맥 인식		TAG, CCG
2	문맥 자유	$A \rightarrow \gamma$	구-구조 문법
3	정규	$A \rightarrow xB$ or $A \rightarrow x$	유한 상태 오토마타

그림 16.2 가벼운 문맥 인식 문법에 의해 확장된 촘스키 계층 구조

튜링 등가물, **유형 0** 또는 **무제한** 문법은 왼쪽이 빈 문자열 ϵ이 될 수 없다는 점을 제외하고는 규칙의 형식에 제한이 없다. null이 아닌 문자열은 다른 문자열(또는 ϵ)로 쓸 수 있다. 유형 0 문법은 **귀납적 열거 가능** 언어, 즉 튜링 머신에 의해 문자열을 나열(열거)할 수 있는 언어 특성을 나타낸다.

귀납적
열거 가능

문맥 인식 문법에는 문맥 $\alpha A \beta$에서 논터미널 기호 A를 비어 있지 않은 기호 문자열로 다시 쓰는 규칙이 있다. $\alpha A \beta \rightarrow \alpha \gamma \beta$ 또는 $A \rightarrow \gamma / \alpha \_\_\_ \beta$ 형식으로 쓸 수 있다. 촘스키–할레의 음운 규칙 표현(Chomsky and Halle, 1968)에서 다음과 같이 탄설음화 규칙 버전을 봤다.

$$/t/ \rightarrow [dx] / \acute{V} \_\_ V$$

이러한 규칙의 형태는 문맥 인식으로 보이지만, 7장에서는 재귀가 없는 음운론적 규칙 시스템이 사실상 정규 문법 체계에 준하는 능력을 발휘한다는 것을 보여줬다.

문맥 인식 문법에서 규칙을 개념화하는 또 다른 방법은 ϕ가 적어도 δ만큼의 기호를 갖도록 "비감소" 방식으로 기호 문자열 δ를 다른 기호 문자열 ϕ로 다시 쓰는 것이다.

문맥 자유

12장에서 **문맥 자유** 문법을 연구했다. 문맥 자유 규칙을 사용하면 단일 논터미널을 터미널 및 논터미널 문자열로 다시 작성할 수 있다. 12장에서 이 옵션을 사용하지 않았지만 터미널이 아닌 경우, $\in$으로 다시 작성할 수도 있다.

정규 문법은 정규 표현식과 동일하다. 즉, 주어진 정규 언어는 2장에서 논의한 유형의 정규 표현식이나 정규 문법에 의해 특성화될 수 있다. 정규 문법은 **우선형** 또는 **좌선형**일 수 있다. 우선형 문법의 규칙은 왼쪽에 논터미널이 하나 있고, 오른쪽에 논터미널이 하나만 있다. 오른쪽에 논터미널이 있는 경우, 문자열의 마지막 기호여야 한다. 좌선형 문법의 오른쪽은 반대로 된다(오른쪽은 (최대) 하나의 논터미널로 시작해야 함). 모든 정규 언어에는 좌선형 및 우선형 문법이 있다. 나머지 논의에서는 우선형 문법만 고려한다.

우선형

좌선형

예를 들어 다음과 같은 정규 (우선형) 문법을 고려한다.

$$S \rightarrow aA$$
$$S \rightarrow bB$$
$$A \rightarrow aS$$
$$B \rightarrow bbS$$
$$S \rightarrow \epsilon$$

각 규칙의 왼쪽은 단일 논터미널이고, 각 오른쪽에는 최대 하나(가장 오른쪽)의 논터미널이 있기 때문에 규칙이다. 다음은 해당 언어로 된 샘플 파생이다.

$$S \Rightarrow aA \Rightarrow aaS \Rightarrow aabB \Rightarrow aabbbS \Rightarrow aabbbaA$$
$$\Rightarrow aabbbaaS \Rightarrow aabbbaa$$

S가 확장될 때마다 aaS 또는 $bbbS$가 생성됨을 알 수 있다. 따라서 독자는 이 언어가 정규식$(aa \cup bbb)*$에 해당한다고 스스로 납득시켜야 한다.

어떤 언어가 정규 문법에 의해 생성될 경우에만 정규 언어라는 증거를 제시하지 않는다. 이는 촘스키와 밀러(1958)에 의해 처음 증명됐고 홉크로프트와 울만(1979), 루이스와 파파디미트리오(1988)와 같은 교본에서 찾아볼 수 있다. 직관은 논터미널이 항상 규칙의 오른쪽이나 왼쪽 가장자리에 있기 때문에 재귀적으로 처리하지 않고 반복적으로 처리할 수 있다는 것이다.

고려하는 데 유용한 다섯 번째 종류의 언어와 문법은 가벼운 문맥 인식 문법과 언어다. 가벼운 문맥 인식 언어는 문맥 인식 언어의 적절한 하위 집합이며, 문맥 인식 언어의 적절한 상위 집합이다. 가벼운 문맥 인식 언어에 대한 규칙은 여러 가지 방법으로 설명할 수 있다. 실제로 트리 정합 문법(Joshi, 1985), 헤드 문법(Pollard, 1984), 결합 범주 문법[CCG](Steedman, 1996, 2000) 및 특정 버전을 포함한 다양한 문법 형식 미니멀리스트 문법(Stabler, 1997)은 모두 약한 동의어다(Joshi et al., 1991).

16.2 언어가 규칙적이지 않은지 확인하는 방법

주어진 문제에 사용할 규칙 유형을 어떻게 알 수 있는가? 정규식을 사용해 영어 문법을 작성할 수 있을까? 아니면 문맥 자유 규칙이나 문맥 인식 규칙을 사용해야 하는가? 형식 언어의 경우, 이를 결정하는 방법이 있는 것으로 나타났다. 즉, 주어진 형식 언어에 대해 정규식으로 표현할 수 있는지 또는 대신 문맥 자유 문법이 필요한지 여부 등을 말할 수 있다.

따라서 자연어의 일부(영어의 음운론, 또는 터키어의 형태론)가 특정 부류의 문법으로 표현 가능한지 알고 싶다면, 관련 현상을 모델링하는 형식 언어를 찾아야 한다. 이 형식 언어에 적합한 문법 부류를 파악한다.

왜 영어의 구문이 형식 언어로 표현될 수 있는지 여부에 관심을 가져야 하는가? 주된 이유는 영어용 컴퓨터 문법을 작성하는 데 어떤 종류의 규칙을 사용해야 하는지 알고 싶기 때문이다. 영어가 정규식이면 정규식을 작성하고 효율적인 오토마타를 사용해 규칙을 처리한다. 영어가 문맥 자유 형식인 경우, 문맥 자유 규칙을 작성하고 문장을 구문 분석하기 위해 CKY 알고리듬을 사용할 것이다.

관심을 가져야 하는 또 다른 이유는 자연어의 다양한 측면의 형식적 속성을 알려주기 때문이다. 언어가 그 복잡성을 "유지"하는 위치, 언어의 음운론적 시스템이 통사 시스템이 더 단순한지, 또는 특정한 종류의 형태론적 시스템이 본질적으로 단순한지 여부를 아는 것은 좋을 것이다. 예를 들어 만약 영어의 음운학이 전통적으로 사용되는 문맥 인식 규칙보다는 유한 상태 머신에 의해 캡처될 수 있다는 것을 보여줄 수 있다면 강하고 흥미로운 주장이 될 것이다. 이는 영어 음운론이 아주 단순한 형식적 속성을 가지고 있다는 것을 의미한다. 실제로, 존슨(1972)에 의해 보여졌고, 3장과 11장에 설명된 유한 상태 방법의 현대 작업으로 이어졌다.

16.2.1 펌핑 렘마

언어가 규칙적임을 증명하는 가장 일반적인 방법은 실제로 해당 언어에 대한 정규식을 작성하는 것이다. 이를 통해 정규 언어가 결합, 연결, 클레이니 스타, 보완 교차점으로 폐쇄된다는 사실을 신뢰할 수 있다. 2장에서 결합, 연결 및 클레이니 스타의 예를 봤다. 그래서 언어의 두 가지 뚜렷한 부분에 대한 정규식을 독자적으로 구축할 수 있다면, 그 언어가 정규적이라는 것을 증명하면서 전체 언어에 대한 정규 표현을 합집합 연산자를 이용해 구축할 수 있다.

때때로 주어진 언어가 규칙적이지 않다는 것을 증명하고 싶어 한다. 이를 수행하는
펌핑 렘마   데 매우 유용한 도구는 **펌핑 렘마**pumping lemma다. 단어의 기본형 뒤에는 두 가지 직관이 있다(펌핑 렘마에 대한 설명은 루이스와 파파디미트리오(1988)와 홉크로프트와 울만(1979)을 참고했다). 첫째, 어떤 언어가 제한된 수의 상태를 가진 유한 오토마타에 의해 모델링될 수 있다면, 그 언어에 어떤 문자열이 있었는지 아닌지를 한정된 양의 메모리로 결정할 수 있어야 한다. 이 메모리 양은 오토마타마다 다를 수 있지만, 특정 오토마타의

경우, 다른 문자열에 대해 더 커질 수 없다(주어진 오토마톤에는 고정된 수의 상태가 있기 때문에). 따라서 필요한 메모리는 입력 길이에 비례해서는 안 된다. 예를 들어 a와 b의 수가 동일한지 확인하려면, n이 무엇인지 기억할 수 있는 방법이 필요하기 때문에 $a^n b^n$과 같은 언어는 규칙적이지 않을 가능성이 있다. 두 번째, 직관은 일반 언어에 긴 문자열(오토마톤의 상태 수보다 긴)이 있으면 해당 언어의 오토마톤에 일종의 루프가 있어야 한다는 사실에 의존한다. 언어에 루프가 없다면 규칙적이지 않다는 것을 보여줌으로써 이 사실을 사용할 수 있다.

언어 L과 N 상태를 가진 해당 결정론적 FSA M을 고려해보자. 길이가 N인 입력 문자열도 고려한다. 기계는 상태 q_0에서 시작하며, 하나의 기호를 본 후에는 q_1 상태가 된다. N개의 심볼 후에는 q_n 상태가 된다. 즉, 길이 N의 문자열은 $N + 1$ 상태$(q_0 \sim q_N)$를 통과한다. 그러나 기계에는 N 상태만 있다. 이는 수용 경로(q_i 및 q_j라고 함)에 있는 상태 중 적어도 두 개가 동일해야 함을 의미한다. 즉, 초기 상태에서 최종 상태로의 수용 경로 어딘가에 루프가 있어야 한다. 그림 16.3은 이 점을 보여준다. x를 기계가 초기 상태 q_0에서 루프 q_i의 시작으로 계속해서 읽는 기호 문자열이라고 하자. y는 기계가 루프를 통과하면서 읽는 기호 문자열이다. z는 루프의 끝(q_j)에서 최종 승인 상태(q_N)까지의 기호 문자열이다.

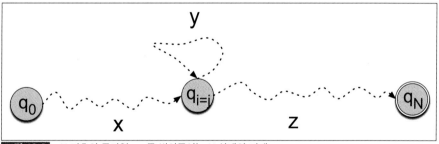

그림 16.3 N 기호의 문자열 xyz를 받아들이는 N 상태의 기계

기계는 이러한 세 개의 기호 문자열 즉, xyz의 연결을 받아들인다. 그러나 기계가 xyz를 받아들이면, xz를 받아들여야 한다. 이는 기계가 xz 처리에서 루프를 건너뛸 수 있기 때문이다. 또한 기계는 루프를 몇 번이나 돌 수 있다. 따라서 $xyyz$, $xyyyz$, $xyyyyz$ 등도 허용해야 한다. 실제로 $n \geq 0$인 경우, $xy^n z$ 형식의 모든 문자열을 허용해야 한다.

우리가 제공하는 펌핑 렘마의 버전은 무한한 정규 언어의 단순화된 버전이다. 유한 언어에도 적용되는 더 강력한 버전이 언급될 수 있지만, 다음은 이 종류의 단어의 기본형의 특징을 부여한다.

펌핑 렘마: L을 무한한 정규 언어로 둔다. 그런 다음 $n \geq 0$인 경우, $y \neq \epsilon$ 및 $xy^nz \in L$이 되는 x, y 및 z 문자열이 있다.

펌핑 렘마는 언어가 규칙적이라면 적절하게 "펌핑"할 수 있는 문자열 y가 있음을 나타낸다. 그러나 y 문자열을 펌핑할 수 있다면 언어가 규칙적이어야 한다는 의미는 아니다. 비정규 언어에는 펌핑할 수 있는 문자열이 있을 수도 있다. 따라서 단어의 기본형은 언어가 규칙적임을 나타내는 데 사용되지 않는다. 오히려 어떤 언어에는 적절한 방법으로 펌핑이 가능한 문자열이 없다는 것을 보여줌으로써 언어가 규칙적이지 않다는 것을 보여주는 데 사용된다.

1. y는 a로만 구성된다(이는 x도 모두 a이고 z에는 a가 앞에 오는 모든 b가 포함돼 있음을 의미함). 그러나 y가 모두 a이면 xy^nz가 xyz보다 a가 더 많다는 의미다. 그러나 이는 b보다 a가 더 많으므로 a^nb^n 언어의 구성 요소가 될 수 없음을 의미한다.

2. y는 b로만 구성된다. 여기서 문제는 사례 1과 유사하다. y가 모두 b이면 xy^nz는 xyz보다 b가 더 많기 때문에 a보다 더 많은 b를 가지고 있다는 것을 의미한다.

3. y는 a와 b로 구성된다(이는 x는 a만, z는 b만 의미함). 즉, xy^nz는 a 앞에 b가 있어야 하며, 다시 a^nb^n 언어의 구성 요소가 될 수 없다.

따라서 a^nb^n의 문자열은 y를 펌핑할 수 있는 방식으로 x, y, z로 나눌 수 없기 때문에, a^nb^n은 일반 언어가 아니다.

그러나 a^nb^n은 일반 언어는 아니지만 문맥 자유 언어이다. 실제로 a^nb^n을 모델링하는 문맥 자유 문법은 두 가지 규칙만 사용한다.

$$S \rightarrow a\,S\,b$$
$$S \rightarrow \epsilon$$

　　그림 16.4는 이 문법을 사용해, *aabb* 문장을 유도하는 샘플 구문 분석 트리를 보여준다.

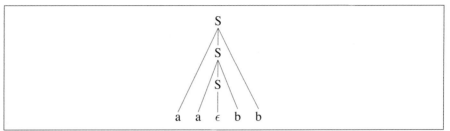

그림 16.4　*aabb*에 대한 문맥 자유 구문 분석 트리

　　또한 문맥 자유 언어에 대한 펌핑 렘마도 있는데, 언어가 문맥 자유인지 여부에 관계없이 사용될 수 있다. 자세한 설명은 홉크로프트와 울만(1979) 및 파티 외 연구진(1990)을 참조한다.

16.2.2 다양한 자연어가 규칙적이지 않다는 증거

　　"사업은 어때?" 내가 물었다.

　　"형편없고 끔찍해." 프리츠는 씩 웃었다. "아니면 나는 다음 달에 새로운 거래를 성사시키거나 지골로로 갈거야."

　　"... 또는....," 나는 직업상 습관적으로 정정했다.

　　"내가 방금 영어를 형편없이 말했지," 프리츠가 매우 만족한 듯 말했다. "샐리는 나에게 몇 가지 교훈을 줄 거라고 말했어."

　　　　　　　　　　　　　　– 크리스토퍼 이셔우드, "샐리 볼스", 『베를린이여 안녕』, 1935

일련의 단어로 모델링된 영어의 공식 버전을 고려한다. 이 언어가 정규 언어인가? 대부분의 시도된 증명들이 부정확하다고 널리 알려져 있지만, 영어 같은 자연어는 규칙적이지 않다는 것은 일반적으로 동의되고 있다.

　　비공식적으로 자주 제기되는 주장 중 하나는 다음과 같은 문장에서 주어와 동사 사이의 잠재적으로 무한한 거리 때문에 영어 수 일치를 정규 문법으로 포착할 수 없다는 것이다.

(16.1)   Which *problem* did your professor say she thought *was* unsolvable?

(16.2)   Which *problems* did your professor say she thought *were* unsolvable?

사실, 풀룸과 가즈다(1982)가 보여주는 것처럼 단순한 정규 문법 can 모델 수 일치다. 다음은 이러한 문장을 모델링하는 정규 (우선형) 문법이다.

$$S \;\rightarrow\; \text{Which problem did your professor say T}$$
$$S \;\rightarrow\; \text{Which problems did your professor say U}$$
$$T \;\rightarrow\; \text{she thought T} \mid \text{you thought T} \mid \text{was unsolvable}$$
$$U \;\rightarrow\; \text{she thought U} \mid \text{you thought U} \mid \text{were unsolvable}$$

따라서 정규 문법은 영어 수 일치의 모델이 될 수 있다. 이 문법은 명쾌하지 않으며 문법 규칙의 수가 엄청나게 증가할 것이지만, 영어의 규칙성 또는 불규칙성 문제와는 관련이 없다.

모리와 스프루트(1998)가 지적한 이전에 시도된 증명의 또 다른 일반적인 결함은 촘스키 계층 구조에서 위치 P'에 하위 집합 L'을 포함하는 언어 L이 위치 P'에 있음을 의미하지 않는다는 것이다. 예를 들어 정규 언어는 문맥 자유 언어를 적절한 하위 집합으로 포함할 수 있다. L_1은 문맥 자유 언어다.

$$L_1 = \{a^n b^n : n \in N\} \tag{16.3}$$

그러나 L_1은 일반 언어 L에 포함돼 있다.

$$L = \{a^p b^q : p, q \in N\} \tag{16.4}$$

따라서 언어 L에 매우 복잡한 하위 언어가 포함돼 있다는 사실은 언어 L의 전체적인 복잡성에 아무런 의미가 없다.

펌핑 렘마에 따라 영어(또는 "형식 언어로 간주되는 영어 단어의 문자열 집합")가 정규 언 어가 아니라는 정확한 증명들이 있다. 예를 들어 파티 외 연구진(1990)은 **중앙 내포** 구 조를 가진 유명한 종류의 문장을 기반으로 한다(Yngve, 1960). 다음은 이러한 문장의 변형이다.

중앙 내포

The cat likes tuna fish.

The cat the dog chased likes tuna fish.

The cat the dog the rat bit chased likes tuna fish.

The cat the dog the rat the elephant admired bit chased likes tuna fish.

이 문장들은 더 복잡해지면 이해하기 더 어려워진다. 지금은 영어 문법이 무한한 수의 임베딩을 허용한다고 가정해보겠다. 그런 다음 영어가 규칙적이지 않음을 보여주기 위해 이와 같은 문장이 있는 언어가 비정규 언어와 동형임을 보여줄 필요가 있다. 모든 NP에는 관련 동사가 있어야 하기 때문에 이 문장은 다음과 같은 형식이다.

$$(the + noun)^n \ (transitive \ verb)^{n-1} \ likes \ tuna \ fish.$$

증명의 개념은 이러한 구조의 문장이 영어를 정규식과 교차시킴으로써 생성될 수 있음을 보여준다. 그런 다음 펌핑 렘마를 사용해 결과 언어가 규칙적이지 않음을 증명할 수 있다.

이러한 문장을 생성하기 위해 영어와 교차할 수 있는 간단한 정규식을 작성하기 위해 명사(*A*) 및 동사(*B*) 그룹에 대한 정규식을 정의한다.

$$A = \{ \text{the cat, the dog, the rat, the elephant, the kangaroo, ...} \}$$
$$B = \{ \text{chased, bit, admired, ate, befriended, ...} \}$$

이제 정규식 /A* B* likes tuna fish/를 영어(문자열 집합으로 간주)와 교차하면 결과 언어는 다음과 같다.

$$L = x^n y^{n-1} \ likes \ tuna \ fish, \ x \in A, \ y \in B$$

이 언어 *L*은 펌핑 렘마를 통해 비정규로 표시될 수 있다(연습 16.2 참조). 영어와 정규 언어의 교차점은 정규 언어가 아니기 때문에 영어도 정규 언어가 될 수 없다(정규 언어는 교차점 아래에서 폐쇄되기 때문이다).

잘 알려진 결함 또는 증명에 대한 지나치게 강한 가정은 이러한 구조가 무기한 중첩될 수 있다는 가정이다. 영어 문장은 유한한 길이에 의해 명확하게 구분된다. 아마도 모든 영어 문장의 길이가 10억 단어 미만이라고 확실히 말할 수 있다. 문장 세트가 유한하면 모든 자연어는 분명히 유한 상태다. 이는 자연어의 형식적 복잡성에 대한 모든 증거의 결함이다. 영어에 무한한 문장이 있다고 편리하게 상상하면 유한 영어의 속성을 이해하는 데 도움이 될 수 있기 때문에 지금은 이 반대를 무시할 것이다.

이 증명의 더 걱정스러운 잠재적인 결함은 목적어의 이중 관계가 엄격히 문법적이라는 가정에 의존한다는 것이다(처리하기 어렵더라도). 칼슨(2007)의 연구는 어떤 종류의 센터 임베딩이 문법적이지만 이러한 이중 관계는 실제로 비문법적이라고 제안한다. 어쨌든 이와 같은 문장은 10억 단어보다 훨씬 빨리 어려워지고 몇 번의 중첩 후에는 이해하기 어렵다. 이 문제는 16.4절에서 다시 설명한다.

16.3 문맥 자유 자연어란

앞의 절에서는 영어가 정규 언어처럼 보이지 않는다고 주장했다(문자열 집합으로 간주됨). 다음으로 물어볼 당연한 질문은 영어가 문맥 자유 언어인지 여부다. 이 질문은 촘스키(1956)에 의해 처음 제기됐으며, 흥미로운 이력을 가지고 있다. 영어 및 기타 언어를 문맥에 구애받지 않고 증명하려는 여러 가지 잘 알려진 시도가 출판됐으며, 출판 후 두 가지를 제외한 모든 것이 반증됐다. 이 두 가지 올바른 (또는 적어도 아직 입증되지 않은) 주장 중 하나는 스위스 독일어 방언의 구문에서 파생된다. 다른 하나는 말리와 주변 국가에서 사용되는 북서부 만데어인 밤바라어의 형태에서 온 것이다(Culy, 1985). 관심 있는 독자는 부정확하고 정확한 증명 모두에 대한 이력은 풀룸(1991, 131-146페이지)을 참조한다. 1.63절에서는 스위스 독일어를 기반으로 한 올바른 증명 중 하나를 요약한다.

올바른 인수와 대부분의 잘못된 인수는 모두 다음 언어와 유사한 속성을 가진 언어가 문맥 자유롭지 않다는 사실을 활용한다.

$$\{xx \mid x \in \{a, b\}^*\} \tag{16.5}$$

이 언어는 두 개의 동일한 문자열이 연결된 문장으로 구성된다. 다음과 같은 관련 언어도 문맥 자유가 아니다.

$$a^n b^m c^n d^m \tag{16.6}$$

이러한 언어의 비 문맥 자유 특성은 문맥 자유 언어에 대한 펌핑 렘마로 표시할 수 있다.

교차 직렬
종속성

자연어가 문맥 자유 언어의 하위 집합이 아님을 증명하려는 시도는 자연어가 **교차 직렬 종속성**이라고 하는 이러한 xx 언어의 속성을 가지고 있음을 보여주면서 수행한다. 교차 직렬 종속성에서 단어 또는 더 큰 구조는 그림 16.5와 같이 왼쪽에서 오른쪽 순서로 관련된다. 임의적으로 긴 교차 직렬 종속성이 있는 언어는 xx 언어에 매핑될 수 있다.

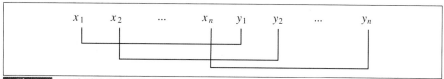

그림 16.5 교차 직렬 종속성의 개략도

호이브레츠(1984)와 샤이버(1985a)가 독자적으로 제안한 성공적인 증명(과학 분야에서 다중 발견의 확산으로 예상할 수 있음, 56페이지 참조)은 취리히에서 사용되는 스위스 독일어 방언이 교차 직렬 제약을 가지고 있음을 보여준다. 해당 언어의 특정 부분을 문맥 자유 언어 $a^n b^m c^n d^m$과 동일하게 만든다. 직감적으로 스위스 독일어는 문장이 일련의 여격명사와 대격명사, 일련의 수여동사, 뒤이어 대격동사의 문자열을 갖도록 허용한다.

샤이버(1985a)에 제시된 증명 버전을 따를 것이다. 첫째, 샤이버는 스위스 독일어가 동사와 그 인수가 교차 직렬로 정렬되도록 허용한다고 지적한다. 아래에 제시된 모든 예제 절 앞에 "*Jan säit das*"("Jan says that") 문자열이 있다고 가정한다.

(16.7)   *...mer em Hans   es huus   hälfed aastriiche...*
         we   Hans/DAT the house/ACC helped paint.
         "...we helped Hans paint the house."

의미적 종속성의 교차 직렬 특성에 유의한다. 두 명사 모두 두 동사 앞에 오며, *em Hans*(Hans)는 *hälfed*(helped)의 인수이고, and *es huus*(the house)는 *aastriiche*(paint)의 인수다. 게다가 명사와 동사 사이에는 대/소문자 간 의존성이 있다. *hälfed*(helped)는 여격이 필요하고, *em Hans*는 여격이고, *aastriiche*(paint)는 대격을 받고 *es huus*(the house)는 대격이다.

샤이버는 이 사례 표시가 다음과 같이 3중으로 내장된 교차 직렬 절에서도 발생할
수 있다고 지적한다.

(16.8) *...mer d'chind*　　　　　*em Hans　es　huus*　　　　*haend wele　　laa*
　　　　...we the children/ACC Hans/DAT the house/ACC have   wanted to let
　　　　hälfe aastriiche.
　　　　help paint.
　　　　"...we have wanted to let the children help Hans paint the house."

샤이버는 그러한 문장 중에서 모든 대격 *NP* 앞에 모든 여격 *NP*가 있고, 모든 대
격-하위 범주 *V* 앞에 모든 여격-하위 범주 *V*가 있는 문장이 허용된다는 점에 주목
한다.

(16.9) Jan säit das mer (d'chind)* (em Hans)* es huus haend wele laa* hälfe*
　　　　aastriche.

R 위의 정규 표현식을 보자. 정규 표현식(연결과 클레이니 스타만 있음)이기 때문에 정
규 언어를 정의해야 한다. 따라서 R과 스위스 독일어를 교차할 수 있다. 결과가 문맥
자유일 경우, 스위스 독일어도 마찬가지다.

그러나 스위스 독일어는 여격 목적어(*hälfe*)를 요구하는 동사의 수는 여격 NP(*em
Hans*)의 수와 동일해야 하며 대격의 경우에도 유사해야 한다. 또한 이 유형의 종속절
에서 임의 수의 동사가 발생할 수 있다(성능 제약에 따라 다름). 즉, 이 정규 언어를 스위
스 독일어와 교차한 결과는 다음과 같다.

(16.10) L = Jan säit das mer (d'chind)^n(em Hans)^m es huus haend wele (laa)^n (hälfe)^m
　　　　aastriiche.

그러나 이 언어는 문맥 자유의 $wa^n b^m xc^n d^m y$ 형식이다.

그래서 스위스 독일어가 문맥이 자유롭지 않다는 결론을 내릴 수 있다.

16.4 복잡성과 인간의 프로세싱

앞에서 영어의 비한정 상태를 주장하는 데 사용된 많은 문장(중앙 내포 문장처럼)이 이해하기 매우 어렵다는 점을 지적했다. 실제로 풀럼과 가즈다(1982)가 지적했듯이, 스위스 독일어를 구사하는 경우(또는 친구가 있는 경우), 스위스 독일어로 된 긴 교차 직렬의 문장도 따라하기 어렵다는 것을 알 수 있다.

> 정확하게 영어가 문맥 자유가 아니라는 다양한 증거를 나타내는 구조 유형은 인간의 처리 시스템에 엄청난 어려움을 야기하는 것으로 보인다...

이는 **복잡성**이라는 단어를 한 번 더 사용한다. 앞 절에서는 언어의 복잡성을 설명했다. 여기서 컴퓨터를 사용한 것만큼이나 심리적인 질문인 개별 문장의 복잡성으로 넘어간다. 왜 어떤 문장은 이해하기 어려운가? 이는 계산 과정에 대해 말해줄 수 있는가?

많은 것들이 문장을 이해하기 어렵게 만들 수 있다. 예를 들어 14장에서 예측할 수 없는 단어가 더 느리게 읽히는 것을 봤다. 즉, N그램 확률이 낮거나 구문 분석 확률이 낮은 경우다. 또한 14장에서 **오인 문장**에서 발생하는 중의성이 어떻게 어려움을 유발할 수 있는지 봤다. 가능한 구문 분석이 여러 개가 있는 경우, 사람 판독기(또는 청자)가 잘못된 구문 분석을 선택해 다른 구문으로 다시 전환할 때 이중 작업이 발생한다. 문장 어려움에 영향을 미치는 다른 요인으로는 이상한 의미와 잘못된 필사물이 있다.

또 다른 종류의 어려움은 인간의 기억력 한계와 관련되며, 이러한 특정한 종류의 복잡성("언어적 복잡성" 또는 "통사적 복잡성"이라고 함)은 이전 절의 형식 언어 복잡성과 흥미로운 관계를 갖는 것이다.

사람들이 읽으려고 할 때 어려움을 야기하는 깁슨(1998)의 다음 문장을 고려한다(문장이 극단적인 처리를 어렵게 한다는 것을 의미하기 위해 #을 사용함). 각각의 경우에 (ii) 예는 (i) 예보다 훨씬 더 복잡하다.

(16.11) (i) The cat likes tuna fish.

(ii) #The cat the dog the rat the goat licked bit chased likes tuna fish.

(16.12) (i) The child damaged the pictures which were taken by the photographer who the professor met at the party.

(ii) #The pictures which the photographer who the professor met at the party took were damaged by the child.

(16.13) (i) The fact that the employee who the manager hired stole office supplies worried the executive.

(ii) #The executive who the fact that the employee stole office supplies worried hired the manager.

이 유형의 문장에 대한 최초의 연구에서는 모두 중첩 또는 센터 임베딩이 있음을 발견했다(Chomsky, 1957; Yngve, 1960; Chomsky and Miller, 1963; Miller and Chomsky, 1963). 즉, 모두 구문 범주 A가 다른 범주 B 내에 중첩되고 다른 단어(X 및 Y)로 둘러싸인 예제를 포함한다.

$$[_B \, X \, [_A] \, Y]$$

위의 각 예에서 파트(i)에는 0개 또는 1개의 임베딩이 있고, 파트(ii)에는 2개 이상의 임베딩이 있다. 예를 들어 (16.11ii)에는 서로 내부에 포함된 세 개의 축소된 상대 절이 있다.

(16.14) # $[_S$ The cat $[_{S'}$ the dog $[_{S'}$ the rat $[_{S'}$ the goat licked] bit] chased] likes tuna fish].

(16.12ii)에서 *"who the professor met at the party"*라는 관계사절은 *the photographer*와 *took* 사이에 내포돼 있다. 그러고 나서 *which the photographer...took*이라는 관계사절은 *The pictures*와 *were damaged by the child* 사이에 내포된다.

(16.15) #The pictures [which the photographer [who the professor met at the party] took] were damaged by the child.

(16.11ii)~(16.13ii)의 복잡한 문장에 사용된 구조가 더 쉬운 문장 (16.11i)~(16.13i)에 사용된 구조와 동일하기 때문에 이러한 중첩 구조의 어려움은 문법이 맞지 않아 발생하는 것이 아니다. 쉬운 문장과 복잡한 문장의 차이는 임베딩의 수와 관련이 있는 것 같다. 그러나 N개의 임베딩을 허용하지만 N + 1 임베딩을 허용하지 않는 문법을 작성하는 자연스러운 방법은 없다. 오히려 이러한 문장의 복잡성은 처리 현상

으로 보인다. 인간의 구문 분석 메커니즘에 대한 일부 사실은 영어와 다른 언어에서 이러한 종류의 다중 중첩을 처리할 수 없다(Cowper, 1976; Babyonyshev and Gibson, 1999).

이 문장들의 어려움은 "메모리 한계"와 관련이 있다. 초기 형식 문법가들은 파서가 임베딩을 처리하는 방법과 관련이 있을 수 있다고 시사했다. 예를 들어 잉베(1960)는 인간 파서가 제한된 크기의 스택을 기반으로 하고 파서가 스택에 저장해야 하는 불완전한 구문 구조 규칙일수록 문장이 더 복잡하다고 시사했다. 밀러와 촘스키(1963)는 **셀프 임베디드** 구조가 특히 어렵다는 가설을 세웠다. 셀프 임베디드 구조는 A의 다른 예에 중첩되고 다른 단어(아래의 x 및 y)로 둘러싸인 구문 범주 A를 포함한다. 스택 기반 파서가 스택에 있는 두 개의 규칙 사본을 혼동할 수 있기 때문에 이러한 구조는 어려울 수 있다.

셀프 임베디드

$$
\begin{array}{c}
A \\
\overset{\displaystyle\frown}{} \\
x \; A \; y
\end{array}
$$

더 이상 복잡성 문제가 실제 스택과 관련이 있다고는 생각하지 않지만, 이러한 초기 모델의 직관은 중요하다. 예를 들어 임베딩 수가 동일한 문장 사이에는 주어 추출 관계절(16.16ii)과 목적어 추출 관계절(16.16i) 사이에 잘 알려진 차이와 같은 복잡성 차이가 있다는 것을 이제 알게 됐다.

(16.16) (i) [$_S$ The reporter [$_{S'}$ who [$_S$ the senator attacked]] admitted the error].

(ii) [$_S$ The reporter [$_{S'}$ who [$_S$ attacked the senator]] admitted the error].

예를 들어 주어 추출 관계절은 읽는 데 걸리는 시간 및 기타 요인을 기준으로 처리하기가 더 어렵다(MacWhinney, 1977, 1982; MacWhinney and Csaba Pléh, 1988; Ford, 1983; Wanner and Maratsos, 1978; King and Just, 1991; Gibson, 1998). 실제로 칼슨(2007)은 7개 언어의 연구에서 센터 임베딩의 문법이 특정 구문 구조(예: 관계절 대 목적어의 이중 상대화)에 많이 의존한다는 것을 보여줬다. 구식 스택 기반 모델의 또 다른 문제는 담화 요인이 다음과 같은 이중 중첩 예제와 같이 일부 이중 중첩 관계절을 더 쉽게 처리할 수 있다는 사실이다.

(16.17) The pictures [that the photographer [who I met at the party] took] turned out very well.

이 구조를 덜 복잡하게 만드는 것은 임베디드 NP들 중 하나가 단어 *I*이고, *I*와 *You*와 같은 대명사는 아마도 새로운 실체를 담론에 도입하지 않았기 때문에 처리하기가 더 쉬워 보인다는 것이다.

이 데이터를 설명하는 하나의 인간 파싱 모델은 Dependency Locality Theory (Gibson, 1998, 2003)이다. DLT의 직관은 목적격 관계절이 어떤 동사 앞에 나오는 두 개의 명사가 있기 때문에 어렵다는 것이다. 독자는 이 두 명사가 문장에 어떻게 적합한지 모르는 상태에서 이 두 명사를 고정시켜야 한다.

좀 더 구체적으로 DLT는 새로운 단어 *w*를 통합하는 처리 비용이 *w*와 *w*가 통합되는 구문 항목 사이의 거리에 비례한다. 거리는 단어뿐만 아니라 얼마나 많은 새로운 구절이나 담화 대상이 동시에 기억돼야 하는지 측정한다. 따라서 단어가 예측된 이후 새로운 담화 대상이 개입하는 경우, 단어에 대한 메모리 로드가 더 높다. 따라서 DLT는 NP의 시퀀스 중 하나가 이미 담화에서 활성화된 대명사이면 처리하기 쉽게 만들 수 있다고 예측한다((16.17)에서 설명).

요약하면, 이러한 센터 임베디드 및 기타 예제의 복잡성은 40년 전에 처음 생각했던 것처럼 스택 크기를 구문 분석하는 직접적인 링크는 아니지만 메모리와 관련이 있는 것 같다. 최근 연구는 복잡성과 확률론적 구문 분석 사이의 관계에 초점을 맞추어 복잡성이 예상치 못한 (낮은 확률, 높은 엔트로피) 구조로 인해 발생할 수 있음을 시사했다(Hale, 2006; Levy, 2008; Moscoso del Prado Martín et al., 2004b; Juola, 1998). 기억 요인과 정보 이론 및 통계적 구문 분석 요인으로 인한 복잡성 간의 관계를 이해하는 것은 이제 막 조사되기 시작한 흥미로운 연구 분야다.

16.5 요약

16장에서는 두 가지 다른 **복잡성** 개념, 즉 형식 언어의 복잡성과 인간 문장의 복잡성을 소개했다.

- 문법은 생성력으로 특징지을 수 있다. 한 문법은 다른 문법이 정의할 수 없는 언어를 정의할 수 있다면, 다른 문법보다 생성력이나 **복잡성**이 더 크다. **촘스키 계층 구조**는 생성력에 기반한 문법 계층 구조다. 여기에는 **튜링 등가, 문맥 인식, 문맥 자유 정규 문법**이 포함된다.

- **펌핑 렘마**는 주어진 언어가 규칙적이지 않다는 것을 증명하는 데 사용할 수 있다. 영어를 비정규로 만드는 문장의 종류는 사람들이 구문 분석하기 어려운 문장이지만 영어는 정규 언어가 아니다. 그 반대를 증명하려는 수십 년의 시도에도 불구하고 영어는 문맥 자유 언어다. 대조적으로 스위스-독일어의 구문과 밤바라어의 형태는 문맥 자유가 아니며, 약간 문맥 인식 문법이 필요한 것처럼 보인다.

- **센터 임베디드**된 특정 문장은 사람들이 구문 분석하기 어렵다. 많은 이론은 이러한 어려움이 어떻게든 인간 파서의 **메모리 제한**으로 인해 발생한다는 데 동의한다.

참고문헌 및 역사 참고 사항

촘스키(1956)는 처음에 유한 상태 오토마타 또는 문맥 자유 문법이 영어 구문을 포착하기에 충분한지 질문했다. 그 논문에서 영어 구문에는 "구문 구조로 쉽게 설명할 수 없는 예"가 포함돼 있다는 제안은 구문 변환 개발의 동기가 됐다.

촘스키의 증명은 $\{xx^R : x \in \{a, b\}^*\}$. x^R 언어를 기반으로 한다. x^R은 "x의 역"을 의미하기 때문에 이 언어의 각 문장은 a와 b의 문자열 다음에 문자열의 역 또는 "경상"으로 구성된다. 이 언어는 규칙적이지 않다. 파티 외 연구진(1990)은 이를 정규 언어 aa^*bbaa^*와 교차시켜 보여준다. 결과적 언어는 $a^n b^2 a^n$이다. 독자(연습 16.3)가 펌핑 렘마에 의해 규칙적이지 않다는 것을 보여주기 위한 연습으로 남긴다.

촘스키의 증명은 영어가 다음과 같은 영어 구문 구조의 다중 임베딩에 의존해 거울과 같은 속성을 가지고 있음을 보여준다. 여기서 $S_1, S_2, ..., S_n$은 영어로 평서문이다.

- If S_1, then S_2
- Either S_3, or S_4
- The man who said S_5 is arriving today

자세한 내용은 촘스키(1956)를 참조한다.

풀럼(1991, 131~146 페이지)은 자연어의 비문맥 자유에 대한 연구의 결정적인 역사적 연구이다. 자연어가 비문맥 자유를 증명하려는 시도의 초기 역사는 풀럼과 가즈다(1982)에 요약돼 있다. 펌핑 렘마는 원래 바 힐렐 외 연구진(1961)은 유한 상태 및 문맥 자유 언어의 폐쇄 및 결정 가능성 속성에 대한 여러 중요한 증거를 제공한다. 문맥 자유 언어(Bar-Hillel et al. (1961)에도 있음)에 대한 펌핑 렘마를 포함한 자세한 내용은 홉크로프트 및 울만(1979)과 같은 오토마타 이론 교본에서 찾을 수 있다.

인간 파서가 유한 상태라면 센터 임베디드 문장의 어려움을 설명할 수 있다는 잉베의 생각은 처치(1980) 석사 논문에서 다뤄졌다. 처치는 이 생각을 구현하는 유한 상태 파서가 다른 여러 문법 및 심리 언어학 현상을 설명할 수도 있음을 보여줬다. 인지 모델링 분야는 복잡성의 보다 정교한 모델로 전환됐지만, 처치의 작업은 1980년대와 1990년대를 특징으로 하는 음성 및 언어 처리에서 유한 상태 모델로의 회귀하는 시작으로 볼 수 있다.

복잡성을 다른 여러 방법으로 살펴볼 여지가 없다. 하나는 언어 처리가 NP완전인지 여부다. **NP완전**NP-complete은 특히 처리하기 어려운 것으로 의심되는 문제 부류의 명칭이다. 바튼 Jr.외 연구진(1987)은 자연어 인식 및 구문 분석의 NP완전에 대한 여러 복잡성 결과를 입증한다.

NP완전

1. 무한 길이 문장의 어휘 및 일치 기능의 중의성을 유지하면 어휘 기능 문법과 같은 일부 통일 기반 형식의 문장을 NP완전하게 인식하는 문제가 발생한다.

2. 2단계 형태론적 구문 분석(또는 어휘 형태와 표면 형태 사이의 매핑)도 NP완전이다.

마지막으로, 최근 연구는 가중된 문맥 자유 문법(각 규칙이 가중치를 갖는)과 확률론적 문맥 자유 문법(비터미널에 대한 규칙의 가중치가 1이어야 하는 경우)이 동등하게 표현된다는 것을 보여주는 다양한 확률론적 문법의 표현력을 조사했다(Smith and Johnson, 2007; Abney et al., 1999a; Chi, 1999).

연습

16.1 언어 anb2는 문맥 자유인가?

16.2 펌핑 렘마를 사용해 이 언어가 규칙적이지 않음을 보여라.

$$L = x^n y^{n-1} \text{ likes tuna fish}, x \in A, y \in B$$

16.3 파티 외 연구진(1990)은 xx^R, $x \in a$, $b*$라는 언어가 정규 언어 aa^*bbaa^*와 교차해 규칙적이지 않음을 보여줬다. 결과적 언어는 $a^n b^2 a^n$이다. 펌핑 렘마를 사용해 이 언어가 규칙적이지 않음을 보여주고 xx^R, $x \in a$, $b*$가 규칙적이지 않다는 증거를 완성하라.

16.4 문맥 자유 언어 문법을 구축하라.

$$L = \{xx^R | x \in a, b*\}$$

17
의미표현상

여기서 소개하고 다음 네 장에서 자세히 설명하는 의미론에 대한 접근법은 언어적 표현의 의미가 **의미 표현**이라고 부르는 형식적 구조에서 포착될 수 있다는 개념에 기초한다. 이에 따라 이러한 표현의 구문과 의미를 지정하는 프레임워크를 **의미 표현 언어**라고 한다. 이러한 의미 표현은 16장에서 소개한 음운론, 형태론 및 통사론 표현과 유사한 역할을 한다.

의미 표현의 필요성은 다듬어지지 않은 언어 입력이나 지금까지 연구한 변환기에 의해 파생될 수 있는 구조가 필요한 종류의 의미 처리를 용이하게 하지 않을 때 발생한다. 더욱 구체적으로, 필요한 것은 언어 입력에서 언어 입력의 의미를 포함하는 작업을 수행하는 데 필요한 영역의 비언어적 지식까지의 차이를 연결하는 표현이다. 이 개념을 설명하기 위해 자연어의 어떤 형태의 의미 처리가 필요한 다음과 같은 일상적인 언어 작업을 고려한다.

- 시험에서 에세이 질문에 답하기
- 식당에서 메뉴를 보고 무엇을 주문할지 결정하기
- 설명서를 읽고 새로운 소프트웨어 사용 방법 배우기

의미 표현

의미 표현
언어

- 모욕을 당했음을 깨닫기
- 레시피 따르기

이미 논의한 음운론적, 형태론적, 통사론적 표현에 접근하는 것만으로는 이러한 작업을 수행하는 데 그리 효력이 없다. 오히려 작업에 포함된 언어적 요소를 성공적으로 수행하는 데 필요한 비언어적인 영역와 연결하는 표현 접근이 필요하다. 예를 들어 위의 작업을 수행하는 데 필요한 일부 영역 지식에는 다음을 포함한다.

- 에세이 문제에 답하고 점수를 매기는 데는 문제의 주제, 학생들이 원하는 지식 수준, 그러한 질문들이 보통 어떻게 답이 되는지에 대한 배경지식이 필요하다.
- 메뉴를 읽고 무엇을 주문할지 결정하고, 저녁 식사 장소에 대한 조언을 제공하고, 조리법을 따르고, 새로운 조리법을 생성하려면 음식, 조리 방법, 사람들이 좋아하는 음식, 식당에 대한 지식이 필요하다.
- 설명서를 읽거나 소프트웨어 사용 방법에 대한 조언을 제공해 소프트웨어 사용 방법을 배우려면 현재 컴퓨터, 문제의 특정 소프트웨어, 유사한 소프트웨어 애플리케이션 및 일반적인 사용자에 대한 지식이 필요하다.

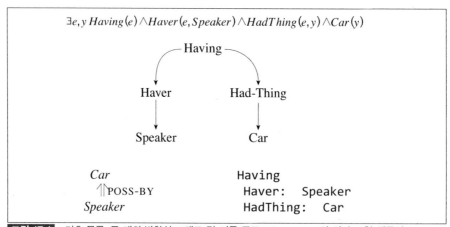

그림 17.1 기호 목록, 두 개의 방향성 그래프 및 기록 구조: *I have a car*의 의미 표현 샘플러

여기서 제시되고, 다음 네 장에서 자세히 설명된 표현 방식에서, 언어 표현이 의미 표현들을 가지고 있다고 가정한다. 이런 종류의 일상적이고 상식적인 지식을 나타내

기 위해 사용되는 동일한 종류로 구성돼 있다. 이러한 표현이 생성되고, 언어 입력에 할당하는 과정을 **의미 분석**이라고 한다.

이러한 개념을 좀 더 구체적으로 만들기 위해 4개의 대표적인 의미 표현 언어를 사용해 *I have a car* 문장에 대한 샘플 의미 표현을 보여주는 그림 17.1을 고려해보자. 첫 번째 행은 17.3절에서 자세히 설명하는 **1차 논리**의 문장을 보여준다. 가운데 그래프는 17.5절에서 더 자세히 설명된 **시멘틱 네트워크**의 예다. 세 번째 행에는 19장에서 자세히 설명하는 **개념적 종속성** 다이어그램과 마지막으로 17.5절과 22장에서 **프레임 기반** 표현을 다시 논한다.

이러한 접근 방식 간에는 사소한 차이가 있지만, 추상적 단계에서는 의미 표현이 일련의 기호 또는 표현 어휘로 구성된 구조로 구성된다는 개념을 공통적인 기초로 공유한다. 적절하게 배열될 때, 이러한 기호 구조는 목적어, 목적어의 속성 및 특정 상태가 표현되는 목적어 간의 관계에 해당하는 것으로 간주된다. 이 경우 네 가지 표현은 모두 화자, a car, 소유를 나타내는 관계에 해당하는 기호를 사용한다.

이러한 표현은 이러한 네 가지 접근 방식 모두에서 적어도 두 가지 다른 관점에서 볼 수 있다는 점에 유의하는 것이 중요하다. 특정 언어 입력 *I have a car*의 의미 표현과 어떤 상황 표현으로 볼 수 있다. 이러한 표현들이 영역과 지식의 언어적 입력들을 연결시키는 데 사용될 수 있게 하는 것이 바로 이 이중적인 관점이다.

책의 이 부분의 구조는 이전 부분의 구조와 유사하다. 의미 표현의 본질에 대한 논의와 이를 생성할 수 있는 컴퓨터 프로세스에 대한 논의를 번갈아 가며 살펴 본다. 보다 구체적으로, 이 장에서는 의미 표현에 필요한 기본 사항을 소개하고, 18장에서는 언어 입력에 의미를 할당하는 여러 기술을 소개한다. 19장은 단어 의미와 관련된 복잡한 표현 문제의 범위를 탐구한다. 그런 다음 20장은 이러한 어휘 표현을 활용하게 설계된 몇 가지 강력한 컴퓨터를 이용한 방법을 탐구한다.

17장은 의미 표현에 대한 기본적인 요구 사항 중 일부만 다루며, 몇 가지 매우 중요한 문제는 18장에서 다룬다. 특히, 17장은 때때로 문장의 문자적 의미를 표현하는 데 초점을 둔다. 단어들을 만드는 데 사용되는 단어들의 전통적인 의미와 밀접하게 연관돼 있고, 단어가 발생하는 문맥의 많은 부분을 반영하지 않는 표현들을 염두에 둔다. 관용구 및 은유와 같은 현상에 관한 표현의 단점은 19장에서 설명하며, 더 큰 범위의 담화 표현을 생성하는 과제는 21장에서 다룬다.

17장에는 다섯 가지 주요 부분이 있다. 17.1절은 의미 표현 언어에서 필요한 주요 컴퓨터의 요구 사항 중 일부를 탐색한다. 17.2절은 이러한 표현이 필요한 작업을 수행한다는 일부 보장을 제공할 수 있는 방법에 대해 논의한다. 그런 다음 17.3절에서는 자연어 의미론의 문제를 조사하는 데 있어 역사적으로 기본 기법인 1차 논리를 소개한다. 그런 다음 17.4절에서는 FOL을 사용해 이벤트 및 상태의 의미를 영어로 캡처하는 방법을 설명한다.

17.1 표현에 대한 컴퓨터 요구 사항

의미 표현이 왜 필요한지 그리고 우리를 위해 무엇을 해야 하는지에 대한 문제를 고려하는 것으로 시작한다. 예시로 관광객에게 식당 안내를 제공하는 작업을 자세히 살펴본다. 이 논의에서는 관광객의 음성 쿼리를 받아들이고, 관련 특정 분야의 지식 기반을 사용해 적절한 응답을 구성하는 컴퓨터 시스템이 있다고 가정한다. 일련의 예는 의미 표현이 충족해야 하는 몇 가지 기본 요구 사항과 그러한 의미 표현을 설계하는 과정에서 불가피하게 발생하는 몇 가지 복잡한 문제를 소개하는 데 도움이 된다. 이러한 각 예에서 요청을 충족하는 과정에서 요청의 의미 표현이 수행하고자 하는 역할을 살펴보겠다.

17.1.1 검증 가능성

먼저 다음의 간단한 질문을 생각해보자.

(17.1)   Does Maharani serve vegetarian food?

이 예는 의미 표현의 가장 기본적인 요건을 보여준다. 우리가 알고 있는 문장의 의미와 영역 사이의 관계를 결정하기 위해 표현을 사용하는 것이 가능해야 한다. 다시 말해, 표현의 사실성을 결정할 수 있어야 한다. 17.2절에서는 이 주제에 대해 상세히 설명한다. 일단, 영역에 대한 정보의 축적으로, 컴퓨터 시스템에 표현식을 **지식 기반**의 표현과 비교하거나 일치시킬 수 있는 능력을 줄 수 있다고 가정해본다.

이 예에서, 이 질문의 의미에는 *Maharani serves vegetarian food*라고 가정한다. 현재로서는 이 표현을 다음과 같이 간단히 설명하겠다.

$$Serves(Maharani, VegetarianFood) \tag{17.2}$$

식당 세트에 대한 사실의 지식 기반과 일치하는 입력의 표현이다. 시스템이 지식 기반에서 입력 제안과 일치하는 표현을 찾으면 긍정적인 답변을 반환할 수 있다. 그렇지 않으면, 현지 식당에 대한 지식이 완전하다면 *No*라고 말하거나 자신의 지식이 불완전하다고 믿을 만한 이유가 있는지 모른다고 말해야 한다.

검증 가능성 **검증 가능성**으로 알려진 이 개념은 기술 자료에서 모델링된 일부 영역의 상황과 표현으로 설명된 상황을 비교하는 시스템의 기능과 관련이 있다.

17.1.2 중의적이지 않은 표현

우리가 연구한 다른 모든 영역과 마찬가지로 의미론의 영역은 중의적이다. 특히, 개별 언어 표현은 발생하는 상황에 따라 합법적으로 서로 다른 의미 표현이 할당될 수 있다. BERP 코퍼스의 다음 예를 고려한다.

(17.3) I wanna eat someplace that's close to ICSI.

동사 *eat*의 허용 가능한 인수 구조를 감안할 때, 이 문장은 화자가 가까운 어떤 장소 at에서 식사를 하고 싶어한다는 것을 의미하거나, Godzilla-as-speaker의 해석에 따르면, 화자는 가까운 몇몇 장소를 먹어치우고 싶어할 수 있다. 이 요청에 대해 시스템에서 생성된 대답은 올바른 해석으로 선택된 해석에 따라 달라진다.

이와 같은 중의성은 모든 언어의 모든 장르에 있기 때문에 특정 해석이 다른 해석보다 선호(또는 선호되지 않음)를 결정하는 수단이 필요하다. 이러한 중의성을 유발하는 다양한 언어 현상과 이를 처리하는 데 사용할 수 있는 기술은 다음 4개의 장에서 자세히 설명한다.

그러나 17장에서 우리의 관심은 올바른 해석에 도달할 수 있는 수단이 아니라 중의성과 관련해 의미 표현의 상태에 있다. 언어 입력의 의미적 내용에 대해 추론하고 이에 따라 조치를 취하기 때문에 입력의 의미에 대한 최종 표현에는 중의성이 없어야

한다.[1]

모호성 　중의성^{ambiguity}과 밀접하게 관련된 개념은 **모호성**^{vagueness}이다. 중의성과 마찬가지로
모호성은 의미 표현을 기반으로 특정 입력으로 수행할 작업을 결정하기 어렵게 만들
수 있다. 그러나 모호성이 다중 표현을 일으키지는 않는다. 다음 요청을 예로 고려
한다.

(17.4) I want to eat Italian food.

Italian food 문구를 사용하면 식당 어드바이저가 합리적인 추천을 할 수 있을 만큼
충분한 정보를 제공할 수 있다. 하지만 사용자가 정말로 먹고 싶은 것이 무엇인지에
대해서는 상당히 모호하다. 따라서 이 구문의 의미를 모호하게 표현하는 것이 어떤
목적에 적합할 수 있는 반면, 다른 목적에는 좀 더 구체적인 표현이 필요할 수 있다.
따라서 의미 표현 언어에 있어 특정 수준의 모호함을 유지하는 표현을 지원하는 것이
유리할 것이다. 중의성과 모호함을 구별하는 것이 항상 쉬운 것은 아니라는 것을 주
의한다. 츠비키 및 사독(1975)은 진단용으로 사용할 수 있는 유용한 테스트 세트를 제
공한다.

17.1.3 기본형

단일 문장에 여러 의미를 할당할 수 있다는 개념은 동일한 의미 표현을 할당해야 하
는 별개의 입력과 관련된 현상으로 이어진다. 다음과 같은 표현 방법(17.1)을 고려
한다.

(17.5) Does Maharani have vegetarian dishes?

(17.6) Do they have vegetarian food at Maharani?

(17.7) Are vegetarian dishes served at Maharani?

(17.8) Does Maharani serve vegetarian fare?

이러한 대안들이 서로 다른 단어를 사용하고 통사론적 분석이 매우 다양하기 때문
에, 실질적으로 다른 의미 표현을 가질 것으로 예측하는 것은 합리적이다. 그러나 이

1　하나의 명확한 형태로 가는 과정에서 어느 정도의 중의성을 유지하는 중간 의미 표현 사용을 배제하지 않는다. 그러한 표
현의 예는 18장에 설명돼 있다.

러한 상황은 어떻게 표현의 진위를 결정하느냐에 대해 바람직하지 않은 결과를 초래
할 것이다. 시스템의 지식 기반이 문제의 사실에 대한 단일 표현만을 포함하고 있다
면, 우리의 대안 중 하나를 제외한 모든 것의 기초가 되는 표현들은 일치 항목을 생성
하지 못할 것이다. 물론, 동일한 사실에 대한 가능한 모든 대안적 표현을 지식 기반에
저장할 수 있지만, 그렇게하면 지식 기반을 일관성 있게 유지하는 것과 관련된 수많
은 문제가 발생할 수 있다.

이 딜레마에서 벗어나는 방법은 각 대안에 대해 제공된 답변이 모든 상황에서 동일
해야 하기 때문에 적어도 식당 추천을 제공할 목적으로 모두 동일한 의미라고 말할
수 있다는 사실에 동기가 부여된다. 즉, 적어도 이 영역에서는 이러한 각 요청의 기본
이 되는 명제에 동일한 의미 표현을 할당하는 것을 합법적으로 고려할 수 있다. 이러
한 접근 방식을 취하면 예-아니요 질문에 대답하는 간단한 계획이 여전히 작동할 것
이다.

기본형　　　동일한 것을 의미하는 입력은 동일한 의미 표현을 가져야 한다는 개념의 **기본형**의
원칙이다. 이 접근 방식은 시스템이 잠재적으로 광범위한 표현에 대해 단일 의미 표
현만 처리하면 되기 때문에, 다양한 추론 작업을 크게 단순화한다.

물론 기본형은 의미 분석 작업을 복잡하게 만든다. 이를 확인하기 위해, 위에 제공
된 대안은 완전히 다른 단어와 통사론을 사용해 채식 음식과 식당에서 수행하는 작업
을 나타낸다. 보다 구체적으로 이러한 모든 요청에 동일한 표현을 할당하기 위해 시
스템은 *vegetarian fare*, *vegetarian dishes*, *vegetarian food*가 이 맥락에서 동일한
것을 의미한다고 결론을 내릴 수 있다. *haveing*과 *serving*은 비슷하게 동일하며 이러
한 요구의 기초가 되는 다른 통사적 분석은 모두 동일한 의미 표현과 호환된다.

이러한 다양한 입력에 동일한 표현을 할당할 수 있다는 것은 어려운 일이다. 다행
히도 단어 의미와 문법 구조 간의 체계적인 의미 관계를 활용해 이 작업을 다루기 쉽
게 만들 수 있다. 이 예에서 단어 *food*, *dish*, *fare*의 의미 문제를 고려한다. 약간의 성
찰이나 사전을 훑어보면 이 단어들이 상당히 많은 뚜렷한 용도를 가지고 있음을 알
수 있다. 또한 모두가 적어도 하나의 의미를 공유하고 있음을 보여준다. 시스템에 공
유된 의미를 선택할 수 있는 기능이 있는 경우, 이러한 단어를 포함하는 구문에 동일
한 의미 표현을 할당할 수 있다.

단어 의미

단어 의미
중의성 해소

　　일반적으로 이 단어들은 모두 다양한 **단어 의미**를 가지고 있으며, 일부 의미는 동의
어라고 한다. 문맥에서 올바른 의미를 선택하는 과정을 품사 태깅과 유사하게 **단어 의
미 중의성 해소** 또는 단어 의미 태깅이라고 한다. 동의어, 의미 태깅 및 단어 의미와 관
련된 기타 주제는 19장과 20장에서 다룬다. 입력이 다른 단어를 사용할 수 있다는 사
실이 동일한 의미 할당을 배제하지 않는다고만 말해두자.

　　서로 다른 단어의 의미들 사이에 체계적인 관계가 있는 것처럼 문장에 의미를 부여
하는 데 있어 구문 분석이 하는 역할과 유사한 관계가 있다. 특히, 대체 구문 분석은
동일하진 않지만 적어도 서로 체계적으로 관련된 의미를 갖는 경우가 많다. 다음 쌍
의 예를 고려한다.

(17.9)　Maharani serves vegetarian dishes.

(17.10) Vegetarian dishes are served by Maharani.

　　이 예에서 *serve*에 대한 인수의 배치가 다르지만, 능동 및 수동 문장 구성 간의 관
계에 대한 지식 때문에, 이 두 예에서 동일한 역할에 *Maharani*와 *vegetarian dishes*
를 할당할 수 있다. 특히, 이러한 구성에서 문법적 주어와 직접목적어가 어디에 나타
나는지에 대한 지식을 사용해 서버의 역할에 *Maharani*를 할당하고, 이 두 예에서 제
공되는 것의 역할에 *vegetarian dishes*를 할당할 수 있다. 서로 다른 표면 위치에 나
타난다. 의미 표현 구성에서 문법의 정확한 역할은 18장에서 다룬다.

17.1.4 추론 및 변수

의미 표현이 제공돼야하는 컴퓨터의 목적에 대한 주제를 계속 진행하면서 다음과 같
은 더 복잡한 요청을 고려해야 한다.

(17.11) Can vegetarians eat at Maharani?

여기서, 시스템이 이전의 예시와 같은 표현을 요청에 할당하도록 강제하기 위해 표준
형식을 호출하는 것은 실수일 것이다. 이 요청이 다른 사람들과 같은 대답을 하게 된
다는 것은 의미가 같기 때문이 아니라 채식주의자가 먹는 것과 채식 식당이 제공하는
것 사이에 상식적인 연관성이 있기 때문이다. 이는 특정 종류의 언어 규칙이 아니라

관례적 사실이다. 이는 기본형과 단순 일치에 기반한 접근 방식이 요청에 대한 적절한 답변을 제공하지 않음을 의미한다. 필요한 것은 요청의 의미 표현을 지식 기반에 표현된 세상에 관한 사실과 연결하는 체계적인 방법이다.

추론　　　**추론**이라는 용어를 사용해, 입력의 의미 표현 및 배경지식 저장소를 기반으로 유효한 결론을 도출하는 시스템의 능력을 일반적으로 지칭한다. 시스템이 지식 기반에 명시적으로 표현되지는 않았지만 존재하는 명제에서 논리적으로 도출할 수 있는 명제의 진리에 대한 결론을 도출할 수 있어야 한다.

이제 다음과 같은 다소 복잡한 요청을 고려한다.

(17.12) I'd like to find a restaurant where I can get vegetarian food.

이전의 예와 달리, 이 요청은 어떤 특정 식당에도 언급되지 않는다. 사용자는 채식 음식을 제공하는 식당인 알려지지 않은 익명의 실체에 대한 정보를 얻고자 한다. 이 요청에는 특정 식당에 대한 언급이 없기 때문에, 우리가 주장해온 간단한 매칭 기반 접근 방식은 통하지 않을 것이다. 오히려 요청에 응답하려면 변수 사용과 관련된 더 복잡한 종류의 일치가 필요하다. 다음과 같은 변수를 포함하는 표현을 설명할 수 있다.

$$Serves(x,\ VegetarianFood) \tag{17.13}$$

그러한 명제를 일치시키는 것은 전체 명제가 일치하는 방식으로 변수 x가 지식 기반에서 이미 알고 있는 객체로 대체될 수 있는 경우에만 성공한다. 그런 다음 변수를 대체하는 개념을 사용해 사용자의 요청을 수행할 수 있다. 물론, 이 간단한 예는 그러한 변수들의 사용과 관련된 문제들을 암시할 뿐이다. 언어 입력에는 모든 종류의 분명히 규정되지 않은 참조의 많은 예가 포함돼 있기 때문에 의미 표현 언어가 이러한 종류의 표현을 처리할 수 있는 것이 중요하다.

17.1.5 표현성

마지막으로, 의미 표현 체계가 유용하려면 매우 광범위한 주어를 다룰 수 있을 만큼 충분히 표현돼야 한다. 물론 이상적인 상황은 모든 합리적인 자연어 발화의 의미를 적절하게 나타낼 수 있는 단일 의미 표현 언어를 갖는 것이다. 이는 아마도 단일 표현

시스템에서 예측하기에는 너무 많겠지만, 17.3절에 설명된 것처럼 1차 논리는 표현해야 할 많은 것을 처리하기에 충분히 표현한다.

17.2 모델 이론적 의미론

잎의 두 절에서는 의미 표현에 대한 다양한 요구 자료와 자연어가 의미를 전달하는 몇 가지 방법에 중점을 뒀다. 우리가 원하는 모든 것을 할 수 있게 해주는 표현 언어를 의미하는 형식적인 언급을 많이 하지 않았다. 특히 이러한 표현이 우리가 요구하는 작업을 수행할 수 있다는 일종의 보장을 원할지도 모른다. 단순한 형식적 표현에서 영역에 대해 알려주는 표현으로의 격차를 해소한다.

이러한 보장을 제공하는 방법을 알아보기 위해 대부분의 의미 표현 체계에서 공유하는 기본 개념부터 시작한다. 공통적으로 가지고 있는 객체, 객체의 속성 및 객체 간의 관계를 나타내는 능력이다. 이 관점은 **모델**의 개념으로 공식화될 수 있다. 기본 개념은 모델이 우리가 표현하려는 영역을 나타내는 공식적인 구성이라는 것이다. 의미 표현 언어의 표현식은 체계적인 방식으로 모델의 요소에 매핑될 수 있다. 모델이 영역과 관련해 우리가 관심 있는 사실을 정확하게 포착하는 경우, 의미 표현과 모델 간의 체계적인 매핑은 의미 표현과 고려 중인 영역 사이에 필요한 다리 역할을 한다. 우리가 보여주듯이, 모델은 의미 표현 언어에서 표현을 기반으로 하는 놀랍도록 간단하고 강력한 방법을 제공한다.

시작하기 전에 알아야 할 몇 가지 용어가 있다. 의미 표현의 어휘는 비논리적 어휘와 논리적 어휘의 두 부분으로 구성된다. **비논리적 어휘**는 우리가 표현하려는 관례를 구성하는 객체, 속성 및 관계에 대한 제약을 두지 않은 이름 집합으로 구성된다. 이들은 술어, 노드, 링크의 레이블 또는 프레임의 슬롯에 있는 레이블로 다양한 체계로 나타난다. **논리적 어휘**는 주어진 의미 표현 언어로 표현식을 구성하기 위한 공식 수단을 제공하는 기호, 연산자, 양화사, 링크 등의 폐집합으로 구성된다.

먼저 의미 표현에 대한 비논리적인 어휘의 각 요소가 모델에 **명시적 의미**를 나타내도록 한다. 참고로, 비논리적인 어휘의 모든 요소는 모델의 고정되고 잘 정의된 부분에 해당한다는 것을 의미한다. 가장 기본적인 개념인 객체부터 시작한다. 모델의 **도메인**

(좌측 여백 용어: 모델 / 비논리적 어휘 / 논리적 어휘 / 명시적 의미 / 도메인)

은 단순히 애플리케이션 또는 상태 중 일부인 객체의 집합이다. 애플리케이션의 각 개별 개념, 범주 또는 각 도메인의 고유 요소를 나타낸다. 따라서 도메인은 형식적인 집합이다. 도메인의 모든 요소가 의미 표현에 해당하는 개념을 갖는 것은 필수가 아니다. 의미 표현에서 언급되거나 구상되지 않은 도메인 요소를 갖는 것은 완벽하게 허용된다. 또한 도메인의 요소가 의미 표현에서 단일 표시 개념을 가질 것을 요구하지 않는다. 도메인의 주어진 요소는 *Mary*, *WifeOf*(*Abe*), or *MotherOf*(*Robert*)와 같이 이를 나타내는 몇 가지 구별되는 표현을 가질 수 있다.

해당 속성이 있는 도메인 요소를 표시해 모델에서 객체의 속성을 캡처할 수 있다. 즉, 속성은 집합을 나타낸다. 마찬가지로 객체 간의 관계는 해당 관계에 포함되는 도메인 요소의 정렬된 목록 또는 튜플 집합을 나타낸다. 따라서 속성과 관계에 대한 이러한 접근 방식은 하나의 **연장선상**에 있다. *red*와 같은 속성의 표시는 빨간색이라고 생각하는 집합이고, *Married*와 같은 관계의 표시는 단순히 결혼한 도메인 요소 쌍의 집합이다. 다음과 같이 요약할 수 있다.

연장선상

- 객체는 도메인의 요소를 나타낸다.
- 속성은 도메인의 요소 집합을 나타낸다.
- 관계는 도메인의 요소의 튜플 집합을 나타낸다.

이 체계를 작동시키기 위해 필요한 추가 요소가 하나 있다. 의미 표현에서 해당 표현으로 체계적으로 연결하는 매핑이 필요하다. 좀 더 공식적으로 의미 표현의 비논리적 어휘에서 모델의 적절한 표시로 매핑하는 함수가 필요하다. 이러한 매핑을 **해석**이라고 부를 것이다.

해석

이러한 개념을 좀 더 구체적으로 만들기 위해 4장에서 소개한 식당 도메인으로 돌아가보자. 애플리케이션이 특정 식당 손님과 식당 세트, 손님들의 호불호에 대한 다양한 사실 그리고 식당의 요리, 일반적인 비용, 소음 수준과 같은 식당에 대한 사실들과 관련이 있다고 가정한다.

도메인 $\mathcal{D}$를 채우기 위해, 현재 상태에서 비논리적 기호인 *Matthew*, *Franco*, *Katie*, *Caroline*으로 지정된 4명의 고객을 처리한다고 가정해보자. 이 4개의 기호는 4개의 고유한 도메인 요소를 나타낸다. 이러한 도메인 요소를 나타내기 위해 상수 *a*,

b, c, d를 사용한다. 도메인 요소에 대해 의도적으로 무의미하고 비연상적 이름을 사용해, 이러한 개체에 대해 알고 있는 것이 무엇이든 기호의 이름이 아니라 모델의 형식 속성에서 가져와야 한다는 사실을 강조한다. 계속해서 애플리케이션에 도메인 요소 e, f, g를 나타내는 *Frasca*, *Med*, *Rio*로 지정된 세 개의 식당이 포함돼 있다고 가정한다. 마지막으로 모델에서 i, j, k를 나타내는 *Italian*, *Mexican*, *Eclectic*의 세 가지 요리를 다루고 있다고 가정하자.

도메인을 채운 후, 이 특정 상황에서 참이라고 생각하는 속성과 관계로 넘어가보자. 애플리케이션에서 일부 식당이 시끄럽거나 비싸다는 사실과 같은 일부 속성을 표현해야 한다고 가정해보겠다. *Noisy*와 같은 속성은 시끄러운 것으로 알려진 도메인의 식당 하위 집합을 나타낸다. 식당 각각의 고객이 *Like*와 같은 두 장소 관계 개념은 도메인에서 객체의 순서 쌍 또는 튜플을 나타낸다. 마찬가지로, 모델에서 요리를 객체로 표현하기로 결정했기 때문에 어떤 식당이 어떤 요리를 튜플 세트로 *Serve*하는지 캡처할 수 있다. 이 방식을 사용하는 특정한 상태는 그림 17.2에 제시돼 있다.

Domain	$\mathscr{D} = \{a, b, c, d, e, f, g, h, i, j\}$
Matthew, Franco, Katie and Caroline	a, b, c, d
Frasca, Med, Rio	e, f, g
Italian, Mexican, Eclectic	h, i, j
Properties	
Noisy	$Noisy = \{e, f, g\}$
Frasca, Med, and Rio are noisy	
Relations	
Likes	$Likes = \{\langle a, f \rangle, \langle c, f \rangle, \langle c, g \rangle, \langle b, e \rangle, \langle d, f \rangle, \langle d, g \rangle\}$
Matthew likes the Med	
Katie likes the Med and Rio	
Franco likes Frasca	
Caroline likes the Med and Rio	
Serves	$Serve = \{\langle e, j \rangle, \langle f, i \rangle, \langle e, h \rangle\}$
Med serves eclectic	
Rio serves Mexican	
Frasca serves Italian	

그림 17.2   식당 영역의 모델

이 간단한 체계가 주어지면, 해당 모델의 적절한 표시를 간단히 참조해 그림 17.1에 표시된 거의 모든 표현의 의미를 파악할 수 있다. 예를 들어 *Matthew likes the Rio* 또는 *The Med serve Italian*이 의미 표현에 있는 개체를 해당 도메인 요소에 매핑하고 의미 표현에 있는 링크, 술어 또는 슬롯을 모델의 적절한 관계에 매핑함으로써 의미 표현에 대한 주장을 평가할 수 있다. 보다 구체적으로, 먼저 해석 기능을 사용해 *Matthew* 기호를 명시적 의미 *a*에, *Frasca*를 *e*에, *Likes* 관계를 적절한 집합에 매핑함으로써 *Matthew likes Frasca*는 표현을 검증할 수 있다. 그런 다음 튜플 세트에 튜플 ⟨*a, e*⟩가 있는지 확인한다. 이 경우에서와 같이 튜플이 모델에 있으면 *Matthew likes Frasca*가 참이라고 결론을 내릴 수 있다.

이 모든 것은 매우 간단하다. 의미 표현에서 표현식의 근거를 찾기 위해 세트의 집합과 연산을 사용하는 것뿐이다. 물론 다음과 같은 복잡한 예를 고려할 때 더 흥미로운 부분이 발생한다.

(17.14) Katie likes the Rio and Matthew likes the Med.

(17.15) Katie and Caroline like the same restaurants.

(17.16) Franco likes noisy, expensive restaurants.

(17.17) Not everybody likes Frasca.

분명히 표현의 의미를 기반으로 하는 단순한 계획은 이러한 예에 적합하지 않다. 이러한 예의 타당한 의미 표현은 개별 개체, 속성 또는 관계에 직접 매핑되지 않는다. 대신 결합, 동등성, 정량화된 변수 및 부정과 같은 복잡한 상태를 수반한다. 이러한 표현이 우리 모델과 일치하는지 평가하기 위해 복잡한 상태를 떼어 내고 부분을 평가한 다음 전체 조립 방법의 세부 사항에 따라 부분의 의미에서 전체의 의미를 결정해야 한다.

위에 주어진 첫 번째 예를 고려한다. 이와 같은 예의 일반적인 의미 표현에는 일종의 암시적 또는 명시적 결합 연산자와 결합된 개별 고객의 선호도를 표현하는 두 가지 다른 명제가 포함된다. 분명히 우리 모델에는 모델의 모든 고객과 식당의 쌍별 선호도를 인코딩하는 관계가 없으며, 그럴 필요도 없다. 모델을 통해 *Matthew likes the Med*와 *Katie likes the Rio*를 별도로 알고 있다(즉, 튜플 ⟨*a, f*⟩ 및 ⟨*c, g*⟩이 *Likes* 관계에 의해 표시된 집합의 구성원임을 알고 있다). 우리가 정말로 알아야 할 것은 결합 연산자의 의미를 다루는 방법이다. 영어 단어 *and*의 가장 간단한 의미를 가정하면 모델에서 각 구성 요소가 참인 경우 전체 진술이 참이다. 이 경우, 적절한 튜플이 있기 때문에 두 구성 요소 모두 참이며, 따라서 문장 전체가 참이다.

진리 조건적
의미론

이 예에서 수행한 작업은 일부 의미 표현에서 가정된 결합 연산자의 **진리 조건적 의미론**을 제공하는 것이다. 즉, 기본적으로 진리표를 참조해 부분의 의미(모델을 참고해)와 연산자의 의미에서 복잡한 표현의 참을 판단하는 방법을 제공했다. 그림 17.1을 채우는 다양한 표현은 부분 의미에서 복잡한 문장 의미를 평가할 수 있는 방법의 형식 명세서를 제공하는 진리 조건이다. 특히, 사용 중인 의미 표현 체계의 전체 논리적 어휘 의미를 알아야 한다.

이 방법의 세부 사항은 사용 중인 특정 의미 표현의 세부 사항에 따라 다르지만, 이와 같은 예제의 진리 조건을 평가하는 것은 우리가 논의해온 단순한 세트 작업만 포함한다는 것을 분명히 해야 한다. 다음 절에서 이 문제로 돌아가서, 1차 논리의 의미론적 맥락에서 문제를 다룬다.

17.3 1차 논리

17.1절에 제시된 1차 논리^{FOL, First-Order-Logic}는 의미 표현 언어의 많은 요구 데이터를 만족시키는 지식 표현에 대한 유연하고, 잘 이해되며, 계산적으로 다루기 쉬운 접근법이다. 특히 검증 가능성, 추론 및 표현성 요구 사항뿐만 아니라 타당한 모델 이론적 의미론의 타당한 계산 기반을 제공한다.

또한, FOL의 매력적인 특징은 사물을 어떻게 표현해야 하는지에 대한 구체적인 약속을 거의 하지 않는다는 것이다. 보여주듯이, 구체적인 의무들은 제대로 기능하기 매우 쉽고 앞서 언급한 많은 계획들에 의해 공유된다. 표현된 영역은 객체, 객체의 속성 및 객체 간의 관계로 구성된다.

이 절의 나머지 부분에서는 FOL의 기본 통사론과 의미론을 소개한 다음 이벤트의 표현에 FOL의 적용을 설명한다. 그런 다음 17.6절에서는 FOL과 일부 다른 대표적인 접근 방식 간의 연결에 대해 논한다.

17.3.1 1차 논리의 기본 요소

먼저 다양한 원자 요소를 검토한 다음 더 큰 의미 표현을 생성하기 위해 구성되는 방법을 보여줌으로써 상향식으로 FOL을 탐구한다. 그림 17.3은 우리가 사용할 FOL의 특정 구문에 대한 완전한 문맥 자유 문법을 제공하는 것으로, 17.3.1절의 로드맵이다.

Formula	→	*AtomicFormula*
	|	*Formula Connective Formula*
	|	*Quantifier Variable,... Formula*
	|	¬*Formula*
	|	(*Formula*)
AtomicFormula	→	*Predicate(Term,...)*
Term	→	*Function(Term,...)*
	|	*Constant*
	|	*Variable*
Connective	→	∧ | ∨ | ⇒
Quantifier	→	∀ | ∃
Constant	→	*A* | *VegetarianFood* | *Maharani* ···
Variable	→	*x* | *y* | ···
Predicate	→	*Serves* | *Near* | ···
Function	→	*LocationOf* | *CuisineOf* | ···

그림 17.3 1차 논리 표현 구문의 문맥 자유 문법 설명서다. 러셀과 노르빅(2002) 각색

용어 먼저 객체를 나타내는 FOL 장치인 **용어**의 개념부터 살펴본다. 그림 17.3에서 볼 수 있듯이 FOL은 기본 구성 요소를 나타내는 세 가지 방법인 상수, 함수 및 변수를 제공한다. 이러한 각 장치는 고려 중인 영역에서 대상의 이름을 지정하거나 가리키는 방법으로 생각할 수 있다.

상수 FOL의 **상수**는 설명되는 영역의 특정 대상을 나타낸다. 이러한 상수는 일반적으로 *A* 및 *B*와 같은 단일 대문자 또는 *Maharani* 및 *Harry*와 같은 고유명사를 연상시키는 단일 대문자 단어로 일반적으로 표현된다. 프로그래밍 언어 상수와 마찬가지로 FOL 상수는 정확히 하나의 대상을 나타낸다. 그러나 대상에는 대상을 나타내는 여러 상수를 가질 수 있다.

함수 FOL의 **함수**는 *Frasca's location*처럼 소유격으로 자주 표현되는 개념에 해당한다. 이러한 표현식의 FOL 변형은 다음과 같다.

$$LocationOf\ (Frasca) \qquad\qquad (17.18)$$

FOL 함수는 통사론적으로 단일 인수 술어와 동일하다. 그러나 술어의 모양이 있지만 실제로는 특정 대상을 나타내는 점에서 *terms*라는 점을 기억하는 것이 중요하다. 함수는 명명된 상수를 연관시킬 필요 없이 특정 대상을 나타내는 편리한 방법을 제공한다. 이는 식당처럼 이름이 지정된 많은 대상이 관련된 위치처럼 고유한 개념을 갖는 경우 특히 편리하다.

변수 **변수**의 개념은 대상을 나타내는 마지막 FOL 메커니즘이다. 일반적으로 단일 소문자로 표시되는 변수를 사용하면 특정 명명된 대상을 나타내지 않고도 대상을 단언하고 추론할 수 있다. 알려지지 않은 대상을 표현할 수 있는 능력은 두 가지 형태다. 특정 알려지지 않은 대상의 표현과 임의의 영역의 모든 대상에 대한 표현이다. 변수를 유용하게 만드는 FOL의 요소인 양화사를 제시한 후 변수 주제를 다룬다.

이제 대상을 나타낼 수 있는 수단이 생겼기 때문에, 대상 간에 유지되는 관계를 나타내는 데 사용되는 FOL 메커니즘으로 넘어간다. 술어는 지정된 도메인에 있는 일부 고정된 수의 대상 간에 유지되는 관계를 나타내거나 이름을 지정하는 기호다. 17.1절에서 약식으로 소개된 예로 돌아가서 *Maharani serves vegetarian food*의 타당한 FOL 표현은 다음과 같다.

$$Serves(Maharani,\ VegetarianFood) \qquad\qquad (17.19)$$

이 FOL 문장은 2항 술어인 *Serves*가 상수 *Maharani*와 *VegetableFood*로 표시된 대상 사이에 들어 있다고 주장한다.

술어의 다소 다른 사용은 *Maharani is a restaurant*과 같은 문장에 대해 다음과 같은 상당히 일반적인 표현으로 설명된다.

$$Restaurant(Maharani) \qquad\qquad (17.20)$$

이는 여러 대상을 연결하는 것이 아니라 단일 대상의 속성을 가정하는 데 사용되는 1항 술어의 예다. 이 경우, *Maharani*의 범주 일원임을 인코딩한다.

대상을 나타내고, 대상의 사실을 가정하며, 대상을 서로 연관시킬 수 있는 기능을 통해 기초적인 합성 표현을 만들 수 있다. 이러한 표현은 그림 17.3의 기초 공식 레벨에 해당한다. 그러나 복잡한 표현을 작성하는 이 피처는 단일 술어의 사용으로 제한되지 않는다. 논리적 연결을 사용해 더 큰 합성 표현을 결합할 수도 있다. 그림 17.3에서 볼 수 있듯이 논리 접속사는 세 연산자 중 하나를 사용해 논리식을 결합해 더 큰 표현을 만들 수 있다. 예를 들어 다음 BERP 문장과 가능한 표현 하나를 고려한다.

(17.21) I only have five dollars and I don't have a lot of time.

$$Have(Speaker, FiveDollars) \land \neg Have(Speaker, LotOfTime) \qquad (17.22)$$

이 예제의 의미 표현은 $\land$ 및 $\neg$ 연산자를 사용해 개별 절의 의미 체계에서 간단한 방식으로 구축된다. 그림 17.3에 있는 문법의 재귀적 특성은 이러한 연결을 사용해 무한한 수의 논리식을 만들 수 있다. 따라서 통사론과 마찬가지로 유한 장치를 사용해 무한한 수의 표현을 만들 수 있다.

17.3.2 변수와 양화사

양화사

변수에 대한 이전 논의로 돌아가는 데 필요한 모든 절차가 준비됐다. 위에서 언급한 바와 같이 변수는 FOL에서 특정 익명의 대상을 나타내는 것과 컬렉션의 모든 대상을 일반적으로 나타내는 두 가지 방법으로 사용된다. 이 두 가지 용도는 **양화사**라고 하는 연산자를 사용한다. FOL의 기본이 되는 두 연산자는 ∃로 표시되고, "there exists"로 발음되는 존재 양화사와 ∀으로 표시되고 "for all"로 발음되는 전칭 양화사이다.

실존적으로 정량화된 변수의 필요성은 종종 영어로된 부정 명사구의 존재에 의해 나타난다. 다음 예를 고려한다.

(17.23) a restaurant that serves Mexican food near ICSI.

여기서는 특정 속성을 가진 지정된 범주의 익명의 대상을 나타낸다. 다음은 그러한 문구의 의미를 합리적으로 표현한 것이다.

$$\exists x Restaurant(x) \ \land \ Serves(x, MexicanFood) \qquad (17.24)$$
$$\land \ Near((LocationOf(x), LocationOf(ICSI)))$$

이 문장의 맨 앞에 있는 존재 양화사는 이 문장의 맥락에서 변수 x를 해석하는 방법을 알려준다. 비공식적으로 이 문장이 참이 되려면 적어도 하나의 대상이 있어야 하며 변수 x를 대체할 경우, 결과 문장이 참이 된다고 말한다. 예를 들어 *AyCaramba*가 ICSI 근처의 멕시코 식당인 경우, *AyCaramba*를 x로 대체하면 다음과 같은 논리 공식이 생성된다.

$$Restaurant(AyCaramba) \land Serves(AyCaramba, MexicanFood) \qquad (17.25)$$
$$\land Near((LocationOf(AyCaramba), LocationOf(ICSI)))$$

$\land$ 연산자의 의미를 기반으로 이 문장은 세 구성 요소 기초 공식이 모두 참이면 참이 된다. 이는 시스템의 지식 기반에 있거나 지식 기반의 다른 사실에서 유추될 수 있는 경우 참이 된다.

전칭 양화사의 사용은 변수의 알려진 대상의 대체를 기반으로 해석된다. 전칭 양화사의 대체 의미는 *for all*이라는 표현을 문자 그대로 표현한다. $\forall$ 연산자는 해당 논리식이 참이 되려면 지식 기반에 있는 *any* 대상을 보편적으로 정량화된 변수로 대체하면 정확한 공식이 된다. 이는 $\exists$ 연산자와 뚜렷한 대조를 이루며, 문장이 참이 되도록 하나의 유효한 대체만 요구한다.

다음 예를 고려한다.

(17.26) All vegetarian restaurants serve vegetarian food.

이 문장의 적절한 표현은 다음과 같다.

$$\forall x VegetarianRestaurant(x) \Rightarrow Serves(x, VegetarianFood) \qquad (17.27)$$

이 문장이 참이 되려면 알려진 대상을 x로 대체할 때마다 참인 문장이 생성돼야 한다. 가능한 모든 보완적 대체 세트를 채식 식당으로 구성된 대상 세트와 다른 모든 것으로 구성된 세트로 나눌 수 있다. 먼저 대체 대상이 실제로 채식 식당인 경우를 고려해 보자. 이 대체는 다음과 같은 문장이 된다.

$$VegetarianRestaurant(Maharani) \Rightarrow Serves(Maharani, VegetarianFood) \quad (17.28)$$

결과 절이 참이라는 것을 알고 있다고 가정하면 다음과 같다.

$$Serves(Maharani, VegetarianFood) \qquad (17.29)$$

이 문장 전체가 참이어야 한다. 선행 및 결과 모두 *True* 값을 가지므로 778페이지의 그림 17.4의 처음 두 행에 따라 문장 자체는 *True* 값을 가질 수 있다. 이 결과는 x에 대한 채식 식당을 나타내는 용어의 가능한 모든 대체는 동일하다.

그러나 이 문장이 참이려면 가능한 모든 대체에 대해 참이어야 한다. 채식주의 식당이 아닌 대상 세트에서 대체를 고려하면 어떻게 되는가? 변수 x를 *Ay Caramba's*와 같은 비채식주의 식당으로 대체하는 것을 고려해보자.

$$VegetarianRestaurant(AyCaramba) \quad \Rightarrow \quad Serves(AyCaramba, VegetarianFood)$$

암시의 선행이 *False*이기 때문에, 그림 17.4에서 문장이 항상 *True*이고, 다시 $\forall$ 제약을 만족한다는 것을 결정할 수 있다.

*Ay Caramba*는 실제로 채식 식당이 아닌 채식 음식을 제공하는 경우일 수 있다. 또한 우리가 선택한 예제에도 불구하고 이러한 종류의 추론에 의해 x를 대체할 수 있는 대상의 암시적인 범주 제한이 없다는 점에 유의한다. 즉, 식당이나 관련 개념에 대한 x의 제한이 없다. 다음 대체를 고려한다.

$$VegetarianRestaurant(Carburetor) \Rightarrow Serves(Carburetor, VegetarianFood)$$

여기서 선행은 여전히 거짓이기 때문에 이러한 종류의 무관한 대체하에서 규칙은 여전히 참이다.

검토하려면 논리식의 변수가 실존적으로(∃) 또는 보편적으로(∀) 정량화돼야 한다. 실존적으로 정량화된 변수를 만족시키려면 적어도 하나의 대체가 참인 문장이 돼야 한다. 보편적으로 정량화된 변수가 있는 문장은 가능한 모든 대체에서 참이어야 한다.

17.3.3 람다 표기법

람다 표기법   FOL 논의를 완료하는 데 필요한 마지막 요소는 **람다 표기법**이다(Church, 1940). 이 표기법은 의미론적 분석에 특히 유용한 방식으로 완전히 지정된 FOL 공식에서 추상화하는 방법을 제공한다. 람다 표기법은 다음 형식의 식을 포함하도록 FOL 구문을 확장한다.

$$\lambda x.P(x) \qquad (17.30)$$

이러한 식은 그리스어 기호 λ, 하나 이상의 변수, 해당 변수를 사용하는 FOL 공식으로 구성된다.

이러한 λ 표현식의 유용성은 형식 매개변수가 지정된 항에 바인딩되는 새로운 FOL 표현식을 생성하기 위해 논리 항에 적용할 수 있는 능력에 기초한다. 이 과정은 **λ 감소**로 알려져 있으며 λ의 후속 제거와 함께 λ 변수를 지정된 FOL 항으로 대체하는 간단한 텍스트로 구성된다. 다음 식은 상수 A에 λ 식을 적용한 후, 식에 대해 λ 축소를 수행한 결과를 보여준다.

λ 감소

$$\lambda x.P(x)(A) \qquad (17.31)$$
$$P(A)$$

이 기법의 중요하고 유용한 변형은 다음 표현과 같이 하나의 λ 표현을 다른 표현식의 중심부로 사용하는 것이다.

$$\lambda x.\lambda y.Near(x,y) \qquad (17.32)$$

이 상당히 추상적인 표현은 무언가가 다른 것에 가까운 상태로 주석을 달 수 있다. 다음 식은 단일 λ 애플리케이션과 이와 같은 종류의 포함된 λ 표현식을 통해 감소시키는 방법을 보여준다.

$$\lambda x.\lambda y.Near(x,y)(Bacaro) \qquad (17.33)$$
$$\lambda y.Near(Bacaro,y)$$

여기서 중요한 점은 결과 표현식이 여전히 λ 표현식이라는 것이다. 첫 번째 감소는 변수 x를 묶고 외부 λ를 제거해 내부 표현을 나타낸다. 예상할 수 있듯이, 이 결과 λ 표현식을 다른 용어에 적용해 다음과 같이 완전히 지정된 논리식에 도달할 수 있다.

$$\lambda y.Near(Bacaro,y)(Centro) \qquad (17.34)$$
$$Near(Bacaro,Centro)$$

커링

커링[2](Schönfinkel, 1924)이라고 하는 이 일반적인 기술은 여러 인수가 있는 술어를

---

2   하임과 크라처(1998)는 커리가 쇤핀켈의 작품을 바탕으로 이후에 만들어졌기 때문에 커링에 대해 Schönfinkelization이라는 용어가 사용됐다는 흥미로운 논쟁을 벌였지만, Currying(커링)은 표준 용어다.

일련의 단일 인수 술어로 변환하는 방법이다. 18장에서 볼 수 있듯이 λ 표현식은 구문 분석 트리에서 술어의 종속으로 모두 함께 나타나지 않을 때, 술어에 대한 인수를 점진적으로 수집하는 방법을 제공한다.

17.3.4 1차 논리의 의미

FOL 지식 기반에 표현된 다양한 대상, 속성 및 관계는 모델링되는 외부 영역에서 대상, 속성 및 관계에 대한 대응을 통해 의미를 얻는다. 17.2절에서 소개한 모델 이론적 접근 방식을 사용해 이를 달성할 수 있다. 이 접근법은 단순한 집합 이론적 개념을 사용해 의미 표현에서 모델링되는 상황에 대한 진리 조건 매핑을 제공한다. 그림 17.3의 모든 요소를 살펴보고 각 요소를 설명하는 방법을 지정해 이 접근 방식을 FOL에 적용할 수 있다.

영역의 대상, FOL 용어, 도메인의 요소를 나타내며 기초 공식이 속성의 도메인 요소 집합 또는 관계에 대한 요소의 튜플 집합으로 캡처된다고 주장할 수 있다. 예를 들어 다음을 고려한다.

(17.35) Centro is near Bacaro.

FOL에서 이 예의 의미를 파악하려면 문장의 다양한 문법 요소에 해당하는 *Terms*와 *Predicates*를 식별하고 문장의 단어와 통사론이 의미하는 관계를 포착하는 논리식을 생성해야 한다. 이 예에서 이러한 노력은 다음과 같은 결과를 얻을 수 있다.

$$Near(Centro, Bacaro) \tag{17.36}$$

이 논리식의 의미는 현재 모델에서 술어 **Near**로 표시되는 관계로 표시되는 튜플 중에 용어 *Centro*와 *Bacaro*로 표시되는 도메인 요소가 포함돼 있는지 여부에 기초한다.

논리 연결을 포함하는 공식의 해석은 포함된 연결의 의미와 결합된 공식의 구성 요소의 의미를 기초한다. 그림 17.4는 그림 17.3에 표시된 논리 연산자 각각에 대한 해석을 제공한다.

P	Q	¬P	P∧Q	P∨Q	P⇒Q
False	False	True	False	False	True
False	True	True	False	True	True
True	False	False	False	True	False
True	True	False	True	True	True

그림 17.4 다양한 논리적 연결의 의미를 제공하는 진리표

∧(and) 및 ¬(not) 연산자의 의미론은 상당히 간단하며, 해당 영어 용어의 일부 의미와 상관관계가 있다. 그러나 ∨(or) 연산자는 해당 영어 단어와 같은 방식으로 이접적이지 않으며, ⇒(implies)는 암시 또는 인과관계에 대한 상식적인 개념에 대략적으로 기초하고 있다는 점을 지적할 필요가 있다.

해결해야 할 마지막 부분은 변수와 양화사를 포함한다. 집합 기반 모델에는 변수가 없으며 도메인의 요소와 그 사이에 유지되는 관계만 있음을 기억하라. 773페이지의 앞부분에서 소개한 대체 개념을 사용함으로써 변수가 있는 공식에 대한 모델 기반 설명을 제공할 수 있다. 변수에 대한 항을 대체해 모형에 참인 공식이 나오면 ∃와 관련된 공식이 참이다. 가능한 모든 대체에서 ∀을 포함하는 공식은 참이어야 한다.

17.3.5 추론

의미 표현 언어의 17.1절에 제공된 가장 중요한 결정 자료 중 하나는 추론 또는 연역을 지원해야 한다. 즉, 지식 기반에 유효한 새로운 제안을 추가하거나 지식 기반에 명시적으로 포함되지 않은 제안의 참을 결정하는 기능이다. 이 절에서는 FOL에서 제공하는 가장 널리 구현된 추론 방법인 긍정 논법을 간략하게 설명한다. 담론에서 추론에 대한 **긍정 논법**의 적용은 21장에서 다룬다.

긍정 논법   **긍정 논법**은 비공식적으로 *if-then* 추론으로 알려진 것에 해당하는 익숙한 추론 형식이다. 다음과 같이 긍정 논법을 추상적으로 정의할 수 있다. 여기서 α와 β는 FOL 공식으로 취해야 한다.

$$\frac{\alpha \quad \alpha \Rightarrow \beta}{\beta} \tag{17.37}$$

이와 같은 스키마는 어떤 형태의 추론에 의해 선 아래의 공식이 선 위의 공식에서 유추될 수 있음을 나타낸다. 긍정 논법은 단순히 암시 규칙의 왼쪽이 참이면 규칙의 오른쪽을 추론할 수 있다고 말한다. 다음 논의에서 암시의 왼쪽을 선행으로, 오른쪽을 결과로 언급할 것이다.

긍정 논법의 일반적인 사용을 위해 마지막 절의 규칙을 사용하는 다음 예제를 고려한다.

$$\frac{\begin{array}{l} VegetarianRestaurant(Leaf) \\ \forall x VegetarianRestaurant(x) \Rightarrow Serves(x, VegetarianFood) \end{array}}{Serves(Leaf, VegetarianFood)} \tag{17.38}$$

여기서 $VegetarianRestaurant(Leaf)$ 공식은 규칙의 선행과 일치하므로 긍정 논법을 사용해 $Serves(Leaf, VegetarianFood)$를 결론지을 수 있다.

긍정 논법은 전방향 추론과 후방향 추론의 두 가지 방법 중 하나로 실용적으로 사용될 수 있다. **전방향 추론** 시스템에서 긍정 논법은 방금 설명한 방식으로 정확하게 사용된다. 개별 사실이 지식 기반에 추가됨에 따라 긍정 논법은 적용 가능한 모든 의미 규칙을 실행하는 데 사용된다. 이러한 종류의 배열에서는 새로운 사실이 지식 기반에 추가되자마자 적용 가능한 모든 의미 규칙을 찾아 적용해 지식 기반에 새로운 사실을 추가한다. 이러한 새로운 제안은 적용 가능한 의미 규칙을 실행하는 데 사용할 수 있다. 이 과정은 더 이상 사실을 추론할 수 없을 때까지 계속된다.

전방향 추론 접근 방식은 어떤 의미에서 모든 추론이 미리 수행되기 때문에 필요한 경우 지식 기반에 사실이 존재한다는 이점이 있다. 이렇게하면 후속 쿼리에 응답하는 데 필요한 시간을 크게 줄일 수 있다. 모든 쿼리가 단순한 조회에 해당해야 하기 때문이다. 이 접근 방식의 단점은 필요하지 않은 사실을 추론하고 저장할 수 있다는 것이다.

인지 모델링 연구에서 광범위하게 사용되는 **생성 시스템**은 실행될 규칙을 제어하는 추가 제어 지식으로 증강된 전방향 추론 추론 시스템이다.

후방향 추론에서 긍정 논법은 쿼리라는 특정 명제를 증명하기 위해 역으로 실행된다. 첫 번째 단계는 지식 기반에 쿼리 수식이 있는지 확인해 쿼리 수식이 참인지 확인하는 것이다. 그렇지 않은 경우, 다음 단계는 지식 기반에 있는 적용 가능한 의미 규칙을 검색하는 것이다. 적용 가능한 규칙은 규칙의 결과가 쿼리 수식과 일치하는 규칙이다. 그러한 규칙이 있는 경우 해당 규칙의 선행이 참으로 표시될 수 있으면 쿼리가 증명될 수 있다. 새로운 쿼리로 선행 항목을 후방향 추론으로 연결해 재귀적으로 수행할 수 있다. 프롤로그 프로그래밍 언어는 이 전략을 구현하는 후방향 추론 시스템이다.

어떻게 작동하는지 보기 위해, (17.38)의 선 위에 주어진 사실들을 가정해 $Serves(Leaf, VegetarianFood)$라는 명제의 진리를 검증하도록 요청받았다고 가정하자. 이 제안은 지식 기반에 존재하지 않기 때문에 적용 가능한 규칙에 대한 검색이 시작돼 위에 제공된 규칙이 생성된다. 변수 x를 상수 Leaf로 대체한 후 다음 작업은 규칙 $VegetarianRestaurant(Leaf)$ 규칙의 선행을 증명하는 것이다. 이는 물론 우리에게 주어진 사실 중 하나다.

쿼리에서 알려진 사실에 대한 후방향 추론과 알려진 결과에서 알 수 없는 선행에 대한 후방향 추론을 통해 추론을 구별하는 것이 중요하다. 구체적으로 말하면, 거꾸로 추론함으로써 규칙의 결과가 사실로 알려진 경우 선행도 마찬가지라고 가정한다. 예를 들어 $Serves(Leaf, VegetarianFood)$가 참이라는 것을 안다고 가정해보자. 이 사실이 우리 규칙의 결과와 일치하기 때문에 $VegetarianRestaurant(Leaf)$라는 결론으로 거꾸로 추론할 수 있다.

후방향 추론은 합리적인 추론 방법이지만 종종 유용하면서도 플로저블 추론^{plausible}

삼단논법의 일종

^{reasoning}의 잘못된 형태다. 결과로부터 선행에 대한 플로저블 추론은 **삼단논법의 일종**으로 알려져 있으며, 21장에서 보여주듯이, 확장된 담론을 분석하는 동안 사람들이 하는 많은 추론을 설명하는 데 유용하다.

완벽

전방향 및 후방향 추론은 타당하지만 둘 다 **완벽**하지 않다. 즉, 이러한 방법만으로는 시스템에서 찾을 수 없는 유효한 추론이 있다. 다행히도, 타당하고 완전한 해결이라는 대체 추론 기법이 있다. 하지만 해결을 기반으로한 추론 시스템은 전방향 또는 후방향 추론 시스템보다 계산 비용이 훨씬 더 많이 든다. 따라서 실제로 대부분의 시스템은 어떤 형태의 연결을 사용하고 필요한 추론을 도출할 수 있는 방식으로 지식을 인코딩하기 위해 지식 기반 개발자에게 부담을 준다.

17.4 이벤트 및 상태 표현

언어로 캡처해야 하는 많은 의미는 상태와 이벤트의 표현으로 구성된다. 대략적으로 말하면 상태는 일정 기간 동안 변경되지 않은 상태 또는 속성이며 이벤트는 일부 상태의 변화를 나타낸다. 두 가지 모두의 표현에는 여러 참가자, 소품, 시간 및 장소가 포함될 수 있다.

지금까지 채택한 이벤트 및 상태 표현은 주어진 예제와 관련된 모든 역할을 통합하는 데 필요한 만큼의 인수가 있는 단일 술어로 구성됐다. 예를 들어 *Leaf serves vegetarian fare*와 같은 표현은 제공하는 주체와 제공된 것의 인수를 가진 단일 술어로 구성된다.

$$Serves(Leaf, VegetarianFare) \qquad (17.39)$$

이 접근 방식은 단순히 동사의 의미를 나타내는 술어가 동사의 구문 하위 범주화 프레임에 존재하는 것과 동일한 수의 인수를 가지고 있다고 가정한다. 안타깝게도 이 접근 방식의 네 가지 문제는 실제로 적용하기 어렵게 만든다.

- 주어진 이벤트의 올바른 역할 수 결정
- 이벤트와 관련된 역할에 대한 사실 표현
- 모든 정확한 추론이 이벤트 표현에서 직접 파생될 수 있도록 보장
- 이벤트 표현에서 잘못된 추론이 도출되지 않도록 보장

이벤트에 대한 일련의 표현을 고려해 이러한 문제와 기타 관련 문제를 살펴본다. 이 논의는 동사 *eat*의 다음 예에 중점을 둔다.

(17.40) I ate.

(17.41) I ate a turkey sandwich.

(17.42) I ate a turkey sandwich at my desk.

(17.43) I ate at my desk.

(17.44) I ate lunch.

(17.45) I ate a turkey sandwich for lunch.

(17.46) I ate a turkey sandwich for lunch at my desk.

분명히 *eat*와 같은 술어를 포함하는 동사의 다양한 인수는 까다로운 문제를 제기한다. 이 모든 예제가 동일한 종류의 이벤트를 나타낸다고 생각하고 싶지만 FOL의 술어는 고정된 **항수**^{arity}를 가지고 있으며, 일정한 수의 인수를 취한다.

항수

하나의 가능한 해결책은 이와 같은 예제가 통사적으로 처리되는 방식으로 제안된다. 예를 들어 15장에 제시된 해결책은 동사가 허용하는 인수의 각 구성에 대해 하나의 하위 범주화 프레임을 만드는 것이었다. 이 접근 방식의 의미론적 유사점은 eat가 작동하는 모든 방식을 처리하는 데 필요한 만큼 다양한 *eat* 술어를 만드는 것이다. 이러한 접근 방식은 (17.40)에서 (17.46)까지 다음과 같은 종류의 표현을 생성한다.

$$Eating_1(Speaker)$$
$$Eating_2(Speaker, TurkeySandwich)$$
$$Eating_3(Speaker, TurkeySandwich, Desk)$$
$$Eating_4(Speaker, Desk)$$
$$Eating_5(Speaker, Lunch)$$
$$Eating_6(Speaker, TurkeySandwich, Lunch)$$
$$Eating_7(Speaker, TurkeySandwich, Lunch, Desk)$$

이 접근 방식은 각 하위 범주화 프레임에 대해 별개의 술어를 작성해 *Eating* 술어가 가져야하는 인수의 수 이슈를 단순히 회피한다. 하지만 이 방법은 많은 비용이 한다. 술어의 암시적인 이름 외에는 명백한 논리적 관계가 있더라도 이러한 이벤트를 서로 연관시키는 것은 없다. 특히 (17.46)이 참이면 다른 모든 예도 참이다. 마찬가지로 (17.45)가 참이면 (17.40), (17.41), (17.44)도 참이어야 한다. 이러한 논리적 연결은 술어만으로는 만들 수 없다. 또한 상식적인 지식 기반에 *Eating*과 같은 개념과 *Hunger* 및 *Food*와 같은 관련 개념 간의 논리적 연결이 포함될 것으로 예상한다.

의미 공준

이러한 문제를 해결하는 한 가지 방법은 **의미 공준**을 사용하는 것이다. 다음 예제 가정을 고려한다.

$$\forall w, x, y, z \, Eating_7(w, x, y, z) \Rightarrow Eating_6(w, x, y) \qquad (17.47)$$

이 가정은 술어 두 개의 의미론을 명시적으로 결합시킨다. 다른 가정들은 다양한 *Eatings* 사이의 나머지 논리적 관계와 다른 관련 개념들로의 연결을 다루기 위해 만들어질 수 있다.

이 접근 방식은 작은 도메인에서 작동하도록 만들어 질 수 있지만, 확장성 문제가 분명히 있다. 좀 더 합리적인 접근 방식은 (17.40)에서 (17.46)까지 모두가 일부 표면 형태에서 누락된 인수의 일부와 동일한 술어를 참조하는 것이다. 이 접근 방식에서는 입력에 표시되는 것처럼 술어 정의에 많은 인수가 포함된다. 예를 들어 Eating7과 같은 술어의 구조를 채택하면 먹는 사람, 먹은 것, 먹는 음식, 먹는 장소를 나타내는 네 가지 인수를 가진 술어가 제공된다. 다음 공식은 예제의 의미를 포착할 수 있다.

$$\exists w, x, y \; Eating(Speaker, w, x, y)$$
$$\exists w, x \; Eating(Speaker, TurkeySandwich, w, x)$$
$$\exists w \; Eating(Speaker, TurkeySandwich, w, Desk)$$
$$\exists w, x \; Eating(Speaker, w, x, Desk)$$
$$\exists w, x \; Eating(Speaker, w, Lunch, x)$$
$$\exists w \; Eating(Speaker, TurkeySandwich, Lunch, w)$$
$$Eating(Speaker, TurkeySandwich, Lunch, Desk)$$

이 접근 방식은 의미 공준을 사용하지 않고 공식들 사이의 명백한 논리적 연결을 직접적으로 산출한다. 특히, 기본 용어를 인수로 사용하는 모든 문장은 논리적으로 실존적으로 얽매인 변수를 인수로 사용하는 공식의 참을 의미한다.

하지만 이 접근법에는 두 가지 이상의 명백한 결함이 있다. 너무 많은 구속을 하고 개별 이벤트를 허용하지 않는다. 얼마나 많은 구속을 하는지를 보여주는 예로서, (17.44)에서 (17.46)까지 *for lunch* 보어를 어떻게 수용했는지 고려한다. 세 번째 인수, 먹고 있는 음식이 *Eating* 술어다. 이 인수의 존재는 암묵적으로 모든 식사 이벤트가 식사(즉, 아침, 점심 또는 저녁 식사)와 관련돼 있음을 암시한다. 좀 더 구체적으로, 위의 예에서 식사 인수의 실존적으로 정량화된 변수는 일부 공식적인 식사^{meal}가 각 먹고 있는 것^{eatings}과 관련돼 있음을 나타낸다. 이는 식사와 관련이 없는 무언가를 확실히 먹을 수 있기 때문에 결함이 있다.

이 접근 방식이 이벤트를 올바르게 개별화하지 못하는 방법을 보려면 다음 공식을 고려한다.

$$\exists w, x \; Eating(Speaker, w, x, Desk)$$
$$\exists w, x \; Eating(Speaker, w, Lunch, x)$$
$$\exists w, x \; Eating(Speaker, w, Lunch, Desk)$$

처음 두 공식이 동일한 이벤트를 지칭하고 있다는 것을 알고 있다면, 결합해 세 번째 표현을 만들 수 있다. 하지만 현재 표현으로는 가능한지 알 방법이 없다. *I ate at my desk and I ate lunch*와 *I ate lunch*라는 독립적인 사실은 *I ate lunch at my desk*로 결론을 내리도록 허용하지 않는다. 이 접근 방식에서 부족한 것은 문제의 특정 이벤트를 참조하는 방법이다.

이벤트 변수

이벤트를 정량화할 수 있는 개체로 향상시키기 위해 재검증을 사용하면 이러한 문제를 해결할 수 있다. 이 향상을 달성하기 위해 **이벤트 변수**를 이벤트 표현에 첫 번째 인수로 추가할 수 있다. 이러한 접근 방식에서 (17.46)의 표현을 고려한다.

$$\exists e\ Eating(e, Speaker, TurkeySandwich, Lunch, Desk) \qquad (17.48)$$

이제 변수 e는 해당 이벤트에 대한 취급 방법을 제공한다. 이벤트에 대해 추가 단언이 필요한 경우, 이 변수를 통해 수행할 수 있다. 예를 들어 이후에 *Eating* 이벤트가 화요일에 발생했다고 판단하면 다음과 같이 단언할 수 있다.

$$\exists e\ Eating(e, Speaker, TurkeySandwich, Lunch, Desk) \wedge Time(e, Tuesday) \quad (17.49)$$

이 방식으로 표현된 이벤트는 이 기법을 도입한 철학자 도날드 데이비슨의 이름을 따서 **데이비드소니언**Davidsonian 이벤트 표현이라고 한다(Davidson, 1967).

데이비드 소니언

이 접근법은 여전히 각 술어에 대해 고정된 의미역 세트를 결정한 다음, 추가 술어로 다른 보조적인 사실을 캡처하는 문제를 남긴다. 예를 들어 (17.49)에서는 *Eating* 술어의 네 번째 인수로 이벤트의 위치를 캡처하고 *Time* 관계로 시간을 캡처했다. 추가적인 관계로 모든 이벤트 인수를 캡처해 이분법을 제거할 수 있다.

$$\exists e\ Eating(e)\ \wedge\ Eater(e, Speaker) \wedge Eaten(e, TurkeySandwich) \qquad (17.50)$$
$$\wedge\ Meal(e, Lunch) \wedge Location(e, Desk) \wedge Time(e, Tuesday)$$

이 표현 스타일은 이벤트 자체를 나타내는 단일 인수로 이벤트 표현을 추출한다. 다른 모든 것은 추가 술어로 캡처된다. 이러한 종류의 표현은 일반적으로 네오 데이비드소니언neo-Davidsonian 이벤트 표현이라고 한다(Parsons, 1990). 요약하면, 이벤트 표현의 네오 데이비드소니언 접근법은 다음과 같다.

- 주어진 표면 술어에 대해 고정된 수의 인수를 지정할 필요가 없다. 오히려 입력에 나타나는 대로 많은 역할과 필러를 붙일 수 있다.
- 입력에 언급된 것보다 더 많은 역할이 가정되지 않는다.
- 밀접하게 관련된 예들 간의 논리적 연결은 의미 가정 없이 충족된다.

17.4.1 시간 표시

이벤트에 대한 논의에서, 표시된 이벤트가 발생해야 하는 시간을 포착하는 문제를 자세히 다루지 않았다. 시간 정보를 유용한 형태로 표현하는 것은 **시간 논리**의 영역이다. 이 절에서는 시간 논리의 가장 기본적인 사항을 소개하고 인간 언어가 시간 정보를 전달하는 수단에 대해 간략하게 설명한다. 이 방법에는 특히 **시제 논리학**, 동사 시제가 시간 정보를 전달하는 방식이 포함된다. 시간적 표현 및 분석에 대한 접근 방식은 22장에서 더 자세히 다룬다.

시간 논리

시제 논리학

가장 간단한 시간 이론은 시간이 꾸준히 계속되는 앞으로 흐르고 이벤트가 타임 라인에서와 같이 시간의 지점 또는 간격과 연관돼 있다고 주장한다. 이러한 개념이 주어지면 타임 라인에 배치해 고유한 이벤트를 정렬할 수 있다. 보다 구체적으로, 시간의 흐름이 첫 번째 이벤트에서 두 번째 이벤트로 이어지는 경우, 하나의 이벤트가 다른 이벤트를 선행한다고 말할 수 있다. 대부분의 이론에서 이 개념들을 수반하는 것은 시간의 현재 시점이다. 현재 시점 개념과 시간적 순서 관계의 개념을 결합하면 익숙한 과거, 현재 및 미래 개념이 생성된다.

당연히 많은 수의 체계가 이러한 종류의 시간 정보를 나타낼 수 있다. 여기에 제시된 것은 우리가 추구해온 수정된 이벤트의 FOL 프레임워크 내에서 유지되는 상당히 간단한 것이다. 다음 예를 고려한다.

(17.51) I arrived in New York.

(17.52) I am arriving in New York.

(17.53) I will arrive in New York.

이 문장들은 모두 같은 종류의 이벤트를 나타내며 동사의 시제만 다르다. 현재 이벤트를 표현하는 방식에서 세 가지 모두 시간 정보가 없는 다음과 같은 종류의 표현을 공유한다.

$$\exists e\, Arriving(e) \land Arriver(e, Speaker) \land Destination(e, NewYork) \qquad (17.54)$$

동사의 시제에 의해 제공되는 시간 정보는 이벤트 변수 e에 대한 추가 정보를 예측함으로써 이용할 수 있다. 구체적으로, 동사의 시제로 표시된 바와 같이 이벤트, 이벤트의 끝점에 해당하는 간격 그리고 이 끝점과 현재 시간을 연관시키는 시간적 술어를 추가할 수 있다. 이러한 접근 방식은 *arriving* 예제를 다음과 같이 표현한다.

$$
\begin{aligned}
\exists e,i,n,t\; Arriving(e)\;&\land\; Arriver(e, Speaker) \land Destination(e, NewYork) \\
&\land\; IntervalOf(e,i) \land EndPoint(i,e) \land Precedes(e, Now) \\
\exists e,i,n,t\; Arriving(e)\;&\land\; Arriver(e, Speaker) \land Destination(e, NewYork) \\
&\land\; IntervalOf(e,i) \land MemberOf(i, Now) \\
\exists e,i,n,t\; Arriving(e)\;&\land\; Arriver(e, Speaker) \land Destination(e, NewYork) \\
&\land\; IntervalOf(e,i) \land EndPoint(e,n) \land Precedes(Now, e)
\end{aligned}
$$

이 표현은 이벤트와 관련된 시간 간격을 나타내는 변수와 해당 간격의 끝을 나타내는 변수를 소개한다. 2항 술어 *Precedes*는 첫 번째 시점 논항이 두 번째 시점보다 앞선다는 개념을 나타낸다. 상수 *Now*는 현재 시간을 나타낸다. 과거 이벤트의 경우, 간격의 끝 점이 현재 시간보다 선행해야 한다. 마찬가지로 향후 이벤트의 경우 현재 시간이 이벤트 종료 이전이어야 한다. 현재 발생하는 이벤트의 경우 현재 시간이 이벤트 간격 내에 포함된다.

하지만 단순 동사 시제와 시점 간의 관계는 결코 간단하지 않다. 다음 예를 고려한다.

(17.55) Ok, we fly from San Francisco to Boston at 10.

(17.56) Flight 1390 will be at the gate an hour now.

첫 번째 예에서 동사 *fly*의 현재 시제는 미래 이벤트를 지칭하는 데 사용되며, 두 번째 예에서는 미래 시제가 과거 이벤트를 지칭하는 데 사용된다.

다른 동사 시제를 고려할 때 더 많은 복잡성이 발생한다. 다음 예를 고려한다.

(17.57) Flight 1902 arrived late.

(17.58) Flight 1902 had arrived late.

둘 다 과거의 이벤트를 언급하지만 같은 방식으로 표현하는 것은 잘못된 것처럼 보인다. 두 번째 예는 배경에 또 다른 불특정의 이벤트가 숨어 있는 것처럼 보인다(예: Flight 1902 had already arrived late when something else happened). 이 현상을 설명하기 위해 라이헨바흐(1947)는 **기준점** 개념을 도입했다. 간단한 시간 체계에서 현재 시간은 발화 시간과 동일하며 이벤트가 발생한 시점(전, 중, 후)에 대한 기준점으로 사용된다. 라이헨바흐의 접근 방식에서 기준점의 개념은 발화 시간 및 이벤트 시간과 분리된다. 다음 예제는 이 접근 방식의 기본 사항을 보여준다.

기준점

(17.59) When Mary's flight departed, I ate lunch.

(17.60) When Mary's flight departed, I had eaten lunch.

이 두 가지 예에서 식사 이벤트는 과거에, 즉 발화 이전에 발생했다. 그러나 첫 번째 예의 동사 시제는 비행기가 출발할 때 식사 이벤트가 시작됐음을 나타내고, 두 번째 예는 식사가 비행 출발 전에 완료됐음을 나타낸다. 따라서 라이헨바흐의 용어에서 *departure* 이벤트는 기준점을 지정한다. 이러한 사실은 *eating* 및 *departure* 이벤트와 관련된 추가 제약에 의해 수용될 수 있다. 첫 번째 예에서 기준점은 *eating* 이벤트보다 앞서고, 두 번째 예에서는 식사가 기준점보다 우선한다. 그림 17.5는 기본 영어 시제를 사용한 라이헨바흐의 접근 방식을 보여준다. 연습 17.6에서는 이러한 예제를 FOL로 나타내도록 요청한다.

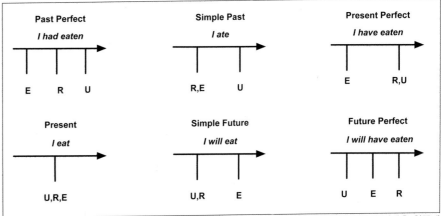

그림 17.5 라이헨바흐의 접근 방식은 다양한 영어 시제에 적용됐다. 이 다이어그램에서 시간은 왼쪽에서 오른쪽으로, E는 이벤트 시간, R은 기준 시간, U는 발화 시간을 나타낸다.

이 논의는 과거, 현재, 미래의 광범위한 개념과 다양한 영어 동사 시제에 의해 신호가 전달되는 방식에 초점을 맞췄다. 물론 언어에는 다음 ATIS 예제에서와 같이 다양한 시간 표현의 사용을 포함해 시간 정보를 전달하는 더 직접적이고 구체적인 방법이 많다.

(17.61) I'd like to go at 6:45, in the morning.

(17.62) Somewhere around noon, please.

22장에서 볼 수 있듯이, 시간적 표현에 대한 문법은 정보 추출 및 질의응답 애플리케이션에 실질적으로 상당히 중요하다.

마지막으로, 체계적인 개념적 조직이 이와 같은 예에 반영된다는 점에 유의해야 한다. 특히, 영어의 시간 표현은 예에서 *at, in, something, near*의 다양한 용법에 의해 설명되는 것처럼 공간 용어로 자주 표현된다(Lakoff and Johnson, 1980; Jackendoff, 1983). 이와 같은 하나의 도메인이 다른 도메인의 관점에서 체계적으로 표현되는 은유적 조직은 19장에서 더 자세히 다룬다.

17.4.2 동사의 상

앞의 절에서는 이벤트를 설명하는 발화 시간과 관련해 이벤트 시간을 나타내는 방법에 대해 다뤘다. 이 절에서는 이벤트가 종료됐는지 또는 진행 중인지 여부, 특정 시점 또는 일정 기간 동안 발생하는 것으로 개념화됐는지 여부 그리고 그로 인해 영역의 **동사의 상** 어떤 특정한 상태가 발생하는지를 포함해 관련 주제의 클러스터와 관련된 **동사의 상** ㈬ 개념을 다룬다. 동사의 상과 관련 개념을 기반한 이벤트 표현식은 전통적으로 다음 예제에 설명된 네 가지 부류로 나뉜다.

- **Stative**(상태): I know my departure gate.
- **Activity**(행위): John is flying.
- **Accomplishment**(완성): Sally booked her flight.
- **Achievement**(성취): She found her gate.

초기 버전은 아리스토텔레스에 의해 분류됐지만, 여기에 제시된 것은 벤들러(1967)의 분류법이다. 다음 논의에서는 각 종류의 예를 식별하기 위해 다우티(1979)에서 제안한 몇 가지 진단 기술과 함께 네 가지 부류 각각의 간략한 특성을 제시한다.

상태 표현 **상태 표현**은 특정 속성을 가지고 있거나 주어진 시점에서 상태에 있는 이벤트 관여자의 개념을 나타낸다. 따라서 상태 표현은 한 시점에서 영역의 상을 포착하는 것으로 생각할 수 있다. 다음 ATIS 예제를 고려한다.

(17.63) I like Flight 840 arriving at 10:06.

(17.64) I need the cheapest fare.

(17.65) I want to go first class.

이와 같은 예에서 주어로 표시된 이벤트 관여자는 특정 시점에서 무언가를 경험하는 것으로 볼 수 있다. 경험자가 이전에 같은 상태에 있었는지 미래에 있을지 여부는 명시되지 않는다.

상태를 식별하기 위한 여러 진단 테스트가 있다. 예를 들어 상태동사는 진행형에서 사용될 때 이상하다.

(17.66) *I am needing the cheapest fare on this day.

(17.67) *I am wanting to go first class.

이러한 예와 후속 예에서 *를 사용해 의미론 요인과 통사론 요인을 모두 포함할 수 있는 잘못된 형식의 확대된 개념을 나타낸다.

또한 상태는 명령어로 사용될 때 이상하다.

(17.68) *Need the cheapest fare!

마지막으로, *deliberately* 및 *carefully*와 같은 부사에 의해 상태가 쉽게 한정되지 않는다.

(17.69) *I deliberately like Flight 840 arriving at 10:06.

(17.70) *I carefully like Flight 840 arriving at 10:06.

행위 표현 **행위 표현**은 관여자가 수행한 이벤트를 설명하며 특별한 종료점이 없다. 상태와 달리 행위는 일정 기간 동안 발생하는 것으로 간주되기 때문에 단일 시점과 연관되지 않는다. 다음 예를 고려한다.

(17.71) She drove a Mazda.

(17.72) I live in Brooklyn.

이 예는 둘 다 주어가 일정 기간 동안 동사가 지정한 행위에 참여했었거나 참여하고 있음을 명시한다.

상태와 달리 행위 표현은 진행형 및 명령형 모두에서 괜찮다.

(17.73) She is living in Brooklyn.

(17.74) Drive a Mazda!

그러나 상태와 같이 행위 표현은 *in*을 사용하는 시간 표현으로 일시적으로 수식될 때 이상하다.

(17.75) *I live in Brooklyn in a month.

(17.76) *She drove a Mazda in an hour.

그러나 다음 예에서와 같이 시간 부사 *for*과 함께 자연스럽게 사용할 수 있다.

(17.77) I live in Brooklyn for a month.

(17.78) She drove a Mazda for an hour.

완성 표현   행위와 달리 **완성 표현**은 자연스러운 종료점이 있고 특정 상태를 초래하는 이벤트를 설명한다. 다음 예를 고려한다.

(17.79) He booked me a reservation.

(17.80) United flew me to New York.

이 예에서 이벤트는 의도한 상태가 달성될 때 종료되는 일정 기간 동안 발생하는 것으로 간주된다.

다양한 진단을 사용해 완성 이벤트와 행위를 구분할 수 있다. 테스트로 단어 stop을 사용하는 다음 예를 고려한다.

(17.81) I stopped living in Brooklyn.

(17.82) She stopped booking my flight.

첫 번째 행위의 예에서는 행위가 끝났지만, *I lived in Brooklyn*이라는 말로 아무 문제 없이 끝낼 수 있다. 그러나 두 번째 예에서는 의도한 상태가 달성되기 전에 행위가 중지됐기 때문에 *She booked her flight*라는 말로 끝낼 수 없다. 따라서 행위 중지는 행위가 발생했음을 의미하지만 완성 이벤트 중지는 이벤트가 성공하지 못했음을 나타낸다.

행위와 완성은 다양한 시간 부사에 의해 어떻게 수식될 수 있는지에 따라 구별될 수 있다. 다음 예를 고려한다.

(17.83) *I lived in Brooklyn in a year.

(17.84) She booked a flight in a minute.

일반적으로 완성은 *in* 시간 표현으로 수식할 수 있지만, 단순한 행위는 수식할 수 없다.

성취 표현　　마지막 상 클래스인 **성취 표현**은 표현이 상태를 초래한다는 점에서 완성과 유사하다. 다음 예를 고려한다.

(17.85) She found her gate.

(17.86) I reached New York.

완성과 달리 성취 이벤트는 순식간에 발생하는 것으로 간주되며 상태로 이어지는 특정 활동과 동일하지 않다. 좀 더 구체적으로, 이러한 예의 이벤트는 확장된 *searching* 또는 *traveling* 이벤트가 선행될 수 있지만 *found* 및 *reach*에 직접 해당하는 이벤트는 간격이 아닌 포인트로 간주한다.

이러한 이벤트의 포인트와 같은 특성은 시간적으로 수식할 수 있는 방법에 영향을 준다. 특히 다음 예를 고려한다.

(17.87) I lived in New York for a year.

(17.88) *I reached New York for a few minutes.

행위 및 완성 표현과 달리 성취는 부사 *for*로 수식할 수 없다.

또한 앞서 했듯이, 단어 *stop*을 사용해 성취를 완성과 구별할 수 있다. 다음 예를 고려한다.

(17.89) I stopped booking my flight.

(17.90) *I stopped reaching New York.

앞서 살펴본 것처럼 완성 표현에 *stop*을 사용하면 의도한 상태에 도달하지 못한다. 그러나 결과 표현식은 완벽하게 잘 구성돼 있다. 반면에 *stop*을 성취 예시와 함께 사용하는 것은 허용되지 않는다.

'목적'을
나타내는
예측지 못한
사건완성과 성취는 모두 상태를 초래하는 이벤트이기 때문에 때로는 단일 상 부류의 하위 유형으로 특성화된다는 점에 유의해야 한다. 이 결합된 부류의 구성 요소를 **'목적'을 나타내는 예측지 못한 사건**^{telic eventualities}이라고 한다.

다음 단계로 넘어가기 전에 이 분류 체계에 대해 두 가지 사항을 확인해야 한다. 첫 번째 요점은 이벤트 표현식을 한 부류에서 다른 부류로 쉽게 이동할 수 있다는 것이다. 다음 예를 참고한다.

(17.91) I flew.

(17.92) I flew to New York.

첫 번째 예는 간단한 행위이다. 자연스러운 종료점이 없으며, *in* 시간 표현으로 시간적으로 수식할 수 없다. 반면, 두 번째 예는 종료점이 있고 특정 상태를 초래하고 완성이 할 수 있는 모든 방식으로 시간적으로 수식할 수 있기 때문에 분명히 완성 이벤트다. 분명히 이벤트의 분류는 동사에 의해서만 통제되는 것이 아니라 문맥에서 전체 표현의 의미론에 의해 좌우된다.

두 번째 요점은 이와 같은 분류가 종종 유용하지만 자연어로 표현된 이벤트가 이러한 특정 부류에 속하는 이유를 설명하지 못한다는 것이다. 19장에서 이 문제를 다시 살펴보면, 이러한 부류를 설명하는 다우티(1979)의 표현 접근 방식을 스케치한다.

17.5 기술 논리

의미망

슬롯 필러수년에 걸쳐 자연어 처리 시스템에서 사용하기 위해 언어적 발화의 의미를 포착하기 위해 상당한 수의 표현 체계가 발명됐다. FOL 외에 가장 널리 사용되는 체계는 **의미망**과 프레임으로, 때로는 **슬롯 필러** 표현이라고도 한다.

의미망에서 대상은 그래프에서 노드로 표시되며 대상 간의 관계는 명명된 링크로 표시된다. 프레임 기반 시스템에서 대상은 15장에서 설명한 것과 유사한 피처 구조로 표현되며, 물론 자연스럽게 그래프로 표현될 수도 있다. 이 접근 방식에서는 피처를 슬롯이라고 하며, 슬롯의 값 또는 필러는 미세한 값이거나 다른 내장 프레임일 수 있다.

원칙적으로 이러한 접근 방식에서 표현된 의미는 상대적으로 쉽게 FOL에서 동등 명제로 변환될 수 있다는 것이 널리 받아들여지고 있다. 어려운 점은 이러한 많은 접근 방식에서 명제의 의미가 절차적으로 정의된다는 것이다. 즉, 의미는 명제를 해석하는 시스템이 무엇을 하든지간에 발생한다.

기술 논리는 이러한 이전 구조화된 네트워크 표현의 의미를 더 잘 이해하고 지정하고 특정 종류의 도메인 모델링에 특히 적합한 개념적 프레임워크를 제공하기 위한 노력으로 볼 수 있다. 형식상 기술 논리라는 용어는 FOL의 다양한 하위 집합에 해당하는 논리적 접근 방식 패밀리를 나타낸다. 기술 논리 표현성의 다양한 제한은 다양한 중요한 종류의 추론의 다루기 위한 용이성을 보장하는 역할을 한다. 그러나 여기서는 계산 복잡도 문제보다는 DL의 모델링 측면에 초점을 맞출 것이다.

핵심 용어

TBox

ABox

온톨로지

기술 논리를 사용해 애플리케이션 도메인을 모델링할 때 범주와 해당 범주에 속하는 각각의 개체 및 개체간에 유지할 수 있는 관계 지식의 표현을 강조한다. 특정 애플리케이션 도메인을 구성하는 범주 또는 개념 세트를 **핵심 용어**[Terminology]라고 한다. 핵심 용어가 포함된 지식 기반 부분을 전통적으로 **TBox**라고 한다. TBox는 각각의 사실을 담고 있는 **ABox**와는 대조적이다. 이 핵심 용어는 일반적으로 범주 간의 하위/상위 집합 관계를 캡처하는 **온톨로지**라는 계층 구조로 배열된다.

이 접근 방식을 설명하기 위해 식당, 요리, 고객 등의 개념이 포함된 이전 요리 영역을 다시 살펴본다. *Restaurant(x)*와 같은 단항 술어를 사용해 FOL에서 이와 같은 개념을 표현했다. DL 등가물은 단순히 변수를 생략하기 때문에 식당 개념에 해당하는 범주는 단순히 **Restaurant**으로 작성된다.[3] *Frasca*와 같은 특정 도메인 요소가 식당이라는 개념을 포착하기 위해 단순히 FOL에서와 같은 방식으로 *Restaurant(Frasca)*을 단언할 뿐이다. 이러한 카테고리의 의미는 17.2절에서 소개한 것과 정확히 동일한 방식으로 지정된다. *Restaurant*과 같은 카테고리는 단순히 식당 도메인 요소 집합을 나타낸다.

---

3 DL 명령문은 일반적으로 산세리프 글꼴로 설정된다. 여기서는 이 규칙을 따르고 DL 명령문에 해당하는 FOL을 제공할 때 표준 수학 표기법으로 되돌릴 것이다.

상황에 대한 관심 범주를 지정한 후, 다음 단계는 이러한 범주를 계층 구조로 배열하는 것이다. 핵심 용어에 존재하는 계층적 관계를 포착하는 두 가지 방법이 있다. 계층적으로 관련된 범주 간의 관계를 직접 단언하거나 개념에 대한 완전한 정의를 제공한 다음 정의에 의존해 계층적 관계를 추론할 수 있다. 이 방법들 사이의 선택은 결과 범주를 넣을 용도와 많은 자연 발생 범주에 대한 정확한 정의를 공식화할 가능성에 달려 있다. 여기에서 첫 번째 옵션에 대해 논의하고 이 절 뒷부분의 정의 개념을 다룬다.

포함

계층 구조를 직접 지정하기 위해 핵심 용어에서 적절한 개념 사이에 **포함** 관계를 확고히 할 수 있다. 포함 관계는 일반적으로 $C \sqsubseteq D$로 작성되고 C가 D에 포함돼 읽힌다. 즉, 범주 C의 모든 구성 요소는 범주 D의 구성 요소이기도 하다. 당연히 이 관계의 형식적 의미는 단순 집합 관계에 의해 제공된다. C로 표시된 집합에 있는 모든 도메인 요소는 D로 표시된 집합에도 있다.

식당 테마를 계속해서 TBox에 다음 문장을 추가하면 모든 식당 상업 시설로 다양한 하위 유형의 식당이 있다.

$$\text{Restaurant} \quad \sqsubseteq \quad \text{CommercialEstablishment} \tag{17.93}$$

$$\text{ItalianRestaurant} \quad \sqsubseteq \quad \text{Restaurant} \tag{17.94}$$

$$\text{ChineseRestaurant} \quad \sqsubseteq \quad \text{Restaurant} \tag{17.95}$$

$$\text{MexicanRestaurant} \quad \sqsubseteq \quad \text{Restaurant} \tag{17.96}$$

이와 같은 온톨로지는 일반적으로 그림 17.6에 표시된 것과 같은 다이어그램으로 설명되며, 여기서 하위 포함 관계는 카테고리를 나타내는 노드 간의 링크로 표시된다.

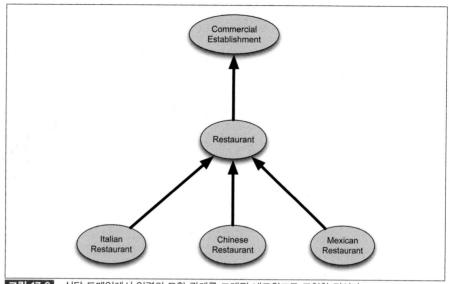

그림 17.6   식당 도메인에서 일련의 포함 관계를 그래픽 네트워크로 표현한 것이다.

그러나 기술 논리의 개발에 동기를 부여한 것은 이와 같은 네트워크 다이어그램의 모호한 특성이었다. 이 다이어그램에서는 주어진 카테고리 집합이 완전하거나 분리 돼 있는지 여부를 알 수 없다. 즉, 우리가 다루는 모든 종류의 음식점인지 아니면 다른 음식점이 있는지 알 수 없다. 또한 개별 식당이 카테고리 중 하나에만 속해야 하는지 또는 이탈리아 식당과 중식 식당 둘 다일 수 있는지 여부를 알 수 없다. 위에 주어진 DL 명령문은 그 의미에서 더 명료하다. 단순히 범주 사이의 일련의 포함 관계를 확고히 하고 적용 범위 또는 상호 배제에 대한 어떠한 요구도 하지 않는다.

애플리케이션에 적용 범위 및 분리 정보가 필요한 경우, 해당 정보를 명시적으로 작성해야 한다. 이러한 종류의 정보를 캡처하는 가장 간단한 방법은 부정 및 분리 연산자를 사용하는 것이다. 예를 들어 다음 주장은 중식 식당이 이탈리안 식당이 될 수 없음을 알려준다.

$$\text{ChineseRestaurant} \sqsubseteq \textbf{not}\ \text{ItalianRestaurant} \tag{17.97}$$

범주를 포함하는 하위 개념 세트를 지정하는 것은 다음과 같이 분리를 통해 달성할 수 있다.

Restaurant ⊑   (17.98)

(**or** ItalianRestaurant ChineseRestaurant MexicanRestaurant)

물론 그림 17.6에 제시된 것과 같은 계층 구조를 갖는 것은 그 안에 있는 개념에 대해 아무것도 알려주지 않는다. 우리는 하물며 그 식당이 이탈리아 식당인지, 중식당인지, 비싼 식당인지, 확실히 무슨 식당인지 아무것도 모른다. 기술 논리에서 이러한 표현은 설명되는 개념과 도메인의 다른 개념 간의 관계 형태로 제공된다. 구조화된 네트워크 표현의 발생에 따라 기술 논리의 관계는 일반적으로 이진 관계이며 종종 역할 또는 역할 관계라고 한다.

이러한 관계가 어떻게 작용하는지 알아보기 위해, 17장의 앞부분에서 논의한 식당의 몇 가지 사실을 고려한다. hasCuisine 관계를 사용해 어떤 종류의 음식점이 제공되는지에 대한 정보를 캡처하고 hasPriceRange 관계를 사용해 특정 음식점의 가격이 얼마나 비싼지 파악한다. 이러한 관계를 사용해 다양한 부류의 식당에 대해 더 구체적인 것을 말할 수 있다. ItalianRestaurant 개념부터 시작한다. 첫 번째 근사치로 이탈리안 식당에서 이탈리아 요리를 제공하는 것과 같이 논란의 여지가 없다. 이러한 개념을 포착하기 위해 먼저 다양한 종류의 요리를 나타내는 새로운 개념을 핵심 용어에 추가한다.

MexicanCuisine	⊑ Cuisine	ExpensiveRestaurant	⊑ Restaurant
ItalianCuisine	⊑ Cuisine	ModerateRestaurant	⊑ Restaurant
ChineseCuisine	⊑ Cuisine	CheapRestaurant	⊑ Restaurant
VegetarianCuisine	⊑ Cuisine		

다음으로, ItalianRestaurant의 이전 버전을 수정해 요리 정보를 캡처한다.

ItalianRestaurant ⊑ Restaurant ⊓ ∃hasCuisine.ItalianCuisine   (17.99)

이 표현을 읽는 올바른 방법은 ItalianRestaurant 범주의 각각이 Restaurant 범주와 실존주의적인 조항에 정의된 이름없는 부류(이탈리아 요리를 제공하는 개체 집합)에 모두 포함된다는 것이다. FOL의 대응하는 표현은 다음과 같다.

$$\forall x ItalianRestaurant(x) \quad \rightarrow \quad Restaurant(x) \qquad (17.100)$$
$$\wedge (\exists y Serves(x,y) \wedge ItalianCuisine(y))$$

이 FOL 변환은 위에 제시된 DL 주장이 무엇을 수반하는지 그리고 무엇을 수반하지 않는지 명확히 해야 한다. 특히 이탈리안 식당으로 분류된 도메인 주체는 비싸거나 심지어 중국 요리를 제공하는 것과 같은 다른 관계에 관여할 수 없다고 말하지 않는다. 그리고 결정적으로 이탈리아 요리를 제공하는 것으로 알고 있는 도메인 개체에 대해 많이 말하지 않는다. 실제로 FOL 변환을 살펴보면 새로운 개체가 특성에 따라 이 범주에 속한다고 *infer*(추론)할 수 없다. 우리가 할 수 있는 최선의 방법은 이 카테고리의 구성 요소라고 명시적으로 보여준 식당의 새로운 사실을 추론하는 것이다.

물론 특정 특성이 주어진 각각의 범주 구성 요소를 추론하는 것은 우리가 지원해야 하는 공통적이고 중요한 추론 작업이다. 이를 통해 핵심 용어의 계층 구조를 만드는 대체 접근 방식으로 돌아간다. 실제로 만들고 있는 카테고리의 정의를 카테고리 구성 요소에 필요한 충분한 조건의 형태로 제공한다. 이 경우 ItalianRestaurant은 이탈리아 요리를 제공하는 식당으로, ModerateRestaurant은 가격대가 적당한 식당으로 명시적으로 정의할 수 있다.

$$ItalianRestaurant \quad \equiv \quad Restaurant \sqcap \exists hasCuisine.ItalianCuisine \qquad (17.101)$$

$$ModerateRestaurant \quad \equiv \quad Restaurant \sqcap hasPriceRange.ModeratePrices \qquad (17.102)$$

이전 표현은 범주의 구성 요소에 필요한 조건을 제공했지만, 표현은 필수 및 충분한 조건을 모두 제공한다.

마지막으로 표면적으로 유사한 채식 식당의 경우를 고려해보자. 분명히 채식 식당은 채식 요리를 제공하는 식당이다. 하지만 단순히 채식을 제공하는 것이 아니라 식당이 제공하는 전부다. 다음과 같이 이전의 VegetarianRestaurants 설명에 전칭 양화사 형식으로 추가 제한을 추가해 이러한 종류의 제약을 수용할 수 있다.

$$VegetarianRestaurant \quad \equiv \quad Restaurant \qquad (17.103)$$
$$\sqcap \exists hasCuisine.VegetarianCuisine$$
$$\sqcap \forall hasCuisine.VegetarianCuisine$$

추론

범주, 관계 및 각각의 기술 로직의 포커스를 병렬화하는 것은 논리적 추론의 제한된 하위 집합에 대한 처리에 초점을 맞춘다. FOL이 허용하는 전체 범위의 추론을 사용하는 대신, DL 추론 시스템은 포괄 및 인스턴스 확인의 밀접하게 연결된 문제를 강조한다.

가정　　추론의 한 형태로서 **가정**은 용어에서 주장된 사실을 기반으로 두 개념 사이에 확대 집합/부분 집합 관계가 존재하는지 여부를 결정하는 작업이다. 이에 따라 **인스턴스 확인**은 개체와 핵심 용어 모두에 대해 알고 있는 사실을 고려해 각각이 특정 범주의 구성 요소가 될 수 있는지 묻는다. 포함과 인스턴스 확인의 기본이 되는 추론 메커니즘은 단순히 용어에서 명시적으로 언급된 포함 관계를 검사하는 것 이상이다. 적절한 포함과 구성 관계를 추론하기 위해 핵심 용어에 대해 표현된 관계 정보를 사용해 명시적으로 추론해야 한다.

식당 도메인으로 돌아가서 다음 문구를 사용해 새로운 종류의 식당을 추가해보자.

$$\text{IlFornaio} \sqsubseteq \text{ModerateRestaurant} \sqcap \exists \text{hasCuisine.ItalianCuisine} \qquad (17.104)$$

이 표현을 감안할 때 IlFornaio 식당 체인이 이탈리안 식당 또는 채식 식당으로 분류될 수 있는지 여부를 물어볼 수 있다. 더욱 정확하게는 추론 시스템에 다음 질문을 제기할 수 있다.

$$\text{IlFornaio} \sqsubseteq \text{ItalianRestaurant} \qquad (17.105)$$
$$\text{IlFornaio} \sqsubseteq \text{VegetarianRestaurant} \qquad (17.106)$$

IlFornaio가 ItalianRestaurant 카테고리에 대해 지정한 기준을 충족하기 때문에 첫 번째 질문의 대답은 긍정적이다. 식당의 하위 유형인 ModerateRestaurant으로 명시적으로 분류한 식당이며, 직접 주장했기 때문에 has.Cuisine 클래스 제한을 충족한다.

두 번째 질문의 대답은 부정적이다. 채식 식당에 대한 우리의 기준은 두 가지 요구 사항을 포함하고 있어야 한다. 식당은 채식주의자를 위한 음식을 제공해야 하고, 식당이 제공할 수 있는 전부를 포함해야 한다. IlFornaio에 대한 우리의 현재 정의는 두 가지 점에서 모두 실패한다. 이는 IlFornaio가 채식주의자를 위한 음식을 제공한다고 주장하는 관계를 주장하지 않았기 때문이며, 우리가 주장한 관계 hasCuisine.

ItalianCuisine은 두 번째 기준과 모순된다.

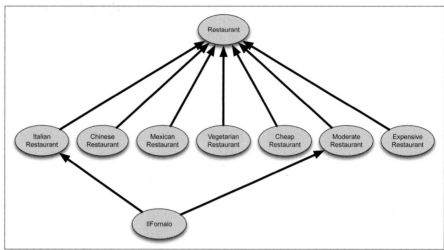

그림 17.7 TBox의 현재 주장 집합이 주어진 경우, 식당 도메인의 전체 포함 관계 집합에 대한 그래픽 네트워크 표현이다.

묵시적 계층

기본 가정 추론을 기반으로 하는 관련 추론 작업은 핵심 용어 범주의 사실이 제공된 용어의 **묵시적 계층**을 도출하는 것이다. 이 작업은 대략 핵심 용어의 개념 쌍에 대한 포함 연산자의 반복 적용에 해당한다. 현재의 문장 모음이 주어지면 그림 17.7에 표시된 확장된 계층 구조를 추론할 수 있다. 이 다이어그램에는 현재 지식에 따라 모든 가정 연결만 포함돼 있다고 확신해야 한다.

인스턴스 확인은 특정 개체가 특정 범주의 구성으로 분류될 수 있는지 여부를 결정하는 작업이다. 이 프로세스는 관계 및 명시적 범주 진술의 형태로 주어진 개체에 대해 알려진 것을 취한 다음 해당 정보를 현재 핵심 용어에 대해 알려진 정보와 비교한다. 그런 다음 개체가 속할 수 있는 가장 구체적인 범주 목록을 반환한다.

분류 문제의 예로, 식당이며 이탈리아 요리를 제공하는 식당을 생각해보자.

$$\text{Restaurant(Gondolier)} \tag{17.107}$$

$$\text{hasCuisine(Gondolier, ItalianCuisine)} \tag{17.108}$$

여기에서 Gondolier라는 용어로 표시된 개체는 식당이며, 이탈리아 음식을 제공한다. 이 새로운 정보와 현재 TBox의 내용을 감안할 때 이탈리안 식당인지, 채식 식당인지 또는 가격이 적당한지 물어보고 싶을 것이다.

앞에서 설명한 내용을 가정하면 Gondolier를 이탈리안 식당으로 분류할 수 있다. 즉, 우리가 제공한 정보는 이 카테고리의 구성 자격에 필요한 필수적이고 충분한 조건을 충족한다. IlFornaio 카테고리와 마찬가지로, 이 개체는 VegetarianRestaurant의 명시된 기준에 부합하지 못한다. 마지막으로, Gondolier 또한 적당한 가격의 식당으로 밝혀질 수도 있지만, 가격에 대해 전혀 알지 못하기 때문에 현재로서는 알 수 없다. 즉, 현재 우리가 알고 있는 ModerateRestaurant(Gondolier) 쿼리에 대한 답은 필수 hasPriceRange 관계가 없기 때문에 틀릴 수 있다는 뜻이다.

실제 애플리케이션에 필요한 다른 종류의 추론뿐만 아니라 가정, 인스턴스 검사의 구현은 사용되는 기술 논리의 표현성에 따라 달라진다. 그러나 적당한 능력의 기술 논리의 경우, 기본 구현 기술은 17장의 앞부분에서 소개한 기본 모델 기반 의미 체계에 의존하는 충족 가능성 방법을 기반으로 한다.

OWL과 시멘틱 웹

현재까지 기술 논리의 가장 중요한 역할은 시멘틱 웹 개발의 일부였다. 시멘틱 웹은 웹 콘텐츠의 의미를 공식적으로 지정하는 방법을 제공하기 위한 지속적인 노력이다 (Fensel et al., 2003). 이러한 노력의 핵심 구성 요소는 관심 있는 다양한 애플리케이션 분야의 온톨로지의 생성 및 배포와 관련있다. 이 지식을 표현하는 데 사용되는 의미 표현 언어는 **웹 온톨로지 언어**[OWL]다(McGuiness and van Harmelen, 2004). OWL은 여기에서 설명한 것과 거의 일치하는 기술 논리를 구현한다.

웹 온톨로지 언어

17.6 의미에 대한 구체화 및 위치 접근

언어적 표현을 별개의 기호로 구성된 형식적 표현으로 변환하는 것이 의미의 개념을 적절하게 포착한다는 공식은 상당한 논쟁의 대상이 된다. 다음 논의는 다양한 방식으로 언어적 표현의 의미를 기반으로하는 대안적 접근 방식에 대한 간략한 개요를 제공한다.

행동으로서의 의미

명령형 문장의 의미를 고려할 때 상당한 호소력을 갖는 접근 방식은 **행동으로서의 의미** 개념이다. 이 관점에 따르면, 발화는 행동으로 간주되며, 발화의 의미는 발화를 들은 후, 청자에 활성화되는 절차에 존재한다. 이 접근법은 역사적으로 중요한 SHRDLU 시스템의 생성에 따라 이루어졌으며, 그 창안자인 테리 위노그라드(1972b)에 의해 잘 요약된다.

> 모델을 뒷받침하는 기본적인 관점 중 하나는 모든 언어 사용이 청자 시스템 내에서 절차를 활성화하는 방법으로 생각될 수 있다는 것이다. 발화를 프로그램이라고 생각할 수 있는데, 이는 청각기관의 인지 시스템 내에서 일련의 조작을 간접적으로 발생시킨다.

하지만 SHRDLU에 사용된 접근 방식은 절차적이었지만, 의미 있는 방식으로 근거가 없는 임의의 기호로 구성됐다.

의미론의 보다 정교한 절차 모델은 베일리 외 연구진(1997), 나라야난 외 연구진(1997), 창 외 연구진(1998)의 **실행 스키마** 또는 **x-스키마** 모델이다. 이 모델의 직관은 788페이지에서 논의된 상의 요인을 포함해 이벤트 의미론의 다양한 부분이 발단, 반복, 활성화, 완료, 힘 및 노력과 같은 의미 모터 프로세스의 도식화된 설명을 기초한다는 것이다. 이 모델은 **페트리 네트**(Murata, 1989)라고 하는 일종의 확률적 오토마톤을 통해 이벤트상의 의미론을 나타낸다. 모델에 사용된 네트에는 *ready, process, finish, suspend, result*와 같은 상태가 있다.

*Jack is walking to the store*와 같은 예의 의미 표현은 걷기 이벤트의 *process* 상태를 활성화한다. *Jack walked to the store*와 같은 완성 이벤트는 *result* 상태를 활성화한다. *Jack walked to the store every week*과 같은 반복적인 활동은 모델에서 *process* 및 *result* 노드의 반복적인 활성화를 통해 시뮬레이션된다. 이 접근 방식의 핵심 통찰력은 이러한 프로세스가 인간 모터 제어 시스템에서 직접적인 유사성을 갖는다는 것이다.

의미론적 설명을 위한 기초로서 감각 운동 기초 요소의 이러한 사용은 공간 전치사의 의미론을 학습하는 컴퓨터 모델에서 시각적 기초 요소 역할의 레지어(1996) 작업에 기초한다. 시스킨드(2001)는 탈미(1988)의 힘 역학 작업을 기반으로 비슷한 목표를 가진 접근 방식을 제시한다.

x-스키마

페트리 네트

물론 우리가 이야기하는 대부분은 추상적이기 때문에 시각적, 촉각 또는 운동 제어 프로세스에 직접적으로 근거할 수 없다. 그러나 19장에서 전체는 아니지만 많은 추상적인 개념은 지각 또는 운동 기초 요소에 기반한 개념과 연결되는 은유를 사용해 표현할 수 있다. 나라야난(1999)의 다음 예를 고려한다.

(17.109) In 1991, in response to World Bank pressure, India boldly set out on a path of liberalization.

라코프와 존슨(1980)의 메타포 작업을 바탕으로 나라야난은 이와 같은 은유적 표현을 분석할 수 있는 시스템을 제시하고 개념 영역에서 하위 수준의 지각 및 운동 기초 요소에 대한 매핑을 기반으로 적절한 추론을 도출할 수 있음을 보여준다.

이 작업의 대부분은 이벤트, 상태 및 동작에 근거를 둔 표현에 초점을 맞췄다. 그러나 시스템에서 객체와 속성의 표현은 논리 기반 접근 방식, 즉, 논의 중인 객체를 나타내는 분석되지 않은 상수에서 취한 접근 방식과 상당히 유사하다. 로이(2005b)는 이벤트, 상태, 객체 및 속성의 일관된 처리를 제공하기 위해 스키마의 개념을 확장하는 프레임워크를 제시한다. 간단히 말해서, 이 접근 방식에서 개체 및 해당 속성의 표현은 에이전트가 소유에 근거를 둔 스키마 세트에서 직접 발생한다. 예를 들어 공에 대해 알고 있는 것을 표현하기 위해 *BALL*과 같은 논리 상수에 의존하는 대신 그 의미는 공을 포함하는 실제적 스키마 세트에 의해 표현된 제약 조건으로 구성된다.

로이의 기반 스키마 접근 방식의 인상적인 측면은 영역에서 인식하고 행동할 수 있는 일련의 언어 처리 로봇의 설계 및 구현을 기초한다는 것이다(Roy et al., 2004; Roy, 2005a; Roy and Mukherjee, 2005). 이러한 로봇에서 실제적 스키마는 로봇 영역 모델을 나타내며 행동을 안내하고 언어 이해 과정을 주도한다.

17.7 요약

17장에서는 의미에 대한 표현적 접근 방식을 소개했다. 다음은 17장의 주요 내용이다.

- 컴퓨터 언어학의 의미에 대한 주요 접근 방식은 언어 입력의 의미 관련 내용을 캡처하는 **형식적 의미 표현**의 생성을 포함한다. 이러한 표현은 언어에서 상식적인 영역 지식까지의 격차를 해소하기 위한 것이다.

- 표현의 통사론과 의미론을 지정하는 프레임워크를 **의미 표현 언어**라고 한다. 다양한 언어는 자연어 처리 및 인공지능에 사용된다.

- 표현은 의미론적 처리의 실제적인 계산 요구 사항을 지원할 수 있어야 한다. 그중에는 **명제의 참**을 결정하고, **명확한 표현**을 지원하고, **변수를 표현**하고, **추론**을 지원하고, 충분히 **표현**할 필요가 있다.

- 인간의 언어에는 의미를 전달하는 데 사용되는 다양한 특징을 가지고 있다. 이들 중 가장 중요한 것은 **술어 인수 구조**를 전달하는 능력이다.

- 1차 논리는 의미 표현 언어에 필요한 많은 것을 제공하는 잘 이해되고 계산적으로 다루기 쉬운 의미 표현 언어다.

- 상태 및 이벤트를 포함한 의미 표현의 중요한 요소를 FOL에서 캡처할 수 있다.

- 시멘틱 네트워크 및 프레임은 FOL 프레임워크 내에서 캡처할 수 있다.

- 현대 **기술 논리**는 전체 1차 논리의 유용하고 계산적으로 다루기 쉬운 하위 집합으로 구성된다. 기술 논리의 가장 두드러진 사용은 시멘틱 웹 사양에 사용되는 **웹 온톨로지 언어**[OWL]이다.

참고문헌 및 역사 참고 사항

자연어 처리에서 평서문의 의미 표현의 가장 초기 컴퓨팅 사용은 질의응답 시스템의 맥락에서 사용됐다(Green et al., 1961; Raphael, 1968; Lindsey, 1963). 이러한 시스템은 질문에 답하는 데 필요한 사실에 대해 임시 표현을 사용했다. 그런 다음 질문은 지식 기반의 사실과 일치시킬 수 있는 형식으로 변환됐다. 시몬스(1965)는 이러한 초기 노력에 대한 개요를 제공한다.

우즈(1967)는 당시 사용 중이던 임시 표현을 대체하기 위해 질의응답에서 FOL 유사 표현의 사용을 조사했다. 우즈(1973)는 랜드마크인 루나 시스템에서 아이디어를 더욱 발전시키고 확장했다. 루나에서 사용된 표현은 진리 조건적 의미와 절차적 의미를 모두 가지고 있었다. 위노그라드(1972b)는 SHRDLU 시스템에서 마이크로 플래너 언어를 기반으로 유사한 표현을 사용했다.

같은 기간 동안 언어와 기억의 인지 모델링에 관심이 있는 연구자들은 다양한 형태의 연관 네트워크 표현으로 작업했다. 의미론적 네트워크가 일반적으로 퀼리안(1968)에 의해 인정되지만, 마스터맨(1957)은 최초로 의미론적 네트워크와 유사한 지식 표현을 컴퓨터에 사용했다. 시멘틱 네트워크 프레임워크에서 상당한 양의 작업이 이 시대에 수행됐다(Norman and Rumelhart, 1975; Schank, 1972; Wilks, 1975c, 1975b; Kintsch, 1974). 이 기간 동안 많은 연구자들이 필모어의 사례 역할 개념(Fillmore, 1968)을 표현에 통합하기 시작했다. 시몬스(1973)는 자연어 처리 표현의 일부로 사례 역할을 가장 먼저 채택한 사람이다.

우즈(1975)와 브라흐만(1979)이 의미망이 실제로 의미하는 바를 파악하기 위한 상세한 분석은 KRL(Bobrow and Winograd, 1977) 및 KL-ONE(Brachman and Schmolze, 1985)을 포함해 더 정교한 네트워크 유사 언어의 개발로 이어졌다. 이러한 프레임워크가 더욱 정교해지고 잘 정의됨에 따라 전문화된 인덱싱 추론 절차와 결합된 FOL의 제한된 변형이라는 것이 분명해졌다. 이 작업의 대부분을 다루는 유용한 논문 모음은 브라흐만과 레베스크(1985)에서 찾을 수 있다. 러셀과 노르빅(2002)는 이러한 표현 노력에 대한 현대적인 관점을 설명한다.

생성 단계에 자연어 문장에 의미 구조를 할당하려는 언어적 노력은 캐츠와 포더(1963)의 작업으로 시작됐다. 단순한 기능 기반 표현의 한계와 오늘날의 많은 언어 문제에 자연스럽게 적합됨에 따라 다양한 술어-인수 구조를 선호 의미 표현으로 채택하게 됐다(Lakoff, 1972; McCawley, 1968). 이후에 몬태규(1973)가 진리 조건적 모델 이론적 프레임워크를 언어 이론에 도입함으로써 형식적 구문 이론과 광범위한 형식적 의미 프레임워크 간의 훨씬 더 긴밀한 통합이 이어졌다. 몬태규 의미론에 대한 좋은 소개와 언어 이론에서의 역할은 다우티 외 연구진(1981) 및 파티(1976)에서 찾을 수 있다.

재지정된 개체로 이벤트를 표현한 것은 데이비드슨(1967) 때문이다. 이벤트 관여자를 명시적으로 재조정하는 접근 방식은 파슨스(1990) 때문이다. 시간적 추론에 대한 대부분의 현재 계산 접근법은 앨런(1984)의 시간 간격 개념에 기초하며, 22장을 참고한다. 테르 뮬런(1995)은 시제와 상의 현대적 처리를 제공한다. 데이비스(1990)는 수량, 공간, 시간 및 신뢰를 포함한 광범위한 상식 영역에 걸친 지식을 나타내기 위해 FOL의 사용을 설명한다.

논리와 언어에 대한 최근의 포괄적인 처리는 반 벤템과 테르 뮬런(1997), 고전적인 의미론 텍스트는 라이온스(1977)에서 찾을 수 있다. 맥컬리(1993)는 논리와 언어에 관한 광범위한 주제를 다루는 필수 교과서다. 키에르키아와 맥코넬 기넷(1991)은 언어적 관점에서 의미론적 문제를 광범위하게 다룬다. 하임과 크라처(1998)는 현재 생성 이론의 관점에서 작성된 최신 텍스트다.

연습

17.1 중의적인 문장이나 헤드라인의 세 가지 예를 일간 신문에서 읽어보고, 중의성의 다양한 원인을 설명하라.

17.2 단어 *coffee*가 지식 기반 시스템에서 다음 개념을 지칭할 수 있는 도메인을 고려한다. 카페인 또는 디카페인 음료, 두 종류의 음료를 만드는 데 사용되는 분쇄 커피 및 원두 자체이다. 다음 중 어떤 커피 사용이 중의적이고 모호한지에 대해 논증하라.

1. I've had my coffee for today.

2. Buy some coffee on your way home.

3. Please grind some more coffee.

17.3 예제 17.26의 변환으로 제공한 다음 규칙은 채식 식당이라는 것이 의미하는 바에 대한 타당한 정의가 아니다.

$$\forall x VegetarianRestaurant(x) \Rightarrow Serves(x, VegetarianFood)$$

채식 식당이 제공하는 것에 대해 더 잘 정의하는 FOL 규칙을 제공하라.

17.4 다음 문장에 대해 FOL 변환을 제공하라.

1. Vegetarians do not eat meat.

2. Not all vegetarians eat eggs.

17.5 다음 주장을 증명하는 데 필요한 일련의 사실과 추론을 제공하라.

1. McDonald's is not a vegetarian restaurant.

2. Some vegetarians can eat at McDonald's.

이러한 사실을 지식 기반에 배치하지 않는다. 채식주의자와 맥도날드에 대한 좀 더 일반적인 사실에서 추론할 수 있음을 보여준다.

17.6 다음 문장의 경우, 이벤트 사이의 시간적 관계를 포착하는 FOL 변환을 제공한다.

1. When Mary's flight departed, I ate lunch.
2. When Mary's flight departed, I had eaten lunch.

17.7 777페이지에서 *Centro is near Bacaro* 문장의 변환으로 *Near(Centro, Bacaro)* 를 표현했다. 진리 조건적 의미론에서 이 공식은 일부 모델이 주어지면 참 또는 거짓이다. *Near*와 같은 단어의 의미와 관련해 이 진리 조건적 접근 방식을 분석하라.

18
컴퓨터의 의미론

"그럼 네가 말하려는 게 뭔지 알려줘." 3월 토끼가 말했다.

"그럴 거야." 앨리스는 성급하게 대답했다. "그러니까, 그러니까 내가 하려는 말은, 너도 알다시피 둘이 똑같다는 거지."

"전혀 조금도 똑같지 않다고!" 모자 장수가 말했다. "네 말대로라면 '내가 먹는 것을 본다'라는 말과 '내가 보는 것을 먹는다'가 같다는 거잖아!"

– 루이스 캐롤, 『이상한 나라의 앨리스』

18장에서는 의미론적 분석 문제의 원칙적인 컴퓨터 접근 방식을 제시한다. 이 과정은 앞 장에서 논의된 종류의 의미 표현이 언어적 표현을 위해 구성되는 과정이다. 정확하고 표현적인 의미 표현의 자동화된 생성에는 필연적으로 광범위한 지식 소스 및 추론 기술이 필요하다. 일반적으로 관련된 지식의 원천에는 단어의 의미, 문법적 구성과 관련된 관습적인 의미, 담화의 구조에 관한 지식, 당면한 주제에 대한 상식 그리고 담화가 일어나는 상황에 대한 지식 등이 있다.

구문 기반
의미 분석

18장은 범위가 상당히 미미한 일종의 **구문 기반 의미 분석**에 초점을 맞춘다. 이 접근 방식에서 의미 표현은 어휘와 문법에서 수집한 지식을 기반으로 문장에 할당된다. 표현의 의미 또는 의미 표현을 언급할 때 문맥 독립적이고 추론이 없는 표현을 염두에 둔다. 이 유형의 표현은 17장에서 논의된 문자적 의미의 전통적인 개념과 일치한다.

이러한 라인을 따라 진행하는 데는 두 가지 이유가 있다. 첫째, 원시적 표현이 유용한 결과를 생성하기에 충분한 질의 답변을 포함한 영역에 유용한 입력을 제공하는 것이며, 둘째, 빈약한 표현을 보다 풍부하고 완전한 의미 있는 표현을 생성하는 후속 프로세스에 대한 입력으로 사용한다. 21장과 24장은 의미 표현이 확장된 담화와 대화를 처리하는 데 어떻게 사용될 수 있는지에 대해 다룬다.

18.1 구문 기반 의미 분석

구성 원리   이 절에서 자세히 설명하는 접근 방식은 **구성 원리**를 기반으로 한다. 이 접근법의 핵심 개념은 문장의 의미가 부분의 의미로 구성될 수 있다는 것이다. 표면적으로 해석할 때, 이 원칙은 유용하지 않다. 문장이 단어로 구성돼 있고 단어가 언어에서 의미를 전달하는 주요 매개체라는 것을 알고 있다. 그러면 이 원칙이 말하는 모든 것은 문장을 구성하는 단어의 의미에서 문장의 의미 표현을 구성해야 한다는 것이다.

매드 해터는 이 원칙을 유용하게 만드는 방법에 대한 힌트를 제공했다. 문장의 의미는 이를 구성하는 단어에만 의존하는 것이 아니라 단어의 순서와 그룹화 및 문장에 있는 단어 간의 관계에 따라 결정된다. 이는 문장의 의미가 부분적으로 구문 구조를 기반으로 한다는 것을 말하는 또 다른 방법이다. 따라서 구문 중심 의미 분석에서 의미 표현의 구성은 12장에서 논의된 문법 종류에 의해 제공되는 통사론적 *components* 와 *relations*에 의해 안내된다.

먼저 입력 문장의 구문 분석이 의미 분석기의 입력 역할을 한다고 가정한다. 그림 18.1은 이 가정으로부터 직접 이어지는 명백한 파이프라인 지향 접근법을 보여준다. 입력은 먼저 구문 분석을 도출하기 위해 파서를 통과한다. 그런 다음 이 분석은 의미

의미 표현   분석기에 입력으로 전달돼 **의미 표현**을 생성한다. 이 다이어그램은 구문 분석 트리를 입력으로 표시하지만 플랫 청크, 피처 구조 또는 종속성 구조와 같은 다른 구문 표현도 사용할 수 있다. 18장의 나머지 부분에서는 트리와 유사한 입력을 가정한다.

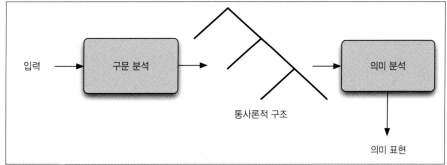

그림 18.1 의미 분석에 대한 간단한 파이프라인 접근법

다음 단계로 넘어가기 전에, 중의성 역할을 다뤄야 한다. 지금까지 살펴본 바와 같이 중의적 표현은 대립되는 구문 분석, 중의적 어휘 항목, 대립되는 대용어 참조를 포함해 수많은 소스에서 발생할 수 있다. 그리고 18장 뒷부분에서 설명하는 중의적 수량사 범위도 있다. 여기에 제시된 구문 중심 접근법에서, 통사론, 어휘 및 앞서 나온 어구를 가리키는 중의성은 문제가 되지 않는다고 가정한다. 즉, 일부 더 큰 시스템이 가능한 중의적 해석을 반복해 여기 설명된 의미 분석기로 개별적으로 전달할 수 있다고 가정한다.

다음 예제를 사용해 분석을 어떻게 진행할 수 있는지 고려해본다.

(18.1) Franco likes Frasca.

그림 18.2는 이 예제에 대한 그럴듯한 의미 표현과 함께 단순화된 구문 분석 트리(기능 연결 부족)를 보여준다. 점선 화살표에서 제안한 것처럼, 트리를 입력으로 제공하는 의미 분석기는 동사 *likes*에 해당하는 하위 트리에서 개략의 의미 표현을 먼저 검색해 성공적으로 진행될 수 있다. 분석기는 문장의 두 명사구에 해당하는 의미 표현을 검색하거나 구성한다. 그런 다음 동사에서 얻은 표현을 일종의 템플릿으로 사용해 분석기는 표현을 의미하는 명사구를 사용해 동사 표현에서 적절한 변수를 바인딩해 문장 전체에 대한 의미 표현을 생성한다.

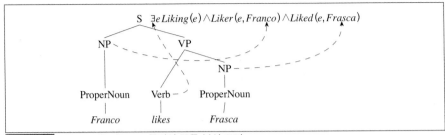

그림 18.2 *Franco like Frasca* 문장의 구문 분석 트리

하지만 이 단순화된 이야기에는 많은 심각한 어려움이 있다. 기술된 바와 같이, 그림 18.2의 트리를 해석하기 위해 사용되는 함수는 무엇보다도 동사가 최종 표현이 기초하고, 그에 상응하는 인수가 어디에 있으며, 어떤 인수가 동사의 의미 표현에서 어떤 역할을 채우는지 알아야 한다. 다시 말해서 함수는 필요한 의미 표현을 만들기 위해 특정한 예와 해당 구문 분석 트리의 많은 특정한 지식을 필요로 한다. 어떤 합리적인 문법을 위한 트리의 무한한 수가 있다는 것을 고려하면, 가능한 모든 트리에 대한 하나의 의미적 함수에 기초하는 어떤 접근법도 심각한 문제에 있다.

다행히도 이전에 이 문제에 직면했었다. 허용되는 문자열이나 트리를 열거하는 방식이 아니라 원하는 출력 집합을 생성할 수 있는 유한 장치를 지정해 언어를 정의한다. 따라서 구문 지향적 접근 방식에서 의미론적 지식을 위한 올바른 위치는 처음에 트리를 생성하는 유한한 장치 세트인 문법 규칙과 어휘 항목인 것처럼 보인다. 이를 **규칙 대 규칙 가설**이라고 한다(Bach, 1976).

규칙 대 규칙
가설

이 접근법에 기초한 분석기를 설계하면 구성 요소의 개념과 의미에 대해 다시금 알 수 있다. 다음 절에서는 두 가지 질문에 답한다.

- 구문 구성 요소가 의미를 갖는다는 것은 무엇을 의미하는가?
- 이러한 의미가 더 큰 의미로 구성될 수 있도록 하려면 어떤 특성을 가져야 하는가?

18.2 구문 규칙의 의미적 확장

15장에서 사용된 접근 방식을 유지하면서 의미론적 연결을 사용해 문맥 자유 문법 규칙을 보강하는 것으로 시작한다. 이러한 연결은 구성 요소의 의미로부터 구조의 의미 표현을 계산하는 방법을 지정하는 명령어다. 추상적으로, 증강된 규칙은 다음과 같은 구조를 갖는다.

$$A \rightarrow \alpha_1 \ldots \alpha_n \qquad \{f(\alpha_j.sem, \ldots, \alpha_k.sem)\} \tag{18.2}$$

문맥 자유 기본 규칙에 대한 의미 연결은 규칙의 구문 구성 요소 오른쪽에 있는 $\{\ldots\}$에 표시된다. 이 표기법은 $A.sem$으로 표시되는 구성 A에 할당된 의미 표현은 A 구성 요소의 의미 연결의 일부 하위 집합에서 함수 f를 실행해 계산할 수 있음을 나타낸다.

이러한 규칙 대 규칙 접근 방식을 인스턴스화하는 방법은 무수히 많다. 예를 들어 의미 연결은 임의 프로그래밍 언어의 형태를 취할 수 있다. 그런 다음 적절한 조각을 상향식 방식으로 해석 프로그램에 전달한 다음 결과 표현을 관련 논터미널의 값으로 저장함으로써 주어진 파생 의미 표현을 구성할 수 있다.[1] 이러한 접근 방식은 우리가 좋아할 만한 모든 의미 표현을 만들어 낼 수 있게 해줄 것이다. 하지만 이 접근법의 제한되지 않은 힘은 마지막 장에서 설명한 형식적인 논리 표현과 전혀 일치하지 않는 표현을 만들 수 있게 할 것이다. 더욱이 이 접근법은 문법 규칙에 대한 의미론적 연결을 설계하는 방법에 대한 지침을 거의 제공하지 못할 것이다.

이러한 이유로, 규칙 대 규칙 접근 방식을 인스턴스화하기 위해 일반적으로 더 원칙적인 접근 방식이 사용된다. 18장에서 두 가지 제한적 접근법을 소개한다. 첫 번째 는 17장에 소개된 FOL과 λ-calculus 표기법을 직접 사용한다. 이 접근법은 원칙적 인 방식으로 논리적 형식의 생성을 유도하기 위해 기본적으로 논리적 표기법을 사용 한다. 두 번째 접근 방식은 18.4절에 기술돼 있으며, 15장에 소개된 피처 구조 및 통 일 형식에 기초한다.

먼저 단순화된 타깃 의미 표현과 함께 기본적인 예를 살펴본다.

(18.3) Maharani closed.

$$Closed(Maharani) \tag{18.4}$$

---

1   YACC와 Bison과 같은 컴파일러 도구에 익숙한 사람들은 이 접근 방식을 인식할 것이다.

이 예제의 파생과 관련된 규칙을 상향식으로 살펴본다. 고유명사로 시작하는 가장 간단한 방법은 다음과 같이 고유한 FOL 상수를 할당하는 것이다.

$$ProperNoun \rightarrow Maharani \qquad \{Maharani\} \qquad (18.5)$$

이 규칙을 지배하는 비분기 *NP* 규칙은 의미론적으로 아무것도 추가하지 않기 때문에 *ProperNoun*의 의미를 NP에 변경하지 않고 복사한다.

$$NP \rightarrow ProperNoun \qquad \{ProperNoun.sem\} \qquad (18.6)$$

*VP*로 넘어가면, 동사에 대한 의미적 연결은 술어의 이름을 제공하고, 배열을 지정하며, 인수가 발견되면 통합하는 수단을 제공할 필요가 있다. 이 작업을 수행하기 위해 λ 식을 사용할 수 있다.

$$VP \rightarrow Verb \qquad \{Verb.sem\} \qquad (18.7)$$

$$Verb \rightarrow closed \qquad \{\lambda x.Closed(x)\} \qquad (18.8)$$

이 연결은 동사 *closed*가 표현으로 단항 술어 *Closed*를 가지고 있음을 규정한다. λ 표기법을 사용하면 마지막 개체인 x 변수를 지정하지 않고 그대로 둘 수 있다. 이전 *NP* 규칙과 마찬가지로 동사를 좌우하는 자동사의 *VP* 규칙은 단순히 그 아래에 있는 동사의 의미를 위로 복사한다.

위로 진행하면 *S* 규칙에 대한 의미 연결이 술어에 대한 첫 번째 인수로 주어 *NP*의 의미 표현을 삽입해 결합해야 한다.

$$S \rightarrow NP\ VP \qquad \{VP.sem(NP.sem)\} \qquad (18.9)$$

*VP.sem*의 값은 λ 식이고 *NP.sem*의 값은 단순히 FOL 상수이기 때문에 λ 축소를 사용한다. *VP.sem*을 *NP.sem*에 적용해 원하는 최종 의미 표현을 만들 수 있다.

$$\lambda x.Closed(x)(Maharani) \qquad (18.10)$$

$$Closed(Maharani) \qquad (18.11)$$

이 예제는 18장 전체에서 반복되는 일반적인 패턴을 보여준다. 문법 규칙에 대한 의미론적 연결은 주로 λ 축소로 구성되며, 연결부의 한 요소는 기능어 역할을 하고 나머지는 인수 역할을 한다. 우리가 보여주듯이 실제 작업은 의미 표현의 대부분이 소개되는 어휘 목록에 있다.

이 예제는 기본적인 접근 방식을 보여주지만 전체 콘텐츠는 조금 더 복잡하다. 이전 타깃 표현을 17장에서 소개한 네오 데이비드소니언 표현에 더 일치하는 것으로 대체하고 더 복잡한 명사구를 주어로 사용하는 예를 고려하는 것으로 시작한다.

(18.12) Every restaurant closed.

이 예제의 타깃 표현은 다음과 같아야 한다.

$$\forall x\, Restaurant(x) \Rightarrow \exists e\, Closed(e) \wedge ClosedThing(e,x) \tag{18.13}$$

분명히 예제 (18.13)에서 주어 명사구의 의미론적 기여는 예제 (18.12)보다 훨씬 더 광범위하다. 예제 (18.13)에서 주어를 나타내는 FOL 상수는 단일 λ 축소를 통해 술어 *Closed*의 정확한 위치에 간단히 연결됐다. 여기에서 최종 결과는 *NP*가 제공하는 콘텐츠와 *VP*가 제공하는 콘텐츠가 복잡하게 얽혀 있다. λ 축소에 의존해 여기서 원하는 것을 생성하려면 몇 가지 작업을 수행해야 한다.

첫 번째 단계는 *Every restaurant*의 의미 표현이 무엇인지 정확히 결정하는 것이다. *Every*가 $\forall$ 한정사를 호출하고 *restaurant*가 정량화할 개념의 범주를 지정한다고 가정 **제한** 한다. 이를 명사구의 **제한**이라고 한다. 이들을 종합하면 의미 표현이 $\forall x Restaurant(x)$ 과 같을 것으로 예측할 수 있다. 이는 유효한 FOL 공식이지만 모든 것이 식당이라고 말하고 있기 때문에 그다지 유용한 공식은 아니다. 여기에서 빠진 것은 *Every restaurant*과 같은 명사구가 보편적으로 정량화된 변수에 대해 규정하는 표현에 포함된다는 개념이다. 즉, 아마도 모든 식당에 대해 *say something*하려고 할 것이다. 이 **중심 범위** 개념은 전통적으로 *NP*의 **중심 범위**nuclear scope라고 한다. 이 경우 명사구의 중심 범위 는 closed이다.

범위를 나타내는 더미 술어 Q를 추가하고 $\Rightarrow$ 논리적 연결을 사용해 해당 술어를 제한 프레디킷restriction predicate에 연결해 타깃 표현에서 이러한 개념을 캡처할 수 있다.

$$\forall x\, Restaurant(x) \Rightarrow Q(x)$$

궁극적으로 이 표현을 의미 있게 만들기 위해 우리가 해야 할 일은 Q를 중심 범위에 해당하는 논리적 표현으로 대체하는 것이다. 다행히도 λ 미적분은 다시 구할 수 있다. 우리가 해야 할 일은 λ 변수가 FOL 술어와 용어에 걸쳐 범위를 지정하도록 허용하는 것이다. 다음 표현식은 우리가 필요로 하는 것을 정확히 캡처한다.

$$\lambda Q.\forall x\, Restaurant(x) \Rightarrow Q(x)$$

의미론적 연결이 포함된 다음 일련의 문법 규칙은 중심 범위에 제공돼 이러한 종류의 NP에 대해 원하는 의미 표현을 생성한다.

$$NP \rightarrow Det\, Nominal \qquad \{Det.Sem(Nominal.Sem)\} \qquad\qquad (18.14)$$

$$Det \rightarrow every \qquad \{\lambda P.\lambda Q.\forall x\, P(x) \Rightarrow Q(x)\} \qquad\qquad (18.15)$$

$$Nominal \rightarrow Noun \qquad \{Noun.sem\} \qquad\qquad (18.16)$$

$$Noun \rightarrow restaurant \qquad \{\lambda x.Restaurant(x)\} \qquad\qquad (18.17)$$

이 시퀀스의 중요한 단계는 NP 규칙의 λ 축소를 포함한다. 이 규칙은 Det에 연결된 λ 식을 그 자체가 λ 식인 Nominal의 의미론적 연결에 적용한다. 다음은 이 프로세스의 중간 단계다.

$$\lambda P.\lambda Q.\forall x\, P(x) \Rightarrow Q(x)(\lambda x.Restaurant(x))$$

$$\lambda Q.\forall x\, \lambda x.Restaurant(x)(x) \Rightarrow Q(x)$$

$$\lambda Q.\forall x\, Restaurant(x) \Rightarrow Q(x)$$

첫 번째 표현은 NP 규칙에 대한 $Det.Sem(Nominal.Sem)$ 의미 연결의 확장이다. 두 번째 공식은 이 λ 축소의 결과이다. 이 두 번째 공식에는 λ 애플리케이션이 포함돼 있다. 이 표현을 줄이면 최종 형태가 된다.

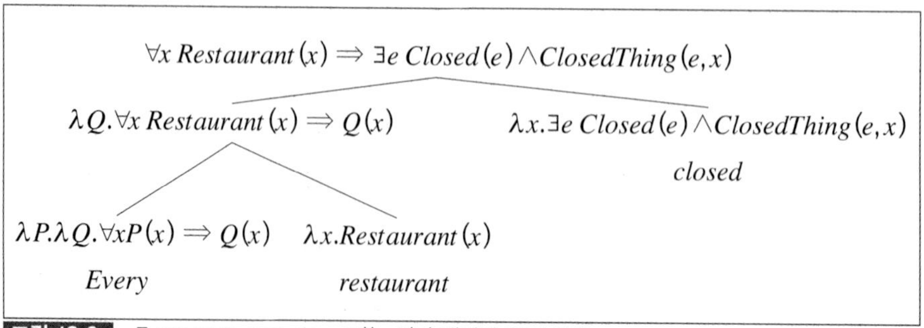

$$\forall x\, Restaurant(x) \Rightarrow \exists e\, Closed(e) \wedge ClosedThing(e,x)$$

$$\lambda Q.\forall x\, Restaurant(x) \Rightarrow Q(x) \qquad\qquad \lambda x.\exists e\, Closed(e) \wedge ClosedThing(e,x)$$

$$closed$$

$$\lambda P.\lambda Q.\forall x P(x) \Rightarrow Q(x) \qquad \lambda x.Restaurant(x)$$

$$Every \qquad\qquad restaurant$$

그림 18.3 *Every restaurant closed*라는 의미 해석의 중간 단계

예제의 주어 명사구 부분에 대한 의미 연결을 수정했다. 그래서 S, VP, $Verb$ 규칙으로 이동해 수정 사항을 수용하기 위해 어떻게 변경해야 하는지 알아보자. S 규칙부터 시작해 아래로 내려간다. 주제 NP의 의미는 이제 λ 표현식이기 때문에 VP의 의미를 인수로 사용해 호출할 함수로 간주하는 것이 타당하다. 다음 연결에서 이 작업을 수행할 수 있다.

$$S \rightarrow NP\ VP \qquad \{NP.sem(VP.sem)\} \qquad (18.18)$$

이 S 규칙에 대한 원래 제안에서 함수와 인수의 역할을 뒤집었다.

다시 돌아가기 위한 이전 연결부는 동사 *close*에 대한 연결이다. 적절한 이벤트 지향 표현을 제공하고 새로운 S 및 NP 규칙과 잘 연동되도록 업데이트해야 한다. 다음 연결은 두 가지 목표를 모두 달성한다.

$$Verb \rightarrow close \qquad \{\lambda x.\exists e Closed(e) \wedge ClosedThing(e,x)\} \qquad (18.19)$$

이 연결은 자동 VP 규칙을 통해 VP 구성 요소에 변경되지 않고 전달된다. 그런 다음 이전에 제공된 S에 대한 의미적 연결에 의해 지시된 *Every restaurant*의 의미 표현과 결합된다. 다음 표현식은 이 프로세스의 중간 단계를 보여준다.

$$\lambda Q.\forall x Restaurant(x) \Rightarrow Q(x)(\lambda y.\exists e Closed(e) \wedge ClosedThing(e,y))$$

$$\forall x Restaurant(x) \Rightarrow \lambda y.\exists e Closed(e) \wedge ClosedThing(e,y)(x)$$

$$\forall x Restaurant(x) \Rightarrow \exists e Closed(e) \wedge ClosedThing(e,x)$$

이러한 단계는 NP의 표현에서 중심 범위로 결합된 VP의 의미 표현을 얻는 목표를 달성한다. 그림 18.3은 기본 구문 분석 트리(18.12)의 문맥에서 이러한 단계를 보여준다.

모든 종류의 문법 처리 활동의 경우 항상 그렇듯이 이전의 간단한 예제가 여전히 작동하는지 확인해야 한다. 재검토해야 할 영역 중 하나는 고유명사의 표현이다. 이전 예제의 맥락에서 고려해본다.

(18.20) Maharani closed.

S 규칙은 이제 주어 NP의 의미 연결이 VP의 의미에 적용되는 함수가 될 것으로 예상하기 때문에 FOL 상수로서의 고유명사의 이전 표현은 수행하지 않는다. 다행히도

λ 미적분의 유연성을 다시 한 번 활용해 필요한 작업을 수행할 수 있다.

$$\lambda x.x(Maharani)$$

이 트릭은 간단한 FOL 상수를 λ 식으로 바꾸고, 감소하면 상수를 더 큰 식에 주입하는 역할을 한다. 다음과 같은 의도된 표현을 얻을 수 있도록 모든 새로운 의미 규칙을 사용해 원래 예제를 살펴봐야 한다.

$$\exists e\ Closed(e) \wedge ClosedThing(Maharani)$$

마지막 연습으로, 다음과 같이 이 접근 방식이 타동사 구를 포함하는 표현으로 어떻게 확장되는지 살펴본다.

(18.21) Matthew opened a restaurant.

작업을 올바르게 수행했다면, 나머지 규칙들을 내버려둔 채 타동사 구, 동사 *open* 과 한정사 *a*의 의미적 연결을 명시할 수 있어야 한다.

먼저 *every*의 이전 연결부의 한정사 *a*에 대한 의미론을 모델링하는 것으로 시작한다.

$$Det\ \rightarrow\ a \quad \{\lambda P.\lambda Q.\exists x\ P(x) \wedge Q(x)\} \quad\quad (18.22)$$

이 규칙은 두 가지 면에서 *every*의 연결과 다르다. 먼저, *a*의 의미를 캡처하기 위해 존재 양화사 ∃를 사용한다. 둘째, 암시하는 ⇒ 연산자를 논리 ∧로 대체했다. 전체 프레임워크는 동일하게 유지되며 λ 변수 *P*와 *Q*는 제한을 의미하고 중심 범위는 나중에 채워진다. 이 추가로 기존 *NP* 규칙은 *a restaurant*의 적절한 표현을 만든다.

$$\lambda Q.\exists x\ Restaurant(x) \wedge Q(x)$$

다음으로 *Verb* 및 *VP* 규칙으로 넘어간다. 두 가지 인수가 기본 의미 표현에 통합돼야 한다. 하나의 인수는 전이 *VP* 규칙 수준에서 사용할 수 있고 두 번째 인수는 *S* 규칙에서 사용할 수 있다. *VP* 의미론적 연결의 다음과 같은 형식을 가정해본다.

$$VP\ \rightarrow\ Verb\ NP \quad \{Verb.Sem(NP.Sem)\} \quad\quad (18.23)$$

이 연결은 동사의 의미 연결이 명사구 인수의 의미론적 함수에 적용된다고 가정한다. 지금은 수량화된 명사구와 고유명사에 대해 앞에서 전개한 표현이 변경되지 않은 상태로 유지된다고 가정해본다. 이러한 가정을 염두에 두고 동사 *opened*의 다음 연결은 우리가 원하는 것을 수행한다.

$$Verb \rightarrow opened \tag{18.24}$$
$$\{\lambda w.\lambda z.w(\lambda x.\exists e\, Opened(e) \wedge Opener(e,z) \wedge OpenedThing(e,x))\}$$

이 연결을 통해 전이 *VP* 규칙은 *opened*의 두 번째 인수로 *a restaurant*을 나타내는 변수를 통합하고 *opening* 이벤트를 나타내는 전체 표현을 *a restaurant*의 중심 범위로 통합한다. 마지막으로 *S* 규칙과 함께 사용하기에 적합한 λ 식을 생성한다. 앞의 예제와 마찬가지로 이 예제를 단계별로 살펴보고 의도한 의미 표현에 도달했는지 확인해야 한다.

$$\exists x Restaurant(x) \wedge \exists e Opened(e) \wedge Opener(e, Matthew) \wedge OpenedThing(e,x)$$

이 작은 문법 조각을 위해 전개한 의미론적 연결 목록이 그림 18.4에 나와 있다.

문법 규칙	의미론적 연결
$S \rightarrow NP\ VP$	$\{NP.sem(VP.sem)\}$
$NP \rightarrow Det\ Nominal$	$\{Det.sem(Nominal.sem)\}$
$NP \rightarrow ProperNoun$	$\{ProperNoun.sem\}$
$Nominal \rightarrow Noun$	$\{Noun.sem\}$
$VP \rightarrow Verb$	$\{Verb.sem\}$
$VP \rightarrow Verb\ NP$	$\{Verb.sem(NP.sem)\}$
$Det \rightarrow every$	$\{\lambda P.\lambda Q.\forall x P(x) \Rightarrow Q(x)\}$
$Det \rightarrow a$	$\{\lambda P.\lambda Q.\exists x P(x) \wedge Q(x)\}$
$Noun \rightarrow restaurant$	$\{\lambda r.Restaurant(r)\}$
$ProperNoun \rightarrow Matthew$	$\{\lambda m.m(Matthew)\}$
$ProperNoun \rightarrow Franco$	$\{\lambda f.f(Franco)\}$
$ProperNoun \rightarrow Frasca$	$\{\lambda f.f(Frasca)\}$
$Verb \rightarrow closed$	$\{\lambda x.\exists e Closed(e) \wedge ClosedThing(e, x)\}$
$Verb \rightarrow opened$	$\{\lambda w.\lambda z.w(\lambda x.\exists e Opened(e) \wedge Opener(e, z)$ $\wedge Opened(e, x))\}$

그림 18.4 영어 문법 및 어휘의 일부 의미론적 연결

이러한 예를 살펴보면서, 18.2절의 시작 부분에서 소개한 의미 분석의 규칙 대 규칙 접근 방식을 인스턴스화하는 세 가지 기술을 도입했다.

1. 복잡한 함수와 유사한 λ 식을 어휘 항목과 연결

2. 비분기 규칙에서 자식의 의미 값을 부모로 복사

3. λ 축소를 통해 규칙 하위 중 하나의 의미를 다른 하위 규칙의 의미에 적용

이러한 기술은 이 구성 프레임워크에서 의미론적 연결의 설계를 가이드하는 일반적인 분업을 설명하는 역할을 한다. 일반적으로 어휘 규칙은 의미 표현에 양화사, 술어 및 용어를 도입한다. 문법 규칙에 대한 의미론적 연결은 이러한 요소를 올바른 방식으로 결합하지만 일반적으로 생성되는 표현에 새로운 요소를 도입하지 않는다.

18.3 양화사 범위 중의성 및 비명세성

앞 절에서 전개한 문법 조각은 여러 한정된 명사구를 포함하는 다음과 같은 예제를 처리해야 한다.

(18.25) Every restaurant has a menu.

그림 18.4에 주어진 규칙을 이 예제에 체계적으로 적용하면 다음과 같은 완벽하게 합리적인 의미 표현이 생성된다.

$$\forall x \, Restaurant(x) \Rightarrow \exists y \, (Menu(y) \land \exists e \, (Having(e) \land Haver(e,x) \land Had(e,y)))$$

이 공식은 모든 식당에 메뉴가 있다는 상식적인 개념에 해당한다.

하지만 이 예는 여러 가지로 해석할 수 있다. 다음과 같은 경우도 가능하다.

$$\exists y \, Menu(y) \land \forall x \, (Restaurant(x) \Rightarrow \exists e \, (Having(e) \land Haver(e,x) \land Had(e,y)))$$

이 공식은 세상에 하나의 메뉴가 있고 모든 식당이 메뉴를 공유한다고 가정한다. 상식적인 관점에서 볼 때 거의 불가능해 보이지만 의미 분석기는 의미 표현을 생성할 때 문법과 어휘의 의미론적 연결에만 액세스할 수 있다. 물론, 지식과 문맥 정보를 사용해 이 두 판독치 중에서 선택할 수 있지만 둘 다 생성할 수 있는 경우에만 가능하다.

이 예제는 한정된 용어를 포함하는 표현식이 구문, 어휘 또는 앞서 나온 어구를 가리키는 중의성이 없는 경우에도 중의적 표현을 유발할 수 있음을 보여준다. 이는 **수량사 범위 지정** 문제로 알려져 있다. 위에서 주어진 두 해석의 차이는 두 정량화된 변수

수량사 범위
지정

중 어느 것이 외부 범위를 갖는지(즉, 표현식에서 다른 것 외부에 있는지)에서 발생한다.

앞 절에서 설명한 접근 방식으로는 이 현상을 처리할 수 없다. 생성되는 해석은 λ 표현식이 문법 및 의미적 연결에 의해 지시된 대로 축소되는 순서를 기초한다. 이 문제를 해결하려면 다음과 같은 기능이 필요하다.

- 가능한 모든 판독치를 명시적으로 열거하지 않고 구현하는 불특정 표현을 효율적으로 생성하는 기능
- 이 표현에서 가능한 모든 판독치를 생성하거나 추출하는 수단
- 가능한 판독치 중에서 선택하는 기능

다음 절에서는 처음 두 문제에 대한 접근 방식을 간략하게 설명한다. 마지막으로 가장 중요한 문제에 대한 해결책은 문맥과 지식의 사용을 필요로 한다. 하지만 문제는 대부분 해결되지 않은 상태로 남아 있다.

18.3.1 접근 방식 저장 및 검색

수량사 범위 문제를 해결하는 한 가지 방법은 구문 구성 요소에 연결된 의미 표현이 무엇으로 구성돼야 하는지에 대한 개념을 재고하는 것이다. 이를 확인하기 위해 앞서 예제 (18.25)에 제공된 두 표현에서 공통적인 역할을 하는 다양한 부분을 살펴본다. λ 식을 무시하고 *has*, *every restaurant*, *a menu*가 제공하는 표현은 다음과 같다.

$$\exists e\, Having(e) \wedge Haver(e,x) \wedge Had(e,y)$$

$$\forall x Restaurant(x) \Rightarrow Q(x)$$

$$\exists x Menu(x) \wedge Q(x)$$

이 문장의 의미에 대한 불명확한 표현은 표현이 어떻게 결합되는지에 대해 우리가 알고 있는 것을 명시해야 한다. 특히 *restaurant*이 *Haver* 역할을 채우고 *menu*가 *Had* 역할을 채우고 있음을 캡처할 수 있다. 그러나 최종 표현에서 수량자 배치에 대해 불가지론적인 태도를 유지해야 한다. 그림 18.5는 이러한 사실을 그래픽으로 보여준다.

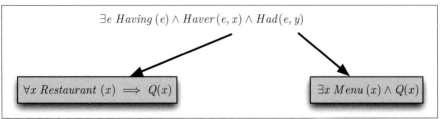

그림 18.5 구성 요소 의미 표현이 (18.25)의 의미에 어떻게 기여하는지에 대한 추상적인 묘사

쿠퍼 스토리지   이러한 기능을 제공하기 위해 **쿠퍼 스토리지**^{Cooper storage}(Cooper, 1983) 개념을 도입하고 λ 표현의 능력을 다시 한 번 활용한다. 의미론적 분석에 대한 원래 접근 방식에서는 구문 분석 트리의 각 노드에 단일 FOL 공식을 할당했다. 새로운 접근 방식에서는 이 단일 의미론적 연결을 스토리지로 대체한다. 스토리지에는 트리에서 이 노드 아래의 노드에서 수집된 정량화된 표현식의 인덱스 목록과 함께 노드의 핵심 의미 표현이 포함된다. 이러한 정량화된 표현은 핵심 의미 표현과 결합해 정량화된 표현을 올바른 방식으로 통합할 수 있는 λ 표현의 형태다.

다음 스토리지는 (18.25)에 대한 구문 분석 트리의 맨 위에 있는 노드와 연결된다.

$$\exists e\, Having(e) \wedge Haver(e,s_1) \wedge Had(e,s_2)$$
$$(\lambda Q.\forall x\, Restaurant(x) \Rightarrow Q(x), 1),$$
$$(\lambda Q.\exists x\, Menu(x) \wedge Q(x), 2)$$

이 스토리지에는 우리가 필요로 하는 내용이 정확히 포함돼 있다. *Haver* 및 *Had* 역할은 이전 접근 방식과 마찬가지로 올바르게 할당됐지만 변수 s_1 및 s_2의 인덱스를 통해 원래 정량화된 표현식에 액세스할 수도 있다. 이러한 인덱스는 스토리지에서 해당 정량화된 표현식을 선택한다. 이 스토리지의 내용은 그림 18.5에 제공된 표현과 직접 일치한다.

스토리지에서 완전히 지정된 표현을 검색하려면 먼저 스토리지의 요소 중 하나를 선택하고 λ 축소를 통해 핵심 표현에 적용한다. 예를 들어 스토리지의 두 번째 요소를 먼저 가져왔다고 가정해본다. 결과적으로 다음과 같은 λ이 적용 수행된다.

$$\lambda Q.\exists x\, (Menu(x) \wedge Q(x))$$
$$(\lambda s_2.\exists e\, Having(e) \wedge Haver(e,s_1) \wedge Had(e,s_2))$$

그리고 그 후의 감소가 수행된다.

$$\exists x\,(Menu(x) \land \exists e\,Having(e) \land Haver(e, s_1) \land Had(e, x))$$

이 프로세스는 원래 접근 방식에서 얻은 것과 똑같은 표현을 산출한다. *a menu*가 외부 범위를 갖는 대체 해석을 얻으려면 단순히 반대 순서로 스토리지에서 요소를 가져온다.

이 예를 통해 작업하면서 이 문장에 대한 스토리지의 내용이 이미 있다고 가정했다. 하지만 이 스토리지는 어떻게 채워졌을까? 스토리지의 핵심 표현의 경우, 일반적으로 사용하는 것과 똑같은 방식으로 의미론적 연결을 적용한다. 즉, 트리에서 자식에서 부모로 변경되지 않고 그대로 복사하거나 문법에서 의미론적 연결에 의해 지시된 한 자식의 핵심 표현을 다른 자식의 표현에 적용한다. 결과를 상위 스토리지에 핵심 표현으로 저장한다. 스토리지의 수량화된 인덱스 식은 단순히 상위 스토리지에 복사된다.

이 방법이 어떻게 작동하는지 보기 위해 (18.25)의 파생에서 *VP* 노드를 고려해보자. 그림 18.6은 이 예제의 모든 노드에 대한 스토리지를 보여준다. *VP*의 핵심 표현은 이전에 그림 18.4에 제공된 전이 *VP* 규칙을 적용한 결과다. 이 경우 동사의 표현을 인수 *NP*의 표현에 적용한다. *NP* 스토리지의 인덱스 정량화된 표현식이 *VP* 스토리지에 복사된다.

스토리지의 *a menu* 계산에 더 관계시킨다. 그림 18.4의 관련 규칙은 *Det*의 의미 표현을 *Nominal*의 표현에 적용하도록 지시하며, 그림 18.6의 *NP* 스토리지의 두 번째 요소로 표시된 표현을 제공한다. 이 표현을 *NP*의 핵심 표현으로 저장한다면 원래의 공식으로 되돌아갈 것이다. 이후 *VP* 노드에 의해 소비되고 정량화된 용어를 배치하기 위한 엄격한 약속이 이루어진다.

이를 방지하기 위해 앞에서 FOL 상수를 λ 식으로 변환하는 데 사용한 것과 동일한 표현 트릭을 사용한다. 정량화된 *NP*가 도입되면 새 인덱스 변수(이 경우, s_2)를 만들고, 해당 변수 주위에 λ 적용을 래핑한다. 변수에 대한 인덱스는 스토리지의 해당 정량화된 표현식을 가리킨다. 이 새로운 λ 표현은 새로운 *NP*의 핵심 표현 역할을 한다. 아울러 그림 18.6에서 볼 수 있듯이 이벤트 표현에서 적절한 의미론적 인수로 후속 바인딩되는 것은 이 변수다.

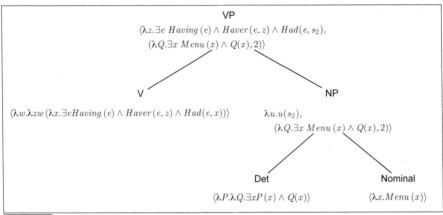

그림 18.6 (18.25)에 대한 VP 하위 트리의 의미 스토리지

18.3.2 제약 기반 접근 방식

하지만 스토리지 기반 접근 방식에는 두 가지 문제가 있다. 첫째, 정량화된 명사구에 의해 도입된 범위 중의성 문제만 해결한다. 그러나 다양한 구문 구조와 어휘 항목도 유사한 중의성을 도입한다. 다음 예와 관련 해석을 고려한다.

(18.26) Every restaurant did not close.

$$\neg(\forall x\, Restaurant(x) \Rightarrow \exists e\, Closing(e) \wedge Closed(e,x))$$

$$\forall x\, Restaurant(x) \Rightarrow \neg(\exists e\, Closing(e) \wedge Closed(e,x))$$

저장 및 검색 방법으로는 이 문제를 처리할 수 있는 방법이 없다. 물론, 부정을 처리하는 방법에 추가 메커니즘을 통합할 수 있지만, 결과 접근 방식은 추가 문제가 발생할수록 점점 더 임시방편적으로 대응한다.

중의성의 추가 소스를 처리하기 위해 저장 및 검색 접근 방식을 확장할 수 있다고 하더라도 두 번째로 더 중요한 단점이 있다. 주어진 표현식의 가능한 모든 범위를 열거할 수는 있지만 이러한 가능성에 추가 제약을 부과할 수는 없다. 특정 어휘, 구문 및 실용적인 지식을 적용해 주어진 표현의 가능성의 범위를 좁힐 수 있기를 원하는 경우 중요한 능력이다.

이러한 문제에 대한 해결책은 관점의 변화에 있다. 본질적으로 스토리지에서 완전히 지정된 표현을 검색하는 방법에 대한 절차적 초점을 맞추는 대신, 최종 표현이 충족해야 하는 제약을 포함해 불특정 표현을 효과적으로 표현하는 방법에 초점을 맞춰야 한다. 이 보기에서 제약 조건과 일치하는 완전히 지정된 FOL식이 유효하다.

이러한 제약 기반 관점에서 저사양 문제를 해결하는 여러 가지 현재 접근 방식이 있다. 여기서 설명하는 **홀 의미론**(Bos, 1996) 접근 방식은 이 분야를 대표한다. 18장 끝에 있는 '참고문헌 및 역사 참고 사항' 절에서는 다른 제약 기반 접근 방식을 참고한다.

홀 의미론

이 접근 방식을 이해하기 위해 그림 18.5로 돌아가자. 정량화된 표현식의 Q 술어는 결국 일련의 조정된 λ 축소를 통해 임의의 FOL 표현식으로 대체될 자리 표시다. 홀 의미론 접근법에서 λ 변수를 홀로 대체한다. λ 축소를 사용해 이러한 **홀**을 채우는 대신 먼저 모든 후보 FOL 하위 표현식에 레이블을 추가한다. 완전히 지정된 공식에서 모든 홀은 **레이블**이 지정된 하위 표현식으로 채워진다.

홀

레이블

물론 레이블이 있는 표현식만으로 홀을 채울 수 없기 때문에, 홀과 레이블 사이에 **지배적인 제약**을 추가해 어떤 레이블이 어떤 홀을 채울 수 있는지를 제한한다. 좀 더 공식적으로, $l \leq h$ 형식의 표현은 홀 h를 포함하는 표현이 레이블 l이 있는 표현을 지배한다고 주장한다. 단순히 h를 포함하는 표현식이 궁극적으로 l을 하위 표현식으로 가져야 하며 그 반대가 아니라는 것을 의미한다.

지배적인 제약

(18.25)의 맥락에서 살펴보자. 그림 18.5에서 봤던 것처럼, 이 예에서 역할을 하는 세 가지 정량화된 식은 *restaurant*, *menu*, *having*이다. 각각 l_1, l_2, l_3 레이블을 지정하겠다. 최종 표현을 위한 자리 표시자로 h_0 홀을 사용한다. λ 변수를 대체해 *restaurant*의 중심 범위를 나타내는 데 h_1을 사용하고 *menu*의 중심 범위를 나타내는 데 h_1을 사용한다.

h_0은 전체 식을 의미하기 때문에, 지정되지 않은 표현이 있는 모든 식을 대수롭지 않게 지배한다. 또한 두 가지 가능한 해석 모두에서 홀 h_1과 h_2가 l_3로 표시된 이벤트를 능가한다는 것을 알고 있다. 그러나 l_1과 l_2가 서로 어떻게 관련돼 있는지에 대해 불가지론적으로 유지하기를 원하기 때문에 지배 관계가 지정되지 않는다. 이로 인해 (18.25)에 대해 다음과 같이 지정되지 않은 표현이 남는다.

$$l_1 : \forall x\, Restaurant(x) \Rightarrow h_1$$
$$l_2 : \exists x\, Menu(y) \wedge h_2$$
$$l_3 : \exists e\, Having(e) \wedge Haver(e,x) \wedge Had(e,y)$$
$$l_1 \le h_0, l_2 \le h_0, l_3 \le h_1, l_3 \le h_2$$

그림 18.7은 이를 그래픽으로 보여준다.

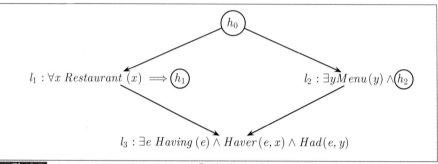

그림 18.7 *Every restaurant has a menu*의 홀 의미론적 표현

이제 제대로 지정되지 않은 표현이 있기 때문에 완전히 지정된 FOL 표현을 어떻게 검색할 수 있을까? 분명히 필요로 하는 것은 명시된 모든 제약을 존중하는 방식으로 레이블이 지정된 표현으로 모든 홀을 채우는 **플러깅**plugging이다. 더 공식적으로 말하면, 플러그는 홀에서 주어진 모든 제약 조건을 충족하는 레이블로의 일대일 매핑이다. 모든 홀을 일관되게 연결하면 완전히 지정된 표현이 된다.

먼저 h0를 채우는 것으로 시작한다. 이 홀의 두 후보 플러그는 l_1과 l_2이다. h_0이 l_1과 l_2를 모두 지배하고 어느 쪽도 다른 것을 지배하지 않기 때문에 선택은 자의적이다. h_0을 $P(h_0) = l_1$로 나타내는 l_1으로 연결한다고 가정한다. 이 옵션을 선택했으면 나머지 할당은 제약 조건에 따라 완전히 결정된다. 즉, $P(h_1) = l_2$ 및 $P(h_2) = l_3$이다. 이 플러깅은 $\forall x\, Restaurant(x)$에 외부 범위가 있는 다음 해석에 해당한다.

$$\forall x Restaurant(x) \Rightarrow \exists y(Menu(y) \wedge \exists eHaving(e) \wedge Haver(e,x) \wedge Had(e,y))$$

그림 18.8은 이 프로세스의 단계를 그래픽으로 보여준다. 당연히 메뉴가 외부 범위를 갖는 대체 해석은 할당 $P(h_0) = l_2$로 시작해 얻을 수 있다.

이 접근 방식을 구현하려면 레이블과 홀을 FOL 표현식과 연결하고 홀과 레이블 간의 지배적 제약을 표현하는 언어를 정의해야 한다. 블랙번과 보스(2005)는 FOL 및 λ

플러깅

에 기반한 메타 언어를 설명한다. 이러한 FOL 표현은 문법 규칙에 대한 의미 연결의 역할을 한다.

이러한 제약 기반 접근 방식은 이 절의 시작 부분에서 제기한 저장 및 검색 접근 방식의 많은 문제를 해결한다. 첫째, 접근 방식은 특정 문법 구조 또는 범위 중의성의 원인에 한정되지 않는다. 본질적으로 FOL 공식의 임의의 부분에 레이블을 지정하거나 홀로 지정할 수 있기 때문이다. 둘째 그리고 아마도 더 중요한 것은 지배적 제약은 원하지 않는 해석을 배제할 수 있는 제약을 표현할 수 있는 능력을 준다. 이러한 제약의 근원은 특정 어휘 및 구문 지식에서 비롯될 수 있으며, 어휘 항목 및 문법 규칙에 대한 의미론적 연결로 직접 표현될 수 있다.

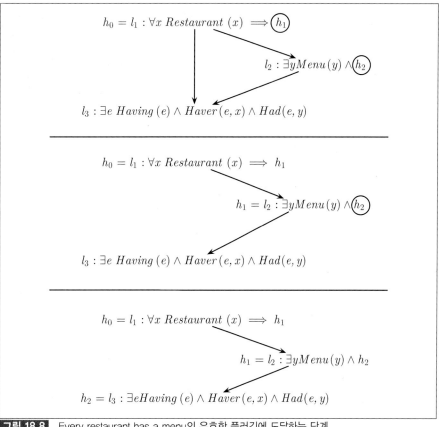

그림 18.8 Every restaurant has a menu의 유효한 플러깅에 도달하는 단계

18.4 의미론적 분석의 통합 기반 접근

18.2절에서 언급했듯이 피처 구조와 통합 연산자는 구문 기반 의미 분석을 구현하는 효과적인 방법을 제공한다. 15장에서 복잡한 피처 구조를 개별 문맥 자유 문법 규칙과 결합해 수 일치 및 하위 범주화와 같은 구문 제약, 어색하거나 문맥 자유 문법으로 직접 전달할 수 없는 제약 조건을 인코딩했다. 예를 들어 다음 규칙은 영어 명사구에 대한 일치 제약 조건을 캡처하는 데 사용됐다.

$$NP \rightarrow Det\ Nominal$$
$$\langle Det\ \text{AGREEMENT} \rangle = \langle Nominal\ \text{AGREEMENT} \rangle$$
$$\langle NP\ \text{AGREEMENT} \rangle = \langle Nominal\ \text{AGREEMENT} \rangle$$

이와 같은 규칙은 동시에 두 가지 기능을 제공한다. 이 규칙은 문법이 제약 조건을 위반하는 표현을 거부하도록 0하고, 더 중요한 것은 현재 주어의 문법적 파생의 일부와 연관될 수 있는 복잡한 구조를 만든다. 다음 구조는 위의 규칙을 단수명사구에 적용한 결과다.

$$\left[\text{AGREEMENT} \quad \left[\text{NUMBER} \quad sg \right] \right]$$

후자의 기능을 사용해 의미 표현을 구성하고 구문 분석에서의 구성 요소와 연결한다.

통합 기반 접근법에서, FOL 표현과 λ 기반 의미론적 연결은 복잡한 피처 구조와 통합 방정식으로 대체된다. 이 방법이 어떻게 작동하는지 알아보기 위해, 앞서 18.2절에서 설명한 예와 유사한 예들을 살펴본다. 먼저 고유명사를 주어로 한 간단한 자동사 문장부터 시작해보자.

(18.27) Rhumba closed

이벤트 지향 접근 방식에서 (18.27) 문장의 의미 표현은 다음과 같다.

$$\exists e\ Closing(e) \wedge Closed(e, Rhumba)$$

첫 번째 작업은 피처 구조 프레임워크 내에서 이와 같은 표현을 인코딩할 수 있음을 보여준다. 이 작업에 접근하는 가장 간단한 방법은 17장에 제공된 FOL 표현의 BNF 스타일 정의를 따르는 것이다. 이 정의의 관련 요소는 FOL 수식이 세 가지 유형으로 제공된다. 즉, 적절한 수의 항 인수가 있는 술어로 구성된 원자 공식 ∧, ∨, ⇒ 연산자가 다른 공식과 결합한 공식 그리고 양자, 변수, 공식으로 구성된 정량화된 공식이다. 이 정의를 가이드로 사용하면 다음 피처 구조로 FOL 표현식을 캡처할 수 있다.

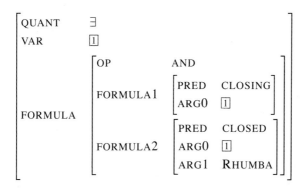

그림 18.9는 15장에서 소개한 DAG 스타일 표기법과 그림은 변수가 처리되는 방식을 보여준다. 명시적인 FOL 변수를 도입하는 대신, 동일한 목표를 달성하기 위해 피처 구조의 경로 기반 피처 공유 기능을 사용한다. 이 예에서 이벤트 변수 e는 동일한 공유 노드로 이어지는 세 가지 경로로 캡처한다.

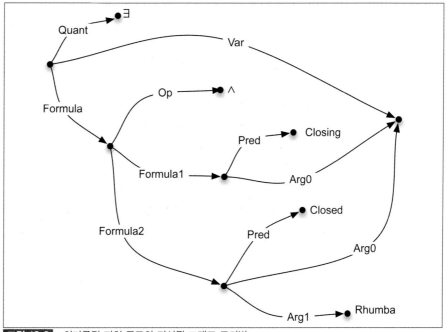

그림 18.9 의미론적 피처 구조의 지시된 그래프 표기법

다음 단계는 통합 방정식을 예제의 파생과 관련된 문법 규칙과 연결하는 것이다. S 규칙부터 시작한다.

$$S \rightarrow NP\ VP$$
$$\langle S\ \text{SEM} \rangle = \langle NP\ \text{SEM} \rangle$$
$$\langle VP\ \text{ARG0} \rangle = \langle NP\ \text{INDEXVAR} \rangle$$
$$\langle NP\ \text{SCOPE} \rangle = \langle VP\ \text{SEM} \rangle$$

첫 번째 방정식은 NP의 의미 표현(SEM 피처 아래에 인코딩 됨)을 최상위 S와 동일시한다. 두 번째 방정식은 주어 NP를 VP의 의미 표현 내에서 적절한 역할에 할당한다. 더 구체적으로, 두 번째 방정식은 ARG0 피처를 NP의 의미를 표현하는 경로로 통합함으로써 VP의 의미 표현에서 적절한 역할을 채운다. 마지막으로 세 번째 방정식은 NP의 의미 표현의 SCOPE 피처를 VP의 의미 표현에 대한 포인터와 통합한다. 이는 이벤트의 표현을 표현에서 속한 위치로 가져오는 다소 복잡한 방법이다. 이 장치에 대한 동기는 정량화된 명사구를 고려할 때 후속 논의에서 명확해져야 한다.

이어서, 이 파생어의 NP 및 $ProperNoun$ 부분에 대한 연결을 고려해보자.

$$NP \rightarrow ProperNoun$$
$$\langle NP\ \text{SEM} \rangle = \langle ProperNoun\ \text{SEM} \rangle$$
$$\langle NP\ \text{SCOPE} \rangle = \langle ProperNoun\ \text{SCOPE} \rangle$$
$$\langle NP\ \text{INDEXVAR} \rangle = \langle ProperNoun\ \text{INDEXVAR} \rangle$$

$$ProperNoun \rightarrow Rhumba$$
$$\langle ProperNoun\ \text{SEM PRED} \rangle = \text{RHUMBA}$$
$$\langle ProperNoun\ \text{INDEXVAR} \rangle = \langle ProperNoun\ \text{SEM PRED} \rangle$$

앞서 살펴본 것처럼 이 접근 방식에는 고유명사의 의미가 많지 않다. 여기에서는 상수를 도입하고 해당 상수를 가리키는 인덱스 변수를 제공한다.

다음으로 VP 및 $Verb$ 규칙에 대한 의미론적 연결로 넘어간다.

$$VP \rightarrow Verb$$
$$\langle VP\ \text{SEM} \rangle = \langle Verb\ \text{SEM} \rangle$$
$$\langle VP\ \text{ARG0} \rangle = \langle Verb\ \text{ARG0} \rangle$$

$$Verb \rightarrow closed$$

$$\langle Verb \text{ SEM QUANT}\rangle = \exists$$
$$\langle Verb \text{ SEM FORMULA OP}\rangle = \wedge$$
$$\langle Verb \text{ SEM FORMULA FORMULA1 PRED}\rangle = \text{CLOSING}$$
$$\langle Verb \text{ SEM FORMULA FORMULA1 ARG0}\rangle = \langle Verb \text{ SEM VAR}\rangle$$
$$\langle Verb \text{ SEM FORMULA FORMULA2 PRED}\rangle = \text{CLOSED}$$
$$\langle Verb \text{ SEM FORMULA FORMULA2 ARG0}\rangle = \langle Verb \text{ SEM VAR}\rangle$$
$$\langle Verb \text{ SEM FORMULA FORMULA2 ARG1}\rangle = \langle Verb \text{ ARG0}\rangle$$

VP 규칙의 연결은 이전의 비분기 문법 규칙 처리와 유사하다. 이러한 통합 방정식은 단순히 *VP* 레벨에서 사용할 수 있는 *Verb*의 적절한 의미 조각을 만드는 것이다. 대조적으로 *Verb*의 통합 방정식은 예제의 핵심인 이벤트 표현의 대부분을 소개한다. 특히 최종 표현식의 본문을 구성하는 양화사, 이벤트 변수 및 술어를 소개한다. FOL에서 이벤트 변수가 되는 것은 *Verb* SEM VAR 경로를 공식 본문의 술어에 대한 적절한 인수와 통합하는 방정식으로 캡처된다. 마지막으로 ⟨*Verb* ARG0⟩ 방정식을 통해 누락된 단일 인수(폐쇄된 개체)를 노출한다.

한 걸음 뒤로 물러서서, 방정식이 18.2절의 λ 표현식과 동일한 기본 기능을 제공함을 알 수 있다. 방정식은 생성되는 FOL 공식의 콘텐츠를 제공하고 문법의 더 높은 레벨에서 나중에 채워질 외부 인수를 노출하고 이름을 지정하는 역할을 한다.

이 마지막 몇 가지 규칙은 우리가 지금 여러 번 봤던 분업을 표시한다. 어휘 규칙은 의미론적 콘텐츠의 대부분을 소개하고, 상위 레벨의 문법 규칙은 콘텐츠를 도입하는 대신 올바른 방식으로 조각을 조합한다.

물론 λ 기반 접근법의 경우와 마찬가지로 양화사를 포함하는 표현식을 보면 상황이 훨씬 더 복잡해진다. 이를 확인하기 위해 다음 예제를 살펴보자.

(18.28) Every restaurant closed.

이 식에 대한 의미 표현은 다음과 같다.

$$\forall x\, Restaurant(x) \Rightarrow (\exists e\, Closing(e) \wedge Closed(e,x))$$

다음과 같은 피처 구조로 캡처된다.

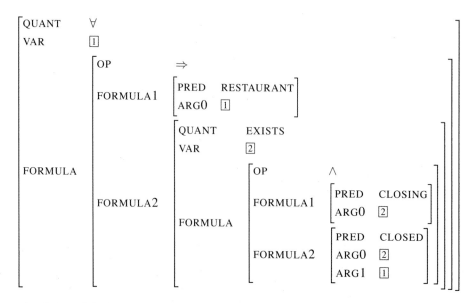

앞서 λ 기반 접근 방식에서 봤듯이, 이와 같은 표현의 외부 구조는 주로 주어 명사구에서 비롯된다. 개략적으로 의미 구조는 $\forall x P(x) \Rightarrow Q(x)$ 형식을 가지고 있다. 여기서 P 표현은 전통적으로 *restrictor*라고 하며 핵어명사에 의해 제공되고, Q는 *nuclear scope*라고 하며 동사구에 의해 제공된다.

이 구조는 의미론적 연결에 대해 두 가지 별개의 작업을 제공한다. *VP* 의미론은 주어 명사구의 중심 범위와 통합돼야 하며 해당 명사구를 나타내는 변수는 이벤트 구조에서 CLOSED 술어의 ARG1 역할에 할당돼야 한다. *Every restaurant*의 파생과 관련된 다음 규칙은 이러한 두 가지 작업을 다룬다.

$$NP \rightarrow Det\ Nominal$$
$$\langle NP\ \text{SEM} \rangle = \langle Det\ \text{SEM} \rangle$$
$$\langle NP\ \text{SEM VAR} \rangle = \langle NP\ \text{INDEXVAR} \rangle$$
$$\langle NP\ \text{SEM FORMULA FORMULA1} \rangle = \langle Nominal\ \text{SEM} \rangle$$
$$\langle NP\ \text{SEM FORMULA FORMULA2} \rangle = \langle NP\ \text{SCOPE} \rangle$$

$$Nominal \rightarrow Noun$$
$$\langle Nominal\ \text{SEM} \rangle = \langle Noun\ \text{SEM} \rangle$$
$$\langle Nominal\ \text{INDEXVAR} \rangle = \langle Noun\ \text{INDEXVAR} \rangle$$

$$Noun \rightarrow restaurant$$
$$\langle\, Noun \text{ SEM PRED}\,\rangle = \langle\, \text{RESTAURANT}\,\rangle$$
$$\langle\, Noun \text{ INDEXVAR}\,\rangle = \langle\, Noun \text{ SEM PRED}\,\rangle$$

$$Det \rightarrow every$$
$$\langle\, Det \text{ SEM QUANT}\,\rangle = \forall$$
$$\langle\, Det \text{ SEM FORMULA OP}\,\rangle = \Rightarrow$$

마지막 연습으로서, 타동사 구절과 함께 예를 들어보자.

(18.29) Franco opened a restaurant.

이 예에는 다음과 같은 의미 표현이 있다.

$$\exists x\, Restaurant(x) \land \exists e\, Opening(e) \land Opener(e, Franco) \land Opened(e, x)$$

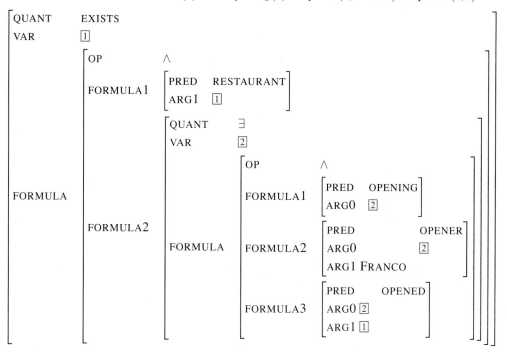

이 예제에서 다뤄야 할 새로운 요소는 다음 전이 VP 규칙이다.

$$VP \rightarrow Verb\ NP$$
$$\langle VP\ \text{SEM} \rangle = \langle Verb\ \text{SEM} \rangle$$
$$\langle NP\ \text{SCOPE} \rangle = \langle VP\ \text{SEM} \rangle$$
$$\langle Verb\ \text{ARG1} \rangle = \langle NP\ \text{INDEXVAR} \rangle$$

이 규칙에는 S 규칙과 유사한 두 가지 기본 작업이 있다. 객체 NP의 중심 범위를 VP의 의미로 채우고 객체를 나타내는 변수를 VP의 의미 표현에서 올바른 역할에 삽입해야 한다.

방금 설명한 접근 방식의 한 가지 분명한 문제는 양화사 범위 중의성에서 발생할 수 있는 모든 중의적 표현을 생성하지 못한다는 것이다. 다행히도 18.3절에서 앞서 설명한 규격 미달의 접근 방식은 통합 기반 접근 방식에 적용할 수 있다.

18.5 Earley 파서에 의미론 통합

18.1절에서 완전한 구문 분석 결과가 의미 분석기로 전달되는 의미 분석기의 간단한 파이프라인 아키텍처를 제안했다. 이 개념에 대한 동기는 구성 접근법이 진행되기 전에 구문 분석이 필요로 하다는 사실에서 비롯된다. 그러나 구문 처리와 병행해 의미론적 분석을 수행하는 것도 가능하다. 우리의 구성 프레임워크에서 구성 요소에 대한 의미 표현은 구성 요소들이 모두 존재하는 즉시 만들어질 수 있기 때문에 가능하다. 이 절에서는 13장의 Earley 파서에 의미론적 분석을 통합하기 위한 접근 방식을 설명한다.

의미론적 분석의 Earley 파서로의 통합은 간단하며 15장에서 주어진 알고리듬으로의 통합과 정확히 동일한 선을 따른다. 원래 알고리듬은 세 가지 수정이 필요하다.

1. 문법 규칙에 의미론적 연결을 포함하는 새로운 필드가 제공된다.
2. 차트의 상태에는 구성 요소의 의미 표현을 포함하는 새로운 필드가 제공된다.
3. ENQUEUE 함수는 차트에 완전한 상태가 입력될 때 의미가 계산되고 상태의 의미 필드에 저장되도록 변경된다.

그림 18.10은 의미 표현을 생성하기 위해 수정된 ENQUEUE를 보여준다. ENQUEUE가 통합 제약 조건을 성공적으로 통합할 수 있는 완전한 상태를 전달하면 APPLY-

SEMANTICS를 호출해 상태의 의미 표현을 계산하고 저장한다. 의미론적 분석 전에 피처 구조 통합을 수행하는 것이 중요하다. 이는 의미론적 분석이 유효한 트리에서만 수행되고 의미론적 분석에 필요한 피처가 존재하도록 보장한다.

파이프 라인 접근 방식에 비해 이 통합 접근 방식의 주요 이점은 APPLY-SEMANTICS 가 통합이 실패할 수 있는 방식과 유사한 방식으로 실패할 수 있다는 사실에 있다. 생성되는 의미 표현에서 의미상 잘못된 형식이 발견되면 해당 상태가 차트에 들어가는 것을 차단할 수 있다. 이러한 방식으로 구문 처리 중에 의미론적 고려 사항이 수행될 수 있다. 19장에서는 이러한 잘못된 형태의 개념이 실현될 수 있는 다양한 방법을 상세하게 설명한다.

또한 의미론을 파서에 직접 통합하는 주요 단점 중 하나를 보여준다. 결국 성공적인 구문 분석에 기여하지 않는 *orphan* 구성 요소의 의미론적 분석에 상당한 노력이 소요될 수 있다.

---

procedure ENQUEUE(*state*, *chart-entry*)
  if INCOMPLETE?(*state*) **then**
    if *state* is not already in *chart-entry* **then**
      PUSH(*state*, *chart-entry*)
  else if UNIFY-STATE(*state*) succeeds **then**
    if APPLY-SEMANTICS(*state*) succeeds **then**
      if *state* is not already in *chart-entry* **then**
        PUSH(*state*, *chart-entry*)

procedure APPLY-SEMANTICS(*state*)
  meaning-rep ← APPLY(*state.semantic-attachment*, *state*)
  if *meaning-rep* does not equal **failure then**
    state.meaning-rep ← *meaning-rep*

그림 18.10 의미를 처리하기 위해 수정된 ENQUEUE 함수이다. 상태가 완료되고 통합이 성공하면 ENQUEUE는 APPLY-SEMANTICS를 호출해 완료된 상태의 의미 표현을 계산하고 저장한다.

프로세스 초기에 의미론을 가져옴으로써 얻은 이득이 외부 의미 처리를 수행하는 데 드는 비용을 능가하는지 여부에 대한 질문은 사례별로만 대답할 수 있다.

18.6 관용어와 구성

Ce corps qui s'appelait et qui s'appelle encore le saint empire romain n'était

en aucune manie re ni saint, ni romain, ni empire.

This body, which called itself and still calls itself the Holy Roman Empire,

was neither Holy, nor Roman, nor an Empire.

– 볼테르[2](1756)

거슬리지 않지만, 실제 언어를 검사할 때 구성의 원리는 상당히 빠르게 문제에 봉착한다. 구성 요소의 의미가 적어도 직접적인 구성적 의미가 아닌 부분의 의미에 기반하지 않는 경우가 많다. 다음 WSJ 예제를 고려한다.

(18.30) Coupons are just the tip of the iceberg.

(18.31) The SEC's allegations are only the tip of the iceberg.

(18.32) Coronary bypass surgery, hip replacement and intensive-care units are but the tip of the iceberg.

각 예제에서 *the tip of the iceberg*(빙산의 일각)이라는 문구는 분명히 한 부분이나 빙산과 관련이 많지 않다. 대신 대략 *the beginning*(시작)과 같은 의미이다. 이와 같은 관용적 구조를 처리하는 가장 간단한 방법은 이를 처리하도록 특별히 설계된 새로운 문법 규칙을 도입하는 것이다. 관용적 규칙은 어휘 항목과 문법적 구성 요소를 혼합하고 해당 부분에서 파생되지 않은 의미적 내용을 도입한다. 이 접근 방식의 예제로 다음 규칙을 고려한다.

$$NP \rightarrow \textit{the tip of the iceberg}$$
$$\{Beginning\}$$

이 규칙의 오른쪽에 있는 소문자 항목은 입력의 단어를 정확하게 나타낸다. 상수 *Beginning*이 관용구의 의미 표현으로 고지식하게 받아들여서는 안되지만, 관용구의 의미가 그 부분의 의미를 기반으로하지 않는다는 생각을 보여준다. 이 규칙을 사용하는 **Earley** 스타일 분석기는 구문이 발견될 때 두 개의 구문 분석을 생성한다. 하나는

---

2 *Essai sur les moeurs et les esprit des nations*, 실스와 머튼(1991)에 인용된 Y. 실스의 번역

관용구를 나타내고 다른 하나는 구성적 의미를 나타낸다.

나머지 문법과 마찬가지로 이러한 규칙을 올바르게 적용하려면 몇 번의 시도가 필요할 수 있다. WSJ 코퍼스에서 다음 *iceberg* 예를 고려한다.

(18.33) And that's but the tip of Mrs. Ford's iceberg.

(18.34) These comments describe only the tip of a 1,000-page iceberg.

(18.35) The 10 employees represent the merest tip of the iceberg.

위에 주어진 규칙은 이러한 경우를 처리하기에 충분히 일반적이지 않다. 예제는 사용된 한정사에 약간의 변형을 허용하고 *iceberg*와 *tip* 모두의 형용사 수식을 허용하는 관용구의 퇴화된 통사 구조가 있음을 나타낸다. 더 가능성 있는 규칙은 다음과 같다.

$$NP \rightarrow TipNP\ of\ IcebergNP$$
$$\{Beginning\}$$

여기서 *TipNP* 및 *IcebergNP* 범주는 이러한 명사구의 중심 단어를 어휘 항목 *tip* 및 *iceberg*로 제한하면서 일부 형용사 수식 및 한정사의 일부 변형을 허용하는 내부 명목상의 구조를 제공할 수 있다. 이 구문적 솔루션은 수식어 *mere* 및 *1000-page*가 *tip*과 *iceberg*이 실제로 관용구의 의미에서 일부 구성 역할을 할 수 있음을 나타내는 것처럼 보이는 까다로운 문제를 무시한다. 이 주제로 19장에서 은유의 문제를 다룬다.

요약하면, 관용구를 처리하려면 일반 구성 프레임워크에 대해 최소한 다음과 같은 변경이 필요하다.

- 어휘 항목과 전통적인 문법 구성 요소의 혼합을 허용한다.
- 관용구의 정확한 생산성 범위를 처리하기 위해 관용구별 구성 요소를 추가로 만들 수 있다.
- 규칙의 구성 요소와 관련이 없는 논리적 용어 및 술어를 도입하는 의미 연결을 허용한다.

이 논의는 분명히 거대한 빙산의 일각에 불과하다. 관용어는 일반적으로 인식되는 것보다 훨씬 더 빈번하고 생산성이 훨씬 높으며 25장에서 논의하는 바와 같이 기계 번역을 포함해 많은 애플리케이션에 심각한 어려움을 준다.

18.7 요약

18장에서는 구문 기반 의미 분석의 개념을 살펴봤다. 18장의 주요 내용은 다음과 같다.

- **의미론적 분석**은 의미 표현이 생성되고 언어 입력에 할당되는 과정이다.
- 어휘와 문법의 정적 지식을 활용하는 **의미 분석기**는 문맥과 독립적인 문자 또는 관습적 의미를 생성할 수 있다.
- **구성 원리**는 문장 의미는 문장 부분의 의미로부터 구성될 수 있다.
- **구문 기반 의미 분석**에서 부분은 입력의 구문 구성 요소이다.
- λ **표현식** 및 **복합어**를 포함해 몇 가지 표기법 확장을 사용해 FOL 공식을 구성적으로 생성할 수 있다.
- FOL 공식의 구성적 생성은 피처 구조 및 통합에 의해 제공되는 메커니즘으로도 가능하다.
- **자연어 양화사**는 구성적으로 처리하기 어려운 일종의 중의성을 도입한다.
- **부정확한 표현**을 사용해 범위 중의성에 의해 발생하는 다중 해석을 효과적으로 처리할 수 있다.
- **관용어**는 구성의 원칙을 무시하지만 문법 규칙과 의미 연결을 설계하는 데 사용되는 기술을 적용해 쉽게 처리할 수 있다.

참고문헌 및 역사 참고 사항

앞서 언급했듯이 구성성의 원리는 전통적으로 프레지에게 기인한다. 얀센(1997)은 속성에 대해 설명한다. 몬태규(1973)의 12장에서 설명한 범주별 문법 프레임워크를 사용해 자연어 조각에 구성적 접근 방식을 체계적으로 적용할 수 있음을 입증했다. 규칙 대 규칙 가설은 바흐(1976)에 의해 처음으로 명시됐다. 컴퓨팅 측면에서 우즈의 LUNAR 시스템(Woods, 1977)은 파이프 라인 구문 우선 구성 분석을 기초했다. 슈베르트와 펠레티에(1982)는 가즈다의 GPSG 접근 방식(Gazdar, 1981, 1982; Gazdar et al., 1985)을 기반으로 점진적 규칙 대 규칙 시스템을 개발했다. 메인과 벤슨(1983)은 질의 답변 영역에 대한 몬태규의 접근 방식을 확장했다.

너무 빈번한 병렬 개발 사례 중 하나에서 프로그래밍 언어 연구자들은 컴파일러 설계를 돕기 위해 본질적으로 동일한 구성 기술을 개발했다. 특히 크누트(1968)는 일대일 대응에서 의미 구조와 구문 구조를 연관시키는 속성 문법 개념을 도입했다. 결과적으로 18장에서 사용된 의미 연결 스타일은 YACC 스타일(Johnson and Lesk, 1978) 컴파일러 도구 사용자에게 익숙할 것이다.

영화사 범위 문제에 대한 저장 및 검색 접근 방식은 쿠퍼(1983)에 기인한다. 켈러(1988)는 더 넓은 범위의 정량화된 명사구를 다루기 위해 중첩된 스토리지를 도입해 접근 방식을 확장했다. 불명확한 표현에 대한 홀 의미론 접근법은 보스(1996, 2001, 2004)에 기인한다. 블랙번과 보스(2005)는 Prolog에서 구현되고 의미 분석 시스템에 통합되는 방법을 포함해 홀 의미론에 대한 자세한 설명을 제공한다. 다른 제약 기반 접근 방식으로는 미지정 담화 표상 이론(Reyle, 1993), 최소 재귀 의미론[MRS](Copestake et al., 1995), 람다 구조를 위한 제약 언어[CLLS](Egg et al., 2001)가 있다. 플레이어(2004)는 접근 방식이 모든 실용적인 목적을 위해 표기 변형이라고 주장한다.

양화사 범위 지정에 대한 실용적인 계산 접근 방식은 홉스와 쉬버(1987) 및 알샤위(1992)에서 찾을 수 있다. 반렌(1978)은 양화사 범위 지정에 대한 일련의 인간 선호도를 제시한다. 히긴스와 사독(2003)은 이러한 선호도를 특징으로 사용해 분류기를 훈련시켜 양화사 중의성의 정확한 범위를 예측한다.

수년에 걸쳐 복합 명사의 해석을 위해 상당한 노력을 기울였다. 이 주제에 대한 언어 연구는 리즈(1970), 다우닝(1977), 레비(1978), 라이더(1994)에서 찾을 수 있다. 더 많은 컴퓨터 접근법이 게르쉬만(1977), 피닌(1980), 맥도널드(1982), 피에르(1984), 아렌스 외 연구진(1987), 우(1992), 밴더웬데(1994), 라우어(1995)를 참고한다.

관용어에 관한 문헌은 길고 광범위하다. 필모어 외 연구진(1988)은 기본 이론의 중심에 관용구를 배치하는 구성 문법이라는 일반적인 문법 프레임워크를 설명한다. 마카이(1972)는 많은 영어 관용어에 대한 광범위한 언어 분석을 제시한다. 제2외국어 학습자를 위한 수백 개의 관용어 사전도 제공한다. 계산적인 측면에서, 베커(1975)는 구문 규칙을 통사론에서 사용하는 것을 처음으로 제안했다. 윌렌스키와 아렌스(1980)는 PHRAN 시스템에서 개념을 성공적으로 사용한 최초의 사람이다. 제르니크(1987)는 문맥에서 관용어를 배울 수 있는 시스템을 시연했다. 관용어에 대한 계산 접근 방식에 대한 논문 모음은 파스 외 연구진(1992)을 참고한다.

심층 의미 표현에서 발생하는 예측이 분석 프로세스를 주도하는 의미론적 분석의
전체 분기를 등한시했다. 이러한 시스템은 구문의 직접적인 표현과 사용을 피하고 구
문 분석 트리와 유사한 것을 거의 사용하지 않는다. 이러한 라인을 따라 가장 초기의
성공적인 노력 중 일부는 시몬스(1973, 1978, 1983)와 윌크스(1975a, 1975c)가 개발했다.
로저 샹크와 그의 학생들이 일련의 유사한 접근 방식을 개발했다(Riesbeck, 1975;
Birnbaum and Selfridge, 1981; Riesbeck, 1986). 이러한 접근 방식에서 의미론적 분석 프
로세스는 개별 어휘 항목과 관련된 세부 절차에 의해 가이드된다.

마지막으로, 최근 연구는 의미론으로 분류된 문장의 훈련 세트를 기반으로 문장에
서 논리 형식으로의 매핑을 자동으로 학습하는 작업에 초점을 맞췄다(Zettlemoyer and
Collins, 2005, 2007; Mooney, 2007; Wong and Mooney, 2007).

연습

18.1 다음과 같은 술어 형용사를 처리하기 위한 문법 규칙 및 의미 연결을 개발
하라.

1. Flight 308 from New York is expensive.

2. Murphy's restaurant is cheap.

18.2 다음과 같이 소위 control verbs를 처리하기 위한 문법 규칙 및 의미론적 연결
을 개발하라.

1. Franco *decided* to leave.

2. Nicolas *told* Franco to go to Frasca.

첫 번째는 주어 제어의 예다. *Franco*는 *decide* 및 *leave*를 위한 동작주 역할을 한
다. 두 번째는 목적어 제어의 예다. 여기서 *Franco*는 지시를 받는 사람과 진행 중인
이벤트의 동작주다. 이러한 규칙에 대한 연결을 만드는 데 있어 문제는 단일 명사
구의 의미적 표현을 두 역할로 적절하게 통합하는 것이다.

18.3 18장에 제공된 연결은 시간적 정보를 제공하지 않는다. 17장에 스케치된 선을
따라 시간 정보를 추가하기 위해 가장 기본적인 규칙을 몇 개 추가하고 규칙을
사용해 다음 예에 대한 의미 표현을 만들어라.

1. Flight 299 departed at 9 o'clock.

2. Flight 208 will arrive at 3 o'clock.

3. Flight 1405 will arrive late.

18.4 17장에서 언급했듯이 영어의 현재 시제는 현재 또는 미래를 지칭하는 데 사용될 수 있다. 그러나 다음과 같이 습관적인 행동을 표현하는 데에도 사용할 수 있다.

1. Flight 208 leaves at 3 o'clock.

이 문장은 오늘의 208 항공편에 대한 간단한 진술일 수도 있고, 아니면 이 항공편이 매일 3시에 출발한다고 말할 수도 있다. 이 습관적 의미에 대한 적절한 의미 연결과 함께 FOL 의미 표현을 생성하라.

18.5 832페이지의 논의를 바탕으로 Earley 스타일의 의미 분석기를 구현하라.

18.6 대부분의 문법 규칙에 대해 의미 연결을 명시적으로 나열할 필요가 없다고 주장됐다. 대신 규칙에 대한 의미 연결은 규칙 구성 요소의 의미 유형에서 유추할 수 있어야 한다. 예를 들어 규칙에 두 개의 구성 요소가 있는데 하나는 단일 인수 λ 표현식이고 다른 하나는 상수인 경우 의미론적 첨부는 상수에 λ 표현식을 적용해야 한다. 18장에 제시된 연결을 감안할 때 유형 기반 의미론이 합리적인 아이디어처럼 보이는지에 대한 의견을 설명하라.

18.7 연습 18.5를 위해 구현한 Earley 분석기에 간단한 유형 기반 의미 체계를 추가하라.

18.8 좋아하는 웹 검색엔진에서 구문 검색을 사용해 *the tip of the iceberg*의 작은 코퍼스를 수집한다. 적절한 범위의 예를 검색해야 한다(예: "the tip of the iceberg" 만 검색하지 마시오). 이러한 예를 분석하고 이를 올바르게 설명하는 일련의 문법 규칙을 생각하라.

18.9 *miss the boat* 관용어에 대한 유사한 예제 모음을 수집한다. 이러한 예를 분석하고 이를 올바르게 설명하는 일련의 문법 규칙을 생각하라.

어휘 의미론

"내가 단어를 사용할 땐" 험프티 덤프티는 약간 비웃듯 말했다. "그 단어는 바로 내가 선택한 의미만 갖게 돼. 그 이상도 이하도 아니야."

– 루이스 캐럴, 『이상한 나라의 앨리스』

개의 꼬리를 다리라고 부르면 개의 다리가 몇 개인가? 4개다.
꼬리를 다리라고 부른다고 해서 다리가 되지 않는다.

– 에이브러햄 링컨에게 귀속됨

앞의 두 장에서는 전체 문장의 의미 표현에 초점을 맞췄다. 이 논의에서 *word meanings*를 EAT, JOHN, RED와 같은 분석되지 않은 기호로 표현해 단순화된 가정을 했다. 그러나 단어 의미를 대문자로 표현하는 것은 상당히 불만족스러운 모델이다. 19장에서는 **어휘 의미론**이라는 분야인 단어 의미의 언어적 연구를 바탕으로 더 풍부한 단어 의미론 모델을 소개한다.

    다음 절에서 단어 의미를 정의하기 전에 이 책에서 단어를 여러 가지 방법으로 사용했기 때문에 먼저 단어가 의미하는 바를 명확히 해야 한다.

    어휘소라는 단어를 사용해 특정 형식(직교 또는 음운)과 그 의미의 쌍을 의미할 수 있으며 **어휘소**는 유한한 어휘 목록이다. 어휘 의미론, 특히 사전 및 동의어 사전의 목적을 위해, **기본형**으로 어휘를 나타낸다. **기본형** 또는 **인용형**은 어휘를 나타내는 데 사용

어휘 의미론

어휘소

*기본형
인용형*

되는 문법적 형식이다. 따라서 *carpet*은 *carpets*의 기본형이다. *sing, sang, sung*의 기본형 또는 인용형은 sing이다. 많은 언어에서 부정사 형태는 동사의 기본형으로 사용된다. 따라서 스페인어 dormir "to sleep"은 duermes "you sleep"과 같은 동사 형태의 기본형이다. sung, carpets, sing, duermes라는 특정 형식을 **어형**이라고 한다.

어형에서 기본형으로 매핑하는 과정을 **표제어 추출**^lemmatization^이라고 한다. 표제어 추출은 상황에 따라 달라질 수 있기 때문에 항상 결정적이지는 않다. 예를 들어 단어 found 형식은 다음 WSJ 예제에 설명된 대로 find('찾다'를 의미) 또는 found('설립하다') 기본형에 매핑할 수 있다.

(19.1) He has looked at 14 baseball and football stadiums and found that only one – private Dodger Stadium – brought more money into a city than it took out.

(19.2) Culturally speaking, this city has increasingly displayed its determination to found the sort of institutions that attract the esteem of Eastern urbanites.

또한 기본형은 품사 특성이다. 따라서 어형 *tables*에는 두 가지 기본형, 명사 *table* 과 동사 *table*을 가지고 있다.

표제어 추출을 수행하는 한 가지 방법은 3장의 형태론적 구문 분석 알고리듬을 사용하는 것이다. 형태론적 구문 분석은 *cats*와 같은 표면형를 취하고 *cat+PL*을 생성한다. 그러나 기본형은 형태론적 분석의 어간과 반드시 동일하지는 않다. 예를 들어 단어 *celebrations*의 형태론적 구문 분석은 접미사 *-ion* 및 *-s*가 있는 어간 **celebrate** 를 생성할 수 있는 반면, *celebrations*의 기본형은 더 긴 형식의 **celebration**이다. 일반적으로 기본형은 형태론적 어간보다 클 수 있다(예: *New York* 또는 *throw up*). 직관은 자체 의미 표현을 가진 완전히 다른 사전 항목을 가질 필요가 있을 때마다 다른 기본형을 갖기를 원한다는 것이다. *celebrations*와 *celebration*가 항목을 공유하기를 기대하지만 의미들의 차이는 주로 문법적인 것일 뿐 반드시 항목을 *celebrate*와 공유할 필요는 없다.

19장의 나머지 부분에서 "단어"의 의미(또는 의미들)를 언급할 때 일반적으로 어형이 아닌 기본형을 의미한다.

이제 단어 의미의 궤적을 정의했기 때문에 의미를 표현하는 다양한 방법으로 진행할 수 있다. 다음 절에서는 단어 의미를 나타내는 어휘의 일부로 단어 의미 개념을 소개한다. 이후 절에서 의미를 정의하고 표현하는 방법을 설명하고 17장에서 정의된 이벤트의 어휘적 의미 측면을 소개한다.

19.1 단어 의미

기본형의 의미는 문맥에 따라 크게 다를 수 있다. 각각 "금융기관" 및 "비탈"을 의미하는 기본형 *bank*의 다음 두 가지 사용을 고려한다.

(19.3) Instead, a bank can hold the investments in a custodial account in the client's name.

(19.4) But as agriculture burgeons on the east *bank*, the river will shrink even more.

단어 의미 기본형 *bank*가 두 가지 **의미**[1]를 가지고 있다고 말함으로써 이러한 문맥적 변형의 일부를 나타낸다. **의미**(또는 **단어 의미**)는 단어 의미의 한 측면을 개별적으로 표현한 것이다.

대략 사전 편집상의 양식에 따라 **bank¹** 및 **bank²**에서와 같이 기본형의 철자법에 위 첨자를 배치해 각 의미를 나타낸다.

동음이의어 단어 의미는 **bank¹** 및 **bank²** 사이에 특별한 관계가 없을 수도 있다. 철자가 같은
동음이의 것은 거의 우연일 수 있다. 예를 들어 은행의 "금융기관"과 "비탈" 의미는 상대적으로 관련이 없는 것처럼 보인다. 그런 경우에 두 의미가 **동음이의어**이며, 의미 간의 관계가 **동음이의** 중 하나라고 말한다. 따라서 **bank¹**("금융기관")과 **bank²**("경사 마운드")는 동음이의어다.

그러나 때로는 단어 의미 사이에 의미론적 연결이 있다. 다음 WSJ "bank" 예를 고려한다.

---

1 혼란스럽게도 "기본형"이라는 단어 자체가 중의적이다. 또한 때때로 단어의 인용 형태가 아니라 이러한 개별 의미를 의미하는 데 사용된다. 문헌에서 두 가지 용도를 모두 볼 수 있도록 준비해야 한다.

(19.5) While some *banks* furnish sperm only to married women, others are much less restrictive.

분명히 *bank*의 "비탈" 의미로 사용된 것은 아니지만 금융기관의 판촉 행사의 의미도 아니다. 오히려 *bank*는 *blood bank*, *egg bank*, *sperm bank*과 같이 다양한 생물학적 개체의 저장소와 관련된 모든 범위의 사용을 가지고 있다. 그래서 "생물학적 저장소" 의미를 **bank³**라고 부를 수 있다. 새로운 의미의 **bank³**는 **bank¹**과 어떤 관련이 있다. **bank¹**과 **bank³**는 모두 예금 및 출금이 가능한 개체의 저장소다. **bank¹**에서는 개체가 화폐인 반면, **bank³**에서는 개체가 생물학적이다.

두 의미가 의미론적으로 관련돼 있을 때, 그 사이의 관계를 동음이의어보다는 **다의어**라고 한다. 다의어의 경우, 의미 간의 관계는 체계적이고 구조적이다. 예를 들어 다음 문장에 예시된 *bank*의 또 다른 의미를 고려한다.

(19.6) The bank is on the corner of Nassau and Witherspoon.

bank⁴라고 할 수 있는 의미는 '금융기관에 속하는 건물'과 같은 의미다. 이 두 가지 의미(조직과 조직과 관련된 건물)는 다른 많은 단어(*school, university, hospital* 등)에서도 함께 발생하는 것으로 나타났다. 따라서 표현할 수 있는 의미 사이에는 체계적인 관계가 있다.

BUILDING ↔ ORGANIZATION

이 특정 다의성 관계의 하위 유형은 종종 **환유**라고 한다. 환유는 개체의 다른 측면이나 개체 자체를 지칭하기 위해 개념 또는 개체의 한 측면을 사용하는 것이다. 따라서 백악관에 있는 행정부를 지칭하기 위해 *the White House*라는 표현을 사용할 때 환유를 수행한다. 환유의 다른 일반적인 예에는 다음과 같은 의미 쌍 간의 관계가 포함된다.

Author(*Jane Austen wrote Emma*) ↔ Works of Author(*I really love Jane Austen*)
Animal(*The chicken was domesticated in Asia*) ↔ Meat(*The chicken was overcooked*)
Tree(*Plums have beautiful blossoms*) ↔ Fruit(*I ate a preserved plum yesterday*)

다의어를 동음이의와 구별하는 것은 유용할 수 있지만, 다의어로 간주되기 위해서는 두 의미가 어떻게 관련돼야 하는지에 대한 어려운 임계값은 없다. 따라서 그 차이는 정말로 정도의 차이다. 이 사실은 한 단어가 얼마나 많은 의미를 가지고 있는지, 즉 밀접하게 관련된 사용을 위해 별도의 의미를 만들어야 하는지 여부를 결정하는 것을 매우 어렵게 만들 수 있다. 단어의 다양한 용도가 별개의 의미로 표현돼야 한다고 결정하는 다양한 기준이 있다. 두 개의 의미가 독립적인 진리 조건, 다른 통사적 행동 및 독립적인 의미 관계를 가지고 있거나 또는 적대적인 의미를 보이는 경우 별개의 의미로 간주할 수 있다.

WSJ 코퍼스에서 동사 *serve*의 다음 사용을 고려한다.

(19.7) They rarely *serve* red meat, preferring to prepare seafood, poultry or game birds.

(19.8) He *served* as U.S. ambassador to Norway in 1976 and 1977.

(19.9) He might have *served* his time, come out and led an upstanding life.

*serving red meat*의 *serve*와 *serving time*의 *serve*는 분명히 다른 진리 조건과 전제를 가지고 있다. *serve as ambassador*의 *serve*는 별개의 하위 범주화 구조가 *serve as NP*로 제공된다. 이러한 휴리스틱은 아마도 세 가지 별개의 *serve* 의미임을 시사한다. 두 의미가 구별되는지를 결정하는 실용적인 기술 중 하나는 한 문장에서 두 단어의 사용을 결합하는 것이다. 이런 종류의 적대적 판독 값의 결합을 **액어법**^zeugma이라고 한다. 다음 ATIS 예를 고려한다.

액어법

(19.10) Which of those flights serve breakfast?

(19.11) Does Midwest Express serve Philadelphia?

(19.12) ?Does Midwest Express serve breakfast and Philadelphia?

의미상 잘못된 예를 표시하기 위해 (?)를 사용한다. 지어낸 세 번째 예(액어법의 경우)의 이상함은 breakfast와 Philadelphia 모두에 대해 *serve* 작업의 단일 의미를 만드는 합리적인 방법이 없음을 나타낸다. *serve*가 이러한 경우에 두 가지 다른 의미를 가지고 있다는 증거로 사용할 수 있다.

사전은 미묘한 의미 차이를 포착하기 위해 많은 세분화된 의미를 사용하는 경향이 있다. 사전의 전통적인 역할이 단어 학습자에게 도움이 된다는 점을 감안할 때 합리적인 접근 방식이다. 계산 목적으로 종종 이러한 미세한 구별이 필요하지 않으므로 의미를 그룹화하거나 클러스터링할 수 있다. 19장의 일부 예제에 대해 이미 작업을 수행했다.

일반적으로 발음과 철자를 모두 공유하며 두 가지 의미를 가진 단어를 **동음이의어**라고 한다. 음성 인식과 철자 수정에 문제를 일으키는 다중 의미의 특별한 경우는 동음이의어다. **동음이의어**는 *wood/would* 또는 *to/two/too*와 같이 발음은 같지만 철자가 다른 기본형에 관련된 의미이다. 또한 동음이의어는 음성 합성과 관련된 문제가 있다 (8장). *bass*처럼, **동음이의어**는 동일한 철자 형식이지만 발음이 다른 기본형에 관련된 별개의 의미를 가진다.

동음이의어

동음이의어

(19.13) The expert angler from Dora, Mo., was fly-casting for bass rather than the traditional trout.

(19.14) The curtain rises to the sound of angry dogs baying and ominous bass chords sounding.

단어 의미를 어떻게 정의할까? 그냥 사전을 찾아봐도 될까? American Heritage Dictionary(Morris, 1985)의 *right*, *left*, *red*, *blood*의 정의에서 다음 부분을 고려한다.

right	*adj.* located nearer the right hand esp. being on the right when facing the same direction as the observer.
left	*adj.* located nearer to this side of the body than the right.
red	*n.* the color of blood or a ruby.
blood	*n.* the red liquid that circulates in the heart, arteries and veins of animals.

이러한 정의의 순환 논리에 유의한다. *right*의 정의는 그 자체에 두 가지 직접적인 언급, *left* 항목에는 *this side of the body*라는 문구에 암시적 직접적인 언급이 포함돼 있다. 이는 아마도 왼쪽을 의미한다. *red*와 *blood*에 대한 항목은 정의에서 서로를 지칭해 이러한 종류의 직접적인 언급을 피한다. 물론 이러한 순환 논리는 모든 사전 정의에 내재돼 있다. 이 예는 극단적인 경우다. 사전 사용자가 이러한 다른 용어를 충분히 이해하고 있기 때문에 인간의 경우, 이러한 항목은 여전히 유용하다.

컴퓨터의 용도로 의미를 정의하는 한 가지 접근 방식은 사전 정의에 유사한 접근 방식을 사용하는 것이다. 다른 의미와의 관계를 통해 의미를 정의한다. 예를 들어 위의 정의는 *right*과 *left*가 서로 어떤 종류의 대안 또는 반대에 있는 유사한 종류의 기본형이라는 것을 분명히 한다. 비슷하게, *red*는 *blood*와 *rubies* 모두에 적용될 수 있는 색이며, *blood*는 *liquid*임을 알 수 있다. 이러한 종류의 **의미 관계**는 WordNet과 같은 온라인 데이터베이스에 구현된다. 그러한 관계에 대한 충분히 큰 데이터베이스가 주어지면 많은 애플리케이션이 정교한 의미 작업을 수행할 수 있다(비록 왼쪽에서 오른쪽을 *really* 알지 못하더라도).

의미 표현에 대한 두 번째 컴퓨터의 접근 방식은 의미의 극소의 유닛인 의미론적 기초 요소의 작은 유한 세트를 생성한 다음 이러한 기초 요소에서 각 의미 정의를 생성하는 것이다. 이 접근 방식은 *semantic roles*과 같은 *events*의 의미 측면을 정의할 때 특히 일반적이다.

19장에서 의미에 대한 두 가지 접근 방식을 모두 살펴본다. 다음 절에서는 의미 간의 다양한 관계를 소개하고 의미 관계 리소스인 *WordNet*에 대해 다룬다. 그런 다음 의미역과 같은 의미적 기초 요소에 기반한 여러 의미 표현 접근법을 소개한다.

19.2 의미 간의 관계

이 절에서는 단어 의미 사이에 유지되는 몇 가지 관계를 살펴본다. **동의어**synonymy, **반의어**antonymy, **상위어**hypernymy와 같은 중요한 컴퓨터의 연구에 초점을 맞추고, **부분어**meronymy와 같은 다른 관계에 대해 간략히 언급한다.

19.2.1 동의어와 반의어

동의어 두 개의 다른 단어(단어의 기본형)의 두 의미가 동일하거나 거의 비슷할 때 두 의미가 **동의어**라고 한다. 동의어에는 다음과 같은 쌍이 포함된다.

couch/sofa vomit/throwup filbert/hazelnut car/automobile

동의어(의미보다는 단어 사이)에 대한 보다 공식적인 정의는 두 단어가 문장의 진리 조건을 변경하지 않고 어떤 문장에서 다른 단어로 대체될 수 있는 경우 동의어라고

명제적 의미

한다. 이 경우 종종 두 단어가 동일한 **명제적 의미**를 갖는다고 말한다.

car/automobile 또는 water/H₂O와 같은 일부 단어 쌍 사이의 대체는 진리 보존적이지만, 단어는 여전히 의미가 동일하지 않다. 실제로, 의미가 완전히 같은 두 단어는 없을 것이고, 만약 동의어를 모든 맥락에서 동일한 의미와 언외 의미로 정의한다면, 아마도 절대 동의어는 없을 것이다. 명제적 의미 외에도, 이 단어들을 구별하는 많은 다른 의미 측면이 중요하다. 예를 들어 H₂O는 과학적 맥락에서 사용되며 하이킹 안내서에는 부적절하다. 이러한 장르의 차이는 단어 의미의 일부다. 실제로 단어 synonym는 일반적으로 근사 또는 대략적인 동의어의 관계를 설명하는 데 사용된다.

동의어인 두 words를 말하는 대신, 19장에서는 동의어(및 하위어, 부분어와 같은 다른 관계)를 단어 사이가 아닌 의미 사이의 관계로 정의한다. 단어 big과 large를 고려하면 유용성을 알 수 있다. 다음 ATIS 문장에서 두 문장에서 big과 large를 대체할 수 있고 동일한 의미를 유지할 수 있기 때문에 이러한 문장은 동의어로 보일 수 있다.

(19.15) How big is that plane?

(19.16) Would I be flying on a large or small plane?

그러나 big을 large로 대체할 수 없는 다음 WSJ 문장에 유의한다.

(19.17) Miss Nelson, for instance, became a kind of big sister to Benjamin.

(19.18) ?Miss Nelson, for instance, became a kind of large sister to Benjamin.

단어 big은 늙거나 성장했다는 의미를 가지고 있는 반면, large는 그러한 의미가 없기 때문이다. 따라서 big과 large의 어떤 의미는 (거의) 동의어이지만 다른 의미는 그렇지 않다고 말할 수 있다.

반의어

동의어는 뜻이 같거나 비슷한 단어다. 반대로 **반의어**는 다음과 같은 반대 의미를 가진 단어다.

long/short   big/little   fast/slow   cold/hot   dark/light
rise/fall   up/down   in/out

반의어를 공식적으로 정의하는 것은 어렵다. 두 의미가 이항 대립을 정의하거나 어떤 척도의 반대쪽 끝부분의 경우 반의어가 될 수 있다. 이는 length 또는 size 척도의 반대쪽 끝에 있는 *long/short*, *fast/slow*, *big/little*의 경우다. 또 다른 반의어 그룹은 *rise/fall* 또는 *up/down*과 같은 반대 방향의 변화나 움직임을 설명하는 **전환**이다.

한 관점에서 반의어는 반대이기 때문에 매우 다른 의미를 갖는다. 다른 관점에서 보면, 척도상의 위치나 방향을 제외하고는 거의 모든 측면을 공유하기 때문에 매우 유사한 의미를 가지고 있다. 따라서 동의어와 반의어를 자동으로 구별하는 것은 어려울 수 있다.

19.2.2 하위어

한 의미는 다른 의미의 하위 클래스를 나타내고, 첫 번째 의미가 더 구체적인 경우, 다른 의미의 **하위어**이다. 예를 들어 *car*는 *vehicle*의 하위어이며, *dog*는 *animal*의 하위어이며, *mango*는 *fruit*의 하위어다. 반대로 *vehicle*은 *car*의 상위어이고, *animal*은 *dog*의 **상위어**hypernym다. 두 단어(상위어 및 하위어)가 매우 유사해 쉽게 혼동된다. 이런 이유로 **상의어**superordinate라는 단어는 종종 상위어 대신 사용된다.

상의어(Superordinate)	vehicle	fruit	furniture	mammal
하위어(Hyponym)	car	mango	chair	dog

상의어에 의해 표시되는 부류는 확장적으로 하위에 의해 표시되는 부류를 포함한다고 말함으로써 더 공식적으로 상위어를 정의할 수 있다. 따라서 동물의 부류는 모든 개를 구성원으로 포함하고 움직이는 동작의 부류에는 모든 걷기 동작이 포함된다. 상위어는 수반 측면에서도 정의할 수 있다. 이 정의에 따르면, 의미 A는 A인 모든 것이 B인 경우, 의미 B의 하위어이며, 따라서 A가 되는 것은 B 또는 $\forall x\, A(x) \Rightarrow B(x)$가 된다.

하위어는 일반적으로 전이 관계이다. A가 B의 하위이고 B가 C의 하위이면 A는 C의 하위이다.

하위어의 개념은 컴퓨터 공학, 생물학 및 인류학에서 중심적인 역할을 하는 다른 여러 개념과 밀접한 관련이 있다. 17장에서 논의된 바와 같이 **온톨로지**는 일반적으로 단일 도메인 또는 **마이크로 월드**microworld의 분석 결과로 발생하는 별개의 개체 집합을 의미한다. **분류 체계**는 온톨로지 요소를 트리와 같은 부류를 포함한 구조로 특정 배열

마이크로 월드

분류 체계

한 것이다. 일반적으로 해당 구성 요소 부류를 포함한 관계를 넘어서는 분류법에 대한 일련의 올바른 형식 제약이 있다. 예를 들어 어휘 *hound, mutt, puppy*는 *golden retriever*와 *poodle*과 같이 모두 *dog*의 하위어이지만, 각각의 경우에서 관계를 동기화하는 개념이 다르기 때문에 모든 쌍들로부터 분류법을 구성한다는 것은 이상한 일일 것이다. 대신, 일반적으로 *poodle*과 *dog* 사이의 상위어 관계에 대해 이야기할 때 단어 **분류 체계**를 사용한다. 이 정의에 따르면 **분류 체계**는 상위어의 하위 유형이다.

19.2.3 의미장

지금까지 동의어, 반의어, 상위어, 하위어의 관계를 살펴봤다. 또 다른 일반적인 관계는 **부분-전체** 관계인 **부분어**이다. *leg*는 *chair*의 일부이고, *wheel*는 *car*의 일부이다. *wheel*은 *car*의 **부분**[meronym]이고, *car*는 *wheel*의 **전체어**[holonym]라고 한다.

부분-전체
부분어
부분
전체

그러나 의미 관계와 단어 의미에 대해 생각하는 더 일반적인 방법이 있다. 지금까지 정의한 관계가 두 의미 사이의 이항 관계인 반면, 의미장[Semantic Fields]은 단일 도메인의 전체 단어 집합 간에 보다 통합된 또는 전체적인 관계의 모델이다. 다음 단어 세트를 고려한다.

reservation, flight, travel, buy, price, cost, fare, rates, meal, plane

이 목록에 있는 많은 단어들 사이에서 하위어, 동의어 등의 개별 어휘 관계를 주장할 수 있다. 그러나 결과적인 관계 집합은 이러한 단어가 어떻게 관련돼 있는지에 대한 완전한 설명에 덧붙이지는 않는다. 모두 항공 여행에 관한 상식적인 배경 정보의 일관된 청크와 관련해 명확하게 정의된다. 이러한 종류의 배경지식은 다양한 프레임워크에서 연구돼 왔으며 **프레임**(Fillmore, 1985), **모델**(Johnson-Laird, 1983) 또는 **스크립트**(Schank and Abelson, 1977)로 다양하게 알려져 있으며 많은 컴퓨터의 프레임워크에서 중심적인 역할을 한다.

프레임
모델
스크립트

FrameNet

19.4.5절에서 **FrameNet** 프로젝트(Baker et al., 1998)에 대해 논의하는데, 이는 이러한 종류의 프레임 지식에 대한 강력한 컴퓨터 리소스를 제공하려는 시도다. FrameNet 표현에서 프레임의 각 단어는 프레임에 대해 정의되며 다른 프레임 단어와 의미 측면을 공유한다.

19.3 WordNet : 어휘 관계 데이터베이스

WordNet   영어 의미 관계에 가장 일반적으로 사용되는 리소스는 **WordNet** 어휘 데이터베이스다 (Fellbaum, 1998). WordNet은 3개의 개별 데이터베이스로 구성돼 있으며, 각각 명사 와 동사에 대한 데이터베이스와 형용사와 부사에 대한 세 번째 데이터베이스다. 폐쇄 범주어는 포함되지 않는다. 각 데이터베이스는 일련의 의미로 주석이 달린 일련의 기 본형으로 구성된다. WordNet 3.0 릴리스에는 117,097개의 명사, 11,488개의 동사, 22,141개의 형용사 및 4,601개의 부사가 있다. 평균 명사에는 1.23개의 의미가 있고 평균 동사에는 2.16개의 의미가 있다. WordNet은 웹에서 액세스하거나 로컬에서 다 운로드해 액세스할 수 있다.

The noun "bass" has 8 senses in WordNet.
1. bass^1 − (the lowest part of the musical range)
2. bass^2, bass part^1 − (the lowest part in polyphonic music)
3. bass^3, basso^1 − (an adult male singer with the lowest voice)
4. sea bass^1, bass^4 − (the lean flesh of a saltwater fish of the family Serranidae)
5. freshwater bass^1, bass^5 − (any of various North American freshwater fish with
       lean flesh (especially of the genus Micropterus))
6. bass^6, bass voice^1, basso^2 − (the lowest adult male singing voice)
7. bass^7 − (the member with the lowest range of a family of musical instruments)
8. bass^8 − (nontechnical name for any of numerous edible marine and
       freshwater spiny−finned fishes)

The adjective "bass" has 1 sense in WordNet.
1. bass^1, deep^6 − (having or denoting a low vocal or instrumental range)
       "a deep voice"; *"a bass voice is lower than a baritone voice"*;
       "a bass clarinet"

그림 19.1 명사 *bass*에 대한 WordNet 3.0 항목의 일부

     명사와 형용사 *bass*의 전형적인 기본형 항목이 그림 19.1에 나와 있다. 명사에 대 주석   한 8개의 의미와 형용사에 대한 1개의 의미가 있으며, 각 의미에는 **주석**(사전 스타일 정 의), 의미에 대한 동의어 목록(synset이라고 함), 때로는 예(형용사적 의미)를 사용한다는 점에 유의한다. 사전과 달리 WordNet은 발음을 나타내지 않으므로 **bass^4**, **bass^5**, **bass^8**의 발음 [b ae s]를 [b ey s]로 발음되는 다른 의미와 구별하지 않는다.

synset

WordNet 의미에 대한 유사 동의어 세트를 **synset**(**동의어 세트**의 경우)이라고 한다. Synset은 WordNet에서 중요한 기본 요소다. *bass* 항목에는 *bass*[1], *deep*[6] 또는 *bass*[6], *bass voice*[1], *basso*[2]와 같은 synset을 포함한다. Synset은 17장에서 논의한 유형의 개념을 나타내는 것으로 생각할 수 있다. 따라서 WordNet은 개념을 논리적 용어로 표현하는 대신 개념을 표현하는 데 사용할 수 있는 단어 의미 목록으로 표현한다. 다음은 또 다른 synset 예다.

{chump[1], fool[2], gull[1], mark[9], patsy[1], fall guy[1],

sucker[1], soft touch[1], mug[2]}

이 synset의 주석은 *a person who is gullible and easy to take advantage of*으로 설명한다. 따라서 synset에 포함된 각 어휘 항목을 사용해 이 개념을 표현할 수 있다. 이와 같은 synset는 실제로 WordNet 항목과 관련된 의미를 구성하기 때문에 WordNet에서 대부분의 어휘 의미 관계에 참여하는 것은 단어 형식, 기본형 또는 개별 의미가 아닌 synset이다.

이제 그림 19.2와 그림 19.3에 예시된 어휘 의미 관계로 돌아간다. WordNet 하위어 관계는 849페이지에서 논의된 직접적인 하위어의 개념과 일치한다. 각 synset은 직접적인 상위어와 하위어 관계를 통해 즉시 더 일반적이고 더 구체적인 synset과 관련이 있다. 이러한 관계는 더 일반적이거나 더 특정한 synset의 더 긴 체인을 생성하기 위해 따를 수 있다. 그림 19.4는 **bass**[3]와 **bass**[7]의 상위어 체인을 보여준다.

하위어의 묘사에서, 연속적으로 더 일반적인 synset은 연속적인 들여쓰기된 줄에 표시된다. 첫 번째 체인은 베이스 가수[bass singer]의 개념에서 시작된다. 직접적인 상의어는 가수의 일반적인 개념에 해당하는 synset이다. 이 체인을 따라가면 결국 *entertainer*와 *person*과 같은 개념으로 이어진다. 악기에서 시작되는 두 번째 체인은 결국 악기, 장치 및 물리적 대상과 같은 개념으로 이어지는 완전히 다른 경로를 가지고 있다. 두 경로는 결국 매우 추상적인 synset인 *whole*, *unit*에서 결합한 다음 명사 계층 구조의 최상위(루트)인 *entity*로 함께 진행한다(WordNet에서 이 루트는 일반적으로

unique
beginner

unique beginner라고 함).

Relation	Also Called	Definition	Example
Hypernym	Superordinate	From concepts to superordinates	$breakfast^1 \rightarrow meal^1$
Hyponym	Subordinate	From concepts to subtypes	$meal^1 \rightarrow lunch^1$
Instance Hypernym	Instance	From instances to their concepts	$Austen^1 \rightarrow author^1$
Instance Hyponym	Has-Instance	From concepts to concept instances	$composer^1 \rightarrow Bach^1$
Member Meronym	Has-Member	From groups to their members	$faculty^2 \rightarrow professor^1$
Member Holonym	Member-Of	From members to their groups	$copilot^1 \rightarrow crew^1$
Part Meronym	Has-Part	From wholes to parts	$table^2 \rightarrow leg^3$
Part Holonym	Part-Of	From parts to wholes	$course^7 \rightarrow meal^1$
Substance Meronym		From substances to their subparts	$water^1 \rightarrow oxygen^1$
Substance Holonym		From parts of substances to wholes	$gin^1 \rightarrow martini^1$
Antonym		Semantic opposition between lemmas	$leader^1 \Longleftrightarrow follower^1$
Derivationally Related Form		Lemmas w/same morphological root	$destruction^1 \Longleftrightarrow destroy^1$

그림 19.2 WordNet의 명사 관계

Relation	Definition	Example
Hypernym	From events to superordinate events	$fly^9 \rightarrow travel^5$
Troponym	From events to subordinate event (often via specific manner)	$walk^1 \rightarrow stroll^1$
Entails	From verbs (events) to the verbs (events) they entail	$snore^1 \rightarrow sleep^1$
Antonym	Semantic opposition between lemmas	$increase^1 \Longleftrightarrow decrease^1$
Derivationally Related Form	Lemmas with same morphological root	$destroy^1 \Longleftrightarrow destruction^1$

그림 19.3 WordNet의 동사 관계

```
Sense 3
bass, basso --
(an adult male singer with the lowest voice)
=> singer, vocalist, vocalizer, vocaliser
   => musician, instrumentalist, player
      => performer, performing artist
         => entertainer
            => person, individual, someone...
               => organism, being
                  => living thing, animate thing,
                     => whole, unit
```

```
                                 => object, physical object
                                     => physical entity
                                         => entity
                          => causal agent, cause, causal agency
                              => physical entity
                                  => entity
            Sense 7
            bass --
            (the member with the lowest range of a family of
            musical instruments)
            => musical instrument, instrument
              => device
                => instrumentality, instrumentation
                  => artifact, artefact
                    => whole, unit
                      => object, physical object
                        => physical entity
                          => entity
```

그림 19.4 기본형 *bass*의 두 가지 개별 의미에 대한 하위어 체인. 체인은 완전히 구별되며 매우 추상적인 수준인 *whole, unit*에서만 수렴한다.

19.4 이벤트 관여자

어휘적 의미의 중요한 측면은 이벤트의 의미와 관련이 있다. 17장에서 이벤트를 논의할 때 이벤트를 표현하기 위한 술어-인수 구조의 중요성과 이벤트 자체와는 별개로 각 관여자를 표현하기 위해 이벤트에 대한 데이빗소니언 구체화의 사용을 소개했다. 이제 이러한 *participants* 또는 *arguments*의 의미를 나타내는 것으로 전환한다. 이벤트 술어의 인수에 대해 **의미론적 역할**과 **선택 제한**이라는 두 가지 유형의 의미론적 제약을 소개한다. **의미역**이라고 하는 의미론적 역할의 특정 모델부터 시작한다.

19.4.1 의미역

17장에서 다음과 같은 문장에 대한 논증의 의미를 어떻게 표현했는지 생각해보자.

(19.19) Sasha broke the window.

(19.20) Pat opened the door.

이 두 문장의 네오 데이빗소니언 이벤트 표현은 다음과 같다.

$$\exists e, x, y \, Breaking(e) \wedge Breaker(e, Sasha)$$
$$\wedge BrokenThing(e, y) \wedge Window(y)$$
$$\exists e, x, y \, Opening(e) \wedge Opener(e, Pat)$$
$$\wedge OpenedThing(e, y) \wedge Door(y)$$

이 표현에서 동사 *break*와 *open*의 주어 역할은 각각 *Breaker*와 *Opener*이다. 이러

심층 역할 한 **심층 역할**은 각 이벤트에 따라 다르다. *Breaking* 이벤트에는 *Breakers*, *Opening* 이

벤트에는 *Openers* 등이 있다.

Thematic Role	Definition
AGENT	The volitional causer of an event
EXPERIENCER	The experiencer of an event
FORCE	The non-volitional causer of the event
THEME	The participant most directly affected by an event
RESULT	The end product of an event
CONTENT	The proposition or content of a propositional event
INSTRUMENT	An instrument used in an event
BENEFICIARY	The beneficiary of an event
SOURCE	The origin of the object of a transfer event
GOAL	The destination of an object of a transfer event

그림 19.5 정의와 함께 일반적으로 사용되는 의미역

Thematic Role	Example
AGENT	*The waiter spilled the soup.*
EXPERIENCER	*John has a headache.*
FORCE	*The wind blows debris from the mall into our yards.*
THEME	*Only after Benjamin Franklin broke the ice...*
RESULT	*The French government has built a regulation-size baseball diamond...*
CONTENT	*Mona asked "You met Mary Ann at a supermarket?"*
INSTRUMENT	*He turned to poaching catfish, stunning them with a shocking device...*
BENEFICIARY	*Whenever Ann Callahan makes hotel reservations for her boss...*
SOURCE	*I flew in from Boston.*
GOAL	*I drove to Portland.*

그림 19.6 다양한 의미역의 몇 가지 전형적인 예

질문에 답하고 추론을 수행하거나 이벤트의 자연어 이해를 더 많이 할 수 있으려면, 인수의 의미에 대해 조금 더 알아야 한다. *Breakers*와 *Openers*에는 공통점이 있다. 둘 다 의지적인 행위자이며, 종종 움직일 수 있으며, 이벤트에 대한 직접적인 인과적 책임이 있다.

의미역 **의미역**은 *Breakers*와 *Eaters* 사이의 이러한 의미적 공통성을 포착하려는 시도 중

동작주 하나다. 두 동사의 주어가 **동작주**라고 한다. 따라서 AGENT는 의지적 인과 관계와 같은 추상적인 아이디어를 나타내는 의미역이다. 마찬가지로 두 동사의 직접목적어인 *BrokenThing* 및 *OpenedThing*은 모두 동작의 영향을 받는 전형적으로 무생물이다.

주제 이 관여자들의 의미역은 **주제**다.

의미역은 기원전 7세기와 4세기 사이에 인도의 문법학자 파니니가 처음 제안한 가장 오래된 언어 모델 중 하나다. 현대적인 공식은 필모어(1968)와 그루버(1965)가 제안했다. 보편적으로 합의된 의미역 세트는 없지만 그림 19.5 및 19.6에는 다양한 컴퓨터 논문에서 사용된 몇 가지 의미역과 함께 대략적인 정의 및 예가 나열돼 있다.

19.4.2 특성 대체

컴퓨팅 시스템이 의미역과 일반적으로 의미론적 역할을 사용하는 주된 이유는 순수한 표면 문자열이나 구문 분석 트리에서는 불가능한 간단한 추론을 할 수 있는 얕은 의미 표현으로 작용하기 때문이다. 예를 들어 문서에 *Company A acquired Company B*라고 표시된 경우, 두 문장의 표면 구문이 매우 다르지만 *Was Company B acquired?*라는 질문에 대한 답을 알고자 한다. 마찬가지로 이 얕은 의미 체계는 기계 번역에서 유용한 중간 언어 역할을 할 수 있다.

따라서 의미역은 술어 인수의 다양한 표면 실현을 일반화하는 데 도움이 된다. 예를 들어 AGENT는 종종 문장의 주어로 인식되지만, 다른 경우에는 THEME가 주어가 될 수 있다. 다음과 같은 동사 **break**의 주제 인수의 가능한 실현을 고려한다.

(19.21) *John broke the window.*
   AGENT   THEME

(19.22) *John broke the window with a rock.*
   AGENT   THEME

(19.23) *The   rock broke the window.*

       INSTRUMENT   THEME

(19.24) *The window broke.*

       THEME

(19.25) *The window was broken by John.*

       THEME   AGENT

이러한 예는 *break*에 가능한 인수 AGENT, THEME, INSTRUMENT가 있음을 시사한다. 동사가 취한 의미역 인수 세트는 종종 **주제 그리드**, θ 그리드 또는 **케이스 프레임** case frame이라고 한다. 이러한 *break* 인수를 실현하기 위해 다음과 같은 가능성이 있음을 알 수 있다.

> **주제 그리드**
> **케이스 프레임**

- AGENT:Subject, THEME:Object
- AGENT:Subject, THEME:Object, INSTRUMENT:PP$_{with}$
- INSTRUMENT:Subject, THEME:Object
- THEME:Subject

많은 동사는 다양한 구문 위치에서 의미역을 실현할 수 있다. 예를 들어 동사 give는 두 가지 다른 방법으로 THEME 및 GOAL 인수를 실현할 수 있다.

(19.26) a. *Doris gave the book to Cary.*

           AGENT   THEME   GOAL

         b. *Doris gave Cary the book.*

           AGENT   GOAL THEME

이러한 다중 인수 구조 실현(*break*가 AGENT, INSTRUMENT 또는 THEME을 주어로 취할 수 있고 *give*가 어느 순서로든 THEME 및 GOAL을 실현할 수 있다는 사실)을 **동사 대체 또는 특성 대체**라고 한다. 위에서 보여준 *give*의 특성 대체는 "미래 소유의 동사"(*advance, allocate, offer, owe*), "보내다"(*forward, hand, mail*), "던지다"(*kick, pass, throw*) 등을 포함한 동사의 특정한 의미적 분류와 함께 나타난다. 레빈(1993)은 많은 영어 동사 세트에 속한 의미론적 부류와 동사들이 관련된 다양한 대체를 나열한 참고서이다. 이러한 동사 범주 목록은 온라인 리소스 VerbNet에 통합됐다(Kipper et al., 2000).

> **동사 대체**
> **특성 대체**

19.4.3 의미역의 문제

의미역 레벨에서 의미를 표현하는 것은 특성 대체와 같은 문제를 다루는 데 유용해야 할 것이다. 그러나 이러한 잠재적인 이점에도 불구하고 표준 역할 세트를 제시하는 것은 매우 어렵고, AGENT, THEME, INSTRUMENT와 같은 역할에 대한 공식적인 정의를 생성하는 것도 마찬가지로 어렵다.

예를 들어 역할 세트를 정의하려는 연구자들은 종종 AGENT 또는 THEME와 같은 역할을 여러 특정 역할로 분할해야 한다는 것을 알게 된다. 레빈과 라파포트 호바브 (2005)는 적어도 두 종류의 INSTRUMENTS, 주어로 나타날 수 있는 *intermediary* 도구 및 다음을 수행 할 수 없는 *enabling* 도구가 있는 것처럼 보이는 사실과 같은 여러 경우를 요약한다.

(19.27) a. The cook opened the jar with the new gadget.

       b. The new gadget opened the jar.

(19.28) a. Shelly ate the sliced banana with a fork.

       b. *The fork ate the sliced banana.

단편화 문제 외에도 의미론적 역할에 대해 추론하고 일반화하고 싶은 경우가 있지만 유한 개별 역할 목록에서는 이를 수행할 수 없다.

마지막으로 의미론적 역할을 공식적으로 정의하는 것이 어렵다는 것이 입증됐다. AGENT 역할을 고려한다. AGENTS의 대부분의 경우는 유생, 의지, 지각, 인과 관계이지만 개별 명사구는 이러한 속성을 모두 나타내지 않을 수 있다.

이러한 문제는 대부분의 연구를 의미론적 역할의 대체 모델로 이끌었다. 이러한 모델 중 하나는 특정 의미역을 추상화하는 **일반화된 의미적 역할**을 정의하는 데 기반한다. 예를 들어 PROTO-AGENT 및 PROTO-PATIENT는 대략 동작주와 유사하고 대략 피동작주와 유사한 의미를 표현하는 일반화된 역할이다. 이러한 역할은 필요하고 충분한 조건에 의해 정의되는 것이 아니라 좀 더 동작주와 같은 또는 피동작주와 같은 의미를 수반하는 일련의 휴리스틱 기능에 의해 정의된다. 따라서 인수가 동작주와 유사한 속성(의도성, 의지성, 인과성 등)을 더 많이 표시할수록 인수가 PROTO-AGENT로 분류될 가능성이 커진다. 피동작주와 같은 속성(상태 변화 진행, 다른 동작주의 인과적 영

일반화된
의미적 역할

향, 다른 동작주에 비해 정지 상태 등)이 많을수록 해당 인수가 PROTO-PATIENT로 분류될 가능성이 커진다.

proto-roles를 사용하는 것 외에도 많은 연산 모델은 특정 동사에 특정한 의미론적 역할을 정의하거나 특정 동사 또는 명사 집합에 특정한 의미역을 정의해 의미론적 역할의 문제를 방지한다.

다음 두 절에서는 이러한 대체 버전의 의미론적 역할을 사용하는 일반적으로 사용되는 두 가지 어휘 리소스를 설명한다. **PropBank**는 proto-roles와 동사별 의미론적 역할을 모두 사용한다. **FrameNet**은 프레임별 의미론적 역할을 사용한다.

19.4.4 명제 뱅크

PropBank   일반적으로 **PropBank**라고 부르는 **명제 뱅크**^{Proposition Bank}는 의미론적 역할이 주석이 달린 문장의 리소스다. 영어 PropBank는 펜 트리뱅크의 모든 문장에 레이블을 붙이고, 중국어 PropBank는 펜 차이나 트리뱅크의 문장에 레이블을 붙인다. 보편적인 의미역 세트를 정의하기 어렵기 때문에, PropBank의 의미론적 역할은 고유 동사 의미와 관련해 정의된다. 따라서 많은 동사의 각 의미에는 많은 역할 집합이 있고, 그 역할 집합은 이름보다는 숫자만 주어진다. **Arg0**, **Arg1**, **Arg2** 등이다. 일반적으로 **Arg0**은 PROTO-AGENT와 PROTO-PATIENT인 **Arg1**을 나타낸다. 그래서 한 동사의 **Arg2**는 다른 동사의 **Arg2**와 거의 공통점이 없을 가능성이 있다.

다음은 각각의 동사 *agree*와 *fall*에 대해 약간 단순화된 PropBank 항목이다. 각 역할에 대한 정의("일치하는 다른 개체", "떨어뜨린 양, 범위")는 공식적인 정의가 아닌 사람이 읽을 수 있도록 의도된 비공식적인 용어다.

(19.29) **agree.01**

    Arg0: Agreer

    Arg1: Proposition

    Arg2: Other entity agreeing

    Ex1: [$_{Arg0}$ The group] *agreed* [$_{Arg1}$ it wouldn't make an offer unless it had Georgia Gulf's consent].

Ex2: [$_{ArgM-TMP}$ Usually] [$_{Arg0}$ John] *agrees* [$_{Arg2}$ with Mary]

[$_{Arg1}$ on everything].

(19.30) **fall.01**

Arg1: Logical subject, patient, thing falling

Arg2: Extent, amount fallen

Arg3: start point

Arg4: end point, end state of arg1

Ex1: [$_{Arg1}$ Sales] *fell* [$_{Arg4}$ to \$251.2 million]

[$_{Arg3}$ from \$278.7 million].

Ex2: [$_{Arg1}$ The average junk bond] *fell* [$_{Arg2}$ by 4.2%].

*fall*의 전형적인 주어는 PROTO-PATIENT이기 때문에 *fall*에 대한 Arg0 역할은 없다.

PropBank 의미론적 역할은 동사 인수의 얕은 의미론적 정보를 복구하는 데 유용할 수 있다. 동사 *increase*를 고려한다.

(19.31) **increase.01** "go up incrementally"

Arg0: causer of increase

Arg1: thing increasing

Arg2: amount increased by, EXT, or MNR

Arg3: start point

Arg4: end point

PropBank 의미론적 역할 레이블링을 사용하면, 다음 세 가지 예의 이벤트 구조에서 공통성을 추론할 수 있다. 즉, 각 사례에서 *Big Fruit Co.* 표면 형태는 다르지만 AGENT이고, *the price of bananas*는 THEME이다.

(19.32) [$_{Arg0}$ Big Fruit Co.] increased [$_{Arg1}$ the price of bananas].

(19.33) [$_{Arg1}$ The price of bananas] was increased again [$_{Arg0}$ by Big Fruit Co.]

(19.34) [$_{Arg1}$ The price of bananas] increased [$_{Arg2}$ 5%].

19.4.5 FrameNet

*increase*를 사용해 서로 다른 문장에서 의미론적 공통성에 대해 추론하는 것이 유용하지만, 더 많은 상황과 서로 다른 동사 그리고 동사와 명사 사이에서 그러한 추론을 할 수 있다면 훨씬 더 유용할 것이다.

이를테면 다음 세 문장 간의 유사성을 추출하려고 한다.

(19.35) [$_{Arg1}$ The price of bananas] increased [$_{Arg2}$ 5%].

(19.36) [$_{Arg1}$ The price of bananas] rose [$_{Arg2}$ 5%].

(19.37) There has been a [$_{Arg2}$ 5%] rise [$_{Arg1}$ in the price of bananas].

두 번째 예에서는 다른 동사 *rise*를 사용하고 세 번째 예에서는 *rise* 동사 대신 명사를 사용한다는 점에 유의한다. 5%가 동사 *increased*의 목적어로 나타나든, 명사 *rise*의 명사 수식어로 나타나든 *the price of bananas*가 상승했고, 5%는 상승된 금액이라는 점을 인식하는 시스템을 원한다.

FrameNet

FrameNet 프로젝트는 이러한 종류의 문제를 해결하려는 또 다른 의미론적 역할 레이블링 프로젝트다(Baker et al., 1998; Lowe et al., 1997; Ruppenhofer et al., 2006). PropBank 프로젝트의 역할은 개별 동사에 따라 다르지만, FrameNet 프로젝트의 역할은 **프레임**에 따라 다르다. **프레임**은 **프레임 요소**라고 하는 프레임별 의미론적 역할 세트를 인스턴스화하는 스크립트와 유사한 구조다. 각 단어는 프레임을 연상시키고 프레임과 요소의 일부 측면을 프로파일링한다. 예를 들어 change_position_on_a_scale 프레임은 다음과 같이 정의된다.

프레임
프레임 요소

> 이 프레임은 시작점(Initial_value)에서 끝점(Final_value)으로의 척도(Attribute)에서 항목 위치의 변경을 나타내는 단어로 구성된다.

프레임에서 **핵심 역할**과 **비핵심 역할**로 분리된 일부 의미론적 역할(프레임 요소)은 다음과 같이 정의된다(정의는 FrameNet Labelers Guide(Ruppenhofer et al., 2006)에서 가져옴).

핵심 역할	
ATTRIBUTE	ATTRIBUTE는 ITEM이 소유하는 스칼라 속성
DIFFERENCE	ITEM이 범위에서 위치를 변경하는 거리
FINAL_STATE	ATTRIBUTE 값이 변경된 후 ITEM 상태를 독립적인 예측으로 나타내는 설명

FINAL_VALUE	ITEM이 끝나는 범위의 위치
INITIAL_STATE	ATTRIBUTE 값이 변경되기 전 ITEM 상태를 독립적인 예측으로 나타내는 설명
INITIAL_VALUE	ITEM이 멀어지는 범위의 초기 위치
ITEM	범위의 위치가 있는 실재
VALUE_RANGE	일반적으로 ATTRIBUTE 값이 변동하는 끝점으로 식별되는 범위의 일부
일부 비핵심 역할	
DURATION	변경이 발생하는 기간
SPEED	VALUE의 변화율
GROUP	ITEM이 지정된 방식으로 ATTRIBUTE의 값을 변경하는 GROUP

다음은 몇 가지 예제 문장이다.

(19.38) [ITEM Oil] rose [ATTRIBUTE in price] [DIFFERENCE by 2%].

(19.39) [ITEM It] has increased [FINAL_STATE to having them 1 day a month].

(19.40) [ITEM Microsoft shares] *fell* [FINAL VALUE to 7 5/8].

(19.41) [ITEM Colon cancer incidence] fell [DIFFERENCE by 50%] [GROUP among men].

(19.42) a steady *increase* [INITIAL_VALUE from 9.5] [FINAL_VALUE to 14.3] [ITEM individends]

(19.43) a [DIFFERENCE 5%] [ITEM dividend] *increase*...

이 예문에서 프레임에 *rise*, *fall*, *increase*와 같은 타깃 단어가 포함돼 있다는 점에 유의한다. 실제로 전체 프레임은 다음 단어로 구성된다.

VERBS:	dwindle	move	soar	escalation	shift
advance	edge	mushroom	swell	explosion	tumble
climb	explode	plummet	swing	fall	
decline	fall	reach	triple	fluctuation	**ADVERBS:**
decrease	fluctuate	rise	tumble	gain	increasingly
diminish	gain	rocket		growth	
dip	grow	shift	**NOUNS:**	hike	
double	increase	skyrocket	decline	increase	
drop	jump	slide	decrease	rise	

FrameNet은 또한 프레임과 프레임 요소 간의 관계를 코딩한다. 프레임은 서로 상속될 수 있으며, 다른 프레임의 프레임 요소 간의 일반화도 상속을 통해 캡처할 수 있

다. 인과 관계와 같은 프레임 간의 다른 관계도 표시된다. 따라서 **원인** 관계에 의해 **Change_of_position_on_a_scale** 프레임과 연결돼 있지만, AGENT 역할을 추가하고 다음과 같은 원인이 되는 예에 사용되는 **Cause_change of_position_on_a_scale** 프레임이 있다.

(19.44) [AGENT They] *raised* [ITEM the price of their soda] [DIFFERENCE by 2%].

이 두 프레임을 함께 사용하면 이해 시스템이 모든 동사와 명사의 사역적인 및 비사역적인 사용의 공통 이벤트 의미를 추출할 수 있다.

20장에서는 다양한 종류의 의미론적 역할을 추출하는 자동 방법에 대해 설명한다. 실제로 PropBank와 FrameNet의 주요 목표 중 하나는 이러한 의미론적 역할 레이블링 알고리듬에 대한 훈련 데이터를 제공하는 것이다.

19.4.6 선택 제한

의미론적 역할은 술어와의 관계에서 인수의 의미론을 표현하는 방법을 제공했다. 이 절에서는 인수에 대한 의미론적 제약을 표현하는 또 다른 방법을 살펴본다. 선택 제한은 동사가 인수 역할을 채울 수 있는 개념의 종류에 부과하는 일종의 의미 유형 제약이다. 다음 예와 관련된 두 가지 의미를 고려한다.

(19.45) I want to eat someplace that's close to ICSI.

이 문장에 대해 두 가지 가능한 구문 분석과 의미론적 해석이 있다. 현명한 해석에서 *eat*는 자동사이며, *someplace that's close to* ICSI이라는 문구가 식사 장소를 알려주는 부가어다. 무의미한 *speaker-as-Godzilla* 해석에서 *eat*는 타동사이며 *someplace that's close to* ICSI라는 문구는 다음 문장의 NP *Malaysian* food와 같이 *eating*의 직접목적어이자 THEME이다.

(19.46) I want to eat Malaysian food.

이 문장에서 *someplace that's close to* ICSI가 직접목적어가 아니라는 것을 어떻게 알 수 있을까? 한 가지 유용한 단서는 EATING 이벤트의 THEME가 *edible*인 경향이 있다는 의미론적 사실이다. THEME 인수의 필러에 동사 *eat*에 의해 배치된 이러한 제한은 선택 제한이다.

선택 제한은 전체 어휘가 아닌 의미와 관련이 있다. 어휘소 *serve*의 다음 예제에서 확인할 수 있다.

(19.47) Well, there was the time they served green-lipped mussels from New Zealand.

(19.48) Which airlines serve Denver?

예제 (19.47)은 일반적으로 THEME를 일종의 식품으로 제한하는 *serve*의 요리 의미를 보여준다. 예제 (19.48)은 *serve* 의미로 *provides a commercial service to*를 설명하며, THEME가 적절한 위치의 유형으로 제한된다. 20장에서 선택 제한이 의미와 관련돼 있다는 사실이 단어 의미 중의성 해소를 돕는 단서로 사용될 수 있음을 보여준다.

선택 제한은 그 특수성에 따라 매우 다양하다. 예를 들어 동사 *imagine*은 AGENT 역할에 엄격한 요구 조건(인간과 다른 생물체로 제한)을 부과하지만 THEME 역할에 대한 의미론적 요구 조건은 거의 없다. 반면 동사 *diagonalize*는 THEME 역할의 필러에 매우 특정한 제약을 가한다. 매트릭스여야 하는 반면, 형용사 *odorless*의 인수는 냄새를 가질 수 있는 개념으로 제한된다.

(19.49) In rehearsal, I often ask the musicians to *imagine* a tennis game.

(19.50) Radon is an *odorless* gas that can't be detected by human senses.

(19.51) To *diagonalize* a matrix is to find its eigenvalues.

이러한 예는 선택 제한 사항(매트릭스가 되는 것, 냄새를 소유할 수 있는 것 등)을 나타내는 데 필요한 개념 집합이 상당히 개방적이라는 것을 보여준다. 이는 선택 제한을 품사와 같은 어휘 지식을 표현하기 위한 다른 피처와 구별한다.

선택 제한 사항 표시

선택 제한의 의미를 포착하는 한 가지 방법은 17장의 이벤트 표현을 사용하고 확장하는 것이다. 이벤트의 네오 데이빗소니언 표현은 이벤트를 나타내는 단일 변수, 이벤트의 종류를 나타내는 술어, 이벤트 역할에 대한 변수와 관계로 구성된다. λ 구조의 문제를 무시하고 깊은 이벤트 역할이 아닌 의미역을 사용한다면, 동사 *eat*의 의미론적 기여는 다음과 같이 보일 수 있다.

$$\exists e, x, y \; Eating(e) \land Agent(e,x) \land Theme(e,y)$$

이 표현을 통해 THEME 역할의 필러인 y에 대해 아는 것은 *Theme* 관계를 통해 *Eating* 이벤트와 연결된다는 것이다. y가 먹을 수 있어야 한다는 선택 제한을 규정하려면 해당 결과에 새 용어를 추가하기만 하면 된다.

$$\exists e, x, y \; Eating(e) \land Agent(e,x) \land Theme(e,y) \land EdibleThing(y)$$

*ate a hamburger*와 같은 문구가 나타나면 의미 분석기는 다음과 같은 종류의 표현을 형성할 수 있다.

$$\exists e, x, y \; Eating(e) \land Eater(e,x) \land Theme(e,y) \land EdibleThing(y) \land Hamburger(y)$$

이 표현은 *Hamburger* 범주에서 y의 구성 요소가 지식 기반에서 합리적인 사실 집합을 가정하고 *EdibleThing* 범주의 구성원과 일치하기 때문에 완벽하게 합리적이다. 이에 따라 *ate a takeoff*와 같은 문구에 대한 표현은 *Takeoff*와 같은 이벤트와 같은 범주의 구성원이 *EdibleThing* 범주의 구성원과 일치하지 않기 때문에 잘못 형성된 것이다.

이 접근 방식은 선택 제한의 의미를 적절하게 포착하지만 직접 사용에는 두 가지 문제가 있다. 첫째, FOL을 사용해 선택 제한을 적용하는 간단한 작업을 수행하는 것은 과잉이다. 훨씬 더 간단한 다른 형식주의는 훨씬 적은 계산 비용으로 작업을 수행할 수 있다. 두 번째 문제는 이 접근법이 선택 제한을 구성하는 개념의 사실에 대한 크고 논리적 지식 기반을 전제로 한다는 것이다. 하지만 이러한 상식적인 지식 기반이 개발되고 있지만 현재 작업에 필요한 종류의 범위가 없다.

보다 실용적인 접근 방식은 논리적 개념이 아닌 WordNet synset 측면에서 선택 제한을 명시하는 것이다. 각 술어는 단순히 각 인수에 대한 선택 제한으로 WordNet synset을 지정한다. 역할 필러 단어가 이 synset의 하위어(종속된)이면 의미 표현이 잘 구성된 것이다.

```
Sense 1
hamburger, beefburger --
(a fried cake of minced beef served on a bun)
=> sandwich
   => snack food
      => dish
         => nutriment, nourishment, nutrition...
            => food, nutrient
               => substance
                  => matter
                     => physical entity
                        => entity
```

그림 19.7   햄버거를 먹을 수 있다는 WordNet의 증거

ate a hamburger 예에서, 동사 *eat*의 THEME 역할에 대한 선택적 제한을 *any substance that can be metabolized by an animal to give energy and build tissue*로 주석이 달린 synset {**food**, **nutrient**}에 설정할 수 있다. 그림 19.7에 나온 *hamburger*의 상위어 체인은 햄버거가 확실히 음식이라는 것을 보여준다. 다시 말하지만 역할의 필러가 제한 구문과 정확히 일치할 필요는 없다. 상위 항목 중 하나로 synset만 있으면 된다.

앞에서 설명한 동사 *imagine*, *lift*, *diagonalize*의 THEME 역할에 이 접근 방식을 적용할 수 있다. *imagine*의 THEME를 synset {entity}로, *lift*의 THEME를 {physical entity}로, *diagonalize*를 {matrix}로 제한한다. 이 배열은 *imagine a hamburger*와 *lift a hamburger*를 올바르게 허용하는 동시에 *diagonalize a hamburger*를 정확하게 배제한다.

물론 WordNet은 가능한 모든 영어 단어에 대한 선택 제한을 지정하기 위해 정확히 관련 있는 synset을 가지고 있지 않을 것이다. 다른 분류법도 사용할 수 있다. 또한 코포라에서 선택 제한을 자동으로 학습할 수 있다.

20장의 선택 제한으로 돌아가서 선택 선호도에 대한 확장을 소개한다. 여기서 술어는 인수에 대해 엄격한 결정론적 제한이 아닌 확률적 선호를 배치할 수 있다.

19.5 기본 분해

19장의 시작 부분에서 단어를 정의하는 한 가지 방법은 그 의미를 일련의 기본 의미
요소 또는 피처로 분해하는 것이라고 말했다. 의미역(동작주, 피동작주, 매개체 등)의 유
한한 목록에 대한 논의에서 이 방법의 한 측면을 봤다. 이제 **기본 분해** 또는 **성분 분석**
이라고 하는 이러한 유형의 모델이 모든 단어의 의미에 어떻게 적용될 수 있는지에
대한 간략한 논의로 넘어간다. 위에르츠비카(1992, 1996)는 이 접근법이 적어도 데카
르트와 라이프니츠와 같은 유럽의 철학자들로 거슬러 올라간다는 것을 보여준다.

기본 분해
성분 분석

hen, *rooster*, *chick*와 같은 단어를 정의해보자. 이 단어들은 공통점(모두 닭을 묘사
함)과 다른 점(연령과 성별)을 가지고 있다. 이는 **의미론적 피처**, 일종의 기본 의미를 나
타내는 기호로 나타낼 수 있다.

의미론적 피처

```
hen      +female, +chicken, +adult
rooster  -female, +chicken, +adult
chick    +chicken, -adult
```

특히 컴퓨터 관련 논문에서 분해 의미론에 대한 다양한 연구는 동사의 의미에 초점
을 맞추고 있다. 동사 *kill*의 다음 예를 고려한다.

(19.52) Jim killed his philodendron.

(19.53) Jim did something to cause his philodendron to become not alive.

이 두 문장의 의미가 같은 진리 조건부('명제 의미론') 관점이 있다. 이와 동등하다고 가
정하면, 다음과 같이 *kill*의 의미를 나타낼 수 있다.

(19.54) KILL(x,y) ⇔ CAUSE(x, BECOME(NOT(ALIVE(y))))

따라서 *do, cause, become not, alive*와 같은 의미 원소를 사용한다.

실제로, 이러한 잠재적 의미 원소 중 하나가 19.4.2절에서 논의된 동사 대체 중 일
부를 설명하는 데 사용됐다(Lakoff, 1965; Dowty, 1979). 다음 예를 고려한다.

(19.55) John opened the door. ⇒ CAUSE(John(BECOME(OPEN(door))))

(19.56) The door opened. ⇒ BECOME(OPEN(door))

(19.57) The door is open. ⇒ OPEN(door)

분해 접근법은 *open*과 연관된 단일 상태 유사 술어가 이러한 모든 예의 기초가 된다고 주장한다. 이러한 예의 의미 간의 차이점은 이 단일 술어와 기본 CAUSE 및 BECOME의 조합에서 발생한다.

기본 분해에 대한 이 접근 방식은 상태와 동작 사이의 유사성 또는 사역 및 비사역 술어를 설명할 수 있지만, 여전히 *open*과 같은 많은 술어를 갖는 것에 의존한다. 보다 급진적인 접근법도 이러한 술어를 타파하는 방법을 택한다. 언어적 술어 분해에 대한 접근법 중 하나는 그림 19.8에 표시된 10개의 기본 술어 집합인 **개념 종속성**CD 이다.

개념 종속성

아래는 CD 표현과 함께 예제 문장이다. 동사 *brought*은 두 개의 조어 ATRANS와 PTRANS로 번역돼 웨이터가 메리에게 수표를 물리적으로 전달했고 그녀에 대한 통제를 전달했다는 것을 나타낸다. CD는 또한 고정된 의미역 세트를 각 기본 역할과 연결해 다양한 작업 관여자를 나타낸다.

(19.58) The waiter brought Mary the check.

$$\exists x, y\ Atrans(x) \land Actor(x, Waiter) \land Object(x, Check) \land To(x, Mary)$$
$$\land Ptrans(y) \land Actor(y, Waiter) \land Object(y, Check) \land To(y, Mary)$$

단순한 명사와 동사 이상의 것을 포함하는 의미 조어 세트도 있다. 다음 목록은 위에르츠비카(1996)에서 가져온 것이다.

조어	정의
ATRANS	한 개체에서 다른 개체로의 추상적인 소유 또는 통제 이전
PTRANS	한 위치에서 다른 위치로 개체를 물리적으로 옮기는 것
MTRANS	개체 간 또는 개체 내에서 정신 개념의 이전
MBUILD	개체 내에서 새로운 정보 생성
PROPEL	물체를 움직이기 위한 물리적 힘의 적용
MOVE	동물에 의한 신체 부위의 완전한 움직임
INGEST	동물에 의한 물질 섭취
EXPEL	동물로부터 추출하는 것
SPEAK	소리를 내는 작용
ATTEND	의미 기관을 집중시키는 작용

그림 19.8 개념적 종속성 조어 세트

substantives:	I, YOU, SOMEONE, SOMETHING, PEOPLE
mental predicates:	THINK, KNOW, WANT, FEEL, SEE, HEAR
speech:	SAY
determiners and quantifiers:	THIS, THE SAME, OTHER, ONE, TWO, MANY (MUCH), ALL, SOME, MORE
actions and events:	DO, HAPPEN
evaluators:	GOOD, BAD
descriptors:	BIG, SMALL
time:	WHEN, BEFORE, AFTER
space:	WHERE, UNDER, ABOVE,
partonomy and taxonomy:	PART (OF), KIND (OF)
movement, existence, life:	MOVE, THERE IS, LIVE
metapredicates:	NOT, CAN, VERY
interclausal linkers:	IF, BECAUSE, LIKE
space:	FAR, NEAR, SIDE, INSIDE, HERE
time:	A LONG TIME, A SHORT TIME, NOW
imagination and possibility:	IF... WOULD, CAN, MAYBE

가능한 모든 종류의 의미를 표현할 수 있는 조어 세트를 만드는 것이 어렵기 때문에 대부분의 현재 컴퓨터 언어 작업은 의미론적 조어를 사용하지 않는다. 대신 대부분의 연산 작업은 19.2절의 어휘 관계를 사용해 단어를 정의하는 경향이 있다.

19.6 고급: 은유

완전히 다른 영역에서 온 의미를 가진 단어와 구로 개념이나 영역을 언급하고 추론할 때 은유를 사용했다. 은유는 개념이나 개체의 한 측면을 사용해 개체의 다른 측면을 참조하는 환유와 유사하다. 19.1절에서 (19.59)와 같은 환유를 소개했다.

(19.59) Author (Jane Austen wrote Emma) ↔ Works of Author (I really love Jane Austen).

여기서는 다국어 단어의 두 가지 의미가 체계적으로 연관돼 있다. 대조적으로 은유에서는 완전히 다른 의미의 두 영역 사이에 체계적인 관계가 있다.

은유는 널리 퍼져 있다. 다음 WSJ 문장을 생각해보자.

(19.60) That doesn't **scare** Digital, which has grown to be the world's second-largest computer maker by poaching customers of IBM's mid-range machines.

동사 *scare*는 "두려움을 유발하다" 또는 "용기를 잃게 한다"를 의미한다. 이 문장이 이해되기 위해서는 기업이 사람들처럼 두려움이나 용기와 같은 감정을 경험할 수 있어야 한다. 물론 그렇지는 않지만 분명히 기업에 대해 말하고 기업이 두려움이나 용기 같은 감정을 경험하는 것처럼 추론한다. 그래서 *scare*의 사용은 기업을 사람으로 볼 수 있게 해주는 은유에 기초하고 있다고 볼 수 있다. 이를 CORPORATION AS PERSON 은유라고 부를 것이다.

이 은유는 *scare*의 사용에 대해 참신하지도 않고 구체적이지도 않다. 대신 다음 WSJ 예에서 기업에 대해 *resuscitate*, *hemorrhage*, *mind*를 사용하는 것은 상당히 일반적인 방법이다.

(19.61) Fuqua Industries Inc. said Triton Group Ltd., a company it helped **resuscitate**, has begun acquiring Fuqua shares.

(19.62) And Ford was **hemorrhaging**; its losses would hit $1.54 billion in 1980.

(19.63) But if it changed its **mind**, however, it would do so for investment reasons, the filing said.

각 예는 기본적인 CORPORATION AS PERSON 은유의 정교한 사용을 반영한다. 처음 두 가지 예는 건강 개념을 사용해 기업의 재정 상태를 표현하도록 확장하고 세 번째 예는 기업 전략의 개념을 포착하기 위해 기업에 정신을 부여한다.

CORPORATION AS PERSON과 같은 은유적 구성은 전통적인 은유로 알려져 있다. 라코프와 존슨(1980)은 대부분은 아니더라도 우리가 매일 접하는 은유적 표현의 많은 것들이 상대적으로 적은 수의 단순한 관습적 스키마 때문이라는 것을 입증했다.

19.7 요약

19장에서는 어휘 항목과 관련된 의미의 광범위한 문제를 다뤘다. 다음은 주요 내용이다.

- **어휘 의미론**은 단어 의미와 단어 간의 체계적인 의미와 관련된 연관성에 대한 연구다.

- **단어 의미**는 단어 뜻의 근원이다. 정의와 의미 관계는 단어 형태 전체가 아닌 단어 의미 레벨에서 정의된다.
- **동음이의**는 동일한 형태를 갖지만 서로 다른 의미로 쓰이는 경우이고, 다의어는 하나의 낱말이 여러 가지 뜻을 나타내는 경우다.
- **동의어**는 동일한 의미를 가진 다른 단어 사이에 있다.
- **하의어** 관계는 부류 포함 관계에 있는 단어 사이에 있다.
- **의미장**은 단일 도메인에서 가져온 어휘소 그룹 간의 의미 연결을 캡처하는 데 사용된다.
- **WordNet**은 영어 단어에 대한 어휘 관계의 방대한 데이터베이스다.
- **의미론적 역할**은 동사 부류 전반에 걸쳐 유사한 역할을 일반화함으로써 심층 의미역의 특성에서 추출한다.
- **의미역**은 단일 유한 역할 목록을 기반으로 하는 의미론적 역할의 모델이다. 다른 의미론적 역할 모델에는 per-verb 의미론적 역할 목록과 **proto-agent/ proto-patient**가 포함되며, 둘 다 **PropBank**에서 구현되고 per-frame 역할 목록은 FrameNet에서 구현된다.
- 의미론적 **선택 제한**은 단어(특히 술어)가 인수 단어의 의미 속성에 대한 제한을 게시할 수 있도록 한다.
- **기본 분해**는 한정된 하위 어휘 기본 세트의 관점에서 단어의 의미를 나타내는 또 다른 방법이다.

참고문헌 및 역사 참고 사항

크루즈(2004)는 어휘 의미론에 대한 유용한 입문 언어 교과서다. 레빈과 라파포트 호바브(2005)는 인수 인식과 의미론적 역할을 다루는 연구 조사다. 라이온스(1977)는 또 다른 고전적인 참고문헌이다. 어휘 의미론의 컴퓨터 작업을 설명하는 컬렉션은 푸스테조프스키와 베르글러(1992), 생 디지에와 비에가스(1995) 및 클라반스(1995)에서 찾을 수 있다.

WordNet에 관한 가장 포괄적인 작업 모음은 펠바움(1998)에서 찾을 수 있다. 기존 사전을 어휘의 리소스로 사용하기 위해 많은 노력을 기울였다. 가장 초기의 것 중 하나는 암슬러(1980, 1981)의 메리엄 웹스터 사전 사용이었다. 롱맨 현대 영어 사전 Longman Dictionary of Contemporary English의 기계로 읽을 수 있는 버전도 사용됐다(Boguraev and Briscoe, 1989). 특히 다의성 표현에 대한 컴퓨터 접근 방법은 푸스테조프스키(1995), 푸스테조프스키와 보고라예프(1996), 마틴(1986), 코페스타케와 브리스코(1995)를 참고한다. 푸스테조프스키의 **생성 어휘부** 이론, 특히 단어의 **특질 구조**^{Qualia} structure에 대한 이론은 문맥에서 단어의 동적 체계적 다의어를 설명하는 또 다른 방법이다.

생성 어휘부
특질 구조

앞서 언급했듯이 의미역은 기원전 7~4세기에 인도의 문법가 파니니가 처음 제안한 가장 오래된 언어 모델 중 하나다. 현대적인 의미역은 필모어(1968)와 그루버(1965)가 공식화했다. 필모어의 작업은 자연어 처리 작업에 크고 직접적인 영향을 미쳤다. 언어 이해의 초기 작업은 대부분 필모어의 사례 역할의 일부 버전을 사용했다(예: Simmons(1973, 1978, 1983)). 필모어의 FrameNet 프로젝트 작업의 확장은 베이커 외 연구진(1998), 나라야난 외 연구진(1999) 및 베이커 외 연구진(2003) 등에 설명돼 있다.

의미론적 형식을 특성화하는 방법으로서 선택 제한에 대한 작업은 캐츠와 포더(1963)에서 시작됐다. 맥컬리(1968)는 선택 제한이 의미론적 피처의 유한한 목록으로 제한될 수는 없지만 제한되지 않은 세계 지식의 더 큰 기반에서 추출돼야 한다는 것을 처음으로 지적했다.

레러(1974)는 의미장에 대한 고전적인 교과서다. 이 주제를 다룬 최신 논문은 레러와 키타이(1992)에서 찾을 수 있다.

의미론적 원초를 사용해 단어 의미를 정의하는 것은 라이프니츠로 거슬러 올라간다. 언어학에서 의미론의 구성 요소 분석에 초점을 맞춘 것은 옐름슬레우(1969) 때문이다. 구성 요소 분석 작업에 대한 포괄적인 개요는 니다(1975)를 참조한다. 위어즈비카(1996)는 오랫동안 언어적 의미론에서 원초의 사용에 대한 주요 옹호자였다. 윌크스(1975a)는 기계 번역과 자연어 이해에서 기본 컴퓨터 사용에 대해 유사한 주장을 했다. 또 다른 눈에 띄는 노력은 잭엔드오프의 개념적 의미론 작업(1983, 1990)으로 기계 번역에도 적용됐다(Dorr, 1993, 1992).

은유 해석에 대한 계산적 접근 방식에는 관습 기반 및 추론 기반 접근 방식이 포함된다. 관습 기반 접근 방식은 상대적으로 작은 관습 은유 집합에 대한 특정 지식을 인코딩한다. 그런 다음 표현은 이해 중에 하나의 의미를 적절한 은유적 의미로 대체하는 데 사용된다(Norvig, 1987; Martin, 1990; Hayes and Bayer, 1991; Veale and Keane, 1992; Jones and McCoy, 1992; Narayanan, 1999). 추론 기반 접근 방식은 은유적 관습을 표현하지 않고, 대신 특정 언어 관련 현상이 아닌 아날로그 추론과 같은 일반적인 추론 능력을 통해 비유적 언어 처리를 모델링한다(Russell, 1976; Carbonell, 1982; Gentner, 1983; Fass, 1988, 1991, 1997).

은유에 관한 영향력 있는 논문 모음은 오르토니(1993)에서 찾을 수 있다. 라코프와 존슨(1980)은 개념적 은유와 환유에 관한 고전적인 작업이다. 러셀(1976)은 은유에 대한 가장 초기의 컴퓨터 접근법 중 하나를 제시한다. 추가 초기 작업은 데종과 왈츠(1983), 윌크스(1978) 및 홉스(1979b)에서 찾을 수 있다. 은유를 분석하기 위한 보다 최근의 연산적 노력은 파스(1988, 1991, 1997), 마틴(1990), 베일과 킨(1992), 아이버슨과 헬름레이치(1992), 챈들러(1991) 및 마틴(2006)에서 찾을 수 있다. 마틴(1996)은 은유 및 다른 유형의 비유적 언어에 대한 컴퓨터 접근 방식에 대한 조사를 제공한다. 그리스와 스테파노위치(2006)는 은유에 대한 코퍼스 기반 접근 방식에 대한 최근 논문 모음이다.

연습

19.1 당신이 선택한 사전에서 당신이 어떤 면에서 결함이 있다고 느끼는 일반적인 비기술적 영어 단어의 세 가지 정의를 수집하라. 그리고 결함의 본질과 해결 방법을 설명하라.

19.2 *imitation*, *synthetic*, *artificial*, *fake*, *simulated* 어휘소 세트 간의 유사점과 차이점에 대해 자세히 설명하라.

19.3 WordNet(또는 사용자가 선택한 사전)에서 어휘에 관한 항목을 조사하라. 당신의 분석을 얼마나 잘 반영하고 있는가?

19.4 명사 *bat*의 WordNet 항목은 6가지 다른 의미가 나열돼 있다. 19장에서 주어진 동음이의어와 다의어의 정의를 사용해 이러한 의미를 군집화하라. 여러 뜻을 가진 의미에 대해서, 의미가 어떻게 관련돼 있는지에 대해 논증하라.

19.5 그림 19.6에 표시된 역할 집합을 사용해 다음 WSJ 예제의 다양한 동사 인수를 적절한 의미역에 할당하라.

1. The intense heat buckled the highway about three feet.

2. He melted her reserve with a husky-voiced paean to her eyes.

3. But Mingo, a major Union Pacific shipping center in the 1890s, has melte away to little more than the grain elevator now.

19.6 WordNet을 사용해 동사 *drink, kiss, and write*에 대한 적절한 선택 제한 사항을 설명하라.

19.7 동사 *drink, kiss, and write*의 예에 대한 작은 코퍼스를 수집하고 선택 제한이 얼마나 잘 작동했는지 분석하라.

19.8 맥컬리(1968)의 다음 예를 고려한다.

My neighbor is a father of three.

?My buxom neighbor is a father of three.

구성 요소가 선택 제한을 충족하거나 위반하는 것에 대한 두 번째 예제의 잘못된 형식이 의미하는 바를 설명하라.

19.9 일간 신문에서 비즈니스, 스포츠 또는 정치에 대한 기사를 찾고, 기사에서 가능한 한 많은 전통적인 은유들을 찾아라. 이러한 은유를 표현하기 위해 사용되는 단어 중 얼마나 많은 수가 WordNet 또는 여러분이 즐겨찾는 사전에 은유를 직접적으로 반영하는 항목을 포함하고 있는가?

19.10 다음 예를 고려한다.

The stock exchange wouldn't talk publicly, but a spokesman said a news conference is set for today to introduce a new technology product.

증권 거래소가 문자 그대로 말할 수 있는 종류가 아니라고 가정하면, 이 문구의 은유나 환유 관점에서 합리적으로 설명하라.

19.11 FrameNet과 PropBank에서 모두 발생하는 영어 동사를 선택하고 동사 인수의 FrameNet 및 PropBank 표현을 비교하라.

20
컴퓨터의 어휘 의미론

To get a single right meaning is better than a ship-load of pearls,

To resolve a single doubt is like the bottom falling off the bucket.

하나의 올바른 의미를 얻는 것이 대량의 진주보다 낫고,

하나의 의심을 푸는 것은 바가지의 밑바닥이 떨어지는 것과 같다.

– 유엔 메이(1785) (아서 웨일리 번역)

로스앤젤레스의 한 고속도로에 유명한 아스팔트가 존재한다. 그러나 도시 한가운데에는 또 다른 아스팔트 조각인 **La Brea** 타르 구덩이가 있다. 이 아스팔트는 홍적세 시대 마지막 빙하기의 수백만 개의 화석 뼈를 보존하고 있다. 이 화석 중 하나는 긴 송곳니가 눈에 띄는 스밀로돈Smilodon 또는 검치호이다. 5백만 년 전쯤에 틸라코스밀루스Thylacosmilus라고 부르는 완전히 다른 김치호가 아르헨티나와 남아메리카의 다른 지역에 살았다. 틸라코스밀루스는 유대류인 반면, 스밀로돈은 태반의 포유류였지만, 틸라코스밀루스는 동일한 긴 위쪽의 송곳니를 가지고 있었고 스밀로돈처럼 아랫턱에 보호용 뼈 플랜지가 있었다. 이 두 포유류의 유사성은 병렬 또는 수렴 진화의 많은 예 중 하나이며, 특정 상황이나 환경은 서로 다른 종에서 매우 유사한 구조의 진화로 이어진다(Gould, 1980).

맥락의 역할은 또한 덜 생물학적인 종류의 유기체의 유사성, 즉 단어에서도 중요하다. 두 단어의 의미가 비슷한지 결정하고 싶다고 가정해보자. 당연히 유사한 의미를

가진 단어는 코퍼스들(비슷한 인접 단어 또는 문장의 구문 구조를 가짐) 또는 사전 및 동의어 사전(유사한 정의를 가짐 또는 동의어 사전 계층 구조에서 가깝게 있음)의 관점에서 유사한 맥락에서 종종 발생한다. 따라서 맥락의 유사성은 의미론적 유사성을 감지하는 중요한 방법으로 밝혀졌다. 의미론적 유사성은 정보 검색, 질의응답, 요약 및 생성, 텍스트 분류, 자동 에세이 채점 및 표절 감지를 포함한 다양한 애플리케이션 세트에서 중요한 역할을 한다.

컴퓨터의 어휘 의미론
20장에서는 단어 의미 또는 **컴퓨터의 어휘 의미론**을 사용한 컴퓨팅과 관련된 일련의 주제를 소개한다. 19장의 일련의 주제와 대략적으로 유사하게 단어 의미, 단어 간의 관계 및 술어 포함 단어의 주제 구조와 관련된 컴퓨터 작업을 소개한다. 이들 각각에서 맥락의 중요한 역할과 의미의 유사성을 보여준다.

단어 의미 중의성 해소
맥락에서 단어 토큰을 조사하고 각 단어의 어떤 의미가 사용되는지 결정하는 **단어 의미 중의성 해소**로 시작한다. WSD는 컴퓨터 언어학에서 오랜 역사를 가진 작업으로, 많은 단어 의미의 다소 이해하기 어려운 특성을 고려할 때 사소하지 않은 작업이다. 그럼에도 불구하고 특정 합리적인 가정이 주어지면 높은 수준의 정확도를 달성할 수 있는 강력한 알고리듬이 있다. 이러한 알고리듬의 대부분은 적절한 의미를 선택하는 데 도움이 되는 상황별 유사성에 의존한다.

이를 통해 자연스럽게 **단어 유사성** 계산과 19장에서 소개한 **상위어, 하위어, 부분어** WordNet 관계를 포함한 단어 간의 기타 관계를 고려하게 된다. 순전히 코퍼스 유사성에 기반한 방법과 WordNet과 같은 구조화된 리소스를 기반으로하는 다른 방법을 소개한다.

마지막으로 **사례 역할** 또는 **의미역 할당**이라고도 하는 **의미론적 역할 결정** 알고리듬을 설명한다. 이러한 알고리듬은 일반적으로 구문 분석에서 추출된 피처를 사용해 AGENT, THEME, INSTRUMENT와 같은 의미론적 역할을 특정 술어와 관련해 문장의 구문에 할당한다.

20.1 단어 의미 중의성 해소: 개요

18장에서 구성 의미 분석기에 대한 논의는 어휘 중의성 문제를 거의 무시했다. 이는 비합리적인 접근이라는 것을 분명히 해야 한다. 입력된 단어의 정확한 의미를 선택하는 수단이 없다면 어휘 목록에서 엄청난 양의 동음이의어와 다의어가 대립되는 해석의 사태에서 모든 접근 방식을 빠르게 압도할 것이다.

단어 의미 중의성 해소 WSD

단어에 대한 올바른 의미를 선택하는 작업을 **단어 의미 중의성 해소** 또는 **WSD**라고 한다. 명확한 단어 의미는 많은 **자연어 처리** 작업을 개선할 수 있는 잠재력을 갖고 있다. 25장에서 설명하듯이 기계 번역은 어휘의 중의성이 심각한 문제를 일으킬 수 있는 영역 중 하나다. 다른 것에는 **질의응답**, **정보 검색**, **텍스트 분류**가 포함된다. 이러한 애플리케이션과 다른 애플리케이션에서 WSD를 활용하는 방법은 애플리케이션의 특정 요구 사항에 따라 크게 다르다. 여기에 제시된 논의는 이러한 애플리케이션별 차이점을 무시하고 독립형 작업으로 WSD에 초점을 맞춘다.

가장 기본적인 형태에서 WSD 알고리듬은 잠재적인 단어 의미의 고정된 인벤토리와 함께 맥락에서 단어를 입력으로 취하고 해당 사용에 대한 올바른 단어 의미를 출력으로 반환한다. 입력의 특성과 의미의 목록은 작업에 따라 다르다. 영어에서 스페인어로의 기계 번역의 경우, 영어 단어에 대한 의미 태그 인벤토리는 다른 스페인어 번역 세트일 수 있다. 음성 합성이 우리의 임무라면, 목록은 *bass* 및 *bow*와 같은 다른 발음을 가진 동음이의어로 제한될 수 있다. 우리의 작업이 의료 기사의 자동 인덱싱인 경우, 의미 태그 인벤토리는 MeSH^Medical Subject Headings 동의어 사전 항목 집합일 수 있다. WSD를 개별적으로 평가할 때 WordNet 또는 LDOCE와 같은 사전/유의어 사전 리소스의 의미 세트를 사용할 수 있다. 그림 20.1은 악기 또는 일종의 물고기를 지칭할 수 있는 단어 *bass*의 예를 보여준다.[1]

WordNet 의미	스페인어 번역	로제(Roget) 카테고리	맥락의 대역어
bass$_4$	lubina	FISH/INSECT	...fish as Pacific salmon and striped bass and...
bass$_4$	lubina	FISH/INSECT	...produce filets of smoked bass or sturgeon...
bass$_7$	bajo	MUSIC	...exciting jazz bass player since Ray Brown...
bass$_7$	bajo	MUSIC	...play bass because he doesn't have to solo...

그림 20.1 bass에 대한 의미 태그의 인벤토리 정의

---

1 WordNet 데이터베이스는 8개의 의미를 포함하고 있다. 이 예에서는 임의로 2개를 선택했다. 또한 영어 sea bass를 번역할 수 있는 가능한 많은 스페인 어류들 중 하나를 임의로 선택했다.

어휘 샘플   일반 WSD 작업의 두 가지 변형을 구별하는 것이 유용하다. **어휘 샘플** 작업에서는
사전에 선택된 작은 대역어 세트가 일부 어휘의 각 단어에 대한 의미 목록과 함께 선
택된다. 단어 세트와 의미 세트가 작기 때문에 지도된 머신러닝 접근 방식이 어휘 샘
플 작업을 처리하는 데 자주 사용된다. 각 단어에 대해 다수의 코퍼스 인스턴스(맥락
상 문장)를 선택하고 각각의 대역어에 대한 정확한 의미로 수동으로 레이블을 지정할
수 있다. 그런 다음 분류사 시스템은 이러한 레이블이 지정된 예제로 훈련될 수 있다.
그리고 이러한 훈련된 분류사를 사용해 맥락에서 레이블이 지정되지 않은 대역어에
레이블을 지정할 수 있다. 단어 의미 중의성 해소의 초기 작업은 이러한 종류의 어휘
샘플 작업에만 집중해 *line*, *interest*, *plant*과 같은 단일 단어를 명확하게 하기 위한
단어별 알고리듬을 구축했다.

모든 단어   대조적으로, **모든 단어** 작업에서 시스템에는 전체 텍스트와 각 항목에 대한 의미 목
록이 포함된 사전이 제공되며 텍스트의 모든 내용어를 명확하게 해야 한다. 모든 단
어 작업은 각 기본형에 자체 세트가 있기 때문에 훨씬 더 큰 태그 세트를 제외하고는
품사 태그 지정과 유사하다. 더 큰 태그 세트의 결과는 심각한 데이터 희소 문제다.
테스트 세트의 모든 단어에 대한 적절한 훈련 데이터를 사용할 수 있을 가능성은 거
의 없다. 더욱이, 합리적 크기의 어휘 목록에 있는 다의어 단어의 수를 고려할 때, 용
어당 하나의 분류사를 훈련시키는 방법은 실용적이지 않을 것이다.

다음 절에서는 다양한 머신러닝 패러다임을 단어 의미 중의성 해소에 적용하는 방
법을 살펴본다. 지도 학습으로 시작하고 시스템이 표준적으로 평가되는 방법에 대한
절로 시작한다. 그런 다음 사전 기반 접근 방식 및 부트 스트랩 기술을 포함해 완전히
지도된 훈련을 위한 충분한 데이터 부족을 처리하기 위한 다양한 방법으로 전환한다.

마지막으로 20.7절에서 배포 단어 유사성에 대한 필수 개념을 도입한 후 20.10절
에서 중의성 해소를 감지하는 비지도 접근 방식의 문제로 돌아간다.

20.2 지도된 단어 감지 중의성 해소

올바른 단어 의미로 수동으로 레이블이 지정된 데이터가 있는 경우, 특정 의미를 예
측하는 데 도움이 되는 텍스트에서 피처를 추출한 다음, 피처에 올바른 의미를 할당

지도 학습

하도록 분류사를 훈련시키는 의미 중의성 해소 문제에 대한 **지도 학습** 접근법을 사용할 수 있다. 따라서 훈련의 출력은 맥락에서 레이블이 지정되지 않은 단어에 의미 레이블을 할당할 수 있는 분류사 시스템이다.

어휘 샘플 작업의 경우, 개별 단어에 대해 레이블이 지정된 다양한 코퍼스가 있다. 이 코퍼스는 대역어에 대한 올바른 의미가 표시된 맥락 문장으로 구성된다. 여기에는 명사 *line*, 형용사 *hard*, 동사 *serve*의 4,000개 의미 태그가 포함된 *line-hard-serve* 코퍼스가 포함된다(Leacock et al., 1993). 그리고 명사 *interest*의 2,369개의 의미 태그된 예가 있는 *interest* 코퍼스가 포함된다(Bruce and Wiebe, 1994). SENSEVAL 프로젝트는 또한 이러한 의미 레이블이 지정된 어휘 샘플 코퍼스를 생성했다(HECTOR 어휘 목록과 코퍼스의 34개 단어가 포함된 SENSEVAL-1(Kilgarriff and Rosenzweig, 2000; Atkins, 1993), SENSEVAL-2 및 -3개, 각각 73개와 57개 대역어(Palmer et al., 2001; Kilgarriff, 2001)).

의미 일치

모든 단어 중의성 해소 작업을 훈련하기 위해 각 문장의 각 개방 범주어가 특정 사전 또는 동의어 사전의 단어 의미로 레이블이 지정되는 코퍼스인 **의미 일치**를 사용한다. 일반적으로 사용되는 코퍼스 중 하나는 WordNet 의미로 수동으로 태그된 234,000개 이상의 단어로 구성된 브라운 코퍼스의 하위 집합인 SemCor이다(Miller et al., 1993; Landes et al., 1998). 또한 SENSEVAL 모든 단어 작업을 위해 의미 태그가 붙은 코퍼스가 구축됐다. SENSEVAL-3 영어 모든 단어 테스트 데이터는 WSJ 및 브라운 코퍼스의 총 5,000개의 영어 실행 단어에서 2,081개의 태그 내용어 토큰으로 구성됐다(Palmer et al., 2001).

20.2.1 지도 학습을 위한 피처 추출

지도 학습의 첫 번째 단계는 단어 의미를 예측하는 피처를 추출하는 것이다. 이데와 베로니스(1998b)가 지적했듯이, 단어 의미 중의성 해소를 위한 모든 현대 알고리듬의 기초가 되는 통찰력은 기계 번역의 맥락에서 위버(1955)가 처음으로 설명했다.

> If one examines the words in a book, one at a time as through an opaque
> mask with a hole in it one word wide, then it is obviously impossible

to determine, one at a time, the meaning of the words. [...] But if one lengthens the slit in the opaque mask, until one can see not only the central word in question but also say N words on either side, then if N is large enough one can unambiguously decide the meaning of the central word. [...] The practical question is : "What minimum value of N will, at least in a tolerable fraction of cases, lead to the correct choice of meaning for the central word?"

책에 있는 단어들을 한 번에 하나씩, 한 단어 너비에 구멍이 뚫린 불투명한 마스크를 통해서 조사한다면, 그 단어의 의미를 결정하기가 분명히 불가능하다. [...] 그러나 불투명한 마스크의 구멍을 길게 늘여서 문제의 중심 단어뿐만 아니라 양쪽에서 N 단어를 말할 수 있을 때까지 N이 충분히 크면 중심 단어의 의미를 명확하게 결정할 수 있다. [...] 실질적인 질문은 "N의 최솟값이 적어도 허용 가능한 일부의 경우 중심 단어에 대한 올바른 의미 선택으로 이어질 것인가?"이다.

먼저 창을 포함하는 문장에 대해 일부 처리를 수행한다. 일반적으로 품사 태깅, 표제어 추출 또는 어간 추출, 경우에 따라 표제어 및 종속성 관계를 표시하는 구문 분석을 포함한다. 그런 다음 풍부한 입력에서 대역어와 관련된 맥락 피처를 추출할 수 있다. 숫자 또는 공칭 값으로 구성된 **피처 벡터**는 대부분의 머신러닝 알고리듬에 대한 입력으로 이 언어 정보를 인코딩한다. 일반적으로 이러한 인접한 맥락에서 두 가지 피처 범주, 즉, 연어 관계의 피처와 단어 주머니bag-of-words 피처가 추출된다. **연어**는 대역어 위치별 관계에 있는 단어 또는 구다(즉, 정확히 오른쪽에 한 단어 또는 왼쪽에 정확히 네 단어 등). 따라서 **연어 관계의 피처**는 대역어의 왼쪽 또는 오른쪽에 위치한 specific 위치의 정보를 인코딩한다. 이러한 맥락 단어의 추출되는 일반적인 피처에는 단어 자체, 단어의 어근 형식 및 단어의 품사가 포함된다. 이러한 피처는 종종 주어진 의미를 정확하게 분리할 수 있는 현지의 어휘 및 문법 정보를 인코딩하는 데 효과적이다.

이러한 유형의 피처 인코딩의 예로서, 다음 WSJ 문장에서 단어 *bass*의 중의성을 해소해야 하는 상황을 고려해보자.

(20.1) An electric guitar and **bass** player stand off to one side, not really part of the scene, just as a sort of nod to gringo expectations perhaps.

(왼쪽 여백 용어)

피처 벡터

연어

연어 관계의
피처

대역어의 오른쪽과 왼쪽에 있는 두 개의 단어 창에서 추출한 연어 관계의 피처 벡터는 단어 자체와 각각의 품사로 구성된다.

$$[w_{i-2}, \text{POS}_{i-2}, w_{i-1}, \text{POS}_{i-1}, w_{i+1}, \text{POS}_{i+1}, w_{i+2}, \text{POS}_{i+2}] \tag{20.2}$$

다음 벡터를 생성한다.

[guitar, NN, and, CC, player, NN, stand, VB]

단어 주머니 　두 번째 유형의 피처는 인접 단어의 **단어 주머니** 정보로 구성된다. **단어 주머니**는 정확한 위치가 무시된 순서가 없는 단어 집합을 의미한다. 가장 간단한 단어 주머니 접근 방식은 피처 벡터로 대역어의 맥락을 나타내며, 각 2항의 피처는 어휘 단어 w가 맥락에서 발생하는지 여부를 나타낸다. 이 어휘는 일반적으로 훈련 코퍼스에서 유용한 단어 하위 집합으로 미리 선택된다. 대부분의 WSD 애플리케이션에서 대역어를 둘러싼 맥락 영역은 일반적으로 대역어가 중앙에 있는 작고 대칭적인 고정 크기 창이다. 단어 주머니 피처는 대역어가 발생한 담화의 일반적인 주제를 포착하는 데 효과적이다. 이는 차례로 피처 영역에 특정한 단어의 의미를 식별하는 경향이 있다. 일반적으로 불용어를 특징으로 사용하지 않으며, 자주 사용되는 적은 수의 내용어만 고려하도록 단어 주머니를 제한할 수도 있다.

예를 들어 WSJ 코퍼스에서 추출한 *bass* 문장의 집합에서 가장 빈번한 12개의 내용어로 구성된 단어 주머니 벡터는 다음과 같이 정렬된 단어 피처 세트를 갖는다.

[*fishing, big, sound, player, fly, rod, pound, double, runs, playing, guitar, band*]

창 크기가 10인 이러한 단어 피처를 사용하면 (20.1)은 다음 이진 벡터로 표시된다.

[0,0,0,1,0,0,0,0,0,0,1,0]

23장에서 단어 주머니 기법을 다시 논의하는데, 여기서는 현대 검색엔진에서 검색의 **벡터 공간 모델**의 기초를 형성한다는 것을 보여준다.

벡터 공간 모델

중의성 해소를 감지하기 위한 대부분의 접근 방식은 하나의 긴 벡터로 결합하거나 각 피처 유형에 대해 구별되는 분류사를 구축하고 어떤 방식으로든 결합해 배열 및 단어 모음 피처를 모두 사용한다.

20.2.2 나이브 베이즈 및 의사결정 목록 분류사

추출된 피처와 함께 훈련 데이터가 주어지면 모든 지도된 머신러닝 패러다임을 사용해 의미 분류사를 훈련할 수 있다. 여기서 단어 의미 중의성 해소에 상당한 연구의 초점이 됐으며, 19장에서 아직 소개되지 않았기 때문에 나이브 베이즈 및 의사결정 목록 접근법을 제한적으로 다룬다.

나이브 베이즈
분류사

WSD에 대한 **나이브 베이즈 분류사** 접근 방식은 피처 벡터 $\vec{f}$의 가능한 의미 집합 S에서 최상의 의미 $\hat{s}$를 선택하는 것은 해당 벡터에서 가장 가능성이 높은 의미를 선택하는 것과 같다는 전제를 기반으로 한다.

$$\hat{s} = \operatorname*{argmax}_{s \in S} P(s|\vec{f}) \tag{20.3}$$

항상 그렇듯이 이 방정식에 대한 합리적인 통계를 직접 수집하는 것은 어려울 것이다. 이를 이해하기 위해 20개 단어의 어휘에 대해 정의된 간단한 이진 단어 모음 벡터는 2^{20}개의 가능한 피처 벡터를 가질 수 있다. 우리가 접근할 수 있는 코퍼스가 이런 종류의 피처 벡터를 적절하게 훈련시키기 위한 범위를 제공할 것 같지는 않다. 이 문제를 해결하기 위해 먼저 다음과 같이 일반적인 베이지안 방식으로 문제를 재구성한다.

$$\hat{s} = \operatorname*{argmax}_{s \in S} \frac{P(\vec{f}|s)P(s)}{P(\vec{f})} \tag{20.4}$$

이 방정식조차도 각 의미 s에 피처 벡터 $\vec{f}$를 연결하는 사용 가능한 데이터가 너무 희박하기 때문에 충분히 도움이 되지 않는다. 그러나 태그가 지정된 훈련 세트에서 더 많이 사용할 수 있는 것은 특정 의미의 맥락에서 개별 피처값 쌍에 대한 정보다. 따라서 이 방법에 이름을 부여하고 품사 태깅, 음성 인식 및 확률론적 구문 분석에서 도움이 되는 독립 가정을 만들 수 있다. 이 가정은 피처가 서로 독립적이라고 가정한다. 단어 의미에서 피처가 조건부로 독립적이라고 가정하면 다음과 같은 근삿값 $P(\vec{f}|s)$가 생성된다.

$$P(\vec{f}|s) \approx \prod_{j=1}^{n} P(f_j|s) \tag{20.5}$$

다시 말해, 의미가 주어진 전체 벡터의 확률을 그 의미가 주어진 개별 피처의 확률의 곱으로 추정할 수 있다. $P(\vec{f})$는 가능한 모든 의미에 대해 동일하기 때문에, 의미의 최종 순위에 영향을 미치지 않으며 다음과 같은 **WSD의 나이브 베이즈 분류사** 공식이 남게 된다.

$$\hat{s} = \operatorname*{argmax}_{s \in S} P(s) \prod_{j=1}^{n} P(f_j|s) \tag{20.6}$$

이 방정식이 고려할 때 나이브 베이즈 분류사를 **훈련**하는 것은 이러한 각 확률을 추정하는 것으로 구성된다. 예제 (20.6)는 먼저 각 의미 $P(s)$의 사전 확률에 대한 추정치를 요구한다. 의미 s_i가 발생하는 횟수를 세고 대역어 w_j의 총 카운트(즉, 각 단어 의미의 인스턴스의 합계)로 나누어 의미 태그가 지정된 훈련 코퍼스에서 이 확률의 최대 우도 추정치를 얻는다.

$$P(s_i) = \frac{\operatorname{count}(s_i, w_j)}{\operatorname{count}(w_j)} \tag{20.7}$$

또한 각각의 개별 피처 확률 $P(f_j|s)$를 알아야 한다. 이들에 대한 최대 우도 추정치는 다음과 같다.

$$P(f_j|s) = \frac{\operatorname{count}(f_j, s)}{\operatorname{count}(s)} \tag{20.8}$$

따라서 $[w_{i-2} = \text{guitar}]$와 같은 연어 관계의 피처가 의미 bass[1]에 대해 3회 발생하고 의미 bass[1] 자체가 훈련에서 60회 발생했다면, MLE는 $P(f_j|s) = 0.05$이다. 이진 단어 주머니 피처는 유사한 방식으로 처리된다. 단순히 주어진 어휘 항목이 가능한 각 의미와 함께 존재하는 카운트를 세고 각 의미의 카운트로 나눈다.

필요한 추정치을 위한 준비가 돼 있는 식 20.6을 적용해 맥락에서 단어에 의미를 할당할 수 있다. 좀 더 구체적으로 말하면, 맥락에서 대역어를 취하고 지정된 피처를 추출해 각 의미에 대해 $P(s)\prod_{j=1}^{n} P(f_j|s)$를 계산하고 가장 높은 스코어와 관련된 의미를 반환한다. 실제로 가장 높은 스코어를 받은 의미에 대해 생성된 확률은 관련된 다양한 곱셈으로 인해 아슬아슬할 정도로 낮다. 모든 것을 로그 공간에 매핑하고 대신 추가를 수행하는 것이 일반적인 솔루션이다.

단순 최대 우도 추정기의 사용은 테스트에서 대역어가 훈련 중에 함께 발생하지 않은 단어와 함께 발생하면 모든 의미가 0의 확률을 받게 된다. 따라서 평활화는 기업 전체에 필수적이다. 중의성 해소를 감지하기 위한 나이브 베이즈 접근 방식은 일반적으로 4장에서 다룬 간단한 라플라스^{Laplace}(add-one 또는 add-k) 평활화를 사용한다.

나이브 베이즈와 다른 분류사의 한 가지 문제점은 인간이 자신의 작업을 검토하고 결정을 이해하기 어렵다는 것이다. 의사결정 목록과 의사결정 트리는 검사에 도움이 되는 다소 투명한 접근 방식이다. **의사결정 목록 분류사**는 대부분의 프로그래밍 언어에서 간단한 사례 설명과 동일하다. 결정 목록 분류사에서 일련의 테스트가 각 대역어 피처 벡터에 적용된다. 각 테스트는 특정 의미를 나타낸다. 테스트가 성공하면 해당 테스트와 관련된 의미가 반환된다. 테스트가 실패하면 시퀀스의 다음 테스트가 적용된다. 이는 목록의 끝까지 계속되며 기본 테스트는 단순히 다수의 의미를 반환한다.

그림 20.2는 *bass*의 음악 의미와 물고기 의미를 구별하는 작업에 대한 결정 목록의 일부를 보여준다. 첫 번째 테스트에서는 단어 *fish*가 입력 맥락 내에서 발생하면 bass^{1}이 정확한 답이라고 한다. *fish*가 발생하지 않으면 하나가 참이 될 때까지 각 후속 테스트를 차례로 참조한다. 사례 설명과 마찬가지로 참을 반환하는 기본 테스트가 목록 끝에 포함된다.

(좌측 여백) 의사결정 목록 분류사

규칙		의미
fish within window	⇒	bass^1
striped bass	⇒	bass^1
guitar within window	⇒	bass^2
bass player	⇒	bass^2
piano within window	⇒	bass^2
tenor within window	⇒	bass^2
sea bass	⇒	bass^1
play/V *bass*	⇒	bass^2
river within window	⇒	bass^1
violin within window	⇒	bass^2
salmon within window	⇒	bass^1
on bass	⇒	bass^2
bass are	⇒	bass^1

그림 20.2 *bass*의 음악 의미와 물고기 의미를 명확히 하기 위한 축약된 의사결정 목록(Yarowsky, 1997)

의사결정 목록 분류사 학습은 훈련 데이터의 특성에 따라 개별 테스트를 생성하고 정렬하는 것으로 구성된다. 이러한 목록을 만드는 데 다양한 방법을 사용할 수 있다. 이항 동음이의어 식별을 위해 야로우스키(1994)가 사용한 접근법에서 각 개별 피처값 쌍은 테스트를 구성한다. 피처가 주어진 의미의 확률을 계산해 피처가 특정 의미를 나타내는 정도를 측정할 수 있다. 두 의미의 확률 간의 비율은 피처가 의미 간에 얼마나 구분되는지 보여준다.

$$\left| \log \left(\frac{P(Sense_1|f_i)}{P(Sense_2|f_i)} \right) \right| \tag{20.9}$$

그런 다음 로그 우도 비율에 따라 목록에서 테스트를 간단히 정렬해 이러한 테스트에서 의사결정 목록을 생성한다. 각 테스트는 순서대로 확인되고 적절한 의미를 반환한다. 이 훈련 방법은 표준 의사결정 목록 학습 알고리듬과는 상당히 다르다. 접근법에 대한 자세한 내용과 이론적 동기는 리버스트(1987) 또는 러셀과 노르빅(2002)을 참조한다.

20.3 WSD 평가, 기준치 및 한도

WSD와 같은 구성 요소 기술을 평가하는 것은 항상 복잡한 일이다. 장기적으로 주로 **정보 검색, 질의응답** 또는 **기계 번역**과 같은 일부 종단 간 애플리케이션에서 성능을 향상시키는 정도에 관심이 있다. 종단 간 애플리케이션에 포함된 구성 요소 NLP 작업을 평가하는 것을 **외부 평가, 작업 기반 평가, 종단 간 평가** 또는 **체내**[in vivo] 평가라고 한다. 외부 평가를 통해서만 WSD와 같은 기술이 실제 작업에서 실제로 성능을 향상시키는 의미에서 작동하는지 알 수 있다.

체내(in vivo)

이러한 이유로 WSD 시스템은 일반적으로 본질적으로 개발되고 평가된다. **내재적** 또는 **체외**[in vitro] 평가에서 WSD 구성 요소를 주어진 애플리케이션과 독립적으로 작동하는 독립 실행형 시스템인 것처럼 처리한다. 이 스타일의 평가에서 시스템은 완전 일치하는 **의미 정확도**(테스트 세트의 수동으로 레이블을 지정한 의미 태그와 동일하게 태그가 지정된 단어의 비율) 또는 시스템이 일부 인스턴스의 레이블에 전달할 수 있는 경우 표준 정밀도 및 재현율 측정으로 평가된다. 일반적으로 위에서 논의한 SemCor 코퍼스 또

내재적

체외(in vitro)

는 SENSEVAL 노력으로 생성된 다양한 코퍼스와 같이 훈련에 사용한 것과 동일한 의미 태그 코퍼스의 보류 데이터를 사용해 평가한다.

의미 평가의 많은 측면이 SENSEVAL 및 SEMEVAL 노력에 의해 표준화됐다(Palmer et al., 2006; Kilgarriff and Palmer, 2000). 이 프레임워크는 다양한 언어의 모든 단어 및 어휘 샘플 작업에 대한 의미 인벤토리와 함께 교육 및 테스트 자료와 함께 공유 작업을 제공한다.

어떤 WSD 작업을 수행하든 얼마나 잘하고 있는지 평가하려면 두 가지 추가 측정이 필요하다. 상대적으로 간단한 접근 방식과 비교해 얼마나 잘하고 있는지 알려주는 기준 측정값과 얼마나 근접했는지 알려주는 상한선이다.

가장 빈번한
의미 가장 간단한 기준은 레이블이 지정된 코퍼스의 의미에서 각 단어에 대한 **가장 빈번한 의미**를 선택하는 것이다(Gale et al., 1992a). WordNet의 경우, WordNet의 의미가 일반적으로 가장 빈번한 것에서 가장 낮은 빈도로 정렬되기 때문에 첫 번째 의미 휴리스틱에 해당한다. WordNet 의미 주파수는 위에서 설명한 SemCor 의미 태그 코퍼스에서 가져온다.

하지만 많은 WordNet 의미는 SemCor에서 발생하지 않는다. 따라서 이러한 보이지 않는 의미는 SemCor의 뒤를 따라 임의로 정렬된다. 예를 들어 명사 *plant*의 네 가지 WordNet 의미는 다음과 같다.

주파수	Synset	주석
338	$plant^1$, works, industrial plant	산업 노동을 수행하는 건물
207	$plant^2$, flora, plant life	운동력이 없는 생물
2	$plant^3$	다른 사람이 발견하기 위해 몰래 심은 것
0	$plant^4$	관객들 사이에 위치한 배우들 중 연기 연습은 돼 있지만 관객들에게는 즉흥적으로 보이는 배우

가장 빈번한 의미 기준치는 매우 정확할 수 있으며, 알고리듬에 학습 데이터가 충분하지 않은 경우 단어 의미를 제공하기 위해 기본값으로 자주 사용된다. 일반적으로 사용되는 두 번째 기준은 다음 절에서 설명하는 **Lesk 알고리듬**이다. 인간 주석자 간 의견 일치도는 일반적으로 의미 중의성 해소 평가를 위한 최대 한계 또는 상한으로 간주된다. 인간의 일치도는 동일한 태그 지정 지침이 제공되는 동일한 데이터에 대한 두 사람의 주석자의 주석을 비교해 측정된다. WordNet 스타일의 의미 인벤토리를 사

용하는 많은 모든 단어 코퍼스들의 한도(주석자 간 일치)는 약 75%에서 80% 범위로 보인다(Palmer et al., 2006). 더 조잡하고 종종 이원적인 의미 인벤토리에 대한 일치는 90%에 가깝다(Gale et al., 1992a).

수동으로 레이블이 지정된 테스트 세트를 사용하는 것이 현재 평가를 위한 가장 좋은 방법이다. 하지만 많은 양의 데이터에 레이블을 지정하는 것은 여전히 비용이 많이 든다. 지도된 접근 방식의 경우, 훈련을 위해 이 데이터가 필요하기 때문에 많은 양의 데이터에 레이블을 지정하려는 수고를 요한다. 그러나 20.10절에서 논의한 것과 같은 비지도 알고리듬의 경우, 수동 레이블링을 피하는 평가 방법을 원한다. **의사

의사 단어   단어**pseudowords의 사용은 단순화된 평가 방법 중 하나다(Gale et al., 1992c ; Schütze, 1992a). 의사 단어는 무작위로 선택한 두 단어를 연결해 만든 인공 단어다(예: *banana-door*를 만들기 위한 *banana* 및 *door*). 테스트 세트에서 두 단어의 각 항목은 새로운 연결로 대체되며, 이제 *banana*와 *door* 의미 사이에 중의적인 새로운 "단어"가 생성된다. "정확한 의미"는 원래 단어로 정의되기 때문에 중의성 해소 알고리듬을 적용하고 평소와 같이 정확도를 계산할 수 있다. 일반적으로 의사 단어는 평균 중의적인 단어보다 명확하게 하기가 약간 쉽기 때문에 지나치게 낙관적인 성능 측정값을 제공한다. 이는 실제 단어의 다른 의미가 유사한 경향이 있는 반면, 의사 단어는 일반적으로 의미적으로 유사하지 않고 동음이의어처럼 작동하지만 다의어 단어가 아니기 때문이다(Gaustad, 2001). 나코프와 허스트(2003)는 의사 단어를 더 신중하게 선택함으로써 의사 단어 평가의 정확성을 향상시킬 수 있음을 보여준다.

20.4 WSD: 사전 및 시소러스 방법

레이블링된 의미 코퍼스들을 기반으로 하는 지도된 알고리듬은 의미 중의성 해소를 위한 가장 성능이 좋은 알고리듬이다. 그러나 레이블이 지정된 훈련 데이터는 비용이 많이 들고 제한적이며 훈련 데이터에 없는 단어에서는 지도된 접근 방식이 실패한다. 따라서 이 절과 다음 절에서는 다른 리소스에서 간접 지도를 받는 다양한 방법을 설명한다. 이 절에서는 간접적인 종류의 지도로 사전 또는 시소러스thesaurus를 사용하는 방법을 설명한다. 다음 절에서는 부트 스트랩 방식에 대해 설명한다.

20.4.1 Lesk 알고리듬

의미 중의성 해소를 위해 가장 잘 연구된 사전 기반 알고리듬은 Lesk 알고리듬이다. 실제로 사전 주석이나 정의가 대역어의 이웃과 가장 많은 단어를 공유하는 의미를 선택하는 알고리듬 계열이다. 그림 20.3은 간소화한 Lesk 알고리듬이라고 하는 가장 단순한 버전의 알고리듬을 보여준다(Kilgarriff and Rosenzweig, 2000).

---

function SIMPLIFIED LESK(*word*, *sentence*) **returns** best sense of *word*

　best-sense ← most frequent sense for *word*
　max-overlap ← 0
　context ← set of words in *sentence*
　for each *sense* **in** senses of *word* **do**
　　signature ← set of words in the gloss and examples of *sense*
　　overlap ← COMPUTEOVERLAP(*signature*, *context*)
　　if *overlap* > *max-overlap* **then**
　　　max-overlap ← *overlap*
　　　best-sense ← *sense*
　　end
　　return(*best-sense*)

그림 20.3 단순화된 Lesk 알고리듬. COMPUTEOVERLAP 함수는 중지 목록에 있는 기능어 또는 다른 단어를 무시하고 두 세트 간에 공통된 단어 수를 반환한다. 원래의 Lesk 알고리듬은 좀 더 복잡한 방식으로 context를 정의한다. *Corpus Lesk* 알고리듬은 −log*P*(*w*)로 겹치는 단어 *w*에 가중치를 부여하고 *signature*에 레이블이 지정된 훈련 코퍼스 데이터를 포함한다.

다음과 같은 맥락에서 작업 중인 Lesk 알고리듬의 예로 단어 bank를 명확히 하는 것을 고려한다.

(20.10) The **bank** can guarantee deposits will eventually cover future tuition costs because it invests in adjustable-rate mortgage securities.

다음 두 가지 WordNet 의미가 주어진다.

bank[1]	주석	예금을 받고 돈을 대출 활동에 사용하는 금융기관
	예	"he cashed a check at the bank", "that bank holds the mortgage on my home"
bank[2]	주석	경사진 땅(특히 수역 옆의 경사진)
	예	"they pulled the canoe up on the bank", "he sat on the bank of the river and watched the currents"

bank[1] 의미에는 불용어가 아닌 *deposits*과 *mortgag*라는 두 단어가 (20.10)의 맥락과 겹친다. bank[2] 의미는 겹치는 단어가 없기 때문에 **bank**[1] 의미가 선택된다.

단순화된 Lesk에는 많은 명백한 확장이 있다. 원래 Lesk 알고리듬은 약간 더 간접적이다(Lesk, 1986). 대역어의 특징을 맥락 단어와 비교하는 대신 대상 특징을 각 맥락 단어의 특징과 비교한다. 예를 들어 *pine*과 *cone*에 대한 다음 정의를 고려해, 문구 *pine cone*에서 *cone*의 적절한 의미를 선택하는 Lesk의 예를 생각해보자.

pine   1   바늘 모양의 잎사귀 모양의 상록수

        2   슬픔이나 병으로 쇠약해지다

cone   1   점으로 좁아지는 고체

        2   단단하거나 속이 빈 모양의 무언가

        3   특정 상록수의 열매

이 예에서, Lesk의 방법은 *evergreen*과 *tree*의 두 단어가 *pine*의 항목에서 단어와 겹치기 때문에 pine[3]을 올바른 의미로 선택했지만, 다른 두 단어 모두 *pine*의 정의에서 단어와 겹치지 않는다. 일반적으로 단순화된 Lesk가 원래의 Lesk보다 더 잘 작동하는 것 같다.

그러나 원본 또는 단순화된 접근 방식의 주된 문제는 대역어에 대한 사전 항목이 짧고 맥락과 중복될 수 있는 충분히 제공하지 않을 수 있다는 것이다. 개별 의미 정의와 관련이 있지만 포함되지 않은 단어를 포함한다.[2] 그러나 SemCor와 같은 의미 태그가 지정된 코퍼스 데이터를 사용할 수 있는 경우, 가장 좋은 해결책은 단어 의미에 대해 레이블이 지정된 코퍼스 문장의 모든 단어를 해당 의미의 특징에 추가하는 것이다. 이 버전의 **코퍼스 Lesk** 알고리듬은 모든 Lesk 변형(Kilgarriff and Rosenzweig, 2000; Vasilescu et al., 2004) 중에서 가장 성능이 뛰어나며 SENSEVAL 경쟁에서 기준선으로 사용된다. 겹치는 단어를 세는 대신 코퍼스 Lesk 알고리듬은 겹치는 각 단어에 가중치를 적용한다. 가중치는 **역문헌 빈도** 또는 **IDF**, 23장에서 소개한 표준 정보 검색 척도이다. IDF는 단어 한 개가 얼마나 많은 다른 "문서"(이 경우, 주석 및 예)가 있는지 측정하기 때문에 기능어 감소 방법이다. *the, of* 등과 같은 기능어는 많은 문서에서 발생

코퍼스 Lesk

역문헌 빈도
IDF

---

2   실제로 Lesk(1986)는 그의 시스템 성능이 사전 항목의 길이와 대략적으로 관련이 있는 것으로 보인다고 지적한다.

하기 때문에 IDF는 매우 낮고 내용어의 IDF는 높다. 따라서 코퍼스 Lesk는 중지 목록 대신 IDF를 사용한다.

공식적으로 단어 i의 IDF는 다음과 같이 정의할 수 있다.

$$idf_i = \log\left(\frac{Ndoc}{nd_i}\right) \tag{20.11}$$

여기서 $Ndoc$는 "문서"(주석 및 예제)의 총 수이고, nd_i는 단어 i를 포함하는 이러한 문서의 수다.

마지막으로, 새로운 Lesk 같은 단어 주머니 피처를 추가해 Lesk 및 지도된 접근 방식을 결합할 수 있다. 예를 들어 WordNet의 타깃 의미에 대한 주석 및 예문은 의미의 SemCor 맥락 문장의 단어에 추가해 지도된 단어 주머니 피처를 계산하는 데 사용될 수 있다(Yuret, 2004).

20.4.2 선택 제한 및 선택 선호도

19장에 정의된 **선택 제한**은 의미를 명확하게 하는 최초의 지식 리소스 중 하나였다. 예를 들어 동사 *eat*에는 THEME 인수가 [+FOOD]라는 제한이 있을 수 있다. 초기 시스템은 이 아이디어를 사용해 인접한 단어의 선택 제한을 위반하는 의미를 배제했다(Katz and Fodor, 1963; Hirst, 1987). 단어 *dish*의 다음 WSJ 예제 쌍을 고려한다.

(20.12) "In our house, everybody has a career and none of them includes washing **dishes**," he says.

(20.13) In her tiny kitchen at home, Ms. Chen works efficiently, stir-frying several simple **dishes**, including braised pig's ears and chicken livers with green peppers.

이는 WordNet의 *artifact*와 같은 동의어인 **dish**[1](일반적으로 음식을 담거나 서빙하기 위한 용기로 사용되는 식기)에 해당하며, *food*와 같은 동의어가 있는 **dish**[2](준비된 음식의 특정 항목)에 해당한다.

이러한 예에서 중의성을 인식하지 못한다는 사실은 THEME 의미 역할에 대해 *wash* 및 *stir-fry*가 부과한 선택 제한 때문일 수 있다. wash([+WASHABLE])에 의해 부과된 제한은 **dish²**와 충돌한다. *stir-fry*([+EDIBLE])에 대한 제한은 **dish¹**과 충돌한다. 초기 시스템에서 술어는 선택 제한 중 하나와 일치하지 않는 의미를 제거해 중의적인 인수의 정확한 의미를 엄격하게 선택했다. 그러나 엄격한 제약에는 많은 문제가 있다. 주된 문제는 선택 제한 위반이 (20.14)에서와 같이 부정되거나 선택 제한이 (20.15)처럼 과장되기 때문에 잘 구성된 문장에서 자주 발생한다는 것이다.

(20.14) But it fell apart in 1931, perhaps because people realized you can't **eat** gold for lunch if you're hungry.

(20.15) In his two championship trials, Mr. Kulkarni **ate** glass on an empty stomach, accompanied only by water and tea.

허스트(1987)가 관찰한 바와 같이, 이와 같은 예는 종종 모든 의미를 제거해 의미 분석을 중단시킨다. 따라서 현대 모델은 엄격한 요구 사항이 아닌 선택 제한의 관점을 선호 사항으로 채택한다. 수년에 걸쳐 이 접근법의 많은 인스턴스화가 있었지만 (예: Wilks, 1975c, 1975b, 1978), 우리는 인기 있는 확률론적 또는 정보 이론적 접근법의 구성 요소인 레스닉(1997)의 **선택적인 연관성** 모델에 대해 다룬다.

선택적인 연관성

레스닉은 먼저 술어가 인수의 의미 부류에 대해 알려주는 정보의 일반적인 양으로

선택 선호도 강도

선택 선호도 강도를 정의한다. 예를 들어 동사 *eat*는 먹을 수 있는 경향이 있기 때문에 직접목적어의 의미 부류에 대해 많은 것을 알려준다. 대조적으로 동사 *be*는 직접목적어에 대해 많이 알려주지 않는다. 선택 선호도 강도는 두 분산 사이의 정보 차이에 의해 정의될 수 있다. 예상 의미 부류 $P(c)$의 분산(직접목적어가 부류 c에 속할 가능성) 및 예상 의미 부류의 분산 특정 동사 $P(c|v)$(특정 동사 v의 직접목적어가 의미 부류 c에 속할 가능성이 얼마인가?)에 속할 것이다. 이러한 분산의 차이가 클수록 동사가 가능한 타깃에

상대 엔트로피 쿨백-라이블러 발산

대해 더 많은 정보를 제공한다. 이 두 분산의 차이는 **상대 엔트로피** 또는 **쿨백-라이블러 발산**(Kullback and Leibler, 1951)으로 정량화할 수 있다. 쿨백-라이블러 또는 KL 발산 $D(P\|Q)$는 두 확률 분산 P와 Q의 차이를 표현하며, 20.7.3절에서 단어 유사성에 대해 논의할 때 추가로 다룬다.

$$D(P\|Q) = \sum_x P(x) \log \frac{P(x)}{Q(x)} \qquad (20.16)$$

선택 선호도 $S_R(v)$은 동사 v가 인수의 가능한 의미 부류에 대해 표현하는 정보의 양을 비트 단위로 표현하기 위해 KL 발산을 사용한다.

$$
\begin{aligned}
S_R(v) &= D(P(c|v)||P(c)) \\
&= \sum_c P(c|v) \log \frac{P(c|v)}{P(c)}
\end{aligned}
\tag{20.17}
$$

그런 다음 레스닉은 특정 부류와 동사의 **선택 연관성**을 동사의 일반적인 선택 선호도에 대한 해당 부류의 상대적 기여도로 정의한다.

$$
A_R(v,c) = \frac{1}{S_R(p)} P(c|v) \log \frac{P(c|v)}{P(c)}
\tag{20.18}
$$

따라서 선택 연관성은 술어와 술어에 대한 인수를 지배하는 부류 사이의 연관성에 대한 확률론적 척도다. 레스닉은 코퍼스를 구문 분석하고 각 술어가 각 인수 단어와 함께 발생하는 모든 시간을 세고 각 단어가 단어를 포함하는 모든 WordNet 개념의 부분적 정보로 가정해 이러한 연관성에 대한 확률을 추정한다. 레스닉(1996)의 다음 표는 동사에 대한 상위 및 하위 선택 연관 샘플과 직접목적어의 일부 WordNet의 의미론적인 부류를 보여준다.

동사	직접목적어의 의미론적인 부류	연관성	직접목적어의 의미론적인 부류	연관성
read	WRITING	6.80	ACTIVITY	−.20
write	WRITING	7.26	COMMERCE	0
see	ENTITY	5.79	METHOD	−0.01

레스닉(1998)은 이러한 선택 연관성이 제한된 형태의 단어 의미 중의성 해소를 수행하는 데 사용될 수 있음을 보여준다. 대략적으로 말하면 알고리듬은 원형 상위어 중 하나와 술어 사이에 가장 높은 선택 연관성을 갖는 인수에 대한 올바른 의미로 선택한다.

선택 선호도에 대한 레스닉 모델만을 제시했지만, 직접목적어가 아닌 확률론적 방법과 관계를 사용하는 다른 최신 모델이 있다. 간략한 요약은 20장 마지막에 있는 역사적 노트를 참조한다. 일반적으로 선택 제한 접근법은 의미 중의성 해소에서 다른 비지도 접근법만큼 수행되지만 Lesk 또는 지도된 접근법과는 다르다.

20.5 최소 지도 WSD: 부트스트래핑

WSD에 대한 지도된 접근 방식과 사전 기반 접근 방식에는 모두 대규모 수작업 리소스가 필요하다. 한 경우에는 지도 훈련 세트, 다른 경우에는 큰 사전이 필요하다. 대신 **반지도 학습** 또는 **최소 지도 학습**이라고 하는 **부트스트래핑**Bootstrapping 알고리듬을 사용할 수 있다. 이 알고리듬은 수동으로 레이블링된 매우 작은 훈련 세트만 필요하다. WSD를 위해 가장 널리 에뮬레이트된 부트 스트래핑 알고리듬은 **야로우스키 알고리듬**이다(Yarowsky, 1995).

부트스트래핑

야로우스키 알고리듬

야로우스키 알고리듬의 목표는 (어휘 샘플 작업에서) 대역어 분류사를 학습하는 것이다. 알고리듬에는 각 의미의 레이블링된 인스턴스의 작은 시드 세트 Λ_0과 훨씬 더 큰 레이블링되지 않은 코퍼스 V_0이 제공된다. 알고리듬은 먼저 시드 세트 Λ_0에서 초기 결정 목록 분류사를 훈련한다. 그런 다음 이 분류사를 사용해 레이블이 없는 코퍼스 V_0에 레이블을 지정한다. 그런 다음 알고리듬은 V_0에서 가장 자신이 있는 예제를 선택해 제거한 후, 훈련 세트에 추가한다(이제 $\Lambda 1$이라고 함). 그런 다음 알고리듬은 Λ_1에 대해 새로운 결정 목록 분류사(새로운 규칙 세트)를 훈련시키고 분류사를 레이블링되지 않은 이제 더 작은 세트 V_1에 적용하고 새로운 훈련 세트 Λ_2를 추출하는 방식으로 반복한다. 이 프로세스를 반복할 때마다 훈련 코퍼스가 커지고 태그가 지정되지 않은 코퍼스가 줄어든다. 훈련 세트에서 충분히 낮은 오류율에 도달하거나 태그가 지정되지 않은 코퍼스의 추가 예제가 임계값을 초과하지 않을 때까지 프로세스가 반복된다.

부트 스트래핑 접근 방식의 핵심은 작은 시드 세트에서 더 큰 훈련 세트를 생성하는 능력에 있다. 이를 위해서는 정확한 초기 시드 세트와 훈련 세트에 추가할 좋은 새로운 예를 선택하기 위한 양호한 신뢰 메트릭이 필요하다. 야로우스키(1995)가 사용한 신뢰도 메트릭은 20.2.2절에서 앞서 설명한 예를 분류한 결정 목록 규칙의 로그 우도 비율이다.

초기 시드를 생성하는 한 가지 방법은 작은 예제 세트를 직접 레이블링하는 것이다(Hearst, 1991). 수동 레이블링 대신 휴리스틱을 사용해 정확한 시드를 자동으로 선택할 수도 있다. 야로우스키(1995)는 **조합 휴리스틱당 하나의 의미**를 사용했는데, 이는 타깃 의미와 강하게 연관된 특정 단어나 구가 다른 의미와 함께 발생하지 않는 경향이

조합 휴리스틱당 하나의 의미

있다. 야로우스키는 각 의미에 대해 단일 배열을 선택해 시드 세트를 정의한다. 이 기법을 설명하기 위해 *bass*의 물고기와 음악적 의미를 위한 시드 문장 생성을 고려한다. 너무 많이 생각하지 않고 **bass**[1]의 합리적 지표로 *fish*를, **bass**[2]의 합리적 지표로 *play*를 생각해낼 수 있다. 그림 20.5는 WSJ에서 가져온 *bass* 예제의 코퍼스에서 문자열 "fish" 및 "play"에 대한 검색의 일부 결과를 보여준다.

예를 들어 기계가 읽을 수 있는 사전 항목에서 단어를 추출하고 20.7절에 설명된 것과 같은 배열 통계를 사용해 시드를 선택하는 것과 같이 자동으로 배열을 제안할 수 있다(Yarowsky, 1995).

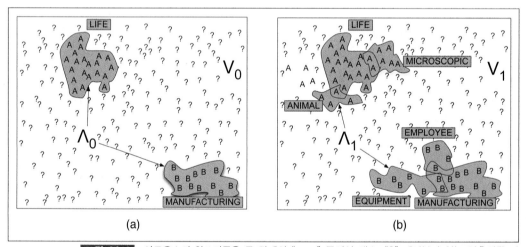

(a)   (b)

그림 20.4   야로우스키 알고리듬은 두 단계의 "plant" 중의성 해소. "?" 레이블이 없는 관측치를 나타내고 A와 B는 SENSE-A 또는 SENSE-B로 레이블링된 관측치. 초기 단계 (a)는 연어 구성어("life" 및 "manufacturing")로 레이블링된 시드 문장 Λ_0만 표시한다. 중간 단계는 (b)에서 더 많은 연어 구성어("equipment", "microscopic" 등)가 발견되고 V_0의 더 많은 인스턴스가 Λ_1로 이동돼 더 작은 레이블링되지 않은 세트 V_1이 남는 것으로 표시된다. 야로우스키(1995)를 각색한 그림이다.

We need more good teachers – right now, there are only a half a dozen who can **play** the free bass with ease.

An electric guitar and bass **play**er stand off to one side, not really part of the scene, just as a sort of nod to gringo expectations perhaps.

When the New Jersey Jazz Society, in a fund-raiser for the American Jazz Hall of Fame, honors this historic night next Saturday, Harry Goodman, Mr. Goodman's brother and bass **play**er at the original concert, will be in the audience with other family members.

The researchers said the worms spend part of their life cycle in such **fish** as Pacific salmon and striped bass and Pacific rockfish or snapper.

And it all started when **fish**ermen decided the striped bass in Lake Mead were too skinny.

Though still a far cry from the lake's record 52-pound bass of a decade ago, "you could fillet these **fish** again, and that made people very, very happy," Mr. Paulson says.

그림 20.5   WSJ에서 추출한 *bass* 문장의 샘플은 단순 상관관계 *play*와 *fish*를 사용한다.

원래의 야로우스키 알고리듬은 게일 외 연구진(1992b)의 작업을 기반으로 한 담화 당 하나의 의미라고 하는 두 번째 휴리스틱을 사용한다. 게일은 텍스트나 담화에서 여러 번 나타나는 특정 단어가 종종 같은 의미로 나타나는 것을 알아차렸다. 예를 들어 야로우스키(1995년)는 37,232개의 사례의 코퍼스에서 단어 *bass*가 담화에서 한 번 이상 발생할 때마다, 담화 내내 *fish* 또는 *music*에서만 발생한다는 것을 보여줬다. 이 휴리스틱의 유효성은 의미 목록의 세분성에 달려 있으며 모든 담화 상황에서 유효하지 않다. 대부분 속된 의미, 특히 다의어보다는 동음이의어의 경우에 해당된다(Krovetz, 1998). 그럼에도 불구하고 많은 의미의 중의성 해소 경우에 유용하다.

20.6 단어 유사성: 시소러스 방법

이제 단어 사이에 유지되는 다양한 의미 관계의 계산으로 넘어간다. 19장에서 의미 관계가 동의어, 반의어, 하의어, 상위어, 부분어를 포함한다는 것을 봤다. 이 중 가장 계산적으로 개발되고 가장 많은 애플리케이션을 가진 것은 단어 **동의어**와 **유사성**에 대한 아이디어다.

단어 유사성
의미적 거리

동의어는 단어 간의 이진 관계다. 두 단어는 동의어이거나 그렇지 않다. 대부분의 계산 목적을 위해 **단어 유사성** 또는 **의미적 거리**의 느슨한 메트릭을 대신 사용한다. 두 단어가 더 많은 의미의 피처를 공유하거나 동의어에 근접하는 경우 더 비슷하다. 두 단어는 공통 의미 요소가 적을 경우, 덜 유사하거나 의미적 거리가 더 크다. 이는 단어 간의 관계로 설명했지만, 동의어, 유사성 및 거리는 실제로 단어 *senses* 간의 관계이다. 예를 들어 *bank*의 두 가지 의미 중 재정적 의미는 *fund* 의미 중 하나와 유사하고 강가 의미는 *slope* 의미 중 하나와 더 유사하다. 다음 절에서 단어와 의미 모두에 대해 유사성 관계를 계산할 것이다.

단어 유사성을 계산하는 능력은 많은 언어 이해 애플리케이션에서 유용한 부분이다. **정보 검색** 또는 **질의응답**에서 쿼리 단어와 유사한 의미를 가진 단어를 가진 문서를 검색할 수 있다. **요약, 생성** 및 **기계 번역**에서 두 단어가 유사한지 여부를 알아야 특정 상황에서 하나를 다른 단어로 대체할 수 있는지 알 수 있다. **언어 모델링**에서 부류 기반 모델의 클러스터 단어에 의미적 유사성을 사용할 수 있다. 단어 유사성에 대한 흥미로운 애플리케이션 중 하나는 학생 응답의 자동 채점이다. 예를 들어 **자동 에세이 채점** 알고리듬은 단어 유사성을 사용해 에세이가 정답과 의미가 유사한지 확인한다. 또한 객관식 어휘 테스트와 같은 시험을 응시하기 위한 알고리듬의 일부로 단어 유사성을 사용할 수 있다. 자동 시험 응시는 특정 객관식 문제 또는 시험이 얼마나 쉬운 지 또는 어려운지를 확인하기 위해 테스트 설계에서 유용하다.

두 가지 종류의 알고리듬을 사용해 단어 유사성을 측정할 수 있다. 이 절에서는 WordNet 또는 MeSH와 같은 온라인 시소러스^thesaurus에서 두 의미 사이의 거리를 측정하는 **시소러스 기반** 알고리듬에 중점을 둔다. 다음 절에서는 코퍼스에서 유사한 분산을 가진 단어를 찾아서 단어 유사성을 추정하는 **분산** 알고리듬에 중점을 둔다.

시소러스 기반 알고리듬은 시소러스 구조를 사용해 단어 유사성을 정의한다. 원칙적으로 시소러스에서 사용 가능한 모든 정보(부분어, 주석 등)를 사용해 유사성을 측정할 수 있다. 그러나 실제로 시소러스 기반 단어 유사성 알고리듬은 일반적으로 상위어/하의어(is-a 또는 소전제) 계층 구조만 사용한다. WordNet에서 동사와 명사는 별도의 상위어 계층 구조에 있기 때문에 WordNet에 대한 시소러스 기반 알고리듬은 명사-명사 유사성 또는 동사-동사 유사성만 계산할 수 있다. 명사를 동사와 비교하거나 형용사나 다른 품사로 계산할 수 없다.

단어 관련성   레스닉(1995)과 부다니츠키와 허스트(2001)는 **단어 유사성**과 **단어 관련성** 사이의 중요
한 차이를 도출한다. 두 단어가 거의 동의어이거나 맥락상 대체 가능한 경우 유사하
다. 단어 관련성은 단어 사이의 더 큰 잠재적인 관계를 특징으로 한다. 예를 들어 반
의어는 관련성은 높지만 유사성은 낮다. 단어 *car*와 *gasoline*은 밀접하게 관련돼 있
지만, 유사하지는 않고 *car*와 *bicycle*은 비슷하다. 따라서 단어 유사성은 단어 관련성
의 하위 사례이다. 일반적으로 이 절에서 설명하는 다섯 가지 알고리듬은 유사성과
의미 관련성을 구별하지 않는다. 편의상 유사성 척도라고 부르지만 일부는 관련성 척
도로 더 적절하게 설명된다. 이는 20.8절에서 다룬다.

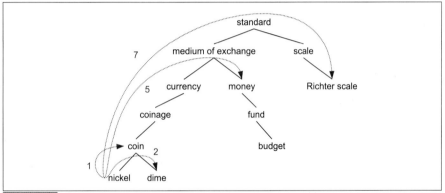

그림 20.6   *nickel*에서 *coin*(1), *dime*(2), *money*(5) 및 *Richter scale*(7)까지의 경로 길이를 표시하는
WordNet 상위어 계층 구조의 일부

가장 오래되고 단순한 시소러스 기반 알고리듬은 시소러스 계층 구조로 정의된 그
래프에서 두 단어 또는 의미 사이의 경로가 짧을수록 더 유사하다는 직관을 기반으로
한다. 따라서 단어/의미는 부모 또는 형제 자매와 매우 유사하며 네트워크에서 멀리
떨어져 있는 단어와는 덜 유사하다. 시소러스 그래프에서 두 개념 노드 사이의 간선
수를 측정해 이 개념을 작동시킬 수 있다. 그림 20.6은 직관을 보여준다. *dime* 개념
은 *nickel* 및 *coin*과 가장 유사하고 *money*와 덜 유사하며 *Richter scale*과는 더 유사
하지 않다. 공식적으로 다음과 같이 경로 길이를 지정한다.

$$\text{pathlen}(c_1, c_2) = \text{the number of edges in the shortest path in the thesaurus}$$
$$\text{graph between the sense nodes } c_1 \text{ and } c_2$$

경로 길이 기반
유사성

경로 기반 유사성은 종종 로그 변환을 사용해 경로 길이로 정의할 수 있다(Leacock and Chodorow, 1998). 결과적으로 **경로 길이 기반 유사성**에 대한 다음과 같은 일반적인 정의가 생성된다.

$$\text{sim}_{\text{path}}(c_1, c_2) = -\log \text{pathlen}(c_1, c_2) \tag{20.19}$$

대부분의 애플리케이션에는 감지 태그가 지정된 데이터가 없기 때문에 의미나 개념이 아닌 단어 간의 유사성을 제공하는 알고리듬이 필요하다. 레스닉(1995)에 따라 시소러스 기반 알고리듬의 경우, 최대 의미 유사성을 가져오는 두 단어에 대한 의미 쌍을 사용해 정확한 유사성(의미 중의성 해소가 필요함)을 근사화할 수 있다. 따라서 **의미 유사성**을 기반으로 다음과 같이 단어 유사성을 정의할 수 있다.

$$\text{wordsim}(w_1, w_2) = \max_{\substack{c_1 \in \text{senses}(w_1) \\ c_2 \in \text{senses}(w_2)}} \text{sim}(c_1, c_2) \tag{20.20}$$

기본 경로 길이 알고리듬은 네트워크의 각 링크가 균일한 거리를 나타낸다는 암묵적인 가정을 한다. 실제로 이 가정은 적절하지 않다. 일부 링크(예: WordNet 계층 구조에서 깊이 있는 링크)는 종종 직관적으로 좁은 거리를 나타내는 반면, 다른 링크(예: WordNet 계층 구조에서 더 높은 위치)는 직관적으로 더 넓은 거리를 나타낸다. 예를 들어 그림 20.6의 *nickel*에서 *money* (5)까지의 거리는 *nickel*에서 추상적인 단어 *standard*까지의 거리보다 직관적으로 훨씬 짧아 보인다. *medium of exchange*와 *standard* 사이의 연결은 *coin*과 *coinage* 사이의 연결보다 더 넓어 보인다.

계층 구조의 깊이를 기반으로 한 정규화를 사용해 경로 기반 알고리듬을 개선할 수 있다(Wu and Palmer, 1994). 하지만 일반적으로 각 가장자리와 관련된 거리를 독립적으로 나타낼 수 있는 접근 방식을 원한다.

정보 콘텐츠
단어 유사성
알고리듬

두 번째 부류의 시소러스 기반 유사성 알고리듬은 세분화된 메트릭을 제공하려고 한다. 이러한 **정보 콘텐츠 단어 유사성 알고리듬**은 여전히 시소러스의 구조에 의존하지만 코퍼스에서 파생된 확률적 정보도 추가한다.

연음의 선택 제한을 정의하기 위해 앞에서 소개한 것과 유사한 개념을 사용해 레스닉(1995)에 따라 코퍼스에서 무작위로 선택된 단어가 개념 c의 인스턴스일 확률로 $P(c)$를 먼저 정의한다(즉, 별도의 각 개념과 관련된 단어 범위의 랜덤변수). 이는 모든 단어가 루트 개념에 포함되기 때문에 $P(root) = 1$을 의미한다. 직관적으로 계층 구조에서 개념이 낮을수록 확률이 낮아진다. 코퍼스에서 계산해 확률을 훈련시킨다. 코퍼스의 각 단어는 코퍼스를 포함하는 각 개념의 발생으로 계산된다. 예를 들어 위의 그림 20.6에서 단어 *dime*의 발생은 *coin*, *currency*, *standard* 등의 빈도에 포함된다. 공식적으로 레스닉은 다음과 같이 $P(c)$를 계산한다.

$$P(c) = \frac{\sum_{w \in \text{words}(c)} count(w)}{N} \tag{20.21}$$

여기서 words(c)는 개념 c에 포함된 단어 집합이고 N은 시소러스에도 존재하는 코퍼스의 총 단어 수다.

린(1998b)의 그림 20.7은 확률 $P(c)$로 증강된 WordNet 개념 계층의 일부를 보여준다.

이제 두 가지 추가 정의가 필요하다. 먼저 기본 정보 이론에 따라 개념 c의 정보 콘텐츠(IC)를 다음과 같이 정의한다.

$$IC(c) = -\log P(c) \tag{20.22}$$

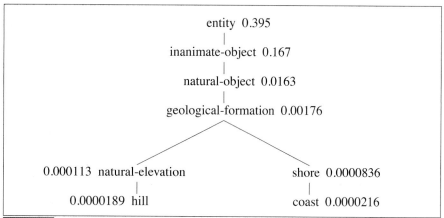

그림 20.7 린(1998b)의 그림에서 각색된 각 콘텐츠에 적응된 각 콘텐츠에 연결된 확률 $P(c)$를 보여주는 WordNet 계층의 조각

둘째, 두 가지 개념의 최소 공통 포섭자 또는 LCS를 정의한다.

LCS(c_1, c_2) = the lowest common subsumer, that is, the lowest node in the hierarchy that subsumes (is a hypernym of) both c_1 and c_2

이제 유사성 메트릭에서 노드의 정보 콘텐츠를 사용할 수 있는 여러 가지 방법이 있다. 가장 간단한 방법은 레스닉(1995)이 처음 제안했다. 두 단어 사이의 유사성을 공통 정보와 관련이 있다고 생각한다. 더 많은 두 단어가 공통점이 많을수록 더 비슷하다. 레스닉은 **두 노드의 최소 공통 포섭자의 정보 콘텐츠**에 의한 공통 정보를 추정하는 레스닉 유사성 것을 제안한다. 공식적으로 **레스닉 유사성** 측정값이 있다.

$$\text{sim}_{\text{resnik}}(c_1, c_2) = -\log P(\text{LCS}(c_1, c_2)) \tag{20.23}$$

린(1998b)은 A와 B 사이의 유사성 메트릭이 A와 B 사이에 공통된 정보의 양을 측정하는 것보다 더 많은 일을 해야 한다고 지적함으로 레스닉 직관을 확장했다. 예를 들어 A와 B의 **차이**가 클수록 유사성이 적다는 점을 추가로 지적했다. 요약하자면 다음과 같다.

- **유사성**: A와 B가 공통적으로 가지고 있는 정보가 많을수록 더 유사함
- **차이**: A와 B의 정보 간의 차이가 많을수록 유사성이 떨어짐

린은 A와 B의 공통성을 나타내는 명제의 정보 내용으로 A와 B 간의 유사성을 측정한다.

$$\text{IC}(\text{common}(A, B)) \tag{20.24}$$

A와 B의 차이를 다음과 같이 측정한다.

$$\text{IC}(\text{description}(A, B)) - \text{IC}(\text{common}(A, B)) \tag{20.25}$$

여기서 description(A, B)는 A와 B를 설명한다. 유사성에 대한 몇 가지 추가 가정이 주어지면 린은 다음과 같은 정리를 입증한다.

유사성 정리: A와 B의 유사성은 A와 B의 공통성을 설명하는 데 필요한 정보의 양 및 A와 B가 무엇인지 완전히 설명하는 데 필요한 정보 사이의 비율로 측정된다.

$$\text{sim}_{\text{Lin}}(A, B) = \frac{\text{common(A,B)}}{\text{description(A,B)}} \qquad (20.26)$$

이 개념을 시소러스 도메인에 적용해 린은 두 개념 사이의 공통 정보가 가장 낮은 공통 하위 항목 LCS(c_1, c_2)의 정보의 두 배라는 것을 보여준다(레스닉의 가정을 약간 수 **린 유사성** 정). 시소러스 개념의 정보 내용에 대한 위의 정의를 추가하면 최종 **린 유사성** 함수는 다음과 같다.

$$\text{sim}_{\text{Lin}}(c_1, c_2) = \frac{2 \times \log P(LCS(c_1, c_2))}{\log P(c_1) + \log P(c_2)} \qquad (20.27)$$

예를 들어 sim_{Lin}을 사용해, 린(1998b)은 그림 20.7에서 *hill*과 *cast*의 개념 간의 유사성이 다음과 같다는 것을 알 수 있다.

$$\text{sim}_{\text{Lin}}(\text{hill}, \text{coast}) = \frac{2 \times \log P(\text{geological-formation})}{\log P(\text{hill}) + \log P(\text{coast})} = 0.59 \qquad (20.28)$$

장 콘라트 거리 유사한 공식인 **장 콘라트 거리**(Jiang and Conrath, 1997)는 린과는 완전히 다른 방식으로 도출되고 유사성 함수가 아닌 거리로 표현되지만 다른 모든 시소러스 기반 방법들보다 잘 작동하거나 더 나은 것으로 나타났다.

$$\text{dist}_{\text{JC}}(c_1, c_2) = 2 \times \log P(\text{LCS}(c_1, c_2)) - (\log P(c_1) + \log P(c_2)) \qquad (20.29)$$

역수를 취해 dist_{JC}를 유사성으로 변환할 수 있다.

마지막으로 20.4.1절에 설명된 단어 의미 중의성 해소를 위한 Lesk 알고리듬의 확장인 **사전 기반** 방법을 설명한다. 일반적으로 시소러스가 아닌 사전의 속성인 주석을 사용하기 때문에 시소러스 방법보다는 사전이라고 한다(WordNet에는 주석이 있지만). **확장된 주석** Lesk 알고리듬과 마찬가지로 이 **확장된 주석 공통 부분** 또는 **확장된 Lesk** 측정(Banerjee **공통 부분** and Pedersen, 2003)의 직관은 해당 주석에 겹치는 단어가 포함된 경우, 시소러스의 두 **확장된 Lesk** 개념/의미가 유사하다는 것이다. 두 개의 주석에 대한 중첩 기능을 개요를 제시로 시작한다. 주석과 함께 다음 두 가지 개념을 고려한다.

- *drawing paper*: <u>paper</u> that is <u>specially prepared</u> for use in drafting
- *decal*: the art of transferring designs from <u>specially prepared paper</u> to a wood or glass or metal surface

두 주석에서 발생하는 각 n단어 구문의 확장된 Lesk는 n^2 스코어를 추가한다(구문의 길이와 코퍼스 빈도 사이의 Zipfian 관계로 인해 관계가 비선형적이다. 더 긴 중첩은 드물기 때문에 가중치가 더 커야 한다). 여기서 중복되는 문구는 *paper*와 *specially prepared*로 총 유사성 스코어는 $1^2 + 2^2 = 5$이다.

이러한 중첩 기능이 주어지면 확장된 Lesk는 두 개념[synsets]을 비교할 때 주석사이의 중첩뿐만 아니라 두 개념의 상위어, 하의어, 부분어 및 기타 관계인 의미 주석 사이에서도 겹치는 부분을 찾는다. 예를 들어 단지 하의어를 고려하고 주석(hypo (A))를 A의 모든 하의어 의미의 모든 주석 결합으로 고려했다면, 두 개념 A와 B 사이의 총 관련성은 다음과 같을 수 있다.

$$
\begin{aligned}
\text{similarity(A,B)} \;=\; & \text{overlap(gloss(A), gloss(B))} \\
& + \text{overlap(gloss(hypo(A)), gloss(hypo(B)))} \\
& + \text{overlap(gloss(A), gloss(hypo(B)))} \\
& + \text{overlap(gloss(hypo(A)),gloss(B))}
\end{aligned}
$$

RELS를 비교하는 주석을 가진 가능한 WordNet 관계의 집합으로 간주한다. 위에서 스케치한 기본 중첩 측정을 가정하면 **확장된 Lesk** 중첩 측정을 다음과 같이 정의할 수 있다.

$$
\text{sim}_{\text{eLesk}}(c_1, c_2) = \sum_{r,q \in \text{RELS}} \text{overlap(gloss}(r(c_1)), \text{gloss}(q(c_2))) \tag{20.30}
$$

$$
\begin{aligned}
\text{sim}_{\text{path}}(c_1, c_2) \;&=\; -\log \text{pathlen}(c_1, c_2) \\
\text{sim}_{\text{Resnik}}(c_1, c_2) \;&=\; -\log P(\text{LCS}(c_1, c_2)) \\
\text{sim}_{\text{Lin}}(c_1, c_2) \;&=\; \frac{2 \times \log P(LCS(c_1, c_2))}{\log P(c_1) + \log P(c_2)} \\
\text{sim}_{\text{jc}}(c_1, c_2) \;&=\; \frac{1}{2 \times \log P(\text{LCS}(c_1, c_2)) - (\log P(c_1) + \log P(c_2))} \\
\text{sim}_{\text{eLesk}}(c_1, c_2) \;&=\; \sum_{r,q \in \text{RELS}} \text{overlap(gloss}(r(c_1)), \text{gloss}(q(c_2)))
\end{aligned}
$$

그림 20.8 5개의 시소러스 기반 (및 사전 기반) 유사성 측정

그림 20.8에는 이 절에서 설명한 5가지 유사성 측정이 요약돼 있다. 공개적으로 사용 가능한 Wordnet :: Similarity 패키지는 이러한 모든 시소러스 기반 단어 유사성

측정을 구현하는 페더슨 외 연구진(2004)에 설명돼 있다.

시소러스 기반 유사성 평가: 유사성 측정 중 가장 좋은 것은 무엇인가? 단어 유사성 측정은 두 가지 방법으로 평가됐다. 한 가지 본질적인 방법은 알고리듬의 단어 유사성 스코어와 인간이 할당한 단어 유사성 등급 간의 상관 계수를 계산하는 것이다. 인간의 등급은 루벤슈타인과 굿이너프(1965)에 의한 65개 단어 쌍과 밀러와 찰스(1991)에 의해 30개 단어 쌍에 대해 얻어졌다. 좀 더 외적인 또 다른 평가 방법은 **말라프로피즘**의 검출(실제 단어 철자 오류)(실제 단어 철자 오류)(Budanitsky and Hirst, 2006; Hirst and Budanitsky, 2005) 또는 단어 의미 중의성 해소와 같은 다른 NLP 애플리케이션(Patwardhan et al., 2003; McCarthy et al., 2004)과 같은 일부 최종 애플리케이션에 유사성 측정을 포함하는 것이다. 명확성을 감지하고 종단 간 성능에 미치는 영향을 평가한다. 이러한 모든 평가는 위의 모든 측정이 상대적으로 잘 수행되고 이들 중 장 콘라트 유사성 및 확장된 Lesk 유사성이 애플리케이션에 따라 가장 좋은 두 가지 접근 방식임을 시사한다.

20.7　단어 유사성: 분산 방법

앞의 절에서는 시소러스에 있는 두 의미 사이의 유사성을 계산하는 방법과 시소러스 계층의 두 단어 사이의 유사성을 계산하는 방법을 보여줬다. 하지만 모든 언어에 대해 시소러스가 있는 것은 아니다. 이러한 리소스가 있는 언어의 경우에도 시소러스 기반 방법에는 여러 가지 제한이 있다. 명백한 한계는 시소러스에 단어, 특히 새로운 단어나 도메인 특정 단어가 부족하다는 것이다. 또한 시소러스 기반 방법은 풍부한 하의어 지식이 시소러스에 있는 경우에만 작동한다. 명사의 경우 이 정보가 있지만, 동사의 경우 하의어 정보는 훨씬 희박한 경향이 있으며 형용사와 부사의 경우 전혀 존재하지 않는다. 마지막으로 명사와 동사 같은 다른 계층의 단어를 비교하는 시소러스 기반 방법을 사용하는 것이 더 어렵다.

이러한 이유로 코퍼스에서 동의어 및 기타 단어 관계를 자동으로 추출할 수 있는 방법이 개발됐다. 이 절에서는 NLP 작업에 대한 단어 관련성 측정을 제공하는 데 직접 적용할 수 있는 **분산**distributional 방법을 소개한다. 분산 방법은 **자동 시소러스 생성**에

자동 시소러스
생성

사용될 수도 있다. 이는 WordNet과 같은 온라인 시소러스를 새로운 동의어로 자동으로 채우거나 늘리고, 20.8절의 설명과 같이 하의어 및 부분어와 같은 다른 관계와 함께 사용할 수 있다.

퍼스(1957)의 "You shall know a word by the company it keeps!" 잘 알려진 격언에서 분산 방법의 직관은 단어의 의미가 단어 주변의 단어 분산과 관련이 있다는 것이다. 니다(1975, 167페이지)에서 린(1998a)이 수정한 다음 예제를 고려한다.

(20.31) A bottle of *tezgüino* is on the table.

Everybody likes *tezgüino*.

Tezgüino makes you drunk.

We make *tezgüino* out of corn.

*tezgüino*가 나오는 맥락은 옥수수로 만든 일종의 발효 알코올 음료일 수 있음을 시사한다. 분산 방식은 *beer*, *liquor*, *tequila* 등과 같은 유사한 단어의 피처와 겹칠 수 있는 *tezgüino* 맥락의 피처를 표현함으로써 직관을 포착하려고 한다. 예를 들어 이러한 피처는 *drunk* 전에 발생하거나 *bottle* 후에 발생하거나 *likes*의 직접목적어가 될 수 있다.

그런 다음 20.2절의 단어 주머니 피처에서 본 것처럼 단어 w를 피처 벡터로 나타낼 수 있다. 예를 들어 어휘 목록 v_i의 N 단어 각각을 나타내는 하나의 이진 피처 f_i가 있다고 가정한다. 피처는 w가 단어 v_i 근처에서 발생한다는 것을 의미하기 때문에 w 및 v_i가 일부 맥락 창에서 발생하면 값 1을, 그렇지 않으면 0을 취한다. 단어 w의 의미를 피처 벡터로 나타낼 수 있다.

$$\vec{w} = (f_1, f_2, f_3, \cdots, f_N)$$

$w = tezgüino$, $v_1 = bottle$, $v_2 = drunk$, $v_3 = matrix$인 경우, 위 코퍼스의 w에 대한 동시 발생 벡터는 다음과 같다.

$$\vec{w} = (1, 1, 0, \cdots)$$

이러한 희소 피처 벡터로 표시된 두 단어가 주어지면 벡터 거리 측정을 적용하고 두 벡터 거리 측정값에 가깝다면 단어가 유사하다고 말할 수 있다. 그림 20.9는

apricot, *pineapple*, *digital*, *information*이라는 네 단어의 벡터 유사성에 대한 직관을 보여준다. 이 네 단어의 의미를 기반으로 *apricot*과 *pineapple*은 유사하고, *digital*과 *information*은 유사하며, 다른 4개의 쌍은 낮은 유사성을 생성하는 메트릭을 원한다. 각 단어에 대해, 그림 20.9는 브라운 코퍼스의 두 줄 맥락 내에서 발생하는 단어에서 계산된 (이진) 단어 동시 발생 벡터의 짧은 조각(8차원)을 보여준다. 독자들은 *apricot*과 *pineapple*의 벡터가 *apricot*과 *information*의 벡터보다 실제로 더 유사하다는 것을 스스로에게 납득시켜야 한다. 교육적 목적을 위해 우리는 특히 차별에 능한 맥락 단어를 보여줬다. 어휘가 상당히 크고 (10,000~100,000단어) 대부분의 단어가 코퍼스에서 서로 가까이에 있지 않기 때문에 실제 벡터는 매우 희박하다.

	arts	boil	data	function	large	sugar	summarized	water
apricot	0	1	0	0	1	1	0	1
pineapple	0	1	0	0	1	1	0	1
digital	0	0	1	1	1	0	1	0
information	0	0	1	1	1	0	1	0

그림 20.9 브라운 코퍼스에서 계산된 4개의 단어에 대한 동시 발생 벡터로, (이진) 차원 중 8개만 표시한다(차이를 표시하기 위해 교육 목적으로 직접 선택). *large*는 모든 맥락에서 발생하고 *arts*는 아무 맥락에서도 발생하지 않는다. 실제 벡터는 매우 희박할 것이다.

이제 몇 가지 직관이 생겼으니, 이러한 조치의 세부 사항을 살펴보겠다. 분산 유사성 측정을 지정하려면 다음 세 가지 매개변수를 지정해야 한다. (1) 동시 발생 항이 정의되는 방식(즉, 이웃으로 간주되는 항목), (2) 이러한 항에 가중치가 부여되는 방식(이진? 빈도? 상호 정보?) 그리고 (3) 우리가 사용하는 벡터 거리 측정법(코사인? 유클리드 거리?). 다음 세 개의 하위 절에서 이러한 각 요구 사항을 살펴본다.

20.7.1 단어의 동시 발생 벡터 정의

예제 피처 벡터에서 단어 v_j 근처에서 발생하는 피처 w를 사용했다. 즉, 어휘 크기 N에 대해 각 단어는 이웃에서 어휘 요소 v_j가 발생했는지 여부를 지정하는 N개의 피처를 가지고 있었다. 이웃은 단어의 작은 창(양쪽에 한두 단어 정도)에서 ±500단어의 매우 큰 창에 이르기까지 다양하다. 예를 들어 최소 창에서 어휘의 각 단어 v_j에 대해 두 가지 피처가 있을 수 있다. 단어 v_k는 단어 w 바로 전에 발생하고 단어 v_k는 단어 w 바로 다음에 발생한다.

이러한 맥락을 효율적으로 유지하기 위해 종종 *a, am, the, of, 1, 2*와 같은 기능어와 같이 구분이 되지 않고 자주 사용되는 단어를 배제한다.

이러한 불용어를 배제하더라도 동시 발생 벡터는 매우 큰 코퍼스들에서 사용될 때, 매우 큰 경향이 있다. 이웃의 모든 단어를 사용하는 대신, 힌들(1990)의 대역어에 대한 일종의 **문법적 관계**나 **의존**에서 발생하는 단어 선택을 제안할 수 있다. 힌들은 같은 동사와 동일한 문법적 관계를 가진 명사들이 비슷할 수 있다고 제안했다.

예를 들어 단어 *tea, water, beer*는 모두 동사 *drink*의 직접목적어다. 단어 *senate, congress, panel, legislature*는 모두 동사 *consider, vote, approve*의 주어가 되는 경향이 있다.

힌들의 직관은 다음과 같이 제안한 해리스(1968)의 초기 연구에서 비롯된다.

> 실체의 의미와 실체 사이의 문법적 관계의 의미는 다른 실체에 대한 실체 조합 제한과 관련이 있다.

그 이후로 힌들 아이디어에 대한 다양한 구현이 있었다. 일반적으로 이러한 방법에서 코퍼스의 각 문장은 구분 분석되고 종속 구문 분석이 추출된다. 주어, 목적어, 간접목적어와 같은 명사-동사 관계와 소유격, ncomp 등과 같은 명사-명사 관계를 포함해 종속성 파서가 생성한 문법적 관계의 목록을 12장에서 봤다. 다음과 같은 문장은 여기에 표시된 종속성 집합이 된다.

(20.32) I discovered dried tangerines:

discover (subject I)	I (subj-of discover)
tangerine (obj-of discover)	tangerine (adj-mod dried)
dried (adj-mod-of tangerine)	

각 단어는 다른 단어와 다양한 종속성 관계에 있을 수 있기 때문에 피처 공간을 늘려야 한다. 이제 각 피처는 단어와 관계의 쌍이기 때문에 N피처의 벡터 대신 $N \times R$ 피처의 벡터가 있다. 여기서 R은 가능한 관계의 수다. 그림 20.10은 린(1998a)에서 가져온 단어 *cell*에 대한 벡터의 개략적인 예를 보여준다. 각 속성의 값으로 *cell*과 함께

발생하는 피처의 빈도를 보여줬다. 다음 절에서는 각 속성에 사용할 값과 가중치의 사용에 대해 설명한다.

	subj–of, absorb	subj–of, adapt	subj–of, behave	...	pobj–of, inside	pobj–of, into	...	nmod–of, abnormality	nmod–of, anemia	nmod–of, architecture	obj–of, attack	obj–of, call	obj–of, come from	obj–of, decorate	nmod, bacteria	nmod, body	nmod, bone marrow
cell	1	1	1		16	30		3	8	1	6	11	3	2	3	2	2

그림 20.10   린(1998a)의 단어 cell에 대한 동시 발생 벡터로, 문법함수(종속성) 피처를 보여준다. 각 속성의 값은 MINIPAR의 초기 버전에서 구문 분석된 6,400만 단어 코퍼스의 빈도 수다.

전체 파싱은 비용이 많이 들기 때문에 특정 전치사의 주어, 직접목적어, 전치사의 목적어와 같은 더 작은 관계 집합만을 추출하는 것을 목표로, 13.5절에 정의된 유형의 청커 또는 얕은 파서를 사용하는 것이 일반적이다(Curran, 2003).

20.7.2 맥락과의 연관성 측정

이제 단어의 맥락 벡터의 피처 또는 차원에 대한 정의를 얻었기 때문에 피처와 연결 돼야 하는 값에 대해 논의할 준비가 됐다. 이러한 값은 일반적으로 각 대역어 w와 주어진 피처 f 사이의 연관성에 대한 가중치 또는 척도로 간주된다. 그림 20.9의 예에서 연관 측정값은 각 피처에 대한 이진 값으로, 관련 단어가 맥락에서 발생한 경우 1, 그렇지 않은 경우 0이다. 그림 20.10의 예에서 더 풍부한 연관성 측정값, 즉 특정 맥락 피처가 대역어와 함께 발생하는 상대 빈도를 사용했다.

빈도 또는 확률은 이진 값보다 확실히 더 나은 연관성 측정이다. 대역어와 함께 자주 발생하는 피처는 단어의 의미를 나타내는 좋은 지표일 가능성이 높다. 확률적 연관성 측정을 구현하기 위한 몇 가지 용어를 정의해보자. 대역어 w의 경우, 동시 발생 벡터의 각 요소는 관계 r과 관련 단어 w'로 구성된 피처 f다. 그래서 $f = (r, w')$라고 말할 수 있다. 예를 들어 그림 20.10에서 단어 $cell$의 피처 중 하나는 $f = (r, w') = (\text{obj–of}, \text{attact})$이다. 대역어 w가 주어졌을 때 피처 f의 확률은 $P(f|w)$이며, 최대 우도 추정치는 다음과 같다.

$$P(f|w) = \frac{\text{count}(f, w)}{\text{count}(w)} \qquad (20.33)$$

마찬가지로, 결합 확률 $P(f, w)$에 대한 최대 우도 추정치는 다음과 같다.

$$P(f, w) = \frac{\text{count}(f, w)}{\sum_{w'} \text{count}(w')} \qquad (20.34)$$

$P(w)$ 및 $P(f)$는 유사하게 계산된다.

따라서 단순 확률을 연관성의 척도로 정의하면 다음과 같다.

$$\text{assoc}_{\text{prob}}(w, f) = P(f|w) \qquad (20.35)$$

그러나 단순 확률은 단어 유사성에 대한 정교한 연관 체계만큼 효과적이지 않다.

왜 빈도나 확률은 단어와 맥락 사이의 연관성을 측정하는 좋은 척도가 되지 않는가? 직관적으로 어떤 종류의 맥락이 *apricot*과 *pineapple*에 의해 공유되는지, *digital*과 *information*에 의해 공유되는지 알고 싶다면, 모든 종류의 단어와 함께 자주 발생하고 특정한 단어에 대해 정보를 제공하지 않는 *the, it, or they*과 같은 단어로부터 타당한 차이를 받지 못할 것이다. 대역어에 대해 특히 유용한 맥락 단어를 원한다. 따라서 피처가 대역어와 함께 발생할 가능성보다 얼마나 자주 발생하는지 물어보는 가중치 또는 연관성 측정이 필요하다. 커란(2003)이 지적한 것처럼 가중치는 타당한 연어를 찾기 위해 의미적 유사성에 대한 맥락 단어의 가중치에 사용되는 연관성의 척도는 단어의 연어를 찾는 데 사용되는 것과 정확히 동일한 척도다.

연관성의 가장 중요한 조치 중 하나는 처치와 행크스(1989, 1990)가 처음 제안했고, 전송 정보의 개념에 기초한다. 두 랜덤변수 X와 Y 사이의 **전송 정보**는 다음과 같다.

전송 정보

$$I(X, Y) = \sum_x \sum_y P(x, y) \log_2 \frac{P(x, y)}{P(x)P(y)} \qquad (20.36)$$

점별 전송 정보　**점별 전송 정보**(Fano, 1961)[3]는 두 이벤트 x와 y가 독립적인 경우 예상되는 것과 비교해 얼마나 자주 발생하는지 측정한다.

3　파노는 실제로 문구 *mutual information*을 사용해, 우리가 지금 *pointwise mutual information*이라고 부르는 것과 문구 *expectation of the mutual information*을 *mutual information*이라고 부른다. 용어 *mutual information*은 여전히 *pointwise mutual information*을 의미하는 데 자주 사용된다.

$$I(x,y) = \log_2 \frac{P(x,y)}{P(x)P(y)} \tag{20.37}$$

대역어 w와 피처 f 사이의 점별 전송 정보 연관성을 다음과 같이 정의해 이 직관을 동시 발생 벡터에 적용할 수 있다.

$$\text{assoc}_{\text{PMI}}(w,f) = \log_2 \frac{P(w,f)}{P(w)P(f)} \tag{20.38}$$

PMI 측정의 직관은 분자가 얼마나 자주 두 단어를 함께 관찰했는지 알려준다(위의 MLE를 사용해 확률을 계산한다고 가정함). 분모는 두 단어가 각각 독립적으로 발생한다고 가정할 때 얼마나 자주 동시에 발생할 것으로 예측하는지 알려주기 때문에, 두 단어의 확률은 곱할 수 있다. 따라서 이 비율은 우연히 예측하는 것보다 얼마나 더 많은 타깃과 피처가 함께 발생하는지에 대한 추정치를 제공한다.

f 자체는 두 변수 r과 w'로 구성돼 있기 때문에, 이 모델에는 $P(f)$에 대한 예측 값을 약간 다르게 분산하는 Lin(1998a)과 같은 약간의 변형이 있다. 앞의 절에서 논의한 WordNet 측정 sim_{Lin}과 혼동하지 않도록 **린 연관성 측정** $\text{assoc}_{\text{Lin}}$이라고 한다.

린 연관성 측정

$$\text{assoc}_{\text{Lin}}(w,f) = \log_2 \frac{P(w,f)}{P(w)P(r|w)P(w'|w)} \tag{20.39}$$

$\text{assoc}_{\text{PMI}}$와 $\text{assoc}_{\text{Lin}}$ 모두에 대해 일반적으로 훈련 코퍼스들이 거대하지 않는 한, 신뢰할 수 없는 경향이 있기 때문에 assoc 값이 양수인 경우에만 피처 f를 단어 w에 사용한다(Dagan et al., 1993; Lin, 1998a). 또한, 두 개의 대역어를 비교하기 위해 assoc-weighted 피처를 사용할 때, 두 대역어와 동시에 발생하는 피처만 사용한다.

힌들(1990)의 그림 20.11은 동사 *drink*의 일부 직접목적어에 대한 원시 빈도 수와 PMI 스타일 연관성 간의 차이를 보여준다.

단어 유사성에 대한 가장 성공적인 연관성 측정 중 하나는 전송 정보와 동일한 직관을 포착하려고 시도하지만 **T 검정** 통계를 사용해 연관성이 얼마나 더 빈번한지 측정한다. 이 측정은 매닝과 슈체(1999, 5장)가 언어 감지를 위해 제안했으며, 커란과 모엔스(2002)와 커란(2003)에 의해 단어 유사성에 적용됐다.

T 검정

T 검정 통계는 분산으로 정규화된 관측 평균과 기대 평균의 차이를 계산한다. t의

값이 높을수록 관측 평균과 기대 평균이 같다는 귀무 가설을 기각할 가능성이 커진다.

Object	Count	PMI Assoc	Object	Count	PMI Assoc
bunch beer	2	12.34	wine	2	9.34
tea	2	11.75	water	7	7.65
Pepsi	2	11.75	anything	3	5.15
champagne	4	11.75	much	3	5.15
liquid	2	10.53	it	3	1.25
beer	5	10.20	⟨SOME AMOUNT⟩	2	1.22

그림 20.11 힌들(1990)에서 PMI로 분류된 동사 *drink*의 목적어

$$t = \frac{\bar{x} - \mu}{\sqrt{\frac{s^2}{N}}} \tag{20.40}$$

단어 사이의 연관성에 적용될 때, 귀무 가설은 두 단어가 독립적이기 때문에 $P(f, w)$ $= P(f)P(w)$는 두 단어 사이의 관계를 올바르게 모델링한다. 실제 MLE 확률 $P(f, w)$ 가 분산에 의해 정규화된 귀무 가설 값과 얼마나 다른지 알고자 한다. 위의 PMI 측정 에서 제품 모델과 비교했을 때의 유사성에 유의한다. 분산 s^2는 예측 확률 $P(f)P(w)$ 로 근사할 수 있다(Manning and Schütze (1999) 참조). N을 무시하면(상수이므로), 커란 (2003)의 결과 T 검정 연관성 측정값은 다음과 같다.

$$\text{assoc}_{\text{t-test}}(w, f) = \frac{P(w, f) - P(w)P(f)}{\sqrt{P(f)P(w)}} \tag{20.41}$$

단어 유사성에 대해 테스트된 다양한 다른 가중치 요소에 대한 요약은 이력 노트 절을 참조한다.

20.7.3 두 벡터 간의 유사성 정의

앞의 절에서 이제 각 동시 발생 피처를 연관성 측정에 의해 가중치를 부여해 대역어 의 의미에 대한 분산 정의를 제공해 대역어의 동시 발생 벡터를 계산할 수 있다.

두 대역어 v와 w 사이의 유사성을 정의하려면 두 벡터를 취하고 벡터 유사성을 측 정하기 위한 척도가 필요하다. 아마도 벡터 거리의 가장 단순한 두 척도는 맨해튼과 유클리드 거리일 것이다. 그림 20.12는 2차원 벡터 $\vec{a}$와 $\vec{b}$ 사이의 유클리드와 맨해튼

레벤슈타인
거리

L1 표준

맨해튼 거리

거리에 대한 그래픽 직관을 보여준다. **레벤슈타인 거리** 또는 **L1 표준**이라고도 하는 **맨해튼 거리**는 다음과 같다.

$$\text{distance}_{\text{manhattan}}(\vec{x}, \vec{y}) = \sum_{i=1}^{N} |x_i - y_i| \qquad (20.42)$$

L2 표준

L2 표준이라고도 하는 **유클리드 거리**는 9장에서 소개했다.

$$\text{distance}_{\text{euclidean}}(\vec{x}, \vec{y}) = \sqrt{\sum_{i=1}^{N} (x_i - y_i)^2} \qquad (20.43)$$

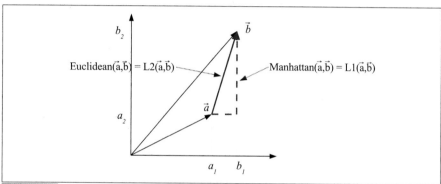

그림 20.12 벡터 $a = (a_1,\ a_2)$ 및 $b = (b_1,\ b_2)$에 대한 유클리드 및 맨해튼 거리 메트릭은 독자에게 벡터 간의 거리 개념에 대한 그래픽 직관을 제공한다. 이러한 특정 메트릭은 일반적으로 단어 유사성에 사용되지 않는다. 거리 측정법에 대한 자세한 내용은 9장을 참고한다.

　　유클리드 및 맨해튼 거리 메트릭이 벡터 유사성 및 거리에 대한 적절한 기하학적 직관을 제공하지만 이러한 측정값은 단어 유사성에 거의 사용되지 않는다. 이는 두 측정 모두 극한 값에 특히 민감한 것으로 판명됐기 때문이다. 이러한 단순한 거리 측정법 대신 단어 유사성은 **정보 검색** 및 **정보 이론**의 밀접하게 관련된 측정법을 기반으로 한다. 정보 검색 방법은 단어 유사성에 더 잘 작동해, 이 절에서 여러 가지 정보 검색 방법을 정의한다.

　　그림 20.9의 유사성 메트릭에 대한 직관부터 시작해보자. 여기서 두 이진 벡터 간의 유사성은 두 단어가 공통으로 갖는 피처의 수다. 피처 벡터가 이진 벡터라고 가정

내적

하면 다음과 같이 선형 대수의 **내적**dot product 또는 inner product 연산자를 사용해 이러한 유사성 메트릭을 정의할 수 있다.

$$\text{sim}_{\text{dot-product}}(\vec{v}, \vec{w}) = \vec{v} \cdot \vec{w} = \sum_{i=1}^{N} v_i \times w_i \qquad (20.44)$$

그러나 앞의 절에서 봤듯이, 대부분의 경우 벡터의 값은 이진이 아니다. 이 절의 나머지 부분에서는 동시 발생 벡터의 항목이 대역어와 각 피처 간의 연관 값이라고 가정한다. 즉, N개의 피처 $f_1 \ .. \ f_N$을 사용해 대역어 $\vec{w}$에 대한 벡터를 정의해본다.

$$\vec{w} = (\text{assoc}(w, f_1), \text{assoc}(w, f_2), \text{assoc}(w, f_3), \ldots, \text{assoc}(w, f_N)) \qquad (20.45)$$

이제 가중치 값 간의 내적 유사성을 얻기 위해 연관성으로 정의된 값을 가진 벡터에 $\text{sim}_{\text{dot-product}}$를 적용할 수 있다. 그러나 이 원시 내적은 유사성 메트릭으로 문제가 있다. **긴** 벡터를 선호한다. **벡터 길이**는 다음과 같이 정의된다.

벡터 길이

$$|\vec{v}| = \sqrt{\sum_{i=1}^{N} v_i^2} \qquad (20.46)$$

벡터는 0이 아닌 값이 더 많거나 각 차원의 값이 더 높기 때문에 더 길어질 수 있다. 이 두 가지 사실은 내적을 증가시킬 것이다. 이 두 가지 모두 단어 빈도의 부산물로 발생할 수 있다. 빈번한 단어의 벡터는 더 많은 0이 아닌 동시 발생 연관 값을 가지며 아마도 각각에서 더 높은 값을 가질 것이다(빈도에 대해 어느 정도 제어하는 연관 가중치를 사용하더라도). 따라서 원시 내적은 자주 사용되는 단어를 선호한다.

벡터 길이를 정규화하려면 내적을 수정해야 한다. 가장 간단한 방법은 내적을 두 벡터 각각의 길이로 나누는 것이다. 이 **정규화된 내적**은 두 벡터 사이 각도의 코사인과 동일한 것으로 밝혀졌다. 따라서 **코사인** 또는 정규화된 내적 유사성 메트릭은 다음과 같다.

정규화된 내적

코사인

$$\text{sim}_{\text{cosine}}(\vec{v}, \vec{w}) = \frac{\vec{v} \cdot \vec{w}}{|\vec{v}||\vec{w}|} = \frac{\sum_{i=1}^{N} v_i \times w_i}{\sqrt{\sum_{i=1}^{N} v_i^2} \sqrt{\sum_{i=1}^{N} w_i^2}} \qquad (20.47)$$

벡터를 단위 길이로 변환했기 때문에 유클리드 또는 맨해튼 거리와 달리 코사인 메트릭은 더 이상 빈도가 높은 단어의 긴 벡터에 민감하지 않다. 코사인 값의 범위는 동일한 방향을 가리키는 벡터의 경우 1에서 직교(공통 용어를 공유하지 않음)인 벡터의 경우 0, 반대 방향을 가리키는 벡터의 경우 −1까지, 실제로 값은 양수인 경향이 있다.

자카드

정보 검색에서 파생된 두 가지 유사성 측정에 대해 더 알아본다. **자카드**(Jaccard,

Tanimoto
min/max

1908, 1912) (**Tanimoto** 또는 **min/max**(Dagan, 2000)라고도 함) 측정은 원래 이진 벡터를 위해 설계됐다. 그레펜스테트(1994)에 의해 다음과 같이 가중치 연관 벡터로 확장됐다.

$$\text{sim}_{\text{Jaccard}}(\vec{v}, \vec{w}) = \frac{\sum_{i=1}^{N} \min(v_i, w_i)}{\sum_{i=1}^{N} \max(v_i, w_i)} \tag{20.48}$$

그레펜스테트/자카드 함수의 분자는 min 함수를 사용해 기본적으로 중첩된 피처의 (가중치) 수를 계산한다(하나의 벡터가 속성에 대해 0의 연관 값을 갖는 경우 결과는 0이 되기 때문이다). 분모는 정규화 요인으로 볼 수 있다.

다이스

유사한 측정값인 **다이스**[Dice] 측정값은 이진 벡터에서 가중 연관 벡터로 유사하게 확장됐다. 커란(2003)의 한 확장은 자카드 분자를 사용하지만 두 벡터에서 0이 아닌 항목의 총 가중치 값을 분모 정규화 인자로 사용한다.

$$\text{sim}_{\text{Dice}}(\vec{v}, \vec{w}) = \frac{2 \times \sum_{i=1}^{N} \min(v_i, w_i)}{\sum_{i=1}^{N} (v_i + w_i)} \tag{20.49}$$

마지막으로 조건부확률 연관성 측정값 $P(f|w)$를 기반으로 해 정보 이론적 분산 유사성 측정 계열이다(Pereira et al., 1993; Dagan et al., 1994, 1999; Lee, 1999). 이 모델의 직관은 두 벡터 $\vec{v}$ 및 $\vec{w}$가 확률 분산 $P(f|w)$ 및 $P(f|v)$가 유사하다는 것이다. 두 확률

쿨백−라이블러
발산
KL 발산
상대 엔트로피

분산 P와 Q를 비교하는 기준은 **쿨백−라이블러 발산** 또는 **KL 발산** 또는 **상대 엔트로피**이다(Kullback and Leibler, 1951).

$$
\begin{array}{rll}
\mathrm{assoc}_{\mathrm{prob}}(w,f) & = & P(f|w) & (20.35) \\[2mm]
\mathrm{assoc}_{\mathrm{PMI}}(w,f) & = & \log_2 \frac{P(w,f)}{P(w)P(f)} & (20.38) \\[2mm]
\mathrm{assoc}_{\mathrm{Lin}}(w,f) & = & \log_2 \frac{P(w,f)}{P(w)P(r|w)P(w'|w)} & (20.39) \\[2mm]
\mathrm{assoc}_{\mathrm{t\text{-}test}}(w,f) & = & \frac{P(w,f)-P(w)P(f)}{\sqrt{P(f)P(w)}} & (20.41)
\end{array}
$$

$$
\begin{array}{rll}
\mathrm{sim}_{\mathrm{cosine}}(\vec{v},\vec{w}) & = & \dfrac{\vec{v}\cdot\vec{w}}{|\vec{v}||\vec{w}|} = \dfrac{\sum_{i=1}^{N} v_i \times w_i}{\sqrt{\sum_{i=1}^{N} v_i^2}\sqrt{\sum_{i=1}^{N} w_i^2}} & (20.47) \\[5mm]
\mathrm{sim}_{\mathrm{Jaccard}}(\vec{v},\vec{w}) & = & \dfrac{\sum_{i=1}^{N} \min(v_i,w_i)}{\sum_{i=1}^{N} \max(v_i,w_i)} & (20.48) \\[5mm]
\mathrm{sim}_{\mathrm{Dice}}(\vec{v},\vec{w}) & = & \dfrac{2\times\sum_{i=1}^{N} \min(v_i,w_i)}{\sum_{i=1}^{N} (v_i+w_i)} & (20.49) \\[5mm]
\mathrm{sim}_{\mathrm{JS}}(\vec{v}||\vec{w}) & = & D(\vec{v}|\frac{\vec{v}+\vec{w}}{2}) + D(\vec{w}|\frac{\vec{v}+\vec{w}}{2}) & (20.52)
\end{array}
$$

그림 20.13 단어 유사성 정의: 대역어 w와 피처 $f=(r, w')$와 다른 단어 w' 간의 연관성 측정 및 단어 동시 발생 벡터 $\vec{v}$ 및 $\vec{w}$ 간의 벡터 유사성 측정

$$
D(P||Q) \;=\; \sum_x P(x)\log\frac{P(x)}{Q(x)} \tag{20.50}
$$

하지만 $Q(x)=0$이고 $P(x)\neq0$일 때 KL 발산은 정의되지 않는다. 이러한 단어 분산 벡터가 일반적으로 매우 희박하기 때문에 문제가 된다. 한 가지 대(Lee, 1999)는 **젠슨-샤논 발산**을 사용하는 것이다. 이는 두 분산의 평균에서 각 분산의 발산을 나타내며, 0으로 이 문제가 발생하지 않는다.

젠슨-샤논
발산

$$
JS(P||Q) \;=\; D(P|\frac{P+Q}{2}) + D(Q|\frac{P+Q}{2}) \tag{20.51}
$$

벡터 $\vec{v}$ 및 $\vec{w}$로 다시 표현하면 다음과 같다.

$$
\mathrm{sim}_{\mathrm{JS}}(\vec{v}||\vec{w}) \;=\; D(\vec{v}|\frac{\vec{v}+\vec{w}}{2}) + D(\vec{w}|\frac{\vec{v}+\vec{w}}{2}) \tag{20.52}
$$

그림 20.13은 우리가 설계한 연관성과 벡터 유사성 측정을 요약한 것이다. 다른 벡터 유사성 측정에 대한 요약은 이력 노트 절을 참고한다.

마지막으로 분산 단어 유사성의 결과를 살펴본다. 다음은 온라인 의존성 기반 유사성 도구에서 파생된 *hope*와 *brief*의 다른 품사와 가장 유사한 10개의 단어다(Lin, 2007). 이 도구는 모든 minipar 문법 관계를 사용해 동시 발생 벡터를 정의하고 assoc$_{Lin}$ 연관 측정을 사용하며 린(1998a)의 벡터 유사성 메트릭을 사용한다.

- **hope (N)**: optimism 0.141, chance 0.137, expectation 0.137, prospect 0.126, dream 0.119, desire 0.118, fear 0.116, effort 0.111, confidence 0.109, promise 0.108
- **hope (V)**: would like 0.158, wish 0.140, plan 0.139, say 0.137, believe 0.135, think 0.133, agree 0.130, wonder 0.130, try 0.127, decide 0.125
- **brief (N)**: legal brief 0.139, affidavit 0.103, filing 0.0983, petition 0.0865, document 0.0835, argument 0.0832, letter 0.0786, rebuttal 0.0778, memo 0.0768, article 0.0758
- **brief (A)**: lengthy 0.256, hour-long 0.191, short 0.174, extended 0.163, frequent 0.163, recent 0.158, short-lived 0.155, prolonged 0.149, week-long 0.149, occasional 0.146

20.7.4 분산 단어 유사성 평가

분산 유사성은 시소러스 기반 유사성을 평가하는 것과 동일한 방식으로 평가할 수 있다. 인간의 유사성 스코어와 본질적으로 비교하거나 종단 간 애플리케이션의 일부로 외부적으로 평가할 수 있다. 단어 의미 중의성 및 말라프로피즘^{malapropism} 탐지 외에도 유사성 측정은 테스트 및 에세이(Landauer et al., 1997) 또는 TOEFL 객관식 시험(Landauer and Dumais, 1997; Turney et al., 2003)의 채점을 위한 시스템의 일부로 사용됐다.

분산 알고리듬은 종종 표준 시소러스와 비교해 세 번째 고유한 방식으로 평가된다. 단일 시소러스(Grefenstette, 1994; Lin, 1998a)와 직접 비교하거나 시소러스 앙상블에 대해 정밀도 및 리콜 측정값을 사용할 수 있다(Curran and Moens, 2002). S를 시소러스에서 유사하게 정의된 단어 집합이라고 하자. 동일한 구문 집합에 있거나 동일한 상위어를 공유하거나 상위어-하의어 관계에 있는 것이다. S'를 일부 알고리듬에 의해 유사한 것으로 분류된 단어 집합이라고 하자. 정밀도와 리콜을 다음과 같이 정의할 수 있다.

$$\text{precision} = \frac{|S \cap S'|}{|S'|} \text{recall} = \frac{|S \cap S'|}{|S|} \tag{20.53}$$

20.8 하의어 및 기타 단어 관계

유사성은 단어 간의 의미 관계의 한 종류일 뿐이다. 19장에서 다뤘듯이, WordNet과 MeSH는 중국어용 CiLin처럼 다른 언어의 많은 시소러스와 마찬가지로 **하의어/상위어**를 모두 포함한다. WordNet에는 **반의어, 부분어**, 기타 관계도 포함한다. 따라서 두 의미가 이러한 관계 중 하나와 관련이 있고 의미가 WordNet 또는 MeSH에서 발생하는지 알고 싶다면 그냥 찾아 볼 수 있다. 그러나 자료에는 많은 단어가 포함돼 있지 않기 때문에 자동으로 새로운 하의어와 부분어 관계를 배울 수 있는 것이 중요하다.

단어 관계의 자동 학습에 대한 많은 작업은 허스트(1992)가 처음으로 언급한 핵심 통찰력에 기초로 하며, 특정 어휘 구문 패턴의 존재는 두 명사 사이의 특정 의미 관계를 나타낼 수 있다. 글롤리에 백과 사전에서 허스트가 추출한 다음 문장을 고려한다.

(20.54) Agar is a substance prepared from a mixture of red algae, such as Gelidium, for laboratory or industrial use.

대부분의 허스트 독자들은 *Gelidium*이 무엇인지 알지 못할 것이지만, *Gelidium*이 무엇이든간에 *red algae*의 일종(**하의어**)이라고 쉽게 추론할 수 있다고 지적한다. 허스트는 다음과 같은 **어휘 구문 패턴**을 제안했다.

$$NP_0 \text{ such as } NP_1\{, NP_2 \ldots, (and|or)NP_i\}, i \geq 1 \tag{20.55}$$

다음과 같은 의미론을 함축한다.

$$\forall NP_i, i \geq 1, \text{hyponym}(NP_i, NP_0) \tag{20.56}$$

추론 가능하도록 다음과 같이 쓸 수 있다.

$$\text{hyponym}(\text{Gelidium}, \text{red algae}) \tag{20.57}$$

$NP\{,NP\} * \{,\}$ (and|or) other NP_H	... temples, treasuries, and other important civic buildings.
NP_H such as $\{NP,\}^*$ (or|and) NP	red algae such as Gelidium
such NP_H as $\{NP,\}^*$ (or|and) NP	works by such authors as Herrick, Goldsmith, and Shakespeare
NP_H $\{,\}$ including $\{NP,\}^*$ (or|and) NP	All common-law countries, including Canada and England
NP_H $\{,\}$ especially $\{NP,\}^*$ (or|and) NP	... most European countries, especially France, England, and Spain

그림 20.14 상위어를 찾기 위한 수작업 사전 합성 패턴(Hearst, 1992, 1998)

그림 20.14는 허스트(1992, 1998)가 하의어 관계를 추론하기 위해 제안된 5가지 패턴을 보여준다. NP_H를 부모/하의어로 표시했다. 이러한 패턴으로 서로 다른 WordNet 관계를 추출하려는 다른 시도가 많이 있다. 자세한 내용은 역사 참고 사항 절을 참고한다.

물론 패턴 기반 방법의 적용 범위는 사용 가능한 패턴의 수와 정확성에 의해 제한된다. 하지만 일단 분명한 예들이 발견되면, 수동으로 패턴을 만드는 과정은 어렵고 더딘 과정이 된다. 다행히도 이미 이러한 종류의 문제에 대한 해결책을 확인했다. 정보 추출에서 일반적이고 20.5절에서 설명한 야로스키 방법의 핵심이기도 한 **부트스트래핑** 방법으로 새로운 패턴을 찾을 수 있다(Riloff, 1996; Brin, 1998).

관계형 패턴 검색에서 부트스트래핑을 사용하기 위한 핵심 통찰력은 큰 코퍼스를 사용하면 관계에 관련된 단어가 동일한 관계를 표현하는 많은 다른 패턴과 함께 나타날 것으로 예상할 수 있다는 것이다. 따라서 적어도 이론적으로 주어진 관계에 관련된 일련의 시드 단어를 얻기 위해 적은 수의 정확한 패턴으로만 시작하면 된다. 그런 다음 이 단어들은 종속 관계의 두 용어를 포함하는 문장에 대한 큰 코퍼스를 쿼리하는 데 사용될 수 있다. 그리고 새로운 문장에서 새로운 패턴을 추출할 수 있다. 패턴 세트가 충분히 클 때까지 프로세스를 반복할 수 있다.

이 과정의 예로서, 앞에서 허스트의 단순한 패턴 세트로 발견된 "red algae"와 "Gelidium"이라는 용어를 생각해보자. 검색어를 쿼리 용어로 사용하는 간단한 구글 검색 결과에는 다음과 같은 예가 있다.

(20.58) One example of a red algae is Gelidium.

그러한 문장에서 시드 단어를 제거하고 단순한 와일드 카드로 대체하는 것은 가장 조잡한 패턴 생성 유형이다. 이 경우 'One example of a * is *' 패턴을 구글에 제출하면 다음과 같은 예를 포함해 거의 500,000건의 히트가 발생한다.

(20.59) One example of a boson is a photon.

추출된 문장을 구문 분석하고 와일드 카드를 구문 분석 트리에 넣어 더 정교한 패턴을 추출할 수도 있다.

부트스트래핑 접근법의 성공 핵심은 부트스트래핑의 반복적인 애플리케이션의 일부로 발생하는 경향이 있는 *semantic drift*를 피하는 것이다. 원래의 시드 단어 또는 패턴 세트에서 멀어질수록 발견하려고 설정한 것과는 상당히 다른 의미를 가진 패턴을 발견할 가능성이 높아진다. 22장에서 정보 추출을 위한 부트스트랩을 다룰 때, 드리프트를 처리하는 방법을 설명한다.

부트스트래핑의 대안은 WordNet과 같은 대규모 어휘 리소스를 훈련 정보의 소스로 사용하는 것이다. 여기에서 각 WordNet 상위어/하의어 쌍은 이 관계에서 어떤 종류의 단어가 있는지에 대해 알려준다. 그런 다음 이 관계를 나타내는 새로운 단어를 찾는 데 도움이 되도록 분류사를 훈련시킨다.

예를 들어 스노 외 연구진(2005)의 하의어 학습 알고리듬은 WordNet에 의존해 많은 수의 약변화 하의어 패턴을 학습한다. 그리고 다음과 같은 다섯 단계로 지도된 분류사에 결합한다.

1. 상위어/하의어 관계에 있는 모든 WordNet 명사 개념 c_i, c_j쌍을 수집한다.
2. 각 명사쌍에 대해 두 명사가 모두 나오는 모든 문장(600만 단어 코퍼스)을 수집한다.
3. 문장을 구문 분석하고 구문 분석 트리에서 가능한 모든 허스트 스타일 어휘 구문 패턴을 자동으로 추출한다.
4. 로지스틱 회귀 분류사의 피처로 큰 패턴 세트를 사용한다.
5. 테스트 세트에 명사쌍이 주어지면 피처를 추출하고 분류사를 사용해 명사쌍이 상위어/하의어 관계와 관련이 있는지 확인한다.

이 알고리듬에 의해 자동으로 학습된 4가지 새로운 패턴은 다음과 같다.

NP_H like NP NP_H called NP

NP is a NP_H NP, a NP_H (appositive):

스노 외 연구진(2005)은 이러한 각 패턴을 로지스틱 회귀 분류사에 의해 결합된 약 변화의 피처로 사용해 우수한 상위어 검출 성능을 보여줬다.

상위어 문제를 해결하는 데 도움이 되는 WordNet을 사용하는 또 다른 방법은 알려지지 않은 단어를 완전한 계층 구조에 삽입할 위치를 선택해 작업을 모델링하는 것이다. 어휘 구문 패턴을 사용하지 않고도 이 작업을 수행할 수 있다. 예를 들어 K-Nearest-Neighbors와 같은 접근 방식을 사용해 알려지지 않은 단어와 가장 유사한 계층 구조에서 단어를 찾기 위해 유사성 분류사를 사용할 수 있다(분산 정보 또는 형태 학적 정보 사용)(Tseng, 2003). 또는 상위어 레이블 지정 작업을 명명된 개체 태그 지정과 같은 레이블 지정 작업으로 처리할 수 있다. 시아라미타와 존슨(2003)은 WordNet의 26개의 광범위한 카테고리 "사전 분류사 부류" 레이블(person, location, event, quantity 등)에서 26개의 **부차적 의미가 포함된 단어 의미**supersense를 태그로 사용해 이 접근 방식을 취한다. 주변 품사 태그, 단어 바이그램 및 트라이그램 피처, 철자 및 형태론적 피처와 같은 피처를 추출하고 다중 부류 퍼셉트론 분류사를 적용한다.

부차적 의미가
포함된 단어
의미

부분어를 찾는 것은 하의어를 찾는 것보다 더 어려운 것 같다. 다음은 기르주 외 연구진(2003)의 몇 가지 예다.

(20.60) The car's mail messenger is busy at work in the <PART> mail car </PART> as the <WHOLE> train </WHOLE> moves along.

(20.61) Through the open <PART> sidedoor </PART> of the <WHOLE> car </WHOLE>, moving scenery can be seen.

부분어의 특징을 나타내는 어휘 구문 패턴이 매우 중의적이기 때문에 찾기가 어렵나. 예를 들어 부분어를 나타내는 가장 일반적인 두 가지 패턴은 영어 관형격 구성 $[NP_2의 NP_1]$과 $[NP_1의 NP_2]$이며 possession과 같은 다른 많은 의미도 표현한다. 기르주 외 연구진(2003, 2006) 논의 및 가능한 알고리듬을 참조한다.

시소러스
귀납법

단어 사이의 개별 관계를 학습하는 것은 **시소러스 귀납법**의 일반적인 작업의 중요한 구성 요소다. 시소러스 유도에서 단어 유사성에 대한 추정을 상위어 또는 기타 관계와 결합해 전체 온톨로지 또는 시소러스를 구축한다. 예를 들어 카라발로(1999, 2001)의 2단계 시소러스 귀납법 알고리듬은 먼저 **상향식** 클러스터링 알고리듬을 적용해 의미적으로 유사한 단어를 레이블이 없는 단어 계층으로 그룹화한다. 20.10절에서, 응집 클러스터링에서 각 단어에 자체 클러스터를 할당하는 것으로 시작한다. 그런 다음 알고리듬은 가장 유사한 두 클러스터를 연속적으로 병합해 상향식 방식으로 새 클러스터를 형성한다. 앞의 절에서 설명한 분산 메트릭 중 하나와 같은 의미론적 유사성에 대해 모든 메트릭을 사용할 수 있다. 두 번째 단계에서 레이블이 지정되지 않은 계층 구조가 주어지면 알고리듬은 패턴 기반 하의어 분류사를 사용해 각 단어 클러스터에 상위어 레이블을 할당한다. 시소러스 유도에 대한 최신 작업은 '역사 참고 사항' 절을 참고한다.

20.9 의미론적 역할 레이블링

의미론적 역할
레이블링

20장에서 논의하는 마지막 작업은 단어 의미와 문장 의미를 연결한다. 이는 **의미론적 역할 레이블링** 작업이며, 때로는 **의미역 레이블링**, **케이스 역할 할당** 또는 **부분 의미 분석**이라고도 한다. 의미론적 역할 레이블링은 문장의 각 술어에 대한 **의미론적 역할**을 자동으로 찾는 작업이다. 보다 구체적으로, 문장의 어떤 구성 요소가 주어진 술어에 대한 의미론적 인수인지 결정한 다음, 해당 인수 각각에 대한 적절한 역할을 결정하는 것을 의미한다. 의미론적 역할 레이블링은 모든 언어 이해 작업에서 성능을 향상시킬 수 있는 잠재력을 가지고 있지만, 현재까지 주요 애플리케이션은 질의응답 및 정보 추출에 있다.

의미론적 역할 레이블링에 대한 현재 접근 방식은 지도된 머신러닝을 기반으로 하기 때문에 적절한 양의 훈련 및 테스트 자료에 액세스해야 한다. 지난 몇 년 동안 19장에서 논의된 FrameNet 및 PropBank 리소스 모두 이 역할을 수행했다. 즉, 술어로 무엇을 의미하는지 지정하고, 작업에 사용되는 역할 집합을 정의하며, 훈련 및 테스트 데이터를 제공하는 데 사용됐다. SENSEVAL-3 평가는 FrameNet을 사용했고, 2004년과 2005년의 CONLL 평가는 PropBank를 기반으로 했다.

다음 예는 두 가지 노력의 다른 표현을 보여준다. FrameNet(20.62)은 많은 수의 프레임별 프레임 요소를 역할로 사용하고 PropBank(20.63)는 동사별 레이블로 해석할 수 있는 더 적은 수의 인수 레이블을 사용한다.

(20.62) [You]   can't [blame] [the program] [for being unable to identify it]
        COGNIZER   TARGET EVALUEE   REASON

(20.63) [The San Francisco Examiner] issued   [a special edition] [yesterday]
        ARG0   TARGET ARG1   ARGM-TMP

단순화된 의미론적 역할 레이블링 알고리듬이 그림 20.15에 스케치돼 있다. 의미론적 역할 분석에 대한 초기 연구(Simmons, 1973)에 이어 의미론적 역할 레이블링에 대한 대부분의 작업은 문장을 구문 분석하는 것으로 시작한다. 공개적으로 사용 가능한 광범위한 파서(예: 콜린스(1996) 또는 샤르냐크(1997))는 일반적으로 입력 문자열에 구문 분석을 할당하는 데 사용한다. 그림 20.16은 위의 예제 (20.63) 구문 분석을 보여준다. 결과 구문 분석은 모든 술어 포함 단어를 찾기 위해 순회한다. 이러한 각 술어에 대해 해당 술어와 관련해 구문 분석의 각 구성 요소가 수행하는 역할(있는 경우)을 판별하기 위해 트리를 다시 순회한다. 알고리듬은 먼저 구성 요소를 술어에 대한 피처 세트로 특성화해 이러한 판단을 내린다. 그런 다음 적절한 훈련 세트에 대해 훈련된 분류사가 피처 세트를 통과하고 적절히 할당한다.

---

function SEMANTICROLELABEL(*words*) **returns** labeled tree

    parse ← PARSE(*words*)
    for each *predicate* **in** *parse* **do**
        for each *node* **in** *parse* **do**
            featurevector ← EXTRACTFEATURES(*node*, *predicate*, *parse*)
            CLASSIFYNODE(*node*, *featurevector*, *parse*)

그림 20.15 일반적인 의미론적 역할 레이블링 알고리듬. CLASSIFYNODE 구성 요소는 의미론적 역할(또는 비역할 구성 요소의 경우 NONE)을 할당하는 간단한 1-of-N 분류사일 수 있다. CLASSIFYNODE는 FrameNet 또는 PropBank와 같은 레이블이 지정된 데이터에 대해 학습할 수 있다.

대부분의 역할 레이블링 시스템에 통합된 길데아와 주라프스키(2000, 2002)가 제안한 간단한 피처 세트를 자세히 살펴본다. 그림 20.16의 The San Francisco Examiner에서 NP-SBJ 구성 요소인 첫 NP를 추출한다.

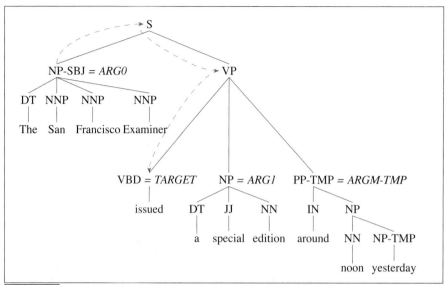

그림 20.16 PropBank 인수 레이블을 표시하는 PropBank 문장의 구문 분석 트리다. 점선은 *The San Francisco Examiner*에서 NP-SBJ 구성 요소인 ARG0에 대한 경로 피처 NP↑S↓VP↓VBD를 보여준다.

- 이 경우 동사 *issued*는 지배적인 **술어**다. PropBank의 경우 술어는 항상 동사이며, FrameNet에는 명사와 형용사 술어도 있다. 술어는 PropBank와 FrameNet 레이블이 모두 특정 술어에 대해서만 정의되기 때문에 중요한 피처다.

- 이 경우 구성 요소의 **구문 유형**, NP(또는 NP-SBJ)이다. 단순히 구문 분석 트리에서 이 구성 요소를 지배하는 구문 분석 노드의 이름이다. 어떤 의미론적 역할은 NP로 나타나는 경향이 있고, 다른 의미론적 역할은 S 또는 PP로 나타나는 경향이 있다.

- 구성 요소의 **표제어** *Examiner*이다. 구성 요소의 키워드는 그림 12.13의 12장에 나와 있는 것과 같은 표준 핵심어 규칙으로 계산할 수 있다. 특정 표제어(예: 대명사)는 채울 가능성이 있는 의미론적 역할에 강력한 제약을 둔다.

- 구성 요소 NNP의 **표제어 품사**이다.

- 구성 요소에서 술어까지 구문 분석 트리의 **경로**이다. 이 경로는 그림 20.16에서 점선으로 표시된다. 길데아와 주프라스키(2000)에 따라 경로의 간단한 선형 표현인 NP↑S↓VP↓VBD를 사용할 수 있다. ↑ 및 ↓는 각각 트리에서 위

쪽 및 아래쪽 이동을 나타낸다. 경로는 구성 요소와 술어 사이의 여러 종류의 문법적 함수 관계를 간결하게 표현하는 데 매우 유용하다.

- 구성 요소가 나타나는 구문의 **태**, 이 경우에는 **능동태**이다(수동태와 대조됨). 수동태 문장은 능동태 문장보다 표면 형태에 대한 의미론적 역할의 연결이 매우 다른 경향이 있다.

- 술어에 대한 구성 요소의 **이전** 또는 **이후**의 이항 **선형 위치**다.

- 술어의 **하위 범주화**다. 12장에서 동사의 하위 범주화는 동사 구에 나타나는 예상 인수 집합이라는 것을 상기하라. 그림 20.16의 술어에 대한 VP → NP PP, 즉, 술어의 직계 상위를 확장하는 구문 구조 규칙을 사용해 정보를 추출할 수 있다.

의미론적 역할 레이블링 시스템은 종종 명명된 개체 태그(예: 구성 요소가 LOCATION 또는 PERSON인지 알 수 있음), 경로 피처의 더 복잡한 버전(상향 또는 하향, 특정 노드가 경로에 발생하는지 여부), 구성 요소의 가장 오른쪽 또는 가장 왼쪽 단어 등과 같은 다른 많은 피처를 추출한다.

이제 각각 피처 벡터를 가진 다음 예제와 같은 일련의 관측치를 가지고 있다. 위에서 설명한 순서대로 피처를 표시했다(예를 들어 구문 트리의 대부분의 구성 요소가 의미적 역할을 하지 않기 때문에 대부분의 관찰은 ARG0보다는 NONE 값을 가질 것이라는 점을 상기한다).

ARG0: [issued, NP, Examiner, NNP, NP↑S↓VP↓VBD, active, before, VP→NP PP]

단어 의미 중의성 해소를 위해 본 것처럼 이러한 관찰을 훈련 세트와 테스트 세트로 나누고, 지도된 머신러닝 알고리듬에서 학습 예제를 사용하고, 분류사를 구축할 수 있다. SVM 및 최대 엔트로피 분류사는 표준 평가에서 좋은 결과를 얻었다. 일단 훈련을 받으면 분류사를 레이블이 없는 문장에 사용해 문장의 각 구성 요소에 대한 역할을 제안할 수 있다. 더 정확하게는 입력 문장이 구문 분석되고 이전에 훈련에 대해 설명한 것과 유사한 절차가 사용된다.

단일 단계 분류사를 훈련하는 대신 일부 역할 레이블 지정 알고리듬은 효율성을 위해 여러 단계로 분류한다.

- **가지치기**: 실행 속도를 높이기 위해 간단한 규칙에 따라 가능한 역할로 고려할 일부 구성 요소를 제거한다.
- **식별**: 레이블링할 ARG 또는 NONE으로 각 노드의 이진 분류
- **분류**: 이전 단계에서 ARG로 레이블링된 모든 구성 성분의 1-of-N 분류

모든 의미론적 역할 레이블링 시스템은 여러 가지 복잡한 문제를 처리해야 한다. FrameNet 및 PropBank의 구성 요소는 중복되지 않아야 한다. 따라서 시스템이 두 개의 겹치는 구성 요소를 인수로 잘못 표시하면 둘 중 어느 것이 올바른지 결정해야 한다. 또한 구성 요소의 의미론적 역할은 독립적이지 않다. PropBank는 여러 개의 동일한 인수를 허용하지 않기 때문에 한 구성 요소를 ARG0로 표시하면 다른 구성 요소가 ARG1으로 표시될 확률이 크게 높아진다. 이 두 가지 문제는 9장에서 논의된 격자 또는 N베스트 재기록에 기초한 2단계 접근법으로 해결할 수 있다. 즉, 분류사가 각 구성 요소에 여러 개의 레이블을 할당하도록 하고, 두 번째 전역 최적화 패스를 사용해 최상의 레이블 시퀀스를 선택할 수 있다.

구문 분석을 입력으로 사용하는 대신 명명된 개체 추출 또는 부분 구문 분석에 사용되는 청킹 기술을 적용해 원시 텍스트(또는 품사 태그가 지정된)에서 직접 의미론적 역할 레이블링을 수행할 수도 있다. 이러한 기술은 일반적인 뉴스 와이어 텍스트로 훈련된 구문 파서가 잘 수행될 가능성이 거의 없는 생물 정보학과 같은 영역에서 특히 유용하다.

마지막으로, 의미론적 역할 레이블링 시스템은 일반적으로 각 인수 레이블이 정확한 단어 시퀀스 또는 구문 분석 구성 요소에 할당돼야 함을 요구함으로써 평가됐다. 그런 다음 정밀도, 재현율 및 F 측정을 계산할 수 있다. 간단한 규칙 기반 시스템을 기준으로 사용할 수 있다. 예를 들어 술어 앞의 첫 번째 NP를 ARG0로, 술어 뒤의 첫 번째 NP를 ARG1으로 태깅하고 동사 구문이 수동태이면 전환할 수 있다.

20.10 고급: 비지도 의미 중의성 해소

WSD 작업으로 간단히 돌아가보자. 각 단어 의미에 따라 레이블이 지정된 큰 코퍼스들을 만드는 것은 비용이 많이 들고 어렵다. 이러한 이유로 중의성 해소를 감지하기

위한 비지도 접근 방식은 흥미롭고 중요한 연구 분야다.

비지도 접근 방식에서는 인간이 정의한 단어 의미를 사용하지 않는다. 대신, 각 단어의 "senses" 세트는 훈련 세트에 있는 각 단어의 인스턴스에서 자동으로 생성된다. 비지도 의미 중의성 해소에 대한 슈체(Schütze, 1992b, 1998) 방법의 단순화된 버전을 소개한다. 슈체의 방법에서는 먼저 20.7절에서 정의한 피처 벡터를 약간 일반화한 분산 맥락 피처 벡터로 훈련 세트에서 단어의 각 인스턴스를 나타낸다(이 때문에 단어 유사성을 도입한 후에야 비지도 의미 중의성 해소로 전환했다).

20.7절에서와 같이 인접한 단어의 빈도에 따라 단어 w를 벡터로 표현한다. 예를 들어 주어진 대역어(유형) w에 대해 w의 인스턴스 25개 단어 내에서 가장 자주 발생하는 1,000개의 단어를 선택할 수 있다. 이 1,000개의 단어가 벡터의 차원이 된다. 단어 w의 맥락에서 단어 i가 나타나는 빈도를 의미하도록 f_i를 정의한다. 단어 벡터 $\vec{w}$(w의 주어진 토큰(관찰)에 대해)를 다음과 같이 정의한다.

$$\vec{w} = (f_1, f_2, f_3, \cdots, f_{1000})$$

지금까지 20.7절에서 본 분산적 맥락의 버전이다. 또한 분산적 맥락의 약간 더 복잡한 버전을 사용할 수도 있다. 예를 들어 슈체는 단어 w의 **맥락 벡터**를 1차 벡터가 아니라 **2차 동시 발생**으로 정의한다. 즉, w, 단어 벡터 $\vec{x}$의 맥락에서 각 단어 x에 대해 계산한 다음, 벡터 $\vec{x}$의 중심(평균)을 취해 단어 w의 맥락 벡터를 구축한다.

단어 w의 비지도적 의미의 중의성 해소에서 맥락 벡터(1차 또는 2차)를 사용하는 방법을 살펴본다. 훈련에는 세 단계만 필요하다.

1. 코퍼스에서 단어 w의 각 토큰 w_i에 대해 맥락 벡터 $\vec{c}$를 계산한다.
2. 클러스터링 알고리듬을 사용해 단어 토큰 맥락 벡터 $\vec{c}$를 미리 정의된 수의 그룹 또는 클러스터로 클러스터링한다. 각 클러스터는 w의 의미를 정의한다.
3. 각 클러스터의 벡터 중심을 계산한다. 각 벡터 중심 $\vec{s}_j$는 w의 의미를 나타내는 의미 벡터이다.

이는 비지도 알고리듬이기 때문에, w의 각 "senses"에 대한 이름이 없다. w의 j번째 의미를 참조한다.

그럼 어떻게 특정 w의 토큰을 중의성 해소할 수 있을까? 세 가지 단계가 있다.

1. 위에서 설명한 대로 t에 대한 맥락 벡터 $\vec{c}$를 계산한다.

2. w에 대한 모든 의미 벡터 s_j를 검색한다.

3. t에 가장 가까운 의미 벡터 s_j가 나타내는 의미에 t를 할당한다.

우리에게 필요한 것은 클러스터링 알고리듬과 벡터 간의 거리 메트릭이다. 다행히도 클러스터링은 숫자 값의 벡터로 구조화된 입력에 적용할 수 있는 다양한 표준 알고리듬으로 잘 연구된 문제다(Duda and Hart, 1973). 언어 애플리케이션에서 자주 사용되는 기술은 **응집 클러스터링**으로 알려져 있다. 이 기술에서 N개의 훈련 인스턴스 각각은 처음에는 자체 클러스터에 할당된다. 그런 다음 가장 유사한 두 클러스터를 연속적으로 병합해 상향식으로 새 클러스터를 형성한다. 이 프로세스는 지정된 수의 클러스터에 도달하거나 클러스터 간의 전반적 우수성 측정에 도달할 때까지 계속된다. 훈련 인스턴스의 수로 인해 이 방법이 비경제적인 경우, 원래 훈련 세트(Cutting et al., 1992b)에서 랜덤 샘플링을 사용해 유사한 결과를 얻을 수 있다.

비지도 의미 중의성 해소 접근법을 어떻게 평가할 수 있는가? 평소와 같이 가장 좋은 방법은 WSD 알고리듬이 일부 종단 간 시스템에 내장된 외부 또는 체내 평가를 수행하는 것이다. 하지만 자동으로 파생된 의미 부류를 수동으로 레이블이 지정된 표준 세트로 매핑해 수동으로 레이블이 지정된 테스트 세트를 비지도 분류사에 의해 레이블이 지정된 세트와 비교할 수 있는 방법이 있다면 내재적 평가도 유용할 수 있다. 이 매핑을 수행하는 한 가지 방법은 (일부 학습 세트에서) 클러스터와 겹치는 단어 토큰이 가장 많은 의미를 선택해 각 의미 클러스터를 미리 정의된 의미에 매핑하는 것이다. 또 다른 방법은 테스트 세트의 모든 단어 쌍을 고려해 시스템과 수동 레이블링이 쌍의 두 구성원을 동일한 클러스터에 넣는지 여부를 각각 테스트하는 것이다.

(여백 주석: 응집 클러스터링)

20.11 요약

20장에서는 단어 의미 계산에서 세 가지 영역을 소개했다.

- **단어 의미 중의성 해소**[WSD]는 맥락에서 단어의 정확한 의미를 결정하는 작업이다. 지도된 접근 방식은 개별 단어(**어휘 샘플 작업**) 또는 모든 단어(**모든 단어 작**

업)가 WordNet과 같은 리소스의 의미로 수작업으로 레이블이 지정된 문장을 사용한다. 지도된 WSD의 분류사에는 **나이브 베이즈**, **의사결정 목록** 및 주변 단어를 설명하는 연어, 단어 주머니 피처에 대해 훈련된 기타 여러 가지가 포함된다.

- WSD의 중요한 기준은 WordNet에서 첫 번째 의미를 갖는 **가장 빈번한 의미**이다.

- **Lesk 알고리듬**은 사전 정의가 대역어의 이웃과 가장 많은 단어를 공유하는 의미를 선택한다.

- **단어 유사성**은 시소러스에서 **링크 거리**를 측정하거나 시소러스에서 **정보 내용**을 측정하거나 코퍼스에서 **분산상의 유사성**을 사용하거나 **정보 이론적 방법**을 사용해 계산할 수 있다.

- 분산상의 유사성에 대한 연관성 측정에는 PMI, 린, T 검정이 포함된다. 벡터 유사성의 척도에는 코사인, 자카드, 다이스, 장 콘라트가 포함된다.

- **하의어**와 같은 어휘 관계는 어휘 구문 패턴을 통해 찾을 수 있다.

- 의미론적 역할 레이블링은 일반적으로 문장을 구문 분석한 다음, 자동으로 각 구문 분석 트리 노드에 의미론적 역할(또는 NONE) 태그를 지정하는 것으로 시작한다.

참고문헌 및 역사 참고 사항

단어 의미 중의성 해소는 디지털 컴퓨터의 초기 애플리케이션 중 일부에 뿌리를 두고 있다. 워렌 위버(1955)의 위 기계 번역의 맥락에서 단어 주변의 작은 창을 봄으로써 단어의 중의성을 해소하는 제안을 봤다. 이 초기 기간에 처음 제안된 다른 개념으로는 중의성 해소를 위한 시소러스 사용(Masterman, 1957), 중의성 해소를 위한 베이지안 모델의 지도 훈련(Madhu and Lytel, 1965), 단어 의미 분석에서 클러스터링 사용(Sparck Jones, 1986) 등이 있다.

초기 AI 지향 자연어 처리 시스템의 맥락에서 중의성 해소에 대한 엄청난 양의 작업이 수행됐다. 이러한 유형의 대부분의 자연어 분석 시스템은 어떤 형태의 어휘 중의성 해소 피처를 보여줬지만, 이러한 많은 결실로 인해 단어 의미 중의성 해소가 작업의 더 큰 초점이 됐다. 가장 영향력 있는 결과 중에는 의미망을 사용한 퀼리언(1968)과 시몬스(1973)의 작업, *Preference Semantics*를 사용한 월크스의 작업(Wilks, 1975c, 1975b, 1975a), 단어 기반 이해 시스템에 대한 설명은 스몰과 리제르(1982), 리스벡(1975)의 작업이 있었다. 의미망 기반 마커 전달이라는 기술을 사용한 허스트의 ABSITY 시스템(Hirst and Charniak, 1982; Hirst, 1987, 1988)은 이 유형의 가장 진보된 시스템을 나타낸다. 이러한 대체로 상징적인 접근 방식과 마찬가지로 단어 의미 중의성 해소에 대한 대부분의 연결주의적 접근 방식은 수작업으로 코딩한 표현이 있는 작은 어휘 목록에 의존해왔다(Cottrell, 1985; Kawamoto, 1988).

인지 과학 및 심리 언어학 분야에서 의미 중의성에 대한 상당한 연구가 수행됐다. 이 작업은 일반적으로 어휘 중의성 해소 해결이라는 다른 이름으로 적절하게 설명된다. 스몰 외 연구진(1988)은 이러한 관점에서 다양한 논문을 제시한다.

의미 중의성 해소를 위한 강력한 경험적 접근 방식의 가장 초기 구현은 1,790개의 중의적인 영어 단어에 대한 일련의 중의성 해소 규칙을 수작업으로 만든 팀을 지휘한 켈리와 스톤(1975)에 의해 구현됐다. 레스크(1986)는 단어 의미를 중의성을 해소하기 위해 기계로 읽을 수 있는 사전을 처음으로 사용했다. 월크스 외 연구진(1996)은 기계 판독 가능한 사전 사용에 대한 광범위한 탐색을 설명한다. 사전 의미가 너무 세밀하거나 적절한 조직이 결여돼 있는 문제는 클러스터링 단어 의미 모델로 해결됐다(Dolan, 1994; Peters et al., 1998; Chen and Chang, 1998; Mihalcea and Moldovan, 2001; Agirre and de Lacalle, 2003; Chklovski and Mihalcea, 2003; Palmer et al., 2004; McCarthy, 2006; Navigli, 2006; Snow et al., 2007). 클러스터링 알고리듬 훈련을 위한 클러스터링된 단어 의미를 가진 코퍼스들에는 파머 외 연구진(2006) 및 **OntoNotes**(Hovy et al., 2006)가 있다.

OntoNotes

중의성 해소의 지도 머신러닝 접근 방식에 대한 현대적인 관심은 의사결정 트리 학습을 작업에 적용한 블랙(1988)에서 시작됐다. 이러한 방법에서 많은 양의 주석이 달린 텍스트에 대한 필요성은 부트스트랩 방법의 사용에 대한 조사로 이어졌다(Hearst, 1991; Yarowsky, 1995). 상이한 증거 자료에 가중치를 부여하고 결합하는 방법에 대한 문제는 응과 리(1996), 맥로이(1992), 스티븐슨과 월크스(2001)에서 탐구됐다.

준지도 방법 중에서 선택 선호도의 최근 모델에는 리와 아베(1998), 시아파미타와 존슨(2000), 매카시와 캐롤(2003) 및 라이트와 그리프(2002)가 있다. 디아브와 레스닉(2002)은 두 언어로 정렬된 병렬 코퍼스들을 기반으로 의미 중의성 해소를 위한 반지도 알고리듬을 제공한다. 예를 들어 프랑스어 단어 *catastrophe* 경우에는 영어 *disaster*로 번역되고 다른 경우에는 *tragedy*로 번역될 수 있다는 사실은 두 영어 단어의 의미 중의성 해소하는 데 사용될 수 있다(즉, *disaster*와 *tragedy*의 의미를 선택하는 데 사용). 아베니(2002, 2004)는 야로우스키 알고리듬의 수학적 기초와 공동 훈련과의 관계를 탐구한다. 가장 자주 사용되는 휴리스틱은 매우 강력한 휴리스틱이지만 많은 양의 지도 훈련 데이터가 필요하다. 맥카시 외 연구진(2004)은 20.6절에 정의된 시소러스 유사성 메트릭을 기반으로 가장 빈번한 의미를 자동으로 추정하는 비지도 방법을 제안했다.

단어 의미 연구에서 클러스터링의 가장 초기 사용은 스파크 존스(1986)에 의해 사용됐다. 제르닉(1991)은 표준 정보 검색 클러스터링 알고리듬을 문제에 성공적으로 적용하고 검색 성능 향상에 따라 평가했다. 클러스터링에 대한 보다 광범위한 최근 연구는 페데르센과 브루스(1997) 및 슈체(1997, 1998)에서 찾을 수 있다.

몇 가지 알고리듬이 여러 번의 패스(Kelly and Stone, 1975) 또는 병렬 검색(Cowie et al., 1992; Véronis and Ide, 1990)에 있다.

최근 연구는 비지도(Mihalcea and Moldovan, 1999) 또는 자원봉사자가 레이블을 붙인 단어의 의미 중의성 해소를 위해 데이터를 훈련해 웹을 사용하는 방법에 초점을 맞추고 있다.

아지레와 에드먼즈(2006)는 WSD의 최신 기술을 요약한 포괄적인 편집 책이다. 이데와 베로니스(1998a)는 1998년까지 단어 의미 중의성 해소의 역사를 종합적으로 검토한다. 응(Ng)과 젤레(1997)는 머신러닝 관점에서 집중된 검토를 제공한다. 윌크스 외 연구진(1996)은 초기 작업에 대한 자세한 설명과 함께 사전 및 코퍼스 실험을 설명한다.

우리가 논의한 분산적 단어 유사성의 모델은 1950년대의 언어학과 심리학 연구에서 비롯됐다. 의미가 맥락에서 단어의 분산와 관련이 있다는 생각은 1950년대 언어 이론에 널리 퍼져 있었다. 심지어 잘 알려진 퍼스(1957)와 해리스(1968)의 의견이 앞서 논의되기도 전에, 주오스(1950)는 이렇게 말했다.

> 언어학자의 형태소...의 "의미"는 정의상 다른 형태소와 문맥상 발생의 조건부확률의
> 집합이다.

단어의 의미를 유클리드 공간의 한 지점으로 모델링할 수 있고 두 단어 간의 의미의 유사성을 이러한 지점 간의 거리로 모델링할 수 있다는 관련 아이디어가 오스굿외 연구진(1957)에 의해 심리학에서 제안됐다. 이러한 아이디어를 컴퓨터 프레임워크에 적용한 것은 스파크 존스(1986)에 의해 처음 만들어졌으며, 음성 및 언어 처리에서 더 광범위하게 사용된 정보 검색의 핵심 원칙이 됐다.

단어 유사성에 대한 다양한 가중치 및 방법이 있다. 20장에서 다루지 않은 가장 큰 방법 부류는 우리가 간략하게 소개한 젠슨-섀넌 발산, KL 발산 및 α-skew 발산과 같은 **정보 이론적 방법**의 변형과 세부 사항이다(Pereira et al., 1993; Dagan et al., 1994, 1999; Lee, 1999, 2001). 힌들(1990)과 린(1998a)의 다른 메트릭도 있다. 대체 패러다임에는 **동시 발생 검색** 모델이 포함된다(Weeds, 2003; Weeds and Weir, 2005). 매닝과 슈체(1999, 5장 및 8장)는 배열 측정 및 기타 관련 유사성 측정을 제공한다. 일반적으로 사용되는 가중치는 가중 상호 정보이다(Fung and McKeown, 1997). 여기서 점별 상호 정보는 공동 확률에 의해 가중치가 부여된다. 정보 검색에서 **tf-idf** 가중치는 23장에서 논의한 것처럼 널리 사용된다. 분산 유사성에 대한 좋은 요약은 다간(2000), 모하마드와 허스트(2005), 커란(2003) 및 위즈(2003)를 참조한다.

LSI
LSA

의미론적 유사성의 대체 벡터 공간 모델인 **LSI**Latent Semantic Indexing 또는 **LSA**Latent Semantic Analysis는 고차 규칙성을 발견할 목적의 벡터 공간의 차원성을 줄이기 위해 단일값 분해를 사용한다(Deerwester et al., 1990). 이미 **단일값 분해**를 기반으로 또 다른 의미론적 유사성 모델을 개발한 슈체(1992b)에 대해 논의했다.

다른 어휘 관계와 시소러스 유도에 관한 다양한 최근 문헌이 있다. 시소러스 유도를 위한 분산 단어 유사성의 사용은 그레펜스테트(1994)에 의해 체계적으로 탐색됐다. 하드 클러스터링(Brown et al., 1992), 소프트 클러스터링(Pereira et al., 1993) 및 **CBC**(Clustering By Committee, Lin and Pantel, 2002)와 같은 새로운 알고리듬을 포함해 의미상 유사한 단어의 그룹을 발견하는 작업에 많은 분산 클러스터링 알고리듬이 적

용됐다. 특정 관계의 경우, 린 외 연구진(2003)은 동의어 검출 개선을 목표로 **반의어**를 찾기 위해 수작업 패턴을 적용했다. 20.7절의 분산 단어 유사성 알고리듬은 종종 반의어에 높은 유사성을 잘못 할당한다. 린 외 연구진(2003)은 *from X to Y* 또는 *either X or Y* 패턴에 나타나는 단어가 반의어인 경향이 있음을 보여줬다. 기르주 외 연구진(2003, 2006)은 두 명사의 의미 슈퍼 부류에 대한 일반화를 학습해 **부분어** 추출의 개선을 보여준다. 크클로프스키와 판텔(2004)은 수작업 패턴을 사용해 동사 간의 **강도**와 같은 세밀한 관계를 추출했다. 최근의 많은 연구는 서로 다른 관계 추출기를 결합해 시소러스 유도에 중점을 뒀다. 예를 들어 판텔과 라비찬드란(2004)은 유사성과 하의어 정보를 결합하는 카라발로의 알고리듬을 확장한 반면, 스노우 외 연구진(2006)은 여러 관계 추출기를 통합해 가장 가능성이 높은 동의어 사전 구조를 계산한다. 유사성에 대한 최근 연구는 위키백과에 의존하는 웹 사용에 초점을 맞추고 있다(Strube and Ponzetto, 2006; Gabrilovich and Markovitch, 2007). 이 웹 기반 작업은 비지도 정보 추출과도 밀접한 관련이 있다. 22장 및 에치오니 외 연구진(2005)을 참고한다.

단어 유사성 또는 의미 중의성 해소만큼 오래된 분야는 아니지만 의미론적 역할 레이블링은 컴퓨터 언어학에서 오랜 역사를 가지고 있다. 의미론적 역할 레이블링에 대한 초기 작업은 처음에 ATN 파서를 사용해 문장을 구문 분석했다(Simmons, 1973). 그런 다음 각 동사에는 구문 분석을 의미론적 역할에 매핑하는 방법을 지정하는 일련의 규칙이 있다. 이 규칙은 주로 문법적 함수(주어, 목적어, 특정 전치사의 보어)를 참조했지만, 핵어명사의 활동성과 같은 구성 내부 피처도 확인했다.

이 영역의 통계 작업은 FrameNet 및 PropBank 프로젝트가 훈련과 테스트를 가능하게 할 만큼 충분히 크고 일관된 데이터베이스를 만든 후 2000년에 부활했다. 역할 레이블 지정에 사용되는 많은 인기 피처는 길데아와 주라프스키(2002), 첸과 람보우(2003), 수르데아누 외 연구진(2003), 쉬에와 파머(2004), 프라단 외 연구진(2003, 2005)이 있다.

대규모 레이블이 지정된 훈련 세트의 필요성을 피하기 위해 최근 작업은 의미론적 역할 레이블링에 대한 비지도 접근 방식에 초점을 맞췄다(Swier and Stevenson, 2004).

위에서 설명한 의미론적 역할 레이블링 작업은 의미론적 역할을 가진 코퍼스의 각 문장 토큰에 레이블을 지정하는 데 중점을 둔다. 의미론적 역할 레이블링에 대한 대안적 접근 방식은 동사가 가능한 의미론적 역할 또는 인수 대체 패턴 측면에서 속할 수 있는 의미론적 부류의 종류를 학습하기 위해 코퍼스에 대한 비지도 학습을 사용해 어휘 학습에 초점을 맞추고 있다(Stevenson and Merlo, 1999; Schulte im Walde, 2000; Merlo and Stevenson, 2001; Merlo et al., 2001; Grenager and Manning, 2006).

연습

20.1 신문이나 잡지에서 다양한 길이의 예문으로 구성된 작은 코퍼스를 수집한다. WordNet 또는 표준 사전을 사용해 각 문장의 각 오픈 부류 단어에 대해 얼마나 많은 의미가 있는지 확인한다. 각 문장에 대해 얼마나 많은 의미 조합이 있는가? 이 숫자는 문장 길이에 따라 어떻게 달라지는가?

20.2 WordNet 또는 표준 참조 사전을 사용해 코퍼스의 각 오픈 부류 단어에 올바른 태그를 지정한다. 올바른 의미를 선택하는 것이 항상 간단한 작업이 었는가? 어떤 어려움이 있었는지 설명하라.

20.3 동일한 코퍼스를 사용해 모든 동사-주어 및 동사-목적어 관계에 참여하는 단어를 분리하라. 이러한 관계에 참여하는 단어가 해당 관계 내 단어에 대한 정보만으로 명확해질 수 있는 경우가 얼마나 자주 나타나는가?

20.4 단어 *eat*와 *find* 중에서 어떤 단어가 선택 제한에 기초한 의미 중의성 해소에 더 효과적일 것으로 예상하는가? 그 이유는 무엇인가?

20.5 사전을 사용해 889페이지의 문구 *Time flies like an arrow*에 설명된 원래의 Lesk 단어 중복 중의성 해소 알고리듬을 시뮬레이션하라. 단어들이 왼쪽에서 오른쪽으로 한 번에 하나씩 중의성을 해소하며, 이전 결정의 결과가 프로세스 후반에 사용된다고 가정한다.

20.6 이전 연습에 대한 솔루션 구현을 빌드하라. WordNet을 사용해 문구 *Time flies like an arrow*에서 889페이지에 설명된 원래 Lesk 단어 중복 중의성 해소 알고리듬을 구현하라.

20.7 의사결정 목록 의미 중의성 해소 시스템을 구현하고 실험한다. 모델로 884페이지의 그림 20.2에 표시된 피처를 사용하라. WEKA와 같이 공개적으로 사용 가능한 의사결정 목록 패키지 중 하나를 사용하고(또는 의사결정 목록 학습 구현에 대한 자세한 내용은 러셀과 노르빅(2002) 참조) 시스템을 쉽게 평가하려면 무료로 사용할 수 있는 의미 태그 코퍼스 중 하나를 가져와야 한다.

20.8 공개적으로 사용 가능한 WordNet 유사성 패키지에서 2~3개의 유사성 방법을 평가하라(Pedersen et al., 2004). 유사성 스코어가 있는 일부 단어 쌍에 수작업 레이블을 지정하고 알고리듬이 수작업 레이블과 얼마나 유사한지 확인할 수 있다.

20.9 다양한 연관성 측정 및 벡터 유사성 측정을 수행할 수 있는 분산 단어 유사성 알고리듬을 구현하고, 그림 20.13에서 두 개의 연관성 측정값과 두 개의 벡터 유사성 측정값을 평가하라. 다시 말하지만 유사성 스코어가 있는 일부 단어 쌍에 수작업 레이블을 지정하고 알고리듬이 이러한 레이블에 얼마나 근접하는지 확인해 이를 수행할 수 있다.

21
컴퓨터를 사용한 담화

> 그레이시: 아, 그래... 그리고 존스 부부는 결혼 생활에 어려움을 겪고 있었고, 제 남
> 동생은 존스 부인을 지켜보기 위해 고용됐어.
>
> 조지: 글쎄, 난 그녀가 매우 매력적인 여자라고 생각해.
>
> 그레이시: 그녀는 매력적이었어, 내 남동생은 6개월 동안 밤낮으로 그녀를 지켜봤어.
>
> 조지: 글쎄, 어떻게 된 거야?
>
> 그레이시: 그녀는 마침내 이혼했어.
>
> 조지: 존스 부인?
>
> 그레이시: 아니, 내 동생의 아내.
>
> — ⟨The Salesgirl⟩의 조지 번즈와 그레이시 앨런

오슨 웰즈의 영화 ⟨시민 케인Citizen Kane⟩은 여러 면에서 획기적이있다. 허구의 미디어 거물 찰스 포스터 케인의 삶에 대한 이야기의 영화는 케인의 삶을 통해 연대순으로 진행되지 않는다. 대신 영화는 케인의 죽음('Rosebud'로 유명하다)으로 시작되며, 케인의 죽음을 조사하는 기자의 장면들 사이에 삽입된 케인의 삶에 대한 플래시백을 중심으로 구성돼 있다. 영화의 구조가 실제 타임라인의 구조를 선형적으로 따를 필요가 없다는 새로운 아이디어는 20세기 영화 촬영에서 다양한 종류의 일관된 서사 구조의 무한한 가능성과 영향을 분명히 보여줬다.

그러나 일관된 구조는 단순히 영화나 예술 작품에만 해당하는 것은 아니다. 이 책의 여기까지 주로 단어 또는 문장 수준에서 작동하는 언어 현상에 중점을 뒀다. 그러나 영화와 마찬가지로 언어는 일반적으로 분리되고 관련이 없는 문장으로 구성되는 것이 아니라 함께 배치되고 구조화되고 **일관된** 문장 그룹으로 구성된다. 이러한 일관된 구조화된 문장 그룹을 **담화**라고 한다.

독백 지금 읽고 있는 장은 담화의 한 예다. 사실 **독백**이라는 특정한 종류의 담화다. 독백은 *speaker*(여기에서 작가를 포함해 사용하는 용어)와 *hearer*(유사하게 독자를 포함함)로 특징지어진다. 독백의 의사소통은 한 방향, 즉 화자에서 청자로만 흐른다.

21장을 읽은 후 친구들과 독백에 대해 대화를 나눌 수 있다. 이때 대화는 훨씬 더 자유로운 교류로 구성될 것이다. 그러한 담화를 **대화**, 특히 **인간과 인간의 대화**라고 부른다. 이 경우, 각 참가자는 주기적으로 화자와 청자가 된다. 일반적인 독백과는 달리

대화 대화는 일반적으로 질문하기, 대답하기, 수정하기 등 많은 다양한 유형의 의사소통 행위로 구성돼 있다.

또한 항공사 예약이나 기차 여행 예약과 같은 일부 목적으로 컴퓨터 **대화 에이전트**와 대화할 수도 있다. *human-computer interaction* 또는 **HCI**를 위한 **인간-컴퓨터 대화**

HCI 의 사용은 부분적으로 자유롭고 제약 없는 대화에 참여할 수 있는 컴퓨터 시스템의 능력에 대한 현재의 한계로 인해 정상적인 인간 대 인간 대화와 구별된다.

많은 담화 처리 문제가 이 세 가지 형태의 담화에 공통적이지만, 서로 다른 기술이 이를 처리하는 데 자주 사용된다는 점에서 차이가 있다. 21장에서는 독백의 해석에 일반적으로 적용되는 기법에 중점을 둔다. 대화 에이전트 및 기타 대화에 대한 기술은 24장에서 설명한다.

언어는 담화 수준에서 작용하는 현상으로 가득 차 있다. 예제 (21.1)에 나타난 담화를 고려한다.

(21.1) The Tin Woodman went to the Emerald City to see the Wizard of Oz and ask for a heart. After he asked for it, the Woodman waited for the Wizard's response.

he 및 *it*과 같은 대명사는 무엇을 의미하는가? 독자들은 *he*가 오즈의 마법사가 아니

라 양철 나무꾼을 의미하고 *it*이 에메랄드 도시가 아니라 심장을 의미한다는 것을 이해하는 데 문제가 없었을 것이다. 더욱이 *the Wizard*는 *the Wizard of Oz*와 동일한 개체이고 *the Woodman*은 *the Tin Woodman*과 동일하다는 것은 독자에게 분명하다.

그러나 중의성 해소를 자동으로 수행하는 것은 어려운 작업이다. 대명사 및 기타 명사구가 무엇을 지칭하는지를 결정하는 이 목표를 **대용어 해소**라고 한다. 대용어 해소는 **정보 추출, 요약** 및 **대화 에이전트**에 중요하다. 실제로 상상할 수 있는 모든 언어 처리 애플리케이션에는 대명사 및 관련 표현의 표시를 결정하는 방법이 필요하다는 것이 밝혀졌다.

대명사와 다른 명사 사이의 관계 외에 다른 중요한 담화 구조가 있다. 다음 구절을 요약하는 작업을 고려한다.

(21.2)   First Union Corp is continuing to wrestle with severe problems. According to industry insiders at Paine Webber, their president, John R. Georgius, is planning to announce his retirement tomorrow.

다음과 같은 개술을 추출할 수 있다.

(21.3)   First Union President John R. Georgius is planning to announce his retirement tomorrow.

이러한 개술을 작성하려면 두 번째 문장이 둘 중 더 중요하고 첫 번째 문장이 두 번째 문장에 종속돼 배경 정보만 제공한다는 것을 알아야 한다. 담화에서 이러한 종류의 문장 사이의 관계를 **일관성 관계**라고 하며 담화 문장 사이의 일관성 구조를 결정하는 것은 중요한 담화 작업이다.

일관성은 좋은 텍스트의 속성이기 때문에 일관성 관계를 자동으로 감지하는 것은 텍스트 우수함을 측정하는 자동 에세이 채점과 같은 작업에도 유용하다. **자동 에세이 채점**은 에세이의 내부 일관성을 측정하고 내용을 원본 자료 및 수동으로 레이블을 지정한 고품질 에세이와 비교해 짧은 학생 에세이에 등급을 할당한다. 일관성은 자연어 생성 시스템의 출력 품질을 평가하는 데에도 사용된다.

담화 구조와 동일 지시어는 깊이 연관돼 있다. 위의 요약을 수행하려면 시스템이 *First Union Corp*을 *their*의 표시로 올바르게 식별해야 한다(예: *Paine Webber*와 반대).

마찬가지로, 담화 구조를 결정하는 것이 동일 지시어를 결정하는 데 도움이 될 수 있다.

일관성

텍스트가 일관적이라는 것이 무엇을 의미하는지 토론하면서 소개를 마무리하고자 한다. 예를 들어 이 책의 앞장에서 각각 한 문장을 무작위로 선택해 적절하고 독립적으로 해석 가능한 임의의 집합을 수집했다고 가정한다. 당신은 담화를 가지고 있는가? 거의 확실하지 않다. 그 이유는 이러한 발화가 병치될 때 **일관성**을 나타내지 않기 때문이다. 예를 들어 (21.4)와 (21.5)의 차이를 생각해보자.

일관성

(21.4)   John hid Bill's car keys. He was drunk.

(21.5)   ?? John hid Bill's car keys. He likes spinach.

대부분의 사람들은 지문 (21.4)가 평범하다고 생각하지만 지문 (21.5)가 이상하다고 생각한다. 왜 그럴까? 지문 (21.4)와 마찬가지로 지문 (21.5)을 구성하는 문장이 잘 구성돼 있어 쉽게 해석할 수 있다. 대신 문장이 병치돼 있다는 사실에 문제가 있는 것 같다. 예를 들어 청자는 누군가의 차 열쇠를 숨기는 것이 시금치를 좋아하는 것과 어떤 관련이 있는지 물어볼 수 있다. 이러한 질문함으로써 청중은 구절의 일관성에 의문을 제기한다.

또는 청자는 누군가가 빌의 차 열쇠를 숨기는 대가로 존에게 시금치를 제안했다고 추측해 일관성 있게 설명을 구성하려고 할 수 있다. 사실 이미 알고 있었던 맥락을 고려한다면, 그 구절은 이제 훨씬 더 잘 들린다. 그 이유는 추측을 통해 청자는 존이 좋아하는 시금치를 빌의 차 열쇠를 숨기는 원인으로 식별할 수 있으며, 두 문장이 어떻게 연결돼 있는지 설명한다. 청자가 이러한 연결을 식별하려고 하는 사실은 담화 이해의 일부로서 일관성을 확립할 필요성을 나타낸다.

지문 (21.4) 또는 새로운 구절 모델 (21.5)에서 두 번째 문장은 독자에게 첫 번째 문장에 대한 설명 또는 원인을 제공한다. 이러한 예는 일관성 있는 담화가 흔히 일관성 관계라고 하는 EXPLANATION과 같은 연결인 발화 간에 의미 있는 연결을 가져야 한다는 것을 보여준다. 일관성 관계는 21.2절에서 다룬다.

그로스 외 연구진(1995)의 다음 두 텍스트를 고려해 일관성의 두 번째 측면을 소개한다.

(21.6)　a. John went to his favorite music store to buy a piano.

　　　　b. He had frequented the store for many years.

　　　　c. He was excited that he could finally buy a piano.

　　　　d. He arrived just as the store was closing for the day.

(21.7)　a. John went to his favorite music store to buy a piano.

　　　　b. It was a store John had frequented for many years.

　　　　c. He was excited that he could finally buy a piano.

　　　　d. It was closing just as John arrived.

위의 텍스트는 두 개체(*John*과 *the store*)가 문장에서 실현되는 방식만 다르지만 (21.6)의 담화는 (21.7)의 담화보다 직관적으로 더 일관적이다. 그로즈 외 연구진 (1995)은 (21.6)의 담화가 *John*이라는 한 개인에 대한 행동과 감정을 설명하기 때문이라고 지적한다. 대조적으로 (21.7)의 담화는 먼저 *John*에 초점을 맞추고, 그다음에는 *the store*에 초점을 맞추고, 다시 *John*에게, 다시 *the store*에 초점을 맞추고 있어, 첫 번째 담화의 "관련성aboutness"이 부족하다.

이러한 예는 담화가 일관성을 유지하기 위해서는 관련 개체와 특정 유형의 관계를 보여줘야 하며, 이를 소개하고 집중적으로 따라야 함을 보여준다. 이러한 종류의 일관성을 **개체 기반 일관성**이라고 할 수 있다. 21.6.2절에서 개체 기반 일관성의 **중심화** 모델을 다룬다.

21장 나머지 부분에서는 담화 구조와 담화 개체의 측면을 연구한다. 21.1절에서 가장 간단한 종류의 담화 구조로 시작한다. 문서를 여러 단락의 선형 시퀀스로 나누는 간단한 **담화 세분화**다. 21.2절에서 보다 세분화된 담화 구조, 일관성 관계를 소개하고 이러한 관계를 해석하기 위한 몇 가지 알고리듬을 제공한다. 마지막으로 21.3절에서는 대명사와 같은 *referring expressions*를 해석하는 방법을 설명하는 개체를 살펴본다.

21.1 담화 세분화

검토할 첫 번째 종류의 담화 작업은 텍스트 또는 담화의 전반 또는 고급 구조의 단순화된 버전을 추출하는 것이다. 많은 장르의 텍스트가 특정 기존 구조와 관련돼 있다. 학술 논문은 개요, 도입, 방법론, 결과, 결론으로 나눌 수 있다. 신문 기사는 종종 역 피라미드 구조로 묘사되며, 여기에서 시작 단락(lede)에는 가장 중요한 정보가 포함돼 있다. Spoken patient reports는 표준 SOAP 형식^{Subjective, Objective, Assessment, Plan}에 따라 의사가 4개 섹션으로 나눠 지시한다.

[lede]

대규모 담화를 위해 이러한 모든 유형의 구조를 자동으로 결정하는 것은 어렵고 해결되지 않은 문제다. 그러나 어떤 종류의 담화 구조 탐지 알고리듬이 존재한다. 이 절에서는 **담화 세분화**의 더 간단한 문제에 대한 알고리듬 중 하나를 소개한다. 즉, 문서를 하위 주제의 선형 시퀀스로 분리한다. 이러한 분할 알고리듬은 정교한 계층 구조를 찾을 수 없다. 그럼에도 불구하고 선형 담화 세분화는 정보 검색에 중요할 수 있다. 예를 들어 TV 뉴스 방송이나 긴 뉴스 기사를 일련의 기사로 자동 분할해 관련 기사를 찾기 위해, **텍스트 요약** 알고리듬을 확인해야 하는 경우, 문서의 다른 세그먼트가 올바르게 요약되거나 단일 담화 세그먼트 내부에서 정보를 추출하는 경향이 있는 **정보 추출** 알고리듬의 경우가 있다.

[담화 세분화]

다음 두 절에서는 담화 세분화를 위한 비지도 및 지도 알고리듬을 소개한다.

21.1.1 비지도 담화 세분화

원본 텍스트의 하위 주제 또는 구절을 나타내는 여러 단락 단위로 텍스트를 분할하는 작업을 고려해보자. 위에서 제안했듯이 이 작업은 더욱 정교한 계층적 담화 구조를 도출하는 작업과 구별하기 위해 선형 세분화라고 한다. 분할기의 목표는 원본 텍스트가 주어지면, 지구와 다른 행성의 생명체의 존재에 관한 "Stargazers"라고 부르는 다음의 21개 단락 과학 뉴스 기사에 대해 허스트(1997)가 정의한 것처럼 하위 주제 그룹을 할당하는 것이다.

1–3   Intro – the search for life in space

4–5   The moon's chemical composition

6–8   How early earth–moon proximity shaped the moon

9–12   How the moon helped life evolve on earth

응결성   선형 담화 세분화 작업을 위한 중요한 비지도 알고리듬 부류는 **응결성** 개념에 의존한다(Halliday and Hasan, 1976). 응결성은 텍스트 단위를 연결하거나 연결하기 위해 특정 언어 장치를 사용하는 것이다. 어휘 응결성은 동일한 단어, 동의어 또는 상위어 사용과 같이 두 단위의 단어 간의 관계로 표시되는 응결성이다. 예를 들어 (21.8ab)의 두 문장 모두에서 단어 *house*, *shingled*, *I*가 나온다는 사실은 두 문장이 담화로 연결돼 있다는 단서다.

(21.8)   Before winter **I** built a chimney, and **shingled** the sides of my **house**... **I** have thus a tight **shingled** and plastered **house**

(21.9)에서 두 문장 사이의 어휘 응결성은 *fruit*과 단어 *pears*, *apples* 사이의 상위어 관계로 나타난다.

(21.9)   Peel, core and slice **the pears and the apples**. Add **the fruit** to the skillet.

여기에 *Woodhouses*와 *them* 사이에 표시된 **대용**anaphora 사용처럼 비어휘적 응결성 관계가 있다(21.6절에서 대용을 자세히 정의하고 논의함).

(21.10) The **Woodhouses** were first in consequence there. All looked up to **them**.

두 단어 사이의 어휘 응결성의 단일 예 외에도 응결성 관련 단어의 전체 시퀀스로

cohesion!chain   표시되는 **cohesion!chain**을 가질 수 있다.

(21.11) Peel, core and slice **the pears and the apples**. Add **the fruit** to the skillet. When **they** are soft...

일관성과 **응결성**은 종종 혼동된다. 차이점을 살펴보자. **응결성**은 텍스트 단위가 서로 연결되는 방식을 나타낸다. 응결성 관계는 두 단위를 하나의 단위로 그룹화하는 일종의 접착제와 같다. **일관성**은 두 단위 간의 *meaning* 관계를 나타낸다. 일관성 관계는

서로 다른 텍스트 단위의 의미가 결합돼 더 큰 단위에 대한 담화 의미를 구축하는 방법을 설명한다.

세분화에 대한 응결성 기반 접근 방식의 직관은 하위 주제의 문장 또는 단락이 서로 응결성이 있지만 인접한 부차적인 논제의 단락과는 그렇지 않다는 것이다. 따라서 모든 인접 문장 간의 응결성을 측정하면 부차적인 논제 경계에서 응결성이 "dip"될 것으로 예상할 수 있다.

TextTiling 그러한 응결성 기반 접근 방식 중 하나인 **TextTiling** 알고리듬을 살펴보자(Hearst, 1997). 알고리듬에는 토큰화, 어휘 점수 결정 및 경계 식별의 세 단계가 있다. 토큰화 단계에서는 입력의 각 공백으로 구분된 단어가 소문자로 변환되고, 기능어의 중지 목록stop list에 있는 단어가 폐기되고, 나머지 단어는 형태론적으로 어간이 된다. 어간 단어는 길이 $w = 20$의 유사한 문장으로 그룹화된다(실제 문장이 아닌 동일한 길이의 유사한 문장이 사용됨).

이제 유사한 문장 사이의 각 간격을 살펴보고 그 간격에 대한 **어휘 응결성 점수**를 계산한다. 응결성 점수는 간격 이후의 유사한 문장과 간격 이전의 유사한 문장의 단어의 평균 유사성으로 정의된다. 일반적으로 간격의 각 측면에 $k = 10$ 유사한 문장 블록을 사용한다. 유사성을 계산하기 위해 간격 이전 블록에서 단어 벡터 b를 생성하고 간격 이후 블록에서 벡터 a를 생성한다. 여기서 벡터는 길이 N(문서의 총 논스톱 단어 수)이고 단어 벡터의 i번째 요소는 단어 w_i의 빈도이다. 이제 여기서 다시 작성된 20장의 식 20.47에 정의된 코사인(= 정규화된 내적) 측정을 통해 유사성을 계산할 수 있다.

$$\text{sim}_{\text{cosine}}(\vec{b}, \vec{a}) = \frac{\vec{b} \cdot \vec{a}}{|\vec{b}||\vec{a}|} = \frac{\sum_{i=1}^{N} b_i \times a_i}{\sqrt{\sum_{i=1}^{N} b_i^2}\sqrt{\sum_{i=1}^{N} a_i^2}} \qquad (21.12)$$

이 유사성 점수($i - k$부터 i가 문장 $i + 1$부터 $i + k + 1$의 유사한 문장 측정)가 유사한 문장 사이의 각 간격 i에 대해 계산된다. $k = 2$인 그림 21.1의 예를 살펴보자. 그림 21.1a는 네 개의 유사한 문장의 개략도를 보여준다. 각 20단어 유사한 문장에는 여러 개의 실제 문장이 있을 수 있다. 각각 두 개의 실제 문장을 보여줬다. 또한 이 그림은 연속적인 유사한 문장 사이의 내적 계산을 나타낸다. 예를 들어 문장 1과 2로 구성된 첫 번째 유사한 문장에서 단어 A는 두 번, B는 한 번, C는 두 번 나오는 식이다. 처음 두 유사한 문장 사이의 내적은 $2 \times 1 + 1 \times 1 + 2 \times 1 + 1 \times 1 + 2 \times 1 = 8$이다. 이 두 단어 사이의 코사인은 표시되지 않은 모든 단어가 제로 카운트를 갖는다고 가정할 때, 무엇을 의미하는가?

마지막으로 각 간격에 대한 **깊이 스코어**를 계산해 간격에서 "similarity valley"의 깊이를 측정한다. 깊이 점수는 계곡 양쪽의 정점에서 계곡까지의 거리이다. 그림 21.1(b)에서 이것은 $(y_{a_1} - y_{a_2}) + (y_{a_3} - y_{a_2})$가 된다.

경계는 컷오프 임계값보다 더 깊은 계곡에 할당된다(예: $\bar{s} - \sigma$, 즉 평균 계곡 깊이보다 깊은 표준 편차).

이러한 깊이 스코어 임계값을 사용하는 대신 최근의 응결성 기반 분할기는 **분할 클러스터링**을 사용한다(Choi, 2000; Choi et al., 2001). 자세한 내용은 장 끝부분에 있는 이력 노트를 참고한다.

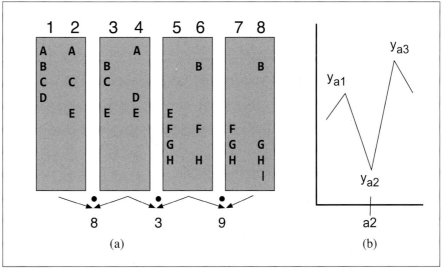

그림 21.1 (a) 두 문장(1과 2)과 다음 두 문장(3과 4) 사이의 유사성의 내적 계산을 보여주는 TextTiling 알고리듬. 대문자(A, B, C 등)는 단어의 발생을 나타낸다. (b) 계곡의 깊이 스코어 계산을 보여준다. 허스트(1997)

21.1.2 지도된 담화 세분화

이제 수동으로 레이블이 지정된 세그먼트 경계가 없을 때 담화를 분할하는 방법을 발견했다. 그러나 일부 담화 세분화 작업의 경우 경계 레이블이 지정된 훈련 데이터를 획득하는 것이 상대적으로 쉽다.

방송 뉴스 세분화의 음성 담화 작업을 생각해보자. 라디오나 TV 방송을 요약하려면 먼저 뉴스 기사 사이에 경계를 지정해야 한다. 이는 간단한 담화 세분화 작업이며 수동으로 레이블이 지정된 뉴스 스토리 경계가 있는 훈련 세트가 존재한다. 마찬가지로 강의나 연설과 같은 독백의 음성 인식을 위해 텍스트를 자동으로 단락으로 나누고자 한다. **단락 세분화** 작업의 경우 웹(<p>로 표시됨) 또는 기타 소스에서 레이블이 지정된 학습 데이터를 찾는 것은 간단하다.

이러한 종류의 지도 담화 세분화에는 모든 종류의 분류사가 사용됐다. 예를 들어 이진 분류사(SVM, 결정 트리)를 사용해 두 문장 사이에 예-아니요 경계를 결정할 수 있다. 시퀀스 분류사(HMM, CRF)를 사용해 순차 제약 조건을 더 쉽게 통합할 수도 있다.

지도된 세분화의 피처는 일반적으로 비지도 분류에 사용되는 피처의 상위 집합이다. 단어 겹침, 단어 코사인, LSA, 어휘 연쇄, 동일 지시어 등과 같은 응결성 피처를 확실히 사용할 수 있다.

지도된 세분화에 자주 사용되는 주요 추가 피처는 **담화 마커** 또는 **단서어**의 존재다. 담화 마커는 담화 구조를 나타내는 기능을 하는 단어 또는 구다. 담화 마커는 21장 전체에서 중요한 역할을 한다. 방송 뉴스 세분화를 위해 중요한 담화 마커에는 방송 시작 시 발생하는 경향이 있는 *good evening, I'm ⟨PERSON⟩*과 같은 문구 또는 *joining us now is ⟨PERSON⟩*이라는 문구로, 특정 세그먼트의 시작 부분에서 자주 발생한다. 유사하게, *coming up*이라는 단서 문구는 종종 세그먼트 끝에 나타난다(Reynar, 1999; Beeferman et al., 1999).

담화 마커는 특정 도메인인 경향이 있다. 예를 들어 ⟨월 스트리트 저널⟩의 신문 기사를 분할하는 작업의 경우, 단어 *incorporated*가 유용한 피처다. ⟨월 스트리트 저널⟩ 기사는 종종 전체 이름이 *XYZ Incorporated*인 회사를 소개하는 것으로 시작하지만 나중에는 *XYZ*만을 사용하기 때문이다. 부동산 광고를 세분화 작업을 위해 매닝(1998)은 '*is the following word a neighborhood name?*', '*is previous word a phone number?*'와 '*is the following word capitalized?*'와 같은 구두점 단서 피처를 사용했다.

주어진 도메인에 대한 담화 마커를 식별하기 위해 수동으로 규칙 또는 정규식을 작성할 수 있다. 이러한 규칙은 종종 명명된 개체(위의 PERSON 예처럼)를 지칭하기 때문에 명명된 개체 태거는 전처리기로 실행해야 한다. 분할을 위한 담화 마커를 찾는 자동 방법도 존재한다. 먼저 가능한 모든 단어 또는 구를 분류사의 피처로 인코딩한 다음 훈련 세트에서 일종의 피처 선택을 통해 경계의 가장 좋은 지표인 단어만 찾는다 (Beeferman et al., 1999; Kawahara et al., 2004).

21.1.3 담화 세분화 평가

일반적으로 경계가 인간에 의해 레이블이 지정된 테스트 세트에서 알고리듬을 실행한 다음 *WindowDiff*(Pevzner and Hearst, 2002) 또는 P_k(Beeferman et al.,1999) 메트릭을 사용해 자동 및 인간 경계 레이블을 비교해 담화 세분화를 평가한다.

일반적으로 세분화를 평가하는 데 정밀도, 재현율 및 *F* 측정을 사용하지 않는다. 이상 근접에 민감하지 않기 때문이다. 경계를 할당할 때 분할 알고리듬이 한 문장씩 벗어난 경우, 표준 *F* 측정은 올바른 위치 근처에 경계를 할당하지 않는 알고리듬만큼 나쁜 점수를 준다. *WindowDiff*와 P_k는 모두 부분 크레딧을 할당한다. WindowDiff 는 P_k에 대한 최근 개선 사항이기 때문에 제시할 것이다.

WindowDiff는 기준(인간 레이블 지정) 분할을 길이 k의 이동 창인 프로브^{probe}를 가설 분할 간에 슬라이딩해 가설 분할과 비교한다. 가설 문자열의 각 위치에서 프로브 (r_i) 내에 있는 **기준** 경계 수와 프로브(h_i) 안에 들어가는 귀무 **가설**의 경계 수를 비교한다. 알고리듬은 $r_i \neq h_i$, 즉, $|r_i - h_i| \neq 0$에 대한 모든 가설에 불이익을 준다. 창 크기 k는 지칭 문자열에서 평균 세그먼트의 절반으로 설정된다. 그림 21.2는 계산의 개략도를 보여준다.

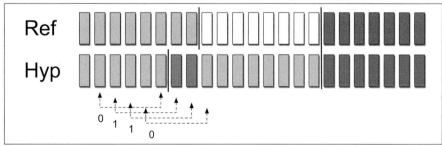

그림 21.2　WindowDiff 알고리듬은 이동 창이 가설 문자열 위로 슬라이딩하는 것을 보여주고, 4개의 위치에서 |ri − hi|의 계산을 보여준다. 페브즈너와 허스트(2002)

공식적으로, $b(i, j)$가 텍스트의 위치 i와 j 사이의 경계 수이고, N이 텍스트의 문장 수인 경우 다음과 같다.

$$\text{WindowDiff}(ref, hyp) = \frac{1}{N-k} \sum_{i=1}^{N-k} (|b(ref_i, ref_{i+k}) - b(hyp_i, hyp_{i+k})| \neq 0) \quad (21.13)$$

WindowDiff는 0과 1 사이의 값을 반환한다. 여기서 0은 모든 경계가 올바르게 할당됐음을 나타낸다.

21.2 텍스트 일관성

앞의 절에서는 어휘 반복과 같은 연결 어구를 사용해 담화의 구조를 찾을 수 있음을 보여줬다. 그러나 문장의 존재만으로는 담화가 충족해야 하는 *coherent*이라는 더 강력한 요구 사항을 충족하지 못한다. 서론에서 일관성을 간략하게 소개했다. 이 절에서는 텍스트가 일관성이 있다는 것이 무엇을 의미하는지에 대해 자세히 설명하고 일관성을 결정하기 위한 계산 메커니즘을 설명한다. **일관성 관계**에 초점을 맞추고 21.6.2절에 대한 **개체 기반 일관성**을 유지한다.

서두에서 구절 (21.14)과 (21.15)의 차이점을 상기한다.

(21.14) John hid Bill's car keys. He was drunk.

(21.15) ?? John hid Bill's car keys. He likes spinach.

(21.14)가 더 일관된 이유는 독자가 두 발화 사이에 연결을 형성할 수 있기 때문이며, 두 번째 발화는 첫 번째 발화에 대한 잠재적인 원인 또는 설명을 제공한다. 이 링크는 (21.15)에 대해 형성하기가 더 어렵다. 담화에서 발화 간의 가능한 연결은 일련의 일관성 관계로 지정할 수 있다. 홉스(1979a)가 제안한 몇 가지 그러한 관계가 아래에 나와 있다. 용어 S_0 및 S_1은 관련되는 두 문장의 의미를 나타낸다.

결과: S_0에 의해 주장된 상태 또는 이벤트가 S_1에 의해 주장된 상태 또는 이벤트를 유발할 수 있음을 추론한다.

(21.16) The Tin Woodman was caught in the rain. His joints rusted.

설명: S_1에 의해 확고한 상태 또는 이벤트가 S_0에 의해 확고한 상태 또는 이벤트를 유발할 수 있음을 추론한다.

(21.17) John hid Bill's car keys. He was drunk.

병렬: S_0의 단정에서 $p(a_1, a_2,....)$를 추론하고 S_1의 단정에서 $p(b_1, b_2,....)$를 추론한다. 여기서 a_i와 b_i는 모두 i는 유사하다.

(21.18) The Scarecrow wanted some brains. The Tin Woodman wanted a heart.

정교화: S_0 및 S_1의 단정에서 동일한 명제 P를 추론한다.

(21.19) Dorothy was from Kansas. She lived in the midst of the great Kansas prairies.

사례: 상태 변경은 S_0의 단정에서 추론할 수 있으며, 최종 상태는 S_1에서 추론할 수 있다. 또는 상태 변경은 S_0에서 초기 상태를 추론할 수 있는 S_1의 단정에서 추론할 수 있다.

(21.20) Dorothy picked up the oil—can. She oiled the Tin Woodman's joints.

또한 일관성 관계 간의 계층적 구조를 고려해 전체 담화의 일관성에 대해 이야기할 수도 있다. 21.21절을 고려한다.

(21.21) John went to the bank to deposit his paycheck. (S1)

He then took a train to Bill's car dealership. (S2)

He needed to buy a car. (S3)

The company he works for now isn't near any public transportation. (S4)

He also wanted to talk to Bill about their softball league. (S5)

직관적으로 (21.21)의 구조는 선형적이지 않다. 이 담화는 주로 문장 S1과 S2에 설명된 일련의 이벤트에 관한 것이며, 문장 S3과 S5는 S2와 가장 직접적으로 관련이 있고 S4는 S3와 가장 직접적으로 관련이 있다. 이 문장들 사이의 일관성 관계는 그림 21.3과 같은 담화 구조를 생성한다.

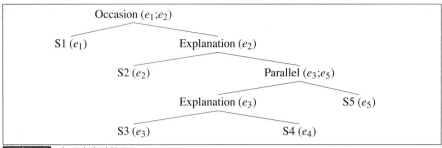

그림 21.3 (21.21)의 담화 구조

담화 세그먼트

트리의 각 노드는 **담화 세그먼트**라고 하는 위치상으로 일관된 절 또는 문장 그룹을 나타낸다. 대략적으로 말하면, 담화 세그먼트는 문장 구문의 구성 요소와 유사하다고 생각할 수 있다.

이제 일관성의 예를 살펴봤기 때문에 일관성 관계가 요약 또는 정보 추출에서 어떤 역할을 할 수 있는지 더욱 명확하게 알 수 있다. 예를 들어 정교화 관계로 인해 일관된 담화는 (21.19)처럼 요약 문장 다음에 세부 사항을 추가하는 하나 이상의 문장으로 특징지어진다. 이 구절에는 이벤트를 설명하는 두 개의 문장이 있지만 정교화 관계는 동일한 이벤트가 각각에 설명되고 있음을 알려준다. 따라서 정교화 관계의 자동 레이블링은 정보 추출 또는 요약 시스템에 문장의 정보를 병합하고 두 개가 아닌 단일 이벤트 설명을 생성할 수 있다.

21.2.1 수사적 구조 이론

광범위하게 사용된 또 다른 일관성 관계 이론은 텍스트 생성 연구를 위해 원래 제안된 텍스트 구성 모델인 **수사적 구조 이론**RST이다(Mann and Thompson, 1987).

수사적 구조 이론

RST는 담화 내에서 텍스트 범위 사이를 유지할 수 있는 23개의 *rhetorical relations* 세트를 기반으로 한다. 대부분의 관계는 두 텍스트 범위(종종 절 또는 문장), **핵심**nucleus 과 **종속**satellite 사이에 유지된다. 핵심은 글쓴이의 목적에 더 중요한 단위이며 독립적으로 해석할 수 있다. 종속된 것은 덜 중심적이며 일반적으로 핵심에 대해서만 해석할 수 있다.

핵심
종속

종속이 핵심으로 표현된 명제 또는 상황에 대한 증거를 제시하는 **증거** 관계를 고려한다.

(21.22) Kevin must be here. His car is parked outside.

RST 관계는 전통적으로 그래픽으로 표현된다. 비대칭 핵심과 종속^{Nucleus-Satellite} 관계는 종속에서 핵심까지 화살표로 표현된다.

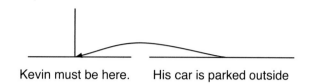

Kevin must be here.　　His car is parked outside

원래의 (Mann and Thompson, 1987) 공식에서, RST 관계는 핵심과 종속에 대한 일련의 제약에 의해 공식적으로 정의되며, 글쓴이(W)와 독자(R)의 목표와 신념과 관련돼야 하며 그리고 독자(R)에 미치는 **영향**에 의해 정의된다. 예를 들어 증거 관계는 다음과 같이 정의된다.

관계 이름:	증거
N에 대한 제약 조건:	R은 N을 W에 만족할 정도로 신뢰하지 않을 수 있음
S에 대한 제약 조건:	R은 S를 믿거나 신뢰할 수 있다고 생각함
N+S에 대한 제약 조건:	S를 이해하는 R은 N에 대한 R의 신뢰를 증가시킴
효과:	N에 대한 R의 신뢰가 증가함

RST, 관련 이론, 구현에는 다양한 수사적 관계가 있다. 예를 들어 RST 트리뱅크 (Carlson et al., 2001)는 16개의 부류로 그룹화된 78개의 서로 다른 관계를 정의한다. 다음은 칼슨과 마르쿠(2001)에서 적용한 정의와 함께 몇 가지 일반적인 RST 관계다.

정교화: 정교화 관계에는 다양한 종류가 있다. 각각의 종속은 핵심의 내용에 대한 추가 정보를 제공한다.

[_N The company wouldn't elaborate,] [_S citing competitive reasons]

귀속: 종속은 핵심에서 기록된 음성의 예에 대한 귀속 원인을 제공한다.

[_S Analysts estimated,] [_N that sales at U.S. stores declined in the quarter, too]

대조: 두 개 이상의 핵심이 몇 가지 중요한 차원을 따라 대조되는 다중 핵심 관계다.

[_N The priest was in a very bad temper,] [_N but the lama was quite happy.]

목록: 이 다중 핵심 관계에서는 대조 또는 명시적 비교 없이 일련의 핵심이 제공된다.

$[_N$ Billy Bones was the mate; $]$ $[_N$ Long John, he was quartermaster$]$

배경: 종속은 핵심을 해석하기 위한 맥락을 제공한다.

$[_S$ T is the pointer to the root of a binary tree.$]$ $[_N$ Initialize T.$]$

홉스 일관성 관계에서 본 것처럼 RST 관계는 전체 담화 트리로 계층적으로 구성될 수 있다. 그림 21.4는 *Scientific American* 잡지의 (21.23)의 텍스트에 대한 마르쿠 (2000a)의 것을 보여준다.

(21.23) With its distant orbit – 50 percent farther from the sun than Earth – and slim atmospheric blanket, Mars experiences frigid weather conditions. Surface temperatures typically average about −60 degrees Celsius (−76 degrees Fahrenheit) at the equator and can dip to −123 degrees C near the poles. Only the midday sun at tropical latitudes is warm enough to thaw ice on occasion, but any liquid water formed in this way would evaporate almost instantly because of the low atmospheric pressure.

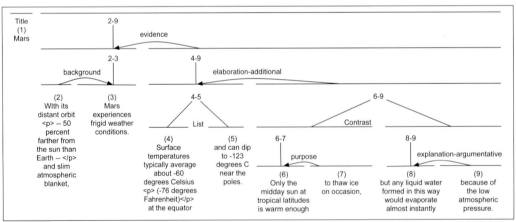

그림 21.4   마르쿠(2000a)의 (21.23)에 있는 Scientific American 텍스트에 대한 담화 트리. 비대칭 관계는 종속에서 핵심 까지 구부러진 화살표로 표시된다.

일관성 관계 및 관련 코퍼스들에 다른 이론에 대한 포인터는 장 끝에 있는 이력 노트를 참고한다. 요약에 대한 RST 및 유사한 일관성 관계의 적용은 23장을 참고한다.

21.2.2 자동 일관성 할당

일련의 문장이 주어지면 어떻게 자동으로 그 사이의 일관성 관계를 결정할 수 있을까? RST, 홉스 또는 다른 많은 관계 집합 중 하나를 사용하든 이 작업 **일관성 관계 할당**이라고 한다. 이 작업을 두 문장 사이의 관계를 할당하는 것에서 전체 담화를 나타내는 트리 또는 그래프를 추출하는 더 큰 목표로 확장하면 종종 **담화 구문 분석**이라는 용어를 사용한다.

담화 구문 분석

이 두 가지 과제는 매우 어렵고 미해결된 연구 문제로 남아 있다. 그럼에도 불구하고 다양한 방법이 제안됐으며, 이 절에서는 **단서 관용구**에 기반한 피상적인 알고리듬을 설명한다. 다음 절에서는 **삼단논법**을 기반으로 한 더 정교하지만 덜 견고한 알고리듬 개요를 제시한다.

일관성 추출을 위한 피상적인 단서 관용구 기반 알고리듬에는 세 단계가 있다.

1. 텍스트에서 단서 관용구를 식별한다.
2. 단서 관용구를 사용해 텍스트를 담화 세그먼트로 분할한다.
3. 단서 관용구를 사용해 연속된 각 담화 세그먼트 간의 관계를 분류한다.

단서 관용구
담화 마커

앞서 **단서 관용구**(또는 **담화 마커** 또는 **단서 단어**)가 특히 담화 세그먼트를 함께 연결해 담화 구조를 신호하는 기능을 하는 단어 또는 구문이라고 말했다. 21.1절에서 *joining us now is* ⟨*PERSON*⟩(방송 뉴스 분할의 경우) 또는 *following word is the name of a neighborhood*(부동산 광고 분할의 경우)와 같은 단서 문구 또는 피처를 언급했다. 일관성 관계를 추출하기 위해 종종 **접속사** 또는 부사이며, 세그먼트 사이에 유지되는 일관성 관계에 대한 단서를 제공하는 연결이라는 단서 관용구에 의존한다. 예를 들어 연결 *because*는 (21.24)에서 EXPLANATION 관계를 강력하게 시사한다.

(21.24) John hid Bill's car keys <u>because</u> he was drunk.

다른 연결 단서 문구에는 *although*, *but*, *for example*, *yet*, *with*, *and*가 포함된다. 담화 마커는 이러한 담화 사용과 비담화 관련 **문장**의 사용 사이에서 매우 모호할 수 있다. 예를 들어 단어 *with*는 예제 (21.25)에서와 같이 단서 관용구로 사용되거나

(21.26)에서와 같이 문장 용도로 사용될 수 있다.[1]

(21.25) **With** its distant orbit, Mars exhibits frigid weather conditions

(21.26) We can see Mars **with** an ordinary telescope.

일단 문장 경계를 가지게 되면, 담화와 단서 관용구의 문장 사용에 대한 간단한 중의성 해소는 간단한 정규 표현식으로 수행할 수 있다. 예를 들어 단어 *With* 또는 *Yet*이 대문자이고 문장이 시작되는 경우 담화 표시자가 되는 경향이 있다. 쉼표가 앞에 있는 경우, 단어 *because* 또는 *where*는 담화 표식어가 되는 경향이 있다. 보다 완전한 중의성 해소를 위해서는 다른 많은 피처를 사용하는 20장의 WSD 기술이 필요하다. 예를 들어 음성을 사용할 수 있는 경우, 담화 마커는 종종 문장 사용과는 다른 종류의 음조 악센트를 표시한다(Hirschberg and Litman, 1993).

올바른 일관성 관계를 결정하는 두 번째 단계는 텍스트를 담화 세그먼트로 분할하는 것이다. 담화 세그먼트는 일반적으로 절이나 문장에 해당하지만 때로는 절보다 작다. 많은 알고리듬은 그림 3.22의 문장 분할 알고리듬 또는 8.1.1절의 알고리듬을 사용한다. 그리고 전체 문장을 사용해 분할을 근사화한다.

그러나 스포리더와 라파타(2004)의 다음 예에서 볼 수 있듯이 절 또는 절과 유사한 단위가 담화 세그먼트에 더 적합한 크기다.

(21.27) [We can't win] [but we must keep trying] (CONTRAST)

(21.28) [The ability to operate at these temperature is advantageous], [because the devices need less thermal insulation] (EXPLANATION)

이러한 절과 유사한 단위를 분할하는 한 가지 방법은 개별 단서 관용구를 기반으로 수동으로 작성한 분할 규칙을 사용하는 것이다. 예를 들어 단서 관용구 *Because*가 문장 처음에 발생하고 결국 쉼표가 뒤에 오는 경우((21.29)에서와 같이), 쉼표 뒤의 절과 관련된 세그먼트(쉼표로 끝남)를 시작할 수 있다. 만약 *because*가 문장 중간에 발생한다면, 문장을 이전과 다음 담화 부분으로 나눌 수 있다((21.30)에서와 같이). 이러한 경우는 구두점과 문장 경계에 기초해 수동으로 쓴 규칙으로 구분할 수 있다.

---

1   이 경우 아마도 의미론적 역할 INSTRUMENT에 대한 단서가 될 것이다.

(21.29) [Because of the low atmospheric pressure,] [any liquid water would evaporate instantly]

(21.30) [Any liquid water would evaporate instantly] [because of the low atmospheric pressure.]

구문 파서를 사용할 수 있는 경우, 통사론의 관용구를 사용해 더 복잡한 분할 규칙을 작성할 수 있다.

일관성 추출의 세 번째 단계는 각 인접 세그먼트 쌍 간의 관계를 자동으로 분류하는 것이다. 담화 세그먼트 경계를 결정하는 것과 마찬가지로 각 담화 마커에 대한 규칙을 다시 작성할 수 있다. 따라서 규칙은 문장 시작 부분인 *Because*로 시작하는 세그먼트가 쉼표 뒤에 오는 핵심 세그먼트와 함께 CAUSE 관계에 있는 종속임을 지정할 수 있다.

일반적으로 일관성 추출에 대한 규칙 기반 접근 방식은 매우 높은 정확도를 달성하지 못한다. 부분적으로 단서 관용구가 중의적이기 때문이다. 예를 들어 *because*는 CAUSE와 EVIDENCE를 모두 나타낼 수 있지만, *but*은 CONTRAST, ANTITHESIS, CONCESSION 등을 나타낼 수 있다. 단서 관용구 자체가 아닌 다른 피처가 필요하다. 그러나 규칙 기반 방법의 더 심각한 문제는 많은 일관성 관계가 단서 관용구에 의해 전혀 신호되지 않는다는 것이다. 예를 들어 칼슨 외 연구진(2001)의 RST 코퍼스에서 마르쿠와 에치하비(2002)는 238개의 CONTRAST 관계 중 61개, 307개의 EXPLANATION-EVIDENCE 관계 중 79개만 명시적인 단서 관용구에 의해 표시된다는 것을 발견했다. 대신 많은 일관성 관계가 더 암시적인 단서에 의해 신호를 받는다. 예를 들어 다음 두 문장은 CONTRAST 관계에 있지만 두 번째 문장을 시작하는 명시적인 *in contrast* 또는 *but* 연결성은 없다.

(21.31) The $6 billion that some 40 companies are looking to raise in the year ending March 31 compares with only $2.7 billion raised on the capital market in the previous fiscal year.

(21.32) In fiscal 1984 before Mr. Gandhi came to power, only $810 million was raised.

단서 관용구가 없는 경우, 담화 세그먼트 간의 일관성 관계를 어떻게 추출할 수 있는가? 확실히 우리가 사용할 수 있는 암시적 단서가 많이 있다. 다음 두 가지 담화 부분을 고려한다.

(21.33) [I don't want a truck;] [I'd prefer a convertible.]

이러한 세그먼트 간의 CONTRAST 관계는 구문 병렬성, 첫 번째 세그먼트의 부정 사용 및 *convertible*과 *truck* 간의 어휘 좌표 관계에 의해 신호를 받는다. 그러나 이러한 피처 중 상당수는 매우 어휘적이기 때문에 현재 존재하는 소량의 레이블이 지정된 일관성 관계 데이터에 대해 훈련할 수 없는 많은 매개변수가 필요하다.

이는 더 큰 코퍼스에 더 많은 비용이 드는 피처를 훈련시키는 데 사용할 수 있는 일관성과 함께 자동으로 레이블을 지정하는 부트스트래핑을 사용하는 것을 제안한다. 특정 관계에 대한 강력하고 중의적이지 않은 단서인 담화 마커에 의존함으로써 이를 수행할 수 있다. 예를 들어 *consequently*는 RESULT에 대한 중의적이지 않은 신호이며, *in other words*는 SUMMARY에 대한 신호이며, *for example*은 ELABORATION에 대한 신호이고, *secondly*는 CONTINUATION에 대한 신호이다. 정규식을 작성해 이러한 단서 관용구를 둘러싼 담화 세그먼트의 쌍을 추출한 다음 단서 관용구 자체를 제거한다. 단서 관용구가 없는 결과 문장 쌍은 이러한 일관성 관계를 위한 지도 훈련 세트로 사용된다.

이 레이블이 지정된 학습 세트가 주어지면 모든 지도 머신러닝 방법을 사용할 수 있다. 예를 들어 마르쿠와 에치하비(2002)는 단어 쌍 피처(w_1, w_2)만을 기반으로 하는 나이브 베이즈 분류사를 사용하는데, 여기서 첫 번째 단어 w_1은 첫 번째 담화 세그먼트에서 발생하고 두 번째 w_2는 다음 세그먼트에서 발생한다. 이 피처는 위의 *convertible/truck*과 같은 어휘 관계를 포착한다. 스포일러와 라스카리데스(2005)는 왼쪽과 오른쪽 담화 부분에 개별 단어, 품사 또는 어간 단어와 같은 다른 피처를 포함한다. 예를 들어 피처 선택에서 CONTRAST에 대한 좋은 단서로 단어 *other*, *still*, *not*이 선택하고, 단어 *so*, *indeed*, *undoubtedly*가 RESULT의 단서로 선택된다.

21.3 참조 해결

심지어 애국적인 캔터베리 대주교인 스티그랜드도 그것이 바람직하다는 것을 알았다.

"무엇을 찾았지?" 오리가 말했다.

"그것을 찾았어." 쥐가 다소 반문하듯 대답했다. "물론 "그것이 무슨 뜻인지 알겠지."

"나는 물건을 발견했을 때 "그것"이 무엇을 의미하는지 충분히 잘 알고 있어"라고 오리는 말했다. "그것은 일반적으로 개구리나 벌레야. 문제는 대주교가 무엇을 발견했느냐는 것이지."

– 루이스 캐럴, 『이상한 나라의 앨리스』

모든 담화 문장을 해석하려면 누구 또는 어떤 개체에 대해 이야기하고 있는지 알아야 한다. 다음 구절을 고려한다.

(21.34) <u>Victoria Chen</u>, <u>Chief Financial Officer of Megabucks Banking Corp</u> since 2004, saw <u>her</u> pay jump 20%, to $1.3 million, as <u>the 37-year-old</u> also became <u>the Denver-based financial-services company's president</u>. It has been ten years since <u>she</u> came to Megabucks from rival Lotsabucks.

이 구절에서 밑줄이 그어진 각 문구는 화자가 Victoria Chen이라는 사람을 나타내는 데 사용한다. *her* 또는 *Victoria Chen*과 같은 언어적 표현을 사용해 개체 또는 개인을 **지칭**으로 나타낸다. 21장의 다음 몇 절에서는 **참조 해결** 문제를 연구한다. 참조 해결은 어떤 개체가 어떤 언어 표현에 의해 지칭되는지 결정하는 작업이다.

먼저, 몇 가지 용어를 정의한다. 지칭을 수행하는 데 사용되는 자연어 표현식을 **지칭 표현**이라고 하고 지칭되는 개체를 **지시 대상**이라고 한다. 따라서 (21.34)의 *Victoria Chen*과 *she*는 지칭 표현이며, Victoria Chen은 지시 대상이다(지칭 표현과 지시 대상을 구별하기 위해 지칭 표현을 이탤릭체로 표시). 편리한 속기로서, 때때로 지칭 표현을 언급하는 경우가 있다. 예를 들어 *she*가 *Victoria Chen*을 지칭한다고 말할 수 있다. 그러나 독자는 정말로 의미하는 바는 화자가 빅토리아 첸을 she라고 말하면서 언급하는 행위를 하고 있다는 것을 명심해야 한다. 동일한 개체를 지칭하는 데 사용되는 두 개의 지칭 표현을 **공지시**corefer라고 한다. 따라서 *Victoria Chen*과 *she*는 (21.34)에서 지시 대상을 지칭한다. 또한 *John*이 언급돼 이후에 *he*로 언급되는 방식으로 다른 사람

(좌측 여백 용어) 지칭 / 참조 해결 / 지칭 표현 / 지시 대상 / 공지시

의 사용을 허용하는 지칭 표현에 대한 용어가 있다. *he*의 선행은 *John*이다. 이전에 담화에 있는 개체에 대한 언급을 **대용**이라고 하며, 사용된 지칭 표현은 **대용어**라고 한다. 구절 (21.34)에서 대명사 *she*와 *her*와 명확한 NP the 37-year-old는 대용어다.

자연어는 화자에게 개체를 지칭하는 다양한 방법을 제공한다. 만약 당신의 친구가 1961년형 포드 팔콘 자동차를 가지고 있고, 당신이 그것을 지칭하고 싶다고 하자. 실제 **담화의 맥락**에 따라 *it, this, that, this car, that car, the car, the Ford, the Falcon, my friend's car*라고 말할 수 있다. 그러나 어떤 상황에서든 이러한 대안 중에서 자유롭게 선택할 수는 없다. 예를 들어 청자가 친구의 차에 대한 사전 지식이 없고, 이전에 언급되지 않았으며 담화 참가자의 즉각적인 환경(즉, 담화의 **상황적 맥락**)에 있지 않다면, 단순히 *it* 또는 *the Falcon*이라고 말할 수 없다.

그 이유는 각 유형의 지칭 표현이 화자가 청자의 신념 집합 내에서 지시 대상이 차지한다고 믿는 위치에 대해 서로 다른 신호를 인코딩하기 때문이다. 특별한 지위를 가진 이러한 신념의 일부는 진행 중인 담화에 대한 청중의 정신적 모델을 형성하며, 이를 **담화 모델**이라고 한다(Webber, 1978). 담화 모델은 담화에서 언급된 개체와 이들이 참여하는 관계의 표현을 포함한다. 따라서 시스템은 지칭 표현을 성공적으로 해석(또는 생성)하기 위해 두 가지 구성 요소가 필요하다. 즉, 동적으로 변하는 담화로 진화하는 담화 모델을 구성하는 방법 및 다양한 지칭 표현이 인코딩하는 신호와 청중의 신념 세트 사이의 매핑 방법을 포함한다. 후자는 이 담화 모델을 포함한다.

담화 모델에 대한 두 가지 기본 작업의 관점에서 이야기할 것이다. 지칭이 담화에서 처음 언급될 때, 우리는 지칭에 대한 표현이 모델에 **부여**된다고 말한다. 이후 언급될 때, 지칭 표현은 모델에서 **액세스**된다. 작동과 관계는 그림 21.5에 설명돼 있다. 21.8절에서 나타나듯이, 담화 모델은 동일 지시어 알고리듬이 평가되는 방식에서 중요한 역할을 한다.

이제 **대용어 해소**와 **대명사의 대용어 복원**이라는 두 가지 참조 해결 작업을 도입할 준비가 됐다. 대용어 해소 해결은 동일한 개체를 참조하는 텍스트에서 지칭 표현을 찾는 작업이다. 일련의 지칭 표현을 **대용어 체인**이라고 한다. 예를 들어 처리(21.34)에서 대용어 해소 알고리듬은 네 개의 대용어 체인을 찾아야 한다.

(좌측 여백 용어 주석)
대용
대용어

담화의 맥락

담화 모델

부여
액세스

대용어 해소
대명사의
대용어 복원

1. {*Victoria Chen, Chief Financial Officer of Megabucks Banking Corp since 1994, her, the 37-year-old, the Denver-based financial-services company's president, She*}

2. {*Megabucks Banking Corp, the Denver-based financial-services company, Megabucks*}

3. {*herpay*}

4. {*Lotsabucks*}

따라서 대용어 해소는 담화에서 모든 지칭 표현을 찾아 대용어 체인으로 그룹화해야 한다. 대조적으로, **대명사의 대용 복원**은 단일 대명사에 대한 선행을 찾는 작업이다. 예를 들어 대명사 *her*가 주어지면 우리의 임무는 *her*의 선행이 *Victoria Chen*이라고 결정하는 것이다. 따라서 대명사의 대용어 복원은 대용어 해소의 하위 작업으로 볼 수 있다.[2]

대명사의
대용 복원

다음 절에서는 다양한 종류의 지칭 현상을 소개한다. 그런 다음 참조 해결을 위한 다양한 알고리듬을 제공한다. 대명사의 대용은 음성 및 언어 처리에서 많은 관심을 받아왔기 때문에 대명사 처리를 위한 세 가지 알고리듬인 **홉스** 알고리듬, **센터링** 알고리듬 및 **로그 선형**MaxEnt 알고리듬을 소개한다. 그런 다음 더 일반적인 대용어 해소 작업에 대한 알고리듬을 제공한다.

이러한 각 알고리듬은 개체 또는 개인에 대한 참조를 해결하는 데 중점을 둔다. 그러나 담화가 기업 이외의 많은 다른 유형의 지시 대상에 대한 참조를 포함한다는 점에 유의해야 한다. 웨버(1991)에서 채택한 (21.35)의 가능성을 고려한다.

(21.35) According to Doug, Sue just bought a 1961 Ford Falcon.

   a. But *that* turned out to be a lie.

   b. But *that* was false.

   c. *That* struck me as a funny way to describe the situation.

   d. *That* caused a financial problem for Sue.

---

2   그러나 일부 대용 사례는 기술적으로 동일 지시어 사례가 아니다. 자세한 내용은 반 디베터와 키블(2000)을 참조한다.

*that*의 지시 대상은 (21.35a)의 발화 행위(24장 참조), (21.35b)의 명제, (21.35c)의 설명 방식 및 (21.35d)의 이벤트다. 이 분야는 이러한 유형의 참조를 해석하기 위한 강력한 방법의 개발을 기다리고 있다.

21.4 지시 현상

자연어가 제공하는 일련의 지시 현상은 실제로 매우 풍부하다. 이 절에서는 *indefinite noun phrases*, *definite noun phrases*, *pronouns*, *demonstratives*, *names*의 5가지 지칭 표현 유형을 다루고, 몇 가지 기본 지시 현상을 간략하게 설명한다. 그런 다음 지시 표현이 **주어진** 정보와 **새로운** 정보를 인코딩하는 데 사용되는 방식을 요약하고 참조 해결 문제를 복잡하게 만드는 두 가지 유형의 지시인 *inferrables* 및 *generics*을 소개한다.

21.4.1 다섯 가지 유형의 지칭 표현

부정 명사구: 부정 지칭은 청자가 새로운 담화 맥락 개체를 도입한다. 가장 일반적인 형태의 부정 지칭는 한정사 *a*(또는 *an*)로 표시되지만, *some*과 같은 정량자 또는 한정사 *this*로 표시되기도 한다.

(21.36) a. Mrs. Martin was so very kind as to send Mrs. Goddard a *beautiful goose*.

b. He had gone round one day to bring her *some walnuts*.

c. I saw *this beautiful Ford Falcon* today.

이러한 명사구는 주어진 설명을 만족하는 새로운 개체에 대한 표현을 담론 모델에 연상시킨다.

부정 한정사 *a*는 개체가 화자에게 식별 가능한지 여부를 나타내지 않으며, 어떤 경우에는 *specific/non-specific* 중의성을 유발한다. 예 21.36a는 화자가 마틴 부인이 보낸 특정한 거위를 염두에 두고 있기 때문에 특정 판독 값만 가지고 있다. 반면 (21.37)에서는 두 판독이 모두 가능하다.

(21.37) I am going to the butcher's to buy a goose.

즉, 화자는 이미 거위를 골라내거나(특정), 자신이 좋아하는 거위를 골라내려고 할 수도 있다(특정하지 않음).

명확한 명사구: 명확한 지시는 청자가 식별할 수 있는 개체를 의미한다. 개체는 이전에 텍스트에서 언급돼, 이미 담화 모델에 표현돼 있기 때문에 청중이 식별할 수 있다.

(21.38) It concerns a white stallion which I have sold to an officer. But the pedigree of *the white stallion* was not fully established.

또는 개체가 세계에 대한 청자의 신념 집합에 포함되거나 목적어의 고유성이 설명 자체에 의해 암시되기 때문에 식별할 수 있으며, 이 경우 (21.39)에서와 같이 담화 모델에 대한 지시의 표현을 환기시킨다.

(21.39) I read about it in the *New York Times*.

대명사: 명확한 지시의 또 다른 형태는 (21.40)에 설명된 대명사화다.

(21.40) Emma smiled and chatted as cheerfully as *she* could.

특징 지시대명사 사용에 대한 제약은 명확한 명사구에 대한 제약보다 더 강하며, 지시 대상이 담화 모델에서 높은 수준의 활성화 또는 **특징**salience을 가져야 한다. 대명사는 일반적으로 (항상 그렇지는 않지만) 진행 중인 담화에서 한두 문장 이상으로 소개되지 않은 개체를 지칭하는 반면, 명확한 명사구는 종종 더 뒤에서 언급할 수 있다. 이는 (21.41d)와 (21.41d')의 차이로 설명된다.

(21.41) a. John went to Bob's party, and parked next to a classic Ford Falcon.

    b. He went inside and talked to Bob for more than an hour.

    c. Bob told him that he recently got engaged.

    d. ?? He also said that he bought *it* yesterday.

    d.' He also said that he bought *the Falcon* yesterday.

마지막 문장에 도달할 때까지 *Falcon*은 더 이상 지시대명사를 허용하는 데 필요한 수준을 갖지 않는다.

대명사는 (21.42)에서와 같이 지시 대상 앞에 언급되는 후방 대용이 될 수 있다.

(21.42) Even before *she* saw it, Dorothy had been thinking about the Emerald City every day.

여기에서 대명사 *she*와 *it*은 모두 그들의 지시어가 *before* 전에 발생한다. 대명사는 또한 (21.43)에서와 같이 **결합**되는 것으로 간주되는 정량화된 맥락에 나타난다.

(21.43) Every dancer brought *her* left arm forward.

관련 읽기에서 *her*는 맥락에서 어떤 여성을 지칭하는 것이 아니라 정량화된 표현 *every dancer*에 묶인 변수처럼 동작한다. 21장에서 대명사의 제한적인 해석에 관련이 없다.

지시사: *this* 및 *that*과 같은 지시대명사는 *it*과 같은 단순 한정대명사와는 다소 다르게 동작한다. 예를 들어 *this ingredient*, *that spice*와 같이 단독으로 또는 한정사로 나타날 수 있다. *this* 및 *that*은 어휘적 의미가 다르다. **근접 지시** *this*는 문자적 또는 비유적인 근사를 나타낸다. **말단의 지시** *that*은 문자적 또는 은유적 거리(시간적으로 더 멀어짐)를 나타낸다. 다음 예를 참고한다.

근접

말단

(21.44) I just bought a copy of Thoreau's *Walden*. I had bought one five years ago. *That one* had been very tattered; *this one* was in much better condition.

*this NP*는 중의적이다. 일상적인 구어체 영어에서는 (21.36)에서와 같이 부정이거나 (21.44)에서와 같이 한정할 수 있다.

명칭: 명칭은 22.1절의 명명된 개체를 설명하는 것처럼 사람, 조직 및 위치의 이름을 포함해 지칭 표현의 일반적인 형식이다. 명칭은 담화에서 새 개체와 이전 개체를 모두 지칭하는 데 사용할 수 있다.

(21.45) a. **Miss Woodhouse** certainly had not done him justice.

b. **International Business Machines** sought patent compensation from Amazon; **IBM** had previously sued other companies.

21.4.2 정보 상태

위에서 동일한 지칭 표현(예: 많은 부정 NP)을 새로운 지시 대상을 도입할 수 있으며, 다른 표현(예: 많은 한정 NP 또는 대명사)을 사용해 이전 지칭을 비유적으로 지칭할 수 있다는 점에 주목했다. 새로운 정보 또는 이전 정보를 제공하기 위해 다른 지칭 형태가 사용되는 방법을 연구하는 이 아이디어는 **정보 상태** 또는 **정보 구조**라고 한다.

다양한 이론은 다른 유형의 지칭 형식과 담화에서 지시 대상의 정보성 또는 특성 사이의 관계를 표현한다. 예를 들어 **주어짐의 정보 우선도**(Gundel et al., 1993)는 서로 다른 지칭 표현이 신호에 사용되는 6가지 종류의 정보 상태를 나타내는 척도이다.

(여백 주석: 주어짐의 정보 우선도)

The givenness hierarchy:

in focus > activated > familiar > uniquely identifiable > referential > type identifiable

{it} $\left\{\begin{array}{l} that \\ this \\ this\ N \end{array}\right\}$ {that N} {the N} {indef. *this* N} {*a* N}

(여백 주석: 접근성 척도)

아리엘(2001)의 관련된 **접근성 척도**는 더 적은 언어 자료로 지칭할 수 있다는 개념을 기반으로 한다. 더 두드러진 지시 대상이 청자가 더 쉽게 떠올릴 수 있기 때문이다. 대조적으로, 덜 두드러진 개체는 청자가 지시 대상을 복구하는 데 도움이 되도록 더 길고 더 명확한 지칭 표현이 필요하다. 다음은 낮은 접근성에서 높은 접근성까지의 샘플 스케일을 보여준다.

Full name > long definite description > short definite description > last name > first name > distal demonstrative > proximate demonstrative > NP > stressed pronoun > unstressed pronoun

접근성은 길이와 관련이 있으며, 접근성이 낮은 NP는 더 길어지는 경향이 있다. 실제로 담화에서 동일 지시어 체인을 따르는 경우, 종종 담화 초기에 더 긴 NP(예: 상대절이 있는 긴 정의 설명)를 발견하고 담론 후반에 훨씬 더 짧은 NP(예: 대명사)를 찾는다.

프린스(1992)의 작업을 기반으로 한 또 다른 관점은 *hearer status*와 *discourse status*라는 두 가지 교차 이분법으로 정보 상태를 분석한다. 지칭 표현의 *hearer status*는 청자가 이전에 알고 있는지 또는 새로운 것인지를 나타낸다. *discourse status*는 지시 대상이 이전에 담화에서 언급됐는지 여부를 나타낸다.

참조 표현 형식과 정보 상태 간의 관계는 복잡할 수 있다. **추론, 총칭적인** 및 **비인칭 형식**의 세 가지 복잡한 요소의 사용을 다음에 요약한다.

추론: 어떤 경우에는 지칭 표현이 텍스트에서 명시적으로 발생된 개체를 지칭하지 않고, 대신 발생된 개체와 추론적으로 관련된 개체를 지칭한다. 이러한 지시 대상은 **추론 가능, 다리 잇기 추론** 또는 **간접**이라고 부른다(Haviland and Clark, 1974; Prince, 1981; Nissim et al., 2004). (21.46)의 *a door* 및 *the engine*이라는 표현을 고려한다.

추론 가능
다리 잇기 추론
간접

(21.46) I almost bought a 1961 Ford Falcon today, but *a door* had a dent and *the engine* seemed noisy.

부정 명사구인 *a door*는 일반적으로 담화의 맥락에 새로운 문을 도입하지만 이 경우 청자는 더 많은 것을 추론해야 한다. *a door*는 단지 어떤 문이 아니라 팔콘의 문 중 하나라는 것이다. 유사하게, 명확한 명사 *the engine*의 사용은 일반적으로 엔진이 이전에 발생됐거나 다른 방식으로 고유하게 식별될 수 있다고 가정한다. 여기에서는 엔진이 명시적으로 언급되지 않았지만 청자는 지시 대상이 이전에 언급한 *Falcon*의 엔진이라고 추론하기 위해 **다리 잇기 추론**을 한다.

총칭적인: 텍스트에서 명시적으로 발생된 개체를 다시 지칭하지 않는 또 다른 종류의 표현은 *generic* 지칭이다. (21.47)을 고려한다.

(21.47) I'm interested in buying a Mac laptop. *They* are very stylish.

여기서 *they*는 특정 노트북(또는 특정 노트북 집합)이 아니라 일반적으로 Mac 노트북 부류를 가리킨다. 마찬가지로 다음 예에서는 대명사 *you*를 일반적으로 사용할 수 있다.

(21.48) In March in Boulder *you* have to wear a jacket.

비인칭 사용: 마지막으로 일부 비인칭 형식은 지칭 표현과 혼동되는 표면적 유사성을 가진다. 예를 들어 단어 *it*은 *it is raining*와 같은 관용적 경우, *hit it off*와 같은 관용구 또는 특히 **분열문**(21.49a) 또는 **외치 변형**(21.49b)과 같은 구문적 상황에서 사용할 수 있다.

분열문
외치 변형

(21.49) a. *It* was Frodo who carried the ring.

b. *It* was good that Frodo carried the ring.

21.5 대명사의 대용어 복원 피처

이제 대명사 지칭을 해결하는 작업으로 넘어간다. 일반적으로 이 문제는 다음과 같이 공식화된다. 이전 문맥과 함께 단수대명사(*he, him, she, her, it, they/them*)가 주어진다. 우리의 과제는 이러한 맥락에서 대명사의 선행사를 찾는 것이다. 이 작업을 위해 세 가지 시스템을 제시하지만 먼저 가능한 지시 대상에 대한 유용한 제약을 요약한다.

21.5.1 잠재적 대상 필터링 피처

가능한 지시 대상 집합을 필터링하는 데 사용할 수 있는 상대적으로 명확한 4가지 통사형태론적인 피처(**수, 인칭, 성별, 결속 이론** 제약)로 시작한다.

수 일치: 지칭 표현과 그 지시 대상은 수가 일치해야 한다. 영어의 경우, 단수^{singular}와 복수^{plural} 언급을 구별하는 것을 의미한다. 영어 *she/her/he/him/his/it*은 단수이며, *we/us/they/them*은 복수이며, *you*는 수가 지정되지 않는다. 다음은 수 일치에 대한 제약의 몇 가지 예다.

John has a Ford Falcon. It is red.　　　　　* John has a Ford Falcon. They are red.

John has three Ford Falcons. They are red.　　* John has three Ford Falcons. It is red.

　때때로 의미론적으로 복수 개체가 *it* 또는 *they*에 의해 지칭될 수 있기 때문에 수 일치에 대한 엄격한 문법적 개념을 강제할 수는 없다.

(21.50) IBM announced a new machine translation product yesterday. *They* have been working on it for 20 years.

인칭 일치: 영어는 1인칭, 2인칭, 3인칭의 세 가지 형태의 인칭을 구분한다. 대명사의 선행은 대명사와 수를 일치해야 한다. 특히 3인칭 대명사(*he, she, they, him, her, them, his, her, their*)는 3인칭 선행사(위 중 하나 또는 다른 명사구)가 있어야 한다.

성별 일치: 지시 대상은 지칭하는 표현에 지정된 성별도 일치해야 한다. 영어 3인칭 대명사는 *male*(*he, him, his*), *female*(*she, her*), *nonpersonal*(*it*) 성별을 구분한다. 일부 언어의 경우와 달리 영어 남성 및 여성 대명사 성별은 생물에만 적용된다. 몇 가지 예외를 제외하고 무생물은 항상 비인격적/중성적이다.

(21.51) John has a Ford. He is attractive. (he=John, not the Ford)

(21.52) John has a Ford. It is attractive. (it=the Ford, not John)

결속 이론 제약: 지시 관계는 지칭 표현과 가능한 선행사 명사구 사이의 구문 관계에 의해 제약을 받을 수 있다. 예를 들어 다음 모든 문장의 대명사는 대괄호로 표시된 제약 조건을 따른다.

(21.53) John bought himself a new Ford. [himself=John]

(21.54) John bought him a new Ford. [him≠John]

(21.55) John said that Bill bought him a new Ford. [him≠Bill]

(21.56) John said that Bill bought himself a new Ford. [himself=Bill]

(21.57) He said that he bought John a new Ford. [He ≠ John; he≠John]

재귀 용법 *himself, herself, themselves*와 같은 영어 대명사는 **재귀 용법**이라고 한다. 상황을 과도하게 단순화하면, 재귀적 공지시는 대명사를 포함하는 가장 인접한 절의 내용 (21.53)을 사용하는 반면, 비재귀 공지시는 내용 (21.54)를 포함할 수 없다. 이 규칙이 가장 직접적인 절의 주어에만 적용된다는 것은 (21.55)와 (21.56)에 나와 있으며, 대명사와 상위 문장의 주어 사이에 반대되는 지칭 패턴이 나타난다. 반면 *John*과 같은 완전한 명사구는 (21.57)에서와 같이 가장 인접한 절의 주어 또는 상위 수준의 주어와 결합할 수 없다.

결속 이론 이러한 제약은 종종 **결속 이론**(Chomsky, 1981)이라고 부르며, 이러한 제약의 매우 복잡한 버전이 제안됐다. 제약 조건에 대한 완전한 설명은 의미 및 기타 요소에 대한 지칭이 필요하며, 구문 구성 측면에서 순수하게 명시될 수 없다. 21장에서 설명하는 알고리듬의 경우 문장 중간의 동일 지시어에 대한 제한에 대한 간단한 구문 설명을 가정한다.

21.5.2 대명사 해석의 선택

다음으로 덜 명확한 대명사의 지시 대상을 예측하는 피처를 살펴본다. **최근의 일, 문법적 역할, 반복되는 언급, 병렬성, 동사 의미론** 및 **선택 제한**에 의지한다.

최근의 일: 최근 발화에서 나온 개체가 더 이전의 발언에서 나온 것보다 더 두드러지는 경향이 있다. 따라서 (21.58)에서 대명사 *it*은 *doctor*의 지도보다 *Jim*의 지도를 지칭할 가능성이 더 높다.

(21.58) The doctor found an old map in the captain's chest. Jim found an even older map hidden on the shelf. It described an island.

문법적 역할: 많은 이론은 개체를 나타내는 표현의 문법적 위치에 따라 정렬되는 개체의 두드러진 계층을 명시한다. 일반적으로 주어 위치에 언급된 개체를 목적어 위치에 있는 개체보다 더 두드러지게 취급하며, 후속 위치에 언급된 개체보다 더 두드러진다.

(21.59) 및 (21.60)과 같은 구절은 이러한 계층 구조를 지원한다. 각 경우의 첫 번째 문장은 대략 동일한 명제 내용을 표현하지만 대명사 *he*의 우선의 지시 대상은 (21.59)의 *John* 및 (21.60)의 *Bill* 경우처럼 주어에 따라 다르다.

(21.59) Billy Bones went to the bar with Jim Hawkins. He called for a glass of rum. [he=Billy]

(21.60) Jim Hawkins went to the bar with Billy Bones. He called for a glass of rum. [he=Jim]

반복 언급: 일부 이론은 이전 담화에서 초점을 맞춘 개체가 후속 담화에서 계속 초점을 맞출 가능성이 더 높기 때문에 지시 대상이 대명사화될 가능성이 더 높다. 예를 들어 (21.60)의 대명사는 Jim을 우선한 해석으로 사용하는 반면, (21.61)의 마지막 문장에 있는 대명사는 Billy Bones를 지칭할 가능성이 더 높다.

(21.61) Billy Bones had been thinking about a glass of rum ever since the pirate ship docked. He hobbled over to the Old Parrot bar. Jim Hawkins went with him. He called for a glass of rum. [he=Billy]

병렬 처리: (21.62)에서와 같이 병렬 처리 효과에 의해 유도되는 것처럼 보이는 강력한 선호도 있다.

(21.62) Long John Silver went with Jim to the Old Parrot. Billy Bones went with him to the Old Anchor Inn. [him=Jim]

위에서 설명한 문법적 역할 계층은 Long John Silver가 Jim보다 더 두드러지게 나타내기 때문에 *him*의 우선한 지시 대상이 돼야 한다. 또한 Long John Silver가 지시 대상이 될 수 없다는 의미론적 이유가 없다. 그럼에도 *him*은 대신 Jim을 지칭하는 것으로 이해된다.

동사 의미론: 특정 동사는 인수 위치 중 하나를 의미적으로 강조하는 것으로 보이며, 이는 후속대명사가 해석되는 방식을 편향시키는 효과를 가질 수 있다. (21.63)과 (21.64)를 비교해보자.

(21.63) John telephoned Bill. He lost the laptop.
(21.64) John criticized Bill. He lost the laptop.

이러한 예는 첫 번째 문장에 사용된 동사에서만 다르지만 (21.63)의 주어대명사는 일반적으로 *John*으로 결정되는 반면 (21.64)의 대명사는 *Bill*로 확인된다. 이 결과는 동사의 "암시적 인과성"에서 기인한다고 주장해왔다. "criticizing" 이벤트의 암시적 원인은 목적어로 간주되는 반면, "telephoning" 이벤트의 암시적 원인은 해당 주어로 간주된다. 이러한 강조를 통해 인수 위치에 있는 개체에 대해 더 높은 수준의 특성을 가져온다.

선택 제한: 다른 많은 종류의 의미론적 지식이 지칭 선호도에서 역할을 할 수 있다. 예를 들어 동사가 인수에 적용하는 선택 제한(19장 참고)은 (21.65)에서와 같이 지시 대상을 제거하는 데 도움이 될 수 있다.

(21.65) John parked his car in the garage after driving it around for hours.

*it*에 대한 두 가지 가능한 지시 대상, car와 the garage가 있다. 그러나 동사 *drive*는 직접목적어가 차, 트럭 또는 버스와 같이 운전할 수 있는 것을 나타내야 하지만 차고

는 의미하지 않는다. 따라서 대명사가 *drive*의 목적어로 등장한다는 사실은 가능한 지시 대상 세트를 자동차로 제한한다. 시스템은 동사와 잠재적 지시 대상 사이의 확률적 종속성 사전을 저장해 선택 제한을 구현할 수 있다.

21.6 대용어 복원을 위한 세 가지 알고리듬

이제 대명사의 대용어 복원을 위한 세 가지 핵심 알고리듬인 **홉스** 알고리듬, **센터링** 알고리듬 및 **로그 선형** (또는 MaxEnt) 알고리듬을 소개한다.

21.6.1 대명사의 대용어 기준선: 홉스 알고리듬

홉스 알고리듬　**홉스 알고리듬**(원래 홉스(1978)에서 발표된 두 가지 알고리듬 중 더 간단한 알고리듬)은 구문 파서와 형태론적 성별 및 숫자 검색 프로그램에만 의존한다. 이러한 이유로 홉스 알고리듬은 종종 새로운 대명사의 대용어 복원 알고리듬을 평가하기 위한 기준선으로 사용된다.

홉스 알고리듬에 대한 입력은 현재 문장을 포함해 문장의 구문 분석과 함께 해결될 대명사이다. 알고리듬은 이러한 트리에서 선행 명사구를 검색한다. 알고리듬의 직관은 타깃 대명사로 시작해 구문 분석 트리를 어근 *S*까지 이동한다. 찾은 각 *NP* 또는 *S* 노드에 대해 타깃의 왼쪽에 있는 노드의 하위 노드에 대해 먼저 왼쪽에서 오른쪽으로 폭넓게 검색한다. 각 후보 명사구가 제안됨에 따라 대명사와 성별, 수, 인칭이 일치하는지 확인한다. 지시 대상이 없는 경우, 알고리듬은 이전 문장에 대해 왼쪽에서 오른쪽, 넓이 우선 탐색을 수행한다.

홉스 알고리듬은 위에서 설명한 대명사에 대한 모든 제약과 선호도를 포착하지 않는다. 그러나 *binding theory*, *recency*, *grammatical role* 검색이 수행되는 순서에 따른 선호도 및 최종 확인에 의한 *gender*, *person*, *number* 제약 조건에 근접한다.

구문 트리 구조에 관한 가정이 결과에 영향을 미치기 때문에 구문 분석 트리를 검색하는 알고리듬은 문법도 지정해야 한다. 알고리듬이 사용하는 영어 조각은 그림 21.6에 나와 있다. 홉스 알고리듬의 단계는 다음과 같다.

1. 명사구(NP) 노드에서 시작해 대명사를 직접적으로 우위를 차지한다.

2. 트리에서 첫 번째 NP 또는 문장(S) 노드로 이동한다. 이 노드 X를 호출하고 도달하는 데 사용된 경로를 p라고 한다.

3. 노드 X 아래의 모든 분기를 경로 p 왼쪽에서 오른쪽에서 넓이 우선 방식으로 횡단한다. NP 또는 S 노드가 X 사이에 있는 NP 노드를 접한 선행사로 제안한다.

4. 노드 X가 문장에서 가장 높은 S 노드인 경우, 가장 최근의 텍스트에서 이전 문장의 표면 구문 트리를 가장 최근의 순서로 횡단하고, 각 트리는 왼쪽에서 오른쪽으로 넓이 우선 방식으로 횡단되며, NP 노드가 발견되면 선행 노드로 제안된다. X가 문장에서 가장 높은 S 노드가 아닌 경우 5단계로 진행한다.

5. 노드 X에서 트리를 위쪽으로 이동해 처음 발견된 NP 또는 S 노드로 이동한다. 이 새 노드를 X라고 부르고, 전달된 경로를 호출해 p에 도달한다.

6. X가 NP 노드이고 X에 대한 경로 p가 X가 즉시 지배하는 명사 노드를 통과하지 않았다면 X를 선행 노드로 제안한다.

7. 노드 X 아래의 모든 분기를 왼쪽에서 오른쪽 넓이 우선 방식으로 경로 p의 *left*로 이동한다. 선행으로 만난 NP 노드를 제안한다.

8. X가 S 노드인 경우, 노드 X의 모든 분기를 경로 p의 *right*으로 왼쪽에서 오른쪽, 넓이 우선 방식으로 횡단하지만 만나는 NP 또는 S 노드 아래로 이동하지 않는다. 선행으로 발견된 NP 노드를 제안한다.

9. 4단계로 이동한다.

$$S \rightarrow NP\,VP$$
$$NP \rightarrow \left\{ \begin{array}{l} (Det)\ \ Nominal\ \left(\left\{ \begin{array}{l} PP \\ Rel \end{array} \right\}\right)^* \\ pronoun \end{array} \right\}$$
$$Det \rightarrow \left\{ \begin{array}{l} determiner \\ NP\text{ 's} \end{array} \right\}$$
$$PP \rightarrow preposition\ NP$$
$$Nominal \rightarrow noun\ (PP)^*$$
$$Rel \rightarrow wh\text{-}word\ S$$
$$VP \rightarrow verb\,NP\,(PP)^*$$

그림 21.6 트리 검색 알고리듬의 문법 조각

이 알고리듬이 예제 문장에 대한 올바른 동일 지시어 할당을 산출한다는 것을 증명하는 것은 연습 21.2로 남겨진다.

대부분의 파서는 숫자 정보(단수 또는 복수)를 반환하며 인칭 정보는 1인칭 및 2인칭 대명사 규칙에 따라 쉽게 인코딩된다. 그러나 영어 파서는 일반적이거나 고유명사에 대한 성별 정보를 거의 반환하지 않는다. 따라서 파서 외에 홉스 알고리듬을 구현하기 위한 유일한 추가 요구 사항은 각 선행 명사구에 대한 성별을 결정하는 알고리듬이다.

명사구에 성별을 지정하는 일반적인 방법 중 하나는 핵어명사를 추출한 다음 WordNet(19장)을 사용해 핵어명사의 상위어를 보는 것이다. *person* 또는 *living thing* 과 같은 원형은 유정명사를 나타낸다. *female*과 같은 원형은 여성명사를 나타낸다. Mr.와 같은 성별 또는 패턴과 관련된 개인 이름 목록 또한 사용할 수 있다(Cardie and Wagstaff, 1999).

베르그스마와 린(2006)과 같은 더 복잡한 알고리듬이 존재한다. 베르그스마와 린은 또한 많은 명사 목록과 (자동으로 추출된) 성별을 자유롭게 사용할 수 있다.

21.6.2 대용어 복원을 위한 센터링 알고리듬

센터링 이론

홉스 알고리듬은 담화 모델의 명시적 표현을 사용하지 않는다. 대조적으로 **센터링 이론**(Grosz et al., 1995, 이후 GJW)은 담화 모델을 명시적으로 표현한 모델 패밀리다. 이 패밀리는 추가 인수를 통합한다. 즉, 담화에서 주어진 지점에서 "centered" 단일 개체는 유발된 다른 모든 개체와 구별돼야 한다. 센터링 이론은 **개체 기반 일관성**의 계산과 같은 담화의 많은 문제에 적용됐다. 이 절에서 대용어 복원에 대한 적용을 다룬다.

센터링 이론 담화 모델에서는 두 가지 주요 표현이 추적된다. 다음에서 U_n과 U_{n+1}

회고적 센터

을 두 개의 인접한 발화로 취한다. $C_b(U_n)$로 표시된 Un의 **회고적 센터**backward-looking center는 U_n이 해석된 후 현재 담화에서 초점을 맞추고 있는 개체를 나타낸다. $C_f(U_n)$

진보적 센터

로 표시되는 U_n의 **진보적 센터**forward-looking centers는 U_n에 언급된 개체를 포함하는 정렬된 목록을 형성하며, 모두 다음 발화의 C_b 역할을 할 수 있다. 사실, $C_b(U_{n+1})$은 정의상 U_{n+1}에서 언급된 $C_f(U_n)$의 가장 높은 순위 요소다(담화에서 첫 발화의 C_b는 정의돼 있지 않는다). $C_f(U_n)$의 개체가 정렬되는 방식에 관해서는 간단하게 하기 위해 아래의 문법적 역할 계층을 사용할 수 있다.[3]

subject > existential predicate nominal > object > indirect object or oblique > demarcated adverbial PP

속기로서 가장 높은 순위의 전보적 센터 C_p("preferred center")라고 한다.

브레넌 외 연구진(1987년 이후 BFP)으로 인한 대명사 해석을 위한 센터링 기반 알고리듬을 설명한다. 다른 센터링 알고리듬은 21장의 끝에 있는 워커 외 연구진(1994)과 역사 참고 사항을 참고한다. 이 알고리듬에서 대명사의 선호 지시어는 인접 문장의 진보적 센터와 회고적 센터 사이에 있는 관계에서 계산된다. 알고리듬은 Cb(Un+1)와 $C_b(U_n)$ 및 $C_p(U_{n+1})$의 관계에 의존하는 한 쌍의 발화 U_n과 U_{n+1} 사이의 4개의 의미론적 관계를 정의한다. 이러한 관계는 그림 21.7과 같다.

	$C_b(U_{n+1}) = C_b(U_n)$ or undefined $C_b(U_n)$	$C_b(U_{n+1}) = C_b(U_n)$
$C_b(U_{n+1}) = C_p(U_{n+1})$	Continue	Smooth-Shift
$C_b(U_{n+1}) = C_p(U_{n+1})$	Retain	Rough-Shift

그림 21.7 BFP 알고리듬의 전환

알고리듬에서 사용되는 규칙은 다음과 같다.

규칙 1:	$C_f(U_n)$의 요소가 U_{n+1} 발화의 대명사에 의해 실현되면 $C_b(U_{n+1})$도 대명사로 실현돼야 한다.
규칙 2:	전환 상태가 정렬된다. 계속이 유지보다 선호되고 Smooth-Shift가 Rough-Shift보다 선호된다.

이러한 개념과 규칙을 정의하면 알고리듬은 다음과 같이 정의된다.

1. 가능한 한 각 지시 할당 세트에 대해 가능한 C_b-C_f 조합을 생성한다.
2. 제약 조건(예: 통사론적 동일 지시어 제약, 선택 제한, 센터링 규칙 및 제약)별로 필터링한다.
3. 전환 순서에 따라 순위를 매긴다.

---

3 이는 브레넌 외 연구진(1987)에서 사용된 계층의 확장된 형태이다.

할당된 대명사 지시어는 규칙 1 및 기타 동일 지시어 제약(성별, 수, 구문, 선택 제한)을 위반하지 않는다고 가정하고 규칙 2에서 가장 선호되는 관계를 산출하는 대상이다.

알고리즘을 설명하기 위해 (21.66)을 단계별로 살펴본다.

(21.66) John saw a beautiful 1961 Ford Falcon at the used car dealership. (U_1)

He showed it to Bob. (U_2)

He bought it. (U_3)

문법적 역할 계층을 사용해 C_f를 정렬하면 문장 U_1에 대해 다음과 같은 결과를 얻을 수 있다.

$C_f(U_1)$: {John, Ford, dealership}

$C_p(U_1)$: John

$C_b(U_1)$: undefined

문장 U_2에는 John과 호환되는 he와 Ford 또는 대리점과 호환되는 it의 두 대명사가 있다. John은 U_2에 언급된 $C_f(U_1)$의 최상위 멤버이기 때문에 정의에 따라 $C_b(U_2)$이다(그는 he에 대한 유일한 지시 대상이기 때문에). it의 가능한 각 지시 대상에 대한 결과 전환을 비교한다. it이 Falcon을 지칭한다고 가정하면 할당은 다음과 같다.

$C_f(U_2)$: {John, Ford, Bob}

$C_p(U_2)$: John

$C_b(U_2)$: John

Result: Continue $(C_p(U_2) = C_b(U_2)$; $C_b(U_1)$ undefined)

대리점을 지칭한다고 가정하면 할당은 다음과 같다.

$C_f(U_2)$: {John, dealership, Bob}

$C_p(U_2)$: John

$C_b(U_2)$: John

Result: Continue $(C_p(U_2) = C_b(U_2)$; $C_b(U_1)$ undefined)

두 가지 가능성 모두 계속 전환이 발생하기 때문에 알고리즘은 어떤 것을 받아들일지 말하지 않는다. 설명을 위해 이전 C_f 목록의 순서와 관련해 동점이 깨졌다고 가정한다. 따라서 대리점 대신 Falcon을 지칭하는 *it*을 취하고, 위의 첫 번째 가능성에서 표현된 현재의 담화 모델을 남긴다.

U_3 문장에서 *he*는 John 또는 Bob과 호환되는 반면, *it*은 Ford와 호환된다. *he*가 John을 지칭한다고 가정하면 John은 $C_b(U_3)$이고 할당은 다음과 같다.

$C_f(U_3)$: {John, Ford}

$C_p(U_3)$: John

$C_b(U_3)$: John

Result: Continue $(C_p(U_3) = C_b(U_3) = C_b(U_2))$

*he*가 Bob을 지칭한다고 가정하면, Bob은 $C_b(U_3)$이고 할당은 다음과 같다.

$C_f(U_3)$: {Bob, Ford}

$C_p(U_3)$: Bob

$C_b(U_3)$: Bob

Result: Smooth-Shift $(C_p(U_3) = C_b(U_3); C_b(U_3) \neq C_b(U_2))$

규칙 2에 따라 Smooth-Shift보다 Continue가 선호되기 때문에 John은 올바르게 지시 대상으로 간주된다.

센터링 알고리듬이 암시적으로 포함하는 주요 두드러진 요소에는 문법적 역할, 최근 및 반복되는 언급 선호도가 포함된다. 문법적 역할 계층이 중요도에 영향을 미치는 방식은 최종 지칭 할당을 결정하는 결과 전환 유형이기 때문에 간접적이다. 특히 낮은 순위의 문법적 역할에 있는 지시 대상이 전자가 더 높은 순위의 전환으로 이어지는 경우, 더 높은 순위의 역할에 있는 지칭보다 선호된다. 따라서 센터링 알고리듬은 대명사를 낮은 특징의 지시 대상으로 잘못 해석할 수 있다.

(21.67) Bob opened up a new dealership last week. John took a look at the Fords in his lot. He ended up buying one.

예를 들어 (21.67)에서 센터링 알고리듬은 Bob을 세 번째 문장에서 주격 대명사의 지시 대상으로 지정한다. Bob은 $C_b(U_2)$이기 때문에 이 할당은 Continue 관계를 초래하는 반면, John을 할당하면 Smooth-Shift 관계가 된다. 한편 홉스 알고리듬은 John을 지시 대상으로 올바르게 할당할 것이다.

홉스 알고리듬과 마찬가지로 센터링 알고리듬에는 성별에 대한 형태론적 탐지기뿐만 아니라 전체 구문 분석이 필요하다.

센터링 이론은 또한 개체 일관성의 모델이기 때문에 요약과 같은 다른 담화 적용에 영향을 미친다. 자세한 내용은 21장 끝부분에 있는 이력 노트를 참고한다.

21.6.3 대명사 대용어 복원을 위한 로그-선형 모델

대명사의 대용어 복원의 최종 모델로서, 각 대명사에 대한 선행이 표시되는 코퍼스에서 로그 선형 분류사를 훈련하는 단순하고 지도된 머신러닝 접근 방식을 제시한다. 이 목적을 위해 지도된 분류사를 사용할 수 있다. 로그 선형 모델이 널리 사용되지만 나이브 베이즈 및 기타 분류사도 사용됐다.

훈련을 위해 시스템은 각 대명사가 올바른 선행사와 역할로 연결돼 있으며, 수동으로 레이블이 지정된 코퍼스에 의존한다. 시스템은 조응 관계의 긍정적인 예와 부정적인 예들을 추출해야 한다. 긍정적인 예는 훈련 세트에서 직접 발생한다. 부정적인 예는 각 대명사를 다른 명사구와 쌍으로 연결해 찾을 수 있다. 각 훈련 관찰의 피처(다음 절에서 논의됨)가 추출된다. 분류사는 올바른 대명사-선행사 쌍에 대해 1을, 잘못된 대명사와 선행사 쌍에 대해 0을 예측하도록 훈련된다.

테스트를 위해 홉스 및 센터링 분류사에서 본 것처럼 로그 선형 분류사는 현재 및 앞의 문장과 대명사(*he*, *him*, *his*, *she*, *her*, *it*, *they*, *them*, *their*)를 입력으로 사용한다.

비지시적 대명사를 다루기 위해, 먼저 빈번한 어휘 패턴에 기초한 수동으로 쓴 규칙을 사용해 (용어법의 *it is raining*과 같은) 중복된 대명사를 필터링한다. 그런 다음 분류사는 전체 파서 또는 간단한 청커를 사용해 현재 문장과 이전 문장을 구문 분석해 모든 가능성이 있는 선행사를 추출한다. 다음으로, 구문에서 각 NP는 각 다음 대명사에 대한 가능성이 있는 선행사로 간주된다. 그런 다음 각 대명사-잠재적 선행사 쌍이 분류사에 제시된다.

21.6.4 대명사의 대용어 복원을 위한 피처

대명사 *Pro*$_i$와 잠재적 지시 대상 *NP*$_j$ 간의 대명사의 대용어 복원에 일반적으로 사용되는 몇 가지 피처는 다음과 같다.

- **엄격한 수 [true 또는 false]**: 수가 완전히 일치하는 경우 True이다(예: 단수 선행사가 있는 단수대명사).

- **호환 가능한 수 [true 또는 false]**: Pro_i와 NP_j가 단순히 호환되는 경우 True이다(예: 알 수 없는 수의 선행 NP_j를 갖는 단수대명사 Pro_i).

- **엄격한 성별 [true 또는 false]**: 성별이 엄격하게 일치하는 경우 True이다(예: 남성 선행사가 NPj를 가진 남성대명사 Proi).

- **호환 가능한 성별 [true 또는 false]**: Pro_i와 NP_j가 단순히 호환되는 경우 True이다(예: 성별을 알 수 없는 선행사 NP_j를 가진 남성대명사 Pro_i).

- **문장 거리 [0, 1, 2, 3,...]**: 대명사와 잠재적 선행사 사이의 문장 수

- **홉스 거리 [0, 1, 2, 3,...]**: 잠재적 선행사 NP_j가 발견되기 전에 홉스 알고리듬이 대명사 Pro_i에서 거꾸로 시작해 건너뛰어야 하는 명사 그룹의 수다.

- **문법적 역할 [주어, 목적어, PP]**: 통사론적 주어, 직접목적어 또는 PP에 내포절의 잠재적선행사가 수행하는 역할이다.

- **언어적 형식 [고유명사, 한정, 비한정, 대명사]**: 고유명사, 명확한 설명, 비한정 NP 또는 대명사와 같은 잠재적선행사 NP_j의 형식이다.

그림 21.8은 U_3의 최종 He에 대한 잠재적 선행 요소의 피처값을 보여준다.

(21.68) John saw a beautiful 1961 Ford Falcon at the used car dealership. (U_1)

He showed it to Bob. (U_2)

He bought it. (U_3)

	He(U_2)	it(U_2)	Bob(U_2)	John(U_1)
절대적인 숫자	1	1	1	1
양립될 수 있는 수	1	1	1	1
절대적인 성별	1	0	1	1
양립될 수 있는 성별	1	0	1	1
문장 거리	1	1	1	2
홉스 거리	2	1	0	3
문법적 역할	subject	object	PP	subject
언어 형식	pronoun	pronoun	proper	proper

그림 21.8 (21.68)의 다양한 대명사에 대한 로그 선형 분류사의 피처값

분류사는 이러한 피처 중 어느 것이 성공적인 선행의 좋은 예측인자가 될 가능성이 더 높은지 나타내는 가중치를 학습한다(예: 대명사 근처에 있음, 주어 위치에 있음, 성별과 수가 일치함). 따라서 홉스 및 센터링 알고리듬이 선행 선택을 위해 수작업으로 구축된 휴리스틱에 의존하는 경우, 머신러닝 분류사는 훈련 세트에서의 동시 발생을 기반으로 이러한 다양한 피처의 중요성을 학습한다.

21.7 대용어 해소

21.4절에서 설명한 지칭 현상의 특정 하위 부류인 he, she, it과 같은 인칭대명사를 해석하는 데 집중했다. 그러나 일반적인 동일 지시어 작업을 위해 어떤 쌍의 명사구가 일치하는지 결정해야 한다. 이는 21.4절과 다른 유형의 지칭 표현을 다루어야 함을 의미한다. 가장 일반적인 것은 한정명사구^{definite noun phrases}, 명칭^{names}이다. 다음에서 반복되는 동일 지시어 예제로 돌아가보자.

(21.69) Victoria Chen, Chief Financial Officer of Megabucks Banking Corp since 2004, saw her pay jump 20%, to $1.3 million, as the 37-year-old also became the Denver-based financial-services company's president. It has been ten years since she came to Megabucks from rival Lotsabucks.

이 데이터에서 4개의 동일 지시어 체인을 추출해야 한다.

1. {*Victoria Chen, Chief Financial Officer of Megabucks Banking Corp since 1994, her, the 37-year-old, the Denver-based financial-services company's president, She*}

2. {*Megabucks Banking Corp, the Denver-based financial-services company, Megabucks*}

3. {*her pay*}

4. {*Lotsabucks*}

이전과 마찬가지로 대명사의 대용어를 다뤄야 한다(*her*가 *Victoria Chen*을 의미한다고 설명). 그리고 대명사의 대용어에 대해 다뤘던 것처럼 *It has been 10 years*의 *pleonastic It*과 같은 비인칭대명사를 걸러 내야 한다.

그러나 완전한 NP 상호 참조를 위해서는 *the 37-year-old*가 *Victoria Chen*과 동일하며 *the Denver based financial-services company*는 것을 파악하기 위해 명확한 명사 구문을 다뤄야 한다. 그리고 *Megabucks*가 *Megabucks Banking Corp*과 동일하다는 것을 깨닫기 위해 명칭을 다룰 필요가 있다.

대용어 해소를 위한 알고리듬은 대명사 대용어에 대해 본 것과 동일한 로그 선형 분류사 아키텍처를 사용할 수 있다. 따라서 대용어와 잠재적 선행사가 주어지고 *true*(2개는 동일 지시어) 또는 *false*(2개는 동일 지시어가 아님)를 반환하는 이진 분류사를 구축할 것이다. 다음과 같이 해결 알고리듬에서 이 분류사를 사용한다. 문서를 왼쪽에서 오른쪽으로 처리한다. 우리가 마주치는 각 NP_j에 대해 문서를 역검색해 각 이전 NP를 검사한다. 이러한 잠재적 선행사 NP_i 각각에 대해 분류사를 실행하고 *true*를 반환하면 NP_i 및 NP_j를 성공적으로 공동 인덱싱한다. 각 NP_j의 프로세스는 성공적인 선행 NP_i를 찾거나 문서의 시작 부분에 도달하면 종료된다. 그런 다음 대용어 NP_j로 넘어간다.

이진 동일 지시어 분류사를 학습하려면 대명사 해석과 마찬가지로 각 대용어 NP_i가 올바른 선행사와 수동으로 연결돼 있는 레이블이 지정된 학습 세트가 필요하다. 분류사를 구축하려면 동일 지시어 관계에 대한 긍정 및 부정 학습 예제가 모두 필요하다. NP_i의 긍정적인 예는 공동 인덱싱된 것으로 표시된 명사구 NP_j이다. 대용어 NP_j를 실제 선행 NP_i와 대용어 NP_j 사이에 발생하는 중간 NPs NP_{i+1}, NP_{i+2}와 쌍을 이뤄 부정적인 예를 얻는다.

다음으로, 각 훈련 관찰에 대해 피처가 추출되고 분류사가 훈련돼 (NP_j, NP_i) 쌍의 공지시 여부를 예측한다. 이진 동일 지시어 분류사에서 어떤 피처를 사용해야 하는가? 수, 성별, 구문 위치 등의 대용어 해소에 사용한 모든 피처를 사용할 수 있다. 그러나 또한 이름과 명사구에 특정한 현상을 다루기 위해 새로운 피처를 추가해야 한다. 예를 들어 *Megabucks*와 *Megabucks Banking Corporation*이 단어 *Megabucks* 또는 *Megabucks Banking Corporation*과 *Megabucks Banking Corp*를 공유한다는 사실을 나타내는 피처를 제공하고자 한다.

다음은 대용어 NP_i와 잠재적인 선행사 NP_j 간의 동일 지시어를 위해 일반적으로 사용되는 몇 가지 피처다(973페이지에 나열된 대명사 대용어 해소에 대한 피처 추가).

- **대용어 편집 거리 [0, 1, 2, ...]:** 잠재적 선행사 요소에서 대용어까지의 문자 **최소 편집** 거리. 3장에서 문자 최소 편집 거리는 하나의 문자열을 다른 문자열로 바꾸는 데 필요한 최소 문자 편집 작업(삽입, 대체, 삭제) 수다.

$$100 \times \frac{m - (s + i + d)}{m}$$

  이전 길이 m과 대체 횟수 s, 삽입 i 및 삭제 d가 주어진다.

- **선행 편집 거리 [0, 1, 2, ...]:** 대용어에서 선행 편집 거리까지의 최소 편집 거리. 대용어 길이 n으로 볼 때, 다음과 같다.

$$100 \times \frac{n - (s + i + d)}{n}$$

- **별칭[true 또는 false]:** 순 외 연구진(2001)에는 **명명된 개체 태그**가 필요하다. NP_i와 NP_j가 모두 동일한 유형의 명명된 개체이고 NP_i가 NP_j의 **별칭**이면 true를 반환한다. 별칭의 의미는 유형에 따라 다르다. 두 날짜는 같은 날짜를 지칭하는 경우 서로의 별칭이다. PENTER 유형의 경우 *Dr.* 또는 *Chairman*과 같은 접두사가 제거하고 NPs가 동일한지 확인한다. ORGANIZATION 유형의 경우, 별칭 피처는 약어를 확인한다(예: *International Business Machines Corp*의 *IBM*).

- **동격어 [true 또는 false]:** 대용어가 선행사에 대한 구문적 동격 관계에 있으면 True이다. 예를 들어 NP *Chief Financial Officer of Megabucks Banking Corp*는 NP *Victoria Chen*에 소속돼 있다. 이는 파서에 의해 감지되거나 쉼표 검색 및 NP에 동사가 없고 둘 중 하나가 이름이어야 한다는 요구 사항에 의해 더 피상적으로 감지될 수 있다.

- **언어적 형태 [고유명사, 한정, 비한정, 대명사]:** 고유 명칭, 한정 기술구, 무한 NP 또는 대명사 등 NP_j에 대한 잠재적 대용어의 형태다.

21.8 대용어 해소 평가

동일 지시어를 평가하기 위한 알고리듬 중 하나는 MUC-6에 대한 초기 빌랭 외 연구진(1995) 평가 알고리듬의 확장인 B-CUBED 알고리듬(Bagga and Baldwin, 1998)과 같은 모델 이론 동일 지시어 평가다. B-CUBED와 같은 모델 이론 알고리듬은 지칭 표현 간의 상관관계를 위해 사람이 레이블링한 표준을 기반으로 한다. 이 표준 정보를 지칭 표현식의 동등성 부류 집합으로 나타낼 수 있다. 등가 부류는 동일 지시어 체인의 전이 폐쇄다.

예를 들어 표현 A와 B를 참조하는 것이 A와 B를 한 부류에 넣는다. A, B 및 C가 A, B, C를 가진 부류를 가짐으로써 A, B, C가 공지시는 사실을 나타낸다. 각 개체 e에 대해 **지칭 체인** 또는 **개체 체인**은 개체가 발생하는 올바른 또는 실제 동일 지시어 체인인 반면, **가설** 체인은 동일 지시어 알고리듬에 의해 개체에 할당된 체인/부류이다.

B-CUBED 알고리듬이 계산하는 것은 **지칭** 체인의 개체에 대한 **가설** 체인의 개체의 정확률과 재현율이다. 각 개체에 대해 정확률과 재현율을 계산한 다음 문서의 모든 N 개체에 대해 가중 합계를 사용해 전체 작업에 대한 정확률과 재현율을 계산한다.

$$\text{Precision} = \sum_{i=1}^{N} w_i \frac{\text{\# of correct elements in hypothesis chain containing entity}_i}{\text{\# of elements in hypothesis chain containing entity}_i}$$

$$\text{Recall} = \sum_{i=1}^{N} w_i \frac{\text{\# of correct elements in hypothesis chain containing entity}_i}{\text{\# of elements in reference chain containing entity}_i}$$

각 개체에 대한 가중치 w_i는 다른 버전의 알고리듬을 생성하기 위해 다른 값으로 설정할 수 있다.

21.9 고급: 추론 기반 일관성 해결

일관성과 동일 지시어의 해결을 위해 21장에서 본 알고리듬은 단서 어구 및 기타 어휘 및 단순한 구문 단서와 같은 피상적인 정보에만 의존했다. 그러나 해결의 많은 문제에는 훨씬 더 정교한 지식이 필요한 것 같다. 위노그라드(1972b)에서 채택한 다음의 동일 지시어 예제를 고려한다.

(21.70) The city council denied the demonstrators a permit because

  a. they feared violence.

  b. they advocated violence.

대명사 *they*에 대한 올바른 선행사를 결정하려면 먼저 두 번째 조항이 첫 번째 조항에 대한 설명으로 의도되고, 또한 시의회가 폭력을 두려워하는 시위자들보다 더 가능성이 높고, 시위자들이 폭력을 옹호할 가능성이 더 크다는 것을 이해해야 한다. 일관성 해결을 위한 더욱 진보된 방법은 이 설명 관계를 할당하면 두 대명사의 지칭을 파악하는 데 도움이 될 수 있다.

각 절에 합리적인 의미를 할당할 수 있는 파서를 가정하고 각 일관성 관계와 관련된 의미 제약에 의존해 이러한 종류의 더욱 정교한 일관성 해결을 수행할 수 있다.

이러한 제약을 적용하려면 추론을 수행하는 방법이 필요하다. 아마도 가장 친숙한 유형의 추론일 것이다. 17.3절에서 추론의 중심 규칙이 모더스 포넌스^{modus ponens}임을 상기한다.

$$\frac{\alpha \Rightarrow \beta}{\alpha}$$
$$\beta$$

모더스 포넌스의 예는 다음과 같다.

$$\frac{\text{All Falcons are fast.}}{\text{John's car is an Falcon.}}$$
$$\text{John's car is fast.}$$

추론은 타당한 추론의 한 형태다. 전제가 참이라면 결론은 참이어야 한다.

그러나 대부분의 언어 이해는 타당하지 않은 추론을 기반으로 한다. 타당하지 않은 추론을 도출할 수 있는 능력은 더 넓은 범위의 추론을 할 수 있게 해주지만 잘못된 해석과 오해로 이어질 수도 있다. 그러한 추론의 방법은 논리적 **가추법**이다(Peirce, 1955).

가추법

가추법 추론의 중심 규칙은 다음과 같다.

$$\frac{\alpha \Rightarrow \beta}{\beta}$$
$$\alpha$$

추론은 함축 관계를 전진시키는 반면, 가추법은 효과에서 잠재적 원인에 대한 추론으로 역행한다. 가추법의 예는 다음과 같다.

$$\frac{\text{All Falcons are fast.}}{\text{John's car is fast.}}$$
$$\text{John's car is an Falcon.}$$

분명히 이는 잘못된 추론일 수 있다. 존의 차는 다른 제조사에 의해 만들어졌지만 빠를 수 있기 때문이다.

일반적으로 주어진 효과 β는 많은 잠재적 원인 α_i를 가질 수 있다. 일반적으로 단순히 사실에서 *possible* 표현으로 추론하기를 원하지 않는다. 대신 *best* 표현을 식별하고자 한다. 이를 위해서는 대체 가추법 증거의 품질을 비교하는 방법이 필요하다. 이 비교는 확률론적 모델(Charniak and Goldman, 1988; Charniak and Shimony, 1990) 또는 경험적 전략(Charniak and McDermott, 1985, Chapter 10)을 사용해 수행할 수 있다. 예를 들어 가장 적은 수의 가정이나 가장 구체적인 설명을 선호한다. 홉스 외 연구진 (1993)의 가추법 해석에 대한 세 번째 접근 방식을 설명한다. 이는 확률론적 접근과 경험적 접근의 피처를 결합하는 좀 더 일반적인 비용 기반 전략을 적용한다. 논의를 단순화하기 위해, 우리는 시스템의 비용 요소를 대부분 무시하지만 시스템의 비용 요소는 필요하다는 것을 명심해야 한다.

홉스 외 연구진(1993)은 언어 해석의 광범위한 문제에 그들의 방법을 적용한다. 여기서 발화 사이의 가장 그럴듯한 일관성 관계를 결정하기 위해 특정 분야와 도메인 지식이 사용되는 담화 일관성을 확립하는 데 중점을 둔다. (21.4)의 일관성을 확립하는 분석을 단계별로 살펴본다. 첫째, 일관성 관계 자체에 대한 공리가 필요하다. 공리 21.71은 가능한 일관성 관계가 설명 관계이며, 다른 관계는 유사한 공리를 가질 수 있다고 명시한다.

$$\forall e_i, e_j \; Explanation(e_i, e_j) \Rightarrow CoherenceRel(e_i, e_j) \tag{21.71}$$

변수 e_i 및 e_j는 관련된 두 발화로 표시되는 이벤트(또는 상태)를 나타낸다. 이 공리와 아래에 주어진 공리에서 수량사는 항상 모든 것을 오른쪽으로 범위를 지정한다. 이 공리는 두 이벤트 사이에 일관성 관계를 확립해야 한다는 점을 감안할 때, 그 관계가 설명이라고 귀추적으로 가정할 가능성이 있다는 것을 알려준다.

설명 관계는 두 번째 발화가 첫 번째 문장이 표현하는 효과의 원인을 표현해야 한다. 이를 공리 21.72라고 말할 수 있다.

$$\forall e_i, e_j \; cause(e_j, e_i) \Rightarrow Explanation(e_i, e_j) \tag{21.72}$$

일관성 관계에 대한 공리 외에, 특정 분야의 일반적인 지식을 나타내는 공리도 필요하다. 우리가 사용하는 첫 번째 공리는 만약 누군가가 술에 취하면, 다른 사람들은 그 사람이 운전하는 것을 원하지 않을 것이고, 전자가 후자를 유발한다는 것이다(편의상, 원하지 않는 상태는 *diswant* 술부로 표기된다).

$$\forall x, y, e_i \; drunk(e_i, x) \Rightarrow \qquad\qquad (21.73)$$
$$\exists e_j, e_k \; diswant(e_j, y, e_k) \wedge drive(e_k, x) \wedge cause(e_i, e_j)$$

다음으로 넘어가기 전에, 이 공리와 우리가 제시하는 다른 공리에 관한 몇 가지 주기가 순서대로 돼 있다. 첫째, 공리 21.73은 몇 가지 변수를 묶기 위해 범용 한정자와 함께 기술되는데, 기본적으로 어떤 사람이 술에 취한 모든 경우에 모든 사람들은 그 사람이 운전하는 것을 원하지 않는다고 말한다. 비록 이 공리가 일반적인 경우이길 바랄 수 있지만, 너무 과장된 서술이다. 홉스 외 연구진이 이를 처리하는 방식은 공리의 앞부분에서 술어 *etc*라고 하는 추가 관계를 포함시키는 것이다. 술어 *etc*는 공리가 적용되려면 참이어야 하지만 너무 모호해서 명시적으로 말할 수 없는 다른 모든 속성을 나타낸다. 따라서 이러한 술어는 입증될 수 없으며, 상응하는 값으로만 가정할 수 있다. 가정 값이 높은 규칙은 값이 낮은 규칙은 무시되기 때문에 규칙이 적용될 가능성은 이 값 측면에서 인코딩될 수 있다. 값을 무시함으로써 논의를 단순화하기로 선택했기 때문에, 마찬가지로 술어 *etc*의 사용을 무시한다.

둘째, 각 술어는 첫 번째 인수 위치에 '추가' 변수처럼 보일 수 있다. 예를 들어 술어 *drive*에는 하나가 아닌 두 개의 인수가 있다. 이 변수는 다른 술어의 인수 위치에서 참조할 수 있도록 술어로 표시된 관계를 수정하는 데 사용된다. 예를 들어 술어 *drive*를 변수 e_k로 수정하면 술어 *diswant*의 마지막 인수에서 이를 참조해 누군가가 운전하는 것을 원하지 않는다는 생각을 표현할 수 있다.

우리가 중단한 곳을 짚어보면, 우리가 사용하는 두 번째 지식의 공리는 누군가가 다른 사람이 운전하는 것을 원하지 않으면 자동차 키가 누군가가 운전하는 것을 가능하게 하기 때문에 이 사람이 자신의 자동차 키를 갖기를 원하지 않는다고 말한다.

$$\forall x, y, e_j, e_k \; diswant(e_j, y, e_k) \wedge drive(e_k, x) \Rightarrow \qquad (21.74)$$
$$\exists z, e_l, e_m \; diswant(e_l, y, e_m) \wedge have(e_m, x, z)$$
$$\wedge carkeys(z, x) \wedge cause(e_j, e_l)$$

세 번째 공리는 누군가가 다른 사람이 무언가를 갖는 것을 원하지 않는다면, 숨길
수 있다는 것이다.

$$\forall x,y,z,e_l,e_m \; diswant(e_l,y,e_m) \wedge have(e_m,x,z) \Rightarrow \qquad (21.75)$$
$$\exists e_n \; hide(e_n,y,x,z) \wedge cause(e_l,e_n)$$

마지막 공리는 단순히 인과관계가 전이적이다. 즉, e_i가 e_j를 야기하고 e_j가 e_k를 야
기하면 e_i가 e_k를 야기한다.

$$\forall e_i,e_j,e_k \; cause(e_i,e_j) \wedge cause(e_j,e_k) \Rightarrow cause(e_i,e_k) \qquad (21.76)$$

마지막으로 발화 자체의 내용, 즉 John이 Bill의 자동차 키를 숨긴 내용을 가지고
있다.

$$hide(e_1,John,Bill,ck) \wedge carkeys(ck,Bill) \qquad (21.77)$$

그리고 대명사 he로 묘사된 누군가가 취했다. 자유변수 he로 대명사를 나타낸다.

$$drunk(e_2,he) \qquad (21.78)$$

이제 앞에서 언급한 공리와 함께 발화의 내용에 대한 추론이 어떻게 설명 관계에서
(21.4)의 일관성을 확립할 수 있는지 알 수 있다. 파생은 그림 21.9에 요약돼 있으며,
문장 해석은 박스에 표시돼 있다. 일관성 관계가 있다고 가정하는 것으로 시작하고,
공리 21.71을 사용해 이 관계가 설명이라는 가설을 세운다.

$$Explanation(e_1,e_2) \qquad (21.79)$$

공리 21.72에 따르면

$$cause(e_2,e_1) \qquad (21.80)$$

공리 21.76에 의해, 중간 원인 e_3가 있다고 가정할 수 있다.

$$cause(e_2,e_3) \wedge cause(e_3,e_1) \qquad (21.81)$$

중간 원인 e_4를 갖도록 (21.81)의 첫 번째 결합을 확장해 이를 다시 반복할 수 있다.

$$cause(e_2,e_4) \wedge cause(e_4,e_3) \qquad (21.82)$$

(21.77)의 첫 번째 문장과 (21.81)의 두 번째 술어 *cause*의 해석에서 술어 *hide*를 가져올 수 있으며 공리 21.75를 사용해 John이 Bill의 자동차 키를 갖기를 원하지 않는다는 가설을 세울 수 있다.

$$diswant(e_3, John, e_5) \land have(e_5, Bill, ck) \qquad (21.83)$$

여기에서 (21.77)의 술어 *carkeys*와 (21.82)의 두 번째 술어 *cause*에서 공리 21.74를 사용해 John이 Bill이 운전하기를 원하지 않는다고 가정할 수 있다.

$$diswant(e_4, John, e_6) \land drive(e_6, Bill) \qquad (21.84)$$

여기서 공리 21.73과 (21.82)의 두 번째 원인 술어에서 Bill이 술에 취했다고 가정할 수 있다.

$$drunk(e_2, Bill) \qquad (21.85)$$

그러나 이제 변수 *he*가 Bill에 바인딩돼 있다고 가정하면 두 번째 문장의 해석에서 이 사실을 "prove"할 수 있다. 따라서 일관성의 확립이 진행됐다. 설명 관계를 설정하는 데 필요한 $cause(e_2, e_1)$을 초래하는 공리 선택과 대명사 할당에 대한 입증할 수 없는 가정을 포함하는 문장 해석 간의 체인을 식별했다.

이 파생은 일관성 확립의 강력한 속성, 즉 화자가 말하지 않은 담화에 의해 기술된 상황에 대한 정보를 청자가 추론하도록 하는 능력을 보여준다. 이 경우, John이 Bill에게 장난을 치는 것과 같은 다른 설명과는 반대로, Bill이 운전하지 않기를 원했기 때문에 (아마도 그가 사고를 당거나 경찰에 제지를 당할까봐) 열쇠를 숨겼을 것이라고 가정해야 했다. 이 원인은 (21.4)에 어디에도 명시돼 있지 않다. 이는 일관성을 확립할 필요성에 의해 야기된 추론 과정에서만 발생한다. 그런 의미에서 담화 의미는 부분 의미 합보다 크다. 즉, 담화는 일반적으로 담화를 구성하는 개별 문장의 해석에 포함된 것보다 훨씬 더 많은 정보를 전달한다.

이제 (21.5)로 돌아가서, (21.4)가 표시하는 일관성이 결여돼 있다는 점에서 주목할 만한 (21.87)로 다음을 반복한다.

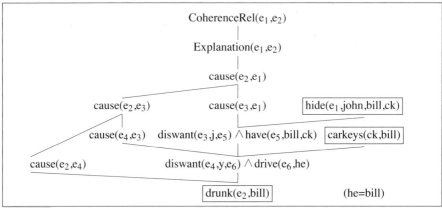

그림 21.9 (21.4)의 일관성 설정

(21.86) John hid Bill's car keys. He was drunk.

(21.87) ?? John hid Bill's car keys. He likes spinach.

이제 그 이유를 알 수 있다. 두 발화 표현을 연결할 수 있는 유사한 추론 체인이 없다. 특히 (21.73)과 유사한 인과적 공리가 없다. 특히, 시금치를 좋아하면 누군가가 운전을 원하지 않을 수도 있다. 이러한 추론을 뒷받침 할 수 있는 추가 정보(예: Bill의 자동차 키를 숨기는 대가로 누군가 John과 시금치를 약속했던 전술한 시나리오) 없이는 절의 일관성을 설정할 수 없다.

가추법은 부적절한 추론의 한 형태이기 때문에, 가추적 추론 중에 내린 가정을 나중에 철회할 수 있어야 한다. 즉, 가추적 추론은 **무효화**된다.

무효화

(21.88) Bill's car isn't here anyway; John was just playing a practical joke on him.

예를 들어 (21.86)에 이어 (21.88)이 나온다면, 시스템은 (21.86)의 두 절을 연결하는 추론의 원래 체인을 철회하고 숨겨진 이벤트가 실제 농담의 일부라는 사실을 이용해 추론 체인을 대체해야 할 것이다.

광범위한 추론을 지원하도록 설계된 더 일반적인 지식 기반에서는 일관성을 설정하는 데 사용한 공리 (21.86)보다 더 일반적인 공리를 원할 것이다. 예를 들어 누군가가 운전하는 것을 원하지 않으면 자동차 키를 갖고 싶지 않다는 공리 21.74를 고려한다. 더 일반적인 형태의 공리는 누군가가 행동을 수행하는 것을 원하지 않고 객체가 그 행동을 수행할 수 있게 한다면, 그 객체를 갖기를 원하지 않는다고 말할 것이다. 자동차 키로 누군가가 운전할 수 있다는 사실은 다른 유사한 사실과 함께 별도로 인코딩된다. 마찬가지로 공리 21.73은 누군가가 술에 취하면 운전하는 것을 원하지 않는다고 말한다. 누군가가 어떤 일이 일어나기를 원하지 않는다면 그 일이 일어날 가능성이 있는 일을 원하지 않는다는 공리로 바꿀 수 있다. 다시 말하지만 사람들이 일반적으로 다른 사람이 자동차 사고를 당하는 것을 원하지 않으며 음주 운전이 사고를 유발한다는 사실은 별도로 인코딩된다.

일관성 설정 문제를 밝히는 계산 모델을 갖는 것이 중요하지만 이 방법과 유사한 방법을 널리 사용하는 데는 큰 장벽이 남아 있다. 특히 특정 분야에 대한 모든 필수 사실을 인코딩하는 데 필요한 많은 공리와 대규모 공리 집합으로 추론을 제한하는 강력한 메커니즘의 부족으로 인해 이러한 방법은 실제로 비현실적이다. 그럼에도 이러한 종류의 지식과 추론 규칙에 대한 근사치는 이미 자연어 이해 시스템에서 중요한 역할을 할 수 있다.

21.10 지칭에 대한 심리학적 연구

21장에 설명된 기법은 인간 담화 이해를 어느 정도 모델링하는가? 심리 언어학 연구의 실질적인 주요부에서 얻은 몇 가지 결과를 요약한다. 공간상의 이유로 여기에서는 오로지 대용어 복원에만 초점을 맞춘다.

상당한 양의 연구는 사람들이 대명사를 해석하기 위해 21.5절에 설명한 선호를 사용하는 범위와 관련이 있는데, 그 결과는 종종 모순된다. 클라크와 센갈(1979)은 일련의 독해 시간 실험을 사용해 문장 최근의 대명사 해석에 미치는 영향을 연구했다. 읽어야 할 3문장의 문맥을 받고 승인한 뒤, 인간 피험자들에게 대명사가 포함된 시험 문장이 주어졌다. 피험자들은 시험 문장을 이해한다고 느낄 때 버튼을 눌렀다. 클라크와 센갈은 문맥상 가장 최근의 절에서 대명사 지칭을 불러왔을 때, 두세 절 앞의 지칭을 불러왔을 때보다 읽는 시간이 훨씬 더 빨랐다는 것을 발견했다. 반면 2개 절과 3개 절에서 인용된 지시 대상 사이에는 큰 차이가 없었으며, "처리된 마지막 절은 작업 메모리에서 권한 있는 위치를 언급하는 개체에 부여한다"고 주장하게 됐다.

크롤리 외 연구진(1990)은 이전 문장의 주어에 할당될 대명사 선호도를 문법적 역할 유사성 선호도와 비교했다. 두 가지 작업 환경, 즉, 인간 피험자가 대명사를 어떻게 해석하는지를 밝히는 **질의응답 작업**과 피험자가 대명사의 지시 대상을 직접 식별하는 **지칭 명명 작업**에서 인간 피험자가 대명사를 이전 문장의 목적어보다 주어로 해결했다. 그러나 스미스(1994)는 유사성을 평가하기 위한 보다 엄격한 요구 사항을 충족하는 데이터를 사용해 피험자가 지칭대상 명명 작업에서 유사성 처리 선호를 압도적으로 따랐다는 것을 발견했다. 실험은 문장이 충분히 유사하지 않을 때 스미스가 기본 전략으로 가정한 목적어 지칭보다 주어 지칭에 대한 선호도에 대해 약한 지원을 제공했다.

카라마즈자 외 연구진(1977)은 동사의 '암시적 인과관계'가 대명사 해석에 미치는 영향을 연구했다. 카라마즈자 외 연구진은 **문장 완성 과제**를 사용해 주어 편향이나 목적어 편향을 갖는 동사를 분류했다. 피험자들에게는 (21.89)와 같은 문장 조각이 주어졌다.

(21.89) John telephoned Bill because he

피험자들은 문장을 완성했고, 피험자들이 선호하는 대명사에 대한 지시어를 확인했다. 많은 비율의 인간 피험자들이 문법적 주어 또는 목적어 선호도를 나타내는 동사는 편향을 갖는 것으로 분류됐다. 그런 다음 각 편향된 동사에 대해 문장 쌍이 구성됐다. 즉, 의미론이 동사 편향이 제안하는 대명사 할당을 뒷받침하는 "적합한" 문장과 의미론이 반대되는 예측을 뒷받침하는 "적합하지 않은" 문장이다. 예를 들어 (21.90)은 두 번째 절의 의미론이 주어 *John*을 *he*의 선행사로 할당하는 것을 지원하기 때문에 주어 편향 동사 *telephoned*와 일치하는 반면, 문장 (21.91)은 의미론에서 목적어 *Bill*을 할당하기 때문에 일치하지 않는다.

(21.90) John telephoned Bill because he wanted some information.

(21.91) John telephoned Bill because he withheld some information.

지칭 명명 작업에서 카라마즈자 외 연구진은 일치하는 문장이 일치하지 않는 문장보다 명명 시간이 더 빠르다는 것을 발견했다. 놀랍게도 첫 번째 절에서 언급한 두 사람의 성별이 다른 경우에도 마찬가지였기 때문에 지시 대상이 명확해졌다.

질의응답 작업

지칭 명명 작업

문장 완성 과제

매튜스와 초도로우(1988)는 문장 내 지칭 문제와 구문 기반 검색 전략의 예측을 분석했다. 질문에 답하는 작업에서 대명사 선행사가 늦고 구문적으로 얕은 위치를 차지하는 문장보다 초기, 통사론적으로 깊은 위치를 차지한 문장에 대해 피험자가 더 느린 이해 시간을 나타냈다. 이 결과는 홉스의 트리 검색 알고리듬에 사용된 검색 프로세스와 일치한다.

센터링 이론의 원리를 테스트하는 것과 관련된 심리 언어학 연구도 있다. 일련의 읽기 시간 실험에서 고든 외 연구진(1993)은 현재의 역방향 중심이 대명사 대신 완전한 명사구로 지칭될 때 읽기 시간이 더 느리다는 것을 발견했다. **반복된 명칭의 불이익**이라고 부르는 이 효과는 주어 위치의 지시 대상에게만 발견돼 C_b가 주어로서 우선적으로 실현됨을 시사한다. 브레넌(1995)은 언어 형식의 선택이 센터링 원칙과 어떻게 연관되는지 분석했다. 인간 피험자가 농구 경기를 보고 두 번째 사람에게 설명해야 하는 일련의 실험을 실행했다. 지시 대상이 이미 목적어 위치에 도입된 경우에도 인간 피험자가 목적어 위치에서 전체 명사구로 개체를 참조하는 경향이 있음을 발견했다.

반복된 명칭의 불이익

21.11 요약

21장에서 자연어 처리 시스템이 직면하는 많은 문제가 문장 사이, 즉 *discourse* 수준에서 작동한다는 것을 봤다. 다음은 우리가 논의한 몇 가지 주요 사항에 대한 요약이다.

- 문장과 같은 담화는 계층 구조를 가지고 있다. 가장 간단한 종류의 구조 감지에서 더 단순한 선형 구조를 가정하고 주어 또는 다른 경계에 대한 담화를 세분화한다. 주요 단서는 **어휘 응집력**과 담화 마커/단서 문구다.
- 담화는 임의의 문장 모음이 아니다. 일관성이 있어야 한다. 담화를 일관되게 만드는 요소 중에는 문장 간의 일관성 관계와 개체 기반 일관성이다.
- 다양한 일관성 관계 및 수사적 관계가 제안됐다. 이러한 일관성 관계를 감지하는 알고리듬은 표면 기반 단서(단서 문구, 구문 정보)를 사용할 수 있다.
- 담화 해석은 언급된 개체와 이들이 참여하는 관계의 표현을 포함하는 담화 모델이라고 하는 담화 상태의 진화하는 표현을 구축해야 한다.
- 자연어는 개체를 참조하는 다양한 방법을 제공한다. 각 지칭 형식은 자신의 담화 모델과 신념 세트와 관련해 어떻게 처리돼야 하는지에 대한 자체 신호

를 청중에게 보낸다.

- 대명사 참조는 담화 모델에서 적절한 정도의 중요성을 가진 지시 대상에 사용할 수 있다. 다양한 어휘, 구문, 의미 및 담론 요소가 특징에 영향을 미치는 것으로 보인다.

- 대명사 대용에 대한 홉스, 센터링 및 로그 선형 모델은 이러한 다양한 제약 조건과 결합하는 다양한 방법을 제공한다.

- 전체 NP 동일 지시어 작업은 명칭과 명확한 NP를 처리해야 한다. 문자열 편집 거리는 이러한 경우에 유용한 피처다.

- 일관성을 설정하기 위한 고급 알고리듬은 하나 이상의 일관성 관계에 의해 부과된 제약을 적용해 종종 화자가 말하지 않은 추가 정보의 추론을 유도한다. 그러한 추론을 수행하기 위해 논리적 삼단논법의 부적절한 규칙이 사용될 수 있다.

참고문헌 및 역사 참고 사항

자연어 이해를 위한 초기 시스템(Woods et al., 1972; Winograd, 1972b; Woods, 1978)에 의해 설정된 토대를 기반으로, 담화에 대한 컴퓨터 접근 방식의 기본 작업의 대부분은 70년대 후반에 수행됐다. 웨버(1978, 1983)의 작업은 담화 모델에서 개체가 표현되는 방식과 차후의 지칭에 라이선스를 부여할 수 있는 방법에 대한 기본적인 통찰력을 제공했다. 웨버가 제공한 많은 사례는 오늘날에도 계속해서 지칭 이론에 도전하고 있다. 그로즈(1977a)는 담화가 전개될 때 대화 참가자들이 유지하는 관심의 초점을 언급하며, 두 단계의 초점을 정의했다. 전체 담화와 관련된 개체는 *global* 초점에 있다고 말한 반면 로컬 초점에 있는 개체(즉, 특정 발화의 가장 중심)는 *immediate* 초점에 있다고 한다. 시드너(1979, 1983)는 담화 초점을 추적하는 방법과 대명사 및 지시명사 구문을 해결하는 데 사용하는 방법을 설명했다. 시드너는 현재의 담화 초점과 잠재적 초점을 구별했으며, 이는 각각 센터링 이론의 역반향 중심과 순반향 중심의 전신이다.

센터링 접근법의 근원은 즉각적인 초점과 현재 발화를 담화 모델에 통합하는 데 필요한 추론 간의 관계를 다룬 조시와 쿤(1979)과 조시와 와인스타인(1981)의 논문에서 비롯된다. 그로즈 외 연구진(1983)은 이 작업을 시드너와 그로즈의 이전 작업과 통합했다. 이로 인해 1986년 이후 널리 유포된 반면, 그로즈 외 연구진(1995)까지 미발표 상태로 남아 있는 중심축에 관한 원고를 이끌어냈다. 이 원고/논문을 기반으로 한 센터링에 관한 일련의 논문이 이후에 출판됐다(Kameyama, 1986; Brennan et al., 1987; Di Eugenio, 1990; Walker et al., 1994; Di Eugenio, 1996; Strube and Hahn, 1996; Kehler, 1997a). 나중에 센터링 논문 모음은 워커 외 연구진(1998)에 나타난다. 포에시오 외 연구진(2004)을 참고한다. 21장에서는 센터링 및 대용어 복원에 중점을 뒀다. 센터링을 개체 기반 일관성에 적용하려면 카라만리스(2003, 2007), 바질레이 및 라파타(2008) 및 23장에서 논의된 관련 논문을 참고한다.

information status에 대한 연구는 언어학에서 오랜 역사를 가지고 있다(Chafe, 1976; Prince, 1981; Ariel, 1990; Prince, 1992; Gundel et al., 1993; Lambrecht, 199).

홉스(1978)의 트리 검색 알고리듬을 시작으로 연구원들은 자연적으로 발생하는 텍스트에서 지칭을 완벽하게 식별하기 위한 구문 기반 방법을 추구했다. 다른 구문과 기타 피처의 가중치 조합을 위한 초기 시스템은 라핀과 레스(1994)였다. 케네디와 보고라예프(1996)는 전체 구문 파서에 의존하지 않고 단지 명사구를 식별하고 문법적 역할에 레이블을 지정하는 메커니즘에 의존하는 유사한 시스템을 설명한다. 두 접근법 모두 두드러진 요소를 통합하기 위해 알샤위(1987)의 프레임워크를 사용한다. 다중 모드(즉, 음성 및 제스처) 인간-컴퓨터 인터페이스에서 참조를 해결하기 위해 이 프레임워크를 사용하는 알고리듬은 홀스 외 연구진(1995)이 설명해놓았다. 미트코프와 보고라예프(1997)에서는 운영 시스템에서 참조하는 다양한 접근 방식에 대한 논의를 찾을 수 있다.

지도 학습을 기반으로 한 참조 해결 방법은 아주 초기에 제안됐다(Connolly et al., 1994; Aone and Bennett, 1995; McCarthy and Lehnert, 1995; Kehler, 1997b; Ge et al., 1998). 최근에는 지도 및 비지도 접근 방식 모두 대용어 복원(Kehler et al., 2004; Bergsma and Lin, 2006)와 전체 NP 지시 대상(Cardie and Wagstaff, 1999; Ng and Cardie, 2002b; Ng, 2005)이다. 명확한 NP 지시 대상을 위해 일반 알고리듬 (Poesio and Vieira, 1998; Vieira and Poesio, 2000)과 특정 정확한 NP가 대용어인지 아닌지를 결정하는 데 초점을 맞춘 특정 알고리듬이 있다(Bean and Riloff, 1999, 2004; Ng and Cardie, 2002a; Ng, 2004). 글로벌 최적화의 사용은 최근의 중요한 관심사다(Denis and Baldridge, 2007;

Haghighi and Klein, 2007). 대용어 복원에 대한 포괄적인 개요는 미트코프(2002)와 브랑코 외 연구진(2002) 논문 모음을 참고한다.

선형 담화 분할에 응집력을 사용한다는 아이디어는 할리데이와 하산(1976)의 획기적인 작업에 내포돼 있었지만 모리스와 허스트(1991)에 의해 처음 명시적으로 구현됐으며 다음을 포함한 많은 다른 연구자들에 의해 빠르게 채택됐다(Kozima, 1993; Reynar, 1994; Hearst, 1994, 1997; Reynar, 1999; Kan et al., 1998; Choi, 2000; Choi et al., 2001; Brants et al., 2002; Bestgen, 2006). 파워 외 연구진(2003)은 담화 구조를 연구하고 필리포바와 스트루베(2006), 스포리더와 라파타(2004, 2006)는 단락 분할에 중점을 둔다.

세분화에서 단서 구절의 사용은 음성뿐만 아니라 많은 텍스트 장르에 대한 작업을 포함해 광범위하게 연구됐다(Passonneau and Litman, 1993; Hirschberg and Litman, 1993; Manning, 1998; Kawahara et al., 2004).

많은 연구자들은 담화에서 발화 사이를 유지할 수 있는 일련의 일관성 관계를 설정했다(Halliday and Hasan, 1976; Hobbs, 1979a; Longacre, 1983; Mann and Thompson, 1987; Polanyi, 1988; Hobbs, 1990; Sanders et al., 1992; Carlson et al., 2001, 2002; Asher and Lascarides, 2003; Baldridge et al., 2007). 문헌에서 제안된 350개 이상의 관계에 대한 개요는 호비(1990)에서 찾을 수 있다.

일관성 추출에 대한 다양한 접근 방식이 있다. 21.2.2절에 설명된 단서 구절 기반 모델은 다니엘 마르쿠 및 동료에 기인한다(Marcu, 2000b, 2000a; Carlson et al., 2001, 2002). 언어적 담화 모델(Polanyi, 1988; Scha and Polanyi, 1988; Polanyi et al., 2004a, 2004b)은 담화 구문이 더 강조되는 프레임워크다. 이 접근법에서 담화 구문 분석 트리는 문장 구문 분석 트리가 구성 요소별로 구축되는 방식과 직접적으로 유사하게 절에 따라 구축된다. 또한 코스턴-올리버(1998)는 구문 및 파서 기반 피처를 탐구한다. 더 최근의 작업은 담화 구문 분석에 트리에 인접한 문법 형식주의 버전을 적용했다(Webber et al., 1999; Webber, 2004). 이 모델은 펜 담화 트리뱅크에 주석을 달기 위해 사용됐다(Miltsakaki et al., 2004b, 2004a). 애셔와 라스카리데스(2003) 및 발드리지 외 SDRT 연구진(2007)은 세그먼트화된 담화 표현 구조^{SDRT}를 제안했다. 울프와 깁슨(2005)은 일관성 구조에 교차 브래킷^{bracketing}이 포함돼 있어 트리로 표현할 수 없으며 대신 그래프 표현을 제안했다.

담화 구조와 의미를 결정하는 것 외에도 담화 일관성 이론은 대명사 해결(Hobbs, 1979a; Kehler, 2000), 동사구 줄임표 및 갭(Prüst, 1992; Asher, 1993; Kehler, 1993, 1994a) 및 시제 해석(Lascarides and Asher, 1993; Kehler, 1994b, 2000)이 있다. 일관성 관계와 담화 연결 사이의 관계에 대한 광범위한 조사는 놋트와 데일(1994)에서 찾을 수 있다.

연습

21.1 통사론의 초기 연구는 순전히 통사론적 수단을 통해 대명사 규칙을 특성화하려고 시도했다. 그러한 초기 규칙 중 하나는 대명사를 포함하는 문장의 구문 구조에서 삭제하고 이를 선행 명사 구의 구문 표현으로 대체해 대명사를 해석한다. 다음 문장("Bach-Peters" 문장이라고 함)이 그러한 분석에 문제가 되는 이유를 설명하라.

(21.92) The man who deserves it gets the prize he wants.

(21.93) The pilot who shot at it hit the MIG that chased him.

958~963페이지에서 논의된 다른 유형의 지칭은 이러한 유형의 분석에 문제가 있는가?

21.2 예제 21.66에 대한 구문 트리를 홉스의 트리 검색 알고리듬을 적용해 검색의 각 단계를 표시한다.

21.3 홉스(1977)는 그의 코퍼스에서 트리 검색 알고리듬에 문제가 있는 다음 예제를 인용한다.

(21.94)　The positions of pillars in one hall were marked by river boulders and a shaped convex cushion of bronze that had served as <u>their</u> footings.

(21.95)　They were at once assigned an important place among the scanty remains which record the physical developments of the human race from the time of <u>its</u> first appearance in Asia.

(21.96)　Sites at which the coarse grey pottery of the Shang period has been discovered do not extend far beyond the southernmost reach of the Yellow River, or westward beyond its junction with the Wei.

(21.97) The thin, hard, black-burnished pottery, made in shapes of angular profile, which archaeologists consider as the clearest hallmark of the Lung Shan culture, developed in the east. The site from which it takes its name is in Shantung. It is traced to the north-east as far as Liao-ning province.

(21.98) He had the duty of performing the national sacrifices to heaven and earth: his role as source of honours and material rewards for services rendered by feudal lords and ministers is commemorated in thousands of inscriptions made by the recipients on bronze vessels which were eventually deposited in their graves.

각각의 경우에 밑줄 친 대명사의 정확한 지시 대상과 알고리듬이 잘못 식별할 대상을 식별한다. 각각의 경우에 올바른 지시 대상을 결정하는 데 영향을 미치는 요인과 이를 설명하는 데 필요할 수 있는 정보 유형에 대해 토론하라.

21.4 홉스 알고리듬을 구현한다. 펜 트리뱅크의 샘플에서 테스트하라. 홉스와 트리뱅크 문법의 차이를 처리하려면 알고리듬을 수정해야 한다.

21.5 브레넌 외 연구진(1987)의 다음 구절을 고려한다.

(21.99) Brennan drives an Alfa Romeo.

She drives too fast.

Friedman races her on weekends.

She goes to Laguna Seca.

BFP 알고리듬이 최종 문장에서 대명사를 찾는 지시 대상을 식별한다. 이 선택에 동의하는가, 아니면 예가 모호하다고 생각하는가? 주어 위치에 대명사화된 지칭과 함께 주어 위치에 새로운 명사구를 도입하는 것이 왜 다음 문장의 주어 대명사에 대한 중의성을 유발할 수 있는지 토론하라. 여기서 어떤 선호도를 경쟁하고 있는가?

21.6   위노그라드(1972b)에서 채택한 구절(21.100a-b)을 고려한다.

(21.100) The city council denied the demonstrators a permit because

a. they feared violence.

b. they advocated violence.

각각의 경우 대명사에 대한 올바른 해석은 무엇인가? 가추법 프레임워크로 해석할 때 각각에 대한 분석을 스케치한다. 여기에서 이러한 지칭 할당은 설명 관계 설정의 부산물로 만들어진다.

21.7   좋아하는 신문에서 편집 칼럼을 선택하고 10-20문장 부분의 담화 구조를 결정하라. 어떤 문제가 있었나? 화자가 어떤 장소에서든 포함(예: 담화접속사)된 표면적인 단서들에 의해 도움을 받았는가?

22
정보 추출

> 난 선구적인 소장이다.
>
> 식물, 동물, 광물에 대한 정보를 가지고 있고,
>
> 난 영국의 왕들과 친분이 있다. 그리고 역사적인 전투를 예로 들 수 있다.
>
> 마라톤에서 워털루까지, 순서대로...
>
> – 길버트와 설리번, 〈펜잔스의 해적〉

당신이 항공사 주식을 추적하는 투자 회사의 애널리스트라고 상상해보라. 항공사의 운임 인상 발표와 다음날의 주식 움직임 사이의 관계(있는 경우)를 결정하는 작업이 주어진다. 주가에 대한 과거 데이터는 쉽게 얻을 수 있지만 항공사 발표에 대한 정보는 어떠한가? 이 작업을 잘 수행하려면 적어도 항공사 명칭, 제안된 요금 인상의 유형, 발표 날짜 및 가능한 다른 항공사의 반응을 알아야 한다. 다행히도 이 정보는 다음 예처럼 항공사의 조치를 보고하는 뉴스 기사 아카이브에 있다.

> 유나이티드 항공은 높은 연료 가격을 이유로 금요일에 일부 도시로의 왕복 항공편마다 요금을 6달러 인상했다고 발표했다. 팀 와그너 대변인은 AMR사의 한 부서인 아메리칸 항공이 즉시 이 같은 움직임에 동참했다고 말했다. UAL사의 계열사인 유나이티드는 이번 인상이 목요일에 발효됐으며 시카고에서 댈러스까지, 덴버에서 샌프란시스코까지 저가 항공사와 경쟁하는 대부분의 노선에 적용된다고 밝혔다.

물론 자연적으로 발생하는 텍스트에서 명칭, 날짜 및 금액과 같은 정보를 추출하는 것은 사소한 작업이 아니다. 22장에서는 텍스트에서 제한된 종류의 의미 콘텐츠를 추출하는 일련의 기술을 제공한다. **텍스트 분석**이라고도 하는 이 **정보 추출**[IE] 프로세스는 텍스트에 포함된 비정형 정보를 구조화된 데이터로 변환한다. 보다 구체적으로 정보 추출은 관계형 데이터베이스의 내용을 채우는 효과적인 방법이다. 정보가 공식적으로 인코딩되면 데이터베이스 시스템, 통계 분석 패키지 및 기타 형태의 의사결정 지원 시스템에서 제공하는 모든 기능을 적용해 해결하려는 문제를 해결할 수 있다.

22장을 진행하면서 IE 문제에 대한 강력한 솔루션은 이 책의 앞부분에서 본 기술의 현명한 조합임을 보여준다. 특히 2장과 3장에서 설명한 유한 상태 방법, 4장에서 6장까지에서 소개한 확률 모델, 13장의 구문 청킹 방법은 정보 추출에 대한 최신 접근 방식의 핵심을 형성한다. 이러한 기술이 어떻게 적용되는지 자세히 알아보기 전에 IE의 주요 문제를 빠르게 소개하고 접근 방법을 설명한다.

대부분의 IE 작업에서 첫 번째 단계는 텍스트에 언급된 모든 고유 명칭(일반적으로 **개체명 인식**[NER]이라고 함)을 감지하고 분류하는 것이다. 당연히 고유한 명칭과 이를 분류하는 데 사용되는 특정 체계는 애플리케이션에 따라 다르다. 일반 NER 시스템은 일반 뉴스 텍스트에 언급된 인명, 장소 및 조직명을 찾는 데 초점을 맞추는 경향이 있다. 유전자와 단백질의 명칭(Settles, 2005)부터 대학 과정의 명칭(McCallum, 2005)에 이르기까지 모든 것을 탐지하기 위한 실용적인 애플리케이션도 구축됐다.

입문자들을 위한 예제에는 조직명, 인명, 장소, 시간 또는 금액으로 분류할 수 있는 고유한 명칭의 13개 인스턴스가 포함돼 있다. 이를 **개체명 멘션**이라고 한다.

텍스트에서 개체명에 대한 모든 멘션을 찾기 때문에 이러한 멘션을 멘션 뒤에 있는 개체에 해당하는 집합으로 연결하거나 클러스터링하는 것이 유용하다. 이는 21장에서 소개한 **참조 해결** 작업이며, IE에서도 중요한 구성 요소다. 샘플 텍스트에서 첫 번째 문장의 *United Airlines* 언급과 세 번째 문장의 *United* 언급이 동일한 실제 개체를 지칭한다는 것을 알고 싶다. 이 일반적인 참조 해결 문제는 하위 문제로 대용어 복원을 포함하며, 이 경우 두 가지 용도가 각각 *United Airlines* 및 *United*를 지칭한다고 판단한다.

텍스트 분석
정보 추출

개체명 인식

개체명 멘션

관계 탐지 및 분류의 작업은 주어진 텍스트에서 발견된 개체 간의 의미 관계를 찾고 분류하는 것이다. 대부분의 실제 설정에서 관계 탐지의 초점은 이진 관계의 작은 고정 세트에 있다. 표준 시스템 평가에 나타나는 일반 관계에는 가족, 고용, 부분 전체, 구성원 및 지리 공간 관계가 포함된다. 관계 탐지 및 분류 작업은 관계형 데이터베이스를 채우는 문제에 가장 근접하게 해당하는 작업이다. 개체 간의 관계 탐지는 20장에서 소개한 단어 간의 의미 관계를 발견하는 문제와도 밀접한 관련이 있다.

샘플 텍스트에는 일반 관계에 대한 세 가지 명시적인 언급이 포함돼 있다. *United*는 *UAL*의 일부이고, *American Airlines*는 *AMR*의 일부이며, *Tim Wagner*는 *American Airlines*의 직원이다. 항공 산업의 도메인별 관계에는 *United serves Chicago*, *Dallas*, *Denver*, *San Francisco*는 사실이 포함된다.

텍스트의 개체와 다른 개체와의 관계에 대해 아는 것 외에도 개체가 관여하는 이벤트를 찾고 분류할 수 있다. 이벤트 감지 및 분류 문제다. 샘플 텍스트에서 주요 이벤트는 *United* 및 *American*별 요금 인상이다. 또한 여러 이벤트에서 *said*의 두 가지 용도와 *cite*의 사용으로 표시되는 주요 이벤트를 보고한다. 개체 인식과 마찬가지로 이벤트 감지는 참조 해결 문제를 가져온다. 텍스트에 언급된 많은 이벤트 중 어떤 것이 동일한 이벤트를 가리키는지 파악해야 한다. 실행 예제에서 두 번째 및 세 번째 문장의 *the move* 및 *the increase*라고 하는 이벤트는 첫 번째 문장의 *increase*와 동일하다.

텍스트의 이벤트가 언제 일어났는지 그리고 시간에 어떻게 서로 관련되는지 알아내는 문제는 **시간 표현 인식**과 **시간 분석**의 두 가지 문제를 일으킨다. 시간 표현 감지는 샘플 텍스트에 *Friday* 및 *Thursday* 시간 표현이 포함돼 있음을 알려준다. 시간 표현에는 요일, 월, 공휴일 등과 같은 날짜 표현과 *two days from now* 또는 *next year*와 같은 구문을 포함한 상대 표현이 포함된다. 또한 *3:30 P.M.* 또는 *noon*과 같은 시간 표현도 포함한다.

시간적 분석의 전체적인 문제는 시간적 표현을 특정 날짜 또는 시간에 매핑한 다음 그 시간을 사용해 시간적 이벤트를 배치하는 것이다. 여기에는 다음과 같은 하위 작업이 포함된다.

- 앵커링 날짜 또는 시간, 일반적으로 뉴스 기사의 경우 기사 날짜 표시줄과 관련해 시간적 표현을 수정한다.
- 본문의 이벤트와 시간적 표현을 연관시킨다.
- 이벤트를 완전하고 일관된 타임라인으로 정렬한다.

샘플 텍스트에서 *Friday* 및 *Thursday* 시간 표현은 기사 자체와 관련된 날짜 표시줄과 관련해 고정돼야 한다. 또한 *Friday*는 *United*의 발표 시간을 의미하고 *Thursday*는 요금 인상이 적용된 시간(예: 금요일 바로 전 목요일)을 의미한다. 마지막으로 이 정보를 사용해 *United*의 발표가 요금 인상에 이어지고 *American*의 발표가 두 이벤트 모두에 뒤 따르는 타임 라인을 생성할 수 있다. 이러한 종류의 시간적 분석은 질의응답, 요약 및 대화 시스템을 포함해 의미를 다루는 거의 모든 NLP 애플리케이션에서 유용하다.

마지막으로, 많은 텍스트는 관심 영역에서 일정 빈도로 반복되는 고정 관념적 상황을 설명한다. **템플릿 채우기**의 작업은 이러한 상황을 불러일으키는 문서를 찾은 다음 템플릿의 슬롯을 적절한 재료로 채우는 것이다. 이러한 슬롯-필러는 텍스트에서 직접 추출된 텍스트 세그먼트로 구성될 수 있거나 일부 추가 처리(시간, 양, 온톨로지의 개체 등)를 통해 텍스트 요소에서 유추된 개념으로 구성될 수 있다.

항공사 텍스트는 항공사가 종종 요금 인상을 시도하고 경쟁사가 따라오는지 확인하기 위해 기다리고 있기 때문에 이러한 종류의 고정 관념적인 상황의 예다. 이 상황에서 *United*는 처음에 운임을 인상한 주요 항공사로, $6는 운임 인상 금액으로, *Thursday*는 운임 인상 발효 일로, *American*은 *United* 뒤를 이은 항공사로 식별할 수 있다. 원래 항공사 스토리의 채워진 템플릿은 다음과 같다.

FARE-RAISE ATTEMPT:	LEAD AIRLINE:	UNITED AIRLINES
	AMOUNT:	$6
	EFFECTIVE DATE:	2006-10-26
	FOLLOWER:	AMERICAN AIRLINES

다음 절에서는 일반적인 뉴스 텍스트의 맥락에서 이러한 각 문제에 대한 현재 접근 방식을 검토한다. 22.5절은 생물학 교과서를 처리하는 맥락에서 이러한 문제 중 얼마

나 많은 문제가 발생하는지 설명한다.

22.1 개체명 인식

대부분의 정보 추출 애플리케이션의 시작점은 텍스트에서 개체명를 감지하고 분류하
개체명 는 것이다. **개체명**이란 단순히 고유한 명칭으로 지칭할 수 있는 모든 것을 의미한다.
개체명 인식 프로세스는 고유 명칭을 구성하는 텍스트 범위를 찾은 다음 지칭되는 개
체를 유형에 따라 분류하는 결합된 작업을 의미한다.

유형	태그	샘플 카테고리
사람	PER	개인, 가상의 인물, 소그룹
조직	ORG	회사, 기관, 정당, 종교 단체, 스포츠팀
위치	LOC	물리적 범위, 산, 호수, 바다
지정학의 개체	GPE	국가, 주, 지방, 자치주
시설	FAC	교량, 건물, 공항
차량	VEH	비행기, 기차, 자동차

그림 22.1 지칭하는 개체 종류와 함께 명명된 일반 개체 유형 목록이다.

유형	예
사람	Turing은 종종 현대 컴퓨터 과학의 아버지로 여겨진다.
조직	IPCC는 향후 열대성 저기압이 더 강해질 것이라고 말했다.
위치	Mt. Sanitas 루프 하이킹은 Sunshine Canyon 기슭에서 시작된다.
지정학의 개체	Palo Alto는 유니버시티 애비뉴 지구의 주차 요금을 인상하는 방안을 검토 중이다.
시설	운전자는 Tappan Zee Bridge 또는 Lincoln Tunnel을 고려하도록 권고를 받았다.
차량	업데이트된 Mini Cooper는 그 매력과 민첩성을 유지한다.

그림 22.2 예제와 함께 개체명 유형

일반적인 뉴스 위주의 NER 시스템은 인명, 장소 및 조직명과 같은 것을 감지하는
데 중점을 둔다. 그림 22.1 및 22.2는 각각의 예와 함께 일반적인 개체명 유형을 나열
한다. 전문화된 애플리케이션은 상용 제품, 무기, 예술 작품 또는 22.5절에서 보여주
듯이 단백질, 유전자 및 기타 생물학적 개체를 포함해 다른 많은 유형의 개체와 관련
될 수 있다. 이러한 애플리케이션이 모두 공유하는 것은 고유 명칭, 해당 명칭이 주어
진 언어 또는 장르에서 신호를 보내는 특징적인 방식, 관심 영역의 고정된 항목 범주
집합과 관련된 것이다.

명칭이 신호를 받는 방식은 단순히 명칭이 일반 텍스트와 구별되는 방식으로 표시된다는 의미이다. 예를 들어 표준 영어 텍스트를 다루는 경우, 텍스트 중간에 인접한 두 개의 대문자 단어가 명칭을 구성할 가능성이 높다. 게다가 만약 *Dr.*가 선행되거나 *MD*가 뒤따른다면 인명을 상대하고 있을 가능성이 높다. 반대로 *arrived in*이 나오거나 *NY*가 뒤에 오는 경우, 아마도 위치를 다루고 있는 것이다. 이러한 신호에는 고유 명칭 및 주변 맥락에 대한 사실이 포함된다.

개체명의 개념은 일반적으로 개체 자체가 아닌 것을 포함하도록 확장되지만 그럼에도 불구하고 실질적인 중요성이 있고 그 존재를 나타내는 특징적인 서명이 있다. **시간 표현** 예를 들어 날짜, 시간, 명명된 이벤트 및 기타 종류의 **시간 표현**, 측정값, 개수, 가격 **숫자 표현** 및 기타 종류의 **숫자 표현**이 있다. 이 중 일부는 22.3절에서 나중에 다룬다.

개체명(시간 및 통화 표현을 표시하는 데 사용되는 TIME 및 MONEY 포함)를 사용해 앞서 소개한 샘플 텍스트를 다시 살펴본다.

> Citing high fuel prices, [_{ORG} United Airlines] said [_{TIME} Friday] it has increased fares by [_{MONEY} $6] per round trip on flights to some cities also served by lower- cost carriers. [_{ORG} American Airlines], a unit of [_{ORG} AMR Corp.], immediately matched the move, spokesman [_{PERS} Tim Wagner] said. [_{ORG} United], a unit of [_{ORG} UAL Corp.], said the increase took effect [_{TIME} Thursday] and applies to most routes where it competes against discount carriers, such as [_{LOC} Chicago] to [_{LOC} Dallas] and [_{LOC} Denver] to [_{LOC} San Francisco].

표시된 대로 이 텍스트에는 5개의 조직명, 4개의 위치, 2개의 시간, 1개의 인명, 1개의 통화 언급을 포함해 13개의 개체명 맨션이 포함돼 있다. United와 United Airlines는 동일한 개체를 참조하는 별개의 맨션이기 때문에 5개의 조직 맨션은 4개의 고유한 조직에 해당한다.

명칭	가능한 범주
Washington	사람, 위치, 정치 단체, 조직, 시설
Downing St.	위치, 조직
IRA	사람, 조직, 금융 상품
Louis Vuitton	사람, 조직, 상용 제품

그림 22.3   다양한 고유 명칭과 관련된 일반적인 범주 중의성

[PERS Washington] was born into slavery on the farm of James Burroughs.

[ORG Washington] went up 2 games to 1 in the four-game series.

Blair arrived in [LOC Washington] for what may well be his last state visit.

In June, [GPE Washington] passed a primary seatbelt law.

The [FAC Washington] had proved to be a leaky ship, every passage I made...

그림 22.4   Washington이라는 명칭 사용시 유형 중의성의 예

22.1.1 개체명 인식의 중의성

개체명 인식 시스템에는 두 가지 유형의 중의성이 있다. 첫 번째는 동일한 명칭이 동일한 유형의 다른 개체를 지칭할 수 있다는 사실에서 비롯된다. 예를 들어 *JFK*는 전직 대통령 또는 그의 아들을 지칭할 수 있다. 이는 기본적으로 참조 해결 문제이며, 이러한 종류의 중의성을 해결하기 위한 접근 방식은 21장에서 다뤘다.

두 번째 중의성의 원인은 동일한 개체명이 완전히 다른 유형의 개체를 언급할 경우다. 예를 들어 인명 외에도 *JFK*는 뉴욕의 공항이나 미국 전역의 학교, 교량, 거리를 지칭할 수 있다. 이러한 종류의 교차 유형 혼동의 일부 예는 그림 22.3과 22.4에 제시돼 있다.

그림 22.3에 표시된 일부 중의성은 완전히 일치한다. IRA라는 명칭의 재정적 사용과 조직적 사용 간에는 관계가 없다. 단순히 우연히 서로 다른 근원(Individual Retirement Account 및 International Reading Association)의 두문자어로 생겨났다. 반면에 *Washington*과 *Downing St.*의 조직명 사용은 19장에서 논의된 것처럼 LOCATION-

환유   FOR-ORGANIZATION **환유**의 예다.

22.1.2 시퀀스 레이블링으로서의 NER

개체명 인식 문제에 접근하는 표준 방법은 지정된 태그가 감지된 개체명의 경계와 유형을 모두 캡처하는 단어 단위 시퀀스 레이블링 작업이다. 이러한 관점에서 볼 때 개체명 인식은 구문 기본 구문 청킹의 문제와 매우 유사하다. 사실 NER에 대한 지배적인 접근 방식은 5장의 음성 태깅, 13장의 구문 청킹과 동일한 통계적 시퀀스 레이블링 기법을 기반으로 한다.

NER의 시퀀스 레이블링 접근 방식에서 분류사는 특정 종류의 개체명이 있음을 나타내는 태그를 사용해 텍스트의 토큰에 레이블을 지정하도록 훈련된다. 이 접근 방식은 구문 청킹에 사용되는 동일한 스타일의 IOB 인코딩을 사용한다. 이 체계에서 I는 청크 *inside* 토큰에 레이블을 지정하는 데 사용되고, B는 청크의 시작을 표시하는 데 사용되며, O는 관심 청크 외부의 토큰에 레이블을 지정한다. 실행 예제에서 다음 문장을 고려한다.

(22.1) $[_{ORG}$ American Airlines], a unit of $[_{ORG}$ AMR Corp.], immediately matched the move, spokesman $[_{PERS}$ Tim Wagner] said.

이 괄호 표기법은 이 텍스트에서 개체명의 범위와 유형을 제공한다. 그림 22.5는 동일한 정보를 캡처하는 표준 단어 별 IOB 스타일 태깅을 보여준다. 구문 청킹과 마찬가지로 이러한 인코딩에 대한 태그 세트는 인식되는 각 개체 유형에 대해 2개의 태그와 개체 외부의 O 태그에 대해 1개 또는 $(2 \times N) + 1$ 태그로 구성된다.

단어	레이블	단어	레이블
American	B_{ORG}	matched	O
Airlines	I_{ORG}	the	O
,	O	move	O
a	O	,	O
unit	O	spokesman	O
of	O	Tim	B_{PERS}
AMR	B_{ORG}	Wagner	I_{PERS}
Corp.	I_{ORG}	said	O
,	O	.	O
immediately	O		

그림 22.5 IOB 인코딩

훈련 데이터를 IOB 태그로 인코딩한 후 다음 단계는 각 입력 예제와 연결할 피처 세트를 선택하는 것이다(즉, 그림 22.5에서 레이블링할 각 토큰). 이러한 피처는 부류 레이블의 그럴듯한 예측변수여야 하며 소스 텍스트에서 쉽고 안정적으로 추출할 수 있어야 한다. 이러한 피처는 분류할 토큰의 특성뿐 아니라 주변 창의 텍스트에도 기반할 수 있다.

그림 22.6은 최첨단 개체 인식 시스템에 사용되는 표준 피처를 나열한다. 이전에 품사 태깅 및 구문 기본 구문 청킹의 맥락에서 이러한 피처를 많이 봤다. 그러나 NER 의 맥락에서 특히 중요하다. **형상 피처**에는 일반적인 대문자, 소문자 및 대문자로 시작하는 형식뿐만 아니라 숫자(*A9*), 구두점(*Yahoo!*) 및 비정형 대소 문자 교번(*eBay*)을 사용하는 표현을 캡처하도록 설계된 보다 정교한 패턴이 포함된다. 이 피처 자체가 영어 뉴스 텍스트용 NER 시스템 성공의 상당 부분을 차지하는 것으로 나타났다. 22.5절 에서 보여주듯이 형상 피처는 생물학 교과서에서 단백질과 유전자의 명칭을 인식하는데 특히 중요하다. 그림 22.7은 일반적으로 사용되는 몇 가지 모양 피처값을 설명한다.

형상 피처

개체명 목록 피처의 존재는 쉽게 예측할 수 있다. 모든 종류의 사물에 대한 광범위한 명칭 목록은 공개적으로 사용 가능한 소스와 상업적 소스에서 모두 사용할 수 있다. **지명 사전**이라고 하는 지명 목록에는 상세한 지리적, 지질학적, 정치적 정보와 함께 모든 유형의 위치에 대한 수백만 개의 항목이 포함돼 있다.[1] 미국 인구 조사국은 미국의 10년 인구 조사에서 파생된 광범위한 이름과 성 목록을 제공한다.[2] 유사한 기업, 상업용 제품 및 모든 종류의 생물 및 광물 목록도 다양한 소스에서 구할 수 있다.

지명 사전

피처	설명
어휘 항목	레이블을 지정할 토큰
어휘 어휘 항목	대상 토큰의 저지된 버전
형상	대역어의 맞춤법 패턴
문자 접사	대상 및 주변 단어의 문자 수준 접미사
품사	단어의 품사
구문 청크 레이블	기본 문구 청크 레이블
지명 사전 또는 명칭 목록	하나 이상의 개체명 목록에서 단어의 존재
예측 토큰	주변 텍스트에 예측 단어의 존재
단어 주머니/N그램 주머니	주변 맥락에서 발생하는 단어 및/또는 N그램

그림 22.6 개체명 인식 시스템 훈련에 일반적으로 사용되는 피처

---

1 www.geonames.org
2 www.census.gov

형상	예
소문자	cummings
대문자로 시작	Washington
전체 대문자	IRA
뒤섞인 경우	eBay
마침표가 있는 대문자	H.
숫자로 끝남	A9
하이픈 포함	H-P

그림 22.7   선택한 형상 피처

이 피처는 일반적으로 사용 가능한 각 종류의 명칭 목록에 대해 비트가 있는 이진 벡터로 구현된다. 하지만 목록은 만들고 유지 관리하기 어려울 수 있으며, 그 유용성은 개체명 부류에 따라 상당히 다르다. 지명 사전은 매우 효과적일 수 있지만 광범위한 인명과 조직명 목록은 그다지 유익하지 않다(Mikheev et al., 1999).

마지막으로, 맥락 창에서 **예측 단어 및 N그램**의 존재를 기반으로 하는 피처도 정보를 제공할 수 있다. 현재, 선행, 다음의 명칭, 경칭, *Rev.*, *MD* 및 *Inc.*와 같은 기타 마커는 개체의 부류를 정확하게 나타낼 수 있다. 명칭 목록 및 지명 목록과 달리 이러한 목록은 비교적 짧고 시간이 지남에 따라 안정적이기 때문에 개발 및 유지 관리가 용이하다.

이러한 피처 또는 피처 조합의 상대적 유용성은 애플리케이션, 장르, 미디어, 언어 및 텍스트 인코딩에 따라 크게 달라진다. 예를 들어 영문 뉴스 제공 서비스 텍스트에 중요한 형상 피처는 자동 음성 인식을 통해 음성 텍스트에서 필사된 자료, 블로그 및 토론 포럼과 같은 비공식적으로 편집된 소스에서 수집한 자료, 사례 정보를 사용할 수 없는 중국어와 같은 문자 기반 언어에서는 거의 사용되지 않는다. 따라서 그림 22.6에 제공된 피처 세트는 주어진 애플리케이션의 시작점으로만 간주돼야 한다.

피처				레이블
American	NNP	B_{NP}	cap	B_{ORG}
Airlines	NNPS	I_{NP}	cap	I_{ORG}
,	PUNC	O	punc	O
a	DT	B_{NP}	lower	O
unit	NN	I_{NP}	lower	O
of	IN	B_{PP}	lower	O
AMR	NNP	B_{NP}	upper	B_{ORG}
Corp.	NNP	I_{NP}	cap_punc	I_{ORG}
,	PUNC	O	punc	O
immediately	RB	B_{ADVP}	lower	O
matched	VBD	B_{VP}	lower	O
the	DT	B_{NP}	lower	O
move	NN	I_{NP}	lower	O
.	PUNC	O	punc	O
spokesman	NN	B_{NP}	lower	O
Tim	NNP	I_{NP}	cap	B_{PER}
Wagner	NNP	I_{NP}	cap	I_{PER}
said	VBD	B_{VP}	lower	O
.	PUNC	O	punc	O

그림 22.8 NER에 대한 간단한 단어별 피처 인코딩

적절한 피처 세트가 개발되면 대표 훈련 세트에서 추출돼 머신러닝 기반 시퀀스 분류사를 훈련하는 데 적합한 형식으로 인코딩된다. 이러한 피처를 인코딩하는 표준 방법은 단순히 더 많은 열을 사용해 이전 IOB 체계를 확장하는 것이다. 그림 22.8은 이전 예제에 품사 태그, 구문 기본 구문 청크 태그 및 모양 정보를 추가한 결과를 보여준다.

이러한 훈련 세트가 주어지면 순차 분류사를 훈련해 새 문장에 레이블을 지정할 수 있다. 품사 태깅 및 구문 청킹과 마찬가지로이 문제는 6장에 설명한 것처럼 HMM 또는 MEMM을 사용하는 마르코프 스타일 최적화 또는 설명한 슬라이딩 창 레이블러로 배포된 다방향 분류 작업으로 캐스팅될 수 있다. 그림 22.9는 토큰 *Corp.*가 레이블이 지정된 지점에서 이러한 시퀀스 레이블러의 작동을 보여준다. 앞뒤의 두 단어를 포함하는 맥락 창을 가정하면 분류사에서 사용할 수 있는 피처는 상자 영역에 표시된 피처다. 그림 22.10은 NER 시스템을 만들기 위한 전체적인 시퀀스 레이블링 접근 방

식을 요약한다.

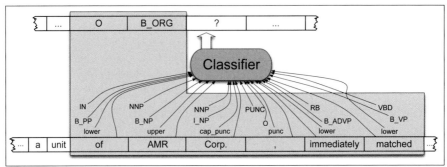

그림 22.9   개체 인식을 시퀀스 레이블로 명명했다. 훈련 및 분류 중에 분류사가 사용할 수 있는 피처는 상자 영역에 있는 피처다.

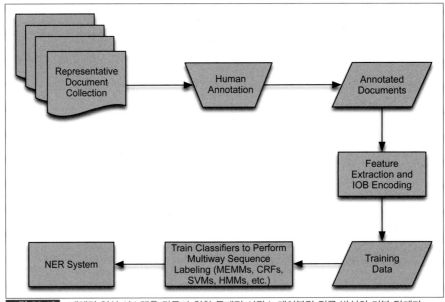

그림 22.10   개체명 인식 시스템을 만들기 위한 통계적 시퀀스 레이블링 접근 방식의 기본 단계다.

22.1.3 기업명 인식 평가

13장에서 소개한 재현율, 정밀도 및 F_1 측정에 대한 익숙한 메트릭은 NER 시스템을 평가하는 데 사용된다. 재현율은 레이블링해야 할 총계에 대한 올바르게 레이블링 응답 수의 비율이다. 정밀도는 레이블링된 총계에 대한 올바르게 레이블링 응답 수의 비율이다. F 측정값(van Rijsbergen, 1975)은 이 두 측정값을 단일 측정 항목으로 결합하는 방법을 제공한다. F 측정은 다음과 같이 정의된다.

$$F_\beta = \frac{(\beta^2+1)PR}{\beta^2 P + R} \tag{22.2}$$

β 매개변수는 애플리케이션의 필요에 따라 재현율과 정밀도의 중요성에 차등 가중치를 부여한다. $\beta > 1$ 값은 재현율을 선호하고, $\beta < 1$ 값은 정밀도를 선호한다. $\beta = 1$이면 정밀도와 재현율이 동일하게 균형을 이루며, 때때로 $F_\beta = 1$ 또는 그냥 F_1이라고 한다.

$$F_1 = \frac{2PR}{P+R} \tag{22.3}$$

구문 청킹과 마찬가지로 애플리케이션 수준에서 성능을 측정하는 데 사용되는 메트릭을 훈련 중에 사용되는 메트릭과 구별하는 것이 중요하다. 애플리케이션 수준에서 감지된 실제 개체명와 관련해 재현율 및 정밀도가 측정된다. 반면에 IOB 인코딩 체계를 사용하면 학습 알고리듬이 태그 수준에서 성능을 최적화하려고 한다. 이 두 수준에서의 성능은 상당히 다를 수 있다. 주어진 텍스트의 대부분의 태그는 개체 외부에 있기 때문에 모든 토큰에 대해 O 태그를 내보내는 것만으로도 상당히 높은 태그 수준의 성능을 얻을 수 있다.

최근 표준화된 평가에서 고성능 시스템은 PERSONS 및 LOCATIONS의 경우 약 .92, ORGANIZATIONS의 경우 약 .84의 개체 수준 F 측정을 달성한다(Tjong Kim Sang and De Meulder, 2003).

22.1.4 실용적인 NER 아키텍처

NER에 대한 상업적 접근 방식은 종종 목록, 규칙 및 지도된 머신러닝의 실용적인 조합을 기반으로 한다(Jackson and Moulinier, 2002). 한 가지 일반적인 접근 방식은 텍스트를 반복적으로 전달해 한 번의 전달 결과가 다음 전달에 영향을 미칠 수 있도록 하는 것이다. 일반적으로 단계는 처음에 매우 높은 정밀도를 갖지만 재현율이 낮은 규칙을 사용한다. 후속 단계에서는 첫 번째 패스의 출력을 고려하는 오류가 발생하기 쉬운 통계 방법을 사용한다.

- 먼저 정확도가 높은 규칙을 사용해 명확한 개체 언급에 태그를 지정한다.
- 그런 다음 확률론적 문자열 매칭 메트릭을 사용해 이전에 탐지된 명칭의 하위 문자열 일치를 검색한다(19장에 설명됨).
- 애플리케이션별 명칭 목록을 참조해 지정된 도메인에서 언급할 수 있는 명칭 개체를 식별한다.
- 마지막으로, 이전 단계의 태그를 추가 피처로 사용하는 확률론적 시퀀스 레이블링 기법을 적용한다.

이 단계적 접근 방식의 직관은 두 가지다. 첫째, 텍스트에 언급된 일부 항목은 다른 항목보다 특정 항목의 부류를 더 명확하게 나타낸다. 둘째, 명확한 개체 언급이 텍스트에 도입되면 후속 단축 버전이 동일한 개체(따라서 동일한 유형의 개체)를 지칭할 가능성이 있다.

22.2 관계 검출 및 분류

다음 작업 목록은 텍스트에서 감지된 개체 간에 존재하는 관계를 식별하는 것이다. 이것이 의미하는 바를 확인하기 위해 모든 개체가 표시된 샘플 항공사 텍스트로 돌아가보자.

> Citing high fuel prices, [$_{ORG}$ United Airlines] said [$_{TIME}$ Friday] it has increased fares by [$_{MONEY}$ \$6] per round trip on flights to some cities also served by lower-cost carriers. [$_{ORG}$ American Airlines], a unit of [$_{ORG}$ AMR Corp.], immediately matched the move, spokesman [$_{PERS}$ Tim Wagner] said. [$_{ORG}$ United], a unit of [$_{ORG}$ UAL Corp.], said the increase took effect [$_{TIME}$ Thursday] and applies to most routes where it competes against discount carriers, such as [$_{LOC}$ Chicago] to [$_{LOC}$ Dallas] and [$_{LOC}$ Denver] to [$_{LOC}$ San Francisco].

이 텍스트는 안에 언급된 개체명 간의 관계 집합을 규정한다. 예를 들어 *Tim Wagner*는 *American Airlines*의 대변인이고, *United*는 *UAL Corp.*의 유닛이며,

*American*은 AMR의 유닛라는 것을 알고 있다. 이는 뉴스 스타일 텍스트에서 상당히 높은 빈도로 발생하는 **part-of** 또는 **employs** 처럼 일반적인 관계의 인스턴스로 볼 수 있는 모두 이진 관계이다. 그림 22.11에는 최근 표준화된 평가에 사용된 종류의 일반적인 관계가 나열돼 있다.[3] 추출할 수 있는 더 많은 영역별 관계에는 항공 경로의 개념이 포함된다. 예를 들어 이 텍스트에서 유나이티드가 시카고, 댈러스, 덴버 및 샌프란시스코로 가는 경로를 가지고 있다는 결론을 내릴 수 있다.

Relations		Examples	Types
Affiliations			
	Personal	*married to, mother of*	PER → PER
	Organizational	*spokesman for, president of*	PER → ORG
	Artifactual	*owns, invented, produces*	(PER | ORG) → ART
Geospatial			
	Proximity	*near, on outskirts*	LOC → LOC
	Directional	*southeast of*	LOC → LOC
Part-Of			
	Organizational	*a unit of, parent of*	ORG → ORG
	Political	*annexed, acquired*	GPE → GPE

그림 22.11   Semantic relations with examples and the named entity types they involve.

이러한 관계는 논리적 형식의 의미를 기반으로 하기 위해 17장에서 소개한 모델 이론적 개념과 잘 일치한다. 즉, 관계는 도메인의 요소에 대해 정렬된 튜플 세트로 구성된다. 대부분의 표준 정보 추출 애플리케이션에서 도메인 요소는 텍스트에서 발생하는 개체명, 동일 지시어 확인의 결과인 기본 개체 또는 도메인 온톨로지에서 선택한 개체에 해당한다. 그림 22.12는 실행중인 예제에서 추출할 수 있는 개체 및 관계 세트의 모델 기반 보기를 보여준다. 이 모델 이론 관점이 NER 작업을 어떻게 포함하는지 주목한다. 개체명 인식은 단일 관계 부류의 식별에 해당한다.

---

3   http://www.nist.gov/speech/tests/ace/

Domain	$\mathscr{D} = \{a, b, c, d, e, f, g, h, i\}$
United, UAL, American Airlines, AMR	a, b, c, d
Tim Wagner	e
Chicago, Dallas, Denver, and San Francisco	f, g, h, i
Classes	
United, UAL, American, and AMR are organizations	$Org = \{a, b, c, d\}$
Tim Wagner is a person	$Pers = \{e\}$
Chicago, Dallas, Denver, and San Francisco are places	$Loc = \{f, g, h, i\}$
Relations	
United is a unit of UAL	$PartOf = \{\langle a, b \rangle, \langle c, d \rangle\}$
American is a unit of AMR	
Tim Wagner works for American Airlines	$OrgAff = \{\langle c, e \rangle\}$
United serves Chicago, Dallas, Denver, and San Francisco	$Serves = \{\langle a, f \rangle, \langle a, g \rangle, \langle a, h \rangle, \langle a, i \rangle\}$

그림 22.12   샘플 텍스트의 관계 및 개체에 대한 모델 기반 뷰

22.2.1 관계 분석에 대한 지도 학습 접근법

관계 탐지 및 분류에 대한 지도된 머신러닝 접근 방식은 지금까지 익숙해야 하는 체계를 따른다. 텍스트는 인간 분석가가 작은 고정 세트에서 선택한 관계로 주석 처리된다. 이러한 주석이 달린 텍스트는 보이지 않는 텍스트에 유사한 주석을 재현하도록 시스템을 훈련시키는 데 사용된다. 이러한 주석은 두 인수의 텍스트 범위, 각 인수가 수행하는 역할 및 관련된 관계 유형을 나타낸다.

가장 간단한 접근 방식은 문제를 두 가지 하위 작업으로 나눈다. 두 항목 간에 관계가 있을 때 감지한 다음 감지된 관계를 분류하는 것이다. 첫 번째 단계에서 분류사는 지정된 개체 쌍이 관계에 참여하는지 여부에 대해 이진 결정을 내리도록 훈련된다. 긍정적인 예는 주석이 달린 코퍼스에서 직접 추출되고 부정적인 예는 관계로 주석이 달린 문장 내 개체 쌍에서 생성된다.

두 번째 단계에서 분류사는 후보 개체 쌍 사이에 존재하는 관계에 레이블을 지정하도록 훈련된다. 6장에서 설명했듯이 의사결정 트리, 나이브 베이즈 또는 MaxEnt와 같은 기술은 다중 부류 레이블링을 직접 처리한다. SVM과 같은 분리된 초평면의 발견을 기반으로 하는 이진 접근 방식은 일대다one-versus-all 훈련 패러다임을 사용해 다중 부류 문제를 해결한다. 이 접근 방식에서 분류사 세트는 각 분류사가 하나의 레이

블에서 양성 부류로 훈련되고 다른 모든 레이블은 음성 부류로 훈련된다. 최종 분류
는 레이블링할 각 인스턴스를 모든 분류사에 전달한 다음 가장 신뢰도가 높은 분류사
에서 레이블을 선택하거나 긍정적으로 응답하는 분류사에 대한 순위 순서를 반환해
수행된다. 그림 22.13은 담화 단위 내에서 개체명 간의 관계를 찾고 분류하기 위한
기본 접근 방식을 보여준다.

```
function FINDRELATIONS(words) returns relations

    relations ← nil
    entities ← FINDENTITIES(words)
    forall entity pairs ⟨e1, e2⟩ in entities do
        if RELATED?(e1, e2)
            relations ← relations+CLASSIFYRELATION(e1, e2)
```

그림 22.13 텍스트에서 개체 간의 관계를 찾고 분류한다.

개체명 인식과 마찬가지로 이 프로세스에서 가장 중요한 단계는 관계 분류에 유용
한 표면 피처를 식별하는 것이다(Zhou et al., 2005). 고려할 첫 번째 정보 소스는 **개체명
자체의 피처**다.

- 두 후보 인수의 개체명 유형
- 두 개체 유형의 연결
- 인수의 표제어
- 각 인수의 단어 모음

다음 피처 세트는 검사 중인 텍스트의 단어에서 파생된다. 이러한 피처는 두 개의
후보 인수 사이의 텍스트, 첫 번째 인수 앞의 고정 창, 두 번째 인수 뒤의 고정 창 등
세 위치에서 추출된 것으로 생각하는 것이 유용하다. 이러한 위치를 고려할 때, 다음
과 같은 단어 기반 피처가 유용한 것으로 입증됐다.

- 개체 사이의 단어 주머니 및 바이그램 주머니
- 동일의 어간 버전
- 개체 바로 앞뒤에 있는 단어와 어간
- 인수 사이의 단어 거리

- 인수 사이의 개체 수

구문 구조   마지막으로, 문장의 **구문 구조**는 그 안에 포함된 개체 간의 많은 관계를 나타낼 수 있다. 다음 피처는 기본 구문 청킹, 종속성 구문 분석 및 전체 구성 구문 분석을 포함한 다양한 수준의 구문 분석에서 파생될 수 있다.

- 구성 구조에서 특정 구조의 존재
- 청크 기본 구문 경로
- 청크 헤드chunk head 주머니
- 종속성 트리 경로
- 구성 트리 경로
- 인수 사이의 트리 거리

구문 분석 트리를 이용하는 한 가지 방법은 특정 구문 구조의 존재를 알리는 탐지기를 만든 다음 이진 피처를 해당 탐지기와 연결하는 것이다. 이에 대한 예로서, 개체명 *American*과 *AMR Inc*를 지배하는 그림 22.14에 표시된 하위 트리를 고려한다. 이 두 개체를 지배하는 NP 구성을 동격어 구성이라고 하며 종종 **part-of** 및 **a-kind-of** 관계와 관련이 있다. 이 구조의 존재를 나타내는 이진 피처는 이러한 관계를 감지하는 데 유용할 수 있다.

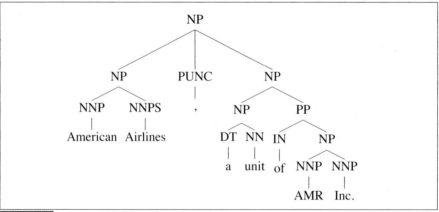

그림 22.14 a-part-of 관계를 표현하는 동격어 구조

이 피처 추출 방법은 특정 부류의 유용한 예측 변수가 될 수 있는 구문 구조를 식별하기 위해 일정량의 사전 언어 분석에 의존한다. 대체 방법은 트리 구조의 특정 측면을 피처값으로 자동으로 인코딩하고 머신러닝 알고리듬이 어떤 값이 어떤 부류에 대해 유익한지 결정할 수 있도록 하는 것이다. 이를 수행하는 간단하고 효과적인 방법 중 하나는 트리를 통한 구문 경로를 사용하는 것이다. 앞서 언급한 *American Airlines* 및 *AMR Inc*를 지배하는 트리를 다시 고려한다. 이러한 인수 사이의 구문 관계는 트리를 통해 하나에서 다른 것으로 이동하는 경로로 특징지을 수 있다.

Entity-based features	
Entity$_1$ type	ORG
Entity$_1$ head	*airlines*
Entity$_2$ type	PERS
Entity$_2$ head	*Wagner*
Concatenated types	ORGPERS
Word-based features	
Between-entity bag of words	{*a, unit, of, AMR, Inc., immediately, matched, the, move, spokesman*}
Word(s) before Entity$_1$	NONE
Word(s) after Entity$_2$	*said*
Syntactic features	
Constituent path	$NP \uparrow NP \uparrow S \uparrow S \downarrow NP$
Base syntactic chunk path	$NP \rightarrow NP \rightarrow PP \rightarrow NP \rightarrow VP \rightarrow NP \rightarrow NP$
Typed-dependency path	*Airlines* $\leftarrow_{subj}$ *matched* $\leftarrow_{comp}$ *said* $\rightarrow_{subj}$ *Wagner*

그림 22.15 ⟨American Airlines, Tim Wagner⟩ 튜플 분류 중 추출된 피처의 샘플

$$NP \uparrow NP \downarrow NP \downarrow PP \downarrow NP$$

구문 의존성 트리에 정의된 유사한 경로 피처와 평평한 기본 구문 청크 구조는 관계 감지 및 분류에 유용한 것으로 나타났다(Culotta and Sorensen, 2004; Bunescu and Mooney, 2005). 20장에서 의미론적 역할 레이블링의 맥락에서 두드러진 특징이 있는 구문 경로 피처를 상기한다.

그림 22.15는 예제 텍스트에서 *American Airlines*와 *Tim Wagner* 간의 관계를 분류하는 동안 추출되는 일부 피처를 보여준다.

22.2.2 관계 분석의 용이한 지도된 접근 방식

방금 설명한 지도된 머신러닝 접근 방식은 분류사를 훈련하기 위해 이전에 주석이 추가된 자료의 방대한 컬렉션에 즉시 액세스할 수 있다고 가정한다. 안타깝게도 이 가정은 많은 실제 환경에서 비실용적이다. 많은 양의 주석 자료 없이 관계 정보를 추출하는 간단한 접근 방식은 정규식 패턴을 사용해 관심 있는 관계식의 표현을 포함할 가능성이 있는 텍스트 세그먼트를 일치시키는 것이다.

다양한 항공사가 활용하는 모든 허브 도시가 포함된 테이블을 구축하는 문제를 생각해보자. 와일드카드로 구문 검색을 허용하는 검색엔진에 액세스할 수 있다고 가정하면 다음과 같은 작업을 쿼리로서 시도할 수 있다.

```
/ * has a hub at * /
```

적절한 종류의 합리적인 양의 자료에 접근할 경우, 검색은 상당한 수의 정답을 산출할 수 있다. 최근 구글에서 이 패턴을 검색한 결과, 반환 집합에서 다음과 같은 관련 문장이 생성됐다.

(22.4)　Milwaukee-based Midwest has a hub at KCI.

(22.5)　Delta has a hub at LaGuardia.

(22.6)　Bulgaria Air has a hub at Sofia Airport, as does Hemus Air.

(22.7)　American Airlines has a hub at the San Juan airport.

물론 이와 같은 패턴은 2장에서 다룬 두 가지 방식으로 실패할 수 있다. 즉, 하지 말아야 할 것을 찾는 것과 해야 할 것을 찾지 못할 수 있다. 첫 번째 종류의 오류의 예로 이전 반환 집합에도 포함된 다음 문장을 고려한다.

(22.8)　airline j has a hub at airport k

(22.9)　The catheter has a hub at the proximal end

(22.10) A star topology often has a hub at its center.

제안된 패턴을 더 구체적으로 만들어 오류를 해결할 수 있다. 이 경우 제한되지 않은 와일드 카드 연산자를 개체명 부류 제한으로 바꾸면 다음 예가 제외된다.

```
/[ORG] has a hub at [LOC]/
```

두 번째 문제는 모든 항공사의 허브를 모두 찾았는지 여부를 알 수 없다는 것이다. 이 특정 패턴으로만 제한했기 때문이다. 첫 번째 패턴에서 놓친 다음 긴밀한 통화를 고려한다.

(22.11) No frills rival easyJet, which has established a hub at Liverpool...

(22.12) Ryanair also has a continental hub at Charleroi airport (Belgium).

이러한 예는 원래 패턴을 실패하게 만드는 사소한 변형을 포함하고 있기 때문에 생략된다. 이 문제를 해결하는 두 가지 방법이 있다. 첫 번째는 패턴을 일반화해 우리가 찾고 있는 정보를 포함하는 이와 같은 표현을 캡처하는 것이다. 후보 텍스트의 일부를 건너 뛰는 일치를 허용하도록 패턴을 완화해 수행할 수 있다. 물론 이 접근법은 애초에 우리의 패턴을 더 구체화함으로써 제거하려고 했던 잘못된 긍정을 더 많이 도입할 가능성이 있다.

두 번째로 더 기대되는 솔루션은 특정 고정밀 패턴 세트를 확장하는 것이다. 방대하고 다양한 문서 모음을 감안할 때 확장된 패턴 세트는 우리가 찾고 있는 정보를 더 많이 캡처할 수 있어야 한다. 이러한 추가 패턴을 획득하는 한 가지 방법은 도메인에 익숙한 인간 분석가에게 더 많은 패턴을 제시하고 더 나은 범위를 얻는 것이다. 더 흥미로운 자동 대안은 작은 **시드 패턴** 세트의 초기 검색 결과에서 **부트스트랩**해 새로운 패턴을 유도하는 것이다.

이것이 어떻게 작동하는지 보기 위해 라이언항공이 샤를루아에 허브가 있음을 발견했다고 가정해보자. 코퍼스에서 이 관계에 대한 다른 언급을 찾아 새로운 패턴을 발견하기 위해 이 사실을 사용할 수 있다. 이를 수행하는 가장 간단한 방법은 *Ryanair*, *Charleroi*, *hub*라는 용어를 어느 정도 가깝게 검색하는 것이다. 다음은 구글 뉴스의 최근 검색 결과다.

(22.13) Budget airline Ryanair, which uses Charleroi as a hub, scrapped all weekend flights out of the airport.

(22.14) All flights in and out of Ryanair's Belgian hub at Charleroi airport were grounded on Friday...

1016 22장 정보 추출

(22.15) A spokesman at Charleroi, a main hub for Ryanair, estimated that 8000 passengers had already been affected.

이 결과에서 올바른 위치에서 다양한 유형의 개체명을 찾는 다음과 같은 패턴을 추출할 수 있다.

```
/ [ORG], which uses [LOC] as a hub /
/ [ORG]'s hub at [LOC] /
/ [LOC] a main hub for [ORG] /
```

그런 다음 새 패턴을 사용해 추가 튜플을 검색할 수 있다.

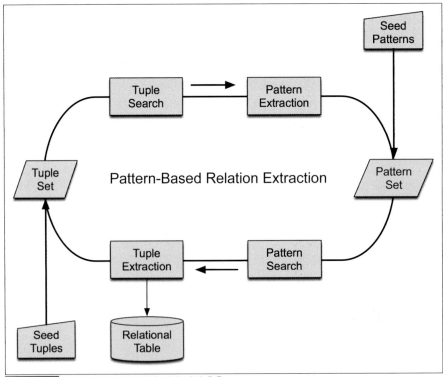

그림 22.16 패턴 및 부트스트래핑 기반 관계 추출

그림 22.16은 전반적인 부트스트랩 접근 방식을 보여준다. 이 그림은 패턴과 시드의 이중 특성으로 인해 프로세스가 작은 **시드 튜플** 세트 또는 **시드 패턴** 세트로 시작할 수 있음을 보여준다. 이 스타일의 부트스트래핑 및 패턴 기반 관계 추출은 20장에서

하의어 및 부분어 기반 어휘 관계를 추출하기 위해 논의한 기술과 밀접한 관련이 있다.

물론 이러한 접근 방식을 실제로 구현하기 위해 해결해야 할 기술적 세부 사항이 상당히 많다. 다음은 몇 가지 주요 문제 중 하나다.

- 검색 패턴 표시
- 검색된 패턴의 정확성 및 적용 범위 평가
- 검색된 튜플의 신뢰성 평가

패턴은 일반적으로 다음 네 가지 요인을 캡처하는 방식으로 표시된다.

- 첫 번째 개체가 언급하기 전의 맥락
- 개체가 언급한 내용 간의 맥락
- 두 번째 언급 이후의 맥락
- 패턴에서 인수의 순서

맥락은 정규식 패턴으로 캡처되거나 머신러닝 기반 접근 방식에 대해 앞에서 설명한 것과 유사한 피처 벡터로 캡처된다. 두 경우 모두 문자열, 단어 수준 토큰 또는 구문 및 의미 구조를 통해 정의할 수 있다. 일반적으로 정규 표현식 접근 방식은 매우 구체적이어서 고정밀 결과를 산출한다. 반면에 피처 기반 접근 방식은 잠재적으로 중요하지 않은 맥락 요소를 무시할 수 있다.

다음 문제는 새로 발견된 패턴과 튜플의 신뢰성을 평가하는 방법이다. 일반적으로 올바른 답을 제공하는 주석이 달린 자료에 액세스할 수 없다. 따라서 표준 평가를 위해 패턴 and/or 튜플의 초기 시드 세트의 정확성에 의존해야 하며, 새로운 패턴 및 튜플을 학습할 때 의미론적 편차가 발생하지 않도록 해야 한다. 의미론적 드리프트는 잘못된 패턴이 잘못된 튜플의 도입으로 이어질 때 발생하며, 이는 결국 문제가 있는 패턴의 생성으로 이어질 수 있다.

다음 예를 고려한다.

(22.16) Sydney has a ferry hub at Circular Quay.

만약 긍정적인 예로 받아들여진다면, 이 표현은 튜플 $\langle Sydney, CircularQuay \rangle$의 도입으로 이어질 수 있다. 이 튜플을 기반으로 하는 패턴은 추가 오류를 데이터베이스로 전파할 수 있다.

제안된 새 패턴을 평가할 때 두 가지 요소가 균형을 이뤄야 한다. 현재 튜플 세트에 대한 패턴의 성능과 문서 컬렉션에서 생성되는 일치 수에 대한 패턴의 생산성이다. 좀 더 공식적으로 문서 컬렉션 $\mathcal{D}$, 현재 튜플 세트 T 및 제안된 패턴 P가 주어지면 세 가지 요소를 추적해야 한다.

- *hits*: $\mathcal{D}$를 보면서 p가 일치하는 T의 튜플 세트
- *misses*: $\mathcal{D}$를 보는 동안 p가 놓친 T의 튜플 세트
- *finds*: p가 $\mathcal{D}$에서 찾은 총 튜플 세트

다음 방정식은 이러한 고려 사항의 균형을 맞춘다(Riloff and Jones, 1999).

$$Conf_{RlogF}(p) = \frac{hits_p}{hits_p + misses_p} \times log(finds_p) \qquad (22.17)$$

이 메트릭을 확률로 처리할 수 있으면 유용하기 때문에 정규화해야 한다. 이를 수행하는 간단한 방법은 개발 세트의 신뢰 범위를 추적하고 이전에 관찰된 최대 신뢰로 나누는 것이다(Agichtein and Gravano, 2000).

$\mathcal{D}$에서 해당 튜플과 일치하는 모든 패턴 P'에서 이를 뒷받침하는 증거를 결합해 제안된 새 튜플의 신뢰도를 평가할 수 있다(Agichtein and Gravano, 2000). 이러한 증거를 결합하는 한 가지 방법은 **noisy-or** 기술이다. 주어진 튜플이 P에 있는 패턴의 하위 집합에 의해 지원되며 각각 위와 같이 평가된 자체 신뢰도를 가지고 있다고 가정한다. noisy-or 모델에서 두 가지 기본적인 가정을 한다. 첫째, 제안된 튜플이 거짓이 되려면 지원 패턴의 *all*이 오류에 있었어야 한다. 둘째, 개별 실패의 원인이 모두 독립적이라는 것이다. 신뢰도 측정을 확률로 느슨하게 취급하면 개별 패턴 p가 실패할 확률은 $1 - Conf(p)$이다. 튜플에 대한 모든 지원 패턴이 잘못될 확률은 개별 실패 확률의 곱이며, 새 튜플의 신뢰를 위해 다음 방정식을 남긴다.

noisy-or

$$Conf(t) = 1 - \prod_{p \in P'} 1 - Conf(p) \qquad (22.18)$$

noisy-or 모델과 관련된 독립 가정은 실제로 매우 강력하다. 패턴의 장애 모드가 독립적이지 않은 경우, 이 방법은 튜플에 대한 신뢰도를 과대 평가한다. 이 과대 평가

는 일반적으로 새 튜플을 수용하기 위해 매우 높은 임계값을 설정해 보상된다.

이러한 측정값이 주어지면, 부트스트랩 프로세스가 반복될 때 새로운 튜플과 패턴에 대한 신뢰도를 동적으로 평가할 수 있다. 새로운 패턴과 튜플을 수용하기 위해 보수적인 임계값을 설정하면 시스템이 목표가 된 관계에서 벗어나는 것을 방지할 수 있다.

이 스타일의 관계 추출에 대한 표준화된 평가는 공개적으로 사용 가능하지 않지만 이 기술은 가장 일반적으로 웹에서 제공되는 오픈소스 자료에서 관계형 테이블을 빠르게 채우는 실용적인 방법으로 수용됐다(Etzioni et al., 2005).

22.2.3 관계 분석 시스템의 평가

관계 감지 시스템을 평가하는 방법에는 두 가지가 있다. 첫 hub가 있음을 발견할 수 있는지 알고 싶다. 몇 번을 발견하든 상관없다.

이 방법은 일반적으로 마지막 절에서 논의한 종류의 비지도 방법을 평가하는 데 사용됐다. 이러한 평가에서 인간 분석가는 시스템에서 생성된 튜플 세트를 간단히 조사한다. 정밀도는 인간 전문가가 판단한 대로 생성된 모든 튜플 중 올바른 튜플의 일부다.

재현율은 이 접근 방식에서 여전히 문제점으로 남아 있다. 웹과 같이 잠재적으로 큰 컬렉션에서 추출할 수 있는 모든 관계를 직접 검색하는 것은 너무 많은 비용이 든다. 한 가지 해결책은 23장(Etzioni et al., 2005)에서 설명한 다양한 정밀도 수준에서 재현율을 계산하는 것이다. 물론 이론적으로 텍스트에서 추출할 수 있는 튜플의 수보다 발견된 올바른 튜플의 수를 기준으로 측정하기 때문에 실제 재현율은 아니다.

또 다른 가능성은 정답의 포괄적인 목록이 포함된 대규모 리소스를 사용할 수 있는 문제에 대한 재현율을 평가하는 것이다. 예를 들어 위치에 대한 지명 사전, 영화에 대한 인터넷 영화 데이터베이스[IMDB], 아마존의 도서 코너 등이 있다. 이 접근 방식의 문제점은 관계 추출 시스템에서 사용하는 텍스트 컬렉션보다 훨씬 더 포괄적일 수 있는 데이터베이스의 재현율을 측정한다는 것이다.

22.3 시간 및 이벤트 처리

지금까지 개체와 개체 간의 관계의 정보를 추출하는 데 초점을 맞췄다. 그러나 대부분의 텍스트에서 개체는 관여하는 이벤트를 설명하는 과정에서 도입된다. 텍스트에서 이벤트를 찾아서 분석하고 시간이 지남에 따라 서로 어떻게 관련되는지 결정하는 것은 텍스트 내용을 좀 더 완전한 그림을 추출하는 데 중요하다. 이러한 시간 정보는 질의응답 및 요약과 같은 애플리케이션에서 특히 중요하다.

질의응답에서 시스템이 정답을 감지하는지 여부는 질문과 잠재적 답변 텍스트에서 추출된 시간적 관계에 따라 달라질 수 있다. 이에 대한 예로서 다음 샘플 질문과 잠재적 답변 텍스트를 고려한다.

When did airlines as a group last raise fares?

> Last week, Delta boosted thousands of fares by \$10 per round trip, and most big network rivals immediately matched the increase. ("Dateline" 7/2/2007).

이 부분적 인용은 질문에 대한 답을 제공하지만 추출하려면 *last week*라는 문구를 고정하고 해당 시간을 *boosting* 이벤트에 연결하고 마지막으로 *matching* 이벤트의 시간을 여기에 연결하는 시간적 추론이 필요하다.

다음 절에서는 시간 표현식을 인식하고, 해당 표현식이 참조하는 시간을 파악하며, 이벤트를 감지하고, 시간을 해당 이벤트와 연결하는 방법을 소개한다.

22.3.1 시간 표현 인식

절대적 시간 표현

관계적 시간 표현

지속적 시간

시간 표현은 절대 시점, 상대 시간, 기간 및 집합을 지칭하는 표현이다. **절대적 시간 표현**은 달력 날짜, 시간 또는 둘 다에 직접 매핑할 수 있는 표현이다. **관계적 시간 표현**은 다른 기준점을 통해 특정 시간에 매핑된다(a week from last Tuesday와 같이). 마지막으로 **지속적 시간**은 다양한 단위 수준(초, 분, 일, 주, 세기 등)에서 시간 범위를 나타낸다. 그림 22.17은 이러한 각 범주의 몇 가지 샘플 시간 표현을 나열한다.

절대적	상대적	지속적
April 24, 1916	yesterday	four hours
The summer of '77	next semester	three weeks
10:15 AM	two weeks from yesterday	six days
The 3rd quarter of 2006	last quarter	the last three quarters

그림 22.17 절대적, 상대적, 지속적 시간 표현의 예

카테고리	예
명사	morning, noon, night, winter, dusk, dawn
고유명사	January, Monday, Ides, Easter, Rosh Hashana, Ramadan, Tet
형용사	recent, past, annual, former
부사	hourly, daily, monthly, yearly

그림 22.18 시간 어휘 트리거의 예

구문적으로 시간 표현은 시간 어휘 트리거를 핵어로 하는 구문 구조다. 가장 널리 사용되는 주석 체계에서 어휘 트리거는 명사, 고유명사, 형용사 및 부사가 될 수 있다. 절대적 시간적 표현은 명사구, 형용사구 및 부사구와 같은 구문 예측으로 구성된다. 그림 22.18은 이러한 범주의 어휘 트리거의 예를 제공한다.

가장 널리 사용되는 주석 체계는 TIDES 표준에서 도출된다(Ferro et al., 2005). 여기에 제시된 접근 방식은 TimeML 노력을 기초한다(Pustejovsky et al., 2005). TimeML은 시간 표현식에 주석을 달기 위해 해당 태그에 대한 다양한 속성과 함께 XML 태그 TIMEX3을 제공한다. 다음 예는 이 체계의 기본 사용을 보여준다(22.3.2절에서 논의한 추가 속성 무시).

> A fare increase initiated ⟨TIMEX3⟩last week ⟨/TIMEX3⟩ by UAL Corp's United Airlines was matched by competitors over ⟨TIMEX3⟩the weekend ⟨/TIMEX3⟩, marking the second successful fare increase in ⟨TIMEX3⟩two weeks⟨/TIMEX2⟩.

시간 표현 인식 작업은 이러한 시간 표현에 해당하는 모든 텍스트 범위의 시작과 끝을 찾는 것으로 구성된다. 영어로 시간 표현을 구성하는 방법은 무수히 많지만, 시간적 트리거 용어 세트는 모든 실용적인 목적을 위해 정적이며 시간적 구문을 생성하

는 데 사용되는 구성 세트는 상당히 관습화돼 있다. 이러한 사실은 이미 연구한 텍스트 범위를 찾고 분류하는 모든 주요 접근 방식이 성공적이어야 함을 시사한다. 다음 세 가지 접근 방식이 모두 최근 평가에서 성공적으로 채택됐다.

- 부분 구문 분석 또는 청킹을 기반으로 하는 규칙 기반 시스템
- 표준 토큰별 IOB 인코딩을 기초한 통계적 시퀀스 분류사
- 의미론적 역할 레이블링에 사용되는 구성 요소 기반 분류사

시간 표현 인식에 대한 **규칙 기반 접근 방식**은 자동 단계를 사용해 증가하는 복잡성 수준에서 패턴을 인식한다. 시간 표현은 고정된 표준 구문 범주 집합으로 제한되기 때문에 시스템의 대부분은 구문 청크를 인식하기 위한 패턴 기반 방법을 사용한다. 즉, 토큰은 먼저 품사 태그가 지정된 다음 이전 단계의 결과에서 크고 큰 청크가 인식된다. 일반적인 부분 구문 분석 방법과의 유일한 차이점은 시간 표현식에 시간 어휘 트리거가 포함돼야 한다는 사실이다. 따라서 패턴에는 특정 트리거 단어(예: February) 또는 부류를 나타내는 패턴(예: MONTH)이 포함돼야 한다. 그림 22.19는 Perl로 작성된 규칙 기반 시스템의 작은 대표 단편을 사용한 이 접근 방식을 보여준다.

시퀀스 레이블링 접근 방식은 구문 청킹에 대해 13장에서 소개한 것과 동일한 체계를 따른다. 세 개의 태그 I, O 및 B는 TIMEX3 태그로 구분된 시간 표현식의 내부, 외부 또는 시작 부분에 있는 토큰을 표시하는 데 사용된다. 현재 예제는 이 체계에서 다음과 같이 레이블링된다.

A fare increase initiated last week by UAL Corp's...
O O O   O   B I O O O

예상대로 태그를 지정할 토큰을 둘러싼 맥락에서 피처가 추출되고 통계 시퀀스 레이블러가 이러한 피처로 훈련된다. 구문 청킹 및 개체명 인식과 마찬가지로 일반적인 통계 시퀀스 방법을 적용할 수 있다. 그림 22.20에는 시간 태그 지정에 대한 머신러닝 기반 접근 방식에 사용되는 표준 피처가 나열돼 있다.

시간 표현 인식에 대한 **구성 요소 기반 접근 방식**은 청킹 및 토큰별 레이블링의 측면을 결합한다. 이 접근 방식에서는 완전한 구성 구문 분석이 자동 수단으로 생성된다. 그런 다음 결과 트리의 노드는 시간 표현식이 포함돼 있는지 여부에 따라 하나씩 분

류된다. 이 작업은 IOB 스타일 학습에 사용된 동일한 피처를 많이 사용해 주석이 달린 학습 데이터로 이진 분류사를 학습해 수행된다. 이 접근법은 구문 파서에 세분화 문제를 할당해 분류 문제와 세분화 문제를 분리한다. 이 선택의 동기는 앞서 언급했다. 현재 사용 가능한 훈련 자료에서 시간 표현은 고정된 구문 범주 집합 중 하나의 구문 구성 요소로 제한된다. 따라서 구문 파서가 문제의 분할 부분을 해결하도록 허용하는 것이 합리적이다.

표준 평가에서 시간 표현 인식기는 일반적인 재현율, 정밀도 및 F 측정으로 평가된다. 최근 평가에서 규칙 기반 시스템과 통계 시스템 모두 거의 동일한 수준의 성능을 달성했으며, 최상의 시스템은 엄격하고 정확한 일치 기준에서 약 .87의 F 측정에 도달한다. 표준 시간 표현과의 겹침을 기반으로 한 느슨한 기준에서 최상의 시스템은 .94의 F 측정에 도달한다.[4]

이러한 모든 접근 방식의 주요 어려움은 합리적인 범위를 달성하고 시간 표현의 범위를 정확하게 식별하며, 긍정 오류를 유발하는 표현을 다루는 것이다. 긍정 오류 문제는 고유 명칭의 일부로 시간 트리거 단어를 사용하는 데서 발생한다. 예를 들어 다음 예제는 모두 규칙 기반 또는 통계 태그에 대해 긍정 오류를 유발할 수 있다.

(22.19) 1984 tells the story of Winston Smith and his degradation by the totalitarian state in which he lives.

(22.20) Edge is set to join Bono onstage to perform U2's classic Sunday Bloody Sunday.

---

4   http://www.nist.gov/speech/tests/ace/

```
# yesterday/today/tomorrow
$string =~ s/(($OT+(early|earlier|later?)$CT+\s+)?(($OT+the$CT+\s+)?$OT+day$CT+\s+
$OT+(before|after)$CT+\s+)?$OT+$TERelDayExpr$CT+(\s+$OT+(morning|afternoon|
evening|night)$CT+)?)/<TIMEX2 TYPE=\"DATE\">$1<\/TIMEX2>/gio;

$string =~ s/($OT+\w+$CT+\s+)
<TIMEX2 TYPE=\"DATE\"[^>]*>($OT+(Today|Tonight)$CT+)<\/TIMEX2>/$1$2/gso;

# this/that (morning/afternoon/evening/night)
$string =~ s/(($OT+(early|earlier|later?)$CT+\s+)?$OT+(this|that|every|the$CT+\s+
$OT+(next|previous|following))$CT+\s*$OT+(morning|afternoon|evening|night)
$CT+(\s+$OT+thereafter$CT+)?)/<TIMEX2 TYPE=\"DATE\">$1<\/TIMEX2>/gosi;
```

그림 22.19   MITRE의 TempEx 임시 태깅 시스템의 Perl 코드 조각

피처	설명
Token	레이블을 지정할 대상 토큰
Tokens in window	대상 주위의 창에 있는 토큰 주머니
Shape	문자 형상 피처
POS	대상 및 창 단어의 품사
Chunk tags	창의 대상 및 단어에 대한 기본 구문 청크 태그
Lexical triggers	시간 용어 목록의 존재

그림 22.20   IOB 스타일의 시간적 표현 태거를 훈련시키는 데 사용되는 일반적인 피처

```
<TIMEX3 id=t1 type="DATE" value="2007-07-02" functionInDocument="CREATION_TIME">
July 2, 2007 </TIMEX3> A fare increase initiated <TIMEX3 id="t2" type="DATE"
value="2007-W26" anchorTimeID="t1">last week</TIMEX3> by UAL Corp's United Airlines
was matched by competitors over <TIMEX3 id="t3" type="DURATION" value="P1WE"
anchorTimeID="t1"> the weekend </TIMEX3>, marking the second successful fare increase
in <TIMEX3 id="t4" type="DURATION" value="P2W" anchorTimeID="t1"> two weeks </TIMEX3>.
```

그림 22.21   시간 표현식에 대한 정규화된 값을 포함하는 TimeML 마크업

(22.21) Black *September* tried to detonate three car bombs in New York City in
March 1973.

22.3.2 시간적 정규화

시간 정규화   시간 표현을 인식하는 작업은 일반적으로 정규화 작업이 이어진다. **시간 정규화**는 시간 표현을 특정 시점 또는 기간에 매핑하는 프로세스를 의미한다. 시점은 달력 날짜, 하루 중 시간 또는 둘 다에 해당한다. 기간은 주로 기간으로 구성되지만 해당 정보를 사용할 수 있는 기간의 시작 및 종료 지점에 관한 정보도 포함할 수 있다.

시간 표현식의 정규화된 표현은 시간 값 인코딩을 위한 ISO 8601 표준의 VALUE 속성으로 캡처된다(ISO8601, 2004). 이 체계의 몇 가지 측면을 설명하기 위해 값 속성이 추가된 그림 22.21에서 재현한 이전 예제로 돌아간다.

이 텍스트의 날짜를 나타내는 행 또는 문서 날짜는 *July 2, 2007*이다. 이러한 종류의 식에 대한 ISO 표현은 YYYY-MM-DD 또는 이 경우 2007-07-02이다. 샘플 텍스트의 시간 표현식에 대한 인코딩은 모두 이 날짜 이후이며, 여기에 VALUE 속성의 값으로 표시된다. 이러한 각 시간적 표현을 차례로 고려해본다.

구성 단위	패턴	샘플 값
Fully specified dates	YYYY-MM-DD	1991-09-28
Weeks	YYYY-nnW	2007-27W
Weekends	PnWE	P1WE
24-hour clock times	HH:MM:SS	11:13:45
Dates and times	YYYY-MM-DDTHH:MM:SS	1991-09-28T11:00:00
Financial quarters	Qn	1999-Q3

그림 22.22   다양한 시간과 기간을 나타내는 샘플 ISO 패턴

고유한 텍스트의 첫 번째 시간 표현은 한 해의 특정 주[week]를 나타낸다. ISO 표준에서 주는 01부터 53까지 번호가 매겨지며 첫 번째 주가 해당 연도의 첫 번째 목요일이 된다. 이 주는 YYYY-Wnn 템플릿으로 표시된다. 문서 날짜의 ISO주는 27주 이며, 따라서 *last week* 값은 "2007-W26"으로 표시된다.

다음 시간 표현은 *the weekend*이다. ISO 주는 월요일에 시작돼 주말은 한 주가 끝날 때 발생하며 일주일 내에 완전히 포함된다. 주말은 기간으로 처리되기 때문에 VALUE 속성의 값은 길이여야 한다. 기간은 P*nx* 패턴에 따라 표시된다. 여기서 *n*은 길이를 나타내는 정수이고, *x*는 단위를 나타낸다. *three years*의 경우 P3Y 또는 *two days*의 경우 P2D이다. 이 예에서 한 주말은 P1WE로 캡처된다. 이 경우 특정 주의 일

부로 이 특정 주말을 고정하기에 충분한 정보가 있다. 이러한 정보는 ANCHORTIMEID 속성으로 인코딩된다. 마지막으로 *two weeks*라는 문구는 P2W로 캡처된 기간을 나타낸다.

ISO 8601 표준과 다양한 시간 주석 표준에는 훨씬 더 많은 내용이 있다. 여기에서 다루기에는 너무 많다. 그림 22.22는 다른 시간과 기간이 표시되는 몇 가지 기본 방법을 설명한다. 자세한 내용은 ISO8601(2004), 페로 외 연구진(2005) 및 푸스테조프스키 외 연구진(2005)을 참고한다.

시간 정규화에 대한 대부분의 현재 접근 방식은 의미 분석 절차를 특정 시간 표현과 일치하는 패턴과 연관시키는 규칙 기반 방법을 사용한다. 18장에서 소개한 구성 규칙 대 규칙 접근 방식의 도메인별 인스턴스화다. 이 접근법에서 구성 요소의 의미는 부분의 의미로부터 계산되며, 이 계산을 수행하는 데 사용되는 방법은 생성 중인 구성 요소에 한정된다. 여기서 유일한 차이점은 의미론적 구성 규칙이 λ미적분 첨부가 아닌 단순한 시간적 산술을 포함한다는 것이다.

시간 표현을 정규화하기 위해서는 다음 4가지 표현에 대한 규칙이 필요하다.

- 정규화된 시간 표현
- 절대적 시간 표현
- 상대적 시간 표현
- 기간

정규화된 날짜 식

정규화된 날짜 식에는 일반적인 형식의 연, 월, 일이 포함된다. 식의 단위를 감지한 다음 해당 ISO 패턴의 올바른 위치에 배치해야 한다. 다음 패턴은 *April 24, 1916*과 같은 표현식에 사용되는 정규화된 시간 표현식을 정규화한다.

$$FQTE \rightarrow Month\ Date,\ Year \qquad \{Year.val - Month.val - Date.val\}$$

이 규칙에서 논터미널 *Month, Date, Year*는 이미 인식되고 할당된 의미 값을 *.val* 표시를 통해 액세스한 구성 요소를 나타낸다. 이 *FQE* 구성 요소의 값은 추가 처리 중에 *FQTE.val*로 차례로 액세스할 수 있다.

완전한 시간 표현은 실제 텍스트에서 상당히 드물다. 뉴스 기사에서 대부분의 시간적 표현은 불완전하며 종종 문서의 **시간 앵커**라고 하는 기사의 날짜 표시줄과 관련해

시간 앵커

암시적으로만 고정된다. *today*, *yesterday*, *tomorrow*처럼 비교적 단순한 시간 표현의 값은 모두 시간 앵커에 대해 계산될 수 있다. *today*에 대한 의미론적 절차는 단순히 앵커를 할당하고 *tomorrow* 및 *yesterday*에 대한 연결은 각각 하루를 추가하고 앵커에서 하루를 뺀다. 물론 월, 주, 일 및 시간에 대한 표현의 주기적 특성을 고려할 때, 시간 산술 절차는 사용되는 시간 단위에 적합한 모듈로 산술을 사용해야 한다.

하지만 *the weekend* 또는 *Wednesday*와 같은 단순한 표현조차도 상당히 복잡하다. 현재 예에서 *the weekend*은 문서 날짜 바로 앞의 주의 주말을 명확하게 나타낸다. 그러나 다음 예에 설명된 것처럼 항상 그런 것은 아니다.

(22.22) Random security checks that began yesterday at Sky Harbor will continue
        at least through the weekend.

이 경우 *the weekend* 표현은 앵커링 날짜가 속한 주의 주말(즉, 다가오는 주말)을 의미한다. 이 의미를 나타내는 정보는 *the weekend*를 지배하는 동사인 *continue*의 시제에서 비롯된다.

상대적 시간 표현은 *today*와 *yesterday*에 사용된 것과 유사한 시간 산술로 처리된다. 이를 설명하기 위해 예에서 *last week* 표현을 고려해보자. 문서 날짜에서 기사의 ISO 주가 27주차임을 확인할 수 있기 때문에 *last week*는 단순히 1주에서 현재 주를 뺀 것이다.

다시 말하지만 이와 같은 간단한 구조도 영어에서는 중의적일수 있다. *next*와 *last*를 포함하는 표현의 해결은 고정 날짜에서 문제의 가장 가까운 단위까지의 거리를 고려해야 한다. 예를 들어 *next Friday*와 같은 문구는 바로 다음 주 금요일 또는 그다음 주 금요일을 가리킬 수 있다. 결정 요인은 기준 시간에 대한 근접성과 관련이 있다. 문서 날짜가 금요일에 가까울수록 *next Friday* 문구가 가장 가까운 금요일을 건너뛸 가능성이 높다. 이러한 중의성은 언어 및 도메인별 휴리스틱을 시간적 연결로 인코딩해 처리된다.

매우 독특한 시간 절차를 특정 시간 구조와 연관시킬 필요성은 시간 표현 인식에서 규칙 기반 방법의 광범위한 사용을 설명한다. 시간 인식을 위해 고성능 통계 방법을 사용하더라도 정규화를 위해서는 규칙 기반 패턴이 여전히 필요하다. 이러한 패턴의 구성은 지루하고 예외로 가득 차 있을 수 있지만 뉴스 와이어 도메인에서 좋은 커버리지를 제공하는 패턴 세트는 상당히 빠르게 생성될 수 있는 것으로 보인다(Ahn et al., 2005).

피처	설명
Character affixes	대역어의 문자 수준 접두사 및 접미사
Nominalization suffix	명사화를 위한 문자 수준 접미사(예: –tion)
Part of speech	대역어의 품사
Light verb	대상이 가벼운 동사에 의해 제어됨을 나타내는 이진 피처
Subject syntactic category	문장 주어의 구문 범주
Morphological stem	대역어의 어간 버전
Verb root	명사화를 위한 동사 기반의 어근 형식
WordNet hypernyms	대상에 대한 상위어 집합

그림 22.23 이벤트 감지에 대한 규칙 기반 및 통계 접근 방식 모두에서 일반적으로 사용되는 피처

마지막으로, 많은 시간적 표현은 텍스트에서 언급된 이벤트에 고정되고 다른 시간적 표현에는 직접 고정되지 않는다. 다음 예를 고려한다.

(22.23) One week after the storm, JetBlue issued its customer bill of rights.

JetBlue가 언제 고객 권리 청구서를 발행했는지 판단하기 위해서는 the storm 이벤트의 시간을 결정한 다음 one week after라는 시간적 표현으로 시간을 수정해야 한다. 다음 절에서 이벤트 감지를 다룰 때 이 문제로 돌아간다.

22.3.3 이벤트 감지 및 분석

이벤트 감지 및 분류 작업은 텍스트에서 이벤트에 대한 언급을 식별한 다음 해당 이벤트를 다양한 부류에 할당하는 것이다. 이 작업의 목적을 위해 이벤트 멘션은 특정 시점 또는 간격에 할당될 수 있는 이벤트 또는 상태를 나타내는 표현식이다. 1021페이지의 샘플 텍스트의 다음 마크업은 텍스트의 모든 이벤트를 보여준다.

[$_{EVENT}$ Citing] high fuel prices, United Airlines [$_{EVENT}$ said] Friday it has [$_{EVENT}$ increased] fares by \$6 per round trip on flights to some cities also served by lower— cost carriers. American Airlines, a unit of AMR Corp., immediately [$_{EVENT}$ matched] [$_{EVENT}$ the move], spokesman Tim Wagner

[*EVENT* said]. United, a unit of UAL Corp., [*EVENT* said] [*EVENT* the increase] took effect Thursday and [*EVENT* applies] to most routes where it [*EVENT* competes] against discount carriers, such as Chicago to Dallas and Denver to San Francisco.

영어에서 대부분의 이벤트 언급은 동사에 해당하고 대부분의 동사는 이벤트를 소개한다. 그러나 예에서 볼 수 있듯이 이는 항상 그런 것은 아니다. 이벤트는 명사구 *the move*와 *the increase*로 도입될 수 있으며, 일부 동사는 이벤트 자체보다는 이벤트가 시작된 시기를 가리키는 구문동사 *took effect*처럼 이벤트를 도입하지 못한다. 비슷하게 *make, take, have*와 같은 가벼운 동사는 종종 이벤트를 나타내지 않는다. 이 경우 동사는 *took a flight*처럼 직접목적어에 의해 표현된 이벤트의 인수 구문 구조를 제공한다.

규칙 기반 및 통계적 머신러닝 접근 방식이 이벤트 감지 문제에 적용됐다. 두 가지 접근 방식 모두 품사 정보, 특정 어휘 항목의 존재 및 동사 시제 정보와 같은 표면 정보를 사용한다. 그림 22.23은 현재 이벤트 감지 및 분류 시스템에서 사용되는 주요 피처를 보여준다.

텍스트에서 이벤트와 시간 표현이 모두 감지되면 다음 논리적 작업은 이 정보를 사용해 이벤트를 완전한 타임 라인에 맞추는 것이다. 이러한 타임 라인은 질의응답 및 요약과 같은 애플리케이션에 유용하다. 이 야심찬 작업은 연구할 가치가 있는 주제이지만 현재 시스템의 능력을 벗어난다.

다소 간단하지만 여전히 유용한 작업은 텍스트에 언급된 이벤트 및 시간 표현에 부분적인 순서를 적용하는 것이다. 이러한 주문은 실제 타임 라인과 동일한 많은 이점을 제공 할 수 있다. 이러한 부분 주문의 예는 샘플 텍스트에서 *United*에 의한 요금 인상 *after*에 *American Airlines*의 요금 인상이 이뤄졌다는 판단이다. 이러한 순서를 결정하는 것은 22.2절에서 앞서 설명한 것과 유사한 이진 관계 감지 및 분류 작업으로 볼 수 있다.

이 문제에 대한 현재 접근 방식은 앞서 17장에서 논의되고 여기에 그림 22.24에 표시된 *Allen*의 13개의 시간 관계의 하위 집합을 식별하려고 시도한다. 최근 평가 노력은 텍스트에서 시간적 표현, 문서 날짜 및 사건 언급 간의 *before, after, during* 관계를 감지하는 데 초점을 맞췄다(Verhagen et al., 2007). 대부분의 최고 성능 시스템은 TimeBank 코퍼스에서 훈련된 22.2절에서 논의된 종류의 통계 분류사를 사용한다 (Pustejovsky et al., 2003b).

22.3.4 TimeBank

TimeBank

다른 작업에서 살펴본 것처럼 관심 있는 유형 및 관계가 주석으로 추가된 텍스트에 액세스할 수 있으면 매우 유용하다. 이러한 리소스는 코퍼스 기반 언어 연구뿐만 아니라 자동 태깅을 수행하는 시스템 교육을 용이하게 한다. **TimeBank** 코퍼스는 22.3.4 절 전체에서 논의한 많은 정보가 주석이 달린 텍스트로 구성된다(Pustejovsky et al., 2003b). 코퍼스의 현재 릴리스(TimeBank 1.2)는 펜 트리뱅크 및 PropBank 컬렉션을 포함한 다양한 소스에서 선택된 183개의 뉴스 기사로 구성된다.

TimeBank 코퍼스의 각 기사에는 TimeML 주석에 명시적으로 주석이 추가된 시간 표현과 이벤트 언급이 있다(Pustejovsky et al., 2003a). 시간 표현식 및 이벤트 외에도 TimeML 주석은 이벤트와 이벤트 간의 관계 특성을 지정하는 시간 표현식 간의 시간 링크를 제공한다. TimeBank 문서 중 하나에서 선택된 그림 22.25에 표시된 다음 샘플 문장과 해당 마크업을 고려한다.

(22.24) Delta Air Lines soared 33% to a record in the fiscal first quarter, bucking the industry trend toward declining profits.

주석이 달린이 텍스트에는 3개의 이벤트와 2개의 시간 표현이 포함된다. 이벤트는 모두 발생 부류에 있으며 추가 주석에서 사용하기 위해 고유한 식별자가 제공된다. 시간 표현에는 문서 시간으로 사용되는 기사 작성 시간과 텍스트 내의 단일 시간 표현이 포함된다.

이러한 주석 외에도 TimeBank는 텍스트의 이벤트와 시간 간의 시간적 관계를 캡처하는 4개의 링크를 제공한다. 다음은 이 예에 대해 주석이 추가된 문장 내 시간 관계다.

- Soaring$_{e1}$ is **included** in the fiscal first quarter$_{t58}$
- Soaring$_{e1}$ is **before** 1989-10-26$_{t57}$

- Soaring$_{e1}$ is **simultaneous** with the bucking$_{e3}$
- Declining$_{e4}$ **includes** soaring$_{e1}$

TimeBank에서 사용된 13개의 시간 관계 세트는 그림 22.24에 소개된 앨런(1984) 관계를 기반으로 한다.

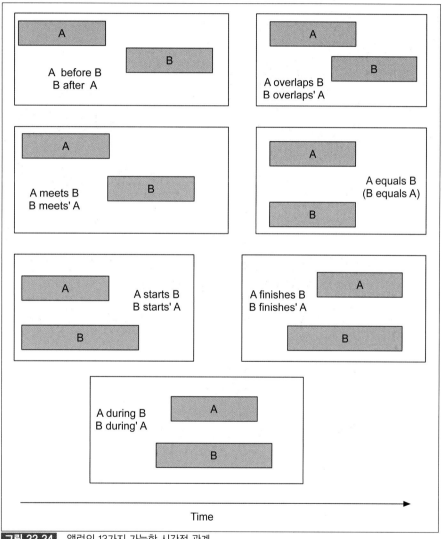

그림 22.24 앨런의 13가지 가능한 시간적 관계

```
<TIMEX3 tid="t57" type="DATE" value="1989-10-26" functionInDocument="CREATION_TIME"> 10/26/89
</TIMEX3>

Delta Air Lines earnings <EVENT eid="e1" class="OCCURRENCE"> soared </EVENT> 33% to a record
in <TIMEX3 tid="t58" type="DATE" value="1989-Q1" anchorTimeID="t57"> the fiscal first quarter
</TIMEX3>, <EVENT eid="e3" class="OCCURRENCE">bucking</EVENT> the industry trend toward <EVENT
eid="e4" class="OCCURRENCE">declining</EVENT> profits.
```

그림 22.25 TimeBank 코퍼스의 예

22.4 템플릿 채우기

많은 텍스트에는 흔히 볼 수 있는 일반적인 상황에 해당하는 이벤트에 대한 보고서와 일련의 이벤트가 포함돼 있다. 이러한 추상적인 상황은 하위 이벤트, 참가자, 역할 및 스크립트 소품의 원형 시퀀스로 구성된다는 점에서 **스크립트**로 특성화될 수 있다(Schank and Abelson, 1977). 언어 처리에서 이러한 스크립트의 명시적 표현을 사용하면 지금까지 논의한 많은 IE 작업에 도움이 될 수 있다. 특히 스크립트가 제공하는 강력한 예측은 개체의 적절한 분류, 역할 및 관계에 개체 할당, 가장 중요한 것은 말하지 않은 것을 채우는 추론의 도출을 용이하게 할 수 있다.

가장 간단한 형태로 스크립트는 특정 부류에 속하는 슬롯 채우기 값으로 사용되는 고정 슬롯 세트로 구성된 템플릿으로 표현할 수 있다. 템플릿 채우기의 작업은 특정 스크립트를 호출하는 문서를 찾은 다음 관련 템플릿의 슬롯을 텍스트에서 추출한 필러로 채우는 것이다. 슬롯 필러는 텍스트에서 직접 추출된 텍스트 세그먼트로 구성될 수 있거나 일부 추가 처리(시간, 양, 온톨로지의 개체 등)를 통해 텍스트 요소에서 유추된 개념으로 구성될 수 있다.

원래 항공사 스토리의 채워진 템플릿은 다음과 같다.

FARE-RAISE ATTEMPT:	LEAD AIRLINE:	UNITED AIRLINES
	AMOUNT:	$6
	EFFECTIVE DATE:	2006-10-26
	FOLLOWER:	AMERICAN AIRLINES

흔히 그렇듯이 이 예의 슬롯 필러는 모두 다양한 종류(조직, 양 및 시간)의 감지 가능한 개체명에 해당한다. 템플릿 채우기 애플리케이션이 후보 슬롯 채우기를 식별하기 위해 개체명 인식, 시간적 표현 및 동일 지시어 알고리듬에서 제공하는 태그에 의존해야 함을 의미한다.

다음 절에서는 시퀀스 레이블링 기술을 사용하는 슬롯 채우기에 대한 간단한 접근 방식을 설명한다. 22.4.2절은 유한 상태 변환기의 종속 사용을 기반으로 하고 훨씬 더 복잡한 템플릿 채우기 작업을 처리하도록 설계된 시스템을 설명한다.

22.4.1 템플릿 채우기에 대한 통계적 접근

템블릿 채우기를 통계적 시퀀스 레이블링 문제로 간주하는 것은 놀랍도록 효과적인 접근 방식이다. 이 방식에서 시스템은 특정 슬롯에 대한 잠재적인 필러로 토큰 시퀀스에 레이블링하도록 훈련된다. 이 접근 방식을 인스턴스화하는 두 가지 방법이 있다. 첫 번째는 각 슬롯에 대해 별도의 시퀀스 분류사를 훈련한 다음, 각 레이블러를 통해 전체 텍스트를 보내는 것이다. 다른 하나는 인식할 각 슬롯에 레이블을 할당하는 하나의 대형 분류사(일반적으로 HMM)를 훈련시키는 것이다. 여기서는 이전 접근 방식에 초점을 맞추고 24장에서 단일 대형 분류사 접근 방식을 채택한다.

슬롯당 하나의 분류 기준에서 슬롯은 각 슬롯의 해당 분류 기준으로 식별되는 텍스트 세그먼트로 채워진다. 22장의 앞부분에 설명된 다른 IE 작업과 마찬가지로 토큰, 토큰 모양, 품사 태그, 구문 청크 태그 및 개체명 태그 등 일반적인 피처 집합을 사용해 모든 방식의 통계 시퀀스 분류사가 이 문제에 적용됐다.

이 접근 방식에서는 여러 개의 동일하지 않은 텍스트 세그먼트가 동일한 슬롯 레이블이 표시될 가능성이 있다. 이 상황은 두 가지 방식으로 발생할 수 있다. 동일한 개체를 참조하지만 다른 참조 표현을 사용하는 경쟁 세그먼트에서 또는 진정으로 다른 가설을 나타내는 경쟁 세그먼트에서 발생할 수 있다. 샘플 텍스트에서 *United*, *United Airlines* 세그먼트가 LEAD AIRLINE으로 레이블이 지정될 것으로 예상할 수 있다. 이는 호환되지 않는 선택 사항이 아니며 21장에 소개한 지칭 확인 기술은 솔루션에 대한 경로를 제공할 수 있다.

텍스트가 주어진 슬롯에 대해 예상되는 유형의 여러 개체를 포함할 때 진정한 경쟁 가설이 발생한다. 이 예에서 *United Airlines* 및 *American Airlines*는 둘 다 항공사이 며 훈련 데이터의 예시와 유사성을 기준으로 둘 다 LEAD AIRLINE으로 태그를 지정 할 수 있다. 일반적으로 대부분의 시스템은 가장 신뢰도가 높은 가설을 선택한다. 물 론 이 신뢰 휴리스틱의 구현은 사용되는 시퀀스 분류사의 스타일에 따라 달라진다. 마르코프 기반 접근법은 가장 가능성이 높은 레이블링이 있는 세그먼트를 선택한다 (Freitag and McCallum, 1999).

채용 공고 세트, 논문 컨퍼런스 콜, 레스토랑 가이드 및 생물학 교과서를 포함해 템 플릿 채우기에 대한 이 스타일의 접근 방식을 평가하기 위해 다양한 주석이 달린 컬 렉션이 사용됐다. 자주 사용되는 컬렉션은 SPEAKER, LOCATION, START TIME 및 END TIME에 대한 주석이 추가된 슬롯과 함께 웹에서 검색한 485 세미나 알림 모음 인 CMU 세미나 발표 코퍼스다.[5] 이 데이터 세트에 대한 최신 F 측정 범위는 시작 및 종료 시간 슬롯의 경우 약 .98에서 스피커 슬롯의 경우 .77까지다(Roth and Yih, 2001; Peshkin and Pfefer, 2003).

이러한 결과는 인상적인데, 사용된 기술만큼이나 제한된 작업의 특성 때문이다. 세 가지 강력한 작업 제약이 이러한 성공에 기여했다. 첫째, 대부분의 평가에서 컬렉션 의 모든 문서는 모두 관련성이 있고 동질적이다. 즉, 관심 있는 슬롯을 포함하는 것으 로 알려져 있다. 둘째, 문서는 모두 상대적으로 작기 때문에 슬롯을 잘못 채울 수 있 는 산만한 부분을 위한 공간이 거의 제공되지 않는다. 마지막으로 타깃 출력은 텍스 트 자체의 작은 정보로 채워질 작은 슬롯 세트로만 구성된다.

---

5 www.isi.edu/info-agents/RISE/

```
TIE-UP-1:
    RELATIONSHIP:              TIE-UP
    ENTITIES:                  "Bridgestone Sports Co."
                               "a local concern"
                               "a Japanese trading house"
    JOINTVENTURECOMPANY        "Bridgestone Sports Taiwan Co."
    ACTIVITY                   ACTIVITY-1
    AMOUNT                     NT$20000000


ACTIVITY-1:
    COMPANY                    "Bridgestone Sports Taiwan Co."
    PRODUCT                    "iron and "metal wood" clubs"
    STARTDATE                  DURING: January 1990
```

그림 22.26   FASTUS의 정보 추출 엔진에 의해 생성된 템플릿은 1035페이지의 입력 텍스트를 제공한다 (Hobbs et al., 1997).

22.4.2 유한 상태 템플릿 채우기 시스템

미국 정부가 조직한 일련의 정보 추출 평가인 *Message Understanding Conferences*[MUC] (Sundheim, 1993)에 소개된 작업은 훨씬 더 복잡한 템플릿 채우기 문제를 나타낸다. 그리쉬만과 선드하임(1995)의 MUC-5 자료에서 선택한 다음 문장을 고려한다.

> Bridgestone Sports Co. said Friday it has set up a joint venture in Taiwan with a local concern and a Japanese trading house to produce golf clubs to be shipped to Japan.

> The joint venture, Bridgestone Sports Taiwan Co., capitalized at 20 million new Taiwan dollars, will start production in January 1990 with production of 20,000 iron and "metal wood" clubs a month.

MUC-5 평가 작업에는 합작 투자 참여자, 결과로 초래된 회사 및 의도된 활동, 소유권 및 자본화를 설명하는 계층적으로 연결된 템플릿을 생성하는 시스템이 필요했다. 그림 22.26은 FASTUS 시스템에 의해 생성된 결과 구조를 보여준다(Hobbs et al., 1997). TIE-UP 템플릿의 ACTIVITY 슬롯의 필러 자체가 채워질 슬롯이 있는 템플릿이라는 점에 유의한다.

FASTUS 시스템은 그림 22.27과 같이 각 언어 처리 수준이 텍스트에서 일부 정보를 추출해 다음 상위 수준으로 전달되는 변환기의 캐스케이드를 기반으로 위에 제공된 템플릿을 생성한다.

대부분의 시스템은 이러한 수준의 대부분을 유한 오토마타를 기반으로 하지만 실제로는 개별 오토마타가 피처 레지스터(FASTUS와 같이)로 증강되거나 전체 파서에 대한 사전 처리 단계(예: Gaizauskas et al., 1995; Weischedel, 1995)로만 사용되기 때문에 기술적으로 유한한 상태는 아니다. 이들은 통계적 방법에 따라 다른 성분들과 결합된다(Fisher et al., 1995).

홉스 외 연구진(1997)과 애플트 외 연구진(1995)에 이어 이러한 각 수준의 FASTUS 구현을 스케치해보자. 토큰화 후 2단계에서는 *set up* 및 *joint venture*와 같은 여러 단어와 *Bridgestone Sports Co*와 같은 명칭을 인식한다. 개체명 인식기는 일반적인 개체명 집합을 처리하도록 설계된 특정 매핑의 큰 집합으로 구성된 변환기다.

No.	단계	해설
1	Tokens:	문자의 입력 스트림을 토큰 시퀀스로 전송한다.
2	Complex Words:	여러 단어로 된 구, 숫자 및 고유 명칭을 인식한다.
3	Basic phrases:	문장을 명사 그룹, 동사 그룹 및 입자로 분할한다.
4	Complex phrases:	복합명사 그룹과 복합동사 그룹을 식별한다.
5	Semantic Patterns:	의미론적 개체와 이벤트를 식별하고 템플릿에 삽입한다.
6	Merging:	텍스트의 다른 부분에서 동일한 개체 또는 이벤트에 대한 참조를 병합한다.

그림 22.27 FASTUS의 처리 수준(Hobbs et al., 1997). 각 수준은 특정 유형의 정보를 추출한 다음 다음 상위 레벨로 전달된다.

다음은 *San Francisco Symphony Orchestra*, *Canadian Opera Company*와 같은 공연 단체의 명칭을 모델링하는 일반적인 규칙이다. 규칙은 문맥 자유 구문으로 작성되지만 재귀적이지 않기 때문에 유한 상태 변환기로 자동 컴파일될 수 있다.

Performer-Org   → (pre-location) Performer-Noun+ Perf-Org-Suffix

pre-location   → locname | nationality

locname   → city | region

Perf-Org-Suffix → orchestra, company

Performer-Noun $\rightarrow$ symphony, opera

nationality $\quad\rightarrow$ Canadian, American, Mexican

city $\qquad\rightarrow$ San Francisco, London

두 번째 단계는 *forty two*와 같은 시퀀스를 적절한 숫자 값으로 변환할 수도 있다 (8장에서 이 문제에 대한 논의를 상기한다).

세 번째 FASTUS 단계는 청킹을 구현하고 13장에서 논의한 종류의 유한 상태 규칙을 사용해 명사 그룹, 동사 그룹 등과 같은 기본 구문 청크 시퀀스를 생성한다. FASTUS 기본 구문 식별자의 출력은 그림 22.28에 나와 있다. *Company* 및 *Location* 과 같은 일부 도메인별 기본 문구의 사용에 유의한다.

13장에서는 기본 구를 더 복잡한 명사 그룹과 동사 그룹으로 결합하는 방법을 설명했다. FASTUS의 4단계는 다음과 같이 문구의 연결 및 첨부를 처리해 이를 수행한다.

20,000 iron and "metal wood" clubs a month,

전치사 구는 다음과 같다.

production of 20,000 iron and "metal wood" clubs a month,

4단계의 출력은 복합명사 그룹과 동사 그룹의 목록이다. 5단계는 이 목록을 가져와서 복합 그룹으로 청크되지 않은 모든 입력을 무시하고, 복합 그룹의 항목과 이벤트를 인식하며, 인식된 개체를 템플릿의 적절한 슬롯에 삽입한다. 개체와 이벤트의 인식은 특정 표제어 또는 *company*, *currency*, *date*와 같은 특정 피처에 의해 주석이 추가된 특정 복잡한 구문 유형을 기반으로 전환되는 수동 코딩된 유한 상태 자동 장치에 의해 수행된다.

구문 형태	구문
Company	Bridgestone Sports Co.
Verb Group	said
Noun Group	Friday
Noun Group	it
Verb Group	had set up
Noun Group	a joint venture
Preposition	in
Location	Taiwan
Preposition	with
Noun Group	a local concern
Conjunction	and
Noun Group	a Japanese trading house
Verb Group	to produce
Noun Group	golf clubs
Verb Group	to be shipped
Preposition	to
Location	Japan

그림 22.28 아펠트와 이스라엘(1997)에서 설명한 종류의 유한 상태 규칙을 사용하는 FASTUS 기본 구문 추출기의 2단계 출력

	템플릿/슬롯	값
1	RELATIONSHIP:	TIE-UP
	ENTITIES:	"Bridgestone Sports Co."
		"a local concern"
		"a Japanese trading house"
2	ACTIVITY:	PRODUCTION
	PRODUCT:	"golf clubs"
3	RELATIONSHIP:	TIE-UP
	JOINTVENTURECOMPANY:	"Bridgestone Sports Taiwan Co."
	AMOUNT:	NT$20000000
4	ACTIVITY:	PRODUCTION
	COMPANY:	"Bridgestone Sports Taiwan Co."
	STARTDATE:	DURING: January 1990
5	ACTIVITY:	PRODUCTION
	PRODUCT:	"iron and "metal wood" clubs"

그림 22.29 FASTUS 시스템의 5단계에서 생성된 5개의 부분 템플릿. 이러한 템플릿은 6단계 병합 알고리듬에 의해 병합돼 그림 22.26에 표시된 최종 템플릿을 생성한다.

예를 들어 위의 뉴스 이야기의 첫 번째 문장은 다음 두 정규 표현식에 기초한 의미 패턴을 실현한다(여기서 NG는 Noun-Group과 VG Verb-Group을 나타낸다).

- NG(Company/ies) VG(Set-up) NG(Joint-Venture) with NG(Company/ies)
- VG(Produce) NG(Product)

두 번째 문장은 위의 두 번째 패턴과 다음 두 패턴을 실현한다.

- NG(Company) VG-Passive(Capitalized) at NG(Currency)
- NG(Company) VG(Start) NG(Activity) in/on NG(Date)

그림 22.29의 5개 초안 템플릿 세트는 이 두 문장을 처리한 결과다. 그런 다음 이 5개의 템플릿을 그림 22.26에 표시된 단일 계층 구조로 병합해야 한다. 병합 알고리듬은 두 활동 또는 관계 구조가 동일한 이벤트를 설명할 수 있을 만큼 충분히 일관성이 있는지 여부를 결정하고, 그렇다면 병합한다. 병합 알고리듬은 21장에서 설명한 연결 확인도 수행해야 한다.

22.5 고급: 생의학 정보 추출

생의학 저널 기사에서 정보를 추출하는 것은 최근 몇 년 동안 중요한 애플리케이션 영역이 됐다. 이 연구의 동기는 주로 현대 생물학의 출현 이후, 해당 분야의 출판물 수가 엄청나게 증가하고 있는 생물학자들에게서 비롯된다. 많은 과학자들이 관련 문헌을 따라잡는 것이 거의 불가능하다. 그림 22.30은 이 과학자들이 직면한 문제의 심각성을 충분히 보여준다. 분명히 그러한 소스로부터 유용한 정보의 추출 및 집계를 자동화할 수 있는 애플리케이션은 연구자들에게 도움이 될 것이다.

바이오 메디컬 영역에서 정보 추출을 위한 애플리케이션 영역이 증가하고 있으며 게놈 및 관련 정보의 대규모 데이터베이스 구축에 도움이 된다. 정보 추출 기반 큐레이터 지원 도구를 사용할 수 없으면 많은 수동 데이터베이스 구축 작업이 수십 년 동안 완료되지 않을 것이다. 이는 시간이 너무 길어서 유용하지 않다(Baumgartner, Jr. et al., 2007).

이러한 종류의 애플리케이션의 좋은 예는 MuteXt 시스템이다. 이 시스템은 두 개의 개체명 유형, 즉 단백질의 돌연변이와 *G-coupled protein receptors and nuclear hormone receptors*라고 하는 매우 특정한 유형의 단백질을 표적으로 한다. MuteXt 는 2,008개의 문서에서 정보를 가져오는 데이터베이스를 구축하는 데 사용됐다. 수 작업으로 구축하는 것은 엄청난 시간과 비용이 드는 작업이었다. G결합 단백질 수용 체의 돌연변이는 당뇨병, 안구 백색증 및 색소성 망막염을 포함한 다양한 질병과 관 련돼 있어, 이 간단한 텍스트 마이닝 시스템조차도 인간의 고통을 완화하는 데 확실 히 적용된다.

생물학자와 생물 정보학자들은 최근 텍스트 마이닝 시스템에 대해 훨씬 더 혁신적 인 용도를 제시했다. 출력은 사람이 보기 위한 것이 아니라 처리량 분석 분석의 일부 로 사용된다. 20년 전만 해도 상상할 수 없었던 데이터 포인트는 게놈 데이터 저장소 에서 데이터를 사용하기 위한 기술의 일부다. 응(2006)은 이러한 맥락에서 작업에 대 한 리뷰와 통찰력 있는 분석을 제공한다.

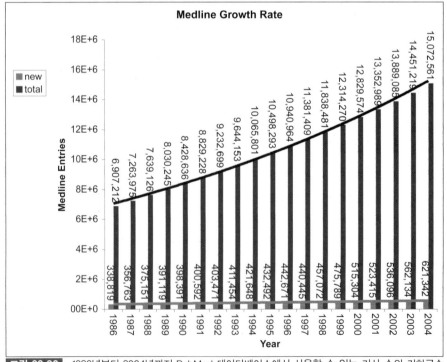

그림 22.30 1986년부터 2004년까지 PubMed 데이터베이스에서 사용할 수 있는 기사 수의 기하급수 적인 증가(Data from Cohen and Hunter(2004))

22.5.1 생물학적 개체명 인식

생물학적 영역에서의 정보 추출은 뉴스 스타일 텍스트에 초점을 맞춘 작업을 특징짓는 PERSON, ORGANIZATION, LOCATION 의미론적 부류보다 훨씬 더 광범위한 관련 유형의 개체가 특징이다. 그림 22.31과 다음 예제는 생물의학 영역에서 NER 시스템의 대상이었던 개체명의 다양한 의미론적 부류의 작은 부분 집합을 보여준다.

[$_{TISSUE}$ Plasma] [$_{GP}$ BNP] concentrations were higher in both the [$_{POPULATION}$ judo] and [$_{POPULATION}$ marathon groups] than in [$_{POPULATION}$ controls], and positively correlated with [$_{ANAT}$ LV] mass as well as with deceleration time.

22.1절에 설명된 거의 모든 기술은 유전자 및 단백질 명칭을 인식하는 문제에 특히 초점을 맞춘 생의학 NER 문제에 적용됐다. 이 작업은 유전자 명칭이 취할 수 있는 다양한 형태 때문에 특히 어렵다. *white, insulin, BRCA1, ether a go-go, breast cancer associated 1*은 모두 유전자 명칭이다. 유전자 명칭 인식을 위한 알고리듬 선택은 피처 선택보다 덜 중요해 보인다. 일반적인 피처 세트에는 앞에서 설명한 대로 단어 모양 및 문맥별 피처가 포함된다. 또한 문자열 *BRCA1*의 토큰이 유전자에 대한 지칭인지 여부를 결정하기 위해 *BRCA1 gene*와 같은 시퀀스의 구글 히트 수를 사용하는 것처럼 지식 기반 피처가 때때로 통계 시스템에 통합된다.

의미론적인 부류	예
Cell lines	*T98G, HeLa cell, Chinese hamster ovary cells, CHO cells*
Cell types	*primary T lymphocytes, natural killer cells, NK cells*
Chemicals	*citric acid, 1,2-diiodopentane, C*
Drugs	*cyclosporin A, CDDP*
Genes/proteins	*white, HSP60, protein kinase C, L23A*
Malignancies	*carcinoma, breast neoplasms*
Medical/clinical concepts	*amyotrophic lateral sclerosis*
Mouse strains	*LAFT, AKR*
Mutations	*C10T, Ala64 → Gly*
Populations	*judo group*

그림 22.31 생물의학 NLP에서 인식된 개체명의 의미론적 부류의 샘플이다. 많은 예들 사이의 표면 유사성에 유의한다.

놀랍게도, 공개적으로 사용 가능한 거대한 유전자 명칭 목록의 사용은 일반적으로 유전자/단백질 NER 시스템의 성능에 기여하지 않았으며 (Yeh et al., 2005) 실제로 유전자 명칭을 저하시킬 수 있다(Baumgartner, Jr. et al., 2006). 유전자 명칭이 많은 토큰이 되는 것은 드문 일이 아니다(예: breast cancer associated 1). 유전자 명칭 길이는 NER 시스템 성능에 명백한 영향을 미치며(Kinoshita et al., 2005; Yeh et al., 2005), 다중 토큰 명칭의 경계를 올바르게 찾는 기술은 성능을 향상시키는 것으로 보인다. 약어 정의 감지 알고리듬(Schwartz and Hearst, 2003)의 사용은 이러한 목적을 위해 일반적으로 사용된다. 이러한 명칭은 출판의 어느 시점에서 약어 또는 기호 정의로 표시되기 때문이다. 놀랍게도 적은 수의 휴리스틱 규칙(Kinoshita et al., 2005)과 마찬가지로 기본 명사 그룹 청커도 이와 관련해 유용할 수 있다.

22.5.2 유전자 정규화

텍스트에서 생물학적 개체에 대한 모든 언급을 식별한 후 다음 단계는 이를 데이터베이스 또는 온톨로지의 고유 식별자에 매핑하는 것이다. 이 작업은 유전자에 대해 가장 많이 연구해왔으며, **유전자 정규화**라고 알려져 있다. 문제의 복잡성 중 일부는 자연적으로 발생하는 텍스트에서 특정 개체의 명칭을 인식하는 데 있어 높은 수준의 가변성에서 비롯된다. 문제의 본질은 코헨 외 연구진(2002)의해 먼저 설명됐다. 기술 언어학의 표준 발견 절차를 사용해 유전자 명칭의 어떤 종류의 가변성을 무시할 수 있는지와 어떤 종류를 무시해서는 안 되는지를 결정했다. 최근에는 모건 외 연구진(2007)은 다양한 종의 유전자 정규화를 시도할 때 지역 사회 고유의 유전자 명명 규칙의 언어적 특성이 이 작업의 복잡성에 어떻게 영향을 미치는지 보여줬다. 유전자 정규화는 대상 WSD 작업과 모든 단어 WSD 작업 사이의 중간에 단어 감지 명확화 작업의 한 유형으로 간주될 수 있다.

이 문제에 대한 중요한 작업 스레드는 개체명을 생의학 온톨로지, 특히 유전자 온톨로지에 매핑하는 것이다(Ashburner et al., 2000). 이는 훨씬 더 도전적이다. 유전자 온톨로지의 용어는 길고 가능한 어휘 및 구문 형식이 많으며 때로는 상당한 추론이 필요하다.

22.5.3 생물학적 역할 및 관계

텍스트에서 생물학적 개체에 대한 모든 언급을 찾고 정규화하는 것은 텍스트에서 개체가 수행하는 역할을 결정하기 위한 예비 단계다. 이를 수행하는 두 가지 방법이 최근 연구의 초점이었다. 텍스트에서 개체 사이에 표현된 이진 관계를 발견하고 분류한다. 본문의 중심 이벤트와 관련해 개체가 수행하는 역할을 식별하고 분류한다. 이 두 작업은 22.2절에서 설명한 대로 개체 쌍 사이의 관계를 분류하는 작업과 20장에서 소개한 의미론적 역할 레이블 지정 작업에 대략적으로 해당한다.

개체 사이의 이진 관계를 표현하는 다음 예제 텍스트를 고려한다.

(22.25) These results suggest that con A-induced [$_{DISEASE}$ hepatitis] was ameliorated by pretreatment with [$_{TREATMENT}$ TJ-135].

(22.26) [$_{DISEASE}$ Malignant mesodermal mixed tumor of the uterus] following [$_{TREATMENT}$ irradiation]

이러한 각 예는 *disease*와 *a treatment* 사이의 관계를 나타낸다. 첫 번째 예에서 관계는 *curing*의 관계로 분류될 수 있다. 두 번째 예에서 질병은 언급된 치료의 *result*이다. 로사리오와 허스트(2004)는 7가지 질병과 치료 관계 분류 시스템을 제시한다. 이 연구에서는 일련의 HMM 기반 생성 모델과 차별적 신경망 모델이 성공적으로 적용됐다.

좀 더 일반적으로 이와 같은 이진 관계 인식 문제에 광범위한 규칙 기반 및 통계적 접근 방식이 적용됐다. 널리 연구된 다른 생물 의학 관계 인식 문제의 예로는 유전자 및 그 생물학적 기능(Blaschke et al., 2005), 유전자 및 약물(Rindflesch et al., 2000), 유전자 및 돌연변이(Rebholz-Schuhmann et al., 2004), 단백질-단백질 상호작용(Rosario and Hearst, 2005) 등이 있다.

이제 의미론적 역할 레이블링 문제 스타일에 해당하는 다음 예제를 고려한다.

(22.27) [$_{THEME}$ Full-length cPLA2] was [$_{TARGET}$ phosphorylated] stoichiometrically by [$_{AGENT}$ p42 mitogen-activated protein (MAP) kinase] in vitro... and the major site of phosphorylation was identified by amino acid sequencing as [$_{SITE}$ Ser505]

이 텍스트의 핵심에 있는 *phosphorylation* 이벤트와 관련된 세 가지 의미론적 역할을 가지고 있다. 이벤트의 인과적 AGENT, 인산화되는 THEME 또는 개체, 이벤트의 위치 또는 SITE가 있다. 문제는 이러한 역할을 수행하는 입력의 구성 요소를 식별하고 올바른 역할 레이블을 할당하는 것이다. 이 예에는 SITE 역할을 올바르게 포착하기 위해 두 번째 이벤트 언급 *phosphorylation*이 첫 번째 phosphorylated와의 상호연관되는 것으로 식별돼야 한다는 점에서 더 복잡한 문제가 포함돼 있다.

생물의학 영역에서 의미론적 역할 레이블링 어려움의 대부분은 이러한 텍스트에서 명사화의 우세에서 비롯된다. *phosphorylation*와 같은 명사화는 일반적으로 인수를 신호할 수 있는 구문 단서를 구두 등가물보다 더 적기 때문에 식별 작업이 더 어려워진다. 또 다른 문제는 서로 다른 의미론적 역할 인수가 동일한 또는 지배적인 명사의 구성 요소의 일부로 종종 발생한다. 다음 예를 고려한다.

(22.28) Serum stimulation of fibroblasts in floating matrices does not result in [$_{TARGET}$ [$_{ARG1}$ ERK] translocation] to the [$_{ARG3}$ nucleus] and there was decreased serum activation of upstream members of the ERK signaling pathway, MEK and Raf.

(22.29) The translocation of RelA/p65 was investigated using Western blotting and immunocytochemistry. The COX-2 inhibitor SC236 worked directly through suppressing [$_{TARGET}$ [$_{ARG3}$ nuclear] translocation] of [$_{ARG1}$ RelA/p65].

(22.30) Following UV treatment, Mcl-1 protein synthesis is blocked, the existing pool of Mcl-1 protein is rapidly degraded by the proteasome, and [$_{ARG1}$ [$_{ARG2}$ cytosolic] Bcl-xL] [$_{TARGET}$ translocates] to the [$_{ARG3}$ mitochondria]

이러한 각 예제에는 다른 인수 또는 대상 술어 자체와 함께 구성 요소에 번들로 제공되는 인수를 포함한다. 예를 들어 두 번째 예에서 구성 요소 *nuclear translocation*은 TARGET 및 ARG3 역할 모두에 신호를 보낸다.

규칙 기반 및 통계적 접근 방식은 이러한 의미론적 역할 유사 문제에 적용됐다. 관계 찾기 및 NER와 마찬가지로 알고리듬 선택은 피처 선택보다 덜 중요하며, 대부분은 정확한 구문 분석에서 파생된다. 그러나 생물학 교과서에 사용할 수 있는 대형 트리뱅크가 없기 때문에 일반 뉴스 와이어 텍스트에서 훈련된 기성 파서를 사용하는 옵션이 남아 있다. 물론 이 과정에서 발생하는 오류는 구문적 피처에서 도출할 수 있는 어떤 영향도 부정할 수 있다. 따라서 연구의 중요한 영역은 일반 구문 도구를 영역에 적용하는 것이다(Blitzer et al., 2006).

이 도메인의 관계형 및 이벤트 추출 애플리케이션은 종종 매우 제한된 초점을 갖는다. 이 제한의 동기는 좁은 범위의 시스템조차도 일하는 생물학자의 생산성에 기여할 수 있다. 이에 대한 극단적인 예는 앞에서 설명한 RLIMS-P 시스템이다. 동사 *phosphorylate*와 관련된 명사 *phosphorylization*만을 다룬다. 그럼에도 이 시스템은 연구 커뮤니티에서 널리 사용되는 대규모 온라인 데이터베이스를 생성하는 데 성공적으로 사용됐다.

생물의학 정보 추출 애플리케이션의 목표가 규모가 커짐에 따라 BioNLP 애플리케이션 유형의 범위가 넓어졌다. 전산 어휘 의미론 및 의미론적 역할 레이블링(Verspoor et al., 2003; Wattarujeekrit et al., 2004; Ogren et al., 2004; Kogan et al., 2005; Cohen and Hunter, 2006), 요약(Lu et al., 2006), 질의응답은 모두 생물학 분야에서 활발한 연구 주제다. BioCreative와 같은 공유 작업은 개체명 인식, 질의응답, 관계 추출 및 문서 분류(Hirschman 및 Blaschke, 2006)를 위한 대규모 데이터 세트의 원천이자 정보 추출 작업에 대한 다양한 접근 방식의 편익을 정면으로 평가하는 장이 되고 있다.

22.6 요약

22장은 텍스트에서 제한된 형태의 의미론적 내용을 추출하기 위한 일련의 기법을 탐구했다. 대부분의 기법은 분류에 이어 검출의 문제로 특징지어질 수 있다.

- **개체명**는 **통계적 시퀀스 레이블링** 기술에 의해 인식되고 분류될 수 있다.
- 주석이 달린 훈련 데이터를 사용할 수 있는 경우, 지도된 학습 방법으로 **개체 사이의 관계**를 감지하고 분류할 수 있다. 적은 수의 **시드 튜플** 또는 **시드 패턴**을 사용할 수 있는 경우 가볍게 지도된 **부트 스트랩** 방법을 사용할 수 있다.
- 시간에 대한 추론은 통계론적 학습과 규칙 기반 방법의 조합을 통해 **시간적 표현**의 탐지 및 정규화를 통해 촉진될 수 있다.

- 규칙 기반 및 통계적 방법을 사용해 **이벤트**를 적시에 감지, 분류 및 주문할 수 있다. **TimeBank 코퍼스**는 시간 분석 시스템의 훈련 및 평가를 용이하게 할 수 있다.

- **템플릿 채우기** 애플리케이션은 텍스트의 고정된 상황을 인식하고 텍스트의 요소를 **고정된 슬롯 세트**로 표시되는 역할에 할당할 수 있다.

- 정보 추출 기술은 **생물학적 영역**에서 텍스트를 처리하는 데 특히 효과적인 것으로 입증됐다.

참고문헌 및 역사 참고 사항

정보 추출에 대한 초기 연구는 템플릿 채우기 작업을 다뤘으며, Frump 시스템의 맥락에서 수행됐다(DeJong, 1982). 이후 연구는 미국 정부가 후원하는 MUC 회의(Sundheim, 1991, 1992, 1993, 1995b)에 의해 촉진됐다. 친초 외 연구진(1993)은 MUC-3 및 MUC-4 컨퍼런스에서 사용되는 평가 기법을 설명한다. 홉스(1997)는 MUC-3에서 미국 매사추세츠대학교 CIRCUS 시스템(Lenert et al., 1991)의 성공에 부분적으로 FASTUS의 영감을 기여했다. MUC-3에서 좋은 성과를 거둔 또 다른 시스템은 종속과 의미론적 기대치를 느슨하게 기반으로 한 SCISOR 시스템이었다(Jacobs and Rau, 1990).

한 도메인에서 다른 도메인으로 시스템을 재사용하거나 이식하는 것이 어렵기 때문에 이러한 시스템에 대한 자동 지식 습득 문제로 관심이 옮겨 갔다. IE에 대한 최초의 지도된 학습 접근법은 카디(1993), 카디(1994), 릴로프(1993), 소더랜드 외(1995), 허프만(1996), 프리택(1998)에 설명돼 있다.

이러한 초기 학습 노력은 대부분 유한 상태 규칙 기반 시스템에 대한 지식 습득 프로세스를 자동화하는 데 중점을 뒀다. 그들의 성공과 자동 음성 인식을 위한 HMM 기반 방법의 초기 성공은 시퀀스 레이블링을 기반으로 하는 통계 시스템의 개발로 이어졌다. IE 문제에 HMM을 적용하는 초기 노력에는 바이클 외 연구진(1997, 1999), 프리태그 및 맥컬럼(1999)의 작업이 포함된다. 후속 노력은 MEMM(McCallum et al., 2000), CRF(Lafferty et al., 2001) 및 SVM(Sassano and Utsuro, 2000; McNamee and Mayfield, 2002)을 포함한 다양한 통계 방법의 효과를 입증했다.

이 영역의 진보는 공유 벤치마크 데이터 세트를 사용한 공식적인 평가에 의해 계속 촉진된다. 1990년대 중반의 MUC 평가는 2000년부터 2007년까지 주기적으로 실시된 ACE(Automatic Content Extraction) 프로그램 평가에 의해 성공했다.[6] 이러한 평가는 개체명 인식, 관계 감지, 시간적 표현 검출 및 정규화의 작업에 초점을 맞췄다. 다른 IE 평가로는 2002년과 2003년 CoNLL 공유 작업(Tjong Kim Sang, 2002; Tjong Kim Sang and De Meulder, 2003)과 2007 SemEval 작업의 시간 분석(Verhagen et al., 2007; Bethard and Martin, 2007)과 인명 검색(Artiles, 2007)이 있다.

정보 추출 범위는 새로운 종류의 정보에 대한 애플리케이션의 계속 증가하는 요구를 충족시키기 위해 계속 확장되고 있다. 논의하지 않은 새로운 IE 과제로는 성별 분류(Koppel et al., 2002), 기분(Mishne and de Rijke, 2006), 정서, 영향 및 의견(Qu. et al., 2005)이 포함된다. 이 작업의 대부분은 블로그, 토론 포럼, 뉴스 그룹 등과 같은 **소셜 미디어**의 맥락에서 **사용자 생성 콘텐츠**를 포함한다. 이 영역의 연구 결과는 많은 최근의 워크숍과 컨퍼런스의 초점이 됐다(Nicolov et al., 2006; Nicolov and Glance, 2007).

소셜 미디어

사용자 생성 콘텐츠

연습

22.1 그림 22.7에 설명된 문자 형상 피처를 인식하기 위한 정규식 집합을 개발한다.

22.2 선택한 통계적 시퀀스 모델링 툴킷을 사용해 NER 시스템을 개발 및 평가한다.

22.3 22장에 제시된 IOB 레이블링 체계만이 가능한 것은 아니다. 예를 들어 E 태그를 추가해 개체의 끝을 표시하거나 B 태그는 인접한 개체 사이에 중의성이 존재하는 상황에 대해서만 따로 남겨 둘 수 있다. NER 시스템에 사용할 새로운 IOB 태그 세트를 제안하라. 이를 실험하고 성능을 22장에 제시된 계획과 비교하라.

22.4 (책, 영화, 비디오 게임 등) 예술 작품의 명칭은 22장에서 논의한 개체명의 종류와는 상당히 다르다. 웹 기반 소스(예: gutenberg.org, amazon.com, imdb.com 등)에서 특정 카테고리의 예술 작품 명칭 목록을 수집한다. 목록을 분석하고 목록에

---

6 www.nist.gov/speech/tests/ace/

있는 명칭이 22장에 설명된 기술에 문제가 될 수 있는 방법의 예를 제공하라.

22.5   지난 연습에서 수집한 명칭 범주에 맞는 NER 시스템을 개발하라. 이러한 개체명의 인스턴스를 포함할 수 있는 텍스트 모음에서 시스템을 평가한다.

22.6   두문자어 확장, 구와 두문자어를 연결하는 과정은 간단한 형태의 관계 분석에 의해 이뤄질 수 있다. 22장에 설명된 관계 분석 접근법에 기반한 시스템을 개발해 두문자어 확장 데이터베이스를 작성한다. 영어 TLA^Tree Letter Acronicms에 초점을 맞춘 경우 시스템의 성능을 위키피디아의 TLA 페이지와 비교해 평가할 수 있다.

22.7   최신 이메일 및 일정 관리 애플리케이션에서 유용한 피처는 이메일의 이벤트와 연결된 시간적 표현(진료 예약, 회의 계획, 파티 초대 등)을 특정 일정 관리 항목과 연결하는 피처다. 이벤트 계획과 관련된 시간적 표현을 포함하는 이메일의 코퍼스를 수집한다. 이러한 표현들은 22장에서 논의해온 뉴스 텍스트에서 흔히 볼 수 있는 표현들과 어떻게 비교되는가?

22.8   이메일 코퍼스에 나타나는 종류의 시간적 표현을 인식할 수 있는 인식 시스템을 개발하고 평가하라.

22.9   이러한 식을 표준 일정관리 애플리케이션에 삽입하는 데 필요한 정도로 정규화할 수 있는 시스템을 설계하라.

22.10 CMU 세미나 발표 코퍼스를 획득하고 22.4절에 언급된 기술을 사용해 템플릿 채우기 시스템을 개발한다. 이 코퍼스에 대한 최신 결과와 비교해 시스템 성능을 분석한다.

22.11 코퍼스가 주어지면 학습 코퍼스 역할을 할 수 있도록 코퍼스의 관련 슬롯에 주석을 추가하는 방법을 개발하라. 당신의 접근 방식은 수작업으로 주석을 달아야 하지만 그것에 전적으로 기초해서는 안 된다.

22.12 시스템을 재교육하고 새 도메인에서 얼마나 잘 작동하는지 분석하라.

22.13 종 식별은 문서 라우팅 및 분류와 같은 생물 의학 정보 추출 애플리케이션에서 중요한 문제다. 그러나 이는 유전자 정규화 문제의 현실적인 버전에 특히 중요

하다. 선택한 머신러닝 또는 규칙 기반 방법을 사용해 문서 수준에서 작동하는 종 식별 시스템을 구축한다. BioCreative 유전자 정규화 데이터(biocreative.sourceforge.net)를 표준 데이터로 사용하라.

22.14 텍스트에서 유전자 및 유전자 산물에 대한 언급을 대상으로 하는 개체명 인식 시스템을 구축하거나 차용한다. 개발 데이터로 BioCreative 유전자 언급 코퍼스(biocreative.sourceforge.net)를 사용하라.

22.15 유전자 언급 인식 시스템의 출력을 적절한 데이터베이스 항목에 매핑하는 유전자 정규화 시스템을 구축한다. BioCreative 유전자 정규화 데이터를 개발 및 테스트 데이터로 사용하라. 메타 데이터의 종 식별에 대한 시스템 액세스 권한을 부여하지 않도록 한다.

23
질의응답 및 요약

"좋아"라고 깊은 생각(Deep Thought)이 말했다. "훌륭한 질문에 대한 답 …"

"네!"

"삶의 우주와 모든 것 …," 깊은 생각이 말했다.

"네!"

"이…"

"네…!!!…?"

"42", 무한한 위엄과 차분함으로 깊은 생각이 말했다…

> – 더글러스 애덤스, 『은하수를 여행하는 히치하이커를 위한 안내서』

I read 『War and Peace』… It's about Russia…

『전쟁과 평화』라는 책을 읽었는데… '러시아'에 관한 이야기예요.

> – 우디 앨런, 〈Without Feathers〉

일반적으로 웹이나 PubMed와 같은 전문 컬렉션 또는 노트북의 하드 드라이브에서 매우 많은 텍스트 정보를 사용할 수 있기 때문에 오늘날 언어 처리의 가장 중요한 용도는 이러한 대규모 저장소에서 의미를 쿼리하고 추출할 수 있도록 돕는 것이다. 우리가 찾고 있는 것에 대한 구조화된 아이디어가 있다면, 22장의 정보 추출 알고리듬을 사용할 수 있다. 그러나 많은 경우에 더 비공식적으로 단어나 문장으로 가장 잘 표현되는 정보가 필요하며, 특정 답변 사실, 특정 문서 또는 그 사이에 있는 정보를 찾기를 원한다.

23장에서는 **질의응답**^{QA} 및 **요약 작업**, 특정 구문, 문장 또는 짧은 구절을 생성하는 작업을 소개하며, 종종 자연어 쿼리로 표현된 정보에 대한 사용자의 요구에 응답한다. 이러한 주제를 연구하면서 특정 자연어 쿼리와 관련된 문서를 반환하는 작업인 **정보검색**^{IR} 분야의 하이라이트도 다룬다. IR은 그 자체로 완전한 분야이며 여기서는 간략한 소개만 제공하지만 QA 및 요약을 이해하는 데 필수적인 분야다.

문서나 웹과 같은 문서 컬렉션에서 직접 구절을 **추출**해 사용자의 정보 요구를 충족시키는 이 모든 하위 필드의 이면에 있는 중심 아이디어에 초점을 맞춘다.

정보 검색은 텍스트, 사진, 오디오 및 비디오를 포함한 모든 미디어 유형의 저장, 분석 및 검색과 관련된 광범위한 주제를 포함하는 매우 광범위한 분야다(Baeza-Yates and Ribeiro-Neto, 1999). 23장에서 우리의 관심사는 정보에 대한 사용자의 단어 기반 쿼리에 대한 응답으로 텍스트 문서를 저장하고 검색하는 것이다. 23.1절에서 **벡터 공간 모델**을 제시한다. 벡터 공간 모델은 대부분의 웹 검색엔진을 포함해 대부분의 최신 시스템에서 사용된다.

사용자가 전체 문서를 읽도록 하기보다는 간결하고 짧은 답변을 제공하는 것을 선호한다. 연구자들은 컴퓨터 언어학의 초창기부터 **질의응답** 과정을 자동화하려고 노력해왔다(Simmons, 1965).

가장 간단한 형태의 질문 답변은 **일반적으로 사실로 여겨지는 질문**을 다루는 것이다. 이름에서 알 수 있듯이 일반적으로 사실로 여겨지는 질문에 대한 답은 짧은 텍스트 문자열에서 찾을 수 있는 간단한 사실이다. 다음은 이러한 종류의 질문에 대한 표준 예다.

(23.1)   Who founded Virgin Airlines?

(23.2)   What is the average age of the onset of autism?

(23.3)   Where is Apple Computer based?

이러한 각 질문은 사람의 이름, 시간적 표현 또는 위치를 포함한 텍스트 문자열로 직접 답할 수 있다. 따라서 팩토이드 질문은 짧은 텍스트 범위에서 답변을 찾을 수 있고 특정하고 쉽게 특성화할 수 있는 범주, 종종 22장에서 논의한 종류의 개체명에 해당하는 질문이다. 이러한 답변은 웹에서 찾을 수도 있고 일부 작은 텍스트 모음 내에서 찾을 수 있다. 예를 들어 시스템은 특정 회사 웹사이트 또는 내부 문서 집합의 문서에서 답변을 검색해 회사의 제품 라인에 대한 질문에 답변할 수 있다. 이러한 종류의 질문에 답하는 효과적인 기술은 23.2절에 설명해놓았다.

때때로 범위가 단일 사실보다는 크지만 전체 문서보다는 적은 정보를 찾고 있다. 이러한 경우 문서 또는 문서 집합의 **요약**이 필요할 수 있다. **텍스트 요약**의 목표는 중요하거나 관련 정보가 포함된 텍스트의 요약 버전을 생성하는 것이다. 예를 들어 과학기사의 **발췌**, 이메일 스레드 **요약**, 뉴스 기사의 **헤드라인** 또는 검색된 각 문서를 설명하기 위해 웹 검색엔진이 사용자에게 반환하는 짧은 **스니펫**snippet을 생성할 수 있다. 예를 들어 그림 23.1은 German Expressionism Brücke라는 쿼리에서 반환된 처음 4개의 문서를 요약한 구글의 일부 샘플 스니펫을 보여준다.

스니펫

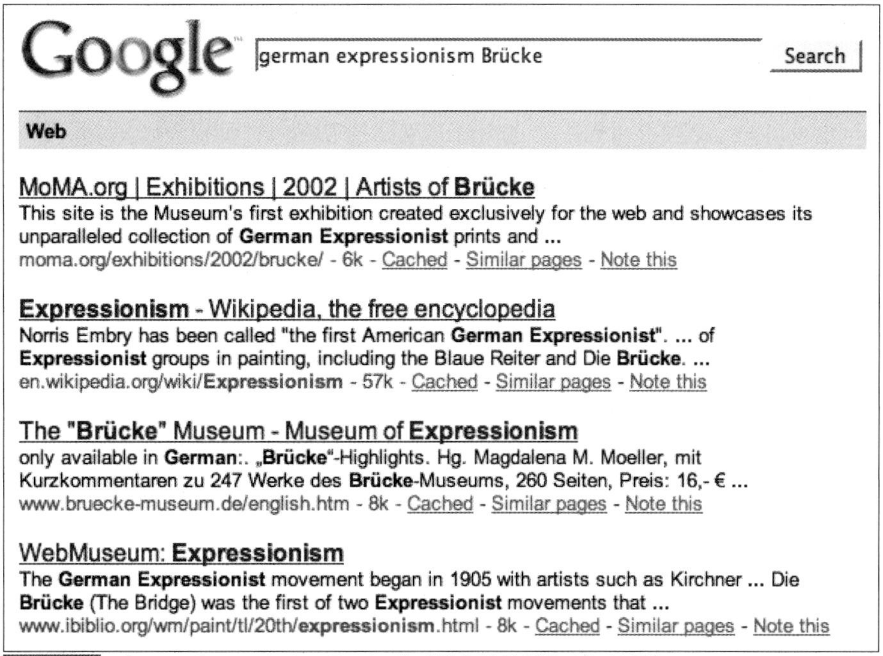

그림 23.1 German Expressionism Brücke에 대한 구글의 처음 4개 스니펫

이러한 다양한 종류의 요약을 생성하기 위해 단일 문서를 요약하는 알고리듬과 서로 다른 텍스트 소스의 정보를 결합해 여러 문서의 요약을 생성하는 알고리듬을 소개한다.

마지막으로 다음과 같은 더 복잡한 질문에 답하기 위해 요약에서 기술을 빌려서 팩토이드 질문 답변을 넘어서는 분야로 전환한다.

(23.4)　Who is Celia Cruz?

(23.5)　What is a Hajj?

(23.6)　In children with an acute febrile illness, what is the efficacy of single-medication therapy with acetaminophen or ibuprofen in reducing fever?

이와 같은 질문에 대한 답변은 단순한 개체명 문자열로 구성되지 않는다. 오히려 전기, 완전한 정의, 현재 사건의 요약 또는 특정 의료 개입에 대한 임상 결과의 비교를 생성하기 위해 관련 사실의 배열을 결합하는 잠재적으로 길고 일관된 텍스트를 포함한다. 이러한 답변의 복잡성과 스타일 차이 외에도 이러한 답변에 들어가는 사실은 맥락, 사용자 및 시간에 따라 달라질 수 있다.

현재의 방법은 긴 문서를 요약할 때 발생하는 관련 텍스트 세그먼트를 결합해 이러한 종류의 **복합적 질문**에 답한다. 예를 들어 기업 보고서, 의학 연구 저널 기사 세트, 관련 뉴스 기사 세트 또는 웹 페이지에서 추출한 텍스트 세그먼트에서 답변을 구성할 수 있다. 사용자 쿼리에 대한 응답으로 텍스트를 요약하는 이 아이디어를 **쿼리 기반 요약** 또는 **집중 요약**이라고 하며 23.6절에서 설명한다.

복합적 질문

쿼리 기반 요약

집중 요약

마지막으로, 24장에서 질문이 확장된 대화에서 수행하는 모든 역할에 대해 다룰 것이다. 23장에서는 단일 쿼리에 대한 응답에만 초점을 맞춘다.

23.1 정보 검색

정보 검색　**정보 검색**IR은 모든 미디어 유형의 저장 및 검색과 관련된 광범위한 주제를 포괄하는 성장하는 분야다. 이 절에서는 텍스트 문서의 저장과 사용자의 정보 요청에 대한 후속 검색에 중점을 둔다. 이 절의 목표는 질의응답 및 요약에 대한 다음 절의 토대를 마련하기 위해 IR 기술에 대한 충분한 개요를 제공하는 것이다. 특히 정보 검색에 더 관심 있는 독자는 23장 끝 부분에 있는 '역사 참고 사항' 절을 참고한다.

대부분의 최신 정보 검색 시스템은 문서의 의미가 문서에 포함된 단어 집합에만 있는 구성 의미론의 최종 버전에 기반한다. 19장의 시작 부분에 있는 매드 해터의 인용문을 다시 살펴보면 이러한 시스템에서 *I see what I eat*와 *I eat I see*는 정확히 같은 의미다. 문서를 구성하는 문장을 구성하는 단어의 순서와 구성은 그 의미를 결정하는 데 아무런 역할을 하지 않는다. 구문 정보를 무시하기 때문에 이러한 접근 방식을 종종 **단어 주머니** 모델이라고 한다.

단어 주머니

계속 진행하기 전에 몇 가지 새로운 용어를 소개해야 한다. 정보 검색에서 문서는 일반적으로 시스템에서 색인화되고 검색에 사용할 수 있는 텍스트 단위를 나타낸다. 애플리케이션에 따라 문서는 신문 기사 또는 백과 사전 항목과 같은 일반적인 인공물부터 단락 및 문장과 같은 작은 단위까지 모든 것을 참조할 수 있다. 웹 기반 애플리케이션에서 문서는 웹 페이지, 페이지의 일부 또는 전체 웹사이트를 참조할 수 있다.

컬렉션은 사용자 요청을 충족시키는 데 사용되는 문서 세트를 나타낸다. **용어**는 컬렉션에서 발생하는 어휘 항목을 나타내지만 구를 포함할 수도 있다. 마지막으로 **쿼리**는 사용자의 정보 요구를 용어 집합으로 표현한다.

컬렉션
용어
쿼리

자세히 고려할 특정 정보 검색 작업을 **애드혹 검색**ad hoc retrieval이라고 한다. 이 작업에서는 도움을 받지 않는 사용자가 검색 시스템에 쿼리를 수행한 다음, 잠재적으로 유용한 문서의 순서가 지정된 집합을 반환한다고 가정한다. 고급 아키텍처는 그림 23.2에 나와 있다.

애드혹 검색

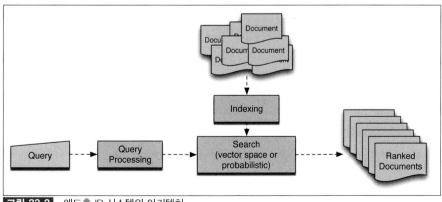

그림 23.2　애드혹 IR 시스템의 아키텍처

23.1.1 벡터 공간 모델

벡터 공간 모델

정보 검색의 **벡터 공간 모델**에서 문서와 쿼리는 컬렉션 내에서 발생하는 용어(단어)를 나타내는 피처 벡터로 표현된다(Salton, 1971).

용어 가중치

각 피처값을 **용어 가중치**라고 하며, 일반적으로 다른 요소와 함께 문서에서 용어의 빈도함수다.

예를 들어 웹에서 찾은 프라이드 치킨 조리법에서 네 가지 용어 *chicken*, *fried*, *oil*, *pepper*는 각각 용어 빈도가 8, 2, 7, 4로 나타난다. 따라서 단순히 용어 빈도를 가중치로 사용하고 이 네 단어만 컬렉션에서 발생한 것으로 가정하고 피처를 위의 순서로 배치한다고 가정하면 이 문서의 벡터(*j*라고 함)는 다음과 같다.

$$\vec{d}_j = (8, 2, 7, 4)$$

좀 더 일반적으로 우리는 문서 d_j에 대한 벡터를 다음과 같이 표현한다.

$$\vec{d}_j = (w_{1,j}, w_{2,j}, w_{3,j}, \cdots, w_{n,j})$$

여기서 $\vec{d}_j$는 특정 문서를 나타내며 벡터에는 컬렉션 전체에서 발생하는 N개 용어 각각에 대한 가중치 피처가 포함된다. 따라서 $w_{2,j}$는 문서 j에서 용어 2가 갖는 가중치를 나타낸다.

또한 같은 방식으로 쿼리를 나타낼 수도 있다. 예를 들어 *fried chicken*에 대한 쿼리 q는 다음과 같이 표현된다.

$$\vec{q} = (1, 1, 0, 0)$$

더 일반적으로 다음과 같이 표현된다.

$$\vec{q} = (w_{1,q}, w_{2,q}, w_{3,q}, \cdots, w_{n,q})$$

벡터의 차원 수인 N은 전체 모음의 총 용어 수다. 가능한 용어 세트에서 일부 기능 단어를 고려하지 않더라도 수십만 단어가 될 수 있다. 그러나 물론 쿼리나 긴 문서에는 이러한 수십만 개의 용어가 많이 포함될 수 없다. 따라서 쿼리 및 문서 벡터 값의 대부분은 0이 된다. 실제로 우리는 모든 0을 저장하지 않는다(해시 및 기타 희소 표현 사용).

이제 다른 문서, poached chicken 레시피를 고려한다.

$$\vec{d}_k = (6,0,0,0)$$

직관적으로 *q fried chicken* 쿼리가 document d_k(poached chicken 레시피)보다는 document d_j(fried chicken 레시피)와 일치하는 것이 좋다. 피처를 간략히 살펴보면 이 것이 사실임을 알 수 있다. 검색어와 fried chicken 레시피에는 *fried*와 *chicken*이라 는 단어가 있지만 poached chicken 레시피에는 단어 *fried*가 없다.

이 모델에서 문서와 쿼리를 나타내는 데 사용되는 피처를 다차원 공간의 차원으로 보는 것이 유용하다. 여기서 피처 가중치는 해당 공간에서 문서를 찾는 데 사용된다. 벡터로 변환된 사용자의 쿼리는 해당 공간의 한 지점을 나타낸다. 쿼리에 가까운 문 서는 멀리 있는 문서보다 관련성이 높은 것으로 판단할 수 있다.

그림 23.3은 세 가지 벡터 모두에 대한 처음 두 차원(*chicken* 및 *fried*)의 그림을 그래 픽으로 보여준다. 벡터 사이의 각도로 벡터 사이의 유사성을 측정하면 쿼리와 d_j 사이 의 각도가 더 작기 때문에 쿼리는 d_k보다 d_j와 더 유사하다.

코사인   벡터 기반 정보 검색에서는 실제 각도가 아닌 20장에서 소개한 **코사인** 메트릭을 표 준으로 사용한다. 두 문서 사이의 거리를 벡터 사이 각도의 **코사인**으로 측정한다. 두 문서가 동일하면 1의 코사인을 받는다. 직교일 때(공통 용어를 공유하지 않음), 0의 코사 인을 받는다. 코사인에 대한 방정식은 다음과 같다.

$$sim(\vec{q},\vec{d}_j) = \frac{\sum_{i=1}^{N} w_{i,q} \times w_{i,j}}{\sqrt{\sum_{i=1}^{N} w_{i,q}^2} \times \sqrt{\sum_{i=1}^{N} w_{i,j}^2}} \tag{23.7}$$

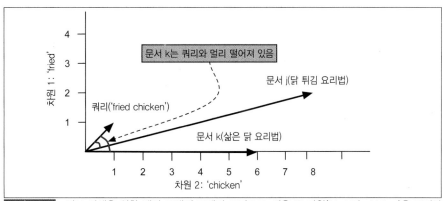

그림 23.3   정보 검색을 위한 벡터 모델의 그래픽 그림으로, 처음 두 차원(*fried* 및 *chicken*)을 표시하 고 문서에서 원래의 빈도를 피처 가중치로 사용한다고 가정한다.

20장에서 소개한 코사인을 생각하는 또 다른 방법은 **정규화된 내적**이라는 것을 상기

내적   한다. 즉, 코사인은 두 벡터 간의 **내적**을 두 벡터 각각의 길이로 나눈 값이다. 이는 코

사인의 분자가 내적이기 때문이다.

$$\text{dot-product}(\vec{x}, \vec{y}) = \vec{x} \cdot \vec{y} = \sum_{i=1}^{N} x_i \times y_i \tag{23.8}$$

코사인의 분모에는 두 벡터의 길이에 대한 항을 포함하고 있지만, 벡터 길이는 다음

과 같이 정의된다.

$$|\vec{x}| = \sqrt{\sum_{i=1}^{N} x_i^2} \tag{23.9}$$

문서 및 쿼리를 벡터로 특성화하면 임시 검색 시스템의 모든 기본 파트가 제공된

다. 문서 검색 시스템은 단순히 사용자의 쿼리를 받아들이고, 해당 쿼리를 위한 벡터

표현을 만들고, 알려진 모든 문서를 나타내는 벡터와 비교하고, 결과를 정렬할 수 있

다. 결과는 쿼리와의 유사성에 따라 순위가 매겨진 문서 목록이다.

표현에 대한 추가 참고 사항: 용어 가중치의 벡터로서 문서의 특성화를 통해 문서

컬렉션 전체를 가중치의 (희소) 행렬로 볼 수 있다. 여기서 $w_{i,j}$는 문서 j에서 용어 i의

가중치를 나타낸다. 이 가중치 행렬을 일반적으로 **문서 단위 행렬**이라고 한다. 이 보기

문서 단위   에서 행렬의 열은 컬렉션의 문서를 나타내고 행은 용어를 나타낸다. 위의 두 레시피 문
행렬

서에 대한 용어별 행렬(다시 말하면 원시 용어 빈도수만 용어 가중치로 사용)은 다음과 같다.

$$A = \begin{pmatrix} 8 & 6 \\ 2 & 0 \\ 7 & 0 \\ 4 & 0 \end{pmatrix}$$

23.1.2 용어 가중치

위의 예에서 용어 가중치가 문서에 있는 용어의 단순 빈도 수로 설정됐다고 가정했다.

실제로 하는 일을 단순화한 것이다. 문서 및 쿼리 벡터에서 용어 가중치를 할당하는

데 사용되는 방법은 검색 시스템의 효율성에 막대한 영향을 미친다. 유효 기간 가중

치를 도출하는 데 중요한 두 가지 요소가 입증됐다. 이미 문서 내에서 용어의 원시 빈도인 가장 단순한 형태의 빈도라는 용어를 봤다(Luhn, 1957). 이 요인은 문서 내에서 자주 발생하는 용어가 덜 자주 발생하기 때문에 가중치가 더 높아야 하는 용어보다 의미를 더 강하게 반영할 수 있다는 직관을 반영한다.

역문서 빈도

IDF

두 번째 요인은 일부 문서에서만 발생하는 단어에 더 높은 가중치를 부여하는 데 사용된다. 일부 문서로 제한되는 용어는 해당 문서를 나머지 컬렉션과 구별하는 데 유용하다. 전체 컬렉션에서 자주 사용되는 용어는 도움이 되지 않는다. **역문서 빈도** 또는 **IDF** 용어 가중치(Sparck Jones, 1972)는 더 차별적인 단어에 더 높은 가중치를 할당하는 한 가지 방법이다. IDF는 N/n_i 분수를 사용해 정의된다. 여기서 N은 컬렉션의 총 문서 수이고, n_i는 용어 i가 발생하는 문서 수다. 용어가 발생하는 문서가 적을수록 가중치가 높아진다. 가장 낮은 가중치 1이 모든 문서에서 발생하는 용어에 지정된다. 많은 컬렉션에 있는 문서 수가 많기 때문에 이 측정값은 일반적으로 로그함수와 함께 사용된다. 따라서 역문서 빈도^{IDF}에 대한 결과 정의는 다음과 같다.

$$idf_i = \log\left(\frac{N}{n_i}\right) \tag{23.10}$$

tf-idf

용어 빈도를 IDF와 결합하면 **tf-idf** 가중치라는 체계가 생성된다.

$$w_{i,j} = tf_{i,j} \times idf_i \tag{23.11}$$

tf-idf 가중치에서 문서 j에 대한 벡터에서 용어 i의 가중치는 j의 전체 빈도와 컬렉션의 역 문서 빈도 로그의 곱이다(때로는 용어 빈도도 기록됨). 따라서 Tf-idf는 현재 문서 j에서는 자주 사용되지만 컬렉션에서는 전반적으로 드문 단어를 선호한다. tf-idf 가중치가 추가된 쿼리 문서 비교를 위해 코사인 공식을 반복해본다. 앞에서 언급했듯이, 모든 쿼리 또는 문서 벡터에 대한 대부분의 값은 0이 되기 때문에 수식을 약간 수정한다. 즉, 실제로 모든 차원(대부분 0)을 반복해 코사인을 계산하지 않는다. 대신 쿼리 q와 문서 d 사이의 tf-idf 가중 코사인에 대해 다음 방정식에서 제안한 대로 존재하는 단어에 대해서만 계산한다.

$$sim(\vec{q}, \vec{d}) = \frac{\displaystyle\sum_{w \in q, d} tf_{w,q} tf_{w,d} (idf_w)^2}{\sqrt{\displaystyle\sum_{q_i \in q} (tf_{q_i,q} idf_{q_i})^2} \times \sqrt{\displaystyle\sum_{d_i \in d} (tf_{d_i,d} idf_{d_i})^2}} \tag{23.12}$$

약간의 변형이 있는 이 tf-idf 가중치 체계는 거의 모든 벡터 공간 검색 모델의 문서에 용어 가중치를 할당하는 데 사용된다. tf-idf 체계는 언어 처리의 다른 여러 측면에서도 사용된다. **요약**을 소개할 때 다시 다룬다.

23.1.3 용어 선택 및 생성

지금까지 컬렉션에서 문서를 색인화하는 데 사용되는 것이 컬렉션에서 발생하는 단어라고 가정했다. 이 가정에 대한 두 가지 일반적인 변형은 **어간 추출** 및 **중지 목록** 사용을 포함한다.

3장에서 논의한 것처럼 **어간 추출**은 단어의 형태론적 변형을 함께 축소하는 과정이다. 예를 들어 형태소 분석 없이 *process*, *processing*, *processed*는 용어별 매트릭스에서 별도의 용어 빈도를 가진 별개의 항목으로 처리된다. 형태소 분석을 사용하면 단일 합산 빈도 수를 사용하는 단일 용어 *process*로 병합된다. 어간 추출을 사용하면 특정 쿼리 용어가 해당 용어의 형태론적 변형을 포함하는 문서와 일치할 수 있다는 것이 큰 장점이다. 3장에 설명된 포터 형태소 분석기(Porter, 1980)는 영어 문서 모음에서 검색하는 데 자주 사용된다.

이 접근법의 문제점은 유용한 구별을 없앤다는 것이다. 예를 들어 단어 *stocks* 및 *stockings*가 포함된 문서 및 쿼리에 포터 형태소 분석기를 사용하는 경우를 생각해보자. 이 경우 포터 형태소 분석기는 이러한 표면 형태를 단일 용어 *stock*으로 축소한다. 물론, 그 결과 *stock*에 관한 쿼리는 *stockings*에 대한 문서를 반환하고, *stockings*에 대한 쿼리는 *stocks*에 대한 문서를 찾는다. 또한 *Illustrator*라는 대문자 형식은 소프트웨어 패키지를 가리키는 경향이 있기 때문에 단어 *Illustrator*는 *illustrate*로 어간을 원하지 않을 수 있다. 따라서 대부분의 최신 웹 검색엔진은 더 정교한 형태소 분석 방법을 사용해야 한다.

중지 목록

두 번째 일반적인 기술은 색인에 허용돼야 하는 단어의 문제를 해결하는 중지 목록의 사용을 포함한다. **중지 목록**은 단순히 문서와 쿼리의 표현에서 제거되는 빈도가 높은 단어 목록이다. 이 전략에는 일반적으로 두 가지 동기가 부여된다. 빈도가 높은 폐쇄 범주어는 의미론적 가중치가 거의 없는 것으로 간주돼 검색에 도움이 되지 않는다. 이를 제거하면 용어에서 용어를 포함하는 문서로 매핑하는 데 사용되는 반전된 색인 파일에서 상당한 공간을 절약할 수 있다. 불용 목록 사용의 단점은 불용 목록에 단어가 포함된 구를 검색하기 어렵게 만든다는 것이다. 예를 들어 프레이크와 배자예이츠 (1992)에 제시된 일반적인 중지 목록은 *to be or not to be* 문구를 *not* 문구로 축소할 것이다.

23.1.4 정보 검색 시스템 평가

순위 검색 시스템의 성능을 측정하는 데 사용되는 기본 도구는 이전 설정에서 사용한 **정밀도** 및 **재현율** 측정이다. 여기서 반환된 아이템이 목적과 관련이 있는 아이템과 그렇지 않은 아이템의 두 가지 범주로 나눌 수 있다고 가정한다. 따라서 정밀도는 관련 있는 반환된 문서의 비율이고, 재현율은 반환 집합에 포함된 가능한 모든 관련 문서의 비율이다. 공식적으로, 주어진 정보 요청에 대한 응답으로 총 T 등급의 문서를 제공받았다고 가정해보자. 이러한 문서의 하위 집합인 R은 관련 문서로 구성되고, 분리된 하위 집합인 N은 관련 없는 나머지 문서로 구성된다고 가정하자. 마지막으로 컬렉션의 U 문서 전체가 이 특정 요청과 관련이 있다고 가정해보자. 이 모든 것을 감안할 때 정밀도 및 재현율 측정을 다음과 같이 정의할 수 있다.

$$Precision = \frac{|R|}{|T|} \tag{23.13}$$

$$Recall = \frac{|R|}{|U|} \tag{23.14}$$

하지만 이러한 메트릭은 반환하는 문서의 *ranks* 시스템의 성능을 측정하기에 충분하지 않다. 즉, 순위가 매겨진 두 검색 시스템의 성능을 비교하는 경우, 관련 문서의 순위를 더 높게 매기는 메트릭을 선호하는 메트릭이 필요하다. 위에 정의된 단순 정밀도와 재현율은 어떤 식으로든 순위에 의존하지 않는다. 시스템이 관련 문서를 더 높은 순위에 올릴 때 얼마나 잘하는지 파악하기 위해 정밀도와 재현율을 조정해야 한다. 이를 수행하기 위한 정보 검색의 두 가지 표준 방법은 정밀도/재현율 곡선을 표시하고 다양한 방법으로 정밀도 측정값을 평균화하는 것에 기초한다.

순위	평가	정밀도 순위	재현율 순위
1	R	1.0	.11
2	N	.50	.11
3	R	.66	.22
4	N	.50	.22
5	R	.60	.33
6	R	.66	.44
7	N	.57	.44
8	R	.63	.55
9	N	.55	.55
10	N	.50	.55
11	R	.55	.66
12	N	.50	.66
13	N	.46	.66
14	N	.43	.66
15	R	.47	.77
16	N	.44	.77
17	N	.44	.77
18	R	.44	.88
19	N	.42	.88
20	N	.40	.88
21	N	.38	.88
22	N	.36	.88
23	N	.35	.88
24	N	.33	.88
25	R	.36	1.0

그림 23.4 순위별 문서 세트를 진행하면서 계산된 순위별 정밀도 및 재현율 값

그림 23.4의 표에 제시된 데이터를 사용해 각 방법을 차례로 고려해보자. 이 표에는 일련의 순위 항목을 진행하면서 계산된 순위별 정밀도 및 재현율 값이 나열돼 있다. 즉, 정밀도 숫자는 주어진 순위에서 볼 수 있는 관련 문서의 비율이고, 재현율은 동일한 순위에서 찾은 관련 문서의 비율이다. 이 예의 재현율 측정은 컬렉션에 전체적으로 9개의 관련 문서가 있는 이 쿼리를 기반으로 한다. 재현율은 계속 진행함에 따

라 감소하지 않는다. 관련 항목이 발견되면 재현율이 증가하고 관련 없는 문서가 발견되면 변경되지 않는다. 반면에 정밀도는 위아래로 이동해 관련 문서를 찾으면 증가하고 그렇지 않으면 감소한다.

이러한 종류의 데이터를 처리하는 한 가지 일반적인 방법은 일련의 쿼리에서 수집된 데이터를 사용해 단일 그래프에서 재현율의 정밀도를 그리는 것이다. 이를 위해서는 일련의 쿼리에서 재현율과 정밀도 값을 평균화하는 방법이 필요하다. 표준 방법은 11개의 고정된 재현 수준(0~100, 10단계)에서 평균 정밀도 값을 표시하는 것이다. 물론 그림 23.4에서 볼 수 있듯이 평가 세트의 모든 (또는 일부) 쿼리에 대해 정확한 수준의 데이터 포인트를 가질 가능성은 없지만, 가지고 있는 데이터 포인트에서 11개의 재현율 값에 대해 **보간된 정밀도** 값을 사용할 수 있다. 계산 중인 재현율 수준 이상에서 달성한 최대 정밀도 값을 선택해 이를 달성할 수 있다.

보간된 정밀도

$$IntPrecision(r) = \max_{i>=r} Precision(i) \qquad (23.15)$$

이 보간 체계는 쿼리 집합에 대한 평균 성능을 제공할 뿐만 아니라 원본 데이터의 불규칙한 정밀도 값을 부드럽게 처리할 수 있는 합리적인 방법을 제공한다. 이 특별한 평활화 방법은 측정 대상으로부터 더 높은 수준의 재현율에서 달성된 최대 정밀도 값을 할당해 시스템에 의심의 이점을 제공하도록 설계됐다. 이전 예제에서 보간된 데이터 포인트는 그림 23.5에 나열되고 그림 23.6에 표시된다.

보간	정밀도 재현율
1.0	0.0
1.0	.10
.66	.20
.66	.30
.66	.40
.63	.50
.55	.60
.47	.70
.44	.80
.36	.90
.36	1.0

그림 23.5 그림 23.4의 보간 데이터 포인트

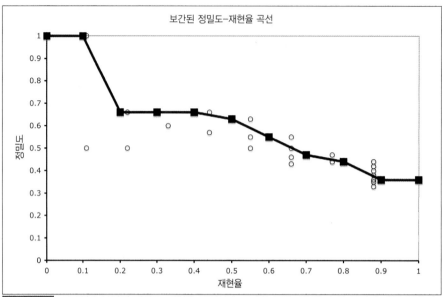

그림 23.6 보간된 정밀도-재현율 곡선이다. 11개의 표준 재현율 수준 각각에 대한 정밀도는 더 높은 재현율 수준의 최대치에서 각 쿼리에 대해 보간된다. 원래 측정된 정밀도와 재현율 지점도 표시된다.

그림 23.6과 같은 곡선을 고려할 때, 곡선을 비교해 두 시스템 또는 접근 방식을 비교할 수 있다. 분명히 모든 재현율 값에서 정밀도가 높은 곡선이 선호된다. 그러나 이러한 곡선은 시스템의 전반적인 동작에 대한 통찰력을 제공할 수도 있다. 왼쪽을 향한 정밀도가 더 높은 시스템은 재현율보다 정밀도를 선호할 수 있는 반면, 재현율에 더 적합한 시스템은 더 높은 수준의 재현율(오른쪽)에서 더 높을 것이다.

MAP 순위가 매겨진 검색 시스템을 평가하는 두 번째 일반적인 방법은 **MAP**^{Mean Average} ^{Precision}이라고 한다. 이 접근법에서, 다시 순위가 매겨진 항목 목록을 통해 내려가고 관련 항목이 발견된 지점에서만 정밀도를 주목한다. 단일 쿼리의 경우 일부 고정 컷오프로 설정된 반환에 대해 이러한 개별 정밀 측정을 평균한다. 더 공식적으로, R_r이 r이상의 관련 문서 집합이라고 가정하는 경우, 단일 쿼리의 평균 정밀도는 다음과 같다.

$$\frac{1}{|R_r|} \sum_{d \in R_r} Precision_r(d) \tag{23.16}$$

여기서 $Precision_r(d)$는 문서가 발견된 순위에서 측정한 정밀도다. 쿼리 앙상블의 경우, 최종 MAP 측정을 얻기 위해 이러한 평균에 대한 평균을 구한다. 그림 23.5의 데이터에 이 기술을 적용하면 단일 검색에 대한 MAP 측정치가 0.6이 된다.

MAP는 경쟁 시스템 또는 접근 방식을 비교하는 데 사용할 수 있는 단일 명확한 메트릭을 제공하는 장점이 있다. MAP는 높은 순위의 관련 문서를 제공하는 시스템을 선호하는 경향이 있다. 물론 검색 시스템에서 찾고 있는 것의 큰 부분이기 때문에 실제로 문제가 되지는 않는다. 그러나 이 조치는 본질적으로 재현율을 무시하기 때문에 더 높은 수준의 회수를 시도해 더 포괄적인 시스템을 시도하는 대신 매우 확신하는 작은 문서 집합을 반환하도록 조정된 시스템을 선호할 수 있다.

1992년부터 매년 시행되는 미국 정부가 후원하는 TREC$^{\text{Text REtrieval Conference}}$ 평가는 다양한 정보 검색 작업 및 기술 평가를 위한 엄격한 테스트 베드를 제공한다. TREC 는 균일한 채점 시스템과 함께 훈련 및 테스트를 위한 대용량 문서 세트를 제공한다. 훈련 자료는 일련의 쿼리(TREC에서 주제라고 함) 및 관련성 판단과 함께 제공되는 문서 세트로 구성된다. TREC 하위 작업에는 질의응답, 중국어 및 스페인어 IR, 대화형 IR, 음성 및 비디오 검색 등이 포함됐다. 부리스와 하만(2005)을 참고한다. 모든 회의에 대한 자세한 내용은 국립표준기술원의 TREC 페이지에서 확인할 수 있다.

23.1.5 동음이의, 다의성 및 동의성

벡터 공간 모델은 단순한 용어의 사용만을 기반으로 하기 때문에 다양한 어휘 의미 현상이 모델에 미칠 수 있는 영향을 고려하는 것이 유용하다. *tooth* 및 *dog*와 같은 의미를 가진 단어인 *canine*가 포함된 쿼리를 생각해보자. *canine*를 포함하는 질의는 이러한 의미를 사용하는 문서와 유사하게 판단된다. 그러나 사용자가 이러한 의미 중 하나에만 관심이 있는 경우, 다른 의미를 포함하는 문서는 관련이 없는 것으로 간주된다. 따라서 동음이의 및 다의성은 사용자의 정보 요구와 관련이 없는 문서를 반환하도록 시스템을 유도함으로써 *reducing precision* 효과를 가질 수 있다.

이제 어휘소 *dog*로 구성된 쿼리를 살펴보자. 이 쿼리는 용어 *dog*를 자주 사용하는 문서에 근접하게 판단되지만 시스템은 *canine*와 같은 유사 동의어를 사용하는 문서와 *Malamute*와 같은 하의어를 사용하는 문서와 일치하지 않을 수 있다. 따라서 동의어 및 하의어는 검색 시스템이 관련 문서를 놓치게 해 *reducing recall* 효과를 가질 수 있다.

1063페이지에서 다룬 것처럼, 두 측정값이 모두 고정된 컷오프에 상대적이기 때문에 다의어가 정밀도를 감소시키고, 동의어가 재현율을 감소시킨다고 단정적으로 말하는 것은 오해의 소지가 있다. 결과적으로 다의성으로 인해 컷오프를 초과하는 모든 관련 없는 문서는 고정 크기 반환 세트의 슬롯을 차지한다. 그래서 관련 문서를 임계값 아래로 밀어내 재현율을 줄일 수 있다. 마찬가지로 동의어로 인해 문서가 누락된 경우, 관련 없는 문서에 대한 반환 세트에서 슬롯이 열려 정확도도 떨어질 수 있다.

이러한 문제는 자연스럽게 단어 의미 중의성이 정보 검색에 도움이 될 수 있는지에 대한 질문으로 이어진다. 이 점에 대한 현재의 증거는 혼합돼 있다. 일부 실험은 중의성 해소 유사 기술이 사용될 때 이득을 보고하고(Schütze and Pedersen, 1995), 다른 실험은 이득이 없거나 성능 저하를 보고한다(Krovetz and Croft, 1992; Sanderson, 1994; Voorhees, 1998).

23.1.6 사용자 쿼리를 개선하는 방법

검색 성능을 향상시키는 가장 효과적인 방법 중 하나는 사용자 쿼리를 향상시키는 방법을 찾는 것이다. 이 절에 제시된 기술은 이 작업에서 효과적일 수 있도록 다양한 수준으로 나타났다.

적합성 피드백   벡터 공간 모델에서 검색 성능을 향상시키는 가장 효과적인 방법은 **적합성 피드백**을 사용하는 것이다(Rocchio, 1971). 이 방법에서 사용자는 시스템에 쿼리를 제공하고 검색된 작은 문서 세트를 제공한다. 그런 다음 사용자는 이러한 문서 중 자신의 필요와 관련이 있는 문서를 지정해야 한다. 그런 다음 원래 쿼리는 사용자가 조사한 관련 문서와 관련 없는 문서의 용어 분포에 따라 재구성된다. 이 재구성된 쿼리는 새로운 결과가 사용자에게 표시되는 *new* 쿼리로 시스템에 전달된다. 일반적으로 이 기술을 한 번 반복하면 상당한 개선이 이뤄진다.

이 기술을 구현하기 위한 공식적인 기초는 벡터 모델의 기본 기하학적 직관 중 일부에서 직접 도출된다. 특히 사용자의 원래 쿼리를 나타내는 벡터가 적합성이 판명된 문서를 향해 그리고 적합성이 없다고 판단된 문서에서 벗어나도록 *push*하려고 한다. 관련 문서를 나타내는 평균 벡터를 원본 쿼리에 추가하고 관련 없는 문서를 나타내는 평균 벡터를 빼면 된다.

좀 더 공식적으로 $\vec{q}_i$는 사용자의 원래 쿼리를 나타내고, R은 원래 쿼리에서 반환된 관련 문서의 수, S는 관련 없는 문서의 수, $\vec{r}$ 및 $\vec{s}$는 각각 관련 및 관련 없는 집합의 문서를 나타낸다고 가정한다. 또한 β 및 γ의 범위는 0~1이며, $\beta + \gamma = 1$이라고 가정한다. 이러한 가정이 주어지면 다음은 표준 적합성 피드백 업데이트 공식을 나타낸다.

$$\vec{q}_{i+1} = \vec{q}_i + \frac{\beta}{R} \sum_{j=1}^{R} \vec{r}_j - \frac{\gamma}{S} \sum_{k=1}^{S} \vec{s}_k$$

이 공식에서 인자 β와 γ는 실험적으로 조정할 수 있는 매개변수를 나타낸다. 직관적으로 β는 새로운 벡터가 관련 문서를 향해 얼마나 멀리 밀려 나가야 하는지를 나타내고 γ는 관련 없는 문서에서 얼마나 멀리 밀려나야 하는지를 나타낸다. 살튼과 버클리(1990)는 $\beta = .75$ 및 $\gamma = .25$로 좋은 결과를 보고했다.

적합성 피드백을 사용하는 시스템을 평가하는 일은 다소 까다롭다. 첫 번째 재구성된 쿼리로 검색된 문서에서 종종 엄청난 개선이 나타난다. 사용자가 시스템에 첫 번째 라운드에서 관련이 있다고 말한 문서가 포함돼 있기 때문에 이는 그리 놀라운 일이 아니다. 이러한 인플레이션을 피하는 가장 좋은 방법은 이전 라운드에서 사용자에게 표시된 문서가 없는 원본 컬렉션인 **잔여 컬렉션**이라고 하는 항목에 대해서만 재현율 및 정밀도 측정을 계산하는 것이다. 이 기술은 일반적으로 가장 관련성이 높은 문서가 제거됐기 때문에 시스템의 원시 성능을 첫 번째 쿼리로 달성한 것보다 낮게 만드는 효과가 있다. 그럼에도 불구하고 별개의 관련성 피드백 메커니즘을 비교할 때 사용하기에 효과적인 기술이다.

쿼리 개선을 위한 대체 접근 방식은 쿼리 벡터를 구성하는 용어에 초점을 맞춘다. **쿼리 확장**에서 사용자의 원래 쿼리는 원래 용어와 동의어이거나 관련된 용어를 추가해 확장된다. 따라서 쿼리 확장은 정밀도를 희생시키면서 재현율을 향상시키는 기술이다. 예를 들어 용어 *Apple* 또는 *Macintosh*를 추가해 *Steve Jobs* 쿼리를 확장할 수 있다.

쿼리에 추가할 용어는 **유의어 사전**에서 가져온다. 도메인이 적절할 때 쿼리 확장을 위한 유의어 사전으로 WordNet 또는 UMLS와 같은 수작업으로 구축된 리소스를 사용할 수 있다. 그러나 종종 이러한 유의어 사전은 컬렉션에 적합하지 않고 대신 **유의어 사전 생성**을 수행해 컬렉션의 문서에서 유의어 사전를 자동으로 생성한다. 컬렉션

용어
클러스터링

의 단어를 클러스터링해 이를 수행할 수 있다. 이 방법을 **용어 클러스터링**이라고 한다. 용어 별 행렬의 특성화에서 행렬의 열은 문서를 나타내고 행은 용어를 나타낸다. 따라서 유의어 사전 생성에서 행을 클러스터링해 동의어 집합을 형성한 다음 사용자의 원래 쿼리에 추가해 재현율을 높일 수 있다. 클러스터링을 위한 거리 메트릭은 단순 코사인 또는 20장에서 논의된 단어 관련성에 대한 다른 분포 방법 중 하나 일 수 있다.

유의어 사전은 문서 컬렉션 전체에서 한 번 생성되거나(Crouch and Yang, 1992), 원래 쿼리에 대해 반환된 세트에서 동의어 유사 용어 세트를 동적으로 생성할 수 있다(Attar and Fraenkel, 1977). 이 두 번째 접근 방식은 실제로 전체 컬렉션에 대해 한 번이 아닌 모든 쿼리에 대해 반환된 문서에 대해 작은 유의어 사전이 생성되기 때문에 훨씬 더 많은 노력이 필요하다.

23.2 팩토이드 질의응답

대부분의 경우 사용자는 전체 문서 또는 문서 세트가 아닌 특정 정보를 원한다. 사용자에게 질문에 대한 답으로 특정 정보를 반환하는 작업을 **질의응답**이라고 한다. 정보가 단순한 사실인지, 특히 이 사실이 인명, 조직명 또는 위치와 같은 **개체명**과 관련이 있는지 여부를 **팩토이드 질문**factoid question이라고 부른다.

따라서 사실적 질의응답 시스템의 임무는 웹이나 다른 문서 모음에서 질문에 대한 답변을 포함할 가능성이 있는 짧은 텍스트 세그먼트를 찾아서 형식을 변경해 사용자에게 제시함으로써 질문에 대답하는 것이다. 그림 23.7은 몇 가지 팩토이드 질문과 그 답을 보여준다.

질문	답변
Where is the Louvre Museum located?	in Paris, France
What's the abbreviation for limited partnership?	L.P.
What are the names of Odin's ravens?	Huginn and Muninn
What currency is used in China?	the yuan
What kind of nuts are used in marzipan?	almonds
What instrument does Max Roach play?	drums
What's the official language of Algeria?	Arabic
What is the telephone number for the University of Colorado, Boulder?	(303)492-1411
How many pounds are there in a stone?	14

그림 23.7   몇 가지 팩토이드 질문과 그에 대한 답변

팩토이드 질의응답은 이러한 세그먼트를 찾기 위한 정보 검색 기술을 기반으로 하기 때문에 정보 검색과 동일한 어려움을 겪는다. 즉, 팩토이드 질의응답의 근본적인 문제는 질문이 제기되는 방식과 답변이 텍스트로 표현되는 방식의 차이다. TREC 질의응답 작업에서 다음 질문/답변 쌍을 고려한다.

User Question: What company sells the most greeting cards?

Potential Document Answer: Hallmark remains the largest maker of greeting cards.

여기서 사용자는 *sells the most*라는 동사구를 사용하는 반면, 문서 세그먼트는 명사의 *the largest maker*를 사용한다. 질문과 답변 형식 간의 불일치 가능성에 대한 해결책은 질문과 추정 답변 간의 유사성을 측정할 수 있는 방식으로 *both* 질문과 후보 답변 텍스트를 강력하게 처리하는 능력에 있다. 이 프로세스에는 제한된 형태의 형태 분석, 품사 태깅, 구문 분석, 의미론적 역할 레이블링, 개체명 인식 및 정보 검색을 포함해 22장에서 소개한 많은 기술이 포함된다.

방대한 양의 텍스트 데이터에 대해 구문 분석 또는 역할 레이블링과 같은 상대적으로 비싼 NLP 기술을 사용하는 것은 실용적이지 않다. 그래서 질의응답 시스템은 일반적으로 정보 검색 방법을 사용해 적은 수의 잠재적 문서를 먼저 검색한다. 그런 다음 가장 비싼 기술이 적은 수의 후보 텍스트에 대한 두 번째 패스에 사용된다.

그림 23.8은 최신 팩토이드 질의응답 시스템의 세 단계인 질문 처리, 단락 검색 및 순위 지정, 답변 처리를 보여준다.

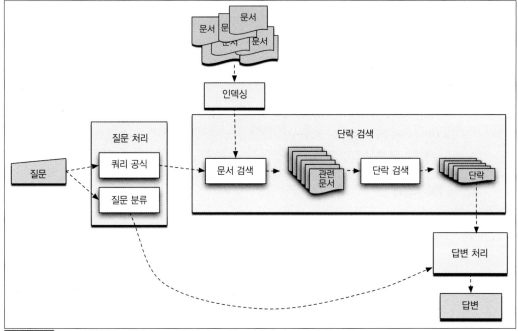

질의응답에는 질문 처리, 단락 검색 및 답변 처리의 세 단계가 있다.

23.2.1 질문 처리

질문 처리 단계의 목표는 질문에서 두 가지 항목을 추출하는 것이다. IR 시스템에 대한 입력으로 적합한 키워드 **쿼리**와 질문에 대한 합리적인 답변을 구성할 개체 종류의 사양인 **답변 유형**이다.

쿼리 공식

쿼리 공식화 프로세스는 다른 IR 쿼리에서 수행되는 처리와 유사하다. 목표는 질문에서 IR 쿼리를 구성하는 키워드 목록을 만드는 것이다.

　정확히 어떤 쿼리를 만들 것인지는 질의응답 애플리케이션에 따라 다르다. 질의응답이 웹에 적용되면 질문의 모든 단어에서 키워드를 생성해 웹 검색엔진이 불용어를 자동으로 제거할 수 있다. 종종 의문사(where, when 등)를 생략한다. 또는 키워드는 질문의 명사구에서 발견된 용어로만 구성될 수 있으며, 불용어 목록을 적용해 기능어와 빈도가 높고 내용이 적은 동사를 무시할 수 있다.

예를 들어 기업 정보 페이지에 대한 질문에 대답하기 위해 작은 문서 세트에 질의 응답을 적용할 때, 여전히 IR 엔진을 사용해 문서를 검색한다. 그러나 이 작은 문서 세트의 경우, 일반적으로 쿼리 확장을 적용해야 한다. 웹에서는 질문에 대한 답변이 다양한 형식으로 표시될 수 있기 때문에 질문의 단어로 검색하면 동일한 형식으로 작성된 답변을 찾을 수 있다. 반대로 소규모 기업 페이지 세트에서는 답변이 한 번만 표시될 수 있으며 정확한 문구는 질문과 같지 않을 수 있다. 따라서 쿼리 확장 방법은 표시되는 특정 형식의 답변과 일치하기 위해 쿼리 용어를 추가할 수 있다.

따라서 질문에 있는 콘텐츠 단어의 모든 형태론적 변형을 쿼리에 추가하고 앞의 절에서 설명한 유의어 사전 기반 또는 기타 쿼리 확장 알고리듬을 적용해 쿼리에 대한 더 큰 키워드 집합을 얻을 수 있다. 많은 시스템이 WordNet을 유의어 사전으로 사용한다. 다른 사람들은 질문에 답하기 위해 특별히 수작업으로 제작된 특수 목적의 유의어 사전에 의존한다.

쿼리 재구성 웹에 질문하는 데 때때로 사용되는 또 다른 쿼리 형식화 방법은 쿼리에 일련의 **쿼리 재구성** 규칙을 적용하는 것이다. 규칙은 질문을 가능한 선언적 답변의 하위 문자열처럼 보이도록 변경한다. 예를 들어 "*when was the laser invented?*"라는 질문은 *the laser was invented*으로 재구성될 수 있으며, "*where is the Valley of the Kings*"라는 질문은 "*the Valley of the Kings is located in*"으로 재구성될 수 있다. 이러한 여러 규칙을 쿼리에 적용하고 결과적으로 재구성된 모든 쿼리를 웹 검색엔진에 전달할 수 있다. 다음은 Lin(2007)의 수작업으로 쓴 몇 가지 재구성 규칙이다.

(23.17) *wh-word* did A *verb* B → …A *verb*+edB

(23.18) Where is A → A is located in

질문 분류

답변 유형 문제 처리의 두 번째 작업은 예상 **답변 유형**별로 질문을 분류하는 것이다. 예를 들어 "*Who founded Virgin Airlines*"와 같은 질문은 PERSON 유형의 답변을 예상한다. "*What Canadian city has the largest population?*"와 같은 질문 CITY 유형의 답을 예상한다. 이 작업을 **질문 분류** 또는 **답변 유형 인식**이라고 한다. 질문에 대한 답변 유형을 **질문 분류 답변 유형 인식** 알고 있다면, 전체 문서 모음의 모든 문장이나 명사구를 답으로 보는 것을 피하고 대신 사람이나 도시에만 초점을 맞출 수 있다. 답변 유형을 아는 것도 답변을 제시하는 데 중요하다. "*A prism is...*"와 같은 DEFINITION 질문은 "*What is a prism?*"과 같은 간단한 대답 템플릿을 사용할 수 있다. "*Who is Zhou Enlai?*"와 같은 BIOGRAPHY 질문에 대한 답변 개인의 국적에서 시작해 생년월일 및 기타 전기 정보로 진행되는 전기 관련 템플릿을 사용할 수 있다.

위의 예 중 일부는 22장에 설명된 PERSON, LOCATION, ORGANIZATION과 같은 개체명 세트에서 질문 분류사에 대해 가능한 답변 유형 집합을 그릴 수 있다. 그러나 일반적으로 답변 유형이 사용된다. 이러한 풍부한 태그 세트는 종종 계층적이기 때문에 일반적으로 이를 **답변 유형 분류** 또는 **질문 온톨로지**라고 한다. 이러한 분류법은 예를 들어 WordNet(Harabagiu et al., 2000; Pasca, 2003)에서 반자동 및 동적으로 구축하거나 수동으로 설계할 수 있다.

답변 유형 분류
질문 온톨로지

그림 23.9는 이러한 수작업으로 구축된 온톨로지 중 하나인 계층적 리와 로스 (2005) 태그 세트를 보여준다. 이 태그 세트에서 각 질문은 HUMAN과 같은 대략적인 태그 또는 HUMAN:DESCRIPTION, HUMAN:GROUP, HUMAN:IND 등과 같은 세부적인 태그로 레이블을 지정할 수 있다. 유사한 태그가 다른 시스템에서 사용된다. HUMAN:DESCRIPTION 유형은 이름이 아닌 사람의 간략한 전기를 제공하기 위해 답변이 필요하기 때문에 종종 BIOGRAPHY 질문이라고 한다.

질문 분류사는 필기 규칙, 지도된 머신러닝 또는 일부 조합으로 구축할 수 있다. 예를 들어 Webclopedia QA Typology에는 유형 분류 체계의 약 180개의 답변 유형과 관련된 276개의 필기 규칙이 포함돼 있다(Hovy et al., 2002). BIOGRAPHY와 같은 응답 유형을 감지하기 위한 정규식 규칙은 다음과 같다(질문이 개체명 태그라고 가정함).

(23.19) who {is | was | are | were} PERSON

그러나 대부분의 최신 질문 분류사는 지도된 머신러닝 기술을 기반으로 한다. 이러한 분류사는 리와 로스(2002)의 코퍼스와 같은 답변 유형으로 직접 레이블이 지정된 질문 데이터베이스에서 훈련된다. 분류에 사용되는 일반적인 피처에는 질문의 단어, 각 단어의 품사, 질문의 개체명이 포함된다.

표제어
답변 유형 단어
종종 질문의 한 단어가 답변 유형에 대한 추가 정보를 제공하며, 그 정체성이 피처로 사용된다. 이 단어는 때때로 질문 **표제어** 또는 **답변 유형 단어**라고 부르며, 질문의 *wh-word* 다음으로 첫 번째 NP의 표제어로 정의될 수 있다. 표제어는 다음 예에서 굵게 표시된다.

(23.20) Which **city** in China has the largest number of foreign financial companies?

(23.21) What is the state **flower** of California?

마지막으로, 질문의 단어에 대한 의미 정보를 사용하는 것이 도움이 된다. 단어의 WordNet synset ID는 질문에 있는 각 단어의 상위어 및 하위어의 ID와 마찬가지로 피처로 사용할 수 있다.

일반적으로 질문 분류 정확도는 PERSON, LOCATION, TIME 질문과 같은 쉬운 질문 유형에서 상대적으로 높다. REASON과 DESCRIPTION 질문을 감지하는 것은 훨씬 더 어려울 수 있다.

태그	예
ABBREVIATION	
abb	리미티드 파트너십의 줄임말이 뭐죠?
exp	식 $E = mc^2$에서 "c"는 무엇인가요?
DESCRIPTION	
definition	타닌은 무엇인가요?
description	캐나다 국가의 가사는 무엇인가요?
manner	옷에 묻은 얼룩을 어떻게 없앨 수 있나요?
reason	무엇이 타이타닉호를 침몰시켰나요?
ENTITY	
animal	오딘의 까마귀들의 명칭은 무엇인가요?
body	신체의 어느 부분에 뇌들보가 있나요?
color	무지개는 무슨 색으로 구성돼 있나요?
creative	어떤 책에서 알라딘의 이야기를 찾을 수 있나요?
currency	중국에서는 어떤 화폐를 사용하나요?
disease/medicine	소크 백신은 무엇을 예방하나요?
event	차풀테펙 전투와 관련된 전쟁은 무엇인가요?
food	마지팬에는 어떤 종류의 견과류가 사용되나요?
instrument	맥스 로치는 어떤 악기를 연주하나요?
lang	알제리의 공용어는 무엇입니까?
letter	스페인의 냉수 수도꼭지에는 어떤 글자가 나타나나요?

other	아서 왕의 검의 이름은 무엇인가요?
plant	향기로운 흰색 덩굴성 장미에는 어떤 것들이 있나요?
product	가장 빠른 컴퓨터는 무엇인가요?
religion	어떤 종교가 가장 많은 신도를 가지고 있나요?
sport	마야인들이 했던 구기 종목의 이름은 무엇인가요?
substance	비행기는 어떤 연료를 사용하나요?
symbol	질소의 화학 기호는 무엇인가요?
technique	벽지를 제거하는 가장 좋은 방법은 무엇인가요?
term	아일랜드어로 "할머니"를 어떻게 말하나요?
vehicle	블라이 선장의 배 이름이 무엇인가요?
word	주사위의 단수는 무엇인가요?
HUMAN	
description	공자가 누구였나요?
group	다우 존스에 소속된 주요 회사들은 무엇인가요?
ind	우주 유영을 한 최초의 러시아 우주비행사는 누구인가요?
title	인도에 관련된 빅토리아 여왕의 칭호는 무엇이었나요?
LOCATION	
city	아메리카 대륙에서 가장 오래된 수도는 어디인가요?
country	가장 많이 국경을 접하고 있는 나라는 어디인가요?
mountain	아프리카에서 가장 높은 봉우리는 어디인가요?
other	어떤 강이 리버풀을 관통하나요?
state	소득세가 없는 주는 어디인가요?
NUMERIC	
code	콜로라도대학교의 전화번호는 무엇인가요?
count	제2차 세계대전에서 사망한 군인의 수는 어느 정도인가요?
date	복싱 데이는 날짜가 어떻게 되나요?
distance	마오쩌둥의 1930년대 장정은 얼마나 길었나요?
money	1963년 맥도날드 햄버거는 가격이 얼마였나요?
order	세계 도시 중 상하이의 인구 순위는 어떻게 되나요?
other	멕시코의 인구는 얼마나 되나요?
period	석기 시대의 평균 수명은 얼마였나요?
percent	비버는 일생의 몇 분의 일을 수영으로 보내나요?
speed	미시시피 강의 속도는 얼마인가요?
temp	우주선이 지구의 중력을 피해 얼마나 빨리 여행해야 할까요?
size	아르헨티나의 크기는 어떻게 되나요?
weight	돌의 무게는 몇 파운드인가요?

그림 23.9 리와 로스(2002, 2005)의 질문 유형. 예문은 레이블이 지정된 5,500문항으로 구성된 코퍼스에서 가져온 것이다. 질문은 HUMAN 또는 NUMERIC과 같은 대략적인 태그 또는 HUMAN:DESCRIPTION, HUMAN:GROUP, HUMAN:IND 등과 같은 세부적인 태그로 레이블을 지정할 수 있다.

23.2.2 단락 검색

질문 처리 단계에서 생성된 쿼리는 다음으로 정보 검색 시스템을 쿼리하는 데 사용된다. 즉, 독점적인 인덱스 문서 세트에 대한 일반 IR 엔진이나 웹 검색엔진이다. 이 문서 검색 단계의 결과는 문서 세트다.

문서 세트는 일반적으로 관련성에 따라 순위가 매겨지지만 최상위 문서는 질문에 대한 답이 아닐 수 있다. 이는 문서가 질의응답 시스템의 목표와 관련해 순위를 매기는 적절한 단위가 아니기 때문이다. 질문에 두드러지게 답변하지 않을 관련성이 높고 큰 문서는 추가 처리에 이상적인 후보가 아니다.

따라서 다음 단계는 검색된 문서 세트에서 잠재적인 답변 구절 세트를 추출하는 것이다. 구절의 정의는 반드시 시스템에 따라 다르지만 일반적인 단위에는 절, 단락 및 문장이 포함된다. 예를 들어 반환된 모든 문서에 대해 21장에서 설명한 유형의 단락 분할 알고리듬을 실행하고 각 단락을 세그먼트로 취급할 수 있다.

단락 검색   다음으로 **단락 검색**을 수행한다. 이 단계에서는 먼저 반환된 문서에서 잠재적 답변이 포함되지 않은 구절을 필터링한 다음 질문에 대한 답변이 포함될 가능성에 따라 나머지 항목의 순위를 매긴다. 이 프로세스의 첫 번째 단계는 검색된 구절에 대해 개체명 또는 답변 유형 분류를 실행하는 것이다. 질문에서 결정한 답변 유형은 예측 가능한 답변 유형(확장 개체명)을 알려준다. 따라서 올바른 유형의 항목이 포함되지 않은 문서를 필터링할 수 있다.

그런 다음 필기 규칙 또는 머신러닝 기법으로 지도된 훈련에 의해 나머지 구간에 순위가 매겨진다. 두 경우 모두 순위는 잠재적으로 많은 수의 답변 구절에서 쉽고 효율적으로 추출할 수 있는 비교적 작은 피처 세트를 기반으로 한다. 다음은 좀 더 일반적인 피처 중 하나다.

- 구절에서 적합한 유형의 **개체명** 수
- 구절의 **질문 키워드** 수
- 구절에서 발생하는 가장 긴 질문 키워드 순서
- 구절이 추출된 문서의 순위
- 원래 쿼리에서 키워드가 서로 **근접**한 정도

- 각 구절에 대해 해당 구절에 포함된 키워드를 포함하는 가장 짧은 범위를 식별한다. 더 많은 키워드를 포함하는 더 작은 범위를 선호한다(Pasca, 2003; Monz, 2004).

- 구절과 질문 사이의 *N*그램 중복

  질문의 *N*그램과 답변 구절의 *N*그램을 계산한다. *N*그램이 더 높은 구절이 질문과 중복되는 것을 선호한다(Brill et al., 2002).

웹에서 질의응답의 경우, 반환된 모든 문서에서 구문을 추출하는 대신 웹 검색에 의존해 구문을 추출할 수 있다. 웹 검색엔진에 의해 생성된 **스니펫**을 반환된 통로로 사용해 이 작업을 수행한다. 예를 들어 그림 23.10은 *When was movable type metal printing invented in Korea?*라는 쿼리를 위해 구글에서 반환된 처음 5개의 문서에 대한 스니펫을 보여준다.

Web   Results **1** -

Movable type - Wikipedia, the free encyclopedia
Metal movable type was first **invented in Korea** during the Goryeo Dynasty .... oldest extant
movable metal print book is the Jikji, printed in **Korea** in 1377. ...
en.wikipedia.org/wiki/**Movable_type** - 78k - Cached - Similar pages - Note this

Hua Sui - Wikipedia, the free encyclopedia
Hua Sui is best known for creating China's first **metal movable type printing** in 1490 AD.
Metal movable type printing was also **invented in Korea** during the ...
en.wikipedia.org/wiki/Hua_Sui - 40k - Cached - Similar pages - Note this
[More results from en.wikipedia.org]

Education and Literacy
Korea has a long and venerable tradition of **printing** and publishing. In particular it can boast
the world's first serious use of **movable metal type** in ...
mmtaylor.net/Literacy_Book/DOCS/16.html - 8k - Cached - Similar pages - Note this

Earliest Printed Books in Select Languages, Part 1: 800-1500 A.D. ...
This is the oldest extant example of **movable metal type printing**. **Metal type** was used in
Korea as early as 1234; in 1403 King Htai Tjong ordered the first ...
blogs.britannica.com/blog/main/2007/03/
earliest-printed-books-in-selected-languages-part-1-800-1500-ad/ - 47k -
Cached - Similar pages - Note this

Johannes Gutenberg: The Invention of **Movable Type**
... **printing** from **movable metal type** was developed in **Korea** using Chinese characters an
entire generation before Gutenberg is thought to have **invented** it. ...
www.juliantrubin.com/bigten/gutenberg**movable**.html - 25k -
Cached - Similar pages - Note this

그림 23.10   When was movable type metal printing invented in Korea?라는 쿼리에 대한 구글의 5개 스니펫

23.2.3 답변 처리

질의응답의 마지막 단계는 *"What is the current population of the United States"*라는 질문에 사용자에게 *300 million*과 같은 답변을 제시할 수 있도록 글에서 구체적인 답변을 추출하는 것이다.

두 가지 종류의 알고리듬이 답변 추출 작업에 적용됐다. 하나는 **답변 유형 패턴 추출**을 기반으로 하고 다른 하나는 *N*그램 타일링에 기반한다.

답변 처리를 위한 패턴 추출 방법에서는 정규식 패턴과 함께 예상 답변 유형에 대한 정보를 사용한다. 예를 들어 HUMAN 답변 유형이 있는 질문의 경우, 후보 구절 또는 문장에서 답변 유형 또는 개체명 태거를 실행하고, HUMAN 유형으로 레이블이 지정된 개체를 반환한다. 따라서 다음 예에서 밑줄 친 개체명은 HUMAN과 DISTANCE-QUANTITY 질문에 대한 대답으로 후보 답변 구절에서 추출된다.

"Who is the prime minister of India"

> *<u>Manmohan Singh</u>, Prime Minister of India, had told left leaders that the deal would not be renegotiated.*

"How tall is Mt. Everest?"

> *The official height of Mount Everest is <u>29035 feet</u>*

하지만 DEFINITION 질문과 같은 일부 질문에 대한 대답은 특정 개체명 유형에 속하지 않는 경향이 있다. 일부 질문의 경우, 답변 유형을 사용하는 대신 직접 작성한 정규식 패턴을 사용해 답변을 추출한다. 이러한 패턴은 구문이 동일한 개체명 유형의 여러 예를 포함하는 경우에도 유용하다. 그림 23.11은 정의 질문의 질문 문구[QP]와 답변 문구[AP]에 대한 파스카(2003)의 일부 패턴을 보여준다.

패턴	질문	답변
⟨AP⟩ such as ⟨QP⟩	What is autism?	", developmental <u>disorders</u> such as autism"
⟨QP⟩, a ⟨AP⟩	What is a caldera?	"the Long Valley caldera, a <u>volcanic crater</u> 19 miles long"

그림 23.11　정의 질문에 대한 일부 답변 추출 패턴(Pasca, 2003)

패턴은 각 질문 유형에 따라 다르며 수작업으로 작성하거나 자동으로 학습할 수 있다.

라비찬드란과 호비(2002) 및 에치하비 외 연구진(2005)의 자동 패턴 학습 방법이다. 예를 들어 20장과 22장에서 소개한 관계 추출을 위한 패턴 기반 방법을 사용한다(Brin, 1998; Agichtein and Gravano, 2000). 패턴 학습의 목표는 YEAR-OF-BIRTH와 같은 특정 답변 유형과 질문의 특정 측면 간의 관계를 학습하는 것이다. 이 경우, 출생 연도를 원하는 사람의 이름을 학습하는 것이다. 따라서 두 구문(PERSON-NAME/ YEAR-OF-BIRTH 또는 TERM-TO-BE-DEFINED/DEFINITION 등) 사이의 관계에 대한 좋은 신호인 패턴을 배우려고 한다. 따라서 이 작업은 20장에서 소개한 WordNet synset 사이의 하의어/하의어 관계를 학습하고, 22장에서 단어 간의 ACE 관계를 학습하는 작업과 유사하다. 다음은 질의응답 관계 추출에 적용되는 알고리듬의 스케치이다.

1. 두 용어 사이의 주어진 관계(즉, person-name → year-of-birth)에 대해, 적합한 쌍의 수작업으로 만든 리스트(예: "gandhi:1869", "mozart:1756")로 시작한다.

2. 이제 이러한 쌍(예: "gandhi" 및 "1869" 등)의 인스턴스를 사용해 웹에 쿼리하고 반환된 상위 문서를 검사한다.

3. 각 문서를 문장으로 나누고 두 용어를 모두 포함하는 문장만 유지한다(예: PERSON-NAME 및 BIRTH-YEAR).

4. 두 용어 사이 및 그 주변에서 발생하는 단어와 구두점을 나타내는 정규식 패턴을 추출한다.

5. 정밀도가 충분한 모든 패턴을 유지한다.

20장과 22장에서 패턴의 정확성을 측정하는 다양한 방법에 대해 논의했다. 질의응답 패턴 일치에 사용되는 방법은 정밀도가 높은 패턴을 유지하는 것이다. 질문 용어만 사용해 쿼리를 수행해 정밀도를 측정한다(예: gandhi" 또는 "mozart"만 사용하는 쿼리). 그런 다음 문서의 문장에서 결과 패턴을 실행하고 생년월일을 추출한다. 정확한 생년월일을 알고 있기 때문에, 이 패턴이 정확한 생년월일을 생성한 횟수의 비율을 계산할 수 있다. 이 백분율은 패턴의 정밀도다.

YEAR-OF-BIRTH 응답 유형의 경우, 이 방법은 다음과 같은 패턴을 학습한다.

```
<NAME> (<BD>-<DD>),

<NAME> was born on <BD>
```

개체명 감지 및 질의응답 패턴 추출이라는 이 두 가지 방법은 여전히 답변 추출에 충분하지 않다. 모든 관계가 모호하지 않은 주변 단어 또는 구두점에 의해 신호되는 것은 아니며, 동일한 개체명 유형의 여러 인스턴스가 종종 답변 구절에서 발생한다. 따라서 가장 성공적인 답변 추출 방법은 이러한 모든 방법을 결합해 후보 답변의 순위를 매기는 분류사의 피처로 다른 정보와 함께 사용하는 것이다. 개체명이나 패턴을 사용하거나 구절 검색에서 반환된 모든 문장을 보고 잠재적인 답변을 추출하고 다음과 같은 피처를 가진 분류사를 사용해 순위를 매긴다.

- **답변 유형 일치**: 후보 답변에 올바른 답변 유형의 구문이 포함된 경우 참이다.
- **패턴 일치**: 후보 답변과 일치하는 패턴의 ID이다.
- **일치하는 질문 키워드 수**: 후보 답변에 포함된 질문 키워드 수다.
- **키워드 거리**: 후보 답변과 쿼리 키워드 사이의 거리이다(평균 단어 수 또는 후보 답변과 동일한 구문에서 발생하는 키워드 수로 측정됨).
- **새로운 요인**: 후보 답변에서 하나 이상의 단어가 새로운 경우, 즉, 쿼리에 없는 경우 참이다.
- **동격 피처**: 후보 답변이 많은 질문 용어를 포함하는 구문에 동격인 경우 참이다. 최대 3개의 단어와 1개의 쉼표를 통해 후보 답변과 분리된 질문 용어 수로 근사치를 계산할 수 있다(Pasca, 2003).
- **구두점 위치**: 후보 답변 바로 뒤에 쉼표, 마침표, 인용 부호, 세미콜론 또는 느낌표가 오는 경우 참이다.
- **질문 용어 시퀀스**: 후보 답변에서 발생하는 가장 긴 질문 용어 시퀀스의 길이이다.

N그램 타일링   웹 검색에만 사용되는 답변 추출에 대한 대안적인 접근 방식은 **N그램 타일링**에 기초하며, 중복 기반 접근 방식이라고도 한다(Brill et al., 2002; Lin, 2007). 이 단순화된 방법은 재구성된 쿼리에 의해 생성된 웹 검색엔진에서 반환된 스니펫으로 시작된다. 첫

N그램 마이닝   번째 단계에서는 스니펫에서 발생하는 **N그램 마이닝**[N-gram mining], 모든 유니그램, 바이그램, 트라이그램을 추출해 가중치를 부여한다. 가중치는 N그램이 발생한 스니펫 수

N그램 필터링

와 이를 반환한 쿼리 재구성 패턴의 가중치의 함수다. **N그램 필터링** 단계에서 N그램은 예측된 답변 유형과 얼마나 잘 일치하는지에 따라 스코어가 매겨진다. 이러한 스코어는 각 답변 유형에 대해 작성된 수작업 필터로 계산된다. 마지막으로 N그램 타일링 알고리듬은 겹치는 N그램 조각을 더 긴 답변으로 연결한다. 표준 그리디 방식은 가장 높은 스코어를 받은 후보부터 시작해 이 후보로 서로 타일링하는 것이다. 최고 스코어 연결이 후보 세트에 추가되고 스코어가 낮은 후보가 제거되며 단일 답변이 작성될 때까지 프로세스가 계속된다.

이러한 답변 추출 방법의 경우, 정확한 답변 문구가 사용자에게 단독으로 제공될 수 있다. 그러나 실제로 사용자는 대답으로 있는 꾸밈 없는 숫자나 명사에 거의 만족하지 않는다. 답을 입증하기에 충분한 구절 정보와 함께 답을 보는 것을 선호한다. 따라서 종종 사용자에게 정확한 답을 강조하거나 굵게 표시한 전체 구절을 제공한다.

23.2.4 팩토이드 답변 평가

질의응답 시스템을 평가하기 위해 다양한 기술이 사용됐다. 1999년에 처음 도입된 TREC Q/A 트랙은 지금까지 가장 영향력 있는 평가 프레임워크를 제공했다.

평균 상호 순위
MRR

TREC에서 사용되는 기본 측정은 **평균 상호 순위** 또는 **MRR**로 알려진 **내재적** 또는 **시험관 내** 평가 메트릭이다. 23.1절에 설명된 임시 정보 검색 작업과 마찬가지로 MRR은 정답으로 사람이 레이블을 붙인 테스트 세트를 가정한다. MRR은 또한 시스템이 답변이 포함된 짧은 순위의 답변 또는 구절 목록을 반환한다고 가정한다. 각 질문은 첫 번째 정답 순위의 역수에 따라 채점된다. 예를 들어 시스템이 5개의 답변을 반환했지만, 처음 3개가 틀렸고, 따라서 가장 높은 순위의 정답이 4위인 경우, 해당 질문에 대한 상호 순위 스코어는 $\frac{1}{4}$이 된다. 정답이 없는 반환 세트가 있는 질문에는 0이 할당된다. 시스템 스코어는 세트의 각 질문에 대한 스코어의 평균이다. 좀 더 공식적으로, N 질문으로 구성된 테스트 세트에 대해 M 순위 답변을 반환하는 시스템 평가의 경우 MRR은 다음과 같이 정의된다.

$$\text{MRR} = \frac{\sum_{i=1}^{N} \frac{1}{rank_i}}{N} \tag{23.22}$$

23.3 요약

23장에서 지금까지 설명한 알고리듬은 사용자에게 전체 문서(정보 검색) 또는 짧은 팩토이드 답변 구문(팩토이드 질의응답)을 제공한다. 그러나 때때로 사용자는 문서 요약이나 문서 세트와 같은 극단적인 것 사이에 있는 무언가를 원한다.

텍스트 요약　　**텍스트 요약**은 *the process of distilling the most important information from a text to produce an abridged version for a particular task and user*를 추출하는 프로세스이다(매니 앤 메이베리(1999)에서 채택한 정의). 현재 연구의 초점이 되는 중요한 종류의 요약은 다음과 같다.

- 모든 문서의 **개요**
- 과학 기사의 **초록**
- 뉴스 기사의 **헤드라인**
- 검색엔진 결과 페이지의 웹 페이지를 요약하는 **스니펫**
- (음성) 비즈니스 미팅의 **작업 항목** 또는 **기타 요약**
- 이메일 스레드 **요약**
- 단순화되거나 압축된 텍스트 생성을 위한 **압축된 문장**
- 여러 문서를 요약해 구성된 복잡한 질문에 대한 **답변**

이러한 종류의 요약 목표는 종종 두 가지 차원에서의 위치에 따라 특징이 지정된다.

- **단일 문서** 대 **다중 문서** 요약
- **일반** 요약 대 **쿼리 중심** 요약

단일 문서 요약에서는 단일 문서가 주어지고 요약이 생성된다. 따라서 단일 문서 요약은 헤드 라인 또는 개요 작성과 같은 상황에서 사용되며 최종 목표는 단일 문서의 내용을 특성화하는 것이다.

다중 문서 요약에서 입력은 문서 그룹이며 우리의 목표는 전체 그룹의 내용을 요약하는 것이다. 동일한 이벤트에 대한 일련의 뉴스 기사를 요약할 때 또는 종합하고 요약하려는 동일한 주제에 대한 웹 콘텐츠가 있을 때 다중 문서 요약을 사용할 수 있다.

일반 요약은 특정 사용자 또는 특정 정보 요구를 고려하지 않는 요약이다. 요약은 단순히 문서의 중요한 정보를 제공한다. 대조적으로 **집중 요약**, **주제 기반 요약** 및 **사용자 중심 요약**이라고도 하는 **쿼리 중심 요약**에서는 사용자 쿼리에 대한 응답으로 요약이 생성된다. 쿼리 중심 요약을 사용자 질문에 대한 일종의 길고 팩토이드가 아닌 답변으로 생각할 수 있다.

23.3절의 나머지 부분에서는 자동 텍스트 요약 시스템의 아키텍처를 간략하게 검토하고, 다음 절에서는 자세한 내용을 제공했다.

추출   텍스트 요약자를 위한 중요한 아키텍처 차원 중 하나는 **초록**을 생성하는지 또는 **추출**을 생성하는지 여부다. 가장 단순한 종류의 요약인 추출은 요약할 문서에서 선택한
초록   (추출된) 구문 또는 문장의 조합으로 구성된다. 반대로 **초록**은 문서의 내용을 설명하기 위해 다른 단어를 사용한다. 그림 23.12에 표시된 에이브러햄 링컨의 유명한 연설로 잘 알려진 '게티즈버그 연설'을 사용해 발췌와 초록의 차이점을 설명할 것이다.[1] 그림 23.13은 연설의 발췌 요약을 보여준다.

추출이 추상보다 훨씬 쉽기 때문에 대부분의 현재 텍스트 요약은 발췌적이다. 더 정교한 추상 요약으로의 전환은 최근 연구의 핵심 목표다.

텍스트 요약 시스템과 **자연어 생성** 시스템도 일반적으로 다음 세 가지 문제에 대한 솔루션으로 설명된다.

1. **내용 선택**: 요약할 문서에서 선택할 정보. 일반적으로 추출의 세분성이 문장 또는 절이라는 단순화를 가정한다. 따라서 콘텐츠 선택은 주로 요약으로 추출할 문장이나 절을 선택하는 것으로 구성된다.

2. **정보 주문**: 추출한 유닛의 순서 및 구조화 방법

3. **문장 인식**: 추출된 유닛에 대해 수행할 정리 작업을 통해 새로운 맥락에서 유창하게 수행할 수 있다.

---

1   일반적으로 짧은 연설의 요약은 필요하지 않지만, 짧은 텍스트를 사용하면 추출이 교육적인 목적을 위해 원본에 매핑되는 방식을 더 쉽게 확인할 수 있다. 게티즈버그 연설에 현대 기술의 적용은 노르비그(2005)를 참조한다.

Fourscore and seven years ago our fathers brought forth on this continent a new nation, conceived in liberty, and dedicated to the proposition that all men are created equal. Now we are engaged in a great civil war, testing whether that nation, or any nation so conceived and so dedicated, can long endure. We are met on a great battle—field of that war. We have come to dedicate a portion of that field as a final resting—place for those who here gave their lives that this nation might live. It is altogether fitting and proper that we should do this. But, in a larger sense, we cannot dedicate...we cannot consecrate...we cannot hallow... this ground. The brave men, living and dead, who struggled here, have consecrated it far above our poor power to add or detract. The world will little note nor long remember what we say here, but it can never forget what they did here. It is for us, the living, rather, to be dedicated here to the unfinished work which they who fought here have thus far so nobly advanced. It is rather for us to be here dedicated to the great task remaining before us...that from these honored dead we take increased devotion to that cause for which they gave the last full measure of devotion; that we here highly resolve that these dead shall not have died in vain; that this nation, under God, shall have a new birth of freedom; and that government of the people, by the people, for the people, shall not perish from the earth.

그림 23.12　게티즈버그 연설, 에이브러햄 링컨, 1863년

게티즈버그 연설에서 발췌:

Four score and seven years ago our fathers brought forth upon this continent a new nation, conceived in liberty, and dedicated to the proposition that all men are created equal. Now we are engaged in a great civil war, testing whether that nation can long endure. We are met on a great battle—field of that war. We have come to dedicate a portion of that field. But the brave men, living and dead, who struggled here, have consecrated it far above our poor power to add or detract. From these honored dead we take increased devotion to that cause for which they gave the last full measure of devotion — that government of the people, by the people, for the people, shall not perish from the earth.

게티즈버그 연설 초록:

This speech by Abraham Lincoln commemorates soldiers who laid down their lives in the Battle of Gettysburg. It reminds the troops that it is the future of freedom in America that they are fighting for.

그림 23.13　게티즈버그 연설에서 발췌한 내용과 초록(Mani(2001)에서 발췌)

다음 절에서는 단일 문서 요약, 다중 문서 요약 및 쿼리 중심 요약의 세 가지 요약 작업에서 이러한 구성 요소를 보여준다.

23.4 단일 문서 요약

먼저 단일 문서에 대한 추출 요약을 작성하는 작업을 고려한다. 추출되는 단위가 문장 수준이라고 가정할 때 이 작업의 세 가지 요약 단계는 다음과 같다.

1. **내용 선택**: 문서에서 추출할 문장을 선택한다.

2. **정보 순서**: 요약에서 이러한 문장을 배치할 순서를 선택한다.

3. **문장 인식**: 예를 들어 각 문장에서 중요하지 않은 구문을 제거하거나 여러 문장을 단일 문장으로 통합하거나 일관성 있는 문제를 수정해 문장을 정리한다.

그림 23.14는 이 접근 방식의 기본 아키텍처를 보여준다.

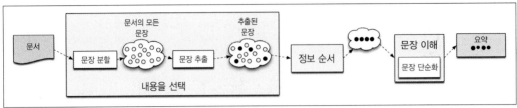

그림 23.14 일반 단일 문서 요약자의 기본 아키텍처

먼저 다음 구성 요소 중 하나인 *content selection*만 사용해 기본적인 요약 기술을 설명한다. 실제로 많은 단일 문서 요약자는 정보 정렬 구성 요소가 없으며, 추출된 문장을 원본 문서에 나타난 순서대로 정렬하기만 하면 된다. 또한 지금은 문장이 추출된 후 결합되거나 정리되지 않는다고 가정한다. 그러나 나중에 어떻게 수행되는지 간략하게 설명한다.

23.4.1 비지도 콘텐츠 선택

콘텐츠 선택

문장 추출의 **콘텐츠 선택** 작업은 종종 분류 작업으로 취급된다. 분류사의 목표는 문서의 각 문장에 *important* 대 *unimportant*(또는 *extract worthy* 대 *not extract worthy*)라는 이진 레이블로 레이블을 지정하는 것이다. 문장 분류를 위한 비지도 알고리듬으로 시작한 후 다음 절에서 지도 알고리듬으로 넘어간다.

룬(1958)의 초기 요약본으로 거슬러 올라가는 직관에 기반한 가장 간단한 비지도 알고리듬은 더 **두드러지거나 유익한** 단어를 가진 문장을 선택한다. 더 유익한 단어가 포함된 문장은 더 추출할 가치가 있는 경향이 있다. 특징^{Saliency}은 일반적으로 각 특징

주제 시그너처
시그너처 용어

스코어가 임계값 θ보다 큰 **주제 시그너처**, 두드러진 또는 **시그너처 용어** 집합을 계산해 정의된다.

특징은 단순한 단어 빈도로 측정할 수 있지만 빈도는 일반적으로 단어가 영어에서 높은 확률을 가질 수 있지만 특정 문서에 특별히 화제가 되지 않는 문제가 있다. 따라서 **tf-idf** 또는 **로그 우도 비율**과 같은 가중치 체계가 더 자주 사용된다.

1059페이지에서 tf-idf 체계는 현재 문서에는 자주 나타나지만 전체 문서 컬렉션에서는 거의 나타나지 않는 단어에 높은 가중치를 부여해 단어가 특히 이 문서와 관

련이 있음을 시사한다. 평가할 문장에서 발생하는 각 용어 i에 대해 현재 문서 j $\mathrm{tf}_{i,j}$에서 해당 개수를 계산하고 전체 컬렉션 idf_i에 대해 역문서 빈도를 곱한다.

$$weight(w_i) = \mathrm{tf}_{i,j} \times \mathrm{idf}_i \qquad (23.23)$$

로그 우도 비율   유익한 단어를 찾는 더 나은 방법은 **로그 우도 비율**[LLR]이다. 일반적으로 $\lambda(\mathrm{w})$라고 하는 단어에 대한 LLR은 두 코퍼스에서 동일한 확률을 가정하는 입력 및 백그라운드 코퍼스에서 w를 관측할 확률과 입력과 배경 코퍼스에서 서로 다른 확률을 가정할 때 w를 관찰할 확률 간의 비율이다. 로그 우도 및 계산 방법에 대한 자세한 내용은 더닝(1993), 무어(2004), 매닝과 슈체(1999)를 참고한다.

로그 우도 비율에서 수량 $-2\log(\lambda)$가 χ^2 분포에 의해 점근적으로 잘 근사한 것으로 밝혀졌는데, 이는 $-2\log(\log) > 10.8$일 경우, 한 단어가 배경 코퍼스($\alpha = 0.001$)보다 훨씬 더 자주 입력에 나타난다는 것을 의미한다. 린과 호비(2000)는 로그 우도 비율을 요약할 주제 시그니처를 선택하는 데 특히 적합하다고 제안했다. 따라서 일반적으로 로그 우도 비율을 갖는 단어 가중치는 다음과 같이 정의된다.

$$weight(w_i) = \begin{cases} 1 & \text{if } -2\log(\lambda(w_i)) > 10 \\ 0 & \text{otherwise.} \end{cases} \qquad (23.24)$$

식 (23.24)는 문장의 각 단어에 대해 가중치를 1 또는 0으로 설정하는 데 사용된다. 문장 si의 스코어는 불용어가 아닌 단어의 평균 가중치다.

$$weight(s_i) = \sum_{w \in s_i} \frac{weight(w)}{|\{w|w \in s_i\}|} \qquad (23.25)$$

요약 알고리듬은 모든 문장에 대해 이 가중치를 계산한 다음 스코어에 따라 모든 문장의 순위를 매긴다. 추출된 요약은 상위 순위 문장으로 구성된다.

이 임계값 LLR 알고리듬이 속한 알고리듬 계열은 시그니처 용어 집합을 문서에 있는 모든 문장의 "중심 연결"인 의사 문장으로 볼 수 있고, 이 중심 문장과 가능한 가까운 문장을 찾고 있기 때문에 중심 기반 요약이라고 한다.

중심   로그 우도 비율/중심 연결법의 일반적인 대안은 다른 문장 **중심**[centrality] 모델을 사용하는 것이다. 이러한 다른 중심성 기반 방법은 문서에 있는 정보를 나타내는 데 있어 입력 문장이 얼마나 중심적인지에 따라 입력 문장의 순위를 매기는 것이 목표라는 점에서 위에서 설명한 중심 연결법과 유사하다. 그러나 중심성 기반 방법은 두드러진 단어가 포함돼 있는지 여부에 따라 문장의 순위를 매기는 것이 아니라 각 후보 문장과 서로의 문장 사이의 거리를 계산하고 평균적으로 다른 문장에 더 가까운 문장을 선택한다. 중심성을 계산하기 위해 20장에 설명한 대로 각 문장을 길이 N의 단어 모음 벡터로 나타낼 수 있다. 각 문장 x 및 y 쌍에 대해, 식 (23.12)에 설명된 tf-idf 가중 코사인을 계산한다.

입력의 각 k 문장에는 다른 모든 문장과의 평균 코사인인 중심성 스코어가 할당된다.

$$centrality(x) = \frac{1}{K} \sum_{y} \textit{tf-idf-cosine}(x, y) \qquad (23.26)$$

문장은 이 중심성 스코어에 따라 순위가 매겨지며, 모든 쌍에서 평균 코사인이 가장 높은 문장, 즉 다른 문장과 가장 비슷하게 입력된 모든 문장의 가장 "대표적인" 또는 "주제적인" 것으로 선택된다.

PageRank와 같은 더 복잡한 그래프 기반의 중심성 측정을 사용하도록 이 중심성 스코어를 확장할 수도 있다(Erkan and Radev, 2004).

23.4.2 수사학적 파싱을 기반으로 한 비지도 요약

콘텐츠 추출을 위해 위에서 소개한 문장 추출 알고리듬은 담화 정보와 같은 가능한 높은 수준의 단서를 무시하고 단일 얕은 특징인 단어 표현에 의존했다. 이 절에서는 요약 작업에 더욱 정교한 담화 지식을 얻는 방법을 간략하게 요약한다.

설명하는 요약 알고리듬은 21장에 설명된 RST$^{Rhetorical Structure Theory}$ 관계와 같은 일관성 관계를 사용한다. RST 관계는 종종 핵심과 종속으로 표현된다는 점을 상기하라. 핵심 문장이 요약에 더 적합할 가능성이 높다. 예를 들어 21.2.1절에서 소개한 〈사이언티픽 아메리칸$^{Scientific American}$〉 잡지에서 발췌한 다음 두 단락을 고려한다.

> With its distant orbit – 50 percent farther from the sun than Earth – and slim atmospheric blanket, Mars experiences frigid weather conditions. Surface temperatures typically average about −70 degrees Fahrenheit at

the equator, and can dip to −123 degrees C near the poles.

Only the midday sun at tropical latitudes is warm enough to thaw ice on occasion, but any liquid water formed in this way would evaporate almost instantly because of the low atmospheric pressure. Although the atmosphere holds a small amount of water, and water-ice clouds sometimes develop, most Martian weather involves blowing dust or carbon dioxide.

이 구절의 처음 두 담화 단위는 RST JUSTIFICATION 관계에 의해 관련되며, 첫 번째 담화 유닛은 그림 23.15에 표시된 대로 두 번째 유닛을 정당화한다. 따라서 두 번째 유닛("*Mars experiences frigid weather conditions*")이 핵심이며, 이 부분의 문서 내용을 더 잘 포착할 수 있다.

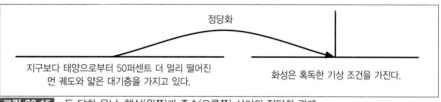

그림 23.15 두 담화 유닛, 핵심(왼쪽)과 종속(오른쪽) 사이의 정당화 관계

먼저 21장에서 논의된 유형의 담화 파서를 적용해 각 담화 단위 간의 일관성 관계를 계산함으로써 이 직관을 요약에 사용할 수 있다. 문장이 일관성 관계 그래프 또는 구문 분석 트리로 파싱되면 텍스트의 두드러진 유닛을 재귀적으로 추출해 요약에 핵심 유닛이 중요하다는 직관을 사용할 수 있다.

그림 23.16의 일관성 구문 분석 트리를 고려한다. 트리에 있는 각 노드의 중요성은 다음과 같이 재귀적으로 정의할 수 있다.

- 기본 사례: 리프 노드의 두드러진 유닛은 리프 노드 자체이다.
- 재귀적 사례: 중간 노드의 두드러진 유닛은 직계 "핵심" 하위의 두드러진 단위의 결합이다.

이 정의에 따르면 담화 유닛(2)는 전체 텍스트에서 가장 두드러진 유닛이다(단위 1~8에 걸친 루트 노드에는 유닛 1~6에 걸친 노드가 핵심으로 있고 유닛 2는 유닛 1~6에 걸친 노드의 핵심이다).

각 담화 유닛을 핵심이 되는 노드의 높이로 순위를 매긴다면, 단위에 부분적인 돌출 순서를 할당할 수 있다. 마르쿠(1995)의 알고리듬은 이 담화에 다음과 같은 부분적 순서를 할당한다.

$$2 > 8 > 3 > 1, 4, 5, 7 > 6 \qquad (23.27)$$

이 부분 순서를 정확히 계산하는 방법에 대한 자세한 내용은 마르쿠(1995, 2000b)를 참조하고 요약에서 수사 구조를 사용하는 다른 방법에 대해서는 테우펠과 모엔스 (2002)를 참고한다.

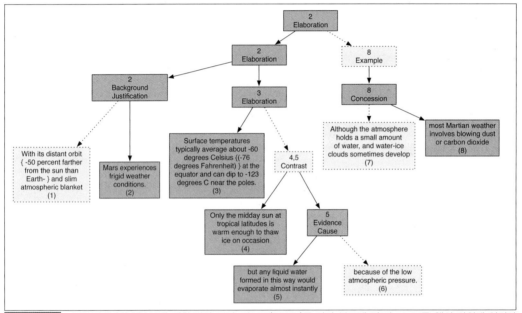

그림 23.16 1086페이지의 텍스트에 대한 담화 트리. 마르쿠(2000a)를 따라 볼드체 링크는 노드를 핵심 하위에 연결하고 점선은 종속 하위로 연결한다.

23.4.3 지도 콘텐츠 선택

비지도 콘텐츠 선택에 주제 시그니처를 사용하는 것은 매우 효과적인 방법이지만 주제 시그니처는 추출할 가치가 있는 문장을 찾기 위한 단 하나의 단서일 뿐이다. 중심성 및 PageRank 방법과 같이 위에서 논의한 대체 중심 연결법과 문서에서 문장의 위치, 각 문장의 길이 등과 같은 다른 단서를 포함해 많은 다른 단서가 존재한다(문서의 맨 처음이나 끝에 있는 문장이 더 중요한 경향이 있다). 이러한 모든 단서를 측정하고 결합할 수 있는 방법을 원한다.

증거를 평가하고 결합하는 가장 원칙적인 방법은 지도된 머신러닝이다. 지도된 머신러닝의 경우 지프-데이비스 코퍼스가 만든 요약 추출과 쌍을 이루는 훈련 문서 세트가 필요하다(Marcu, 1999). 이 문장은 추출물이기 때문에 요약의 각 문장은 정의에 따라 문서에서 가져온 것이다. 즉, 문서의 모든 문장에 레이블을 지정할 수 있다. 추출에 나타나면 1, 그렇지 않으면 0이다. 분류사를 작성하려면 요약에 표시할 좋은 문장이 될 것으로 예측되는 추출할 피처를 선택하기만 하면 된다. 문장 분류에 일반적으로 사용되는 피처 중 일부는 그림 23.17에 나와 있다.

위치	문서에서 문장의 위치다. 예를 들어 호비와 린(1999)은 대부분의 신문 기사에서 가장 추출할 가치가 있는 단일 문장이 제목 문장이라는 것을 발견했다. 호비와 린이 조사한 지프-데이비스 코퍼스에서 다음으로 가장 유익한 것은 단락 2의 첫 번째 문장(P1S1)이었고, 그다음에 단락 3의 첫 번째 문장(P3S1)이 이어졌다. 따라서 가장 유익한 것부터 시작하는 서수형 문장 위치 목록은 다음과 같다. T1, P2S1, P3S1, P4S1, P1S1, P2S2,.... 위치는 거의 모든 요약 피처와 마찬가지로 장르에 따라 크게 달라진다. *Wall Street Journal articles*에서 T1, P1S1, P1S2,...문장에 나오는 가장 중요한 정보를 발견했다.
단서 구문	*in summary, in conclusion, this paper*와 같은 구문이 포함된 문장은 추출할 가치가 더 높다. 이 단서 구문은 장르에 따라 매우 다르다. 예를 들어 영국 상원 법률의 요약에서 *it seems to me that*이라는 문구가 유용한 단서 구문이다(Hachey and Grover, 2005).
단어 정보	앞의 절에서 설명한 것처럼 **주제 시그니처**에서 더 많은 용어를 포함하는 문장은 더 추출할 가치가 있다.
문장 길이	매우 짧은 문장은 추출에 적합하지 않다. 일반적으로 컷오프를 기반으로 한 이진 피처를 사용해 이 사실을 포착한다(문장에 5개 이상의 단어가 포함된 경우 참이다).
결속성	21장에서 **어휘 사슬**은 담화 전반에 걸쳐 발생하는 일련의 관련 단어임을 상기한다. 어휘 사슬에서 더 많은 용어를 포함하는 문장은 계속되는 주제를 나타내기 때문에 종종 추출할 가치가 있다(Barzilay and Elhadad, 1997). 이러한 종류의 결속성은 그래프 기반 방법으로도 계산할 수 있다(Mani and Bloedorn, 1999). 위에서 논의된 문장 중심성의 PageRank 그래프 기반 측정값은 일관성 메트릭으로 볼 수도 있다(Erkan and Radev, 2004).

그림 23.17   문서 문장을 요약으로 추출해야 하는지 여부를 결정하기 위해 지도된 분류사에서 일반적으로 사용되는 일부 피처

따라서 훈련 문서의 각 문장에는 레이블(문장이 해당 문서에 대한 훈련 요약에 없으면 0, 있는 경우 1)과 그림 23.17에서와 같이 추출된 피처값 세트가 있다. 그런 다음 분류사를 훈련해 보이지 않는 데이터에 대해 이러한 레이블을 추정할 수 있다. 예를 들어 나이브 베이즈 또는 MaxEnt와 같은 확률적 분류사는 일련의 피처 $f_1 \dots f_n$이 주어졌을

때, 특정 문장 s가 추출될 확률을 계산한다. 그런 다음 확률이 0.5보다 큰 모든 문장을 추출할 수 있다.

$$P(\text{extract-worthy}(s)|f_1, f_2, f_3, ..., f_n) \qquad (23.28)$$

앞서 설명한 알고리듬에는 한 가지 문제가 있다. 각 문서에 대해 추출된 문장으로만 구성된 훈련 요약을 필요로 한다. 이 제한을 약화시킬 수 있다면 학회 논문이나 저널 기사 및 초록과 같은 훨씬 더 다양한 요약 문서 쌍에 알고리듬을 적용할 수 있다. 다행히도 인간의 추상 요약을 작성하는 것을 목표로도 요약을 작성할 때, 종종 요약을 작성하기 위해 문서의 구문과 문장을 사용한다는 것으로 나타났다. 그러나 *only* 추출된 문장을 사용하지 않는다. 종종 두 문장을 하나로 결합하거나 문장의 일부 단어를 변경하거나 완전히 새로운 추상 문장을 작성한다. 다음은 인간의 요약에서 추출된 문장의 예다. 최종 인간의 요약에서 수정됐지만 추출할 가치가 있는 것으로 분류돼야 하는 문서 문장이 분명하다.

(23.29) **Human summary**: This paper identifies the desirable features of an ideal multisensor gas monitor and lists the different models currently available.

(23.30) **Original document sentence**: The present part lists the desirable features and the different models of portable, multisensor gas monitors currently available.

따라서 중요한 예비 단계는 문서의 어떤 문장이 요약에 포함됐는지(전체 또는 대부분) 찾는 것을 목표로 각 교육 문서를 요약과 *align*하는 것이다. **정렬**을 위한 간단한 알고리듬은 불용어가 아닌 단어의 가장 긴 공통 하위 시퀀스를 사용해 소스 문서와 초록 문장을 찾는 것이다. 또는 최소 편집 거리를 계산하거나 WordNet과 같은 보다 정교한 지식 소스를 사용할 수 있다. 최근 연구는 HMM 사용과 같은 더 복잡한 정렬 알고리듬에 초점을 맞추고 있다(특히 Jing, 2002; Daumé III and Marcu, 2005).

이러한 정렬 알고리듬이 주어지면 콘텐츠 선택을 위한 지도된 방법은 문서의 병렬 코퍼스들 및 초록이 있는 학술 논문과 같은 인간 추상 요약을 사용할 수 있다(Teufel and Moens, 2002).

23.4.4 문장 단순화

일련의 문장이 추출되고 정렬되면 마지막 단계는 **문장 실현**이다. 문장 실현의 한 구성

문장 압축
문장 단순화

요소는 **문장 압축** 또는 **문장 단순화**다. 인간의 요약에서 징(2000)이 취한 다음 예제는 요약에서 추출된 문장을 표현할 때 요약한 사람이 형용사 수식어 및 종속절을 일부 제거하기로 선택했음을 보여준다.

(23.31) **Original sentence**: ~~When it arrives sometime new year in new TV sets~~, the V-chip will give parents a new and potentially revolutionary device to block out programs they don't want their children to see.

(23.32) **Simplified sentence by humans**: The V-chip will give parents a device to block out programs they don't want their children to see.

　　문장 단순화를 위한 가장 간단한 알고리듬은 종종 문장에 대해 파서 또는 부분 파서를 실행해 잘라내거나 유지할 문장의 일부를 선택하는 규칙을 사용한다. 자지크 외 연구진(2007), 콘로이 외 연구진(2006), 밴더웬디 외 연구진(2007)의 일부 대표적인 규칙은 다음을 제거한다.

동격어	Rajam, ~~28, an artist who was living at the time in Philadelphia~~, found the inspiration in the back of city magazines.
귀속절	Rebels agreed to talks with government officials, ~~international observers said Tuesday~~.
개체명가 없는 PP	The commercial fishing restrictions in Washington will not be lifted [SBAR unless the salmon population 329 increases [PP ~~to a sustainable number~~]
첫부사적 어구	"For example", "On the other hand", "As a matter of fact", "At this point"

　　더 정교한 문장 압축 모델은 지도된 머신러닝을 기반으로 하며, 여기에서 인간의 요약과 함께 문서의 병렬 코퍼스를 사용해 특정 단어 또는 구문 분석 노드가 제거될 확률을 계산한다. 이 광범위한 최근 문헌에 대한 포인터를 보려면 23장 끝에 있는 '역사 참고 사항' 절을 참고한다.

23.5 다중 문서 요약

단일 문서가 아닌 문서 그룹에 요약 기술을 적용할 때 목표 **다중 문서 요약**이라고 한다. 다중 문서 요약은 특히 웹 기반 애플리케이션에 적합하다. 예를 들어 여러 뉴스 기사의 정보를 결합해 뉴스의 특정 이벤트에 대한 요약을 작성하거나 여러 문서에서 추출한 구성 요소를 포함해 복잡한 질문에 대한 답변을 찾는 경우에 적합하다.

다중 문서 요약은 해결된 문제와는 거리가 멀지만 현재 기술조차도 정보 찾기 작업에 유용할 수 있다. 예를 들어 맥코운 외 연구진(2005)은 참가자들에게 인간의 요약 및 자동 생성된 요약 또는 요약 없음과 함께 문서를 제공하고 참가자가 시간 제한, 사실 수집 작업을 수행하도록 했다. 참가자들은 뉴스의 이벤트에 대한 세 가지 관련 질문에 답해야 했다. 자동 요약을 읽은 피험자는 질문에 더 높은 수준의 답변을 했다.

다중 문서 요약 알고리듬은 이전에 봤던 것과 동일한 세 단계를 기반으로 한다. 대부분의 경우 요약하고자 하는 문서 클러스터부터 시작해 다음 세 절에서 설명하고 그림 23.18에 스케치한 대로 **내용 선택, 정보 순서** 및 **문장 실현**을 수행해야 한다.

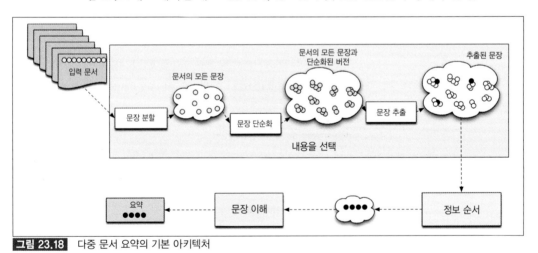

그림 23.18   다중 문서 요약의 기본 아키텍처

23.5.1 다중 문서 요약의 콘텐츠 선택

단일 문서 요약에서 콘텐츠 선택을 위해 지도된 방법과 비지도된 방법을 모두 사용했다. 다중 문서 요약의 경우, 지도된 훈련 세트를 덜 사용하며, 비지도된 방법에 더 중

점을 둔다.

단일 문서와 다중 문서 요약 작업의 주요 차이점은 여러 문서로 시작할 때 **중복성**이 더 크다는 것이다. 문서 그룹에는 각 문서마다 고유한 정보 외에도 단어, 구 및 개념이 상당히 중복될 수 있다. 요약의 각 문장이 주제에 관한 것이기를 원하지만 요약이 동일한 문장 세트로 구성되는 것은 원하지 않는다.

이러한 이유로 다중 문서 요약 알고리듬은 요약할 문장을 선택할 때 중복을 방지하는 방법에 중점을 둔다. 추출된 문장 목록에 새 문장을 추가할 때 문장이 이미 추출된 문장과 너무 많이 겹치지 않도록 하는 방법이 필요하다.

중복을 피하는 간단한 방법은 추출할 문장을 선택하기 위해 채점에 중복 요소를 명시하는 것이다. 중복 요소는 후보 문장과 이미 요약으로 추출된 문장 사이의 유사성을 기반으로 한다. 요약과 너무 유사하면 문장이 불이익을 받는다. 예를 들어 **MMR** 또는 **최대 한계 관련성** 스코어 시스템(Carbonell and Goldstein, 1998; Goldstein et al., 2000)은 요약에 대해 λ는 조정할 수 있는 가중치이고 Sim은 몇 가지 유사성 함수다.

$$\text{MMR penalization factor}(s) = \lambda \, max_{s_i \in Summary} \, \text{Sim}(s, s_i) \qquad (23.33)$$

이 MMR 기반 방법의 대안은 대신 요약될 문서의 모든 문장에 클러스터링 알고리듬을 적용해 관련 문장의 여러 클러스터를 생성한 다음 요약에 입력하기 위해 각 클러스터에서 단일(중심) 문장을 선택하는 것이다. 중복을 피하기 위해 MMR 또는 클러스터링 방법을 추가함으로써 문장 실현 단계가 아닌 콘텐츠 선택 단계에서 문장 단순화 또는 압축을 수행할 수도 있다. 단순화를 아키텍처에 맞추는 일반적인 방법은 입력 코퍼스의 각 문장에 대해 다양한 문장 단순화 규칙(23.4.4절)을 실행하는 것이다. 결과는 입력 문장의 여러 버전이 될 것이며, 각 버전은 다른 정도의 단순화를 사용한다. 예를 들어 다음 문장을 참고한다.

> Former Democratic National Committee finance director Richard Sullivan faced more pointed questioning from Republicans during his second day on the witness stand in the Senate's fund-raising investigation.

다른 단축 버전을 생성할 수 있다.

여백: MMR 최대 한계 관련성

- Richard Sullivan faced pointed questioning.
- Richard Sullivan faced pointed questioning from Republicans.
- Richard Sullivan faced pointed questioning from Republicans during day on stand in Senate fund-raising investigation.
- Richard Sullivan faced pointed questioning from Republicans in Senate fund-raising investigation.

이 확장된 코퍼스는 이제 콘텐츠 추출에 대한 입력으로 사용된다. 클러스터링 또는 MMR과 같은 중복 방법은 각 원본 문장의 (최적으로 긴) 단일 버전만 선택한다.

23.5.2 다중 문서 요약의 정보 순서

추출 요약기의 두 번째 단계는 정보의 순서 또는 구조화인데, 이때 추출된 문장을 일관된 순서로 연결하는 방법을 결정해야 한다. 단일 문서 요약에서는 이러한 문장에 대해 원래 글의 순서를 사용할 수 있다. 대부분의 다중 문서 애플리케이션에는 적합하지 않지만 추출된 문장의 대부분 또는 전부가 하나의 글에서 나온 경우에는 확실히 적용할 수 있다.

뉴스 기사에서 추출한 문장의 경우, 한 가지 기술은 이야기와 관련된 날짜를 사용하는 것이다. 완전한 **연대순** 순서는 결속성이 부족한 요약을 생성할 수 있다. 이 문제는 단일 문장이 아닌 약간 더 큰 문장 덩어리의 순서로 해결할 수 있다. 바질레이 외 연구진(2002)을 참고한다.

연대순

그러나 정보 순서에 있어 가장 중요한 요소는 일관성일 것이다. 21장에서 담화의 일관성에 기여하는 다양한 장치를 상기한다. 하나는 문장 사이에 합리적인 일관성 관계를 갖는 것이다. 따라서 문장 사이의 합리적 일관성 관계를 가져 오는 요약 순서를 선호할 수 있다. 일관성의 또 다른 측면은 결속성과 어휘 체인과 관련이 있다. 예를 들어 더 많은 로컬 결속성을 가진 순서를 선호할 수 있다. 일관성의 마지막 측면은 동일 지시어다. 일관성 담화는 개체가 일관성 있는 패턴으로 언급되는 담화다. 일관된 개체 멘션 패턴을 사용하는 순서를 선호할 수 있다.

이러한 모든 종류의 일관성은 정보 순서에 사용됐다. 예를 들어 유사한 단어를 포함하는 문장 옆에 각 문장을 정렬해, 어휘적 응집lexical cohesion을 정렬 휴리스틱으로 사용할 수 있다. 각 문장 쌍 사이의 표준 tf-idf 코사인 거리를 정의하고 인접한 문장 사이의 평균 거리를 최소화하는 전체 순서를 선택하고, 이를 수행하거나(Conroy et al., 2006), 예측 가능한 단어 시퀀스 모델을 구축할 수 있다(Soricut and Marcu, 2006).

동일 지시어 기반 일관성 알고리듬은 **센터링**Centering의 직관도 사용했다. 센터링 알고리듬은 각 담화 세그먼트에 focus라는 두드러진 개체가 있다는 생각을 기반으로 했다. 센터링 이론은 초점의 특정 구문적 실현(즉, 주어 또는 목적어)과 이러한 실현 간의 특정 전환(예: 동일한 개체가 인접한 문장의 주어인 경우)이 좀 더 일관된 담화를 생성한다고 제안했다. 따라서 개체 멘션 간의 전환이 선호되는 순서를 선호할 수 있다.

예를 들어 바르질레이 및 라파타(2005, 2008)의 개체 기반 정보 접근 방식에서는 요약의 훈련 세트가 구문 분석되고 동일 지시어를 위해 레이블이 지정된다. 개체 인식의 결과 시퀀스는 자동으로 추출돼 **개체 그리드**로 표현될 수 있다. 그림 23.19는 구문 분석된 요약과 추출된 그리드의 단순화된 버전을 보여준다. 그런 다음 특정 개체 전환(즉, {S, O, X, –})의 확률 모델을 개체 그리드에서 훈련할 수 있다. 예를 들어 Microsoft 표제어의 전환 {X, O, S, S}는 담화의 새로운 개체가 종종 사격의 위치나 목적어 위치에 먼저 도입되고, 그 후에만 주어 위치에 나타난다. 자세한 내용은 바르질레이와 라파타(2008)를 참고한다.

개체 그리드

---

1 [The Justice Department]$_S$ is conducting an [anti-trust trial]$_O$ against [Microsoft Corp.]$_X$

2 [Microsoft]$_O$ is accused of trying to forcefully buy into [markets]$_X$ where [its own products]$_S$ are not competitive enough to unseat [established brands]$_O$

3 [The case]$_S$ resolves around [evidence]$_O$ of [Microsoft]$_S$ aggressively pressuring [Netscape]$_O$ into merging [browser software]$_O$

4 [Microsoft]$_S$ claims [its tactics]$_S$ are commonplace and good economically.

	Department	Trial	Microsoft	Markets	Products	Brands	Case	Netscape	Software	Tactics
1	S	O	X	-	-	-	-	-	-	-
2	-	-	O	X	S	O	-	-	-	-
3	-	-	S	O	-	-	S	O	O	-
4	-	-	S	-	-	-	-	-	-	O

그림 23.19 요약(주어(S), 목적어(O) 또는 사격(X) 위치에 있는 개체 표시) 및 여기에서 추출된 개체 그리드. 개체(2005)를 각색했다.

이러한 모든 방법을 보는 일반적인 방법은 문장의 쌍 또는 시퀀스 사이의 국지적 응집성 스코어를 통해 문장 시퀀스에 일관성 스코어를 할당하는 것이다. 문장 사이의 단일 일반 전환 스코어는 어휘 일관성과 개체 기반 일관성을 결합할 수 있다. 이러한

채점 기능이 있으면 이러한 모든 국지적 쌍 거리를 최적화하는 순서를 선택하는 것이 매우 어려운 것으로 알려져 있다. 문장 사이 한 쌍의 거리가 주어졌을 때 문장 세트의 최적 순서를 찾는 작업은 순환 순서 및 세일즈맨의 출장 문제[2]처럼 매우 어려운 문제와 같다. 따라서 문장 순서는 NP-완전이라고 알려진 다음과 같은 어려운 문제 부류에 해당한다. 이러한 문제를 정확히 해결하기는 어렵지만 **NP-완전** 문제를 해결하기 위한 여러 가지 좋은 근사 방법이 정보 순서 지정 작업에 적용됐다. 알타우스 외 연구진(2004), 나이트(1999a), 코헨 외 연구진(1999), 브루(1992)는 관련 증명 및 근사 기법에 대해 설명한다.

위에서 설명한 모델에서 정보 정렬 작업은 콘텐츠 추출과 완전히 분리돼 있다. 대안적인 접근 방식은 두 작업을 공동으로 학습해 문장을 선택하고 순서를 정하는 모델을 만드는 것이다. 예를 들어 바르질레이와 리(2004)의 HMM 모델에서 은닉 상태는 문서 내용 주제와 문장의 관찰에 해당한다. 예를 들어 지진에 관한 신문 기사의 경우, 은닉 상태(주제)는 *strength of earthquake*, *location*, *rescue efforts*, *casualties*일 수 있다. 바르질레이와 리는 클러스터링과 HMM 유도를 적용해, 은닉 상태와 이들 사이의 전환을 유도한다. 예를 들어 다음은 유도한 위치 클러스터의 세 문장이다.

(23.34) The Athens seismological institute said the temblor's epicenter was located 380 kilometers (238 miles) south of the capital.

(23.35) Seismologists in Pakistan's Northwest Frontier Province said the temblor's epicenter was about 250 kilometers (155 miles) north of the provincial capital Peshawar.

(23.36) The temblor was centered 60 kilometers(35miles) northwest of the provincial capital of Kunming, about 2,200 kilometers (1,300 miles) southwest of Beijing, a bureau seismologist said.

HMM의 학습된 구조는 HMM 전환 확률을 통해 *"casualties" prior to "rescue" efforts*를 언급하는 것과 같은 정보 순서 사실을 암시적으로 나타낸다.

---

2   세일즈맨의 출장 문제: 도시 집합과 그 사이의 쌍별 거리가 주어지면, 정확히 한 번 각 도시를 방문한 후, 출발 도시로 돌아오는 가장 짧은 경로를 찾는다.

요약하면, **일관성**을 기반으로 한 **연대순**과 데이터에서 자동으로 학습되는 순서에 따른 정보 순서를 확인했다. 쿼리 중심 요약에 대한 다음 절에서는 다양한 쿼리 유형에 대해 미리 정의된 순서 지정 템플릿에 따라 정보 순서를 지정할 수 있는 최종 방법을 소개한다.

문장 인식

문장의 순서를 정하는 동안 담화 일관성이 고려될 수 있지만, 결과 문장은 여전히 일관성 문제가 있을 수 있다. 예를 들어 21장에서 봤듯이, 한 담화의 동일 지시어 체인에서 지시 대상이 여러 번 나타날 때, 더 길거나 더 설명적인 명사구가 더 짧거나, 줄거나, 대명사 형태보다 먼저 발생한다. 그러나 추출된 문장에 대해 선택한 순서는 이러한 일관성 선호도를 존중하지 않을 수 있다.

예를 들어 그림 23.20의 원래 요약에서 굵은 글씨로 표시된 이름은 일관성 없는 순서로 나타난다. **U.S. President George W. Bush**의 이름은 축약형 **Bush**가 도입된 후에만 나타난다.

문장 실현 단계에서 이 문제를 해결할 수 있는 한 가지 가능한 방법은 출력에 대용어 해소 알고리듬을 적용하고 이름을 추출하고 다음과 같은 몇 가지 간단한 정리 재작성 규칙을 적용하는 것이다.

(23.37) Use the **full name** at the first mention, and just the **last name** at subsequent mentions.

(23.38) Use a **modified** form for the first mention, but remove appositives or premodifiers from any subsequent mentions.

그림 23.20의 재작성된 요약은 이러한 규칙이 어떻게 적용되는지 보여준다. 일반적으로 이러한 방법은 높은 정확도의 대용어 해소에 따라 달라진다.

원본 요약:

Presidential advisers do not blame **O'Neill**, but they've long recognized that a shakeup of the economic team would help indicate **Bush** was doing everything he could to improve matters. **U.S. President George W. Bush** pushed out **Treasury Secretary Paul O'Neill** and top economic adviser Lawrence Lindsey on Friday, launching the first shakeup of his administration to tackle the ailing economy before the 2004 election campaign.

재작성된 요약:

Presidential advisers do not blame **Treasury Secretary Paul O'Neill**, but they've long recognized that a shakeup of the economic team would help indicate **U.S. President George W. Bush** was doing everything he could to improve matters. **Bush** pushed out **O'Neill** and White House economic adviser Lawrence Lindsey on Friday, launching the first shakeup of his administration to tackle the ailing economy before the 2004 election campaign.

그림 23.20   네엔코바 및 맥키운(2003)의 재작성된 지시 대상

문장 결합   최근 연구는 또한 **문장 결합** 알고리듬을 사용해 다른 문장의 구문을 결합함으로써 추출된 문장보다 더 세밀한 구현에 초점을 맞추고 있다. 바르질레이와 맥키운(2005)의 문장 결합 알고리듬은 각 문장을 구문 분석하고, 구문 분석의 다중 시퀀스 정렬을 사용해 공통 정보 영역을 찾고, 정보가 겹치는 결합 격자를 만들고, 격자로부터 단어 문자열을 선형화해 새로운 결합 문장을 만든다.

23.6 집중 요약 및 질의응답

23장을 시작하며 말했듯이, 가장 흥미로운 질문은 팩토이드 질문이 아니다. 사용자의 요구는 하나의 문구가 제공할 수 있는 것보다 더 길고 더 많은 정보를 필요로 한다. 예를 들어 정의 질문은 "*Autism is a **developmental disorder***" 또는 "*A caldera is a volcanic crater*"와 같은 짧은 문구로 대답할 수 있지만, 사용자는 water spinach의 다음 정의와 같이 더 많은 정보를 원할 수 있다.

> *Water spinach*(공심채)는 긴 속이 빈 줄기와 창 모양 또는 하트 모양의 잎이 특징인 반수엽 잎이 많은 녹색 식물로, 아시아 전역에서 잎채소로 널리 재배된다. 잎과 줄기는 종종 소금이나 짠 소스를 곁들인 채소 또는 수프에 볶아서 먹는다. 다른 일반적인 이름으로는 *morning glory vegetable*, *kangkong*(말레이어), *rau muong*(베트남어), *ong choi*(광동어) 및 *kong xin cai*(만다린어)가 있다. 시금치와는 관련이 없지만 고구마와 콘볼루스와 밀접한 관련이 있다.

의약품과 같은 분야에서도 복잡한 질문을 할 수 있는데, 이를테면 특정 약물 개입에 대한 다음과 같은 질문이다.

(23.39) In children with an acute febrile illness, what is the efficacy of single-medication therapy with acetaminophen or ibuprofen in reducing fever?

이 의학적 질문에 대해, 추출물이 나온 문서 ID와 결과에 대한 신뢰도 추정치를 제공하는 다음과 같은 유형의 답변을 추출할 수 있기를 바란다.

Ibuprofen provided greater temperature decrement and longer duration of antipyresis than acetaminophen when the two drugs were administered in approximately equal doses. (PubMedID: 1621668, Evidence Strength: A)

질문은 Document Understanding Conference 연례 요약 대회의 다음과 같이 훨씬 더 복잡할 수 있다.

(23.40) Where have poachers endangered wildlife, what wildlife has been endangered and what steps have been taken to prevent poaching?

팩토이드 답변이 단일 문서 또는 웹 페이지의 단일 구문에서 발견될 수 있는 경우, 이러한 종류의 복잡한 질문은 많은 문서 또는 페이지에서 합성된 훨씬 더 긴 답변이 필요할 수 있다.

이러한 이유로 요약 기술은 복잡한 질문에 대한 답변을 작성하는 데 자주 사용된다. 그러나 위에서 소개한 요약 알고리듬과 달리 복잡한 질문 답변을 위해 생성된 요약은 일부 사용자 질문과 관련이 있어야 한다. 일부 사용자 쿼리 또는 정보 요구에 응답하기 위해 문서를 요약하는 경우, 목표 **쿼리 중심 요약** 또는 때로는 **집중 요약**이라고 한다(**주제 기반 요약** 및 **사용자 중심 요약**이라는 용어도 사용됨). 따라서 쿼리 중심 요약은 실제로 사용자 질문이나 정보 요구에 대한 일종의 길고 팩토이드가 아닌 답변이다.

쿼리 중심 요약의 한 종류는 구글과 같은 웹 검색엔진이 검색된 각 문서를 설명하기 위해 사용자에게 반환하는 종류인 **스니펫**이다. 스니펫은 단일 문서의 쿼리 중심 요약이다. 그러나 복잡한 쿼리의 경우 여러 문서의 정보를 수집하고자 하기 때문에 여러 문서를 요약해야 한다.

스니펫

실제로 쿼리 중심 요약을 수행하는 가장 간단한 방법은 쿼리를 사용하기 위해 앞의 절에서 소개한 다중 문서 요약 알고리듬을 약간 수정하는 것이다. 예를 들어 콘텐츠 선택 단계에서 반환된 모든 문서에서 문장의 순위를 매길 때 추출된 문장에 쿼리와 겹치는 단어가 하나 이상 포함돼야 한다. 또는 문장 추출의 관련성 피처 중 하나로 쿼리에서 코사인 거리를 추가할 수 있다. 이러한 쿼리 중심 요약 방법을 상향식, 도메인 독립적인 방법으로 특성화할 수 있다.

쿼리 중심 요약을 수행하는 다른 방법은 하향식 또는 정보 추출 기술을 추가로 사용해 다양한 유형의 복잡한 질문에 대한 특정 콘텐츠 선택 알고리듬을 구축하는 것이다. 따라서 정의 질문, 전기 질문 및 특정 의학 질문과 같이 위에서 소개한 고급 질문 종류에 대한 쿼리 중심 요약기를 구체적으로 구축할 수 있다. 각각의 경우, 우리가 추출하는 문장의 종류를 안내하기 위해 좋은 정의, 전기 또는 의학적 답변을 만드는 것에 대한 하향식 예측을 사용한다.

속
종

예를 들어 용어 **정의**에는 종종 용어의 **속**屬, genus과 **종**種, species에 대한 정보가 포함된다. 속은 단어의 상의어 또는 상위어다. 따라서 *The Hajj is a type of ritual*(하지Hajj는 일종의 의식이다)와 같은 문장은 속 문장이다. 종은 속의 다른 하위어와 용어를 구별하는 용어의 중요한 추가 특성을 제공한다. 예를 들면 *"The annual hajj begins in the twelfth month of the Islamic year*(매년 하지hajj는 이슬람력의 12월에 시작된다)"처럼 제공할 수 있다. 정의에서 발생할 수 있는 다른 종류의 정보에는 **동의어, 어원, 부분형** 등이 있다.

정의 질문에 대한 추출 답변을 작성하려면 속屬 정보, 종 정보 및 기타 일반적으로 유익한 문장이 포함된 문장을 추출해야 한다. 마찬가지로, 좋은 **전기**는 그 사람의 **출생/사망, 명성, 학력, 국적** 등과 같은 정보를 포함한다. 이러한 종류의 정보로 문장을 추출해야 한다. 약물을 의학적 문제에 적용하는 연구 결과를 요약하는 의학적 답변에는 **문제**(의학적 상태), **중재**(약물 또는 절차) 및 **결과**(연구 결과)와 같은 정보가 포함돼야 한다. 그림 23.21은 정의, 전기 및 의료 개입 질문에 대한 몇 가지 예제를 보여준다.

정의	
속	The Hajj is a type of ritual
종	the annual hajj begins in the twelfth month of the Islamic year
동의어	The Hajj, or Pilgrimage to Mecca, is the central duty of Islam
부분형	Qiran, Tamattu', and Ifrad are three different types of Hajj
전기	
날짜	was assassinated on April 4, 1968
국적	was born in Atlanta, Georgia
학력	entered Boston University as a doctoral student
약효	
인구	37 otherwise healthy children aged 2 to 12 years
문제	acute, intercurrent, febrile illness
개입	acetaminophen(10 mg/kg)
결과	ibuprofen provided greater temperature decrement and longer duration of antipyresis than acetaminophen when the two drugs were administered in approximately equal doses

그림 23.21 특정 유형의 복잡한 질문에 대한 답변을 생성하기 위해 추출해야 하는 몇 가지 다른 유형의 정보의 예

각각의 경우, 22장의 **정보 추출** 방법을 사용해 속과 종(정의의 경우), 날짜, 국적 및 학력(전기의 경우) 또는 문제, 개입 및 결과(의학적 질문의 경우)에 대한 특정 문장을 찾는다. 그런 다음 표준 도메인 독립적인 콘텐츠 선택 알고리듬을 사용해 추가할 다른 좋은 문장을 찾을 수 있다.

일반적인 아키텍처는 블레어-골든존 외 연구진(2004)의 정의 추출 시스템에서 그림 23.22에 표시된 4단계로 구성된다. 입력은 정의 질문 T, 검색할 문서 수 N, 답변의 길이 L(문장)이다.

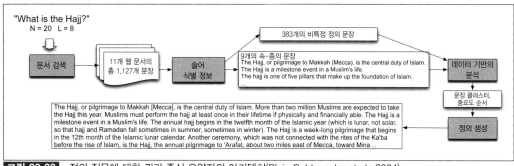

그림 23.22 정의 질문에 대한 쿼리 중심 요약자의 아키텍처(Blair-Goldensohn et al., 2004)

IE 기반의 복잡한 질의응답 시스템의 첫 번째 단계는 정보 검색이다. 이 경우 수작업으로 작성한 패턴 세트를 사용해 쿼리 $T(Hajj)$에서 정의할 용어를 추출하고, IR 엔진으로 전송되는 일련의 쿼리를 생성한다. 마찬가지로 전기 시스템에서는 추출돼 IR 엔진에 전달되는 이름이다. 반환된 문서는 문장으로 나뉜다.

두 번째 단계에서는 분류사를 적용해 도메인에 적합한 부류 집합으로 각 문장에 레이블을 지정한다. 정의 질문에 대해 블레어-골든슨 외 연구진(2004)은 속, 종, 기타 정의 또는 기타의 네 가지 부류 집합을 사용했다. 세 번째 부류인 다른 정의는 요약에 추가될 수 있는 다른 문장을 선택하는 데 사용된다. 이러한 분류기는 수작업으로 작성한 규칙 또는 지도된 머신러닝을 포함해 22장에서 소개한 정보 추출 기술을 기반으로 할 수 있다.

세 번째 단계에서는 일반(쿼리 중심이 아닌) 다중 문서 요약 콘텐츠 선택 절에 설명된 방법을 사용해 특정 정보 추출 유형에 속하지 않을 수 있는 추가 문장을 답변에 추가할 수 있다. 예를 들어 정의 질문의 경우, other definitional로 분류된 모든 문장을 검사하고 그중에서 관련 문장 집합을 선택한다. 이 선택은 각 문장에 대해 tf-idf 벡터를 형성하고 모든 벡터의 중심을 찾은 다음 중심에 가장 가까운 K개의 문장을 선택하는 중심 방법으로 수행할 수 있다. 또는 벡터를 클러스터링하고 각 클러스터에서 최상의 문장을 선택하는 것과 같은 중복성을 피하는 방법을 사용할 수 있다.

이 유형의 쿼리 중심 요약자는 도메인별로 다르기 때문에 정보 순서 지정을 위해 고정된 수작업 템플릿과 같은 도메인별 방법을 사용할 수도 있다. 전기 질문의 경우 다음과 같은 템플릿을 사용할 수 있다.

(23.41) 〈NAME〉 is 〈WHY FAMOUS〉. She was born on 〈BIRTHDATE〉 in 〈BIRTHLOCATION〉. She 〈EDUCATION〉. 〈DESCRIPTIVE SENTENCE〉. 〈DESCRIPTIVE SENTENCE〉.

그러면 콘텐츠 선택 단계에서 선택한 다양한 문장이나 구문을 템플릿에 맞출 수 있다. 이러한 템플릿은 좀 더 추상적일 수도 있다. 예를 들어 정의를 위해 속-종 관계 문장을 먼저 배치한 후 나머지 문장이 그 스코어에 의해 정렬될 수 있다.

23.7 요약 평가

기계 번역과 같은 다른 음성 및 언어 처리 영역에서도 마찬가지이지만 요약, 인간 주석을 필요로 하는 메트릭과 완전 자동 메트릭을 위한 다양한 평가 메트릭이 있다.[3]

다른 작업에 대해 살펴본 것처럼, **외부**(작업 기반) 또는 **내재**(작업 독립적) 방법으로 시스템을 평가할 수 있다. 23.5절에서 다중 문서 요약에 대한 일종의 외부 평가를 설명했다. 여기서 피험자는 시간 제한이 있는 자료 수집 작업을 수행하도록 요청하고, 요약되지 않았거나 인적 요약 또는 읽을 자동 생성된 요약과 함께 전체 문서를 제공받았다. 피험자는 뉴스의 이벤트에 대한 세 가지 관련 질문에 대답해야 했다. (웹 **스니펫** 생성 작업과 같은) 쿼리 중심의 단일 문서 요약의 경우, 우리는 요약만 보고 문서가 쿼리와 관련 있는지 혹은 관련되지 않는지를 결정하는 작업에서 다른 요약 알고리듬이 인간의 성능에 어떤 영향을 미치는지 측정할 수 있다.

ROUGE   가장 일반적으로 사용되는 내재적 요약 평가 메트릭은 **ROUGE**Recall-Oriented Understudy for Gisting Evaluation라는 자동 방법이다(Lin and Hovy, 2003; Lin, 2004). ROUGE는 기계 번역 출력을 평가하는 데 사용되는 BLEU 메트릭에서 영감을 얻었으며, BLEU와 마찬가지로 후보와 인간이 생성한 요약(기준) 사이의 N그램 중복 양을 측정해, 자동으로 기계 생성 후보 요약에 스코어를 매긴다.

BLEU는 가설과 기준 번역 간에 서로 다른 길이의 겹치는 N그램 수를 평균해 계산된다. 반대로 ROUGE에서는 N그램의 길이가 고정돼 있다. **ROUGE-1**은 유니그램 오

ROUGE-1

ROUGE-2   버랩을 사용하고 **ROUGE-2**는 바이그램 오버랩을 사용한다. ROUGE-2를 정의하면, 다른 모든 ROUGE-N 메트릭의 정의는 자연스럽게 따른다. ROUGE-2는 후보 요약과 사람 기준 요약 세트 간의 바이그램 리콜을 측정한 것이다.

$$ROUGE2 = \frac{\sum\limits_{S \in \{ReferenceSummaries\}} \sum\limits_{bigram \in S} \text{Count}_{\text{match}}(bigram)}{\sum\limits_{S \in \{ReferenceSummaries\}} \sum\limits_{bigram \in S} \text{Count}(bigram)} \tag{23.42}$$

---

3   여기서는 전체 요약 알고리듬의 평가에 초점을 맞추고 정보 순서 지정과 같은 하위 구성 요소의 평가를 무시한다. 예를 들어 정보 순서 지정을 위해 순위 상관관계인 Kendall의 τ 사용에 대한 라파타(2006)를 참고한다.

Count$_{match}$($bigram$) 함수는 후보 요약 및 기준 요약 집합에서 함께 발생하는 최대 바이그램 수를 반환한다. ROUGE-1은 동일하지만 바이그램 대신 유니그램을 계산한다.

ROUGE는 리콜 중심 측정이고, BLEU는 정밀도 중심 측정이다. 이는 (23.42)의 분모가 참조 요약에 있는 바이그램 수의 총합이기 때문이다. 반대로 BLEU에서 분모는 후보에 있는 N그램 수의 총합이다. 따라서 ROUGE는 후보 요약에 포함된 인간 기준 요약 바이그램의 수와 같은 것을 측정하는 반면, BLEU는 인간 기준 번역에서 발생한 후보 번역 바이그램의 수와 같은 것을 측정한다.

ROUGE의 변형에는 기준 및 후보 요약 사이의 **가장 긴 공통 하위 시퀀스**를 측정하는 **ROUGE**-L과 기준 및 후보 요약 사이의 **스킵 바이그램** 수를 측정하는 **ROUGE**-S 및 **ROUGE**-SU가 있다. 스킵 바이그램은 문장 순서로 된 한 쌍의 단어이지만, 그 쌍 사이에 여러 다른 단어가 나타날 수 있다.

ROUGE는 가장 일반적으로 적용되는 자동 기준이지만, BLEU와 같은 유사한 메트릭이 기계 번역에 적용되는 것처럼 요약에는 적용할 수 없다. 이는 인간 요약본이 요약에 포함할 문장에 대해 강하게 동의하지 않는 것처럼 보이며, 인간과 인간 간의 중복도 매우 낮기 때문이다.

인간이 추출하기로 선택한 문장의 이러한 차이는 의미에 더 집중하려는 인간 평가 방법에 동기를 부여했다. 하나의 메트릭인 **피라미드 방법**은 후보 요약과 기준 요약 간에 공유되는 의미 단위 수를 측정하는 방법이다. 피라미드 방법은 또한 중요성에 따라 의미 단위에 가중치를 부여한다. 더 많은 인간 요약에서 발생하는 의미의 단위는 더 높은 가중치가 부여된다. 의미 단위는 **SCU**$^{Summary\ Content\ Unit}$라고 하며, 이는 명제 또는 명제의 일관된 부분에 대략적으로 대응하는 하위 의미 단위다.

피라미드 방법에서 인간은 각 기준 및 후보 요약에서 요약 콘텐츠 단위에 레이블을 지정한 다음 중복 측정이 계산된다.

네엔코바 외 연구진(2007)의 6개의 인간 초록의 문장에서 2개의 SCU가 어떻게 레이블링되는지에 대해 설명한다. 먼저 문자(6개의 인간 요약 중 하나에 해당)와 숫자(인간 요약에서 문장의 위치)로 색인된 인간 요약의 문장을 표시한다.

A1.   The industrial espionage case involving GM and VW began with <u>the hiring of Jose Ignacio Lopez, an employee of GM</u> subsidiary Adam Opel, <u>by VW</u> as a production director.

B3.   However, <u>he left GM for VW</u> under circumstances, which along with ensuing events, were described by a German judge as "potentially the biggest-ever case of industrial espionage".

C6.   <u>He left GM for VW</u> *in March 1993*.

D6.   The issue stems from the alleged <u>recruitment of GM's</u> eccentric and visionary Basque-born procurement chief <u>Jose Ignacio Lopez</u> de Arriortura and seven of Lopez's business colleagues.

E1.   *On March 16, 1993*, with Japanese car import quotas to Europe expiring in two years, renowned cost-cutter, <u>Agnacio Lopez De Arriortura, left his job</u> as head of purchasing <u>at General Motor's Opel</u>, Germany, <u>to become Volkswagen's</u> Purchasing and Production director.

F3.   *In March 1993*, <u>Lopez</u> and seven other <u>GM</u> executives <u>moved to VW</u> overnight.

주석자는 먼저 위와 같은 유사한 문장을 식별한 다음 SCU에 레이블을 지정한다. 위 문장에서 밑줄과 이탤릭체로 된 단어 범위는 다음 두 SCU를 생성하며, 각각은 표시되는 요약 수에 해당하는 가중치를 가진다(첫 번째 SCU의 경우 6개, 두 번째의 경우 3개).

SCU1 (w=6): *Lopez left GM for VW*

A1. the hiring of Jose Ignacio Lopez, an employee of GM . . . by VW

B3. he left GM for VW

C6. He left GM for VW

D6. recruitment of GMs . . . Jose Ignacio Lopez

E1. Agnacio Lopez De Arriortura, left his job . . . at General Motors Opel . . . to become Volkswagens . . . director

F3. Lopez. . . GM. . . moved to VW

SCU2 (w=3) *Lopez changes employers in March 1993*

C6. in March, 1993

E1. On March 16, 1993

F3. In March 1993

주석이 완료되면 주어진 요약의 정보성은 동일한 수의 SCU를 가진 최적의 요약 가중치에 대한 SCU 가중치의 합계 비율로 측정할 수 있다. 자세한 내용과 문헌에 대한 포인터는 23장 끝부분에 있는 '역사 참고 사항' 절을 참고한다.

임의 문장
선행 문장

요약을 평가하기 위한 표준 기준선은 **임의 문장** 기준선과 **선행 문장** 기준이다. 길이 N개의 문장에 대한 요약을 평가한다고 가정하면 임의 기준선은 N개의 임의 문장을 선택하고 선행 기준선은 처음 N개의 문장을 선택한다. 선행 문장 방법은 상당히 강력한 기준이며, 제안된 많은 요약 알고리듬이 이를 능가하지 못한다.

23.8 요약

- 정보 검색의 지배적인 모델은 문서 및 쿼리의 의미를 단어 모음으로 나타낸다.

- **벡터 공간 모델**은 문서와 쿼리를 큰 다차원 공간에서 벡터로 본다. 문서와 쿼리 또는 다른 문서 간의 유사성은 벡터 간의 각도 코사인으로 측정할 수 있다.

- 팩토이드 질의응답 시스템의 주요 구성 요소는 답변의 개체명 유형을 결정하는 **질문 분류** 모듈, 관련 구절을 식별하는 **구절 검색** 모듈, 최종 답변을 추출하고 형식화하는 답변 처리 모듈이다.

- 팩토이드 질의응답은 **평균 상호 순위**[MRR]로 평가할 수 있다.

- 요약은 **발췌**하거나 **추출**한 것일 수 있다. 대부분의 현재 알고리듬은 발췌적이다.

- 요약 알고리듬의 세 가지 구성 요소는 **내용 선택**, **정보 순서** 및 **문장 실현**이다.

- 현재 단일 문서 요약 알고리듬은 담화에서의 **위치**, **단어 정보성**, **단서 구문** 및 **문장 길이**와 같은 피처에 의존해 주로 **문장 추출**에 중점을 둔다.

- 다중 문서 요약 알고리듬은 종종 문서 문장에서 **문장 단순화**를 수행한다.

- **중복 방지**는 다중 문서 요약에서 중요하다. **MMR**과 같은 중복 페널티 용어를 문장 추출에 추가해 구현하는 경우가 많다.
- 다중 문서 요약의 **정보 순서** 알고리듬은 종종 일관성 유지를 기반으로 한다.
- **쿼리 중심 요약**은 **일반 요약** 알고리듬을 약간 수정하거나 정보 추출 방법을 사용해 수행할 수 있다.

참고문헌 및 역사 참고 사항

룬(1957)은 일반적으로 내용을 기반으로 문서의 완전 자동 색인화 개념을 처음으로 발전시킨 것으로 알려져 있다. 수년에 걸쳐 코넬에서 살튼의 SMART 프로젝트(Salton, 1971)는 벡터 모델, 용어 가중치 체계, 관련성 피드백, 유사성 메트릭으로 코사인 사용을 포함해 정보 검색에서 가장 중요한 개념을 개발하거나 평가했다. 용어 가중치에 역문서 빈도를 사용하는 개념은 스파크 존스(1972)가 제안했다. 관련성 피드백의 원래 개념은 로키오(1971)가 제안했다.

우리가 다루지 않은 벡터 모델에 대한 대안은 원래 로빈슨과 스파크 존스(1976)에 의해 효과적이라고 보여진 **확률 모델**이다. 정보 검색의 확률적 모델에 대해서는 크레스타니 외 연구진(1998)과 매닝 외 연구진(2008)의 11장을 참고한다.

매닝 외 연구진(2008)은 정보 검색에 관한 포괄적인 현대 텍스트다. 훌륭하지만 약간 오래된 텍스트로는 배자예이츠와 리바이로네토(1999), 프레이크와 배자예이츠(1992)가 있다. 오래된 고전 텍스트로는 살튼과 맥길(1983)과 반 리즈베르겐(1975)이 있다. 이 분야의 많은 고전 논문은 스파크 존스와 윌렛(1997)에서 찾을 수 있다. 현재 작업은 ACM SIGIR[Special Interest Group on Information Retrieval]의 연례 공식 기록에 게시된다. 미국 NIST[National Institute of Standards and Technology]는 1990년대 초부터 텍스트 검색 회의(TREC)라고 하는 텍스트 정보 검색 및 추출을 위한 연간 평가 프로젝트를 운영해왔다. TREC의 회의 공식 기록에는 이러한 표준화된 평가의 결과가 포함돼 있다. 이 분야의 주요 저널은 〈Journal of the American Society of Information Sciences〉, 〈ACM Transactions on Information Systems〉, 〈Information Processing and Management〉, 〈Information Retrieval〉이다.

질의응답은 1960년대와 1970년대에 NLP 시스템에 대한 가장 초기 작업 중 하나였다(Green et al., 1961; Simmons, 1965; Woods et al., 1972; Lehnert, 1977). 그러나 웹 쿼리의 필요성으로 인해 작업이 다시 집중될 때까지 이 분야는 수십 년 동안 휴면 상태였다. TREC QA 트랙은 1999년에 시작됐으며, 그 이후로 다양한 팩토이드 및 팩토이드가 아닌 시스템이 연간 평가에서 경쟁하고 있다.

23장의 참고문헌 외에도 최근 연구 논문 모음은 스트잘코프스키 및 하라바기우(2006)를 참고한다.

텍스트 요약에 대한 연구는 룬(1958)이 초록의 자동 생성을 위한 추출 방법에 대한 연구로 시작됐으며, 용어 빈도와 같은 표면 특성에 초점을 맞췄으며 나중에 위치 특성을 통합한 에드먼슨(1969)의 연구에서도 시작됐다. 용어 기반 기능은 Chemical Abstracts Service에서 자동 요약의 초기 적용에도 사용됐다(Pollock and Zamora, 1975). 1970년대와 1980년대에는 스크립트(DeJong, 1982), 시멘틱 네트워크(Reimer and Hahn, 1988) 또는 AI와 통계적 방법의 조합(Rau et al., 1989)과 같은 AI 방법론에 기반한 여러 접근 방식이 있었다.

쿠피크 외 연구진(1995)이 지도된 머신러닝으로 문장 분류기를 훈련시킨 작업은 문장 추출을 위한 많은 통계적 방법을 이끌었다. 세기가 바뀌면서, 웹의 성장은 자연스럽게 다중 문서 요약과 쿼리 집중 요약에 대한 관심으로 이어졌다.

요약기의 주요 구성 요소에 대한 다양한 알고리듬이 있다. 우리가 설명하는 단순하고 비지도 로그 선형 콘텐츠 선택 알고리듬은 네엔코바 및 반데르웬데(2005), 반데르웬데 외 연구진(2007)의 **SumBasic** 알고리듬, 라데프 외 연구진(2000) 및 라데프 외 연구진(2001)의 **중심** 알고리듬에서 단순화됐다. 키블과 파워(2000), 라파타(2003), 카라마니스와 마누룽(2002), 카라마니스(2003), 바르질레이와 라파타(2005), 바르질레이와 라파타(2008)를 비롯한 많은 정보 정렬 알고리듬에서 개체 일관성을 사용했다. 일관성을 위해 여러 신호를 결합하고 최적의 순서를 검색하는 알고리듬에는 알타우스 외 연구진(2004), 선형 계획법을 기반으로 멜리쉬 외 연구진(1998), 카라마니스와 마누룽(2002), 소리컷과 마르쿠(2006) 알고리듬은 IDL 표현식을 기반으로 A* 검색을 사용한다. 카라마니스(2007)는 수사적 관계를 기반으로 한 일관성을 개체 일관성에 추가해도 문장 순서가 개선되지 않는다는 것을 보여줬다. 라파타(2006, 2003), 카라마니스 외

SumBasic

중심

연구진(2004) 및 카라마니스(2006)에서 정보 순서를 평가하는 방법에 대해 설명한다.

문장 압축은 특히 활발한 연구 분야다. 초기 알고리듬은 덜 중요한 단어나 구문을 제거하기 위한 구문 지식의 사용에 중점을 뒀다(Grefenstette, 1998; Mani et al., 1999; Jing, 2000). 최근 연구는 특정 단어 또는 구문 분석 노드가 정리될 확률을 계산하기 위해 인간의 요약과 함께 문서의 병렬 코퍼스를 사용하는 지도 머신러닝 사용에 초점을 맞췄다. 방법에는 최대 엔트로피(Riezler et al., 2003), 노이즈가 많은 채널 모델 및 동기식 문맥 자유 문법 사용(Galley and McKeown, 2007; Knight and Marcu, 2000; Turner and Charniak, 2005; Daumé III and Marcu, 2002), 정수 계획법(Clarke and Lapata, 2007) 및 큰 마진 학습(McDonald, 2006)이 포함된다. 이러한 방법은 특히 구문 또는 구문 분석 지식을 포함한 다양한 피처에 의존한다(Jing, 2000; Dorr et al., 2003; Siddharthan et al., 2004; Galley and McKeown, 2007; Zajic et al., 2007; Conroy et al., 2006; Vanderwende et al., 2007). 일관성 정보도 포함한다(Clarke and Lapata, 2007). 대체 최근 방법은 이러한 종류의 병렬 문서/요약 코퍼스들 없이도 작동할 수 있다(Hori and Furui, 2004; Turner and Charniak, 2005; Clarke and Lapata, 2006).

쿼리 중심 요약의 최근 베이지안 모델은 다메 3세 및 마르쿠(2006)를 참고한다.

요약 평가에 대한 자세한 내용은 네엔코바 외 연구진(2007), 시멘틱 커버리지 평가 방법에 대한 피라미드 방법은 파소노나우 외 연구진(2005), 파소노나우(2006), 관련 의미 적용 범위 평가 방법은 반 할테렌과 튜펠(2003), 튜펠과 반 할테렌(2004), 요약과 질문에 대한 평가 사이의 연결은 린과 뎀너푸슈마(2005)를 참고한다. 2001년에 시작된 NIST 프로그램인 DUC^Document Understanding Conference는 요약 알고리듬에 대한 연간 평가를 후원했다. 여기에는 단일 문서, 다중 문서 및 쿼리 중심 요약이 포함된다. 연례 워크숍의 절차는 온라인으로 볼 수 있다.

마니와 메이베리(1999)는 요약에 관한 고전 논문 모음집이다. 스파크 존스(2007)는 좋은 최근 설문 조사이고, 마니(2001)는 표준 교과서다.

의역 예측   **의역 예측** 작업은 질의응답에서 리콜의 개선하고 요약에서 중복을 방지하는 것과 관련된 중요한 작업이며 텍스트 포함과 같은 작업에도 관련된다. 의역 예측 기법에 관한 대표적인 논문은 린과 팬텔(2001), 바질레이와 리(2003), 팡 외 연구진(2003), 돌란 외 연구진(2004), 퀴크 외 연구진(2004)을 참고한다.

정보 검색 및 요약과 관련된 또 다른 작업은 기존 문서 부류 집합 중 하나에 새 문

텍스트 분류   서를 할당하는 **텍스트 분류** 작업이다. 표준 접근 방식은 지도된 머신러닝을 사용해 올

바른 부류로 레이블이 지정된 문서 집합에서 분류사를 훈련하는 것이다. 텍스트 분류

스팸 탐지   의 가장 중요한 애플리케이션은 **스팸 탐지**다.

연습

23.1 좋아하는 웹 검색엔진에 다음 쿼리를 입력한다.

Who did the Vice President kill?

Who killed the former Treasury Secretary?

반환된 스니펫 및 페이지에서 오류 분석을 수행하라. 오류의 원인은 무엇인가?

보다 지능적인 질의응답 시스템으로 이러한 오류를 어떻게 해결할 수 있는가?

23.2 웹 기반 질의응답에 대한 오류 분석을 수행한다. 10개의 질문을 선택하고 두

개의 다른 검색엔진에 모두 입력하고, 오류를 분석하라. 예를 들어 시스템이

답할 수 없는 질문에는 어떤 것이 있는가? 어떤 종류의 질문이 더 잘 작동했는

가? 스니펫에서 답할 수 있는 질문 유형이 있었는가?

23.3 브릴리 외 연구진(2002)을 읽고, 간단한 버전의 AskMSR 시스템을 구현하라.

23.4 마지막 질문에 대해 개발한 시스템을 작은 웹 페이지 모음에 적용한다. 예를

들어 대학의 학부 학위 및 과정 요구 사항을 설명하는 페이지 집합을 사용할

수 있다. 소량 컬렉션에 대한 제한이 시스템 성능에 어떤 영향을 주는가?

24
다이얼로그 및 대화 에이전트

C : 세인트루이스 팀 동료들의 이름을 알려줘.

A : 말해줄게. 1루수는 누구야. 2루수는 뭐야. 3루수는 몰라.

C : 동료들의 이름을 알아?

A : 응.

C : 그럼 1루수가 누구야?

A : 응.

C : 그러니까 1루수가 누구냐고.

A : 누구.

C : 1루에 있는 남자.

A : 누가 1루수야.

C : 나한테 물어보는 거야?

A : 물어보는 게 아니야. 답하고 있잖아. 누가 1루수야.

1루수가 누구야 – 버드 애보트와 루 코스텔로의 만담

판타지 문학에는 감각과 언어적 재능이 마법처럼 부여된 무생물이 많이 있다. 오비드의 피그말리온 동상에서 메리 셸리의 『프랑켄슈타인』에 이르기까지 무언가를 창조하고 대화를 나누는 것에 대해 깊은 감동을 준다. 미켈란젤로는 *Moses*의 조각품을 완성한 후 너무 생생해서 무릎을 두드리며 말해보라고 명령했다는 일화가 있다. 어쩌면

대화
다이얼로그

이는 놀랄 일이 아닐지도 모른다. 언어는 인류와 감각의 표식이며, **대화**나 **다이얼로그**는 언어의 가장 근본적이고 특별한 특권의 영역이다. 이는 우리가 어렸을 때 처음으로 배우는 언어이며 점심으로 카레를 주문하든, 시금치를 사든, 비즈니스 회의에 참여하든, 가족과 대화하든, 항공편을 예약하든, 날씨에 대해 불평하든, 가장 흔히 접하는 언어이다.

대화 에이전트

24장에서는 **대화 에이전트**의 기본 구조와 알고리듬을 소개한다. 대화 에이전트는 텍스트가 아닌 음성을 통해 의사 소통하는 경우가 가장 많기 때문에 **음성 대화 시스템** 또는 **음성 언어 시스템**이라고도 한다. 이러한 프로그램은 여행을 준비하고, 날씨 또는 스포츠에 대한 질문에 답하고, 전화를 라우팅하고, 일반 전화 도우미 역할을 하거나, 훨씬 더 정교한 작업을 수행하기 위해 음성 자연어로 사용자와 통신한다.

이러한 작업의 대부분은 전화 통신과 관련되며 대형 화면과 키보드를 사용할 수 없는 모바일 상황도 포함한다(Cohen and Oviatt, 1994). 따라서 여행과 관련된 애플리케이션은 매우 일반적이다. 실제로 여행 계획 및 관리는 항공 여행 계획을 위한 초기 영향력 있는 GUS 시스템 이후 대화 시스템의 주요 관심사였다(Bobrow et al., 1977). 최근에는 항공 교통 정보 시스템ATIS(Hemphill et al., 1990) 및 통신(Walker et al., 2002) 프로그램에 따라 항공편 예약을 위한 다양한 음성 언어 시스템이 구축됐다. 이 여행 도메인을 24장 전체에서 예제로 사용한다(12장에서 ATIS 문장을 구문 분석하기 위한 문법 규칙을 논의하는 데 사용한다). 그림 24.1은 쉬와 루드니키(2000)의 통신 시스템의 샘플 다이얼로그를 보여준다.

S1:	Hello, You've reached the [Communicator]. Tell me your full name
U2:	hi i'd like to fly to seattle tuesday morning
S3:	Traveling to Seattle on Tuesday, August eleventh in the morning. Your full name?
U4:	[John Doe]
S5:	Hello, [John], I'm glad to hear from you again. You can now ask me for help.
S6:	OK. Let's see I have a United flight departing Pittsburgh at ten forty five a.m. arriving into Seattle at one fifty seven p.m. Is that OK?
U7:	Yes
S8:	Will you return to Pittsburgh from Seattle?
U9:	no i will go to Los Angeles
S10:	Traveling to Los Angeles. on what date
U11:	Sorry can we go back to talk about the previous leg again

S12:	For the first leg, you are on a United flight 1446 departing Pittsburgh at ten forty five A.M. tomorrow, arriving in Seattle at one fifty seven P.M. Do you want to take that?
U13:	actually i want to leave on wednesday
S14:	a flight on wednesday.
S15:	I have a flight departing Pittsburgh at ten forty five a.m., arrives Seattle at one fifty seven p.m. Is that OK?
U16:	Yes

그림 24.1 여행 도메인: 쉬와 루드니키(2000)의 사용자(U)와 통신 시스템(S) 간의 성공적인 대화의 일부다.

또 다른 유망한 도메인은 자동 통화 라우팅이다. 통화 라우팅 시스템은 전화 콜 센터에서 수신 통화를 전달해 적절한 사람에게 통화를 전달한다. 통화 라우팅 다이얼로그 시스템은 일반적으로 *How may I help you?*(Gorin et al., 1997) 또는 *How may I direct your call?*(ChuCarroll and Carpenter, 1999)와 같은 개방형 질문을 사용자에게 묻는 것으로 시작된다. 그림 24.2는 AT&T How May I Help You(HMIHY) 시스템(Gorin et al., 1997)의 샘플 대화를 보여준다.

S:	How may I help you?
U:	*can you tell me how much it is to tokyo?*
S:	You want to know the cost of a call?
U:	*yes that's right*
S:	Please hold on for rate information.
S:	How may I help you?
U:	*what's the area code for chicago?*
S:	You want an area code.
U:	*(silence)*
S:	The area code for Chicago is 312.

그림 24.2 통화 라우팅 도메인: 사용자(U)와 AT & T How May I Help You(HMIHY) 시스템(S) 간의 두 가지 대화(Gorin et al., 1997)

전화 통신 영역에서 매우 멀리 떨어져있는 다소 다른 영역은 자동 튜터링 시스템이다. 그림 24.3은 튜터링 백엔드로 Why2-Atlas 텍스트 기반 튜터링 시스템을 사용하는 ITSPOKE 다이얼로그 시스템(Litman and Silliman, 2004)의 대화의 일부를 보여준다(VanLehn et al., 2002).

S:	I didn't understand. What force acts on all objects within close proximity to earth?
U:	*uh the force of gravity*
S:	Fine. Besides the Earth's gravitational force, are there any other forces acting on the person, keys, and elevator after the release?
U:	*no*
S:	Yep. Thus, keep in mind that after the release, the only force on the person, keys, and elevator is the force of gravity. If gravity is the only force acting on an object, will it be moving or staying still?
U:	*it will be moving*
S:	Fine. Not only are the person, keys, and elevator moving, they have only gravitational forces on them. When an object is falling and has only gravitational force on it, it is said to be in what?
U:	*freefall*

그림 24.3   튜터링 도메인: 학생 사용자(U)와 리트먼과 실리만의 ITSPOK 시스템(S) 사이의 대화의 일부이다.

24.1절은 문체와 발화, 화행, 기초 교육, 문답 구조 및 대화의 의미를 포함해 인간 대화에 대한 사실의 요약으로 시작한다. 다음 몇 절에서는 음성 언어 시스템의 구성 요소와 일부 평가 지표를 소개한다. 그런 다음 24.5절 및 24.6절에서 더욱 정교한 정보 상태 아키텍처 및 대화 에이전트의 마르코프 의사결정 프로세스 모델로 전환하고 BDI$^{Belief-Desire-Intention}$ 패러다임과 같은 몇 가지 고급 주제로 마무리한다.

24.1 인간 대화의 속성

인간 간의 대화는 복잡한 공동 활동이다. 기술의 한계로 인해 현재 인간과 기계 간의 대화는 이러한 인간 대화보다 훨씬 간단하고 제한적이다. 그럼에도 불구하고 인간과 대화할 수 있는 대화 에이전트를 설계하기 전에 인간이 서로 대화하는 방식에 대해 이해하는 것이 중요하다.

이 절에서는 지금까지 본 (텍스트 기반) 담화와 구별되는 인간 대 인간 대화의 몇 가지 속성에 대해 다룬다. 가장 큰 차이점은 대화는 두 명 이상의 대담자 간의 일종의 **공동 활동**이라는 것이다. 이 기본적인 사실은 여러 가지 영향을 미친다. 대화는 연속적인 전환으로 구성되며, 각 전환은 화자와 청자의 **공동 작용**으로 구성되며 청자는 화자의 의도된 의미에 대해 **대화 함축**이라고 하는 특별한 추론을 한다.

24.1.1 의사소통 순서와 주고받기

주고받기 대화는 **주고받기**turn-taking 특징이 있다. 화자 A가 말한 다음 화자 B, 그다음에 A는 말을 한다. 순서(또는 "taking the floor")가 할당될 리소스인 경우 순서가 할당되는 프로세스는 무엇인가? 화자는 자신의 차례에 기여할 적절한 시기가 언제인지 어떻게 알 수 있는가?

대화와 언어 자체가 이 자원 할당 문제를 효율적으로 처리할 수 있는 방식으로 구조화돼 있는 것으로 나타났다. 이것에 대한 증거의 한 원천은 정상적인 인간 대화에서의 발언의 타이밍이다. 말하는 동안 화자가 서로 겹칠 수 있지만, 평균적으로 전체 겹침의 양은 5% 미만일 수 있다는 것이 밝혀졌다(Levinson, 1983). 게다가 순서 사이의 시간은 일반적으로 수백 밀리초 미만이며, 화자가 발화를 위한 운동 루틴을 계획하는 데 수백 밀리초가 걸린다는 점을 고려하면 상당히 짧다. 그래서 화자는 이전 화자가 말을 마치기 전에 다음 발언을 시작할 정확한 순간을 계획하기 시작해야 한다. 이것이 가능하려면 자연스런 대화가 (대부분) 사람들이 다음에 **누가** 그리고 정확히 **언제** 대화해야 하는지 빨리 알아낼 수 있는 방식으로 설정돼야 한다. 이러한 종류의 주고받기 동작은 일반적으로 **대화 분석**CA 분야에서 연구된다. 주요 대화 분석 논문에서 삭스 외 연구진(1974)은 주고받기 동작이 적어도 미국 영어에서는 주고받기 규칙의 지배를 받는다고 주장했다. 이러한 규칙은 언어의 구조가 화자 이동을 허용하는 **적정 전이 지점**transition-relevance place 또는 TRP에 적용된다. 다음은 삭스 외 연구진(1974)에서 단순화된 주고받기 규칙의 버전이다.

(24.1) 각 순서의 각 TRP에서 **주고받기 규칙**

　　a. 이 차례에 현재 화자가 A를 다음 화자로 선택했다면 A는 다음에 말해야 한다.

　　b. 현재 화자가 다음 화자를 선택하지 않으면 다른 화자가 다음 차례를 진행할 수 있다.

　　c. 다른 사람이 다음 차례를 진행하지 않으면 현재 화자가 진행할 수 있다.

대화 모델링에 대한 규칙 (24.1)의 여러 가지 중요한 의미가 있다. 첫째, (24.1a)는 화자가 다음 화자가 될 사람을 구체적으로 선택하는 발화가 있음을 의미한다. 이들 중 가장 분명한 것은 화자가 질문에 답하기 위해 다른 화자를 선택하는 질문이다. QUESTION-ANSWER와 같은 두 부분으로 된 구조는 **인접 쌍**(Schegloff, 1968) 또는 **다이얼로그 쌍**(Harris, 2005)이라고 한다. 다른 인접 쌍에는 "GREETING", "GREETING, COMPLIMENT", "DOWNPLAYER", REQUEST, GRANT가 차례로 포함된다. 이러한 쌍과 설정한 대화 예측이 대화 모델링에서 중요한 역할을 할 것이다.

인접 쌍
다이얼로그 쌍

또한 하위 규칙(24.1a)은 침묵의 해석을 의미한다. 어떤 전환 후에 침묵이 발생할 수 있지만, 인접 쌍의 두 부분 사이에 침묵이 있다는 것은 **의미심장한 침묵**이다. 예를 들어 레빈슨(1983)은 앳킨슨과 드류(1979)의 이 예를 언급한다. 일시 중지 길이는 괄호(초)로 표시된다.

의미심장한
침묵

(24.2) A: Is there something bothering you or not? (1.0)

A: Yes or no? (1.5)

A: Eh?

B: No.

A가 방금 B에게 질문했기 때문에 침묵은 응답을 거부하거나 **비선호** 응답(요청에 대해 "no"라고 말하는 것과 같은 응답)으로 해석된다. 대조적으로, 다른 장소에서의 침묵(예: 화자가 차례를 마친 후의 경과)은 일반적으로 이런 방식으로 해석할 수 없다. 이러한 사실은 음성 대화 시스템의 사용자 인터페이스 디자인과 관련이 있다. 느린 음성 인식기(Yankelovich et al., 1995)로 인한 대화 시스템의 일시 중지로 인해 사용자가 혼란을 겪는다.

(24.1)의 또 다른 의미는 화자 간의 전환이 어디에서나 발생하지 않는다는 것이다. 화자가 발생하는 경향이 있는 **적정 전이 지점**는 일반적으로 **발화** 경계에 있다. 12장에서 말한 발화는 여러 면에서 서면 문장과 다르다는 것을 상기한다. 더 짧은 경향이 있고, 단일 절 또는 단일 단어일 가능성이 더 높으며, 주제는 일반적으로 완전한 어휘 명사구가 아닌 대명사이며 채워진 일시 중지 및 정정을 포함한다. 청중은 이 모든 것 (그리고 운율과 같은 다른 단서들)을 고려해 어디에서 말을 시작해야 하는지 고려해야 한다.

발화

24.1.2 실행 언어: 화행

앞의 절에서는 대화가 차례로 하나 이상의 발화로 구성된 일련의 차례로 구성돼 있음을 보여줬다. 대화에 대한 중요한 통찰은 비트겐슈타인(1953)에 의해 시작됐지만 오스틴(1962)에 의해 더 완벽하게 해결됐다. 대화에서 발화는 화자가 수행하는 일종의 **행위**다.

수행 　 발화가 일종의 행동이라는 생각은 특히 다음과 같은 **수행** 문장에서 명확하다.

(24.3)　 I name this ship the *Titanic*.

(24.4)　 I second that motion.

(24.5)　 I bet you five dollars it will snow tomorrow.

　예를 들어 적절한 권위에 의해 발언될 때, (24.3)은 어떤 행동이 세계의 상태를 바꿀 수 있는 것처럼 세계의 상태를 바꾸는 **효과**가 있다(배가 *Titanic*이라는 이름을 갖게 함). 이런 종류의 동작을 수행하는 *name* 또는 *second*와 같은 동사를 수행동사라고 하며, 오스틴은 이러한 종류의 동작을 **화행**이라고 한다. 오스틴의 작업을 지금까지 광범위하게 만드는 것은 화행이 이 작은 수행동사 부류에 국한되지 않는다는 것이다. 오스틴의 주장은 실제 연설 상황에서 어떤 문장의 발화가 세 가지 종류의 행위를 구성한다는 것이다.

화행:	특정 의미를 가진 문장의 발화
발화 수반 행위:	문장을 말할 때 묻고, 대답하고, 약속하는 행위 등
발화 매개적 행위:	문장을 말하는 수신인의 감정, 생각 또는 행동에 미치는 특정한 영향의 (종종 의도적인) 생성

언표 내적 힘　 예를 들어 오스틴은 (24.6)의 발언이 항의하는 **언표 내적 힘**과 수취인이 무언가를 하지 못하게 하거나 수취인을 성가시게 하는 경솔한 효과를 가질 수 있다고 설명한다.

(24.6)　 You can't do that.

　화행이라는 용어는 일반적으로 다른 두 가지 유형의 행위 중 하나가 아닌 발화 수반 행위를 설명하는 데 사용된다. 서클(1975b)은 오스틴의 분류를 수정하면서 모든 화행이 5가지 주요 부류 중 하나로 분류될 수 있다고 제안한다.

단정:	화자가 자기의 입장을 분명하게 표명(suggesting, putting forward, swearing, boasting, concluding)
지시:	화자가 수취인에게 무언가를 하도록 시도(asking, ordering, requesting, inviting, advising, begging)
위임:	화자가 미래 행동 방침을 표명(promising, planning, vowing, betting, opposing)
표현:	상황에 대한 화자의 심리적 상태를 표현(thanking, apologizing, welcoming, deploring)
선언:	발화를 통해 세계의 다른 상태를 가져옴(위의 많은 수행 사례 포함, I resign, You're fired)

24.1.3 공동 작용으로서의 언어: 기초

앞의 절에서는 각 전환 또는 발화를 화자가 행동으로 볼 수 있다고 제안했다. 그러나 대화는 무관한 일련의 독립적인 행위가 아니다. 대신 다이얼로그는 화자와 청자가 수행하는 공동의 행위다. 공동 작용의 의미 중 하나는 독백과는 달리 화자와 청자는 두 화자가 서로 믿고 있는 일련의 **공통점**을 지속적으로 확립해야 한다는 것이다(Stalnaker, 1978). 공통점을 이뤄야 한다는 것은 청자가 화자의 말을 **근거**가 돼야 한다는 것을 의미하기 때문에 청자가 화자의 의미와 의도를 이해했음을 분명히 한다.

공통점
근거

클라크(1996)가 지적했듯이, 사람들은 비언어적 행동에 대해서도 종결 또는 기초가 필요하다. 잘 디자인된 엘리베이터 버튼을 눌렀을 때 불이 켜지는 이유는 무엇인가? 이는 엘리베이터 탑승객에게 엘리베이터를 성공적으로 호출했음을 나타내기 때문이다. 클라크는 노먼(1988)에 따라 다음과 같이 종결의 필요성을 표현한다.

종결 원칙: 작업을 수행하는 에이전트는 성공적으로 수행했다는 증거가 필요하며, 현재 목적을 위해 충분한 증거가 필요하다.

청자가 어떤 행동을 실패했다는 것을 나타낼 경우에도 근거화^{Grounding}가 중요하다. 청자가 이해하는 데 문제가 있다면, 결국 상호 이해가 이루어질 수 있도록 이러한 문제들을 화자에게 다시 알려야 한다.

종결은 어떻게 이루어지는가? 클라크와 셰퍼(1989)는 각각의 공동 언어 행위 또는 **원인 제공**이 **제시**와 **수락**이라는 두 단계를 가진다는 아이디어를 소개한다. 첫 번째 단계에서 화자는 청자에게 발화를 제시해 일종의 화행을 수행한다. 수락 단계에서 청자는 발화를 기초해 이해가 이뤄졌는지 화자에게 알려야 한다.

원인 제공
제시
수락

청자(B라고 부름)가 화자 A의 말을 뒷받침할 수 있는 방법은 무엇인가? 클라크와 셰퍼(1989)는 가장 약한 방법에서 가장 강한 방법 순으로 정렬된 다섯 가지 주요 방법을 다룬다.

지속적인 관심:	B는 그녀가 계속 참석하고 있으므로 A의 프레젠테이션에 여전히 만족하고 있음을 보여준다.
다음 원인제공:	B는 다음 관련 원인에서 시작된다.
인정:	B는 고개를 끄덕이거나 uh-huh, yeah와 같은 말을 계속하거나 that's great와 같은 **평가**를 말한다.
입증:	B는 A의 발화를 **재구성**(의역)하거나 A의 발화를 **공동으로 완성**해 A가 의미하는 것으로 이해한 전부 또는 일부를 보여준다.
표현:	B는 A의 프레젠테이션 전체 또는 일부를 그대로 표시한다.

그림 24.4에서 여행사 직원과 고객 간의 대화에서 기초의 예를 살펴본다. 기계인 여행 다이얼로그 에이전트의 설계를 알리기 위해 24장 전체에서 이 다이얼로그로 돌아간다.

C_1:	... I need to travel inMay.
A_1:	And, what day in May did you want to travel?
C_2:	OK uh I need to be there for a meeting that's from the 12th to the 15th.
A_2:	And you're flying into what city?
C_3:	Seattle.
A_3:	And what time would you like to leave Pittsburgh?
C_4:	Uh hmm I don't think there's many options for non-stop.
A_4:	Right. There's three non-stops today.
C_5:	Whatarethey?
A_5:	Thefirst one departs PGH at 10:00am arrives Seattle at 12:05 their time. The second flight departs PGH at 5:55pm, arrives Seattle at 8pm. And the last flight departs PGH at 8:15pm arrives Seattle at 10:28pm.
C_6:	OK I'll take the 5ish flight on the night before on the 11th.
A_6:	On the 11th? OK. Departing at 5:55pm arrives Seattle at 8pm, U.S. Air flight 115.
C_7:	OK.

그림 24.4 여행사 (A)와 고객 (C) 간의 대화의 일부

에이전트가 *in May*을 반복하는 발화 A_1은 아래에 굵은 글씨로 반복돼 가장 강력한 기초 형태를 보여주며, 청자는 화자의 말의 일부를 그대로 반복해 이해를 나타낸다.

C_1:	...I need to travel **in May**.
A_1:	And, what day **in May** did you want to travel?

이 특정 조각에는 *acknowledgment*의 예가 없지만 다른 조각에는 예가 있다.

C:	He wants to fly from Boston to Baltimore
A:	**Uh huh**

맞장구
연속물

여기에서 단어 *uh-huh*는 **승인 토큰** 또는 **맞장구**^{backchannel}라고 하는 **연속물**이다. 연속물은 다른 사람의 발화 내용을 인정하고 다른 사람의 인정을 요구하지 않는 (짧은) 선택적 발화다(Yngve, 1970; Jefferson, 1984; Schegloff, 1982; Ward and Tsukahara, 2000).

클라크와 셰퍼의 세 번째 방법에서 화자는 관련 다음 원인 제공을 시작한다. 예를 들어 그림 24.4의 다이얼로그에서 이에 대한 많은 예를 볼 수 있다. 화자는 질문을 하고 청자는 대답한다. 위에서 이러한 인접 쌍을 언급했다. 다른 예로는 ACCEPTANCE 또는 REJECTION, 다음에 APOLOGY, ACCEPTANCE/REJECTION, SUMMONS, 다음에 ANSWER 등이 있다.

보다 미묘한 기초 동작에서 화자는 이 방법을 이전 방법과 결합할 수 있다. 예를 들어 클라이언트가 질문에 답할 때마다 상담원은 *And*로 다음 질문을 시작한다. *And*는 에이전트가 마지막 질문에 대한 답을 성공적으로 이해했음을 클라이언트에게 나타낸다.

And, what day in May did you want to travel?
...
And you're flying into what city?
...
And what time would you like to leave Pittsburgh?

24.5절에서 보여주듯이, 대화에서 더 정교한 공동 활동 모델을 제공하기 위해 기초와

대화 행위

원인 제공의 개념을 화행와 결합할 수 있다. 보다 정교한 모델을 **대화 행위**라고 한다.

기초는 인간 대화에서와 마찬가지로 인간 대 기계 대화에서도 중요하다. 다음의 예는 코헨 외 연구진(2004)은 기계가 제대로 기초가 없을 때 얼마나 부자연스럽게 들리는지 제안한다. *Okay*를 사용한 (24.7)는 사용자의 거부 반응을 근거로 (24.8)보다 훨씬 더 자연스럽게 응답할 수 있다.

(24.7)   System: Did you want to review some more of your personal profile?
         Caller: No.

> System：Okay, what's next?

(24.8)   System：Did you want to review some more of your personal profile?

> Caller：No.

> System：What's next?

실제로 이러한 종류의 기초 부족으로 인해 오류가 발생할 수 있다. 스티펠만 외 연구진(1993) 및 양키로비치 외 연구진(1995)은 대화 시스템이 명시적으로 인정하지 않으면 인간이 혼란스러워진다는 사실을 발견했다.

24.1.4 대화 구조

이미 대화가 인접 쌍과 원인 제공에 의해 어떻게 구성되는지 살펴봤다. 여기에서는 **종합 편성** 구성의 한 가지 측면인 대화 시작 부분에 대해 간략하게 설명한다. 예를 들어 전화 대화의 시작은 4가지 단계 구조를 갖는 경향이 있다(Clark, 1994; Schegloff, 1968, 1979).

> 1단계: 호출-응답 인접 쌍을 사용해 대화 입력
> 2단계: 화자 식별
> 3단계: 대화하려는 공동 의지 설정
> 4단계: 일반적으로 발신자가 수행하는 첫 번째 주제를 제기

이 4가지 단계는 클라크(1994)의 짧은 과제 지향적인 대화의 시작에 나타난다.

단계	화자와 발화
1	A_1: (rings B's telephone)
1,2	B_1: Benjamin Holloway
2	A_1: this is Professor Dwight's secretary, from Polymania College
2,3	B_1: ooh yes –
4	A_1: uh:m . about the: lexicology *seminar*
4	B_1: *yes*

전화를 수신자가 먼저 말을 하는 것이 일반적이지만 (발신자의 벨이 인접 쌍의 첫 번째 부분으로 기능하기 때문에) 발신자가 "어휘론 세미나"와 관련해 위에서 한 것처럼 발신자가 첫 번째 주제를 불러오는 것이 일반적이다. 일반적으로 발신자가 첫 번째 주제를

제시한다는 사실은 수신자가 대신 첫 번째 주제를 제시할 때 혼란을 야기한다. 다음은 클라크(1994)의 영국 전화번호부 조회 서비스의 예다.

> Customer: (rings)
>
> Operator: Directory Enquiries, for which town please?
>
> Customer: Could you give me the phone number of um: Mrs. um: Smithson?
>
> Operator: Yes, which town is this at please?
>
> Customer: Huddleston.
>
> Operator: Yes. And the name again?
>
> Customer: Mrs. Smithson.

위의 대화에서 교환원은 첫 문장에서 주제(*for which town please?*)를 꺼내서 발신자를 혼란스럽게 하고, 이 주제를 무시하고 자기 자신의 주제를 제시한다. 발신자가 주제를 불러오기를 기대하는 이 사실은 통화 라우팅 또는 디렉터리 정보를 위한 대화 상담원이 *For which town please?*와 같은 지시 프롬프트보다 *How may I help you?* 또는 *How may I direct your call?*와 같은 개방형 프롬프트를 자주 사용하는 이유를 설명한다. 개방형 프롬프트를 통해 발신자는 자신의 주제를 말할 수 있기 때문에 고객 혼란으로 인한 인식 오류를 줄일 수 있다.

대화는 많은 다른 종류의 구조를 가지고 있는데, 여기에는 대화 종결의 복잡한 특성과 시작하는 말의 광범위한 용도가 포함된다. 24.7절의 **일관성**에 기초한 구조에 대해 논의한다.

24.1.5 대화 의미

대화가 일종의 공동 활동으로, 연사가 체계적인 프레임워크에 따라 순서를 생성하고, 이러한 순서에 의해 만들어진 기여에는 일종의 행동을 수행하는 프레젠테이션 단계와 대화자의 이전 행동을 기반으로 하는 수용 단계가 포함된다는 것을 확인했다. 지금까지는 대화의 '기반'이라고 부르는 것에 대해서만 이야기했다. 그러나 다이얼로그에서 화자에서 청자에게 전달되는 실제 정보에 대해 아무 말도 하지 않았다.

17장에서는 문장에서 의미를 계산하는 방법을 보여줬지만 대화에서 기여의 의미는 종종 단어만으로 할당될 수 있는 구성적 의미에서 상당히 확장되는 것으로 나타났다. 추론이 대화에서 중요한 역할을 하기 때문이다. 발화의 해석은 문장의 문자 그대로 의미 이상에 의존한다. 여기에서 반복되는 그림 24.4의 샘플 대화에서 클라이언트의 응답 C_2를 고려한다.

A_1: And, what day in May did you want to travel?

C_2: OK uh I need to be there for a meeting that's from the 12th to the 15th.

클라이언트는 실제로 질문에 대답하지 않는다. 클라이언트는 단순히 특정 시간에 미팅이 있다고 말한다. 의미론적 해석기가 생성한 문장의 의미론은 단순히 미팅을 언급할 것이다. 에이전트에게 여행 날짜를 알리기 위해 클라이언트가 미팅을 언급하고 있음을 유추할 수 있도록 에이전트를 허용하는 것은 무엇인가?

이제 샘플 대화에서 나온 또 다른 발언, 즉 에이전트의 발언에 대해 생각해보자.

A_4: ...There's three non-stops today.

이 진술은 오늘 7개의 직항이 있었다면 여전히 참일 것이다. 7개의 직항이 존재한다면, 정의상 3개의 직항도 존재하기 때문이다. 그러나 여기서 에이전트가 의미하는 바는 오늘 **3개 이하**의 직항이 있다는 것이다. 에이전트가 **오직 3개만**의 직항을 의미한다고 클라이언트는 어떻게 추론하는가?

이 두 경우에는 공통점이 있다. 두 경우 모두 화자는 청자가 특정 추론을 이끌어내기를 기대하는 것 같다. 즉, 화자는 발화한 단어에 있는 것보다 더 많은 정보를 전달하고 있다. 이러한 종류의 예는 그라이스(1975, 1978)가 **대화 함축** 이론의 일부로 지적했다. **함축**은 특정 등급의 라이선스 추론을 의미한다. 그라이스는 청자가 이러한 추론을 이끌어낼 수 있는 것은 대화가 발화의 해석에서 지도 역할을 하는 일련의 **일반 원칙**, 일반적인 휴리스틱에 의해 유도된다는 것임을 제안했다. 그라이스는 다음 네 가지 일반 원칙을 명시했다.

함축

일반 원칙

양

- **발화의 양**: 필요한 만큼 정확하게 정보를 제공한다.

1. 필요한 만큼 정보를 제공한다(현재의 대화 목적상).

2. 필요한 것보다 더 많은 정보를 제공하지 않는다.

질 · **발화의 질**: 여러분의 기여가 참이 되도록 만든다.

1. 거짓이라고 생각하는 것을 말하지 않는다.

2. 충분한 증거가 부족하다고 말하지 않는다.

관련성 · **발화의 관련성**: 관련성이 있어야 한다.

태도 · **발화의 태도**: 명료해야 한다.

1. 표현의 모호함을 피한다.

2. 중의성을 피한다.

3. 간단 명료히 한다(장황함을 피하다).

4. 규칙적이어야 한다.

*three non-stops*가 *seven non-stops*을 의미하는 것이 아니라는 것을 청자가 알 수 있게 해주는 것은 양의 최대치(구체적으로 수량 1)이다. 청자는 화자가 원칙을 따르고 있다고 가정하기 때문에, 만약 7개의 직항이 의미하는 경우, 화자는 7개의 직항을 말했을 것이다("필요한 만큼 정보 제공"). 발화의 관련성은 클라이언트가 12일까지 여행하기를 원한다는 것을 클라이언트가 알 수 있도록 한다. 에이전트는 클라이언트가 일반 원칙을 따르고 있다고 가정하기 때문에 대화의 현시점에서 관련이 있는 경우에만 미팅을 언급했을 것이다. 미팅을 적절하게 만드는 가장 자연스러운 추론은 클라이언트가 자신의 출발 시간이 미팅 시간 이전임을 이해하도록 의미했다는 추론이다.

24.2 기본 다이얼로그 시스템

지금까지 인간의 다이얼로그가 작동하는 방식에 대해 살펴봤다. 여기서 인간 대 인간 대화의 모든 측면이 인간 대 기계 대화에서 모델링되는 것은 아니다. 따라서 상용 애플리케이션에 사용되는 음성 다이얼로그 시스템을 살펴본다.

그림 24.5는 다이얼로그 시스템의 일반적인 아키텍처를 보여준다. 6개의 구성 요소가 있다. 음성 인식 및 이해 구성 요소는 입력에서 의미를 추출하고 생성 및 TTS 구성 요소는 의미에서 음성으로 매핑된다. 다이얼로그 관리자는 작업 영역(예: 비행)에 대한 지식이 있는 작업 관리자와 함께 전체 프로세스를 제어한다. 다음 절에서 이러한

각 구성 요소를 살펴본다. 그런 다음 이후 절에서 보다 정교한 연구 시스템을 탐구한다.

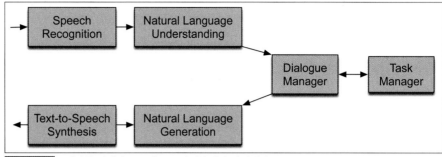

그림 24.5 대화형 에이전트 구성 요소의 단순화된 아키텍처

24.2.1 ASR 구성 요소

ASR(자동 음성 인식) 구성 요소는 일반적으로 전화뿐만 아니라 PDA 또는 데스크톱 마이크에서도 오디오 입력을 받아 9장에서 설명한대로 전사된 단어 문자열을 반환한다.

ASR 시스템의 다양한 측면은 대화형 에이전트에서 사용하도록 특별히 최적화될 수 있다. 예를 들어 받아쓰기 또는 전사에 대해 9장에서 논의한 대형 어휘 음성 인식기는 영어 단어를 사용해 모든 주제에 대한 문장을 전사하는 데 중점을 둔다. 그러나 영역에 의존하는 다이얼로그 시스템의 경우 이러한 다양한 문장을 전사할 수 있다는 것은 소소한 사용이다. 음성 인식기가 전사할 수 있어야 하는 문장은 자연어 이해 구성 요소로 이해할 수 있는 문장이다. 이러한 이유로 상업 다이얼로그 시스템은 일반적으로 유한 상태 문법에 기반한 비확률적 언어 모델을 사용한다. 이러한 문법은 일반적으로 수기로 작성되며, 시스템이 이해할 수 있는 모든 가능한 응답을 지정한다. 24.3절에서 VoiceXML 시스템에 대해 수기로 작성한 문법의 예를 제공한다. 이러한 문법 기반 언어 모델은 자연어 이해에 사용되는 통합 문법으로부터 자동으로 컴파일될 수도 있다(Rayner et al., 2006).

사용자가 시스템에 말하는 내용은 시스템이 방금 말한 내용과 관련이 있기 때문에 대화형 에이전트의 언어 모델은 일반적으로 *dialogue-state dependent*에 따라 다르다. 예를 들어 시스템이 사용자에게 *"What city are you departing from?"*라고 물었다면 ASR 언어 모델은 도시 이름 또는 *"I want to (leave | depart) from [CITYNAME]"*

형식의 문장으로만 구성되도록 제한될 수 있다. 이러한 다이얼로그 상태 특정 언어 모델은 위에서 논의한 대로 각 다이얼로그 상태에 대해 하나씩 수기로 쓴 유한 상태(또는 문맥 자유) 문법으로 구성되는 경우가 많다.

일부 시스템에서는 이해 구성 요소가 더 강력하고 시스템이 이해할 수 있는 문장 집합이 더 크다. 이러한 경우, 유한 상태 문법 대신 다이얼로그 상태에 따라 확률이 유사하게 조건이 되는 N그램 언어 모델을 사용할 수 있다.

제한적인 문법

유한 상태, 문맥 자유 또는 N그램 언어 모델을 사용하든 이러한 다이얼로그 상태 종속 언어 모델을 **제한적인 문법**이라고 부른다. 시스템에서 사용자가 시스템의 마지막 발화에 응답하도록 제한하려는 경우, 제한적인 문법을 사용할 수 있다. 시스템이 사용자에게 더 많은 옵션을 허용하려고 할 때 상태별 언어 모델을 보다 일반적인 언어 모델과 혼합할 수 있다. 우리가 보여주듯이, 이러한 전략들 사이의 선택은 사용자에게 허용되는 *initiative*의 양에 따라 조정될 수 있다.

대화에서 음성 인식은 받아쓰기와 같은 다른 많은 애플리케이션에서뿐만 아니라 화자의 신원이 여러 발화에서 일정하게 유지된다는 특성이 있다. 이는 시스템이 사용자로부터 더 많은 음성을 수신함에 따라 MLLR 및 VTLN(9장)과 같은 화자 적응 기술을 적용해 인식을 개선할 수 있음을 의미한다.

다이얼로그 시스템에 ASR 엔진을 포함하려면 사용자가 응답 전에 긴 일시 중지를 받아들이지 않기 때문에 ASR 엔진에 실시간 응답이 있어야 한다. 다이얼로그 시스템은 또한 일반적으로 ASR 시스템이 문장에 대한 신뢰 값을 반환하도록 요구하며, 이는 사용자에게 응답을 확인하도록 요청할지 여부를 결정하는 데 사용할 수 있다.

24.2.2 NLU 구성 요소

다이얼로그 시스템의 NLU(자연어 이해) 구성 요소는 다이얼로그 작업에 적합한 의미 표현을 생성해야 한다. GUS 시스템(Bobrow et al., 1977)까지 거슬러 올라가는 많은 음성 기반 다이얼로그 시스템은 22장에서 논의된 프레임 및 슬롯 의미 체계를 기반으로 한다. 예를 들어 목표가 있는 여행 시스템 사용자가 적절한 항공편을 찾도록 돕는 것에는 항공편 정보를 위한 슬롯이 있는 프레임이 있다. 따라서 *Show me morning* *flights from Boston to San Francisco on Tuesday*와 같은 문장은 다음과 같이 채워진 프레임에 해당할 수 있다(Miller et al. (1994)에서).

```
SHOW:
FLIGHTS:
    ORIGIN:
        CITY:  Boston
        DATE:
            DAY-OF-WEEK:  Tuesday
        TIME:
            PART-OF-DAY:  morning
    DEST:
        CITY:  San Francisco
```

NLU 구성 요소는 이러한 의미 표현을 어떻게 생성하는가? 일부 다이얼로그 시스템은 18장에서 소개한 의미 연결과 함께 범용 통일 문법을 사용한다. 파서는 슬롯 필러가 추출되는 문장 의미를 생성한다. 다른 다이얼로그 시스템은 **의미론적 문법**과 같은 더 단순한 도메인별 의미론적 분석기에 의존한다. 의미론적 문법은 다음 조각에서와 같이 규칙 왼쪽이 표현되는 의미론적 개체에 해당하는 CFG다.

SHOW	→ show me | i want | can i see | ...
DEPART TIME RANGE	→ (after | around | before) HOUR |
	morning | afternoon | evening
HOUR	→ one | two | three | four... | twelve (AMPM)
FLIGHTS	→ (a) flight | flights
AMPM	→ am | pm
ORIGIN	→ from CITY
DESTINATION	→ to CITY
CITY	→ Boston | San Francisc | Denver | Washington

이 문법은 문맥 자유 문법 또는 순환 천이망(Issar and Ward, 1993; Ward and Issar, 1994)의 형태를 취하기 때문에 13장에서 소개한 CKY 또는 Earley 알고리듬과 같은 표준 CFG 구문 분석 알고리듬으로 구문 분석할 수 있다. CFG 또는 RTN 구문 분석의 결과는 의미 노드 레이블 입력 문자열의 계층적 레이블링이다.

```
SHOW     FLIGHTS        ORIGIN  DESTINATION         DEPART_DATE  DEPART_TIME
                                to CITY
Show me flights  from boston  to san francisco   on tuesday    morning
```

ORIGIN과 같은 의미론적 문법 노드는 프레임의 슬롯에 해당하기 때문에 슬롯 채우기는 위의 결과 구문에서 거의 직접 읽을 수 있다. 필러를 일종의 표준 형식으로만 입력할 수 있다(예: 22장에서 설명했듯이 날짜를 DD : MM : YY 형식으로 정규화할 수 있고, 시간을 24시간 형식으로 정규화할 수 있음).

의미론적 문법 접근 방식은 매우 널리 사용되지만 중의성을 처리할 수 없으며, 비용이 많이 들고 생성 속도가 느릴 수 있는 수기로 쓴 문법이 필요하다.

문법에 확률을 추가해 중의성을 해결할 수 있다. 그러한 확률론적 의미 문법 시스템 중 하나는 그림 24.6에 표시된 TINA 시스템(Seneff, 1995)이다. 구문 및 의미 노드 이름의 혼합에 유의한다. TINA의 문법 규칙은 수작업으로 작성되지만 구문 분석 트리 노드 확률은 14장에 설명된 PCFG 방법의 수정된 버전으로 훈련된다.

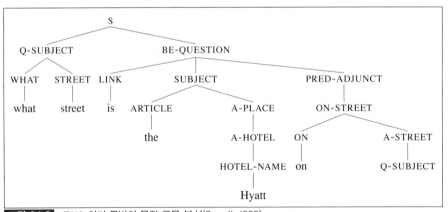

그림 24.6 TINA 의미 문법의 문장 구문 분석(Seneff, 1995)

확률적이며, 문법의 수동 코딩을 피하는 의미론적 문법의 대안은 피에라치니 외 연구진(1991)의 의미론적 HMM 모델이다. 이 HMM의 은닉 상태는 의미론적 슬롯 레이블이며, 관찰된 단어는 슬롯의 필러다. 그림 24.7은 슬롯 이름에 해당하는 일련의 은닉 상태가 관찰된 단어 시퀀스에서 디코딩(또는 생성)되는 방법을 보여준다. 모델에는 프레임의 슬롯을 채우지 않는 단어를 생성하는 DUMMY라는 은닉 상태가 포함돼 있다.

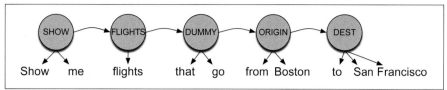

그림 24.7　피에라치니 외 연구진(1991)의 프레임 기반 다이얼로그 시스템에서 슬롯을 채우기 위한 의미론의 HMM 모델. 각 은닉 상태는 일련의 단어를 생성할 수 있다. 단일 은닉 상태가 여러 관측에 해당할 수 있는 이러한 모델을 기술적으로 **semi-HMM**이라고 한다.

HMM 모델의 목표는 일부 단어 $W = w_1, w_2, ..., w_n$이 주어진 경우, $P(C|W)$ 확률이 가장 높은 의미론적 역할 $C = c_1, c_2, ..., c_i$("cases" 또는 "concepts"의 경우 C)의 레이블링을 계산하는 것이다. 평소와 같이 다음과 같이 베이스의 규칙을 사용한다.

$$\underset{C}{\operatorname{argmax}}\, P(C|W) = \underset{C}{\operatorname{argmax}}\, \frac{P(W|C)P(C)}{P(W)}$$
$$= \underset{C}{\operatorname{argmax}}\, P(W|C)P(C)$$
$$= \prod_{i=2}^{N} P(w_i|w_{i-1}...w_1,C)P(w_1|C) \prod_{i=2}^{M} P(c_i|c_{i-1}...c_1) \quad (24.9)$$

피에라치니 외 연구진(1991) 모델은 개념(은닉 상태)이 마르코프 프로세스(개념 M그램 모델)에 의해 생성되며, 각 상태에 대한 관찰 확률은 상태 의존적(개념 종속) N그램 단어 모델에 의해 생성된다는 것을 단순화를 만든다.

$$P(w_i|w_{i-1},...,w_1,C) = P(w_i|w_{i-1},...,w_{i-N+1},c_i) \quad (24.10)$$
$$P(c_i|c_{i-1},...,c_1) = P(c_i|c_{i-1},...,c_{i-M+1}) \quad (24.11)$$

이 단순화된 가정을 통해 최종 HMM 모델 방정식은 다음과 같다.

$$\underset{C}{\operatorname{argmax}}\, P(C|W) = \prod_{i=2}^{N} P(w_i|w_{i-1}...w_{i-N+1},c_i) \prod_{i=2}^{M} P(c_i|c_{i-1}...c_{i-M+1}) \quad (24.12)$$

이러한 확률은 레이블이 지정된 훈련 코퍼스에서 훈련될 수 있으며, 각 문장은 각 단어 문자열과 관련된 개념/슬롯 이름으로 수동 레이블링된다. 문장에 대한 최상의 개념 시퀀스와 단어 시퀀스에 대한 개념의 정렬은 표준 비터비 디코딩 알고리듬으로 계산할 수 있다.

요약하면 결과적인 HMM 모델은 두 가지 구성 요소가 있는 생성 모델이다. $P(C)$ 구성 요소는 표현할 의미의 선택을 나타낸다. 개념 N그램에 의해 계산된 의미론적 슬롯의 시퀀스에 대해 사전을 할당한다. $P(W|C)$는 해당 의미를 표현하는 데 사용할 단어의 선택, 즉, 특정 슬롯에서 특정 단어 문자열이 생성될 가능성을 나타낸다. 의미론적 슬롯에 조건이 지정된 단어 N그램에 의해 계산된다. 이 모델은 더 많은 순서 제약을 부과함으로써 22장의 **명명된 개체** 감지 및 통계적 템플릿 채우기(22.4.1절)에 대한 유사한 모델을 확장한다. 이와 같은 HMM 모델은 각 은닉 상태가 여러 출력 관측치에 해당하는 것을 semi-HMM이라고 한다. 대조적으로 고전적인 HMM에서는 각 은닉 상태가 단일 출력 관측치에 해당한다.

다이얼로그 시스템의 의미 이해 구성 요소를 위해 다른 많은 종류의 통계 모델이 제안됐다. 여기에는 HMM에 계층 구조를 추가해 의미론적 문법(Miller et al., 1994, 1996, 2000)과 의미론적 HMM 접근 방식의 장점을 결합하기 위해 HMM에 계층 구조를 추가하는 숨겨진 이해 모델$^{HUM, Hidden Understanding Model}$ 또는 레이너와 하키(2003)의 의사결정 목록 방법이 포함된다.

24.2.3 생성 및 TTS 구성 요소

대화 에이전트의 생성 구성 요소는 사용자에게 표현할 개념을 선택하고 개념을 단어로 표현하는 방법을 계획하고 필요한 운율 체계를 단어에 할당한다. 그런 다음 8장에 설명된 대로 TTS 구성 요소는 단어와 운율적 주석을 가져와 파형을 합성한다.

생성 작업은 *what to say*와 *how to say it*의 두 가지로 나눌 수 있다. **콘텐츠 플래너** 모듈은 첫 번째 작업을 처리하고, 사용자에게 표현할 콘텐츠, 질문, 답변 여부 등을 결정한다. 다이얼로그 시스템의 내용 계획 구성 요소는 일반적으로 다이얼로그 관리자와 통합된다.

언어 생성 모듈은 의미를 표현하는 데 필요한 구문 구조와 단어를 선택해 두 번째 작업을 처리한다. 언어 생성 모듈은 두 가지 방법 중 하나로 구현된다. 가장 간단하고 일반적인 방법으로, 사용자에게 발화되는 문장의 모든 또는 대부분의 단어는 다이얼로그 디자이너가 미리 지정한다. 이 방법을 템플릿 기반 생성이라고 하며, 이러한 템

프롬프트 플릿으로 만든 문장을 종종 **프롬프트**라고 한다. 템플릿에 있는 대부분의 단어는 고정

돼 있지만 템플릿에는 다음과 같이 생성기가 입력하는 일부 변수가 포함될 수 있다.

What time do you want to leave CITY-ORIG?

Will you return to CITY-ORIG from CITY-DEST?

언어 생성을 위한 두 번째 방법은 자연어 생성 분야의 기술에 의존한다. 여기서 다이얼로그 관리자는 표현할 발화의 의미를 표현하고, 이 의미 표현을 전체 생성기에게 전달한다. 이러한 생성기는 일반적으로 문장 설계기, 표면 실현기 및 운율 할당기의 세 가지 구성 요소를 가지고 있다. 이 아키텍처의 스케치는 그림 24.8에 나와 있다. 자연어 생성 시스템과 다이얼로그에서의 사용에 대한 자세한 정보는 라이터와 데일 (2000)을 참고한다.

그림 24.8 워커와 레인보우(2002)에 따른 다이얼로그 시스템을 위한 자연어 생성 시스템의 아키텍처

현재 시스템에서 흔히 볼 수 있는 수작업으로 설계한 프롬프트에서는 여러 가지 중요한 대화 및 담화 제약을 구현해야 한다. 모든 담화와 마찬가지로 대화는 일관성이 있어야 한다. 예를 들어 코헨 외 연구진(2004)이 보여주듯이, 수동으로 만든 시스템 프롬프트에서 담화 마커와 대명사를 사용하면 (24.13)의 대화보다 (24.14)의 대화가 더 자연스러워진다.

(24.13) Please say the data.

  …

  Please say the start time.

  …

  Please say the duration.

  …

  Please say the subject.

(24.14) First, tell me the date.

...

Next, I'll need the time it starts.

...

Thanks. ⟨pause⟩ Now, how long is it supposed to last?

...

Last of all, I just need a brief description

...

담화 일관성의 또 다른 중요한 사례는 특정 프롬프트가 사용자에게 반복적으로 언급될 필요가 있을 때 발생한다. 이러한 경우, 점차 짧아지는 **테이퍼 프롬프트**^{tapered}

^{prompts}, 프롬프트를 사용하는 것이 다이얼로그 시스템의 표준이다. 코헨 외 연구진 (2004)은 일련의 (수동으로 설계된) 테이퍼 프롬프트를 보여준다.

(24.15) System: Now, what's the first company to add to your watch list?
Caller: Cisco
System: What's the next company name? (Or, you can say, "Finished.")
Caller: IBM
System: Tell me the next company name, or say, "Finished."
Caller: Intel
System: Next one?
Caller: America Online.
System: Next?
Caller: ⋯

생성에 대한 다른 제약은 음성 대화에 더 구체적이며, 인간의 기억과 주의력 과정에 대한 사실을 참고한다. 예를 들어 인간이 특정 응답을 제공하라는 메시지가 표시될 때 제안된 응답이 마지막으로 듣는 것이라면 기억력에 부담을 덜 준다. 따라서 코헨 외 연구진(2004)이 지적한 바와 같이, "'리스트 반복'이라고 말하면, 리스트를 다시 들을 수 있습니다"보다 "리스트를 다시 들으려면, '리스트 반복'이라고 말하세요"라는 프롬프트가 사용자에게 더 쉽다.

마찬가지로 긴 쿼리 결과 목록(예: 항공편 또는 영화)을 표시하면 사용자에게 부담을 줄 수 있다. 따라서 대부분의 다이얼로그 시스템에는 이를 처리하기 위한 내용 계획 규칙이 있다. 예를 들어 여행 계획을 위한 머큐리 시스템(Seneff, 2002)에서 규칙은 사용자에게 설명할 항공편이 3개 이상인 경우, 시스템이 사용 가능한 항공사를 나열하고 가장 빠른 항공편만 명시적으로 설명하도록 지정한다.

24.2.4 다이얼로그 관리자

다이얼로그 시스템의 마지막 구성 요소는 다이얼로그의 구조와 구조를 제어하는 다이얼로그 관리자다. 다이얼로그 관리자는 ASR/NLU 구성 요소로부터 입력을 받고 일종의 상태를 유지하며 작업 관리자에 접속하고, 출력을 NLG/TTS 모듈에 전달한다.

2장의 ELIZA에서 단순한 읽기-대체-인쇄 루프 아키텍처를 가진 사소한 다이얼로그 관리자를 봤다. 시스템은 문장을 읽고 문장에 일련의 텍스트 변환을 적용한 다음 인쇄했다. 상태가 유지되지 않았다. 변환 규칙은 현재 입력 문장만 인식했다. 작업 관리자와 상호작용하는 능력 외에도, 현대의 다이얼로그 관리자는 관리자가 대화에 대해 유지하는 상태의 양과 단일 응답 수준 이상의 다이얼로그 구조를 모델링하는 관리자의 능력 모두에서 ELIZA의 관리자와 매우 다르다.

4가지 종류의 대화 관리 아키텍처가 가장 일반적이다. 이 절에서는 가장 간단하고 상업적으로 개발된 아키텍처인 유한 상태 및 프레임 기반에 대해 설명한다. 이후 절에서는 마르코프 의사결정 프로세스에 기반한 정보 상태 관리자의 확률적 버전과 고전적인 계획 기반 아키텍처를 포함해, 더 효과적인 정보 상태 다이얼로그 관리자에 대해 설명한다.

가장 간단한 다이얼로그 관리자 아키텍처는 유한 상태 관리자다. 예를 들어 사용자에게 출발 도시, 목적지 도시, 시간 및 편도 또는 왕복 여행을 묻는 사소한 항공 여행 시스템을 상상해보자. 그림 24.9는 이러한 시스템에 대한 샘플 다이얼로그 관리자를 보여준다. FSA의 상태는 다이얼로그 관리자가 사용자에게 묻는 질문에 해당하고, 호는 사용자가 응답하는 내용에 따라 수행할 작업에 해당한다. 이 시스템은 사용자와의 대화를 완전히 제어한다. 사용자에게 일련의 질문을 하고 질문에 대한 직접적인 대답이 아닌 것은 무시(또는 오해)한 다음 다음 질문으로 이동한다.

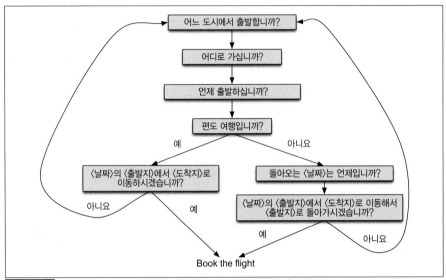

그림 24.9   다이얼로그 관리자를 위한 간단한 유한 상태 자동화 아키텍처

이러한 방식으로 대화를 제어하는 시스템을 **system-initiative** 또는 **single-initiative** 시스템이라고 한다. 대화를 제어하는 화자가 주도권을 가지고 있다고 말한다. 정상적인 인간 대 인간 대화에서 이니셔티브는 참가자들 사이에서 앞뒤로 이동한다(Walker and Whittaker, 1990).[1] 제한된 단일 이니셔티브 유한 상태 다이얼로그 관리자 아키텍처는 시스템이 항상 사용자가 대답하는 질문을 알고 있다는 장점이 있다. 이는 시스템이 질문에 대한 답변에 맞춰 조정된 특정 언어 모델로 음성 인식 엔진을 준비할 수 있음을 의미한다. 사용자가 무엇에 대해 이야기할 것인지 알면 자연어 이해 엔진의 작업도 더 쉬워진다. 대부분의 유한 상태 시스템은 다이얼로그의 어디에서나 말할 수 있는 **범용** 명령도 인식한다. 모든 다이얼로그 상태는 시스템이 방금 요청한 질문에 대한 답변 외에도 보편적인 명령을 인식한다. 일반적인 범용에는 사용자에게 (상태별) **도움말** 메시지를 제공하는 도움말, 지정된 기본 시작 상태로 사용자를 반환하는 **다시 시**

범용

---

1   단일 이니셔티브 시스템은 사용자가 제어할 수도 있으며, 이 경우 이를 사용자 이니셔티브 시스템이라고 한다. 완전한 사용자 이니셔티브 시스템은 일반적으로 비저장식 데이터베이스 쿼리 시스템에 사용되며, 사용자가 시스템에 대해 단일 질문을 하고 시스템이 SQL 데이터베이스 쿼리로 변환하고 일부 데이터베이스에서 결과를 반환한다.

작(또는 **기본 메뉴**), 사용자의 마지막 문장에 대한 시스템의 이해를 수정하는 명령 등이 포함된다(San-Segundo et al., 2001). 범용성을 가진 시스템 주도형 유한 상태 다이얼로그 관리자는 전화로 신용카드 번호 또는 이름 및 암호를 입력하는 것과 같은 간단한 작업에 충분할 수 있다.

완전한 시스템 이니셔티브, 유한 상태 다이얼로그 관리자 아키텍처는 아마도 음성 다이얼로그 여행사 시스템의 상대적으로 복잡하지 않은 작업에도 너무 제한적일 것이다. 문제는 완전한 시스템 이니셔티브 시스템에서는 사용자가 시스템이 요청한 질문에 정확히 대답해야 한다는 것이다. 그러나 이는 대화를 어색하고 성가시게 만들 수 있다. 사용자는 종종 시스템의 단일 질문에 대한 답이 아닌 것을 말할 수 있어야 한다. 예를 들어 여행 계획 상황에서 사용자는 그림 24.1 또는 ATIS 예제 24.17에서 반복된 전달자 예제 24.16처럼 한 번에 두 개 이상의 질문에 대답할 수 있는 복잡한 문장으로 여행 목표를 표현하고자 하는 경우가 많다.

(24.16) Hi I'd like to fly to Seattle Tuesday morning

(24.17) I want a flight from Milwaukee to Orlando one way leaving after five p.m. on Wednesday.

일반적으로 구현된 유한 상태 다이얼로그 시스템은 사용자가 각 질문에 응답해야 하기 때문에 이러한 종류의 발화를 처리할 수 없다. 물론 이론적으로는 사용자의 진술이 대답할 수 있는 질문의 각 부분 집합에 대해 별도의 상태를 갖는 유한 상태 아키텍처를 만들 수 있지만, 이를 위해서는 상태 수를 크게 늘려야 하기 때문에 구조를 개념화하기 어렵다.

따라서 대부분의 시스템은 완전한 시스템 주도권, 유한 상태 접근 방식을 피하고 다이얼로그의 다양한 지점에서 대화 주도권이 시스템과 사용자 간에 전환될 수 있는 혼합 주도 **혼합 주도**를 허용하는 아키텍처를 사용한다.

하나의 공통된 혼합 주도 다이얼로그 아키텍처는 다이얼로그를 안내하는 프레임 프레임 기반 자체의 구조에 의존한다. 이러한 **프레임 기반** 또는 **형식 기반** 다이얼로그 관리자는 사 형식 기반 용자에게 프레임의 슬롯을 채우라는 질문을 하지만 사용자는 프레임의 다른 슬롯을 채우는 정보를 제공해 다이얼로그를 안내할 수 있다. 각 슬롯은 다음 유형의 사용자에게 물어볼 질문과 연관될 수 있다.

슬롯	질문
ORIGIN CITY	"From what city are you leaving?"
DESTINATION CITY	"Where are you going?"
DEPARTURE TIME	"When would you like to leave?"
ARRIVAL TIME	"When do you want to arrive?"

따라서 프레임 기반 다이얼로그 관리자는 데이터베이스 쿼리를 수행하고 결과를 사용자에게 반환하기에 충분한 정보가 있을 때까지 사용자가 지정한 슬롯을 채우면서 사용자에게 질문해야 한다. 사용자가 한 번에 2~3개의 질문에 대답하는 경우, 시스템은 이러한 슬롯을 채운 다음 사용자에게 슬롯에 대한 관련 질문을 하지 않는 것을 기억해야 한다. 모든 슬롯에 관련 질문이 필요한 것은 아니다. 다이얼로그 설계자는 질문이 쇄도하는 사용자를 원하지 않을 수 있기 때문이다. 그럼에도 불구하고 사용자가 지정하는 경우, 시스템은 이러한 슬롯을 채울 수 있어야 한다. 따라서 이러한 종류의 형식 채우기 다이얼로그 관리자는 유한 상태 관리자가 사용자가 정보를 지정할 수 있는 순서에 부과하는 엄격한 제약 조건을 제거한다.

일부 도메인은 단일 프레임으로 나타낼 수 있지만, 여행 도메인과 같은 다른 도메인은 다중 프레임을 처리할 수 있는 기능이 필요한 것으로 보인다. 가능한 사용자 질문을 처리하려면 일반적인 경로 정보(예: *Which airlines fly from Boston to San Francisco?* 와 같은 질문), 항공료 관행에 대한 정보(예: *Do I have to stay a specific number of days to get a decent airfare?*와 같은 질문) 또는 자동차 또는 호텔 예약에 대한 정보가 필요할 수 있다. 사용자가 프레임에서 프레임으로 전환할 수 있기 때문에 시스템은 주어진 입력이 채워져야 하는 프레임의 슬롯을 구분하지 않고 그 프레임으로 다이얼로그 제어 장치를 전환할 수 있어야 한다.

제어를 동적으로 전환해야 하기 때문에 프레임 기반 시스템은 종종 생산 규칙 시스템으로 구현된다. 서로 다른 유형의 입력으로 인해 서로 다른 생성이 실행되며, 각 생성은 서로 다른 프레임을 유연하게 채울 수 있다. 그런 다음 **생성 규칙**은 사용자 입력 및 시스템이 마지막으로 질문한 것과 같은 간단한 다이얼로그 내역과 같은 요소에 따라 제어를 전환할 수 있다. 머큐리 항공편 예약 시스템(Senef and Polifroni, 2000; Senef,

2002)은 대형 "다이얼로그 제어 테이블"을 사용해 200~350개의 규칙, 도움을 요청하는 규칙, 사용자가 목록의 항공편을 참조하는지 결정하는 규칙("I'll take that nine a.m. flight") 및 첫 번째 사용자에게 설명할 항공편을 결정하는 규칙을 사용한다.

프레임 기반 아키텍처를 살펴봤으니 이제 대화 주도권에 대한 논의로 돌아가보자. 동일한 에이전트에서 시스템 주도, 사용자 주도 및 혼합 주도 상호작용을 허용할 수 있다. 앞서 주도권은 어느 시점에서든 다이얼로그를 제어할 수 있는 사람을 말한다. 혼합 주도라는 문구는 일반적으로 두 가지 방식으로 사용된다. 이는 시스템이나 사용자가 다양한 방식으로 주도권을 임의로 취하거나 포기할 수 있음을 의미할 수 있다 (Walker and Whittaker, 1990; Chu-Carroll and Brown, 1997). 이러한 종류의 혼합 주도는 현재의 다이얼로그 시스템에서 달성하기 어렵다. 양식 기반 다이얼로그 시스템에서 혼합 주도라는 용어는 프롬프트 유형(개방형 대 지시형)과 ASR에서 사용되는 문법 유형의 조합에 따라 운영되는 더 제한된 종류의 교대에 사용된다. 다음과 같이 **개방형 프롬프트**는 사용자가 원하는 대로 대략적으로 응답할 수 있는 시스템이다.

개방형
프롬프트

How may I help you?

지시형
프롬프트

지시형 프롬프트는 사용자에게 응답 방법을 명시적으로 지시하는 프롬프트다.

Say yes if you accept the call; otherwise, say no.

제한적 문법(24.2.1절)은 주어진 프롬프트에 대한 적절한 응답만 인식하고 ASR 시스템을 강력하게 제한하는 언어 모델이다.

그림 24.10에서와 같이 결합해 싱 외 연구진(2002)에 이어 형식 기반 다이얼로그 시스템에서 사용되는 주도권을 정의할 수 있다.

문법	프롬프트 유형	
	개방형	**지시형**
제한	Doesn't make sense	시스템 이니셔티브
비제한	사용자 이니셔티브	혼합 이니셔티브

그림 24.10 싱 외 연구진(2002)에 따른 주도권의 운영 정의

여기서 시스템 주도 상호작용은 지시 프롬프트와 제한적인 문법을 사용한다. 사용자에게 응답 방법을 알려주고, ASR 시스템은 프롬프트된 응답만 인식하도록 제한된

다. 사용자 주도에서는 사용자에게 개방형 프롬프트가 제공되고 문법은 사용자가 무엇이든 말할 수 있기 때문에 모든 종류의 응답을 인식해야 한다. 마지막으로 혼합 주도 상호작용에서 시스템은 사용자에게 응답에 대한 특정 제안과 함께 지시 프롬프트를 제공하지만 비제한적인 문법을 사용하면 사용자가 프롬프트 범위 밖에서 응답할 수 있다.

이러한 방식으로 주도권을 프롬프트 및 문법 유형의 속성으로 정의하면 시스템이 다양한 사용자 및 상호작용에 대해 주도권 유형을 동적으로 변경할 수 있다.

초보 사용자 또는 음성 인식 오류가 높은 사용자는 더 많은 시스템 주도 상호작용을 통해 더 나은 서비스를 받을 수 있다. 전문 사용자 또는 더 잘 인식되게 말하는 사용자는 혼합 또는 사용자 주도 상호작용을 잘 수행할 수 있다. 24.6절에서 머신러닝 기술을 사용해 주도권을 선택하는 방법을 보여준다.

24.2.5 오류 처리: 확인 및 거부

다이얼로그 시스템에서 음성 인식의 오류율이 매우 높기 때문에 잘못 듣는 것은 특히 중요한 문제다. 따라서 다이얼로그 시스템이 사용자 입력을 올바르게 해석했는지 확인하는 것이 중요하다. 이는 일반적으로 사용자의 이해를 **확인**하고 시스템이 오해할 가능성이 있는 발화를 거부하는 두 가지 방법으로 수행된다.

사용자와의 확인을 위해 다양한 전략을 사용할 수 있다. 명시적 확인 전략을 사용하는 시스템은 사용자에게 시스템의 이해를 확인하기 위한 직접적인 질문을 한다. 다음은 여행 계획 시스템에서 **명시적으로 확인**한 두 가지 예다. (굵은 글씨체) 확인 질문은 모두 예-아니요 질문이며, 하나는 단일 문장을 사용하고 다른 하나는 평서문 문장 뒤에 태그 질문을 표시한다("right?" 또는 "isn't it?"와 같은 짧은 질문 문구).

명시적으로
확인

S:	Which city do you want to leave from?
U:	Baltimore.
S:	**Do you want to leave from Baltimore?**
U:	Yes.

U:	I'd like to fly from Denver Colorado to New York City on September twenty first in the morning on United Airlines
S:	**Let's see then. I have you going from Denver Colorado to New York on September twenty first. Is that correct?**
U:	Yes

암묵적인 확인

직접적인 질문을하지 않고 **암묵적인 확인** 전략을 사용하는 시스템은 위에서 설명한 *demonstration* 또는 *display* 기초 전략을 사용해 시스템이 사용자가 말한 것으로 이해한 내용을 반복해 사용자에게 확인한다.

U:	I want to travel to Berlin
S:	**When do you want to travel to Berlin?**
U2:	Hi I'd like to fly to Seattle Tuesday Morning
A3:	**Traveling to Seattle on Tuesday, August eleventh in the morning.** Your full name?

명시적 및 암시적 확인에는 보완적인 장점이 있다. 명시적 확인을 사용하면 사용자가 확인 질문에 "아니요"라고 대답할 수 있기 때문에 사용자가 시스템의 잘못된 인식을 쉽게 수정할 수 있다. 그러나 명시적인 확인은 어색하고 대화의 길이를 늘린다 (Danieli and Gerbino, 1995; Walker et al., 1998). 위의 명백한 확인 다이얼로그 조각은 부자연스럽고 확실히 비인간적으로 들린다. 암묵적 확인은 훨씬 더 자연스럽다.

확인은 시스템이 이해 부족을 표현할 수 있는 대화 작업의 한 종류일 뿐이다. 또 다른 옵션은 **거부**다. ASR 시스템은 사용자에게 I'm sorry, I didn't understand that과 같은 메시지를 표시함으로써 발언을 거부한다. 때때로 발언은 여러 번 거부된다. 이는 사용자가 시스템이 수행할 수 없는 언어를 사용 중임을 의미할 수 있다. 따라서 발화가 거부되면 시스템은 코헨 외 연구진(2004)의 이 예에서와 같이 **점진적 프롬프트** 또는 **세부 사항 확대** 전략을 따르는 경우가 많다(Yankelovich et al., 1995; Weinschenk and Barker, 2000).

거부

점진적
프롬프트
세부 사항 확대

System:	When would you like to leave?
Caller:	Well, um, I need to be in New York in time for the first World Series game.
System:	⟨reject⟩. Sorry, I didn't get that. Please say the month and day you'd like to leave.
Caller:	I wanna go on October fifteenth.

이 예에서 "*When would you like to leave?*"를 반복하는 대신 거부 프롬프트는 발신자에게 시스템이 이해할 수 있는 발화를 공식화하는 방법에 대한 자세한 지침을 제공한다. 이러한 you-can-say 도움말 메시지는 시스템의 성능 이해를 향상시키는 데 중요하다(Bohus and Rudnicky, 2005). 발신자의 발화가 다시 거부되는 경우 프롬프트에 이를 반영하고 발신자에게 더 많은 안내를 제공할 수 있다("I *still* didn't get that").

빠른
재프롬프트오류 처리의 대안 전략은 "I'm sorry?" 또는 "What was that?"이라고 말하는 것만으로 시스템이 발언을 거부하는 **빠른 재프롬프트**^{rapid reprompting}한다. 발신자의 발화가 두 번째로 거부된 경우에만 시스템이 점진적 프롬프트를 적용하기 시작한다. 코헨 외 연구진(2004)은 사용자가 첫 번째 수준의 오류 프롬프트로 빠른 재프롬프트를 크게 선호한다는 것을 보여주는 실험을 요약한다.

24.3 VoiceXML

VoiceXML**VoiceXML**은 W3C에서 출시한 XML 기반 다이얼로그 설계 언어인 음성 확장 가능 마크업 언어이며, 다양한 음성 마크업 언어(예: SALT)에서 가장 일반적으로 사용된다.

vxmlVoiceXML(또는 vxml)의 목표는 ASR 및 TTS를 사용하고 프레임 기반 아키텍처에서 매우 간단한 혼합 주도를 처리해 설명해온 유형의 간단한 오디오 대화를 만드는 것이다. VoiceXML은 학술적 환경보다는 상업적 환경에서 더 일반적이지만 다이얼로그 시스템 디자인 문제를 직접 파악할 수 있는 좋은 방법이다.

VoiceXML 문서에는 각각 *form* 또는 *menu*가 될 수 있는 일련의 대화가 포함된다. 양식을 소개하는 것으로 제한할 것이다. 일반적인 VoiceXML에 대한 자세한 내용은 http://www.voicexml.org/를 참고한다. 그림 24.11의 VoiceXML 문서는 "transporttype"이라는 단일 필드가 있는 양식을 정의한다. 이 필드에는 TTS 시스템으로 전달할 수 있는 *Please choose airline, hotel, or rental car*라는 메시지가 첨부돼 있다. 또한 인식기가 인식할 수 있는 단어를 지정하기 위해 음성 인식 엔진에 전달되는 문법(언어 모델)이 있다. 그림 24.11의 예에서 문법은 *airline, hotel, rental car*라는 세 단어의 분리로 구성된다.

<form>은 일반적으로 몇 가지 다른 명령과 함께 일련의 <field>로 구성된다. 각 필드에는 이름(transporttype은 그림 24.11의 필드 이름)이 있으며, 이는 사용자의 응답이 저장될 변수의 이름이기도 한다. 필드와 연관된 프롬프트는 <prompt> 명령으로 지정된다. 필드와 관련된 문법은 <grammar> 명령으로 지정된다. VoiceXML은 XML Speech Grammar, ABNF 및 Nuance GSL과 같은 상용 표준을 포함한 다양한 문법 지정 방법을 지원한다. 다음 예에서는 Nuance GSL 형식을 사용한다.

```
<form>
  <field name="transporttype">
    <prompt>
       Please choose airline, hotel, or rental car.
    </prompt>
    <grammar type="application/x=nuance-gsl">
       [airline hotel "rental car"]
    </grammar>
  </field>
  <block>
    <prompt>
     You have chosen <value expr="transporttype">.
    </prompt>
  </block>
</form>
```

그림 24.11 단일 필드가 있는 양식에 대한 최소 VoiceXML 스크립트다. 사용자에게 메시지가 표시되고 응답이 다시 반복된다.

VoiceXML 해석 프로그램은 양식의 각 항목을 반복적으로 선택하면서 문서 순서대로 양식을 살펴본다. 필드가 여러 개인 경우, 해석 프로그램이 각 필드를 순서대로 방문한다. 나중에 설명하겠지만 해석 순서는 다양하게 변경될 수 있다. 그림 24.12의 예는 항공사 항공편의 출발지, 목적지 및 비행 날짜를 지정하기 위한 세 개의 필드가 있는 양식을 보여준다.

```
<noinput>
I'm sorry, I didn't hear you. <reprompt/>
</noinput>

<nomatch>
I'm sorry, I didn't understand that. <reprompt/>
</nomatch>

<form>
  <block> Welcome to the air travel consultant. </block>
  <field name="origin">
      <prompt> Which city do you want to leave from? </prompt>
      <grammar type="application/x=nuance-gsl">
        [(san francisco) denver (new york) barcelona]
      </grammar>
      <filled>
         <prompt> OK, from <value expr="origin"> </prompt>
      </filled>
  </field>
  <field name="destination">
      <prompt> And which city do you want to go to? </prompt>
      <grammar type="application/x=nuance-gsl">
        [(san francisco) denver (new york) barcelona]
      </grammar>
      <filled>
         <prompt> OK, to <value expr="destination"> </prompt>
      </filled>
  </field>
  <field name="departdate" type="date">
      <prompt> And what date do you want to leave? </prompt>
      <filled>
         <prompt> OK, on <value expr="departdate"> </prompt>
      </filled>
  </field>
  <block>
      <prompt> OK, I have you are departing from <value expr="origin">
            to <value expr="destination"> on <value expr="departdate">
      </prompt>
      send the info to book a flight...
  </block>
</form>
```

그림 24.12 각 필드를 확인하고 noinput 및 nomatch 상황을 처리하는 3개의 필드가 있는 양식에 대한 VoiceXML 스크립트

예제의 프롤로그는 오류 처리를 위한 두 가지 전역 기본값을 보여준다. 사용자가 프롬프트 후에 응답하지 않으면(즉, 무음이 시간 제한 임계값을 초과함) VoiceXML 해석 프로그램은 `<noinput>` 프롬프트를 재생한다. 사용자가 해당 필드의 문법과 일치하지 않는 내용을 말하면 VoiceXML 해석 프로그램이 `<nomatch>` 프롬프트를 재생한다. 이 유형의 실패 후 응답을 얻지 못한 질문을 반복하는 것은 일반적이다. 이러한 루틴은 모든 필드에서 호출할 수 있기 때문에 실제 프롬프트는 매번 달라진다. 따라서 VoiceXML은 오류를 일으킨 필드에 대해 프롬프트를 반복하는 `<reprompt\>` 명령을 제공한다.

이 양식의 세 필드는 VoiceXML의 또 다른 피처인 `<filled>` 태그를 보여준다. 필드에 대한 `<filled>` 태그는 사용자가 필드를 채우자마자 해석 프로그램에 의해 실행된다. 여기에서 이 피처는 사용자의 입력을 확인하는 데 사용된다.

마지막 필드인 departdate는 유형 속성인 VoiceXML의 또 다른 피처를 보여준다. VoiceXML 2.0은 boolean, currency, date, digits, number, phone, time의 7가지 기본 제공 문법 유형을 지정한다. 이 필드의 유형이 날짜이기 때문에 데이터별 언어 모델(문법)이 음성 인식기에 자동으로 전달된다. 그래서 여기서는 문법을 명시적으로 지정할 필요가 없다.

그림 24.13은 혼합 주도를 보여주는 최종 예를 제공한다. 혼합 주도 대화에서 사용자는 시스템에서 요청한 질문에 대답하지 않도록 선택할 수 있다. 예를 들어 다른 질문에 답하거나 긴 문장을 사용해 한 번에 여러 슬롯을 채울 수 있다. 이는 VoiceXML 해석 프로그램은 더 이상 양식의 각 필드를 순서대로 평가할 수 없음을 의미한다. 값이 설정된 필드를 건너뛰어야 한다. 이는 필드를 방문하지 못하도록 하는 테스트인 *guard condition*에 의해 수행된다. 필드의 기본 보호 조건은 필드의 양식 항목 변수에 값이 있는지 확인하고 값이 있는 경우, 필드가 해석되지 않는지 테스트한다.

그림 24.13은 또한 훨씬 더 복잡한 문법 사용을 보여준다. 이 문법은 Flight와 City라는 두 개의 재작성 규칙이 있는 CFG 문법이다. Nuance GSL 문법 형식은 괄호( )를 사용해 연결을 의미하고, 대괄호[ ]를 사용해 분리를 의미한다. 따라서 (24.18)과 같은 규칙은 Wantsentence는 I want to fly or i want to go로 확장할 수 있고, Airports는 san francisco 또는 denver로 확장할 수 있음을 의미한다.

(24.18) Wantsentence (i want to [fly go])

Airports [(san francisco) denver]

문법 규칙은 재귀적으로 다른 문법 규칙을 언급할 수 있기 때문에 그림 24.13의 문법에서 City의 규칙을 가리키는 Flight의 문법을 본다.

VoiceXML 문법은 선택적 의미론적 연결이 있는 CFG 문법의 형태를 취한다. 의미론적 연결은 일반적으로 텍스트 문자열(예: denver, colorado) 또는 슬롯 및 필러이다. City 규칙(각 줄의 끝에 있는 반환문)에 대한 의미론적 연결에서 전자의 예를 볼 수 있으며, 이는 도시 및 주 이름을 전달한다. Flight 규칙에 대한 의미론적 연결은 슬롯(<origin> 또는 <destination> 또는 둘 다)이 City 규칙에서 변수 x에 전달된 값으로 채워지는 후자의 경우를 보여준다.

그림 24.13은 혼합 주도 문법이기 때문에 문법은 모든 분야에 적용 가능해야 한다. 이는 Flight의 확장을 분리함으로써 수행된다. 사용자가 출발지, 목적지 또는 둘 다를 지정할 수 있다.

```
<noinput> I'm sorry, I didn't hear you. <reprompt/> </noinput>

<nomatch> I'm sorry, I didn't understand that. <reprompt/> </nomatch>

<form>
   <grammar type="application/x=nuance-gsl">
   <![ CDATA[
   Flight (   ?[
           (i [wanna (want to)] [fly go])
           (i'd like to [fly go])
           ([(i wanna)(i'd like a)] flight)
       ]
       [
         ( [from leaving departing] City:x) {<origin $x>}
         ( [(?going to)(arriving in)] City:x) {<destination $x>}
         ( [from leaving departing] City:x
           [(?going to)(arriving in)] City:y) {<origin $x> <destination $y>}
       ]
       ?please
```

```
        )
     City [ [(san francisco) (s f o)] {return( "san francisco, california")}
          [(denver) (d e n)] {return( "denver, colorado")}
          [(seattle) (s t x)] {return( "seattle, washington")}
     ]
     ]]> </grammar>

<initial name="init">
   <prompt> Welcome to the consultant. What are your travel plans? </prompt>
</initial>

<field name="origin">
   <prompt> Which city do you want to leave from? </prompt>
   <filled>
      <prompt> OK, from <value expr="origin"> </prompt>
   </filled>
</field>
<field name="destination">
   <prompt> And which city do you want to go to? </prompt>
   <filled>
      <prompt> OK, to <value expr="destination"> </prompt>
   </filled>
</field>
<block>
   <prompt> OK, I have you are departing from <value expr="origin">
          to <value expr="destination">. </prompt>
   send the info to book a flight...
</block>
</form>
```

그림 24.13 혼합 주도 VoiceXML 대화. 문법은 출발지 또는 목적지 또는 둘 다를 지정하는 문장을 허용한다. 사용자는 출발지, 목적지 또는 둘 다를 지정해 초기 프롬프트에 응답할 수 있다.

24.4 다이얼로그 시스템 설계 및 평가

사용자는 대부분의 다른 음성 및 언어 처리 영역보다 다이얼로그 시스템에서 더 중요한 역할을 한다. 이 절에서는 다이얼로그 시스템을 설계하고 평가할 때 사용자의 역할에 중점을 둔다.

24.4.1 다이얼로그 시스템 설계

다이얼로그 시스템 개발자는 대화 전략, 프롬프트, 오류 메시지 등을 어떻게 선택하는가? 이 프로세스를 종종 **VUI**Voice User Interface 디자인이라고 한다. 굴드와 루이스(1985)의 **사용자 중심 디자인** 원칙은 다음과 같다.

VUI

1. **사용자 및 작업 연구**: 사용자와의 인터뷰, 유사 시스템 조사, 관련 인간 대 인간 다이얼로그 연구를 통해 잠재적 사용자 및 작업의 성격을 이해한다.

2. **시뮬레이션 및 프로토타입 제작**: Wizard-of-OZ 시스템WOZ 또는 PNAMBICPay No Attention to the Man Behind the Curtain 시스템에서 사용자는 소프트웨어 시스템이라고 생각하지만 실제로는 인간 운영자("wizard")다. 일부 위장 인터페이스 소프트웨어 뒤에 있다(예: Gould et al., 1983; Good et al., 1984; Fraser and Gilbert, 1991).[2] WOZ 시스템은 구현 전에 아키텍처를 테스트하는 데 사용할 수 있다. 인터페이스 소프트웨어와 데이터베이스만 있으면 된다. wizard의 언어 출력은 텍스트 음성 변환 시스템 또는 텍스트 전용 상호작용으로 위장할 수 있다. wizard가 실제 시스템의 오류, 제한 또는 시간 제약을 정확하게 시뮬레이션하는 것은 어렵다. 따라서 WOZ 연구의 결과는 다소 이상화됐지만 여전히 도메인 문제에 대한 유용한 첫 번째 아이디어를 제공할 수 있다.

Wizard-of-OZ
시스템

3. **반복적으로 사용자에 대한 설계 테스트**: 임베디드 사용자 테스트를 통한 반복적인 디자인 주기는 시스템 설계에 필수적이다(Nielsen, 1992; Cole et al., 1994, 1997; Yankelovich et al., 1995; Landauer, 1995). 예를 들어 스티펠만 외 연구진 (1993)은 원래 사용자가 시스템을 중단하기 위해 키를 눌러야 하는 시스템을 구축했다. 사용자 테스트에서 사용자가 대신 시스템을 중단(**바지인**barge-in)하려고 해 중첩된 음성을 인식하도록 시스템을 재설계할 것을 제안했다. 반복적인 방법은 제한된 형식(Oviatt et al., 1993)의 특정 상황에서 사용하거나 개방형 프롬프트가 아닌 **지시형 프롬프트**(Kamm, 1994)와 같이 사용자가 규범적인 방식으로 응답하도록 하는 프롬프트를 설계하는 데에도 중요하다. 이 단계에서도 시뮬레이션을 사용할 수 있다. 다이얼로그 시스템과 상호작용하는

바지인

---

2   이 이름은 동화책 『The Wizard of Oz』(Baum, 1900)에서 따온 것이다. 이 책에서 마법사는 커튼 뒤의 남자가 제어하는 시뮬레이션일뿐이다.

사용자 시뮬레이션은 인터페이스의 취약성 또는 오류를 테스트하는 데 도움이 될 수 있다(Chung, 2004).

대화형 인터페이스 설계에 대한 자세한 내용은 코헨 외 연구진(2004) 및 해리스(2005)를 참고한다.

24.4.2 다이얼로그 시스템 평가

사용자 테스트와 평가가 대화 다이얼로그 설계에서 매우 중요하다. 사용자 만족도 등급 계산은 사용자가 다이얼로그 시스템과 상호작용해 작업을 수행한 다음 설문지를 작성하게 함으로써 수행할 수 있다(Shriberg et al., 1992; Polifroni et al., 1992; Stifelman et al., 1993; Yankelovich et al., 1995; Möller, 2002). 예를 들어 그림 24.14는 워커 외 연구진(2001)이 사용하는 객관식 질문을 보여준다. 응답은 1에서 5까지의 범위로 매핑된 다음 모든 질문에 대해 평균을 내어 총 사용자 만족도를 평가한다.

TTS 성능	시스템이 이해하기 쉬웠는가?
ASR 성능	시스템이 당신의 말을 이해했는가?
작업 용이성	원하는 메시지/항공편/기차를 쉽게 찾을 수 있었는가?
상호작용 속도	시스템과의 상호작용 속도가 적절했는가?
사용자 전문 지식	각 지점에서 무엇을 말할 수 있는지 알고 있었는가?
시스템 응답	시스템이 얼마나 자주 느리게 응답했는가?
예상되는 동작	시스템이 예상대로 작동했는가?
향후 사용	앞으로 이 시스템을 사용할 것이라고 생각하는가?

그림 24.14   사용자 만족도 조사. 워커 외 연구진(2001)

시스템이 변경될 때마다 완전한 사용자 만족도 조사를 실행하는 것은 경제적으로 불가능한 경우가 많다. 이러한 이유로 인간의 만족도와 잘 연관되는 성능 평가 휴리스틱을 갖는 것이 유용하다. 이러한 요인과 휴리스틱이 많이 연구됐다. 이러한 요소를 분류하는 데 사용된 한 가지 방법은 최적의 대화 시스템이 사용자가 최소한의 문제(비용 최소화)로 목표를 달성(작업 성공 극대화)할 수 있도록 하는 것이다. 그런 다음 이 두 가지 기준과 관련된 메트릭을 연구할 수 있다.

작업 완료 성공: 전체 솔루션의 정확성을 평가해 작업 성공을 측정할 수 있다. 프레임 기반 아키텍처의 경우 올바른 값으로 채워진 슬롯의 비율 또는 완료된 하위 작업의 비율일 수 있다(Polifroni et al., 1992). 서로 다른 다이얼로그 시스템이 서로 다른 작업에 적용될 수 있으며, 이 메트릭에서 비교하기가 어렵기 때문에 워커 외 연구진(1997)은 카파 계수 κ를 사용해 찬스 일치에 대해 정규화되고 교차 시스템 비교를 더 잘 가능하게 하는 완료 점수를 계산할 것을 제안했다.

효율성 비용: 효율성 비용은 사용자를 지원할 때 시스템의 효율성을 나타내는 척도다. 이는 다이얼로그에 대한 총 경과 시간(초), 총 전환 수 또는 시스템 전환 수 또는 총 쿼리 수로 측정할 수 있다(Polifroni et al., 1992). 다른 측정 기준으로는 시스템 무응답 수와 '전환 수정 비율turn correction ratio'이 있다. 오류를 수정하는 데만 사용된 시스템 또는 사용자 전환 수를 총 전환 수로 나눈 값이다(Danieli and Gerbino, 1995; Hirschman and Pao, 1993).

품질 비용: 품질 비용은 시스템에 대한 사용자의 인식에 영향을 미치는 상호작용의 다른 측면을 측정한다. 이러한 조치 중 하나는 ASR 시스템이 문장을 반환하지 못한 횟수 또는 ASR 거부 프롬프트의 수다. 유사한 측정 항목에는 사용자가 참여(시스템 중단)해야 하는 횟수 또는 사용자가 충분히 빠르게 응답하지 않았을 때 재생된 시간 제한 메시지의 수가 포함된다. 다른 품질 메트릭은 시스템이 사용자를 얼마나 잘 이해하고 응답했는지에 중점을 둔다. 여기에는 시스템의 질문, 답변 및 오류 메시지(Zue et al., 1989)의 부적절성(상세 또는 모호함) 또는 각 질문, 답변 또는 오류 메시지의 정확성(Zue et al., 1989; Polifroni et al., 1992)이 포함될 수 있다. 중요한 품질 비용은 NLU 구성 요소가 올바르게 반환하는 의미 개념의 백분율을 측정하는 개념 정확도 또는 개념 오류율이다. 프레임 기반 아키텍처를 사용하는 시스템은 올바른 의미로 채워진 슬롯의 비율을 계산해 이를 측정할 수 있다. 예를 들어 "I want to arrive in Austin at 5:00"라는 문장이 "DEST-CITY: Boston, Time: 5:00"이라는 의미를 갖는 것으로 잘못 인식되면 개념 정확도는 50%가 된다(두 슬롯 중 하나는 잘못됨).

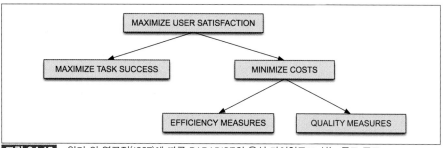

그림 24.15 워커 외 연구진(1997)에 따른 PARADISE의 음성 다이얼로그 성능 목표 구조

이러한 성공 및 비용 메트릭을 어떻게 결합하고 가중치를 적용해야 하는가? 한 가지 접근 방식은 이 문제에 다중 회귀를 적용하는 PARADISE 알고리듬(다이얼로그 시스템 평가를 위한 PARAdigm)이다. 알고리듬은 먼저 그림 24.14와 같은 설문지에서 사용자 만족도 등급을 각 다이얼로그에 할당한다. 위와 같은 일련의 비용 및 성공 요인은 일련의 독립적인 요인으로 취급된다. 다중 회귀는 각 요인에 대한 가중치를 훈련하는 데 사용되며 사용자 만족도를 고려하는 데 있어 중요성을 측정한다. 그림 24.15는 PARADISE 실험이 가정한 특정 성능 모델을 보여준다. 각 상자는 이전 페이지에서 요약한 일련의 요소와 관련이 있다. 결과 메트릭은 매우 다른 다이얼로그 전략을 비교하는 데 사용할 수 있다. PARADISE와 같은 방법을 사용한 평가는 작업 완료 및 개념 정확성이 사용자 만족도의 가장 중요한 예측 변수가 될 수 있음을 시사했다. 워커 외 연구진(1997, 2001, 2002)을 참고한다.

음성 다이얼로그 시스템의 품질을 설명하기 위해 다양한 기타 평가 지표 및 분류법이 제안됐다(Fraser, 1992; Möller, 2002, 2004; Delgado and Araki, 2005).

24.5 정보 상태와 대화 행위

지금까지 소개한 기본 프레임 기반 다이얼로그 시스템은 제한된 영역별 대화만 가능하다. 이는 프레임 기반 가능하다. 시스템의 의미 해석 및 생성 프로세스가 슬롯을 채우는 데 필요한 것만 기반으로 하기 때문이다. 양식 작성 애플리케이션 이상의 용도로 사용하려면 대화 에이전트는 사용자가 질문 또는 제안을 하거나 제안을 거부할 시기를 결정하는 등의 작업을 수행할 수 있어야 하며, 사용자의 발언을 근거로 하고, 설명과 질문을 하고, 계획을 제안할 수 있어야 한다. 대화 에이전트가 화행 및 기초 측면에서 해석 및 생성에 대한 정교한 모델과 슬롯 목록보다 다이얼로그 맥락의 더 정교한 표현이 필요함을 시사한다.

정보 상태   이 절에서는 보다 정교한 구성 요소를 허용하는 다이얼로그 관리를 위한 보다 고급 아키텍처를 스케치한다. 이 모델은 일반적으로 **정보 상태** 아키텍처(Traum and Larsson, 2003, 2000)라고 부르지만, 앨런 외 연구진(2001)의 아키텍처와 같은 아키텍처를 포함하기 위해 이 용어를 느슨하게 사용한다. 정보 상태 접근 방식의 확장으로 볼 수 있는 확률적 아키텍처인 **마르코프 의사결정 프로세스** 모델은 다음 절에서 설명한다. **정보 상태 아키텍처**라는 용어는 실제로 좀 더 정교한 에이전트를 향한 수많은 노력을 포괄하는 용어다. 여기서는 5개의 구성 요소로 구성된 구조를 가정한다.

- 정보 상태('담화 맥락' 또는 '정신 모델')
- 대화 행위 통역사(또는 '통역 엔진')
- 대화 행위 생성기(또는 '생성 엔진')
- 대화 행위로서 정보 상태를 업데이트하는 업데이트 규칙 집합으로, 대화 행위를 생성하는 규칙을 포함
- 적용할 업데이트 규칙을 선택하는 제어 구조

정보 상태라는 용어는 의도적으로 추상적이며 담화 맥락 및 두 화자의 공통 기반, 화자의 신념 또는 의도, 사용자 모델 등을 포함할 수 있다. 결정적으로, 정보 상태는 유한 상태 다이얼로그 관리자의 정적인 상태보다 더 복잡한 개념이 된다. 현재 상태에는 유한 네트워크에서 상태 번호로 쉽게 모델링할 수 없는 많은 변수, 담화 맥락 및 기타 요소의 값이 포함된다.

대화 행위는 기초 이론의 아이디어를 통합하는 언어 행위의 확장이며 다음 하위 절에서 더 자세히 정의된다. 해석 엔진은 음성을 입력으로 받아 감성적 의미와 적절한 대화 행위를 파악한다. 대화 행위 생성기는 대화 행위와 감각적 의미를 입력으로 취하고 텍스트/음성을 출력으로 생성한다.

마지막으로 업데이트 규칙은 대화 행위의 정보로 정보 상태를 수정한다. 이러한 업데이트 규칙은 위에서 설명한 프레임 기반 대화 시스템에서 사용되는 생산 규칙의 일

반화다(예: Seneff and Polifroni, 2000). **선택 규칙**이라고 하는 업데이트 규칙의 하위 집합은 대화 행위를 생성하는 데 사용된다. 예를 들어 업데이트 규칙은 해석 엔진이 주장을 인식할 때 주장의 정보와 기초 작업을 수행해야 하는 새로운 의무로 정보 상태를 업데이트해야 한다고 말할 수 있다. 질문이 인식되면 업데이트 규칙이 질문에 답해야 할 필요성을 지정할 수 있다. 그림 24.16에서 제안된 것처럼 업데이트 규칙과 제어 구조의 조합을 행동 에이전트(Allen et al., 2001)라고 할 수 있다.

정보 상태 모델의 직관은 매우 간단하지만 세부 사항은 매우 복잡할 수 있다. 정보 상태에는 담화 표현 이론과 같은 풍부한 담화 모델이나 사용자의 신념, 욕망 및 의도에 대한 정교한 모델이 포함될 수 있다(24.7절에서 다시 참조). 여기에서 특정 구현을 설명하는 대신 대화 행동 해석 및 생성 엔진과 마르코프 의사결정 프로세스를 통한 확률적 정보 상태 아키텍처에 대해 다음 절에서 다룬다.

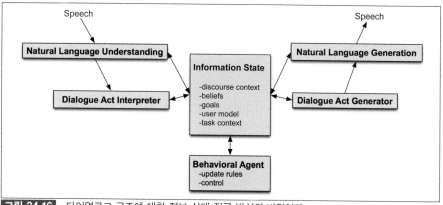

그림 24.16 다이얼로그 구조에 대한 정보 상태 접근 방식의 버전이다.

24.5.1 대화 행위 사용

위에서 암시했듯이 오스틴이 원래 정의한 대로 화행은 기초, 기여, 인접 쌍 등과 같은 대화의 주요 기능을 모델링하지 않는다. 이러한 구어 현상을 포착하기 위해 **대화 행위**(Bunt, 1994)(또는 **다이얼로그 변화** 또는 **구어의 변화**(Power, 1979; Carletta et al., 1997b))라는 화행의 확장을 사용한다. 특히 대화 행위는 다른 대화 기능과 관련된 내부 구조로 화행을 확장한다(Allen and Core, 1997; Bunt, 2000).

대화 행위

구어의 변화

다양한 대화 행위 태그 세트가 제안됐다. 그림 24.17은 버브모빌^{Verbmobil} 공동 가입 스케줄링의 도메인별 태그 세트를 보여준다. 이 태그는 화자가 향후 미팅을 계획하도록 요청을 받았다. 충족할 특정 날짜를 제안하는 데 사용되는 SUGGEST와 같은 특정 날짜에 대한 제안을 수락하거나 거부하는 데 사용되는 ACCEPT 및 REJECT와 같은 도메인별 태그가 있다. 따라서 이 태그 세트는 1118페이지에서 다룬 클라크 기여의 프레젠테이션 및 수락 단계의 요소를 모두 포함한다.

보다 일반적이고 도메인에 독립적인 대화 행위 태그 세트가 많이 있다. 클라크와 세이퍼(1989)의 작업에서 영감을 받은 DAMSL^{Dialogue Act Markup in Several Layers} 아키텍처에서 올우드 외 연구진(1992) 및 올우드(1995), 각 발화는 두 가지 유형의 기능, 즉 화행 기능과 같은 **순방향 함수**와 접지 및 응답과 같은 **역방향** 함수로 태그가 지정된다 (Allen and Core, 1997; Walker et al., 1996; Carletta et al., 1997a; Core et al., 1999).

트라움과 힌켈만(1992)은 대화 행위를 구성하는 핵심 화행과 기초 행위가 훨씬 더 풍부한 대화 행위의 계층에 적합할 수 있다고 제안했다. 그림 24.18은 DAMSL **대화 행위**(기초 및 핵심 화행)에 해당하는 두 개의 중간 수준과 함께 제안하는 4가지 수준의 행위 유형을 보여준다. 두 가지 새로운 수준에는 차례대로 행동하는 것과 *argumentation* 관계라고 하는 일관성 관계 유형이 포함된다.

행위는 계층을 형성하며, 높은 수준의 행위(예: 핵심 화행)의 수행은 낮은 수준의 행위(순서 전환)의 수행을 수반한다. 이 절의 후반부에서 대화법의 사용을 보여주고 24.7 절의 일관성과 대화 구조의 문제로 돌아간다.

대화 행위

태그	예
THANK	*Thanks*
GREET	*Hello Dan*
INTRODUCE	*It's me again*
BYE	*Allright bye*
REQUEST-COMMENT	*How does that look?*
SUGGEST	*from thirteenth through seventeenth June*
REJECT	*No Friday I'm booked all day*
ACCEPT	*Saturday sounds fine*
REQUEST-SUGGEST	*What is a good day of the week for you?*
INIT	*I wanted to make an appointment with you*
GIVE_REASON	*Because I have meetings all afternoon*
FEEDBACK	*Okay*
DELIBERATE	*Let me check my calendar here*
CONFIRM	*Okay, that would be wonderful*
CLARIFY	*Okay, do you mean Tuesday the 23rd?*
DIGRESS	*[we could meet for lunch] and eat lots of ice cream*
MOTIVATE	*We should go to visit our subsidiary in Munich*
GARBAGE	*Oops, I*

그림 24.17 Verbmobil-1에서 사용된 18개의 고급 대화 행위는 총 43개의 더 구체적인 대화 행위로 요약됐다. 예로는 제카트 외 연구진(1995)이 있다.

작업 유형	샘플 작업
화자 전환(turn-taking)	take-turn, keep-turn, release-turn, assign-turn
기초(grounding)	acknowledge, repair, continue
핵심 화행(core speech acts)	inform, wh-question, accept, request, offer
논증(argumentation)	elaborate, summarize, question-answer, clarify

그림 24.18 트라움과 힌켈만(1992)의 대화 행위 유형

24.5.2 대화 행위 해석

주어진 입력이 QUESTION, STATEMENT, SUGGEST(지시형) 또는 ACKNOWLEDGMENT 인지를 결정하면서 대화 행위를 어떻게 해석할 수 있을까? 아마도 표면 구문에 의존할 수 있을까? 12장에서 영어의 예-아니요 질문에는 aux-inversion(조동사가 주어 앞에 있음)이 있고, 평서문에는 서술문 문법(aux-inversion이 없음)이 있으며, 명령문에는

구문 주어가 없다.

(24.19) YES-NO QUESTION   Will breakfast be served on USAir 1557?

STATEMENT   I don't care about lunch.

COMMAND   Show me flights from Milwaukee to Orlando.

장의 초반에 있는 애벗과 코스텔로의 유명한 *Who's on First* 루틴에서 명확하게 알 수 있듯이 표면 형태에서 발화 수반 행위로의 매핑은 복잡하다. 예를 들어 다음 ATIS 발화는 *Are you capable of giving me a list of...?*와 같은 의미의 YES-NO QUESTION 처럼 보인다.

(24.20) Can you give me a list of the flights from Atlanta to Boston?

그러나 실제로 이 사람은 시스템이 목록을 제할 수 있는지 여부에 관심이 없었다. 이 발화는 *Please give me a list of...*와 비슷한 의미의 정중한 REQUEST 형태였다. 따라서 표면에 QUESTION처럼 보이는 것은 실제로 REQUEST가 될 수 있다.

마찬가지로 표면에 STATEMENT처럼 보이는 것은 실제로 QUESTION이 될 수 있다. 매우 일반적인 CHECK 질문(Carletta et al., 1997b; Labov and Fanshel, 1977)은 대화 상대에게 그녀가 특권을 가지고 있는 지식을 확인하도록 요청한다. CHECKS는 평서문의 표면 형식을 갖는다.

A	OPEN-OPTION	I was wanting to make some arrangements for a trip that I'm going to be taking uh to LA uh beginning of the week after next.
B	HOLD	OK uh let me pull up your profile and I'll be right with you here. [pause]
B	CHECK	**And you said you wanted to travel next week?**
A	ACCEPT	Uh yes.

질문을 하기 위해 표면 평서문을 사용하거나 요청을 발행하기 위해 표면 질문을 사용하는 발언을 **간접적 화행**이라고 한다.

간접적 화행

이러한 대화 행위 중의성을 해결하기 위해, 대화 행위 해석을 지도된 분류 작업으로 모델링할 수 있으며, 대화 행위 레이블을 숨겨진 부류로 탐지할 수 있다. 각 발화가 대화 행위에 대해 수동으로 레이블링된 코퍼스의 분류기를 훈련시킨다. 대화 행위 해석에 사용되는 피처는 대화 맥락과 그 행동의 **마이크로 문법**microgrammar(특징적인 어휘,

마이크로 문법

문법, 운율 및 대화 속성)에 기인한다(Goodwin, 1996).

다이얼로그별 N그램

1. **단어 및 문법**: *Please* 또는 *Would you*는 **다이얼로그별 N그램** 문법에 의해 감지되는 YES-NO QUESTIONS의 경우, *are you*를 나타내는 좋은 단서다.

2. **운율**: 상승 피치는 YES-NO QUESTION에 대한 좋은 단서이며 평서문적 발화

말끝의 하락

   (예: STATEMENTS)는 **말끝의 하락**이 나타난다. 발화가 끝날 때 F0이 떨어진다. 음의 강도나 강세는 AGREEMENT인 *yeah*와 BACKCHANNEL인 *yeah*를 구별하는 데 도움이 될 수 있다. F0, 지속 시간 및 에너지와 같은 운율적 피처의 음향 상관관계를 추출할 수 있다.

3. **대화 구조**: 제안 후 *yeah*는 아마도 AGREEMENT일 것이다. INFORM 뒤에 *yeah*는 BACKCHANNEL일 가능성이 높다. 인접 쌍의 개념(Schegloff, 1968; Sacks et al., 1974)을 바탕으로 대화 행위의 바이그램으로 대화 구조를 모델링할 수 있다.

공식적으로 우리의 목표는 문장을 관찰했을 때 가장 높은 사후 확률 $P(d|o)$를 갖는 대화 행위 d^*를 찾는 것이다.

$$
\begin{aligned}
d^* &= \operatorname*{argmax}_{d} P(d|o) \\
&= \operatorname*{argmax}_{d} \frac{P(d)P(o|d)}{P(o)} \\
&= \operatorname*{argmax}_{d} P(d)P(o|d)
\end{aligned} \tag{24.21}
$$

몇 가지 단순화된 가정(문장 f와 단어 시퀀스 W의 운율이 독립적이고 대화 행위의 전환이 이전 대화 행위에 주어진 조건에 의해 모델화될 수 있다는 것)을 만들면 (24.22)에서 대화 행위 d의 관찰 가능성을 추정할 수 있다.

$$
P(o|d) = P(f|d)P(W|d) \tag{24.22}
$$

$$
d^* = \operatorname*{argmax}_{d} P(d|d_{t-1})P(f|d)P(W|d) \tag{24.23}
$$

$$
P(W|d) = \prod_{i=2}^{N} P(w_i|w_{i-1}...w_{i-N+1}, d) \tag{24.24}
$$

$P(f|d)$를 계산하기 위해 운율 예측 변수를 훈련시키는 것은 종종 의사결정 트리로 수행됐다. 예를 들어 슈리버그 외 연구진(1998)은 F0의 기울기와 같은 음향적 특징에 기초해 4개의 대화 행위 STACTION(S), YES-NO QUQUEST(QY), CHECK(QD), WH-QUQUEST를 구별하기 위해 CART 트리를 만들었다. 정규화된 기간 측정 그림 24.19는 일련의 음향 특징을 고려할 때, 대화 행위 유형의 사후 확률 $P(d|f)$를 제공하는 결정 트리를 보여준다. 트리 오른쪽을 향한 S와 QY의 차이는 `norm_f0_diff` 피처(끝과 끝 영역의 평균 F0 사이의 정규화된 차이)에 기초하며, 왼쪽 하단의 QW와 QD의 차이는 전체 발화에서 F0 기울기를 측정하는 `utt_grad`에 기초한다.

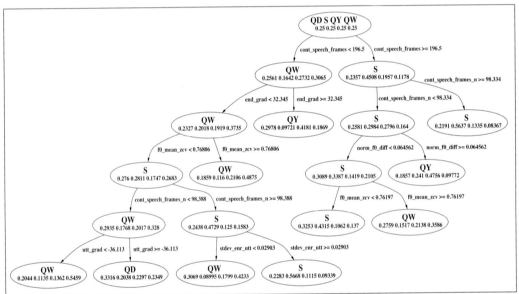

그림 24.19 슈리버그 외 연구진(1998)에 따른 DECLARATIVE QUESTIONS(QD), STATEMENT(S), YES-NO QUESTIONS(QY)를 분류하기 위한 의사결정 트리. 트리의 각 노드는 QD, S, QY, QW 순서로 4개의 대화 행위 각각에 대해 하나씩 4개의 확률을 보여준다. 4개 중 가장 가능성이 높은 것이 노드의 레이블로 표시된다. 질문은 문장(cont_speech_frames)보다 짧고, QY는 끝(end_grad)에서 상승하고, QD는 발화(utt_grad) 전체에서 상승한다.

의사결정 트리는 사후 확률 $P(d|f)$를 생성하고, 식(24.23)에는 우도 $P(f|d)$가 필요하므로 베이지안 반전(이전 $P(d_i)$로 나누어서 우도로 변환)으로 의사결정 트리의 출력을 조작해야 한다. 10.4.2절의 음성 인식에서 가우스 인식기 대신 SVM 및 MLP를 사용해 동일한 프로세스를 봤다. 모든 단순화 가정 후, 대화 행위 태그를 선택하는 결과 방정식은 다음과 같다.

$$d^* = \underset{d}{\mathrm{argmax}}\, P(d)P(f|d)P(W|d)$$

$$= \underset{d}{\mathrm{argmax}}\, P(d|d_{t-1})\frac{P(d|f)}{P(d)}\prod_{i=2}^{N} P(w_i|w_{i-1}...w_{i-N+1},d) \qquad (24.25)$$

24.5.3 교정 행위 감지

일반 화법 해석 외에도 특정 행위에 대한 특수 목적 탐지기를 구축할 수 있다. 시스템 오류의 사용자 **교정**을 인식하기 위해 감지기 중 하나를 고려해본다. 다이얼로그 시스템이 발화를 잘못 인식하면 (보통 ASR 오류로 인해) 사용자는 일반적으로 발화를 반복하거나 다시 표현해 오류를 수정한다. 다이얼로그 시스템은 사용자가 수정하고 있음을 인식하고 추가 상호작용을 통해 사용자가 수정하려는 내용을 파악해야 한다.

교정

하지만 교정은 사실 일반적인 문장보다 인식하기가 더 어렵다. 스워츠 외 연구진 (2000)은 TOOT 다이얼로그 시스템의 교정이 교정되지 않은 것보다 (WER 측면에서) 약 두 배 더 자주 잘못 인식된다는 것을 발견했다. 그 이유 중 하나는 화자가 교정을 위해 **과장된 표현**hyperarticulation이라고 부르는 매우 다른 운율 스타일을 사용하기 때문이다. 과장된 화법에서 발화의 일부는 에너지, 지속 시간 또는 F0 음조 곡선을 과장했다. 예를 들어 I said BAL-TI-MORE, not Boston을 참고한다(Wade et al., 1992; Oviatt et al., 1998; Levow, 1998; Hirschberg et al., 2001).

과장된 표현

화자는 다양한 전략을 사용해 교정한다. 스워츠 외 연구진(2000)은 그림 24.20과 같이 반복REP, 의역PAR, 내용 추가ADD, 내용 생략OMIT으로 분류한다. 화자는 대부분의 교정이 의역보다는 반복과 누락이라는 것을 발견했다.

교정 행위 감지 문제에 다양한 머신러닝 분류사가 적용됐다. 유용한 피처에는 어휘 정보("no", "correction", "I don't", 욕설과 같은 단어), 운율 및 과장된 표현 피처(F0 범위 증가, 일시 중지 기간 및 단어 지속 시간이 포함되며 일반적으로 다음에 대한 값으로 정규화됨) 발화 길이를 나타내는 피처, ASR 피처(신뢰도, 언어 모델 확률) 및 다양한 다이얼로그 피처 등이 있다(Levow, 1998; Hirschberg et al., 2001; Bulyko et al., 2005).

교정 감지 외에도 대화 에이전트는 다이얼로그 관리자에서 적절한 제어 또는 업데이트 규칙이 필요하다(Bulyko et al., 2005).

순서		교정 유형
S	On which day of the week do you want to leave?	
S	Sorry, I didn't hear anything from you. Please tell me your departure date	
U	*Um tomorrow*	NA
S	You can say the departure date. For example, you can say "today" or "tomorrow". Or you can say "Monday", "Tuesday", "Wednesday"…	
U	*Tomorrow*	REP
S	You can say the departure date. For example, you can say "today" or "tomorrow". Or you can say "Monday", "Tuesday", "Wednesday"…	
U	*Saturday*	PAR
S	Do you want to leave on Saturday?	
U	Yes	
S	What time do you want to leave?	
U	Eight o'clock A M	
S	Do you want to leave around ten oclock p–m	
U	*Eight o'clock*	OMIT
S	Do you want to leave around ten oclock p–m	
U	*No*	OMIT
S	What time do you want to leave?	
U	*Eight o'clock A M*	ADD

그림 24.20 스워츠 외 연구진(2000)에서 교정 유형에 대해 레이블이 지정된 TOOT 시스템의 대화 조각

단서	화자 전환 동작 표시
um	KEEP-TURN, TAKE-TURN, RELEASE-TURN
⟨lipsmack⟩, ⟨click⟩, so, uh	KEEP-TURN, TAKE-TURN
you know, isn't that so	ASSIGN-TURN

그림 24.21 스텐트(2002)의 화자 전환 동작을 수행하는 데 사용되는 언어

24.5.4 대화 행위 생성: 확인 및 거부

어떤 대화 행위를 생성할지 결정하는 것은 대화 행위 해석보다 훨씬 적은 주목을 받았다. 스텐트(2002)는 대화법(1153페이지)과 24.7절에 설명된 BDI 모델에 기초한 TRIPS 시스템(Allen et al., 2001)에서 대화법 생성의 최근 모델 중 하나다. 스텐트는 콘텐츠 계획을 위해 일련의 업데이트 규칙을 사용한다. 이러한 규칙 중 하나는 사용자가 방금 차례를 넘겼다면 시스템이 TAKE-TURN 동작을 수행할 수 있다. 또 다른

규칙은 시스템이 사용자를 위해 일부 정보를 요약해야 하는 문제 해결이 필요한 경우, 해당 정보와 함께 ASSERT 대화법을 의미적 내용으로 사용해야 한다. 그런 다음 내용은 자연어 생성 시스템의 표준 기술에 의해 단어로 매핑된다(예: Reiter and Dale(2000) 참고). 발화가 생성된 후 정보 상태(담화 맥락)는 단어, 구문 구조, 의미 형식, 의미 및 대화 행위 구조로 업데이트된다. 24.7절에서는 생성을 강력하고 지속적인 연구 노력으로 만드는 모델링 및 계획 문제 중 일부를 요약한다.

스텐트는 독백 텍스트 생성에서 발생하지 않는 대화 생성의 중요한 문제가 화자 전환 행위임을 보여줬다. 그림 24.21은 먼로 코퍼스의 대화 행위에 대한 레이블링에서 다양한 언어 형식의 화자 전환 기능의 몇 가지 예를 보여준다.

화행 생성에 대한 많은 작업의 초점은 24.2.5절에서 다룬 **확인** 및 **거부** 행위를 생성하는 작업이다. 이 작업은 확률론적 방법으로 해결되기 때문에 여기서 다루지만 다음 절에서도 계속 논의한다.

예를 들어 초기 다이얼로그 시스템은 **명시적** 확인과 **묵시적** 확인의 선택을 수정하는 경향이 있는 반면, 최근 시스템은 확인을 문장에서 문장으로 변경하는 확인 전략이 적용하는 대화 행위 생성 작업으로 간주한다.

다양한 요소를 정보 상태에 포함시킨 다음 이 결정을 내릴 때 분류기의 피처로 사용할 수 있다. 예를 들어 ASR 시스템이 발화에 할당하는 **신뢰도**는 낮은 신뢰도 문장을 명시적으로 확인함으로써 사용할 수 있다(Bouwman et al., 1999; San-Segundo et al., 2001; Litman et al., 1999; Litman and Pan, 2002). 신뢰도는 음성 인식기가 문장의 전사에 할당해 해당 전사에 얼마나 확신이 있는지를 나타내는 척도라는 것을 상기한다. 신뢰도는 발화의 음향 로그 우도(확률이 높을수록 신뢰도가 높아짐)에서 계산되는 경우가 많지만, 운율적 특성은 신뢰 예측에서도 사용될 수 있다. 예를 들어 F0이 큰 경우 또는 더 긴 시간 동안 또는 더 긴 일시 중지 뒤에 나오는 발화는 잘못 인식될 가능성이 있다(Litman et al., 2000).

확인의 또 다른 일반적인 피처는 오류 발생을 방지한다. 예를 들어 항공편이 실제로 예약되거나 계좌의 돈이 이동되기 전에 명시적인 확인이 일반적이다(Kamm, 1994; Cohen et al., 2004).

또한 시스템은 ASR **신뢰도**가 너무 낮거나 최상의 해석이 의미상 잘못 구성돼 시스템이 사용자의 입력이 전혀 인식되지 않았음을 상대적으로 확신할 수 있는 경우 발화를 거부하도록 선택할 수 있다. 따라서 시스템은 3단계 신뢰 수준을 가질 수 있다. 특정 신뢰도 임계값 미만에서는 발화가 거부된다. 임계값 이상에서는 명시적으로 확인된다. 신뢰도가 더 높으면 발화가 암시적으로 확인된다.

전체 발화를 거부하거나 확인하는 대신 시스템이 이해하지 못한 발화 부분만 명확하게 할 수 있으면 좋을 것이다. 시스템이 발화보다 더 세밀한 수준에서 신뢰를 할당할 수 있는 경우, **하위 다이얼로그 명확화**로 이러한 개별 요소를 명확히 할 수 있다.

**하위
다이얼로그
명확화**

대화 행위 생성에 대한 최근 연구의 대부분은 마르코프 의사결정 프로세스 프레임워크 내에 있다. 이는 다음 절에서 다룬다.

24.6 마르코프 의사결정 프로세스 아키텍처

다이얼로그 구조에 대한 정보 상태 접근 방식의 기본적인 통찰 중 하나는 대화 작업의 선택이 현재 정보 상태에 동적으로 의존한다는 것이다. 앞의 절에서는 다이얼로그 시스템이 상황에 따라 확인 및 거부 전략을 변경하는 방법에 대해 논의했다. 예를 들어 ASR 또는 NLU 신뢰도가 낮으면 명시적 확인을 선택할 수 있다. 신뢰도가 높으면 암시적 확인을 선택하거나 전혀 확인하지 않기로 결정할 수도 있다. 동적 전략을 사용하면 비용을 최소화하면서 다이얼로그의 성공을 극대화하는 작업을 선택할 수 있다. 일부 종류의 보상 또는 비용 최적화를 기반으로 다이얼로그 시스템의 행동을 변경하는 이 아이디어는 **마르코프 의사결정 프로세스**로서 다이얼로그를 모델링하는 근본적인 직관이다. 이 모델은 현재 상태가 주어지면 적절한 조치를 결정하는 확률적 방법을 추가해 정보 상태 모델을 확장한다.

**마르코프 의사
결정 프로세스**

MDP

마르코프 의사결정 프로세스 또는 **MDP**는 에이전트가 있을 수 있는 일련의 **상태** S, 에이전트가 취할 수 있는 일련의 조치 A 및 에이전트가 상태에서 조치를 취한 것에 대해 받는 보상 $r(a, s)$로 특징지어진다. 이러한 요인이 주어지면 에이전트가 최상의 보상을 받기 위해 주어진 상태에서 어떤 조치를 취해야 하는지 지정하는 정책 π를 계산할 수 있다. 이러한 각 구성 요소를 이해하려면 상태 공간이 극도로 줄어든 튜토리얼 예제를 살펴봐야 한다. 따라서 르빈 외 연구진(2000)에서 가져온 교육학적 MDP 구현을 살펴보면서 간단한 프레임 및 슬롯으로 돌아간다. 튜토리얼 예제는 "Day-and-Month" 다이얼로그 시스템으로, 목표는 사용자와의 가능한 가장 짧은 상호작용을 통해 두 슬롯 프레임에 대한 정확한 날짜와 월 값을 얻는 것이다.

원칙적으로 MDP의 상태는 지금까지의 전체 다이얼로그 이력과 같이 다이얼로그의 가능한 모든 정보를 포함할 수 있다. 그러한 풍부한 상태 모델을 사용하면 가능한 상태의 수가 엄청나게 커질 것이다. 따라서 현재 프레임의 슬롯 값, 사용자에게 가장 최근 질문, 사용자의 가장 최근 답변, ASR 신뢰도 등 훨씬 더 제한된 정보 세트를 인코딩하는 상태 모델이 일반적으로 선택된다. Day-and-Month 예의 경우 두 슬롯 day 및 month의 값으로 시스템 상태를 나타낸다. 411개 상태(일과 월이 있는 366개 상태 (윤년 계산), 월은 있지만 일수는 없는 12개 상태($d = 0$, $m = 1, 2, ..., 12$), 일수는 있지만 월은 없는 31개 상태($m = 0$, $d = 1, 2, ..., 31$), 특수 초기 상태 si 및 최종 상태 sf가 있다.

MDP 다이얼로그 시스템의 동작에는 특정 발화를 생성하거나 정보를 찾기 위해 데이터베이스 쿼리를 수행하는 것이 포함될 수 있다. Day-and-Month 예제의 경우 르빈 외 연구진(2000)은 다음과 같은 동작을 제안한다.

- a_d: 날짜를 묻는 질문
- a_m: 해당 월을 묻는 질문
- a_dm: 일과 월을 모두 묻는 질문
- a_f: 양식을 제출하고 다이얼로그 종료하는 최종 작업

시스템의 목표는 가장 짧은 상호작용으로 정답을 얻는 것이기 때문에 시스템에 대한 하나의 가능한 보상함수는 세 가지 용어를 통합한다.

$$R = -(w_i n_i + w_e n_e + w_f n_f) \tag{24.26}$$

용어 n_i는 사용자와의 상호작용 수, n_e는 오류 수, n_f는 채워진 슬롯 수(0, 1 또는 2), ws는 가중치다.

마지막으로 다이얼로그 정책 π는 어떤 상태에 적용할 작업을 지정한다. (1) 일과 월을 따로 요청하고, (2) 함께 요청하는 두 가지 가능한 정책을 고려한다. 이는 그림 24.22에 표시된 두 개의 다이얼로그를 생성할 수 있다.

정책 1에서 날짜 없음/월 없음 상태에 대해 지정된 작업은 일을 요청하는 것이며, 일이 있지만 월이 아닌 31개 상태에 대해 지정된 작업은 월을 요청하는 것이다. 정책 2에서 날짜 없음/월 없음 상태에 대해 지정된 조치는 월과 일을 모두 얻기 위해 개방형 질문$^{\text{Which date}}$을 요청하는 것이다. 두 정책은 서로 다른 장점이 있다. 개방형 프롬프트는 더 짧은 다이얼로그로 이어질 수 있지만 더 많은 오류를 유발할 수 있는 반면, 지시문 프롬프트는 느리지만 오류 발생 가능성이 적다. 따라서 최적의 정책은 가중치 w의 값과 ASR 구성 요소의 오류율에 따라 달라진다. p_d를 인식기에서 지시문 프롬프트 후 월 또는 일 값을 해석하는 데 오류가 발생할 확률을 호출해보자. 개방형 프롬프트가 표시된 후 월 또는 일 값을 해석할 때 오류가 발생할 확률(아마 더 높음)을 p_o라고 한다. 따라서 그림 24.22의 첫 번째 다이얼로그에 대한 보상은 $-3 \times w_i + 2 \times p_d \times w_e$이다. 그림 24.22의 두 번째 다이얼로그에 대한 보상은 $-2 \times w_i + 2 \times po \times w_e$이다. 따라서 지시문 프롬프트 정책인 정책 1은 개선된 오류율이 더 긴 상호작용을 정당화할 때, 즉, $p_d - p_o > \frac{w_i}{2w_e}$일 때 정책 2보다 낫다.

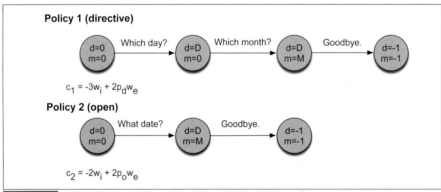

그림 24.22 월과 일을 얻기 위한 두 가지 정책. 레빈 외 연구진(2000)

지금까지 살펴본 예에서는 가능한 작업이 두 개뿐이기 때문에 가능한 정책은 매우 적다. 일반적으로 가능한 조치, 상태 및 정책의 수가 상당히 많기 때문에 최적의 정책 π^*를 찾는 문제가 훨씬 더 어렵다.

고전적인 강화 학습과 함께 마르코프 결정 이론은 이 문제에 대해 생각하는 방법을 제공한다. 먼저 그림 24.22에서 일반화하면 특정 다이얼로그를 상태 공간의 궤도로 생각할 수 있다.

$$s_1 \rightarrow_{a1,r1} s_2 \rightarrow_{a2,r2} s_3 \rightarrow_{a3,r3} \cdots \qquad (24.27)$$

최고의 정책 π^*는 모든 궤도에서 가장 큰 기대 보상을 가진 정책이다. 주어진 상태 시퀀스에 대해 예상되는 보상은 무엇인가? 유틸리티 또는 보상을 시퀀스에 할당하는 가장 일반적인 방법은 **할인된 보상**을 사용하는 것이다. 여기에서 시퀀스의 예상 누적 보상 Q를 개별 상태 유틸리티의 할인된 합으로 계산한다.

할인된 보상

$$Q([s_0,a_0,s_1,a_1,s_2,a_2\cdots]) = R(s_0,a_0) + \gamma R(s_1,a_1) + \gamma^2 R(s_2,a_2) + \cdots \qquad (24.28)$$

할인 계수 γ는 0과 1 사이의 숫자다. 이는 에이전트가 미래 보상보다 현재 보상에 더 관심을 갖도록 한다. 미래의 보상이 많을수록 그 가치는 더 할인된다.

이 모델이 주어지면 특정 상태에서 특정 행동을 취하기 위해 예상되는 누적 보상 $Q(s, a)$가 **벨만 방정식**이라고 하는 다음과 같은 재귀 방정식임을 보여줄 수 있다.

벨만 방정식

$$Q(s,a) = R(s,a) + \gamma \sum_{s'} P(s'|s,a) \max_{a'} Q(s',a') \qquad (24.29)$$

벨만 방정식이 말하는 것은 주어진 상태/행동 쌍에 대한 예상 누적 보상은 현재 상태에 대한 즉각적인 보상과 해당 상태 s'로 이동할 확률에 의해 가중된 모든 가능한 다음 상태 s'의 예상 할인된 효용이라는 것이다. 그리고 일단 거기에 최적의 조치를 취한다고 가정한다.

식 24.29는 두 개의 매개변수를 사용한다. $P(s'|s, a)$의 모델이 필요하다. 즉, 주어진 상태/동작 쌍 (s, a)가 새로운 상태 s'로 이어질 가능성이 얼마나 되는가? 또한 $R(s, a)$의 좋은 추정치가 필요하다. 레이블링된 훈련 데이터가 많으면 레이블링된 카운트에서 이 두 가지를 모두 계산할 수 있다. 예를 들어 레이블링된 다이얼로그를 사용해 $P(s'|s, a)$를 추정하기 위해 주어진 상태 s에 몇 번 있었는지 계산할 수 있으며, 그 중에서 상태 s에 도달하기 위해 조치를 취한 횟수를 계산할 수 있다. 마찬가지로 각 대화에 대해 수동으로 레이블링된 보상이 있다면 $R(s, a)$ 모델을 만들 수 있다.

가치 반복

이러한 매개변수가 주어지면 벨만 방정식을 해결하고, **가치 반복** 알고리듬인 적절한 Q 값을 결정하기 위한 반복 알고리듬이 있는 것으로 밝혀졌다(Sutton and Barto, 1998; Bellman, 1957). 여기에서는 이를 제시하지 않지만 알고리듬에 대한 자세한 내용과 마르코프 의사결정 프로세스에 대한 추가 정보는 러셀과 노르비그(2002)의 17장을 참고한다.

이러한 매개변수를 설정하기 위해 레이블이 지정된 훈련 데이터를 어떻게 얻을 수 있는가? 실제 문제에서 상태의 수가 매우 많기 때문에 특히 걱정스럽다. 과거에는 두 가지 방법이 적용됐다. 첫 번째는 매우 적은 수의 상태와 정책만 자동으로 설정되도록 상태와 정책을 신중하게 조정하는 것이다. 이 경우 무작위 대화를 생성해 상태 공간을 탐색하는 다이얼로그 시스템을 구축할 수 있다. 그런 다음, 이 대화 코퍼스에서 확률을 설정할 수 있다. 두 번째 방법은 시뮬레이션된 사용자를 구축하는 것이다. 사용자는 시스템과 수백만 번 상호작용하고 시스템은 코퍼스에서 상태 전환 및 보상 확률을 학습한다.

실제 사용자를 사용해 작은 상태 공간에서 매개변수를 설정하는 첫 번째 접근 방식은 싱 외 연구진(2002)에 의해 수행됐다. 그들은 강화 학습을 사용해 소규모의 최적 정책 결정을 내렸다. NJFun 시스템은 주도권(시스템, 사용자 또는 혼합)과 확인 전략(명시적 또는 없음)을 변경하는 작업을 선택하는 방법을 배웠다. 시스템의 상태는 프레임에서 어떤 슬롯에 대해 작업되고 있는지(1 - 4), ASR 신뢰 값(0 - 5)이 무엇인지, 현재 슬롯 질문을 몇 번 했는지, 제한적이거나 제한적이지 않은 문법을 사용했는지 등을 포함한 7가지 피처값으로 지정됐다. 속성 수가 적은 7가지 피처만 사용한 결과 상태 공간이 생성됐다(62개 상태). 각 상태에는 두 가지 가능한 조치만 있었다(질문시 시스템 대 사용자 주도권, 답변 수신시 명시적 대 확인 없음). 실제 사용자와 시스템을 실행해 311개의 대화를 생성했다. 각 대화에는 간단한 이진 보상함수가 있다. 사용자가 작업(미국 뉴저지 지역에서 지정된 박물관, 극장, 와인 테이스팅 찾기)을 완료한 경우 1, 그렇지 않은 경우 0이다. 시스템은 좋은 다이얼로그 정책을 성공적으로 학습했다(대략 사용자 주도권으로 시작한 다음 속성을 다시 요청할 때 혼합 또는 시스템 주도권으로 백오프, 낮은 신뢰도 값에서만 확인한다. 그러나 다른 속성에 대해 주도권과 확인 정책은 모두 다르다). 다양한 객관적 측정에서 정책이 실제로 문헌에 보고된 많은 수동으로 설계된 정책보다 더 성공적임을 보여줬다.

시뮬레이션된 사용자 전략은 레빈 외 연구진(2000)이 ATIS 작업에서 강화 학습을 사용해 MDP 모델에서 취했다. 시뮬레이션된 사용자는 시스템의 현재 상태와 작업을 고려해 사용자 응답의 프레임 슬롯 표현을 생성하는 생성적 확률 모델이었다. 시뮬레이션된 사용자의 매개변수는 ATIS 다이얼로그의 코퍼스에서 추정됐다. 그런 다음 시뮬레이션된 사용자는 수만 건의 대화를 위해 시스템과 상호작용해 최적의 다이얼로그 정책으로 이어졌다.

MDP 아키텍처는 다이얼로그 동작을 모델링하는 강력한 새 방법을 제공하지만 시스템이 실제로 어떤 상태에 있는지 알고 있다는 문제가 있는 가정에 의존한다. 물론 여러 면에서 사실이 아니다. 시스템은 사용자의 실제 내부 상태를 알 수 없으며 다이얼로그의 상태조차 음성 인식 오류로 인해 가려질 수 있다. 이 가정을 완화하려는 최근 시도는 부분적으로 관찰 가능한 마르코프 의사결정 프로세스 또는 POMDP(때로는 'pom-deepeez'라고도 함)에 의존했다. POMDP에서 사용자 출력을 또 다른 숨겨진 변수에서 생성된 관찰 신호로 모델링한다. 그러나 MDP와 POMDP는 모두 계산 복잡성과 실제 사용자 행동을 반영하지 않는 시뮬레이션에 의존하기 때문에 문제가 있다. 관련 자료는 24장 끝부분을 참고하길 바란다.

24.7 고급: 계획 기반 다이얼로그 에이전트

대화형 에이전트 행동의 초기 모델 중 하나이자 가장 정교한 모델 중 하나는 AI 계획 기술의 사용에 기초한다. 예를 들어 TRIPS 에이전트(Allen et al., 2001)는 시뮬레이션된 비상 상황에서 구급차 또는 인원을 공급할 장소와 방법을 계획하고 비상 관리 지원을 시뮬레이션한다. A지점에서 B지점으로 구급차를 타는 방법을 결정하는 동일한 계획 알고리듬을 대화에도 적용할 수 있다. 의사 소통과 대화는 세상에서 합리적 행동의 특별한 경우이기 때문에 이러한 행동은 다른 것과 같이 계획될 수 있다. 따라서 일부 정보를 찾으려는 에이전트는 대화 상대에게 정보를 요청할 계획을 세울 수 있다. 발화를 듣는 에이전트는 플래너를 '반대로' 실행하고 추론 규칙을 사용해 대화 상대가 말한 내용에서 계획이 무엇이었을지 추론함으로써 화행을 해석할 수 있다.

이러한 방식으로 문장을 생성하고 해석하기 위해 계획을 사용하려면 플래너가 대화 상대의 **신뢰도**, **욕구** 및 **의도**(BDI)와 좋은 모델을 가지고 있어야 한다. 따라서 계획 기반 다이얼로그 모델을 종종 BDI 모델이라고 한다. 다이얼로그의 BDI 모델은 앨런, 코헨, 페롤트 및 그들의 동료에 의해 화행이 생성되고 해석되는 방법(Cohen and

Perrault, 1979)을 보여주는 여러 영향력 있는 논문에서 처음 소개됐다(Perrault and Allen, 1980; Allen and Perrault, 1980). 동시에 윌렌스키(1983)는 이야기를 해석하는 작업의 일부로 계획 기반 이해 모델을 도입했다. 또 다른 관련 연구에서 그로즈와 동료들은 유사한 의도와 계획 개념을 사용해 담화 구조와 일관성에 대한 아이디어를 다이얼로그에 적용하는 방법을 보여줬다.

24.7.1 계획 추론 해석 및 생성

먼저 계획 기반의 이해와 생성에 대한 아이디어를 스케치해본다. 아래에서 반복되는 다이얼로그에서 C_2 문장을 이해하기 위해 계획 기반 에이전트가 여행사 직원 역할을 할 수 있는가?

C_1: I need to travel in May.

A_1: And, what day in May did you want to travel?

C_2: OK uh I need to be there for a meeting that's from the 12th to the 15th.

검색 능력의 그리시안 원칙$^{Gricean\ principle}$을 사용해 고객의 회의가 항공편 예약과 관련이 있음을 추론할 수 있다. 시스템은 미팅을 개최하기 위한 한 가지 전제 조건(적어도 웹 회의 이전)이 미팅이 열리는 장소에 있다는 것을 알 수 있다. 어떤 장소에 가는 한 가지 방법은 비행기를 타고 가는 것이고, 항공편 예약은 비행기를 타기 위한 전제 조건이다. 시스템은 이 추론 체인을 따라 가며 사용자가 12일 이전의 날짜에 비행하기를 원할 수 있다.

다음으로, 계획 기반 에이전트가 위의 다이얼로그에서 문장 A_1을 생성하기 위해 여행 에이전트 역할을 할 수 있는 방법을 고려한다. 계획 에이전트는 고객이 항공편을 예약하는 데 도움을 주기 위해 항공편 예약에 필요한 충분한 정보를 알아야 한다고 생각한다. 이는 월(5월)을 아는 것이 출발 또는 돌아오는 날짜를 지정하기에 불충분한 정보라는 것을 이유로 한다. 필요한 날짜 정보를 찾는 가장 간단한 방법은 고객에게 물어보는 것이다.

이 절의 나머지 부분에서는 술어 해석에서 페로와 앨런의 믿음과 바람에 대한 공식적인 정의를 사용해 이해 및 생성을 위한 계획의 개략적인 개요를 구체화한다. 믿음에 대한 추론은 힌티카(1969)에서 영감을 받은 여러 공리 스키마로 이루어진다. $B(A, P)$ $\wedge B(A, Q) \Rightarrow B(A, P \wedge Q)$와 같은 공리 스키마를 사용해 "$S$는 명제 P를 믿는다"를 2자리 술어 $B(S, P)$로 표현한다. 지식은 "진정한 믿음"으로 정의된다. S *knows that* P는 $KNOW(S, P) \equiv P \wedge B(S,P)$로 정의된 KNOW$(S, P)$로 표현된다는 것을 알고 있다.

욕망 이론은 술어 WANT에 의존한다. 에이전트 S가 P가 참이기를 원하는 경우, $WANT(S, P)$ 또는 줄여서 $W(S, P)$라고 한다. P는 상태 또는 일부 작업의 실행 일 수 있다. 따라서 ACT가 작업의 이름이면, $W(S, \text{ACT}(H))$는 S가 H가 ACT를 수행하기를 원한다는 것을 의미한다. WANT의 논리는 믿음의 논리와 마찬가지로 자체 공리 스키마 집합에 의존한다.

BDI 모델은 또한 행동과 계획의 공리화를 필요로 한다. 이 중 가장 간단한 것은 단 **작업 스키마** 순하고 손쉬운 AI 계획 모델 STRIPS를 기반으로 한 일련의 **작업 스키마**에 기초한다 (Fikes and Nilsson, 1971). 각 작업 스키마에는 각 변수와 세 부분의 유형에 대한 Constraints가 있는 매개변수 집합이 있다.

- 전제 조건^{Precondition}: 작업을 수행하기 위해 이미 참이어야 하는 조건
- 결과^{Effects}: 작업 수행의 결과로 참이 되는 조건
- 본문^{Body}: 작업을 수행할 때 달성해야 하는 부분적으로 정렬된 목표 상태 집합

예를 들어 여행 도메인에서 클라이언트 C에 대한 에이전트 A 예약 항공편 $F1$의 작업은 다음과 같은 단순화된 정의를 가질 수 있다.

BOOK-FLIGHT(A,C,F):

Constraints:	Agent(A) $\wedge$ Flight(F) $\wedge$ Client(C)
Precondition:	Know(A,depart-date(F)) $\wedge$ Know(A,depart-time(F))
	$\wedge$ Know(A,origin(F)) $\wedge$ Know(A,flight-type(F))
	$\wedge$ Know(A,destination(F)) $\wedge$ Has-Seats(F) $\wedge$
	W(C,(BOOK(A,C,F))) $\wedge$ . . .
Effect:	Flight-Booked(A,C,F)
Body:	Make-Reservation(A,F,C)

이와 동일한 종류의 STRIPS 작업 사양은 화행에 사용할 수 있다. INFORM은 그라이스(1957)의 아이디어를 기반으로 한 화행으로, 화자는 청자가 무언가를 알고 싶어한다고 믿게 함으로써 청자에게 무언가를 알려준다.

INFORM(S,H,P):

Constraints:	Speaker(S) $\wedge$ Hearer(H) $\wedge$ Proposition(P)
Precondition:	Know(S,P)$\wedge$W(S,INFORM(S,H,P)) Effect: Know(H,P)
Body:	B(H,W(S,Know(H,P)))

REQUEST는 청자에게 어떤 조치를 취하도록 요청하는 지시적 화행이다.

REQUEST(S,H,ACT):

Constraints:	Speaker(S) $\wedge$ Hearer(H) $\wedge$ ACT(A) $\wedge$ H is agent of ACT
Precondition:	W(S,ACT(H))
Effect:	W(H,ACT(H))
Body:	B(H,W(S,ACT(H)))

이제 계획 기반 다이얼로그 시스템이 문장을 해석하는 방법을 살펴본다.

C_2: I need to be there for a meeting that's from the 12th to the 15th.

시스템은 위에서 언급한 BOOK-FLIGHT 계획이 있다고 가정한다. 또한 아래에 대략적으로 설명된 MEETING, FLY-TO 및 TAKE-FLIGHT 계획의 형태로 미팅에 대한 지식이 필요하다.

MEETING(P,L,T1,T2):

Constraints:	Person(P) $\wedge$ Location (L) $\wedge$ Time (T1) $\wedge$ Time (T2) $\wedge$ Time (TA)
Precondition:	At(P,L,TA)
	Before (TA, T1)
Body:	...

FLY-TO(P, L, T):

Constraints:	Person(P) $\wedge$ Location(L) $\wedge$ Time(T)

Effect: At (P, L, T)

Body: TAKE−FLIGHT(P, L, T)

TAKE-FLIGHT(P, L, T):

Constraints: Person(P) $\land$ Location (L) $\land$ Time (T) $\land$ Flight (F) $\land$ Agent (A)

Precondition: BOOK−FLIGHT(A,P,F)

Destination‑Time(F) = T

Destination‑Location(F) = L

Body: ...

이제 NLU 모듈이 클라이언트 발화의 의미를 반환한다고 가정해본다. 이는 무엇보다도 다음과 같은 의미론적 내용을 포함한다.

MEETING (P, ?L, T1, T2)

Constraints: P = Client $\land$ T1 = May 12 $\land$ T2 = May 15

계획 기반 시스템은 이제 발언의 MEETING 계획과 이전 발화의 BOOK‑FLIGHT 계획의 두 가지 계획이 수립됐다. 시스템은 그리스 관련성 직관을 암시적으로 사용해 연결을 시도한다. BOOK‑FLIGHT는 TAKE‑FLIGHT의 전제 조건이기 때문에 시스템은 사용자가 TAKE‑FLIGHT를 계획하고 있다고 가정(추론)할 수 있다. TAKE‑FLIGHT는 FLY‑TO의 본문에 있기 때문에 시스템은 FLY‑TO 계획을 추가로 추론한다. 마지막으로 FLY‑TO의 효과는 MEETING의 전제 조건이기 때문에 시스템은 이러한 모든 계획의 각 사람, 위치 및 시간을 통합할 수 있다. 그 결과 시스템은 클라이언트가 5월 12일 이전에 목적지에 도착하기를 원한다는 것을 알게된다.

다음 두 번째 예제의 세부 정보로 넘어가 본다.

C_1: I need to travel in May.

A_1: And, what day in May did you want to travel?

계획 기반 에이전트는 A_1 질문을 어떻게 알 수 있는가? 이 지식은 BOOK‑FLIGHT 계획에서 비롯되며 전제 조건은 에이전트가 출발 날짜 및 시간, 출발지 및 목적지 도시 등을 포함한 다양한 비행 매개변수를 알고 있다는 것이다. 발화 C_1에는 출발 도시와 출발 날짜에 대한 부분 정보가 포함하고 있으며, 에이전트는 나머지를 요청해야 한다. 계획 기반 에이전트는 REQUEST-INFO와 같은 작업 스키마를 사용해 정보 질문을 위한 계획을 나타낸다(Cohen and Perrault(1979)에서 단순화됨).

REQUEST-INFO(A,C,I):

Constraints:	$Agent(A) \wedge Client(C)$
Precondition:	$Know(C,I)$
Effect:	$Know(A,I)$
Body:	$B(C,W(A,Know(A,I)))$

REQUEST-INFO의 효과는 BOOK-FLIGHT의 각 전제 조건과 일치하기 때문에 에이전트는 REQUEST-INFO를 사용해 누락된 정보를 얻을 수 있다.

24.7.2 의도적인 다이얼로그 구조

21.2절에서 담화 세그먼트의 정보 관계를 설명하는 **설명** 또는 **복잡함**과 같은 **일관성 관계**에 의해 담화 세그먼트가 관련된다는 생각을 소개했다. 발화 해석에 대한 BDI 접근 방식은 특히 다이얼로그와 관련된 또 다른 일관성, 의도적 접근 방식을 야기한다 (Grosz and Sidner, 1986). 이 접근법에 따르면, 다이얼로그를 일관성 있게 만드는 것은 **의도적인 구조**, 각 발언의 기초가 되는 화자의 계획 기반 의도이다.

의도적인 구조

담화 목적

이러한 의도는 각 담화가 **담화 목적**[DP]이라는 기본 목적을 가지고 있다고 가정해 모델에서 인스턴스화된다. 담화 내의 각 담화 부문은 전체 DP를 달성하는 데 역할을 하는 **담화 세그먼트 목적**[DSP]을 가지고 있다. 가능한 DP/DSP에는 일부 다른 에이전트가 일부 물리적 작업을 수행하려고 하거나 일부 에이전트가 일부 사실을 믿는다는 의도가 포함된다.

담화 세그먼트 목적

일관성에 대한 정보 설명에 사용되는 더 큰 일관성 관계 집합과는 달리, 그로즈와 시드너가 제안한 관계는 **지배성**과 **만족 우선**이다. DSP_2를 만족하는 것이 DSP_1 만족의 일부를 제공하려는 경우, DSP_1이 DSP_2를 지배한다. DSP1이 DSP2보다 먼저 충족 돼야하는 경우, DSP_1 만족도는 DSP_2보다 우선한다.

C_1:	I need to travel in May.
A_1:	And, what day in May did you want to travel?
C_2:	OK uh I need to be there for a meeting that's from the 12th to the 15th.
A_2:	And you're flying into what city?
C_3:	Seattle.
A_3:	And what time would you like to leave Pittsburgh?
C_4:	Uh hmm I don't think there's many options for non-stop.
A_4:	Right. There's three non-stops today.
	What are they?
	The first one departs PGH at 10:00am arrives Seattle at 12:05 their time. The
C_5:	second flight departs PGH at 5:55pm, arrives Seattle at 8pm. And the last
A_5:	flight departs PGH at 8:15pm arrives Seattle at 10:28pm.
C_6:	OK I'll take the 5ish flight on the night before on the 11th.
A_6:	On the 11th? OK. Departing at 5:55pm arrives Seattle at 8pm, U.S. Air flight 115.
C_7:	OK.

그림 24.23   클라이언트(C)와 여행사(A) 간의 전화 대화의 일부(그림 24.4에서 반복됨)

앞에서 본 클라이언트(C)와 여행사(A) 사이의 대화를 생각해보자. 여기 그림 24.23 에서 반복됐다. 공동으로 발신자와 에이전트는 발신자의 요구에 맞는 항공편을 성공 적으로 식별한다. 이 공동 목표를 달성하려면 I2 – I5로 나열된 I1의 만족에 기여한 몇 가지 중간 의도 외에도 아래 I1로 나열된 최상위 수준의 담화 의도가 충족돼야 한다.

I1: (Intend C (Intend A (A find a flight for C)))

I2: (Intend A (Intend C (Tell C A departure date)))

I3: (Intend A (Intend C (Tell C A destination city)))

I4: (Intend A (Intend C (Tell C A departure time)))

I5: (Intend C (Intend A (A find a nonstop flight for C)))

의도 I2 – I5는 의도 I1을 달성하기 위한 전제 조건을 충족하기 위해 모두 채택됐기 때문에 의도 I1에 종속된다. 이는 아래의 지배 관계에 반영된다.

I1 dominates I2 ∧ I1 dominates I3 ∧ I1 dominates I4 ∧ I1 dominates I5

더욱이, 의도 I2와 I3은 의도 I5 이전에 충족돼야 했는데, 이는 에이전트가 직항편 목 록을 작성하기 위해서는 출발 날짜와 목적지를 알아야 했기 때문이다. 이는 다음의 만족도 우선 관계에 반영된다.

I2 satisfaction-precedes I5 ∧ I3 satisfaction-precedes I5

지배 관계는 그림 24.24에 묘사된 담화 구조를 야기한다. 각 담화 세그먼트는 DP/DSP 역할을 하는 의도 번호에 따라 번호가 매겨진다.

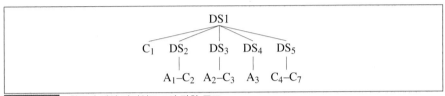

그림 24.24 항공편 예약 다이얼로그의 담화 구조

의도와 그 관계는 발신자가 가지고 있다고 추론되는 전체 *plan*에서의 역할에 따라 일관된 담화를 생성한다. 발신자와 상담원이 1167페이지에 설명된 BOOK-FLIGHT 계획을 가지고 있다고 가정한다. 이 계획은 상담원이 출발 시간과 날짜 등을 알고 있어야 한다. 위에서 설명한 것처럼 에이전트는 1170페이지의 REQUEST-INFO 작업 체계를 사용해 사용자에게 이 정보를 요청할 수 있다.

의도적인 구조   종속 담화 세그먼트는 **하위 다이얼로그**라고도 한다. 특히 DS2와 DS3는 **정보 공유**(Chu-Carroll and Carberry, 1998), **지식 전제 조건** 하위 다이얼로그(Lochbaum et al., 1990; Locchbaum, 1998)는 상위 목표의 전제 조건을 충족시키는 데 도움을 주기 때문에 하위 다이얼로그이다.

대화에서 의도적인 구조를 추론하는 알고리듬은 BDI 모델(예: Litman, 1985; Grosz and Sidner, 1986; Litman and Allen, 1987; Carberry, 1990; Passonneau and Litman, 1993; Chu-Carroll and Carberry, 1998)을 사용하거나 단서 문구(Reichman, 1985; Grosz and Sidner, 1986; Hirschberg and Litman, 1993), 운율 체계(Hirschberg and Pierrehumbert, 1986; Grosz and Hirschberg, 1992; Pierrehumbert and Hirschberg, 1990; Hirschberg and Nakatani, 1996) 및 기타 단서를 기반으로 하는 머신러닝 아키텍처를 사용해 대화 행위를 추론하는 알고리듬과 유사하게 작동한다.

24.8 요약

대화 에이전트

대화 에이전트는 이미 상업적으로 널리 사용되고 있는 중요한 음성 및 언어 처리 애플리케이션이다. 이러한 에이전트에 대한 연구는 인간의 대화 또는 대화 관행에 대한 이해에 매우 의존한다.

- 다이얼로그 시스템에는 일반적으로 음성 인식, 자연어 이해, 대화 관리, 자연어 생성 및 음성 합성의 다섯 가지 구성 요소가 있다. 또한 작업 도메인에 특정한 작업 관리자가 있을 수 있다.
- 일반적인 다이얼로그 아키텍처에는 유한 상태 및 프레임 기반뿐만 아니라 정보 상태, 마르코프 의사결정 프로세스 및 BDI$^{\text{Belief-Desire-Intention}}$ 모델과 같은 고급 시스템이 포함된다.
- 화자 전환, 기초 지식, 대화 구조 및 주도권은 대화 에이전트에서도 다뤄야 하는 중요한 인간 대화 현상이다.
- 다이얼로그에서 말하기는 일종의 행동이다. 이러한 행위를 화행 또는 **대화 행위**라고 한다. 화행을 생성하고 해석하기 위한 모델이 존재한다.

참고문헌 및 역사 참고 사항

음성 및 언어 처리에 대한 초기 작업은 다이얼로그 연구에 중점을 두지 않았다. 편집증적인 에이전트 PARRY(Colby et al., 1971)의 시뮬레이션을 위한 다이얼로그 관리자는 좀 더 복잡했다. ELIZA와 마찬가지로 생성 시스템을 기반으로 했지만 ELIZA의 규칙이 사용자의 이전 문장에 있는 단어만을 기반으로 하는 경우, PARRY의 규칙도 감정 상태를 나타내는 전역 변수에 의존한다. 또한 PARRY의 출력은 대화가 착각으로 변할 때 스크립트와 유사한 문장 시퀀스를 사용한다. 예를 들어 PARRY의 **분노 변수**가 높으면 "적대적인" 출력 세트에서 선택한다. 입력이 착각 주제를 언급하면, **공포 변수**의 값을 높이고 착각과 관련된 일련의 진술을 표현하기 시작할 것이다.

보다 정교한 다이얼로그 관리자의 출현은 인간과 인간의 대화에 대한 더 나은 이해를 기다렸다. 인간-인간 다이얼로그의 속성에 대한 연구는 1970년대와 1980년대에 축적되기 시작했다. 대화 분석 커뮤니티(Sacks et al., 1974; Jefferson, 1984; Schegloff,

1982)는 대화의 상호작용 속성을 연구하기 시작했다. 그로즈(1977b)의 논문은 대화 구조 연구의 도입으로 다이얼로그 계산 연구에 큰 영향을 미쳤으며, "과제 중심의 다이얼로그는 수행 중인 작업의 구조와 매우 유사한 구조를 가지고 있다"(p. 27). 시드너와 함께 의도적이고 주의적인 구조에 대한 작업으로 이어졌다. 로치바움 외 연구진(2000)은 다이얼로그에서 의도적 구조의 역할에 대한 최근 요약이다. 초기 AI 계획 작업(Fikes and Nilsson, 1971)과 화행 이론(Austin, 1962; Gordon and Lakoff, 1971; Searle, 1975a)을 통합한 BDI 모델은 음성이 어떻게 작용하는지 보여주는 코헨과 페라우트(1979)에 의해 처음 개발됐다. 그리고 페로와 앨런(1980)은 화행 해석에 접근 방식을 적용할 수 있다. 계획 기반의 이해 모델에 대한 동시 작업은 샨키안 전통에서 윌렌스키(1983)에 의해 개발됐다.

대화 행위 해석의 확률론적 모델은 운율의 담화 의미에 초점을 맞춘 언어 작업(Sag and Liberman, 1975; Pierrehumbert, 1980), 마이크로 문법에 대한 대화 분석 작업(예: Goodwin, 1996), 힌켈만과 같은 작업에 의해 정보를 얻었다. 그리고 앨런(1989)은 어휘 및 구문 단서가 BDI 모델에 어떻게 통합될 수 있는지 보여줬다. 그런 다음 모델은 1990년대에 여러 음성 및 다이얼로그 랩에서 연구됐다(Waibel, 1988; Daly and Zue, 1992; Kompe et al., 1993; Nagata and Morimoto, 1994; Woszczyna and Waibel, 1994; Reithinger et al., 1996; Kita et al., 1996; Warnke et al., 1997; Chu-Carroll, 1998; Taylor et al., 1998; Stolcke et al., 2000).

현대의 다이얼로그 시스템은 1980년대와 1990년대에 여러 연구소에서 연구됐다. 이 기간에 도입된 협력 작업으로서의 다이얼로그 모델에는 공통점의 아이디어(Clark and Marshall, 1981), 협력 과정으로서의 레퍼런스(Clark and Wilkes-Gibbs, 1986), **공동 의도**(Levesque et al., 1990), **공유 계획**(Grosz and Sidner, 1980)이 포함됐다. 이 영역과 관련된 것은 다이얼로그의 **주도권**에 대한 연구이며, 참가자 간의 다이얼로그 통제가 어떻게 전환되는지 연구한다(Walker and Whittaker, 1990; Smith and Gordon, 1997; Chu-Carroll and Brown, 1997).

세기가 바뀔 무렵 AT&T와 벨 연구소에서 많은 대화 연구가 나왔는데, 여기에는 MDP 다이얼로그 시스템에 대한 초기 작업뿐만 아니라 단서 문구, 운율, 거부와 확인에 대한 기초 작업도 포함된다. 대화 행위와 화행에 대한 연구는 HCRC의 지도 과제

(Carletta et al., 1997b), 제임스 앨런과 그의 동료와 학생들의 연구가 있다. 힌켈만과 앨런(1989)은 어휘 및 구문의 단서가 화행의 **BDI** 모델에 어떻게 통합될 수 있는지를 보여준다. 트라움(2000)과 트라움과 힌켈만(1992) 그리고 사데크(1991)를 참고한다.

다이얼로그에 대한 최근의 많은 학술 연구는 멀티모달 애플리케이션(Johnston et al., 2007; Niekrasz and Purver, 2006, interalia), 정보 상태 모델(Traum and Larsson, 2003, 2000) 또는 **POMDPs**(Roy et al., 2000; Young, 2002; Lemon al., 2006)에 초점을 맞추고 있다. **MDP**와 **POMDP**에 대해 진행 중인 작업은 계산 복잡성(현재 슬롯 수가 제한된 상당히 작은 도메인에서만 실행할 수 있음)과 시뮬레이션이 실제 사용자 행동을 더 반영하도록 만드는 데 중점을 둔다. 대체 알고리듬으로는 **SMDP**가 있다(Cuayáhuitl et al., 2007). 강화 학습에 대한 일반적인 소개는 러셀과 노르빅(2002)과 서튼과 바르토(1998)를 참고한다.

최근 몇 년 동안 VoiceXML에 기반을 둔 다이얼로그 시스템의 상업적 사용이 널리 사용되고 있다. 일부 더 정교한 시스템도 보급됐다. 예를 들어 우주에서 사용된 최초의 음성 다이얼로그 시스템인 **클라리사**[Clarissa]는 국제 우주 정거장의 우주 비행사들이 사용한 음성 가능 절차 항해사다(Rayner et al., 2003; Rayner and Hockey, 2004). 많은 연구는 자동차의 일상적인 차내 적용에 초점을 맞추고 있다(예: Weng et al., 2006). 이러한 다이얼로그 시스템을 실제 애플리케이션에 포함시키는 데 있어 중요한 기술적 과제 중에는 **엔드 포인팅**(화자가 말을 마쳤는지 여부 결정)과 소음 견고성을 위한 좋은 기술이 있다(Ferrer et al., 2003).

다이얼로그 시스템에 대한 긍정적인 조사로는 해리스(2005), 코헨 외 연구진(2004), 맥티어(2002, 2004), 사덱과 데 모리(1998), 델가도와 아라키(2005), 앨런의 다이얼로그 관련 장(1995) 등이 있다.

클라리사

엔드 포인팅

연습

24.1 장의 시작 부분에 있는 *Who's on First* 루틴에서 대화 행위의 오역을 나열한다.

24.2 자동 입출금기에서 당신의 은행 잔고를 확인하고 돈을 인출하기 위한 다이얼로그 관리자를 위한 유한 상태 자동화를 작성하라.

24.3 선호하지 않는 응답(예: 요청 거절)은 일반적으로 상당한 침묵과 같은 표면 단서에 의해 신호를 받는다. 다음에 본인이나 다른 사람이 선호하지 않는 답변을 할 때 이를 알아차리고 그 발언을 기록하라. 시스템이 선호하지 않는 응답을 감지하는 데 사용할 수 있는 응답의 다른 단서는 무엇인가? 시선 및 신체 동작과 같은 비언어적 단서를 고려한다.

24.4 답을 알고 있는지 확실하지 않은 질문을 받았을 때, 사람들은 다른 선호되지 않는 응답과 유사한 단서들로 확신 부족을 드러낸다. 질문에 대한 몇 가지 확실하지 않은 대답을 알아본다. 어떤 단서가 있는가? 만약 작업을 수행하는 데 어려움이 있다면, 스미스와 클라크(1993)를 읽고 그들이 언급한 단서들에 대해 구체적으로 들어본다.

24.5 전 세계의 현재 시간을 제공하기 위한 VoiceXML 다이얼로그 시스템을 구축하라. 시스템은 사용자에게 도시와 시간 형식(24시간 등)을 묻고 현재 시간을 반환해 시간대를 적절히 처리해야 한다.

24.6 텍스트 입력에 기반한 소규모 여행사 도움말 시스템을 구현한다. 시스템은 사용자가 타고 싶은 특정 항공편에 대한 제약을 받고, 자연어로 표현하며, 가능한 항공편을 화면에 표시해야 한다. 가정을 단순화하라. 간단한 비행 데이터베이스를 구축하거나 웹상의 비행 정보 시스템을 백엔드로 사용할 수 있다.

24.7 VoiceXML을 통한 음성 입력 작업을 위해 이전 시스템을 확장한다(또는 전화로 음성을 통해 작동하려면 사용자 인터페이스 변경 사항을 설명하라). 주요 차이점은 무엇인가?

24.8 전화로 이메일을 확인할 수 있는 간단한 다이얼로그 시스템을 설계하라. VoiceXML에서 구현한다.

24.9 일부 잠재적 사용자에 대해 이메일 읽기 시스템을 테스트하라. 24.4.2절에 설명된 몇 가지 메트릭을 선택하고 시스템을 평가하라.

25
기계 번역

The process of translating comprises in its essence the whole
secret of human understanding and social communication…
번역 과정은 본질적으로 인간의 이해와 사회적 의사 소통의 모든 비밀을 포함한다.

– 한스 조지 가다머에게 귀속됨

What is translation? On a platter / A poet's pale and glaring head,
A parrot's screech, a monkey's chatter, / And profanation of the dead.
번역이란 무엇인가? 전혀 애쓰지 않고 / 시인의 창백하고 눈부신 머리,
앵무새의 비명 소리, 원숭이의 수다 / 그리고 죽은 자에 대한 모욕.

– 나보코프, 유진 오네진 번역본

Proper words in proper places
적절한 위치에 적절한 단어

– 조너선 스위프트

25장에서는 한 언어에서 다른 언어로의 번역을 자동화하기 위해 컴퓨터를 사용하는
기계 번역^MT 기술을 소개한다. 번역은 일반적으로 어렵고, 매혹적이며, 인간의 창조성의
다른 분야만큼 풍부한 인간의 활동이다. 『홍루몽』이라고 18세기 소설 〈The Story of
the Stone〉의 45장 끝에서 나온 카오쉐진(Cao, 1792)의 중국어 음성학과 함께 다음과

기계 번역

같은 구절을 생각해보자.

> 黛玉自在枕上感念宝钗。。。又听见窗外竹梢焦叶之上，
> 雨声淅沥，清寒透幕，不觉又滴下泪来 。

dai yu zi zai zhen shang gan nian bao chai··· you ting jian chuang wai zhu shao xiang ye zhe shang, yu sheng xi li, qing han tou mu, bu jue you di xia lei lai.

그림 25.1은 데이비드 호크가 이 구절을 E_1–E_4로 표시된 문장으로 번역한 것을 보여준다. 읽기 쉽도록 중국어 대신 각 단어에 IN SMALL CAPS의 영어 주석을 표시한다. 흰색 상자의 단어는 두 언어 중 하나로만 나타나는 단어다. 두 언어에서 대략적으로 일치하는 단어 또는 구문 사이의 **정렬** 선을 표시한다.

이 번역과 관련된 몇 가지 문제를 고려한다. 첫째, 영어와 중국어 텍스트는 구조적으로나 어휘적으로 매우 다르다. 4개의 영어 문장(마침표에 주의)은 하나의 긴 중국어 문장에 해당한다. 두 텍스트의 어순은 그림 25.1에서 많은 교차 정렬 선에서 볼 수 있듯이 매우 다르다. 흰색으로 된 많은 영어 단어에서 볼 수 있듯이 영어에는 중국어보다 더 많은 단어가 있다. 이러한 차이의 대부분은 두 언어 간의 구조적 차이로 인해 발생한다. 예를 들어 중국어는 언어적 측면이나 시제를 거의 표시하지 않기 때문에 영어 번역에는 *as*, *turn to*, *started*, *had begun*과 같은 추가 단어가 포함돼 있으며, 호크는 *tou*를 *was penetrating* 또는 *had penetrated*보다 *penetrated*로 번역하기로 결정해야 했다. 중국어는 영어보다 관사가 적으며 많은 흰색의 *the*s를 설명한다. 또한 중국어는 영어보다 훨씬 적은 대명사를 사용하기 때문에 호크는 영어 번역의 여러 곳에 *she*와 *her*를 삽입해야 했다.

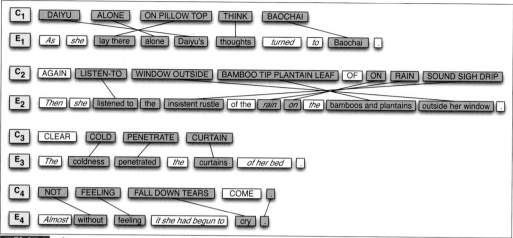

그림 25.1 〈Dream of the Red Chamber(홍루몽)〉의 중국어 구절. 영어로 표현된 중국어 단어는 IN SMALL CAPS로 표시된다. "중국어" 단어와 해당 영어 번역 사이에 정렬 선이 그려진다. 흰색 상자의 단어는 언어 중 하나로 표시된다.

문체 및 문화적 차이는 또 다른 어려움의 원인이다. 영어 이름과 달리 중국어 이름은 의미를 가진 일반 내용 단어로 구성된다. 호크는 주인공의 이름에 번역기(Daiyu)를 사용하지만 그 의미(Aroma, Skybright)에 따라 하인의 이름을 번역하기로 했다. 중국어 침대 커튼에 익숙하지 않은 영어 독자를 위해 호크는 ma(curtain)를 *curtains of her bed*로 번역했다. 네 글자의 구문이 문학적 산문의 특징인 경우, *bamboo tip plantain leaf*라는 문구는 중국어에서는 우아하지만 단어를 영어로 번역하면 어색하기 때문에 호크는 단순히 *bamboos and plantains*를 사용했다.

이러한 종류의 번역은 원어와 입력 텍스트에 대한 깊고 풍부한 이해와 목표어의 시적이고 창의적인 명령이 필요하다. 중국어에서 영어로 다른 언어 간의 고품질 문학적 번역을 자동으로 수행하는 문제는 완전히 자동화하기에는 너무 어렵다.

그러나 영어와 프랑스어와 같은 유사한 언어 간의 비문학적 번역조차도 어려울 수 있다. 다음은 캐나다 의회 절차의 한사드 코퍼스에서 프랑스어로 번역된 영어 문장이다.

English: Following a two-year transitional period, the new Foodstuffs Ordinance for Mineral Water came into effect on April 1, 1988. Specifically, it contains more stringent re-quirements regarding quality consistency and purity guarantees.

French: La nouvelle ordonnance fédérale sur les denrées alimentaires concernant entre autres les eaux minérales, entrée en vigueur le ler avril 1988 après une période transitoire de deux ans, exige surtout une plus grande constance dans la qualité et une garantie de la pureté.

French gloss: THE NEW ORDINANCE FEDERAL ON THE STUFF FOOD CONCERNING AMONG OTHERS THE WATERS MINERAL CAME INTO EFFECT THE 1ST APRIL 1988 AFTER A PERIOD TRANSITORY OF TWO YEARS REQUIRES ABOVE ALL A LARGER CONSISTENCY IN THE QUALITY AND A GUARANTEE OF THE PURITY.

영어와 프랑스어 사이의 구조적 및 어휘 중복이 강함에도 불구하고, 문학적 번역은 여전히 단어 순서(예: *following a two-year transitional period* 문구의 위치)와 구조(예: 영어 는 명사 *requirements*를 사용하고 프랑스어는 동사 *exige* 'REQUIRE')를 사용한다.

그럼에도 불구하고, 이 번역은 훨씬 더 쉬우며 (1) **개략적인 번역**으로 충분한 작업, (2) 인간의 **사후 편집기**가 사용되는 작업, (3) 여전히 **FAHQT**^{Fully Automatic, High-Quality} ^{Translation}가 가능한 소규모 하위 언어 영역으로 제한되는 작업이다.

FAHQT

웹에서 정보 수집은 대략적인 번역이 유용한 작업이다. 오늘 아침에 카리브해 지역 식료품점에서 plátanos(플랜테인^{plantains}, 바나나의 일종)를 보고 요리하는 방법을 알고 싶 다고 가정해보자. 웹으로 이동해 다음 레시피를 찾는다.

Platano en Naranja   Para 6 personas
3 Plátanos maduros   2 cucharadas de mantequilla derretida
1 taza de jugo (zumo) de naranja   5 cucharadas de azúcar morena o blanc
1/8 cucharadita de nuez moscada en polvo 1 cucharada de ralladura de naranja
 1 cucharada de canela en polvo (opcional)
Pelar los plátanos, cortarlos por la mitad y, luego, a lo largo. Engrasar una fuente o pirex con margarina. Colocar los plátanos y bañarlos con la mantequilla derretida. En un recipiente hondo, mezclar el jugo (zumo) de naranja con el azúcar, jengibre, nuez moscada y ralladura de naranja. Verter sobre los plátanos y hornear a 325 ° F. Los primeros 15 minutos, dejar los pátanos cubiertos, hornear 10 o 15 minutos más destapando los plátanos

---

MT 엔진(2008년 초에 구글을 통해 실행)은 다음 번역을 생성한다.

Platano in Orange   For 6 people
3 ripe bananas   2 tablespoon butter, melted
1 cup of juice (juice) orange 5 tablespoons brown sugar or white
1/8 teaspoon nutmeg powder 1 tablespoon orange zest
 1 tablespoon cinnamon (optional)

Peel bananas, cut them in half and then along. Grease a source or pirex with margarine. Put bananas and bañarlos with melted butter. In a deep bowl, mix the juice (juice) orange with the sugar, ginger, nutmeg and orange zest. Pour over bananas and bake at 325° F. The first 15 minutes, leave covered bananas, bake 10 to 15 minutes more uncovering bananas.

이 번역에는 여전히 많은 혼란이 있지만(바나나 또는 플랜테인을 사용하는가? 정확히 사용해야 하는 냄비가 무엇인가? bañarlos가 무엇인가?) 이 번역에는 여전히 많은 혼란이 있지만, 아마도 1~2단어를 찾은 후에 새로 구입해 부엌에서 시도해볼 수 있는 기본적인 아이디어를 얻는 것으로 충분할 것이다.

사후 편집

또한 MT 시스템은 번역기가 **사후 편집** 단계에서 수정한 초안 번역을 생성해 번역 프로세스의 속도를 높이는 데 사용할 수 있다. 엄밀히 말하면 이러한 방식으로 사용되는 시스템은 (완전 자동) 기계 번역이 아닌 **컴퓨터 이용 인간 번역**computer-aided human translation(CAHT 또는 CAT)을 수행한다. 이러한 MT 사용은 **현지화**를 위한 소프트웨어 설명서 번역과 같이 빠른 처리가 필요한 대량 작업에 특히 효과적이다.

**컴퓨터 이용 인간 번역
현지화**

일기 예보는 사후 편집 없이 원시 MT 출력을 사용할 수 있을 만큼 충분히 모델링할 수 있는 하위 언어 도메인의 예다. 일기 예보는 *Cloudy with a chance of showers today and Thursday*, 또는 *Outlook for Friday: Sunny*와 같은 문구로 구성된다. 이 도메인에는 제한된 어휘와 몇 가지 기본 구문 유형만 있다. 중의성은 드물고 중의적인 단어의 의미는 쉽게 명확해진다. 하위 언어와 유사한 다른 도메인에는 소프트웨어 매뉴얼, 항공 여행 쿼리, 약속 일정, 레스토랑 추천 및 요리법이 포함된다.

기계 번역에 대한 애플리케이션은 번역의 수와 방향에 따라 특성화될 수도 있다. 컴퓨터 설명서 번역과 같은 현지화 작업에는 일대다 번역(영어에서 여러 언어로)이 필요하다. 전 세계의 비영어 사용자가 영어로 된 웹 정보에 액세스하려면 일대다 번역도 필요하다. 반대로, 다대일 번역(영어로)은 다른 언어로 작성된 웹 콘텐츠의 요지를 필요로 하는 영어권 독자에게 적합하다. 다대다 번역은 23개의 공식 언어(이 문서 작성 당시)를 상호 번역해야 하는 유럽연합과 같은 환경과 관련이 있다.

MT 시스템으로 전환하기 전에 25.1절에서 언어 간의 주요 차이점을 요약해 시작한다. MT를 수행하기 위한 세 가지 고전적 모델(**직접**, **이전**, **인터링구아**^{interlingua} 접근)은 25.2절에 나와 있다. 그런 다음 25.3~25.8절에서 현대 **통계 MT**를 자세히 조사하고 **평가**에 대한 논의와 함께 25.9절에서 마무리한다.

25.1 기계 번역이 어려운 이유

25장은 『The Story of the Stone』을 중국어에서 영어로 번역하기 어렵게 만든 몇 가지 문제로 시작했다. 이 절에서는 번역을 어렵게 만드는 요소에 대해 자세히 살펴본다. 일반적인 방식으로 모델링할 수 있는 체계적인 차이와 하나씩 처리해야 하는 **특이**하고 **어휘적** 차이를 포함해 언어를 유사하거나 다른 점에 대해 논의한다. 언어 간의

번역 차이   이러한 차이를 **번역 차이**라고 하며 그 원인에 대한 이해는 차이를 극복하는 모델을 구축하는 데 도움이 될 것이다(Dorr, 1994).

25.1.1 유형 분류 체계

당신이 우연히 어떤 외국어로 된 라디오 프로그램을 들었을 때, 일상 생활에서 익숙한 언어와는 달리 혼란스러울 것이다. 하지만 이 혼란 속에는 패턴이 있다. 실제로 인

보편성   간 언어의 일부 측면은 모든 언어에 적용되는 보편적인 것처럼 보인다. 많은 **보편성**은 인간의 의사 소통 체계로서 언어의 기능적 역할에서 비롯된다. 예를 들어 모든 언어에는 사람을 지칭하고, 여성, 남성, 어린이에 대해 이야기하고, 먹고 마시고, 예의 바르거나 그렇지 않은 단어가 있는 것 같다. 다른 보편성은 더 미묘하다. 예를 들어 모든 언어에는 명사와 동사가 있는 것처럼 보인다(5장).

언어가 다르더라도 그 차이는 종종 체계적인 구조를 갖는다. 이러한 체계적인 언어

유형 분류 체계   간 유사점과 차이점에 대한 연구를 **유형 분류 체계**라고 한다(Croft, 1990; Comrie, 1989). 이 절에서는 몇 가지 유형 분류 체계의 개요를 제시한다.

형태론적으로: 언어는 종종 2차원의 변화에 따라 특징지어진다. 첫 번째는 단어당 형태소의 수, 각 단어는 일반적으로 하나의 형태소를 갖는 베트남 및 광둥어와 같은

고립어   **고립어**부터 단일 단어가 매우 많은 형태소를 가질 수 있는 시베리안 유픽("Eskimo")과

포합어

같은 **포합어**에 이르기까지 다양하다. 시베리안 유픽은 영어의 전체 문장에 대응한다. 두 번째 차원은 형태소가 상대적으로 정확한 경계를 갖는 터키어(3장에서 논의됨)와 같

교착어
융합어

은 **교착어**부터 러시아어와 같은 **융합어**에 이르기까지 형태소를 분할할 수 있다. 단어 *stolom*의 -*om*(table-SG-INSTR-DECL1)은 뚜렷한 형태론적 범주인 조격, 단수형 및 첫 어형 변화를 결합한다.

구문적으로: 언어는 간단한 평서문 절에서 동사, 주어 및 목적어의 기본 단어 순서가

SVO

조금씩 다르다. 예를 들어 독일어, 프랑스어, 영어 및 만다린어는 모두 **SVO**Subject-Verb-Object언어이며, 동사가 주어와 목적어 사이에 오는 경향이 있다. 대조적으로 힌디어와

SOV

일본어는 **SOV** 언어이며, 동사가 기본 절의 끝에 오는 경향이 있다. 그리고 아일랜드

VSO

어, 아랍어 및 성서 히브리어는 **VSO** 언어이다. 기본 단어 순서 유형을 공유하는 두 언어는 종종 다른 유사점을 갖는다. 예를 들어 SVO 언어에는 일반적으로 **전치사**가 있는 반면, SOV 언어에는 일반적으로 **후치사**가 있다.

예를 들어 다음 SVO 영어 문장에서 동사 *adores* 다음에 인수 VP listening to music, 동사 *listening* 뒤에 인수 PP to music, 전치사 *to*는 *music*에 이어진다. 대조적으로, 다음 일본어 예에서는 이러한 각 순서가 반대다. 두 동사 모두 인수가 앞에 오며 후치사는 인수를 따른다.

(25.1)   English: *He adores listening to music*

  Japanese: *kare ha ongaku wo kiku   no ga daisuki desu*

      he   music   to listening   adores

헤드마킹

유형학적 변형의 또 다른 중요한 차원은 **헤드마킹**head-marking 언어와 **종속마킹** dependent-marking 언어의 차이와 같은 **논항 구조**와 술어를 인수와 **연결**하는 것과 관련이 있다(Nichols, 1986). 헤드마킹 언어는 헤드와 헤드에 있는 종속성 사이의 관계를 표시하는 경향이 있다. 종속마킹 언어는 헤드가 아닌 관계를 표시하는 경향이 있다. 예를 들어 헝가리어는 헤드마킹은 핵어명사(H)에 접미사(A)로 소유격 관계를 표시하고 영어는 헤드가 아닌 소유주에게 이를 표시한다.

(25.2) English: *the man-^A's ^Hhouse*
         Hungarian: *az ember* *^Hház-^Aa*
             the man   house-his

연결의 유형학적 변형은 이벤트의 개념적 속성이 특정 단어에 매핑되는 방식과도 관련될 수 있다. 탈미(1985, 1991)는 언어가 동작의 방향과 동작 방식이 동사 또는 "종속적인 것"(불변화사, 전치사구 또는 부사구)에 표시되는지 여부에 따라 특성화될 수 있다고 지적했다. 예를 들어 a bottle floating out of a cave에서 불변화사 *out*에 방향이 표시된 영어로 설명되고, 스페인어에서는 동사에 방향이 표시된다.

(25.3) English: *The bottle floated out.*
         Spanish: *La botella salió flotando.*
          The bottle exited floating.

동사 프레임 언어는 스페인어 acercarse 'approach', alcanzar 'reach', entrar 'enter', salir 'exit'와 같이 동사에 운동 방향을 표시한다. **종속 프레임** 언어는 영어 *Craw out*, *float*, *float*, *jump down*, *run around*처럼 종속에 동작 방향을 표시한다. 일본어, 타밀어, 로맨스어, 셈어, 마야어족에 속하는 많은 언어들은 동사 프레임으로 돼 있다. 중국어뿐만 아니라 영어, 스웨덴어, 러시아어, 힌디어, 페르시아어와 같은 비로맨스어의 인도유럽어들도 종속 프레임으로 돼 있다.

마지막으로 언어는 생략할 수 있는 것과 관련된 유형학적 차원에 따라 다르다. 많은 언어에서는 담화에 나오는 지시어에 대해 말할 때 명시적 대명사를 사용해야 한다. 그러나 다른 언어에서는 21장에 소개된 ∅-표기법을 사용해 스페인어가 보여주는 다음 예제와 같이 대명사를 모두 생략할 수 있다.

(25.4) [El jefe]$_i$ dio con un libro. ∅$_i$ Mostró a un descifrador ambulante.
        [The boss] came upon a book. [He] showed it to a wandering decoder.

대명사를 생략할 수 있는 언어를 **pro 삭제**^pro-drop 언어라고 한다. pro 삭제 언어들 사이에서도 생략 빈도에 현저한 차이가 있다. 예를 들어 일본어와 중국어는 스페인어보다 훨씬 더 많은 것을 생략하는 경향이 있다. 이 차원을 **참조 밀도**라고 한다. 더 많은 대명사를 사용하는 경향이 있는 언어는 더 많은 0을 사용하는 언어보다 참조 밀도가

동사 프레임
종속 프레임
pro 삭제
참조 밀도

콜드 랭귀지

핫 랭귀지높다. 청자가 선행사를 복구하기 위해 더 많은 추론 작업을 수행해야 하는 중국어 또는 일본어와 같이 참조 희소 언어를 **콜드 랭귀지**cold language라고 한다. 더 명확하고 청자가 쉽게 이해할 수 있는 언어를 **핫 랭귀지**hot language라고 한다. *hot*과 *cold*라는 용어는 마샬 맥루한(1964)이 시청자를 위해 많은 세부 사항을 채워주는 핫 미디어와 만화 같은 콜드 미디어 사이의 구별에서 차용된 것으로, 독자들이 표현을 작성하기 위해 더 많은 추론 작업을 해야 한다(Bickel, 2003).

언어 간의 유형적 차이는 번역에 문제를 일으킬 수 있다. 분명히 영어와 같은 SVO 언어에서 일본어와 같은 SOV 언어로 번역하려면 모든 구성 요소가 문장의 다른 위치에 있기 때문에 엄청난 구조적 재정렬이 필요하다. 종속 프레임에서 동사 프레임 언어로 또는 헤드마킹에서 종속마킹 언어로 번역하려면 문장 구조의 변경과 단어 선택에 대한 제약이 필요하다. 중국어나 일본어와 같이 광범위한 pro 삭제 언어는 각각의 0을 식별하고 대용어를 복구해야 하기 때문에 영어와 같은 non-pro 언어로 번역하는 데 큰 문제를 일으킨다.

25.1.2 기타 구조 차이

언어 간의 많은 구조적 차이는 유형적 차이에 기초한다. 다른 것들은 단순히 특정 언어 또는 언어 쌍의 특이한 차이들이다. 예를 들어 영어에서 명사구의 표시되지 않은 순서는 명사 앞에 형용사가 있지만 프랑스어와 스페인어 형용사는 일반적으로 명사를 따른다.[1]

(25.5)

Spanish	*bruja verde*	**French**	*maison bleue*
	witch green		house blue
English	"green witch"		"blue house"

중국어 관계사절은 영어 관계사절과 구조가 다르기 때문에 긴 중국어 문장을 번역하기가 어렵다.

---

1 항상 그렇듯이, 일반화에는 영어의 *galore* 및 프랑스어의 *gros*와 같은 예외가 있다. 또한, *route mauvaise* "bad road, badly paved road" 대 *mauvaise route* "wrong road"처럼 프랑스어에서는 일부 형용사가 다른 의미로 명사 앞에 나타날 수 있다(Waugh, 1976).

언어 특수적인 구성이 매우 많다. 예를 들어 영어는 *there burst into the room three men with guns*와 같은 이야기에서 새로운 장면을 소개하는 데 자주 사용되는 단어를 포함하는 개념적 구문 구조를 가지고 있다. 이러한 차이가 얼마나 사소하지만 중요한지 알기 위해 날짜를 생각해보자. 날짜는 일반적으로 영국 영어의 경우 DD/MM/YY, 미국 영어의 MM/DD/YY, 일본어의 YYMMDD 등 다양한 형식으로 표시될 뿐만 아니라 달력 자체도 다를 수 있다. 예를 들어 일본어로 된 날짜는 기독교 시대의 시작보다는 현재 군주의 통치 시작과 관련이 있는 경우가 많다.

25.1.3 어휘의 차이

또한 어휘 차이는 번역에 큰 어려움을 야기한다. 예를 들어 20장에서 영어 원시 단어 *bass*가 스페인어로 물고기 *lubina* 또는 악기 *bajo*로 나타날 수 있음을 확인했다. 그래서 번역은 종종 단어 의미 중의성 해소와 똑같은 문제를 해결해야 하며, 두 분야는 밀접하게 연결돼 있다.

영어에서 단어 *bass*는 동음이의어이다. 단어의 두 가지 의미는 의미론적으로 밀접하게 관련돼 있지 않기 때문에 번역을 위해 중의성 해소해야 하는 것은 당연하다. 그러나 다의어의 경우에도 목표어가 똑같은 종류의 다의어를 가지지 않으면, 중의성을 해소해야 한다. 예를 들어 영어 단어 *know*는 다의어다. 사실이나 명제를 아는 것(*I know that snow is white*) 또는 인명이나 장소에 대한 친숙함(*I know Jon Stewart*)을 의미할 수 있다. 이러한 다른 의미를 번역하려면 동사 *connaître* 및 *savoi*를 포함해 별개의 프랑스어 동사가 필요하다. *Savoir*는 일반적으로 사실이나 명제에 대한 지식이나 정신적 표현을 나타내는 문장 보어와 함께 사용되며, 무언가를 수행하는 방법에 대한 지식을 나타내는 동사의 보어와 함께 사용된다(예: WordNet 3.0 감지 #1, #2, #3). *Connaître*는 일반적으로 NP 보어와 함께 사용돼 사람, 개체 또는 위치에 대한 친숙함 또는 아는 사람을 나타낸다(예: WordNet 3.0 감지 #4, #7). 독일어, 중국어 및 기타 여러 언어에서도 유사한 차이가 발생한다.

(25.6) **English:** I know he just bought a book.

(25.7) **French:** Je sais qu'il vient d'acheter un livre.

(25.8)   **English:** I know John.

(25.9)   **French:** Je connais Jean.

savoir/connaîtr 구별은 서로 다른 WordNet 의미 그룹에 해당한다. 그러나 때로는 목표어가 세분화된 사전에서도 인식되지 않는다. 예를 들어 영어로 *wall*은 독일어에서 두 개의 다른 단어를 사용한다. 건물 내부 벽에는 *Wand*, 건물 외부 벽에는 *Mauer* 이다. 비슷하게, 영어가 남자 형제 자매에 대해 단어 *brother*를 사용하는 경우 일본어와 중국어는 모두 *older brother*와 *younger brother*(각각 중국어 *gege*와 *didi*)에 대해 구별되는 단어를 가지고 있다.

이러한 구별 외에도 어휘 차이는 문법적일 수 있다. 예를 들어 단어는 목표어의 다른 품사로 가장 잘 번역될 수 있다. 동사 *like*가 포함된 많은 영어 문장은 부사 *gern*으로 독일어로 번역돼야 한다. 따라서 *she likes to sing*은 *sie singt gerne*으로 매핑된다 (SHE SINGS LIKINGLY).

번역에서 의미 중의성 해소를 일종의 **설명서**라고 생각할 수 있다. *know* 또는 *bass*와 같은 중의적인 단어를 목표어로 더 구체적으로 만들어야 한다. 이러한 종류의 설명서는 문법적 차이에서도 매우 일반적이다. 때로는 한 언어가 다른 언어보다 단어 선택에 더 많은 문법적 제약을 둔다. 예를 들어 프랑스어와 스페인어는 형용사에 성별을 표시하기 때문에 영어를 프랑스어로 번역하려면 성별 형용사를 지정해야 한다. 영어는 대명사에서 성별을 구분하는 데, 만다린어는 성별을 구분하지 않는다. 따라서 중국어의 3인칭 단수 대명사 *tā*를 영어(*he, she* 또는 *it*)로 번역하려면 지시 대상을 결정해야 한다. 일본어에서는 *is*에 대한 단어가 하나도 없기 때문에 번역기는 주어가 생물인지 여부에 따라 *iru* 또는 *aru* 중 하나를 선택해야 한다.

언어가 어휘적으로 개념 공간을 나누는 방식은 일대다 번역 문제보다 더 복잡할 수 있으며, 이는 다대다 매핑으로 이어질 수 있다. 예를 들어 그림 25.2는 허친스와 서머즈(1992)가 영어 *leg, foot, paw*과 프랑스어 *jambe, pied, patte* 등과 관련해 논의한 복잡성의 일부를 요약한 것이다. 더 나아가, 한 언어는 **어휘적 차이**를 가질 수 있는데, 여기서 설명 각주보다 짧은 단어나 구절은 다른 언어로 단어의 의미를 표현할 수 없다. 예를 들어 일본어는 *privacy*를 뜻하는 단어가 없고, 영어는 일본어 *oyakoko*나 중

어휘적 차이

국어 *xiáo*를 뜻하는 단어가 없다(둘 다 *filial piety*라는 어색한 표현을 사용함).

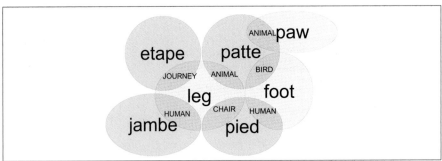

그림 25.2   영어 *leg*, *foot* 등과 허친스와 서머스(1992)가 논의한 *patte*와 같은 다양한 프랑스어 번역이 겹친다.

25.2 클래식 MT와 보쿠아 삼각형

다음 몇 절에서는 기계 번역을 위한 고전적인 사전 통계 아키텍처를 소개한다. 실제 시스템은 이러한 세 가지 아키텍처의 요소 조합을 포함하는 경향이 있기 때문에, 각각은 실제 알고리듬이 아닌 알고리듬 설계 공간의 한 지점으로 가장 잘 고려된다.

직역에서는 기점 언어 텍스트를 통해 단어별로 진행하면서 각 단어를 번역한다. 직역은 각각 한 단어를 번역하는 일을 하는 작은 프로그램인 큰 이중 언어 사전을 사용한다. **전달** 접근 방식에서는 먼저 입력 텍스트를 분석한 다음, 규칙을 적용해 기점 언어 분석을 목표어 분석으로 변환한다. 그런 다음 구문 분석 트리에서 목표어 문장을 생성한다. **인터링구아** 접근법에서 기점 언어 텍스트를 **인터링구아**라고 하는 추상적인 의미 표현으로 분석한다. 그런 다음 이 언어 표현에서 목표어로 생성한다.

이 세 가지 접근 방식을 시각화하는 일반적인 방법은 그림 25.3에 표시된 보쿠아 삼각형^{Vauquois Triangle}을 사용하는 것이다. 삼각형은 전달 접근 방식을 통한 직접적인 접근 방식에서 언어 간 접근 방식으로 이동함에 따라 필요한 분석 깊이(분석 및 생성 단계 모두)를 보여준다. 또한, 직역 수준에서의 엄청난 양의 전달(거의 모든 지식은 각 단어에 대한 지식을 전달함)에서 인터링구아(특정 지식 전달 없음)를 통한 전달(구문 분석 트리 또는 의미역에 대한 전달함 규칙)을 통해 삼각형을 올라갈수록 필요한 전달 지식의 양이 감소하는 것을 보여준다.

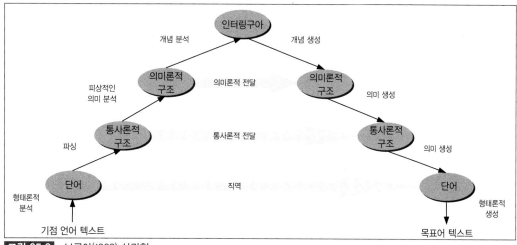

그림 25.3 보쿠아(1968) 삼각형

다음 절에서는 이러한 알고리듬이 그림 25.4에 표시된 네 가지 번역 예 중 일부를 어떻게 처리하는지 보여준다.

English	Mary didn't slap the green witch
⇒ Spanish	*Maria no dió una bofetada a la bruja verde*
	Mary not gave a slap to the witch green
English	The green witch is at home this week
⇒ German	*Diese Woche ist die grüne Hexe zu Hause.*
	this week is the green witch at house
English	He adores listening to music
⇒ Japanese	*kare ha ongaku wo kiku no ga daisuki desu*
	he music to listening adores
Chinese	*cheng long dao xiang gang qu*
	Jackie Chan to Hong Kong go
⇒ English	Jackie Chan went to Hong Kong

그림 25.4 장 전체에 걸쳐 사용된 문장의 예

25.2.1 직역

직역 **직역**에서 기점 언어 텍스트를 통해 단어 단위로 진행하면서 각 단어를 번역한다. 피상적인 형태론 분석을 제외하고는 중간 구조를 사용하지 않는다. 각 기점 언어는 일부 목표어에 직접 매핑된다. 따라서 직역은 큰 이중 언어 사전을 기반으로 한다. 사전의

각 항목은 한 단어를 번역하는 작업을 수행하는 작은 프로그램으로 볼 수 있다. 단어가 번역된 후 간단한 재정렬 규칙이 적용될 수 있다. 예를 들어 영어에서 프랑스어로 번역할 때, 명사 뒤에 형용사를 옮길 때 적용될 수 있다.

직접적인 접근 방식의 기본 직관은 기점 언어 텍스트를 목표어 텍스트로 점진적으로 변환해 번역한다는 것이다. 순수한 직접적인 접근 방식은 더 이상 사용되지 않지만 혁신적인 직관은 통계적 및 비통계적 모든 현대 시스템의 기초가 된다.

첫 번째 예에서 영어에서 스페인어로 번역하는 단순화된 직접 시스템을 살펴본다.

(25.10) Mary didn't slap the green witch

Maria no dió una bofetada a la bruja verde

Mary not gave a slap to the witch green

그림 25.5에 요약된 4단계는 그림 25.6과 같이 진행된다.

그림 25.5 직접적인 기계 번역. 여기 크기로 표시된 주요 구성 요소는 이중 언어 사전이다.

2단계는 이중 언어 사전에 영어 *slap*의 스페인어 번역인 *dar una bofetada a*라는 구문이 있다고 가정한다. 로컬 재정렬 3단계에서는 형용사-명사 순서를 *green witch*에서 *bruja verde*로 전환해야 한다. 그리고 순서 규칙과 사전의 일부 조합은 영어 *didn't*의 부정과 과거시제를 다룰 것이다. 이러한 사전 항목은 상당히 복잡할 수 있다. 초기 직접 영어-러시아어 시스템의 샘플 사전 항목이 그림 25.7에 나와 있다.

Input:	Mary didn't slap the green witch
After 1: Morphology	Mary DO-PAST not slap the green witch
After 2: Lexical Transfer	Maria PAST no dar una bofetada a la verde bruja
After 3: Local reordering	Maria no dar PAST una bofetada a la bruja verde
After 4: Morphology	Maria no dió una bofetada a la bruja verde

그림 25.6 직접 시스템에서 처리하는 예제

```
function DIRECT_TRANSLATE_MUCH/MANY(word) returns Russian translation

if preceding word is how return skol'ko
else if preceding word is as return stol'ko zhe
else if word is much
   if preceding word is very return nil
   else if following word is a noun return mnogo
else /* word is many */
   if preceding word is a preposition and following word is a noun return mnogii
   else return mnogo
```

그림 25.7   파노프(1960)에 대한 후친스(1986, pg. 133)의 논의에서 채택된 *much* 및 *many*를 러시아어로 번역하는 절차. 단어 의미 중의성 해소를 위한 의사결정 목록 알고리듬과 유사하다.

　직접적인 접근 방식은 간단한 스페인어 예제를 처리할 수 있고 단일 단어 재정렬을 처리할 수 있지만 구문 분석 구성 요소가 없으며 실제로 소스 또는 목표어의 구문 또는 문법 구조에 대한 지식이 전혀 없다. 따라서 장거리 재정렬이나 구문 또는 더 큰 구조와 관련된 재정렬을 안정적으로 처리할 수 없다. 이는 독일어와 같이 영어와 매우 유사한 언어에서도 발생할 수 있다. 그림 25.8에서 heute("today")와 같은 부사는 다른 위치에서 발생하고 주어(예: *die grüne Hexe*)는 다음과 같이 주동사 뒤에 올 수 있다.

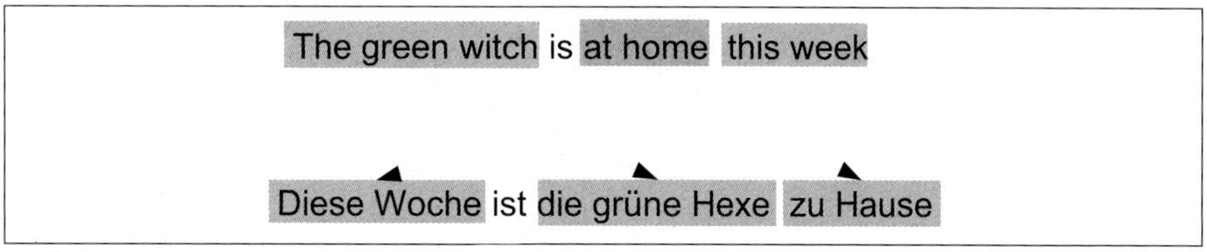

The green witch is at home this week

Diese Woche ist die grüne Hexe zu Hause

그림 25.8   영어에서 독일어로 번역할 때 필요한 복잡한 재정렬. 독일어는 종종 영어가 좀 더 자연스럽게 표현될 수 있는 부사를 초기 위치에 둔다. 독일어 시제 동사는 종종 문장의 두 번째 위치에서 발생하며, 주어와 동사가 반전된다.

　그림 25.9에서와 같이 중국어(목표 PP가 사전 동사로서 자주 발생하는 경우)와 영어(목표 PP가 사후 동사로서 발생해야 하는 경우) 간에 유사한 종류의 재정렬이 이뤄진다.

　마지막으로, 야마다와 나이트(2002)의 영어-일본어 예에서 보듯이, SVO에서 SOV 언어로 번역할 때 훨씬 더 복잡한 재정렬이 발생한다.

(25.11) He adores listening to music

kare ha ongaku wo kiku no ga daisuki desu

he   music   to   listening   adores

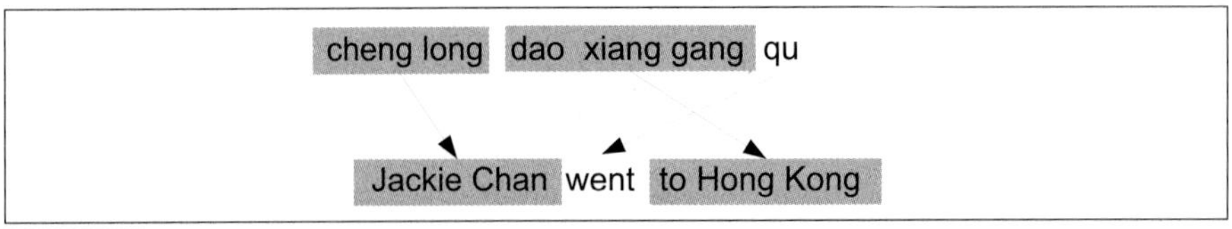

cheng long   dao   xiang gang   qu

Jackie Chan   went   to Hong Kong

그림 25.9 중국어 목표 PP는 영어와 달리 동사 앞에서 자주 발생한다.

이 세 가지 예는 직접적인 접근 방식이 개별 단어에 너무 초점을 맞추고 있으며 실제 예를 다루려면 MT 모델에 구문 및 구조적 지식을 추가해야 함을 시사한다. 다음 절에서 이 직관을 구체화한다.

25.2.2 전달

25.1절에서 설명한 것처럼 언어는 구조적으로 서로 다르다. MT를 수행하는 한 가지 전략은 구조적 차이를 극복하는 프로세스에 의해 번역되고 입력 구조를 변경해 목표 어의 규칙을 준수하도록 하는 것이다. 이는 **대조적인 지식**, 즉 두 언어 사이의 차이에 대한 지식을 적용함으로써 이루어질 수 있다. 이 전략을 사용하는 시스템은 **전달 모델**에 기초한다고 한다.

대조적인 지식

전달 모델

전달 모델은 기점 언어의 구문 분석을 전제로 하고 생성 단계가 뒤따라서 실제로 출력 문장을 생성한다. 따라서 이 모델에서 MT는 **분석**, **전달** 및 **생성**의 세 가지 단계를 포함하며, 여기서 전달은 기점 언어 파서의 출력과 목표어 생성기로의 입력 사이의 간격을 연결한다.

MT에 대한 구문 분석은 다른 목적에 필요한 구문 분석과는 다를 수 있다. 예를 들어 John saw the girl with the binoculars를 프랑스어로 번역해야 한다고 가정해보자. 파서는 전치사 구절이 어디에 붙는지 굳이 알아낼 필요가 없다. 두 가능성 모두 동일한 프랑스어 문장으로 이어지기 때문이다.

기점 언어를 구문 분석하면 **구문 전달** 및 **어휘 전달**에 대한 규칙이 필요하다. 구문 전달 규칙은 소스 구문 분석 트리를 타깃 구문 분석 트리와 유사하게 수정하는 방법을 알려준다.

기점 언어를 구문 분석하면 구문 전달 및 어휘 전달에 대한 규칙이 필요하다. 구문 전달 규칙은 소스 구문 분석 트리를 타깃 구문 분석 트리와 유사하게 수정하는 방법을 알려준다.

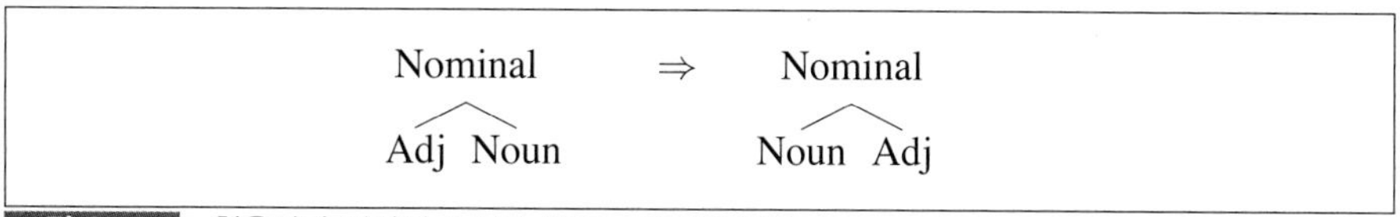

Nominal   ⇒   Nominal

Adj   Noun   Noun   Adj

그림 25.10 형용사와 명사의 순서를 바꾸는 간단한 변환

그림 25.10은 형용사-명사 재정렬과 같은 간단한 경우에 대한 직관을 제공한다. 영어 구문을 설명하는 데 적합한 하나의 구문 분석 트리를 스페인어 문장을 설명하는 데 적합한 다른 구문 분석 트리로 변환한다. 이러한 **구문 변환**은 한 트리 구조에서 다른 트리 구조로 매핑되는 작업이다.

구문 변환

전달 접근법과 이 규칙은 *Mary did not slap the green witch*의 예에 적용될 수 있다. 이 변환 규칙 외에도, 형태론적 처리에서 do-PAST + not으로 구성되고 파서가 VP에 PAST 피처를 연결한다고 가정해야 한다. 어휘 전달은 이중 언어 사전에서 탐색을 통해 *do*를 제거하고, *not*을 *no*로 변경하고, *slap*을 *dar una bofetada a*라는 문구로 바꾸며, 그림 25.11에 제시된 대로 구문 분석 트리를 약간 재정렬한다.

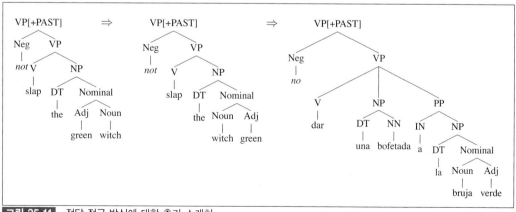

그림 25.11 전달 접근 방식에 대한 추가 스케치

영어와 같은 SVO 언어에서 일본어 같은 SOV 언어로 번역하기 위해서는 동사를 끝으로 옮기고 전치사를 후치사로 바꾸는 등 훨씬 더 복잡한 변환이 필요하다. 이러한 규칙의 결과 예는 그림 25.12에 나와 있다. 일부 전달 규칙의 비공식 스케치는 그림 25.13에 나와 있다.

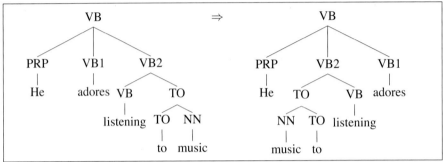

그림 25.12   야마다와 나이트(2001)가 *He adores listening to music*(*kare ha ongaku wo kiku no ga daisuki desu*)라는 문장에 대해 영어 순서(SVO)에서 일본어 순서(SOV)로 통사적으로 변형한 결과다. 이 변환에는 NP와 VP 보어 후 동사를 이동하고 전치사를 후치사로 변경하는 규칙이 필요하다.

영어를 스페인어로 변환:			
1.	NP → Adjective$_1$ Noun$_2$	⇒	NP → Noun$_2$ Adjective$_1$
중국어를 영어로 변환:			
2.	VP → PP[+Goal] V	⇒	VP → V PP[+Goal]
영어를 일본어로 변환:			
3.	VP → VNP	⇒	VP → NPV
4.	PP → PNP	⇒	PP → NPP
5.	NP → NP$_1$ Rel. Clause$_2$	⇒	NP → Rel. Clause$_2$ NP$_1$

그림 25.13   일부 변환에 대한 비공식적인 설명

또한 그림 25.13은 전달 시스템이 단순한 구문 분석보다 더 풍부한 구조를 기반으로 할 수 있음을 보여준다. 예를 들어 중국어를 영어로 번역하기 위한 전달 기반 시스템은 그림 25.9에 표시된 사실을 처리하는 규칙이 있을 수 있다. 중국어 PP에서 의미역 GOAL을 채우는 것(예: *to the store in I went to the store*) 동사 앞에 나오는 경향이 있는 반면, 영어에서는 이러한 목표 PP가 동사 뒤에 나와야 한다. 이와 관련된 PP 순서 차이를 다루기 위한 변환이 구축되려면 중국의 구문 분석에 주제 구조가 포함돼야 하기 때문에 BENEFACTIVE PP(동사 앞에 있어야 함)와 DIRECTION 및 LOCATIVE PP(동사

앞에 우선적으로 발생)를 RECIPIENT PP(이후 발생)와 구별할 수 있다(Li and Thompson, 1981). 20장에서 이러한 종류의 의미역 레이블링을 수행하는 방법에 대해 논의했다. 이러한 방식으로 의미역을 사용하는 것을 일반적으로 의미론적 전달이라고 한다.

구문 변환 외에도 전달 기반 시스템에는 어휘 전달 규칙이 있어야 한다. 어휘 전달은 일반적으로 직접 MT와 마찬가지로 이중 언어 사전을 기반으로 한다. 사전 자체는 어휘 중의성 문제를 처리하는 데에도 사용할 수 있다. 예를 들어 영어 단어 *home*은 *nach Hause*(*going home* 의미), *Heim*(*home game* 의미), *Heimat*(*homeland*, *home country*, *spiritual home* 의미) 및 *zu Hause*(*at home* 의미)와 같이 독일어로 다양하게 번역될 수 있다. 이 경우 *at home*라는 문구는 *zu Hause*로 번역될 가능성이 매우 높기 때문에 이중 언어 사전은 번역을 관용적으로 나열할 수 있다.

어휘 전달의 많은 경우는 구문 사전으로 처리하기에는 너무 복잡하다. 이러한 경우 전달 시스템은 20장의 의미 중의성 해소 기술을 적용해 원어 분석 중에 중의성을 해소할 수 있다.

25.2.3 클래식 MT에서 결합된 직접 및 전달 접근 방식

전달 메타포는 직접적인 접근 방식보다 더 복잡한 기점 언어 현상을 처리할 수 있는 기능을 제공하지만 위에서 설명한 간단한 SVO → SOV 규칙으로는 충분하지 않다. 실제로 두 언어에 대한 풍부한 어휘 지식과 구문 및 의미적 피처를 결합한 복잡한 규칙이 필요하다. 앞에서 *slap*을 *dar una bofetada a*로 변경하는 규칙의 예를 간단히 살펴봤다.

이러한 이유로 상용 MT 시스템은 풍부한 이중 언어 사전을 사용하지만 태거와 파서를 사용하는 직접 및 전달 접근 방식의 조합인 경향이 있다. 예를 들어 허친스와 서머스(1992), 세넬라르트 외 연구진(2001)이 기술한 Systran 시스템은 세 가지 구성 요소를 가지고 있다.

첫 번째는 다음을 포함한 얕은 **분석** 단계다.

- 형태론적 분석 및 품사 태깅
- NP, PP 및 더 큰 구문의 청킹

- 피상적인 종속성 구문 분석(주어, 수동, 수식 대상어)

다음을 포함한 전달 단계다.

- 관용구 번역
- 단어 의미 중의성 해소
- 지배 동사에 따른 전치사 할당

마지막으로 다음을 포함한 **합성** 단계다.

- 어휘 번역을 위한 풍부한 이중 언어 사전을 사용한 어휘 번역
- 재정렬
- 형태론적 생성

따라서 직접 시스템과 마찬가지로 Systran 시스템은 어휘, 구문 및 의미론적 지식을 가진 이중 언어 사전에서 처리의 대부분에 의존한다. 또한 직접 시스템과 마찬가지로 Systran은 사후 처리 단계에서 재정렬을 수행한다. 그러나 전달 시스템과 마찬가지로 Systran 시스템은 기점 언어의 구문 및 피상적인 의미 처리를 통해 많은 단계를 알려준다.

25.2.4 인터링구아 아이디어: 의미 사용

전달 모델의 한 가지 문제점은 각 언어 쌍에 대해 고유한 전달 규칙 세트가 필요하다는 것이다. 유럽 연합과 같은 다대다 다국어 환경에서 사용되는 번역 시스템에 분명히 차선책이다.

이는 번역의 본질에 대한 다른 관점을 제시한다. 원어 문장의 단어를 목표어로 직접 변환하는 대신 인터링구아 직관은 번역을 입력의 의미를 추출한 다음 목표어로 표현하는 과정으로 취급하는 것이다. 가능하다면 MT 시스템은 대조적 지식 없이도 표준 해석기와 언어 생성기가 사용하는 동일한 구문 및 의미 규칙에 의존할 수 있다. 필요한 지식의 양은 그 숫자의 제곱이 아니라 시스템이 처리하는 언어 수에 비례하다.

이 체계는 17장에서 봤던 의미 표현과 같이 언어 독립적인 표준 형태의 의미 표현 또는 **인터링구아**의 존재를 전제로 한다. 아이디어는 인터링구아가 '동일한' 것을 의미

인터링구아

하는 모든 문장을 표현하는 것이다. 이 모델은 언어 X에서 언어 간 표현으로의 입력에 대한 심층적인 의미 분석을 수행하고 인터링구아에서 언어 Y로 생성하는 방식으로 번역된다.

인터링구아로 어떤 표현 체계를 사용할 수 있는가? 최소 재귀 의미론과 같은 1차 논리 또는 변형이 하나의 가능성이다. 어떤 종류의 원자 의미론적 요소로의 의미적 분해는 또 다른 것이다. 세 번째 일반적인 접근 방식인 간단한 이벤트 기반 표현을 설명한다. 여기서 이벤트는 작은 고정된 의미역 집합을 통해 인수와 연결된다. 논리나 사건의 다른 표현을 사용하든 간에, 이벤트의 시간적, 상의 특성을 지정할 필요가 있을 것이고, 또한 *green*과 *witch* 사이의 has-color 관계와 같은 개체들 사이의 이벤트가 아닌 관계를 나타낼 필요가 있을 것이다. 그림 25.14는 *Mary did not slap the green witch*에 대한 가능한 언어 간 표현을 단일화 스타일의 피처 구조로 보여준다.

18장과 20장의 의미 분석기 기법을 사용해 기점 언어 텍스트에서 이러한 언어 간 표현을 만들 수 있다. 의미역 분류기는 *Mary*와 *slap* 이벤트 사이의 에이전트 관계 또는 *witch*와 *slap* 이벤트 사이의 TEM 관계를 발견할 수 있다. 또한 *green*과 *witch*의 관계가 has-color 관계임을 인식하기 위해 명사 수식어 관계를 명확하게 해야 하며, 이벤트가 부정 극성(단어 *didn't*에서 유래)을 발견해야 한다. 따라서 인터링구아는 구문 분석(또는 피상적인 의미역 레이블링)만 필요한 전달 모델보다 더 많은 분석 작업이 필요하다. 그러나 생성은 이제 구문 변환 없이 인터링구아에서 직접 진행할 수 있다.

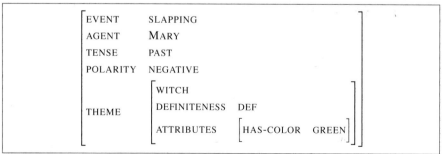

그림 25.14 Mary did not slap the green witch의 인터링구아 표현

구문 변환 없이 수행하는 것 외에도, 상호 언어 시스템은 어휘 전달 규칙 없이 수행한다. *know*를 프랑스어로 *savoir* 또는 *connaître*로 번역할지 여부에 대한 이전의 문

제를 상기한다. 이 결정을 내리는 데 관련된 대부분의 처리는 프랑스어로 번역하는 목적에 국한되지 않는다. 독일어, 스페인어 및 중국어는 모두 유사한 구별을 하고, 나아가 HAVE-A-PROPOSITION-IN-MEMORY 및 BE-ACQUAINTED-WITH-ENTITY와 같은 개념으로 *know*를 명확하게 하는 것은 단어 의미가 필요한 다른 NLU 애플리케이션에서도 중요하다. 따라서 이러한 개념을 인터링구아에서 사용함으로써, 번역 프로세스의 더 큰 부분은 일반적인 언어 처리 기술과 모듈로 수행될 수 있으며, 그림 25.3에서 제시한 대로 영어 대 프랑스어 번역 작업에 특정한 처리를 제거하거나 최소한 줄일 수 있다.

언어 간 모델에는 나름의 문제가 있다. 예를 들어 일본어에서 중국어로의 번역을 위해 범용 인터링구아에는 ELDER-BROTHER 및 YOUNGER-BROTHER 같은 개념이 포함돼야 한다. 이러한 동일한 개념을 사용해 독일어에서 영어로 번역하려면 많은 양의 불필요한 중의성 해소가 필요하다. 더욱이 인터링구아 약속과 관련된 추가 작업을 수행하려면 도메인의 의미론에 대한 철저한 분석과 온톨로지로의 형식화가 필요하다. 일반적으로 이는 항공 여행, 호텔 예약 또는 레스토랑 추천 도메인에서와 같이 데이터베이스 모델을 기반으로 하는 비교적 간단한 도메인에서만 가능하며, 여기서 데이터베이스 정의가 가능한 엔티티 및 관계를 결정한다. 이러한 이유로 언어 간 시스템은 일반적으로 하위 언어 도메인에서만 사용된다.

25.3 통계적 MT

MT(직접, 전달 및 인터링구아)를 위한 세 가지 클래식 아키텍처는 모두 사용할 표현과 번역을 위해 수행할 단계에 대한 질문에 대한 답을 제공한다. 그러나 번역 문제에 접근하는 또 다른 방법이 있다. 프로세스가 아닌 결과에 집중하는 것이다. 이 관점에서 한 문장이 다른 문장의 번역이라는 것이 무엇을 의미하는지 생각해보자.

번역 철학자들이 많은 생각을 해왔던 문제다. 하지만 한 언어로 된 문장이 엄격히 말해서 다른 언어로 된 문장을 번역하는 것은 불가능하다는 합의가 있는 것 같다. 예를 들어 히브리어 *adonai roi*("주님은 나의 목자shepherd")를 양sheep이 없는 문화의 언어로 번역할 수 없다. 한편으로 *the Lord will look after me*와 같이 원문에 충실하게 목표어로 분명한 것을 쓸 수 있다. 반면에 *the Lord is for me like somebody who looks after animals with cotton-like hair*와 같이 목표어 판독기에서 불명확한 무언가를 생성하고, 원어에 충실할 수 있다. 또 다른 예로, *fukaku hansei shite orimasu*라는 일본어를 *we apologize*처럼 번역하면 원문의 의미에 충실하지 않고, *we are deeply reflecting*(*on our past behavior, and what we did wrong, and how to avoid the problem next time*)을 만들어낸다면 출력이 불분명하거나 어색하다. 이와 같은 문제는 문화 고유의 개념뿐만 아니라 한 언어가 다른 언어에서 정확히 평행하지 않은 은유, 구성, 단어 또는 시제를 사용할 때마다 발생한다.

따라서 원어에 충실하고 목표어의 발화로서 자연스러운 번역은 때때로 불가능하다. 어쨌든 번역을 진행하려면 타협해야 하며, 바로 번역가가 실제로 하는 일이다. 두 기준 모두에서 적용할 수 있는 번역을 생성한다.

이는 MT를 수행하는 방법에 대한 힌트를 제공한다. 번역의 목표를 정확도와 유창성의 중요성을 모두 나타내는 가치함수를 극대화하는 산출물로 모델링할 수 있다. 통계 MT는 정확도와 유창성의 확률론적 모델을 구축한 다음, 모델을 결합해 가장 가능성 있는 번역을 선택함으로써 수행하는 접근 방식 클래스의 명칭이다. 품질 매트릭스 기준으로 정확도와 유창성의 결과물을 선택하면 기점 언어 문장 S에서 목표어 문장 $\hat{T}$ 로의 번역을 모델링할 수 있다.

$$\text{best-translation } \hat{T} = \text{argmax}_T \text{ faithfulness(T,S) fluency(T)}$$

이 직관적 방정식은 철자법 5장과 음성법 9장에서 살펴본 베이지안 노이즈 채널 모델과 분명히 유사하다. 유추를 완벽하게 만들고 통계적 기계 번역을 위해 노이즈가 많은 채널 모델을 공식화하자.

우선 25장의 나머지 부분에서는 외국어 문장 $F = f_1, f_2, ..., f_m$에서 영어로 번역한다고 가정한다. 일부 예에서는 프랑스어를 외국어로 사용하고 다른 경우에는 스페인어를 사용한다. 그러나 각각의 경우에 영어로 번역하고 있다(물론 통계 모델은 영어로 번역할 때도 작동한다). 확률 모델에서 가장 좋은 영어 문장 $\hat{E} = e_1, e_2, ..., e_l$은 확률 $P(E|F)$가 가장 높은 문장이다. 노이즈 채널 모델에서 평소와 같이 베이스의 규칙으로 다시 작성할 수 있다.

$$
\begin{aligned}
\hat{E} &= argmax_E P(E|F) \\
&= argmax_E \frac{P(F|E)P(E)}{P(F)} \\
&= argmax_E P(F|E)P(E) \qquad (25.12)
\end{aligned}
$$

고정된 외래어 문장 F에 대해 가장 좋은 영어 문장을 선택하기 때문에 argmax 내부의 분모 $P(F)$를 무시할 수 있다. 따라서 $P(F)$는 상수다. 그 결과 노이즈 채널 방정식은 **번역 모델** $P(F|E)$와 **언어 모델** $P(E)$의 두 가지 구성 요소가 필요함을 보여준다.

$$
\hat{E} = \underset{E \in \text{English}}{argmax} \quad \overbrace{P(F|E)}^{\text{translation model}} \quad \overbrace{P(E)}^{\text{language model}} \qquad (25.13)
$$

기계 번역에 노이즈 채널 모델을 적용하려면 그림 25.15와 같이 거꾸로 생각해야 한다. 번역해야 하는 외국어(기점 언어) 입력 F가 영어(목표어) 문장 E의 손상된 버전인 것처럼 가장하고, 그 후 우리의 과제는 관찰 문장 F를 생성한 이 숨겨진(목표어) 문장 E를 발견하는 것이다.

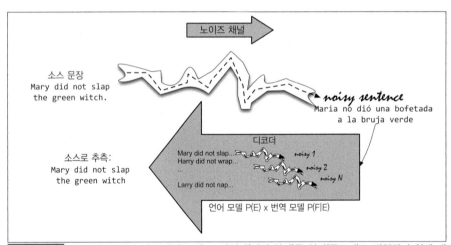

그림 25.15 통계적 MT의 노이즈 채널 모델. 스페인어(기점 언어)를 영어(목표어)로 번역하기 위해 대신 "sources"와 "targets"를 거꾸로 생각한다. 채널을 통해 영어 문장에서 스페인어 문장에 이르는 생성 과정의 모델을 구축한다. 이제 번역할 스페인어 문장이 주어지면 노이즈 채널을 통과하는 영어 문장의 출력인 것처럼 가장해 가능한 한 최상의 "source" 영어 문장을 탐색한다.

따라서 통계적 MT의 노이즈 채널 모델은 프랑스어 문장 F에서 영어 문장 E로 번역하는 데 세 가지 구성 요소가 필요하다.

- $P(E)$를 계산하는 **언어 모델**
- $P(F|E)$를 계산하는 **변환 모델**
- F가 주어지고 가장 가능성이 높은 E를 생성하는 **디코더**

이 세 가지 구성 요소 중 이미 언어 모델 $P(E)$를 도입했다.

통계적 MT 시스템은 음성 인식 및 기타 애플리케이션과 동일한 N그램 언어 모델을 기반으로 한다. 언어 모델 구성 요소는 단일 언어이기 때문에 학습 데이터를 획득하는 것이 비교적 쉽다.

따라서 다음 몇 절에서는 다른 두 구성 요소인 번역 모델과 디코딩 알고리듬에 중점을 둔다.

25.4 *P(F|E)*: 구문 기반 번역 모델

영어 문장 E와 외국어 문장 F가 주어지면 번역 모델의 역할은 E가 F를 생성할 확률을 할당하는 것이다. 각 개별 단어가 어떻게 번역되는지를 생각해 이러한 확률을 추정할 수 있지만 현대 통계 MT는 다음을 기반으로 한다. 이러한 확률을 계산하는 더 좋은 방법은 구문의 동작을 고려하는 것이다. 그림 25.16에서 볼 수 있듯이 전체 구문은 종종 하나의 단위로 번역되고 이동돼야 한다. 구문 기반 통계 MT의 직관은 번역의 기본 단위로 단일 단어뿐만 아니라 구문(단어 시퀀스)을 사용하는 것이다.

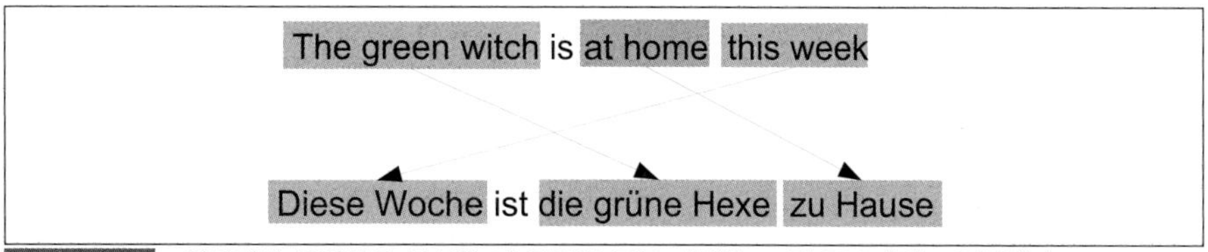

그림 25.16 영어에서 독일어를 생성할 때 필요한 구문 재정렬. 그림 25.8에서도 언급됐다.

구문 기반 모델은 매우 다양하다. 이 절에서는 코헨 외 연구진(2003)의 모델 개요를 간단히 설명한다. 구문 기반 모델이 어떻게 확률 P(*Maria no dió una bofetada a la bruja verde*|*Mary did not slap the green witch*)를 계산하는지를 보고 예시로 스페인어를 사용한다.

구문 기반 번역의 생성 스토리는 세 단계로 구성된다. 먼저, 영어 소스 단어를 $\bar{e}_1$, $\bar{e}_2$ … $\bar{e}_I$ 구문으로 그룹화한다. 다음으로, 각 영어 구문 $\bar{e}_i$를 스페인어 구문 $\bar{f}$로 번역한다. 마지막으로 (선택적으로) 각 스페인어 구문을 재정렬한다.

구문 기반 번역의 확률 모델은 **번역 확률**과 **왜곡 확률**에 의존한다. 계수 $\phi(\bar{f} | \bar{e})$는 영어 구문 $\bar{e}_i$에서 스페인어 구문 $\bar{f}_i$를 생성할 번역 확률이다. 스페인어 구문의 순서 변경은 **왜곡** 확률 d에 의해 수행된다. 통계 기계 번역의 왜곡은 스페인어 문장에서 영어 문장과 다른("distorted") 위치를 갖는 단어를 말한다. 따라서 두 언어에서 구의 위치 사이의 거리를 측정한 것이다.

왜곡

구문 기반 MT의 왜곡 확률은 두 개의 연속 영어 구문이 특정 길이의 범위(스페인어 단어)로 스페인어로 분리될 확률을 의미한다. 보다 공식적으로 왜곡은 $d(a_i - b_{i-1})$에 의해 매개변수화된다. 여기서 a_i는 i 번째 영어 구문 $\bar{e}_i$에 의해 생성된 외국어(스페인어) 구문의 시작 위치이고, $b_i - 1$은 $i - 1$ 번째 영어 구 $\bar{e}_i - 1$에 의해 생성된 외국어(스페인어) 구문의 끝 위치다. 간단한 왜곡 확률을 사용할 수 있다. 여기서 작은 상수 α를 왜곡으로 간단히 올릴 수 있다. $d(a_i - b_{i-1}) = \alpha^{|a_i - b_{i-1} - 1|}$. 이 왜곡 모델은 왜곡이 클수록 낮은 확률과 낮은 확률을 제공해 큰 왜곡에 페널티를 준다.

구문 기반 MT의 최종 번역 모델은 다음과 같다.

$$P(F|E) = \prod_{i=1}^{I} \phi(\bar{f}_i, \bar{e}_i) d(a_i - b_{i-1}) \tag{25.14}$$

예문에 대한 다음 특정 구문 세트를 고려해보자.[2]

위치	1	2	3	4	5
영어	Mary	did not	slap	the	green witch
스페인어	Maria	no	dió una bofetada	a la	bruja verde

각 구문이 순서대로 직접 따르기 때문에(이 예에서는 (25.16)의 독일어 예와 달리 아무것도 움직이지 않음), 왜곡은 모두 1이고 확률 $P(F|E)$는 다음과 같이 계산될 수 있다.

2　정확히 어떤 문구를 사용하는지는 25.7절에서 설명한 것처럼 훈련 과정에서 어떤 구문이 발견되느냐에 달려 있다. 예를 들어 훈련 데이터에서 green witch라는 구문을 찾을 수 없다면, green과 witch를 독립적으로 번역해야 한다.

$$\begin{aligned}
P(F|E) \;=\; & P(\text{Maria, Mary}) \times d(1) \times P(\text{no}|\text{did not}) \times d(1) \times \\
& P(\text{dió una bofetada}|\text{slap}) \times d(1) \times P(\text{a la}|\text{the}) \times d(1) \times \\
& P(\text{bruja verde}|\text{green witch}) \times d(1)
\end{aligned} \qquad (25.15)$$

구문 기반 모델을 사용하려면 두 가지가 더 필요하다. 표면 스페인어 문자열에서 숨겨진 영어 문자열로 이동할 수 있도록 디코딩 모델이 필요하다. 매개변수를 학습할 수 있도록 훈련 모델이 필요하다. 25.8절에서 디코딩 알고리듬을 소개한다. 먼저 훈련으로 돌아간다.

(25.14)에서 간단한 구문 기반 번역 확률 모델을 어떻게 학습하는가? 훈련해야 하는 주요 매개변수 집합은 구문 변환 확률 집합 $\phi(\bar{f}|\bar{e})$이다.

이러한 매개변수와 왜곡 상수 α는 각 스페인어 문장이 영어 문장과 짝을 이루는 대규모 이중 언어 훈련 세트가 있을 때만 설정될 수 있으며, 더욱이 스페인어 문장의 어떤 구문이 정확히 어떤 것인지 알고 있다면 설정할 수 있다. 영어 문장에서 어떤 문구로 번역된다. 이러한 매핑을 **어구 정렬**이라고 한다.

어구 정렬

위의 구절 표는 이 문장에 대한 구절의 암시적 정렬을 보여준다. 예를 들어 *green witch*는 *bruja verde*와 정렬된다. 이러한 구문 정렬로 레이블이 지정된 각 문장 쌍이 있는 대규모 훈련 세트가 있는 경우, 각 구문 쌍이 발생한 횟수를 계산하고 확률을 얻기 위해 정규화할 수 있다.

$$\phi(\bar{f},\bar{e}) = \frac{\text{count}(\bar{f},\bar{e})}{\sum_{\bar{f}}\text{count}(\bar{f},\bar{e})} \qquad (25.16)$$

각 구문 쌍 $(\bar{f}|\bar{e})$과 확률 $\phi(\bar{f}|\bar{e})$를 큰 구문 번역 테이블에 저장할 수 있다.

수동으로 레이블을 지정한 구문으로 정렬된 대규모 훈련 세트를 가지고 있지 않다.

단어 정렬

그러나 **단어 정렬**이라는 다른 종류의 정렬에서 구문을 추출할 수 있다. 단어 정렬은 각 구문 내에서 어떤 스페인어 단어가 어떤 영어 단어에 정렬되는지 정확히 보여주기 때문에 구문 정렬과 다르다. 단어 정렬을 다양한 방법으로 시각화할 수 있다. 그림 25.17과 25.18은 단어 정렬에 대한 그래픽 모델과 정렬 매트릭스를 각각 보여준다.

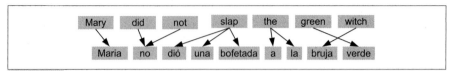

그림 25.17 영어와 스페인어 문장 사이의 단어 정렬을 그래픽 모델로 표현한 것이다. 나중에 구문을 추출하는 방법을 보여준다.

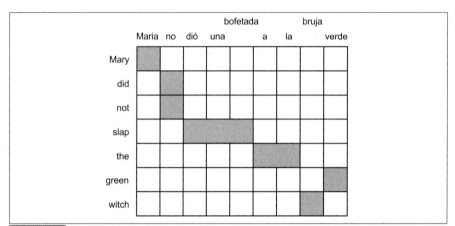

그림 25.18 영어와 스페인어 문장 사이의 단어 정렬을 나타내는 정렬 행렬 표현이다. 나중에 구문을 추출하는 방법을 보여준다.

다음 절에서는 단어 정렬을 유도하기 위한 몇 가지 알고리듬을 소개한다. 그런 다음 25.7절에서 단어 정렬에서 구문 테이블을 추출하는 방법을 보여주고 마지막으로 25.8절에서 구문 테이블을 디코딩에 사용할 수 있는 방법을 보여준다.

25.5 MT에서의 정렬

모든 통계 번역 모델은 단어 정렬 개념을 기반으로 한다. 단어 정렬은 일련의 병렬 문장에서 소스 단어와 타깃 단어 사이의 매핑이다.

그림 25.19는 영어 문장 *And the program has been implemented*와 프랑스어 문장 *Le programme a été mis en appli cation* 사이의 정렬을 보여준다. 지금은 영어 텍스트의 어떤 문장이 프랑스어 텍스트의 문장과 일치하는지 이미 알고 있다고 가정한다.

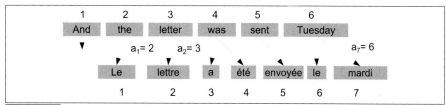

그림 25.19   영어와 프랑스어 문장 사이의 정렬. 각 프랑스어 단어는 하나의 영어 단어로 정렬된다.

원칙적으로 영어와 프랑스어 단어 사이에 임의의 정렬 관계를 가질 수 있다. 그러나 우리가 제시하는 단어 정렬 모델(IBM 모델 1 및 3과 HMM 모델)은 각 프랑스어 단어가 정확히 하나의 영어 단어에서 온다는 더 엄격한 요구 사항을 만든다. 이는 그림 25.19와 일관된다. 이 가정의 한 가지 장점은 프랑스어 단어가 유래한 영어 단어의 색인 번호를 제공해 정렬을 나타낼 수 있다는 것이다. 따라서 그림 25.19에 표시된 정렬을 $A = 2, 3, 4, 4, 5, 6, 6$으로 나타낼 수 있다. 이는 가능한 정렬이다. 대조적으로 가장 가능성이 낮은 정렬은 $A = 3, 3, 3, 3, 3, 3, 3$일 수 있다.

이 기본 정렬 아이디어에 한 가지를 추가할 것이다. 이는 영어 문장의 어떤 단어와도 정렬되지 않는 외국어 문장에 나타나는 것을 허용하는 것이다. 위치 0에 NULL 영어 단어 e_0가 존재한다고 가정하고, 단어를 모델링한다. 영어 문장에 없는 외국어 문장의 단어인 가짜 단어는 e_0에 의해 생성될 수 있다. 그림 25.20은 영어 NULL에 대한 가짜 스페인어 a의 정렬을 보여준다.[3]

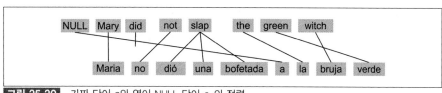

그림 25.20   가짜 단어 a와 영어 NULL 단어 e_0의 정렬

위의 단순화된 정렬 모델은 다대일 또는 다대다 정렬을 허용하지 않지만 이러한 정렬을 허용하는 더 강력한 변환 모델에 대해 다룰 것이다. 다음은 두 가지 샘플 정렬이다. 그림 25.21에서 다대일 정렬을 볼 수 있다. 각 영어 단어는 단일 프랑스어 단어에 정렬되지만 각 프랑스어 단어는 단일 영어 단어에 정렬되지 않는다.

---

3   이 특정 a가 대신, 영어 *slap*과 정렬될 수 있지만, 다른 가능한 정렬 사이트가 없는 많은 가짜 단어들이 있다.

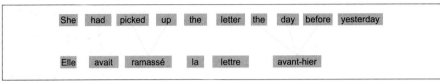

그림 25.21 각 프랑스어 단어가 단일 영어 단어에 정렬되지 않고 각 영어 단어가 하나의 프랑스어 단어에 정렬되는 영어 및 프랑스어 정렬이다.

그림 25.22는 여러 영어 단어 *don't have any money*가 프랑스어 단어 *sont démunis*와 공동으로 정렬되는 훨씬 더 복잡한 예를 보여준다. 이러한 **구문 정렬**은 구문 MT에 필요하지만 IBM Model 1, Model 3 또는 HMM 단어 정렬 알고리듬에서 직접 생성할 수 없다.

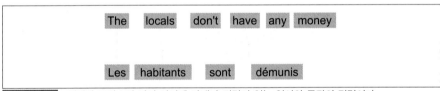

그림 25.22 영어와 프랑스어 단어 사이에 다대다 정렬이 있는 영어와 문장의 정렬이다.

25.5.1 IBM Model 1

25.5.1절에서는 두 가지 정렬 모델, 즉 IBM Model 1과 HMM 모델에 대해 설명한다(이후 절에서는 퍼틸리티^Fertility 기반 IBM Model 3도 스케치한다). 둘 다 통계적 정렬 알고리듬이다. 구문 기반 통계 MT의 경우, 구문 집합을 추출하는 데 도움이 되도록 문장 쌍 (F, E)에 대한 최상의 정렬을 찾기 위해 정렬 알고리듬을 사용한다. 그러나 단어 정렬 알고리듬을 번역 모델 $P(F, E)$로도 사용할 수 있다. 보다시피 정렬과 번역 사이의 관계는 다음과 같이 표현할 수 있다.

$$P(F|E) \;=\; \sum_A P(F,A|E)$$

IBM Model 1부터 시작하는데, IBM 연구자들이 세미나에서 제안한 5가지 모델 중 처음이자 가장 단순한 모델이기 때문이다(Brown et al., 1993).

다음은 길이가 I인 영어 문장 $E = e_1, e_2, ..., e_I$에서 스페인어 문장을 생성하는 방법에 대한 일반적인 IBM Model 1 생성 사례다.

1. 스페인 문장의 길이 J를 선택하면, $F = f_1, f_2, ..., f_J$가 나온다.
2. 이제 영어 문장과 스페인어 문장 사이에서 $A = a_1, a_2, ..., a_J$를 선택한다.
3. 이제 스페인어 문장의 각 위치j에 대해 정렬된 영어 단어를 번역해 스페인어 단어 f_j를 선택한다.

그림 25.23은 이러한 생성 과정을 보여준다.

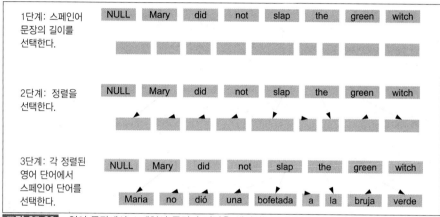

그림 25.23 영어 문장에서 스페인어 문장과 정렬을 생성하는 IBM Model 1의 3단계

이 생성 사례가 영어 문장 E에서 스페인어 문장 F를 생성할 확률 $P(F|E)$를 할당하는 방법을 살펴보자. 다음 용어를 사용한다.

- e_{a_j}는 스페인어 단어 f_j에 정렬된 영어 단어다.
- $t(f_x|e_y)$는 e_y를 f_x로 변환할 확률이다(예: $P(f_x|e_y)$).

3단계부터 거꾸로 작업한다. 따라서 길이 J와 정렬 A, 영어 소스 E를 알고 있다고 가정한다. 스페인어 문장의 확률은 다음과 같다.

$$P(F|E,A) = \prod_{j=1}^{J} t(f_j|e_{a_j}) \tag{25.17}$$

이제 생성 사례의 1단계와 2단계를 공식화한다. 이는 영어 문장 E가 주어졌을 때, 정렬 A(길이 J)의 확률 $P(A|E)$이다. IBM Model 1은 각 정렬이 똑같이 가능하다는 (매우) 단순화된 가정을 한다. 길이가 I인 영어 문장과 길이가 J인 스페인어 문장 사이에

가능한 정렬이 몇 개 있는가? 다시 각 스페인어 단어가 I 영어 단어 (또는 1 NULL 단어) 중 하나에서 나와야 한다고 가정하면 $(I+1)^J$ 정렬이 가능하다. 또한 Model 1은 길이 J를 선택할 확률이 작은 상수 ϵ이라고 가정한다. 길이 J를 선택한 다음 $(I+1)^J$ 가능한 정렬 중 특정 하나를 선택하는 조합된 확률은 다음과 같다.

$$P(A|E) = \frac{\epsilon}{(I+1)^J} \tag{25.18}$$

이러한 확률을 다음과 같이 결합할 수 있다.

$$\begin{aligned} P(F,A|E) &= P(F|E,A) \times P(A|E) \\ &= \frac{\epsilon}{(I+1)^J} \prod_{j=1}^{J} t(f_j|e_{a_j}) \end{aligned} \tag{25.19}$$

이 확률 $P(F, A|E)$는 특정 정렬을 통해 스페인어 문장 F를 생성할 확률이다. F 생성의 총 확률 $P(F|E)$를 계산하려면 가능한 모든 정렬을 합산하면 된다.

$$\begin{aligned} P(F,A|E) &= P(F|E,A) \times P(A|E) \\ &= \frac{\epsilon}{(I+1)^J} \prod_{j=1}^{J} t(f_j|e_{a_j}) \end{aligned} \tag{25.20}$$

식 25.20은 가능한 각 스페인어 문장 F에 확률을 할당하는 Model 1의 생성 확률 모델을 보여준다.

한 쌍의 문장 F와 E 사이의 최상의 정렬을 찾으려면 이 확률 모델을 사용해 **디코딩** 하는 방법이 필요하다. 각 단어에 대한 최상의 정렬은 주변 단어의 최상의 정렬에 대한 결정과 무관하기 때문에 Model 1로 최상의 (비터비) 정렬을 계산하는 매우 간단한 다항식 알고리듬이 있다.

$$\begin{aligned} \hat{A} &= \underset{A}{\operatorname{argmax}} \, P(F,A|E) \\ &= \underset{A}{\operatorname{argmax}} \, \frac{\epsilon}{(I+1)^J} \prod_{j=1}^{J} t(f_j|e_{a_j}) \\ &= \underset{a_j}{\operatorname{argmax}} \, t(f_j|e_{a_j}) \qquad 1 < j < J \end{aligned} \tag{25.21}$$

Model 1에 대한 훈련은 25.6절에서 다루는 EM 알고리듬에 의해 수행된다.

25.5.2 HMM 정렬

이제 Model 1이 매우 단순화된 가정을 만든다는 것은 분명해졌다. 가장 터무니없는 것 중 하나는 모든 정렬이 동등할 가능성이 있다는 가정이다. 잘못된 가정 중 하나는 정렬이 위치를 유지하는 경향이 있다는 것이다. 영어의 인접 단어들은 종종 스페인어의 인접 단어들과 정렬된다. 예를 들어 그림 25.17의 스페인어/영어 정렬을 되돌아보면 인접 정렬에서 이러한 인접성을 확인할 수 있다. HMM 정렬 모델은 이전 결정에 대한 각 정렬 결정을 조건화해 인접성을 포착한다. 이것이 어떻게 작동하는지 살펴보자.

HMM 정렬 모델은 여러 장에서 본 친숙한 HMM 모델을 기반으로 한다. IBM Model 1과 마찬가지로 $P(F, A|E)$를 계산하려고 한다. HMM 모델은 다음과 같은 체인 규칙을 사용해 이 확률의 재구성을 기반으로 한다.

$$P(f_1^J, a_1^J|e_1^I) = P(J|e_1^I) \times \prod_{j=1}^{J} P(f_j, a_j|f_1^{j-1}, a_1^{j-1}, e_1^I)$$

$$= P(J|e_1^I) \times \prod_{j-1}^{J} P(a_j|f_1^{j-1}, a_1^{j-1}, e_1^I) \times P(f_j|f_1^{j-1}, a_1^j, e_1^I) \quad (25.22)$$

이 재구성을 통해, $P(F, A|E)$를 길이 확률 $P(J|e_1^I)$, 정렬 확률 $P(a_j|f_1^{j-1}, a_1^{j-1}, e_1^I)$, 사전 확률 $P(f_j|f_1^{j-1}, e_1^I)$의 확률에서 계산할 수 있다고 생각할 수 있다.

다음으로 가정을 단순화하는 표준 마르코프를 만든다. 스페인어 단어 j에 대한 특정 정렬 a_j의 확률은 이전 정렬 위치 a_{j-1}에만 의존한다고 가정한다. 또한 스페인어 단어 f_j의 확률은 a_j 위치에 정렬된 영어 단어 e_{a_j}에만 의존한다고 가정한다.

$$P(a_j|f_1^{j-1}, a_1^{j-1}, e_1^I) = P(a_j|a_{j-1}, I) \quad (25.23)$$

$$P(f_j|f_1^{j-1}, a_1^j, e_1^I) = P(f_j|e_{a_j}) \quad (25.24)$$

마지막으로, 길이 확률을 $P(J|I)$로 근사할 수 있다고 가정한다.

따라서 HMM 정렬에 대한 확률적 모델은 다음과 같다.

$$P(f_1^J, a_1^J|e_1^I) = P(J|I) \times \prod_{j=1}^{J} P(a_j|a_{j-1}, I) P(f_j|e_{a_j}) \quad (25.25)$$

스페인어 문장 $P(f_1^J|e_1^I)$의 전체 확률을 얻으려면 모든 정렬을 요약해야 한다.

$$P(f_1^J|e_1^I) \;=\; P(J|I) \times \sum_A \prod_{j=1}^{J} P(a_j|a_{j-1},I)P(f_j|e_{a_j}) \tag{25.26}$$

절의 시작 부분에서 제안했듯이 정렬의 위치를 캡처하기 위해 이전 정렬된 단어의 정렬 확률 $P(a_j|a_{j-1}, I)$를 조정했다. 이 확률을 잠시 $P(i|i', I)$로 바꿔보자. 여기서 i는 스페인어 문장에서 연속적으로 정렬된 상태의 영어 문장에서 절대 위치를 나타낸다. **점프 폭**   이러한 확률을 절대 단어 위치 i와 i'에 의존하는 것이 아니라 단어 사이의 **점프 폭**에 의존하도록 만들고자 한다. 점프 폭은 $i' - i$ 위치 사이의 거리이다. 이는 우리의 목표가 '인접 스페인어 단어를 생성하는 영어 단어가 근처에 있을 가능성이 높다'는 사실을 포착하는 것이기 때문이다. 따라서 $P(7|6, 15)$ 및 $P(8|7, 15)$와 같은 각 절대 단어 위치에 대해 별도의 확률을 유지하고 싶지 않다. 대신 점프 폭의 음이 아닌 함수를 사용해 정렬 확률을 계산한다.

$$P(i|i',I) = \frac{c(i-i')}{\sum_{i''=1}^{I} c(i''-i')} \tag{25.27}$$

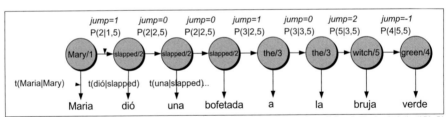

그림 25.23   *Mary slappped the green witch*에서 생성된 HMM 정렬 모델은 이 특정 정렬에 대한 확률 $P(F, A|E)$의 정렬 및 어휘 구성 요소를 보여준다.

그림 25.24는 HMM 모델이 영어-스페인어 문장 *Maria dió una bofetada a la bruja verde*의 단순화된 버전의 특정 정렬 확률을 어떻게 제공하는지 보여준다. 이 정렬에 대한 확률 $P(F, A|E)$는 다음 제품이다.

$$\begin{aligned}
P(F,A|E) \;=\;& P(J|I) \times P(Maria|Mary) \times P(2|1,5) \times t(dió|slapped) \\
& \times P(2|2,5) \times T(una|slapped) \times P(2|2,5) \times \dots
\end{aligned} \tag{25.28}$$

또한 기본 HMM 정렬 모델에 대한 좀 더 정교한 확장도 있다. 여기에는 영어 단어와 일치하지 않는 스페인어 단어와 정렬하기 위해 NULL 단어를 추가하거나 $C(e_{a_{j-1}})$,

앞의 목표 단어 $P(a_j | a_{j-1}, I, C(e_{a_{j-1}}))$의 단어 클래스가 포함된다(Och and Ney, 2003; Toutanova et al., 2002).

HMM 정렬 모델의 주요 장점은 디코딩 및 학습을 위한 잘 이해된 알고리듬이 있다는 것이다. 디코딩을 위해 5장과 6장의 비터비 알고리듬을 사용해 문장 쌍 (F, E)에 대한 최상의 (비터비) 정렬을 찾을 수 있다. 훈련을 위해 다음 절에 요약된 6장과 9장의 바움웰치 알고리듬을 사용할 수 있다.

25.6 훈련 정렬 모델

병렬 코퍼스 | 모든 통계 번역 모델은 큰 **병렬 코퍼스**를 사용해 훈련된다. **병렬 코퍼스**, **병렬 텍스트** 또는 **바이텍스트**bitext는 두 가지 언어로 제공되는 텍스트다. 예를 들어 캐나다 의회의 절차는 프랑스어와 영어로 유지된다. 의회에서 말한 각 문장이 번역돼 두 언어로 된 텍스트가 포함된 볼륨을 생성한다. 이 책들은 영국 의회 절차의 발행인을 따서 **의회 의사**

의회 의사록 | **록**이라고 한다. 마찬가지로 홍콩 의회 의사록 코퍼스에는 홍콩 SAR 입법위원회의 절차가 영어와 중국어로 모두 포함돼 있다. 이 두 코퍼스에는 수천만에서 수억 개의 단어가 포함돼 있다. 다른 병렬 코퍼스도 유엔에 의해 제공됐다. 문학 번역에서 병렬 코퍼스를 만드는 것은 가능하지만 MT 목적으로는 덜 일반적이다. 부분적으로는 소설에 대한 법적 권리를 획득하기 어렵기 때문이다. 그러나 주로 우리가 장 앞부분에서 봤듯이, 소설의 번역은 직역이 아니기 때문에 매우 어렵다. 따라서 통계 시스템은 의회 의사록과 같은 직역으로 훈련되는 경향이 있다.

문장 분할 | 훈련의 첫 번째 단계는 코퍼스를 문장으로 나누는 것이다. 이 작업을 **문장 분할** 또

문장 정렬 | 는 **문장 정렬**이라고 한다. 가장 간단한 방법은 문장에 있는 단어의 내용을 보지 않고 단어나 문자의 길이에 따라 문장을 정렬한다. 직관은 병렬 텍스트의 각 언어에서 대략 같은 위치에 있는 긴 문장을 보면 이 문장이 번역이라고 의심할 수 있다는 것이다. 이 직관은 동적 프로그래밍 알고리듬으로 구현할 수 있다. 또한 더 정교한 알고리듬은 단어 정렬의 정보를 사용한다. 문장 정렬 알고리듬은 MT 모델이 훈련되기 전에 병렬 코퍼스에서 실행된다. 어떤 것과도 일치하지 않는 문장은 버리고 나머지 정렬된 문장은 훈련 세트로 사용할 수 있다. 문장 분할에 대한 자세한 내용은 25장 끝부분을 참고한다.

문장 정렬이 완료되면 훈련 알고리듬의 입력은 S 문장 쌍 $\{(F_s, E_s) : s = 1 \dots S\}$로 구성된 코퍼스다. 각 문장 쌍 (F_s, E_s)에 대해 목표는 정렬 $A = a_1^J$ 및 구성 요소 확률 (Model 1의 경우 t, HMM 모델의 어휘 및 정렬 확률)을 학습하는 것이다.

25.6.1 훈련 정렬 모델을 위한 EM

각 문장 쌍 (F_s, E_s)이 이미 완벽한 정렬로 수동으로 레이블링돼 있다면, Model 1 또는 HMM 매개변수를 배우는 것은 사소한 일이다. 예를 들어 변환 확률 $t(verde,$ $green)$에 대한 Model 1의 최대 우도 추정치를 얻으려면, $green$이 $verde$에 정렬된 횟수를 계산하고 $green$의 총 개수로 정규화한다.

하지만 물론 우리는 미리 정렬을 알 수 없다. 우리가 가진 모든 것은 각 정렬의 **확률**이다. 식 25.19는 Model 1 t 매개변수에 대한 좋은 추정치를 이미 가지고 있다면, 이를 사용해 정렬에 대한 확률 $P(F, A|E)$를 계산할 수 있음을 보여줬다. $P(F, A|E)$가 주어지면 정규화만으로 정렬 확률을 생성할 수 있다.

$$P(A|E, F) = \frac{P(A, F|E)}{\sum_A P(A, F|E)}$$

따라서 Model 1 t 매개변수를 대략적으로 추정했다면, 각 정렬에 대한 확률을 계산할 수 있다. 그런 다음 (알 수 없는) 완전 정렬에서 t 확률을 추정하는 대신 가능한 각 정렬에서 추정하고 각 정렬의 확률로 가중치를 적용한 추정치를 결합한다. 예를 들어 확률 .9와 확률 .1의 두 가지 가능한 정렬의 경우, 두 정렬과 별도로 t 매개변수를 추정하고 이 두 추정치를 가중치 .9 및 .1과 혼합한다.

따라서 이미 Model 1 매개변수가 있는 경우, 원래 매개변수를 사용해 가능한 각 정렬의 확률을 계산한 다음 재추정을 위해 정렬 가중치 합을 사용해 이러한 매개변수를 다시 추정할 수 있다. 확률 추정치를 반복적으로 개선하는 이 아이디어는 6장에서 소개했고, 9장에서 음성 인식을 위해 다시 본 **EM 알고리듬**의 특별한 경우다. **숨겨진** 변수이기 때문에 직접 최적화할 수 없는 변수가 있는 경우, EM 알고리듬을 사용한다는 점을 상기한다. 이 경우 숨겨진 변수는 선형이다. 그러나 EM 알고리듬을 사용해 매개변수를 추정하고, 이러한 추정치로부터 정렬을 계산하고, 정렬을 사용해 매개변수를 재추정하는 등의 작업을 수행할 수 있다.

이제 NULL 단어를 무시하고 정렬의 하위 집합만 고려하는 Model 1의 단순화된 버전을 사용해 나이트(1999b)에서 영감을 얻은 예제를 살펴보자(영어 단어가 스페인어 단어 없이 정렬되는 정렬 무시). 다음과 같이 단순화된 확률 $P(F, A|E)$를 계산한다.

$$P(A, F|E) = \prod_{j=1}^{J} t(f_j | e_{a_j}) \tag{25.29}$$

이 예제의 목표는 작업에 적용된 EM의 직관을 제공하는 것이다. Model 1 훈련의 실제 세부 사항은 다소 다를 수 있다.

EM 훈련의 직관은 E-step에서 숨겨진 변수(정렬)에 대한 합을 기반으로 t 매개변수에 대한 **예상 카운트**를 계산하는 반면, M-step에서는 이러한 카운트로부터 t 확률의 최대 가능성 추정치를 계산한다.

두 문장의 코퍼스에서 이 매개변수에 대한 EM 훈련의 몇 단계를 살펴보자.

green house   the house

casa verde   la casa

두 언어의 어휘는 E = {green, house, the} 및 S = {casa, la, verde}이다. 균일한 확률로 시작한다.

t(casa|green) $= \frac{1}{3}$	t(verde|green) $= \frac{1}{3}$	t(la|green) $= \frac{1}{3}$
t(casa|house) $= \frac{1}{3}$	t(verde|house) $= \frac{1}{3}$	t(la|house) $= \frac{1}{3}$
t(casa|the) $= \frac{1}{3}$	t(verde|the) $= \frac{1}{3}$	t(la|the) $= \frac{1}{3}$

이제 EM의 단계를 살펴보자.

E-step 1: 모든 단어 쌍(f_j, e_{a_j})에 대한 기대 카운트 $E[\text{count}(t(f|e))]$를 계산한다.

E-step 1a: 먼저 식 25.29에 이어 모든 t 확률을 곱해 $P(a, f|e)$를 계산해야 한다.

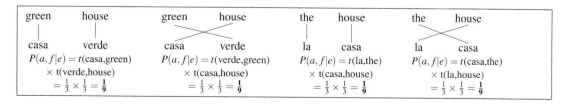

E-step 1b: 다음을 사용해 $P(a, f|e)$를 정규화해 $P(a|e, f)$를 얻는다.

$$P(a|e, f) = \frac{P(a, f|e)}{\sum_a P(a, f|e)}$$

각 선형에 대한 $P(a, f|e)$의 결괏값은 다음과 같다.

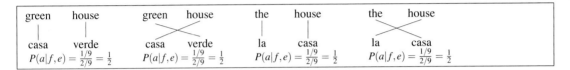

E-step 1c: 각 카운트에 $P(a|e, f)$로 가중치를 부여해 예상 카운트를 계산한다.

tcount(casa|green) $= \frac{1}{2}$	tcount(verde|green) $= \frac{1}{2}$	tcount(la|green) $= 0$	total(green) $= 1$
tcount(casa|house) $= \frac{1}{2} + \frac{1}{2}$	tcount(verde|house) $= \frac{1}{2}$	tcount(la|house) $= \frac{1}{2}$	total(house) $= 2$
tcount(casa|the) $= \frac{1}{2}$	tcount(verde|the) $= 0$	tcount(la|the) $= \frac{1}{2}$	total(the) $= 1$

M-step 1: tcount를 합계 1로 정규화해 MLE 확률 매개변수를 계산한다.

t(casa|green) $= \frac{1/2}{1} = \frac{1}{2}$	t(verde|green) $= \frac{1/2}{1} = \frac{1}{2}$	t(la|green) $= \frac{0}{1} = 0$
t(casa|house) $= \frac{1}{2} = \frac{1}{2}$	t(verde|house) $= \frac{1/2}{2} = \frac{1}{4}$	t(la|house) $= \frac{1/2}{2} = \frac{1}{4}$
t(casa|the) $= \frac{1/2}{1} = \frac{1}{2}$	t(verde|the) $= \frac{0}{1} = 0$	t(la|the) $= \frac{1/2}{1} = \frac{1}{2}$

각 올바른 번역은 초기 할당에서 확률이 증가했다. 예를 들어 *house*에 *casa* 번역은 확률이 $\frac{1}{3}$에서 $\frac{1}{2}$로 증가했다.

E-step 2a: 식 25.29에 따라 다시 t 확률을 곱해 $P(a, f|e)$를 다시 계산한다.

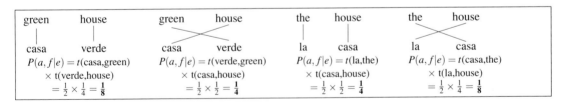

두 개의 올바른 정렬은 이제 두 개의 잘못된 정렬보다 확률이 높다. E-step 및 M-step의 두 번째 및 추가 라운드를 수행하는 것은 독자를 위한 연습 25.6으로 남겨 둔다.

EM을 사용해 Model 1의 단순화된 버전에 대한 매개변수를 학습할 수 있음을 보여줬다. 그러나 직관적인 알고리듬은 가능한 모든 정렬을 열거해야 한다. 긴 문장의 경우 모든 정렬을 열거하는 것은 매우 비효율적이다. 다행히 실제로 Model 1용 EM의 매우 효율적인 버전은 모든 정렬을 효율적이고 암시적으로 합산한다.

또한 HMM 모델의 매개변수를 학습하기 위해 바움웰치 알고리듬의 형태로 EM을 사용한다.

25.7 구문 기반 MT를 위한 대칭 정렬

Model 1 또는 HMM 정렬이 필요한 이유는 정렬된 구문 쌍을 추출할 수 있도록 훈련 세트에 단어 정렬을 구축하기 위해서 였다.

하지만 HMM (또는 Model 1) 정렬은 스페인어 구문과 영어 구문의 쌍을 추출하는 데 충분하지 않다. 이는 HMM 모델에서 각 스페인어 단어가 단일 영어 단어에서 생성돼야 하기 때문이다. 여러 영어 단어에서 스페인어 구문을 생성할 수 없다. 따라서 HMM 모델은 기점 언어의 다중 단어 구를 목표어의 다중 단어 구와 정렬할 수 없다.

대칭   그러나 **대칭**symmetrizing이라는 방법을 사용해 한 쌍의 문장 (F, E)에 대한 구문 간 정렬을 생성하도록 HMM 모델을 확장할 수 있다. 먼저 두 개의 개별 HMM 정렬기인 영어-스페인어 정렬기와 스페인어-영어 정렬기를 훈련한다. 그런 다음 두 정렬기를 사용해 (F, E)를 정렬한다. 그런 다음 정렬을 효과적인 방법으로 결합해 구문을 구문에 매핑하는 정렬을 얻을 수 있다.

교차점   정렬을 결합하기 위해 그림 25.25와 같이 두 정렬의 **교차점**을 취한다. 교차점에는 두 정렬이 일치하는 위치만 포함되기 때문에 고정밀 정렬 단어가 포함된다. 이 두 정렬의 합집합을 별도로 계산할 수도 있다. **조합**에는 덜 정확하게 정렬된 단어가 많이 있다. 그런 다음 합집합에서 단어를 선택하는 분류기를 만들 수 있으며, 이 최소 교차 정렬에 점진적으로 다시 추가한다.

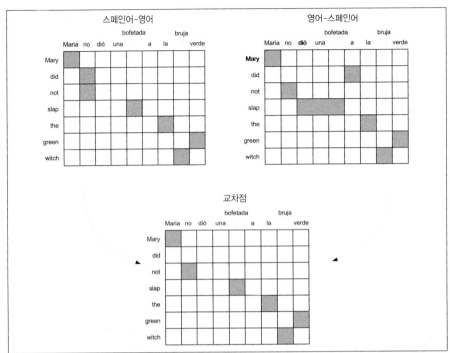

그림 25.25 고정밀 정렬을 생성하기 위한 영어-스페인어 및 스페인어-영어 정렬의 교차점. 그런 다음 그림 25.26에 표시된 것과 같은 정렬을 생성하기 위해 두 정렬의 점으로 정렬을 확장할 수 있다. 코헨(2003b)

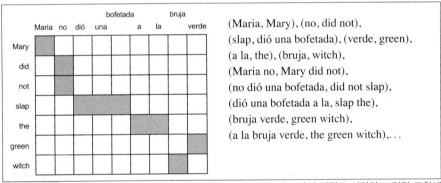

(Maria, Mary), (no, did not),
(slap, dió una bofetada), (verde, green),
(a la, the), (bruja, witch),
(Maria no, Mary did not),
(no dió una bofetada, did not slap),
(dió una bofetada a la, slap the),
(bruja verde, green witch),
(a la bruja verde, the green witch),...

그림 25.26 오흐와 니(2003)의 알고리듬을 사용해 그림 25.25의 교차점 정렬로 시작하고 정렬 조합에서 포인트를 추가해 계산된 *green witch* 문장에 대한 더 나은 구문 정렬. 오른쪽에는 코헨(2003b)에 따른 정렬과 일치하는 일부 문구가 있다.

그림 25.26은 결과 단어 정렬의 예를 보여준다. 양방향으로 다대일 정렬이 가능하다. 이제 이 단어 정렬과 일치하는 모든 구문 쌍을 수집할 수 있다. 일관된 구문 쌍은

모든 단어가 외부 단어가 아닌 서로 정렬된 것이다. 그림 25.26은 또한 정렬과 일치하는 일부 구문을 보여준다.

전체 훈련 코퍼스에서 정렬된 모든 구문 쌍을 수집하면 다음과 같이 특정 쌍의 구문 번역 확률에 대한 최대 우도 추정치를 계산할 수 있다.

$$\phi(\bar{f}, \bar{e}) = \frac{\text{count}(\bar{f}, \bar{e})}{\sum_{\bar{f}} \text{count}(\bar{f}, \bar{e})} \tag{25.30}$$

이제 각 구문 $(\bar{f}, \bar{e})$을 확률 $\phi(\bar{f}, \bar{e})$와 함께 큰 구문 번역 테이블에 저장할 수 있다. 다음 절에서 설명하는 디코딩 알고리듬은 이 **구문 번역 테이블**을 사용해 번역 확률을 계산할 수 있다.

구문 번역
테이블

25.8 구문 기반 통계 MT에 대한 디코딩

통계적 MT 시스템의 나머지 구성 요소는 디코더다. 디코더의 역할은 외국어(스페인어) 소스 문장 F를 가져와 번역 및 언어 모델의 제품에 따라 최상의 (영어) 번역 E를 생성하는 것임을 상기한다.

$$\hat{E} = \underset{E \in \text{English}}{\text{argmax}} \quad \overbrace{P(F|E)}^{\text{번역 모델}} \quad \overbrace{P(E)}^{\text{언어 모델}} \tag{25.31}$$

번역 및 언어 모델 확률을 극대화하는 문장을 찾는 것은 **탐색** 문제이기 때문에, 디코딩은 일종의 탐색이다. MT의 디코더는 일종의 **휴리스틱** 또는 **정보**에 기반한 탐색인 **최적 우선 탐색**를 기반으로 한다. 이들은 문제 도메인의 지식으로 정보를 제공하는 탐색 알고리듬이다. 최적 우선 탐색 알고리듬은 평가 함수 $f(n)$을 기반으로 탐색할 탐색 공간에서 노드 n을 선택한다. MT 디코더는 **A*** 탐색이라고 하는 특정 종류의 최선 우선 탐색의 변형이다. A* 탐색은 IBM이 음성 인식을 위한 A* 탐색(Jelinek, 1969)에 대한 이전 작업을 기반으로 기계 번역을 위해 처음 구현했다(Brown et al., 1995). 10.2절에서 논의했듯이 역사적 이유로 A* 탐색 및 그 변형은 일반적으로 음성 인식 및 기계 번역에서 **스택 디코딩**이라고 한다.

스택 디코딩

기계 번역을 위한 스택 디코딩의 일반 버전으로 그림 25.27에서 시작해본다. 기본 적인 직관은 점수와 함께 모든 부분 번역 가설과 함께 **우선순위 큐**(전통적으로 **스택**이라고 함)을 유지하는 것이다.

이제 스택 디코딩에 대해 더 자세히 설명한다. 원래의 IBM 통계 디코딩 알고리듬 은 단어 기반 MT용이었지만, 공개적으로 사용 가능한 MT 디코더 **파라오**^{Pharaoh}(Koehn, 2004)에서 구문 기반 디코딩에 적용하는 방법을 설명한다. 디코딩시 탐색 공간을 제 한하기 위해 모든 영어 문장의 공간을 탐색하고 싶지는 않다. F에 대해 가능한 번역 만 고려하려고 한다. 탐색 공간을 줄이기 위해 스페인어 문장 F에서 단어나 구의 번 역이 가능한 단어나 구를 포함하는 문장만 고려하려고 한다. 이전 절에서 설명한 구 문 번역 테이블을 탐색해 F에서 가능한 모든 구문에 대해 가능한 모든 영어 번역을 탐색한다.

---

function STACK DECODING(source sentence) **returns** target sentence

initialize stack with a null hypothesis
loop do
    pop best hypothesis h off of stack
    if h is a complete sentence, **return** h
    for each possible expansion h' of h'
        assign a score to h'
        push h' onto stack

그림 25.27　기계 번역을 위한 일반 버전의 스택 또는 A* 디코딩. 번역할 단일 단어 또는 구문을 선택 해 가설을 확장한다. 그림 25.30에서 보다 구체화된 알고리듬 버전을 보여준다.

가능한 번역 옵션의 샘플 격자는 코헨(2003a, 2004)에서 가져온 그림 25.28에 나와 있다. 이러한 각 옵션은 스페인어 단어 또는 구문, 영어 번역 및 구문 번역 확률 ϕ로 구성된다. 최상의 번역 문자열을 찾으려면 이러한 조합을 탐색해야 한다.

Maria	no	dió	una	bofetada	a	la	bruja	verde

Mary	not	give	a	slap	to	the	witch	green
	did not		a slap		to		green witch	
	no		slap		to the			
	did not give				to			
					the			
			slap		the witch			

그림 25.28 정렬된 전체 훈련 세트에서 가져온 특정 문장 *F*의 단어 및 구에 대해 가능한 영어 번역 격자다. 코헨(2003a)

이제 *Mary dió una bofetada a la bruja verde*의 영어 번역을 왼쪽에서 오른쪽으로 생성해 그림 25.29의 스택 디코딩 예제를 비공식적으로 살펴본다. 지금은 단일 스택이 있고 가지치기가 없다고 가정한다.

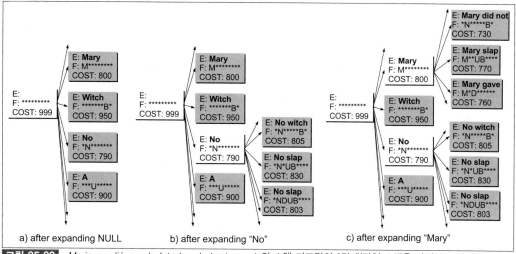

그림 25.29 *Maria no dió una bofetada a la bruja verde*의 스택 디코딩의 3단계(단일 스택을 가정하고 정리하지 않음으로 단순화됨). 탐색 공간의 가장자리에 있는 회색 노드는 모두 스택에 있으며 여전히 탐색에 포함된 열린 노드다. 흰색 노드는 스택에서 튀어나온 닫힌 노드다.

우리는 스페인어 단어를 선택하지 않고 영어 번역 단어를 생성하지 않은 초기 탐색 상태로 귀무가설로 시작한다. 이제 영어 문장 시작 구를 생성할 수 있는 가능한 각 소스 단어 또는 구문을 선택해 이 가설을 확장한다. 그림 25.29a는 이 탐색의 첫 번째 성향을 보여준다. 예를 들어 최상위 상태는 영어 문장이 *Mary*로 시작하고 스페인어 단어 *Maria*가 숨겨진 가설을 나타낸다(첫 번째 단어의 별표는 M으로 표시됨). 각 상태는 아래에서 설명하는 비용과도 관련이 있다. 이 성향의 또 다른 상태는 영어 번역이 *No* 라는 단어로 시작하고 스페인어 *no*가 포함됐다는 가설을 나타낸다. 이 노드는 큐에서 최저 비용 노드로 밝혀졌기 때문에 큐에서 모든 확장을 다시 큐에 푸쉬한다. 이제 *Mary* 상태가 최저 비용이기 때문에 *Mary*를 확장한다. *Mary did not*은 지금까지의 최저 비용 변환이기 때문에 다음으로 확장될 것이다. 그런 다음 스페인어 문장 전체 를 포함하는 상태(가설)가 나올 때까지 탐색 공간을 계속 확장할 수 있다. 이 상태에서 영어 번역을 읽어낼 수 있다.

다음에서 볼 수 있듯이 각 상태가 탐색을 안내하는 데 사용되는 비용과 관련이 있 다. 비용은 **현재 비용**을 **미래 비용**의 추정치와 결합한다. **현재 비용**은 가설에서 지금까 지 번역된 구문의 총 확률, 즉 번역, 왜곡 및 언어 모델 확률의 곱이다. 부분적으로 번 역된 구문 세트 $S = (F, E)$의 경우, 이 확률은 다음과 같다.

$$\text{cost}(E, F) = \prod_{i \in S} \phi(\bar{f}_i, \bar{e}_i) d(a_i - b_{i-1}) P(E) \tag{25.32}$$

미래 비용은 스페인어 문장의 나머지 단어를 번역하는데 드는 비용이다. 이 두 요소 를 결합함으로써 상태 비용은 현재 노드를 통과하는 최종 완성 번역 문장 E에 대한 탐색 경로의 총 확률 추정치를 제공한다. 현재 비용만을 기반으로 하는 탐색 알고리듬 은 전체 확률이 더 높은 번역을 희생시키면서 처음에 확률이 높은 단어가 몇 개 있는 번역을 선택하는 경향이 있다.[4] 미래의 비용으로 인해 가능한 모든 번역에 대한 실제 최소 확률을 계산하기에는 너무 많은 비용이 드는 것으로 나타났다. 대신 왜곡 비용 을 무시하고 비터비 알고리듬으로 쉽게 계산할 수 있는 언어 모델 및 번역 모델 비용 의 최소 곱을 가진 영어 구문의 시퀀스를 찾아서 이 비용을 대략적으로 계산한다.

디코딩 과정의 이 스케치는 가능한 영어 번역의 전체 상태 공간을 탐색함을 시사한 다. 그러나 너무 많은 상태가 있기 때문에 전체 탐색 공간을 확장할 여유가 없다. 음 성 인식의 경우와는 달리 MT에서 왜곡이 필요하다는 것은 영어 단어의 가능한 모든

---

4   음성 인식에서 A* 탐색에 대해 동일한 종류의 비용 함수를 봤다. 여기서 A* 평가 함수 $f^*(p) = g(p) + h^*(p)$를 사용했다.

순서에 대해 (적어도) 뚜렷한 가설이 있다는 것을 의미한다.[5]

이러한 이유로 음성 인식을 위한 디코더와 같은 MT 디코더는 모두 일종의 가지치기가 필요하다. 파라오와 유사한 디코더는 음성 인식 및 확률적 구문 분석을 위한 디코딩에서 본 것처럼 **빔 탐색 가지치기** 버전을 사용한다. 빔 탐색 가지치기에서 모든 반복에서 가장 유망한 상태만 유지하고 가능성이 낮은 (고비용) 상태("탐색 빔 외부")를 제거한다. 탐색의 모든 단계에서 모든 불량 (고비용) 상태를 제거하고 최상의 상태만 확장해 그림 25.29에 표시된 탐색 시퀀스를 수정할 수 있다. 사실 파라오^{Pharaoh}에서는 최상의 상태만 확장하는 대신 빔 내의 모든 상태를 확장한다. 따라서 파라오는 **최상우선 탐색** 또는 A^*search라기보다는 기술적으로 **빔 탐색**이다.

더 공식적으로, 탐색의 각 성향에서 상태 스택(우선순위 큐)을 유지한다. 스택은 n 항목에만 적합하다. 탐색의 모든 단계에서 스택의 모든 상태를 확장하고 스택에 푸시하고 비용별로 정렬하고 최상의 n 항목을 유지하고 나머지는 삭제한다.

마지막으로 한 가지 수정이 필요하다. 음성에서는 스택 디코딩을 위해 하나의 스택만 사용했지만 MT에서는 서로 다른 수의 외국어를 번역하는 가설 비용을 쉽게 비교할 수 없기 때문에 여러 스택을 사용한다. 그래서 m 스택을 사용한다. 여기서 스택 s_m은 m 외국어를 포함하는 모든 가설을 포함한다. 번역할 구문을 선택해 가설을 확장할 때, 새로운 상태를 적용된 외국어 수에 대한 올바른 스택에 삽입한다. 그런 다음 각 스택 내에서 빔 탐색을 사용하고, 각 m 스택에 대해 n 가설만 유지한다. 빔 탐색 스택 디코딩의 최종 멀티 스택 버전은 그림 25.30에 나와 있다.

빔 탐색 가지치기

---

5 실제로 나이트(1999a)가 보여주듯이 IBM Model 1에서도 바이그램 언어 모델을 사용해 디코딩하는 것은 **NP-complete**로 알려진 어려운 문제 클래스에 해당한다.

---

function BEAM SEARCH STACK DECODER(source sentence) **returns** target sentence

initialize hypothesisStack[0..nf]
push initial null hypothesis on hypothesisStack[0]
for $i \leftarrow 0$ to *nf-1*
  for each *hyp* in *hypothesisStack[i]*
    for each *new_hyp* that can be derived from *hyp*
      nf_new_hyp $\leftarrow$ number of foreign words covered by *new_hyp*
      add *new_hyp* to hypothesisStack[nf_new_hyp]
      prune hypothesisStack[nf_new_hyp]
find best hypothesis *best_hyp* in hypothesisStack[nf]
return best path that leads to *best_hyp* via backtrace

그림 25.30 파라오 빔 탐색 다중 스택 디코딩 알고리듬(Koehn, 2003a). 효율성을 위해 대부분의 디코더는 각 상태에 전체 외국어 및 영어 문장을 저장하지 않는다. 그래서 전체 영어 타깃 문장을 생성할 수 있도록 초기 상태에서 최종 상태까지의 상태 경로를 찾기 위해 역추적해야 한다.

디코딩과 관련된 여러 추가 문제를 처리해야 한다. 모든 디코더는 **재결합 가설**을 탐색 공간의 기하급수적인 폭발을 어느 정도 제한하려고 한다. 10.1절의 **정확한 N베스트** 알고리듬에서 가설 재조합을 봤다. MT에서는 충분히 유사한 두 가설을 병합할 수 있다(동일한 외국어를 포함하고, 마지막 두 영어 단어가 동일하며 마지막 외국어 구의 끝이 동일함).

또한 구문의 MT용 디코더는 식 25.31에서 제시한 것과 약간 다른 함수를 최적화하는 것으로 나타났다. 실제로는 너무 짧은 문장을 불리하게 하는 또 다른 요소를 추가해야 한다는 사실이 밝혀졌다. 따라서 디코더는 실제로 최대화하는 문장을 선택한다.

$$\hat{E} = \underset{E \in \text{English}}{\text{argmax}} \quad \overbrace{P(F|E)}^{\text{translation model}} \quad \overbrace{P(E)}^{\text{language model}} \quad \overbrace{\omega^{\text{length}(E)}}^{\text{short sentence penalty}} \qquad (25.33)$$

이 최종 식은 식 (9.49)의 음성 인식에서 삽입 페널티라는 단어의 사용과 매우 유사하다.

25.9 MT 평가

번역의 품질을 평가하는 것은 매우 주관적인 작업이며, 방법론에 대한 의견 차이가 만연하다. 그럼에도 불구하고 평가는 필수적이며 평가 방법론에 대한 연구는 MT 초기부터 중요한 역할을 해왔다(Miller and Beebe-Center, 1958). 일반적으로 번역은 25.3절에서 논의된 **정확도**와 **유창성**에 해당하는 두 가지 차원에 따라 평가된다.

25.9.1 인간 평가자 사용

가장 정확한 평가는 인간 평가자를 사용해 각 차원에 따라 각 번역을 평가한다. 예를 들어 **유창함**의 차원을 따라 얼마나 이해하기 쉽고, 얼마나 명확하고, 얼마나 읽기 쉬운지 또는 MT 출력(타깃 번역된 텍스트)이 얼마나 자연스러운지 물어볼 수 있다. 이러한 질문에 답하기 위해 인간 평가자를 사용하는 두 가지 광범위한 방법이 있다. 한 가지 방법은 평가자에게 1(완전히 이해할 수 없음)에서 5(완전히 이해할 수 있음)까지의 척도를 부여하고 MT 출력의 각 문장 또는 단락을 평가하도록 요청하는 것이다. **명확성, 자연스러움** 또는 **스타일**과 같은 유창함의 모든 측면에 대해 뚜렷한 척도를 사용할 수 있다. 두 번째 방법은 참가자의 의식적인 결정에 덜 의존한다. 예를 들어 평가자가 각 출력 문장 또는 단락을 읽는 데 걸리는 시간을 측정할 수 있다. 더 명확하고 유창한 문장은 더 빠르고 읽기 쉬워야 한다. **빠진 단어를 보충하는** 작업으로 유창함을 측정할 수도 있다(Taylor, 1953, 1957). 빠진 단어를 보충하는 작업은 해석의 심리적 연구에서 자주 사용되는 측정 항목이다. 평가자는 단어가 공백으로 대체된 출력 문장을 본다(예: 모든 8번째 단어가 삭제될 수 있음). 평가자는 누락된 단어의 정체를 추측해야 한다. 빠진 단어를 보충하는 작업의 정확도, 즉 누락된 단어를 추측하는 평가자의 평균 성공률은 일반적으로 MT 출력이 얼마나 지능적이거나 자연스러운지와 관련이 있다.

빠진 단어를
보충하는

두 번째 차원인 충실도를 판단하기 위해 유사한 다양한 매트릭스를 사용할 수 있다. 측정되는 정확도의 두 가지 일반적인 측면은 적절성과 정보성이다. 번역의 타당성은 원본에 있던 정보가 포함돼 있는지 여부에 따라 판단된다. 평가자를 사용해 척도에 따라 점수를 할당해 적절성을 측정한다. 이중 언어 평가자가 있는 경우, 소스 문장과 제안된 타깃 문장을 제공할 수 있으며 아마도 5점 척도로 소스의 정보 중 타깃에 보존된 정보의 양을 평가할 수 있다. 단일 언어 평가자만 있지만 소스 텍스트에 대한 인간의 번역이 있는 경우, 단일 언어 평가자에게 인간의 참조 번역과 타깃 기계 번역을 제공하고 보존된 정보의 양을 다시 평가할 수 있다. 번역의 **정보성**은 MT 출력의 정보가 일부 작업을 수행하기에 충분한지 여부에 대한 작업 기반 평가다. 예를 들어

정보성

평가자에게 원본 문장이나 텍스트의 내용에 대해 객관식 질문을 할 수 있다. 평가자는 MT 출력만을 기반으로 이러한 질문에 답한다. 정답의 비율은 정보성 점수다.

또 다른 매트릭스 세트는 유창성과 정확도를 결합해 번역의 전반적인 품질을 판단하려고 시도한다. 예를 들어 MT 출력을 사후 편집하는 일반적인 평가 지표는 MT 출력을 좋은 번역으로 **사후 편집**하는 **편집 비용**이다. 예를 들어 사람이 출력을 허용 가능한 수준으로 수정하는 데 필요한 단어 수, 시간 또는 키 입력 횟수를 측정할 수 있다.

사후 편집
편집 비용

25.9.2 자동 평가: BLEU

인간이 기계 번역 결과물에 대해 최고의 평가를 생성하는 동안 인간의 평가를 실행하는 데는 며칠 또는 몇 주가 걸릴 수 있다. 잠재적인 시스템 개선 사항을 빠르게 평가하기 위해 비교적 자주 실행할 수 있는 자동 매트릭스를 사용하는 것이 유용하다. 이러한 편의를 위해 인간의 판단과 약간의 상관관계가 있는 한, 매트릭스가 인간의 평가보다 훨씬 더 나빠지기를 기꺼이 할 것이다.

실제로 BLEU, NIST, TER, Precision and Recall, METEOR와 같은 많은 휴리스틱 방법이 있다('역사 참고 사항' 절 참조). 이러한 매트릭스의 직관은 밀러와 비베 센터(1958)에서 파생됐으며, 좋은 MT 출력이 인간의 번역과 매우 유사한 출력이라고 지적했다.

자동 음성 인식 분야에서 단어 오류율로 "매우 유사"를 정의한다. 이는 사람이 기록한 내용까지의 최소 편집 거리다. 그러나 번역에서는 원본 문장이 여러 가지 방식으로 적절히 번역될 수 있기 때문에 단일 사람 번역에 의존하지 않는다. 아주 좋은 MT 출력은 인간 번역처럼 보일 수 있지만 다른 번역과는 매우 다르다. 이러한 이유로 MT 매트릭스은 일반적으로 테스트 세트의 각 문장에 대해 여러 사람의 번역을 필요로 한다. 시간이 많이 걸리는 것처럼 보일 수 있지만 이 번역된 테스트 세트를 반복해 재사용함으로써 새로운 아이디어를 평가할 수 있기를 바란다.

이제 테스트 세트의 MT 출력 문장이 주어지면 MT 출력과 인간 문장 사이의 번역 근접성을 계산한다. MT 출력은 평균적으로 사람의 번역에 더 가깝다면 더 나은 것으로 평가된다. 측정 항목은 '번역 유사성'으로 간주되는 항목에 따라 다르다.

이 절의 나머지 부분에서는 파피네니 외 연구소(2002)의 원본 프레젠테이션에 따라 **BLEU** 매트릭스를 살펴본다. BLEU에서 인간 번역과 겹치는 N그램 수의 가중 평균으로 각 MT 출력의 순위를 매긴다.

그림 25.31은 중국어 원본 문장의 두 후보 번역본(Papineni et al., 2002)의 직관을 보여주며 원본 문장의 3개의 참조 인간 번역과 함께 표시된다. Candidate 1은 Candidate 2보다 더 많은 단어(회색 상자로 표시됨)를 참조 번역과 공유한다.

Cand 1: It is a guide to action which ensures that the military always obeys the commands of the party

Cand 2: It is to insure the troops forever hearing the activity guidebook that party direct

Ref 1: It is a guide to action that ensures that the military will forever heed Party commands

Ref 2: It is the guiding principle which guarantees the military forces always being under the command of the Party

Ref 3: It is the practical guide for the army always to heed the directions of the party

그림 25.31 BLEU에 대한 직관: 중국 원본 문장의 두 가지 후보 번역 중 하나는 참조 인간 번역과 더 많은 단어를 공유한다.

유니그램부터 시작해 BLEU 점수가 어떻게 계산되는지 살펴본다. BLEU는 정밀도를 기반으로 한다. 기본 유니그램 정밀도 매트릭스는 일부 참조 번역에서 발생하는 후보 번역(MT 출력)의 단어 수를 후보 번역의 총 단어 수로 나눈 값이다. 후보 번역에 10개의 단어가 있고 그중 6개가 참조 번역 중 하나 이상에서 발생했다면 정밀도는 6/10 = 0.6이다. 하지만 단순 정밀도를 사용하는 데에는 결함이 있다. 반복되는 단어가 더 많은 후보에게 보상을 준다. 그림 25.32는 단일 단어 the의 여러 인스턴스로 구성된 비정상의 후보 문장의 예를 보여준다. 후보의 7개 (동일한) 단어 각각이 참조 번역 중 하나에서 발생하기 때문에 유니그램 정밀도는 7/7이 된다.

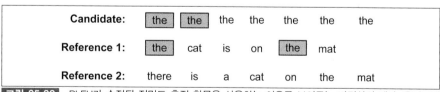

Candidate:	the	the	the	the	the	the	the
Reference 1:	the	cat	is	on	the	mat
Reference 2:	there	is	a	cat	on	the	mat

그림 25.32 BLEU가 수정된 정밀도 측정 항목을 사용하는 이유를 보여주는 비정상의 예. 유니그램 정밀도는 비합리적으로 높을 것이다(7/7). 수정된 유니그램 정밀도는 적절하게 낮다(2/7).

수정된 N그램 정밀도

이 문제를 방지하기 위해 BLEU는 **수정된 N그램 정밀도** 매트릭스를 사용한다. 먼저 단일 참조 번역에서 단어가 사용되는 최대 횟수를 계산한다. 각 *candidate* 단어의 수는 이 최대 *reference* 수에 따라 클리핑된다. 따라서 그림 25.32의 예에서 수정된 유니그램 정밀도는 *Reference* 1이 최대 2개의 *thes*를 갖기 때문에 2/7이 된다. 그림 25.31의 중국어 예제로 돌아가면 *Candidate* 1은 17/18의 수정된 유니그램 정밀도를 가지며 *Candidate* 2는 8/14 중 하나를 가진다. 고차 *N*그램에 대해서도 유사하게 수정된 정밀도를 계산한다.

Candidate 1의 수정된 바이그램 정밀도는 10/17이고 *Candidate* 2의 경우 1/13이다. 독자는 그림 25.31에서 이 번호를 직접 확인해야 한다.

전체 테스트 세트에 대한 점수를 계산하기 위해 BLEU는 먼저 각 문장에 대한 *N*그램 일치를 계산하고 모든 후보 문장에 대해 잘린 카운트를 합한 다음, 테스트 세트에 있는 후보 *N*그램의 총 수로 나눈다. 따라서 수정된 정밀도 점수는 다음과 같다.

$$
p_n = \frac{\displaystyle\sum_{C \in \{Candidates\}} \sum_{n\text{-}gram \in C} \text{Count}_{\text{clip}}(n\text{-}gram)}{\displaystyle\sum_{C' \in \{Candidates\}} \sum_{n\text{-}gram' \in C'} \text{Count}(n\text{-}gram')} \tag{25.34}
$$

BLEU는 유니그램, 바이그램, 트라이그램 및 종종 쿼드리그램을 사용한다. 기하평균을 취해 수정된 *N*그램 정밀도를 결합한다.

또한 BLEU는 너무 짧은 후보 번역에 불이익을 준다. 위의 그림 25.31의 참고문헌 1 - 3과 비교해 *of the* 후보 번역을 생각해보자. 이 후보는 너무 짧고 모든 단어가 일부 번역에 나타나기 때문에 수정된 유니그램 정밀도는 2/2로 부풀려진다. 일반적으로 정밀도와 *recall*을 결합해 이러한 문제를 처리한다. 그러나 위에서 논의했듯이 여러 사람의 번역에 대해 재현율을 사용할 수 없다. 좋은 번역에는 *every* 번역의 *N*그램이 많이 포함돼야 하기 때문이다. 대신 BLEU는 전체 코퍼스에 대한 간결성 페널티를 포함한다. c를 후보 번역 코퍼스의 총 길이라고 한다. 각 후보 문장에 대해 가장 일치하는 길이를 합산해 해당 코퍼스에 대한 유효 기준 길이 r을 계산한다. 간결성 페널티는 r/c의 지수다. 요약해서 말하자면 다음과 같다.

$$
BP = \begin{cases} 1 & \text{if } c > r \\ e^{(1-r/c)} & \text{if } c \leq r \end{cases}
$$

$$
BLEU = BP \times \exp\left(\frac{1}{N} \sum_{n=1}^{N} \log p_n \right) \tag{25.35}
$$

BLEU(또는 NIST, METEOR 등)와 같은 자동 매트릭스는 잠재적인 시스템 개선을 빠르게 평가하는 데 유용했다. 많은 경우 인간의 판단과 일치하지만 고려해야 할 중요한 제한 사항이 있다. 첫째, 대부분은 국부적 정보에만 집중한다. 그림 25.31의 문구를 약간 이동해 *Ensures that the military it is a guide to action which always obeys the commands of the party*와 같은 후보를 생성하는 것을 고려한다. 이 문장은 인간 평가자가 더 낮은 점수를 주지만 Candidate 1과 동일한 BLEU 점수를 갖는다.

또한, 자동 매트릭스는 아키텍처가 근본적으로 다른 시스템을 비교하는 데 있어 좋지 않을 수 있다. 예를 들어 BLEU는 N그램 기반 통계 시스템에 대해 Systran과 같은 상용 시스템의 출력을 평가할 때 또는 기계 번역에 대해 인간 지원 번역을 평가할 때 성능이 좋지 않은 것으로 알려져 있다(Callison-Burch et al., 2006). 단일 시스템에 대한 점진적 변경을 평가하거나 매우 유사한 아키텍처를 가진 시스템을 비교할 때 자동 매트릭스가 가장 적절하다고 결론을 내릴 수 있다.

25.10 고급: MT용 구문 모델

초기 통계 MT 시스템(예: IBM Models 1, 2, 3)은 기본 단위인 단어를 기반으로 했다. 앞의 절에서 설명한 구문 기반 시스템은 더 큰 단위를 사용해 단어 기반 시스템에서 개선된다. 그리고 더 큰 맥락을 캡처해 언어 차이를 나타내는 더 자연스러운 단위를 제공한다.

MT의 최근 작업은 단순한 구문에서 더 크고 계층적인 구문 구조에 이르기까지 Vauquois 계층 구조를 훨씬 더 위로 이동하는 방법에 중점을 뒀다.

기존 파서가 할당한 구문 경계와 일치하도록 각 구문을 제한하는 것만으로는 작동하지 않는 것으로 나타났다(Yamada and Knight, 2001). 그 대신 현대적인 접근 방식은 트리에 재정렬 작업을 적용해 문장을 번역하는 것을 목표로 서로 다른 언어로 된 한 쌍의 문장에 병렬 구문 트리 구조를 할당하려고 시도한다. 이러한 병렬 구조에 대한 변환 문법 | 수학적 모델을 **변환 문법**이라고 한다. 이러한 변환 문법은 1193페이지에서 소개한 **구** 구문 전달 | **문 전달** 시스템의 명시적 구현으로 볼 수 있지만 현대 통계 기반을 기반으로 한다.

동기 문법 | 변환 문법(**동기 문법**이라고도 함)은 구조적으로 상관된 언어 쌍을 설명한다. 생성적

관점에서 두 언어로 정렬된 문장 쌍을 생성하는 것으로 변환 문법을 볼 수 있다. 공식적으로 변환 문법은 3장에서 본 유한 상태 변환기를 일반화한 것이다. MT에는 많은 변환 문법과 형식이 사용되며, 대부분은 문맥 자유 문법을 2개 언어 상황으로 일반화한 것이다. MT에 가장 널리 사용되는 모델 중 하나인 역변환 문법^{ITG}을 고려해보겠다.

ITG 문법에서 각 비터미널은 두 개의 개별 문자열을 생성한다. 이러한 규칙에는 세 가지 유형이 있다. 어휘 규칙은 다음과 같다.

$$N \rightarrow witch/bruja$$

한 스트림에서 *witch*라는 단어를 생성하고 두 번째 스트림에서 *bruja*를 생성한다. 대괄호로 묶인 논터미널 규칙은 다음과 같다.

$$S \rightarrow [NP\ VP]$$

각각 *NP VP*인 두 개의 개별 스트림을 생성한다. 꺾쇠 괄호로 묶인 논터미널은 다음과 같다

$$Nominal \rightarrow \langle Adj\ N \rangle$$

different orderings 두 개의 개별 스트림을 생성한다. 한 스트림에서 Adj N, 다른 스트림에서 N Adj를 조정한다.

그림 25.33은 몇 가지 간단한 규칙이 있는 샘플 문법을 보여준다. 각 어휘 규칙은 고유한 영어 및 스페인어 단어 문자열을 파생하고, 대괄호([]) 안의 규칙은 두 개의 동일한 논터미널 오른쪽을 생성하고, 꺾쇠 괄호(⟨⟩)의 한 가지 규칙은 영어와 스페인어의 다른 순서를 생성한다. 따라서 ITG 구문 분석 트리는 관찰된 두 문장에 걸쳐 있는 단일 결합 구조다.

(25.36) (a)[$_S$ [$_{NP}$ Mary] [$_{VP}$ didn't [$_{VP}$ slap [$_{PP}$ [$_{NP}$ the [$_{Nom}$ green witch]]]]]]

(b)[$_S$ [$_{NP}$ María] [$_{VP}$ no [$_{VP}$ dió una bofetada [$_{PP}$ a [$_{NP}$ la [$_{Nom}$ bruja verde]]]]]]

$$
\begin{aligned}
S &\rightarrow [NP\ VP] \\
NP &\rightarrow [Det\ Nominal] \quad | \quad Maria/María \\
Nominal &\rightarrow \langle Adj\ Noun \rangle \\
VP &\rightarrow [V\ PP] \quad | \quad [Negation\ VP] \\
Negation &\rightarrow didn't/no \\
V &\rightarrow slap/dió\ una\ bofetada \\
PP &\rightarrow [P\ NP] \\
P &\rightarrow \epsilon/a \quad | \quad from/de \\
Det &\rightarrow the/la \quad | \quad the/le \\
Adj &\rightarrow green/verde \\
N &\rightarrow witch/bruja
\end{aligned}
$$

그림 25.33 green witch 문장을 위한 미니 반전 변환 문법

구문 분석의 각 논터미널은 각 한 언어에 대해 두 개의 문자열을 파생한다. 따라서 단일 구문 분석에서 두 문장을 시각화할 수 있다. 여기서 꺾쇠 괄호는 *Adj N* 구성 요소 *green witch* 및 *bruja verde*의 순서가 두 언어에서 반대 순서로 생성됨을 의미한다.

[$_S$ [$_{NP}$ Mary/María] [$_{VP}$ didn't/no [$_{VP}$ slap/dió una bofetada [$_{PP}$ ϵ/a [$_{NP}$ the/la $\langle_{Nom}$ witch/bruja green/verde$\rangle$]]]]]

관련 유형의 동기식 문법에는 동기식 문맥 자유 문법(Chiang, 2005), 다중 텍스트 문법(Melamed, 2003), 어휘화된 ITG(Melamed, 2003; Zhang and Gildea, 2005), 동기식 트리 인접 및 트리 삽입 문법(Shieber and Schabes, 1992; Shieber, 1994b; Nesson et al., 2006)이 있다. 예를 들어 치앙(2005)의 동기식 CFG 시스템은 중국어 관계사절이 헤드 왼쪽에 표시되고 영어 관계사절이 헤드 오른쪽에 표시된다는 사실을 포착하는 계층적 규칙 쌍을 학습한다.

$$\langle ① \ de \ ②, \ the \ ② \ that \ ① \rangle$$

번역을 위한 다른 모델은 병렬 구문 분석 트리를 정렬한다(Wu, 2000; Yamada and Knight, 2001; Eisner, 2003; Melamed, 2003; Galley et al., 2004; Quirk et al., 2005; Wu and Fung, 2005).

25.11 고급 : IBM Model 3 및 퍼틸리티

통계적 MT 작업을 시작한 IBM의 중요한 논문은 MT를 위한 5가지 모델을 제안했다.

퍼틸리티   25.5.1절에서 IBM Model 1을 확인했다. Model 3, 4, 5는 모두 **퍼틸리티**^{Fertility}의 중요한 개념을 사용한다. 25.11절에서는 Model 3을 소개한다. 여기에 있는 설명은 케빈 나이트의 튜토리얼(Knight, 1999b)의 영향을 받았다. Model 3에는 Model 1보다 더 복잡한 생성 모델이 있다. 영어 문장의 생성 모델 $E = e_1, e_2, ..., e_I$에는 5 단계가 있다.

1. 각 영어 단어 e_i에 대해 퍼틸리티 ϕ_i[6]를 선택한다. 퍼틸리티는 e_i에서 생성될 (0개 이상의) 스페인어 단어의 수이며 e_i에만 의존한다.

가짜 단어   2. 또한 NULL 영어 단어에서 스페인어 단어를 생성해야 한다. 앞서 이를 **가짜 단어**로 정의한 것을 상기하라. NULL의 퍼틸리티 대신 가짜 단어를 다르게 생성한다. 영어 단어를 생성할 때마다 (NULL에서) 가짜 단어를 (일부 확률로) 생성하는 것을 고려한다.

3. 이제 각 영어 단어에서 생성할 스페인어 단어 수를 알 수 있다. 이제 이러한 스페인어 잠재적 단어 각각에 대해 정렬된 영어 단어를 번역해 생성한다. Model 1과 마찬가지로 번역은 영어 단어만을 기반으로 한다. NULL 단어를 스페인어로 번역하면 가짜 스페인어 단어가 생성된다.

4. 모든 가짜 단어를 스페인어 문장의 최종 위치로 이동한다.

5. 스페인어 문장의 나머지 열린 위치에 가짜 스페인어 단어를 삽입한다.

그림 25.34는 Model 3 생성 프로세스를 보여준다.

---

6   이 ϕ는 구문 기반 번역에 사용된 ϕ와 관련이 없다.

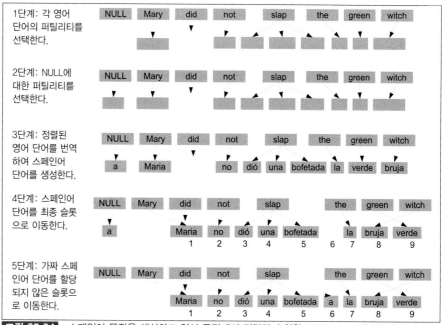

그림 25.34   스페인어 문장을 생성하고 영어 문장에서 정렬하기 위한 IBM Model 3의 5단계

n
t
d
t
p1

Model 3에는 Model 1보다 더 많은 매개변수가 있다. 가장 중요한 것은 **n, t, d, t, p1** 확률이다. 단어 e_i의 퍼틸리티 확률 ϕ_i는 매개변수 n으로 표현된다. 그래서 $n(1|green)$을 사용해 영어 *green*이 하나의 스페인어 단어를 생성할 확률을 나타내고, $n(2|green)$은 영어 *green*이 두 개의 스페인어 단어를 생성할 확률, $n(0|did)$ 영어 *did* 가 스페인어 단어를 생성하지 않을 확률이다. IBM Model 1과 마찬가지로 Model 3 는 변환 확률 $t(f_j|e_i)$를 갖는다. 다음으로, 영어 단어가 스페인어 문장에서 끝나는 단어 위치를 표현하는 확률은 영어와 스페인어 문장 길이를 조건으로 하는 **왜곡** 확률이다. 왜곡 확률 $d(1,3,6,7)$은 영어 문장의 길이가 6이고 스페인어 문장의 길이가 7인 경우, 영어 단어 e_1이 스페인어 단어 f_3에 정렬될 확률을 나타낸다.

왜곡

위에서 제안한 것처럼 Model 3는 영어 NULL에서 생성할 가짜 외국어 수를 결정하기 위해 $n(1|NULL)$ 또는 $n(3|NULL)$과 같은 퍼틸리티 확률을 사용하지 않는다. 대신 Model 3가 실제 단어를 생성할 때마다 p_1 확률로 타깃 문장에 대한 가짜 단어를 생성한다. 이렇게 하면 소스 문장이 길수록 자연스럽게 더 많은 가짜 단어가 생성된다. 그림 25.35는 이러한 매개변수를 사용하는 Model 3 생성 스토리의 5단계에 대한

약간 더 자세한 버전을 보여준다.

---

1. **for each** English word e_i, $1 < i < I$, we choose a fertility ϕ_i with probability $n(\phi_i|e_i)$
2. Using these fertilities and p_1, determine ϕ_0, the number of spurious Spanish words, and hence m.
3. **for each** i, $0 < i < I$
   for each k, $1 < k < \phi_i$
      Choose a Spanish word τ_{ik} with probability $t(\tau_{ik}, e_i)$
4. **for each** i, $1 < i < I$
   for each k, $1 < k < \phi_i$
      Choose a target Spanish position πik with probability $d(\tau_{ik}, i, I, J)$
5. **for each** k, $1 < k < \phi_0$
   Choose a target Spanish position π_{0k} from one of the available Spanish slots, for a total probability of $\frac{1}{\phi_0!}$

그림 25.35   영어 문장에서 스페인어 문장을 생성하기 위한 Model 3 생성 스토리. 영어에서 스페인어로 번역하지 않는다. 노이즈 채널 모델의 생성 구성 요소일 뿐이다(나이트(1999b)에서 각색).

프랑스어에서 영어로의 번역 작업으로 잠시 전환하면 그림 25.36은 브라운 외 연구진(1993)에서 프랑스어-영어 번역을 위해 학습된 t 및 ϕ 매개변수 중 일부를 보여준다. 일반적으로 *the*는 *le*와 같은 프랑스어 관사로 번역되지만 때로는 퍼틸리티가 0이 돼 영어를 프랑스어가 아닌 관사를 사용함을 나타낸다. 반대로, *farmers*는 2의 퍼틸리티를 선호하고 가장 가능성이 높은 번역은 *agriculteurs*와 *les*이다. 여기서 프랑스어는 영어가 사용하지 않는 관사를 사용하는 경향이 있음을 나타낸다.

이제 Model 3의 생성 스토리를 봤기 때문에 모델에 의해 할당된 확률의 방정식을 작성할 수 있다. Model은 영어 문장 E에서 스페인어 문장 F를 생성할 확률 $P(F|E)$를 할당해야 한다. Model 1에서 했던 것처럼, Model이 특정 선형 A로 문장 F를 생성할 확률인 확률 $P(F, A|E)$를 어떻게 제공하는지 보여주는 것으로 시작할 것이다. 그런 다음 모든 정렬을 합산해 총 $P(F|E)$를 구한다.

the				farmers				not		
f	$t(f\|e)$	ϕ	$n(\phi\|e)$	f	$t(f\|e)$	ϕ	$n(\phi\|e)$	f	$t(f\|e)$	ϕ	$n(\phi\|e)$
le	0.497	1	0.746	agriculteurs	0.442	2	0.731	ne	0.497	2	0.735
la	0.207	0	0.254	les	0.418	1	0.228	pas	0.442	0	0.154
les	0.155			cultivateurs	0.046	0	0.039	non	0.029	1	0.107
l'	0.086			producteurs	0.021			rien	0.011		
ce	0.018										
cette	0.011										

그림 25.36   브라운 외 연구진(1993)의 Model 3 매개변수의 예. 3개의 영어 단어를 위한 프랑스어-영어 번역 시스템. *farmers*와 *not* 둘 다 2의 퍼틸리티를 가질 가능성이 있다.

$P(F, A|E)$를 계산하려면 단어를 생성하고 스페인어로 번역하고 이동하기 위해 주요 세 개의 요소 n, t, d를 곱해야 한다. 따라서 $P(F, A|E)$에서 첫 번째 패스는 다음과 같다.

$$\prod_{i=1}^{I} n(\phi_i|e_i) \times \prod_{j=1}^{J} t(f_j|e_{a_j}) \times \prod_{j=1}^{J} d(j|a_j, I, J) \tag{25.37}$$

하지만 (25.37)으로는 충분하지 않다. 가짜 단어를 생성하고, 사용 가능한 슬롯에 삽입하고, 단어가 여러 단어와 정렬될 수 있는 방법(순열)의 수를 나타내는 요소를 추가해야 한다. 식 25.38은 나이트의 원래 공식 수정에서 IBM Model 3에 대한 실제 최종 방정식을 제공한다. 이러한 추가 요소에 대한 세부 정보는 제공하지 않지만 관심 있는 독자가 브라운 외 연구진(1993)등의 원본 프레젠테이션과 나이트(1999b)의 방정식에 대한 명확한 설명을 참고하는 것을 권장한다.

$$P(F,A|E) = \overbrace{\binom{J-\phi_0}{\phi_0} p_0^{J-2\phi_0} p_1^{\phi_0}}^{\text{generate spurious}} \times \overbrace{\frac{1}{\phi_0!}}^{\text{insert spurious}} \times \overbrace{\prod_{i=0}^{I} \phi_i!}^{\text{multi-align permutations}}$$

$$\times \prod_{i=1}^{I} n(\phi_i|e_i) \times \prod_{j=1}^{J} t(f_j|e_{a_j}) \times \prod_{j:a_j \neq 0}^{J} d(j|a_j, I, J) \tag{25.38}$$

다시 한 번, 스페인어 문장의 총 확률을 얻기 위해 가능한 모든 정렬을 합산한다.

$$P(F|E) = \sum_A P(F,A|E)$$

또한 다음과 같이 공식을 표현해 정렬을 합산하는 방법(그리고 가능한 한 많은 정렬을 강조)하는 방법을 더 명확하게 만들 수 있다. 여기서 외국어 문장의 J 단어 각각에 대해 정렬된 영어 a_j를 지정해 정렬을 지정한다.

$$P(F|E) = \sum_{a_1=0}^{J} \sum_{a_2=0}^{J} \cdots \sum_{a_J=0}^{I} P(F,A|E)$$

25.11.1 Model 3 훈련

병렬 코퍼스가 주어지면 IBM Model 3에 대한 번역 모델을 훈련시키는 것은 n, d, t 및 p_1 매개변수에 대한 값을 설정하는 것을 의미한다.

Model 1 및 HMM 모델에 대해 언급했듯이 훈련 코퍼스에 완벽한 정렬로 수동 레이블을 지정하면 최대 우도 추정치를 얻는 것이 간단하다. *did*와 같은 단어가 퍼틸리티가 0일 확률 $n(0|did)$을 고려한다. 정렬된 코퍼스에서 *did*가 아무것도 정렬되지 않은 횟수를 세고 *did*의 총 개수로 정규화해 이를 추정할 수 있다. t 번역 확률에 대해서도 비슷한 일을 할 수 있다. 왜곡 확률 $d(1,3,6,7)$을 훈련하기 위해 영어 단어 e_1이 길이가 7인 스페인어 문장에 정렬된 길이가 6인 영어 문장의 스페인어 단어 f_3에 매핑되는 코퍼스의 횟수를 유사하게 계산한다. 이 계산 함수를 *dcount*라고 한다. 다시 정규화 요인이 필요하다.

$$d(1,3,6,7) = \frac{\text{dcount}(1,3,6,7)}{\sum_{i=1}^{I} \text{dcount}(i,3,6,7)} \qquad (25.39)$$

마지막으로 p_1을 추정해야 한다. 코퍼스에서 정렬된 모든 문장을 살펴본다. 스페인어 문장에 총 N개의 단어가 포함돼 있다고 가정해보자. 각 문장에 대한 정렬에서 총 S개의 스페인어 단어가 허위, 즉 영어 NULL에 정렬돼 있음을 확인한다. 스페인어 문장의 단어 중 $N-S$는 실제 영어 단어로 생성되고, $N-S$ 스페인어 단어 중 S 뒤에 가짜 단어가 생성된다. 그래서 확률 p_1은 $S/(N-S)$이다.

물론 Model 3에 대한 수동 정렬이 없다. 정렬과 확률 모델을 동시에 학습하기 위해 EM을 사용해야 한다. Model 1과 HMM 모델을 사용하면 모든 정렬을 명시적으로 합산하지 않고도 학습을 수행할 수 있는 효율적인 방법이 있지만 Model 3에 해당

되지 않는다. 실제로 가능한 모든 정렬을 계산해야 한다. 20개의 영어 단어와 20개의 스페인어 단어가 있고, NULL을 허용하고 수정을 허용하는 실제 문장 쌍의 경우, 가능한 정렬이 매우 많다(가능한 정렬의 정확한 수를 결정하는 것은 연습 25.7로 남겨진다). 대신 가장 좋은 몇 가지 정렬만 고려해 근사치를 계산한다. 모든 정렬을 보지 않고 최상의 정렬을 찾으려면 반복 또는 부트스트랩 접근 방식을 사용할 수 있다. 첫 번째 단계에서는 위에서 설명한 것처럼 더 간단한 IBM Model 1 또는 2를 훈련한다. 그런 다음 이러한 Model 2 매개변수를 사용해 $P(A|E, F)$를 평가하고 부트스트랩 Model 3에 대한 최상의 정렬을 찾는 방법을 제공한다. 브라운 외 연구진(1993) 및 나이트(1999b)를 참고한다.

25.12 고급: MT용 로그 선형 모델

통계적 MT는 처음에는 노이즈 채널 모델을 기반으로 했지만, 최근 작업에서는 가장 높은 사후 확률을 가진 문장을 직접 검색하는 로그 선형 모델을 통해 언어와 번역 모델을 결합한다.

$$\hat{E} = \operatorname*{argmax}_{E} P(E|F) \tag{25.40}$$

각각 매개변수가 λ_m인 M 특성함수 $h_m(E, F)$ 세트를 통해 $P(E|F)$를 모델링해 이를 수행한다. 번역 확률은 다음과 같다.

$$P(E|F) = \frac{\exp[\sum_{m=1}^{M} \lambda_m h_m(E,F)]}{\sum_{E'} \exp[\sum_{m=1}^{M} \lambda_m h_m(E',F)]} \tag{25.41}$$

따라서 가장 좋은 문장은 다음과 같다.

$$
\begin{aligned}
\hat{E} &= \operatorname*{argmax}_{E} P(E|F) \\
&= \operatorname*{argmax}_{E} \exp[\sum_{m=1}^{M} \lambda_m h_m(E,F)]
\end{aligned}
\tag{25.42}
$$

실제로 노이즈 채널 모델 요소(언어 모델 $P(E)$ 및 번역 모델 $P(F|E)$)는 여전히 로그 선형 모델에서 가장 중요한 피처함수이지만 아키텍처는 임의의 피처를 허용하는 이점이 있다. 일반적인 피처 집합에는 다음을 포함한다.

- 언어 모델 $P(E)$

- 번역 모델 $P(F|E)$

역번역 모델
- **역번역 모델** $P(E|F)$

- 두 번역 모델의 어휘화된 버전

단어 페널티
- **단어 페널티**

관용구 페널티
- **관용구 페널티**

미등록어
페널티
- **미등록어 페널티**

자세한 내용은 포스터(2000), 오흐와 니(2002, 2004)를 참고한다.

MT에 대한 로그 선형 모델은 표준 최대 상호 정보 기준으로 훈련될 수 있다. 그러

최소 오류율
훈련
MERT
나 실제로는 **최소 오류율 훈련** 또는 **MERT**라는 방법으로 BLEU와 같은 평가 매트릭스를 직접 최적화하도록 로그 선형 모델을 훈련한다(Och, 2003; Chou et al., 1993).

25.13 요약

기계 번역은 이론적 및 실질적인 관심을 모두 가지고 있는 흥미로운 분야이며, 최근 이론적 발전으로 웹에서 상업적 배포가 가능해졌다.

- 언어에는 구조적, 어휘적 **차이**가 있어 번역을 어렵게 만든다.

- **유형학** 분야는 이러한 차이점 중 일부를 조사한다. 언어는 SVO/VSO 등의 유형학적 차원에 따라 위치별로 분류될 수 있다.

- **클래식 MT**의 세 가지 패러다임에는 **직역, 전달** 및 **인터링구아** 접근 방식이 있다.

- 통계적 MT는 노이즈 채널 모델에서 **번역 모델**과 **언어 모델**의 결합을 기반으로 한다.

- **구문 기반 MT**는 2개 국어의 **구문 테이블**을 기반으로 하는 통계 기계 번역의 주요 패러다임이다.

- IBM Model 1, HMM 및 IBM Model 3 모델과 같은 모델은 구문 테이블을 추출할 수 있는 정렬을 생성하는 데 중요하다.

- **정렬 모델**은 MT 디코딩에서도 사용할 수 있다.

- **빔 탐색 가지치기**를 사용한 **스택 디코딩**은 구문 기반 MT에서 디코딩에 사용할 수 있다.

- MT에 대한 자동 평가 지표에는 **BLEU, TER, METEOR, 재현률**과 **정확률**이 포함된다.
- 최신 통계 MT 시스템은 **MERT**로 훈련된 **로그 선형 모델**이다.

참고문헌 및 역사 참고 사항

번역 과정의 모델과 번역 목표에 대한 연구는 적어도 4세기의 세인트 제롬으로 거슬러 올라간다(Kelley, 1979). 인간 언어의 불완전함에서 벗어나 바르게 추론하고 진리를 전달하고 번역하기 위한 논리 언어의 발전은 적어도 1600년대부터 추구해왔다(Hutchins, 1986).

컴퓨터가 개발된지 얼마 되지 않은 1940년대 후반에는 MT에 대한 아이디어가 진지하게 제기됐다(Weaver, 1955). 1954년, MT 시스템 프로토타입의 첫 공개 시연(Dostert, 1955)은 언론의 큰 관심을 일으켰다(Hutchins, 1997). 다음 10년은 아이디어가 크게 꽃피워 대부분의 후속 발전을 미리 구상했다. 그러나 이 작업은 시대를 앞서갔다. 일례로 디스크 개발 중에 사전 정보를 저장할 수 있는 좋은 방법이 없어서 구현이 제한됐다.

고품질 MT가 애매한 것으로 판명됨에 따라(Bar-Hillel, 1960), 공식 및 컴퓨터 언어학의 새로운 분야에서 더 나은 평가와 더 기본적인 연구의 필요성에 대한 합의가 이뤄졌다. 이 합의는 1960년대 중반 MT에 대한 재정 지원이 대폭 삭감한 1966년의 유명한 ALPAC^{Automatic Language Processing Advisory Committee} 보고서(Pierce et al., 1966)에서 절정에 달했다. MT 연구가 학문적 존경을 잃자 기계 번역 및 컴퓨터 언어학 협회는 MT를 명칭에서 삭제했다. 그러나 40년 동안 지속적으로 개선돼 피터 토마가 처음 개발한 Systran과 같은 일부 MT 개발자는 끊임없이 연구했다. 또 다른 초기 MT 시스템은 Météo로, 일기예보를 영어에서 프랑스어로 번역했다. 원래 구현(1976)은 초기 통합 모델인 'Q-systems'를 사용했다.

1970년대 후반 MT에 대한 학문적 관심의 또 다른 물결이 생겨났다. 한 가닥은 이야기 이해와 지식 공학을 위해 개발된 의미 기반 기술을 적용하려고 시도했다(Carbonell et al., 1981). 1980년대 말과 1990년대 초까지 언어 간 아이디어에 대한 광범위한 논의가 있었다(Tsujii, 1986; Nirenburg et al., 1992; Ward, 1994; Carbonell et al.,

1992). 한편 MT 사용은 세계화, 모든 문서를 여러 공식 언어로 번역하도록 요구하는 정부 정책, 워드프로세서 및 개인용 컴퓨터의 확산으로 인해 증가했다.

현대 통계 방법은 1990년대 초반에 대규모 이중 언어 코퍼스의 개발과 웹의 성장에 의해 적용되기 시작했다. 초기에 많은 연구자들이 이중 언어 코퍼스에서 정렬된 문장 쌍을 추출할 수 있음을 보여줬다(Kay and Röscheisen, 1988, 1993; Warwick and Russell, 1990; Brown et al., 1991; Gale and Church, 1991, 1993). 최초의 알고리듬은 정렬 모델의 일부로 문장의 단어를 사용했다. 다른 사람들은 단어나 문자의 문장 길이와 같은 다른 단서에만 의존했다.

동시에 IBM 그룹은 음성 인식 알고리듬(대부분은 원래 IBM에서 개발됨)을 직접 사용해 우리가 설명한 IBM 통계 모델을 기반으로 **Candide** 시스템을 제안했다(Brown et al., 1990, 1993). 이 논문은 확률 모델과 매개변수 추정 절차를 설명했다. 디코딩 알고리듬은 공개된 적이 없지만 특허 출원에 설명돼 있다(Brown et al., 1995). IBM의 작업은 연구 커뮤니티에 큰 영향을 미쳤으며 금세기에 접어들면서 기계 번역에 대한 대부분의 학술 연구는 통계적이었다. 공개적으로 사용 가능한 툴킷, 특히 1999년 여름 존 스홉킨스대학교의 언어 및 음성 처리 센터에서 연구 워크숍에서 통계 기계 번역 팀이 개발한 **EGYPT** 툴킷에서 확장된 툴의 개발로 발전이 훨씬 쉬워졌다. 여기에는 IBM Model 1–5와 HMM 정렬 모델을 구현하는 GIZA 툴킷(Och and Ney, 2003)을 확장해 프란츠 요제프 오흐가 개발한 **GIZA++** 정렬기가 포함된다.

대부분의 초기 구현은 IBM Model 3에 중점을 뒀지만 연구원들은 매우 빠르게 구문 기반 모델로 이동했다. 가장 초기의 구문 기반 번역 모델은 IBM Model 4(Brown et al., 1993)였지만 현대 모델은 **정렬 템플릿**에 대한 오흐(1998) 작업에서 파생됐다. 주요 구문 기반 번역 모델에는 마르쿠와 왕(2002), 젠스 외 연구진(2002), 베누고팔 외 연구진(2003), 코엔 외 연구진(2003), 틸만(2003), 오흐와 니(2004), 덩과 번(2005), 쿠마르와 번(2005) 등이 있다.

MT 디코딩에 대한 다른 작업으로는 왕과 와이벨(1997)과 저먼 외 연구소(2001)의 A^* 디코더와 우(1996)의 이진 분기 확률 변환 문법을 위한 다항식 시간 디코더가 있다.

가장 최근의 오픈소스 MT 툴킷은 구문 기반 **Moses** 시스템이다(Koehn et al., 2006; Koehn and Hoang, 2007; Zens and Ney, 2007). **Moses**는 필립 코엔(Koehn, 2004, 2003b)

Candide

EGYPT

GIZA ++

Moses

Pharaoh 이 개발한 **Pharaoh** 공개 구문 기반 스택 디코더에서 개발했으며, 이는 (Och et al., 2001) 및 브라운 외 연구진(1995)의 A^* 디코더와 위에서 논의한 EGYPT 도구 모두를 확장했다. 구글과 같은 상용 통계 MT 시스템은 2007년 널리 상용화됐다.

현대적인 연구는 문장과 단어 정렬에 대해서도 계속되고 있다. 보다 최근의 알고리듬에는 무어(2002, 2005), 프레이저 및 마르쿠(2005), 캘리슨-버치 외 연구진(2005), 류 외 연구진(2005)이 포함된다.

기계 번역 평가에 대한 연구는 아주 일찍 시작됐다. 밀러와 비베 센터(1958)는 심리 언어학 작업에 대한 여러 가지 방법을 제안했다. 여기에는 지능을 측정하기 위한 클로즈 및 섀넌 작업의 사용과 BLEU와 같은 모든 최신 자동 평가 매트릭스의 기초가 되는 직관인 인간 번역으로부터의 편집 거리 매트릭스가 포함된다. ALPAC 보고서에는 존 캐럴이 수행한 매우 영향력 있는 초기 평가 연구가 포함돼 있다(Pierce et al., 1966, 부록 10). 캐럴은 정확도와 명료도에 대한 뚜렷한 측정을 제안했고 평가자들에게 9점 척도로 주관적으로 점수를 매겼다. 평가에 대한 최근의 연구는 자동 매트릭스를 만드는 데 중점을 뒀으며, 25.9.2절(Papineni et al., 2002)에서 논의된 BLEU에 대한 작업뿐만 아니라 **NIST**(Doddington, 2002), **TER**변역 오류율(Snover et al., 2006), **Precision and Recall**(Turian et al., 2003) 및 **METEOR**(Banerjee and Lavie, 2005)와 같은 관련 측정을 포함한다. 이러한 매트릭스에 대한 통계적 유의성은 종종 근사 무작위 추출과 같은 방법으로 계산된다(Noreen, 1989; Riezler 및 Maxwell III, 2005).

MT의 초기 역사에 대한 조사는 허친스(1986)와 허친스(1997)가 있다. 허친스와 서머스(1992)의 교과서는 언어 현상에 대한 풍부한 예와 역사적으로 중요한 MT 시스템의 요약을 담고 있다. 니렌부르크 외 연구진(2002)은 MT의 전형적인 읽기의 포괄적인 모음이다. 나이트(1999b)는 통계적 MT에 대한 훌륭한 튜토리얼 도입이다.

기계 번역에 관한 학술 논문은 표준 NLP 저널 및 컨퍼런스뿐만 아니라 기계 번역 저널과 국제 기계 번역 협회International Association for Machine Translation가 주최하는 MT Summit, 세 지역적인 개별 컨퍼런스(미주 MT 협회-AMTA, MT-EAMT 유럽 협회 및 MT-AAMT 아시아 태평양 협회) 및 기계 번역의 이론 및 방법론 문제에 관한 회의TMI 등 다양한 컨퍼런스의 진행 과정에 나타난다.

연습

25.1 영어 구문에 대한 사실을 설명하는 12장의 단락을 무작위로 선택하라. a) 좋아하는 외국어가 어떻게 다른지 설명하라. b) MT 시스템이 이 차이를 어떻게 처리할 수 있는지 설명하라.

25.2 당신이 아는 언어로 된 외국어 소설을 선택하라. 첫 페이지에서 가장 짧은 문장을 복사하고, 해당 문장의 영어 번역을 살펴봐라. a) 원본과 번역 모두에 대해 구문 분석 트리를 그려라. b) 원본과 번역 모두에 대해 종속성 구조를 그려라. c) 원본과 번역이 공유하는 의미의 케이스 구조 표현을 그려라. d) 이 연습이 MT의 중간 표현과 관련해 시사하는 바는 무엇인가?

25.3 버전 1(영어 원어민용): 다음 문장을 고려하라.

> These lies are like their father that begets them; gross as a mountain, open,
>
> palpable.   Henry IV, Part 1, act 2, scene 2

이 문장을 〈뉴욕 타임스〉 사설 스타일, 〈이코노미스트〉 견해 부분 또는 좋아하는 TV 토크쇼 진행자 같은 현대 영어 방언으로 번역하라.

버전 2(다른 언어의 원어민용): 다음 문장을 모국어로 번역하라.

> One night my friend Tom, who had just moved into a new apartment, saw
>
> a cockroach scurrying about in the kitchen.

두 버전 모두:

a) 번역 방법을 설명하라. 어떤 단계를 수행했는가? 어떤 순서로 번역했는가? 가장 많은 시간이 걸린 단계는 무엇인가? b) 당신이 했던 것과 같은 방법으로 번역할 프로그램을 작성할 수 있는가? 그 이유는 무엇인가? c) 어떤 점이 가장 어려운가? MT 시스템에서는 어려운가? d) MT 시스템에서 가장 어려운 측면은 무엇인가? 사람들에게도 어려운가? e) 프로세스의 다양한 측면(직역, 전달, 인터링구아 또는 통계)을 설명하는 데 가장 적합한 모델은 무엇인가? f) 이제 여러분의 번역을 친구나 급우가 만든 번역과 비교하라. 무엇이 다른가? 번역이 다른 이유는 무엇인가?

25.4 MT 시스템에 문장을 입력하고 출력되는 내용을 확인하라. a) 번역 문제를 나열하라. b) 문제를 심각성 순서대로 나열하라. c) 가장 심각한 두 가지 문제에 대해 가능한 근본 원인을 제시하라.

25.5 다음과 같이 최소한 어느 정도 알고 있는 일부 언어를 영어(또는 상대적으로 유창한 언어)로 번역하기 위한 매우 간단하고 직접적인 MT 시스템을 구축하라. a) 먼저 원어에서 좋은 테스트 문장을 찾아라. 이 중 절반은 개발 테스트 세트로, 나머지 절반은 즉석 번역 테스트 세트다. 다음으로, 이 두 언어에 대한 이중 언어 사전을 확보하라(많은 언어의 경우, 이 연습에 충분한 제한된 사전을 웹에서 찾을 수 있음). 프로그램은 사전에서 번역을 찾아 각 단어를 번역해야 한다. 형태소 분석이나 단순한 형태론적 분석을 구현해야 할 수도 있다. b) 다음으로, 출력을 검토하고 개발 테스트 세트에 대한 예비 오류 분석을 수행한다. 오류의 주요 원인은 무엇인가? c) 번역 실수를 수정하기 위한 몇 가지 일반적인 규칙을 작성한다. 영어 출력에 품사 태거가 있는 경우 이를 실행할 수 있다. d) 그런 다음 시스템이 테스트 세트에서 얼마나 잘 실행되는지 확인하라.

25.6 1213페이지의 EM 예제에 대해 계속 계산하고 E-steps와 M-steps의 두 번째 및 세 번째 라운드를 수행하라.

25.7 (나이트(1999b)에서 파생) 영어 20단어 문장과 스페인어 20단어 문장 사이에 얼마나 많은 Model 3 정렬이 가능해 NULL과 퍼틸리티를 허용하는가?

참고문헌

Abbreviations:
AAAI	Proceedings of the National Conference on Artificial Intelligence
ACL	Proceedings of the Annual Conference of the Association for Computational Linguistics
ANLP	Proceedings of the Conference on Applied Natural Language Processing
CLS	Papers from the Annual Regional Meeting of the Chicago Linguistics Society
COGSCI	Proceedings of the Annual Conference of the Cognitive Science Society
COLING	Proceedings of the International Conference on Computational Linguistics
CoNLL	Proceedings of the Conference on Computational Natural Language Learning
EACL	Proceedings of the Conference of the European Association for Computational Linguistics
EMNLP	Proceedings of the Conference on Empirical Methods in Natural Language Processing
EUROSPEECH	Proceedings of the European Conference on Speech Communication and Technology
ICASSP	Proceedings of the IEEE International Conference on Acoustics, Speech, & Signal Processing
ICML	International Conference on Machine Learning
ICPhS	Proceedings of the International Congress of Phonetic Sciences
ICSLP	Proceedings of the International Conference on Spoken Language Processing
IJCAI	Proceedings of the International Joint Conference on Artificial Intelligence
INTERSPEECH	Proceedings of the Annual INTERSPEECH Conference
IWPT	Proceedings of the International Workshop on Parsing Technologies
JASA	Journal of the Acoustical Society of America
LREC	Conference on Language Resources and Evaluation
MUC	Proceedings of the Message Understanding Conference
NAACL-HLT	Proceedings of the North American Chapter of the ACL/Human Language Technology Conference
SIGIR	Proceedings of Annual Conference of ACM Special Interest Group on Information Retrieval

Abney, S. P. (1991). Parsing by chunks. In Berwick, R. C., Abney, S. P., and Tenny, C. (Eds.), *Principle-Based Parsing: Computation and Psycholinguistics*, pp. 257–278. Kluwer.

Abney, S. P. (1996). Partial parsing via finite-state cascades. *Natural Language Engineering*, 2(4), 337–344.

Abney, S. P. (1997). Stochastic attribute-value grammars. *Computational Linguistics*, 23(4), 597–618.

Abney, S. P. (2002). Bootstrapping. In *ACL-02*, pp. 360–367.

Abney, S. P. (2004). Understanding the Yarowsky algorithm. *Computational Linguistics*, 30(3), 365–395.

Abney, S. P., McAllester, D. A., and Pereira, F. C. N. (1999a). Relating probabilistic grammars and automata. In *ACL-99*, pp. 542–549.

Abney, S. P., Schapire, R. E., and Singer, Y. (1999b). Boosting applied to tagging and PP attachment. In *EMNLP/VLC-99*, College Park, MD, pp. 38–45.

Ades, A. E. and Steedman, M. (1982). On the order of words. *Linguistics and Philosophy*, 4, 517–558.

Adjukiewicz, K. (1935). Die syntaktische Konnexität. *Studia Philosophica*, 1, 1–27. English translation "Syntactic Connexion" by H. Weber in McCall, S. (Ed.) 1967. *Polish Logic*, pp. 207–231, Oxford University Press.

Adriaans, P. and van Zaanen, M. (2004). Computational grammar induction for linguists. *Grammars; special issue with the theme "Grammar Induction"*, 7, 57–68.

Agichtein, E. and Gravano, L. (2000). Snowball: Extracting relations from large plain-text collections. In *Proceedings of the 5th ACM International Conference on Digital Libraries*.

Agirre, E. and de Lacalle, O. L. (2003). Clustering WordNet word senses. In *RANLP 2003*.

Agirre, E. and Edmonds, P. (Eds.). (2006). *Word Sense Disambiguation: Algorithms and Applications*. Kluwer.

Ahn, D., Adafre, S. F., and de Rijke, M. (2005). Extracting temporal information from open domain text: A comparative exploration. In *Proceedings of the 5th Dutch-Belgian Information Retrieval Workshop (DIR'05)*.

Aho, A. V., Sethi, R., and Ullman, J. D. (1986). *Compilers: Principles, Techniques, and Tools*. Addison-Wesley.

Aho, A. V. and Ullman, J. D. (1972). *The Theory of Parsing, Translation, and Compiling*, Vol. 1. Prentice Hall.

Aït-Kaci, H. (1984). *A Lattice-Theoretic Approach to Computation Based on a Calculus of Partially Ordered Types*. Ph.D. thesis, University of Pennsylvania.

Albright, A. (2007). How many grammars am I holding up? Discovering phonological differences between word classes. In *WCCFL 26*, pp. 34–42.

Albright, A. and Hayes, B. (2003). Rules vs. analogy in English past tenses: A computational/experimental study. *Cognition*, 90, 119–161.

Alderete, J., Brasoveanu, A., Merchant, N., Prince, A., and Tesar, B. (2005). Contrast analysis aids in the learning of phonological underlying forms. In *WCCFL 24*, pp. 34–42.

Algoet, P. H. and Cover, T. M. (1988). A sandwich proof of the Shannon-McMillan-Breiman theorem. *The Annals of Probability*, 16(2), 899–909.

Allen, J. (1984). Towards a general theory of action and time. *Artificial Intelligence*, 23(2), 123–154.

Allen, J. (1995). *Natural Language Understanding* (2nd Ed.). Benjamin Cummings.

Allen, J. and Core, M. (1997). Draft of DAMSL: Dialog act markup in several layers. Unpublished manuscript.

Allen, J., Ferguson, G., and Stent, A. (2001). An architecture for more realistic conversational systems. In *IUI '01: Proceedings of the 6th International Conference on Intelligent User Interfaces*, Santa Fe, NM, pp. 1–8.

Allen, J. and Perrault, C. R. (1980). Analyzing intention in utterances. *Artificial Intelligence*, *15*, 143–178.

Allen, J., Hunnicut, M. S., and Klatt, D. H. (1987). *From Text to Speech: The MITalk system*. Cambridge University Press.

Allwood, J. (1995). An activity-based approach to pragmatics. *Gothenburg Papers in Theoretical Linguistics*, *76*, 1–38.

Allwood, J., Nivre, J., and Ahlsén, E. (1992). On the semantics and pragmatics of linguistic feedback. *Journal of Semantics*, *9*, 1–26.

Alshawi, H. (1987). *Memory and Context for Language Interpretation*. Cambridge University Press.

Alshawi, H. (Ed.). (1992). *The Core Language Engine*. MIT Press.

Althaus, E., Karamanis, N., and Koller, A. (2004). Computing locally coherent discourses. In *ACL-04*, pp. 21–26.

Amsler, R. A. (1980). *The Structure of the Merriam-Webster Pocket Dictionary*. Ph.D. thesis, University of Texas, Austin, Texas.

Amsler, R. A. (1981). A taxonomy of English nouns and verbs. In *ACL-81*, Stanford, CA, pp. 133–138.

Anderson, M. J., Pierrehumbert, J. B., and Liberman, M. Y. (1984). Improving intonational phrasing with syntactic information. In *ICASSP-84*, pp. 2.8.1–2.8.4.

Anderson, S. R. (1985). *Phonology in the Twentieth Century*. Cambridge University Press.

Antworth, E. L. (1990). *PC-KIMMO: A Two-Level Processor for Morphological Analysis*. Summer Institute of Linguistics, Dallas, TX.

Aone, C. and Bennett, S. W. (1995). Evaluating automated and manual acquisition of anaphora resolution strategies. In *ACL-95*, Cambridge, MA, pp. 122–129.

Appelt, D. E., Hobbs, J. R., Bear, J., Israel, D., Kameyama, M., Kehler, A., Martin, D., Myers, K., and Tyson, M. (1995). SRI International FASTUS system MUC-6 test results and analysis. In *MUC-6*, San Francisco, CA, pp. 237–248.

Appelt, D. E. and Israel, D. (1997). ANLP-97 tutorial: Building information extraction systems. Available as `www.ai.sri.com/~appelt/ie-tutorial/`.

Archangeli, D. (1984). *Underspecification in Yawelmani Phonology and Morphology*. Ph.D. thesis, MIT.

Archangeli, D. (1997). Optimality theory: An introduction to linguistics in the 1990s. In Archangeli, D. and Langendoen, D. T. (Eds.), *Optimality Theory: An Overview*. Blackwell.

Arens, Y., Granacki, J., and Parker, A. (1987). Phrasal analysis of long noun sequences. In *ACL-87*, Stanford, CA, pp. 59–64.

Argamon, S., Dagan, I., and Krymolowski, Y. (1998). A memory-based approach to learning shallow natural language patterns. In *COLING/ACL-98*, Montreal, pp. 67–73.

Ariel, M. (1990). *Accessing Noun Phrase Antecedents*. Routledge.

Ariel, M. (2001). Accessibility theory: An overview. In Sanders, T., Schilperoord, J., and Spooren, W. (Eds.), *Text Representation: Linguistic and Psycholinguistic Aspects*, pp. 29–87. Benjamins.

Artiles, J., Gonzalo, J., and Sekine, S. (2007). The SemEval-2007 WePS evaluation: Establishing a benchmark for the web people search task. In *Proceedings of the 4th International Workshop on Semantic Evaluations (SemEval-2007)*, Prague, Czech Republic, pp. 64–69.

Ashburner, M., Ball, C. A., Blake, J. A., Botstein, D., Butler, H., Cherry, J. M., Davis, A. P., Dolinski, K., Dwight, S. S., Eppig, J. T., Harris, M. A., Hill, D. P., Issel-Tarver, L., Kasarskis, A., Lewis, S., Matese, J. C., Richardson, J. E., Ringwald, M., Rubin, G. M., and Sherlock, G. (2000). Gene ontology: tool for the unification of biology. *Nature Genetics*, *25*(1), 25–29.

Asher, N. (1993). *Reference to Abstract Objects in Discourse*. Studies in Linguistics and Philosophy (SLAP) 50, Kluwer.

Asher, N. and Lascarides, A. (2003). *Logics of Conversation*. Cambridge University Press.

Atal, B. S. (1974). Effectiveness of linear prediction characteristics of the speech wave for automatic speaker identification and verification. *JASA*, *55*(6), 1304–1312.

Atal, B. S. and Hanauer, S. (1971). Speech analysis and synthesis by prediction of the speech wave. *JASA*, *50*, 637–655.

Atkins, S. (1993). Tools for computer-aided corpus lexicography: The Hector project. *Acta Linguistica Hungarica*, *41*, 5–72.

Atkinson, M. and Drew, P. (1979). *Order in Court*. Macmillan.

Attar, R. and Fraenkel, A. S. (1977). Local feedback in full-text retrieval systems. *Journal of the ACM*, *24*(3), 398–417.

Aubert, X. and Ney, H. (1995). Large vocabulary continuous speech recognition using word graphs. In *IEEE ICASSP*, Vol. 1, pp. 49–52.

Austin, J. L. (1962). *How to Do Things with Words*. Harvard University Press.

Austin, S., Schwartz, R., and Placeway, P. (1991). The forward-backward search algorithm. In *ICASSP-91*, Vol. 1, pp. 697–700.

Aylett, M. P. (1999). Stochastic suprasegmentals - relationships between redundancy, prosodic structure and syllable duration. In *ICPhS-99*, San Francisco, CA.

Aylett, M. P. and Turk, A. (2004). The smooth signal redundancy hypothesis: A functional explanation for relationships between redundancy, prosodic prominence, and duration in spontaneous speech. *Language and Speech*, *47*(1), 31–56.

Baayen, R. H., Lieber, R., and Schreuder, R. (1997). The morphological complexity of simplex nouns. *Linguistics*, *35*(5), 861–877.

Baayen, R. H., Piepenbrock, R., and Gulikers, L. (1995). *The CELEX Lexical Database (Release 2) [CD-ROM]*. Linguistic Data Consortium, University of Pennsylvania [Distributor].

Baayen, R. H. and Sproat, R. (1996). Estimating lexical priors for low-frequency morphologically ambiguous forms. *Computational Linguistics*, *22*(2), 155–166.

Babyonyshev, M. and Gibson, E. (1999). The complexity of nested structures in Japanese. *Language*, *75*(3), 423–450.

Bacchiani, M. and Roark, B. (2003). Unsupervised language model adaptation. In *ICASSP-03*, pp. 224–227.

Bacchiani, M., Roark, B., and Saraclar, M. (2004). Language model adaptation with MAP estimation and the perceptron algorithm. In *HLT-NAACL-04*, pp. 21–24.

Bach, E. (1976). An extension of classical transformational grammar. In *Problems of Linguistic Metatheory (Proceedings of the 1976 Conference)*. Michigan State University.

Bach, E. (1988). Categorial grammars as theories of language. In Oehrle, R. T., Bach, E., and Wheeler, D. W. (Eds.), *Categorial Grammars and Natural Language Structures*, pp. 17–34. D. Reidel.

Bachenko, J. and Fitzpatrick, E. (1990). A computational grammar of discourse-neutral prosodic phrasing in English. *Computational Linguistics*, 16(3), 155–170.

Backus, J. W. (1959). The syntax and semantics of the proposed international algebraic language of the Zurich ACM-GAMM Conference. In *Information Processing: Proceedings of the International Conference on Information Processing, Paris*, pp. 125–132. UNESCO.

Backus, J. W. (1996). Transcript of question and answer session. In Wexelblat, R. L. (Ed.), *History of Programming Languages*, p. 162. Academic Press.

Bacon, F. (1620). *Novum Organum*. Annotated edition edited by Thomas Fowler published by Clarendon Press, 1889.

Baeza-Yates, R. and Ribeiro-Neto, B. (1999). *Modern Information Retrieval*. ACM Press, New York.

Bagga, A. and Baldwin, B. (1998). Algorithms for scoring coreference chains. In *LREC-98*, Granada, Spain, pp. 563–566.

Bagley, W. C. (1900–1901). The apperception of the spoken sentence: A study in the psychology of language. *The American Journal of Psychology*, 12, 80–130.

Bahl, L. R., de Souza, P. V., Gopalakrishnan, P. S., Nahamoo, D., and Picheny, M. A. (1992). A fast match for continuous speech recognition using allophonic models. In *ICASSP-92*, San Francisco, CA, pp. I.17–20.

Bahl, L. R. and Mercer, R. L. (1976). Part of speech assignment by a statistical decision algorithm. In *Proceedings IEEE International Symposium on Information Theory*, pp. 88–89.

Bahl, L. R., Brown, P. F., de Souza, P. V., and Mercer, R. L. (1986). Maximum mutual information estimation of hidden Markov model parameters for speech recognition. In *ICASSP-86*, Tokyo, pp. 49–52.

Bahl, L. R., Jelinek, F., and Mercer, R. L. (1983). A maximum likelihood approach to continuous speech recognition. *IEEE Transactions on Pattern Analysis and Machine Intelligence*, 5(2), 179–190.

Bailey, D., Feldman, J., Narayanan, S., and Lakoff, G. (1997). Modeling embodied lexical development. In *COGSCI-97*, Stanford, CA, pp. 19–24. Lawrence Erlbaum.

Bailey, T. and Hahn, U. (2001). Perception of wordlikeness: Effects of segment probability and length on the processing of nonwords. *Journal of Memory and Language*, 44, 568–591.

Baker, C. F., Fillmore, C. J., and Cronin, B. (2003). The structure of the Framenet database. *International Journal of Lexicography*, 16:3, 281–296.

Baker, C. F., Fillmore, C. J., and Lowe, J. B. (1998). The Berkeley FrameNet project. In *COLING/ACL-98*, Montreal, Canada, pp. 86–90.

Baker, J. K. (1975). The DRAGON system – An overview. *IEEE Transactions on Acoustics, Speech, and Signal Processing*, ASSP-23(1), 24–29.

Baker, J. K. (1975/1990). Stochastic modeling for automatic speech understanding. In Waibel, A. and Lee, K.-F. (Eds.), *Readings in Speech Recognition*, pp. 297–307. Morgan Kaufmann. Originally appeared in *Speech Recognition*, Academic Press, 1975.

Baker, J. K. (1979). Trainable grammars for speech recognition. In Klatt, D. H. and Wolf, J. J. (Eds.), *Speech Communication Papers for the 97th Meeting of the Acoustical Society of America*, pp. 547–550.

Baldridge, J., Asher, N., and Hunter, J. (2007). Annotation for and robust parsing of discourse structure on unrestricted texts. *Zeitschrift für Sprachwissenschaft*, 26, 213–239.

Banerjee, S. and Lavie, A. (2005). METEOR: An automatic metric for MT evaluation with improved correlation with human judgments. In *Proceedings of ACL Workshop on Intrinsic and Extrinsic Evaluation Measures for MT and/or Summarization*, pp. 65–72.

Banerjee, S. and Pedersen, T. (2003). Extended gloss overlaps as a measure of semantic relatedness. In *IJCAI 2003*, pp. 805–810.

Bangalore, S. and Joshi, A. K. (1999). Supertagging: An approach to almost parsing. *Computational Linguistics*, 25(2), 237–265.

Banko, M. and Moore, R. C. (2004). A study of unsupervised part-of-speech tagging. In *COLING-04*.

Bar-Hillel, Y. (1953). A quasi-arithmetical notation for syntactic description. *Language*, 29, 47–58. Reprinted in Y. Bar-Hillel. (1964). *Language and Information: Selected Essays on their Theory and Application*, Addison-Wesley, 61–74.

Bar-Hillel, Y. (1960). The present status of automatic translation of languages. In Alt, F. (Ed.), *Advances in Computers 1*, pp. 91–163. Academic Press.

Bar-Hillel, Y., Perles, M., and Shamir, E. (1961). On formal properties of simple phrase structure grammars. *Zeitschrift für Phonetik, Sprachwissenschaft und Kommunikationsforschung*, 14, 143–172. Reprinted in Y. Bar-Hillel. (1964). *Language and Information: Selected Essays on their Theory and Application*, Addison-Wesley, 116–150.

Baroni, M., Matiasek, J., and Trost, H. (2002). Unsupervised discovery of morphologically related words based on orthographic and semantic similarity. In *Proceedings of ACL SIGPHON*, Philadelphia, PA, pp. 48–57.

Barton, Jr., G. E., Berwick, R. C., and Ristad, E. S. (1987). *Computational Complexity and Natural Language*. MIT Press.

Barzilay, R. and Elhadad, M. (1997). Using lexical chains for text summarization. In *Proceedings of the ACL Workshop on Intelligent Scalable Text Summarization*, pp. 10–17.

Barzilay, R., Elhadad, N., and McKeown, K. R. (2002). Inferring strategies for sentence ordering in multidocument news summarization. *Journal of Artificial Intelligence Research*, 17, 35–55.

Barzilay, R. and Lapata, M. (2005). Modeling local coherence: An entity-based approach. In *ACL-05*, pp. 141–148.

Barzilay, R. and Lapata, M. (2008). Modeling local coherence: An entity-based approach. *Computational Linguistics*, 34(1), 1–34.

Barzilay, R. and Lee, L. (2003). Learning to paraphrase: An unsupervised approach using multiple-sequence alignment. In *HLT-NAACL-03*, pp. 16–23.

Barzilay, R. and Lee, L. (2004). Catching the drift: Probabilistic content models, with applications to generation and summarization. In *HLT-NAACL-04*, pp. 113–120.

Barzilay, R. and McKeown, K. R. (2005). Sentence fusion for multidocument news summarization. *Computational Linguistics*, *31*(3), 297–328.

Bates, R. (1997). The corrections officer: Can John Kidd save Ulysses. *Lingua Franca*, *7*(8). October.

Bauer, L. (1983). *English word-formation*. Cambridge University Press.

Baum, L. E. (1972). An inequality and associated maximization technique in statistical estimation for probabilistic functions of Markov processes. In Shisha, O. (Ed.), *Inequalities III: Proceedings of the 3rd Symposium on Inequalities*, University of California, Los Angeles, pp. 1–8. Academic Press.

Baum, L. E. and Eagon, J. A. (1967). An inequality with applications to statistical estimation for probabilistic functions of Markov processes and to a model for ecology. *Bulletin of the American Mathematical Society*, *73*(3), 360–363.

Baum, L. E. and Petrie, T. (1966). Statistical inference for probabilistic functions of finite-state Markov chains. *Annals of Mathematical Statistics*, *37*(6), 1554–1563.

Baum, L. F. (1900). *The Wizard of Oz*. Available at Project Gutenberg.

Baumgartner, Jr., W. A., Cohen, K. B., Fox, L., Acquaah-Mensah, G. K., and Hunter, L. (2007). Manual curation is not sufficient for annotation of genomic databases. *Bioinformatics*, *23*, i41–i48.

Baumgartner, Jr., W. A., Lu, Z., Johnson, H. L., Caporaso, J. G., Paquette, J., Lindemann, A., White, E. K., Medvedeva, O., Cohen, K. B., and Hunter, L. (2006). An integrated approach to concept recognition in biomedical text. In *Proceedings of BioCreative 2006*.

Bayes, T. (1763). *An Essay Toward Solving a Problem in the Doctrine of Chances*, Vol. 53. Reprinted in *Facsimiles of Two Papers by Bayes*, Hafner Publishing, 1963.

Bazell, C. E. (1952/1966). The correspondence fallacy in structural linguistics. In Hamp, E. P., Householder, F. W., and Austerlitz, R. (Eds.), *Studies by Members of the English Department, Istanbul University (3), reprinted in Readings in Linguistics II (1966)*, pp. 271–298. University of Chicago Press.

Bean, D. and Riloff, E. (1999). Corpus-based identification of non-anaphoric noun phrases. In *ACL-99*, pp. 373–380.

Bean, D. and Riloff, E. (2004). Unsupervised learning of contextual role knowledge for coreference resolution. In *HLT-NAACL-04*.

Becker, J. (1975). The phrasal lexicon. In Schank, R. and Nash-Webber, B. L. (Eds.), *Theoretical Issues in Natural Language Processing*. ACL, Cambridge, MA.

Beckman, M. E. and Ayers, G. M. (1997). Guidelines for ToBI labelling. Unpublished manuscript, Ohio State University, http://www.ling.ohio-state.edu/research/phonetics/E_ToBI/.

Beckman, M. E. and Hirschberg, J. (1994). The ToBI annotation conventions. Manuscript, Ohio State University.

Beckman, M. E. and Pierrehumbert, J. B. (1986). Intonational structure in English and Japanese. *Phonology Yearbook*, *3*, 255–310.

Beeferman, D., Berger, A., and Lafferty, J. D. (1999). Statistical models for text segmentation. *Machine Learning*, *34*(1), 177–210.

Beesley, K. R. (1996). Arabic finite-state morphological analysis and generation. In *COLING-96*, Copenhagen, pp. 89–94.

Beesley, K. R. and Karttunen, L. (2000). Finite-state nonconcatenative morphotactics. In *Proceedings of ACL SIGPHON*, Luxembourg, pp. 50–59.

Beesley, K. R. and Karttunen, L. (2003). *Finite-State Morphology*. CSLI Publications, Stanford University.

Bell, A., Jurafsky, D., Fosler-Lussier, E., Girand, C., Gregory, M. L., and Gildea, D. (2003). Effects of disfluencies, predictability, and utterance position on word form variation in English conversation. *JASA*, *113*(2), 1001–1024.

Bellegarda, J. R. (1999). Speech recognition experiments using multi-span statistical language models. In *ICASSP-99*, pp. 717–720.

Bellegarda, J. R. (2000). Exploiting latent semantic information in statistical language modeling. *Proceedings of the IEEE*, *89*(8), 1279–1296.

Bellegarda, J. R. (2004). Statistical language model adaptation: Review and perspectives. *Speech Communication*, *42*(1), 93–108.

Bellegarda, J. R. (2005). Unsupervised, language-independent grapheme-to-phoneme conversion by latent analogy. *Speech Communication*, *46*(2), 140–152.

Bellman, R. (1957). *Dynamic Programming*. Princeton University Press.

Bennett, C. (2005). Large scale evaluation of corpus-based synthesizers: Results and lessons from the Blizzard Challenge 2005. In *EUROSPEECH-05*, pp. 105–108.

Benoît, C., Grice, M., and Hazan, V. (1996). The SUS test: A method for the assessment of text-to-speech synthesis intelligibility using Semantically Unpredictable Sentences. *Speech Communication*, *18*(4), 381–392.

Berger, A., Della Pietra, S. A., and Della Pietra, V. J. (1996). A maximum entropy approach to natural language processing. *Computational Linguistics*, *22*(1), 39–71.

Berger, A. and Miller, R. (1998). Just-in-time language modeling. In *ICASSP-98*, Vol. II, pp. 705–708.

Bergsma, S. and Lin, D. (2006). Bootstrapping path-based pronoun resolution. In *COLING/ACL 2006*, Sydney, Australia, pp. 33–40.

Bestgen, Y. (2006). Improving text segmentation using Latent Semantic Analysis: A reanalysis of Choi, Wiemer-Hastings, and Moore (2001). *Computational Linguistics*, *32*(1), 5–12.

Bethard, S. and Martin, J. H. (2007). CU-TMP: Temporal relation classification using syntactic and semantics features. In *Proceedings of the 4th International Workshop on Semantic Evaluations*.

Bever, T. G. (1970). The cognitive basis for linguistic structures. In Hayes, J. R. (Ed.), *Cognition and the Development of Language*, pp. 279–352. Wiley.

Biber, D., Johansson, S., Leech, G., Conrad, S., and Finegan, E. (1999). *Longman Grammar of Spoken and Written English*. Pearson ESL, Harlow.

Bickel, B. (2003). Referential density in discourse and syntactic typology. *Language*, *79*(2), 708–736.

Bies, A., Ferguson, M., Katz, K., and MacIntyre, R. (1995) Bracketing Guidelines for Treebank II Style Penn Treebank Project.

Bikel, D. M. (2004). Intricacies of Collins' parsing model. *Computational Linguistics*, *30*(4), 479–511.

Bikel, D. M., Miller, S., Schwartz, R., and Weischedel, R. (1997). Nymble: A high-performance learning name-finder. In *ANLP 1997*, pp. 194–201.

Bikel, D. M., Schwartz, R., and Weischedel, R. (1999). An algorithm that learns what's in a name. *Machine Learning*, *34*, 211–231.

Bilmes, J. (1997). A gentle tutorial on the EM algorithm and its application to parameter estimation for Gaussian mixture and hidden Markov models. Tech. rep. ICSI-TR-97-021, ICSI, Berkeley.

Bilmes, J. (2003). Buried Markov models: A graphical-modeling approach to automatic speech recognition. *Computer Speech and Language*, *17*(2-3).

Bilmes, J. and Bartels, C. (2005). Graphical model architectures for speech recognition. *IEEE Signal Processing Magazine*, *22*(5), 89–100.

Bird, S. and Ellison, T. M. (1994). One-level phonology: Autosegmental representations and rules as finite automata. *Computational Linguistics*, *20*(1), 55–90.

Bird, S. and Loper, E. (2004). NLTK: The Natural Language Toolkit. In *ACL-04*, Barcelona, Spain, pp. 214–217.

Birnbaum, L. and Selfridge, M. (1981). Conceptual analysis of natural language. In Schank, R. C. and Riesbeck, C. K. (Eds.), *Inside Computer Understanding: Five Programs Plus Miniatures*, pp. 318–353. Lawrence Erlbaum.

Bisani, M. and Ney, H. (2002). Investigations on joint-multigram models for grapheme-to-phoneme conversion. In *ICSLP-02*, Vol. 1, pp. 105–108.

Black, A. W. and Hunt, A. J. (1996). Generating F0 contours from ToBI labels using linear regression. In *ICSLP-96*, Vol. 3, pp. 1385–1388.

Black, A. W., Lenzo, K., and Pagel, V. (1998). Issues in building general letter to sound rules. In *3rd ESCA Workshop on Speech Synthesis, Jenolan Caves, Australia*.

Black, A. W. and Taylor, P. (1994). CHATR: A generic speech synthesis system. In *COLING-94*, Kyoto, Vol. II, pp. 983–986.

Black, A. W., Taylor, P., and Caley, R. (1996-1999). The Festival Speech Synthesis System system. `www.cstr.ed.ac.uk/projects/festival.html`.

Black, A. W. and Tokuda, K. (2005). The Blizzard Challenge–2005: Evaluating corpus-based speech synthesis on common datasets. In *EUROSPEECH-05*, pp. 77–80.

Black, E. (1988). An experiment in computational discrimination of English word senses. *IBM Journal of Research and Development*, *32*(2), 185–194.

Black, E., Abney, S. P., Flickinger, D., Gdaniec, C., Grishman, R., Harrison, P., Hindle, D., Ingria, R., Jelinek, F., Klavans, J. L., Liberman, M. Y., Marcus, M. P., Roukos, S., Santorini, B., and Strzalkowski, T. (1991). A procedure for quantitatively comparing the syntactic coverage of English grammars. In *Proceedings DARPA Speech and Natural Language Workshop*, Pacific Grove, CA, pp. 306–311.

Black, E., Jelinek, F., Lafferty, J. D., Magerman, D. M., Mercer, R. L., and Roukos, S. (1992). Towards history-based grammars: Using richer models for probabilistic parsing. In *Proceedings DARPA Speech and Natural Language Workshop*, Harriman, NY, pp. 134–139.

Blackburn, P. and Bos, J. (2005). *Representation and Inference for Natural Language*. CSLI, Stanford, CA.

Blair, C. R. (1960). A program for correcting spelling errors. *Information and Control*, *3*, 60–67.

Blair-Goldensohn, S., McKeown, K. R., and Schlaikjer, A. H. (2004). Answering definitional questions: A hybrid approach. In Maybury, M. T. (Ed.), *New Directions in Question Answering*, pp. 47–58. AAAI Press.

Blaschke, C., Leon, E. A., Krallinger, M., and Valencia, A. (2005). Evaluation of BioCreative assessment of task 2. *BMC Bioinformatics*, *6*(2).

Bledsoe, W. W. and Browning, I. (1959). Pattern recognition and reading by machine. In *1959 Proceedings of the Eastern Joint Computer Conference*, pp. 225–232. Academic Press.

Blei, D. M., Ng, A. Y., and Jordan, M. I. (2003). Latent Dirichlet allocation. *Journal of Machine Learning Research*, *3*(5), 993–1022.

Blevins, J. (1995). The handbook of phonological theory. In Goldsmith, J. (Ed.), *The Syllable in Phonological Theory*. Blackwell.

Blitzer, J., McDonald, R., and Pereira, F. C. N. (2006). Domain adaptation with structural correspondence learning. In *Proceedings of the Conference on Empirical Methods in Natural Language Processing*, Sydney, Australia.

Bloomfield, L. (1914). *An Introduction to the Study of Language*. Henry Holt and Company.

Bloomfield, L. (1933). *Language*. University of Chicago Press.

Blunsom, P. and Baldwin, T. (2006). Multilingual deep lexical acquisition for hpsgs via supertagging. In *EMNLP 2006*.

Bobrow, D. G., Kaplan, R. M., Kay, M., Norman, D. A., Thompson, H., and Winograd, T. (1977). GUS, A frame driven dialog system. *Artificial Intelligence*, *8*, 155–173.

Bobrow, D. G. and Winograd, T. (1977). An overview of KRL, a knowledge representation language. *Cognitive Science*, *1*(1), 3–46.

Bobrow, R. J. and Webber, B. L. (1980). Knowledge representation for syntactic/semantic processing. In *AAAI-80*, Stanford, CA, pp. 316–323. Morgan Kaufmann.

Bock, K. and Loebell, H. (1990). Framing sentences. *Cognition*, *35*, 1–39.

Bod, R. (1993). Using an annotated corpus as a stochastic grammar. In *EACL-93*, pp. 37–44.

Boersma, P. and Hayes, B. (2001). Empirical tests of the gradual learning algorithm. *Linguistic Inquiry*, *32*, 45–86.

Boersma, P. and Weenink, D. (2005). Praat: doing phonetics by computer (version 4.3.14). [Computer program]. Retrieved May 26, 2005, from `http://www.praat.org/`.

Boguraev, B. and Briscoe, T. (Eds.). (1989). *Computational Lexicography for Natural Language Processing*. Longman.

Bohus, D. and Rudnicky, A. I. (2005). Sorry, I didn't catch that! — An investigation of non-understanding errors and recovery strategies. In *Proceedings of SIGDIAL*, Lisbon, Portugal.

Bolinger, D. (1972). Accent is predictable (if you're a mind-reader). *Language*, *48*(3), 633–644.

Bolinger, D. (1981). Two kinds of vowels, two kinds of rhythm. Indiana University Linguistics Club.

Booth, T. L. (1969). Probabilistic representation of formal languages. In *IEEE Conference Record of the 1969 Tenth Annual Symposium on Switching and Automata Theory*, pp. 74–81.

Booth, T. L. and Thompson, R. A. (1973). Applying probability measures to abstract languages. *IEEE Transactions on Computers*, *C-22*(5), 442–450.

Bos, J. (1996). Predicate logic unplugged. In *Proceedings of the Tenth Amsterdam Colloquium*, University of Amsterdam, pp. 133–143.

Bos, J. (2001). *Underspecification and Resolution in Discourse Semantics*. Ph.D. thesis, University of the Saarland.

Bos, J. (2004). Computational semantics in discourse: Underspecification, resolution and inference. *Journal of Logic, Language and Information*, *13*(2), 139–157.

Boser, B. E., Guyon, I. M., and Vapnik, V. N. (1992). A training algorithm for optimal margin classifiers. In *COLT '92*, pp. 144–152.

Bourlard, H. and Morgan, N. (1994). *Connectionist Speech Recognition: A Hybrid Approach*. Kluwer.

Bouwman, G., Sturm, J., and Boves, L. (1999). Incorporating confidence measures in the Dutch train timetable information system developed in the Arise project. In *ICASSP-99*, pp. 493–496.

Brachman, R. J. (1979). On the epistemogical status of semantic networks. In Findler, N. V. (Ed.), *Associative Networks: Representation and Use of Knowledge by Computers*, pp. 3–50. Academic Press.

Brachman, R. J. and Levesque, H. J. (Eds.). (1985). *Readings in Knowledge Representation*. Morgan Kaufmann.

Brachman, R. J. and Schmolze, J. G. (1985). An overview of the KL-ONE knowledge representation system. *Cognitive Science*, *9*(2), 171–216.

Branco, A., McEnery, T., and Mitkov, R. (2002). *Anaphora Processing*. John Benjamins.

Brants, T. (2000). TnT: A statistical part-of-speech tagger. In *ANLP 2000*, Seattle, WA, pp. 224–231.

Brants, T., Chen, F., and Tsochantaridis, I. (2002). Topic-based document segmentation with probabilistic latent semantic analysis. In *CIKM '02: Proceedings of the Conference on Information and Knowledge Management*, pp. 211–218.

Breiman, L., Friedman, J. H., Olshen, R. A., and Stone, C. J. (1984). *Classification and Regression Trees*. Wadsworth & Brooks, Pacific Grove, CA.

Brennan, S. E. (1995). Centering attention in discourse. *Language and Cognitive Processes*, *10*, 137–167.

Brennan, S. E., Friedman, M. W., and Pollard, C. (1987). A centering approach to pronouns. In *ACL-87*, Stanford, CA, pp. 155–162.

Brent, M. R. (1999). An efficient, probabilistically sound algorithm for segmentation and word discovery. *Machine Learning*, *34*(1–3), 71–105.

Bresnan, J. (Ed.). (1982). *The Mental Representation of Grammatical Relations*. MIT Press.

Bresnan, J. and Kaplan, R. M. (1982). Introduction: Grammars as mental representations of language. In Bresnan, J. (Ed.), *The Mental Representation of Grammatical Relations*. MIT Press.

Brew, C. (1992). Letting the cat out of the bag: Generation for shake-and-bake MT. In *COLING-92*, pp. 610–616.

Brill, E. (1995). Transformation-based error-driven learning and natural language processing: A case study in part-of-speech tagging. *Computational Linguistics*, *21*(4), 543–566.

Brill, E. (1997). Unsupervised learning of disambiguation rules for part of speech tagging. Unpublished manuscript.

Brill, E., Dumais, S. T., and Banko, M. (2002). An analysis of the AskMSR question-answering system. In *EMNLP 2002*, pp. 257–264.

Brill, E. and Moore, R. C. (2000). An improved error model for noisy channel spelling correction. In *ACL-00*, Hong Kong, pp. 286–293.

Brill, E. and Resnik, P. (1994). A rule-based approach to prepositional phrase attachment disambiguation. In *COLING-94*, Kyoto, pp. 1198–1204.

Brill, E. and Wu, J. (1998). Classifier combination for improved lexical disambiguation. In *COLING/ACL-98*, Montreal, Canada, pp. 191–195.

Brin, S. (1998). Extracting patterns and relations from the World Wide Web. In *Proceedings World Wide Web and Databases International Workshop, Number 1590 in LNCS*, pp. 172–183. Springer.

Briscoe, T. and Carroll, J. (1993). Generalized probabilistic LR parsing of natural language (corpora) with unification-based grammars. *Computational Linguistics*, *19*(1), 25–59.

Bromberger, S. and Halle, M. (1989). Why phonology is different. *Linguistic Inquiry*, *20*, 51–70.

Brookes, D. M. and Loke, H. P. (1999). Modelling energy flow in the vocal tract with applications to glottal closure and opening detection. In *ICASSP-99*, pp. 213–216.

Broschart, J. (1997). Why Tongan does it differently. *Linguistic Typology*, *1*, 123–165.

Browman, C. P. and Goldstein, L. (1992). Articulatory phonology: An overview. *Phonetica*, *49*, 155–180.

Browman, C. P. and Goldstein, L. (1995). Dynamics and articulatory phonology. In Port, R. and v. Gelder, T. (Eds.), *Mind as Motion: Explorations in the Dynamics of Cognition*, pp. 175–193. MIT Press.

Brown, J. S. and Burton, R. R. (1975). Multiple representations of knowledge for tutorial reasoning. In Bobrow, D. G. and Collins, A. (Eds.), *Representation and Understanding*, pp. 311–350. Academic Press.

Brown, P. F., Cocke, J., Della Pietra, S. A., Della Pietra, V. J., Jelinek, F., Lai, J. C., and Mercer, R. L. (1995). Method and system for natural language translation. U.S. Patent 5,477,451.

Brown, P. F., Cocke, J., Della Pietra, S. A., Della Pietra, V. J., Jelinek, F., Lafferty, J. D., Mercer, R. L., and Roossin, P. S. (1990). A statistical approach to machine translation. *Computational Linguistics*, *16*(2), 79–85.

Brown, P. F., Della Pietra, S. A., Della Pietra, V. J., Lai, J. C., and Mercer, R. L. (1992). An estimate of an upper bound for the entropy of English. *Computational Linguistics*, *18*(1), 31–40.

Brown, P. F., Della Pietra, S. A., Della Pietra, V. J., and Mercer, R. L. (1993). The mathematics of statistical machine translation: Parameter estimation. *Computational Linguistics*, *19*(2), 263–311.

Brown, P. F., Della Pietra, V. J., de Souza, P. V., Lai, J. C., and Mercer, R. L. (1992). Class-based *n*-gram models of natural language. *Computational Linguistics*, *18*(4), 467–479.

Brown, P. F., Lai, J. C., and Mercer, R. L. (1991). Aligning sentences in parallel corpora. In *ACL-91*, Berkeley, CA, pp. 169–176.

Bruce, R. and Wiebe, J. (1994). Word-sense disambiguation using decomposable models. In *ACL-94*, Las Cruces, NM, pp. 139–145.

Budanitsky, A. and Hirst, G. (2001). Semantic distance in WordNet: An experimental, application-oriented evaluation of five measures. In *Proceedings of the NAACL 2001 Workshop on WordNet and Other Lexical Resources*, Pittsburgh, PA.

Budanitsky, A. and Hirst, G. (2006). Evaluating WordNet-based measures of lexical semantic relatedness. *Computational Linguistics*, *32*(1), 13–47.

Bulut, M., Narayanan, S. S., and Syrdal, A. K. (2002). Expressive speech synthesis using a concatenative synthesizer. In *ICSLP-02*.

Bulyko, I., Kirchhoff, K., Ostendorf, M., and Goldberg, J. (2005). Error-sensitive response generation in a spoken language dialogue system. *Speech Communication*, *45*(3), 271–288.

Bulyko, I. and Ostendorf, M. (2001). Unit selection for speech synthesis using splicing costs with weighted finite state transducers. In *EUROSPEECH-01*, Vol. 2, pp. 987–990.

Bulyko, I., Ostendorf, M., and Stolcke, A. (2003). Getting more mileage from web text sources for conversational speech language modeling using class-dependent mixtures. In *HLT-NAACL-03*, Edmonton, Canada, Vol. 2, pp. 7–9.

Bunescu, R. C. and Mooney, R. J. (2005). A shortest path dependency kernel for relation extraction. In *HLT-EMNLP-05*, Vancouver, British Columbia, Canada, pp. 724–731.

Bunt, H. (1994). Context and dialogue control. *Think*, *3*, 19–31.

Bunt, H. (2000). Dynamic interpretation and dialogue theory, volume 2. In Taylor, M. M., Neel, F., and Bouwhuis, D. G. (Eds.), *The Structure of Multimodal Dialogue*, pp. 139–166. John Benjamins.

Bybee, J. L. (2000). The phonology of the lexicon: evidence from lexical diffusion. In Barlow, M. and Kemmer, S. (Eds.), *Usage-based Models of Language*, pp. 65–85. CSLI, Stanford.

Byrd, R. H., Lu, P., and Nocedal, J. (1995). A limited memory algorithm for bound constrained optimization. *SIAM Journal on Scientific and Statistical Computing*, *16*, 1190–1208.

Byrd, R. J. and Chodorow, M. S. (1985). Using an on-line dictionary to find rhyming words and pronunciations for unknown words. In *ACL-85*, pp. 277–283.

Cahn, J. E. (1990). The generation of affect in synthesized speech. In *Journal of the American Voice I/O Society*, Vol. 8, pp. 1–19.

Calder, J. (1987). Typed unification for natural language processing. In Kahn, G., MacQueen, D., and Plotkin, G. (Eds.), *Categories, Polymorphism, and Unification*. Centre for Cognitive Science, University of Edinburgh, Edinburgh, Scotland.

Callison-Burch, C., Osborne, M., and Koehn, P. (2006). Re-evaluating the role of BLEU in machine translation research. In *EACL-06*.

Callison-Burch, C., Talbot, D., and Osborne, M. (2005). Statistical marchine translation with word- and sentences-aligned parallel corpora. In *ACL-05*, pp. 176–183.

Cao, X. (1792). *The Story of the Stone*. (Also known as *The Dream of the Red Chamber*). Penguin Classics. First published in Chinese in 1792, translated into English by David Hawkes and published by Penguin in 1973.

Caraballo, S. A. (1999). Automatic construction of a hypernym-labeled noun hierarchy from text. In *ACL-99*, College Park, MD.

Caraballo, S. A. (2001). *Automatic Acquisition of a Hypernym-Labeled Noun Hierarchy from Text*. Ph.D. thesis, Brown University.

Caramazza, A., Grober, E., Garvey, C., and Yates, J. (1977). Comprehension of anaphoric pronouns. *Journal of Verbal Learning and Verbal Behaviour*, *16*, 601–609.

Carberry, S. (1990). *Plan Recognition in Natural Language Dialog*. MIT Press.

Carbonell, J. (1982). Metaphor: An inescapable phenomenon in natural language comprehension. In Lehnert, W. G. and Ringle, M. (Eds.), *Strategies for Natural Language Processing*, pp. 415–434. Lawrence Erlbaum.

Carbonell, J., Cullingford, R. E., and Gershman, A. V. (1981). Steps toward knowledge-based machine translation. *IEEE Transactions on Pattern Analysis and Machine Intelligence*, *3*(4), 376–392.

Carbonell, J. and Goldstein, J. (1998). The use of mmr, diversity-based reranking for reordering documents and producing summaries. In *SIGIR-98*, pp. 335–336.

Carbonell, J., Mitamura, T., and Nyberg, E. H. (1992). The KANT perspective: A critique of pure transfer (and pure interlingua, pure statistics, ...). In *International Conference on Theoretical and Methodological Issues in Machine Translation*.

Cardie, C. (1993). A case-based approach to knowledge acquisition for domain specific sentence analysis. In *AAAI-93*, pp. 798–803. AAAI Press.

Cardie, C. (1994). *Domain-Specific Knowledge Acquisition for Conceptual Sentence Analysis*. Ph.D. thesis, University of Massachusetts, Amherst, MA. Available as CMPSCI Technical Report 94-74.

Cardie, C., Daelemans, W., Nédellec, C., and Tjong Kim Sang, E. F. (Eds.). (2000). *CoNLL-00*, Lisbon, Portugal.

Cardie, C. and Wagstaff, K. (1999). Noun phrase coreference as clustering. In *EMNLP/VLC-99*, College Park, MD.

Carletta, J., Dahlbäck, N., Reithinger, N., and Walker, M. A. (1997a). Standards for dialogue coding in natural language processing. Tech. rep. 167, Dagstuhl Seminars. Report from Dagstuhl seminar number 9706.

Carletta, J., Isard, A., Isard, S., Kowtko, J. C., Doherty-Sneddon, G., and Anderson, A. H. (1997b). The reliability of a dialogue structure coding scheme. *Computational Linguistics*, *23*(1), 13–32.

Carlson, L. and Marcu, D. (2001). Discourse tagging manual. Tech. rep. ISI-TR-545, ISI.

Carlson, L., Marcu, D., and Okurowski, M. E. (2001). Building a discourse-tagged corpus in the framework of rhetorical structure theory. In *Proceedings of SIGDIAL*.

Carlson, L., Marcu, D., and Okurowski, M. E. (2002). Building a discourse-tagged corpus in the framework of rhetorical structure theory. In van Kuppevelt, J. and Smith, R. (Eds.), *Current Directions in Discourse and Dialogue*. Kluwer.

Carpenter, B. (1991). The generative power of categorial grammars and head-driven phrase structure grammars with lexical rules. *Computational Linguistics*, *17*(3), 301–313.

Carpenter, B. (1992). *The Logic of Typed Feature Structures*. Cambridge University Press.

Carpenter, B. and Penn, G. (1994). The Attribute Logic Engine User's Guide Version 2.0.1. Tech. rep., Carnegie Mellon University.

Carpuat, M. and Wu, D. (2007). Improving statistical machine translation using word sense disambiguation. In *EMNLP/CoNLL 2007*, Prague, Czech Republic, pp. 61–72.

Carroll, G. and Charniak, E. (1992). Two experiments on learning probabilistic dependency grammars from corpora. Tech. rep. CS-92-16, Brown University.

Carroll, J., Briscoe, T., and Sanfilippo, A. (1998). Parser evaluation: A survey and a new proposal. In *LREC-98*, Granada, Spain, pp. 447–454.

Cedergren, H. J. and Sankoff, D. (1974). Variable rules: performance as a statistical reflection of competence. *Language*, *50*(2), 333–355.

Chafe, W. L. (1976). Givenness, contrastiveness, definiteness, subjects, topics, and point of view. In Li, C. N. (Ed.), *Subject and Topic*, pp. 25–55. Academic Press.

Chan, Y. S., Ng, H. T., and Chiang, D. (2007). Word sense disambiguation improves statistical machine translation. In *ACL-07*, Prague, Czech Republic, pp. 33–40.

Chandioux, J. (1976). MÉTÉO: un système opérationnel pour la traduction automatique des bulletins météorologiques destinés au grand public. *Meta*, *21*, 127–133.

Chandler, S. (1991). Metaphor comprehension: A connectionist approach to implications for the mental lexicon. *Metaphor and Symbolic Activity*, *6*(4), 227–258.

Chang, N., Gildea, D., and Narayanan, S. (1998). A dynamic model of aspectual composition. In *COGSCI-98*, Madison, WI, pp. 226–231. Lawrence Erlbaum.

Charniak, E. (1993). *Statistical Language Learning*. MIT Press.

Charniak, E. (1997). Statistical parsing with a context-free grammar and word statistics. In *AAAI-97*, pp. 598–603. AAAI Press.

Charniak, E. (2000). A maximum-entropy-inspired parser. In *NAACL 2000*, Seattle, Washington, pp. 132–139.

Charniak, E. (2001). Immediate-head parsing for language models. In *ACL-01*, Toulouse, France.

Charniak, E. and Goldman, R. (1988). A logic for semantic interpretation. In *ACL-88*, Buffalo, NY.

Charniak, E., Hendrickson, C., Jacobson, N., and Perkowitz, M. (1993). Equations for part-of-speech tagging. In *AAAI-93*, Washington, D.C., pp. 784–789. AAAI Press.

Charniak, E. and Johnson, M. (2005). Coarse-to-fine *n*-best parsing and MaxEnt discriminative reranking. In *ACL-05*, Ann Arbor.

Charniak, E. and McDermott, D. (1985). *Introduction to Artificial Intelligence*. Addison Wesley.

Charniak, E. and Shimony, S. E. (1990). Probabilistic semantics for cost based abduction. In Dietterich, T. S. W. (Ed.), *AAAI-90*, pp. 106–111. MIT Press.

Chelba, C. and Jelinek, F. (2000). Structured language modeling. *Computer Speech and Language*, *14*, 283–332.

Chen, J. N. and Chang, J. S. (1998). Topical clustering of MRD senses based on information retrieval techniques. *Computational Linguistics*, *24*(1), 61–96.

Chen, J. and Rambow, O. (2003). Use of deep linguistic features for the recognition and labeling of semantic arguments. In *EMNLP 2003*, pp. 41–48.

Chen, S. F. (2003). Conditional and joint models for grapheme-to-phoneme conversion. In *EUROSPEECH-03*.

Chen, S. F. and Goodman, J. (1996). An empirical study of smoothing techniques for language modeling. In *ACL-96*, Santa Cruz, CA, pp. 310–318.

Chen, S. F. and Goodman, J. (1998). An empirical study of smoothing techniques for language modeling. Tech. rep. TR-10-98, Computer Science Group, Harvard University.

Chen, S. F. and Goodman, J. (1999). An empirical study of smoothing techniques for language modeling. *Computer Speech and Language*, *13*, 359–394.

Chen, S. F. and Rosenfeld, R. (2000). A survey of smoothing techniques for ME models. *IEEE Transactions on Speech and Audio Processing*, *8*(1), 37–50.

Chen, S. F., Seymore, K., and Rosenfeld, R. (1998). Topic adaptation for language modeling using unnormalized exponential models. In *ICASSP-98*, pp. 681–684.

Chen, Y. and Martin, J. H. (2007). CU-COMSEM: Exploring rich features for unsupervised web personal name disambiguation. In *Proceedings of the 4th International Workshop on Semantic Evaluations*.

Chi, Z. (1999). Statistical properties of probabilistic context-free grammars. *Computational Linguistics*, *25*(1), 131–160.

Chiang, D. (2005). A hierarchical phrase-based model for statistical machine translation. In *ACL-05*, Ann Arbor, MI, pp. 263–270.

Chierchia, G. and McConnell-Ginet, S. (1991). *Meaning and Grammar*. MIT Press.

Chinchor, N., Hirschman, L., and Lewis, D. L. (1993). Evaluating Message Understanding systems: An analysis of the third Message Understanding Conference. *Computational Linguistics*, *19*(3), 409–449.

Chklovski, T. and Mihalcea, R. (2003). Exploiting agreement and disagreement of human annotators for word sense disambiguation. In *RANLP 2003*.

Chklovski, T. and Pantel, P. (2004). Verb ocean: Mining the Web for fine-grained semantic verb relations. In *EMNLP 2004*, pp. 25–26.

Choi, F. Y. Y. (2000). Advances in domain independent linear text segmentation. In *NAACL 2000*, pp. 26–33.

Choi, F. Y. Y., Wiemer-Hastings, P., and Moore, J. D. (2001). Latent semantic analysis for text segmentation. In *EMNLP 2001*, pp. 109–117.

Chomsky, N. (1956). Three models for the description of language. *IRE Transactions on Information Theory, 2*(3), 113–124.

Chomsky, N. (1956/1975). *The Logical Structure of Linguistic Theory*. Plenum.

Chomsky, N. (1957). *Syntactic Structures*. Mouton, The Hague.

Chomsky, N. (1959a). On certain formal properties of grammars. *Information and Control, 2*, 137–167.

Chomsky, N. (1959b). A review of B. F. Skinner's "Verbal Behavior". *Language, 35*, 26–58.

Chomsky, N. (1963). Formal properties of grammars. In Luce, R. D., Bush, R., and Galanter, E. (Eds.), *Handbook of Mathematical Psychology*, Vol. 2, pp. 323–418. Wiley.

Chomsky, N. (1965). *Aspects of the Theory of Syntax*. MIT Press.

Chomsky, N. (1969). Quine's empirical assumptions. In Davidson, D. and Hintikka, J. (Eds.), *Words and Objections. Essays on the Work of W. V. Quine*, pp. 53–68. D. Reidel.

Chomsky, N. (1981). *Lectures on Government and Binding*. Foris.

Chomsky, N. and Halle, M. (1968). *The Sound Pattern of English*. Harper and Row.

Chomsky, N. and Miller, G. A. (1958). Finite-state languages. *Information and Control, 1*, 91–112.

Chomsky, N. and Miller, G. A. (1963). Introduction to the formal analysis of natural languages. In Luce, R. D., Bush, R., and Galanter, E. (Eds.), *Handbook of Mathematical Psychology*, Vol. 2, pp. 269–322. Wiley.

Chou, W., Lee, C.-H., and Juang, B. H. (1993). Minimum error rate training based on *n*-best string models. In *ICASSP-93*, pp. 2.652–655.

Christiansen, M. H., Allen, J., and Seidenberg, M. S. (1998). Learning to segment speech using multiple cues: A connectionist model. *Language and Cognitive Processes, 13*(2), 221–268.

Chu-Carroll, J. (1998). A statistical model for discourse act recognition in dialogue interactions. In Chu-Carroll, J. and Green, N. (Eds.), *Applying Machine Learning to Discourse Processing. Papers from the 1998 AAAI Spring Symposium*. Tech. rep. SS-98-01, pp. 12–17. AAAI Press.

Chu-Carroll, J. and Brown, M. K. (1997). Tracking initiative in collaborative dialogue interactions. In *ACL/EACL-97*, Madrid, Spain, pp. 262–270.

Chu-Carroll, J. and Carberry, S. (1998). Collaborative response generation in planning dialogues. *Computational Linguistics, 24*(3), 355–400.

Chu-Carroll, J. and Carpenter, B. (1999). Vector-based natural language call routing. *Computational Linguistics, 25*(3), 361–388.

Chung, G. (2004). Developing a flexible spoken dialog system using simulation. In *ACL-04*, Barcelona, Spain.

Church, A. (1940). A formulation of a simple theory of types. *Journal of Symbolic Logic, 5*, 56–68.

Church, K. W. (1983). *Phrase-Structure Parsing: A Method for Taking Advantage of Allophonic Constraints*. Ph.D. thesis, MIT.

Church, K. W. (1980). *On Memory Limitations in Natural Language Processing* Master's thesis, MIT. Distributed by the Indiana University Linguistics Club.

Church, K. W. (1988). A stochastic parts program and noun phrase parser for unrestricted text. In *ANLP 1988*, pp. 136–143.

Church, K. W. and Gale, W. A. (1991). A comparison of the enhanced Good-Turing and deleted estimation methods for estimating probabilities of English bigrams. *Computer Speech and Language, 5*, 19–54.

Church, K. W., Gale, W. A., and Kruskal, J. B. (1991). Appendix A: the Good-Turing theorem. In *Computer Speech and Language* (Church and Gale, 1991), pp. 19–54.

Church, K. W. and Hanks, P. (1989). Word association norms, mutual information, and lexicography. In *ACL-89*, Vancouver, B.C., pp. 76–83.

Church, K. W. and Hanks, P. (1990). Word association norms, mutual information, and lexicography. *Computational Linguistics, 16*(1), 22–29.

Church, K. W., Hart, T., and Gao, J. (2007). Compressing trigram language models with Golomb coding. In *EMNLP/CoNLL 2007*, pp. 199–207.

Church, K. W. and Patil, R. (1982). Coping with syntactic ambiguity. *American Journal of Computational Linguistics, 8*(3-4), 139–149.

Ciaramita, M. and Johnson, M. (2000). Explaining away ambiguity: Learning verb selectional preference with Bayesian networks. In *COLING-00*, pp. 187–193.

Ciaramita, M. and Johnson, M. (2003). Supersense tagging of unknown nouns in WordNet. In *EMNLP-2003*, pp. 168–175.

Cieri, C., Miller, D., and Walker, K. (2004). The Fisher corpus: A resource for the next generations of speech-to-text. In *LREC-04*.

Clark, A. (2000). Inducing syntactic categories by context distribution clustering. In *CoNLL-00*.

Clark, A. (2001). The unsupervised induction of stochastic context-free grammars using distributional clustering. In *CoNLL-01*.

Clark, A. (2002). Memory-based learning of morphology with stochastic transducers. In *ACL-02*, Philadelphia, PA, pp. 513–520.

Clark, H. H. (1994). Discourse in production. In Gernsbacher, M. A. (Ed.), *Handbook of Psycholinguistics*. Academic Press.

Clark, H. H. (1996). *Using Language*. Cambridge University Press.

Clark, H. H. and Clark, E. V. (1977). *Psychology and Language*. Harcourt Brace Jovanovich.

Clark, H. H. and Fox Tree, J. E. (2002). Using uh and um in spontaneous speaking. *Cognition, 84*, 73–111.

Clark, H. H. and Marshall, C. (1981). Definite reference and mutual knowledge. In Joshi, A. K., Webber, B. L., and Sag, I. A. (Eds.), *Elements of Discourse Understanding*, pp. 10–63. Cambridge.

Clark, H. H. and Schaefer, E. F. (1989). Contributing to discourse. *Cognitive Science, 13*, 259–294.

Clark, H. H. and Sengal, C. J. (1979). In search of referents for nouns and pronouns. *Memory and Cognition, 7*, 35–41.

Clark, H. H. and Wilkes-Gibbs, D. (1986). Referring as a collaborative process. *Cognition, 22*, 1–39.

Clark, J. and Yallop, C. (1995). *An Introduction to Phonetics and Phonology* (2nd Ed.). Blackwell.

Clark, S. and Curran, J. R. (2004a). The importance of supertagging for wide-coverage CCG parsing. In *COLING-04*, pp. 282–288.

Clark, S. and Curran, J. R. (2004b). Parsing the WSJ using CCG and log-linear models. In *ACL-04*, pp. 104–111.

Clarke, J. and Lapata, M. (2006). Models for sentence compression: A comparison across domains, training requirements and evaluation measures. In *COLING/ACL 2006*, pp. 377–384.

Clarke, J. and Lapata, M. (2007). Modelling compression with discourse constraints. In *EMNLP/CoNLL 2007*, Prague, pp. 667–677.

Clarkson, P. R. and Rosenfeld, R. (1997). Statistical language modeling using the CMU-Cambridge toolkit. In *EUROSPEECH-97*, Vol. 1, pp. 2707–2710.

CMU (1993). The Carnegie Mellon Pronouncing Dictionary v0.1. Carnegie Mellon University.

Coccaro, N. and Jurafsky, D. (1998). Towards better integration of semantic predictors in statistical language modeling. In *ICSLP-98*, Sydney, Vol. 6, pp. 2403–2406.

Cohen, J., Kamm, T., and Andreou, A. (1995). Vocal tract normalization in speech recognition: Compensating for systematic speaker variability. *JASA*, 97(5), 3246–3247.

Cohen, K. B., Dolbey, A., Mensah, A. G., and Hunter, L. (2002). Contrast and variability in gene names. In *Proceedings of the ACL Workshop on Natural Language Processing in the Biomedical Domain*, pp. 14–20.

Cohen, K. B. and Hunter, L. (2004). Natural language processing and systems biology. In Dubitzky, W. and Azuaje, F. (Eds.), *Artificial Intelligence Methods and Tools for Systems Biology*, pp. 147–174. Springer.

Cohen, K. B. and Hunter, L. (2006). A critical review of PAS-Bio's argument structures for biomedical verbs. *BMC Bioinformatics*, 7(Suppl 3).

Cohen, M. H. (1989). *Phonological Structures for Speech Recognition*. Ph.D. thesis, University of California, Berkeley.

Cohen, M. H., Giangola, J. P., and Balogh, J. (2004). *Voice User Interface Design*. Addison-Wesley.

Cohen, P. R. (1995). *Empirical Methods for Artificial Intelligence*. MIT Press.

Cohen, P. R., Johnston, M., McGee, D., Oviatt, S. L., Clow, J., and Smith, I. (1998). The efficiency of multimodal interaction: A case study. In *ICSLP-98*, Sydney, pp. 249–252.

Cohen, P. R. and Oviatt, S. L. (1994). The role of voice in human-machine communication. In Roe, D. B. and Wilpon, J. G. (Eds.), *Voice Communication Between Humans and Machines*, pp. 34–75. National Academy Press, Washington, D.C.

Cohen, P. R. and Perrault, C. R. (1979). Elements of a plan-based theory of speech acts. *Cognitive Science*, 3(3), 177–212.

Cohen, W. W., Schapire, R. E., and Singer, Y. (1999). Learning to order things. *Journal of Artificial Intelligence Research*, 10, 243–270.

Coker, C., Umeda, N., and Browman, C. P. (1973). Automatic synthesis from ordinary English test. *IEEE Transactions on Audio and Electroacoustics*, 21(3), 293–298.

Colby, K. M., Weber, S., and Hilf, F. D. (1971). Artificial paranoia. *Artificial Intelligence*, 2(1), 1–25.

Cole, J. S. and Kisseberth, C. W. (1995). Restricting multi-level constraint evaluation. Rutgers Optimality Archive ROA-98.

Cole, R. A. (1973). Listening for mispronunciations: A measure of what we hear during speech. *Perception and Psychophysics*, 13, 153–156.

Cole, R. A. and Jakimik, J. (1980). A model of speech perception. In Cole, R. A. (Ed.), *Perception and Production of Fluent Speech*, pp. 133–163. Lawrence Erlbaum.

Cole, R. A., Novick, D. G., Vermeulen, P. J. E., Sutton, S., Fanty, M., Wessels, L. F. A., de Villiers, J. H., Schalkwyk, J., Hansen, B., and Burnett, D. (1997). Experiments with a spoken dialogue system for taking the US census. *Speech Communication*, 23, 243–260.

Cole, R. A., Novick, D. G., Burnett, D., Hansen, B., Sutton, S., and Fanty, M. (1994). Towards automatic collection of the U.S. census. In *ICASSP-94*, Adelaide, Australia, Vol. I, pp. 93–96.

Cole, R. A. and Rudnicky, A. I. (1983). What's new in speech perception? The research and ideas of William Chandler Bagley. *Psychological Review*, 90(1), 94–101.

Coleman, J. (2005). *Introducing Speech and Language Processing*. Cambridge University Press.

Coleman, J. and Pierrehumbert, J. B. (1997). Stochastic phonological grammars and acceptability. In *Proceedings of ACL SIGPHON*.

Collins, M. (1996). A new statistical parser based on bigram lexical dependencies. In *ACL-96*, Santa Cruz, CA, pp. 184–191.

Collins, M. (1997). Three generative, lexicalised models for statistical parsing. In *ACL/EACL-97*, Madrid, Spain, pp. 16–23.

Collins, M. (1999). *Head-Driven Statistical Models for Natural Language Parsing*. Ph.D. thesis, University of Pennsylvania, Philadelphia.

Collins, M. (2000). Discriminative reranking for natural language parsing. In *ICML 2000*, Stanford, CA, pp. 175–182.

Collins, M. (2003). Head-driven statistical models for natural language parsing. *Computational Linguistics*, 29(4), 589–637.

Collins, M., Hajič, J., Ramshaw, L. A., and Tillmann, C. (1999). A statistical parser for Czech. In *ACL-99*, College Park, MA, pp. 505–512.

Collins, M. and Koo, T. (2005). Discriminative reranking for natural language parsing. *Computational Linguistics*, 31(1), 25–69.

Colmerauer, A. (1970). Les systèmes-q ou un formalisme pour analyser et synthétiser des phrase sur ordinateur. Internal publication 43, Département d'informatique de l'Université de Montréal.

Colmerauer, A. (1975). Les grammaires de métamorphose GIA. Internal publication, Groupe Intelligence artificielle, Faculté des Sciences de Luminy, Université Aix-Marseille II, France, Nov 1975. English version, Metamorphosis grammars. In L. Bolc, (Ed.). 1978. *Natural Language Communication with Computers, Lecture Notes in Computer Science 63*, Springer Verlag, pp. 133–189.

Colmerauer, A. and Roussel, P. (1996). The birth of Prolog. In Bergin, Jr., T. J. and Gibson, Jr., R. G. (Eds.), *History of Programming Languages – II*, pp. 331–352. ACM Press.

Comrie, B. (1989). *Language Universals and Linguistic Typology* (2nd Ed.). Blackwell.

Conkie, A. and Isard, S. (1996). Optimal coupling of diphones. In van Santen, J. P. H., Sproat, R., Olive, J. P., and Hirschberg, J. (Eds.), *Progress in Speech Synthesis*. Springer.

Connine, C. M. (1990). Effects of sentence context and lexical knowledge in speech processing. In Altmann, G. T. M. (Ed.), *Cognitive Models of Speech Processing*, pp. 281–294. MIT Press.

Connine, C. M. and Clifton, C. (1987). Interactive use of lexical information in speech perception. *Journal of Experimental Psychology: Human Perception and Performance*, *13*, 291–299.

Connolly, D., Burger, J. D., and Day, D. S. (1994). A machine learning approach to anaphoric reference. In *Proceedings of the International Conference on New Methods in Language Processing (NeMLaP)*.

Conroy, J. M., Schlesinger, J. D., and Goldstein, J. (2006). Classy tasked based summarization: Back to basics. In *Proceedings of the Document Understanding Conference (DUC-06)*.

Cooley, J. W. and Tukey, J. W. (1965). An algorithm for the machine calculation of complex Fourier series. *Mathematics of Computation*, *19*(90), 297–301.

Cooper, F. S., Liberman, A. M., and Borst, J. M. (1951). The interconversion of audible and visible patterns as a basis for research in the perception of speech. *Proceedings of the National Academy of Sciences*, *37*(5), 318–325.

Cooper, R. (1983). *Quantification and Syntactic Theory*. Reidel, Dordrecht.

Copestake, A. (2002). *Implementing Typed Feature Structure Grammars*. CSLI, Stanford, CA.

Copestake, A. and Briscoe, T. (1995). Semi-productive polysemy and sense extension. *Journal of Semantics*, *12*(1), 15–68.

Copestake, A., Flickinger, D., Malouf, R., Riehemann, S., and Sag, I. A. (1995). Translation using minimal recursion semantics. In *Proceedings of the 6th International Conference on Theoretical and Methodological Issues in Machine Translation*, University of Leuven, Belgium, pp. 15–32.

Core, M., Ishizaki, M., Moore, J. D., Nakatani, C., Reithinger, N., Traum, D. R., and Tutiya, S. (1999). The Report of the 3rd workshop of the Discourse Resource Initiative. Tech. rep. No.3 CC-TR-99-1, Chiba Corpus Project, Chiba, Japan.

Corston-Oliver, S. H. (1998). Identifying the linguistic correlates of rhetorical relations. In *Workshop on Discourse Relations and Discourse Markers*, pp. 8–14.

Cottrell, G. W. (1985). *A Connectionist Approach to Word Sense Disambiguation*. Ph.D. thesis, University of Rochester, Rochester, NY. Revised version published by Pitman, 1989.

Cover, T. M. and King, R. C. (1978). A convergent gambling estimate of the entropy of English. *IEEE Transactions on Information Theory*, *24*(4), 413–421.

Cover, T. M. and Thomas, J. A. (1991). *Elements of Information Theory*. Wiley.

Cowie, J., Guthrie, J. A., and Guthrie, L. M. (1992). Lexical disambiguation using simulated annealing. In *COLING-92*, Nantes, France, pp. 359–365.

Cowper, E. A. (1976). *Constraints on Sentence Complexity: A Model for Syntactic Processing*. Ph.D. thesis, Brown University, Providence, RI.

Crawley, R. A., Stevenson, R. J., and Kleinman, D. (1990). The use of heuristic strategies in the interpretation of pronouns. *Journal of Psycholinguistic Research*, *19*, 245–264.

Crestani, F., Lemas, M., van Rijsbergen, C. J., and Campbell, I. (1998). "Is This Document Relevant? . . . Probably": A survey of probabilistic models in information retrieval. *ACM Computing Surveys*, *30*(4), 528–552.

Croft, W. (1990). *Typology and Universals*. Cambridge University Press.

Croft, W. (1995). Intonation units and grammatical structure. *Linguistics*, *33*, 839–882.

Crouch, C. J. and Yang, B. (1992). Experiments in automatic statistical thesaurus construction. In *SIGIR-92*, Copenhagen, Denmark, pp. 77–88.

Cruse, D. A. (2004). *Meaning in Language: an Introduction to Semantics and Pragmatics*. Oxford University Press. Second edition.

Crystal, D. (1969). *Prosodic Systems and Intonation in English*. Cambridge University Press.

Cuayáhuitl, H., Renals, S., Lemon, O., and Shimodaira, H. (2007). Hierarchical dialogue optimization using semi-Markov decision processes. In *INTERSPEECH-07*.

Culicover, P. W. and Jackendoff, R. (2005). *Simpler Syntax*. Oxford University Press.

Cullingford, R. E. (1981). SAM. In Schank, R. C. and Riesbeck, C. K. (Eds.), *Inside Computer Understanding: Five Programs Plus Miniatures*, pp. 75–119. Lawrence Erlbaum.

Culotta, A. and Sorensen, J. (2004). Dependency tree kernels for relation extraction. In *ACL-04*.

Culy, C. (1985). The complexity of the vocabulary of Bambara. *Linguistics and Philosophy*, *8*, 345–351.

Curran, J. R. (2003). *From Distributional to Semantic Similarity*. Ph.D. thesis, University of Edinburgh.

Curran, J. R. and Moens, M. (2002). Improvements in automatic thesaurus extraction. In *Proceedings of the ACL-02 Workshop on Unsupervised Lexical Acquisition*, Philadelphia, PA, pp. 59–66.

Cutler, A. (1986). Forbear is a homophone: Lexical prosody does not constrain lexical access. *Language and Speech*, *29*, 201–219.

Cutler, A. and Carter, D. M. (1987). The predominance of strong initial syllables in the English vocabulary. *Computer Speech and Language*, *2*, 133–142.

Cutler, A. and Norris, D. (1988). The role of strong syllables in segmentation for lexical access. *Journal of Experimental Psychology: Human Perception and Performance*, *14*, 113–121.

Cutting, D., Kupiec, J., Pedersen, J., and Sibun, P. (1992a). A practical part-of-speech tagger. In *ANLP 1992*, pp. 133–140.

Cutting, D., Karger, D. R., Pedersen, J., and Tukey, J. W. (1992b). Scatter/gather: A cluster-based approach to browsing large document collections. In *SIGIR-92*, Copenhagen, Denmark, pp. 318–329.

Daelemans, W., Smedt, K. D., and Gazdar, G. (1992). Inheritance in natural language processing. *Computational Linguistics*, *18*(2), 205–218.

Daelemans, W. and van den Bosch, A. (1997). Language-independent data-oriented grapheme-to-phoneme conversion. In van Santen, J. P. H., Sproat, R., Olive, J. P., and Hirschberg, J. (Eds.), *Progress in Speech Synthesis*, pp. 77–89. Springer.

Daelemans, W., Zavrel, J., Berck, P., and Gillis, S. (1996). MBT: A memory based part of speech tagger-generator. In Ejerhed, E. and Dagan, I. (Eds.), *Proceedings of the 4th Workshop on Very Large Corpora*, pp. 14–27.

Dagan, I. (2000). Contextual word similarity. In Dale, R., Moisl, H., and Somers, H. L. (Eds.), *Handbook of Natural Language Processing*. Marcel Dekker.

Dagan, I., Lee, L., and Pereira, F. C. N. (1999). Similarity-based models of cooccurrence probabilities. *Machine Learning*, *34*(1–3), 43–69.

Dagan, I., Marcus, S., and Markovitch, S. (1993). Contextual word similarity and estimation from sparse data. In *ACL-93*, Columbus, Ohio, pp. 164–171.

Dagan, I., Pereira, F. C. N., and Lee, L. (1994). Similarity-base estimation of word cooccurrence probabilities. In *ACL-94*, Las Cruces, NM, pp. 272–278.

Daly, N. A. and Zue, V. W. (1992). Statistical and linguistic analyses of F_0 in read and spontaneous speech. In *ICSLP-92*, Vol. 1, pp. 763–766.

Damerau, F. J. (1964). A technique for computer detection and correction of spelling errors. *Communications of the ACM*, *7*(3), 171–176.

Damerau, F. J. and Mays, E. (1989). An examination of undetected typing errors. *Information Processing and Management*, *25*(6), 659–664.

Damper, R. I., Marchand, Y., Adamson, M. J., and Gustafson, K. (1999). Evaluating the pronunciation component of text-to-speech systems for English: A performance comparison of different approaches. *Computer Speech and Language*, *13*(2), 155–176.

Dang, H. T. (2006). Overview of DUC 2006. In *Proceedings of the Document Understanding Conference (DUC-06)*.

Danieli, M. and Gerbino, E. (1995). Metrics for evaluating dialogue strategies in a spoken language system. In *Proceedings of the 1995 AAAI Spring Symposium on Empirical Methods in Discourse Interpretation and Generation*, Stanford, CA, pp. 34–39. AAAI Press.

Darroch, J. N. and Ratcliff, D. (1972). Generalized iterative scaling for log-linear models. *The Annals of Mathematical Statistics*, *43*(5), 1470–1480.

Daumé III, H. and Marcu, D. (2002). A noisy-channel model for document compression. In *ACL-02*.

Daumé III, H. and Marcu, D. (2005). Induction of word and phrase alignments for automatic document summarization. *Computational Linguistics*, *31*(4), 505–530.

Daumé III, H. and Marcu, D. (2006). Bayesian query-focused summarization. In *COLING/ACL 2006*, Sydney, Australia.

David, Jr., E. E. and Selfridge, O. G. (1962). Eyes and ears for computers. *Proceedings of the IRE (Institute of Radio Engineers)*, *50*, 1093–1101.

Davidson, D. (1967). The logical form of action sentences. In Rescher, N. (Ed.), *The Logic of Decision and Action*. University of Pittsburgh Press.

Davis, E. (1990). *Representations of Commonsense Knowledge*. Morgan Kaufmann.

Davis, K. H., Biddulph, R., and Balashek, S. (1952). Automatic recognition of spoken digits. *JASA*, *24*(6), 637–642.

Davis, S. and Mermelstein, P. (1980). Comparison of parametric representations for monosyllabic word recognition in continuously spoken sentences. *IEEE Transactions on Acoustics, Speech, and Signal Processing*, *28*(4), 357–366.

De Jong, N. H., Feldman, L. B., Schreuder, R., Pastizzo, M., and Baayen, R. H. (2002). The processing and representation of Dutch and English compounds: Peripheral morphological, and central orthographic effects. *Brain and Language*, *81*, 555–567.

de Marcken, C. (1996). *Unsupervised Language Acquisition*. Ph.D. thesis, MIT.

de Marneffe, M.-C., MacCartney, B., and Manning, C. D. (2006). Generating typed dependency parses from phrase structure parses. In *LREC-06*.

de Tocqueville, A. (1840). *Democracy in America*. Doubleday, New York. The 1966 translation by George Lawrence.

Dedina, M. J. and Nusbaum, H. C. (1991). Pronounce: A program for pronunciation by analogy. *Computer Speech and Language*, *5*(1), 55–64.

Deerwester, S., Dumais, S. T., Furnas, G. W., Landauer, T. K., and Harshman, R. (1990). Indexing by latent semantic analysis. *Journal of the American Society of Information Science*, *41*, 391–407.

Dejean, H. and Tjong Kim Sang, E. F. (2001). Introduction to the CoNLL-2001 shared task: Clause identification. In *CoNLL-01*.

DeJong, G. F. (1982). An overview of the FRUMP system. In Lehnert, W. G. and Ringle, M. H. (Eds.), *Strategies for Natural Language Processing*, pp. 149–176. Lawrence Erlbaum.

DeJong, G. F. and Waltz, D. L. (1983). Understanding novel language. *Computers and Mathematics with Applications*, 9.

Delgado, R. L.-C. and Araki, M. (2005). *Spoken, Multilingual, and Multimodal Dialogue Systems*. Wiley.

Deligne, S., Yvon, F., and Bimbot, F. (1995). Variable-length sequence matching for phonetic transcription using joint multigrams. In *EUROSPEECH-95*, Madrid.

Della Pietra, S. A., Della Pietra, V. J., and Lafferty, J. D. (1997). Inducing features of random fields. *IEEE Transactions on Pattern Analysis and Machine Intelligence*, *19*(4), 380–393.

Demberg, V. (2006). Letter-to-phoneme conversion for a German text-to-speech system. Diplomarbeit Nr. 47, Universität Stuttgart.

Demetriou, G., Atwell, E., and Souter, C. (1997). Large-scale lexical semantics for speech recognition support. In *EUROSPEECH-97*, pp. 2755–2758.

Dempster, A. P., Laird, N. M., and Rubin, D. B. (1977). Maximum likelihood from incomplete data via the *EM* algorithm. *Journal of the Royal Statistical Society*, *39*(1), 1–21.

Denes, P. (1959). The design and operation of the mechanical speech recognizer at University College London. *Journal of the British Institution of Radio Engineers*, *19*(4), 219–234. Appears together with companion paper (Fry 1959).

Deng, L., Lennig, M., Seitz, F., and Mermelstein, P. (1990). Large vocabulary word recognition using context-dependent allophonic hidden Markov models. *Computer Speech and Language*, *4*, 345–357.

Deng, L. and Huang, X. (2004). Challenges in adopting speech recognition. *Communications of the ACM*, *47*(1), 69–75.

Deng, Y. and Byrne, W. (2005). HMM word and phrase alignment for statistical machine translation. In *HLT-EMNLP-05*.

Denis, P. and Baldridge, J. (2007). Joint determination of anaphoricity and coreference resolution using integer programming. In *NAACL-HLT 07*, Rochester, NY.

Dermatas, E. and Kokkinakis, G. (1995). Automatic stochastic tagging of natural language texts. *Computational Linguistics*, *21*(2), 137–164.

DeRose, S. J. (1988). Grammatical category disambiguation by statistical optimization. *Computational Linguistics*, *14*, 31–39.

Di Eugenio, B. (1990). Centering theory and the Italian pronominal system. In *COLING-90*, Helsinki, pp. 270–275.

Di Eugenio, B. (1996). The discourse functions of Italian subjects: A centering approach. In *COLING-96*, Copenhagen, pp. 352–357.

Diab, M. and Resnik, P. (2002). An unsupervised method for word sense tagging using parallel corpora. In *ACL-02*, pp. 255–262.

Dietterich, T. G. (1998). Approximate statistical tests for comparing supervised classification learning algorithms. *Neural Computation*, *10*(7), 1895–1924.

Digilakis, V. (1992). *Segment-Based Stochastic Models of Spectral Dynamics for Continuous Speech Recognition*. Ph.D. thesis, Boston University.

Dimitrova, L., Ide, N. M., Petkevič, V., Erjavec, T., Kaalep, H. J., and Tufis, D. (1998). Multext-East: parallel and comparable corpora and lexicons for six Central and Eastern European languages. In *COLING/ACL-98*, Montreal, Canada.

Divay, M. and Vitale, A. J. (1997). Algorithms for grapheme-phoneme translation for English and French: Applications for database searches and speech synthesis. *Computational Linguistics*, *23*(4), 495–523.

Dixon, N. and Maxey, H. (1968). Terminal analog synthesis of continuous speech using the diphone method of segment assembly. *IEEE Transactions on Audio and Electroacoustics*, *16*(1), 40–50.

Doddington, G. (2001). Speaker recognition based on idiolectal differences between speakers. In *EUROSPEECH-01*, Budapest, pp. 2521–2524.

Doddington, G. (2002). Automatic evaluation of machine translation quality using n-gram co-occurrence statistics. In *HLT-01*.

Dolan, W. B. (1994). Word sense ambiguation: Clustering related senses. In *COLING-94*, Kyoto, Japan, pp. 712–716.

Dolan, W. B., Quirk, C., and Brockett, C. (2004). Unsupervised construction of large paraphrase corpora: Exploiting massively parallel news sources. In *COLING-04*.

Donovan, R. E. (1996). *Trainable Speech Synthesis*. Ph.D. thesis, Cambridge University Engineering Department.

Donovan, R. E. and Eide, E. M. (1998). The IBM trainable speech synthesis system. In *ICSLP-98*, Sydney.

Donovan, R. E. and Woodland, P. C. (1995). Improvements in an HMM-based speech synthesiser. In *EUROSPEECH-95*, Madrid, Vol. 1, pp. 573–576.

Dorr, B. (1992). The use of lexical semantics in interlingual machine translation. *Journal of Machine Translation*, *7*(3), 135–193.

Dorr, B. (1993). *Machine Translation*. MIT Press.

Dorr, B. (1994). Machine translation divergences: A formal description and proposed solution. *Computational Linguistics*, *20*(4), 597–633.

Dorr, B., Zajic, D., and Schwartz, R. (2003). Hedge trimmer: a parse-and-trim approach to headline generation. In *HLT-NAACL Workshop on Text Summarization*, pp. 1–8.

Dostert, L. (1955). The Georgetown-I.B.M. experiment. In *Machine Translation of Languages: Fourteen Essays*, pp. 124–135. MIT Press.

Doumpiotis, V., Tsakalidis, S., and Byrne, W. (2003a). Discriminative training for segmental minimum Bayes-risk decoding. In *ICASSP-03*.

Doumpiotis, V., Tsakalidis, S., and Byrne, W. (2003b). Lattice segmentation and minimum Bayes risk discriminative training. In *EUROSPEECH-03*.

Downing, P. (1977). On the creation and use of English compound nouns. *Language*, *53*(4), 810–842.

Dowty, D. R. (1979). *Word Meaning and Montague Grammar*. D. Reidel.

Dowty, D. R., Wall, R. E., and Peters, S. (1981). *Introduction to Montague Semantics*. D. Reidel.

Du Bois, J. W., Schuetze-Coburn, S., Cumming, S., and Paolino, D. (1983). Outline of discourse transcription. In Edwards, J. A. and Lampert, M. D. (Eds.), *Talking Data: Transcription and Coding in Discourse Research*, pp. 45–89. Lawrence Erlbaum.

Duda, R. O., Hart, P. E., and Stork, D. G. (2000). *Pattern Classification*. Wiley-Interscience Publication.

Duda, R. O. and Hart, P. E. (1973). *Pattern Classification and Scene Analysis*. John Wiley and Sons.

Dudík, M. and Schapire, R. E. (2006). Maximum entropy distribution estimation with generalized regularization. In Lugosi, G. and Simon, H. U. (Eds.), *COLT 2006*, pp. 123–138. Springer-Verlag.

Dunning, T. (1993). Accurate methods for the statistics of surprise and coincidence. *Computational Linguistics*, *19*(1), 61–74.

Durbin, R., Eddy, S., Krogh, A., and Mitchison, G. (1998). *Biological Sequence Analysis*. Cambridge University Press.

Dutoit, T. (1997). *An Introduction to Text to Speech Synthesis*. Kluwer.

Džeroski, S., Erjavec, T., and Zavrel, J. (2000). Morphosyntactic tagging of Slovene: Evaluating PoS taggers and tagsets. In *LREC-00*, Paris, pp. 1099–1104.

Earley, J. (1968). *An Efficient Context-Free Parsing Algorithm*. Ph.D. thesis, Carnegie Mellon University, Pittsburgh, PA.

Earley, J. (1970). An efficient context-free parsing algorithm. *Communications of the ACM*, *6*(8), 451–455. Reprinted in Grosz et al. (1986).

Echihabi, A., Hermjakob, U., Hovy, E. H., Marcu, D., Melz, E., and Ravichandran, D. (2005). How to select an answer string?. In Strzalkowski, T. and Harabagiu, S. (Eds.), *Advances in Textual Question Answering*. Kluwer.

Edmunson, H. (1969). New methods in automatic extracting. *Journal of the ACM*, 16(2), 264–285.

Egg, M., Koller, A., and Niehren, J. (2001). The constraint language for lambda structures. *Journal of Logic, Language and Information*, 10(4), 457–485.

Eide, E. M., Bakis, R., Hamza, W., and Pitrelli, J. F. (2004). Towards synthesizing expressive speech. In Narayanan, S. S. and Alwan, A. (Eds.), *Text to Speech Synthesis: New Paradigms and Advances*. Prentice Hall.

Eide, E. M. and Gish, H. (1996). A parametric approach to vocal tract length normalization. In *ICASSP-96*, Atlanta, GA, pp. 346–348.

Eisner, J. (1996a). An empirical comparison of probability models for dependency grammar. Tech. rep. IRCS-96-11, Institute for Research in Cognitive Science, Univ. of Pennsylvania.

Eisner, J. (1996b). Three new probabilistic models for dependency parsing: An exploration. In *COLING-96*, Copenhagen, pp. 340–345.

Eisner, J. (1997). Efficient generation in primitive optimality theory. In *ACL/EACL-97*, Madrid, Spain, pp. 313–320.

Eisner, J. (2000a). Bilexical grammars and their cubic-time parsing algorithms. In Bunt, H. and Nijholt, A. (Eds.), *Advances in Probabilistic and Other Parsing Technologies*, pp. 29–62. Kluwer.

Eisner, J. (2000b). Directional constraint evaluation in Optimality Theory. In *COLING-00*, Saarbrücken, Germany, pp. 257–263.

Eisner, J. (2002a). Comprehension and compilation in Optimality Theory. In *ACL-02*, Philadelphia, pp. 56–63.

Eisner, J. (2002b). An interactive spreadsheet for teaching the forward-backward algorithm. In *Proceedings of the ACL Workshop on Effective Tools and Methodologies for Teaching NLP and CL*, pp. 10–18.

Eisner, J. (2003). Learning non-isomorphic tree mappings for machine translation. In *ACL-03*.

Ejerhed, E. I. (1988). Finding clauses in unrestricted text by finitary and stochastic methods. In *ANLP 1988*, pp. 219–227.

Elhadad, M. (1990). Types in functional unification grammars. In *ACL-90*, Pittsburgh, PA, pp. 157–164.

Ellison, T. M. (1992). *The Machine Learning of Phonological Structure*. Ph.D. thesis, University of Western Australia.

Ellison, T. M. (1994). Phonological derivation in optimality theory. In *COLING-94*, Kyoto, pp. 1007–1013.

Erjavec, T. (2004). MULTEXT-East version 3: Multilingual morphosyntactic specifications, lexicons and corpora. In *LREC-04*, pp. 1535–1538. ELRA.

Erkan, G. and Radev, D. (2004). Lexrank: Graph-based centrality as salience in text summarization. *Journal of Artificial Intelligence Research (JAIR)*, 22, 457–479.

Etzioni, O., Cafarella, M., Downey, D., Popescu, A.-M., Shaked, T., Soderland, S., Weld, D. S., and Yates, A. (2005). Unsupervised named-entity extraction from the web: An experimental study. *Artificial Intelligence*, 165(1), 91–134.

Evans, N. (2000). Word classes in the world's languages. In Booij, G., Lehmann, C., and Mugdan, J. (Eds.), *Morphology: A Handbook on Inflection and Word Formation*, pp. 708–732. Mouton.

Evans, R. and Gazdar, G. (1996). DATR: A language for lexical knowledge representation. *Computational Linguistics*, 22(2), 167–216.

Evermann, G. and Woodland, P. C. (2000). Large vocabulary decoding and confidence estimation using word posterior probabilities. In *ICASSP-00*, Istanbul, Vol. III, pp. 1655–1658.

Fackrell, J. and Skut, W. (2004). Improving pronunciation dictionary coverage of names by modelling spelling variation. In *Proceedings of the 5th Speech Synthesis Workshop*.

Fano, R. M. (1961). *Transmission of Information: A Statistical Theory of Communications*. MIT Press.

Fant, G. M. (1951). Speech communication research. *Ing. Vetenskaps Akad. Stockholm, Sweden*, 24, 331–337.

Fant, G. M. (1960). *Acoustic Theory of Speech Production*. Mouton.

Fant, G. M. (1986). Glottal flow: Models and interaction. *Journal of Phonetics*, 14, 393–399.

Fant, G. M. (1997). The voice source in connected speech. *Speech Communication*, 22(2-3), 125–139.

Fant, G. M. (2004). *Speech Acoustics and Phonetics*. Kluwer.

Fass, D. (1988). *Collative Semantics: A Semantics for Natural Language*. Ph.D. thesis, New Mexico State University, Las Cruces, New Mexico. CRL Report No. MCCS-88-118.

Fass, D. (1991). met*: A method for discriminating metaphor and metonymy by computer. *Computational Linguistics*, 17(1), 49–90.

Fass, D. (1997). *Processing Metonymy and Metaphor*. Ablex Publishing, Greenwich, CT.

Fass, D., Martin, J. H., and Hinkelman, E. A. (Eds.). (1992). *Computational Intelligence: Special Issue on Non-Literal Language*, Vol. 8. Blackwell, Cambridge, MA.

Federico, M. (1996). Bayesian estimation methods for n-gram language model adaptation. In *ICSLP-96*.

Fellbaum, C. (Ed.). (1998). *WordNet: An Electronic Lexical Database*. MIT Press.

Fensel, D., Hendler, J. A., Lieberman, H., and Wahlster, W. (Eds.). (2003). *Spinning the Semantic Web: Bring the World Wide Web to its Full Potential*. MIT Press, Cambridge, MA.

Ferrer, L., Shriberg, E., and Stolcke, A. (2003). A prosody-based approach to end-of-utterance detection that does not require speech recognition. In *ICASSP-03*.

Ferro, L., Gerber, L., Mani, I., Sundheim, B., and Wilson, G. (2005). Tides 2005 standard for the annotation of temporal expressions. Tech. rep., MITRE.

Fikes, R. E. and Nilsson, N. J. (1971). STRIPS: A new approach to the application of theorem proving to problem solving. *Artificial Intelligence*, 2, 189–208.

Filippova, K. and Strube, M. (2006). Using linguistically motivated features for paragraph boundary identification. In *EMNLP 2006*.

Fillmore, C. J. (1968). The case for case. In Bach, E. W. and Harms, R. T. (Eds.), *Universals in Linguistic Theory*, pp. 1–88. Holt, Rinehart & Winston.

Fillmore, C. J. (1985). Frames and the semantics of understanding. *Quaderni di Semantica*, *VI*(2), 222–254.

Fillmore, C. J., Kay, P., and O'Connor, M. C. (1988). Regularity and idiomaticity in grammatical constructions: The case of Let Alone. *Language*, *64*(3), 510–538.

Finin, T. (1980). The semantic interpretation of nominal compounds. In *AAAI-80*, Stanford, CA, pp. 310–312.

Firth, J. R. (1957). A synopsis of linguistic theory 1930–1955. In *Studies in Linguistic Analysis*. Philological Society. Reprinted in Palmer, F. (ed.) 1968. Selected Papers of J. R. Firth. Longman, Harlow.

Fisher, D., Soderland, S., McCarthy, J., Feng, F., and Lehnert, W. G. (1995). Description of the UMass system as used for MUC-6. In *MUC-6*, San Francisco, pp. 127–140.

Fisher, W. (1996) tsylb2 software and documentation.

Fitt, S. (2002). Unisyn lexicon. `http://www.cstr.ed.ac.uk/projects/unisyn/`.

Flanagan, J. L. (1972). *Speech Analysis, Synthesis, and Perception*. Springer.

Flanagan, J. L., Ishizaka, K., and Shipley, K. L. (1975). Synthesis of speech from a dynamic model of the vocal cords and vocal tract. *The Bell System Technical Journal*, *54*(3), 485–506.

Fodor, J. A. and Bever, T. G. (1965). The psychological reality of linguistic segments. *Journal of Verbal Learning and Verbal Behavior*, *4*, 414–420.

Ford, C., Fox, B., and Thompson, S. A. (1996). Practices in the construction of turns. *Pragmatics*, *6*, 427–454.

Ford, C. and Thompson, S. A. (1996). Interactional units in conversation: Syntactic, intonational, and pragmatic resources for the management of turns. In Ochs, E., Schegloff, E. A., and Thompson, S. A. (Eds.), *Interaction and Grammar*, pp. 134–184. Cambridge University Press.

Ford, M. (1983). A method for obtaining measures of local parsing complexity through sentences. *Journal of Verbal Learning and Verbal Behavior*, *22*, 203–218.

Forney, Jr., G. D. (1973). The Viterbi algorithm. *Proceedings of the IEEE*, *61*(3), 268–278.

Fosler-Lussier, E. (1999). Multi-level decision trees for static and dynamic pronunciation models. In *EUROSPEECH-99*, Budapest.

Fosler-Lussier, E. and Morgan, N. (1999). Effects of speaking rate and word predictability on conversational pronunciations. *Speech Communication*, *29*(2-4), 137–158.

Foster, D. W. (1989). *Elegy by W.S.: A Study in Attribution*. Associated University Presses, Cranbury, NJ.

Foster, D. W. (1996). Primary culprit. *New York*, *29*(8), 50–57.

Foster, G. (2000). A maximum entropy/minimum divergence translation model. In *ACL-00*, Hong Kong.

Fox, B. and Jasperson, R. (1995). A syntactic exploration of repair in English conversation. In Davis, P. (Ed.), *Descriptive and Theoretical Modes in the Alternative Linguistics*, pp. 77–134. John Benjamins.

Fox Tree, J. E. and Clark, H. H. (1997). Pronouncing "the" as "thee" to signal problems in speaking. *Cognition*, *62*, 151–167.

Frakes, W. B. and Baeza-Yates, R. (1992). *Information Retrieval: Data Structures and Algorithms*. Prentice Hall.

Francis, H. S., Gregory, M. L., and Michaelis, L. A. (1999). Are lexical subjects deviant?. In *CLS-99*. University of Chicago.

Francis, W. N. (1979). A tagged corpus – problems and prospects. In Greenbaum, S., Leech, G., and Svartvik, J. (Eds.), *Studies in English Linguistics for Randolph Quirk*, pp. 192–209. Longman.

Francis, W. N. and Kučera, H. (1982). *Frequency Analysis of English Usage*. Houghton Mifflin, Boston.

Frank, R. and Satta, G. (1998). Optimality theory and the generative complexity of constraint violability. *Computational Linguistics*, *24*(2), 307–315.

Frankel, J., Wester, M., and King, S. (2007). Articulatory feature recognition using dynamic Bayesian networks. *Computer Speech and Language*, *21*(4), 620–640.

Franz, A. (1996). *Automatic Ambiguity Resolution in Natural Language Processing*. Springer-Verlag.

Franz, A. (1997). Independence assumptions considered harmful. In *ACL/EACL-97*, Madrid, Spain, pp. 182–189.

Franz, A. and Brants, T. (2006). All our n-gram belong to you. `http://googleresearch.blogspot.com/2006/08/all-our-n-gram-are-belong-to-you.html`.

Fraser, A. and Marcu, D. (2005). ISI's participation in the Romanian-English alignment task. In *Proceedings of the ACL Workshop on Building and Using Parallel Texts*, pp. 91–94.

Fraser, N. M. (1992). Assessment of interactive systems. In Gibbon, D., Moore, R., and Winski, R. (Eds.), *Handbook on Standards and Resources for Spoken Language Systems*, pp. 564–615. Mouton de Gruyter.

Fraser, N. M. and Gilbert, G. N. (1991). Simulating speech systems. *Computer Speech and Language*, *5*, 81–99.

Fraser, N. M. and Hudson, R. A. (1992). Inheritance in word grammar. *Computational Linguistics*, *18*(2), 133–158.

Freitag, D. (1998). Multistrategy learning for information extraction. In *ICML 1998*, Madison, WI, pp. 161–169.

Freitag, D. and McCallum, A. (1999). Information extraction using HMMs and shrinkage. In *Proceedings of the AAAI-99 Workshop on Machine Learning for Information Retrieval*.

Friedl, J. E. F. (1997). *Master Regular Expressions*. O'Reilly.

Frisch, S. A., Large, N. R., and Pisoni, D. B. (2000). Perception of wordlikeness: Effects of segment probability and length on the processing of nonwords. *Journal of Memory and Language*, *42*, 481–496.

Fromkin, V. and Ratner, N. B. (1998). Speech production. In Gleason, J. B. and Ratner, N. B. (Eds.), *Psycholinguistics*. Harcourt Brace, Fort Worth, TX.

Fry, D. B. (1955). Duration and intensity as physical correlates of linguistic stress. *JASA*, *27*, 765–768.

Fry, D. B. (1959). Theoretical aspects of mechanical speech recognition. *Journal of the British Institution of Radio Engineers*, *19*(4), 211–218. Appears together with companion paper (Denes 1959).

Fujisaki, H. and Ohno, S. (1997). Comparison and assessment of models in the study of fundamental frequency contours of speech. In *ESCA Workshop on Intonation: Theory Models and Applications*.

Fung, P. and McKeown, K. R. (1997). A technical word and term translation aid using noisy parallel corpora across language groups. *Machine Translation*, *12*(1-2), 53–87.

Gabrilovich, E. and Markovitch, S. (2007). Computing semantic relatedness using Wikipedia-based explicit semantic analysis. In *IJCAI-07*.

Gaizauskas, R., Wakao, T., Humphreys, K., Cunningham, H., and Wilks, Y. (1995). University of Sheffield: Description of the LaSIE system as used for MUC-6. In *MUC-6*, San Francisco, pp. 207–220.

Gale, W. A. and Church, K. W. (1994). What is wrong with adding one?. In Oostdijk, N. and de Haan, P. (Eds.), *Corpus-Based Research into Language*, pp. 189–198. Rodopi.

Gale, W. A. and Church, K. W. (1990). Estimation procedures for language context: Poor estimates are worse than none. In *COMPSTAT: Proceedings in Computational Statistics*, pp. 69–74.

Gale, W. A. and Church, K. W. (1991). A program for aligning sentences in bilingual corpora. In *ACL-91*, Berkeley, CA, pp. 177–184.

Gale, W. A. and Church, K. W. (1993). A program for aligning sentences in bilingual corpora. *Computational Linguistics*, *19*, 75–102.

Gale, W. A., Church, K. W., and Yarowsky, D. (1992a). Estimating upper and lower bounds on the performance of word-sense disambiguation programs. In *ACL-92*, Newark, DE, pp. 249–256.

Gale, W. A., Church, K. W., and Yarowsky, D. (1992b). One sense per discourse. In *Proceedings DARPA Speech and Natural Language Workshop*, pp. 233–237.

Gale, W. A., Church, K. W., and Yarowsky, D. (1992c). Work on statistical methods for word sense disambiguation. In Goldman, R. (Ed.), *Proceedings of the 1992 AAAI Fall Symposium on Probabilistic Approaches to Natural Language*.

Gale, W. A., Church, K. W., and Yarowsky, D. (1993). A method for disambiguating word senses in a large corpus. *Computers and the Humanities*, *26*, 415–439.

Gale, W. A. and Sampson, G. (1995). Good-Turing frequency estimation without tears. *Journal of Quantitative Linguistics*, *2*, 217–237.

Galescu, L. and Allen, J. (2001). Bi-directional conversion between graphemes and phonemes using a joint N-gram model. In *Proceedings of the 4th ISCA Tutorial and Research Workshop on Speech Synthesis*.

Galley, M., Hopkins, M., Knight, K., and Marcu, D. (2004). What's in a translation rule?. In *HLT-NAACL-04*.

Galley, M. and McKeown, K. R. (2007). Lexicalized Markov grammars for sentence compression. In *NAACL-HLT 07*, Rochester, NY, pp. 180–187.

Garrett, M. F. (1975). The analysis of sentence production. In Bower, G. H. (Ed.), *The Psychology of Learning and Motivation*, Vol. 9. Academic Press.

Garside, R. (1987). The CLAWS word-tagging system. In Garside, R., Leech, G., and Sampson, G. (Eds.), *The Computational Analysis of English*, pp. 30–41. Longman.

Garside, R., Leech, G., and McEnery, A. (1997). *Corpus Annotation*. Longman.

Gaussier, E. (1999). Unsupervised learning of derivational morphology from inflectional lexicons. In *ACL-99*.

Gaustad, T. (2001). Statistical corpus-based word sense disambiguation: Pseudowords vs. real ambiguous words. In *ACL/EACL 2001 – Student Research Workshop*, pp. 255–262.

Gazdar, G. (1981). Unbounded dependencies and coordinate structure. *Linguistic Inquiry*, *12*(2), 155–184.

Gazdar, G. (1982). Phrase structure grammar. In Jacobson, P. and Pullum, G. K. (Eds.), *The Nature of Syntactic Representation*, pp. 131–186. Reidel.

Gazdar, G., Klein, E., Pullum, G. K., and Sag, I. A. (1985). *Generalized Phrase Structure Grammar*. Blackwell.

Gazdar, G. and Mellish, C. (1989). *Natural Language Processing in LISP*. Addison Wesley.

Gazdar, G., Pullum, G. K., Carpenter, B., Klein, E., Hukari, T. E., and Levine, R. D. (1988). Category structures. *Computational Linguistics*, *14*(1), 1–19.

Ge, N., Hale, J., and Charniak, E. (1998). A statistical approach to anaphora resolution. In *Proceedings of the Sixth Workshop on Very Large Corpora*, pp. 161–171.

Gee, J. P. and Grosjean, F. (1983). Performance structures: A psycholinguistic and linguistic appraisal. *Cognitive Psychology*, *15*, 411–458.

Geman, S. and Johnson, M. (2002). Dynamic programming for parsing and estimation of stochastic unification-based grammars. In *ACL-02*, pp. 279–286.

Gentner, D. (1983). Structure mapping: A theoretical framework for analogy. *Cognitive Science*, *7*, 155–170.

Genzel, D. and Charniak, E. (2002). Entropy rate constancy in text. In *ACL-02*.

Genzel, D. and Charniak, E. (2003). Variation of entropy and parse trees of sentences as a function of the sentence number. In *EMNLP 2003*.

Gerdemann, D. and van Noord, G. (2000). Approximation and exactness in finite state optimality theory. In *Proceedings of ACL SIGPHON*.

Germann, U., Jahr, M., Knight, K., Marcu, D., and Yamada, K. (2001). Fast decoding and optimal decoding for machine translation. In *ACL-01*, pp. 228–235.

Gershman, A. V. (1977). Conceptual analysis of noun groups in English. In *IJCAI-77*, Cambridge, MA, pp. 132–138.

Gibbon, D., Mertins, I., and Moore, R. (2000). *Handbook of Multimodal and Spoken Dialogue Systems: Resources, Terminology and Product Evaluation*. Kluwer.

Gibson, E. (1998). Linguistic complexity: Locality of syntactic dependencies. *Cognition*, *68*, 1–76.

Gibson, E. (2003). Sentence comprehension, linguistic complexity in. In Nadel, L. (Ed.), *Encyclopedia of Cognitive Science*, pp. 1137–1141. Nature Publishing Group.

Gil, D. (2000). Syntactic categories, cross-linguistic variation and universal grammar. In Vogel, P. M. and Comrie, B. (Eds.), *Approaches to the Typology of Word Classes*, pp. 173–216. Mouton.

Gildea, D. and Hofmann, T. (1999). Topic-based language models using EM. In *EUROSPEECH-99*, Budapest, pp. 2167–2170.

Gildea, D. and Jurafsky, D. (1996). Learning bias and phonological rule induction. *Computational Linguistics*, *22*(4), 497–530.

Gildea, D. and Jurafsky, D. (2000). Automatic labeling of semantic roles. In *ACL-00*, Hong Kong, pp. 512–520.

Gildea, D. and Jurafsky, D. (2002). Automatic labeling of semantic roles. *Computational Linguistics*, *28*(3), 245–288.

Gillick, L. and Cox, S. (1989). Some statistical issues in the comparison of speech recognition algorithms. In *ICASSP-89*, pp. 532–535.

Girju, R., Badulescu, A., and Moldovan, D. (2006). Automatic discovery of part-whole relations. *Computational Linguistics*, *31*(1).

Girju, R., Badulescu, A., and Moldovan, D. (2003). Learning semantic constraints for the automatic discovery of part-whole relations. In *HLT-NAACL-03*, Edmonton, Canada, pp. 1–8.

Givón, T. (1990). *Syntax: A Functional Typological Introduction*. John Benjamins.

Glass, J. (2003). A probabilistic framework for segment-based speech recognition. *Computer Speech and Language*, *17*(1–2), 137–152.

Glennie, A. (1960). On the syntax machine and the construction of a universal compiler. Tech. rep. No. 2, Contr. NR 049-141, Carnegie Mellon University (at the time Carnegie Institute of Technology), Pittsburgh, PA.

Godfrey, J., Holliman, E., and McDaniel, J. (1992). SWITCHBOARD: Telephone speech corpus for research and development. In *ICASSP-92*, San Francisco, pp. 517–520.

Gold, B. and Morgan, N. (1999). *Speech and Audio Signal Processing*. Wiley Press.

Golding, A. R. (1997). A Bayesian hybrid method for context-sensitive spelling correction. In *Proceedings of the 3rd Workshop on Very Large Corpora*, Boston, MA, pp. 39–53.

Golding, A. R. and Roth, D. (1999). A Winnow based approach to context-sensitive spelling correction. *Machine Learning*, *34*(1-3), 107–130.

Golding, A. R. and Schabes, Y. (1996). Combining trigram-based and feature-based methods for context-sensitive spelling correction. In *ACL-96*, Santa Cruz, CA, pp. 71–78.

Goldsmith, J. (2001). Unsupervised learning of the morphology of a natural language. *Computational Linguistics*, *27*, 153–198.

Goldstein, J., Mittal, V., Carbonell, J., and Kantrowitz, M. (2000). Multi-document summarization by sentence extraction. In *Proceedings of the ANLP/NAACL Workshop on Automatic Summarization*.

Goldwater, S. and Griffiths, T. L. (2007). A fully Bayesian approach to unsupervised part-of-speech tagging. In *ACL-07*, Prague, Czech Republic.

Goldwater, S., Griffiths, T. L., and Johnson, M. (2006). Contextual dependencies in unsupervised word segmentation. In *COLING/ACL 2006*, Sydney, Australia.

Goldwater, S. and Johnson, M. (2003). Learning OT constraint rankings using a maximum entropy model. In *Stockholm Workshop on Variation within Optimality Theory*, pp. 111–120. Stockholm University Press.

Goldwater, S. and Johnson, M. (2005). Representational bias in unsupervised learning of syllable structure. In *CoNLL-05*.

Good, I. J. (1953). The population frequencies of species and the estimation of population parameters. *Biometrika*, *40*, 16–264.

Good, M. D., Whiteside, J. A., Wixon, D. R., and Jones, S. J. (1984). Building a user-derived interface. *Communications of the ACM*, *27*(10), 1032–1043.

Goodman, J. (1997). Probabilistic feature grammars. In *IWPT-97*.

Goodman, J. (2004). Exponential priors for maximum entropy models. In *ACL-04*.

Goodman, J. (2006). A bit of progress in language modeling: Extended version. Tech. rep. MSR-TR-2001-72, Machine Learning and Applied Statistics Group, Microsoft Research, Redmond, WA.

Goodwin, C. (1996). Transparent vision. In Ochs, E., Schegloff, E. A., and Thompson, S. A. (Eds.), *Interaction and Grammar*, pp. 370–404. Cambridge University Press.

Gordon, D. and Lakoff, G. (1971). Conversational postulates. In *CLS-71*, pp. 200–213. University of Chicago. Reprinted in Peter Cole and Jerry L. Morgan (Eds.), *Speech Acts: Syntax and Semantics Volume 3*, Academic Press, 1975.

Gordon, P. C., Grosz, B. J., and Gilliom, L. A. (1993). Pronouns, names, and the centering of attention in discourse. *Cognitive Science*, *17*(3), 311–347.

Gorin, A. L., Riccardi, G., and Wright, J. H. (1997). How May I Help You?. *Speech Communication*, *23*, 113–127.

Götz, T., Meurers, W. D., and Gerdemann, D. (1997). The ConTroll manual. Tech. rep., Seminar für Sprachwissenschaft, Universität Tübingen.

Gould, J. D., Conti, J., and Hovanyecz, T. (1983). Composing letters with a simulated listening typewriter. *Communications of the ACM*, *26*(4), 295–308.

Gould, J. D. and Lewis, C. (1985). Designing for usability: Key principles and what designers think. *Communications of the ACM*, *28*(3), 300–311.

Gould, S. J. (1980). *The Panda's Thumb*. Penguin Group.

Grabe, E. (2001). The IViE labelling guide. `http://www.phon.ox.ac.uk/IViE/guide.html`.

Grabe, E., Post, B., Nolan, F., and Farrar, K. (2000). Pitch accent realisation in four varieties of British English. *Journal of Phonetics*, *28*, 161–186.

Graff, D. (1997). The 1996 Broadcast News speech and language-model corpus. In *Proceedings DARPA Speech Recognition Workshop*, Chantilly, VA, pp. 11–14.

Gray, R. M. (1984). Vector quantization. *IEEE Transactions on Acoustics, Speech, and Signal Processing*, *ASSP-1*(2), 4–29.

Green, B. F., Wolf, A. K., Chomsky, C., and Laughery, K. (1961). Baseball: An automatic question answerer. In *Proceedings of the Western Joint Computer Conference 19*, pp. 219–224. Reprinted in Grosz et al. (1986).

Greenberg, S., Ellis, D., and Hollenback, J. (1996). Insights into spoken language gleaned from phonetic transcription of the Switchboard corpus. In *ICSLP-96*, Philadelphia, PA, pp. S24–27.

Greene, B. B. and Rubin, G. M. (1971). Automatic grammatical tagging of English. Department of Linguistics, Brown University, Providence, Rhode Island.

Grefenstette, G. (1994). *Explorations in Automatic Thesaurus Discovery*. Kluwer, Norwell, MA.

Grefenstette, G. (1998). Producing intelligent telegraphic text reduction to provide an audio scanning service for the blind. In *AAAI 1998 Spring Symposium on Intelligent Text Summarization*, pp. 102–108.

Grefenstette, G. (1999). Tokenization. In van Halteren, H. (Ed.), *Syntactic Wordclass Tagging*. Kluwer.

Gregory, M. L. and Altun, Y. (2004). Using conditional random fields to predict pitch accents in conversational speech. In *ACL-04*.

Grenager, T. and Manning, C. D. (2006). Unsupervised Discovery of a Statistical Verb Lexicon. In *EMNLP 2006*.

Grice, H. P. (1957). Meaning. *Philosophical Review*, *67*, 377–388. Reprinted in D. D. Steinberg & L. A. Jakobovits (Eds.) *Semantics* (1971), Cambridge University Press, pages 53–59.

Grice, H. P. (1975). Logic and conversation. In Cole, P. and Morgan, J. L. (Eds.), *Speech Acts: Syntax and Semantics Volume 3*, pp. 41–58. Academic Press.

Grice, H. P. (1978). Further notes on logic and conversation. In Cole, P. (Ed.), *Pragmatics: Syntax and Semantics Volume 9*, pp. 113–127. Academic Press.

Gries, S. T. and Stefanowitsch, A. (Eds.). (2006). *Corpus-Based Approaches to Metaphor and Metonymy*. Mouton de Gruyter.

Grishman, R. and Sundheim, B. (1995). Design of the MUC-6 evaluation. In *MUC-6*, San Francisco, pp. 1–11.

Grosjean, F. (1980). Spoken word recognition processes and the gating paradigm. *Perception and Psychophysics*, *28*, 267–283.

Grosjean, F., Grosjean, L., and Lane, H. (1979). The patterns of silence: Performance structures in sentence production. *Cognitive Psychology*, *11*, 58–81.

Grosz, B. J. (1977a). The representation and use of focus in a system for understanding dialogs. In *IJCAI-77*, pp. 67–76. Morgan Kaufmann. Reprinted in Grosz et al. (1986).

Grosz, B. J. (1977b). *The Representation and Use of Focus in Dialogue Understanding*. Ph.D. thesis, University of California, Berkeley.

Grosz, B. J. and Hirschberg, J. (1992). Some intonational characteristics of discourse structure. In *ICSLP-92*, Vol. 1, pp. 429–432.

Grosz, B. J., Joshi, A. K., and Weinstein, S. (1983). Providing a unified account of definite noun phrases in English. In *ACL-83*, pp. 44–50.

Grosz, B. J., Joshi, A. K., and Weinstein, S. (1995). Centering: A framework for modeling the local coherence of discourse. *Computational Linguistics*, *21*(2), 203–225.

Grosz, B. J. and Sidner, C. L. (1980). Plans for discourse. In Cohen, P. R., Morgan, J., and Pollack, M. E. (Eds.), *Intentions in Communication*, pp. 417–444. MIT Press.

Grosz, B. J. and Sidner, C. L. (1986). Attention, intentions, and the structure of discourse. *Computational Linguistics*, *12*(3), 175–204.

Grosz, B. J., Sparck Jones, K., and Webber, B. L. (Eds.). (1986). *Readings in Natural Language Processing*. Morgan Kaufmann.

Gruber, J. S. (1965). *Studies in Lexical Relations*. Ph.D. thesis, MIT.

Grudin, J. T. (1983). Error patterns in novice and skilled transcription typing. In Cooper, W. E. (Ed.), *Cognitive Aspects of Skilled Typewriting*, pp. 121–139. Springer-Verlag.

Guindon, R. (1988). A multidisciplinary perspective on dialogue structure in user-advisor dialogues. In Guindon, R. (Ed.), *Cognitive Science and Its Applications for Human-Computer Interaction*, pp. 163–200. Lawrence Erlbaum.

Gundel, J. K., Hedberg, N., and Zacharski, R. (1993). Cognitive status and the form of referring expressions in discourse. *Language*, *69*(2), 274–307.

Gupta, V., Lennig, M., and Mermelstein, P. (1988). Fast search strategy in a large vocabulary word recognizer. *JASA*, *84*(6), 2007–2017.

Gupta, V., Lennig, M., and Mermelstein, P. (1992). A language model for very large-vocabulary speech recognition. *Computer Speech and Language*, *6*, 331–344.

Gusfield, D. (1997). *Algorithms on Strings, Trees, and Sequences: Computer Science and Computational Biology*. Cambridge University Press.

Guy, G. R. (1980). Variation in the group and the individual: The case of final stop deletion. In Labov, W. (Ed.), *Locating Language in Time and Space*, pp. 1–36. Academic Press.

Habash, N., Rambow, O., and Kiraz, G. A. (2005). Morphological analysis and generation for arabic dialects. In *ACL Workshop on Computational Approaches to Semitic Languages*, pp. 17–24.

Hachey, B. and Grover, C. (2005). Sentence extraction for legal text summarization. In *IJCAI-05*, pp. 1686–1687.

Hafer, M. A. and Weiss, S. F. (1974). Word segmentation by letter successor varieties. *Information Storage and Retrieval*, *10*(11-12), 371–385.

Haghighi, A. and Klein, D. (2006). Prototype-driven grammar induction. In *COLING/ACL 2006*, pp. 881–888.

Haghighi, A. and Klein, D. (2007). Unsupervised coreference resolution in a nonparametric Bayesian model. In *ACL-07*, Prague, Czech Republic.

Hain, T. (2002). Implicit pronunciation modelling in ASR. In *Proceedings of ISCA Pronunciation Modeling Workshop*.

Hain, T., Woodland, P. C., Evermann, G., and Povey, D. (2001). New features in the CU-HTK system for transcription of conversational telephone speech. In *ICASSP-01*, Salt Lake City.

Hajič, J. (1998). *Building a Syntactically Annotated Corpus: The Prague Dependency Treebank*, pp. 106–132. Karolinum.

Hajič, J. (2000). Morphological tagging: Data vs. dictionaries. In *NAACL 2000*. Seattle.

Hajič, J. and Hladká, B. (1998). Tagging inflective languages: Prediction of morphological categories for a rich, structured tagset. In *COLING/ACL-98*, Montreal, Canada.

Hajič, J., Krbec, P., Květoň, P., Oliva, K., and Petkevič, V. (2001). Serial combination of rules and statistics: A case study in czech tagging. In *ACL-01*, Toulouse, France.

Hakkani-Tür, D., Oflazer, K., and Tür, G. (2002). Statistical morphological disambiguation for agglutinative languages. *Journal of Computers and Humanities*, *36*(4), 381–410.

Hale, J. (2001). A probabilistic earley parser as a psycholinguistic model. In *NAACL 2001*, pp. 159–166.

Hale, J. (2006). Uncertainty about the rest of the sentence. *Cognitive Science*, *30*(4), 609–642.

Hall, K. and Johnson, M. (2003). Language modeling using efficient best-first bottom-up parsing. In *IEEE ASRU-03*, pp. 507–512.

Halliday, M. A. K. (1985). *An Introduction to Functional Grammar*. Edward Arnold.

Halliday, M. A. K. and Hasan, R. (1976). *Cohesion in English*. Longman. English Language Series, Title No. 9.

Hammond, M. (1997). Parsing in OT. Alternative title "Parsing syllables: Modeling OT computationally". Rutgers Optimality Archive ROA-222-1097.

Hamza, W., Bakis, R., Eide, E. M., Picheny, M. A., and Pitrelli, J. F. (2004). The IBM expressive speech synthesis system. In *ICSLP-04*, Jeju, Korea.

Hankamer, J. (1986). Finite state morphology and left to right phonology. In *Proceedings of the Fifth West Coast Conference on Formal Linguistics*, pp. 29–34.

Hankamer, J. and Black, H. A. (1991). Current approaches to computational morphology. Unpublished manuscript.

Harabagiu, S., Pasca, M., and Maiorano, S. (2000). Experiments with open-domain textual question answering. In *COLING-00*, Saarbrücken, Germany.

Harris, C. M. (1953). A study of the building blocks in speech. *JASA*, *25*(5), 962–969.

Harris, R. A. (2005). *Voice Interaction Design: Crafting the New Conversational Speech Systems*. Morgan Kaufmann.

Harris, Z. S. (1946). From morpheme to utterance. *Language*, *22*(3), 161–183.

Harris, Z. S. (1954). Distributional structure. *Word*, *10*, 146–162. Reprinted in J. Fodor and J. Katz, *The Structure of Language*, Prentice Hall, 1964 and in Z. S. Harris, *Papers in Structural and Transformational Linguistics*, Reidel, 1970, 775–794.

Harris, Z. S. (1962). *String Analysis of Sentence Structure*. Mouton, The Hague.

Harris, Z. S. (1968). *Mathematical Structures of Language*. John Wiley.

Harris, Z. S. (1988). *Language and Information*. Columbia University Press.

Hasegawa-Johnson, M. *et al.*. (2005). Landmark-based speech recognition: Report of the 2004 Johns Hopkins summer workshop. In *ICASSP-05*.

Hastie, T., Tibshirani, R., and Friedman, J. H. (2001). *The Elements of Statistical Learning*. Springer.

Haviland, S. E. and Clark, H. H. (1974). What's new? Acquiring new information as a process in comprehension. *Journal of Verbal Learning and Verbal Behaviour*, *13*, 512–521.

Hayes, B. (2004). Phonological acquisition in optimality theory: the early stages. In Kager, R., Pater, J., and Zonneveld, W. (Eds.), *Constraints in Phonological Acquisition*. Cambridge University Press.

Hayes, B. and Wilson, C. (2008). A maximum entropy model of phonotactics and phonotactic learning. *Linguistic Inquiry*, *39*(3).

Hayes, E. and Bayer, S. (1991). Metaphoric generalization through sort coercion. In *ACL-91*, Berkeley, CA, pp. 222–228.

Hearst, M. A. (1991). Noun homograph disambiguation. In *Proceedings of the 7th Conference of the University of Waterloo Centre for the New OED and Text Research*, pp. 1–19.

Hearst, M. A. (1992). Automatic acquisition of hyponyms from large text corpora. In *COLING-92*, Nantes, France.

Hearst, M. A. (1994). Multi-paragraph segmentation of expository text. In *ACL-94*, pp. 9–16.

Hearst, M. A. (1997). Texttiling: Segmenting text into multi-paragraph subtopic passages. *Computational Linguistics*, *23*, 33–64.

Hearst, M. A. (1998). Automatic discovery of WordNet relations. In Fellbaum, C. (Ed.), *WordNet: An Electronic Lexical Database*. MIT Press.

Heeman, P. A. (1999). POS tags and decision trees for language modeling. In *EMNLP/VLC-99*, College Park, MD, pp. 129–137.

Heeman, P. A. and Allen, J. (1999). Speech repairs, intonational phrases and discourse markers: Modeling speakers' utterances in spoken dialog. *Computational Linguistics*, *25*(4), 527–571.

Heikkilä, J. (1995). A TWOL-based lexicon and feature system for English. In Karlsson, F., Voutilainen, A., Heikkilä, J., and Anttila, A. (Eds.), *Constraint Grammar: A Language-Independent System for Parsing Unrestricted Text*, pp. 103–131. Mouton de Gruyter.

Heim, I. and Kratzer, A. (1998). *Semantics in a Generative Grammar*. Blackwell Publishers, Malden, MA.

Heinz, J. M. and Stevens, K. N. (1961). On the properties of voiceless fricative consonants. *JASA*, *33*, 589–596.

Hemphill, C. T., Godfrey, J., and Doddington, G. (1990). The ATIS spoken language systems pilot corpus. In *Proceedings DARPA Speech and Natural Language Workshop*, Hidden Valley, PA, pp. 96–101.

Hermansky, H. (1990). Perceptual linear predictive (PLP) analysis of speech. *JASA*, *87*(4), 1738–1752.

Higgins, D. and Sadock, J. M. (2003). A machine learning approach to modeling scope preferences. *Computational Linguistics*, *29*(1), 73–96.

Hillard, D., Huang, Z., Ji, H., Grishman, R., Hakkani-Tür, D., Harper, M., Ostendorf, M., and Wang, W. (2006). Impact of automatic comma prediction on POS/name tagging of speech. In *Proceedings of IEEE/ACL 06 Workshop on Spoken Language Technology*, Aruba.

Hindle, D. (1983). Deterministic parsing of syntactic non-fluencies. In *ACL-83*, pp. 123–128.

Hindle, D. (1990). Noun classification from predicate-argument structures. In *ACL-90*, Pittsburgh, PA, pp. 268–275.

Hindle, D. and Rooth, M. (1990). Structural ambiguity and lexical relations. In *Proceedings DARPA Speech and Natural Language Workshop*, Hidden Valley, PA, pp. 257–262.

Hindle, D. and Rooth, M. (1991). Structural ambiguity and lexical relations. In *ACL-91*, Berkeley, CA, pp. 229–236.

Hinkelman, E. A. and Allen, J. (1989). Two constraints on speech act ambiguity. In *ACL-89*, Vancouver, Canada, pp. 212–219.

Hintikka, J. (1969). Semantics for propositional attitudes. In Davis, J. W., Hockney, D. J., and Wilson, W. K. (Eds.), *Philosophical Logic*, pp. 21–45. D. Reidel.

Hirschberg, J. (1993). Pitch accent in context: Predicting intonational prominence from text. *Artificial Intelligence*, *63*(1–2), 305–340.

Hirschberg, J. and Litman, D. J. (1993). Empirical studies on the disambiguation of cue phrases. *Computational Linguistics*, *19*(3), 501–530.

Hirschberg, J., Litman, D. J., and Swerts, M. (2001). Identifying user corrections automatically in spoken dialogue systems. In *NAACL 2001*.

Hirschberg, J. and Nakatani, C. (1996). A prosodic analysis of discourse segments in direction-giving monologues. In *ACL-96*, Santa Cruz, CA, pp. 286–293.

Hirschberg, J. and Pierrehumbert, J. B. (1986). The intonational structuring of discourse. In *ACL-86*, New York, pp. 136–144.

Hirschman, L. and Blaschke, C. (2006). Evaluation of text mining in biology. In Ananiadou, S. and McNaught, J. (Eds.), *Text Mining for Biology and Biomedicine*, chap. 9, pp. 213–245. Artech House, Norwood, MA.

Hirschman, L. and Pao, C. (1993). The cost of errors in a spoken language system. In *EUROSPEECH-93*, pp. 1419–1422.

Hirst, G. (1987). *Semantic Interpretation and the Resolution of Ambiguity*. Cambridge University Press.

Hirst, G. (1988). Resolving lexical ambiguity computationally with spreading activation and polaroid words. In Small, S. L., Cottrell, G. W., and Tanenhaus, M. K. (Eds.), *Lexical Ambiguity Resolution*, pp. 73–108. Morgan Kaufmann.

Hirst, G. and Budanitsky, A. (2005). Correcting real-word spelling errors by restoring lexical cohesion. *Natural Language Engineering*, *11*, 87–111.

Hirst, G. and Charniak, E. (1982). Word sense and case slot disambiguation. In *AAAI-82*, pp. 95–98.

Hjelmslev, L. (1969). *Prologomena to a Theory of Language*. University of Wisconsin Press. Translated by Francis J. Whitfield; original Danish edition 1943.

Hobbs, J. R. (1977). 38 examples of elusive antecedents from published texts. Tech. rep. 77–2, Department of Computer Science, City University of New York.

Hobbs, J. R. (1978). Resolving pronoun references. *Lingua*, *44*, 311–338. Reprinted in Grosz et al. (1986).

Hobbs, J. R. (1979a). Coherence and coreference. *Cognitive Science*, *3*, 67–90.

Hobbs, J. R. (1979b). Metaphor, metaphor schemata, and selective inferencing. Tech. rep. 204, SRI.

Hobbs, J. R. (1990). *Literature and Cognition*. CSLI Lecture Notes 21.

Hobbs, J. R., Appelt, D. E., Bear, J., Israel, D., Kameyama, M., Stickel, M. E., and Tyson, M. (1997). FASTUS: A cascaded finite-state transducer for extracting information from natural-language text. In Roche, E. and Schabes, Y. (Eds.), *Finite-State Language Processing*, pp. 383–406. MIT Press.

Hobbs, J. R. and Shieber, S. M. (1987). An algorithm for generating quantifier scopings. *Computational Linguistics*, *13*(1), 47–55.

Hobbs, J. R., Stickel, M. E., Appelt, D. E., and Martin, P. (1993). Interpretation as abduction. *Artificial Intelligence*, *63*, 69–142.

Hockenmaier, J. and Steedman, M. (2002). Generative models for statistical parsing with Combinatory Categorial Grammar. In *ACL-02*, Philadelphia, PA.

Hofstadter, D. R. (1997). *Le Ton beau de Marot*. Basic Books.

Holmes, D. I. (1994). Authorship attribution. *Computers and the Humanities*, *28*, 87–106.

Honal, M. and Schultz, T. (2003). Correction of disfluencies in spontaneous speech using a noisy-channel approach. In *EUROSPEECH-03*.

Honal, M. and Schultz, T. (2005). Automatic disfluency removal on recognized spontaneous speech - rapid adaptation to speaker-dependent disfluencies. In *ICASSP-05*.

Hopcroft, J. E. and Ullman, J. D. (1979). *Introduction to Automata Theory, Languages, and Computation*. Addison-Wesley.

Hori, C. and Furui, S. (2004). Speech summarization: An approach through word extraction and a method for evaluation. *IEICE Transactions on Information and Systems*, *87*, 15–25.

Horning, J. J. (1969). *A Study of Grammatical Inference*. Ph.D. thesis, Stanford University.

House, A. S., Williams, C. E., Hecker, M. H. L., and Kryter, K. D. (1965). Articulation-testing methods: Consonantal differentiation with a closed-response set. *JASA*, *37*, 158–166.

Householder, F. W. (1995). Dionysius Thrax, the *technai*, and Sextus Empiricus. In Koerner, E. F. K. and Asher, R. E. (Eds.), *Concise History of the Language Sciences*, pp. 99–103. Elsevier Science.

Hovy, E. H. (1990). Parsimonious and profligate approaches to the question of discourse structure relations. In *Proceedings of the 5th International Workshop on Natural Language Generation*, Dawson, PA, pp. 128–136.

Hovy, E. H., Hermjakob, U., and Ravichandran, D. (2002). A question/answer typology with surface text patterns. In *HLT-01*.

Hovy, E. H. and Lin, C.-Y. (1999). Automated text summarization in SUMMARIST. In Mani, I. and Maybury, M. T. (Eds.), *Advances in Automatic Text Summarization*, pp. 81–94. MIT Press.

Hovy, E. H., Marcus, M. P., Palmer, M., Ramshaw, L. A., and Weischedel, R. (2006). Ontonotes: The 90% solution. In *HLT-NAACL-06*.

Howes, D. (1957). On the relation between the intelligibility and frequency of occurrence of English words. *JASA*, *29*, 296–305.

Huang, C., Chang, E., Zhou, J., and Lee, K.-F. (2000). Accent modeling based on pronunciation dictionary adaptation for large vocabulary Mandarin speech recognition. In *ICSLP-00*, Beijing, China.

Huang, L. and Chiang, D. (2005). Better k-best parsing. In *IWPT-05*, pp. 53–64.

Huang, X., Acero, A., and Hon, H.-W. (2001). *Spoken Language Processing: A Guide to Theory, Algorithm, and System Development*. Prentice Hall.

Huddleston, R. and Pullum, G. K. (2002). *The Cambridge Grammar of the English Language*. Cambridge University Press.

Hudson, R. A. (1984). *Word Grammar*. Blackwell.

Huffman, D. A. (1954). The synthesis of sequential switching circuits. *Journal of the Franklin Institute*, *3*, 161–191. Continued in Volume 4.

Huffman, S. (1996). Learning information extraction patterns from examples. In Wertmer, S., Riloff, E., and Scheller, G. (Eds.), *Connectionist, Statistical, and Symbolic Approaches to Learning Natural Language Processing*, pp. 246–260. Springer.

Huls, C., Bos, E., and Classen, W. (1995). Automatic referent resolution of deictic and anaphoric expressions. *Computational Linguistics*, *21*(1), 59–79.

Hunt, A. J. and Black, A. W. (1996). Unit selection in a concatenative speech synthesis system using a large speech database. In *ICASSP-96*, Atlanta, GA, Vol. 1, pp. 373–376.

Hutchins, W. J. (1986). *Machine Translation: Past, Present, Future*. Ellis Horwood, Chichester, England.

Hutchins, W. J. (1997). From first conception to first demonstration: The nascent years of machine translation, 1947–1954. A chronology. *Machine Translation*, *12*, 192–252.

Hutchins, W. J. and Somers, H. L. (1992). *An Introduction to Machine Translation*. Academic Press.

Huybregts, R. (1984). The weak inadequacy of context-free phrase structure grammars. In de Haan, G., Trommele, M., and Zonneveld, W. (Eds.), *Van Periferie naar Kern*. Foris. Cited in Pullum (1991).

Ide, N. M. and Véronis, J. (Eds.). (1998a). *Computational Linguistics: Special Issue on Word Sense Disambiguation*, Vol. 24. MIT Press.

Ide, N. M. and Véronis, J. (1998b). Introduction to the special issue on word sense disambiguation. *Computational Linguistics*, *24*(1), 1–40.

Irons, E. T. (1961). A syntax directed compiler for ALGOL 60. *Communications of the ACM*, *4*, 51–55.

ISO8601 (2004). Data elements and interchange formats—information interchange—representation of dates and times. Tech. rep., International Organization for Standards (ISO).

Issar, S. and Ward, W. (1993). CMU's robust spoken language understanding system. In *EUROSPEECH-93*, pp. 2147–2150.

Itakura, F. (1975). Minimum prediction residual principle applied to speech recognition. *IEEE Transactions on Acoustics, Speech, and Signal Processing*, *ASSP-32*, 67–72.

Iverson, E. and Helmreich, S. (1992). Metallel: An integrated approach to non-literal phrase interpretation. *Computational Intelligence*, *8*(3), 477–493.

Iyer, R. M. and Ostendorf, M. (1999a). Modeling long distance dependencies in language: Topic mixtures versus dynamic cache model. *IEEE Transactions on Speech and Audio Processing*, *7*(1), 30–39.

Iyer, R. M. and Ostendorf, M. (1999b). Relevance weighting for combining multi-domain data for *n*-gram language modeling. *Computer Speech and Language*, *13*(3), 267–282.

Iyer, R. M. and Ostendorf, M. (1997). Transforming out-of-domain estimates to improve in-domain language models. In *EUROSPEECH-97*, pp. 1975–1978.

Jaccard, P. (1908). Nouvelles recherches sur la distribution florale. *Bulletin de la Société Vaudoise des Sciences Naturelles*, *44*, 223–227.

Jaccard, P. (1912). The distribution of the flora of the alpine zone. *New Phytologist*, *11*, 37–50.

Jackendoff, R. (1975). Morphological and semantic regularities in the lexicon. *Language*, *51*(3), 639–671.

Jackendoff, R. (1983). *Semantics and Cognition*. MIT Press.

Jackendoff, R. (1990). *Semantic Structures*. MIT Press.

Jackson, P. and Moulinier, I. (2002). *Natural Language Processing for Online Applications*. John Benjamins.

Jacobs, P. S. (1985). *A Knowledge-Based Approach to Language Generation*. Ph.D. thesis, University of California, Berkeley, CA. Available as University of California at Berkeley Computer Science Division Tech. rep. #86/254.

Jacobs, P. S. (1987). Knowledge-based natural language generation. *Artificial Intelligence*, *33*, 325–378.

Jacobs, P. S. and Rau, L. F. (1990). SCISOR: A system for extracting information from on-line news. *Communications of the ACM*, *33*(11), 88–97.

Jacquemin, C. (1997). Guessing morphology from terms and corpora. In *SIGIR-97*, Philadelphia, PA, pp. 156–165.

Jakobson, R. (1939). Observations sur le classement phonologique des consonnes. In Blancquaert, E. and Pée, W. (Eds.), *ICPhS-39*, Ghent, pp. 34–41.

Janssen, T. M. V. (1997). Compositionality. In van Benthem, J. and ter Meulen, A. (Eds.), *Handbook of Logic and Language*, chap. 7, pp. 417–473. North-Holland.

Jarosz, G. (2006). Richness of the base and probabilistic unsupervised learning in optimality theory. In *Proceedings of ACL SIGPHON*, New York, NY, pp. 50–59.

Jarosz, G. (2008). Restrictiveness and phonological grammar and lexicon learning. In *CLS 43*. In press.

Jefferson, G. (1984). Notes on a systematic deployment of the acknowledgement tokens 'yeah' and 'mm hm'. *Papers in Linguistics*, *17*(2), 197–216.

Jeffreys, H. (1948). *Theory of Probability* (2nd Ed.). Clarendon Press. Section 3.23.

Jekat, S., Klein, A., Maier, E., Maleck, I., Mast, M., and Quantz, J. (1995). Dialogue acts in verbmobil. Verbmobil–Report–65–95.

Jelinek, F. (1969). A fast sequential decoding algorithm using a stack. *IBM Journal of Research and Development*, *13*, 675–685.

Jelinek, F. (1976). Continuous speech recognition by statistical methods. *Proceedings of the IEEE*, *64*(4), 532–557.

Jelinek, F. (1988). Address to the first workshop on the evaluation of natural language processing systems. December 7, 1988.

Jelinek, F. (1990). Self-organized language modeling for speech recognition. In Waibel, A. and Lee, K.-F. (Eds.), *Readings in Speech Recognition*, pp. 450–506. Morgan Kaufmann. Originally distributed as IBM technical report in 1985.

Jelinek, F. (1997). *Statistical Methods for Speech Recognition*. MIT Press.

Jelinek, F. and Lafferty, J. D. (1991). Computation of the probability of initial substring generation by stochastic context-free grammars. *Computational Linguistics*, *17*(3), 315–323.

Jelinek, F., Lafferty, J. D., Magerman, D. M., Mercer, R. L., Ratnaparkhi, A., and Roukos, S. (1994). Decision tree parsing using a hidden derivation model. In *ARPA Human Language Technologies Workshop*, Plainsboro, N.J., pp. 272–277.

Jelinek, F. and Mercer, R. L. (1980). Interpolated estimation of Markov source parameters from sparse data. In Gelsema, E. S. and Kanal, L. N. (Eds.), *Proceedings, Workshop on Pattern Recognition in Practice*, pp. 381–397. North Holland.

Jelinek, F., Mercer, R. L., and Bahl, L. R. (1975). Design of a linguistic statistical decoder for the recognition of continuous speech. *IEEE Transactions on Information Theory, IT-21*(3), 250–256.

Jiang, J. J. and Conrath, D. W. (1997). Semantic similarity based on corpus statistics and lexical taxonomy. In *ROCLING X*, Taiwan.

Jilka, M., Mohler, G., and Dogil, G. (1999). Rules for the generation of ToBI-based American English intonation. *Speech Communication, 28*(2), 83–108.

Jiménez, V. M. and Marzal, A. (2000). Computation of the *n* best parse trees for weighted and stochastic context-free grammars. In *Advances in Pattern Recognition: Proceedings of the Joint IAPR International Workshops, SSPR 2000 and SPR 2000*, Alicante, Spain, pp. 183–192. Springer.

Jing, H. (2000). Sentence reduction for automatic text summarization. In *ANLP 2000*, Seattle, WA, pp. 310–315.

Jing, H. (2002). Using hidden Markov modeling to decompose human-written summaries. *Computational Linguistics, 28*(4), 527–543.

Johnson, C. D. (1972). *Formal Aspects of Phonological Description*. Mouton, The Hague. Monographs on Linguistic Analysis No. 3.

Johnson, C. (1999). Syntactic and semantic principles of FrameNet annotation, version 1. Tech. rep. TR-99-018, ICSI, Berkeley, CA.

Johnson, K. (2003). *Acoustic and Auditory Phonetics* (2nd Ed.). Blackwell.

Johnson, M. (1984). A discovery procedure for certain phonological rules. In *COLING-84*, Stanford, CA, pp. 344–347.

Johnson, M. (1988). *Attribute-Value Logic and the Theory of Grammar*. CSLI Lecture Notes. Chicago University Press.

Johnson, M. (1990). Expressing disjunctive and negative feature constraints with classical first-order logic. In *ACL-90*, Pittsburgh, PA, pp. 173–179.

Johnson, M. (1998a). Finite-state approximation of constraint-based grammars using left-corner grammar transforms. In *COLING/ACL-98*, Montreal, pp. 619–623.

Johnson, M. (1998b). PCFG models of linguistic tree representations. *Computational Linguistics, 24*(4), 613–632.

Johnson, M. (2001). Joint and conditional estimation of tagging and parsing models. In *ACL-01*, pp. 314–321.

Johnson, M., Geman, S., Canon, S., Chi, Z., and Riezler, S. (1999). Estimators for stochastic "unification-based" grammars. In *ACL-99*, pp. 535–541.

Johnson, S. C. and Lesk, M. E. (1978). Language development tools. *Bell System Technical Journal, 57*(6), 2155–2175.

Johnson, W. E. (1932). Probability: deductive and inductive problems (appendix to). *Mind, 41*(164), 421–423.

Johnson-Laird, P. N. (1983). *Mental Models*. Harvard University Press, Cambridge, MA.

Johnston, M., Ehlen, P., Gibbon, D., and Liu, Z. (2007). The multimodal presentation dashboard. In *NAACL HLT 2007 Workshop 'Bridging the Gap'*.

Jones, D. A., Gibson, E., Shen, W., Granoien, N., Herzog, M., Reynolds, D. A., and Weinstein, C. (2005). Measuring human readability of machine generated text: Three case studies in speech recognition and machine translation. In *ICASSP-05*, pp. 18–23.

Jones, D. A., Wolf, F., Gibson, E., Williams, E., Fedorenko, E., Reynolds, D. A., and Zissman, M. (2003). Measuring the readability of automatic speech-to-text transcripts. In *EUROSPEECH-03*, pp. 1585–1588.

Jones, M. A. and McCoy, K. (1992). Transparently-motivated metaphor generation. In Dale, R., Hovy, E. H., Rösner, D., and Stock, O. (Eds.), *Aspects of Automated Natural Language Generation*, Lecture Notes in Artificial Intelligence 587, pp. 183–198. Springer Verlag.

Jones, M. P. and Martin, J. H. (1997). Contextual spelling correction using latent semantic analysis. In *ANLP 1997*, Washington, D.C., pp. 166–173.

Joos, M. (1950). Description of language design. *JASA, 22*, 701–708.

Joshi, A. K. (1985). Tree adjoining grammars: How much context-sensitivity is required to provide reasonable structural descriptions?. In Dowty, D. R., Karttunen, L., and Zwicky, A. (Eds.), *Natural Language Parsing*, pp. 206–250. Cambridge University Press.

Joshi, A. K. and Hopely, P. (1999). A parser from antiquity. In Kornai, A. (Ed.), *Extended Finite State Models of Language*, pp. 6–15. Cambridge University Press.

Joshi, A. K. and Kuhn, S. (1979). Centered logic: The role of entity centered sentence representation in natural language inferencing. In *IJCAI-79*, pp. 435–439.

Joshi, A. K. and Srinivas, B. (1994). Disambiguation of super parts of speech (or supertags): Almost parsing. In *COLING-94*, Kyoto, pp. 154–160.

Joshi, A. K., Vijay-Shanker, K., and Weir, D. J. (1991). The convergence of mildly context-sensitive grammatical formalisms. In Sells, P., Shieber, S., and Wasow, T. (Eds.), *Foundational Issues in Natural Language Processing*, pp. 31–81. MIT Press.

Joshi, A. K. and Weinstein, S. (1981). Control of inference: Role of some aspects of discourse structure – centering. In *IJCAI-81*, pp. 385–387.

Jun, S.-A. (Ed.). (2005). *Prosodic Typology and Transcription: A Unified Approach*. Oxford University Press.

Juneja, A. and Espy-Wilson, C. (2003). Speech segmentation using probabilistic phonetic feature hierarchy and support vector machines. In *IJCNN 2003*.

Junqua, J. C. (1993). The Lombard reflex and its role on human listeners and automatic speech recognizers. *JASA, 93*(1), 510–524.

Juola, P. (1998). Measuring linguistic complexity: The morphological tier. *Journal of Quantitative Linguistics, 5*(3), 206–213.

Jurafsky, D. (1992). *An On-line Computational Model of Human Sentence Interpretation: A Theory of the Representation and Use of Linguistic Knowledge*. Ph.D. thesis, University of California, Berkeley, CA. University of California at Berkeley Computer Science Division TR #92/676.

Jurafsky, D., Bell, A., Gregory, M. L., and Raymond, W. D. (2001a). Probabilistic relations between words: Evidence from reduction in lexical production. In Bybee, J. L. and Hopper, P. (Eds.), *Frequency and the Emergence of Linguistic Structure*, pp. 229–254. Benjamins.

Jurafsky, D., Ward, W., Jianping, Z., Herold, K., Xiuyang, Y., and Sen, Z. (2001b). What kind of pronunciation variation is hard for triphones to model?. In *ICASSP-01*, Salt Lake City, Utah, pp. I.577–580.

Jurafsky, D., Wooters, C., Tajchman, G., Segal, J., Stolcke, A., Fosler, E., and Morgan, N. (1994). The Berkeley restaurant project. In *ICSLP-94*, Yokohama, Japan, pp. 2139–2142.

Jurafsky, D., Wooters, C., Tajchman, G., Segal, J., Stolcke, A., Fosler, E., and Morgan, N. (1995). Using a stochastic context-free grammar as a language model for speech recognition. In *ICASSP-95*, pp. 189–192.

Kager, R. (2000). *Optimality Theory*. Cambridge University Press.

Kahn, D. (1976). *Syllable-based Generalizations in English Phonology*. Ph.D. thesis, MIT.

Kameyama, M. (1986). A property-sharing constraint in centering. In *ACL-86*, New York, pp. 200–206.

Kamm, C. A. (1994). User interfaces for voice applications. In Roe, D. B. and Wilpon, J. G. (Eds.), *Voice Communication Between Humans and Machines*, pp. 422–442. National Academy Press.

Kan, M. Y., Klavans, J. L., and McKeown, K. R. (1998). Linear segmentation and segment significance. In *Proc. 6th Workshop on Very Large Corpora (WVLC-98)*, Montreal, Canada, pp. 197–205.

Kaplan, R. M. (1973). A general syntactic processor. In Rustin, R. (Ed.), *Natural Language Processing*, pp. 193–241. Algorithmics Press.

Kaplan, R. M. (1987). Three seductions of computational psycholinguistics. In Whitelock, P., Wood, M. M., Somers, H. L., Johnson, R., and Bennett, P. (Eds.), *Linguistic Theory and Computer Applications*, pp. 149–188. Academic Press.

Kaplan, R. M. and Bresnan, J. (1982). Lexical-functional grammar: A formal system for grammatical representation. In Bresnan, J. (Ed.), *The Mental Representation of Grammatical Relations*, pp. 173–281. MIT Press.

Kaplan, R. M. and Kay, M. (1981). Phonological rules and finite-state transducers. Paper presented at the Annual Meeting of the Linguistics Society of America. New York.

Kaplan, R. M. and Kay, M. (1994). Regular models of phonological rule systems. *Computational Linguistics*, 20(3), 331–378.

Kaplan, R. M., Riezler, S., King, T. H., Maxwell III, J. T., Vasserman, A., and Crouch, R. (2004). Speed and accuracy in shallow and deep stochastic parsing. In *HLT-NAACL-04*.

Karamanis, N. (2003). *Entity Coherence for Descriptive Text Structuring*. Ph.D. thesis, University of Edinburgh.

Karamanis, N. (2006). Evaluating centering for sentence ordering in two new domains. In *HLT-NAACL-06*.

Karamanis, N. (2007). Supplementing entity coherence with local rhetorical relations for information ordering. *Journal of Logic, Language and Information*, 16, 445–464.

Karamanis, N. and Manurung, H. M. (2002). Stochastic text structuring using the principle of continuity. In *INLG 2002*, pp. 81–88.

Karamanis, N., Poesio, M., Mellish, C., and Oberlander, J. (2004). Evaluating centering-based metrics of coherence for text structuring using a reliably annotated corpus. In *ACL-04*.

Karlsson, F. (2007). Constraints on multiple center-embedding of clauses. *Journal of Linguistics*, 43, 365–392.

Karlsson, F., Voutilainen, A., Heikkilä, J., and Anttila, A. (Eds.). (1995). *Constraint Grammar: A Language-Independent System for Parsing Unrestricted Text*. Mouton de Gruyter.

Karttunen, L. (1983). KIMMO: A general morphological processor. In *Texas Linguistics Forum 22*, pp. 165–186.

Karttunen, L. (1993). Finite-state constraints. In Goldsmith, J. (Ed.), *The Last Phonological Rule*, pp. 173–194. University of Chicago Press.

Karttunen, L. (1998). The proper treatment of optimality in computational phonology. In *Proceedings of FSMNLP'98: International Workshop on Finite-State Methods in Natural Language Processing*, Bilkent University. Ankara, Turkey, pp. 1–12.

Karttunen, L. (1999). Comments on Joshi. In Kornai, A. (Ed.), *Extended Finite State Models of Language*, pp. 16–18. Cambridge University Press.

Karttunen, L., Chanod, J., Grefenstette, G., and Schiller, A. (1996). Regular expressions for language engineering. *Natural Language Engineering*, 2(4), 305–238.

Karttunen, L. and Kay, M. (1985). Structure sharing with binary trees. In *ACL-85*, Chicago, pp. 133–136.

Kasami, T. (1965). An efficient recognition and syntax analysis algorithm for context-free languages. Tech. rep. AFCRL-65-758, Air Force Cambridge Research Laboratory, Bedford, MA.

Kashyap, R. L. and Oommen, B. J. (1983). Spelling correction using probabilistic methods. *Pattern Recognition Letters*, 2, 147–154.

Kasper, R. T. and Rounds, W. C. (1986). A logical semantics for feature structures. In *ACL-86*, New York, pp. 257–266.

Kataja, L. and Koskenniemi, K. (1988). Finite state description of Semitic morphology. In *COLING-88*, Budapest, pp. 313–315.

Katz, J. J. and Fodor, J. A. (1963). The structure of a semantic theory. *Language*, 39, 170–210.

Katz, S. M. (1987). Estimation of probabilities from sparse data for the language model component of a speech recogniser. *IEEE Transactions on Acoustics, Speech, and Signal Processing*, 35(3), 400–401.

Kawahara, T., Hasegawa, M., Shitaoka, K., Kitade, T., and Nanjo, H. (2004). Automatic indexing of lecture presentations using unsupervised learning of presumed discourse markers. *IEEE Transactions on Speech and Audio Processing*, 12(4), 409–419.

Kawamoto, A. H. (1988). Distributed representations of ambiguous words and their resolution in connectionist networks. In Small, S. L., Cottrell, G. W., and Tanenhaus, M. (Eds.), *Lexical Ambiguity Resolution*, pp. 195–228. Morgan Kaufman.

Kay, M. (1967). Experiments with a powerful parser. In *Proc. 2eme Conference Internationale sur le Traitement Automatique des Langues*, Grenoble.

Kay, M. (1973). The MIND system. In Rustin, R. (Ed.), *Natural Language Processing*, pp. 155–188. Algorithmics Press.

Kay, M. (1979). Functional grammar. In *Proceedings of the Berkeley Linguistics Society Annual Meeting*, Berkeley, CA, pp. 142–158.

Kay, M. (1982). Algorithm schemata and data structures in syntactic processing. In Allén, S. (Ed.), *Text Processing: Text Analysis and Generation, Text Typology and Attribution*, pp. 327–358. Almqvist and Wiksell, Stockholm.

Kay, M. (1984). Functional unification grammar: A formalism for machine translation. In *COLING-84*, Stanford, CA, pp. 75–78.

Kay, M. (1985). Parsing in functional unification grammar. In Dowty, D. R., Karttunen, L., and Zwicky, A. (Eds.), *Natural Language Parsing*, pp. 251–278. Cambridge University Press.

Kay, M. (1987). Nonconcatenative finite-state morphology. In *EACL-87*, Copenhagen, Denmark, pp. 2–10.

Kay, M. and Röscheisen, M. (1988). Text-translation alignment. Tech. rep. P90-00143, Xerox Palo Alto Research Center, Palo Alto, CA.

Kay, M. and Röscheisen, M. (1993). Text-translation alignment. *Computational Linguistics*, *19*, 121–142.

Kay, P. and Fillmore, C. J. (1999). Grammatical constructions and linguistic generalizations: The What's X Doing Y? construction. *Language*, *75*(1), 1–33.

Kazakov, D. (1997). Unsupervised learning of naïve morphology with genetic algorithms. In *ECML/Mlnet Workshop on Empirical Learning of Natural Language Processing Tasks*, Prague, pp. 105–111.

Keating, P. A., Byrd, D., Flemming, E., and Todaka, Y. (1994). Phonetic analysis of word and segment variation using the TIMIT corpus of American English. *Speech Communication*, *14*, 131–142.

Kehler, A. (1993). The effect of establishing coherence in ellipsis and anaphora resolution. In *ACL-93*, Columbus, Ohio, pp. 62–69.

Kehler, A. (1994a). Common topics and coherent situations: Interpreting ellipsis in the context of discourse inference. In *ACL-94*, Las Cruces, New Mexico, pp. 50–57.

Kehler, A. (1994b). Temporal relations: Reference or discourse coherence?. In *ACL-94*, Las Cruces, New Mexico, pp. 319–321.

Kehler, A. (1997a). Current theories of centering for pronoun interpretation: A critical evaluation. *Computational Linguistics*, *23*(3), 467–475.

Kehler, A. (1997b). Probabilistic coreference in information extraction. In *EMNLP 1997*, Providence, RI, pp. 163–173.

Kehler, A. (2000). *Coherence, Reference, and the Theory of Grammar*. CSLI Publications.

Kehler, A., Appelt, D. E., Taylor, L., and Simma, A. (2004). The (non)utility of predicate-argument frequencies for pronoun interpretation. In *HLT-NAACL-04*.

Keller, F. (2004). The entropy rate principle as a predictor of processing effort: An evaluation against eye-tracking data. In *EMNLP 2004*, Barcelona, pp. 317–324.

Keller, F. and Lapata, M. (2003). Using the web to obtain frequencies for unseen bigrams. *Computational Linguistics*, *29*, 459–484.

Keller, W. R. (1988). Nested cooper storage: The proper treatment of quantification in ordinary noun phrases. In Reyle, U. and Rohrer, C. (Eds.), *Natural Language Parsing and Linguistic Theories*, pp. 432–447. Reidel, Dordrecht.

Kelley, L. G. (1979). *The True Interpreter: A History of Translation Theory and Practice in the West*. St. Martin's Press, New York.

Kelly, E. F. and Stone, P. J. (1975). *Computer Recognition of English Word Senses*. North-Holland.

Kennedy, C. and Boguraev, B. (1996). Anaphora for everyone: Pronominal anaphora resolution without a parser. In *COLING-96*, Copenhagen, pp. 113–118.

Kernighan, M. D., Church, K. W., and Gale, W. A. (1990). A spelling correction program base on a noisy channel model. In *COLING-90*, Helsinki, Vol. II, pp. 205–211.

Kibble, R. and Power, R. (2000). An integrated framework for text planning and pronominalisation. In *INLG 2000*, pp. 77–84.

Kiefer, B., Krieger, H.-U., Carroll, J., and Malouf, R. (1999). A bag of useful techniques for efficient and robust parsing. In *ACL-99*, College Park, MD, pp. 473–480.

Kilgarriff, A. (2001). English lexical sample task description. In *Proceedings of Senseval-2: Second International Workshop on Evaluating Word Sense Disambiguation Systems*, Toulouse, France, pp. 17–20.

Kilgarriff, A. and Palmer, M. (Eds.). (2000). *Computing and the Humanities: Special Issue on SENSEVAL*, Vol. 34. Kluwer.

Kilgarriff, A. and Rosenzweig, J. (2000). Framework and results for English SENSEVAL. *Computers and the Humanities*, *34*, 15–48.

Kim, D., Gales, M., Hain, T., and Woodland, P. C. (2004). Using VTLN for Broadcast News transcription. In *ICSLP-04*, Jeju, South Korea, pp. 1953–1956.

Kim, J. and Woodland, P. C. (2001). The use of prosody in a combined system for punctuation generation and speech recognition. In *EUROSPEECH-01*, pp. 2757–2760.

King, J. and Just, M. A. (1991). Individual differences in syntactic processing: The role of working memory. *Journal of Memory and Language*, *30*, 580–602.

King, P. (1989). *A Logical Formalism for Head-Driven Phrase Structure Grammar*. Ph.D. thesis, University of Manchester.

Kinoshita, S., Cohen, K. B., Ogren, P. V., and Hunter, L. (2005). BioCreAtIvE Task1A: Entity identification with a stochastic tagger. *BMC Bioinformatics*, *6*(1).

Kintsch, W. (1974). *The Representation of Meaning in Memory*. Wiley, New York.

Kipper, K., Dang, H. T., and Palmer, M. (2000). Class-based construction of a verb lexicon. In *AAAI-00*, Austin, TX, pp. 691–696.

Kiraz, G. A. (1997). Compiling regular formalisms with rule features into finite-state automata. In *ACL/EACL-97*, Madrid, Spain, pp. 329–336.

Kiraz, G. A. (2000). Multitiered nonlinear morphology using multitape finite automata: A case study on Syriac and Arabic. *Computational Linguistics*, *26*(1), 77–105.

Kiraz, G. A. (2001). *Computational Nonlinear Morphology with Emphasis on Semitic Languages*. Cambridge University Press.

Kiraz, G. A. and Möbius, B. (1998). Multilingual syllabification using weighted finite-state transducers. In *Proceedings of 3rd ESCA Workshop on Speech Synthesis*, Jenolan Caves, pp. 59–64.

Kirchhoff, K., Fink, G. A., and Sagerer, G. (2002). Combining acoustic and articulatory feature information for robust speech recognition. *Speech Communication*, *37*, 303–319.

Kisseberth, C. W. (1969). On the abstractness of phonology: The evidence from Yawelmani. *Papers in Linguistics*, *1*, 248–282.

Kisseberth, C. W. (1970). On the functional unity of phonological rules. *Linguistic Inquiry*, *1*(3), 291–306.

Kita, K., Fukui, Y., Nagata, M., and Morimoto, T. (1996). Automatic acquisition of probabilistic dialogue models. In *ICSLP-96*, Philadelphia, PA, Vol. 1, pp. 196–199.

Klatt, D. H. (1975). Voice onset time, friction, and aspiration in word-initial consonant clusters. *Journal of Speech and Hearing Research*, *18*, 686–706.

Klatt, D. H. (1977). Review of the ARPA speech understanding project. *JASA*, *62*(6), 1345–1366.

Klatt, D. H. (1979). Synthesis by rule of segmental durations in English sentences. In Lindblom, B. E. F. and Öhman, S. (Eds.), *Frontiers of Speech Communication Research*, pp. 287–299. Academic.

Klatt, D. H. (1982). The Klattalk text-to-speech conversion system. In *ICASSP-82*, pp. 1589–1592.

Klavans, J. L. (Ed.). (1995). *Representation and Acquisition of Lexical Knowledge: Polysemy, Ambiguity and Generativity*. AAAI Press. AAAI Technical Report SS-95-01.

Kleene, S. C. (1951). Representation of events in nerve nets and finite automata. Tech. rep. RM-704, RAND Corporation. RAND Research Memorandum.

Kleene, S. C. (1956). Representation of events in nerve nets and finite automata. In Shannon, C. and McCarthy, J. (Eds.), *Automata Studies*, pp. 3–41. Princeton University Press.

Klein, D. (2005). *The Unsupervised Learning of Natural Language Structure*. Ph.D. thesis, Stanford University.

Klein, D. and Manning, C. D. (2001). Parsing and hypergraphs. In *IWPT-01*, pp. 123–134.

Klein, D. and Manning, C. D. (2002). A generative constituent-context model for improved grammar induction. In *ACL-02*.

Klein, D. and Manning, C. D. (2003a). A* parsing: Fast exact Viterbi parse selection. In *HLT-NAACL-03*.

Klein, D. and Manning, C. D. (2003b). Accurate unlexicalized parsing. In *HLT-NAACL-03*.

Klein, D. and Manning, C. D. (2003c). Fast exact inference with a factored model for natural language parsing. In Becker, S., Thrun, S., and Obermayer, K. (Eds.), *Advances in Neural Information Processing Systems 15*. MIT Press.

Klein, D. and Manning, C. D. (2004). Corpus-based induction of syntactic structure: Models of dependency and constituency. In *ACL-04*, pp. 479–486.

Klein, S. and Simmons, R. F. (1963). A computational approach to grammatical coding of English words. *Journal of the Association for Computing Machinery*, *10*(3), 334–347.

Klimt, B. and Yang, Y. (2004). The Enron corpus: A new dataset for email classification research. In *Proceedings of the European Conference on Machine Learning*, pp. 217–226.

Klovstad, J. W. and Mondshein, L. F. (1975). The CASPERS linguistic analysis system. *IEEE Transactions on Acoustics, Speech, and Signal Processing*, *ASSP-23*(1), 118–123.

Kneser, R. (1996). Statistical language modeling using a variable context length. In *ICSLP-96*, Philadelphia, PA, Vol. 1, pp. 494–497.

Kneser, R. and Ney, H. (1993). Improved clustering techniques for class-based statistical language modelling. In *EUROSPEECH-93*, pp. 973–976.

Kneser, R. and Ney, H. (1995). Improved backing-off for M-gram language modeling. In *ICASSP-95*, Vol. 1, pp. 181–184.

Knight, K. (1989). Unification: A multidisciplinary survey. *ACM Computing Surveys*, *21*(1), 93–124.

Knight, K. (1999a). Decoding complexity in word-replacement translation models. *Computational Linguistics*, *25*(4), 607–615.

Knight, K. (1999b). A statistical MT tutorial workbook. Manuscript prepared for the 1999 JHU Summer Workshop.

Knight, K. and Marcu, D. (2000). Statistics-based summarization - step one: Sentence compression. In *AAAI-00*, pp. 703–710.

Knill, K. and Young, S. J. (1997). Hidden Markov models in speech and language processing. In Young, S. J. and Bloothooft, G. (Eds.), *Corpus-Based Methods in Language and Speech Processing*, pp. 27–68. Kluwer.

Knott, A. and Dale, R. (1994). Using linguistic phenomena to motivate a set of coherence relations. *Discourse Processes*, *18*(1), 35–62.

Knuth, D. E. (1968). Semantics of context-free languages. *Mathematical Systems Theory*, *2*(2), 127–145.

Knuth, D. E. (1973). *Sorting and Searching: The Art of Computer Programming Volume 3*. Addison-Wesley.

Koehn, P. and Hoang, H. (2007). Factored translation models. In *EMNLP/CoNLL 2007*, pp. 868–876.

Koehn, P. (2003a). *Noun Phrase Translation*. Ph.D. thesis, University of Southern California.

Koehn, P. (2003b). Pharaoh: A beam search decoder for phrase-based statistical machine translation models. User Manual and Description.

Koehn, P. (2004). Pharaoh: A beam search decoder for phrase-based statistical machine translation models. In *Proceedings of AMTA 2004*.

Koehn, P., Abney, S. P., Hirschberg, J., and Collins, M. (2000). Improving intonational phrasing with syntactic information. In *ICASSP-00*, pp. 1289–1290.

Koehn, P., Hoang, H., Birch, A., Callison-Burch, C., Federico, M., Bertoldi, N., Cowan, B., Shen, W., Moran, C., Zens, R., Dyer, C., Bojar, O., Constantin, A., and Herbst, E. (2006). Moses: Open source toolkit for statistical machine translation. In *ACL-07*, Prague.

Koehn, P., Och, F. J., and Marcu, D. (2003). Statistical phrase-based translation. In *HLT-NAACL-03*, pp. 48–54.

Koenig, W., Dunn, H. K., and Lacy, L. Y. (1946). The sound spectrograph. *JASA*, *18*, 19–49.

Koerner, E. F. K. and Asher, R. E. (Eds.). (1995). *Concise History of the Language Sciences*. Elsevier Science.

Kogan, Y., Collier, N., Pakhomov, S., and Krauthammer, M. (2005). Towards semantic role labeling & IE in the medical literature. In *AMIA 2005 Symposium Proceedings*, pp. 410–414.

Kogure, K. (1990). Strategic lazy incremental copy graph unification. In *COLING-90*, Helsinki, pp. 223–228.

Kompe, R., Kießling, A., Kuhn, T., Mast, M., Niemann, H., Nöth, E., Ott, K., and Batliner, A. (1993). Prosody takes over: A prosodically guided dialog system. In *EUROSPEECH-93*, Berlin, Vol. 3, pp. 2003–2006.

Koppel, M., Argamon, S., and Shimoni, A. R. (2002). Automatically categorizing written texts by author gender. *Literary and Linguistic Computing*, *17*(4), 401–412.

Kornai, A. (1991). *Formal Phonology*. Ph.D. thesis, Stanford University, Stanford, CA.

Koskenniemi, K. (1983). Two-level morphology: A general computational model of word-form recognition and production. Tech. rep. Publication No. 11, Department of General Linguistics, University of Helsinki.

Koskenniemi, K. and Church, K. W. (1988). Complexity, two-level morphology, and Finnish. In *COLING-88*, Budapest, pp. 335–339.

Kozima, H. (1993). Text segmentation based on similarity between words. In *ACL-93*, pp. 286–288.

Krieger, H.-U. and Nerbonne, J. (1993). Feature-based inheritance networks for computational lexicons. In Briscoe, T., de Paiva, V., and Copestake, A. (Eds.), *Inheritance, Defaults, and the Lexicon*, pp. 90–136. Cambridge University Press.

Krieger, H.-U. and Schäfer, U. (1994). TDL — A type description language for HPSG. Part 1: Overview. Tech. rep. RR-94-37, DFKI, Saarbrücken.

Krovetz, R. (1993). Viewing morphology as an inference process. In *SIGIR-93*, pp. 191–202.

Krovetz, R. (1998). More than one sense per discourse. In *Proceedings of the ACL-SIGLEX SENSEVAL Workshop*.

Krovetz, R. and Croft, W. B. (1992). Lexical ambiguity and information retrieval. *ACM Transactions on Information Systems*, *10*(2), 115–141.

Kruskal, J. B. (1983). An overview of sequence comparison. In Sankoff, D. and Kruskal, J. B. (Eds.), *Time Warps, String Edits, and Macromolecules: The Theory and Practice of Sequence Comparison*, pp. 1–44. Addison-Wesley.

Kudo, T. and Matsumoto, Y. (2002). Japanese dependency analysis using cascaded chunking. In *CoNLL-02*, pp. 63–69.

Kuhl, P. K., F.-M., T., and Liu, H.-M. (2003). Foreign-language experience in infancy: Effects of short-term exposure and social interaction on phonetic learning. *Proceedings of the National Academy of Sciences*, *100*, 9096–9101.

Kuhn, R. and De Mori, R. (1990). A cache-based natural language model for speech recognition. *IEEE Transactions on Pattern Analysis and Machine Intelligence*, *12*(6), 570–583.

Kukich, K. (1992). Techniques for automatically correcting words in text. *ACM Computing Surveys*, *24*(4), 377–439.

Kullback, S. and Leibler, R. A. (1951). On information and sufficiency. *Annals of Mathematical Statistics*, *22*, 79–86.

Kumar, S. and Byrne, W. (2002). Risk based lattice cutting for segmental minimum Bayes-risk decoding. In *ICSLP-02*, Denver, CO.

Kumar, S. and Byrne, W. (2005). Local phrase reordering models for statistical machine translation. In *HLT-EMNLP-05*, pp. 161–168.

Kuno, S. (1965). The predictive analyzer and a path elimination technique. *Communications of the ACM*, *8*(7), 453–462.

Kuno, S. and Oettinger, A. G. (1963). Multiple-path syntactic analyzer. In Popplewell, C. M. (Ed.), *Information Processing 1962: Proceedings of the IFIP Congress 1962*, Munich, pp. 306–312. North-Holland. Reprinted in Grosz et al. (1986).

Kupiec, J. (1992). Robust part-of-speech tagging using a hidden Markov model. *Computer Speech and Language*, *6*, 225–242.

Kupiec, J., Pedersen, J., and Chen, F. (1995). A trainable document summarizer. In *SIGIR-95*, pp. 68–73.

Kučera, H. (1992). The mathematics of language. In *The American Heritage Dictionary of the English Language*, pp. xxxi–xxxiii. Houghton Mifflin, Boston.

Kučera, H. and Francis, W. N. (1967). *Computational Analysis of Present-Day American English*. Brown University Press, Providence, RI.

Labov, W. (1966). *The Social Stratification of English in New York City*. Center for Applied Linguistics, Washington, D.C.

Labov, W. (1972). The internal evolution of linguistic rules. In Stockwell, R. P. and Macaulay, R. K. S. (Eds.), *Linguistic Change and Generative Theory*, pp. 101–171. Indiana University Press, Bloomington.

Labov, W. (1975). *The Quantitative Study of Linguistic Structure*. Pennsylvania Working Papers on Linguistic Change and Variation v.1 no. 3. U.S. Regional Survey, Philadelphia, PA.

Labov, W. (1994). *Principles of Linguistic Change: Internal Factors*. Blackwell.

Labov, W. and Fanshel, D. (1977). *Therapeutic Discourse*. Academic Press.

Ladd, D. R. (1996). *Intonational Phonology*. Cambridge Studies in Linguistics. Cambridge University Press.

Ladefoged, P. (1993). *A Course in Phonetics*. Harcourt Brace Jovanovich. (3rd ed.).

Ladefoged, P. (1996). *Elements of Acoustic Phonetics* (2nd Ed.). University of Chicago.

Lafferty, J. D., McCallum, A., and Pereira, F. C. N. (2001). Conditional random fields: Probabilistic models for segmenting and labeling sequence data. In *ICML 2001*, Stanford, CA.

Lafferty, J. D., Sleator, D., and Temperley, D. (1992). Grammatical trigrams: A probabilistic model of link grammar. In *Proceedings of the 1992 AAAI Fall Symposium on Probabilistic Approaches to Natural Language*.

Lakoff, G. (1965). *On the Nature of Syntactic Irregularity*. Ph.D. thesis, Indiana University. Published as *Irregularity in Syntax*. Holt, Rinehart, and Winston, New York, 1970.

Lakoff, G. (1972). Linguistics and natural logic. In Davidson, D. and Harman, G. (Eds.), *Semantics for Natural Language*, pp. 545–665. D. Reidel.

Lakoff, G. (1993). Cognitive phonology. In Goldsmith, J. (Ed.), *The Last Phonological Rule*, pp. 117–145. University of Chicago Press.

Lakoff, G. and Johnson, M. (1980). *Metaphors We Live By*. University of Chicago Press, Chicago, IL.

Lambek, J. (1958). The mathematics of sentence structure. *American Mathematical Monthly*, *65*(3), 154–170.

Lambrecht, K. (1994). *Information Structure and Sentence Form*. Cambridge University Press.

Landauer, T. K. (Ed.). (1995). *The Trouble with Computers: Usefulness, Usability, and Productivity*. MIT Press.

Landauer, T. K. and Dumais, S. T. (1997). A solution to Plato's problem: The Latent Semantic Analysis theory of acquisition, induction, and representation of knowledge. *Psychological Review*, *104*, 211–240.

Landauer, T. K., Laham, D., Rehder, B., and Schreiner, M. E. (1997). How well can passage meaning be derived without using word order: A comparison of latent semantic analysis and humans. In *COGSCI-97*, Stanford, CA, pp. 412–417.

Landes, S., Leacock, C., and Tengi, R. I. (1998). Building semantic concordances. In Fellbaum, C. (Ed.), *WordNet: An Electronic Lexical Database*, pp. 199–216. MIT Press.

Langendoen, D. T. (1975). Finite-state parsing of phrase-structure languages and the status of readjustment rules in the grammar. *Linguistic Inquiry*, *6*(4), 533–554.

Langendoen, D. T. and Langsam, Y. (1987). On the design of finite transducers for parsing phrase-structure languages. In Manaster-Ramer, A. (Ed.), *Mathematics of Language*, pp. 191–235. John Benjamins.

Lapata, M. (2003). Probabilistic text structuring: Experiments with sentence ordering. In *ACL-03*, Sapporo, Japan, pp. 545–552.

Lapata, M. (2006). Automatic evaluation of information ordering. *Computational Linguistics*, *32*(4), 471–484.

Lappin, S. and Leass, H. (1994). An algorithm for pronominal anaphora resolution. *Computational Linguistics*, *20*(4), 535–561.

Lari, K. and Young, S. J. (1990). The estimation of stochastic context-free grammars using the Inside-Outside algorithm. *Computer Speech and Language*, *4*, 35–56.

Lascarides, A. and Asher, N. (1993). Temporal interpretation, discourse relations, and common sense entailment. *Linguistics and Philosophy*, *16*(5), 437–493.

Lascarides, A. and Copestake, A. (1997). Default representation in constraint-based frameworks. *Computational Linguistics*, *25*(1), 55–106.

Lauer, M. (1995). Corpus statistics meet the noun compound. In *ACL-95*, Cambridge, MA, pp. 47–54.

Lawrence, W. (1953). The synthesis of speech from signals which have a low information rate.. In Jackson, W. (Ed.), *Communication Theory*, pp. 460–469. Butterworth.

LDC (1993). *LDC Catalog: CSR-I (WSJ0) Complete*. University of Pennsylvania. `www.ldc.upenn.edu/Catalog/ LDC93S6A.html`.

LDC (1995). COMLEX English Pronunciation Dictionary Version 0.2 (COMLEX 0.2). Linguistic Data Consortium.

LDC (1998). *LDC Catalog: Hub4 project*. University of Pennsylvania. `www.ldc.upenn.edu/Catalog/ LDC98S71.html` or `www.ldc.upenn.edu/Catalog/ Hub4.html`.

Leacock, C. and Chodorow, M. S. (1998). Combining local context and WordNet similarity for word sense identification. In Fellbaum, C. (Ed.), *WordNet: An Electronic Lexical Database*, pp. 265–283. MIT Press.

Leacock, C., Towell, G., and Voorhees, E. M. (1993). Corpus-based statistical sense resolution. In *Proceedings of the ARPA Human Language Technology Workshop*, pp. 260–265.

Lease, M., Johnson, M., and Charniak, E. (2006). Recognizing disfluencies in conversational speech. *IEEE Transactions on Audio, Speech and Language Processing*, *14*(5), 1566–1573.

Lee, L. and Rose, R. C. (1996). Speaker normalisation using efficient frequency warping procedures. In *ICASSP96*, pp. 353–356.

Lee, L. (1999). Measures of distributional similarity. In *ACL-99*, pp. 25–32.

Lee, L. (2001). On the effectiveness of the skew divergence for statistical language analysis. In *Artificial Intelligence and Statistics*, pp. 65–72.

Lee, S., Bresch, E., Adams, J., Kazemzadeh, A., and Narayanan, S. S. (2006). A study of emotional speech articulation using a fast magnetic resonance imaging technique. In *ICSLP-06*.

Leech, G., Garside, R., and Bryant, M. (1994). CLAWS4: The tagging of the British National Corpus. In *COLING-94*, Kyoto, pp. 622–628.

Lees, R. (1970). Problems in the grammatical analysis of English nominal compounds. In Bierwitsch, M. and Heidolph, K. E. (Eds.), *Progress in Linguistics*, pp. 174–187. Mouton, The Hague.

Leggetter, C. J. and Woodland, P. C. (1995). Maximum likelihood linear regression for speaker adaptation of *HMM*s. *Computer Speech and Language*, *9*(2), 171–186.

Lehiste, I. (Ed.). (1967). *Readings in Acoustic Phonetics*. MIT Press.

Lehnert, W. G. (1977). A conceptual theory of question answering. In *IJCAI-77*, pp. 158–164. Morgan Kaufmann.

Lehnert, W. G., Cardie, C., Fisher, D., Riloff, E., and Williams, R. (1991). Description of the CIRCUS system as used for MUC-3. In Sundheim, B. (Ed.), *MUC-3*, pp. 223–233.

Lehrer, A. (1974). *Semantic Fields and Lexical Structure*. North-Holland.

Lehrer, A. and Kittay, E. (Eds.). (1992). *Frames, Fields and Contrasts: New Essays in Semantic and Lexical Organization*. Lawrence Erlbaum.

Lemon, O., Georgila, K., Henderson, J., and Stuttle, M. (2006). An ISU dialogue system exhibiting reinforcement learning of dialogue policies: Generic slot-filling in the TALK in-car system. In *EACL-06*.

Lerner, A. J. (1978). *The Street Where I Live*. Da Capo Press, New York.

Lesk, M. E. (1986). Automatic sense disambiguation using machine readable dictionaries: How to tell a pine cone from an ice cream cone. In *Proceedings of the 5th International Conference on Systems Documentation*, Toronto, CA, pp. 24–26.

Levelt, W. J. M. (1970). A scaling approach to the study of syntactic relations. In d'Arcais, G. B. F. and Levelt, W. J. M. (Eds.), *Advances in Psycholinguistics*, pp. 109–121. North-Holland.

Levenshtein, V. I. (1966). Binary codes capable of correcting deletions, insertions, and reversals. *Cybernetics and Control Theory*, *10*(8), 707–710. Original in *Doklady Akademii Nauk SSSR* 163(4): 845–848 (1965).

Levesque, H. J., Cohen, P. R., and Nunes, J. H. T. (1990). On acting together. In *AAAI-90*, Boston, MA, pp. 94–99. Morgan Kaufmann.

Levi, J. (1978). *The Syntax and Semantics of Complex Nominals*. Academic Press.

Levin, B. (1993). *English Verb Classes and Alternations: A Preliminary Investigation*. University of Chicago Press.

Levin, B. and Rappaport Hovav, M. (2005). *Argument Realization*. Cambridge University Press.

Levin, E., Pieraccini, R., and Eckert, W. (2000). A stochastic model of human-machine interaction for learning dialog strategies. *IEEE Transactions on Speech and Audio Processing*, *8*, 11–23.

Levin, L., Gates, D., Lavie, A., and Waibel, A. (1998). An interlingua based on domain actions for machine translation of task-oriented dialogues. In *ICSLP-98*, Sydney, pp. 1155–1158.

Levinson, S. C. (1983). *Pragmatics*. Cambridge University Press.

Levinson, S. E. (1995). Structural methods in automatic speech recognition. *Proceedings of the IEEE*, *73*(11), 1625–1650.

Levitt, S. D. and Dubner, S. J. (2005). *Freakonomics*. Morrow.

Levow, G.-A. (1998). Characterizing and recognizing spoken corrections in human-computer dialogue. In *COLING-ACL*, pp. 736–742.

Levy, R. and Jaeger, T. F. (2007). Speakers optimize information density through syntactic reduction. In Schlökopf, B., Platt, J., and Hoffman, T. (Eds.), *NIPS 19*, pp. 849–856. MIT Press.

Levy, R. (2008). Expectation-based syntactic comprehension. *Cognition*, *106*(3), 1126–1177.

Lewis, H. and Papadimitriou, C. (1988). *Elements of the Theory of Computation* (2nd Ed.). Prentice Hall.

Li, A., Zheng, F., Byrne, W., Fung, P., Kamm, T., Yi, L., Song, Z., Ruhi, U., Venkataramani, V., and Chen, X. (2000). CASS: A phonetically transcribed corpus of Mandarin spontaneous speech. In *ICSLP-00*, Beijing, China, pp. 485–488.

Li, C. N. and Thompson, S. A. (1981). *Mandarin Chinese: A Functional Reference Grammar*. University of California Press.

Li, H. and Abe, N. (1998). Generalizing case frames using a thesaurus and the MDL principle. *Computational Linguistics*, *24*(2), 217–244.

Li, X. and Roth, D. (2002). Learning question classifiers. In *COLING-02*, pp. 556–562.

Li, X. and Roth, D. (2005). Learning question classifiers: The role of semantic information. *Journal of Natural Language Engineering*, *11*(4).

Liberman, A. M., Delattre, P. C., and Cooper, F. S. (1952). The role of selected stimulus variables in the perception of the unvoiced stop consonants. *American Journal of Psychology*, *65*, 497–516.

Liberman, M. Y. and Church, K. W. (1992). Text analysis and word pronunciation in text-to-speech synthesis. In Furui, S. and Sondhi, M. M. (Eds.), *Advances in Speech Signal Processing*, pp. 791–832. Marcel Dekker.

Liberman, M. Y. and Prince, A. (1977). On stress and linguistic rhythm. *Linguistic Inquiry*, *8*, 249–336.

Liberman, M. Y. and Sproat, R. (1992). The stress and structure of modified noun phrases in English. In Sag, I. A. and Szabolcsi, A. (Eds.), *Lexical Matters*, pp. 131–181. CSLI, Stanford University.

Lidstone, G. J. (1920). Note on the general case of the Bayes-Laplace formula for inductive or a posteriori probabilities. *Transactions of the Faculty of Actuaries*, *8*, 182–192.

Light, M. and Greiff, W. (2002). Statistical models for the induction and use of selectional preferences. *Cognitive Science*, *87*, 1–13.

Lin, C.-Y. (2004). ROUGE: A package for automatic evaluation of summaries. In *ACL 2004 Workshop on Text Summarization Branches Out*.

Lin, C.-Y. and Hovy, E. H. (2000). The automated acquisition of topic signatures for text summarization. In *COLING-00*, pp. 495–501.

Lin, C.-Y. and Hovy, E. H. (2003). Automatic evaluation of summaries using N-gram co-occurrence statistics. In *HLT-NAACL-03*, Edmonton, Canada.

Lin, D. (1995). A dependency-based method for evaluating broad-coverage parsers. In *IJCAI-95*, Montreal, pp. 1420–1425.

Lin, D. (1998a). Automatic retrieval and clustering of similar words. In *COLING/ACL-98*, Montreal, pp. 768–774.

Lin, D. (1998b). An information-theoretic definition of similarity. In *ICML 1998*, San Francisco, pp. 296–304.

Lin, D. (2003). Dependency-based evaluation of minipar. In *Workshop on the Evaluation of Parsing Systems*.

Lin, D. (2007). Dependency-based word similarity demo. `http://www.cs.ualberta.ca/~lindek/demos.htm`.

Lin, D. and Pantel, P. (2001). Discovery of inference rules for question-answering. *Natural Language Engineering*, *7*(4), 343–360.

Lin, D. and Pantel, P. (2002). Concept discovery from text. In *COLING-02*, pp. 1–7.

Lin, D., Zhao, S., Qin, L., and Zhou, M. (2003). Identifying synonyms among distributionally similar words. In *IJCAI-03*, pp. 1492–1493.

Lin, J. and Demner-Fushman, D. (2005). Evaluating summaries and answers: Two sides of the same coin?. In *ACL 2005 Workshop on Measures for MT and Summarization*.

Lin, J. (2007). An exploration of the principles underlying redundancy-based factoid question answering. *ACM Transactions on Information Systems*, *25*(2).

Lindblom, B. E. F. (1990). Explaining phonetic variation: A sketch of the H&H theory. In Hardcastle, W. J. and Marchal, A. (Eds.), *Speech Production and Speech Modelling*, pp. 403–439. Kluwer.

Lindsey, R. (1963). Inferential memory as the basis of machines which understand natural language. In Feigenbaum, E. and Feldman, J. (Eds.), *Computers and Thought*, pp. 217–233. McGraw Hill.

Litman, D. J. (1985). *Plan Recognition and Discourse Analysis: An Integrated Approach for Understanding Dialogues*. Ph.D. thesis, University of Rochester, Rochester, NY.

Litman, D. J. and Allen, J. (1987). A plan recognition model for subdialogues in conversation. *Cognitive Science*, *11*, 163–200.

Litman, D. J. and Pan, S. (2002). Designing and evaluating an adaptive spoken dialogue system. *User Modeling and User-Adapted Interaction*, *12*(2-3), 111–137.

Litman, D. J. and Silliman, S. (2004). ITSPOKE: An intelligent tutoring spoken dialogue system. In *HLT-NAACL-04*.

Litman, D. J., Swerts, M., and Hirschberg, J. (2000). Predicting automatic speech recognition performance using prosodic cues. In *NAACL 2000*.

Litman, D. J., Walker, M. A., and Kearns, M. (1999). Automatic detection of poor speech recognition at the dialogue level. In *ACL-99*, College Park, MA, pp. 309–316.

Liu, Y. (2004). Word fragment identification using acoustic-prosodic features in conversational speech. In *HLT-NAACL-03 Student Research Workshop*, pp. 37–42.

Liu, Y., Chawla, N. V., Harper, M. P., Shriberg, E., and Stolcke, A. (2006). A study in machine learning from imbalanced data for sentence boundary detection in speech. *Computer Speech & Language*, 20(4), 468–494.

Liu, Y., Liu, Q., and Lin, S. (2005). Log-linear models for word alignment. In *ACL-05*, pp. 459–466.

Liu, Y., Shriberg, E., Stolcke, A., Hillard, D., Ostendorf, M., and Harper, M. (2006). Enriching speech recognition with automatic detection of sentence boundaries and disfluencies. *IEEE Transactions on Audio, Speech, and Language Processing*, 14(5), 1526–1540.

Liu, Y., Shriberg, E., Stolcke, A., Peskin, B., Ang, J., Hillard, D., Ostendorf, M., Tomalin, M., Woodland, P. C., and Harper, M. P. (2005). Structural metadata research in the EARS program. In *ICASSP-05*, pp. 957–960.

Livescu, K. (2005). *Feature-Based Pronuncaition Modeling for Automatic Speech Recognition*. Ph.D. thesis, Massachusetts Institute of Technology.

Livescu, K. and Glass, J. (2004a). Feature-based pronunciation modeling for speech recognition. In *HLT-NAACL-04*, Boston, MA.

Livescu, K. and Glass, J. (2004b). Feature-based pronunciation modeling with trainable asynchrony probabilities. In *ICSLP-04*, Jeju, South Korea.

Livescu, K., Glass, J., and Bilmes, J. (2003). Hidden feature modeling for speech recognition using dynamic Bayesian networks. In *EUROSPEECH-03*.

Lochbaum, K. E. (1998). A collaborative planning model of intentional structure. *Computational Linguistics*, 24(4), 525–572.

Lochbaum, K. E., Grosz, B. J., and Sidner, C. L. (1990). Models of plans to support communication: An initial report. In *AAAI-90*, Boston, MA, pp. 485–490. Morgan Kaufmann.

Lochbaum, K. E., Grosz, B. J., and Sidner, C. L. (2000). Discourse structure and intention recognition. In Dale, R., Moisl, H., and Somers, H. L. (Eds.), *Handbook of Natural Language Processing*. Marcel Dekker.

Longacre, R. E. (1983). *The Grammar of Discourse*. Plenum Press.

Lowe, J. B., Baker, C. F., and Fillmore, C. J. (1997). A frame-semantic approach to semantic annotation. In *Proceedings of ACL SIGLEX Workshop on Tagging Text with Lexical Semantics*, Washington, D.C., pp. 18–24.

Lowerre, B. T. (1968). *The Harpy Speech Recognition System*. Ph.D. thesis, Carnegie Mellon University, Pittsburgh, PA.

Lu, Z., Cohen, B. K., and Hunter, L. (2006). Finding GeneRIFs via Gene Ontology annotations.. In *PSB 2006*, pp. 52–63.

Lucassen, J. and Mercer, R. L. (1984). An information theoretic approach to the automatic determination of phonemic baseforms. In *ICASSP-84*, Vol. 9, pp. 304–307.

Luce, P. A., Pisoni, D. B., and Goldfinger, S. D. (1990). Similarity neighborhoods of spoken words. In Altmann, G. T. M. (Ed.), *Cognitive Models of Speech Processing*, pp. 122–147. MIT Press.

Luhn, H. P. (1957). A statistical approach to the mechanized encoding and searching of literary information. *IBM Journal of Research and Development*, 1(4), 309–317.

Luhn, H. P. (1958). The automatic creation of literature abstracts. *IBM Journal of Research and Development*, 2(2), 159–165.

Luk, R. W. P. and Damper, R. I. (1996). Stochastic phonographic transduction for english. *Computer Speech and Language*, 10(2), 133–153.

Lyons, J. (1977). *Semantics*. Cambridge University Press.

Lyons, R. G. (2004). *Understanding Digital Signal Processing*. Prentice Hall. (2nd. ed).

Macleod, C., Grishman, R., and Meyers, A. (1998). COMLEX Syntax Reference Manual Version 3.0. Linguistic Data Consortium.

MacWhinney, B. (1977). Starting points. *Language*, 53, 152–168.

MacWhinney, B. (1982). Basic syntactic processes. In Kuczaj, S. (Ed.), *Language Acquisition: Volume 1, Syntax and Semantics*, pp. 73–136. Lawrence Erlbaum.

MacWhinney, B. and Csaba Pléh (1988). The processing of restrictive relative clauses in Hungarian. *Cognition*, 29, 95–141.

Madhu, S. and Lytel, D. (1965). A figure of merit technique for the resolution of non-grammatical ambiguity. *Mechanical Translation*, 8(2), 9–13.

Magerman, D. M. (1995). Statistical decision-tree models for parsing. In *ACL-95*, pp. 276–283.

Magerman, D. M. and Marcus, M. P. (1991). Pearl: A probabilistic chart parser. In *EACL-91*, Berlin.

Main, M. G. and Benson, D. B. (1983). Denotational semantics for natural language question-answering programs. *American Journal of Computational Linguistics*, 9(1), 11–21.

Makhoul, J., Baron, A., Bulyko, I., Nguyen, L., Ramshaw, L. A., Stallard, D., Schwartz, R., and Xiang, B. (2005). The effects of speech recognition and punctuation on information extraction performance. In *INTERSPEECH-05*, Lisbon, Portugal, pp. 57–60.

Makkai, A. (1972). *Idiom Structure in English*. Mouton, The Hague.

Malouf, R. (2002). A comparison of algorithms for maximum entropy parameter estimation. In *CoNLL-02*, pp. 49–55.

Malouf, R., Carroll, J., and Copestake, A. (2000). Efficient feature structure operations without compilation. *Natural Language Engineering*, 6(1).

Mangu, L. and Brill, E. (1997). Automatic rule acquisition for spelling correction. In *ICML 1997*, Nashville, TN, pp. 187–194.

Mangu, L., Brill, E., and Stolcke, A. (2000). Finding consensus in speech recognition: Word error minimization and other applications of confusion networks. *Computer Speech and Language*, 14(4), 373–400.

Mani, I. (2001). *Automatic Summarization*. John Benjamins.

Mani, I. and Bloedorn, E. (1999). Summarizing similarities and differences among related documents. *Information Retrieval*, *1*(1-2), 35–67.

Mani, I., Gates, B., and Bloedorn, E. (1999). Improving summaries by revising them. In *ACL-99*, pp. 558–565.

Mani, I. and Maybury, M. T. (1999). *Advances in Automatic Text Summarization*. MIT Press.

Mann, W. C. and Thompson, S. A. (1987). Rhetorical structure theory: A theory of text organization. Tech. rep. RS-87-190, Information Sciences Institute.

Manning, C. D. (1998). Rethinking text segmentation models: An information extraction case study. Tech. rep. SULTRY-98-07-01, University of Sydney.

Manning, C. D., Raghavan, P., and Schütze, H. (2008). *Introduction to Information Retrieval*. Cambridge University Press.

Manning, C. D. and Schütze, H. (1999). *Foundations of Statistical Natural Language Processing*. MIT Press.

Marchand, Y. and Damper, R. I. (2000). A multi-strategy approach to improving pronunciation by analogy. *Computational Linguistics*, *26*(2), 195–219.

Marcu, D. (1995). Discourse trees are good indicators of importance in text. In Mani, I. and Maybury, M. T. (Eds.), *Advances in Automatic Text Summarization*, pp. 123–136. MIT Press.

Marcu, D. (1999). The automatic construction of large-scale corpora for summarization research. In *SIGIR-99*, Berkeley, CA, pp. 137–144.

Marcu, D. (2000a). The rhetorical parsing of unrestricted texts: A surface-based approach. *Computational Linguistics*, *26*(3), 395–448.

Marcu, D. (Ed.). (2000b). *The Theory and Practice of Discourse Parsing and Summarization*. MIT Press.

Marcu, D. and Echihabi, A. (2002). An unsupervised approach to recognizing discourse relations. In *ACL-02*, pp. 368–375.

Marcu, D. and Wong, W. (2002). A phrase-based, joint probability model for statistical machine translation. In *EMNLP 2002*, pp. 133–139.

Marcus, M. P. (1990). Summary of session 9: Automatic acquisition of linguistic structure. In *Proceedings DARPA Speech and Natural Language Workshop*, Hidden Valley, PA, pp. 249–250.

Marcus, M. P., Kim, G., Marcinkiewicz, M. A., MacIntyre, R., Bies, A., Ferguson, M., Katz, K., and Schasberger, B. (1994). The Penn Treebank: Annotating predicate argument structure. In *ARPA Human Language Technology Workshop*, Plainsboro, NJ, pp. 114–119. Morgan Kaufmann.

Marcus, M. P., Santorini, B., and Marcinkiewicz, M. A. (1993). Building a large annotated corpus of English: The Penn treebank. *Computational Linguistics*, *19*(2), 313–330.

Markov, A. A. (1913). Essai d'une recherche statistique sur le texte du roman "Eugene Onegin" illustrant la liaison des epreuve en chain ('Example of a statistical investigation of the text of "Eugene Onegin" illustrating the dependence between samples in chain'). *Izvistia Imperatorskoi Akademii Nauk (Bulletin de l'Académie Impériale des Sciences de St.-Pétersbourg)*, *7*, 153–162.

Markov, A. A. (2006). Classical text in translation: A. A. Markov, an example of statistical investigation of the text Eugene Onegin concerning the connection of samples in chains. *Science in Context*, *19*(4), 591–600. Translated by David Link.

Marshall, I. (1983). Choice of grammatical word-class without GLobal syntactic analysis: Tagging words in the LOB corpus. *Computers and the Humanities*, *17*, 139–150.

Marshall, I. (1987). Tag selection using probabilistic methods. In Garside, R., Leech, G., and Sampson, G. (Eds.), *The Computational Analysis of English*, pp. 42–56. Longman.

Marslen-Wilson, W. (1973). Linguistic structure and speech shadowing at very short latencies. *Nature*, *244*, 522–523.

Marslen-Wilson, W., Tyler, L. K., Waksler, R., and Older, L. (1994). Morphology and meaning in the English mental lexicon. *Psychological Review*, *101*(1), 3–33.

Marslen-Wilson, W. and Welsh, A. (1978). Processing interactions and lexical access during word recognition in continuous speech. *Cognitive Psychology*, *10*, 29–63.

Martin, J. H. (1986). The acquisition of polysemy. In *ICML 1986*, Irvine, CA, pp. 198–204.

Martin, J. H. (1990). *A Computational Model of Metaphor Interpretation*. Academic Press.

Martin, J. H. (1996). Computational approaches to figurative language. *Metaphor and Symbolic Activity*, *11*(1), 85–100.

Martin, J. H. (2006). A rational analysis of the context effect on metaphor processing. In Gries, S. T. and Stefanowitsch, A. (Eds.), *Corpus-Based Approaches to Metaphor and Metonymy*. Mouton de Gruyter.

Massaro, D. W. (1998). *Perceiving Talking Faces: From Speech Perception to a Behavioral Principle*. MIT Press.

Massaro, D. W. and Cohen, M. M. (1983). Evaluation and integration of visual and auditory information in speech perception. *Journal of Experimental Psychology: Human Perception and Performance*, *9*, 753–771.

Masterman, M. (1957). The thesaurus in syntax and semantics. *Mechanical Translation*, *4*(1), 1–2.

Matsuzaki, T., Miyao, Y., and Tsujii, J. (2007). Efficient HPSG parsing with supertagging and CFG-filtering. In *IJCAI-07*.

Matthews, A. and Chodorow, M. S. (1988). Pronoun resolution in two-clause sentences: Effects of ambiguity, antecedent location, and depth of embedding. *Journal of Memory and Language*, *27*, 245–260.

Mays, E., Damerau, F. J., and Mercer, R. L. (1991). Context based spelling correction. *Information Processing and Management*, *27*(5), 517–522.

McCallum, A. (2005). Information extraction: Distilling structured data from unstructured text. *ACM Queue*, pp. 48–57.

McCallum, A., Freitag, D., and Pereira, F. C. N. (2000). Maximum entropy Markov models for information extraction and segmentation. In *ICML 2000*, pp. 591–598.

McCarthy, D. (2006). Relating WordNet senses for word sense disambiguation. In *Proceedings of ACL Workshop on Making Sense of Sense*.

McCarthy, D. and Carroll, J. (2003). Disambiguating nouns, verbs, and adjectives using automatically acquired selectional preferences. *Computational Linguistics*, *29*(4), 639–654.

McCarthy, D., Koeling, R., Weeds, J., and Carroll, J. (2004). Finding predominant word senses in untagged text. In *ACL-04*, pp. 279–286.

McCarthy, J. J. (1981). A prosodic theory of non-concatenative morphology. *Linguistic Inquiry*, *12*, 373–418.

McCarthy, J. F. and Lehnert, W. G. (1995). Using decision trees for coreference resolution. In *IJCAI-95*, Montreal, Canada, pp. 1050–1055.

McCawley, J. D. (1968). The role of semantics in a grammar. In Bach, E. W. and Harms, R. T. (Eds.), *Universals in Linguistic Theory*, pp. 124–169. Holt, Rinehart & Winston.

McCawley, J. D. (1978). Where you can shove infixes. In Bell, A. and Hooper, J. B. (Eds.), *Syllables and Segments*, pp. 213–221. North-Holland.

McCawley, J. D. (1993). *Everything that Linguists Have Always Wanted to Know about Logic* (2nd Ed.). University of Chicago Press, Chicago, IL.

McCawley, J. D. (1998). *The Syntactic Phenomena of English*. University of Chicago Press.

McClelland, J. L. and Elman, J. L. (1986). Interactive processes in speech perception: The TRACE model. In McClelland, J. L., Rumelhart, D. E., and the PDP Research Group (Eds.), *Parallel Distributed Processing Volume 2: Psychological and Biological Models*, pp. 58–121. MIT Press.

McCulloch, W. S. and Pitts, W. (1943). A logical calculus of ideas immanent in nervous activity. *Bulletin of Mathematical Biophysics*, *5*, 115–133. Reprinted in *Neurocomputing: Foundations of Research, ed. by J. A. Anderson and E Rosenfeld. MIT Press 1988*.

McDermott, E. and Hazen, T. (2004). Minimum Classification Error training of landmark models for real-time continuous speech recognition. In *ICASSP-04*.

McDonald, D. B. (1982). *Understanding Noun Compounds*. Ph.D. thesis, Carnegie Mellon University, Pittsburgh, PA. CMU Technical Report CS-82-102.

McDonald, R. (2006). Discriminative sentence compression with soft syntactic constraints. In *EACL-06*.

McDonald, R., Crammer, K., and Pereira, F. C. N. (2005a). Online large-margin training of dependency parsers. In *ACL-05*, Ann Arbor, pp. 91–98.

McDonald, R., Pereira, F. C. N., Ribarov, K., and Hajič, J. (2005b). Non-projective dependency parsing using spanning tree algorithms. In *HLT-EMNLP-05*.

McGuiness, D. L. and van Harmelen, F. (2004). OWL web ontology overview. Tech. rep. 20040210, World Wide Web Consortium.

McGurk, H. and Macdonald, J. (1976). Hearing lips and seeing voices. *Nature*, *264*, 746–748.

McKeown, K. R., Passonneau, R., Elson, D., Nenkova, A., and Hirschberg, J. (2005). Do summaries help? A task-based evaluation of multi-document summarization. In *SIGIR-05*, Salvador, Brazil.

McLuhan, M. (1964). *Understanding Media: The Extensions of Man*. New American Library.

McNamee, P. and Mayfield, J. (2002). Entity extraction without language-specific resources. In *CoNLL-02*, Taipei, Taiwan.

McRoy, S. (1992). Using multiple knowledge sources for word sense discrimination. *Computational Linguistics*, *18*(1), 1–30.

McTear, M. F. (2002). Spoken dialogue technology: Enabling the conversational interface. *ACM Computing Surveys*, *34*(1), 90–169.

McTear, M. F. (2004). *Spoken Dialogue Technology*. Springer Verlag.

Mealy, G. H. (1955). A method for synthesizing sequential circuits. *Bell System Technical Journal*, *34*(5), 1045–1079.

Megyesi, B. (1999). Improving Brill's POS tagger for an agglutinative language. In *EMNLP/VLC-99*, College Park, MA.

Melamed, I. D. (2003). Multitext grammars and synchronous parsers. In *HLT-NAACL-03*.

Mellish, C., Knott, A., Oberlander, J., and O'Donnell, M. (1998). Experiments using stochastic search for text planning. In *INLG 1998*, pp. 98–107.

Mel'čuk, I. A. (1979). *Studies in Dependency Syntax*. Karoma Publishers, Ann Arbor.

Merialdo, B. (1994). Tagging English text with a probabilistic model. *Computational Linguistics*, *20*(2), 155–172.

Merlo, P. and Stevenson, S. (2001). Automatic verb classification based on statistical distribution of argument structure. *Computational Linguistics*, *27*(3), 373–408.

Merlo, P., Stevenson, S., Tsang, V., and Allaria, G. (2001). A multilingual paradigm for automatic verb classification. In *ACL-02*, pp. 207–214.

Merton, R. K. (1961). Singletons and multiples in scientific discovery. *American Philosophical Society Proceedings*, *105*(5), 470–486.

Meurers, W. D. and Minnen, G. (1997). A computational treatment of lexical rules in HPSG as covariation in lexical entries. *Computational Linguistics*, *23*(4), 543–568.

Meyers, A., Reeves, R., Macleod, C., Szekely, R., Zielinska, V., Young, B., and Grishman, R. (2004). The nombank project: An interim report. In *Proceedings of the NAACL/HLT Workshop: Frontiers in Corpus Annotation*.

Mihalcea, R. and Moldovan, D. (2001). Automatic generation of a coarse grained WordNet. In *NAACL Workshop on WordNet and Other Lexical Resources*.

Mihalcea, R. and Moldovan, D. (1999). An automatic method for generating sense tagged corpora. In *Proceedings of AAAI*, pp. 461–466.

Mikheev, A. (2003). Text segmentation. In Mitkov, R. (Ed.), *Oxford Handbook of Computational Linguistics*. Oxford University Press.

Mikheev, A., Moens, M., and Grover, C. (1999). Named entity recognition without gazetteers. In *EACL-99*, Bergen, Norway, pp. 1–8.

Miller, C. A. (1998). Pronunciation modeling in speech synthesis. Tech. rep. IRCS 98–09, University of Pennsylvania Institute for Research in Cognitive Science, Philadephia, PA.

Miller, G. A. and Nicely, P. E. (1955). An analysis of perceptual confusions among some English consonants. *JASA*, *27*, 338–352.

Miller, G. A. and Beebe-Center, J. G. (1958). Some psychological methods for evaluating the quality of translations. *Mechanical Translation*, *3*, 73–80.

Miller, G. A. and Charles, W. G. (1991). Contextual correlates of semantics similarity. *Language and Cognitive Processes*, *6*(1), 1–28.

Miller, G. A. and Chomsky, N. (1963). Finitary models of language users. In Luce, R. D., Bush, R. R., and Galanter, E. (Eds.), *Handbook of Mathematical Psychology*, Vol. II, pp. 419–491. John Wiley.

Miller, G. A., Leacock, C., Tengi, R. I., and Bunker, R. T. (1993). A semantic concordance. In *Proceedings ARPA Workshop on Human Language Technology*, pp. 303–308.

Miller, G. A. and Selfridge, J. A. (1950). Verbal context and the recall of meaningful material. *American Journal of Psychology*, *63*, 176–185.

Miller, J. L. (1994). On the internal structure of phonetic categories: A progress report. *Cognition*, *50*, 271–275.

Miller, S., Bobrow, R. J., Ingria, R., and Schwartz, R. (1994). Hidden understanding models of natural language. In *ACL-94*, Las Cruces, NM, pp. 25–32.

Miller, S., Fox, H., Ramshaw, L. A., and Weischedel, R. (2000). A novel use of statistical parsing to extract information from text. In *NAACL 2000*, Seattle, WA, pp. 226–233.

Miller, S., Stallard, D., Bobrow, R. J., and Schwartz, R. (1996). A fully statistical approach to natural language interfaces. In *ACL-96*, Santa Cruz, CA, pp. 55–61.

Miltsakaki, E., Prasad, R., Joshi, A. K., and Webber, B. L. (2004a). Annotating discourse connectives and their arguments. In *Proceedings of the NAACL/HLT Workshop: Frontiers in Corpus Annotation*.

Miltsakaki, E., Prasad, R., Joshi, A. K., and Webber, B. L. (2004b). The Penn Discourse Treebank. In *LREC-04*.

Mishne, G. and de Rijke, M. (2006). MoodViews: Tools for blog mood analysis. In Nicolov, N., Salvetti, F., Liberman, M. Y., and Martin, J. H. (Eds.), *Computational Approaches to Analyzing Weblogs: Papers from the 2006 Spring Symposium*, Stanford, Ca. AAAI.

Mitkov, R. (2002). *Anaphora Resolution*. Longman.

Mitkov, R. and Boguraev, B. (Eds.). (1997). *Proceedings of the ACL-97 Workshop on Operational Factors in Practical, Robust Anaphora Resolution for Unrestricted Texts*, Madrid, Spain.

Miyao, Y. and Tsujii, J. (2005). Probabilistic disambiguation models for wide-coverage HPSG parsing. In *ACL-05*, pp. 83–90.

Mohammad, S. and Hirst, G. (2005). Distributional measures as proxies for semantic relatedness. Submitted.

Mohri, M. (1996). On some applications of finite-state automata theory to natural language processing. *Natural Language Engineering*, *2*(1), 61–80.

Mohri, M. (1997). Finite-state transducers in language and speech processing. *Computational Linguistics*, *23*(2), 269–312.

Mohri, M. (2000). Minimization algorithms for sequential transducers. *Theoretical Computer Science*, *234*, 177–201.

Mohri, M. and Nederhof, M. J. (2001). Regular approximation of context-free grammars through transformation. In Junqua, J.-C. and van Noord, G. (Eds.), *Robustness in Language and Speech Technology*, pp. 153–163. Kluwer.

Mohri, M. and Sproat, R. (1998). On a common fallacy in computational linguistics. In Suominen, M., Arppe, A., Airola, A., Heinämäki, O., Miestamo, M., Määttä, U., Niemi, J., Pitkänen, K. K., and Sinnemäki, K. (Eds.), *A Man of Measure: Festschrift in Honour of Fred Karlsson on this 60th Birthday*, pp. 432–439. SKY Journal of Linguistics, Volume 19, 2006.

Möller, S. (2002). A new taxonomy for the quality of telephone services based on spoken dialogue systems. In *Proceedings of SIGDIAL*, pp. 142–153.

Möller, S. (2004). *Quality of Telephone-Based Spoken Dialogue Systems*. Springer.

Montague, R. (1973). The proper treatment of quantification in ordinary English. In Thomason, R. (Ed.), *Formal Philosophy: Selected Papers of Richard Montague*, pp. 247–270. Yale University Press, New Haven, CT.

Monz, C. (2004). Minimal span weighting retrieval for question answering. In *SIGIR Workshop on Information Retrieval for Question Answering*, pp. 23–30.

Mooney, R. J. (2007). Learning for semantic parsing. In *Computational Linguistics and Intelligent Text Processing: Proceedings of the 8th International Conference, CICLing 2007*, Mexico City, pp. 311–324.

Moore, E. F. (1956). Gedanken-experiments on sequential machines. In Shannon, C. and McCarthy, J. (Eds.), *Automata Studies*, pp. 129–153. Princeton University Press.

Moore, R. C. (2002). Fast and accurate sentence alignment of bilingual corpora. In *Machine Translation: From Research to Real Users (Proceedings, 5th Conference of the Association for Machine Translation in the Americas, Tiburon, California)*, pp. 135–244.

Moore, R. C. (2004). On log-likelihood-ratios and the significance of rare events. In *EMNLP 2004*, Barcelona, pp. 333–340.

Moore, R. C. (2005). A discriminative framework for bilingual word alignment. In *HLT-EMNLP-05*, pp. 81–88.

Morgan, A. A., Wellner, B., Colombe, J. B., Arens, R., Colosimo, M. E., and Hirschman, L. (2007). Evaluating human gene and protein mention normalization to unique identifiers. In *Pacific Symposium on Biocomputing*, pp. 281–291.

Morgan, N. and Fosler-Lussier, E. (1989). Combining multiple estimators of speaking rate. In *ICASSP-89*.

Morris, J. and Hirst, G. (1991). Lexical cohesion computed by thesaural relations as an indicator of the structure of text. *Computational Linguistics*, *17*(1), 21–48.

Morris, W. (Ed.). (1985). *American Heritage Dictionary* (2nd College Edition Ed.). Houghton Mifflin.

Moscoso del Prado Martín, F., Bertram, R., Häikiö, T., Schreuder, R., and Baayen, R. H. (2004a). Morphological family size in a morphologically rich language: The case of Finnish compared to Dutch and Hebrew. *Journal of Experimental Psychology: Learning, Memory, and Cognition*, *30*, 1271–1278.

Moscoso del Prado Martín, F., Kostic, A., and Baayen, R. H. (2004b). Putting the bits together: An information theoretical perspective on morphological processing. *Cognition*, *94*(1), 1–18.

Moshier, M. A. (1988). *Extensions to Unification Grammar for the Description of Programming Languages*. Ph.D. thesis, University of Michigan, Ann Arbor, MI.

Mosteller, F. and Wallace, D. L. (1964). *Inference and Disputed Authorship: The Federalist*. Springer-Verlag. A second edition appeared in 1984 as *Applied Bayesian and Classical Inference*.

Müller, K. (2001). Automatic detection of syllable boundaries combining the advantages of treebank and bracketed corpora training. In *ACL-01*, Toulouse, France.

Müller, K. (2002). Probabilistic context-free grammars for phonology. In *Proceedings of ACL SIGPHON*, Philadelphia, PA, pp. 70–80.

Müller, K., Möbius, B., and Prescher, D. (2000). Inducing probabilistic syllable classes using multivariate clustering. In *ACL-00*, pp. 225–232.

Munoz, M., Punyakanok, V., Roth, D., and Zimak, D. (1999). A learning approach to shallow parsing. In *EMNLP/VLC-99*, College Park, MD, pp. 168–178.

Munteanu, C. and Penn, G. (2004). Optimizing typed feature structure grammar parsing through non-statistical indexing. In *ACL-04*, Barcelona, Spain, pp. 223–230.

Murata, T. (1989). Petri nets: Properties, analysis, and applications. *Proceedings of the IEEE*, *77*(4), 541–576.

Murveit, H., Butzberger, J. W., Digalakis, V. V., and Weintraub, M. (1993). Large-vocabulary dictation using SRI's decipher speech recognition system: Progressive-search techniques. In *ICASSP-93*, Vol. 2, pp. 319–322.

Nádas, A. (1983). A decision theoretic formulation of a training problem in speech recognition and a comparison of training by unconditional versus conditional maximum likelihood. *IEEE Transactions on Acoustics, Speech, and Signal Processing*, *31*(4), 814–817.

Nádas, A. (1984). Estimation of probabilities in the language model of the IBM speech recognition system. *IEEE Transactions on Acoustics, Speech, Signal Processing*, *32*(4), 859–861.

Nagata, M. and Morimoto, T. (1994). First steps toward statistical modeling of dialogue to predict the speech act type of the next utterance. *Speech Communication*, *15*, 193–203.

Nakajima, S. and Hamada, H. (1988). Automatic generation of synthesis units based on context oriented clustering. In *ICASSP-88*, pp. 659–662.

Nakatani, C. and Hirschberg, J. (1994). A corpus-based study of repair cues in spontaneous speech. *JASA*, *95*(3), 1603–1616.

Nakov, P. I. and Hearst, M. A. (2003). Category-based pseudowords. In *HLT-NAACL-03*, Edmonton, Canada.

Nakov, P. I. and Hearst, M. A. (2005). A study of using search engine page hits as a proxy for n-gram frequencies. In *Proceedings of RANLP-05 (Recent Advances in Natural Language Processing)*, Borovets, Bulgaria.

Narayanan, S. S. and Alwan, A. (Eds.). (2004). *Text to Speech Synthesis: New Paradigms and Advances*. Prentice Hall.

Narayanan, S. (1997). Talking the talk *is* like walking the walk: A computational model of verbal aspect. In *COGSCI-97*, Stanford, CA, pp. 548–553.

Narayanan, S. (1999). Moving right along: A computational model of metaphoric reasoning about events. In *AAAI-99*, Orlando, FL, pp. 121–128.

Narayanan, S., Fillmore, C. J., Baker, C. F., and Petruck, M. R. L. (1999). FrameNet meets the semantic web: A DAML+OIL frame representation. In *AAAI-02*.

Naur, P., Backus, J. W., Bauer, F. L., Green, J., Katz, C., McCarthy, J., Perlis, A. J., Rutishauser, H., Samelson, K., Vauquois, B., Wegstein, J. H., van Wijngaarden, A., and Woodger, M. (1960). Report on the algorithmic language ALGOL 60. *Communications of the ACM*, *3*(5), 299–314. Revised in CACM 6:1, 1-17, 1963.

Navigli, R. (2006). Meaningful clustering of senses helps boost word sense disambiguation performance. In *COLING/ACL 2006*, pp. 105–112.

Nederhof, M. J. (2000). Practical experiments with regular approximation of context-free languages. *Computational Linguistics*, *26*(1), 17–44.

Needleman, S. B. and Wunsch, C. D. (1970). A general method applicable to the search for similarities in the amino-acid sequence of two proteins. *Journal of Molecular Biology*, *48*, 443–453.

Nenkova, A., Brenier, J. M., Kothari, A., Calhoun, S., Whitton, L., Beaver, D., and Jurafsky, D. (2007). To memorize or to predict: Prominence labeling in conversational speech. In *NAACL-HLT 07*.

Nenkova, A. and McKeown, K. R. (2003). References to named entities: a corpus study. In *HLT-NAACL-03*, pp. 70–72.

Nenkova, A., Passonneau, R., and McKeown, K. R. (2007). The pyramid method: Incorporating human content selection variation in summarization evaluation. *ACM TSLP*, *4*(2).

Nenkova, A. and Vanderwende, L. (2005). The impact of frequency on summarization. Tech. rep. MSR-TR-2005-101, Microsoft Research, Redmond, WA.

Nespor, M. and Vogel, I. (1986). *Prosodic Phonology*. Foris.

Nesson, R., Shieber, S. M., and Rush, A. (2006). Induction of probabilistic synchronous tree-insertion grammars for machine translation. In *Proceedings of the 7th Conference of the Association for Machine Translation in the Americas (AMTA 2006)*, Boston, MA.

Neu, H. (1980). Ranking of constraints on /t,d/ deletion in American English: A statistical analysis. In Labov, W. (Ed.), *Locating Language in Time and Space*, pp. 37–54. Academic Press.

Newell, A., Langer, S., and Hickey, M. (1998). The rôle of natural language processing in alternative and augmentative communication. *Natural Language Engineering*, *4*(1), 1–16.

Newman, S. (1944). *Yokuts Language of California*. Viking Fund Publications in Anthropology 2, New York.

Ney, H. (1991). Dynamic programming parsing for context-free grammars in continuous speech recognition. *IEEE Transactions on Signal Processing*, *39*(2), 336–340.

Ney, H., Essen, U., and Kneser, R. (1994). On structuring probabilistic dependencies in stochastic language modelling. *Computer Speech and Language*, *8*, 1–38.

Ney, H., Haeb-Umbach, R., Tran, B.-H., and Oerder, M. (1992). Improvements in beam search for 10000-word continuous speech recognition. In *ICASSP-92*, San Francisco, CA, pp. I.9–12.

Ng, H. T. and Lee, H. B. (1996). Integrating multiple knowledge sources to disambiguate word senses: An exemplar-based approach. In *ACL-96*, Santa Cruz, CA, pp. 40–47.

Ng, H. T. and Zelle, J. (1997). Corpus-based approaches to semantic interpretation in NLP. *AI Magazine*, *18*(4), 45–64.

Ng, S. (2006). Integrating text mining with data mining. In Ananiadou, S. and McNaught, J. (Eds.), *Text Mining for Biology and Biomedicine*. Artech House Publishers.

Ng, V. (2004). Learning noun phrase anaphoricity to improve coreference resolution: Issues in representation and optimization. In *ACL-04*.

Ng, V. (2005). Machine learning for coreference resolution: From local classification to global ranking. In *ACL-05*.

Ng, V. and Cardie, C. (2002a). Identifying anaphoric and non-anaphoric noun phrases to improve coreference resolution. In *COLING-02*.

Ng, V. and Cardie, C. (2002b). Improving machine learning approaches to coreference resolution. In *ACL-02*.

Nguyen, L. and Schwartz, R. (1999). Single-tree method for grammar-directed search. In *ICASSP-99*, pp. 613–616.

Nichols, J. (1986). Head-marking and dependent-marking grammar. *Language*, 62(1), 56–119.

Nicolov, N. and Glance, N. (Eds.). (2007). *Proceedings of the First International Conference on Weblogs and Social Media (ICWSM)*, Boulder, CO.

Nicolov, N., Salvetti, F., Liberman, M. Y., and Martin, J. H. (Eds.). (2006). *Computational Approaches to Analyzing Weblogs: Papers from the 2006 Spring Symposium*, Stanford, CA. AAAI.

Nida, E. A. (1975). *Componential Analysis of Meaning: An Introduction to Semantic Structures*. Mouton, The Hague.

Niekrasz, J. and Purver, M. (2006). A multimodal discourse ontology for meeting understanding. In Renals, S. and Bengio, S. (Eds.), *Machine Learning for Multimodal Interaction: 2nd International Workshop MLMI 2005, Revised Selected Papers*, No. 3689 in Lecture Notes in Computer Science, pp. 162–173. Springer-Verlag.

Nielsen, J. (1992). The usability engineering life cycle. *IEEE Computer*, 25(3), 12–22.

Niesler, T. R., Whittaker, E. W. D., and Woodland, P. C. (1998). Comparison of part-of-speech and automatically derived category-based language models for speech recognition. In *ICASSP-98*, Vol. 1, pp. 177–180.

Niesler, T. R. and Woodland, P. C. (1996). A variable-length category-based n-gram language model. In *ICASSP-96*, Atlanta, GA, Vol. I, pp. 164–167.

Niesler, T. R. and Woodland, P. C. (1999). Modelling word-pair relations in a category-based language model. In *ICASSP-99*, pp. 795–798.

Nilsson, N. J. (1980). *Principles of Artificial Intelligence*. Morgan Kaufmann, Los Altos, CA.

Ninomiya, T., Tsuruoka, Y., Miyao, Y., Taura, K., and Tsujii, J. (2006). Fast and scalable hpsg parsing. *Traitement automatique des langues (TAL)*, 46(2).

Nirenburg, S., Carbonell, J., Tomita, M., and Goodman, K. (1992). *Machine Translation: A Knowledge-Based Approach*. Morgan Kaufmann.

Nirenburg, S., Somers, H. L., and Wilks, Y. (Eds.). (2002). *Readings in Machine Translation*. MIT Press.

Nissim, M., Dingare, S., Carletta, J., and Steedman, M. (2004). An annotation scheme for information status in dialogue. In *LREC-04*, Lisbon.

NIST (1990). TIMIT Acoustic-Phonetic Continuous Speech Corpus. National Institute of Standards and Technology Speech Disc 1-1.1. NIST Order No. PB91-505065.

NIST (2005). Speech recognition scoring toolkit (sctk) version 2.1. http://www.nist.gov/speech/tools/.

NIST (2007a). The ACE 2007 (ACE07) evaluation plan: Evaluation of the detection and recognition of ACE entities, values, temporal expressions, relations, and events. Unpublished.

NIST (2007b). Matched Pairs Sentence-Segment Word Error (MAPSSWE) Test. http://www.nist.gov/speech/tests/sigtests/mapsswe.htm.

Nivre, J. (2007). Incremental non-projective dependency parsing. In *NAACL-HLT 07*.

Nivre, J., Hall, J., and Nilsson, J. (2006). Maltparser: A data-driven parser-generator for dependency parsing. In *LREC-06*, pp. 2216–2219.

Niyogi, P., Burges, C., and Ramesh, P. (1998). Distinctive feature detection using support vector machines. In *ICASSP-98*.

Nocedal, J. (1980). Updating quasi-newton matrices with limited storage. *Mathematics of Computation*, 35, 773–782.

Noreen, E. W. (1989). *Computer Intensive Methods for Testing Hypothesis*. Wiley.

Norman, D. A. (1988). *The Design of Everyday Things*. Basic Books.

Norman, D. A. and Rumelhart, D. E. (1975). *Explorations in Cognition*. Freeman.

Normandin, Y. (1996). Maximum mutual information estimation of hidden Markov models. In Lee, C.-H., Soong, F. K., and Paliwal, K. K. (Eds.), *Automatic Speech and Speaker Recognition*, pp. 57–82. Kluwer.

Norvig, P. (1987). *A Unified Theory of Inference for Text Understanding*. Ph.D. thesis, University of California, Berkeley, CA. University of California at Berkeley Computer Science Division TR #87/339.

Norvig, P. (1991). Techniques for automatic memoization with applications to context-free parsing. *Computational Linguistics*, 17(1), 91–98.

Norvig, P. (2005). The Gettysburg powerpoint presentation. http://norvig.com/Gettysburg/.

Norvig, P. (2007). How to write a spelling corrector. http://www.norvig.com/spell-correct.html.

Och, F. J. (1998). *Ein beispielsbasierter und statistischer Ansatz zum maschinellen Lernen von natürlichsprachlicher Übersetzung*. Ph.D. thesis, Universität Erlangen-Nürnberg, Germany. Diplomarbeit (diploma thesis).

Och, F. J. (2003). Minimum error rate training in statistical machine translation. In *ACL-03*, pp. 160–167.

Och, F. J. and Ney, H. (2002). Discriminative training and maximum entropy models for statistical machine translation. In *ACL-02*, pp. 295–302.

Och, F. J. and Ney, H. (2003). A systematic comparison of various statistical alignment models. *Computational Linguistics*, 29(1), 19–51.

Och, F. J. and Ney, H. (2004). The alignment template approach to statistical machine translation. *Computational Linguistics*, 30(4), 417–449.

Och, F. J., Ueffing, N., and Ney, H. (2001). An efficient A* search algorithm for statistical machine translation. In *Proceedings of the ACL Workshop on Data-Driven Methods in Machine Translation*, pp. 1–8.

Odden, D. (2005). *Introducing Phonology*. Cambridge University Press.

Odell, J. J. (1995). *The Use of Context in Large Vocabulary Speech Recognition*. Ph.D. thesis, Queen's College, University of Cambridge.

Odell, M. K. and Russell, R. C. (1918/1922). U.S. Patents 1261167 (1918), 1435663 (1922). Cited in Knuth (1973).

Oden, G. C. and Massaro, D. W. (1978). Integration of featural information in speech perception. *Psychological Review, 85,* 172–191.

Oehrle, R. T., Bach, E., and Wheeler, D. W. (Eds.). (1988). *Categorial Grammars and Natural Language Structures.* D. Reidel.

Oflazer, K. (1993). Two-level description of Turkish morphology. In *EACL-93.*

Ogburn, W. F. and Thomas, D. S. (1922). Are inventions inevitable? A note on social evolution. *Political Science Quarterly, 37,* 83–98.

Ogren, P. V., Cohen, K. B., Acquaah-Mensah, G. K., Eberlein, J., and Hunter, L. (2004). The compositional structure of Gene Ontology terms. In *Pac Symp Biocomput,* pp. 214–225.

Olive, J. P. (1977). Rule synthesis of speech from dyadic units. In *ICASSP77,* pp. 568–570.

Olive, J. P. and Liberman, M. Y. (1979). A set of concatenative units for speech synthesis. *JASA, 65,* S130.

Olive, J. P., van Santen, J. P. H., Möbius, B., and Shih, C. (1998). Synthesis. In Sproat, R. (Ed.), *Multilingual Text-To-Speech Synthesis: The Bell Labs Approach,* pp. 191–228. Kluwer.

Oncina, J., García, P., and Vidal, E. (1993). Learning subsequential transducers for pattern recognition tasks. *IEEE Transactions on Pattern Analysis and Machine Intelligence, 15,* 448–458.

Oppenheim, A. V., Schafer, R. W., and Stockham, T. G. J. (1968). Nonlinear filtering of multiplied and convolved signals. *Proceedings of the IEEE, 56*(8), 1264–1291.

Oravecz, C. and Dienes, P. (2002). Efficient stochastic part-of-speech tagging for Hungarian. In *LREC-02,* Las Palmas, Canary Islands, Spain, pp. 710–717.

Ortmanns, S., Ney, H., and Aubert, X. (1997). A word graph algorithm for large vocabulary continuous speech recognition. *Computer Speech and Language, 11,* 43–72.

Ortony, A. (Ed.). (1993). *Metaphor* (2nd Ed.). Cambridge University Press, Cambridge.

Osgood, C. E., Suci, G. J., and Tannenbaum, P. H. (1957). *The Measurement of Meaning.* University of Illinois Press.

O'Shaughnessy, D. (2000). *Speech Communications: Human and Machine.* IEEE Press, New York. 2nd. ed.

Ostendorf, M., Digilakis, V., and Kimball, O. (1996). From HMMs to segment models: A unified view of stochastic modeling for speech recognition. *IEEE Transactions on Speech and Audio, 4*(5), 360–378.

Ostendorf, M. and Veilleux, N. (1994). A hierarchical stochastic model for automatic prediction of prosodic boundary location. *Computational Linguistics, 20*(1), 27–54.

Ostendorf, M. and Ross, K. (1997). Multi-level recognition of intonation labels. In Sagisaka, Y., Campbell, N., and Higuchi, N. (Eds.), *Computing Prosody: Computational Models for Processing Spontaneous Speech,* chap. 19, pp. 291–308. Springer.

Oviatt, S. L., Cohen, P. R., Wang, M. Q., and Gaston, J. (1993). A simulation-based research strategy for designing complex NL sysems. In *Proceedings DARPA Speech and Natural Language Workshop,* Princeton, NJ, pp. 370–375.

Oviatt, S. L., MacEachern, M., and Levow, G.-A. (1998). Predicting hyperarticulate speech during human-computer error resolution. *Speech Communication, 24,* 87–110.

Packard, D. W. (1973). Computer-assisted morphological analysis of ancient Greek. In Zampolli, A. and Calzolari, N. (Eds.), *Computational and Mathematical Linguistics: Proceedings of the International Conference on Computational Linguistics,* Pisa, pp. 343–355. Leo S. Olschki.

Palmer, D. D. (2000). Tokenisation and sentence segmentation. In Dale, R., Moisl, H., and Somers, H. L. (Eds.), *Handbook of Natural Language Processing.* Marcel Dekker.

Palmer, M., Babko-Malaya, O., and Dang, H. T. (2004). Different sense granularities for different applications. In *HLT-NAACL Workshop on Scalable Natural Language Understanding,* Boston, MA, pp. 49–56.

Palmer, M., Dang, H. T., and Fellbaum, C. (2006). Making fine-grained and coarse-grained sense distinctions, both manually and automatically. *Natural Language Engineering, 13*(2), 137–163.

Palmer, M., Fellbaum, C., Cotton, S., Delfs, L., and Dang, H. T. (2001). English tasks: All-words and verb lexical sample. In *Proceedings of Senseval-2: 2nd International Workshop on Evaluating Word Sense Disambiguation Systems,* Toulouse, France, pp. 21–24.

Palmer, M. and Finin, T. (1990). Workshop on the evaluation of natural language processing systems. *Computational Linguistics, 16*(3), 175–181.

Palmer, M., Kingsbury, P., and Gildea, D. (2005). The proposition bank: An annotated corpus of semantic roles. *Computational Linguistics, 31*(1), 71–106.

Palmer, M., Ng, H. T., and Dang, H. T. (2006). Evaluation of wsd systems. In Agirre, E. and Edmonds, P. (Eds.), *Word Sense Disambiguation: Algorithms and Applications.* Kluwer.

Pan, S. and Hirschberg, J. (2000). Modeling local context for pitch accent prediction. In *ACL-00,* Hong Kong, pp. 233–240.

Pan, S. and McKeown, K. R. (1999). Word informativeness and automatic pitch accent modeling. In *EMNLP/VLC-99.*

Pang, B., Knight, K., and Marcu, D. (2003). Syntax-based alignment of multiple translations: extracting paraphrases and generating new sentences. In *HLT-NAACL-03,* pp. 102–109.

Pang, B., Lee, L., and Vaithyanathan, S. (2002). Thumbs up? Sentiment classification using machine learning techniques. In *EMNLP 2002,* pp. 79–86.

Pantel, P. and Ravichandran, D. (2004). Automatically labeling semantic classes. In *HLT-NAACL-04,* Boston, MA.

Papineni, K., Roukos, S., Ward, T., and Zhu, W.-J. (2002). Bleu: A method for automatic evaluation of machine translation. In *ACL-02,* Philadelphia, PA.

Parsons, T. (1990). *Events in the Semantics of English.* MIT Press.

Partee, B. H. (Ed.). (1976). *Montague Grammar.* Academic Press.

Partee, B. H., ter Meulen, A., and Wall, R. E. (1990). *Mathematical Methods in Linguistics.* Kluwer.

Pasca, M. (2003). *Open-Domain Question Answering from Large Text Collections.* CSLI.

Passonneau, R. (2006). Measuring agreement on set-valued items (masi) for semantic and pragmatic annotation. In *LREC-06.*

Passonneau, R., Nenkova, A., McKeown, K. R., and Sigleman, S. (2005). Applying the pyramid method in DUC 2005. In *Proceedings of the Document Understanding Conference (DUC'05)*.

Passonneau, R. and Litman, D. J. (1993). Intention-based segmentation: Human reliability and correlation with linguistic cues. In *ACL-93*, Columbus, Ohio, pp. 148–155.

Pater, J. (2008). Gradual learning and convergence. *Linguistic Inquiry*, 39(2).

Pater, J., Potts, C., and Bhatt, R. (2007). Harmonic grammar with linear programming. unpublished manuscript.

Patwardhan, S., Banerjee, S., and Pedersen, T. (2003). Using measures of semantic relatedness for word sense disambiguation. In *Proceedings of the 4th International Conference on Intelligent Text Processing and Computational Linguistics*, pp. 241–257. Springer.

Paul, D. B. (1991). Algorithms for an optimal A* search and linearizing the search in the stack decoder. In *ICASSP-91*, Vol. 1, pp. 693–696.

Pearl, J. (1984). *Heuristics*. Addison-Wesley.

Pearl, J. (1988). *Probabilistic Reasoning in Intelligent Systems: Networks of Plausible Inference*. Morgan Kaufman.

Pedersen, T. and Bruce, R. (1997). Distinguishing word senses in untagged text. In *EMNLP 1997*, Providence, RI.

Pedersen, T., Patwardhan, S., and Michelizzi, J. (2004). WordNet::Similarity – Measuring the relatedness of concepts. In *HLT-NAACL-04*.

Peirce, C. S. (1955). Abduction and induction. In Buchler, J. (Ed.), *Philosophical Writings of Peirce*, pp. 150–156. Dover Books, New York.

Penn, G. and Munteanu, C. (2003). A tabulation-based parsing method that reduces copying. In *ACL-03*, Sapporo, Japan.

Percival, W. K. (1976). On the historical source of immediate constituent analysis. In McCawley, J. D. (Ed.), *Syntax and Semantics Volume 7, Notes from the Linguistic Underground*, pp. 229–242. Academic Press.

Pereira, F. C. N. (1985). A structure-sharing representation for unification-based grammar formalisms. In *ACL-85*, Chicago, pp. 137–144.

Pereira, F. C. N., Riley, M. D., and Sproat, R. (1994). Weighted rational transductions and their applications to human language processing. In *ARPA Human Language Technology Workshop*, Plainsboro, NJ, pp. 262–267. Morgan Kaufmann.

Pereira, F. C. N. and Shieber, S. M. (1984). The semantics of grammar formalisms seen as computer languages. In *COLING-84*, Stanford, CA, pp. 123–129.

Pereira, F. C. N. and Shieber, S. M. (1987). *Prolog and Natural-Language Analysis*, Vol. 10 of *CSLI Lecture Notes*. Chicago University Press.

Pereira, F. C. N., Tishby, N., and Lee, L. (1993). Distributional clustering of English words. In *ACL-93*, Columbus, Ohio, pp. 183–190.

Pereira, F. C. N. and Warren, D. H. D. (1980). Definite clause grammars for language analysis—A survey of the formalism and a comparison with augmented transition networks. *Artificial Intelligence*, 13(3), 231–278.

Pereira, F. C. N. and Wright, R. N. (1997). Finite-state approximation of phrase-structure grammars. In Roche, E. and Schabes, Y. (Eds.), *Finite-State Language Processing*, pp. 149–174. MIT Press.

Perrault, C. R. and Allen, J. (1980). A plan-based analysis of indirect speech acts. *American Journal of Computational Linguistics*, 6(3-4), 167–182.

Peshkin, L. and Pfefer, A. (2003). Bayesian information extraction network. In *IJCAI-03*.

Peters, W., Peters, I., and Vossen, P. (1998). Automatic sense clustering in EuroWordNet. In *LREC-98*, Granada, Spain, pp. 447–454.

Peterson, G. E. and Barney, H. L. (1952). Control methods used in a study of the vowels. *JASA*, 24, 175–184.

Peterson, G. E., Wang, W. S.-Y., and Sivertsen, E. (1958). Segmentation techniques in speech synthesis. *JASA*, 30(8), 739–742.

Peterson, J. L. (1986). A note on undetected typing errors. *Communications of the ACM*, 29(7), 633–637.

Petrov, S., Barrett, L., Thibaux, R., and Klein, D. (2006). Learning accurate, compact, and interpretable tree annotation. In *COLING/ACL 2006*, Sydney, Australia, pp. 433–440.

Pevzner, L. and Hearst, M. A. (2002). A critique and improvement of an evaluation metric for text segmentation. *Computational Linguistics*, 28(1), 19–36.

Pieraccini, R., Levin, E., and Lee, C.-H. (1991). Stochastic representation of conceptual structure in the ATIS task. In *Proceedings DARPA Speech and Natural Language Workshop*, Pacific Grove, CA, pp. 121–124.

Pierce, J. R., Carroll, J. B., Hamp, E. P., Hays, D. G., Hockett, C. F., Oettinger, A. G., and Perlis, A. J. (1966). *Language and Machines: Computers in Translation and Linguistics*. ALPAC report. National Academy of Sciences, National Research Council, Washington, DC.

Pierre, I. (1984). Another look at nominal compounds. In *COLING-84*, Stanford, CA, pp. 509–516.

Pierrehumbert, J. B. (1980). *The Phonology and Phonetics of English Intonation*. Ph.D. thesis, MIT.

Pierrehumbert, J. B. and Hirschberg, J. (1990). The meaning of intonational contours in the interpretation of discourse. In Cohen, P. R., Morgan, J., and Pollack, M. (Eds.), *Intentions in Communication*, pp. 271–311. MIT Press.

Pito, R. (1993) Tgrepdoc Man Page.

Pitrelli, J. F., Beckman, M. E., and Hirschberg, J. (1994). Evaluation of prosodic transcription labeling reliability in the ToBI framework. In *ICSLP-94*, Vol. 1, pp. 123–126.

Pitt, M. A., Dilley, L., Johnson, K., Kiesling, S., Raymond, W. D., Hume, E., and Fosler-Lussier, E. (2007). Buckeye corpus of conversational speech (2nd release).. Department of Psychology, Ohio State University (Distributor).

Pitt, M. A., Johnson, K., Hume, E., Kiesling, S., and Raymond, W. D. (2005). The buckeye corpus of conversational speech: Labeling conventions and a test of transcriber reliability. *Speech Communication*, 45, 90–95.

Player, N. J. (2004). *Logics of Ambiguity*. Ph.D. thesis, University of Manchester.

Plotkin, J. B. and Nowak, M. A. (2000). Language evolution and information theory. *Journal of Theoretical Biology*, 205(1), 147–159.

Pluymaekers, M., Ernestut, M., and Baayen, R. H. (2005). Articulatory planning is continuous and sensitive to informational redundancy. *Phonetica*, *62*, 146–159.

Poesio, M., Stevenson, R., Di Eugenio, B., and Hitzeman, J. (2004). Centering: A parametric theory and its instantiations. *Computational Linguistics*, *30*(3), 309–363.

Poesio, M. and Vieira, R. (1998). A corpus-based investigation of definite description use. *Computational Linguistics*, *24*(2), 183–216.

Polanyi, L. (1988). A formal model of the structure of discourse. *Journal of Pragmatics*, *12*.

Polanyi, L., Culy, C., van den Berg, M., Thione, G. L., and Ahn, D. (2004a). A rule based approach to discourse parsing. In *Proceedings of SIGDIAL*.

Polanyi, L., Culy, C., van den Berg, M., Thione, G. L., and Ahn, D. (2004b). Sentential structure and discourse parsing. In *ACL04 Discourse Annotation Workshop*.

Polifroni, J., Hirschman, L., Seneff, S., and Zue, V. W. (1992). Experiments in evaluating interactive spoken language systems. In *Proceedings DARPA Speech and Natural Language Workshop*, Harriman, NY, pp. 28–33.

Pollard, C. (1984). *Generalized phrase structure grammars, head grammars, and natural language*. Ph.D. thesis, Stanford University.

Pollard, C. and Moshier, M. A. (1990). Unifying partial descriptions of sets. In Hanson, P. P. (Ed.), *Information, Language, and Cognition*, pp. 285–322. University of British Columbia Press, Vancouver.

Pollard, C. and Sag, I. A. (1987). *Information-Based Syntax and Semantics: Volume 1: Fundamentals*. University of Chicago Press.

Pollard, C. and Sag, I. A. (1994). *Head-Driven Phrase Structure Grammar*. University of Chicago Press.

Pollock, J. J. and Zamora, A. (1975). Automatic abstracting research at Chemical Abstracts Service. *Journal of Chemical Information and Computer Sciences*, *15*(4), 226–232.

Porter, M. F. (1980). An algorithm for suffix stripping. *Program*, *14*(3), 130–127.

Power, R. (1979). The organization of purposeful dialogs. *Linguistics*, *17*, 105–152.

Power, R., Scott, D., and Bouayad-Agha, N. (2003). Document structure. *Computational Linguistics*, *29*(2), 211–260.

Pradhan, S., Hacioglu, K., Ward, W., Martin, J. H., and Jurafsky, D. (2003). Semantic role parsing: Adding semantic structure to unstructured text. In *Proceedings of the International Conference on Data Mining (ICDM-2003)*.

Pradhan, S., Ward, W., Hacioglu, K., Martin, J. H., and Jurafsky, D. (2005). Semantic role labeling using different syntactic views. In *ACL-05*, Ann Arbor, MI.

Price, P. J., Fisher, W., Bernstein, J., and Pallet, D. (1988). The DARPA 1000-word resource management database for continuous speech recognition. In *ICASSP-88*, New York, Vol. 1, pp. 651–654.

Price, P. J., Ostendorf, M., Shattuck-Hufnagel, S., and Fong, C. (1991). The use of prosody in syntactic disambiguation. *JASA*, *90*(6).

Prince, A. and Smolensky, P. (1993). Optimality theory: Constraint interaction in generative grammar.. Appeared as Tech. rep. CU-CS-696-93, Department of Computer Science, University of Colorado at Boulder, and Tech. rep. TR-2, Rutgers Center for Cognitive Science, Rutgers University, April 1993.

Prince, A. and Smolensky, P. (2004). *Optimality Theory: Constraint Interaction in Generative Grammar*. Blackwell.

Prince, A. and Tesar, B. (2004). Learning phonotactic distributions. In Kager, R., Pater, J., and Zonneveld, W. (Eds.), *Constraints in Phonological Acquisition*, pp. 245–291. Cambridge University Press.

Prince, E. (1981). Toward a taxonomy of given-new information. In Cole, P. (Ed.), *Radical Pragmatics*, pp. 223–255. Academic Press.

Prince, E. (1992). The ZPG letter: Subjects, definiteness, and information-status. In Thompson, S. and Mann, W. (Eds.), *Discourse Description: Diverse Analyses of a Fundraising Text*, pp. 295–325. John Benjamins.

Prüst, H. (1992). *On Discourse Structuring, VP Anaphora, and Gapping*. Ph.D. thesis, University of Amsterdam.

Pullum, G. K. (1991). *The Great Eskimo Vocabulary Hoax*. University of Chicago.

Pullum, G. K. and Gazdar, G. (1982). Natural languages and context-free languages. *Linguistics and Philosophy*, *4*, 471–504.

Pullum, G. K. and Ladusaw, W. A. (1996). *Phonetic Symbol Guide* (2nd Ed.). University of Chicago.

Pustejovsky, J. (1995). *The Generative Lexicon*. MIT Press.

Pustejovsky, J. and Bergler, S. (Eds.). (1992). *Lexical Semantics and Knowledge Representation*. Lecture Notes in Artificial Intelligence. Springer Verlag.

Pustejovsky, J. and Boguraev, B. (Eds.). (1996). *Lexical Semantics: The Problem of Polysemy*. Oxford University Press.

Pustejovsky, J., Castaño, J., Ingria, R., Saurí, R., Gaizauskas, R., Setzer, A., and Katz, G. (2003a). TimeML: robust specification of event and temporal expressions in text. In *Proceedings of the 5th International Workshop on Computational Semantics (IWCS-5)*.

Pustejovsky, J., Hanks, P., Saurí, R., See, A., Gaizauskas, R., Setzer, A., Radev, D., Sundheim, B., Day, D. S., Ferro, L., and Lazo, M. (2003b). The TIMEBANK corpus. In *Proceedings of Corpus Linguistics 2003 Conference*, pp. 647–656. UCREL Technical Paper number 16.

Pustejovsky, J., Ingria, R., Saurí, R., Castaño, J., Littman, J., Gaizauskas, R., Setzer, A., Katz, G., and Mani, I. (2005). *The Specification Language TimeML*, chap. 27. Oxford.

Qu, Y., Shanahan, J., and Wiebe, J. (Eds.). (2005). *Computing Attitude and Affect in Text: Theory and Applications*. Springer.

Quillian, M. R. (1968). Semantic memory. In Minsky, M. (Ed.), *Semantic Information Processing*, pp. 227–270. MIT Press.

Quinlan, J. R. (1986). Induction of decision trees. *Machine Learning*, *1*, 81–106.

Quirk, C., Brockett, C., and Dolan, W. B. (2004). Monolingual machine translation for paraphrase generation. In *EMNLP 2004*, pp. 142–149.

Quirk, C., Menezes, A., and Cherry, C. (2005). Dependency treelet translation: Syntactically informed phrasal SMT. In *ACL-05*.

Quirk, R., Greenbaum, S., Leech, G., and Svartvik, J. (1985). *A Comprehensive Grammar of the English Language*. Longman.

Rabin, M. O. and Scott, D. (1959). Finite automata and their decision problems. *IBM Journal of Research and Development*, 3(2), 114–125.

Rabiner, L. R. and Schafer, R. W. (1978). *Digital Processing of Speech Signals*. Prentice Hall.

Rabiner, L. R. (1989). A tutorial on hidden Markov models and selected applications in speech recognition. *Proceedings of the IEEE*, 77(2), 257–286.

Rabiner, L. R. and Juang, B. H. (1993). *Fundamentals of Speech Recognition*. Prentice Hall.

Radev, D., Blair-Goldensohn, S., and Zhang, Z. (2001). Experiments in single and multi-document summarization using MEAD. In *Proceedings of the Document Understanding Conference (DUC-01)*, New Orleans, LA.

Radev, D., Jing, H., and Budzikowska, M. (2000). Summarization of multiple documents: Clustering, sentence extraction, and evaluation. In *ANLP-NAACL Workshop on Automatic Summarization*, Seattle, WA.

Radford, A. (1988). *Transformational Grammar: A First Course*. Cambridge University Press.

Radford, A. (1997). *Syntactic Theory and the Structure of English: A Minimalist Approach*. Cambridge University Press.

Ramshaw, L. A. and Marcus, M. P. (1995). Text chunking using transformation-based learning. In *Proceedings of the 3rd Annual Workshop on Very Large Corpora*, pp. 82–94.

Rand, D. and Sankoff, D. (1990). GoldVarb: A variable rule application for the Macintosh. `http://www.crm.umontreal.ca/~sankoff/GoldVarb_Eng.html`.

Raphael, B. (1968). SIR: A computer program for semantic information retrieval. In Minsky, M. (Ed.), *Semantic Information Processing*, pp. 33–145. MIT Press.

Ratnaparkhi, A. (1996). A maximum entropy part-of-speech tagger. In *EMNLP 1996*, Philadelphia, PA, pp. 133–142.

Ratnaparkhi, A., Reynar, J. C., and Roukos, S. (1994). A maximum entropy model for prepositional phrase attachment. In *ARPA Human Language Technologies Workshop*, Plainsboro, N.J., pp. 250–255.

Rau, L. F., Jacobs, P. S., and Zernik, U. (1989). Information extraction and text summarization using linguistic knowledge acquisition. *Information Processing and Management*, 25(4), 419–428.

Ravichandran, D. and Hovy, E. H. (2002). Learning surface text patterns for a question answering system. In *ACL-02*, Philadelphia, PA, pp. 41–47.

Ravishankar, M. K. (1996). *Efficient Algorithms for Speech Recognition*. Ph.D. thesis, School of Computer Science, Carnegie Mellon University, Pittsburgh. Available as CMU CS tech report CMU-CS-96-143.

Rayner, M. and Hockey, B. A. (2003). Transparent combination of rule-based and data-driven approaches in a speech understanding architecture. In *EACL-03*, Budapest, Hungary.

Rayner, M. and Hockey, B. A. (2004). Side effect free dialogue management in a voice enabled procedure browser. In *ICSLP-04*, pp. 2833–2836.

Rayner, M., Hockey, B. A., and Bouillon, P. (2006). *Putting Linguistics into Speech Recognition*. CSLI.

Rayner, M., Hockey, B. A., Hieronymus, J., Dowding, J., Aist, G., and Early, S. (2003). An intelligent procedure assistant built using REGULUS 2 and ALTERF. In *ACL-03*, Sapporo, Japan, pp. 193–196.

Rebholz-Schuhmann, D., Marcel, S., Albert, S., Tolle, R., Casari, G., and Kirsch, H. (2004). Automatic extraction of mutations from medline and cross-validation with omim. *Nucleic Acids Research*, 32(1), 135–142.

Reeves, B. and Nass, C. (1996). *The Media Equation: How People Treat Computers, Television, and New Media Like Real People and Places*. Cambridge University Press.

Regier, T. (1996). *The Human Semantic Potential*. MIT Press.

Reichenbach, H. (1947). *Elements of Symbolic Logic*. Macmillan, New York.

Reichert, T. A., Cohen, D. N., and Wong, A. K. C. (1973). An application of information theory to genetic mutations and the matching of polypeptide sequences. *Journal of Theoretical Biology*, 42, 245–261.

Reichman, R. (1985). *Getting Computers to Talk Like You and Me*. MIT Press.

Reimer, U. and Hahn, U. (1988). Text condensation as knowledge base abstraction. In *CAIA-88*, pp. 14–18.

Reiter, E. and Dale, R. (2000). *Building Natural Language Generation Systems*. Cambridge University Press.

Reiter, R. (1980). A logic for default reasoning. *Artificial Intelligence*, 13, 81–132.

Reithinger, N., Engel, R., Kipp, M., and Klesen, M. (1996). Predicting dialogue acts for a speech-to-speech translation system. In *ICSLP-96*, Philadelphia, PA, Vol. 2, pp. 654–657.

Resnik, P. (1992). Probabilistic tree-adjoining grammar as a framework for statistical natural language processing. In *COLING-92*, Nantes, France, pp. 418–424.

Resnik, P. (1995). Using information content to evaluate semantic similarity in a taxonomy. In *International Joint Conference for Artificial Intelligence (IJCAI-95)*, pp. 448–453.

Resnik, P. (1996). Selectional constraints: An information-theoretic model and its computational realization. *Cognition*, 61, 127–159.

Resnik, P. (1997). Selectional preference and sense disambiguation. In *Proceedings of ACL SIGLEX Workshop on Tagging Text with Lexical Semantics*, Washington, D.C., pp. 52–57.

Resnik, P. (1998). WordNet and class-based probabilities. In Fellbaum, C. (Ed.), *WordNet: An Electronic Lexical Database*. MIT Press.

Resnik, P. (2006). Word sense disambiguation in NLP applications. In Agirre, E. and Edmonds, P. (Eds.), *Word Sense Disambiguation: Algorithms and Applications*. Kluwer.

Reyle, U. (1993). Dealing with ambiguities by underspecification: Construction, representation and deduction. *The Journal of Semantics*, 10(2), 123–179.

Reynar, J. C. (1994). An automatic method of finding topic boundaries. In *ACL-94*, pp. 27–30.

Reynar, J. C. (1999). Statistical models for topic segmentation. In *ACL/EACL-97*, pp. 357–364.

Reynolds, D. A. and Rose, R. C. (1995). Robust text-independent speaker identification using Gaussian mixture speaker models. *IEEE Transactions on Speech and Audio Processing*, *3*(1), 72–83.

Rhodes, R. A. (1992). Flapping in American English. In Dressler, W. U., Prinzhorn, M., and Rennison, J. (Eds.), *Proceedings of the 7th International Phonology Meeting*, pp. 217–232. Rosenberg and Sellier, Turin.

Riesbeck, C. K. (1975). Conceptual analysis. In Schank, R. C. (Ed.), *Conceptual Information Processing*, pp. 83–156. American Elsevier, New York.

Riesbeck, C. K. (1986). From conceptual analyzer to direct memory access parsing: An overview. In *Advances in Cognitive Science 1*, pp. 236–258. Ellis Horwood, Chichester.

Riezler, S., Prescher, D., Kuhn, J., and Johnson, M. (2000). Lexicalized stochastic modeling of constraint-based grammars using log-linear measures and EM training. In *ACL-00*, Hong Kong.

Riezler, S., King, T. H., Crouch, R., and Zaenen, A. (2003). Statistical sentence condensation using ambiguity packing and stochastic disambiguation methods for Lexical-Functional Grammar. In *HLT-NAACL-03*, Edmonton, Canada.

Riezler, S., King, T. H., Kaplan, R. M., Crouch, R., Maxwell III, J. T., and Johnson, M. (2002). Parsing the Wall Street Journal using a Lexical-Functional Grammar and discriminative estimation techniques. In *ACL-02*, Philadelphia, PA.

Riezler, S. and Maxwell III, J. T. (2005). On some pitfalls in automatic eevaluation and significance testing for mt. In *Proceedings of the ACL Workshop on Intrinsic and Extrinsic Evaluation Methods for MT and Summarization (MTSE)*.

Riggle, J. (2005). Contenders and learning. In *WCCFL 23*, pp. 101–114.

Riley, M. D. (1992). Tree-based modelling for speech synthesis. In Bailly, G. and Beniot, C. (Eds.), *Talking Machines: Theories, Models and Designs*. North Holland.

Riloff, E. (1993). Automatically constructing a dictionary for information extraction tasks. In *AAAI-93*, Washington, D.C., pp. 811–816.

Riloff, E. (1996). Automatically generating extraction patterns from untagged text. In *AAAI-96*, pp. 117–124.

Riloff, E. and Jones, R. (1999). Learning dictionaries for information extraction by multi-level bootstrapping. In *AAAI-99*, pp. 474–479.

Rindflesch, T. C., Tanabe, L., Weinstein, J. N., and Hunter, L. (2000). EDGAR: Extraction of drugs, genes and relations from the biomedical literature. In *Pacific Symposium on Biocomputing*, pp. 515–524.

Rivest, R. L. (1987). Learning decision lists. *Machine Learning*, *2*(3), 229–246.

Roark, B. (2001). Probabilistic top-down parsing and language modeling. *Computational Linguistics*, *27*(2), 249–276.

Roark, B. and Sproat, R. (2007). *Computational Approaches to Morphology and Syntax*. Oxford University Press.

Robins, R. H. (1967). *A Short History of Linguistics*. Indiana University Press, Bloomington.

Robinson, J. A. (1965). A machine-oriented logic based on the resolution principle. *Journal of the Association for Computing Machinery*, *12*, 23–41.

Robinson, J. J. (1975). Performance grammars. In Reddy, D. R. (Ed.), *Speech Recognition: Invited Paper Presented at the 1974 IEEE Symposium*, pp. 401–427. Academic Press.

Robinson, S. E. and Sparck Jones, K. (1976). Relevance weighting of search terms. *Journal of the American Society for Information Science*, *27*, 129–146.

Rocchio, J. J. (1971). Relevance feedback in information retrieval. In *The SMART Retrieval System: Experiments in Automatic Indexing*, pp. 324–336. Prentice Hall.

Roche, E. and Schabes, Y. (1997a). Deterministic part-of-speech tagging with finite-state transducers. In Roche, E. and Schabes, Y. (Eds.), *Finite-State Language Processing*, pp. 205–239. MIT Press.

Roche, E. and Schabes, Y. (1997b). Introduction. In Roche, E. and Schabes, Y. (Eds.), *Finite-State Language Processing*, pp. 1–65. MIT Press.

Rohde, D. L. T. (2005) TGrep2 User Manual.

Rosario, B. and Hearst, M. A. (2004). Classifying semantic relations in bioscience texts. In *ACL-04*, pp. 430–437.

Rosario, B. and Hearst, M. A. (2005). Multi-way relation classification: Application to protein-protein interactions. In *HLT-EMNLP-05*.

Rosenberg, A. E. (1971). Effect of glottal pulse shape on the quality of natural vowels. *JASA*, *49*, 583–590.

Rosenfeld, R. (1996). A maximum entropy approach to adaptive statistical language modeling. *Computer Speech and Language*, *10*, 187–228.

Roth, D. and Yih, W. (2001). Relational learning via propositional algorithms: An information extraction case study. In *Proceedings of the International Joint Conference on Artificial Intelligence (IJCAI)*, pp. 1257–1263.

Roth, D. and Zelenko, D. (1998). Part of speech tagging using a network of linear separators. In *COLING/ACL-98*, Montreal, Canada, pp. 1136–1142.

Rounds, W. C. and Kasper, R. T. (1986). A complete logical calculus for record structures representing linguistic information. In *Proceedings of the 1st Annual IEEE Symposium on Logic in Computer Science*, pp. 38–43.

Roy, D. (2005a). Grounding words in perception and action: Computational insights. *Trends in Cognitive Science*, *9*(8), 389–396.

Roy, D. (2005b). Semiotic schemas: A framework for grounding language in the action and perception. *Artificial Intelligence*, *167*(1-2), 170–205.

Roy, D., Hsiao, K.-Y., and Mavridis, N. (2004). Mental imagery for a conversational robot. *IEEE Transactions on Systems, Man, and Cybernetics*, *34*(3), 1374–1383.

Roy, D. and Mukherjee, N. (2005). Towards situated speech understanding: Visual context priming of language models. *Computer Speech and Language*, *19*(2), 227–248.

Roy, N., Pineau, J., and Thrun, S. (2000). Spoken dialog management for robots. In *ACL-00*, Hong Kong.

Rubenstein, H. and Goodenough, J. B. (1965). Contextual correlates of synonymy. *Communications of the ACM*, *8*(10), 627–633.

Ruppenhofer, J., Ellsworth, M., Petruck, M. R. L., Johnson, C. R., and Scheffczyk, J. (2006). FrameNet II: Extended theory and practice. Version 1.3, `http://www.icsi.berkeley.edu/framenet/`.

Russell, S. and Norvig, P. (2002). *Artificial Intelligence: A Modern Approach* (2nd Ed.). Prentice Hall.

Russell, S. W. (1976). Computer understanding of metaphorically used verbs. *American Journal of Computational Linguistics*, *2*. Microfiche 44.

Ryder, M. E. (1994). *Ordered Chaos: The Interpretation of English Noun-Noun Compounds*. University of California Press, Berkeley.

Sacks, H., Schegloff, E. A., and Jefferson, G. (1974). A simplest systematics for the organization of turn-taking for conversation. *Language*, *50*(4), 696–735.

Sadek, D. and De Mori, R. (1998). Dialogue systems. In De Mori, R. (Ed.), *Spoken Dialogues with Computers*. Academic Press.

Sadek, M. D. (1991). Dialogue acts are rational plans. In *ESCA/ETR Workshop on the Structure of Multimodal Dialogue*, pp. 19–48.

Saffran, J. R., Newport, E. L., and Aslin, R. N. (1996a). Statistical learning by 8-month old infants. *Science*, *274*, 1926–1928.

Saffran, J. R., Newport, E. L., and Aslin, R. N. (1996b). Word segmentation: The role of distributional cues. *Journal of Memory and Language*, *35*, 606–621.

Sag, I. A. and Liberman, M. Y. (1975). The intonational disambiguation of indirect speech acts. In *CLS-75*, pp. 487–498. University of Chicago.

Sag, I. A. and Wasow, T. (Eds.). (1999). *Syntactic Theory: A Formal Introduction*. CSLI Publications, Stanford, CA.

Sag, I. A., Wasow, T., and Bender, E. M. (Eds.). (2003). *Syntactic Theory: A Formal Introduction*. CSLI Publications, Stanford, CA.

Sagisaka, Y. (1988). Speech synthesis by rule using an optimal selection of non-uniform synthesis units. In *ICASSP-88*, pp. 679–682.

Sagisaka, Y., Campbell, N., and Higuchi, N. (Eds.). (1997). *Computing Prosody: Computational Models for Processing Spontaneous Speech*. Springer.

Sagisaka, Y., Kaiki, N., Iwahashi, N., and Mimura, K. (1992). Atr – ν-talk speech synthesis system. In *ICSLP-92*, Banff, Canada, pp. 483–486.

Saint-Dizier, P. and Viegas, E. (Eds.). (1995). *Computational Lexical Semantics*. Cambridge University Press.

Sakoe, H. and Chiba, S. (1971). A dynamic programming approach to continuous speech recognition. In *Proceedings of the Seventh International Congress on Acoustics*, Budapest, Vol. 3, pp. 65–69. Akadémiai Kiadó.

Sakoe, H. and Chiba, S. (1984). Dynamic programming algorithm optimization for spoken word recognition. *IEEE Transactions on Acoustics, Speech, and Signal Processing*, ASSP-26(1), 43–49.

Salasoo, A. and Pisoni, D. B. (1985). Interaction of knowledge sources in spoken word identification. *Journal of Memory and Language*, *24*, 210–231.

Salomaa, A. (1969). Probabilistic and weighted grammars. *Information and Control*, *15*, 529–544.

Salomaa, A. (1973). *Formal Languages*. Academic Press.

Salton, G. (1971). *The SMART Retrieval System: Experiments in Automatic Document Processing*. Prentice Hall.

Salton, G. and Buckley, C. (1990). Improving retrieval performance by relevance feedback. *Information Processing and Management*, *41*, 288–297.

Salton, G. and McGill, M. J. (1983). *Introduction to Modern Information Retrieval*. McGraw-Hill, New York, NY.

Sampson, G. (1987). Alternative grammatical coding systems. In Garside, R., Leech, G., and Sampson, G. (Eds.), *The Computational Analysis of English*, pp. 165–183. Longman.

Sampson, G. (1996). *Evolutionary Language Understanding*. Cassell.

Samuel, A. G. (1981). Phonemic restoration: Insights from a new methodology. *Journal of Experimental Psychology: General*, *110*, 474–494.

Samuel, K., Carberry, S., and Vijay-Shanker, K. (1998). Computing dialogue acts from features with transformation-based learning. In Chu-Carroll, J. and Green, N. (Eds.), *Applying Machine Learning to Discourse Processing. Papers from the 1998 AAAI Spring Symposium*, pp. 90–97. Technical Report SS-98-01.

Samuelsson, C. (1993). Morphological tagging based entirely on Bayesian inference. In *9th Nordic Conference on Computational Linguistics NODALIDA-93*. Stockholm.

Samuelsson, C. and Reichl, W. (1999). A class-based language model for large-vocabulary speech recognition extracted from part-of-speech statistics. In *ICASSP-99*, pp. 537–540.

San-Segundo, R., Montero, J. M., Ferreiros, J., Còrdoba, R., and Pardo, J. M. (2001). Designing confirmation mechanisms and error recovery techniques in a railway information system for Spanish. In *Proceedings of SIGDIAL*, Aalborg, Denmark.

Sanders, T. J. M., Spooren, W. P. M., and Noordman, L. G. M. (1992). Toward a taxonomy of coherence relations. *Discourse Processes*, *15*, 1–35.

Sanderson, M. (1994). Word sense disambiguation and information retrieval. In *SIGIR-94*, Dublin, Ireland, pp. 142–151.

Sanfilippo, A. (1993). LKB encoding of lexical knowledge. In Briscoe, T., de Paiva, V., and Copestake, A. (Eds.), *Inheritance, Defaults, and the Lexicon*, pp. 190–222. Cambridge University Press.

Sankoff, D. (1972). Matching sequences under deletion-insertion constraints. *Proceedings of the Natural Academy of Sciences of the U.S.A.*, *69*, 4–6.

Santorini, B. (1990). Part-of-speech tagging guidelines for the Penn Treebank project. 3rd revision, 2nd printing.

Saraclar, M., Nock, H., and Khudanpur, S. (2000). Pronunciation modeling by sharing Gaussian densities across phonetic models. *Computer Speech and Language*, *14*(2), 137–160.

Sassano, M. and Utsuro, T. (2000). Named entity chunking techniques in supervised learning for Japanese named entity recognition. In *COLING-00*, Saarbrücken, Germany, pp. 705–711.

Scha, R. and Polanyi, L. (1988). An augmented context free grammar for discourse. In *COLING-88*, Budapest, pp. 573–577.

Schabes, Y. (1990). *Mathematical and Computational Aspects of Lexicalized Grammars*. Ph.D. thesis, University of Pennsylvania, Philadelphia, PA.

Schabes, Y. (1992). Stochastic lexicalized tree-adjoining grammars. In *COLING-92*, Nantes, France, pp. 426–433.

Schabes, Y., Abeillé, A., and Joshi, A. K. (1988). Parsing strategies with 'lexicalized' grammars: Applications to Tree Adjoining Grammars. In *COLING-88*, Budapest, pp. 578–583.

Schachter, P. (1985). Parts-of-speech systems. In Shopen, T. (Ed.), *Language Typology and Syntactic Description, Volume 1*, pp. 3–61. Cambridge University Press.

Schank, R. C. (1972). Conceptual dependency: A theory of natural language processing. *Cognitive Psychology*, *3*, 552–631.

Schank, R. C. and Abelson, R. P. (1977). *Scripts, Plans, Goals and Understanding*. Lawrence Erlbaum.

Schank, R. C. and Riesbeck, C. K. (Eds.). (1981). *Inside Computer Understanding: Five Programs Plus Miniatures*. Lawrence Erlbaum.

Schegloff, E. A. (1968). Sequencing in conversational openings. *American Anthropologist*, *70*, 1075–1095.

Schegloff, E. A. (1979). Identification and recognition in telephone conversation openings. In Psathas, G. (Ed.), *Everyday Language: Studies in Ethnomethodology*, pp. 23–78. Irvington.

Schegloff, E. A. (1982). Discourse as an interactional achievement: Some uses of 'uh huh' and other things that come between sentences. In Tannen, D. (Ed.), *Analyzing Discourse: Text and Talk*, pp. 71–93. Georgetown University Press, Washington, D.C.

Schone, P. and Jurafsky, D. (2000). Knowlege-free induction of morphology using latent semantic analysis. In *CoNLL-00*.

Schone, P. and Jurafsky, D. (2001). Knowledge-free induction of inflectional morphologies. In *NAACL 2001*.

Schönfinkel, M. (1924). Über die Bausteine der mathematischen Logik. *Mathematische Annalen*, *92*, 305–316. English translation appears in *From Frege to Gödel: A Source Book in Mathematical Logic*, Harvard University Press, 1967.

Schroder, M. (2006). Expressing degree of activation in synthetic speech. *IEEE Transactions on Audio, Speech, and Language Processing*, *14*(4), 1128–1136.

Schubert, L. K. and Pelletier, F. J. (1982). From English to logic: Context-free computation of 'conventional' logical translation. *American Journal of Computational Linguistics*, *8*(1), 27–44.

Schulte im Walde, S. (2000). Clustering verbs semantically according to their alternation behaviour. In *COLING-00*, Saarbrücken, Germany, pp. 747–753.

Schütze, H. (1992a). Context space. In Goldman, R. (Ed.), *Proceedings of the 1992 AAAI Fall Symposium on Probabilistic Approaches to Natural Language*.

Schütze, H. (1992b). Dimensions of meaning. In *Proceedings of Supercomputing '92*, pp. 787–796. IEEE Press.

Schütze, H. (1995). Distributional part-of-speech tagging. In *EACL-95*.

Schütze, H. (1997). *Ambiguity Resolution in Language Learning: Computational and Cognitive Models*. CSLI Publications, Stanford, CA.

Schütze, H. (1998). Automatic word sense discrimination. *Computational Linguistics*, *24*(1), 97–124.

Schütze, H. and Pedersen, J. (1995). Information retrieval based on word senses. In *Proceedings of the Fourth Annual Symposium on Document Analysis and Information Retrieval*, Las Vegas, pp. 161–175.

Schütze, H. and Singer, Y. (1994). Part-of-speech tagging using a variable memory Markov model. In *ACL-94*, Las Cruces, NM, pp. 181–187.

Schützenberger, M. P. (1977). Sur une variante des fonctions sequentielles. *Theoretical Computer Science*, *4*, 47–57.

Schwartz, A. S. and Hearst, M. A. (2003). A simple algorithm for identifying abbreviation definitions in biomedical text. In *Pacific Symposium on Biocomputing*, Vol. 8, pp. 451–462.

Schwartz, R. and Austin, S. (1991). A comparison of several approximate algorithms for finding multiple (N-BEST) sentence hypotheses. In *ICASSP-91*, pp. 701–704.

Schwartz, R. and Chow, Y.-L. (1990). The N-best algorithm: An efficient and exact procedure for finding the N most likely sentence hypotheses. In *ICASSP-90*, Vol. 1, pp. 81–84.

Schwartz, R., Chow, Y.-L., Kimball, O., Roukos, S., Krasnwer, M., and Makhoul, J. (1985). Context-dependent modeling for acoustic-phonetic recognition of continuous speech. In *ICASSP-85*, Vol. 3, pp. 1205–1208.

Scott, M. and Shillcock, R. (2003). Eye movements reveal the on-line computation of lexical probabilities during reading. *Psychological Science*, *14*(6), 648–652.

Searle, J. R. (1975a). Indirect speech acts. In Cole, P. and Morgan, J. L. (Eds.), *Speech Acts: Syntax and Semantics Volume 3*, pp. 59–82. Academic Press.

Searle, J. R. (1975b). A taxonomy of illocutionary acts. In Gunderson, K. (Ed.), *Language, Mind and Knowledge, Minnesota Studies in the Philosophy of Science*, Vol. VII, pp. 344–369. University of Minnesota Press. Also appears in John R. Searle, *Expression and Meaning: Studies in the Theory of Speech Acts*, Cambridge University Press, 1979.

Searle, J. R. (1980). Minds, brains, and programs. *Behavioral and Brain Sciences*, *3*, 417–457.

Sejnowski, T. J. and Rosenberg, C. R. (1987). Parallel networks that learn to pronounce English text. *Complex Systems*, *1*(1), 145–168.

Sekine, S. and Collins, M. (1997). The evalb software. http://cs.nyu.edu/cs/projects/proteus/evalb.

Selkirk, E. (1986). On derived domains in sentence phonology. *Phonology Yearbook*, *3*, 371–405.

Seneff, S. (1995). TINA: A natural language system for spoken language application. *Computational Linguistics*, *18*(1), 62–86.

Seneff, S. (2002). Response planning and generation in the MERCURY flight reservation system. *Computer Speech and Language, Special Issue on Spoken Language Generation*, *16*(3-4), 283–312.

Seneff, S., Lau, R., and Meng, H. (1996). ANGIE: A new framework for speech analysis based on morpho-phonological modelling. In *ICSLP-96*.

Seneff, S. and Polifroni, J. (2000). Dialogue management in the mercury flight reservation system. In *ANLP/NAACL Workshop on Conversational Systems*, Seattle.

Seneff, S. and Zue, V. W. (1988). Transcription and alignment of the TIMIT database. In *Proceedings of the Second Symposium on Advanced Man-Machine Interface through Spoken Language*, Oahu, Hawaii.

Senellart, J., Dienes, P., and Váradi, T. (2001). New generation SYSTRAN translation system. In *MT Summit 8*.

Settles, B. (2005). ABNER: An open source tool for automatically tagging genes, proteins and other entity names in text. *Bioinformatics*, *21*(14), 3191–3192.

Seuss, D. (1960). *One Fish Two Fish Red Fish Blue Fish*. Random House, New York.

Shannon, C. E. (1938). A symbolic analysis of relay and switching circuits. *Transactions of the American Institute of Electrical Engineers*, *57*, 713–723.

Shannon, C. E. (1948). A mathematical theory of communication. *Bell System Technical Journal*, *27*(3), 379–423. Continued in the following volume.

Shannon, C. E. (1951). Prediction and entropy of printed English. *Bell System Technical Journal*, *30*, 50–64.

Sheil, B. A. (1976). Observations on context free parsing. *SMIL: Statistical Methods in Linguistics*, *1*, 71–109.

Shieber, S. M. (1985a). Evidence against the context-freeness of natural language. *Linguistics and Philosophy*, *8*, 333–343.

Shieber, S. M. (1985b). Using restriction to extend parsing algorithms for complex-feature-based formalisms. In *ACL-85*, Chicago, pp. 145–152.

Shieber, S. M. (1986). *An Introduction to Unification-Based Approaches to Grammar*. Center for the Study of Language and Information, Stanford University, Stanford, CA.

Shieber, S. M. (1994a). Lessons from a restricted Turing test. *Communications of the ACM*, *37*(6), 70–78.

Shieber, S. M. (1994b). Restricting the weak-generative capacity of synchronous tree-adjoining grammars. *Computational Intelligence*, *10*(4), 371–385.

Shieber, S. M. and Schabes, Y. (1992). Generation and synchronous tree-adjoining grammars. *Computational Intelligence*, *7*(4), 220–228.

Shockey, L. (2003). *Sound Patterns of Spoken English*. Blackwell.

Shoup, J. E. (1980). Phonological aspects of speech recognition. In Lea, W. A. (Ed.), *Trends in Speech Recognition*, pp. 125–138. Prentice Hall.

Shriberg, E. (2002). To 'errrr' is human: ecology and acoustics of speech disfluencies. *Journal of the International Phonetic Association*, *31*(1), 153–169.

Shriberg, E. (2005). Spontaneous speech: How people really talk, and why engineers should care. In *INTERSPEECH-05*, Lisbon, Portugal.

Shriberg, E., Ferrer, L., Kajarekar, S., Venkataraman, A., and Stolcke, A. (2005). Modeling prosodic feature sequences for speaker recognition. *Speech Communication*, *46*(3-4), 455–472.

Shriberg, E., Stolcke, A., Hakkani-Tür, D., and Tür, G. (2000). Prosody-based automatic segmentation of speech into sentences and topics. *Speech Communication*, *32*(1-2), 127–154.

Shriberg, E., Bates, R., Taylor, P., Stolcke, A., Jurafsky, D., Ries, K., Coccaro, N., Martin, R., Meteer, M., and Van Ess-Dykema, C. (1998). Can prosody aid the automatic classification of dialog acts in conversational speech?. *Language and Speech (Special Issue on Prosody and Conversation)*, *41*(3-4), 439–487.

Shriberg, E., Wade, E., and Price, P. J. (1992). Human-machine problem solving using spoken language systems (SLS): Factors affecting performance and user satisfaction. In *Proceedings DARPA Speech and Natural Language Workshop*, Harriman, NY, pp. 49–54.

Siddharthan, A., Nenkova, A., and McKeown, K. R. (2004). Syntactic simplification for improving content selection in multi-document summarization. In *COLING-04*, p. 896.

Sidner, C. L. (1979). Towards a computational theory of definite anaphora comprehension in English discourse. Tech. rep. 537, MIT Artificial Intelligence Laboratory, Cambridge, MA.

Sidner, C. L. (1983). Focusing in the comprehension of definite anaphora. In Brady, M. and Berwick, R. C. (Eds.), *Computational Models of Discourse*, pp. 267–330. MIT Press.

Sills, D. L. and Merton, R. K. (Eds.). (1991). *Social Science Quotations*. MacMillan, New York.

Silverman, K., Beckman, M. E., Pitrelli, J. F., Ostendorf, M., Wightman, C. W., Price, P. J., Pierrehumbert, J. B., and Hirschberg, J. (1992). ToBI: A standard for labelling English prosody. In *ICSLP-92*, Vol. 2, pp. 867–870.

Simmons, R. F. (1965). Answering English questions by computer: A survey. *Communications of the ACM*, *8*(1), 53–70.

Simmons, R. F. (1973). Semantic networks: Their computation and use for understanding English sentences. In Schank, R. C. and Colby, K. M. (Eds.), *Computer Models of Thought and Language*, pp. 61–113. W.H. Freeman and Co.

Simmons, R. F. (1978). Rule-based computations on English. In Waterman, D. A. and Hayes-Roth, F. (Eds.), *Pattern-Directed Inference Systems*. Academic Press.

Simmons, R. F. (1983). *Computations from the English*. Prentice Hall.

Singh, S. P., Litman, D. J., Kearns, M., and Walker, M. A. (2002). Optimizing dialogue management with reinforcement learning: Experiments with the NJFun system. *Journal of Artificial Intelligence Research (JAIR)*, *16*, 105–133.

Siskind, J. (2001). Grounding the lexical semantics of verbs in visual perception using force dynamics and event logic. *Journal of Artificial Intelligence Research*, *15*, 31–90.

Sleator, D. and Temperley, D. (1993). Parsing English with a link grammar. In *IWPT-93*.

Slobin, D. I. (1996). Two ways to travel. In Shibatani, M. and Thompson, S. A. (Eds.), *Grammatical Constructions: Their Form and Meaning*, pp. 195–220. Clarendon Press.

Small, S. L., Cottrell, G. W., and Tanenhaus, M. (Eds.). (1988). *Lexical Ambiguity Resolution*. Morgan Kaufman.

Small, S. L. and Rieger, C. (1982). Parsing and comprehending with Word Experts. In Lehnert, W. G. and Ringle, M. H. (Eds.), *Strategies for Natural Language Processing*, pp. 89–147. Lawrence Erlbaum.

Smith, D. A. and Eisner, J. (2007). Bootstrapping feature-rich dependency parsers with entropic priors. In *EMNLP/CoNLL 2007*, Prague, pp. 667–677.

Smith, N. A. and Eisner, J. (2005). Guiding unsupervised grammar induction using contrastive estimation. In *IJCAI Workshop on Grammatical Inference Applications*, Edinburgh, pp. 73–82.

Smith, N. A. and Johnson, M. (2007). Weighted and probabilistic context-free grammars are equally expressive. *Computational Linguistics*, *33*(4), 477–491.

Smith, R. W. and Gordon, S. A. (1997). Effects of variable initiative on linguistic behavior in human-computer spoken natural language dialogue. *Computational Linguistics*, *23*(1), 141–168.

Smith, V. L. and Clark, H. H. (1993). On the course of answering questions. *Journal of Memory and Language*, *32*, 25–38.

Smolensky, P. and Legendre, G. (2006). *The Harmonic Mind*. MIT Press.

Smrž, O. (1998). *Functional Arabic Morphology*. Ph.D. thesis, Charles University in Prague.

Smyth, R. (1994). Grammatical determinants of ambiguous pronoun resolution. *Journal of Psycholinguistic Research*, *23*, 197–229.

Snover, M., Dorr, B., Schwartz, R., Micciulla, L., and Makhoul, J. (2006). A study of translation edit rate with targeted human annotation. In *AMTA-2006*.

Snow, R., Jurafsky, D., and Ng, A. Y. (2005). Learning syntactic patterns for automatic hypernym discovery. In Saul, L. K., Weiss, Y., and Bottou, L. (Eds.), *NIPS 17*, pp. 1297–1304. MIT Press.

Snow, R., Jurafsky, D., and Ng, A. Y. (2006). Semantic taxonomy induction from heterogenous evidence. In *COLING/ACL 2006*, pp. 801–808.

Snow, R., Prakash, S., Jurafsky, D., and Ng, A. Y. (2007). Learning to merge word senses. In *EMNLP/CoNLL 2007*, pp. 1005–1014.

Soderland, S., Fisher, D., Aseltine, J., and Lehnert, W. G. (1995). CRYSTAL: Inducing a conceptual dictionary. In *IJCAI-95*, Montreal, pp. 1134–1142.

Soon, W. M., Ng, H. T., and Lim, D. C. Y. (2001). A machine learning approach to coreference resolution of noun phrases. *Computational Linguistics*, *27*(4), 521–544.

Soong, F. K. and Huang, E.-F. (1990). A tree-trellis based fast search for finding the n-best sentence hypotheses in continuous speech recognition. In *Proceedings DARPA Speech and Natural Language Processing Workshop*, Hidden Valley, PA, pp. 705–708. Also in Proceedings of IEEE ICASSP-91, 705–708.

Soricut, R. and Marcu, D. (2006). Discourse generation using utility-trained coherence models. In *COLING/ACL 2006*, pp. 803–810.

Sparck Jones, K. (1972). A statistical interpretation of term specificity and its application in retrieval. *Journal of Documentation*, *28*(1), 11–21.

Sparck Jones, K. (1986). *Synonymy and Semantic Classification*. Edinburgh University Press, Edinburgh. Republication of 1964 PhD Thesis.

Sparck Jones, K. (2007). Automatic summarising: The state of the art. *Information Processing and Management*, *43*(6), 1449–1481.

Sparck Jones, K. and Galliers, J. R. (Eds.). (1996). *Evaluating Natural Language Processing Systems*. Springer.

Sparck Jones, K. and Willett, P. (Eds.). (1997). *Readings in Information Retrieval*. Morgan Kaufmann.

Spiegel, M. F. (2002). Proper name pronunciations for speech technology applications. In *Proceedings of IEEE Workshop on Speech Synthesis*, pp. 175–178.

Spiegel, M. F. (2003). Proper name pronunciations for speech technology applications. *International Journal of Speech Technology*, *6*(4), 419–427.

Sporleder, C. and Lapata, M. (2004). Automatic paragraph identification: A study across languages and domains. In *EMNLP 2004*.

Sporleder, C. and Lapata, M. (2006). Automatic paragraph identification: A study across languages and domains. *ACM Transactions on Speech and Language Processing (TSLP)*, *3*(2).

Sporleder, C. and Lascarides, A. (2005). Exploiting linguistic cues to classify rhetorical relations. In *Proceedings of the Recent Advances in Natural Language Processing (RANLP-05), Borovets, Bulgaria*.

Sproat, R. (1993). *Morphology and Computation*. MIT Press.

Sproat, R. (1994). English noun-phrase prediction for text-to-speech. *Computer Speech and Language*, *8*, 79–94.

Sproat, R. (1998a). Further issues in text analysis. In Sproat, R. (Ed.), *Multilingual Text-To-Speech Synthesis: The Bell Labs Approach*, pp. 89–114. Kluwer.

Sproat, R. (Ed.). (1998b). *Multilingual Text-To-Speech Synthesis: The Bell Labs Approach*. Kluwer.

Sproat, R., Black, A. W., Chen, S. F., Kumar, S., Ostendorf, M., and Richards, C. (2001). Normalization of non-standard words. *Computer Speech & Language*, *15*(3), 287–333.

Sproat, R., Shih, C., Gale, W. A., and Chang, N. (1996). A stochastic finite-state word-segmentation algorithm for Chinese. *Computational Linguistics*, *22*(3), 377–404.

Stabler, E. (1997). Derivational minimalism. In Retoré, C. (Ed.), *Logical Aspects of Computational Linguistics*, pp. 68–95. Springer.

Stalnaker, R. C. (1978). Assertion. In Cole, P. (Ed.), *Pragmatics: Syntax and Semantics Volume 9*, pp. 315–332. Academic Press.

Stanners, R. F., Neiser, J., Hernon, W. P., and Hall, R. (1979). Memory representation for morphologically related words. *Journal of Verbal Learning and Verbal Behavior*, *18*, 399–412.

Steedman, M. (1989). Constituency and coordination in a combinatory grammar. In Baltin, M. R. and Kroch, A. S. (Eds.), *Alternative Conceptions of Phrase Structure*, pp. 201–231. University of Chicago.

Steedman, M. (1996). *Surface Structure and Interpretation*. MIT Press. Linguistic Inquiry Monograph, 30.

Steedman, M. (2000). *The Syntactic Process*. The MIT Press.

Steedman, M. (2007). Information-structural semantics for English intonation. In Lee, C., Gordon, M., and Büring, D. (Eds.), *Topic and Focus: Cross-Linguistic Perspectives on Meaning and Intonation*, pp. 245–264. Springer.

Steedman, M. and Baldridge, J. (2007). Combinatory categorial grammar. In Borsley, R. and Borjars, K. (Eds.), *Constraint-Based Approaches to Grammar*. Blackwell.

Stent, A. (2002). A conversation acts model for generating spoken dialogue contributions. *Computer Speech and Language, Special Issue on Spoken Language Generation, 16*(3-4).

Stetina, J. and Nagao, M. (1997). Corpus based PP attachment ambiguity resolution with a semantic dictionary. In Zhou, J. and Church, K. W. (Eds.), *Proceedings of the Fifth Workshop on Very Large Corpora*, Beijing, China, pp. 66–80.

Stevens, K. N. (1998). *Acoustic Phonetics*. MIT Press.

Stevens, K. N. and House, A. S. (1955). Development of a quantitative description of vowel articulation. *JASA, 27*, 484–493.

Stevens, K. N. and House, A. S. (1961). An acoustical theory of vowel production and some of its implications. *Journal of Speech and Hearing Research, 4*, 303–320.

Stevens, K. N., Kasowski, S., and Fant, G. M. (1953). An electrical analog of the vocal tract. *JASA, 25*(4), 734–742.

Stevens, S. S. and Volkmann, J. (1940). The relation of pitch to frequency: A revised scale. *The American Journal of Psychology, 53*(3), 329–353.

Stevens, S. S., Volkmann, J., and Newman, E. B. (1937). A scale for the measurement of the psychological magnitude pitch. *JASA, 8*, 185–190.

Stevenson, M. and Wilks, Y. (2001). The interaction of knowledge sources in word sense disambiguation. *Computational Linguistics, 27*(3), 321–349.

Stevenson, S. and Merlo, P. (1999). Automatic verb classification using distributions of grammatical features. In *EACL-99*, Bergen, Norway, pp. 45–52.

Stifelman, L. J., Arons, B., Schmandt, C., and Hulteen, E. A. (1993). VoiceNotes: A speech interface for a hand-held voice notetaker. In *Human Factors in Computing Systems: INTER-CHI '93 Conference Proceedings*, pp. 179–186.

Stolcke, A. (1995). An efficient probabilistic context-free parsing algorithm that computes prefix probabilities. *Computational Linguistics, 21*(2), 165–202.

Stolcke, A. (1998). Entropy-based pruning of backoff language models. In *Proc. DARPA Broadcast News Transcription and Understanding Workshop*, Lansdowne, VA, pp. 270–274.

Stolcke, A. (2002). SRILM – an extensible language modeling toolkit. In *ICSLP-02*, Denver, CO.

Stolcke, A., Ries, K., Coccaro, N., Shriberg, E., Bates, R., Jurafsky, D., Taylor, P., Martin, R., Meteer, M., and Van Ess-Dykema, C. (2000). Dialogue act modeling for automatic tagging and recognition of conversational speech. *Computational Linguistics, 26*(3), 339–371.

Stolcke, A. and Shriberg, E. (1996). Statistical language modeling for speech disfluencies. In *ICASSP-96*, Atlanta, GA, pp. 405–408.

Stolz, W. S., Tannenbaum, P. H., and Carstensen, F. V. (1965). A stochastic approach to the grammatical coding of English. *Communications of the ACM, 8*(6), 399–405.

Streeter, L. (1978). Acoustic determinants of phrase boundary perception. *JASA, 63*, 1582–1592.

Strube, M. and Hahn, U. (1996). Functional centering. In *ACL-96*, Santa Cruz, CA, pp. 270–277.

Strube, M. and Ponzetto, S. P. (2006). WikiRelate! Computing semantic relatedness using Wikipedia. In *AAAI-06*, pp. 1419–1424.

Strzalkowski, T. and Harabagiu, S. (Eds.). (2006). *Advances in Open Domain Question Answering*. Springer.

Sundheim, B. (Ed.). (1991). *Proceedings of MUC-3*.

Sundheim, B. (Ed.). (1992). *Proceedings of MUC-4*.

Sundheim, B. (Ed.). (1993). *Proceedings of MUC-5*, Baltimore, MD.

Sundheim, B. (1995a). Overview of results of the MUC-6 evaluation. In *MUC-6*, Columbia, MD, pp. 13–31.

Sundheim, B. (Ed.). (1995b). *Proceedings of MUC-6*.

Surdeanu, M., Harabagiu, S., Williams, J., and Aarseth, P. (2003). Using predicate-argument structures for information extraction. In *ACL-03*, pp. 8–15.

Sutton, C. and McCallum, A. (2006). An introduction to conditional random fields for relational learning. In Getoor, L. and Taskar, B. (Eds.), *Introduction to Statistical Relational Learning*. MIT Press.

Sutton, R. S. and Barto, A. G. (1998). *Reinforcement Learning: An Introduction*. Bradford Books (MIT Press).

Sweet, H. (1877). *A Handbook of Phonetics*. Clarendon Press.

Swerts, M., Litman, D. J., and Hirschberg, J. (2000). Corrections in spoken dialogue systems. In *ICSLP-00*, Beijing, China.

Swier, R. and Stevenson, S. (2004). Unsupervised semantic role labelling. In *EMNLP 2004*, pp. 95–102.

Syrdal, A. K. and Conkie, A. (2004). Data-driven perceptually based join costs. In *Proceedings of 5th ISCA Speech Synthesis Workshop*.

Syrdal, A. K., Wightman, C. W., Conkie, A., Stylianou, Y., Beutnagel, M., Schroeter, J., Strom, V., and Lee, K.-S. (2000). Corpus-based techniques in the AT&T NEXTGEN synthesis system. In *ICSLP-00*, Beijing.

Talmy, L. (1985). Lexicalization patterns: Semantic structure in lexical forms. In Shopen, T. (Ed.), *Language Typology and Syntactic Description, Volume 3*. Cambridge University Press. Originally appeared as UC Berkeley Cognitive Science Program Report No. 30, 1980.

Talmy, L. (1988). Force dynamics in language and cognition. *Cognitive Science, 12*(1), 49–100.

Talmy, L. (1991). Path to realization: A typology of event conflation. In *Proceedings of the Berkeley Linguistics Society Annual Meeting*, Berkeley, CA, pp. 480–519.

Taskar, B., Klein, D., Collins, M., Koller, D., and Manning, C. D. (2004). Max-margin parsing. In *EMNLP 2004*, pp. 1–8.

Taylor, P. (2000). Analysis and synthesis of intonation using the Tilt model. *JASA, 107*(3), 1697–1714.

Taylor, P. (2005). Hidden Markov models for grapheme to phoneme conversion. In *INTERSPEECH-05*, Lisbon, Portugal, pp. 1973–1976.

Taylor, P. (2008). *Text-to-Speech Synthesis*. Cambridge University Press.

Taylor, P. and Black, A. W. (1998). Assigning phrase breaks from part of speech sequences. *Computer Speech and Language, 12*, 99–117.

Taylor, P. and Isard, S. (1991). Automatic diphone segmentation. In *EUROSPEECH-91*, Genova, Italy.

Taylor, P., King, S., Isard, S., and Wright, H. (1998). Intonation and dialog context as constraints for speech recognition. *Language and Speech, 41*(3-4), 489–508.

Taylor, W. L. (1953). Cloze procedure: A new tool for measuring readability. *Journalism Quarterly*, *30*, 415–433.

Taylor, W. L. (1957). Cloze readability scores as indices of individual differences in comprehension and aptitude. *Journal of Applied Psychology*, *4*, 19–26.

ter Meulen, A. (1995). *Representing Time in Natural Language*. MIT Press.

Teranishi, R. and Umeda, N. (1968). Use of pronouncing dictionary in speech synthesis experiments. In *6th International Congress on Acoustics*, Tokyo, Japan, pp. B155–158.

Tesar, B. (2006a). Faithful contrastive features in learning. *Cognitive Science*, *30*(5), 863–903.

Tesar, B. (2006b). Learning from paradigmatic information. In *NELS 36*.

Tesar, B. and Prince, A. (2007). Using phonotactics to learn phonological alternations. In *CLS 39*, pp. 200–213.

Tesar, B. and Smolensky, P. (2000). *Learning in Optimality Theory*. MIT Press.

Tesnière, L. (1959). *Éléments de Syntaxe Structurale*. Librairie C. Klincksieck, Paris.

Teufel, S. and van Halteren, H. (2004). Evaluating information content by factoid analysis: Human annotation and stability. In *EMNLP 2004*, Barcelona.

Teufel, S. and Moens, M. (2002). Summarizing scientific articles: experiments with relevance and rhetorical status. *Computational Linguistics*, *28*(4), 409–445.

Thede, S. M. and Harper, M. P. (1999). A second-order hidden Markov model for part-of-speech tagging. In *ACL-99*, College Park, MA, pp. 175–182.

Thiessen, E. D., Hill, E. A., and Saffran, J. R. (2005). Infant-directed speech facilitates word segmentation. *Infancy*, *7*, 53–71.

Thiessen, E. D. and Saffran, J. R. (2004). Spectral tilt as a cue to word segmentation in infancy and adulthood. *Perception and Psychophysics*, *66*(2), 779–791.

Thomas, M., Pang, B., and Lee, L. (2006). Get out the vote: Determining support or opposition from Congressional floor-debate transcripts. In *EMNLP 2006*, pp. 327–335.

Thompson, K. (1968). Regular expression search algorithm. *Communications of the ACM*, *11*(6), 419–422.

Tillmann, C. (2003). A projection extension algorithm for statistical machine translation. In *EMNLP 2003*, Sapporo, Japan.

Titone, D. and Connine, C. M. (1997). Syllabification strategies in spoken word processing: Evidence from phonological priming. *Psychological Research*, *60*(4), 251–263.

Titov, I. and Henderson, J. (2006). Loss minimization in parse reranking. In *EMNLP 2006*.

Titov, I. and Henderson, J. (2007). A latent variable model for generative dependency parsing. In *IWPT-07*.

Tjong Kim Sang, E. F. (2002). Introduction to the CoNLL-2002 shared task: Language-independent named entity recognition. In *CoNLL-02*, pp. 155–158. Taipei, Taiwan.

Tjong Kim Sang, E. F. and De Meulder, F. (2003). Introduction to the CoNLL-2003 shared task: Language-independent named entity recognition. In Daelemans, W. and Osborne, M. (Eds.), *CoNLL-03*, pp. 142–147. Edmonton, Canada.

Tjong Kim Sang, E. F. and Veenstra, J. (1999). Representing text chunks. In *EACL-99*, pp. 173–179.

Tokuda, K., Kobayashi, T., and Imai, S. (1995a). Speech parameter generation from HMM using dynamic features. In *ICASSP-95*.

Tokuda, K., Masuko, T., and Yamada, T. (1995b). An algorithm for speech parameter generation from continuous mixture HMMs with dynamic features. In *EUROSPEECH-95*, Madrid.

Tokuda, K., Yoshimura, T., Masuko, T., Kobayashi, T., and Kitamura, T. (2000). Speech parameter generation algorithms for HMM-based speech synthesis. In *ICASSP-00*.

Tokuda, K., Zen, H., and Kitamura, T. (2003). Trajectory modeling based on HMMs with the explicit relationship between static and dynamic features. In *EUROSPEECH-03*.

Tomabechi, H. (1991). Quasi-destructive graph unification. In *ACL-91*, Berkeley, CA, pp. 315–322.

Tomokiyo, L. M. (2001). *Recognizing Non-Native Speech: Characterizing and Adapting to Non-Native Usage in Speech Recognition*. Ph.D. thesis, Carnegie Mellon University.

Tomokiyo, L. M. and Waibel, A. (2001). Adaptation methods for non-native speech. In *Proceedings of Multilinguality in Spoken Language Processing*, Aalborg, Denmark.

Touretzky, D. S., Elvgren III, G., and Wheeler, D. W. (1990). Phonological rule induction: An architectural solution. In *COGSCI-90*, pp. 348–355.

Toutanova, K., Ilhan, H. T., and Manning, C. D. (2002). Extensions to HMM-based statistical word alignment models. In *EMNLP 2002*, pp. 87–94.

Toutanova, K., Klein, D., Manning, C. D., and Singer, Y. (2003). Feature-rich part-of-speech tagging with a cyclic dependency network. In *HLT-NAACL-03*.

Toutanova, K., Manning, C. D., Flickinger, D., and Oepen, S. (2005). Stochastic HPSG Parse Disambiguation using the Redwoods Corpus. *Research on Language & Computation*, *3*(1), 83–105.

Toutanova, K. and Moore, R. C. (2002). Pronunciation modeling for improved spelling correction. In *ACL-02*, Philadelphia, PA, pp. 144–151.

Traum, D. R. (2000). 20 questions for dialogue act taxonomies. *Journal of Semantics*, *17*(1).

Traum, D. R. and Hinkelman, E. A. (1992). Conversation acts in task-oriented spoken dialogue. *Computational Intelligence: Special Issue on Computational Approaches to Non-Literal Language*, *8*(3), 575–599.

Traum, D. R. and Larsson, S. (2000). Information state and dialogue management in the trindi dialogue move engine toolkit. *Natural Language Engineering*, *6*(323-340), 97–114.

Traum, D. R. and Larsson, S. (2003). The information state approach to dialogue management. In van Kuppevelt, J. and Smith, R. (Eds.), *Current and New Directions in Discourse and Dialogue*. Kluwer.

Treiman, R., Bowey, J., and Bourassa, D. (2002). Segmentation of spoken words into syllables by English-speaking children as compared to adults. *Journal of Experimental Child Psychology*, *83*, 213–238.

Trubetskoi, N. S. (1939). *Grundzüge der Phonologie*, Vol. 7 of *Travaux du cercle linguistique de Prague*. Available in 1969 English translation by Christiane A. M. Baltaxe as *Principles of Phonology*, University of California Press.

Tseng, H. (2003). Semantic classification of Chinese unknown words. In *ACL-03*, pp. 72–79.

Tseng, H., Chang, P., Andrew, G., Jurafsky, D., and Manning, C. D. (2005a). Conditional random field word segmenter. In *Proceedings of the Fourth SIGHAN Workshop on Chinese Language Processing*.

Tseng, H., Jurafsky, D., and Manning, C. D. (2005b). Morphological features help POS tagging of unknown words across language varieties. In *Proceedings of the 4th SIGHAN Workshop on Chinese Language Processing*.

Tsujii, J. (1986). Future directions of machine translation. In *COLING-86*, Bonn, pp. 655–668.

Turian, J. P., Shen, L., and Melamed, I. D. (2003). Evaluation of machine translation and its evaluation. In *Proceedings of MT Summit IX*, New Orleans, LA.

Turing, A. M. (1936). On computable numbers, with an application to the Entscheidungsproblem. *Proceedings of the London Mathematical Society*, *42*, 230–265. Read to the Society in 1936, but published in 1937. Correction in volume 43, 544–546.

Turing, A. M. (1950). Computing machinery and intelligence. *Mind*, *59*, 433–460.

Turner, J. and Charniak, E. (2005). Supervised and unsupervised learning for sentence compression. In *ACL-05*, pp. 290–297.

Turney, P. and Littman, M. (2003). Measuring praise and criticism: Inference of semantic orientation from association. *ACM Transactions on Information Systems (TOIS)*, *21*, 315–346.

Turney, P. (2002). Thumbs up or thumbs down? semantic orientation applied to unsupervised classification of reviews. In *ACL-02*.

Turney, P., Littman, M., Bigham, J., and Shnayder, V. (2003). Combining independent modules to solve multiple-choice synonym and analogy problems. In *Proceedings of RANLP-03*, Borovets, Bulgaria, pp. 482–489.

Tyler, L. K. (1984). The structure of the initial cohort: Evidence from gating. *Perception & Psychophysics*, *36*(5), 417–427.

Umeda, N. (1976). Linguistic rules for text-to-speech synthesis. *Proceedings of the IEEE*, *64*(4), 443–451.

Umeda, N., Matui, E., Suzuki, T., and Omura, H. (1968). Synthesis of fairy tale using an analog vocal tract. In *6th International Congress on Acoustics*, Tokyo, Japan, pp. B159–162.

Uszkoreit, H. (1986). Categorial unification grammars. In *COLING-86*, Bonn, pp. 187–194.

van Benthem, J. and ter Meulen, A. (Eds.). (1997). *Handbook of Logic and Language*. MIT Press.

van Deemter, K. and Kibble, R. (2000). On coreferring: coreference in MUC and related annotation schemes. *Computational Linguistics*, *26*(4), 629–637.

van den Bosch, A. (1997). *Learning to Pronounce Written Words: A Study in Inductive Language Learning*. Ph.D. thesis, University of Maastricht, Maastricht, The Netherlands.

van Halteren, H. (Ed.). (1999). *Syntactic Wordclass Tagging*. Kluwer.

van Halteren, H. and Teufel, S. (2003). Examining the consensus between human summaries: initial experiments with factoid analysis. In *HLT-NAACL-03 Workshop on Text Summarization*.

van Rijsbergen, C. J. (1975). *Information Retrieval*. Butterworths.

van Santen, J. P. H. (1994). Assignment of segmental duration in text-to-speech synthesis. *Computer Speech and Language*, *8*(95–128).

van Santen, J. P. H. (1997). Segmental duration and speech timing. In Sagisaka, Y., Campbell, N., and Higuchi, N. (Eds.), *Computing Prosody: Computational Models for Processing Spontaneous Speech*. Springer.

van Santen, J. P. H. (1998). Timing. In Sproat, R. (Ed.), *Multilingual Text-To-Speech Synthesis: The Bell Labs Approach*, pp. 115–140. Kluwer.

van Santen, J. P. H. and Sproat, R. (1998). Methods and tools. In Sproat, R. (Ed.), *Multilingual Text-To-Speech Synthesis: The Bell Labs Approach*, pp. 7–30. Kluwer.

van Santen, J. P. H., Sproat, R., Olive, J. P., and Hirschberg, J. (Eds.). (1997). *Progress in Speech Synthesis*. Springer.

Van Son, R. J. J. H., Koopmans-van Beinum, F. J., and Pols, L. C. W. (1998). Efficiency as an organizing principle of natural speech. In *ICSLP-98*, Sydney.

Van Son, R. J. J. H. and Pols, L. C. W. (2003). How efficient is speech?. *Proceedings of the Institute of Phonetic Sciences*, *25*, 171–184.

Van Valin, Jr., R. D. and La Polla, R. (1997). *Syntax: Structure, Meaning, and Function*. Cambridge University Press.

Vanderwende, L. (1994). Algorithm for the automatic interpretation of noun sequences. In *COLING-94*, Kyoto, pp. 782–788.

Vanderwende, L., Suzuki, H., Brockett, C., and Nenkova, A. (2007). Beyond sumbasic: Task-focused summarization with sentence simplification and lexical expansion. *Information Processing and Management*, *43*(6), 1606–1618.

VanLehn, K. (1978). *Determining the Scope of English Quantifiers* Master's thesis, MIT, Cambridge, MA. MIT Technical Report AI-TR-483.

VanLehn, K., Jordan, P. W., Rosé, C., Bhembe, D., Böttner, M., Gaydos, A., Makatchev, M., Pappuswamy, U., Ringenberg, M., Roque, A., Siler, S., Srivastava, R., and Wilson, R. (2002). The architecture of Why2-Atlas: A coach for qualitative physics essay writing. In *Proc. Intelligent Tutoring Systems*.

Vapnik, V. N. (1995). *The Nature of Statistical Learning Theory*. Springer-Verlag.

Vasilescu, F., Langlais, P., and Lapalme, G. (2004). Evaluating variants of the lesk approach for disambiguating words. In *LREC-04*, Lisbon, Portugal, pp. 633–636. ELRA.

Vauquois, B. (1968). A survey of formal grammars and algorithms for recognition and transformation in machine translation. In *IFIP Congress 1968*, Edinburgh, pp. 254–260.

Veale, T. and Keane, M. T. (1992). Conceptual scaffolding: A spatially founded meaning representation for metaphor comprehension. *Computational Intelligence*, *8*(3), 494–519.

Veblen, T. (1899). *Theory of the Leisure Class*. Macmillan Company, New York.

Veldhuis, R. (2000). Consistent pitch marking. In *ICSLP-00*, Beijing, China.

Velichko, V. M. and Zagoruyko, N. G. (1970). Automatic recognition of 200 words. *International Journal of Man-Machine Studies*, *2*, 223–234.

Venditti, J. J. (2005). The j_tobi model of japanese intonation. In Jun, S.-A. (Ed.), *Prosodic Typology and Transcription: A Unified Approach*. Oxford University Press.

Vendler, Z. (1967). *Linguistics in Philosophy*. Cornell University Press, Ithaca, NY.

Venugopal, A., Vogel, S., and Waibel, A. (2003). Effective phrase translation extraction from alignment models. In *ACL-03*, pp. 319–326.

Verhagen, M., Gaizauskas, R., Schilder, F., Hepple, M., Katz, G., and Pustejovsky, J. (2007). SemEval-2007 task 15: TempEval temporal relation identification. In *Proceedings of the 4th International Workshop on Semantic Evaluations (SemEval-2007)*, Prague, Czech Republic, pp. 75–80.

Véronis, J. and Ide, N. M. (1990). Word sense disambiguation with very large neural networks extracted from machine readable dictionaries. In *COLING-90*, Helsinki, Finland, pp. 389–394.

Verspoor, C. M., Joslyn, C., and Papcun, G. J. (2003). The gene ontology as a source of lexical semantic knowledge for a biological natural language processing application. In *Proceedings of the SIGIR'03 Workshop on Text Analysis and Search for Bioinformatics*, Toronto, Canada.

Vieira, R. and Poesio, M. (2000). An empirically based system for processing definite descriptions. *Computational Linguistics*, *26*(4), 539–593.

Vilain, M., Burger, J. D., Aberdeen, J., Connolly, D., and Hirschman, L. (1995). A model-theoretic coreference scoring scheme. In *MUC-6*.

Vintsyuk, T. K. (1968). Speech discrimination by dynamic programming. *Cybernetics*, *4*(1), 52–57. Russian Kibernetika 4(1):81-88. 1968.

Viterbi, A. J. (1967). Error bounds for convolutional codes and an asymptotically optimum decoding algorithm. *IEEE Transactions on Information Theory*, *IT-13*(2), 260–269.

Voiers, W., Sharpley, A., and Hehmsoth, C. (1975). Research on diagnostic evaluation of speech intelligibility. Research Report AFCRL-72-0694.

von Neumann, J. (1963). *Collected Works: Volume V*. Macmillan Company, New York.

Voorhees, E. M. (1998). Using WordNet for text retrieval. In Fellbaum, C. (Ed.), *WordNet: An Electronic Lexical Database*, pp. 285–303. MIT Press.

Voorhees, E. M. and Harman, D. K. (2005). *TREC: Experiment and Evaluation in Information Retrieval*. MIT Press.

Voorhees, E. M. and Tice, D. M. (1999). The TREC-8 question answering track evaluation. In *Proceedings of the TREC-8 Workshop*.

Voutilainen, A. (1995). Morphological disambiguation. In Karlsson, F., Voutilainen, A., Heikkilä, J., and Anttila, A. (Eds.), *Constraint Grammar: A Language-Independent System for Parsing Unrestricted Text*, pp. 165–284. Mouton de Gruyter.

Voutilainen, A. (1999). Handcrafted rules. In van Halteren, H. (Ed.), *Syntactic Wordclass Tagging*, pp. 217–246. Kluwer.

Wade, E., Shriberg, E., and Price, P. J. (1992). User behaviors affecting speech recognition. In *ICSLP-92*, pp. 995–998.

Wagner, R. A. and Fischer, M. J. (1974). The string-to-string correction problem. *Journal of the Association for Computing Machinery*, *21*, 168–173.

Waibel, A. (1988). *Prosody and Speech Recognition*. Morgan Kaufmann.

Wald, B. and Shopen, T. (1981). A researcher's guide to the sociolinguistic variable (ING). In Shopen, T. and Williams, J. M. (Eds.), *Style and Variables in English*, pp. 219–249. Winthrop Publishers.

Walker, M. A., Fromer, J. C., and Narayanan, S. S. (1998). Learning optimal dialogue strategies: A case study of a spoken dialogue agent for email. In *COLING/ACL-98*, Montreal, Canada, pp. 1345–1351.

Walker, M. A., Iida, M., and Cote, S. (1994). Japanese discourse and the process of centering. *Computational Linguistics*, *20*(2), 193–232.

Walker, M. A., Joshi, A. K., and Prince, E. (Eds.). (1998). *Centering in Discourse*. Oxford University Press.

Walker, M. A., Kamm, C. A., and Litman, D. J. (2001). Towards developing general models of usability with PARADISE. *Natural Language Engineering: Special Issue on Best Practice in Spoken Dialogue Systems*, *6*(3), 363–377.

Walker, M. A., Litman, D. J., Kamm, C. A., and Abella, A. (1997). PARADISE: A framework for evaluating spoken dialogue agents. In *ACL/EACL-97*, Madrid, Spain, pp. 271–280.

Walker, M. A., Maier, E., Allen, J., Carletta, J., Condon, S., Flammia, G., Hirschberg, J., Isard, S., Ishizaki, M., Levin, L., Luperfoy, S., Traum, D. R., and Whittaker, S. (1996). Penn multiparty standard coding scheme: Draft annotation manual. www.cis.upenn.edu/~ircs/dis course-tagging/newcoding.html.

Walker, M. A. and Rambow, O. (2002). Spoken language generation. *Computer Speech and Language, Special Issue on Spoken Language Generation*, *16*(3-4), 273–281.

Walker, M. A., Rudnicky, A. I., Aberdeen, J., Bratt, E. O., Garofolo, J., Hastie, H., Le, A., Pellom, B., Potamianos, A., Passonneau, R., Prasad, R., Roukos, S., Sanders, G., Seneff, S., and Stallard, D. (2002). Darpa Communicator evaluation: Progress from 2000 to 2001. In *ICSLP-02*.

Walker, M. A. and Whittaker, S. (1990). Mixed initiative in dialogue: An investigation into discourse segmentation. In *ACL-90*, Pittsburgh, PA, pp. 70–78.

Wang, M. Q. and Hirschberg, J. (1992). Automatic classification of intonational phrasing boundaries. *Computer Speech and Language*, *6*(2), 175–196.

Wang, Y. Y. and Waibel, A. (1997). Decoding algorithm in statistical machine translation. In *ACL/EACL-97*, pp. 366–372.

Wang, Z., Schultz, T., and Waibel, A. (2003). Comparison of acoustic model adaptation techniques on non-native speech. In *IEEE ICASSP*, Vol. 1, pp. 540–543.

Wanner, E. and Maratsos, M. (1978). An ATN approach to comprehension. In Halle, M., Bresnan, J., and Miller, G. A. (Eds.), *Linguistic Theory and Psychological Reality*, pp. 119–161. MIT Press.

Ward, N. (1994). *A Connectionist Language Generator*. Ablex.

Ward, N. and Tsukahara, W. (2000). Prosodic features which cue back-channel feedback in English and Japanese. *Journal of Pragmatics*, *32*, 1177–1207.

Ward, W. (1989). Modelling non-verbal sounds for speech recognition. In *HLT '89: Proceedings of the Workshop on Speech and Natural Language*, Cape Cod, MA, pp. 47–50.

Ward, W. and Issar, S. (1994). Recent improvements in the CMU spoken language understanding system. In *ARPA Human Language Technologies Workshop*, Plainsboro, N.J.

Warnke, V., Kompe, R., Niemann, H., and Nöth, E. (1997). Integrated dialog act segmentation and classification using prosodic features and language models. In *EUROSPEECH-97*, Vol. 1, pp. 207–210.

Warren, R. M. (1970). Perceptual restoration of missing speech sounds. *Science*, *167*, 392–393.

Warwick, S. and Russell, G. (1990). Bilingual concordancing and bilingual lexicography. In *EURALEX 4th International Congress*.

Wattarujeekrit, T., Shah, P. K., and Collier, N. (2004). PAS-Bio: predicate-argument structures for event extraction in molecular biology. *BMC Bioinformatics*, *5*, 155.

Waugh, L. R. (1976). The semantics and paradigmatics of word order. *Language*, *52*(1), 82–107.

Weaver, W. (1949/1955). Translation. In Locke, W. N. and Boothe, A. D. (Eds.), *Machine Translation of Languages*, pp. 15–23. MIT Press. Reprinted from a memorandum written by Weaver in 1949.

Webber, B. L. (1978). *A Formal Approach to Discourse Anaphora*. Ph.D. thesis, Harvard University.

Webber, B. L. (1983). So what can we talk about now?. In Brady, M. and Berwick, R. C. (Eds.), *Computational Models of Discourse*, pp. 331–371. The MIT Press. Reprinted in Grosz et al. (1986).

Webber, B. L. (1991). Structure and ostension in the interpretation of discourse deixis. *Language and Cognitive Processes*, *6*(2), 107–135.

Webber, B. L. (2004). D-LTAG: extending lexicalized TAG to discourse. *Cognitive Science*, *28*(5), 751–79.

Webber, B. L., Knott, A., Stone, M., and Joshi, A. K. (1999). Discourse relations: A structural and presuppositional account using lexicalised TAG. In *ACL-99*, College Park, MD, pp. 41–48.

Weber, D. J., Black, H. A., and McConnel, S. R. (1988). AMPLE: A tool for exploring morphology. Tech. rep. Occasional Publications in Academic Computing No. 12, Summer Institute of Linguistics, Dallas.

Weber, D. J. and Mann, W. C. (1981). Prospects for computer-assisted dialect adaptation. *American Journal of Computational Linguistics*, *7*, 165–177.

Weeds, J. (2003). *Measures and Applications of Lexical Distributional Similarity*. Ph.D. thesis, University of Sussex.

Weeds, J. and Weir, D. J. (2005). Co-occurrence retrieval: A general framework for lexical distributional similarity. *Computational Linguistics*, *31*(4), 439–476.

Wegmann, S., McAllaster, D., Orloff, J., and Peskin, B. (1996). Speaker normalisation on conversational telephone speech. In *ICASSP-96*, Atlanta, GA.

Weinschenk, S. and Barker, D. T. (2000). *Designing Effective Speech Interfaces*. Wiley.

Weintraub, M., Taussig, K., Hunicke-Smith, K., and Snodgrass, A. (1996). Effect of speaking style on LVCSR performance. In *ICSLP-96*, Philadelphia, PA, pp. 16–19.

Weischedel, R. (1995). BBN: Description of the PLUM system as used for MUC-6. In *MUC-6*, San Francisco, pp. 55–70.

Weischedel, R., Meteer, M., Schwartz, R., Ramshaw, L. A., and Palmucci, J. (1993). Coping with ambiguity and unknown words through probabilistic models. *Computational Linguistics*, *19*(2), 359–382.

Weizenbaum, J. (1966). ELIZA – A computer program for the study of natural language communication between man and machine. *Communications of the ACM*, *9*(1), 36–45.

Weizenbaum, J. (1976). *Computer Power and Human Reason: From Judgement to Calculation*. W.H. Freeman and Company.

Welling, L., Ney, H., and Kanthak, S. (2002). Speaker adaptive modeling by vocal tract normalisation. *IEEE Transactions on Speech and Audio Processing*, *10*, 415–426.

Wells, J. C. (1982). *Accents of English*. Cambridge University Press.

Weng, F., Varges, S., Raghunathan, B., Ratiu, F., Pon-Barry, H., Lathrop, B., Zhang, Q., Scheideck, T., Bratt, H., Xu, K., Purver, M., Mishra, R., Raya, M., Peters, S., Meng, Y., Cavedon, L., and Shriberg, E. (2006). Chat: A conversational helper for automotive tasks. In *ICSLP-06*, pp. 1061–1064.

Wiebe, J. (2000). Learning subjective adjectives from corpora. In *AAAI-00*, Austin, TX, pp. 735–740.

Wiebe, J. and Mihalcea, R. (2006). Word sense and subjectivity. In *COLING/ACL 2006*, Sydney, Australia.

Wierzbicka, A. (1992). *Semantics, Culture, and Cognition: University Human Concepts in Culture-Specific Configurations*. Oxford University Press.

Wierzbicka, A. (1996). *Semantics: Primes and Universals*. Oxford University Press.

Wilensky, R. (1983). *Planning and Understanding: A Computational Approach to Human Reasoning*. Addison-Wesley.

Wilensky, R. and Arens, Y. (1980). PHRAN: A knowledge-based natural language understander. In *ACL-80*, Philadelphia, PA, pp. 117–121.

Wilks, Y. (1975a). An intelligent analyzer and understander of English. *Communications of the ACM*, *18*(5), 264–274.

Wilks, Y. (1975b). Preference semantics. In Keenan, E. L. (Ed.), *The Formal Semantics of Natural Language*, pp. 329–350. Cambridge Univ. Press.

Wilks, Y. (1975c). A preferential, pattern-seeking, semantics for natural language inference. *Artificial Intelligence*, *6*(1), 53–74.

Wilks, Y. (1978). Making preferences more active. *Artificial Intelligence*, *11*(3), 197–223.

Wilks, Y., Slator, B. M., and Guthrie, L. M. (1996). *Electric Words: Dictionaries, Computers, and Meanings*. MIT Press.

Williams, J. D. and Young, S. J. (2000). Partially observable markov decision processes for spoken dialog systems. *Computer Speech and Language*, *21*(1), 393–422.

Williams, J. D. and Young, S. J. (2005). Scaling up POMDPs for dialog management: The "Summary POMDP" method. In *IEEE ASRU-05*.

Wilson, T., Wiebe, J., and Hwa, R. (2006). Recognizing strong and weak opinion clauses. *Computational Intelligence*, *22*(2), 73–99.

Winograd, T. (1972a). Understanding natural language. *Cognitive Psychology*, *3*(1), 1–191. Reprinted as a book by Academic Press, 1972.

Winograd, T. (1972b). *Understanding Natural Language*. Academic Press.

Wise, B., Cole, R. A., van Vuuren, S., Schwartz, S., Snyder, L., Ngampatipatpong, N., Tuantranont, J., and Pellom, B. (2007). Learning to read with a virtual tutor: Foundations to literacy. In Kinzer, C. and Verhoeven, L. (Eds.), *Interactive Literacy Education: Facilitating Literacy Environments Through Technology*. Lawrence Erlbaum.

Witten, I. H. and Bell, T. C. (1991). The zero-frequency problem: Estimating the probabilities of novel events in adaptive text compression. *IEEE Transactions on Information Theory*, *37*(4), 1085–1094.

Witten, I. H. and Frank, E. (2005). *Data Mining: Practical Machine Learning Tools and Techniques* (2nd Ed.). Morgan Kaufmann.

Wittgenstein, L. (1953). *Philosophical Investigations. (Translated by Anscombe, G.E.M.)*. Blackwell.

Wolf, F. and Gibson, E. (2005). Representing discourse coherence: A corpus-based analysis. *Computational Linguistics*, *31*(2), 249–287.

Wolfram, W. A. (1969). *A Sociolinguistic Description of Detroit Negro Speech*. Center for Applied Linguistics, Washington, D.C.

Wong, Y. W. and Mooney, R. J. (2007). Learning synchronous grammars for semantic parsing with lambda calculus. In *ACL-90*, Prague, pp. 960–967.

Woodland, P. C. (2001). Speaker adaptation for continuous density HMMs: A review. In Juncqua, J.-C. and Wellekens, C. (Eds.), *Proceedings of the ITRW 'Adaptation Methods For Speech Recognition'*, Sophia-Antipolis, France.

Woodland, P. C., Leggetter, C. J., Odell, J. J., Valtchev, V., and Young, S. J. (1995). The 1994 htk large vocabulary speech recognition system. In *IEEE ICASSP*.

Woodland, P. C. and Povey, D. (2002). Large scale discriminative training of hidden Markov models for speech recognition. *Computer Speech and Language*, *16*, 25–47.

Woods, W. A. (1967). *Semantics for a Question-Answering System*. Ph.D. thesis, Harvard University.

Woods, W. A. (1973). Progress in natural language understanding. In *Proceedings of AFIPS National Conference*, pp. 441–450.

Woods, W. A. (1975). What's in a link: Foundations for semantic networks. In Bobrow, D. G. and Collins, A. M. (Eds.), *Representation and Understanding: Studies in Cognitive Science*, pp. 35–82. Academic Press.

Woods, W. A. (1977). Lunar rocks in natural English: Explorations in natural language question answering. In Zampolli, A. (Ed.), *Linguistic Structures Processing*, pp. 521–569. North Holland.

Woods, W. A. (1978). Semantics and quantification in natural language question answering. In Yovits, M. (Ed.), *Advances in Computers*, Vol. 17, pp. 2–87. Academic Press.

Woods, W. A., Kaplan, R. M., and Nash-Webber, B. L. (1972). The lunar sciences natural language information system: Final report. Tech. rep. 2378, BBN.

Woszczyna, M. and Waibel, A. (1994). Inferring linguistic structure in spoken language. In *ICSLP-94*, Yokohama, Japan, pp. 847–850.

Wouters, J. and Macon, M. (1998). Perceptual evaluation of distance measures for concatenative speech synthesis. In *ICSLP-98*, Sydney, pp. 2747–2750.

Wu, D. (1992). *Automatic Inference: A Probabilistic Basis for Natural Language Interpretation*. Ph.D. thesis, University of California, Berkeley, Berkeley, CA. UCB/CSD 92-692.

Wu, D. (1996). A polynomial-time algorithm for statistical machine translation. In *ACL-96*, Santa Cruz, CA, pp. 152–158.

Wu, D. (2000). Bracketing and aligning words and constituents in parallel text using stochastic inversion transduction grammars. In Véronis, J. (Ed.), *Parallel Text Processing: Alignment and Use of Translation Corpora*. Kluwer.

Wu, D. and Fung, P. (2005). Inversion transduction grammar constraints for mining parallel sentences from quasi-comparable corpora. In *IJCNLP-2005*, Jeju, Korea.

Wu, Z. and Palmer, M. (1994). Verb semantics and lexical selection. In *ACL-94*, Las Cruces, NM, pp. 133–138.

Wundt, W. (1900). *Völkerpsychologie: eine Untersuchung der Entwicklungsgesetze von Sprache, Mythus, und Sitte*. W. Engelmann, Leipzig. Band II: Die Sprache, Zweiter Teil.

Xia, F. and Palmer, M. (2001). Converting dependency structures to phrase structures. In *HLT-01*, San Diego, pp. 1–5.

Xu, P., Chelba, C., and Jelinek, F. (2002). A study on richer syntactic dependencies for structured language modeling. In *ACL-02*, pp. 191–198.

Xu, W. and Rudnicky, A. I. (2000). Task-based dialog management using an agenda. In *ANLP/NAACL Workshop on Conversational Systems*, Somerset, New Jersey, pp. 42–47.

Xue, N. and Palmer, M. (2004). Calibrating features for semantic role labeling. In *EMNLP 2004*.

Xue, N. and Shen, L. (2003). Chinese word segmentation as lmr tagging. In *Proceedings of the 2nd SIGHAN Workshop on Chinese Language Processing*, Sapporo, Japan.

Yamada, H. and Matsumoto, Y. (2003). Statistical dependency analysis with support vector machines. In Noord, G. V. (Ed.), *IWPT-03*, pp. 195–206.

Yamada, K. and Knight, K. (2001). A syntax-based statistical translation model. In *ACL-01*, Toulouse, France.

Yamada, K. and Knight, K. (2002). A decoder for syntax-based statistical MT. In *ACL-02*, Philadelphia, PA.

Yankelovich, N., Levow, G.-A., and Marx, M. (1995). Designing SpeechActs: Issues in speech user interfaces. In *Human Factors in Computing Systems: CHI '95 Conference Proceedings*, Denver, CO, pp. 369–376.

Yarowsky, D. (1994). Decision lists for lexical ambiguity resolution: Application to accent restoration in Spanish and French. In *ACL-94*, Las Cruces, NM, pp. 88–95.

Yarowsky, D. (1995). Unsupervised word sense disambiguation rivaling supervised methods. In *ACL-95*, Cambridge, MA, pp. 189–196.

Yarowsky, D. (1997). Homograph disambiguation in text-to-speech synthesis. In van Santen, J. P. H., Sproat, R., Olive, J. P., and Hirschberg, J. (Eds.), *Progress in Speech Synthesis*, pp. 157–172. Springer.

Yarowsky, D. and Wicentowski, R. (2000). Minimally supervised morphological analysis by multimodal alignment. In *ACL-00*, Hong Kong, pp. 207–216.

Yeh, A., Morgan, A. A., Colosimo, M. E., and Hirschman, L. (2005). BioCreative task 1A: gene mention finding evaluation. *BMC Bioinformatics*, 6(1).

Yngve, V. H. (1955). Syntax and the problem of multiple meaning. In Locke, W. N. and Booth, A. D. (Eds.), *Machine Translation of Languages*, pp. 208–226. MIT Press.

Yngve, V. H. (1960). A model and an hypothesis for language structure. *Proceedings of the American Philosophical Society*, 104, 444–466.

Yngve, V. H. (1970). On getting a word in edgewise. In *CLS-70*, pp. 567–577. University of Chicago.

Young, M. and Rounds, W. C. (1993). A logical semantics for nonmonotonic sorts. In *ACL-93*, Columbus, OH, pp. 209–215.

Young, S. J. (1984). Generating multiple solutions from connected word DP recognition algorithms. *Proceedings of the Institute of Acoustics*, 6(4), 351–354.

Young, S. J. (2002). The statistical approach to the design of spoken dialogue systems. Tech. rep. CUED/F-INFENG/TR.433, Cambridge University Engineering Department, Cambridge, England.

Young, S. J., Evermann, G., Gales, M., Hain, T., Kershaw, D., Moore, G., Odell, J. J., Ollason, D., Povey, D., Valtchev, V., and Woodland, P. C. (2005). *The HTK Book*. Cambridge University Engineering Department.

Young, S. J., Odell, J. J., and Woodland, P. C. (1994). Tree-based state tying for high accuracy acoustic modelling. In *Proceedings ARPA Workshop on Human Language Technology*, pp. 307–312.

Young, S. J., Russell, N. H., and Thornton, J. H. S. (1989). Token passing: A simple conceptual model for connected speech recognition systems. Tech. rep. CUED/F-INFENG/TR.38, Cambridge University Engineering Department, Cambridge, England.

Young, S. J. and Woodland, P. C. (1994). State clustering in HMM-based continuous speech recognition. *Computer Speech and Language*, 8(4), 369–394.

Younger, D. H. (1967). Recognition and parsing of context-free languages in time n^3. *Information and Control*, 10, 189–208.

Yuan, J., Brenier, J. M., and Jurafsky, D. (2005). Pitch accent prediction: Effects of genre and speaker. In *EUROSPEECH-05*.

Yuret, D. (1998). *Discovery of Linguistic Relations Using Lexical Attraction*. Ph.D. thesis, MIT.

Yuret, D. (2004). Some experiments with a Naive Bayes WSD system. In *Senseval-3: 3rd International Workshop on the Evaluation of Systems for the Semantic Analysis of Text*.

Zajic, D., Dorr, B., Lin, J., and Schwartz, R. (2007). Multi-candidate reduction: Sentence compression as a tool for document summarization tasks. *Information Processing and Management*, 43(6), 1549–1570.

Zappa, F. and Zappa, M. U. (1982). Valley girl. From Frank Zappa album *Ship Arriving Too Late To Save A Drowning Witch*.

Zavrel, J. and Daelemans, W. (1997). Memory-based learning: Using similarity for smoothing. In *ACL/EACL-97*, Madrid, Spain, pp. 436–443.

Zens, R. and Ney, H. (2007). Efficient phrase-table representation for machine translation with applications to online MT and speech translation. In *NAACL-HLT 07*, Rochester, NY, pp. 492–499.

Zens, R., Och, F. J., and Ney, H. (2002). Phrase-based statistical machine translation. In *KI 2002*, pp. 18–32.

Zernik, U. (1987). *Strategies in Language Acquisition: Learning Phrases from Examples in Context*. Ph.D. thesis, University of California, Los Angeles, Computer Science Department, Los Angeles, CA.

Zernik, U. (1991). Train1 vs. train2: Tagging word senses in corpus. In *Lexical Acquisition: Exploiting On-Line Resources to Build a Lexicon*, pp. 91–112. Lawrence Erlbaum.

Zettlemoyer, L. and Collins, M. (2005). Learning to map sentences to logical form: Structured classification with probabilistic categorial grammars. In *Uncertainty in Artificial Intelligence, UAI'05*, pp. 658–666.

Zettlemoyer, L. and Collins, M. (2007). Online learning of relaxed CCG grammars for parsing to logical form. In *EMNLP/CoNLL 2007*, pp. 678–687.

Zhang, H. and Gildea, D. (2005). Stochastic lexicalized inversion transduction grammar for alignment. In *ACL-05*, Ann Arbor, MI.

Zhou, G. and Lua, K. (1998). Word association and MI-trigger-based language modelling. In *COLING/ACL-98*, Montreal, Canada, pp. 1465–1471.

Zhou, G., Su, J., Zhang, J., and Zhang, M. (2005). Exploring various knowledge in relation extraction. In *ACL-05*, Ann Arbor, MI, pp. 427–434.

Zhu, X. and Rosenfeld, R. (2001). Improving trigram language modeling with the world wide web. In *ICASSP-01*, Salt Lake City, UT, Vol. I, pp. 533–536.

Zue, V. W., Glass, J., Goodine, D., Leung, H., Phillips, M., Polifroni, J., and Seneff, S. (1989). Preliminary evaluation of the VOYAGER spoken language system. In *Proceedings DARPA Speech and Natural Language Workshop*, Cape Cod, MA, pp. 160–167.

Zweig, G. (1998). *Speech Recognition with Dynamic Bayesian Networks*. Ph.D. thesis, University of California, Berkeley.

Zwicky, A. (1972). On casual speech. In *CLS-72*, pp. 607–615. University of Chicago.

Zwicky, A. and Sadock, J. M. (1975). Ambiguity tests and how to fail them. In Kimball, J. (Ed.), *Syntax and Semantics 4*, pp. 1–36. Academic Press.

찾아보기

정규식 구문

표현	설명	예제 및 확장
단일 문자 표현		
.	단일 문자	spi.e는 "spice", "spike" 등과 일치
\cahr	글자와 숫자가 아닌 *char*는 문자 그대로 *char*와 일치	*는 "*"와 일치
\n	새줄 문자	
\r	개행 복귀 조절 문자	
\t	탭 문자	
[...]	괄호 안에 나열된 단일 문자	[abc]는 "a", "b" 또는 "c"와 일치.
[...-...]	범위의 단일 문자	[0-9]는 "0" 또는 "1"... 또는 "9"와 일치
[^...]	나열되지 않은 단일 문자	[^ sS]는 "s"도 "S"도 아닌 문자와 일치
[^...-...]	범위에 없는 단일 문자	[^ A-Z]는 대문자가 아닌 문자와 일치
위치와 일치하는 앵커/표현식		
^	줄의 시작	
$	줄의 끝	
\b	단어 경계	nt\b는 "paint"의 "nt"와 일치하지만 "pants"와는 불일치
\B	경계 없는 단어	all\B는 "ally"의 "all"과 일치하지만 "wall"과는 불일치
이전 표현을 정량화하는 카운터/표현		
*	0 이상의 이전 r.e	a*는 "", "a", "aa", "aaa"...와 일치
+	하나 이상의 이전 r.e	a+는 "a", "aa", "aaa"... 와 일치
?	이전 r.e의 정확히 하나 또는 0	colou?r는 "color" 또는 "colour"와 일치
{n}	이전 r.e의 *n*	a{4}는 "aaaa"와 일치
{n,m}	이전 r.e의 *n*에서 *m*까지	
{n, }	이전 r.e의 적어도 *n*	
.*	어떤 종류의 문자	
(...)	우선순위를 위한 그룹화 및 역추론을 위한 메모리	
...|...	근접한 r.e.s 중 하나와 일치	(dog)|(cat)는 "dog" or "cat"와 일치
단축키		
\d	임의의 숫자	[0-9]
\D	숫자가 아닌 모든	[^0-9]
\w	모든 글자와 숫자를 쓴/밑줄	[a-zA-Z0-9_]
\W	글자와 숫자를 쓰지 않은	[^a-zA-Z0-9_]
\s	공백 (스페이스, 탭)	[␣ \r \t \n \f]
\S	공백이 아닌	[^␣ \r \t \n \f]

펜 트리뱅크 품사 태그

태그	설명	예	태그	설명	예
CC	등위접속사	and, but, or	SYM	기호	+, %, &
CD	기수	one, two, three	TO	"to"	to
DT	한정사	a, the	UH	감탄사	ah, oops
EX	존재의 "there"	there	VB	동사 원형	eat
FW	외래어	mea culpa	VBD	동사의 과거형(과거시제)	ate
IN	전치사 또는 종속접속사	of, in, by	VBG	동사의 동명사	eating
JJ	형용사	yellow	VBN	동사의 과거분사	eaten
JJR	비교급 형용사	bigger	VBP	동사의 현재형	eat
JJS	최상급 형용사	wildest	VBZ	동사의 3인칭 현재형	eats
LS	목록 항목 마커	1, 2, one	WDT	Wh 한정사	which, that
MD	법조동사	can, should	WP	Wh-대명사	what, who
NN	단수명사 또는 셀 수 없는 명사	llama, snow	WP$	소유격 wh-대명사	whose
NNS	복수명사	llamas	WRB	Wh-형용사	how, where
NNP	고유명사, 단수	IBM	$	통화 기호	$
NNPS	고유명사, 복수	Carolinas	#	파운드 기호	#
PDT	전치한정사	all, both	"	왼쪽 따옴표	' 또는 "
POS	소유격 어미	's	"	오른쪽 따옴표	' 또는 "
PRP	인칭대명사	I, you, he	(	왼쪽 괄호	[, (, {, ⟨
PRP$	소유격대명사	your, one's	)	오른쪽 괄호	],), }, ⟩
RB	부사	quickly, never	,	쉼표	,
RBR	비교급 부사	faster	.	구문 끝 구두점	. ! ?
RBS	최상급 부사	fastest	:	구문 중간 구두점	: ; … — -
RP	불변화사	up, off			

WordNet 3.0 명사 관계

관계	다른 명칭	의미	예
Hypernym(상위어)	Superordinate	개념에서 상위어까지	breakfast[1] → meal[1]
Hyponym(하의어)	Subordination	개념에서 하위 유형까지	meal[1] → lunch[1]
Instance Hypernym (상위어 사례)	Instance	사례에서 개념까지	Austen[1] → author[1]
Instance Hyponym (하의어사례)	Has-instance	개념에서 개념 사례까지	composer[1] → Bach[1]
Member Meronym(부분어 구성)	Has-Member	그룹에서 구성원까지	faculty[2] → professor[1]
Member Holonym(전체어 구성)	Member-of	구성원에서 그룹까지	copilot[1] → crew[1]
Part Meronym(부분어의 일부)	Has-Part	전체에서 일부까지	table[2] → leg[3]
Part Holonym(전체어의 일부)	Part-of	부분에서 전체로	course[7] → meal[1]
Substance Meronym(부분어의 본질)		본질에서 하위 파트까지	water[1] → oxygen[1]
Substance Holonym(전체어의 본질)		본질의 일부에서 전체로	gin[1] → martini[1]
Antonym(반의어)		단어의 기본형 사이의 의미적 대립	leader[1] ⟺ follower[1]
Derivationally Related Form(파생 관련 양식)		같은 형태학적 근원을 가진 단어의 기본형	destruction[1] ⟺ destroy[1]

WordNet 3.0 동사 관계

관계	의미	예
Hypernym(상위어)	이벤트에서 상의어 이벤트로	fly[9] → travel[5]
Troponym(하위어)	이벤트에서 하위 이벤트로(종종 특정 방식을 통해)	walk[1] → stroll[1]
Entails(수반)	동사(이벤트)에서 그들이 수반하는 동사(이벤트)로	snore[1] → sleep[1]
Antonym(반의어)	단어의 기본형 사이의 의미적 대립	increase[1] ⟺ decrease[1]
Derivationally Related Form(파생 관련 양식)	같은 형태학적 어간을 가진 단어의 기본형	destroy[1] ⟺ destruction[1]

WordNet 3.0 형용사와 부사 관계

관계	의미	예
Antonym(반의어)	의미론적 반대(형용사 기본형 사이)	heavy[1] ⟺ light[1]
Antonym(반의어)	의미론적 반대(부사 기본형 사이)	quickly[1] ⟺ slowly[1]
Pertainym(관련어)	관계 형용사의 경우 형용사 기본형이 "관련된" 명사	English[1] → England[1]
Similar To(비슷한)	비슷한 의미	heavy[1] ⟺ dense[3]
Attribute(속성)	형용사가 가치를 표현하는 명사	light[1], heavy[1] → weight[1]
Derivationally Related Form(파생 관련 양식)	같은 형태학적 어간을 가진 단어의 기본형	salty[3] ⟺ salt[4]

ARPAbet 알파벳의 주요 기호

ARPAbet 기호	IPA 기호	단어	ARPAbet
[p]	[p]	parsley	[p aa r s l iy]
[t]	[t]	tea	[t iy]
[k]	[k]	cook	[k uh k]
[b]	[b]	bay	[b ey]
[d]	[d]	dill	[d ih l]
[g]	[g]	garlic	[g aa r l ix k]
[m]	[m]	mint	[m ih n t]
[n]	[n]	nutmeg	[n ah t m eh g]
[ng]	[ŋ]	baking	[b ey k ix ng]
[f]	[f]	flour	[f l aw axr]
[v]	[v]	clove	[k l ow v]
[th]	[θ]	thick	[th ih k]
[dh]	[ð]	those	[dh ow z]
[s]	[s]	soup	[s uw p]
[z]	[z]	eggs	[eh g z]
[sh]	[ʃ]	squash	[s k w aa sh]
[zh]	[ʒ]	ambrosia	[ae m b r ow zh ax]
[ch]	[tʃ]	cherry	[ch eh r iy]
[jh]	[dʒ]	jar	[jh aa r]
[l]	[l]	licorice	[l ih k axr ix sh]
[w]	[w]	kiwi	[k iy w iy]
[r]	[r]	rice	[r ay s]
[y]	[j]	yellow	[y eh l ow]
[h]	[h]	honey	[h ah n iy]
모음			
[iy]	[i]	lily	[l ih l iy]
[ih]	[ɪ]	lily	[l ih l iy]
[ey]	[eɪ]	daisy	[d ey z iy]
[eh]	[ɛ]	pen	[p eh n]
[ae]	[æ]	aster	[ae s t axr]
[aa]	[ɑ]	poppy	[p aa p iy]
[ao]	[ɔ]	orchid	[ao r k ix d]
[uh]	[ʊ]	wood	[w uh d]
[ow]	[oʊ]	lotus	[l ow dx ax s]
[uw]	[u]	tulip	[t uw l ix p]
[ah]	[ʌ]	buttercup	[b ah dx axr k ah p]
[er]	[ɚ]	bird	[b er d]
[ay]	[aɪ]	iris	[ay r ix s]
[aw]	[aʊ]	sunflower	[s ah n f l aw axr]
[oy]	[ɔɪ]	soil	[s oy l]
약화 모음			
[ax]	[ə]	lotus	[l ow dx ax s]
[axr]	[ɚ]	heather	[h eh dh axr]
[ix]	[ɨ]	tulip	[t uw l ix p]

음성과 언어 처리 2/e

기계는 어떻게 사람의 말을 이해할까?

발 행 | 2023년 3월 24일

옮긴이 | 박 은 숙
지은이 | 댄 주라프스키 · 제임스 H. 마틴

펴낸이 | 권 성 준
편집장 | 황 영 주
편 집 | 김 진 아
         임 지 원
디자인 | 윤 서 빈

에이콘출판주식회사
서울특별시 양천구 국회대로 287 (목동)
전화 02-2653-7600, 팩스 02-2653-0433
www.acornpub.co.kr / editor@acornpub.co.kr

책값은 뒤표지에 있습니다.